Jacob Böhme in Three Worlds

Jacob Böhme in Three Worlds

The Reception in Central-Eastern Europe, the Netherlands, and Britain

Edited by
Lucinda Martin and Cecilia Muratori with Claudia Brink

for the Staatliche Kunstsammlungen Dresden

DE GRUYTER

Staatliche
Kunstsammlungen
Dresden

Gefördert durch:

Auswärtiges Amt

Freistaat SACHSEN

ISBN 978-3-11-072049-5
e-ISBN (PDF) 978-3-11-072052-5
e-ISBN (EPUB) 978-3-11-072061-7

Library of Congress Control Number: 2023940024

Bibliographic information published by the Deutsche Nationalbibliothek
The Deutsche Nationalbibliothek lists this publication in the Deutsche Nationalbibliografie; detailed bibliographic data are available on the internet at http://dnb.dnb.de.

Cover image: The Three Worlds in one Another, Wilhelm Schwartz, after a design by Abraham von Franckenberg (1649), Breslau 1654, Germanisches Nationalmuseum Nürnberg, 24549/1337
Typesetting: Dörlemann Satz, Lemförde
Printing and binding: CPI books GmbH, Leck

www.degruyter.com
www.skd.museum

MIX
Papier | Fördert gute Waldnutzung
FSC® C083411

Contents

Preface —— IX

List of Abbreviations —— XI

I Central-Eastern Europe

Carlos Gilly
Ein unbekanntes Manuskript der letzten Böhme-Biographie von Abraham von Franckenberg —— 3

Mike A. Zuber
"Our Dear Friend and Brother in the Lord": Abraham von Franckenberg's Reception of Jacob Böhme —— 25

Wilhelm Schmidt-Biggemann
Angelus Silesius – ein Böhmist? —— 41

Kristine Hannak
Theosophie und Poesie: Böhmes Erbe bei Angelus Silesius / Johannes Scheffler —— 63

Jan Rohls
Quirinus Kuhlmann als Böhmist —— 95

Thomas Isermann
„Alle Wortchristen sind Antichristen": Studie zur Radikalisierung in Quirinus Kuhlmanns Traktat *Der Neubegeisterte Böhme* (1674) —— 109

Leigh T. I. Penman
Jacob Böhme and Poland: An Untold Reception History between Angelus Silesius and Adam Mickiewicz —— 125

Tünde Beatrix Karnitscher
Jacob Böhme im Karpatenraum —— 141

Päivi M. Mehtonen
Aspects of the Reception of Jacob Böhme's Work in Sweden and Finland Before 1809 —— 151

Aira Võsa / Mait Laas
Jacob Böhmes imaginäre Spuren in der estnischen Polit-Mystik des 19. Jahrhunderts —— 169

Witalij Morosow
Semjon Gamaleja: Übersetzer, Schriftsteller und Böhmist —— 189

Aleksandr Gaisin
Jacob Böhme in Vladimir Solovyov's Early Metaphysics —— 203

II **The Netherlands**

Viktoria Franke
An "Impartial" Promoter of Truth: Friedrich Breckling and his Strategies in the Dissemination of the Writings of Jacob Böhme —— 223

Sibylle Rusterholz
Johann Georg Gichtels Böhme-Rezeption als *Theosophia Practica* —— 239

Frank van Lamoen
Jan Luyken's Incompatible Desires of the Heart —— 253

Frank van Lamoen
Johannes Rothé and His Twelve Heroes: Editors of Böhme after the End Times —— 265

Lennart Gard
Epistolary Practices and Group Formation among the Eighteenth-Century Followers of Jacob Böhme: Johann Wilhelm Überfeld (1659–1731) and His Community of Rebirth —— 283

III **Britain**

Ariel Hessayon
"To Make Such Things Knowne in My Native Language": Acquiring, Translating and Disseminating Böhme's Writings in England and Wales —— 301

Christian Hengstermann
Melancholy and Materialism: Henry More's Critiques of the Teutonic Philosophy —— 323

Jan Rohls
Himmel und Hölle bei John Pordage —— 351

Amir Saifullin
Thought Imagery: Vision and Knowledge in the Cosmogony of Jacob Böhme and Robert Fludd —— 363

IV **Böhme Today and Tomorrow**

Scott Brown
How Is Böhme Relevant Today? The Peculiar Case of Philip K. Dick —— 387

V Appendix

Carlos Gilly
Abraham von Franckenberg, ***Kurtz- jedoch gründtlich- und warhaffter Bericht, von dem Leben und Abscheid des in Gott seelig ruhenden Jacob Boemens, dieser Theosophischen Schrifften, eigentlichen Authoris und Vrhebers***, **Bibliotheca Philosophica Hermetica Collection Amsterdam —— 403**

Bibliography —— 421

Photo Credits —— 479

Index of Names —— 481

Index of Places —— 491

Fig. 1: Dionysius Andreas Freher and Jeremias Daniel Leuchter, The Tree of the Soul, in: Jacob Böhme, *The Works of Jacob Behmen, the Teutonic Theosopher*, ed. George Ward and Thomas Langcake, [so-called Law Edition], London 1764–1781, vol. 1, Bibliotheca Philosophica Hermetica Collection Amsterdam

Preface

> "GOtt ist von Ewigkeit Alles alleine; sein Wesen theilet sich in drey ewige Unterscheide. Einer ist die Feuer-Welt; der ander die Finstere Welt; und der dritte die Licht-Welt. Und ist doch nur Ein Wesen in einander."
> Jacob Böhme, *SEX PUNCTA MYSTICA*[1]

One of Jacob Böhme's most central concepts is his idea of "Three Worlds": a dark world, a light world, and the natural world, where light and darkness battle for dominance. Since its inception, this idea has sparked the imagination of Böhme's readers, resulting in different understandings of the concept, including the visual interpretation on the cover of this collection of essays. In this version conceived of by Abraham von Franckenberg in 1649, a "heavenly world" and a "hellish world" meet in the "mortal sun world" (*irdischen Sonnenwelt*).[2] Over the years, several versions proliferated among Böhme's adherents and became imbued with further meanings: one of the most striking examples is "The Tree of the Soul" by Dionysius Andreas Freher (1649–1728), which was included in the first complete edition of Böhme's works in English (Fig. 1). For this volume, we have borrowed the notion of "three worlds" to refer not to Böhme's idea of three cosmic worlds, but to a series of conferences that we organized to investigate Böhme's reception in three places – *Eastern and Central Europe, the Netherlands, and Britain*.

The beginnings of this project stretch back to 2014, when different parties began discussing the need for a permanent exhibition devoted to Jacob Böhme in his hometown of Görlitz. To produce the visual and textual materials that would be required for such an exhibition, the Dresden State Art Collections were asked, as a first step, to prepare an exhibition on Böhme in Dresden. The three of us acted as curators of that exhibition. From the beginning, we were convinced that the work had to be rooted in solid scholarship. In 2016 we thus organized an academic conference bringing together the most important Böhme scholars. Those proceedings were published in a volume under the title *GRUND UND UNGRUND. Der Kosmos des mystischen Philosophen Jacob Böhme*, which, along with the exhibition catalogue, laid the ground for the 2017 exhibition, *ALLES IN ALLEM. Die Gedankenwelt des mystischen Philosophen Jacob Böhme*.[3]

In the Dresden exhibition, we concentrated above all on Böhme's philosophical thought, because a systematic overview of his key theses is still lacking. By focusing on a series of the most prominent concepts in Böhme's thought, we thus aimed to present Böhme as a thinker who fully belongs to the history of philosophy. But he has also had an incredibly rich reception history. He is certainly one of the most important German authors internationally, and his broad influence on religion, philosophy, art and literature is just beginning to be documented. As both the present volume and our previous publications attest, Böhme's insights have had a lasting influence on numerous disciplines and a wide range of cultural and philosophical movements: from German idealism, to Pietism, to abstract art and modern science fiction. Yet, in his own time he met with sharp criticism from state and church authorities. As a lay author, he was forbidden to write and his works were banned in his native country.

1 In: Böhme 1730, p. 85.

2 It derives from a concept that was first sketched by Abraham von Franckenberg and engraved in 1649. That image was then reworked by the Breslau copyist and calligrapher Wilhelm Schwartz who re-engraved it in 1654 in the print on our cover and yet again in 1677. The same print appears on page 29 in the chapter by Zuber.

3 *GRUND UND UNGRUND. Der Kosmos des mystischen Philosophen Jacob Böhme*, ed. Claudia Brink and Lucinda Martin, Dresden: Sandstein, 2017. See also the exhibition catalog: *ALLES IN ALLEM. Die Gedankenwelt des mystischen Philosophen Jacob Böhme*, ed. Claudia Brink and Lucinda Martin, Dresden: Sandstein, 2017.

https://doi.org/10.1515/9783110720525-001

Yet underground networks in Central and Eastern Europe kept Böhme's writings alive. Centered around Lusatia and Silesia, his early supporters circulated handwritten copies of his texts in their letters. In this way, his writings eventually reached the Netherlands. With its relatively lax laws on freedom of speech and religion, the country served as a haven for religious refugees and a center of heterodox publishing. Soon, Böhme's works were being printed in the Netherlands. From there, they made their way to England, a country torn apart in the seventeenth century by civil war and confessional strife. Many British readers thought that Böhme's writings offered a message of peace that might heal these divisions. Thus, the "three worlds" of Central and Eastern Europe, the Netherlands, and Britain were crucial for the survival and spread of Böhme's thought.

Fortunately, the success of the Dresden exhibition – around 30,000 visitors and positive reviews in the press – made it possible for us to receive funding from the German Federal Foreign Office for a further three exhibitions in the places where free thinkers and dissenters of earlier centuries had preserved and promoted Böhme's writings.[4] Partners in these locations were soon found and exhibitions were planned for Coventry Cathedral in England, the Embassy of the Free Mind in Amsterdam, and the Wrocław University Museum in Poland. As with the Dresden exhibition, we wanted our work to be grounded in scholarship. Each exhibition was accompanied by a well-documented catalog,[5] but we also organized a series of three international conferences focusing on each of the places of reception. The conferences all took place in 2019 but, due to the Corona crisis, the third of the exhibitions was delayed several times and could only finally be held in 2022.

Even under the best of circumstances, it takes a long time to edit the results of three conferences, but Corona caused additional delays for this volume. We want to thank the contributors for their hard work and patience with this project, which we believe was well worth the wait. As with the exhibitions, the press has taken notice and remarked especially on the many new discoveries revealed at the conferences.[6] This volume brings together established scholars and younger talent. It presents previously unknown archival sources and opens up vistas for further research. Beyond the "three worlds" in this volume, yet other worlds touched by Böhme's thought await exploration.

Claudia Brink, Lucinda Martin and Cecilia Muratori

4 See for example: Jaeckel 2017 and Laube 2017.

5 See for Coventry: *LIGHT IN DARKNESS. The Mystical Philosophy of Jacob Böhme*, ed. Claudia Brink, Lucinda Martin and Cecilia Muratori, Dresden: Sandstein, 2019; for Amsterdam: *OOG VOOR DE WERELD. De visionaire denker Jacob Böhme*, ed. Claudia Brink, Lucinda Martin and Cecillia Muratori, Dresden: Sandstein, 2019; and for Wrocław: *THE TIME OF THE LILY. The Mystical Philosopher Jacob Böhme and the Renewal of the World*, ed. Lucinda Martin, Leigh T.I. Penman and Claudia Brink, Dresden: Sandstein, 2022.

6 See for example: Schweinfurth 2019.

List of Abbreviations

AFSt.	Bibliothek und Archiv der Franckeschen Stiftungen Halle
BL	British Library London
BN	Biblioteka Narodowa Warszawa
Bodl.	Bodleian Library Oxford
BPH	Bibliotheca Philosophica Hermetica Amsterdam
BU	Biblioteka Uniwersytecka Wrocław
CW	Johannes Scheffler (Angelus Silesius), *Cherubinischer Wandersmann*
DWL	Dr Williams's Library London
EFM	Embassy of the Free Mind Amsterdam
Essex RO	Essex Record Office
FBG	Forschungsbibliothek Gotha
HAB	Herzog August Bibliothek Wolfenbüttel
HB	Hermetische Bibliothek
HP	Hartlib Papers
HUA	Het Utrechts Archief
KB	The Hague, Royal Library
KJV	King James Bible
LCPh	Library Company of Philadelphia
NLW	National Library of Wales
NNBW	Nieuw Nederlandsch biografisch woordenboek
OLB	Oberlausitzische Bibliothek der Wissenschaften Görlitz
RGB	Russische Staatsbibliothek Moskau
RNB	Russische Nationalbibliothek St. Petersburg
SAA	Amsterdam City Archives
SB	Staatsbibliothek zu Berlin – Preußischer Kulturbesitz
STCN	Short Title Catalogue, Netherlands
SUL	Sheffield University Library
UBA	University Library Amsterdam
UBG	Groningen University Library
UBL	Leiden University Library
VALIS	Vast Active Living Intelligence System
ZB	Zentralbibliothek Zürich

https://doi.org/10.1515/9783110720525-002

I Central-Eastern Europe

Carlos Gilly

Ein unbekanntes Manuskript der letzten Böhme-Biographie von Abraham von Franckenberg

Abstract: Fifteen years ago, in the anthology *Jacob Böhmes Weg in die Welt*, I wrote about the printed editions of Franckenberg's Böhme biography from 1651. At that time, I was not aware of any manuscript of this famous biography that could have been used as a template for the printing of Böhme's collected works. This applies both to the Thorn selection of texts from around 1653–1658 and to the complete editions of De Raadt, Gichtel, Glusing and Überfeld compiled between 1682 and 1730. Recently, however, the Bibliotheca Philosophica Hermetica in Amsterdam was able to acquire quite unexpectedly a previously unknown handwritten copy of Franckenberg's Böhme biography from 1651, which was obviously adapted for publication in one of the Böhme editions to be published by the book printer Hendrick Beets (Betkius) in Amsterdam. Around 1675, the unknown owner in the Netherlands paid "3 Dutch guilders" for the still unbound manuscript and was also of the opinion, as he proudly noted on the inside front cover, that the handwritten version of "Jacob Böhems gottsehliger Lebenslauff" in his possession had never been printed before.

Die drei ersten Gesamtausgaben der Schriften Jacob Böhmes – die erste von Alhart de Raadt und Johann Georg Gichtel (o.O. [Amsterdam] 1682), die zweite von Johann Otto Glüsing (o.O. [Hamburg] 1715) und die dritte von Johann Gottfried Pronner und Johann Wilhelm Überfeld (o.O. [Leipzig] 1730) – enthalten eine eindrückliche Biographie des Philosophus Teutonicus; diese trägt den Titel *Gründlich und wahrhaffter Bericht von dem Leben und Abscheid des in Gott selig ruhenden Jakob Böhmens, dieser Theosophischen Schrifften eigentlichen Autoris und Urhebers* und stammt aus der Feder von Böhmes Freund Abraham von Franckenberg.[1]

Alle modernen Böhme-Biographien berufen sich auf diesen *Bericht*, der von manchen auf das höchste gerühmt (Peuckert, Kayser)[2], von anderen aber ganz oder teilweise abgetan wird als Erfindung des „theosophisch phantasierenden Franckenberg" (Fechner, Jecht, Lemper)[3]. Auch in Bezug auf Sprache, Umfang und Entstehungsdatum vernimmt man selbst von namhaften Böhme-Spezialisten recht widersprüchliche Aussagen über den von Franckenberg verfassten Lebenslauf. Peuckert sagt, dass der *Bericht* „1637 lateinisch niedergeschrieben und 1639 von Heinrich Prunius verdeutscht worden ist". Buddecke vertritt ebenfalls die Meinung, dass es sich bei dem *Bericht* um „die erste vollständige Lebensbeschreibung Böhmes durch Abr. von Franckenberg" handelt, die „1637 in lateinischer Sprache verfasst und von Heinrich Prunius ins Deutsche übersetzt worden ist", während er den Abdruck im *Mysterium Magnum* von 1640 als „gekürzte und freie, ja gelegentlich nur paraphrasierende Übertragung der im Jahre 1637 von Abraham von Franckenberg verfassten *Vita*" betrachtet. Peuckert anerkannte nachträglich die im *Mysterium Magnum* von 1640 abgedruckte *Kurtze Erinnerung Des Lebens und Wandels Iacob Böhme* als „die lateinische Fassung von 1637, die 1639 von Prunius verdeutscht wurde". Aber Lemper konterte: „Den Lebensbericht hat er erst 1637 verfasst, und zwar in lateinischer Sprache. 1651 hat ihn der Arzt Heinrich Prunius [ ] ins Deutsche übersetzt."[4]

1 Zu Franckenberg siehe auch den Beitrag von Mike A. Zuber in diesem Band.

2 Kayser 1920, S. 13; Peuckert 1924, S. 151.

3 Fechner 1857a, S. 321–324; Jecht 1924a, S. 21–22; Lemper 1976, S. 50.

4 In der Reihe der Zitate: Peuckert 1924, S. 151; Buddecke 1937–1957, Bd. 1, S. 85, 192; Peuckert 1973, S. 384; Lemper 1976, S. 50.

https://doi.org/10.1515/9783110720525-003

Der am Schluss des *Berichts* stehenden Datierung vom 13. September 1651 messen diese Böhme-Spezialisten offensichtlich keine Bedeutung bei und spüren dort auch keinen Widerspruch. Wenn aber die Verdeutschung aus dem Jahre 1639 von Prunius stammt (was ohnehin nicht stimmt!), so kann sie Franckenberg nicht mit einem neuen Datum „1651" versehen haben, es sei denn, es handelte sich bei dem *Bericht* um eine völlig andere deutsche Version aus dem Lateinischen, die von Franckenberg neu angefertigt wurde oder, was auch möglich wäre, um ein direkt auf Deutsch redigiertes Originaldokument, das aufgrund von bereits bestehenden Teilen neu zusammengesetzt wurde. Außerdem ist diese Datierung (abgesehen von den vier oder fünf Stellen, in denen der Verfasser des *Bericht*s in erster Person schreibt) das einzige Indiz für Franckenbergs Autorschaft des ausführlicheren *Bericht*s von 1651. Eine Autorschaft übrigens, die weder von den Befürwortern noch von den Kritikern der Historizität des *Bericht*s jemals angefochten wurde.

Auch wir stellen hier die Autorschaft Franckenbergs für die wesentlichen Abschnitte in dem ausführlichen *Bericht* von Böhmes Biographie von 1651 nicht in Frage; aber die Vielfalt der Böhme-Lebensläufe – handschriftlich oder im Druck – welche Franckenberg zugeschrieben werden (es sind insgesamt neunzehn), zwingt uns zur Annahme einer mosaikartigen Entwicklung, die Interpolationen von Dritten keineswegs ausschließt. Eine der Ursachen für diese Entwicklung lag wohl in der Notwendigkeit, einer staunenden Leserschaft das Phänomen eines ungebildeten Schusters, der sprachlich wie gedanklich die höchsten Gipfel der Philosophie erklomm, immer wieder zu erklären; so konnte schließlich eine umfassende Böhme-Biographie entstehen, noch dazu versehen mit einem kompletten Werkverzeichnis.

***

Unsere Recherchen erfolgten anhand der einst in den Niederlanden durch Abraham van Beyerland aufgebauten Sammlung von Jacob Böhmes Handschriften und Drucken sowie der Korrespondenzen von Anhängern und Editoren, die sich heute ausschließlich in vier europäischen Bibliotheken (Wrocław UB, Görlitz OLB, Wolfenbüttel HAB und Amsterdam BPH/EFM) befinden. Die so gewonnenen Forschungsergebnisse haben wir bereits vor mehr als einem Jahrzehnt in einer Publikation der BPH/EFM, *Jacob Böhmes Weg in die Welt*, dargelegt. Dabei stellte sich heraus, dass nicht weniger als acht unterschiedliche Fassungen von Franckenbergs Böhme-Biographie existieren, die in mindestens neunzehn verschiedenen Manuskripten oder Druckausgaben überliefert sind. Es handelt sich um folgende Fassungen:

Fassung A: Handschrift in der Biblioteka Uniwersytecka Wrocław (ehem. Görlitz OBW), Ms. Mil. IV 143, 630–631: A.v.F., ohne Titel, [Schilderung der Sterbestunde, Beschreibung des Grabkreuzes, mit Erklärung der Figuren, Erläuterung des Siegels, Beschreibung der Person und der Agonie J. Böhmes]. Latein mit deutschem Anhang, [ca. 1624–1630], Kopie von ca. 1700, ca. 330 Worte, ohne Schriftenverzeichnis. (Am Schluss, aus dem Manuskript des M[ichel] C[urtz], folgt in deutscher Sprache die Schilderung der letzten Stunden mit Angabe des erreichten Alters und dem Verweis auf Franckenberg: „Beatus requiescat in pace: revirescat in Luce. A.U.F."[5]

Fassung B: Handschrift in der Herzog August Bibliothek Wolfenbüttel, Cod. guelf. 62 Novissimi 4°, 360v–361r: A.v.F., *Verzeichnis der Schrifften J. Böhmens*, Deutsch, Kopie von Prunius' Hand, ca. 1642, als Anhang zum Autograph von Böhmes *Aurora*; chronologisches Bücherverzeichnis und knappe Schil-

5 Gilly 2007d, S. 334–335.

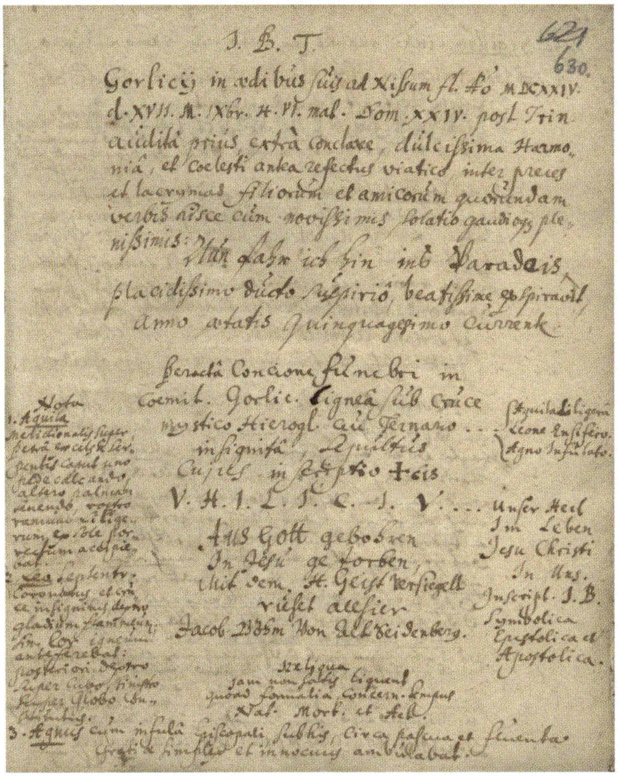

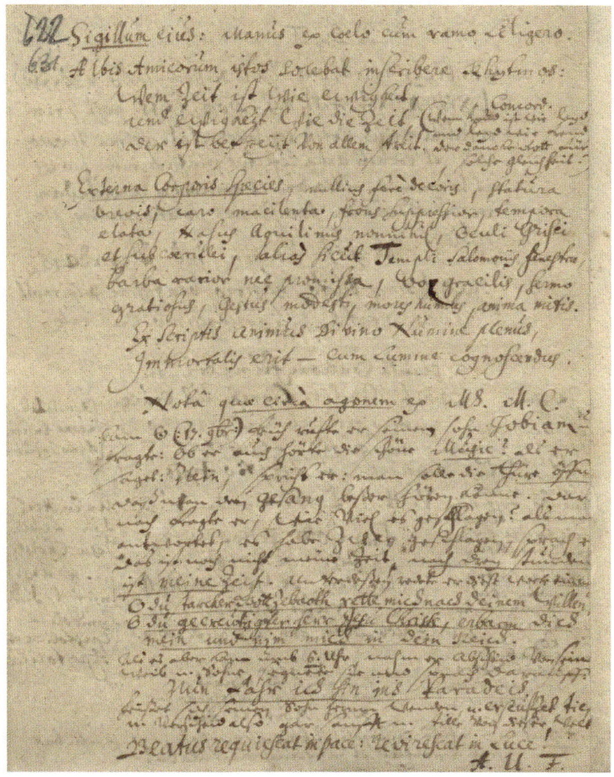

Abb. 1.1, 1.2: Fassung A: Handschrift in der Biblioteka Uniwersytecka Wrocław (ehem. Görlitz OBW), Ms. Mil. IV 143, 630–631

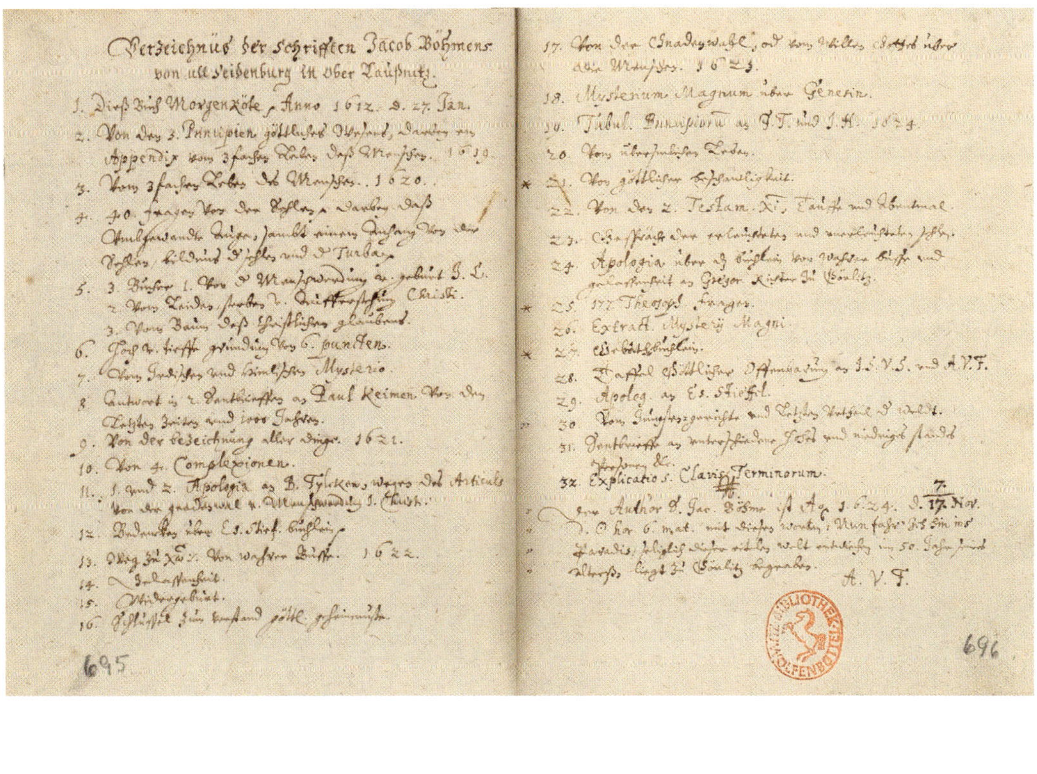

Abb. 2: Fassung B: Handschrift in der Herzog August Bibliothek Wolfenbüttel, Cod. guelf. 62 Novissimi 4°, 360v–361r

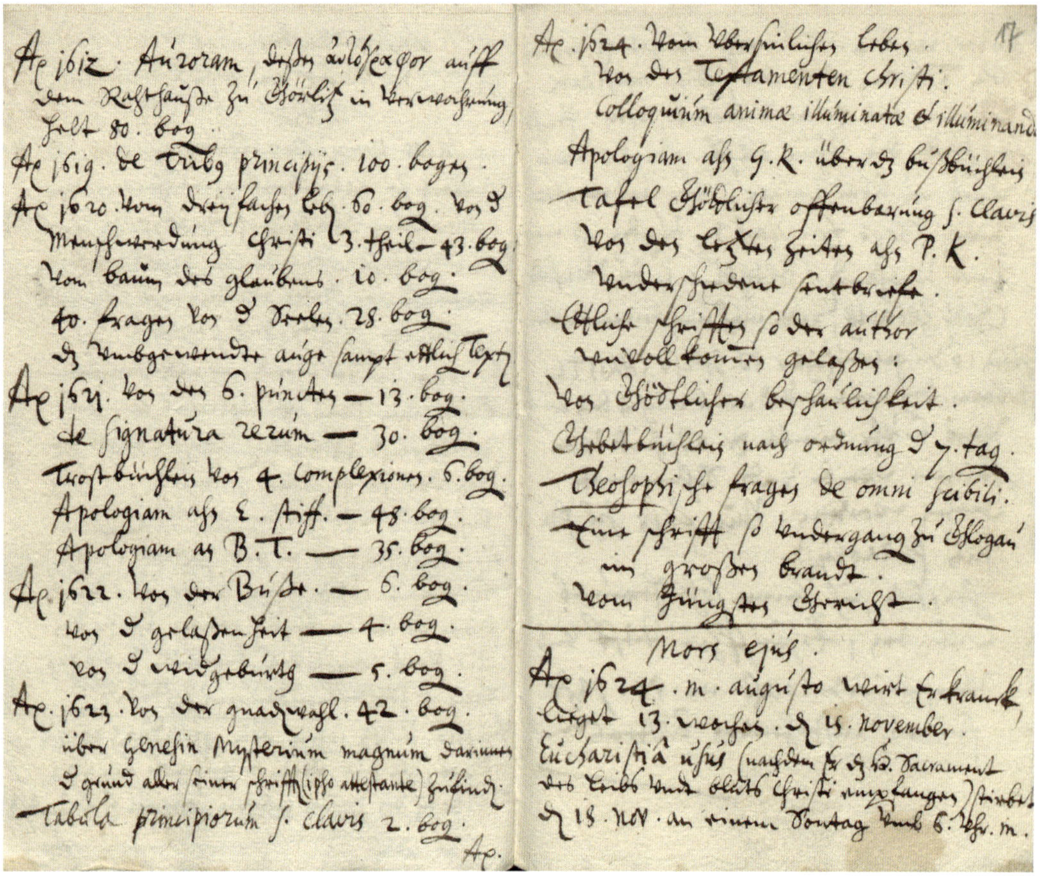

Abb. 3: Fassung C III: Kopie in der Biblioteka Uniwersytecka Wrocław, Ms. Ack. 1975 D 232, S. 16–17

derung der Sterbestunde in 40 Worten. Am Schluss steht der Satz zu lesen: „Der Author S[eeliger] Jacob Böhme ist Anno 1624, die 7/17 Novembris, die Solis, hora 6. matutina mit diesen Worten: ‚Nun fahre Jch hin ins Paradis‘, seliglich dieser eitelen Welt entschieden im 50. Jahr seines Alterß, liegt zu Görlitz begraben. A.V.F.“[6]

Fassung C (I–III): Zwei verschollene Handschriften und eine Kopie in der Biblioteka Uniwersytecka Wrocław, Ms. Ack. 1975 D 232, S. 13–18: [A.v.F.], *Epitaphium von Jacob Böhme auff dem Godtsacker zu Görlitz*. Die Abschrift I aus Huygens' Besitz ist seit 1728 verschollen, die Fassung II von Franckenbergs Hand ist nach dem 2. Weltkrieg nicht wieder aufgetaucht. Erhalten hat sich lediglich eine Kopie von Jacob Thout aus dem Jahre 1635 (Fassung C III). Beschreibung des Grabkreuzes, Erläuterung der Figuren, wichtige Lebensdaten und ausführliches Schriftenverzeichnis (32 Titel) mit Angabe des jeweiligen Umfangs der einzelnen Schriften, ca. 460 Worte für den biographischen Teil.[7]

Fassung D (I–II): Handschrift in der Herzog August Bibliothek Wolfenbüttel, Cod. Guelf. 64.24 Extrav., Bl. 178r–181v, und Druck von etwa 1634: [A.v.F.], *Kurtzer Bericht Von Iacob Boehmen Sehl[igen] gedachtnus, Geburth, Wiedergeburth, newer Beruhrung, schreibung seiner Bucher, und Endtlich vom Sehl[igen]*

6 Gilly 2007d, S. 336.
7 Gilly 2007d, S. 336–338.

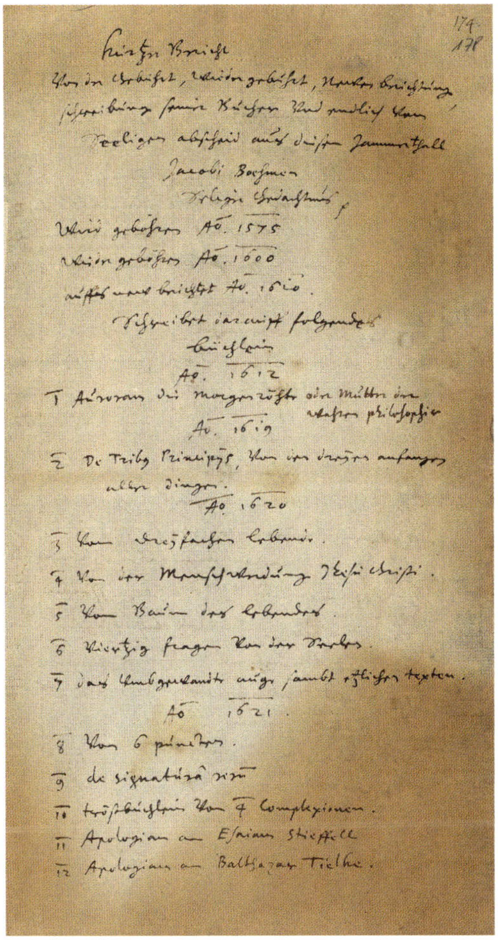

Abb. 4: Fassung D I: Herzog August Bibliothek Wolfenbüttel, Cod. Guelf. 64.24 Extrav., Bl. 178r

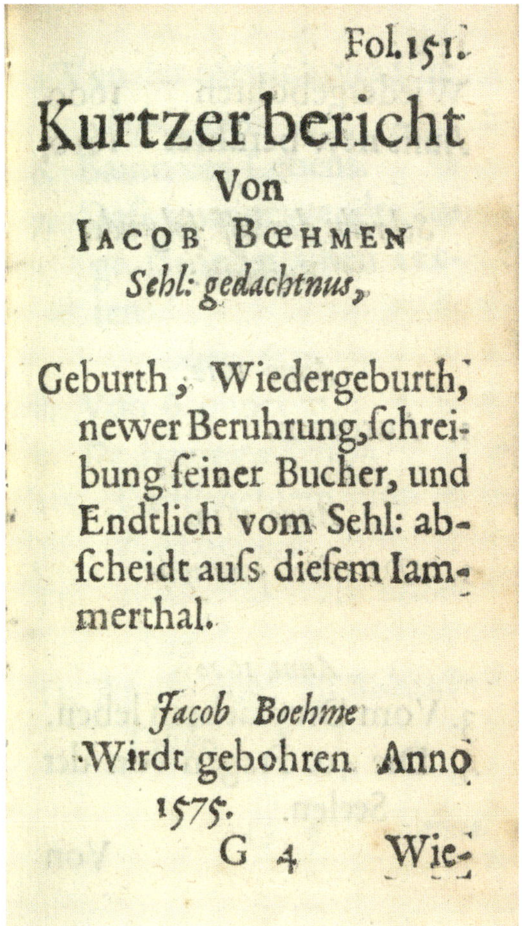

Fol. 151.

Kurtzer bericht

Von

Iacob Bœhmen

Sehl: gedachtnus,

Geburth, Wiedergeburth, newer Beruhrung, ſchreibung ſeiner Bucher, und Endtlich vom Sehl: abſcheidt auſs dieſem Iammerthal.

Jacob Boehme

Wirdt gebohren Anno 1575.

G 4 Wie-

Abb. 5: Fassung D-II: Jacob Böhme, *Trost-Schrift, Von vier Complexionen*, [Amsterdam, vor 1636], Bibliotheca Philosophica Hermetica Collection Amsterdam, S. 151

Abscheidt auss diesem Iammerthal. Deutsch. Knappe biographische Daten (74 Worte) und chronologische Aufstellung von 28 Schriften Böhmes ohne Hinweis auf Franckenberg. Der Text wurde mit einigen Kürzungen und mehreren Sprachfehlern am Schluss der *Trost-Schrift, Von vier Complexionen*, [Amsterdam, vor 1636], S. 151–157, abgedruckt.[8]

Fassung E: Druck. [A.v.F.], *Kurtze Beschreibung Des Lebens vnd vvandels Iacobi Böhmens Item Von seiner Gebuhrt, Wiedergebuhrt, newen berürung, schreibung seiner bücher, vnnd endtlich vom sehligen abscheit auss diesem jammerthal, begräbnis vnd grabschifft*, in: J. Böhme, *Josephus redivivus*, Amsterdam 1631, S. (o)3r–(o)5v. Diese Fassung gilt in der Literatur als „eine kürzere Vorstufe der Franckenbergischen Biographie" mit ca. 500 Worten und zusätzlichem Schriftenverzeichnis.[9]

8 Gilly 2007d, S. 338–339.

9 Gilly 2007d, S. 339–340.

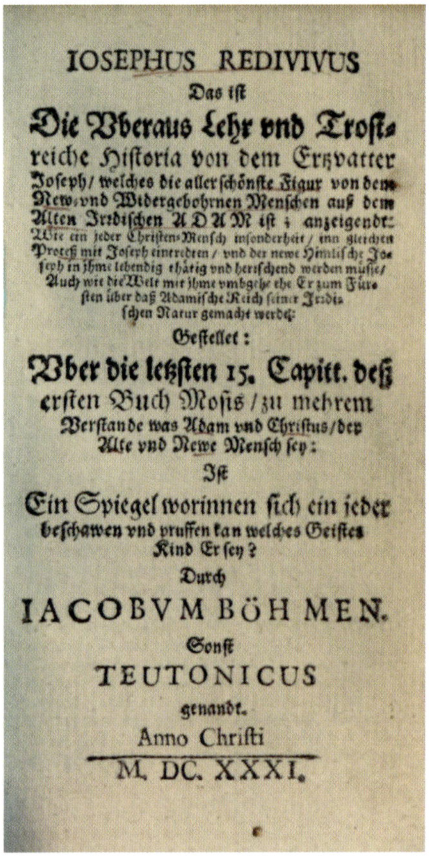
IOSEPHUS REDIVIVUS
Das ist
Die Vberaus Lehr vnd Trost-
reiche Historia von dem Ertzvatter
Joseph/ welches die allerschönste Figur von dem
New- vnd Widergebohrnen Menschen auß dem
Alten Irrdischen ADAM ist; anzeigendt:
Wie ein jeder Christen-Mensch insonderheit/ inn gleichem
Proceß mit Joseph eintretten/ vnd der newe Himlische Jo-
seph in jhme lebendig thätig vnd herrschend werden müsse/
Auch wie die Welt mit jhme vmbgehe ehe Er zum Für-
sten über daß Adamische Reich seiner Irrdi-
schen Natur gemacht werde:
Gestellet:
Vber die letzten 15. Capitt. deß
ersten Buch Mosis/ zu mehrem
Verstande was Adam vnd Christus/der
Alte vnd Newe Mensch sey:
Ist
Ein Spiegel worinnen sich ein jeder
beschawen vnd pruffen kan welches Geistes
Kind Er sey?
Durch
IACOBVM BÖHMEN.
Sonst
TEUTONICUS
genandt.
Anno Christi
M. DC. XXXI.

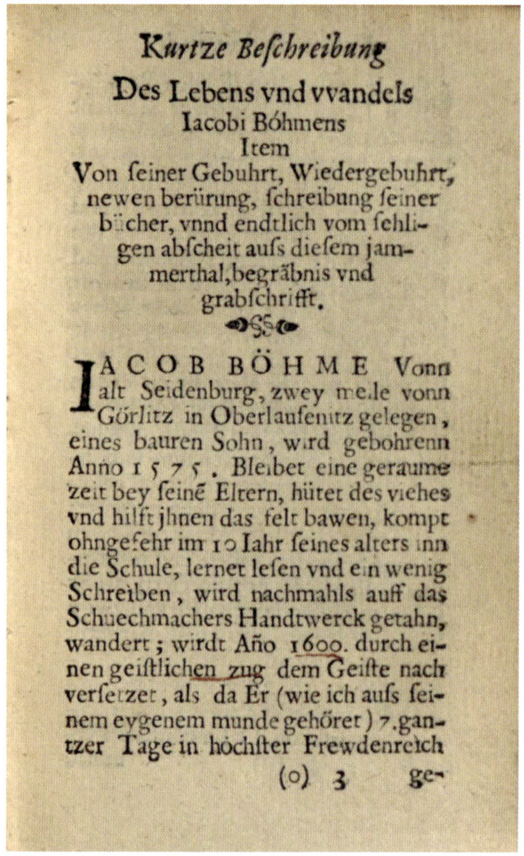
Kurtze Beschreibung
Des Lebens vnd vvandels
Iacobi Böhmens
Item
Von seiner Gebuhrt, Wiedergebuhrt,
newen berürung, schreibung seiner
bücher, vnnd endtlich vom sehli-
gen abscheit auss diesem jam-
merthal, begräbnis vnd
grabschrifft.

IACOB BÖHME Vonn
alt Seidenburg, zwey meile vonn
Görlitz in Oberlausenitz gelegen,
eines bauren Sohn, wird gebohrenn
Anno 1575. Bleibet eine geraume
zeit bey seinē Eltern, hütet des viehes
vnd hilft jhnen das felt bawen, kompt
ohngefehr im 10 Iahr seines alters inn
die Schule, lernet lesen vnd ein wenig
Schreiben, wird nachmahls auff das
Schuechmachers Handtwerck getahn,
wandert; wirdt Añō 1600. durch ei-
nen geistlichen zug dem Geiste nach
versetzet, als da Er (wie ich auss sei-
nem eygenem munde gehöret) 7.gan-
tzer Tage in höchster Frewdenreich
(o) 3 ge-

Abb. 6.1, 6.2: Fassung E: Jacob Böhme, *Josephus redivivus*, Amsterdam 1631, Bayerische Staatsbibliothek München, Res/Asc. 633, Titelblatt, o3r

Fassung F-I: Handschrift in der Biblioteka Uniwersytecka Wrocław, Ms. Ack. 1975 D 236 S. 1–20: A.v.F., *Das Leben J.B.T., wie es vom A.V.F. in Latein, doch gar kurtz gefasset, Jnß deutsche übergesetzet*. Manuskript von der Hand des Ehrenfried Hegenicht, der den lateinischen Text von Franckenberg (ca. 1000–1100 Worte plus Schriftenverzeichnis) aus dem Latein ins Deutsche übersetzte und auch persönlich nach Amsterdam brachte, wie er Jahre später selbst berichtet:

> Einen kurtzen *Lebens-Lauff* / nebenst dem Register der Bücher des J.B. hat wolgedachter Edelmann Abraham von Franckenberg Anno 1637 in Latein aufgesetzet / und einem guten Freundt ertheilet / welcher ihn folgendes 1638 Jahr nach Amsterdam gebracht / und einem Liebhaber zu gefallen ins Hochteutsch übersetzet: da er dann nach der Zeit / also verteutschet / denen außgegangenen Büchern beygesetzt worden: Zwar ohne vorbewußt des Autoris, der auff solchen vermutheten Fall die Sache / nach Eigenschafft der teutschen rede / nicht allein viel klärer / sondern auch weitläufftiger und mit mehrern Umständen würde an Tag geben / oder aber die jenigen Göttlichen Geheimnisse / welche sich bey der Person befunden / und ihme vor andern kund gemacht worden / vor der hönischen Welt wol gantz und gar verschwiegen haben.[10]

Das lateinische Original trug möglicherweise den Titel *Curriculum vitae J.B. Teutonici*, wie Michel le Blon bei einem von ihm kopierten Zusatz über die Begegnung des jungen Schuhmacherlehrlings Böhme mit einem geheimnisvollen Fremden (Bl. 73r–78r, vgl. *De vita*, I, Nr. 9) bemerkte: „Zum Cur-

10 Gilly 2007d, S. 340–345.

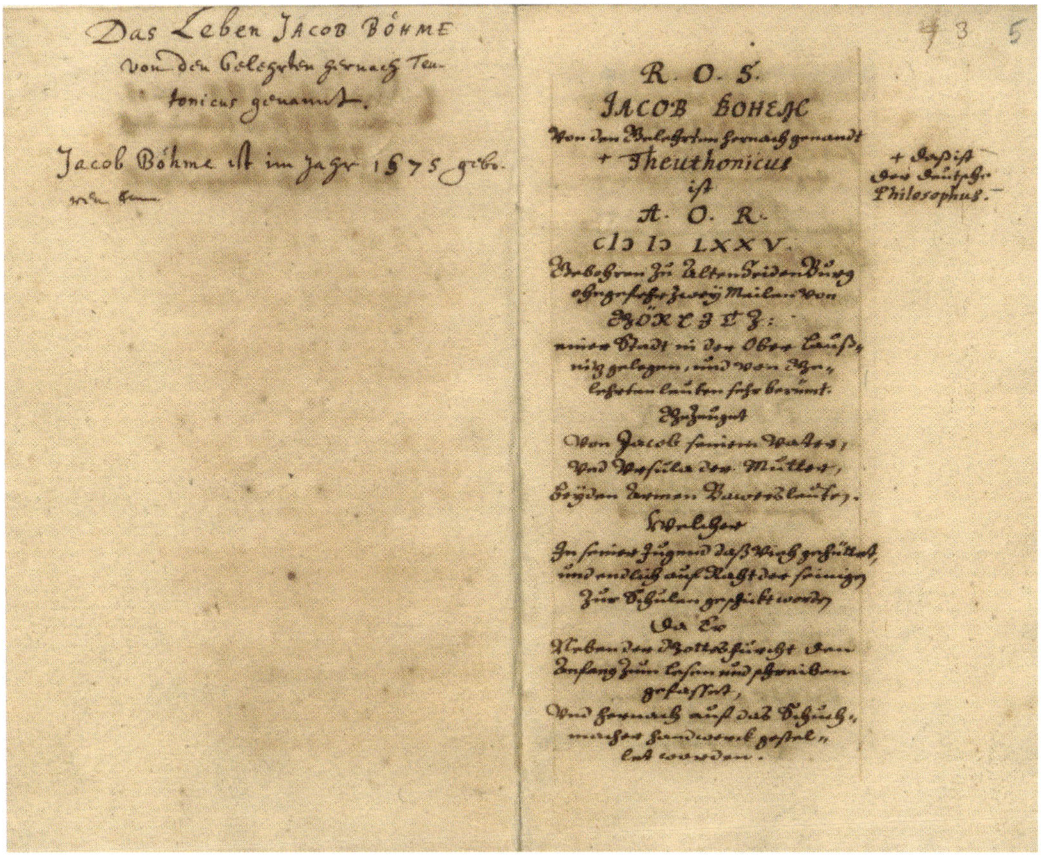

Abb. 7: Fassung F-I: Biblioteka Uniwersytecka Wrocław, Ms. Ack. 1975 D 236, S. 4–5. Das gesamte Ms., S. [1–20] findet sich im Anhang dieses Beitrages

riculo vitae J.B. Teutonicus. Vom Herrn A. v. Franckenberg in Latein gefertiget, ist bey übersetzung selbige in das deütsche folgens inseriret und beygethan worden“.[11]

Fassung F-II: Das *Mysterium magnum oder Erklärung vber das Erste Buch Moses* (Amsterdam, J. Janssonius, 1640) ist die einzige durch Beyerland veröffentlichte Ausgabe Jacob Böhmes in hochdeutscher Sprache. Als Druckvorlage für diesen Text benutzte Beyerland ein Manuskript mit dem Titel *De Mysterio magno, dass ist von der Offenbarung Göttlichen Worttß*, das sich heute, nach abenteuerlichen Wegen, wieder in Amsterdam, diesmal im Besitz der BPH/EFM befindet.[12] Für die Beschreibung von Jacob Böhmes Leben verwendete Beyerland das von Hegenicht persönlich nach Amsterdam verbrachte Manuskript (s. oben), dessen Titel er eigenhändig änderte. Zugleich gab er dem Setzer die Anweisung, die epigraphische Form des Textes in durchlaufenden Prosafluss umzuändern. Der so umgestaltete Text wurde dann, ohne jegliche Erwähnung Franckenbergs, mit dem Titel *Kurtze erinnerung Des Lebens und Wandels Iacob Böhme, von den gelehrten hernach Teutonicus genand* in der Ausgabe von Böhmes *Mysterium Magnum*, [Amsterdam] 1640, Bl. a2r–a4v, abgedruckt.[13]

11 Transkription des kompletten Zusatzes in Gilly 2007d, S. 345–348.

12 Bouman/Janssen, „Mercurius Teutonicus in Amsterdam“, in: Harmsen 2007, S. 311–339; Gilly 2007d, S. 344–345.

13 Bouman/Janssen, in: Harmsen 2007, S. 320–321.

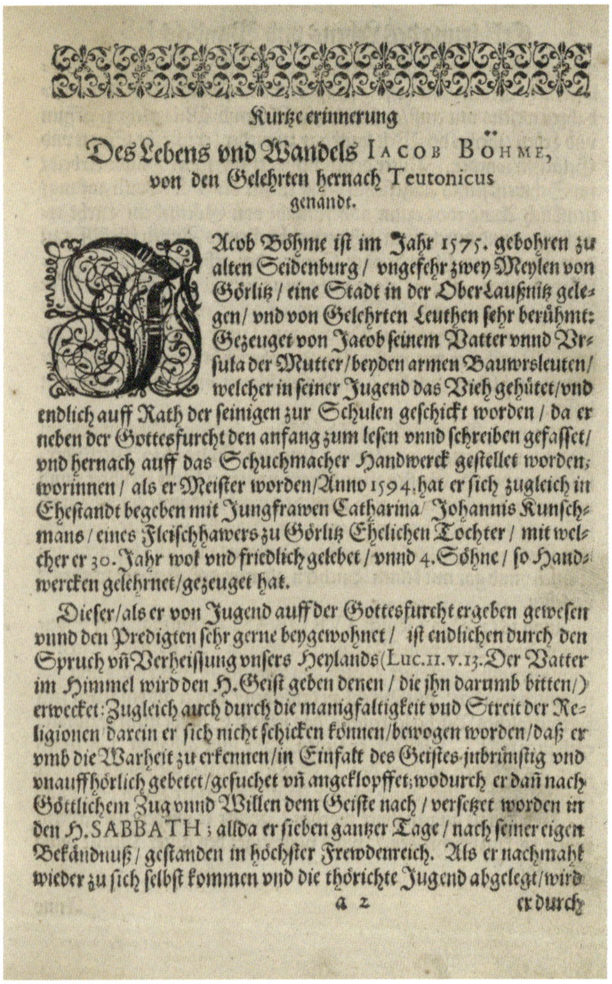

Kurtze erinnerung

Des Lebens vnd Wandels IACOB BÖHME, von den Gelehrten hernach Teutonicus genandt.

IAcob Böhme ist im Jahr 1575. gebohren zu alten Seidenburg / vngefehr zwey Meylen von Görlitz / eine Stadt in der OberLaußnitz gelegen / vnd von Gelehrten Leuthen sehr berühmt: Gezeuget von Jacob seinem Vatter vnnd Vrsula der Mutter / beyden armen Bauwrsleuten / welcher in seiner Jugend das Vieh gehütet / vnd endlich auff Rath der seinigen zur Schulen geschickt worden / da er neben der Gottesfurcht den anfang zum lesen vnnd schreiben gefasset / vnd hernach auff das Schuchmacher Handwerck gestellet worden; worinnen / als er Meister worden / Anno 1594. hat er sich zugleich in Ehestandt begeben mit Jungfrawen Catharina Johannis Kunschmans / eines Fleischhawers zu Görlitz Ehelichen Tochter / mit welcher er 30. Jahr wol vnd friedlich gelebet / vnnd 4. Söhne / so Handwercken gelehrnet / gezeuget hat.

Dieser / als er von Jugend auff der Gottesfurcht ergeben gewesen vnnd den Predigten sehr gerne beygewohnet / ist endlichen durch den Spruch vñ Verheissung vnsers Heylands (Luc. 11. v. 13. Der Vatter im Himmel wird den H. Geist geben denen / die jhn darumb bitten /) erwecket: Zugleich auch durch die manigfaltigkeit vnd Streit der Religionen darein er sich nicht schicken können / bewogen worden / daß er vmb die Warheit zu erkennen / in Einfalt des Geistes inbrünstig vnd vnauffhörlich gebetet / gesuchet vñ angeklopffet; wodurch er dañ nach Göttlichem Zug vnnd Willen dem Geiste nach / versetzet worden in den H. SABBATH; allda er sieben gantzer Tage / nach seiner eigen Bekändnuß / gestanden in höchster Frewdenreich. Als er nachmahl wieder zu sich selbst kommen vnd die thörichte Jugend abgelegt / wird

a 2 er durch

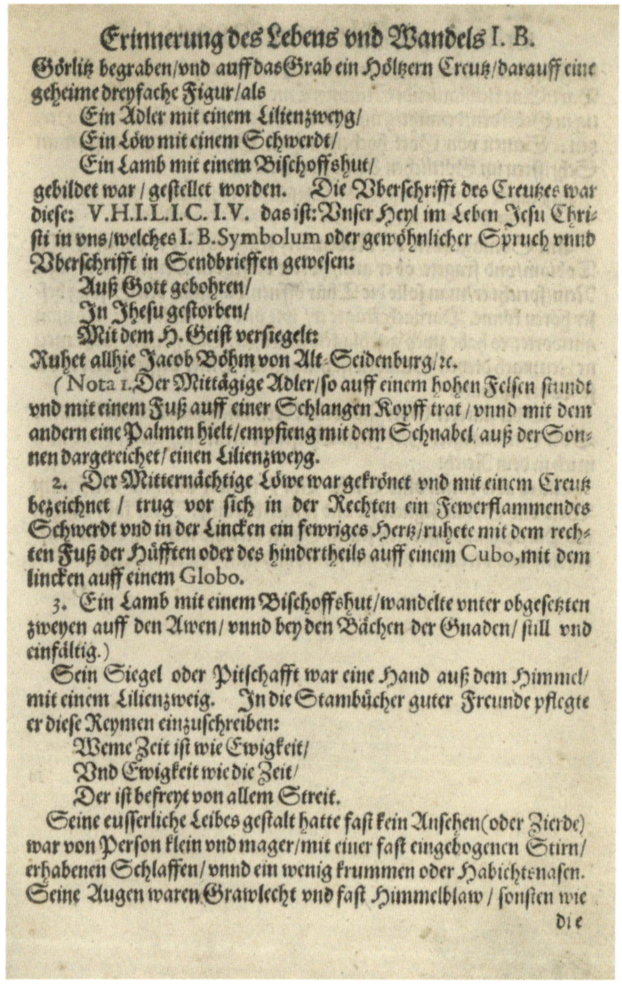

Erinnerung des Lebens vnd Wandels I. B.

Görlitz begraben / vnd auff das Grab ein Höltzern Creutz / darauff eine geheime dreyfache Figur / als

Ein Adler mit einem Lilienzweyg /
Ein Löw mit einem Schwerdt /
Ein Lamb mit einem Bischoffshut /

gebildet war / gestellet worden. Die Vberschrifft des Creutzes war diese: V.H.I.L.I.C.I.V. das ist: Vnser Heyl im Leben Jesu Christi in vns / welches I. B. Symbolum oder gewöhnlicher Spruch vnnd Vberschrifft in Sendbrieffen gewesen:

Auß Gott gebohren /
In Jhesu gestorben /
Mit dem H. Geist versiegelt:
Ruhet allhie Jacob Böhm von Alt-Seidenburg / ꝛc.

(Nota 1. Der Mittägige Adler / so auff einem hohen Felsen stundt vnd mit einem Fuß auff einer Schlangen Kopff trat / vnnd mit dem andern eine Palmen hielt / empfieng mit dem Schnabel auß der Sonnen dargereichet / einen Lilienzweyg.

2. Der Mitternächtige Löwe war gekrönet vnd mit einem Creutz bezeichnet / trug vor sich in der Rechten ein Fewerflammendes Schwerdt vnd in der Lincken ein fewriges Hertz / ruhete mit dem rechten Fuß der Hüfften oder des hindertheils auff einem Cubo, mit dem lincken auff einem Globo.

3. Ein Lamb mit einem Bischoffshut / wandelte vnter obgesetzten zweyen auff den Awen / vnnd bey den Bächen der Gnaden / still vnd einfältig.)

Sein Siegel oder Pitschafft war eine Hand auß dem Himmel / mit einem Lilienzweig. In die Stambücher guter Freunde pflegte er diese Reymen einzuschreiben:

Weme Zeit ist wie Ewigkeit /
Vnd Ewigkeit wie die Zeit /
Der ist befreyt von allem Streit.

Seine eusserliche Leibes gestalt hatte fast kein Ansehen (oder Zierde) war von Person klein vnd mager / mit einer fast eingebogenen Stirn / erhabenen Schlaffen / vnnd ein wenig krummen oder Habichtsnasen. Seine Augen waren Grawlecht vnd fast Himmelblaw / sonsten wie

Die

Abb. 8.1, 8.2: Fassung F-II: Jacob Böhme, *Mysterium Magnum*, Amsterdam 1640, Bibliotheca Philosophica Hermetica Collection Amsterdam, a2r, 3v

Fassung G: Im Druck überliefert. [A.v.F.], *Das Leben des Hoch-erleuchten seeligen Jacob Böhmen, kürzlich beschrieben*, in Jacob Böhme, *Der Wegk zu Christo / Verfasset in sechs Büchlein*, Amsterdam bey Henrico Betkio, 1658, S. 3–7. Stark reduzierte Zusammenfassung der *Kurtze Erinnerung* von 1640, mit einigen Ergänzungen. Die von ihm hier angekündigte „gründliche Relation von dem Leben und Wandel des Jacob Böhmen" hat Betke 1660 in seiner Ausgabe von Böhme, *Beschreibung der drey Principien Göttliches Wesens* noch einmal und mit mehr Nachdruck versprochen, doch am Schluss nicht abgedruckt, obwohl er bereits um diese Zeit – wie aus seinem Verlags- und Sortimentskatalog von 1663 zu ersehen ist – über ein Exemplar der 1653 in Thorn (Torún) erschienenen endgültigen Fassung verfügte.[14]

Fassung H-I: Druck von ca. 1653. Abraham von Franckenberg, *Kurtz- jedoch gründtlich- und warhaffter Bericht / von dem Leben und Abscheid des in Gott seelig ruhenden* JACOB BOEMENS, *dieser Theosophischen Schrifften / eigentlichen Authoris / und Vrhebers*. Diese in der Forschung als endgültig geltende Fassung erschien zum ersten Mal im 4. Band der sogenannten Thorner Auswahlausgabe (*Von Erschaffung des*

14 Gilly 2007d, S. 348–351.

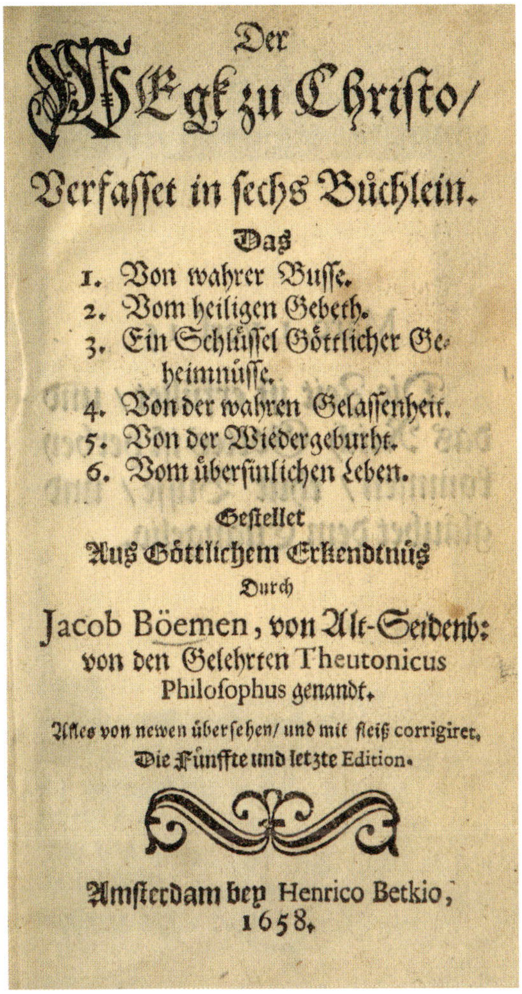

Der
WEgk zu Christo/
Verfasset in sechs Büchlein.
Das
1. Von wahrer Busse.
2. Vom heiligen Gebeth.
3. Ein Schlüssel Göttlicher Geheimnüsse.
4. Von der wahren Gelassenheit.
5. Von der Wiedergeburht.
6. Vom übersinlichen Leben.
Gestellet
Aus Göttlichem Erkendtnüs
Durch
Jacob Böemen, von Alt-Seidenb:
von den Gelehrten Theutonicus
Philosophus genandt.
Alles von newen übersehen/ und mit fleiß corrigiret.
Die Fünffte und letzte Edition.
Amsterdam bey Henrico Betkio,
1658.

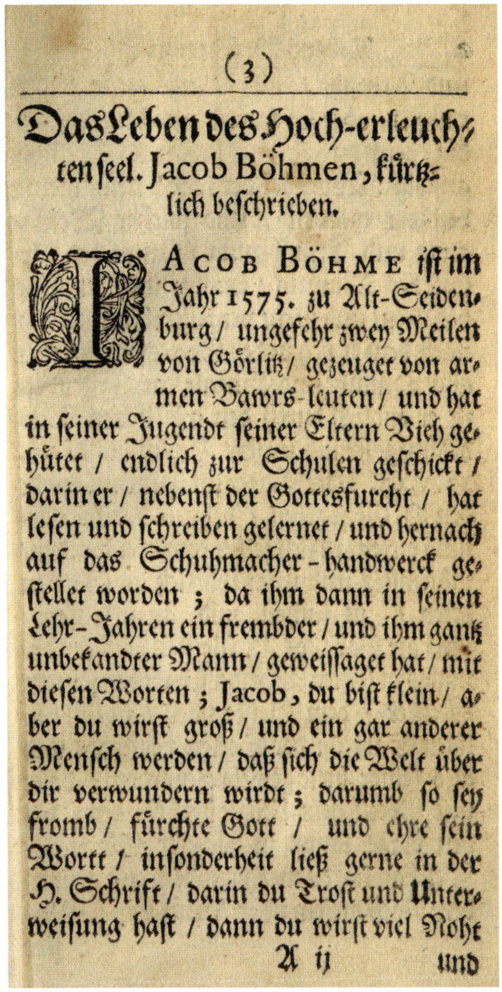

(3)
Das Leben des Hoch-erleuchten seel. Jacob Böhmen, kürtzlich beschrieben.

JACOB BÖHME ist im Jahr 1575. zu Alt-Seidenburg/ ungefehr zwey Meilen von Görlitz/ gezeuget von armen Bawrs-leuten/ und hat in seiner Jugendt seiner Eltern Vieh gehütet / endlich zur Schulen geschickt / darin er / nebenst der Gottesfurcht / hat lesen und schreiben gelernet / und hernach auf das Schuhmacher-handwerck gestellet worden ; da ihm dann in seinen Lehr-Jahren ein frembder / und ihm gantz unbekandter Mann / geweissaget hat / mit diesen Worten ; Jacob, du bist klein / aber du wirst groß / und ein gar anderer Mensch werden / daß sich die Welt über dir verwundern wirdt ; darumb so sey fromb / fürchte Gott / und ehre sein Wortt / insonderheit ließ gerne in der H. Schrift / darin du Trost und Unterweisung hast / dann du wirst viel Noht
A ij und

Abb. 9.1, 9.2: Fassung G: Jacob Böhme, *Der Wegk zu Christo*, Amsterdam 1658, Amsterdam, University Library, Allard Pierson Depot 62-2358, S. 2–3

Menschen […] *Alles aus J.B.T. Schrifften gezogen. Der IV. Theil*, o.O. [Thorn], o. J. [1653], Bl. A2v–C1v). Der hier abgedruckte Text mit 60 Abschnitten (ca. 7800 Worte) diente dann als Vorlage für den Abdruck in der Gesamtausgabe von Amsterdam 1682, der seinerseits ohne bedeutende Veränderungen in den Gesamtausgaben von Hamburg 1715, Leipzig 1730 und Stuttgart 1835 nachgedruckt wurde. Schließlich wurde er mit moderner Orthographie in der Reihe „Der Dom" vom Insel Verlag 1920 und 1923 durch Hans Kayser erneut ediert.[15]

Fassung H-II, Abraham von Franckenberg, *Gründlich und wahrhaffter Bericht von dem Leben und Abscheid des in Gott seelig-ruhenden JACOB BÖHMENS, dieser Theosophischen Schrifften / eigentlichen Authoris und Urhebers*, in Jacob Böhme, *Alle Theosophische Wercken*, Amsterdam 1682, Bd. 1, Bl. **1r–***6r. Neu in dieser Fassung von 1682 sind kleine Streichungen und Ergänzungen im Text, die Korrektur in der Nummerierung der Abschnitte 38–60 und besonders das Ersetzen des ursprüng-

15 Gilly 2007d, S. 350–353. Für eine ausführlichere Schilderung von Entstehung und Inhalt der Thorner Ausgabe vgl. *De Vita et Scriptis Jacobi Böhmii*, [Hamburg] 1715, Sp. 96–100; [Leipzig] 1730, S. 121–126 (Nachdruck Frommann-Holzboog, *Sämtliche Schriften*, Bd. 10). Vgl. auch Buddecke 1937–1957, Bd. 1, S. 80–86.

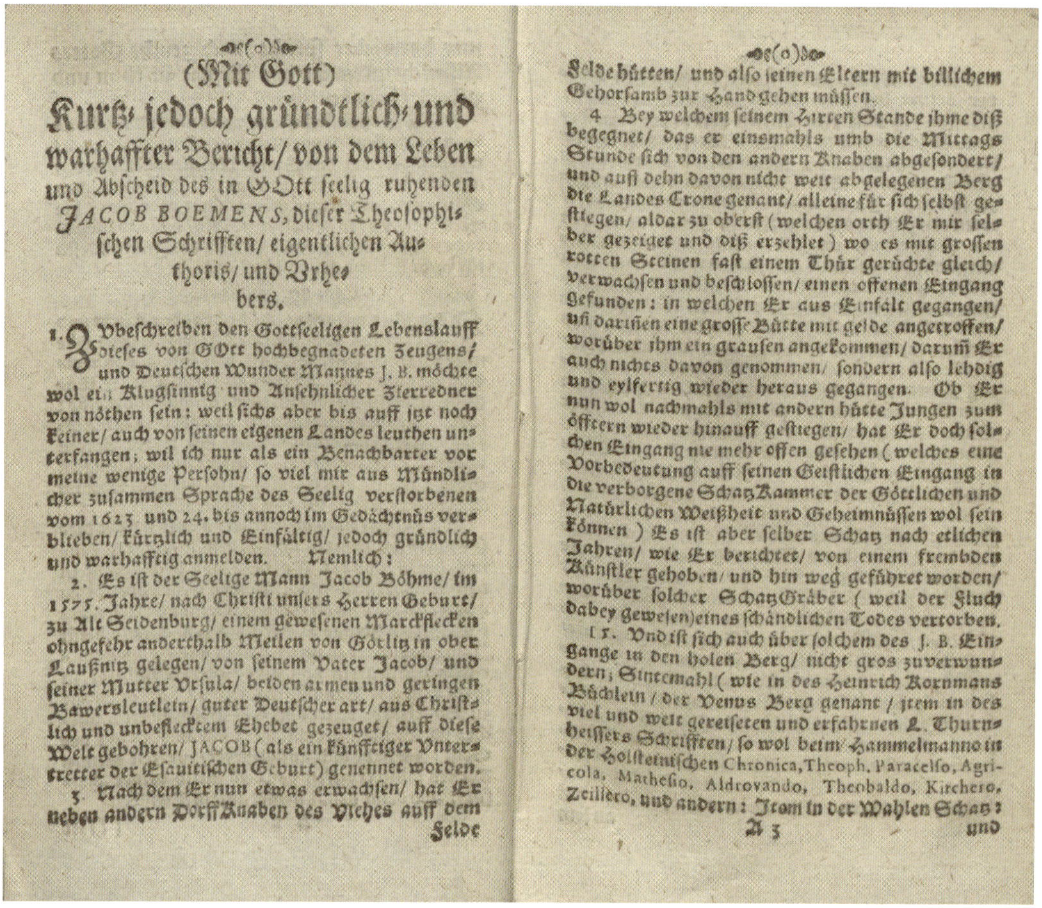

(Mit Gott)
Kurtz/ jedoch gründtlich/ und warhaffter Bericht/ von dem Leben und Abscheid des in GOtt seelig ruhenden JACOB BOEMENS, dieser Theosophischen Schrifften/ eigentlichen Authoris/ und Vrhebers.

1. ZV beschreiben den Gottseeligen Lebenslauff dieses von GOtt hochbegnadeten Zeugens/ und Deutschen Wunder Mannes J. B. möchte wol ein Klugsinnig und Ansehnlicher Zierredner von nöthen sein: weil sichs aber bis auff jtzt noch keiner/ auch von seinen eigenen Landes leuthen unterfangen; wil ich nur als ein Benachbarter vor meine wenige Persohn/ so viel mir aus Mündlicher zusammen Sprache des Seelig verstorbenen vom 1623 und 24. bis annoch im Gedächtnüs verblieben/ kürtzlich und Einfältig/ jedoch gründlich und warhafftig anmelden. Nemlich:

2. Es ist der Seelige Mann Jacob Böhme/ im 1575. Jahre/ nach Christi unsers Herren Geburt/ zu Alt Seidenburg/ einem gewesenen Marckflecken ohngefehr anderthalb Meilen von Görlitz in ober Laußnitz gelegen/ von seinem Vater Jacob/ und seiner Mutter Vrsula/ beiden armen und geringen Bawersleutlein/ guter Deutscher art/ aus Christlich und unbefleckten Ehebet gezeuget/ auff diese Welt gebohren/ JACOB (als ein künfftiger Vntertretter der Esauitischen Geburt) genennet worden.

3. Nach dem Er nun etwas erwachsen/ hat Er neben andern Dorff Knaben des Viehes auff dem Felde

Felde hütten/ und also seinen Eltern mit billichem Gehorsamb zur Hand gehen müssen.

4 Bey welchem seinem Hirten Stande jhme diß begegnet/ das er einsmahls umb die Mittags Stunde sich von den andern Knaben abgesondert/ und auff dehn davon nicht weit abgelegenen Berg die Landes Crone genant/ alleine für sich selbst gestiegen/ aldar zu oberst (welchen orth Er mir selber gezeiget und diß erzehlet) wo es mit grossen rotten Steinen fast einem Thür gerüchte gleich/ verwachsen und beschlossen/ einen offenen Eingang gefunden: in welchen Er aus Einfalt gegangen/ und darinnen eine grosse Bütte mit gelde angetroffen/ worüber jhm ein grausen angekommen/ darumb Er auch nichts davon genommen/ sondern also ledig und eylfertig wieder heraus gegangen. Ob Er nun wol nachmahls mit andern hütte Jungen zum öfftern wieder hinauff gestiegen/ hat Er doch solchen Eingang nie mehr offen gesehen (welches eine Vorbedeutung auff seinen Geistlichen Eingang in die verborgene SchatzKammer der Göttlichen und Natürlichen Weißheit und Geheimnüssen wol sein können) Es ist aber selber Schatz nach etlichen Jahren/ wie Er berichtet/ von einem frembden Künstler gehoben/ und hin weg geführet worden/ worüber solcher SchatzGräber (weil der Fluch dabey gewesen) eines schändlichen Todes verstorben.

[5. Vnd ist sich auch über solchem des J. B. Eingange in den holen Berg/ nicht gros zuverwundern; Sintemahl (wie in des Heinrich Kornmans Büchlein / der Venus Berg genant / item in des viel und weit gereiseten und erfahrnen L. Thurnheissers Schrifften/ so wol beim Hammelmanno in der Holsteinischen Chronica, Theoph. Paracelso, Agricola, Mathesio, Aldrovando, Theobaldo, Kirchero, Zeillero, und andern: Item in der Wahlen Schatz:

A 3 und

Abb. 10: Fassung H-I: Jacob Böhme, *Von Erschaffung des Menschen*, Thorn [1653], A2v–3r, Biblioteka Uniwersytecka Wrocław, 308027

lichen kurzen Abschnitts 23 durch eine vier Mal längere Erzählung über Böhmes Aufenthalt im Hause des David Schweinitz, die vermutlich gar nicht von Franckenberg stammt. Die Textabschnitte, die in der Thorner Ausgabe mit eckigen Klammern versehen waren (Abschnitte 5, 8, 14, 19, 21, 24, 26, 30), wurden auch hier in eckigen Klammern gesetzt, wohl um dem Leser anzudeuten, dass sie nicht zum ursprünglichen Text von Franckenberg gehörten. In den späteren Ausgaben von 1715 (Fassung H-III) und 1730 (Fassung H-IV) verschwanden diese Klammern allmählich, und in den letzten Ausgaben von 1835 (Fassung H-V) und 1920/1923 (Fassung H-VI) ist davon keine Spur mehr geblieben.[16]

***

Einzig Peuckert hat sich die Mühe gemacht, Franckenbergs *Bericht* systematisch zu prüfen und uns zugleich eine nützliche Übersicht in Bezug auf die darin benutzten Quellen geliefert. Doch obwohl Peuckert der Erste war, dem die Unterschiede zwischen dem Text der Thorner Ausgabe und dem Abdruck in den späteren Editionen aufgefallen sind, hat er die Autorschaft Franckenbergs für die langen Exkurse (Abschnitte 5, 17, 18, 19, 24, 30) zum ursprünglichen *Bericht* nicht in Frage gestellt.

16 Gilly 2007d, S. 353–355. Für die Ausgaben von 1715, 1730, 1835, 1920, 1923, die hier nicht besprochen werden, vgl. ebd., S. 355–358.

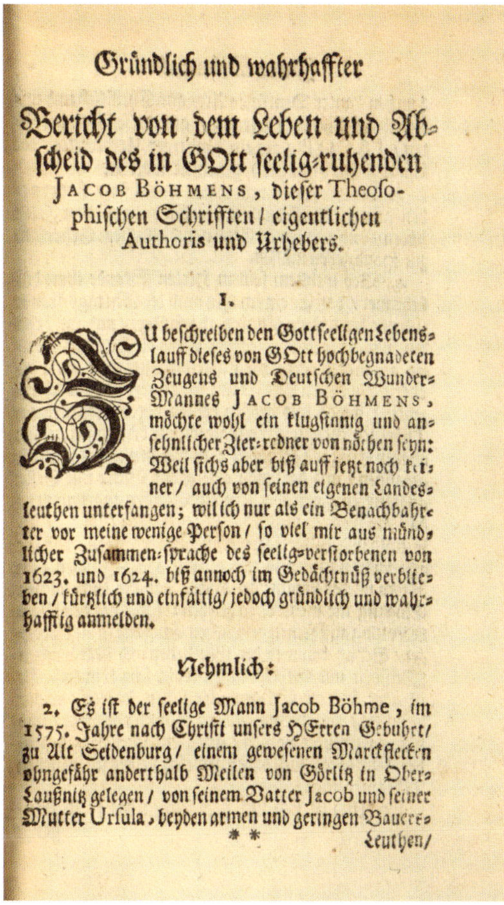

Gründlich und wahrhaffter
Bericht von dem Leben und Abscheid des in GOtt seelig-ruhenden
JACOB BÖHMENS, dieser Theosophischen Schrifften / eigentlichen Authoris und Urhebers.

I.

ZU beschreiben den Gottseeligen Lebenslauff dieses von GOtt hochbegnadeten Zeugens und Deutschen Wunder-Mannes JACOB BÖHMENS, möchte wohl ein klugsinnig und ansehnlicher Zier-redner von nöthen seyn: Weil sichs aber biß auff jetzt noch keiner / auch von seinen eigenen Landesleuthen unterfangen; wil ich nur als ein Benachbahrter vor meine wenige Person / so viel mir aus mündlicher Zusammen-sprache des seelig-verstorbenen von 1623. und 1624. biß annoch im Gedächtnüß verblieben / kürtzlich und einfältig / jedoch gründlich und wahrhafftig anmelden.

Nehmlich:

2. Es ist der seelige Mann Jacob Böhme, im 1575. Jahre nach Christi unsers HErren Geburt / zu Alt Seidenburg / einem gewesenen Marckflecken ohngefähr anderthalb Meilen von Görlitz in Ober-Laußnitz gelegen / von seinem Vatter Jacob und seiner Mutter Ursula, beyden armen und geringen Bauers-

** Leuthen/

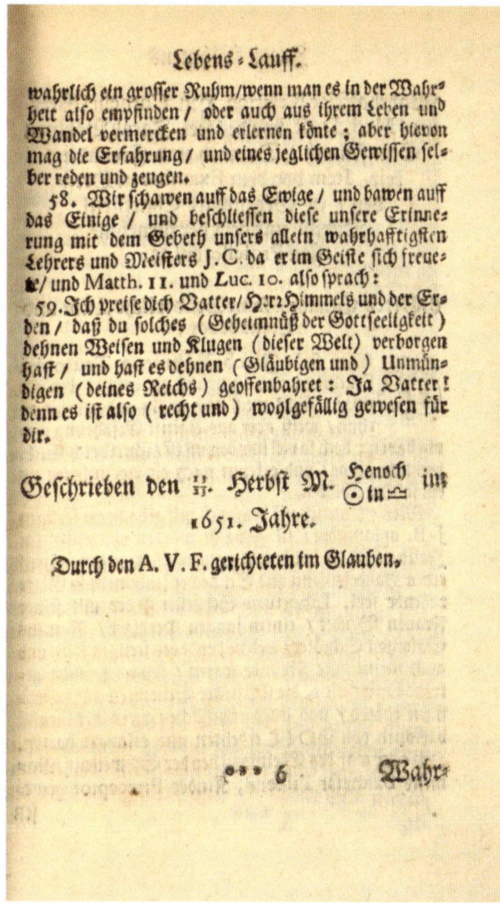

Lebens-Lauff.

wahrlich ein grosser Ruhm / wenn man es in der Wahrheit also empfinden / oder auch aus ihrem Leben und Wandel vermercken und erlernen könte; aber hievon mag die Erfahrung / und eines jeglichen Gewissen selber reden und zeugen.

58. Wir schawen auff das Ewige / und bawen auff das Einige / und beschliessen diese unsere Erinnerung mit dem Gebeth unsers allein wahrhafftigsten Lehrers und Meisters J.C. da er im Geiste sich freuete / und Matth. 11. und Luc. 10. also sprach:

59. Ich preise dich Vatter / HErr Himmels und der Erden / daß du solches (Geheimnüß der Gottseeligkeit) dehnen Weisen und Klugen (dieser Welt) verborgen hast / und hast es dehnen (Gläubigen und) Unmündigen (deines Reichs) geoffenbahret: Ja Vatter! denn es ist also (recht und) woolgefällig gewesen für dir.

Geschrieben den 11/21. Herbst M. Henoch ☉ in ♎ im 1651. Jahre.

Durch den A. V. F. gerichteten im Glauben.

*** 6 Wahr-

Abb. 11.1, 11.2: Fassung H-II: Jacob Böhme, *Alle Theosophische Wercken*, Amsterdam 1682, Bd. 1, Bibliotheca Philosophica Hermetica Collection Amsterdam, **1r, ***6r

Denn er war der Überzeugung, dass der Erstdruck des *Berichts* im vierten Band und überhaupt die ganze Thorner Ausgabe „von einem Sohne des Görlitzer Oberpfarrers Richter“ und auch von Franckenberg selbst „besorgt worden ist“.[17]

In Wirklichkeit war Franckenberg weder direkt noch indirekt an der Drucklegung seiner unterschiedlichen Böhme-Biographien beteiligt: Weder an derjenigen von 1631, die von Johann Saccus in Amsterdam herausgegeben wurde (Fassung E), noch an der von 1640, die Beyerland als Einleitung zum *Mysterium Magnum* ebenfalls in Amsterdam edierte (Fassung F-II) und noch weniger an derjenigen von 1653 von Gottfried Richter in Thorn (Fassung H-I). Von der ursprünglich lateinischen *Vita* hat sich offensichtlich nur der zweite Teil erhalten (Fassung A), aber wir wissen hingegen genau, wie diese ausgesehen hat, da die von Hegenicht in epigraphischer Tabellenform angefertigte deutsche Übersetzung das getreue Abbild von dem verlorengegangenen lateinischen Original Franckenbergs von 1637 widerspiegelt.[18]

Nun ist aber durch die Bibliotheca Philosophica Hermetica ganz unverhofft ein bisher unbekanntes handschriftliches Exemplar von Franckenbergs Böhme-Biographie von 1651 erstanden worden, das offensichtlich für die Veröffentlichung in einer der bei Betkius in Amsterdam erscheinenden

17 Peuckert 1924, S. 152–153, 178; Peuckert 1961, S. 208–209, 236.

18 BU Wrocław (Ms. Ack. 1975 D 236, S. 13–18). Harmsen 2007, S. 342–343.

Böhme-Editionen angepasst wurde. Der Titel lautet *Kurz, iedoch gründlich und warhaffter Bericht von dem Leben und Abscheid des in Gott seelig ruhenden Jacob Boemens, dieser Theosophischen Schrifften eigentlichen Autoris und Urhebers*. Der Umfang beträgt fünfundzwanzig engbeschriebene Seiten in Octavo. Die Handschrift befindet sich in einem Sammelband mit Böhme-Ausgaben aus Betkius' Offizin aus den Jahren 1662/63 und 1675, also genau aus der Zeit, als Betkius als Verleger von Jacob Böhme, aber auch von allen anderen theosophischen Autoren, pausierte.

Ob Betkius selbst diese Anpassung in Auftrag gegeben hatte, um die von ihm mehrmals versprochene „gründliche Relation von dem Leben und Wandel des Jacob Böhmen" endlich veröffentlichen zu können, bleibe dahingestellt. Als Betkius aber nach 1675 das Geschäft mit den Böhme-Editionen wiederaufnahm, verfügte er wohl nicht mehr über diese ausführliche handschriftliche Fassung, so dass er sich in seiner Ausgabe von *Der Weg zu Christo* von 1677 wiederum mit dem Abdruck des uns schon bekannten gekürzten *Leben* aus den *Send-Schreiben* von 1658 zufriedengab. Der unbekannte Besitzer in Holland, der um 1675 den Sammelband für „2 Kopfstück" zusammenbinden ließ, hatte für die noch ungebundenen und „rohe" Schriften „3 niederländische Gulden" bezahlt und war auch der Meinung, wie er auf der inneren Vorderseite stolz notierte, dass die in seinem Besitz befindliche handschriftliche Fassung von „Jacob Böhems gottsehliger Lebenslauff, so noch nie gedruckt" worden war.[19]

Dies stimmt aber nicht ganz, denn bei der Handschrift im Sammelband der BPH/EFM handelt es sich um eine parallele Überlieferung der im 4. Band der äußerst raren Thorner Auswahlausgabe ca. 1653 veröffentlichten Fassung von Franckenbergs *Bericht*, und letztere lag bereits seit mehr als 20 Jahren im Druck vor.

Viel wichtiger ist aber die Tatsache, dass die BPH/EFM-Version offensichtlich nicht direkt von dem Druck abgeschrieben wurde, denn sowohl die besseren Varianten wie auch die richtige Nummerierung der Abschnitte (ab Nummer 38) und die anderslautenden Hinweise auf die damals zugängliche Böhme-Dokumentation lassen eher den Eindruck entstehen, dass es sich bei diesem Exemplar um eine Version des *Berichts* handelt, die direkt auf Franckenbergs engen Freundeskreis zurückgeht. Dies würde aber bedeuten, dass die in der Thorner Auswahlausgabe vorhandenen eckigen Markierungen für die fremden Zusätze (Abschnitte [5], [8], [14], [19], [24], [26], [30]) nicht vom Thorner Herausgeber stammen, denn die gleichen Markierungen sind auch in der BPH/EFM-Version vorhanden; hier war wohl einer der Nachlassverwalter[20] am Werk, der unmittelbar nach Franckenbergs Tod dessen Böhme-Biographie mit zusätzlichen Notizen bereichert hat.

Wie dem auch sei: Die BPH/EFM-Version des *Bericht von dem Leben und Abscheid Jacob Boemens* wurde von einem sorgfältigen Kopisten geschrieben, der nicht nur um die Exaktheit und Lesbarkeit des Textes bemüht war, sondern seine Abschrift womöglich auch als Vorlage für eine Edition vorbereitete. Die Schrift ist zierlich und regelmäßig, die Schreibweise nicht antiquiert (z statt tz, t statt th, d statt dt, u statt w) und das kleine Format entspricht dem Schriftspiegel der Böhme-Editionen von Betkius. Die Lesevarianten zum Thorner-Text sind in der Regel die besseren: „verdorben" statt „vertorben"; „Ausruh- und Sabattstag" statt „Außruff und Sabbats Tag"; „in der Wahlen Schatzkammer- und Bergbüchlein" statt „in der Wahlen Schatz- und Bergbüchlein". An der Stelle, wo der Thorner sowie alle späteren Herausgeber vom Zeugnis der Dresdner Theologen über Böhme berichten und auf das „hiebey *angehängte* Send-Schreiben" von Cornelius Weissner an den ältesten Sohn von Abraham van Beyerland, namens Willem Abrahamszoon, vom 22. Februar 1651 hinweisen, schrieb

---

19 Wiedergabe des BPH/EFM-Manuskriptes, vgl. unten, S. 403–419.

20 Zu den Erben gehörten Johann Scheffler, Johann Sigismund von Schweinichen („ex legato A.V.F.") und auch der Kalligraph Wilhelm Schwartz, vgl. Franckenberg 1995, S. 347–348; Gilly 2007a, S. 51–52. Wilhelm Schwartz käme übrigens auch als Kopist des BPH-Manuskripts von Franckenbergs *Bericht* in Frage.

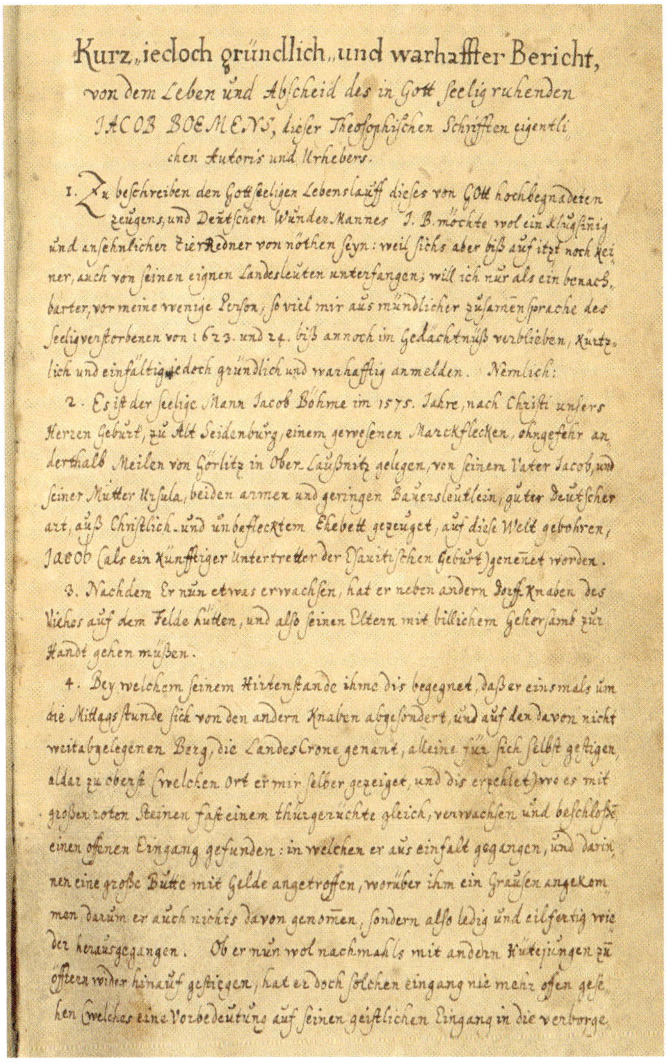
Kurz, iedoch gründlich, und warhaffter Bericht,
von dem Leben und Abscheid des in Gott seelig ruhenden
JACOB BOEMENS, dieser Theosophischen Schrifften eigentli
chen Autoris und Urhebers.

1. Zu beschreiben den Gottseeligen Lebenslauff dieses von GOtt hochbegnadeten
Zeugens, und Deutschen Wunder Mannes J. B. möchte wol ein klugsinnig
und ansehnlicher ZierRedner von nöthen seyn: weil sichs aber biß auf itzt noch kei
ner, auch von seinen eignen Landesleuten unterfangen; will ich nur als ein benach
barter, vor meine wenige Person, so viel mir aus mündlicher zusamensprache des
seeligverstorbenen von 1623. und 24. biß annoch im Gedächtnuß verblieben, Kurtz
lich und einfältig, jedoch gründlich und warhafftig anmelden. Nemlich:

2. Es ist der seelige Mann Jacob Böhme im 1575. Jahre, nach Christi unsers
Herren Geburt, zu Alt Seidenburg, einem gewesenen Marckflecken, ohngefehr an
derthalb Meilen von Görlitz in Ober Laußnitz gelegen, von seinem Vater Jacob, und
seiner Mutter Ursula, beiden armen und geringen Bauersleutlein, guter deutscher
art, auß Christlich- und unbefleckten Ehebett gezeuget, auf diese Welt gebohren,
Jacob (als ein künfftiger Untertretter der Esauitischen Geburt) genenet worden.

3. Nachdem Er nun etwas erwachsen, hat er neben andern Dorff-Knaben des
Viehes auf dem Felde hütten, und also seinen Eltern mit billichem Gehorsamb zur
Handt gehen mußen.

4. Bey welchem seinem Hirtenstande ihme dis begegnet, daß er einsmals um
die Mittagsstunde sich von den andern Knaben abgesondert, und auf den davon nicht
weitabgelegenen Berg, die LandesCrone genant, alleine für sich selbst gestigen,
aldar zu oberst (welchen Ort er mir selber gezeiget, und dis erzehlet) wo es mit
großen roten Steinen fast einem thürgerüchte gleich, verwachsen und beschloße,
einen ofenen Eingang gefunden: in welchen er aus einfalt gegangen, und darin
nen eine große Butte mit Gelde angetroffen, worüber ihm ein Grausen angekom
men darum er auch nichts davon genomen, sondern also ledig und eilfertig wie
der herausgegangen. Ob er nun wol nachmahls mit andern Hütejungen zu
öfftern wider hinauf gestiegen, hat er doch solchen eingang nie mehr ofen gese
hen (welches eine Vorbedeutung auf seinen geistlichen Eingang in die verborge

Abb. 12: Abraham von Franckenberg, *Kurtz- iedoch gründtlich- und warhaffter Bericht, von dem Leben und Abscheid des in Gott seelig ruhenden Jacob Boemens*, Bibliotheca Philosophica Hermetica Collection Amsterdam, S. 1

unser anonymer Kopist „in einem unten hiebey *angezognem* Sendschreiben", weil er sich am Schluss seiner Kopie mit dem bloßen Hinweis auf diese bereits 1658 bei Betkius gedruckte Relation Weissners begnügte („besiehe Herrn C.W.M.D.V.L. Schreiben an H.G.R.V.B.[21] de dato 22 Febr. 1651, so zu Ende der *Theosophischen Sendschreiben J.B.T.* angehengt").

Bei einer künftigen kritischen Edition von Franckenbergs *Bericht von dem Leben und Abscheid Jacob Boemens* (aus der zumindest alle in eckigen Klammern gesetzten Abschnitte zu streichen sind)

---

21 Auflösung der Akronyme: Cornelius Weissner [Wiesner] Medicinae Doctor Vtriusque Laubensis an Herrn Gulielmum Abrahamszoon van Beyerland, wobei das „A" im zweiten Kürzel fälschlicherweise als „R" gelesen wurde. Dieser Fehler hat sich in allen Ausgaben seit 1715 wiederholt, vgl. Buddecke 1937–1957, Bd. 1, S. 20, 32, 42, 82. Beim Adressaten handelt es sich um den ältesten Sohn des 1648 verstorbenen Abraham van Beyerland mit Namen Wilhelm Abrahamszoon (1627–1669). Die älteste handschriftlich erhaltene Kopie stammt von der Hand Michel le Blons, für den eigentlich der Bericht bestimmt war (Wolfenbüttel, HAB Cod. Guelf. 67 Novissimi 4°, S. 13v–15r: „Copie van sekeren Brief, die mij gesonden is van Heer Wisner doctor inder Medecijne, tot Breslaw. Anno 1651"). Erstdruck 1653 auf Niederländisch (Le Blon 1653), S. 99–115; dann auf Deutsch in I.B.T., *Theosophische Send-Schreiben*, Böhme 1658a, S. 462–470.

kommt somit der von der BPH/EFM erworbenen Kopie eine besondere Rolle zu, denn sie enthält nicht nur die älteste und zuverlässigste Version, sondern stellt auch das einzig erhaltene zeitgenössische Manuskript von Franckenbergs endgültiger Biographie Böhmes dar.

***

Was die von Peuckert angesprochenen „erbaulichen Betrachtungen" (Abschnitte 39–55) betrifft, die sowohl in der Thorner Ausgabe wie auch im BPH/EFM Manuskript unter der Rubrik „Beschluß und Erinnerung" den *Bericht* abschließen, gehören diese eigentlich nicht mehr zu Böhmes Biographie, sondern vielmehr zur Verkündung des publizistischen gnostisch-hermetisch-theosophischen Programms, das sich Franckenberg in seinen sonstigen Schriften zu realisieren vorgenommen hatte.

Einen Mittelpunkt in diesem Programm bildet selbstverständlich Jacob Böhme, dessen Schriften, laut Franckenberg,

> von solcher Würde und Güte [sind], daß meines Erachtens (ob man anderes offene Fenster gen Jerusalem hat) seit der Apostelzeit kaum ein solcher hoher und tiefer Grund von dem wesentlichen Erkäntnuß der allerheiligsten Göttlichen Dreyeinigkeit, und dem Licht der geheimen und offenbaren Natur, Gnad und Herrlichkeit, den Menschen dieses Erdbodens ist eröfnet und fürgezeiget worden. (Abschnitt 49)

Aber eben nicht Böhme allein. Auch in den Büchern von vielen anderen Autoren, die Franckenberg in seinen Werken (*Oculus Sidereus, Trias Mystica, Via Veterum Sapientium, Evangelium Exulantum, Copia vom Greuel der Vernichtung, Judicium Theomanticum, Raphael, Sephiriel*) öfter zitiert, sei

> sonsten genugsamer Anlaß zu weiterer Erforschung des wahren Theosophischen Grundes gegeben, wie auch andere Authores Neue und Alte, nebenst H. Schrift (besonderes in *Oculo Sydereo*) angezogen, bey welchen ein gründliches und umständliches zu suchen. (Abschnitt 55)[22]

Die „angezogenen Autores" in dem hier zuletzt erwähnten *Oculus Sidereus* von 1644 sind mehr als 220; darunter befinden sich Cusanus, Ficino, Pico, Agrippa, Copernicus, Postel, Patrizi, Galilei, Kepler, Bureus, Jacobus Theutonicus, Werdenhagen, Hevelius, Menasse ben Israel und selbst die anonymen Verfasser der *Fama Fraternitatis R.C.*, jedoch nimmt allein die Besprechung der Schriften von Giordano Bruno ein Viertel (20 von 72 Seiten) des Buches für sich in Anspruch.[23] In der *Via Veterum Sapientum* von 1637 (gedruckt 1675) tauchen auch oft Namen wie Castellio, Syderocrates, Andreae, Meyfart und Werdenhagen auf, aber die längeren Textpassagen am Schluss stammen aus Schriften von Zoroaster, Pythagoras, Plato und ganz besonders aus dem *Corpus Hermeticum*, woraus kurze Kapitel in schönster poetischer Sprache auf Deutsch übersetzt und am Rande kommentiert wurden. In der *Theophrastia Valentiniana* von 1627 (gedruckt 1703) ist von Valentinus und den Gnostikern die Rede, die hier zum ersten Mal seit der Antike vollständig rehabilitiert und sogar in Zusammenhang mit Jacob Böhme gebracht wurden („wie die Scripta Theutonici nostri J.B."), so dass der erste Herausgeber dieser Schrift, Gottfried Arnold, in seiner *Kirchen- und Ketzer-Historie* Valentinus und dessen Anhänger als Vertreter eines echten Christentums uneingeschränkt rühmte: „Gnostici, wahre Christen".[24] Sonst empfiehlt Franckenberg am Schluss seines *Berichts* über Böhmes Lebenslauf sowohl den niederländischen Jesuiten Maximilian Sandaeus (*Pro Theologia Mystica Clavis*, Köln 1640), wie auch

22 Nummerierung nach der BPH-Handschrift.
23 Franckenberg 1644a, S. E1v–F3v, H3r–I1v.
24 Gilly 2000, S. 425; Arnold 1699–1700, Bd. 1, S. 69.

den Schwenckfeldianer Daniel Friedrich (*Christliche und nützliche Fragstück*, o.O. 1643); ferner empfiehlt er seinen Lesern die Schriften von Tauler, Ruusbroec, Harphius, Suso, á Kempis, dem Verfasser der *Theologia Deutsch*, Luther und Arndt[25] (Abschnitt 54), legt hier aber besonderen Wert auf zwei Veröffentlichungen: erstens auf Werdenhagens Ausgabe der *Psychologia vera* von Böhme (Leiden 1632, wegen der dort geübten Kritik an den „heidnisch Aristotelischen Schul-zänkern" sowie „falschen Lichtern der bethörten und verkehrten Weltgelährten", die nichts anderes bewirkten, als die Christen gegeneinander zu hetzen (Abschnitte 44, 55, 56);[26] und zweitens auf das Buch „Harmonia oder Concordanz/ derer so die Welt nunmehr Catholisch/ Lutherisch/ und Calvinisch oder Reformiert nennet/ 1613 zu Augsburg gedruckt" (Abschnitt 56). Es handelt sich dabei um das Buch des schwenckfeldianischen Dichters Daniel Sudermann *Harmonia oder Concordantz, Das ist: Eine Zusammenstimmung, Vergleich und Einhellung etlicher Puncten und Artickeln Christlicher Lehre/ Deren/ so die Welt nunmehr Catholische/ Lutherische/ Calvinische/ etc. ernennet*, das der Fürst August von Anhalt in seiner geheimen Druckstatt veröffentlichen ließ[27] und das bald darauf von einem lutherischen Theologen wie folgt kritisiert wurde:

> Es hatt den nahmen einer Harmonie, Aber es ist nichts anderes dann ein Quodlibet, doraus ein widertaufferisch oder gar ein heydnisches Wessen und Aller Religionen Confussion volgen würdt, Allso das ein Jeder in seiner Religion möge Seelig werden, wann er nur eusserlich der vernunfft und Natürlicher billichkeit nach lebet.[28]

In Wirklichkeit handelt es sich bei diesem Buch um eine gewagte Anthologie von Außenseitern aller drei etablierten christlichen Konfessionen, die wenig Gemeinsames mit den damals herrschenden Lehren ihrer jeweiligen Glaubensgenossen hatten. In der Tat, nach zahlreichen Zitaten aus den Schriften von Tauler, Pico und Francesco Zorzi befinden sich auch längere Textpassagen von Sebastian Franck, von einem „Doktor Eliander" (das heißt, von Caspar Schwenckfeld), von „Basilius Monfortius" und „Georgius Kleinbergius" (beide sind Pseudonyme von Sebastian Castellio aus dessen *De haereticis an sint persequendi*) und, selbstverständlich, auch von Erasmus, aus dessen Schriften die meisten Zitate in der Abteilung über die Katholiken stammen.[29]

Bei aller Liebe und Bewunderung für Jacob Böhme (Abschnitt 18), umspannt Franckenbergs eklektisches Interesse ein viel breiteres Spektrum des religiösen und philosophischen Dissidententums, das erst um 1700 durch den selbsternannten Nachlassverwalter verfolgter Autoren („bibliotecarius ecclesiae persecutae") Friedrich Breckling und den Ketzerhistoriker Gottfried Arnold übertroffen wurde.

25 In einem auf Kupfer gestochenen Widmungsblatt, *Currus Evangelicus*, zu Arndts Evangelienpostille (Arndt 1643) stellt Franckenberg „den von Gott erleuchteten" Verfasser der *Vier Bücher vom wahren Christentum* – nach Wycliff, Huss und Luther – als den Vierten Herold des neuen gebenedeiten Zeitalters: „Cui sacra Scripta Pii non clarent caelitus Arndti / Heu! miser in media caecutit ille Die"; vgl. auch Arndt 1736, S. 1059.

26 Zum Thema der Gelehrten-Verkehrten vgl. Gilly 1991. Zum Anti-Aristotelismus von Werdenhagen siehe den Beitrag von Päivi Mehtonen in diesem Band.

27 [Sudermann] 1614.

28 Wolfenbüttel HAB, Ms. 1104 Helmst., Bl. 85r–127r: *Bedencken von Einem buech Tituliert Harmonia oder Concordantz* [...] *im Jahre 1613 ohne dess Authors, Orts, vnd druckers nahmen Gedruckht*, Bl. 125v–126r; vgl. Gilly 2005, S. 296–297.

29 Gilly 2005, S. 296–297; Gilly 1994, S. 445–448; Guggisberg 1997, S. 290.

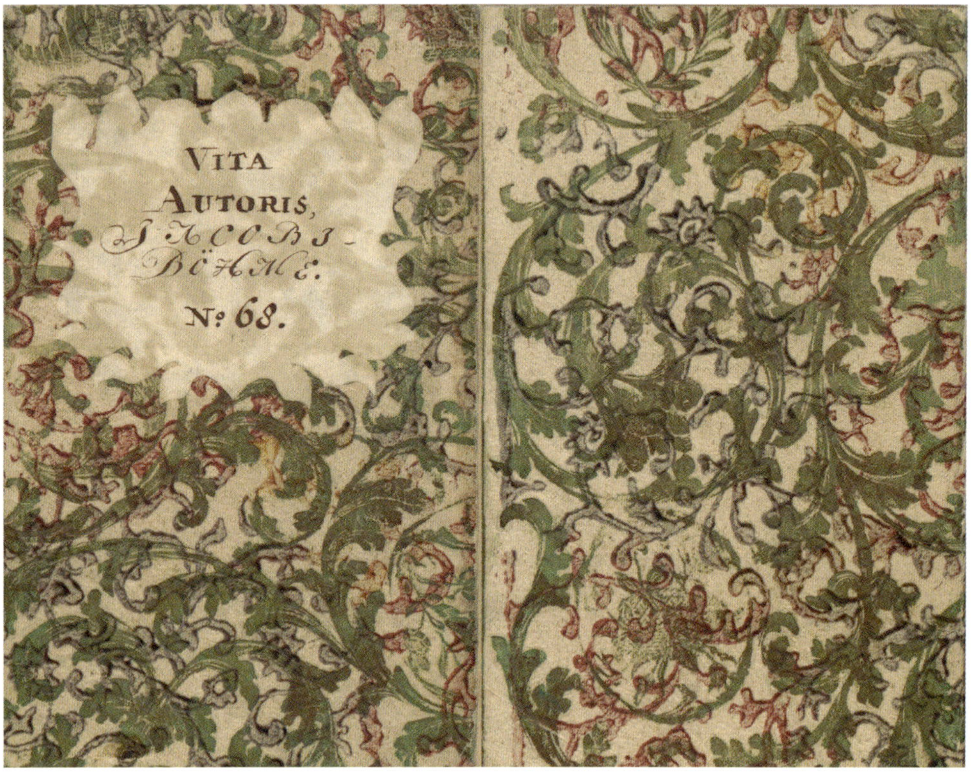
Vita
Autoris,
Jacobi-
Böhme.
N:o 68.

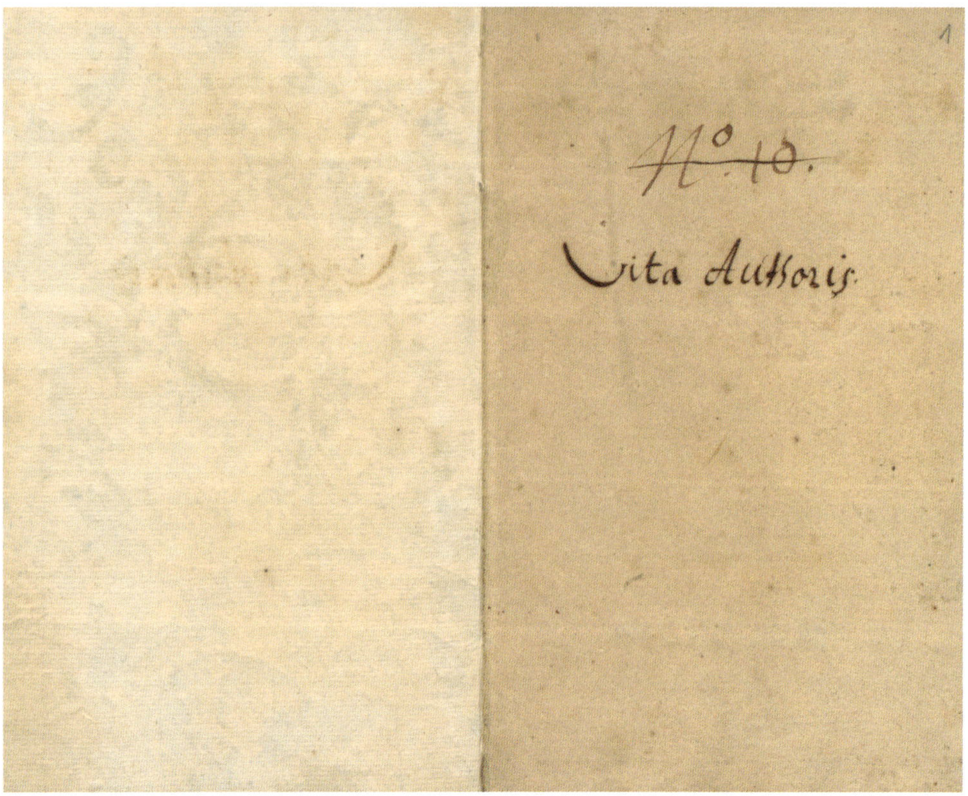
No 10.
Vita Authoris

Das Leben J.B.T., wie es von A.V.F. in Latein, doch gar kurtz gefasset, hier deutsch übergesetzet.

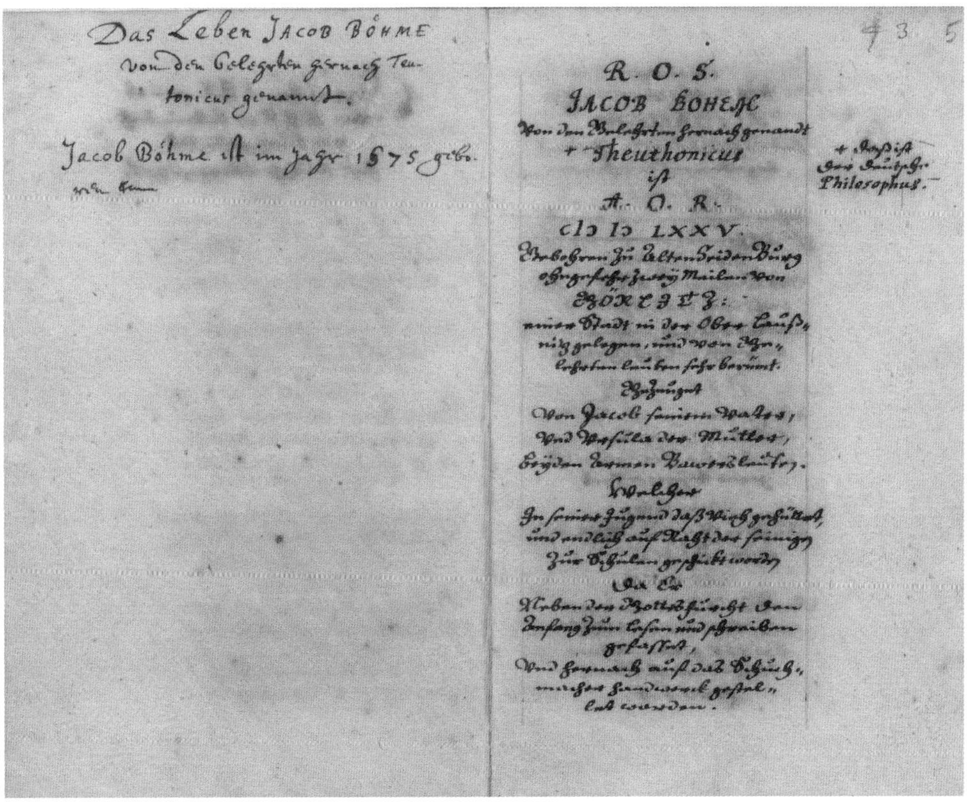

Das Leben JACOB BÖHME von den Gelehrten genannt Teutonicus genannt.

Jacob Böhme ist im Jahr 1575 geboren

R. O. S.
JACOB BOHEM
+ Theuthonicus
ist
A. O. R.
clↄ Iↄ LXXV.

+ das ist der deutsche Philosophus.

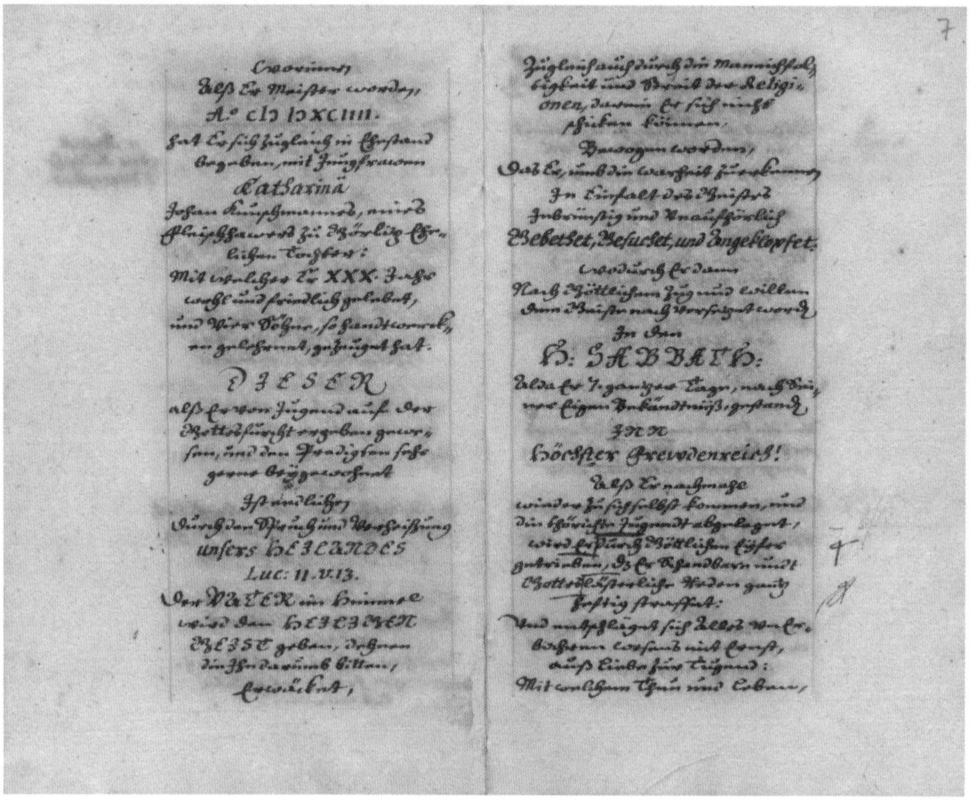

7

Erworben,
als Er Meister worden,
Aº ClƆ IƆXCIIII.
hat Er sich hierauf in Ehestand
begeben, mit Jungfrauen
Catharina
Johann Kuntzschmanns, eines
Fleischhauers zu Görlitz Ehe-
lichen Tochter:
Mit welcher Er XXX. Jahr
wohl und friedlich gelebet,
und vier Söhne, so Handwerck,
an gelehrnet, gezeuget hat.
DIESER
als Er von Jugend auff der
Gottesfurcht ergeben gewe-
sen, und den Predigten sehr
gerne beygewohnet
Ist endlich,
durch den Spruch und Verheissung
unsers HEILANDES
Luc: 11. v. 13.
Der VATER im Himmel
wird den HEILIGEN
GEIST geben, die ihn
darumb bitten,
Erweckt,

Zugleich auch durch die Mannigfaltig-
keit und Streit der Religi-
onen, darein Er sich nicht
schicken können,
Bewogen worden,
daß Er, umb die Warheit zu erkennen,
In Einfalt des Geistes
Inbrünstig und unaufhörlich
Gebetet, Gesuchet, und Angeklopfet:
wodurch Er dann,
Nach Göttlichem Zug und Willen
dem Geiste nach versetzet worden
In den
H: SABBATH:
Alda Er 7. gantzer Tage, nach sei-
ner eigenen Bekändtnüß, gestanden
Im
höchsten Frewdenreich!
Als Er nachmals
wieder zu sich selbst kommen, und
die ... Jugendt abgeleget,
wird Er durch Göttlichen Eyfer
getrieben, daß Er Schandbarn und
Gotteslästerliche Reden gantz
heftig straffet:
Und nachfolgendt sich selbst ...
...
auß Liebe hin ...:
Mit welchem Thun und Leben,

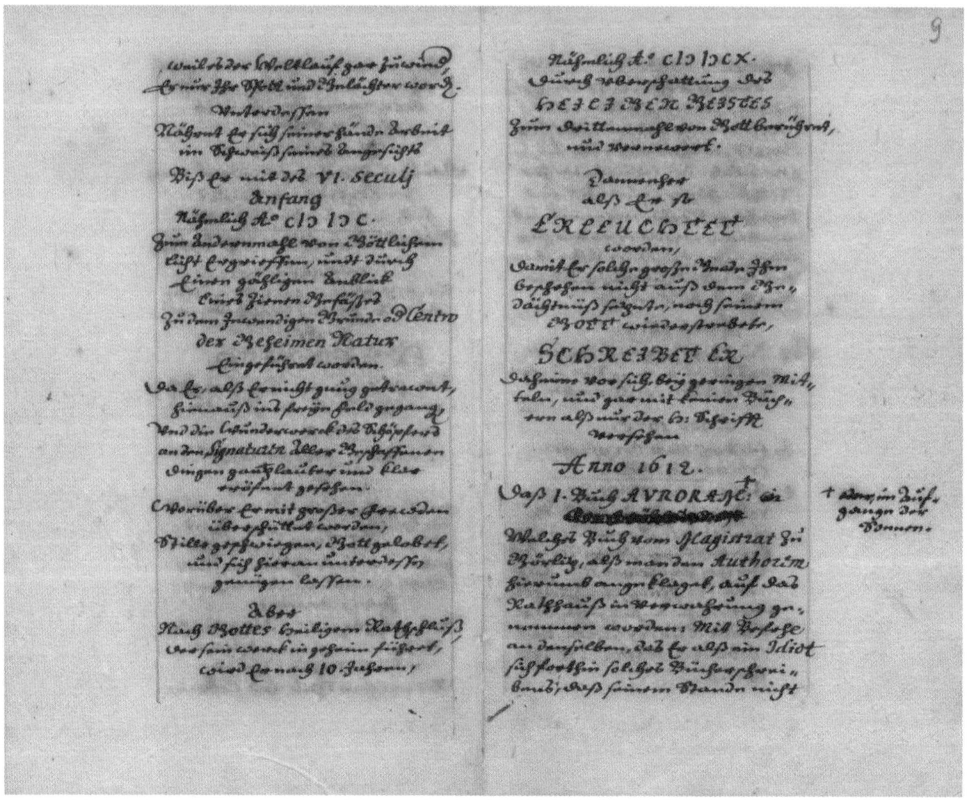

9

weil es der Weltlauff gar zu wird,
Er nur ihr Spott und Gelächter ward.
Unterdessen
Nähret Er sich seiner Hand-Arbeit
im Schweiß seines Angesichts
Biß Er mit des VI. seculi
Anfang
Nämlich Aº ClƆ IƆC.
Zum Andernmahl vom Göttlichen
Licht ergriffen, und durch
einen gähligen Anblick
eines Zinnen Gefäßes
zu dem Inwendigen Grunde o. Centro
der geheimen Natur
Eingeführet worden.
Da Er, alß Er nicht genug getrauet,
hinauß ins freye Feld gegangen,
Und die Wunderwerck des Schöpfers
an den Signaturn aller Geschaffenen
Dingen gantz lautter und klar
erkannt gesehen.
Worüber Er mit grosser Freuden
überschüttet worden,
Stille geschwiegen, Gott gelobet,
und sich seines Hauswesens ...
... lassen.
Aber
Nach Gottes heiligem Rathschluß
der sein Werck in geheim führet,
wird Er nach 10. Jahren,

Nämlich Aº ClƆ IƆCX.
durch überschattung des
HEILIGEN GEISTES
Zum drittenmahl von Gott berühret,
und erneuert.
Dannenhero
alß Er so
ERLEUCHTET
worden,
damit Er solche grosse Gnade Ihm
befohlen nicht auß dem Ge-
dächtnüß setzete, noch seinem
GOTT widerstrebete,
SCHREIBET ER
Insgeheim vor sich bey geringen Mit-
teln, und gar mit keinem Büch-
ern alß nur der H: Schrifft
versehen
Anno 1612.
Das I. Buch AURORAE:+ die
[struck out]
Welches Buch vom Magistrat zu
Görlitz, alß man den Authorem
hierumb angeklaget, auff das
Rathhauß in Verwahrung ge-
nommen worden: Mit Befehl
an denselben, daß Er alß ein Idiot
sich forthin solches Bücherschrei-
bens, deß seinem Stande nicht

+ Morgen im Auf-gange der Sonnen.

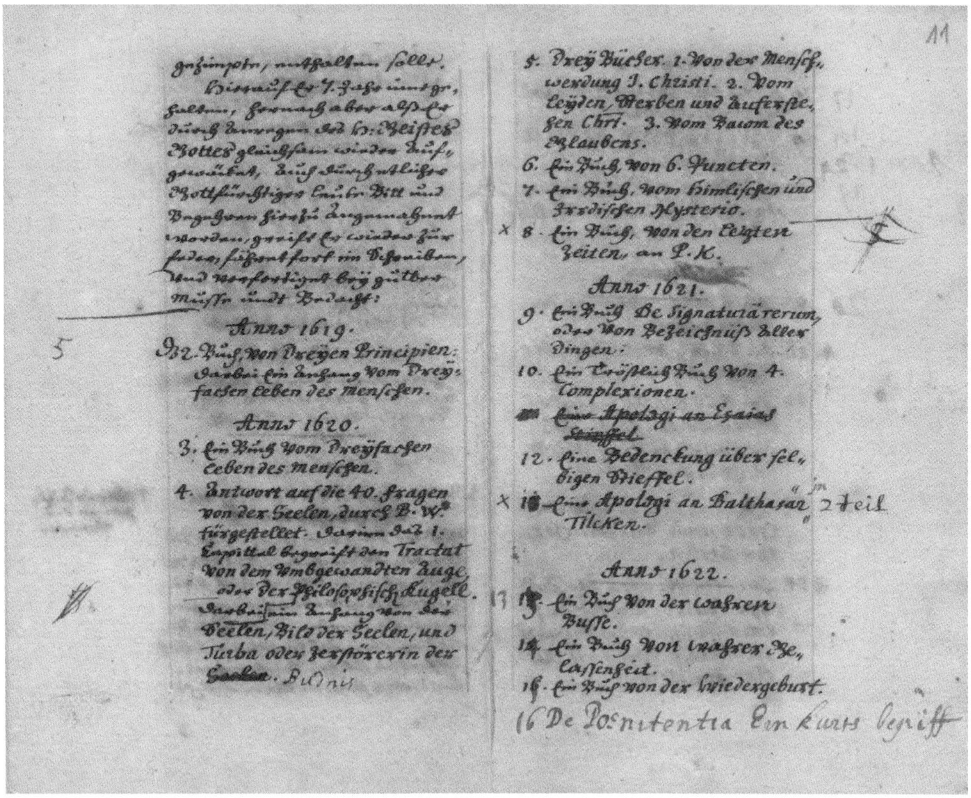

11

Anno 1619.

5 2. Buch, von Dreyen Principien: ... facsen Leben des menschen.

Anno 1620.

3. Ein Buch vom dreyfachen Leben des menschen.

4. Antwort auf die 40. Fragen von der Seelen, durch B. W. fürgestellet. ... Tractat von dem Umbgewandten Auge oder der Philosophisch Kugell. ... Seelen, Bild der Seelen, und Turba oder zerstörerin der Seelen.

5. Drey Bücher. 1. Von der Menschwerdung J. Christi. 2. Vom Leyden, Sterben und Auferstehen Chri. 3. Vom Baum des Glaubens.

6. Ein Buch von 6. Puncten.

7. Ein Buch vom himlischen und irrdischen Mysterio.

x 8. Ein Buch von den Letzten Zeiten, an P. K.

Anno 1621.

9. Ein Buch De Signatura rerum, oder von Bezeichnuß aller Dingen.

10. Ein Tröstlich Buch von 4. Complexionen.

12. Eine Bedenckung über selbigen Stieffel.

x 13. Eine Apologi an Balthasar Tilcken. 2 teil

Anno 1622.

13 Ein Buch von der wahren Busse.

14. Ein Buch von wahrer Gelassenheit.

15. Ein Buch von der Wiedergeburt.

16 De Poenitentia Ein kurts begriff

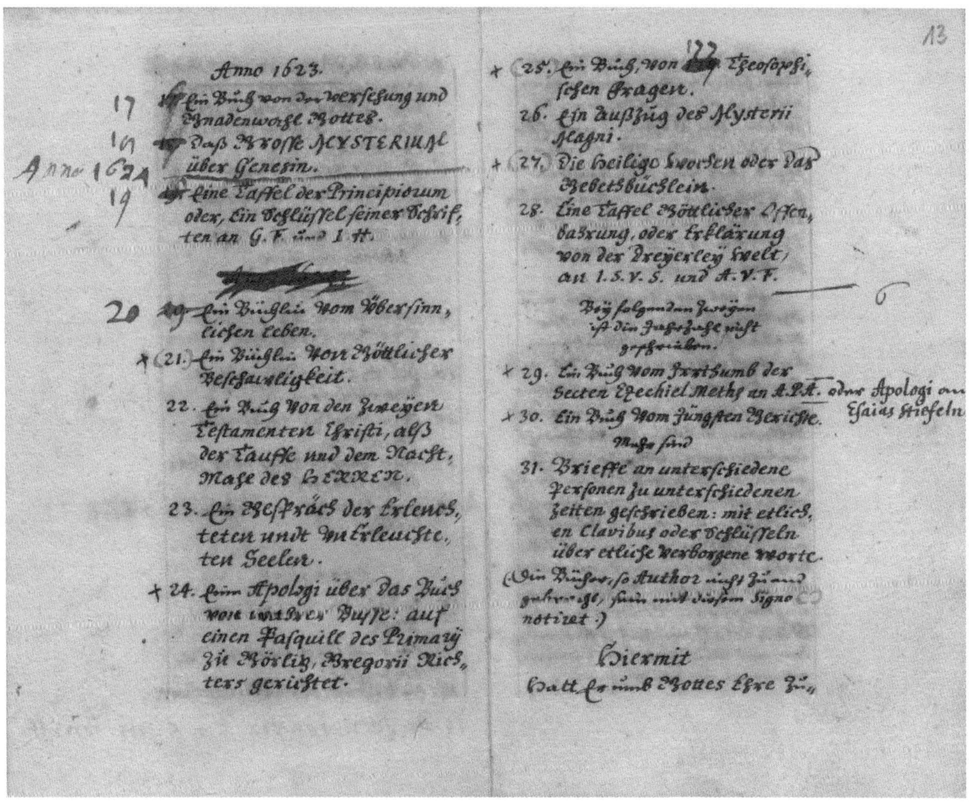

13

Anno 1623.

17 Ein Buch von der Versehung und Gnadenwahl Gottes.

18 Das Grosse MYSTERIUM über Genesin.

Anno 1623

19 Eine Taffel der Principiorum oder, Ein Schlüssel seiner Schriften an G. F. und J. H.

20 Ein Büchlein vom übersinnlichen Leben.

x 21. Ein Büchlein von Göttlicher Beschaulichkeit.

22. Ein Buch von den zweyen Testamenten Christi, alß der Tauffe und dem Nacht, Mahl des HERREN.

23. Ein Gespräch der erleuchteten undt unerleuchteten Seelen.

x 24. Eine Apologi über das Buch von wahrer Busse: auf einen Pasquill des Primarij zu Görlitz, Gregorii Richters gerichtet.

x 25. Ein Buch von 177 Theosophischen Fragen.

26. Ein außzug des Mysterii Magni.

x 27. Die heilige Wochen oder das Gebetsbüchlein.

28. Eine Taffel Göttlicher Offenbahrung, oder Erklärung von der Dreyerley Welt, an I. S. V. S. und A. V. F. — 6

Bey folgenden zweyen ist die Jahrzahl nicht geschrieben.

x 29. Ein Buch vom Irrthumb der Secten Ezechiel Meths an A. P. F. oder Apologi an Esaias Stiefeln

x 30. Ein Buch vom Jüngsten Gerichte.

Mehr sind

31. Brieffe an unterschiedene Personen zu unterschiedenen Zeiten geschrieben: mit etlichen Clavibus oder Schlüsseln über etliche verborgene Worte.

(Die Bücher, so Author nicht zu ende gebracht, sind mit diesem Signo notiret.)

Hiermit

hatt er umb Gottes Ehre zu

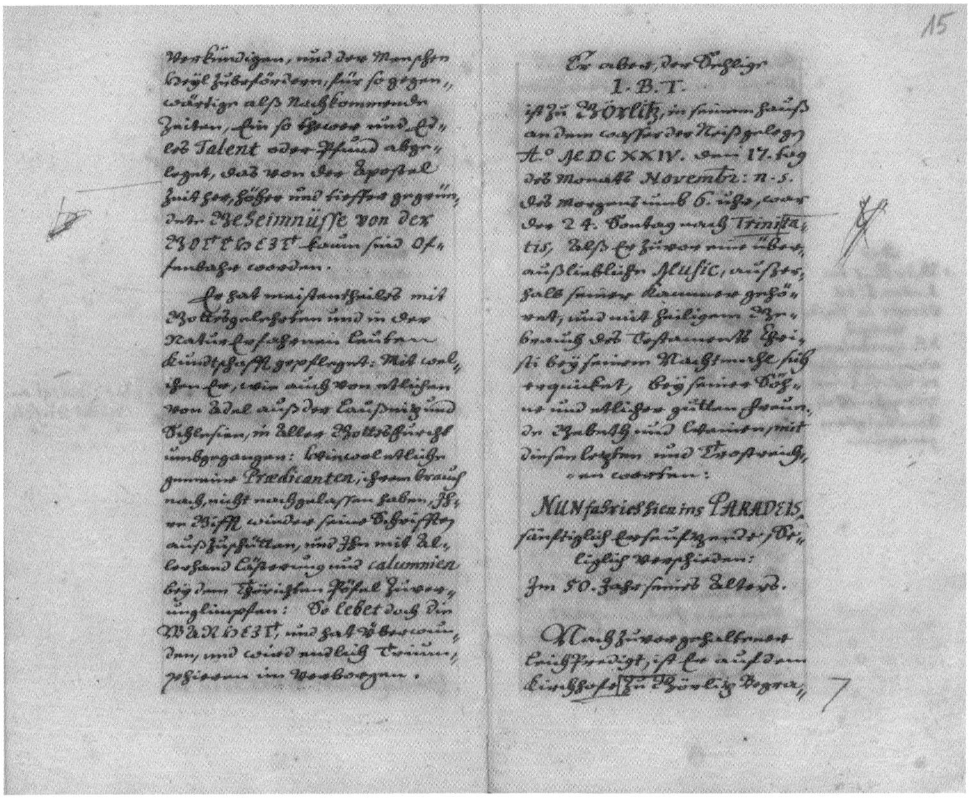

verkündigen, und der Menschen
Herz zu befördern, für so gegen-
wärtige alß Nachkommende
Zeiten, ein so schweres und ed-
les Talent oder Pfund abge-
legt, daß von der Apostel
Zeit her, höher und tieffer gegrün-
dete Geheimnüsse von der
GOTTHEIT kaum sind of-
fenbahret worden.

Er hat meistentheilß mit
Gottesgelehrten und in der
Natur forschenden Leuten
Kundtschafft gepflegt: Mit wel-
chen Er, wie auch von etlichen
von Adel auß der Lausnitz und
Schlesien, in aller Gottesfurcht
umbgegangen: Wiewol etliche
gemeine Prædicanten, ihren brauch
nach, nicht nachgelassen haben, Ih-
ren Gifft wieder seine Schrifften
außzuschütten, und Ihn mit [illegible],
[illegible] Lästerung und calumnien
bey dem thörichten Pöfel zu ver-
unglimpffen: So lebet doch die
WARHEIT, und hat überwun-
den, und wird endlich trium-
phiren im verborgen.

15

Er aber, der Seelige
I.B.T.
ist zu Görlitz, in seinem Hauß
an dem wasser der Neiß gelegen
A.o MDCXXIV. den 17. tag
des Monats Novembr: n.s.
des Morgens umb 6. uhr, war
der 24. Sontag nach Trinita-
tis, als Er zuvor eine über-
außliebliche Music, außer-
halb seiner Kammer gehö-
ret, und mit heiligem Ge-
brauch des Testaments Chri-
sti bey seinem Nachtmahle sich
erquicket, bey seiner Söh-
ne und etlicher guten Freun-
de Gebeth und [illegible], mit
diesen letzten und Trostreichen
[illegible] worten:

NUN fahre ich hin ins PARADEIS.
[illegible] seelig-
lich verschieden:
Im 50. Jahr seines Alters.

Nach zuvor gehaltener
Leichpredigt, ist Er auf dem
Kirchhofe zu Görlitz begra-

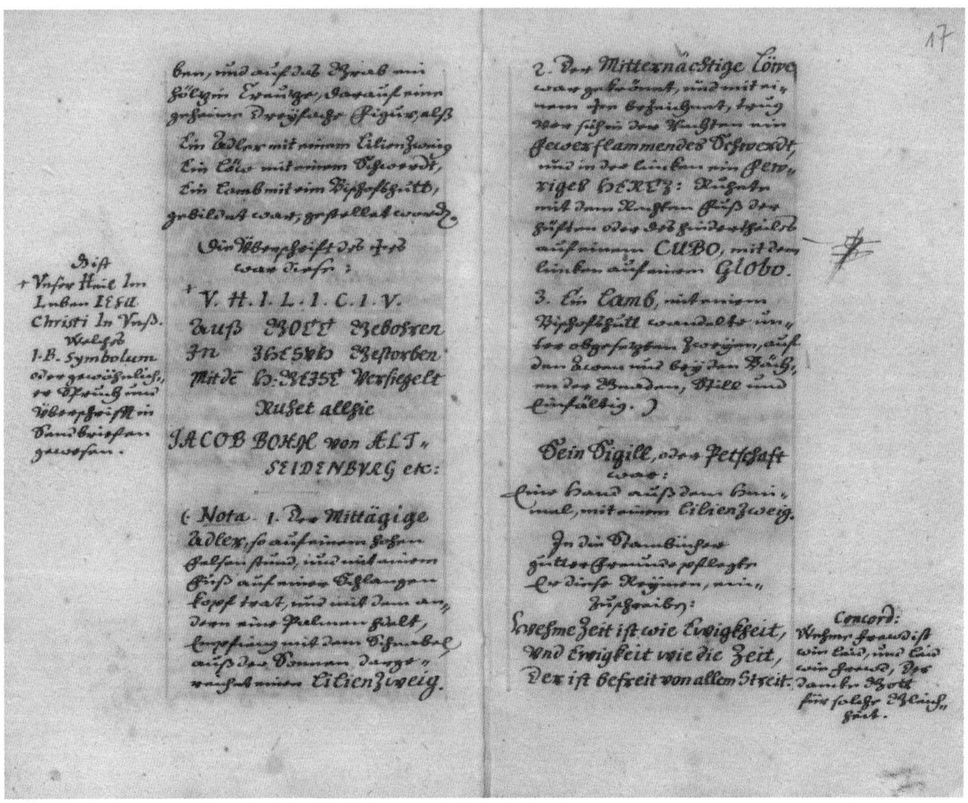

ben, und auf das Grab ein
hölzern Creutze, darauf eine
geheime dreyfache Figur, alß
Ein Adler mit einem Lilienzweig
Ein Löw mit einem Schwerdt,
Ein Lamb mit ein Bischofsstab,
gebildet war, gestellet worden.

Die Überschrifft des [illegible]
war diese:

V.H.I.L.I.C.I.V.
Auß GOTT Geboren
In JESU Gestorben
Mit dem H. GEIST Versiegelt
Ruhet allhie
JACOB BOHM von ALT-
SEIDENBURG etc:

(Nota. 1. Der Mittägige
Adler, so auf einem hohen
Felsen stund, und mit einem
Fuß auf einen Schlangen-
kopff trat, und mit dem an-
dern einen Palmen hielt,
empfieng mit dem Schnabel
auß der Sonnen darge-
reichet einen Lilienzweig.

Dieß
+ Unser Heil Im
Leben IESU
Christi In Uns.
Welches
I.B. Symbolum
oder gewöhnlicher
Spruch und
Überschrifft in
Sendbriefen
gewesen.

17

2. Der Mitternächtige Löwe
war gekrönet, und mit ei-
nem [illegible], trug
vor sich in der Rechten ein
feuerflammendes Schwerdt,
und in der Linken ein feu-
riges HERTZ: [illegible]
mit dem Rechten Fuß der
Füßen oder des hinderTheils
auf einem CUBO, mit dem
linken auf einem Globo.
3. Ein Lamb, mit einem
Bischofsstab [illegible],
[illegible]
[illegible]
[illegible], Still und
Einfältig.)

Sein Sigill, oder Petschaft
war:
Eine Hand auß dem him-
mel, mit einem Lilienzweig.

In die Stambücher
guter Freunde pflegte
Er diese Reimen, ein-
zuschreiben:
Wem Zeit ist wie Ewigkeit,
Und Ewigkeit wie die Zeit,
Der ist befreit von allem Streit.

Concord: [illegible]

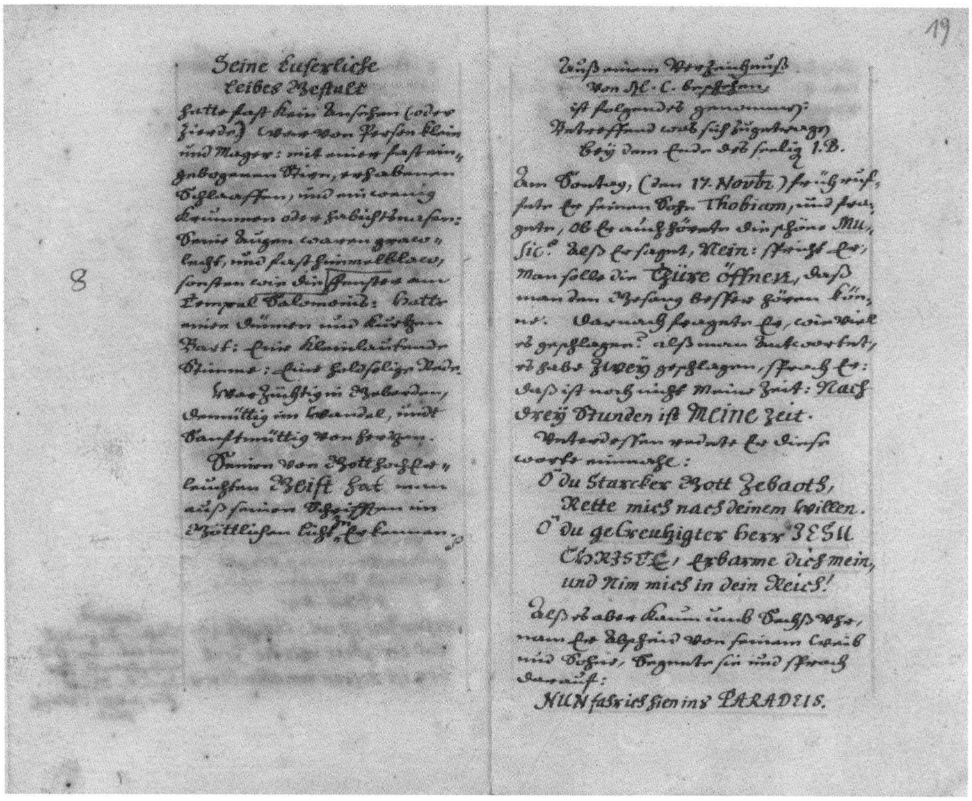

19

Seine Eusserliche Leibes Gestalt

hatte fast kein Ansehen (oder Zierde) war von Person klein und Mager: mit einer fast ein wenig gebogenen Stirn, erhabenen Schlaffen, und ein wenig krummen oder habichtsnasen: Seine Augen waren graw, licht, und fast himmelblaw, sonsten wie die Fenster am Tempel Salomonis: hatte einen dünnen und kurtzen Bart: eine kleinlautende Stimme: eine holdselige Rede. Schamhaftig in Geberden, demüttig im Wandel, und Sanftmüttig von Hertzen.

Seinen von Gott hochgeleuchten Geist hat man aus seinen Schrifften im Göttlichen Licht zu erkennen. S.

8

Aus einem Verzeichnüß von M. C. beschehen, ist folgendes genommen: Betreffend was sich zugetragen Bey dem Ende des seelig I.B.

Am Sontag, (den 17. Novbr.) früh rieff er seinen Sohn Thobiam, und fragte, ob er auch hörete die schöne Music? der er sagt, Nein: spricht er, Man solle die Thüre öffnen, daß man den Gesang besser hören könne. Darnach fragte er, wie viel es geschlagen? als man ihm antwortet, es habe Zwey geschlagen, sprach er: das ist noch nicht meine Zeit: Nach drey Stunden ist meine zeit. Unterdessen redet er diese worte einmahl:

O du Starcker Gott Zebaoth,
Rette mich nach deinem willen.
O du gecreutzigter Herr JESU CHRISTE, Erbarme dich mein,
und Nim mich in dein Reich!

Als es aber kaum umb Sechs war, nam er Abschied von seinem Weib und Sohn, segnete sie und sprach darauff:
NUN fahre ich hien ins PARADEIS.

20

Heisset sich seinen Sohn herumb wenden, und Erseufzet tieff, und verschiedt also gar sanft und stille von dieser welt. S.

Mike A. Zuber

"Our Dear Friend and Brother in the Lord": Abraham von Franckenberg's Reception of Jacob Böhme

Abstract: This chapter argues that the later reception of Jacob Böhme in the history of philosophy and the polemical accusation of *Böhmismus* in religious controversies from the late seventeenth-century onwards have coloured scholarly views on Abraham von Franckenberg's Böhme reception. Franckenberg knew Böhme personally and read most of his works in manuscript, many of them already during the theosopher's lifetime. He esteemed Böhme as both a "man of wonders" and a "dear friend and brother in the Lord." To explore what that meant to Franckenberg, the chapter places Böhme next to several lesser known or even obscure figures and religious dissenters with whom the Silesian mystic engaged throughout his life: Bartholomäus Sclei, Johannes Beer (equally a "man of wonders"), Johann Albrecht Adelgreiff (who was executed as a blasphemer), Ludwig Friedrich Gifftheil (a war-mongering prophet), and Adolph Helt. It appears that Franckenberg viewed Böhme not as a uniquely gifted, highly original individual but as one mouthpiece of devotional Christianity alongside many other contemporaries who participated in a long tradition. If anything, Böhme distinguished himself through his comparative humility but, as far as Franckenberg was concerned, not through any unique message.

In the opening lines of his Böhme biography, the Silesian nobleman and mystic Abraham von Franckenberg famously called the theosopher a *Wunder-Mann*, that is, a "man of wonders" or even a "miracle man."[1] If such a moniker makes sense in light of Böhme's modern reception as an innovative thinker with little formal education, it bears pointing out that Franckenberg knew Jacob Böhme very differently from how later readers have encountered the theosopher since. For starters, Franckenberg read most of Böhme's works in manuscript rather than print, and they knew each other personally, so that he could refer to him as "our dear friend and brother in the Lord," a fellow believer and equal.[2] In what follows, I shall explore the contours of Franckenberg's Böhme reception as it developed in specific historical circumstances and under certain theological considerations.

Franckenberg remains an enigmatic figure despite almost a century and a half of scholarly scrutiny. Anyone who engages with his *œuvre* faces particular difficulties: many of his works are exceptionally rare, some of them have never appeared in print.[3] Given this situation, it is unsurprising that there have been differing views on the nobleman's relationship to Jacob Böhme and his reception of the theosopher's voluminous writings. The standard view that goes back to the seventeenth century construes Franckenberg as a Böhme disciple responsible for a hagiographic biography of his master. Indeed, friend and foe, religious dissenters and hereticators alike, could agree in describing Franckenberg as an "ardent Böhmist" (*eiferiger Böhmist*), as heresy hunter Ehregott Daniel Colberg put it. Between 1684 and around 1700, orthodox Lutheran theologian Abraham Calov, non-conformist networker Friedrich Breckling, and controversial church historian Gottfried Arnold all

1 Franckenberg 1730b, p. 6.

2 Abraham von Franckenberg: [Klageschreiben vom Greuel der Verwüstung], Berlin, Staatsbibliothek – Preußischer Kulturbesitz (SB): Ms. germ. fol. 142, ff. 132r–37v, on f. 134r.

3 Zuber 2021.

https://doi.org/10.1515/9783110720525-004

expressed similar views.[4] The same understanding continues to find expression throughout modern scholarship.[5]

However, the late Joachim Telle, the editor of Franckenberg's correspondence, challenged this traditional understanding. He adopted a contrarian position which strongly downplayed the Silesian's reception of the theosopher of Görlitz, concluding that Franckenberg can no longer be viewed as a "central figure of early-modern Böhmism" (*Zentralgestalt des frühneuzeitlichen Böhmismus*).[6] Telle's main argument for this radical re-assessment is the comparative dearth of evidence throughout Franckenberg's correspondence, which does not include any Böhme epistles, as had previously been believed. More recently, Sibylle Rusterholz has outlined a nuanced, perceptive position that considers Franckenberg's Böhme reception as one aspect of his life and work, rather than its dominant theme, and draws attention to the fact that two writings commonly adduced to document the Silesian nobleman's debts to the theosopher were not authored by Franckenberg at all.[7]

This chapter holds that both Telle and Rusterholz are right. In fact, "Böhmism" is not a useful analytical term for characterizing Franckenberg's Böhme reception. The very origin of the designation in theological polemics of the late seventeenth century renders it problematic. Although occasionally perceptive, heresy hunters such as Calov and Colberg followed an old tradition of Christian anti-heretical discourse that targeted allegedly erroneous doctrines by linking them to the name of an arch-heretic. With their coinage, they thus placed Böhme in a long line of dangerous heretics that reached back to the early Christian era and included the likes of Marcion, Arius, Apollinaris, Nestorius, and Pelagius. Saying that someone was a Böhmist was not a neutral statement regarding the perceived influence of Böhme but tantamount to accusing the person so labeled of heresy. This is not to say that there is no place in scholarship for the terms "Böhmism" or "Böhmist," yet we do need to wield them carefully and question whether they have been appropriately used in the past.

If Böhmism no longer provides the paradigm through which we approach Franckenberg's Böhme reception, it becomes possible to characterize more precisely how Böhme's friend and biographer perceived the importance of his theosophical writings. In contrast to modern scholarship, the Silesian nobleman hardly took note of the speculative and cosmological aspects of Böhme's theosophy. The doctrine of the three principles – wrath/darkness, light/love, and the temporal, visible world – is the only exception to this general rule. Instead, Franckenberg esteemed Böhme chiefly as a devotional writer in the tradition of the *Theologia Germanica*. He therefore particularly recommended the theosopher's *Weg zu Christo* to friends and correspondents. This already suggests that he did not view Böhme as unique but simply as a proponent of the much older tradition of devotional Christianity.

To support this assessment, this chapter draws attention to various other religious non-conformists and prophets with whom Franckenberg engaged, particularly Bartholomäus Sclei, Johannes Beer, Johann Albrecht Adelgreiff, Ludwig Friedrich Gifftheil, and Adolph Helt. From this investigation, it emerges that the Silesian nobleman valued Böhme not because of his originality – a modern obsession – but because he was simply one among many in his generation who experienced divine revelations and bore witness to them for the benefit of others. This corroborates the findings of recent scholarship regarding other contemporary admirers of Böhme, such as the Torgau astrologer Paul

4 Colberg 1710 [1690/91], vol. 1, p. 326; Calov 1684, p. 129; Friedrich Breckling: "Catalogus testium veritatis inter nos," Gotha, Forschungsbibliothek (FBG): Chart. A 306, pp. 111–237, p. 140; Arnold 1700b, pt. 4, p. 766. All translations are my own; important terms or phrases are given in the original language in italics and brackets.

5 E.g. Schulitz 1990, p. 9; Cersowsky 1990, p. 141; Mayer 1999, p. 28; Wallmann 2005, p. 47.

6 Franckenberg 1995, pp. 37–42, on p. 42; see also pp. 304–308.

7 Rusterholz 2001, pp. 85–95; Rusterholz 2005.

Nagel, the Leipzig physician Arnold Kerner, and the Silesian spiritualist Johann Theodor von Tschesch. As Leigh T. I. Penman put it succinctly, they "did not consider Böhme a genius who stood apart from the throng of contemporary self-proclaimed prophets, seers, wise men, pretenders, visionaries, and men of God."[8] Yet Franckenberg did distinguish between those new prophets who became too absorbed by their overwhelming sense of self-importance and those who did not succumb to this temptation. In his view, Böhme clearly belonged to the latter category.

1 Franckenberg's Böhme Reception Revisited

To be clear, there can be no doubt that Franckenberg knew most of the theosopher's works very well. This is documented early on in Franckenberg's formative reading list, his *Conclusiones de Fundamento Sapientiæ*, composed in 1625 but not published until 1646. An academic disputation in "the true school of the Holy Spirit," as it were, the *Conclusiones* encompass twenty-five theses and unusually precise bibliographical references that anchored them in Franckenberg's wide reading.[9] The second thesis apodictically states "that the goal of all teaching and studying is nothing other than the reintroduction [*Wieder-Einführung*] back to, and entrance to, God, as the highest good from which man fell."[10] Franckenberg viewed all erudition as ultimately serving the goal of mystical union with the divine, and it is precisely in this sense that he put the learned annotation in the service of speculative contemplation through his distinctive marginalia. Franckenberg not only annotated the books he studied by adding comments, diagrams, or drawings to their margins but also employed this strategy in a number of his own works, most impressively perhaps in his famous *Raphael*, completed in 1639.

The *Conclusiones* allowed Franckenberg to summarize crucial insights gleaned from his reading of devotional, mystical, and heterodox literature. He also used them to mark the end of a period that was defining for his faith. Böhme's death in November 1624 was surely not the least event that led him to seek some kind of preliminary closure. During the centennial of the Reformation in 1617, the Silesian had suffered a crisis of faith. He became discouraged with how little spiritual progress the Reformation had achieved in a century. Yet suddenly he attained a state of profound illumination and began to immerse himself in the heterodox literature of his day. Consequently, most of the titles to which he referred in the *Conclusiones* had been published in the years since his visionary experience of 1617. There are markedly fewer titles published between 1623 and 1625, during which years Böhme's works in manuscript gradually replaced printed books in Franckenberg's reading. While much could be said about the almost seventy titles Franckenberg cited, I would like to highlight the fact that no author appears more frequently than Jacob Böhme, represented with ten titles. To put this number in perspective, the only other author who comes close to equaling it is Valentin Weigel with eight, including pseudepigraphic works and a mistaken attribution. Johann Arndt and Johannes Tauler share a distant third rank with four titles each.[11]

---

8 Penman 2019b, pp. 100 f.; see also Karnitscher 2019a, p. 328.

9 Abraham von Franckenberg and Georg Fischer: *Meditationes Quædam. Apographum*, Warsaw, Biblioteka Narodowa (BN): Reps 3910 II, f. 6v. See e. g. Penman 2019a, p. 37.

10 Franckenberg 1646, no. 2.

11 Zuber 2017a, pp. 180–188.

Even if we account for the fact that the three treatises constituting the first edition of Böhme's *Weg zu Christo* are mentioned separately,[12] this leaves us with eight works, seven of which Franckenberg had studied in the intimate medium of manuscript as early as 1625: "Booklet on Divine Contemplation," "On the Three Principles," "*Signatura Rerum*," "Commentary on Genesis" (i. e. *Mysterium Magnum*), "*Aurora*," "On the New Birth," and "Prayer Booklet" (*Gebetbüchlein*).[13] This is an impressive list that covers the highlights of Böhme's works as well as lesser known titles from beginning to end: *Aurora* was the theosopher's famous debut, and the *Gebetbüchlein* was composed in the year of his death. By 1625 the Silesian nobleman can thus confidently be counted among Böhme's earliest and most avid readers. At the same time, it is important to note that this is not an exhaustive list of Böhme's writings with which Franckenberg was familiar at the time: it does not include two smaller works, *Clavis* and *Tabula principiorum*, that Böhme wrote in response to requests by Franckenberg and Johann (Hans) Siegmund von Schweinichen.[14] The *Conclusiones* failed to mention them, perhaps due to Böhme's command to keep them secret.

Based on the extent to which Franckenberg had immersed himself in Böhme's works, we would expect his own writings to be saturated in his terminology. However, as both Rusterholz and Telle have pointed out, that is largely not the case. Perhaps the most important exception to this rule remains Franckenberg's early *Theophrastia Valentiniana*. Composed in 1627, this epistolary treatise addressed to the Görlitz patrician Gottfried Hegenicht was only printed in 1703. Rusterholz has perceptively argued that Böhme's theosophy appeared "subtly veiled and only transparent to initiates" throughout the *Theophrastia Valentinia*, which recast it in terms of *prisca sapientia*. Indeed, Rusterholz has gone so far as to characterize the treatise as a subtle defense of Böhme.[15] The *Theophrastia Valentiniana* also contained Franckenberg's comprehensive statement of a doctrine of the new birth inspired by the theosopher of Görlitz, and the Silesian frequently alluded to this conception of spiritual rebirth in his later writings.[16]

But what happened afterwards as the young nobleman matured? Did he emancipate or even distance himself from his erstwhile master? Though Franckenberg never became Böhme's imitator, he continued to actively engage with the theosopher's works, for instance by translating a short text into Latin in early 1639 and publishing it in 1651 as part of the *Trias Mystica*.[17] While conclusive evidence is lacking, Franckenberg may have played a role in the second, expanded edition of Böhme's *Weg zu Christo* in 1628 and the publication of part of the *Mysterium magnum* as *Josephus Redivivus* in 1631.[18] Perhaps even more importantly, he contributed to the survival of Böhme's literary remains in important ways, among other things conceptualizing the first edition of his theosophical epistles.[19]

---

12 Franckenberg 1646, nos. 9, 18, 21. Cf. Böhme 1624, ff. A3r ("Von wahrer Busse"), D11r ("Von wahrer Gelassenheit"), G2r ("Anhang […] von dem Vber-Sinlichen leben").

13 Franckenberg 1646, nos. 9–11, 18–20.

14 Jacob Böhme: *Clavis: Oder: Explicatio Terminorum*, Copenhagen, Kongelige Bibliotek (KB): Thott 49 oktav, f. 51v; Franckenberg 1995, pp. 307 f.

15 Rusterholz 2001, p. 94; see also Rusterholz 2003, pp. 186–197; Rusterholz 2012, p. 7; Rusterholz 2005, pp. 233–237.

16 Zuber 2017a, pp. 194–218.

17 Franckenberg 1651, pp. 65–98. The text in question is known by a number of different titles, such as *Ein gründlicher Bericht vom irdischen und himmlischen Mysterio* or *Mysterium pansophicum*. It is now available in a new edition: Böhme 2020.

18 Cf. the addition of Psalm 150:6 with the idiosyncratic spelling "Ha le lu-IAH": Böhme 1628, p. 182. Franckenberg also quoted the last verse of the Psalms in *Raphael* and a 1649 letter: Franckenberg 1676, p. 44; Franckenberg 1995, p. 237. Although conclusive evidence is lacking, there is a long-standing scholarly consensus regarding *Josephus Redivivus*; cf. Buddecke 1937–1957, vol. 1, no. 166; Ingen 1983, p. 232 (the assumption that Franckenberg had travelled to Amsterdam is mistaken); Rusterholz 2001, p. 62; Rusterholz 2005, p. 229.

19 Franckenberg wrote the preface and contributed the idea for the frontispiece: Böhme 1658a, ff. A2v, A3r–A4v.

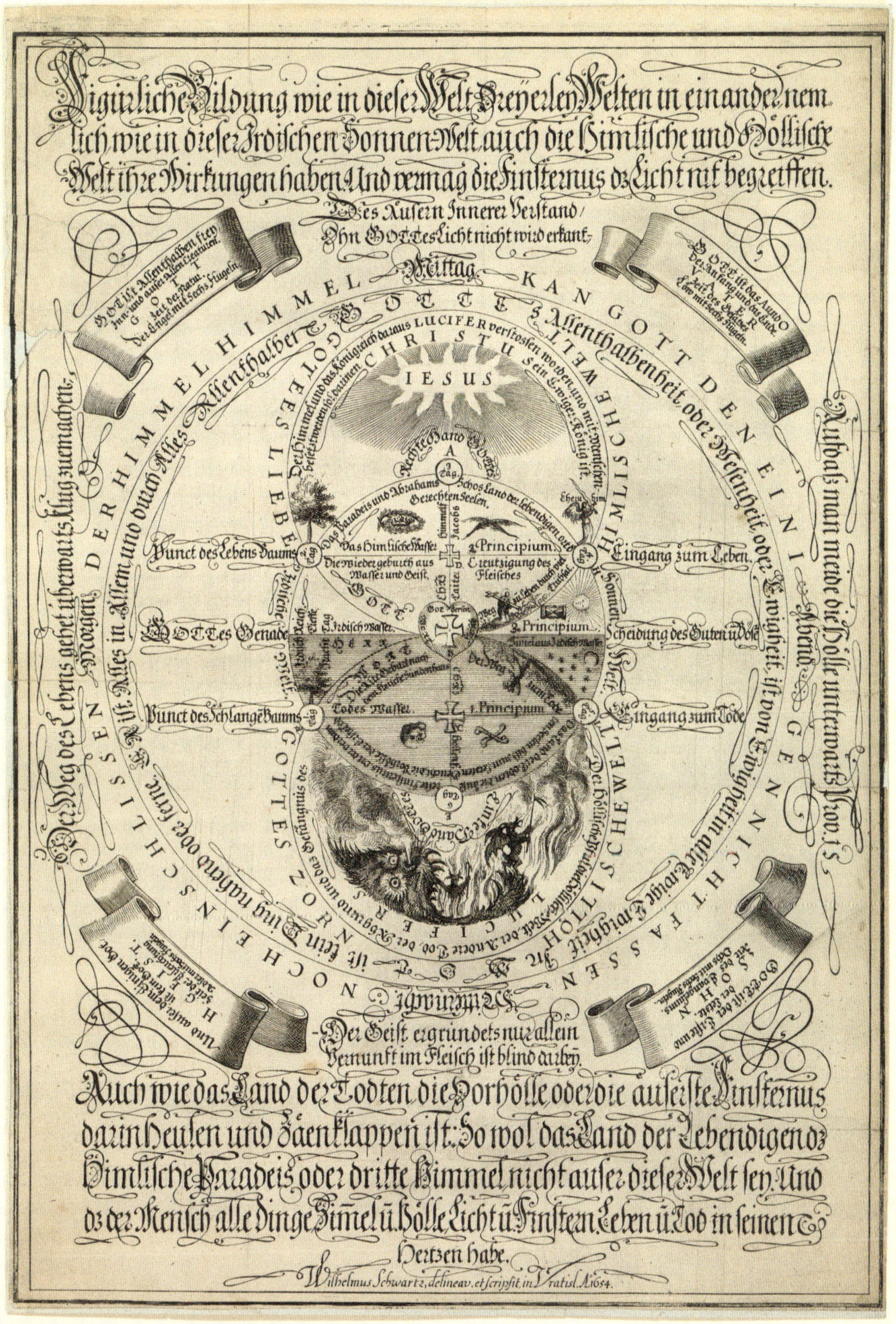

Fig. 1: Wilhelm Schwartz, portrayal of the three principles, based on Franckenberg's design, "Figürliche Bildung wie in dieser Welt Dreyerley Welten ineinander [...]," Breslau 1654, Germanisches Nationalmuseum Nürnberg, 24549/1337

Beyond that, Franckenberg revised his Böhme biography time and again until shortly before his death in 1652.[20] There can be no doubt that the Silesian nobleman was one among a mere handful of people thoroughly familiar with the theosopher's writings and deeply involved with ensuring their survival during these early decades.

And yet, Franckenberg's Böhme reception does not correspond to a number of preconceptions that come with a later, more modern view of the theosopher. In dealing with this issue, it thus becomes necessary for us to reflect upon our own understanding of Böhme and what we take to be his distinctive doctrines, such as the *Ungrund*, the seven source spirits, the three divine principles, and so on. Like many later exegetes, Franckenberg associated the *Ungrund* with the kabbalistic *ain soph*, which translates to "without end." He struggled to render the term into Latin as he translated Böhme.[21] Yet concerning the source spirits, Franckenberg merely alluded to the biblical proof-text in his unprinted treatise *Sephiriel*. Years before he would write *Raphael*, "the healing angel," Franckenberg composed "the counting angel" in 1631. *Sephiriel* consists of twelve chapters which describe the mystical meanings of the corresponding number. The seventh chapter thus provides a natural context for a reference to "the seven spirits of God" mentioned in Revelation 4:5.[22]

If Franckenberg had little to say about the *Ungrund* and the seven source spirits, he engaged with the doctrine of the three principles to a more significant extent. As Rusterholz has shown, it also prompted the Silesian nobleman's design for a table that illustrates the three principles (Fig. 1). It was executed by his friend and amanuensis, the calligrapher Wilhelm Schwartz in Breslau (Wrocław).[23] New manuscript sources discovered since do not significantly alter this assessment but in fact further substantiate it. The doctrine of the three principles finds expression both verbally in letters to an unknown correspondent preserved in Görlitz and visually in *Sephiriel* (Fig. 2).[24] In a manuscript now in Warsaw, probably written out by the virtually unknown Georg Fischer of Breslau, Böhme's influence can be perceived in a previously unknown text first drafted in 1625 and completed in November 1631, "Preparation or Instruction for the Path of Peace."[25] Yet in every instance, the Teutonic philosopher does not dominate but instead maintains a subtle, at times barely perceptible presence.

An unusually expansive passage on Böhme appears in Franckenberg's *Klage-Schreiben Vber vnd wider den Greuwel der Verwüstung*, an epistolary treatise addressed to an unnamed relative (*Öhmb*), dated 9 September 1634 and first published in 1649. Prompted by his own sense of obligation and the encouragement "of our dear friend and brother Mr. Hans Dietrich von Tschesch," Franckenberg sent his recipient a copy of the 1628 edition of Böhme's *Der Weg zu Christo* along with the letter. Halfway through the treatise, Franckenberg returned to this attachment. He described its author as "the blessed and illuminated Jacob Böhme of Alt-Seidenburg, our dear friend and brother in the Lord." Strikingly, Franckenberg used the exact same phrase with which he had previously characterized Tschesch. This seems to suggest that the Silesian nobleman saw the two men in a similar light. It is important to remind ourselves that, for Franckenberg, Böhme was not the larger-than-life figure

---

20 Gilly 2007d and Gilly's contribution to this volume.

21 Franckenberg 1703, p. 19; Franckenberg 1651, p. 68. On the former connection, see Rusterholz 2005, p. 236.

22 Abraham von Franckenberg: ספראל SÆPHIRIEL: *Das ist ein HIMLISCHES LICHT Und MAGISCHER BERICHT Die Geheimnüßen der Zahlen Mit Ihren Figuren Nach BIBLISCHER Offenbahrung Und NATÜRLICHER Würckung Gründlichen, und Erbaulichen zu Betrachten*, Zürich, Zentralbibliothek (ZB): SCH R 809, f. 12v.

23 Rusterholz 2005, pp. 211–217.

24 Abraham von Franckenberg: [Letters to Unknown Addressee, 1639–1641], Görlitz, Oberlausitzische Bibliothek der Wissenschaften (OLB): LA III 409, ff. 28v–31v, esp. ff. 29v–30r; Franckenberg 1700, ZB SCH R 809, f. 7v. For discussions of the Görlitz letters and their addressee, see Bonheim 2007, pp. 380–381; Gilly 2007d, n. 12 (p. 440); Zuber 2017a, pp. 175–179.

25 Franckenberg/Fischer ca. 1642, BN Reps 3910 II, ff. 2v–9v, on ff. 2v, 5v, 6v.

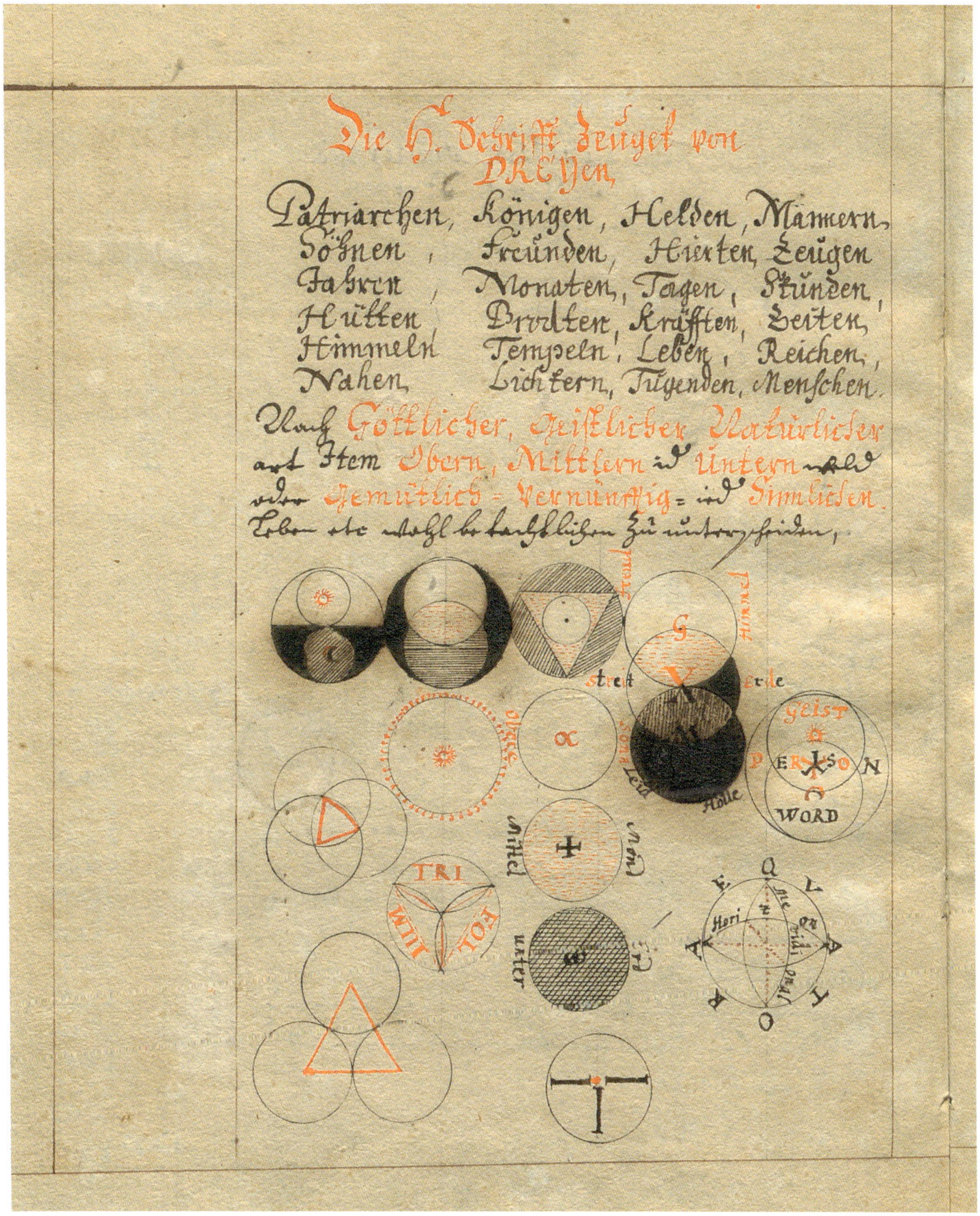

Fig. 2: Franckenberg's diagrammatic variations on the three principles in his unprinted *Sephiriel*, Zentralbibliothek Zürich, Sammlung Oskar R. Schlag, SCH R 809

he eventually became but a personal friend whom he knew well due to several personal encounters. Furthermore, the Silesian presented Böhme's *Weg zu Christo* as a "testimony and exemplary proof, among many other revelations and wonders [*Offenbahrungen vnd Wundern*] of this age and hour of temptation, trial, and affliction."[26] Clearly, Franckenberg viewed Böhme's *Weg zu Christo* not as unique but as one of many comparable manifestations of the Spirit of God during the tumultuous upheaval of the Thirty Years' War.

In this regard, it is important to note that the *Weg zu Christo* was the work by Böhme that Franckenberg most frequently shared with, or recommended to, his correspondents: passing it on to his unnamed relative in 1634 was far from an isolated event. On 15 September 1637, he wrote to Georg Fischer that "*Weg zu Christo* J. B. is our era's seal and mirror towards the divine life" (*Siegel vnd Spiegel zum Göttlichen Leben*). Less than two months later, he sent a copy to the wealthy nobleman Lazarus Henckel von Donnersmarck and exhorted him to pass it on to his elder son, presumably Elias, "because I have no other exemplar to hand."[27] Among the unpublished letters preserved in Görlitz, we find another recommendation of "J. B. *Weg zu Christo*" from 19 July 1641.[28] A little over a year later, in a letter dated 25 November 1642, Franckenberg recommended as second only to the Bible "the illuminated men and faithful witnesses Johann Tauler, Johann Arndt, [...] Thomas à Kempis, *Theologia Germanica*, Jacob Teutonicus, (in the booklet *Weg zu Christo*)."[29] With the only work printed during his lifetime, the theosopher had thus secured his place among the most esteemed writers of classic devotional literature.

Incidentally, without placing himself in such distinguished company, the theosopher presented himself precisely in the same manner. In his *Apologia, Oder Schutzrede* against his nemesis, the Görlitz minister Gregor Richter, Böhme wrote that "I have no new doctrine but only the old one which may be found in the Bible and the realm of nature."[30] He further emphasized that he had not taught his noble adherents in Silesia – among whom we must number Franckenberg – anything new:

> One currently finds many excellent, learned, God-fearing men in Silesia, [...] who take their Christianity quite seriously, who pursue the imitation of Christ [*nach folge Christi*]. They read many good booklets, which present the true foundation. I was not the first to teach them the imitation of Christ; they had it previously and rejoice that God poured out such sublime insight among simple people, which truly is God's miracle.[31]

In the same vein, Böhme could not quite grasp why Richter was so upset about his *Weg zu Christo*, seeing as there were many other "good booklets," disseminating the same old teachings, freely available for sale in Dresden, at the Leipzig book fair, and elsewhere.[32] Similarly, Franckenberg did not treasure the Teutonic philosopher's writings because they were expressing novel ideas or unprecedented insight into the divine world; rather, he appreciated Böhme for agreeing with countless others who had gone before him in the faith.

---

26 SB: Ms. germ. fol. 142, f. 134r.
27 Franckenberg 1995, pp. 94 and 97, resp.
28 OLB: LA III 409, f. 59r.
29 Franckenberg 1687, p. 93.
30 Böhme 1963–1966, vol. 2, p. 275.
31 Böhme 1963–1966, vol. 2, p. 278.
32 Böhme 1730, vol. 21, p. 238 (62:8); Böhme 1658a, pp. 355, 382–383. See Penman 2014, pp. 69–71.

2 Other Illuminated Believers and New Prophets: Bartholomäus Sclei, Johannes Beer, and Johann Albrecht Adelgreiff

Particularly in *Theophrastia Valentiniana*, Franckenberg implicitly placed Böhme in the distinguished company of the great wise men of antiquity, such as Zoroaster, Hermes Trismegistos, Pythagoras, and Plato.[33] This led Rusterholz to observe that, to Franckenberg, “Böhme is a witness among others” in the tradition of *philosophia perennis* or *prisca sapientia*, the ancient wisdom that harmoniously combined philosophy and theology.[34] While this is definitely correct, I argue that we need to go one step further and place Böhme also alongside a number of lesser contemporaries with whom Franckenberg engaged deeply as well. Yet unlike Böhme, they have largely been forgotten by posterity. Despite the vastly differing esteem (or lack thereof) that has been accorded to them, it seems that Franckenberg valued them all similarly for what he perceived to be the Spirit of God speaking through them, their actions, and their writings.

If we survey Franckenberg’s *œuvre*, we note that he not only contributed to the dissemination of Böhme’s works in print but also edited treatises attributed to the virtually unknown Bartholomäus Sclei and Johannes Beer. Both of these were most likely published at Johannes Janssonius’ Amsterdam firm in 1639.[35] A very obscure figure, Sclei lived in Lesser Poland during the late sixteenth century and possibly responded to the Polish Brethren, who denied the doctrine of the Trinity. Sclei’s *Pater Noster* was a commentary on the Our Father prayer, which Franckenberg edited and annotated for publication. Unfortunately, the publisher decided that the editor’s intricate “markings or marginalia and glosses in the margin” could not be “printed alongside at this time.”[36] As the Silesian mystic explained in the preface, dated 6 August 1636, he was not entirely sure whether Sclei had really authored the treatise. Nonetheless, Franckenberg attributed it to Sclei, even as he conceded that it could just as well have been written by “another theodidact [*Gottesgelehrten*] and man well-practised in the SANCTUARY of the LORD.” The author’s identity, it seems, was far from Franckenberg’s main concern.

The Silesian mystic explicitly stated that “the Spirit therefore is bearing witness through the author,” who may or not be Sclei (as far as Franckenberg was concerned), “out of true concordance of Holy Scripture with the Book of Nature, entirely universal and impartial” (*vnparthcyisch*). Franckenberg noted that the text he presented might irritate “the unpractised and especially those who in any case lie enmeshed and trapped in the letter” (*im Buchstaben verstricket vnd gefangen*), that is, those who have not yet been set free by the Spirit of God. He urged all readers to remain humble, withhold undue judgment, and to “test everything […] according to the faith, and to keep the good.”[37] According to Franckenberg’s spiritualist theory of authorship, it was not a writer’s individuality that mattered but the spiritual truths that could be discerned through the thicket of letters.

Compared to the dearth of information regarding Sclei, we know a little bit more about Franckenberg’s engagement with Johannes Beer. It had begun much earlier, in 1624, the year of Jacob Böhme’s death. At the time Franckenberg became aware of Beer, a teacher at Reichenau (Stare Bogaczowice) who had died around 1600. He learned about the late teacher through his encounter with one of

33 Cf. Franckenberg 1675, pp. 239–258.
34 Rusterholz 2005, p. 236.
35 Bruckner 1988, pp. 7 f.
36 Sclei 1639, p. 8. Cf. OLB: LA III 409, f. 2r.
37 Sclei 1639, pp. 3 f., 8 f. See 1 Thessalonians 5:21.

Fig. 3: Fold-out copperplate illustration, in: Johann Beer, *Gewinn und Verlust*, [Amsterdam] 1639 (between pages 14 and 15), Biblioteka Uniwersytecka Wrocław, 470633

Beer's disciples, the sixty-year-old Johann Springer. Franckenberg described his initial informant as "a learned philosopher, experienced physician," and "man of quiet and pious ways" despite his "simple, common villager outfit."[38] Springer gave him his manuscript copy of Johannes Beer's treatise *Gewinn vnd Verlust*. Ten years later, Franckenberg composed his preface on Beer's work, dating it on 1 August 1634. The work was finally published in 1639 with an engraved plate containing several elements that would later be taken up by the iconography of the frontispieces for Böhme's complete works in 1682 (Fig. 3).

After Johannes Beer's *Gewinn vnd Verlust* had been published, Franckenberg apparently received several requests for more information on this author. Though the timing is unclear, the nobleman even sought out further informants, such as Beer's widow and his son-in-law, a Lutheran minister in Adelsbach (Struga).[39] According to a catalogue compiled in the late seventeenth century, Franckenberg also knew and annotated another work by Beer, *Was Gott der Vater, Sohn und heiliger Geist im Menschen würcken*, with his trademark marginalia.[40] Unfortunately, the whereabouts of this manuscript are not known. In any case, equipped with additional information, the Silesian nobleman expanded on his brief remarks on Beer in the earlier preface and wrote out an account of Beer's experi-

38 Henel von Hennenfeld 1704, p. 141; Beer 1639, p. 13.
39 Henel von Hennenfeld 1704, p. 146.
40 Franckenberg 1687, f.)viii(r; Serrarius/Bahnsen 1670, p. 40 (without mention of Beer).

ence with the spirits of the restless damned in the Zobtenberg (also Ślęża and Sobótka), dated 5/15 July 1641.[41]

Based on the informants he had encountered, Franckenberg related the story thus: in 1570, while Beer was taking a walk near the city of his birth, Schweidnitz (Świdnica), "a mysterious entrance [*sonderbarer Eingang*] was opened for him at a certain place on the mountain, into which he [...] stepped, with the desire [...] to contemplate the wonders of nature philosophically and to praise GOD his creator over them." At first, he faced "a forceful wind with some terrible shivers" as he reached a gate, upon which he decided to leave the mountain. As this happened during Holy Week, he soon partook of the Eucharist. Thus strengthened, Beer returned to the entrance in the mountain on the Sunday after Easter, finding himself welcomed by "a soft glow" instead of the previous wind. Inside, he encountered the ghosts of local robber barons who had murdered many victims during their lives. Beer called them to repentance and shared the Gospel with them. He notably discussed the "process of Jesus Christ's descent into hell and resurrection."[42] Beer's own experience of ministering to the dead during the Easter season mirrored Christ's ministry among the dead during Passover.

It is striking to note that a late, widely disseminated version of Franckenberg's Böhme biography referred back to Johannes Beer and his experience within the Zobtenberg. This probably came about due to an intervention of the editor of the multi-volume Toruń compilation of Böhme's writings.[43] Franckenberg's accounts of both men's lives thus present certain parallels well beyond their initials: both of them had entered a mountain (Böhme the Landskron while still a boy and Beer the Zobtenberg). Comparing the texts shows that Franckenberg also described each of them (Böhme and Beer) as a *Wunder-Mann*: the theosopher of Görlitz was the "German wonder man," while the teacher of Reichenau was the "blessed wonder man."[44] It turns out that Franckenberg's oft-quoted moniker for the theosopher of Görlitz was not reserved solely for him. The Silesian nobleman made this explicit when he expressed the following conviction: "For I am without any doubt that many different, hidden men and children of God [*verborgene Gottes-Männer und Kinder*] are yet to be found, who know and experienced suchlike and other wonders."[45] Franckenberg believed himself to be living through an age in which the Spirit of God was moving powerfully and awakening humble witnesses left and right to speak truth to power and to encourage the faithful. This contrasted with the position of orthodox Lutheranism, which held that divinely inspired prophecy had ended after the age of the Apostles.

Furthermore, in his manuscript *Iudicium Theomanticum*, Franckenberg engaged with the self-proclaimed messiah Johann Albrecht Adelgreiff, executed for blasphemy in Königsberg on 11 October 1636. After his sacrilegious tongue had been ripped out, he was beheaded; then his body was burned to prevent him from rising from the dead, as he had claimed he would. An anonymous eyewitness's pamphlet described the events leading up to Adelgreiff's death and included his thirteen articles of faith. The illegitimate son of a priest, Adelgreiff came to style himself "We Johann Albrecht Adelgreiff, Syrdos, Amada, Canamata, Kikis, Shmalkilimundis, Shmalkalalaldis, Elioris, sovereign arch high-priest [*Vber:Ertzhoherpriester*], Emperor, King of the Holy Divine Empire, Prince of Peace of the entire world, Judge of the Living and the Dead, God and Father in whose splendour Christ shall come to the Last

41 Henel von Hennenfeld 1704, p. 141. Cf. Bohn 1918; Kunicki 2003, pp. 419–424.

42 Henel von Hennenfeld 1704, pp. 142–146.

43 Gilly 2007d, pp. 360 f. See the contribution of Penman in this volume.

44 Franckenberg 1730b, p. 6; Henel von Hennenfeld 1704, p. 143.

45 Henel von Hennenfeld 1704, p. 147.

Judgement, Lord of Lords, King of Kings."[46] In so doing, Adelgreiff not only presented himself as a key actor in the drama of the End Times, he even claimed divinity for himself.

Three years prior to his violent execution, Adelgreiff had experienced "his great day of illumination" near Toruń, where he encountered "seven angels next to a wooden cross by the wayside." They revealed to him that he was to "represent the person of God the Father [*die Person Gottes deß Vatters*] here on earth bodily and essentially in human shape and to banish all evil from the world, also to chastise the secular authorities with an iron rod." Consequently, Adelgreiff claimed to be none other than God the Father, to whom even Christ would bow at the Second Coming, and to communicate "the Water of Life out of his body" through sexual intercourse, something he had done on numerous occasions by seducing "more than fifty wives."[47]

The *Iudicium Theomanticum*, which contained Franckenberg's explanation of "several transmitted points" or "articles of faith" of Adelgreiff's teaching, was most likely based on this very pamphlet. Unfortunately, the only known manuscript of Franckenberg's treatise, formerly preserved in Hamburg, was lost during World War II.[48] Similarly, his close friend Johann Theodor von Tschesch also wrote on Adelgreiff, yet no surviving copy of his treatise is currently known.[49] In the late seventeenth century, at least Franckenberg's *Iudicium Theomanticum* could still be read by those with access to the right contacts. A version, perhaps even Franckenberg's autograph that had been sent to Amsterdam before 1643, survived in the library of mathematician Benedict Bahnsen, as documented in the 1670 auction catalogue.[50]

For his part, Gottfried Arnold used what he described as "the manuscript epistles of the famous A. von Franckenberg" to publish excerpts of what the Silesian nobleman had written on Adelgreiff. Despite the outrageous nature of the blasphemer's claims and actions, Franckenberg basically argued that much could be learned from his example. Just as Adelgreiff erred in interpreting Scripture as referring to himself in "his outward and sinful person," so the (Lutheran) population at large erred in the same way; this amounted to "a strong word of the Father," an important prophetic message. Just as the local authorities could not condone the life and presumption of Adelgreiff "but punished it by the sword," so "God would not suffer their sacrilegious abuse of Holy Scripture." Franckenberg provocatively argued that, in God's eyes, there was little that differentiated Adelgreiff from his judgmental contemporaries who equally, if less obviously, interpreted the Bible in self-serving ways.

Adelgreiff's message, to be sure, was "wholly dark and convoluted, and in the light" it would have been "much different, purer, and holier." Yet because the people had failed to heed "the sign in the light, […] God now spoke to them in the dark," that is, through the likes of Adelgreiff. Arnold's excerpt concludes with Franckenberg's assessment that Adelgreiff had truly experienced some kind of divine revelation, "in which [he] had great things, but not formed purely, and he himself did not know what it was."[51] The self-proclaimed messiah showed himself unable to interpret God's message to him correctly. In this regard, he was both like and unlike Böhme. Like the blasphemer of Königsberg, Böhme received genuine divine revelations (at least three times, according to Franckenberg's

46 Anonymous 1636. For a study of a contemporaneous English prophet similarly given to pompous self-fashioning, see Hessayon 2007a.

47 Anonymous 1636, no pagination. Cf. John 4:7–15.

48 Jacob Böhme, Johann Theodor von Tschesch, and Wilhelm Schwartz: "Gebethbüchlein" (autograph) [with Other Treatises and Letters], Wolfenbüttel, Herzog August Bibliothek (HAB): Cod. Guelf. 796. 2. Helmst., f. 63v; Becker/Krüger 1975–1998, vol. 3, p. 69.

49 Karnitscher 2015, pp. 170, 246, 319, 347.

50 Franckenberg 1995, pp. 167, 171; Serrarius/Bahnsen 1670, p. 39. See Hakelberg 2015, pp. 113–146; Beyer et al. 2017.

51 Arnold 1700b, pt 3, p. 51; Franckenberg 1995, pp. 98–100.

biography); unlike Adelgreiff, the theosopher of Görlitz meditated on these for years before he even put pen to paper. This allowed Böhme to gradually create "a new, unusual birth," whereas Adelgreiff's misunderstood revelation had to be classed among the "untimely miscarriages" or "afterbirths" of divine inspiration.[52] As Franckenberg put it in one of the letters preserved in Görlitz, "each birth" or spiritual insight "has its time: whoever cannot wait for it, brings forth vain, ill-timed miscarriages."[53] The Silesian mystic thus used the language of pregnancy to describe the prophetic fruit of the spirit.

3 Franckenberg and the Itinerant Prophet Ludwig Friedrich Gifftheil

Even if it might be possible to characterize Franckenberg's engagement with Sclei, Beer, and Adelgreiff as comparatively short-lived, merely textual, or generally minor, there is one contemporary prophet for whom the same cannot be said: the imposing Ludwig Friedrich Gifftheil.[54] Telle went so far as to argue that Franckenberg had been "much more decisively shaped [*entschieden nachhaltiger geprägt*] by his encounter with Gifftheil [...] than by his conversations with J. Böhme."[55] Telle largely seems to have based this assessment on Franckenberg's important autobiographical letter on his experience with Gifftheil, written to an unknown addressee on 21/22 December 1649. Indeed, on the face of it, the Silesian nobleman recalled his firm conviction "that Gifftheil was the living, incarnate saviour of the world [*der lebendig eingefleischte Salvator mundi*], and I the lost and recovered sheep on his shoulders, clinging to his neck in exuberant joy and never wanting to be parted from him." However, closer scrutiny of the letter suggests that Franckenberg did not view this as a good thing but rather as an instance of temptation that led him away from the state of mystical "equanimity" (*Gelaßenheit*) to which he aspired.[56] The 1649 account is thus marked by distance, irony, and spin even as it acknowledges that Gifftheil once held Franckenberg in thrall.

When Ludwig Friedrich Gifftheil appeared in Silesia in 1626 and 1627, preaching fire and brimstone, he had a profound impact on Franckenberg. During the late 1620s, the Silesian nobleman deeply engaged with Gifftheil as part of a group of local supporters. Their first meeting took place at Schweinhaus (Świny) Castle, the residence of Johann Siegmund von Schweinichen, who was also present on the occasion.[57] Incidentally, the site of Franckenberg's first meeting with Gifftheil was also that of his last farewell with Böhme, who returned to Görlitz "very sick and weak, greatly swollen and exhausted" in November 1624, just days before his death.[58] As late as 1649, the Silesian still recalled that a dream during the preceding night had prepared him for his encounter with Gifftheil. He also mentioned that vision to his young disciple Georg Lorenz Seidenbecher earlier in the same year, while discussing the latter-day prophet's biblical predecessors and the patriarchs.[59] Tall and strong, with an

52 Franckenberg 1995, pp. 122, 169 f.
53 OLB: LA III 409, f. 51r.
54 Penman 2023.
55 Franckenberg 1995, p. 40.
56 Franckenberg 1995, p. 246. *Gelassenheit* is the German equivalent of the Greek term *apatheia*, as encountered in classics of mystical literature.
57 Franckenberg 1995, p. 245.
58 Kober 1730, p. 41.
59 Franckenberg 1995, pp. 245, 363, 371.

impressive beard, Gifftheil deliberately styled himself according to biblical and artistic representations of prophets.

Rather unlike the meek Franckenberg, Gifftheil was a warlike character who criss-crossed Europe trying to raise armies that would help him enact his apocalyptic prophecies. Still in Schweinhaus, Gifftheil attacked a Lutheran pastor who was delivering a sermon, Zacharias Klenner, with a sword. Other attendees at the church intervened, so that Klenner escaped with his life and Gifftheil found himself imprisoned.[60] Franckenberg reported on Gifftheil's Silesian sojourn in the same 1649 letter. During Gifftheil's confinement, Franckenberg "visited him repeatedly and tried to persuade him of the path of peace" (*Weg des Friedens*), or so he claimed with hindsight. Once released, Gifftheil "summoned" Franckenberg "through a short letter (under the threat of eternal damnation), with a special messenger." The Silesian nobleman instantly obeyed, describing himself as "most intimately devoted" (*intimè addictus*) to Gifftheil. He took on the lengthy march on foot without any further preparation and even had to be carried across some water by the messenger. Once he had completed that "march of anguish" (*Angstlauff*), Franckenberg found himself welcomed and even earnt Gifftheil's gratitude by agreeing to deliver his missives to Bernstadt (Bierutów). Later on, as the prophet was about to leave Silesia, he met Franckenberg one last time on a mountain, handed over "several letters to the Polish princes and the council at Breslau," and blessed him "with these final words 'Squire Abraham out of the eternal deep (*Abgrunde*) of the soul' as he rode away."[61] Thus ends Franckenberg's 1649 account of his encounters with Gifftheil more than twenty years earlier.

Many years after these events, it was precisely the issue of violence and force of arms that led the Silesian nobleman to renounce his association with Gifftheil. After having survived "various eruptions of war and subsequent pillaging […] as well as ten years of exile until now," Franckenberg did not see any reason to take up "the cold iron with Gifftheil."[62] By the late 1640s, the Silesian nobleman had experienced the consequences of war first-hand and could not bring himself to endorse it as a means to bring about Christ's rule on earth. However, there is reason to believe that the final rupture between Gifftheil and Franckenberg came about a number of years earlier, during 1643. Around the beginning of that year, the Silesian nobleman learned, much to his dismay, that the imposing prophet had justified his violent agenda with recourse to the *Iudicium Theomanticum*, Franckenberg's treatise on Adelgreiff. In a long letter dated to 1643 and probably addressed to Abraham Willemsz van Beyerland, the wealthy Dutch collector, translator, and editor of Böhme manuscripts, Franckenberg sought to set the record straight: rather than justifying calls to violence, whether Gifftheil's or not, he had merely set out to prove that "spiritual matters ought to be judged spiritually."[63]

As it turns out, Franckenberg's friend Tschesch was equally upset that his own treatise on Adelgreiff should have been so thoroughly misrepresented by Gifftheil's followers. Both Tschesch and Franckenberg then wrote *Bedencken* or *iudicia*, that is, highly critical statements regarding the doomsday prophet. Unfortunately, neither of these texts survive, yet a refutation of both penned by Gifftheil's associate Johann Paul Ludwig does provide us with an idea of the main arguments Tschesch and Franckenberg advanced. In the few points raised against the latter, Ludwig particularly took issue with the Silesian nobleman's characterization of Gifftheil as a "vessel of wrath" (*gefeß des zorns*), partly because Gifftheil had every now and then "slammed a false prophet off the pulpit" – the attack on Klenner in Silesia was not an isolated incident but part of a pattern. Ludwig admitted that he could

60 Weigelt 1976, pp. 277–278.
61 Franckenberg 1995, pp. 245–247.
62 Franckenberg 1995, p. 247.
63 Franckenberg 1995, p. 171.

not make sense of Franckenberg's *Iudicium Theomanticum* and yet cautioned him not to judge the prophet "who is still alive" (Gifftheil) as he had "judged" the Prussian prophet (Adelgreiff), "whether for better or for worse (I do not understand it), after he died and came to a bad end, though he was not executed for the sake of truth and justice."[64] Future events might yet prove Gifftheil right, or so Ludwig suggested.

As Gifftheil's associate noted that Tschesch and Franckenberg agreed on most issues, he kept his discussion of the latter brief while allotting considerably more space to the former. The most striking accusation Tschesch raised was that Gifftheil positioned himself as the leader of a new sect or confession. Ludwig was scandalized that Tschesch compared the prophet "to the vicar of Christ or pope in Rome, likewise to the king of the Anabaptists," as well as two of Böhme's rivals, "Ezechiel Meth and Esaias Stiefel," whose "false doctrine" was currently promoted once more by Tobias Schneuber, the son of a barber-surgeon.[65] If Tschesch voiced this critique *ex negativo*, Franckenberg expressed a very similar sentiment in a letter to yet another self-proclaimed prophet, Adolph Helt, who identified himself with the "person of the angel with the eternal gospel" mentioned in the Book of Revelation 14:6. The Silesian nobleman cautioned the former Lutheran minister of Stade who now resided in Hamburg against following a trend among "several newly emerging spirits and prophets," who variously identified themselves with David, Elijah, Daniel, and so on.[66] One of the people Franckenberg had in mind here was none other than Gifftheil: he frequently likened himself to Elijah, the fearsome prophet who had famously slaughtered hundreds of priests worshiping the heathen god Baal.

According to Franckenberg's letter, the Bible occasionally referred to "preachers and servants of God as angels," yet in doing so it highlighted "the office and the doctrine, but not the person and this or that individual." Much less should that be taken to imply that "such angelic messengers" ought to be "honoured and worshipped as divine, even if Christ dwelled in them and spoke through them." Integrating Neoplatonic phraseology, Franckenberg continued to a rousing crescendo:

> For Christ is only One in All, and the only One, to whom alone such honor is due from all; yes, whom the angels themselves worship without wanting to be worshipped by us, even though the spirit of Christ is in them as it had been in the prophets, who themselves did not want to be special, even though others took them to be great and men of God.[67]

It is this criterion that Adelgreiff, Gifftheil, and Helt did not meet as their prophetic missions filled them with an overwhelming sense of self-importance. In contrast, it seems that according to Franckenberg's assessment the former cobbler of Görlitz, whom he had repeatedly met in person, lived up to this ideal: like a faithful servant, he was content to be Christ's mouthpiece, a mission he shared with many others, whether they were famous or not, irrespective of whether posterity would remember them.

---

64 Friedrich Breckling et al. [Letters and Other Documents on Religious Dissenters], Gotha, Forschungsbibliothek (FBG): Chart. A 413, f. 276v.
65 FBG Chart. A 413, f. 276r. Cf. Schneuber 1648.
66 Franckenberg 1995, p. 183.
67 Franckenberg 1995, p. 184.

4 Conclusion

Noting divergent assessments of Franckenberg's reception of Böhme, this chapter has highlighted the extent to which the Silesian nobleman was familiar with the theosopher's works in manuscript from a very early date. Even later in life, Franckenberg continued to engage with Böhme's writings and particularly recommended the *Weg zu Christo* as a masterpiece of devotional literature. Yet Franckenberg not only engaged with Böhme and his writings but also with a number of other illuminated, inspired believers and new prophets of his day. For instance, he published the writings of Bartholomäus Sclei and Johannes Beer in the late 1630s. In the Sclei preface of 1634, Franckenberg suggested that the author's identity, which he had tentatively established, did not actually matter. His view was that the treatise could have been penned by anyone; the important thing was that the Spirit of God spoke through it. In 1636 and again in 1641, Franckenberg engaged with Beer whom he described as a *Wunder-Mann*, an epithet equally accorded to Böhme. The Silesian nobleman explicitly recorded his firm conviction that there were many others who, like Beer and Böhme, experienced great things through God but were yet unknown among larger audiences.

After the violent execution of Johann Albrecht Adelgreiff in Königsberg during 1636, Franckenberg wrote the *Iudicium Theomanticum*, a lost treatise on the executed blasphemer. The Silesian mystic argued that Adelgreiff had received a genuine revelation which he had fatally misinterpreted. In contrast, Böhme experienced multiple illuminations and carefully meditated on them for many years before writing about them. In 1641 and again in 1643, Franckenberg was forced to clarify the intention of his *Iudicium Theomanticum* against its appropriation by the fiery doomsday prophet Ludwig Friedrich Gifftheil and his followers. In the process, the Silesian nobleman finally emancipated himself from the imposing figure he had encountered a mere two years after Böhme's death. He and his close friend Johann Theodor von Tschesch both took issue with the importance that Gifftheil claimed for himself. In a letter to Adolph Helt, Franckenberg outlined the positive ideal of the humble prophet who spread God's message without blowing his own trumpet. In his understanding, Böhme corresponded to this role as his message was in agreement with the Bible and the great writers of devotional Christianity. In trying to trace intellectual lineages, modern scholars – much like early-modern heresy hunters before them – have placed Franckenberg firmly among the Böhmists, yet the contours of the Silesian nobleman's Böhme reception do not correspond to the implications of this label. For Franckenberg, Böhme was not an outstanding, unique theosopher but simply one among many who lent their voice to the One.

Wilhelm Schmidt-Biggemann

Angelus Silesius – ein Böhmist?

Abstract: The present text first engages with the ambiguity of the term “mysticism,” which has been applied equally to Jacob Böhme and Johann Scheffler (Angelus Silesius). Against this background, the chapter sketches Böhme’s hagiographically stylized biography and points to the group of his followers with whom Böhme discussed his main topoi. These include the *Ungrund*, Trinity, the seven sources or qualities, the androgynous Adam, Sophia and Mary, the Fall of Man, Restitution and apocalyptic discussions, which must be understood in the context of the Thirty Years’ War.

Johann Scheffler, who was born in the year of Böhme’s death (1624), became acquainted with the latter’s texts during his student days in Leiden and later probably also through his friend Abraham von Franckenberg, who knew Böhme personally. After Silesius’ conversion to Catholicism in 1653, his most important writings, for example the *Cherubinischer Wandersmann* (1657/1675) and the spiritual poems *Heilige Seelenlust* (1657/1668), are evidently oriented exclusively toward the medieval and Catholic spiritualists of the Early Modern period. The main topoi of Böhme’s theosophy do not appear in these writings. Therefore, one cannot speak of a clear and demonstrable influence of Böhme on Angelus Silesius.

1 Mystik, ein äquivoker Begriff

Sowohl Angelus Silesius als auch Jacob Böhme gelten als Mystiker. Aber was heißt das? Wenn man die Formen von Mystik zusammenstellt, die durch ihre Vertreter charakterisiert werden, wird deutlich, dass der Begriff Mystik extrem unscharf ist. Was ihn semantisch zusammenhält, ist kaum auszumachen, ausgenommen, dass seine Vertreter als Mystiker bezeichnet werden. Dennoch scheint er unentbehrlich – das wird schon durch den vielfältigen Gebrauch indiziert.[1] Die folgende Liste von Merkmalen des Begriffs Mystik ist deshalb keineswegs vollständig, sie hat eher grob orientierenden Charakter – und sie soll verdeutlichen, dass Autoren wie Jacob Böhme und Angelus Silesius zwar zu Recht als Mystiker bezeichnet werden, dass diese Bezeichnung aber wenig aussagekräftig ist.

a. Aufstieg ins Eine

Die wichtigste abendländische Quelle für den Begriff Mystik ist „Pseudo“-Dionysius Areopagita. Seine „Mystische Theologie“ beschreibt den Aufstieg der Seele ins unbegrifflich Eine, das Dionysius als das Göttliche fasst. Mit dem Terminus „unbegrifflich“ ist zugleich eine negative Theologie indiziert. Dieser Mystik-Typ ist im christlichen Mittelalter vor allem seit Meister Eckhart und Johannes Tauler präsent. In diesem Sinn nennt auch Angelus Silesius Mystik: „geheime Gott-Gemeinschaft Kunst“ (*Theologia Mystica*).[2]

1 Vgl. den Artikel „Mystik, mystisch“ im *Historischen Wörterbuch der Philosophie* (Ritter/Gründer/Gabriel 1971–2007, Bd. 6, Sp. 268–273).

2 § XI in seiner Konversionsschrift s. u. Anm. 22.

https://doi.org/10.1515/9783110720525-005

b. Gelassenheit

Die Lehre von der Vergleichgültigung der Welt und des Selbst als Bedingung der ungeschuldeten Gnade ist ein Grundmuster der mystischen Psychologie des Abendlandes; sie ist zugleich der zwischen den Konfessionen theologisch umstrittenste Topos der Gnadentheologie.

c. Liebestheologie

Christologische affektive Liebestheologie ist zumal seit dem Spätmittelalter ein verbreiteter mythischer Topos – Teresa von Ávila ist die bekannteste Mystikerin dieses Typs, Angelus Silesius' *Heilige Seelenlust* bedient diesen Topos, er bezieht sich hier besonders auf Heinrich Herp.[3]

d. Teilhabe am Prozess des göttlichen ständigen Werdens

Dieser Typ von Mystik, der mit den Begriffen Ungrund und Grund, Trinität, Sophienmystik und Naturprozessualität umgeht, findet sich in der neuplatonischen Theologie, in der jüdischen und christlichen Kabbala; bei Böhme kommt er in der besonderen Fassung der sieben Quellgeister vor.

e. Apokalyptische Mystik

Es handelt sich hier um die visionäre Teilhabe an Gottes Wiederkunft und Gericht über die Welt und die Seelen der Menschen – apokalyptische Bilder vom vorweggenommenen Urteil über die endgültige Strafe und Belohnung. Diese Form der Mystik orientiert sich an der Johannes-Apokalypse und am 2. Tessalonicherbrief. Für das Mittelalter ist Hildegard von Bingen hier eine Autorität.

f. Geschichtsvisionen

Geschichtsvisionen verbinden Propheten und Mystiker: Sie finden sich in den Prophetien des Alten Testaments, die wichtigste Geschichtsprophetie des hohen Mittelalters ist die vom Dritten Reich Gottes durch Joachim von Fiore. An der Schwelle zur Neuzeit spielen die Türkenprophetien eine Schlüsselrolle, im Dreißigjährigen Krieg die Visionen vom Sieg des wahren protestantischen Christentums über den Antichristen: Neben Böhmes Endzeitprophetien ist hier die Sammlung *Lux in Tenebris*, die Johann Amos Comenius 1657 veröffentlichte, charakteristisch.

---

3 Niederrheinischer Franziskaner, gestorben Mecheln 1477/78. *De Theologia Mystica libri tres.* Zuerst Köln 1538. S. Scheffler 1984, S. 321 f.

2 Jacob Böhme (1575–1624)

2.1 Biographie

Jacob Böhme ist einer der einflussreichsten und zugleich geheimnisvollsten Denker der Frühen Neuzeit, sicher der einflussreichste deutsche Autor zwischen Luther und Leibniz. Darüber, ob seine Schriften theologischer, philosophischer, prophetischer oder theosophisch-mystischer Natur sind, streiten die Interpreten. In jedem Falle haben Böhmes Schriften nach ihrer Veröffentlichung in der Mitte des 17. Jahrhunderts durchgehend Leser mit philosophischen, religiösen und naturtheologischen Interessen angezogen; allein die philosophische Reihe reicht von Leibniz über Hegel und Schelling bis zu Ernst Bloch.

2.1.1 Sechsstädtebund und Görlitz

Um das zeitgenössische Wirken Böhmes zu verstehen, ist ein Blick auf seine Herkunftsregion sinnvoll. Die politische Situation in der Lausitz vor Beginn des Dreißigjährigen Krieges war noch immer durch den Sechsstädtebund geprägt, der unter Karl IV 1346 privilegiert wurde und formal bis 1815 bestand. Er umfasste die Städte Bautzen, Görlitz, Kamenz, Lauban, Löbau und Zittau. Diese Städte waren unabhängig und nur der böhmischen Krone verpflichtet. Mit dem Schmalkaldischen Krieg (1546/47) und dem folgenden Hochverratsprozess wegen Verweigerung der Waffenhilfe an Kaiser Karl V., bei dem der Bund zu erheblichen Strafzahlungen verurteilt wurde, brach der Reichtum der Kaufmannschaft ein; die Stadtgüter wurden zur Aufbringung der Strafen verkauft. Die Leinwand- und Tuchproduktion ging im 16. Jahrhundert zunächst zurück, steigert sich dann wieder, vor allem aber gab es eine florierende Lederindustrie, die durch den Dreißigjährigen Krieg verstärkt wurde. Das ist die Zeit, in der Böhme wirkte. Böhme hat den Sieg der Kaiserlichen 1620 bei der Schlacht am Weißen Berge und die Flucht der Protestanten aus Böhmen nach Sachsen miterlebt. Die Städte verloren ihren Einfluss an die adeligen Landstände, die in der Lausitz nicht katholisch waren, aber auch nicht von den städtischen lutherischen Kirchspielen verwaltet wurden. Aus diesen kleinadeligen Landständen stammten viele von Böhmes Anhängern und Mäzenen, die sein Prophetentum stützten und stärkten.

2.1.2 Herkunft und Frömmigkeit

Böhme wurde 1575 in Alt-Seidenberg geboren, seine Eltern waren recht gut gestellte Bauern, er hat Schulbildung genossen. Dass er ein ungebildeter einfacher Handwerker gewesen sei, ist ein topischer Antiakademismus. 1595 wurde er Schuhmacher, später Garnhändler, heiratete Catharina, die Tochter des Fleischhauers Hans Kunschman, mit der er vier Söhne hatte und 30 Jahre, bis zu seinem Tod, verheiratet blieb. Seine Biographie, die Abraham von Franckenberg verfasst hat,[4] bedient die Mystikertopik:

4 Vgl. zu den Franckenberg-Biographien Gilly 2007d. Neuere Funde zu diesem Thema stellt Carlos Gilly in seinem Aufsatz in diesem Band vor.

2.1.2.1 Eine Prophezeiung und drei Erleuchtungen

Franckenberg berichtet von einem mysteriösen Schuhkäufer, der nach dem Schuhkauf bei dem Lehrling Jacob noch einmal in den Laden zurückgekommen sei mit der Prophezeiung: „Jacob, du bist klein aber du wirst groß und gar ein ander Mensch und Mann werden, daß sich die Welt über dir verwundern wird!“[5]

Die erste Erleuchtung beschreibt Franckenberg so: Böhme sei noch als Schustergeselle (noch auf seiner Wanderschaft)

> durch den Zug des Vaters in dem Sohne dem Geiste nach in den heiligen Sabbath und herrlichen ruhe-tag versetzte worden, allwo er (seiner eigenen Bekäntnüs nach) mit göttlichem Licht umfangen / durch sieben tage lang in höchster göttl. Beschaulichkeit und freudenreich gestanden.[6]

Die zweite Erleuchtung sei durch ein Zinngefäß im Jahre 1600 geschehen, als Böhme „im 25.jahr seines alters zum andernmal vom Göttl. Licht ergriffen und / mit seinem gestirnten seelen-geiste durch einen gählingen anblick eines zinnen-gefässes (als des lieblich Jovialischen scheins) zu dem innersten grunde oder centro der geheimen natur eingeführet“ worden.[7] Es folgt die Geschichte der obligatorischen Zweifel an der Berufung, und für 1610 wird dann eine „Dritte rührung“ (§ 12) berichtet, deren Ergebnis die Niederschrift der „Aurora“ ist.

2.1.2.2 Verfolgung des Inspirierten durch die Amtskirche; Freunde und Feinde Böhmes

1613 erfolgt der Einzug des Manuskripts durch die Obrigkeit in Görlitz, die durch den Görlitzer Pfarrer Gregor Richter veranlasst wurde. Böhme bekommt Schreibverbot, hält sich bald nicht mehr daran, vielmehr verfasst er von spätestens von 1617 bis zu seinem Tode 1624 in einer Art Schreibrausch nahezu sein gesamtes umfangreiches Werk. Er ist der Prophet einer heterodoxen Personalgemeinde, die sich vor allem aus unabhängigen adeligen Gutsbesitzern, aus Ärzten und hohen Beamten Schlesiens, Sachsens und Böhmens zusammensetzt.[8] Diese Gemeinde drängt ihn ständig, seine Gedanken aufzuschreiben, ihre Mitglieder, die selbst spekulative theologische Interessen haben, geben ihm wahrscheinlich Stichworte und Motive vor: Ungrund, Sophia, Himmelsbrot, Sündenfall. Unter diesem prophetischen Erwartungsdruck schreibt Böhme wie im Fieber, entwickelt die Ideen weiter, die in der *Aurora* angelegt sind, und reichert seine Gedanken und Inspirationen mit neuen Motiven an. Wie sich diese Motive in der Diskussion mit den teils gelehrten Anhängern entfaltetet haben, zu welchen Quellen Böhme selbst Zugang gehabt hat, scheint im Einzelnen nicht mehr rekonstruierbar zu sein.

---

5 Franckenberg 1730, § 9.

6 Franckenberg 1730, § 7.

7 Franckenberg 1730, § 144.

8 S. das Kürzelverzeichnis von Böhme-Anhängern von Michel le Blon in: Harmsen 2007, S. 451–456. Aus dem Biographischen Register ebd. S. 457–483 lassen sich folgende Personen als Mitglieder der Böhme-Gemeinde identifizieren: Christian Bernhard († 1649), Adam Bruxius (Brucx), Abraham von Einsiedel, Karl Ender von Sercha (ca. 1575–1624), Michael Ender von Sercha (1590–1637), Abraham von Franckenberg (1593–1652), Gottfried Freudenhammer, Kaspar von Fürstenau (1572–1649), Rudolf von Gersdorf, Mathias Giller von Lilienfeld, Lazarus Henckel (1551–1624), Benedict Hinckelmann († 1642), Johann Huser, Paul Kaym (1571–1634), Tobias Kober (1587–1625), Augustin Köppe, Johann Daniel Koschwitz, Friedrich van Krackwitz, Friedrich Krausen, Michael Kurtze, Kaspar Lindner, Martin Möller, Johann Molitus, Martin Moser, Paul Nagel, Balthasar Nitsche, Heinrich Prunius, Johann Rehefeld (1590–1648), Friedrich Rehnisch († 1632), Mats Rehnisch, Gottfried Richter (1594–nach 1660, wohl nicht Sohn des Pastor Primarius in Görlitz; vgl. den Beitrag von Penman in diesem Band), Hans Rothe von Baumgarten (ca. 1580–1640), Gottfried Gloger von Schwanbach, Wilhelm Schwartz, Johann Sigismund von Schweinichen (1590–1664), Abraham von Sommerfeld, Johann Staritz, Johann Theodor von Tschesch (1595–1649), Valentin von Tschirness, Baltasar Walther (1560–vor 1652), Cornelius Weißner.

Aber es ist bekannt, dass ihm der befreundete einflussreiche Arzt Balthasar Walther *40 Fragen von der Seele* vorgelegt hat, die Böhme beantwortete, und dass die Abhandlung *Von der Gnaden Wahl* nach einer eingehenden Diskussion, die Weihnachten 1622 zwischen Böhme und einigen seiner Anhänger stattfand, verfasst wurde.[9] Er schreibt Kommentare zu biblischen und theologischen Themen, wendet sich auch in ‚Sendbriefen' mit teils apokalyptischen Visionen an einige seiner Anhänger und prophezeit das Ende der habsburgischen Monarchie. Seine theologischen Ideen lassen sich nicht immer widerspruchsfrei zusammenfügen.

Sein Wirken als theologisch-politischer Visionär und Prophet führt 1624 zu einer Vorladung vor das sächsische Konsistorium, das ihn verhört und ihn – offensichtlich nicht ohne beeindruckt zu sein – wieder freilässt. Bald danach stirbt Böhme in Dresden; er wird in Görlitz begraben.

2.2 Haupttopoi von Böhmes Theologie: Gottes ewiges Werden in Schöpfung und Heilsgeschichte

Im Folgenden fasse ich Böhmes Lehre nach den wichtigsten Topoi zusammen. Diese Topoi sind charakteristisch, sie wiederholen sich in vielen seiner Schriften und sind Visions- und Argumentationstypen vor allem in der Phase von 1617–1624, in der Böhme viele Motive spekulativer Theologie, die sich auch in der patristischen Literatur finden, aufnimmt und neu fasst.

2.2.1 Gott: Der Ungrund fasst sich in Grund

Der Gottesbegriff Böhmes entstammt der neuplatonischen Lehre vom Einen, die auf Plotin zurückgeht. Das Argument wird in der Tradition vielfältig verwendet und lautet: Wenn das Eine keine Zweiheit, d. i. Differenz zulässt, dann kann auch die Differenz zwischen dem Denkenden und dem Gedachten nicht mehr gedacht werden – das Eine ist deshalb jenseits aller Begrifflichkeit. Wenn Gott als der Eine gedacht wird, dann ist er letztlich nur als der Prozess denkbar, in dem sich das unbestimmte Eine in ein bestimmtes wandelt – und das heißt: Das unbestimmte Eine definiert sich, setzt sich Grenzen und wird zum bestimmten Einen. Wenn das Eine als Gott und Gott als der Grund allen Seins begriffen wird, dann lässt sich dieser Prozess so beschreiben, dass sich der „Ungrund in Grund faßt", wie Böhme formuliert. Diesen Prozess deutet Böhme als Dynamik der Trinität: als Fassung des Selbst Gottes. Wenn sich Gott „fasst", definiert er sich als Liebe zu seinem Anderen, dieses Andere seiner selbst ist sein Sohn, sein höchstes Gut; und der liebende Bezug vom Vater zum Sohn und reziprok vom Sohn zum Vater ist der Heilige Geist. Damit ist das Gute als Gottes Liebes-Selbstbezug gefasst; in diesem Prozess wird zugleich das Böse als das Ungöttliche negativ definiert. Hätte sich der Ungrund nicht in Grund gefasst, wäre das Böse Potenz des Ungrundes geblieben.[10]

9 S. Biographisches Register in: Harmsen 2007, S. 480, s. v. Staritz.

10 *Von der Gnadenwahl* 1, 4–6. (Ich zitiere Böhmes Schriften nach Titel, Kapitel und Unternummerierung.)

2.2.2 Schöpfung

2.2.2.1 Sophia, kosmischer Adam, Makrokosmos

In der Schöpfung geht Gott über sich hinaus – von der Trinität zum Außen der Trinität. Als sein Denken, das über sich hinausgeht, schafft er seinen Spiegel und die Sophia als Weltenplan.[11]

Die Sophia ist vieldeutig: Die Bilder, die Böhme verwendet, passen nicht genau zusammen.

1. Sie ist die Braut Gottes: Buch der Weisheit (Septuaginta/Vulgata).
2. Sie ist die weibliche Seite Gottes – die Potentia passiva des Schöpfungslogos.
3. Sie ist der Makrokosmos – und dann ist sie zugleich der kosmische Adam; der kosmische Adam kann aber auch als der Logos verstanden werden, der mit der Sophia kopuliert und sie schwängert.
4. Sie trägt in ihrem Schoß den Plan der Welt – das ist die Primordialwelt, und sie wird auch gelegentlich als Primordialwelt identifiziert.
5. Diese Primordialwelt ist der fruchtbare Logos: Es ist der sprachförmige Plan der Welt, er enthält die im Intellekt eingefalteten sinnlichen Wesen (*logoi spermatikoi*). „Wesen" bedeutet Begriff und wesenbildende, potenzielle Ausdehnung, das ist die Kraft zum Real-Werden, das „Fiat".
6. Der kosmische Adam, der der Bräutigam der Sophia ist – vorparadiesisch bzw. vor dem Sündenfall, das ist wieder nicht eindeutig – und der die Adamitische Sprache kennt, die identisch mit der sprachförmigen Primordialwelt ist; aber er kann die Dinge nur benennen, ihm fehlt das „Fiat". Das ist eine Allegorese von Gen. 2,20. Der kosmische Adam kann aber auch die Funktion der Sophia mitübernehmen: Dann ist er androgyn.[12]

2.2.2.2 Die sieben Qualitäten[13] der Schöpfung – unabhängig vom Sündenfall

In der Qualitätenlehre beschreibt Böhme die Urprozessualität der Natur; er verwendet dabei eine teils alchemische, teils theologischen Terminologie, mit der er zunächst das gewaltsame anfängliche Werden der Natur beschreibt, die sich nach einem Versöhnungsprozess am Ende zur Harmonie entwickelt. Diese Qualitätenlehre variiert Böhme in vielen seiner Schriften.

Im Raum der göttlichen Glorie „Salitter" wirken sieben Quellgeister/Qualitäten/Species/Umstände:

a Erste Qualität: Herbe
b Zweite Qualität: Süße
c Dritte Qualität: Bitteres
d Vierte Qualität: Hitze
e Fünfte Qualität: Holdselige Liebe
f Sechste Qualität: Schall, Ton
g Siebte Qualität: Harmonischer Reigen aller Quellgeister

---

11 *Drei Prinzipien* 22,38.

12 *Drei Prinzipien* 10,12. Die Androgynität gehört in die Wirkungsgeschichte von Platos Symposion; bes. die Rede des Aristophanes (*Symposion*, bes. 189e) und ihre Interpretation in Ficinos *Commentarium* [...] *in Convivium Platonis, De Amore*, zumal die vierte Rede von Christophoro Landino, Kap. 1 und 2.

13 Dazu: Schmidt-Biggemann 2017.

2.2.3 Sündenfall

Das Böse ist bereits im Prozess der Theogonie identifiziert worden. Wie weit diese theogone Metaphysik des Bösen mit dem Sündenfall zusammenhängt, bleibt bei Böhme offen.

Der Sündenfall ist gedoppelt, diese Dopplung folgt der Theologie des Neuen Testaments:

1. Sündenfall der Engel als Geschichte des Teufels. Die Sünde besteht in der Insubordination der Geschöpfe ihrem Schöpfer gegenüber. Die Devise lautet: Non serviam.
2. Der Sündenfall Adams wird durch zwei Verführungen verursacht: a) Adam vergafft sich in die Materie; Eva wird als Allegorese der sinnlich-materiellen (mater) Natur gedeutet. Eva ist die Anti-Sophia. b) Die Verführung durch den Teufel.
3. Da sich Adam in die Anti-Sophia Eva verguckt hat, bleibt die himmlische Sophia unbemannt und unbefleckt als kosmische Frau (und Prototyp der unbefleckten Jungfrau) im Reich des Geistes.

2.2.4 Nach dem Sündenfall: Beginn der Restitutio

1. Sophia-Maria: Protoevangelium (Gen. 3,15). Die Prophezeiung des Protoevangeliums, dass die Jungfrau den Satan zerstören werde, wird in der Verkündigung der Geburt Jesu durch den Engel Gabriel erneuert und in der Inkarnation erfüllt. Maria ist keine irdische Frau, sondern die Verkörperung der von Adam verlassenen Weisheit, die sich nun erneut den Menschen zuneigt, indem sie Gottes Sohn empfängt. Die Pforten des Paradieses werden wieder geöffnet.[14]
2. Christus/Logos: der männliche Part des kosmisch androgynen Adam, der Bräutigam und zugleich Sohn der Sophia, nimmt in der irdischen unbefleckten Jungfrau Maria (deren Verhältnis zur himmlischen Sophia unbestimmt bleibt, aber wohl typologisch gemeint ist) einen ätherischen Schein-Leib an;[15] die Teilhaber an diesem mystischen Leib Christi, der logos- und wortförmig und von der Spiritualität der Bibel ununterscheidbar ist, sind die wahren erleuchteten Christen.[16]

2.2.5 Vollendung der Restitutio: Prophetien im Dreißigjährigen Krieg: Endkampf und Lilienreich[17]

Die Heilsgeschichte überwindet das Böse – sie ist in ihrer letzten historischen Periode: Die protestantischen Fürsten werden den Antichristen=Katholizismus/Habsburg/Papst überwinden. Die äußeren Kirchen – katholische und orthodox lutherische – werden aufgehoben werden durch die spiritualisierte Teilhabe der Begnadeten am Heilsprozess. Die mystischen Topoi bedienen die Eucharistie: Engelsbrot als geistige Speise,[18] und die letzte Zeit ist die Rosen- und Lilienzeit:

---

14 *Drei Prinzipien* 22,38.

15 *Drei Prinzipien* 18,40 f.

16 Diese Lehre, obwohl in sich alles andere als schlüssig, wird auch von Kaspar Schwenckfeld und Guillaume Postel vertreten; sie ist später von Johann Georg Gichtel und den „Engelsbrüdern" ausgestaltet worden.

17 S. Schmidt-Biggemann 2007, S. 173–177: Jacob Böhmes Rosen- und Lilienzeit.

18 *Drei Prinzipien* 10,16. Bemerkenswerterweise sind das Topoi, die auf Thomas von Aquin und Ambrosius zurückgehen.

> Eine Lilie stehet von Mittag gegen Mitternacht: welcher dieselbe wird zum Eigenthum bekommen, der wird singen das Lied von Gottes Barmherzigkeit; und in seiner Zeit grünet des Herren Wort, wie Gras auf Erden, und die Völker singen das Lied von Babel in einer Stimme, dann der Anfang hat das Ende funden.[19]

Die Lilie symbolisiert die Zeit der *restitutio ad integrum*, die Zeit der Wiederherstellung der Primordialwelt im eschatologischen Prozess.

Bei Böhme sind Heilsgeschichte und Naturprozessualität ineinandergeschoben. Die Konzepte passen nicht immer zusammen, aber die Dynamik der Natur und das kosmische Drama der Geschichte als Überwindung des Bösen sind das Gerüst, in das Böhme die Topoi einbaut, die ihm in der Diskussion mit seinen Anhängern und Mäzenen zugetragen wurden. Er war als Prophet in seiner Rolle gefangen; die Erwartungen an ihn, alle spirituellen Motive und Gedanken in seine Lehre zu integrieren, waren konstitutive Momente seines Prophetentums, dem er sich nicht entziehen konnte und offensichtlich auch nicht wollte.

3 Angelus Silesius (1624–1677)

3.1 Biographie

3.1.1 Mystiker am lutherischen Hof

Johannes Scheffler, später bekannt unter seinem Pseudonym Angelus Silesius, wurde am 25.12.1624 getauft.[20] Er stammte aus einer begüterten und bekannten evangelischen Familie. Von 1639–1643 war er Schüler am Elisabeth-Gymnasium in Breslau. Sein Lehrer Christoph Köler, Freund und Biograph von Martin Opitz, lehrte ihn die neu gefasste deutsche Poetik. Schon in der Schule schrieb er die ersten Gelegenheitsgedichte; wieweit diese als Zeichen seiner poetischen Begabung gewertet werden können, mag dahingestellt sein, jedenfalls wurden seine Werke später zum Muster geistlicher Dichtung des 17. Jahrhunderts.

1643 begann er, Medizin und Staatsrecht in Straßburg zu studieren, wechselte 1644 nach Leiden, wo er mit spiritualistischen Ideen bekannt wurde, und beendete sein Studium 1647 mit einem philologischen und einem medizinischen Doktorat in Padua. Als Zeichen seiner fortgeschrittenen Entweltlichung ist aus der Paduaner Zeit der Satz überliefert: *Mundus pulcherrimum nihil.*

Nach dem Abschluss des Studiums wurde er 1649 Leibarzt des streng lutherischen Herzogs Silvius Nimrod zu Württemberg-Oels, der u. a. mit Johann Valentin Andreae korrespondierte.[21] Dort lernte er 1650 Abraham von Franckenberg kennen, der aus seinem Danziger Exil, wohin er im Dreißigjährigen Krieg geflohen war, nach Schlesien zurückgekehrt war. Vermutlich las und diskutierte Scheffler mit Franckenberg spätmittelalterliche Mystiker-Texte sowie Werke Sebastian Francks, Valentin Weigels und Jacob Böhmes. Hier schloss er auch Bekanntschaft mit Daniel Czepko von Reigersfeld (1605–1660), dessen geistliche Dichtung für seine Poesie vorbildlich wurde.

---

19 Brief an Gottfried Freudenhammer 1623. Böhme 1955–1961, Bd. 9, S. 155 (Brief 42, § 47).

20 Gnädinger 1984a; Scheffler 1923, Bd. 1, S. VII–CCVII, „Leben und Werke“. Scheffler 1949–1952, Bd. 1: *Die Geschichte seines Lebens und seiner Werke.* Vor allem sind die dort abgedruckten Dokumente wichtig.

21 S. Salvadori 2018.

Franckenberg starb am 25. Juni 1652; er vermachte Scheffler testamentarisch einen kleinen Teil seiner Bibliothek, die insgesamt reich an spirituellen Texten der Kirchenväter, des Mittelalters und der Frühen Neuzeit war und viele heterodoxe Bücher, u. a. auch zahlreiche Texte Böhmes umfasste. Nach Franckenbergs Tod verwickelte sich Scheffler in einen Streit mit dem Oelser Hofprediger Christoph Freytag, der einer kleinen Edition von Mystiker-Texten, die Scheffler zusammengestellt hatte, die Druckgenehmigung verweigerte. Daraufhin gab dieser sein Amt am Hof auf und ließ sich als Arzt in Breslau nieder.

3.1.2 Der radikale Konvertit

Offensichtlich hatte Scheffler die Konversion schon länger erwogen. Am 12. Juni 1653 bekannte er sich öffentlich in St. Matthias in Breslau zum Katholizismus. Dabei nahm er den Namen Johannes Angelus an. Im gleichen Jahr erschien seine Rechtfertigungsschrift:

> Johannis Schefflers von Breßlauw / Philosophiae & Medicinae Doctoris, Gewesenen Fürstlichen Würtembergischen Oelßnischen Leib- und Hoff-Medici, Gründtliche Ursachen und Motiven, warumb er von dem Lutherthumb abgetretten / und sich zu der Catholischen Kyrchen bekennet hat. Der ander Truck / mit beygefüegeten 16 Religions-Fragen. Ingolstatt: Georg Hänlin 1653.[22]

Es handelt sich um einen kurzen Text von nur 28 Duodezseiten mit vornehmlich antilutherischer Polemik. Das Hauptargument ist gegen die Engführung des lutherischen Biblizismus gerichtet. Wenn das *sola scriptura* als alleiniger Grund des Christentums ernst genommen wird, ist der heilswirksame Offenbarungsprozess Gottes nach dem Redaktionsabschluss des Neuen Testament gleichfalls abgeschlossen. Diese Lehre schließt alle nachbiblischen persönlichen Erleuchtungen und erlebten Begnadungen als göttliche Offenbarungen aus. Der Neukatholik Johannes Angelus Scheffler kritisiert an der lutherischen Orthodoxie

> XI Die freventliche Verwerffung der ihnen [den Lutheranern] (den Lehrern insgemein) ganz unerkanndten geheimen mit Gott gemeinschaft-Kunst (Theologiae Mysticae) welche doch der Christen höchste Weißheit ist / und von den Heyligen Eremiten / vilen Vättern und Jungfrawen ganz inniglich ist geübet und herrlich gelehret worden, Ihnen aber müssen die Liebhaber derselben Enthusiasten, Schwermer / und waiß nicht was mehr seyn.
> XVIII „Daß biß auff heuttigen Tag nicht ein eintziges Wunder geschehe, mit welchem diese Lehr wäre bestättiget worden […].“[23]

Die Veröffentlichung der Berichte solcher „mit Gott gemeinschaft-Kunst“ hatte ihm der Oelser Prediger untersagt. Um welche Texte es sich genau handelte, ist unbekannt, aber die Autorenliste ist im Prinzip bekannt: Dionysius Areopagita, Bonaventura, Bernhard von Clairvaux, Hildegard von Bingen, Birgitta von Schweden, Johannes Tauler, Heinrich Herp (Harphius), die *Theologia Teutsch*, Maximilian Sandaeus[24] und möglicherweise Guillaume Postel, Valentin Weigel, Abraham von Franckenberg.

22 Abgedruckt bei Scheffler 1949–1952, Bd. 1, S. 233–254.
23 Scheffler 1949–1952, Bd. 1, S. 240.
24 Er nennt seine (katholischen) Quellen in: Scheffler 1984, S. 22. Den unerfahrenen Liebhaber der göttlichen Weisheit verweist er zum „Rusbrochio, Thaulero, Harphio, Authore Theologiae Teutonicae &c: und neben disen sonderlich zum Maximil. Sandaeo Societatis JESU“. Vgl auch ebd. S. 322 f. Maximilian Sandaeus SJ (1578 in Amsterdam–1656 in Köln): Sandaeus 1627; Sandaeus 1640. Vgl. Gnädinger 1984a, S. 322.

Komplementär zur Kritik an der Unterdrückung mystischer Literatur inszeniert Johannes „Angelus" Scheffler öffentlich seine katholische Kultfrömmigkeit. Er wird Mitglied der Rosenkranzbruderschaft, die die Marienverehrung forciert, und nimmt als ekstatischer Zeuge seiner erlebten Begnadung an Prozessionen teil. Sein Leichenredner Daniel Schwartz schreibt über eine Wallfahrt nach Trebnitz, er sei aufgetreten als ein „Engel und Gottes Both, unerschrocken und unüberwindlich, mit einer brennenden Fackel in der Lincken, mit einem Crucifix in der Rechten, mit einer dörnen Cron auf dem haupt, mit einem Seraphischen Eyfer und Resolution im Hertzen."[25]

1654 wurde Scheffler Hofarzt von Kaiser Ferdinand III.; das war zwar nur ein Titelamt, aber es belegte seine Bindung an die katholischen Habsburger. 1657 erscheinen mit jesuitischer Druckerlaubnis unter dem Pseudonym Johannes Angelus Silesius seine geistlichen Dichtungen: *Fünf Bücher geistliche Sinn und Schlußreime*; in der erweiterten zweiten Auflage von 1675 lautet der Titel: *Cherubinischer Wandersmann oder Geist-Reiche Sinn und Schlußreime zur Göttlichen Beschauligkeit anleitende*. Ebenfalls 1657 erscheinen seine geistlichen Lieder: *Heilige Seelen-Lust.*[26]

1661 empfängt Johannes Angelus Scheffler die Priesterweihe. Im folgenden Jahr erzwingt er am 8. Juni in Breslau eine öffentliche Fronleichnamsprozession. Das Fronleichnamsfest war für den Tridentinischen Katholizismus die entscheidende Demonstration der katholischen Lehre von der Transsubstantiation des Brotes in den Leib Christi; die Lutheraner lehnten diese Lehre ab. Es war deshalb eine besondere Provokation, diese Prozession mit juristischen Mitteln und mit Rückendeckung des katholischen Fürstbischofs Sebastian von Rostock gegen den Willen der lutherischen Stadtobrigkeit durchzusetzen. Von 1664 bis 1666 hatte Angelus Silesius denn auch das Amt eines Hofmarschalls bei eben diesem Fürstbischof inne. Auch wenn dieser Prälat ein energischer Verfechter der katholischen Reform in Schlesien war, entsprach das Hofamt doch nicht Schefflers radikaler Religiosität. Er quittiert den bischöflichen Hofposten, verschenkt sein Vermögen an katholische Stiftungen und praktiziert wieder als Arzt. Arme und Bedürftige behandelt er kostenlos.

1675 erscheint sein eschatologischer Traktat *J.A. Silesij Sinnliche Beschreibung Der Vier letzten Dinge/Zu heilsamem Schrecken und Auffmunterung aller Menschen inn Druck gegeben. Mit der himmlischen Procession vermehrt.*[27] Zwei Jahre später, in seinem Todesjahr, veröffentlicht er unter seinem bürgerlichen Namen Johannes Scheffler eine Auswahl von 39 seiner insgesamt 55 antilutherischen Streitschriften: *Ecclesiologia Oder Kirchen-Beschreibung* [...].[28] Nach länger Krankheit, die durch extreme Askese verschlimmert wurde, stirbt er am 9. Juli 1677.

---

25 Scheffler 1949–1952, Bd. 1, S. 351 f.

26 Scheffler 1657, 2. Auflage 1675 – sechs Bücher: mit dem Pseudonym Johannes Angelus Silesius. Titel: *Cherubinischer Wandersmann oder Geist-Reiche Sinn und Schlußreime zur Göttlichen Beschauligkeit anleitende* (Scheffler 1675a). *Heilige Seelen-Lust / oder Geistliche Hirten-Lieder / Der in Jhren JESUM verliebten Psyche, Gesungen von JOHANN ANGELO SILESIO, Und von Herren GEOGIO JOSEPHO mit außbundig schönen Melodeyen gezieret / allen liebhabenden Seele zur Ergetzlichkeit und Vermehrung ihrer heiligen Liebe / zu Lob und Ehren Gottes an Tag gegeben. Breslau: Gottfried Gründer für Baumann* [1657]. Zuerst erscheinen drei Teile der *Heiligen Seelenlust*, im Jahr 1658 ein vierter. 2. Auflage 1668, die zweite Auflage enthält ein 5. Buch (Scheffler 1668).

27 Scheffler 1675b.

28 Scheffler 1677.

3.2 Cherubinischer Wandersmann

Der *Cherubinische Wandersmann* ist Schefflers wichtigste und berühmteste Schrift. 1657 hieß sie zunächst: *Fünf Bücher geistliche Sinn und Schlußreime*. Erst die 2. Auflage 1675, die sechs Bücher umfasste, trägt den berühmten Titel: *Cherubinischer Wandersmann.*

Es handelt sich um ein Bekenntniswerk, in dem Angelus Silesius seine Fassung katholischer ekstatisch begnadeter Frömmigkeit darstellt. Er hat die Dichtung, so behauptet er jedenfalls, wie in Trance in kürzester Zeit als eine Art göttlichen Diktats niedergeschrieben.[29] Es handelt sich um zweizeilige Alexandriner, die ihm wie in einem stetigen Fluss zuströmten. Die Form des zweizeiligen Alexandriners kannte er aus Czepkos *Monodisticha*;[30] und das Paradox war seit Sebastian Francks Paradoxa eine verbreitete Darstellungsmöglichkeit negativer Theologie.[31] Scheffler kannte die einschlägige mystische Literatur sicher schon vor seiner Freundschaft mit Franckenberg, aber seit dieser Freundschaft hat er sich in die spirituelle Welt geradezu eingesponnen. Er muss, als er die erste Fassung seines *Cherubinischen Wandersmanns* geschrieben hat, von diesen theologischen Topoi erfüllt gewesen sein, die dann in Distichen aus ihm heraussprudelten.

Die theologischen Haupttopoi entsprachen ziemlich exakt der spätmittelalterlichen Spiritualität, die im Frühpietismus, etwa bei Johann Arndt, und zumal in der katholischen gegenreformatorischen Reform wiederbelebt wurde. Da es sich um eine dezidiert katholische Schrift handelt, fehlen die apokalyptischen Geschichtsvisionen, die für die protestantische Mystik-Prophetie wichtig sind; und die Spekulationen über die Teilhabe am Prozess des göttlichen Werdens sind nicht, wie etwa bei Böhme, als sinnliche Visionen und Beschreibungen gefasst, sie sind intellektualisiert. Der Begriff Gelassenheit findet sich bei Böhme und bei Angelus Silesius gleichermaßen; allerdings fehlt bei Böhme das Moment der Vergöttlichung des Menschen durch Gelassenheit, das Scheffler aus der Tradition Eckharts, Taulers, der *Theologia Teutsch* und vor allem von Maximilian Sandaeus übernimmt.

---

29 Scheffler 1984, S. 22 f: „Diese Reimen / gleich wie sie dem Urheber meisten theils ohne Vorbedacht und mühsames Nachsinnen in kurtzer Zeit von dem Ursprung alles gutten einig und allein gegeben worden auffzusetzen; also daß er auch daß erste Buch in vier Tagen verfertiget hat; sollen auch so bleiben / […].“

30 *Sexcenta Monodisticha Sapientum*, von Daniel Czepko von Reigersfeld. Benutzte Ausgaben: Czepko 1963; Czepko 1989.

31 Pascals *Pensées*, die zuerst 1670 erschienen und die dem *Cherubinischen Wandersmann* in der Formulierungskraft entsprechen, konnte Angelus Silesius nicht kennen. Die beiden Werke unterscheiden sich auch darin, dass Pascals *Pensées* Produkt von genauem rhetorischem Kalkül sind. Die Aphorismen sind als Musterformulierungen und Topoi für die große Apologie des Christentums verfasst worden, die Pascal nicht mehr vollenden konnte.

3.2.1 Theologische Haupttopoi

Ich stelle charakteristische Verse aus dem *Cherubinischen Wandersmann* zu den jeweiligen Topoi so zusammen, dass sie für sich selbst sprechen:

3.2.1.1 Gott

Negative Theologie

I 15[32]

Die über-Gottheit.
Was man von GOtt gesagt / das gnüget mir noch nicht:
Die über-Gottheit ist mein Leben und mein Liecht.

I 170
Gott ist nicht hoch noch tieff.
GOtt ist nicht hoch / nicht tieff: wer endlich anderst spricht /
Der hat der Wahrheit noch gar schlechten Unterricht.

II 55
GOtt ist / Er lebet nicht.
GOTT ist nur Eigendlich: Er lebt und liebet nicht /
Wie man von mir und dir und andern Dingen spricht.

III 181
Auch von GOtt.
GOtt ist noch nie gewest / und wird auch niemals seyn /
Und bleibt doch nach der Welt / war auch vor jhr allein.

IV 21
Der unerkandte GOtt.
Was GOtt ist weiß man nicht: Er ist nicht Licht / nicht Geist /
Nicht Wonnigkeit / nicht Eins, nicht was man Gottheit heist:
Nicht Weißheit / nicht Verstand / nicht Liebe / Wille / Güte:
Kein Ding / kein Unding auch / kein Wesen / kein Gemütte:
Er ist was ich / und du / und keine Creatur /
Eh wir geworden sind was Er ist / nie erfuhr.

Gott als Abgrund[33] und Einheit

I 68
Ein Abgrund rufft den andern.
Der Abgrund meines Geists rufft immer mit Geschrey
Den Abgrund GOttes an: Sag welcher tieffer sey.

32 Ich übernehme die Zählung der Distichen aus dem *Cherubinischen Wandersmann* (Scheffler 1984).

33 S. Sandaeus 1640, s. v. Abyssus.

V 1
Alles muß wider in Eins.
Alls kombt auß einem her / und muß in Eines ein:
Wo es nicht will gezweyt und in der vielheit seyn.

V 4
Nichts kann ohn das Eins bestehn.
Wie all' und jede zahln ohns eines nicht bestehn;
So müssen die Geschöpf ohn GOtt das Eins vergehn.

I 205
Der Ort und das Wort.
Der ort und's Wort sind Eins / und wäre nicht der ort /
(Bey Ewger Ewigkeit!) es wäre nicht das Wort.

II 4
Das ewge Ja und Nein
GOtt spricht für immer *ja;** der Teufel saget nein:
Drumb kann er auch mit GOtt nicht *Ja* und eines seyn.
* allusio ad Nomen Dei Ebraicum IAH

3.2.1.2 Weisheit

I 186
Der ewigen Weisheit Hauß.
Die Ewge Weißheit baut: Jch werde der Pallast:
Wann sie in mir / und ich in jhr gefunden rast.[34]

3.2.1.3 Geistliche Alchemie

I 102
Die geistige Goldmachung.
Dann wird das Bley zu Gold / dann fällt der Zufall hin /
Wann ich mit GOtt durch GOtt in GOtt verwandelt bin.

I 103
Auch von demselben.
Ich selbst bin das Metall / der Geist ist Feur und Herd /
Messias die *Tinctur*,[35] die Leib und Seel verklärt.

---

34 S. auch unten die Bemerkungen zur „Weisheit" bei Angelus Silesius S. 57.
35 Messias bedeutet hier – alchemisch: Wiedererstehen des sündenlosen Urmenschen, der ungefallene Mikrokosmos, der den Makrokosmos repräsentiert. Tinctur: Durchdringt alle Wesenheiten, trennt das, was nicht zusammengehört und verbindet das Zusammengehörige zu der primordialen, vorlapsarischen Wesenheit.

I 193
Die Creatur ist recht in Gott.
Die Creatur ist mehr in Gotte dann in Jhr:
Zerwird sie / bleibt sie doch in Jhme für und für.

I 198
Das Wort ist wie das Feuer.
Das Feur rügt alle Ding' und wird doch nicht bewegt:
So ist das *ewge Wort* das alles hebt und regt.

I 246
Die Tingierung
Der heilge Geist der schmeltzet / der Vater der verzehrt /
Der Sohn ist die *Tinctur*, die Gold macht und verklärt.

I 249
Die Goldheit und die GOttheit.[36]
Die Goldheit machet Gold / die Gottheit machet GOtt:
Wirstu nicht eins mit Jhr / so bleibstu Bley und Koth.

I 257
Die Dreyeinigkeit in der Natur.
Daß GOtt Dreyeinig ist / zeigt dir ein jedes Kraut /
Da Schwefel / Salz / Mercur / in einem wird geschaut.

I 258
Das Tingiren
Betrachte das Tingiren / so sihstu schön und frey /
Wie dein Erlösung / und wie die Vergöttung sey.

4 Vergleich der Haupttopoi bei Böhme und Angelus Silesius

Scheffler zitiert Böhme nicht; aber er hat Böhme nach eigenem Zeugnis in seiner Studienzeit in Leiden gelesen. In der Antwort auf eine Polemik Johann Adam Scherzers gegen ihn schreibt er 1664 – eher widerwillig, Scherzer schreibe

> ganz freventlich, ich hätte wol eher eine Freigeistische und Mennitische Mütze getragen, es wäre Jacob Böhm in meinen Augen wol gar ein Prophet gewest. [...] Ich bin zwey Jahr zu Leyden gewest und weiß noch diese Stunde nicht, wo eine Menistische oder Wiedertaufferische Kirche zu finden ist. Jacob Böhmen hab ich so wenig vor einen Propheten gehalten als Luthern, daß ich aber etliche seiner Schrifften gelesen, weil einem in Holland allerley unterhanden komt, ist wahr und ich danke GOtt davor, denn sie seind grosse Ursache gewest, daß ich zur Erkändnüß der Wahrheit kommen und mich zur Catholischen Kirchen begeben habe.[37]

36 Immer wieder die kabbalistische Assonanz – lingua Adamica von GOtt und Gold.
37 Johannis Schefflers *Schutzrede für sich und seine Christenschrift* (Scheffler 1664 S. 8 ff.). Zitiert nach Scheffler 1949–1952, Bd. 3, S. 121. Ich danke Lucinda Martin für den Hinweis auf diese Stelle.

Franckenberg hat Scheffler Teile seiner Bibliothek ererbt. Ob es darunter auch Böhme-Texte gab unbekannt. Gottfried Arnold berichtet in seiner *Unpartheyischen Kirchen- und Ketzerhistorie* von dem Gerücht, Scheffler solle die Bücher aus Franckenbergs Besitz „verbrannt haben / vermutlich weil sie mit seiner sectirerey nicht übereingestimmet".[38]

Gerade weil Scheffler daran interessiert war, seine protestantisch-spiritualistischen Wurzeln zu verbergen, findet sich in seinem Werk – ausgenommen die widerwillige Antwort auf Scherzers Polemik – keinerlei namentliche Erwähnung Böhmes.

4.1 Eine Fehlzuschreibung

Es wird berichtet, dass Scheffler – angeblich – unter ein Bild Böhmes geschrieben habe:

Im Wasser lebt der Fisch, die Pflanzen auf der Erden,
Der Vogel in der Luft, die Sonn im Firmament.
Der Salamander muß im Feur erhalten werden:
Und Gottes Herz ist Jakob Böhmens Element.[39]

Allerdings heißt es im *Cherubinischen Wandersmann* IV, 32:

Eins jeden Element
Jm Wasser lebt der Fisch / die Pflantzen in der Erden /
Der Vogel in der Lufft / die Sonn am Firmament:
Der Salamander muß im Feuer erhalten werden:
Jm Hertzen JESU ich / als meinem Element.

Es scheint, dass der Text des *Cherubinischen Wandersmanns* IV 32 der ursprüngliche sei und die Böhme–Zeile nachträglich hineingefälscht sei. „Zwar ein Reimspruch, den dieser (Scheffler) in jener Zeit unter Böhmes Bild geschrieben haben soll, ist unecht; er erweist sich als die Verballhornung dies Epigramms aus dem *cherubinischen Wandersmann.*"[40]

Angesichts des militanten Antikatholizismus Böhmes ist es durchaus verständlich, dass der radikale katholische Konvertit Scheffler – nun Angelus Silesius – genau darauf achtete, keine offensichtlichen Gedanken und Bilder Böhmes zu verwenden. Aber auch versteckte Motive und Anklänge an Böhmes Werk finden sich bei Angelus Silesius nicht. Selbst im Nachruf auf Franckenberg kommen keine Reminiszenzen an Böhme vor. Scheffler scheint sich eher an der intellektuellen Mystik orientiert zu haben, die aus dem Neuplatonismus stammte, wohingegen ihm die natur- und bildgeladene Dynamik der Theosophie Böhmes fremd war, wenn er sie denn überhaupt gründlich gekannt hat.

Böhme und Angelus Silesius behandeln zwar teilweise auch dieselben zentralen theologischen Topoi, aber bei ihrem unterschiedlichen Zugang wird deren Bedeutung bis zur Unkenntlichkeit verändert.

---

38 Arnold 1699–1700, Bd. III/IV, S. 93. Vgl. insgesamt Gilly 2007a, Anm. S. 407 f., vgl. Franckenberg 1995, S. 350 f. Johann Scheffler vermachte 1677 dem Matthiaskloster in Breslau seine Bibliothek. Einzelne Bände daraus sind noch in der BU Wrocław erhalten. S. Gilly 2007d, S. 407, Anm. 48. Ein Verzeichnis von Büchern aus dem Nachlass von Angelus Silesius in Scheffler 1949–1952, Bd. 1, S. 357 f.

39 Scheffler 1984, S. 370, nach Scheffler 1949–1952, Bd. 2, S. 27.

40 Scheffler 1923, S. LXI.

4.2 Gott

4.2.1 Theogonie aus dem Ungrund vs. negative Theologie

Theogonie aus dem Ungrund: Bei Böhme ist der Gottesbegriff prozessual verstanden: Gott wird, indem er sich aus dem Ungrund – dem unbestimmten Einen – in Grund fasst, sich selbst bestimmt und so zur Ursache seiner selbst und der Welt wird.[41] Dieser theogonische Prozess, in dem sich Gott als Trinität konstituiert und der sich im alchemischen Werdeprozess der Welt, den sieben Qualitäten, wiederholt, fehlt bei Angelus Silesius vollständig. Auch der Terminus „Ungrund" findet sich bei Angelus Silesius nicht.

Im *Cherubinischen Wandersmann* argumentiert Angelus Silesisu vielmehr mit einer intellektualistischen negativen Theologie, die er aus Dionysius Areopagita, Meister Eckhardt, Johannes Tauler, und vor allem aus Czepko und Maximilian Sandaeus kennt. Es handelt sich bei Angelus Silesius nicht um den Nachvollzug der Theogonie und deren Prozessspuren in der Natur, sondern um Erkenntnislehre: Gottes Wesen übersteigt unsere Denk- und Sprachkompetenz. Deshalb können wir nur apophatisch – negativ – von ihm reden.

IV 38
GOtt nichts und alles.
GOtt ist ein Geist / ein Feur / ein Wesen und ein Licht:
Und ist doch wiederum auch dieses alles nicht.

IV 23
Göttliche beschauung.
Das überlichte Licht schaut man in diesem Leben
Nicht besser / als wann man ins dunkle sich begeben.

4.2.2 Zahlentheologie

Angelus Silesius lehrt eine Zahlentheologie, wie sie vor allem in der frühneuzeitlichen neuplatonischen und neopythagoräischen Tradition in der Nachfolge Nikolaus' von Kues vertreten wird. Diese geistliche Arithmetik kommt bei Böhme nicht vor.

V 1
Alles muß wider in Eins.
Alls kombt auß einem her / und muß in Eines ein:
Wo es nicht will gezweyt und in der vielheit seyn.

41 Eine der wichtigsten Stellen für diese Spekulation findet sich im Traktat *Von der Gnaden Wahl* beschrieben – als Theogonie, als Gottwerdung und erstes Geheimnis des Werdens „Er ist in sich der **vngrunt** / ohne einichen willen / kegen der Natur vnd Creatur / als ein ewig nichts / es ist keine qual in ihme / noch edwas das sich zu ihme / oder von ihme köntte Neigen / Er ist das einige wesen / vnd ist nichts vor ihme / oder nach ihme / daran / oder darine Er köntte einichen willen schepffen oder fassen / Er hat auch nichts das ihn gebühret oder gibt. Er ist das Nichts / vnd das alles / vnd ist ein Einiger wille / in dehme die welt vnd die gantze Creation ligt / in ihme ist alles gleiche ewig / ohne anfang / in gleichem gewichte / masse vnd ziel / Er ist weder licht noch fünsternis / weder liebe noch zorn / sondern das ewige Eine / darumb sagt Moses / der Herr ist ein Einiger Gott /". *Von der Gnaden Wahl* (1623), Böhme 1963–1966, Bd. 2, S. 13.

V 2
Wie die zahlen auß dem Eins / so die Geschöpffe auß Gott.
Die zahlen alle gar sind auß dem Einß geflossen:
Und die Geschöpff zumal auß GOtt dem Einß entsprossen.

V 3
GOtt ist in allen wie die Einheit inn Zahlen.
Gleich wie die Einheit ist in einer jeden Zahl;
So ist auch GOtt der Ein‘ inn Dingen überall.

4.3 Naturdynamik und Heilsgeschehen

4.3.1 Böhmes kosmische Sophia und Schefflers biblische Weisheit

Kosmische Sophia: Böhme bedient die philonischen Topoi der Genesis-Interpretation und deutet die Sophia als doppelgeschlechtlich. Seine Erzählung der Schöpfung durch die Sophia ist nicht widerspruchsfrei. Die Sophia ist bei ihm nicht eindeutig bestimmt, sie kann gleichzeitig als doppelgeschlechtlicher Makrokosmos und als Adam vor dem Sündenfall gedeutet werden.[42] *Weisheit:* Bei Angelus Silesius fehlt diese Dimension des kosmischen Dramas völlig. Es scheint, dass Angelus Silesius hier besonders bemüht ist, Anklänge an die böhmeschen Spekulationen zur Sophia zu vermeiden. Seine Weisheit ist die Braut Gottes, die sich im biblischen Buch der Weisheit Salomonis und im Buch der Weisheit (Septuaginta/Vulgata) findet und die den Plan der Schöpfung verkörpert.

III 194
Die Weißheit ist das beste Weib.
Begerestu ein Weib / die prächtig reich und fein:
So nimb die Weißheit; nur sie wird dir alles seyn

III 195
Die Welt ist von einer Jungfrau gemacht.
Von* einer Jungfrau ist die gantze Welt gemacht:
Durch eine Jungfrau wird sie neu und wiederbracht.
* Der Weißheit

4.3.2 Böhmes Qualitätenlehre und Schefflers geistliche Alchemie

Böhmes alchemistische Lehre von den sieben Qualitäten der Natur ist zwar weitgehend unabhängig von seiner Schöpfungstheologie konzipiert. Gleichwohl repräsentiert sie die Dynamik des theogonischen Prozesses als dramatisches ständiges Entstehen und Vervollkommnen der Natur vom ursprünglichen Werden bis zum harmonischen Endzustand.

Auch bei Angelus Silesius finden sich alchemische Muster, aber sie sind nur Metaphern geistiger Wandlungen. Gott ist die alchemistische Tinctur der Erlösung.

42 Vgl. *De Tribus Principiis* 10, 18; *Vom dreifachen Leben des Menschen* cap. 7, 25; *Mysterium Magnum* 50, 24, 48.

Angelus Silesius kennt keine heilsgeschichtliche Naturphilosophie und -theologie, sondern er versteht die Alchemie geistig sublimiert als zeitunabhängige Seelenreinigung. Von böhmescher Terminologie findet sich keine Spur. Es ist besonders bemerkenswert, dass die Erlösungs-Christologie im *Cherubinischen Wandersmann* nicht als eigener Topos vorkommt, in der gleichzeitigen *Heiligen Seelenlust* aber eine bedeutende Rolle spielt.

III 120
Die beste Tingirung.
Den halt ich im Tingirn für Meister und bewehrt /
Der GOtt zu Lieb sein Hertz ins feinste Gold verkehrt.

IV 133
Der Mensch ist eine Kohle.
Mensch du bist eine Kohl / GOtt ist dein Feur und Licht:
Du bist schwarz / finster / kalt / liegstu in ihme nicht.

V 119
Die würkung deß heiligen Sacraments.
Das Brodt der Herr in uns wirkt wie der weisen stein:
Es machet uns zu Gold / wo wir geschmolzen seyn.

4.4 Sündenfall, Erlösung, Eschatologie

Für Böhme ist der Sündenfall ein kosmischer Prozess. Er steht damit in der Tradition, die auf Philo zurückgeht. Der Sündenfall des Menschen postfiguriert den Fall der Engel. Zugleich mit dem makrokosmischen Sündenfall wird Eva zur sündigen Geliebten des gefallenen Adam. Eva ist der Antitypus der himmlischen Sophia. Nach dem Sündenfall beginnt sogleich die Erlösung. Diese vollzieht sich spirituell: Der *Christus/Logos*, der männliche Part des kosmisch androgynen Adam und Bräutigam der Sophia, nimmt in der irdischen unbefleckten Jungfrau Maria einen ätherischen Schein-Leib an; die Teilhaber an diesem mystischen Leib Christi, der logos- und wortförmig und damit vom biblischen Wort ununterscheidbar ist (Kaspar Schwenckfeld, Guillaume Postel, Valentin Weigel), sind die wahren erleuchteten Christen.

Mit der inneren Erlösung ist der Kampf mit dem Bösen in der Welt noch nicht beendet. Zwar ist prophezeit, dass sich am Ende die Güte und Gerechtigkeit Gottes auch in der Welt zeigen werde, aber der Kampf ist für Böhme in einer kritischen Phase: Seine Prophetien zeigen die Heilsgeschichte in der politischen Welt in ihrem letzten Status, dem Beginn des Dreißigjährigen Krieges, den er nur in seinen Anfängen erlebt hat. Er prophezeit 1622: Die protestantischen Fürsten werden den Antichristen= Katholizismus/Habsburg/Papst überwinden. Die äußeren Kirchen – die katholische und die orthodox lutherische – werden aufgehoben; die wahren Gläubigen haben als Begnadeten am Heilsprozess teil, sie genießen die geistige Speise, das Engelsbrot.

Böhme deutet das 11. Kapitel des Römerbriefs als die Prophetie der Bekehrung der Türken und die Niederwerfung des Antichristen – und der Antichrist sind für ihn das Haus Habsburg und die katholische Kirche.[43] Zuerst werden die Heiden bekehrt – das sind die Türken, dann erkennen die Juden

43 Brief an Frankenberg vom 20. Februar 1623 = *Sendbrief* 41, Böhme 1955–1961, Bd. 9, S. 142–148.

Christus als Erlöser, das Ende kommt nach dem Sieg über den Antichristen. Dann wird Gott alles in allem sein. Omnia in omnibus.

Angelus Silesius ist kein Geschichtsprophet. Seine Endzeitvorstellung ist katholisch orthodox und unpolitisch. Die vier letzten Dinge in seinem eschatologischen Traktat *Sinnliche Beschreibung Der Vier letzten Dinge* betreffen den Weg aller Seelen: den Tod, das Jüngste Gericht, das die Entscheidung zwischen Himmel und Hölle fällt. Im Prinzip handelt es sich um ein Erbauungsbuch – es werden der Seele die *Letzten Dinge* in teils drastischen Bildern vor Augen gestellt.[44] Diese Lehre von den letzten Dingen ist keine Geschichtsprophetie, alle politischen Implikationen fehlen. Vielmehr will Angelus Silesius darstellen,

> daß Gott einen neuen Himmel und eine neue Erde schaffen wird / in welchem die Sonn' und der Mond siebenmal heller leuchten und scheinen werden; weil dann die Erde kristallinisch sein wird / so werden ohne Zweifel auch die Berge und Hügel als ein Teil des Ganzen / wie ich sie beschrieben / kristallinisch sein.

Dieser Himmel sei in Bildern schon in der Heiligen Schrift als himmlisches Jerusalem beschrieben, aber die wesentliche Seligkeit in der Anschauung Gottes gehe über diese Bildlichkeit hinaus, denn „Was die Seligkeit an sich selber ist / da bleibet es wohl dabei / daß es noch kein Auge gesehen / kein Ohre gehöret und in keines Menschen Herze kommen ist".[45] Sicher, 1675 ist der Dreißigjährige Krieg vorbei; aber anders als die protestantische Eschatologie hat die gegenreformatorische katholische Lehre von den letzten Dingen sich stets auf die Seelsorge konzentriert und alle geschichtlichen Implikationen deshalb zurückgewiesen, weil das dramatische Endgeschehen auch das Ende der Kirche bedeutet hätte; und an seiner eigenen institutionellen Stabilität war der Katholizismus gerade angesichts der theologisch-politischen Bedrohungen seit der Reformation aufs höchste interessiert. Deshalb sind Böhmes aufgeregte Gegenwartsprophetien und Angelus Silesius' schrecklich erbauliche Lehre von den vier letzten Dingen schlechterdings inkompatibel.

4.5 Gelassenheit und Vergöttlichung, Grundmuster der mystischen Erbauung

Der Begriff der Gelassenheit ist seit Meister Eckhart in der spirituellen Diskussion zentral. Er beerbt das stoische Konzept der Aequanimitas und zugleich die Theologie des willenlosen Gehorsams, der die Voraussetzung der göttlichen Gnade ist. Wenn der Eigenwille sich selbst ertötet, wird die Seele zum vollkommen passiven Gefäß der göttlichen Gnade. In dieser Fassung findet sich der Begriff Gelassenheit bei Luther und bei den radikalen Reformatoren.[46] Der junge Luther, der die *Theologia Teutsch* zuerst im Druck veröffentlichte, hat den Text später wegen seiner doppeldeutigen theologischen Konsequenzen nicht mehr akzeptieren mögen. Die Selbstvernichtung der Seele wird nämlich in der *Theologia Teutsch* zugleich zur höchsten Steigerung des Selbst, weil sich die Seele von der göttlichen Gnade nicht mehr unterscheiden kann und sich so willentlich vergottet. Diese Theologie des Willens ist der Kern der *Theologia Teutsch*. Dort heißt es:

44 Scheffler 1675b. Abgedruckt in Ellinger 1923, Bd. 2, S. 313–395.

45 Ellinger 1923, Bd. 2, S. 316.

46 Der Artikel „Gelassenheit" von Ulrich Dierse (1974) zitiert ausgiebig Luther, Karlstadt und Münzer.

> Und möchte der Mensch in der Zeit lauter und ohn eigen Willen / und ohn Eigenthum seyn / und ledig und frey / auß einem wahren Göttlichen Liecht / und bleibet wesendlich also / der wäre deß Himmelreiches gewiß und versichert / und der Himmel wäre in ihm und keine Sünde. Wer etwas eigenes hat / oder haben will / oder gern hätte / der ist selber eigen: und wer nicht eigenes hat oder haben will / oder nichts begehrt zu haben / der ist ledig und frey / und niemandes eigen.[47]

Im Prozess der gnadenhaften Erleuchtung wird der innerlich freie Mensch vergöttlicht:

> Nun möchte man fragen: Welcher oder wer ein vergötteter / oder ein göttlicher Mensch wäre? Antwort: Der durchleuchtet und durchglästet ist / mit dem ewigen oder göttlichen Liecht / und entzündet mit ewiger oder göttlicher Liebe / der ist ein göttlicher oder vergötteter Mensch.[48]

Bei Böhme gibt es diese Kombination von Gelassenheit und Vergöttlichung des Menschen nicht, seine Vorstellung des vollkommenen inneren Menschen bezieht sich auf den primordialen Adam, der den Makrokosmos repräsentiert.[49] Die ausführlichste und – soweit ich sehe einzige – längere Abhandlung Böhmes zur Gelassenheit findet sich im *Weg zu Christo* I, 3. Böhme verwendet den Terminus ganz lutherisch im Zusammenhang der Gnadentheologie; von Vergöttlichung des Menschen ist nicht die Rede. Der Titel seiner Abhandlung stellt die These vor: „De Aequanimitate oder Von der Wahren Gelassenheit, wie der Mensch mit seinem eignen Willen in seiner Selbheit müsse täglich sterben, und wie er seine Begierde in GOtt einführen, was er von GOtt bitten und begehren soll, und wie er aus dem Sterben des sündlichen Menschen mit einem neuen Gemüthe und Willen in Gott ausgrünen soll."[50] In Böhmes Sprache wird die Konzeption der Gelassenheit aus der *Theologia Teutsch* so formuliert:

> Also dringet die eigene Begierde ins Nichts, als nur in GOttes Machen und Thun, was der in ihr will; und der Geist GOttes dringet durch die Begierde der gelassenen Demuth aus: Also siehet die menschliche Selbheit dem Geiste GOttes in Zittern und Freuden der Demuth nach; und also mag sie alles schauen, was in der Zeit und Ewigkeit ist, es ist ihr alles nahe.[51]

Auch bei Angelus Silesius spielt die Gelassenheit eine wichtige Rolle. Beide, Böhme sowohl als Angelus Silesius, sind von der *Theologia Teutsch* und ihrem Voluntarismus geprägt. Aber sie benutzen deren Gedanken sehr verschieden: Böhme bildgesättigt und mit Bewegungsverben, Angelus Silesius intellektualistisch abstrakt.

Für diese intellektualistische Mystik ist Maximilian Sandaeus, auf den sich Angelus Silesius beruft, eine mögliche Quelle. Sandaeus beschreibt in einem langen Artikel die *Deificatio*[52] mit Bezug auf mittelalterliche und frühneuzeitliche Quellen. Es handelt sich um eine knappe scholastische Quaestio, die in vier Disquisitionen abgehandelt wird:

---

47 Arndt 1692, Kap. LI, Ende. S. 48.

48 Arndt 1692, Kap. XXXIX Anfang, S. 36.

49 S. Schmidt-Biggemann 2004a, S. 217–223, Philos doppelter Adam.

50 Böhme 1955–1961, Bd. 4, Teil IX, Titel nach S. 84.

51 Böhme 1955–1961, Bd. 4, Teil IX, S. 92; Nr. 27.

52 Sandaeus 1640, S. 170 (ND Löwen 1963). Angelus Silesius besaß ein Exemplar von Sandaeus *Pro Theologia Mystica Clavis*. S. Scheffler 1949–1952, Bd. 1, S. 357.

1. Bedingung der Deificatio ist die Annihilatio animae.
2. Annihilatio wird verbunden mit der Unio Mystica:[53]
3. Aus der liebenden Vereinigung erwächst die Deificatio der Seele:[54]
4. Diese Deificatio besteht darin, dass die Seele durch die geistlichen Tugenden nicht allein aufs Himmlische hingerichtet ist, „sed planè Diuinum translata. Nam nihil appetit nisi Diuinum, nihil sapit nisi Diuinum, nihil cogitat nisi Diuinum."[55] Das sei, so Sandaeus, die Lehre der wahren Mystiker.

Dieser Theologie entsprechen zwar die Ideen von Angelus Silesius, aber er verbindet die intellektualistische Mystik mit der Willenslehre der *Theologia Teutsch* und radikalisiert sie damit. Ihm geht es um die Negation des Willens und zugleich um die Vergöttlichung des Mystikers.

Für die poetische Form des *Cherubinischen Wandersmanns* sind die *Sexcenta Monodisticha* von Daniel Czepko die wahrscheinlichste Parallele. Angelus Silesius kannte Czepko schon seit 1649; und das Titelblatt des Autographs von Czepkos *Sexcenta Monodisticha* weist das Jahr 1655 aus. Es ist nicht ganz sicher, dass Angelus Silesius die *Sexcenta Monodisticha* gekannt hat, aber es ist wahrscheinlich. 1653 war Scheffler konvertiert: Ob er auch nach seiner Konversion die Beziehungen zu Czepko aufrechterhalten hat, ist nicht bekannt. 1657 erschien die erste Auflage des Cherubinischen Wandersmanns: *Fünf Bücher geistliche Sinn- und Schlußreime.* Die Form und auch die theologische Aussage sind zwischen beiden in vielem vergleichbar, so auch zum Thema Gelassenheit und Vergottung:

Czepko, Monodisticha:

I 28 Würkung der Seeligkeit.
Du darffst durchaus nichts thun, als Gott den Höchsten leiden,
Sonst hinderst du sein Werck, davon dich nichts kann scheiden.

I 29 Der Seelige.
Wie Gott Mensch wird, so wird der Mensch hingegen Gott,
Der Mensch trägt Gottes Huld, und Gott des Menschen Noth.[56]

Im *Cherubinischen Wandersmann* sind diese Gedanken prägnanter und radikaler an der Grenze der theologischen Zumutbarkeit formuliert:

I 98
Der todte Wille herrscht.
Dafern mein Will ist todt / so muß GOtt waß ich wil:
Jch schreib Jhm selber für das Muster und das Zil.

53 „Itaque dum Mystici scribunt, Contemplatiui animam in Vnione mysticâ Annihilari, intelligendi sunt de Annihilatione, non Philosophica, seu Physica, sed Mystica & morali, & potissimum in priore acceptione, quae Vnionis, & Amoris intensissimi est Affectus." Sandaeus 1640, S. 100 f.

54 Die Mystiker lehrten: „In Contemplatione altissimâ per vnionem mysticam Deificari Animam Contemplatoris & vnum cum Deo spiritum effici." Sandaeus 1640, S. 170.

55 Sandaeus 1640, S. 171.

56 Czepko 1963, S. 222; Czepko 1989, Bd. 1, S. 551.

I 164
GOtt schaut man mit gelassenheit.
Der Engel schauet GOtt mit heitern Augen an:
Jch aber noch vil mehr / so ich GOtt lassen kan.

I 293
Wenn man Vergöttet ist.
Mensch / wann dich weder Lieb berührt / noch Leid verletzt /
So bistu recht in GOtt / und GOtt in dich versetzt.

II 54
Entbildet mustu seyn.
Entbilde dich mein Kind / so wirstu Gotte gleich:
Und bist in stiller Ruh dir selbst dein Himmelreich.

II 141
Der Grundgelassene.
Ein Grundgelassner Mensch ist Ewig frey und Ein:
Kann auch ein Unterscheid an jhm und Gotte sey?

Angelus Silesius, ein Böhmist? Er unterscheidet sich in seinen theologischen Konzeptionen und in seiner Bildlichkeit fundamental von Böhme. Wenn er von Böhme beeinflusst war, dann hat er alle möglichen Spuren Böhmes zu beseitigen versucht und sich auf katholisch akzeptierte Quellen beschränkt. Sicher teilt er mit Böhme den Bezug auf die spätmittelalterlichen mystischen Autoren; aber der jeweilige Zugang ist so verschieden, dass man den Eindruck haben möchte, es handle sich gar nicht um dieselben Quellen und gewiss nicht um denselben geistigen Habitus. Mystik ist ein äquivoker Begriff; und weil beide, Böhme und Angelus Silesius, Mystiker sind, ist es gerade erforderlich, ihre jeweilige Besonderheit zu erkennen.

Kristine Hannak

Theosophie und Poesie: Böhmes Erbe bei Angelus Silesius / Johannes Scheffler

Abstract: This chapter investigates Böhme's influence on the German poet Johann Scheffler, called Angelus Silesius after his conversion to Catholicism. Scheffler's *Cherubinische Wandersmann,* one of the most outstanding works of seventeenth-century German religious poetry, was published 1657 and 1675. This chapter argues that despite Scheffler's post-conversion self-fashioning as a devout Catholic, he is deeply indebted to the theosophical network around his friend Abraham von Franckenberg, whom he met in his late twenties. While studying in Leiden, Scheffler came into contact with Böhme's works, and also owned and appreciated *Aurora.* In Franckenberg's circle, he read Hermetic, spiritualist and Catholic texts and adopted Franckenberg's critical distance to Lutheran orthodoxy. Franckenberg knew Böhme personally and penned his biography in 1651. That same year, Scheffler apparently began his *Cherubinische Wandersmann.* The work, which was not published until 1657, contains daring statements about God and the soul. This chapter maintains that Scheffler's poetry reflects concepts discussed in Franckenberg's circle and traces in particular Böhme's influence. After Franckenberg's death, however, Scheffler turned to Catholicism as the denomination that, in contrast to Lutheranism, embraced mysticism, and he even worked actively in Counter Reformation efforts. Thus, he not only dissimulated his passion for nonconformist literature, but he also tamed his poetic furor, channeling it into more traditionally Catholic forms of religious writing.

> „Es haben die Menschen je und allwege gemeinet, der Himmel sei viel hundert oder tausend Meilen von diesem Erdenboden und Gott wohne allein in demselben Himmel. […] Nun merke: Wenn du deine Gedanken von dem Himmel fasstest, was der sei oder wo der sei, so darfst du deine Gedanken nicht viel tausend Meilen von hinnen schwingen, denn derselbe Locus oder Himmel ist nicht dein Himmel. […] Denn der rechte Himmel ist allenthalben, auch an dem Orte, wo du stehest und gehest. Wenn dein Geist die innerste Geburt Gottes ergreift und durch die siderische und fleischliche hindurchdringet, so ist er schon im Himmel."
> Jacob Böhme, *Aurora* 19, 3/23/24[1]

> „Christ mein, wo lauffstu hin? Der Himmel ist in dir.
> Was suchstu jhn dann erst bey eines andern Thür?"
>
> Angelus Silesius, *Cherubinischer Wandersmann* I, 298

Die Poesie des schlesischen Dichters Angelus Silesius/Johannes Scheffler (1624–1677) gehört neben der seines Zeitgenossen Daniel Czepko (1605–1660) zu den herausragendsten Werken der religiösen deutschsprachigen Literatur des 17. Jahrhunderts, die darüber hinaus zumindest punktuell bis in die Gegenwart präsent sind. Ein bekanntes Beispiel ist das an Weihnachten gerne zitierte Gedicht aus dem *Cherubinischen Wandersmann* (1657):

1 Im Folgenden wird nach der 3. Gesamtausgabe von Böhmes Werken zitiert, sofern nicht anders angegeben: Böhme 1730.

https://doi.org/10.1515/9783110720525-006

In dir muß GOtt gebohren werden

Wird Christus tausendmahl zu Bethlehem gebohrn /
Und nicht in dir; du bleibst doch Ewiglich verlohrn.[2]

Daniel Czepko und Johannes Scheffler kannten sich nicht nur persönlich, sondern sie waren auch beide zeitgleich in den Jahren 1649 bis 1652 in mystik- und poesieaffine Freundeskreise im schlesischen Breslau und dem nahe gelegenen Oels eingebunden. Für Scheffler maßgeblich wurde hier der Freundeskreis um den schlesischen Adeligen Abraham von Franckenberg (1593–1652), der Böhme noch persönlich getroffen und Freundschaft mit ihm geschlossen hatte. Im Kontext dieser Netzwerke sind die Texte Böhmes sicher nicht die einzige Quelle für die schlesischen Dichter, die sich nie explizit als Böhmisten verstanden. Jedoch bilden die Einflüsse jener mystisch-theosophisch orientierten Freundeskreise einen fermentartigen Boden, auf dem die Poesie der Barock-Mystiker buchstäblich blühen konnte. Das gilt umso mehr, als Böhme nicht nur durch seine zu diesem Zeitpunkt noch nicht einmal gedruckten Texte wirkte. Er lebte im Freundeskreis um Franckenberg auch durch die Erinnerung an seine Person als jemand fort, der den Zustand der „göttlichen Beschaulichkeit" in der Praxis erlebt hatte, wie Franckenberg, der ebenfalls der Verfasser von Böhmes *Lebens=Lauff* ist, im Bericht über dessen Leben schreibt.[3] Das beliebte Weihnachtsgedicht von Angelus Silesius über die Internalisierung der Geburt Christi beispielsweise steht daher nicht nur in einer literarischen Tradition der *theologia mystica*, sondern auch in einem sozialgeschichtlichen, lebensweltlichen Zusammenhang der individuellen Gottessuche im Kontext konkurrierender Glaubensangebote, die unverkennbar von Ratschlägen wie jenem geprägt war, den Jacob Böhme einst an Kaspar Lindner schrieb:

> Anlangend etliche Personen eurer Nachbarschaft, davon ihr meldet, welche alles zu Geld machen und dem vermeineten Zion zulaufen, hielt ich ratsamer, sie blieben daheim, denn Zion muß in uns geboren werden.[4]

Die Frage, inwiefern Böhmes Erbe eine Inspirationsquelle für die schlesischen Dichter und vor allem für Johannes Scheffler darstellt, ist einerseits nicht ohne die Bedeutung des Böhme-Freundes Abraham von Franckenberg[5] und andererseits nicht ohne den Kontext der historischen Situation in Schlesien zu verstehen. Schlesien befand sich im Spannungsfeld des Drucks der Gegenreformation einerseits und einer sich von (natur-)mystischen Häresien in den eigenen Reihen bedroht fühlenden protestantischen Seite andererseits, die nicht unmaßgeblich von orthodoxen Verhärtungen geprägt war. In diesem Kontext ist erstens ein lebhaftes religiöses Milieu mit vielen Minderheiten entstanden, in dem sich trotz aller konfessioneller Konflikte Traditionen wie katholische Herzensfrömmigkeit und protestantisch-spiritualistische Mystik vermischen konnten. Dies gilt zweitens insbesondere im Hinblick auf die mystischen Traditionen mit ihrem Fokus auf der individuellen Gottessuche, wo Schriften über Konfessionsgrenzen hinweg rezipiert wurden. Und drittens gehört es in diesem Kontext zum strategischen Interesse eines Autors jeglicher Konfession, seine Zugehörigkeit zu einer kirchlich akzeptierten Tradition zu betonen und Bezüge zu vermeintlich häretischen Autoren zu verschleiern. Dies gilt geradezu exemplarisch für den Konvertiten Johannes Scheffler, der sich nach seiner Kon-

2 Scheffler 1984, S. 36. Im Folgenden werden die Gedichte des *Cherubinischen Wandersmann* nach Buch und Nummer zitiert, also hier: CW I, 61.

3 Franckenberg 1730, 7 (S. 9). Zu den verschiedenen Versionen von Franckenbergs Böhme-Biographie siehe den Aufsatz von Gilly in diesem Band. Zu ihrer Rezeption siehe auch den Aufsatz von Zuber.

4 Böhme, *Theosophische Sendbriefe* 12, 47.

5 Siehe zu Franckenbergs Einfluss auf Silesius den Beitrag Schmidt-Biggemanns in diesem Band.

version den neuen Namen Angelus Silesius gab und in seiner *Erinnerungs Vorrede an den Leser* des *Cherubinischen Wandersmanns* ausführliche Zitate kirchlich anerkannter Autoren der mystischen Tradition anführt, um seine eigenen Sinnsprüche als Teil einer von der protestantischen Orthodoxie zu Unrecht verfemten christlichen Tradition darzustellen.

In dieser Hinsicht haben bereits Georg Ellinger im Jahr 1927 sowie die jüngere germanistische Forschung dafür plädiert, gerade Schefflers *Cherubinischen Wandersmann* nicht nur, aber auch im Horizont der Texte Böhmes zu lesen.[6] Scheffler legt erstens nur einen Teil seiner Quellen offen, er verschweigt auch zweitens Bezüge zu Quellen, die im Diskurs der Zeit als der Häresie verdächtig galten.[7] Das ist im Kontext der Zeit nichts Ungewöhnliches, sondern gehört zur strategischen Positionierung von Autoren im Diskurs. Vergleichbares findet man auf protestantischer Seite zum Beispiel in Johann Arndts *Vier Büchern vom wahren Christentum* (1605–1610), wobei sich der Protestant Arndt nicht nur teilweise auf dieselben mystischen Quellen wie Scheffler beruft, vielmehr konnte ihm auch die Verwendung anonymisierter Texte des häretisierten Valentin Weigel oder des für Scheffler wichtigen Dionysios Aeropagita nachgewiesen werden.[8] Mangelnde explizite Verweise auf der Häresie verdächtigte Autoren sind also kein Grund, auf die Frage nach ihren Einflüssen zu verzichten.[9]

1 Zum Kontext: Silesius als Grenzgänger zwischen den Konfessionen und die Spuren Böhmes in seinem Umfeld

Johannes Scheffler ist nicht nur Grenzgänger zwischen den Konfessionen, sondern er ist auch im Freundeskreis um Abraham von Franckenberg nachweislich mit dem Milieu des mystischen Spiritualismus in Berührung gekommen.[10] Der sogenannte mystische Spiritualismus ist eine Sammelbezeichnung für eine seit der Reformation überwiegend von Laien getragene innerprotestantische Opposition zur akademischen Theologie. Diese war im Zuge der Konfessionalisierung zusehends um die Ausbildung einer verbindlichen Dogmatik und um Differenzierung zwischen „rechtgläubigem", also orthodoxem und „nicht rechtgläubigem", heterodoxem Wissen bemüht. So verstrickte sie sich auch im Konflikt mit Calvinisten, Katholiken und innerprotestantischen Ausdifferenzierungen wie Gnesiolutheranern, Philippisten und unzähligen, als „Sekten" gefürchteten Sammlungsbewegungen zusehends in eine Kontrovers- und Streittheologie. Theologische Rechtgläubigkeit wurde überwacht und mit den Mitteln des Staates bis hin zu Kirchenvisitationen, beruflichen Sanktionen, Rufmord und der Vertreibung ins Exil bekämpft. Doch in ihrer Ausrichtung auf den theologischen Elenchus, den „Beweis" der eigenen Rechtgläubigkeit, verlor die akademische Theologie bei vielen Laien, die im Luthertum ohnehin zur eigenen Bibellektüre aufgerufen waren, gerade die Autorität, die sie mit

6 Sata 2016, S. 14. Siehe dort auch den fundierten Forschungsbericht zur hiesigen Fragestellung S. 25–44; Wichtige germanistische Vorläufer sind Ingen 2006, S. 243–265; Rusterholz 2001, S. 61–142; Kemper 1988, S. 208–244 sowie Gnädinger 1966. Doch bereits 1927 wies Georg Ellinger in seiner Biographie Schefflers *Angelus Silesius. Ein Lebensbild* (Ellinger 1927) auf Berührungen Schefflers mit Böhmes Gedankenwelt hin.

7 Sata 2016, S. 13 unter Berufung auf Gnädinger 1966, S. 170.

8 Ausführlich dazu Geyer 2001, Bd. 1, S. 230–242, sowie Hannak 2019, S. 152.

9 Die vorliegenden Arbeiten tun dies mit verschiedenen Schwerpunkten. So fokussiert Sata (2016) auf die Themenkomplexe der Paradoxa und der göttlichen Beschaulichkeit, Ingen (2006) auf das Verhältnis von Gott und Mensch. Ingen sieht die Wirkung Böhmes auf Scheffler sogar als „wichtigste[n] und fruchtbarsten[n]" Einfluss der zeitgenössischen Rezeption. Ingen 2006, S. 262.

10 Kühlmann 1999, S. 84.

Nachdruck durchzusetzen versuchte. Die spirituelle Suche nach dem „Geist" Christi verlagerte sich entsprechend vermehrt aus den kirchlichen Institutionen hinaus in die Kontemplation der Natur oder der eigenen Seelentiefe, und sie hielt sich weder an konfessionelle noch an religiöse Grenzen. Neben der intensiven Lektüre antiker, als *prisca theologia* verstandener Literatur erstreckte sie sich auf den ganzen Komplex philosophischer und praktischer magischer, hermetischer und kabbalistischer Studien, frommer alchimistischer Experimente und Naturspekulationen sowie der Tradierung, Herausgabe und Verfassung mystischer Literatur ungeachtet konfessioneller Grenzen. So wurden die Schriften der katholischen Mystiker Teresa von Ávila und Juan de la Cruz neben mittelalterlicher Frauenmystik und der von Luther empfohlenen *Theologia Deutsch* studiert. Auch konnten die Texte des 1329 als Ketzer verurteilten Meister Eckhart unter Taulers Namen über protestantische Vermittler, hier v. a. Valentin Weigel, bis zu Johannes Scheffler gelangen, der sich über 300 Jahre später in seinen Gedichten fast wörtlich von ihnen inspiriert zeigt. Theologische Kritiker bekämpften dieses Milieu und deren Schriften als „platonisch-hermetisches Christentum",[11] wobei das Anstößige aus orthodoxer Sicht weniger das Interesse an Mystik per se war, sondern sie fürchteten die in Mystik und Naturspekulation zum Ausdruck kommende Ermächtigung und Selbstermächtigung von Laien, sich unabhängig von kirchlichen Vermittlungswegen Wege zum Heil zu erschließen.[12] Im Kern der Konflikte um Ortho- und Heterodoxie steckt also ein Autoritätskonflikt,[13] nicht selten verbunden mit einem prononcierten Antiklerikalismus,[14] dessen Kehrseite jedoch frühe Zeugnisse einer aufklärerischen, konfessions- oder sogar religionsübergreifenden Irenik sein konnten. Verortet man Schefflers Biographie und Poesie in diesem Kontext, dann findet man Hinweise sowohl auf seine Bezüge zum spiritualistischen Milieu wie zu jenen Autoritätskonflikten, die in seiner Konversion zum Katholizismus ihren prononciertesten Ausdruck fanden.

1.1 Schefflers Studienjahre

Scheffler studierte als Sohn früh verstorbener protestantischer Eltern von 1643 bis 1648 Medizin und Staatswissenschaft an den Universitäten Straßburg, Leiden und Padua, wo er 1648 zum Doktor der Medizin und Philosophie promoviert wurde. Die Jahre 1644 bis 1647 verbrachte er in Leiden, wo nicht nur eine der fortschrittlichsten Universitäten Europas existierte, sondern wo auch Schrifttum von Mystikern und religiösen Nonkonformisten zirkulierte, das in Konventikeln und Winkeln gelesen und neben aufklärerischen Gedanken diskutiert wurde. Im nahen Amsterdam waren darüber hinaus bereits 1632 einige Werke Böhmes von Johann Angelius Werdenhagen auf lateinisch gedruckt worden. Im Jahr 1642 brachte Abraham von Franckenberg weitere Manuskripte Böhmes dorthin, die in Abschriften verbreitet wurden.

Zwanzig Jahre nach seiner Studienzeit sah sich Scheffler in einer publizistischen Kontroverse mit dem Leipziger Professor Johann Adam Schertzer mit dem Vorwurf konfrontiert, in Leiden diese Konventikel besucht und bereits dort mystische Ideen aufgesogen zu haben. Schertzer versuchte zu zeigen, wie wenig Schefflers spätere streng katholische Haltung in den sechziger Jahren mit seiner früheren übereinstimme und verwies dabei auf dessen Jahre in Leiden, wo der Kontakt zu religiösen

11 Kühlmann 1999, rekurrierend auf die namensgebende Schrift von Daniel Ehregott Colberg, *Das Platonisch-Hermetisches Christenthum* (1690/91).

12 Hannak 2013, S. 504; Weeks 2020, S. 144.

13 Grundlegend dazu Titzmann 2006.

14 Weeks 2020, S. 144; Goertz 1996, S. 49.

Nonkonformisten und der Besuch einschlägiger Konventikel möglich gewesen sei. Scheffler wies die These Schertzers, er habe Kontakt zu Wiedertäufern, Schwenckfeldern und Mennoniten gehabt, empört von sich, doch floss ihm in diesem Kontext eines der aussagekräftigsten Selbstzeugnisse in Bezug auf seine Kenntnis Jacob Böhmes in die Feder. So schrieb er 1664 in der Streitschrift *Und Scheffler redet noch:*

> Jacob Böhmen hab ich so wenig vor einen Propheten gehalten / als Luthern. Daß ich aber etliche seiner Schrifften gelesen/ weil einem in Holland allerley unterhanden komt / ist wahr / und ich danke GOtt darvor. Denn sie seind grosse ursache gewest / daß ich zur Erkändtnüß der Wahrheit kommen / und mich zur Catholischen Kirchen begeben habe.[15]

Schon früh also hat Scheffler „etliche" Schriften Böhmes gelesen. Die Kontroverse ist auch in der Hinsicht aufschlussreich, als dass sie praktisch *in nuce* vorführt, wie Dichtung und Wahrheit in seiner Selbstinszenierung auseinanderklaffen. Laut Schefflers Selbstauskunft habe das Beispiel Böhmes nämlich zunächst dazu gedient, ihm das Luthertum suspekt zu machen:

> Ich sahe, daß die Lutheraner (denn J.B. ist ja zu Görlitz ein Lutheraner gewest, gestorben und begraben worden) keinen Grund haben, auf den sie ihren Fuß unwandelbar setzen können, sondern ein jedweder, der sich nur etwas dünkt zu verstehen, ihm die heilige Schrifft auslegt und draus macht, was er wolle: und so dachte ich, was andern widerfährt, das kann dir auch widerfahren, und kannstu so wenig wissen, ob recht ist, was dieser sagt, was jener.[16]

Scheffler gibt sich alle Mühe, die Bedeutung Böhmes für seinen Werdegang herunterzuspielen, jedoch ist sein Gegner durch einen Informanten, der Scheffler gut kennt, besser informiert. Süffisant erinnert ihn Schertzer in seiner nächsten Streitschrift *Und Scheffler redet noch so viel als nichts* daran, dass Scheffler seinem Famulus sein persönliches Exemplar von Böhmes *Aurora* geschenkt habe, und dass er ihm dieses nicht nur innigst empfohlen habe, sondern auch Böhmes Kernthesen mit roter und schwarzer Tinte darin zusammengefasst habe, ergo, dass er lüge, wenn er seine Kenntnis Böhmes, ja, sogar seine Begeisterung für ihn leugne:

> Noch eins / weil Scheffler so gar truste leugnet / daß er von Jacob Böhmen etwas gehalten. So will ich ihm nur zu Gemüthe führen: ob er denn nicht seinem Famulo desselben Böhmens Schrifften über die massen recommendiret habe? Ob er nicht selbsten Famulo die Auroram diswegen verehret habe? Wie wann ich eben dasselbe Exemplar dem Scheffler/ darinn er seinen Namen geschrieben / und mit roter und schwarzer Dinten seine Kernsprüchlein notabeniret, köndte vorlegen? Hat er dann nicht zu Oelse etwas wollen drucken lassen / darinnen er J. Böhmens Schriften approbiret?[17]

Die Tatsache, dass Scheffler von seinem späteren Famulus enttäuscht wurde, der offenbar ein im Vertrauen auf ähnliche religiöse Ansichten geschenktes Buch an die protestantische Obrigkeit weiterleitete, war sicher einer der vielen Aspekte im Entfremdungsprozess Schefflers vom Luthertum. Diese im publizistischen Streit aufblitzende Information wirft jedoch ein bezeichnendes Licht sowohl auf Schefflers religiösen Werdegang wie auch auf sein Bedürfnis, in der Selbstinszenierung als Autor die nonkonformistischen Spuren dieses Werdegangs zu verwischen.

---

15 Scheffler 1664, S. 9. Siehe dazu auch Ellinger 1927, S. 23–28 mit ausführlichen Zitaten aus den einzelnen Streitschriften und einer nuancierten Analyse, wie Scheffler in seiner Argumentation von der Absicht geleitet zu sein scheint, die Spuren jenes Lebensabschnitts zu verwischen (Schertzer 1664 oder Ellinger 1927, S. 24).

16 Ebd. Schertzer 1664 oder Ellinger 1927, S. 9, Ellinger 1927, S. 25.

17 Schertzer 1664, Bl. A iiii, v. Siehe auch Ellinger 1927, S. 25–26.

Bereits in Leiden kommt Scheffler also neben anderen mystischen Texten mit den Schriften Böhmes in Berührung, und diese Texte spielen eine nicht zu unterschätzende Rolle in Schefflers Suche nach der, wie er in seiner Streitschrift erklärt, „Erkändtnüs der Wahrheit“[18] als eines mystischen Christentums, das er in mystischen und theosophischen Texten kennenlernt und das er später nach einem langen, nicht konfliktfreien Entwicklungsweg in der katholischen Kirche zu finden glaubte.

1.2 Die mystisch-theosophischen Freundschaftszirkel in Breslau und Oels

Nach seinem Studienabschluss in Padua, wo er intensiven Kontakt zur katholischen Frömmigkeit hatte, kehrt Scheffler nach Breslau zurück und tritt 1649 in den Dienst des streng lutherischen Herzogs Silvius Nimrod zu Württemberg-Oels. Dort macht er einerseits die frustrierende Erfahrung, dass seine protestantischen Dienstherren seinem Herzensanliegen der Mystik feindselig gegenüberstehen, und andererseits trifft er in mystisch und poetisch interessierten Freundeskreisen Geistesverwandte. In Schlesien hatte Böhme-Anhänger und persönliche Freunde unter Adeligen wie Johann Theodor von Tschesch (1595–1649) oder Abraham von Franckenberg gefunden. Diese Freundeskreise verband das Interesse an einem mystischen Christentum, die Distanz zu einer in Äußerlichkeiten verharrenden Amtskirche und der spiritualistische Glaube an die Gleichgültigkeit aller äußeren Formen der Religion, so dass der als Ketzerei gebrandmarkte Gedanke denkbar wurde, dass Gott für die ernsthaft Suchenden in allen Religionen gefunden werden könne.[19]

Eine Notiz belegt, dass Scheffler mit dem Kreis um den Dichter Daniel Czepko (1605–1660) in Verbindung stand.[20] Czepko bewunderte die Schriften Eckharts und Taulers, wie sie insbesondere über Valentin Weigel vermittelt worden waren. Im Jahr 1638 entstand Czepkos *Das inwendige Himmelreich.* Seine zwischen 1640 und 1647 entstandene Sinngedichtsammlung *Sexcenta Monodisticha Sapientium* wurde zwar von der Zensur in Breslau am Druck gehindert, diente jedoch in handschriftlicher Form als entscheidendes Vorbild für Schefflers eigene *Geistreiche Sinn- und Schlussreime*, wie der *Cherubinische Wandersmann* bei seinem ersten Erscheinen noch hieß.[21] Ebenso war Schefflers ehemaliger Lehrer und früher Förderer seines poetischen Talents am Gymnasium in Breslau, Christoph Köler, der spätere Biograph von Martin Opitz, mit Czepko befreundet.[22] Erhalten ist auch ein Brief Schefflers an Georg Betke, den Bruder des Spiritualisten und evangelischen Theologen Joachim Betke in Linum (1601–1663). Joachim Betke predigte ein ethisches Christentum und forderte unter Berufung auf Luther die Rückkehr zur Idee eines Priestertums aller Gläubigen. Er wandte sich in scharfen Worten gegen die theologische Obrigkeit und die Veräußerlichung des Glaubens in einer unfruchtbaren Rechtgläubigkeit, die den Kern der Religion aus den Augen verloren habe, und bot in seinem Haus Verfolgten wie Christian Hoburg oder Friedrich Breckling Schutz. Sein Bruder Georg Betke hatte

---

18 Scheffler 1664, S. 9. Forschungsgeschichtlich bleibt anzumerken, dass die Studie Ellingers wenig rezipiert wurde, so dass Schefflers Selbstinszenierung, zu der auch die Nennung nur kirchlich anerkannter Mystiker in der Vorrede des *Cherubinischen Wandersmanns* gehört, durchaus ihre Wirkung entfaltet hat. Ellingers Biographie über Silesius findet sich ohne den Anmerkungsapparat als Einleitung zu den *Poetischen Werken* Schefflers.

19 Ellinger 1927, S. 37.

20 Held 1924, S. 32.

21 Rusterholz 2001, S. 114.

22 Ellinger vermutet, dass Scheffler nach Abschluss seines Studiums in Breslau Station machte, auch um nach seinem Bruder zu sehen, und über seinen ehemaligen Lehrer und Förderer Köler Kontakt zu den mystisch interessierten Freundeskreisen bekam. Ellinger 1927, S. 42.

Beziehungen zum Kreis Franckenbergs und stand Scheffler offenbar so nahe, dass Scheffler ihm von seiner Frustration über die lutherische Obrigkeit nach der Beerdigung seines Freundes Franckenberg schrieb.[23]

1.3 Die Freundschaft mit Abraham von Franckenberg (1650–1652)

Die intellektuell und menschlich bedeutendste Begegnung für Scheffler ist die Freundschaft mit Abraham von Franckenberg, die von 1650 bis zu Franckenbergs Tod 1652 dauerte. Franckenberg war nach Aufenthalten in Danzig und Amsterdam, wo er Böhmes Manuskripte zum Druck befördert hatte, im Jahr 1649 nach Oels bei Breslau zurückgekehrt, wo Scheffler ihn vermutlich über Czepko kennenlernte. Franckenberg hat sich zusammen mit Johann Theodor von Tschesch zeitlebens um die Sicherung und Drucklegung des Böhme-Nachlasses bemüht, griff in zahlreichen Verteidigungsschriften in die Auseinandersetzung um Böhme ein und besaß selbst eine beachtliche Bibliothek, die Scheffler nach dessen Tod erbte.[24]

Franckenberg hatte einen weiten Horizont und war ein vielbelesener Mensch: Einen Eindruck seiner Lektüren vermitteln Hinweise auf die benutzte Literatur in der ersten Auflage seiner 1646 erschienenen *Conclusiones de fundamento Sapientiae.* Dort nennt er u. a. Taulers Postille, die Tauler zugeschriebenen Andachtsübungen über das Leben und Leiden Jesu Christi, Rusbroch, die *Theologia Deutsch*, Thomas á Kempis, Johann von Staupitz, Jacob Böhme, Valentin Weigel, pseudoweigelsche Schriften, Johann Arndt, Sebastian Franck, Daniel Sudermann, Johann Valentin Andreae, Paracelsus, Oswald Croll und Reuchlins *De verbo mirifico.*[25] Es handelt sich um lauter einschlägige Literatur einer konfessionsübergreifenden mystischen und naturphilosophischen Tradition, die in bewusster Abkehr vom Konfessionalismus die *Imitatio Christi* als theosophisch grundiertes Streben nach individueller Gottseligkeit bzw. Gottweisheit anstrebte. In diesem Kontext finden sich selbstverständlich auch die Schriften Böhmes. Doch auch die Schriften des Kopernikus und Giordano Brunos waren Franckenberg vertraut. Im Jahr 1643 schrieb er nach der Beschäftigung mit Bruno das Werk *Oculus Sidereus*, das Scheffler ebenfalls besaß.

Zeit seines Lebens verzichtete Franckenberg darauf, ein öffentliches Amt zu übernehmen, obwohl er fünf Sprachen sprach, von bedeutenden Zeitgenossen hochgeschätzt wurde und mit Gelehrten wie Athanasius Kircher, Menasseh ben Israel, Samuel Hartlib und Johannes Bureus konfessions- und länderübergreifend korrespondierte.[26] In dieser Zurückhaltung spiegelt sich sein Bewusstsein um das Konfliktpotenzial eines öffentlichen Amtes, das ein eindeutiges konfessionsgebundenes Bekenntnis verlangen würde. Nach seiner Religion gefragt, gab Franckenberg dagegen eine für spiritualistische Autoren charakteristische, „unparteiische“ Antwort: „Ego sum Religionem COR, i. e. Catholicae, Orthodoxae, Reformatae.“[27]

Franckenberg hatte Böhme in jungen Jahren besucht, Freundschaft mit ihm geschlossen und dessen Biographie *De vita et scriptis Jacobi Böhmii oder Ausführlich erläuterter Historischer Bericht von dem Leben und Schrifften* [...] *Jacob Böhmens* verfasst, die auf vielen persönlichen Gesprächen

23 Zu den Brüdern Betke Ellinger 1927, S. 44–46. Schefflers Brief ist abgedruckt in Held 1924, Bd. 1, S. 232–233.
24 Rusterholz 2001, S. 88.
25 Held 1924, S. 36.
26 Rusterholz 2001, S. 88.
27 Held 1924, S. 136; Rusterholz 2001, S. 95.

beruht.[28] Er arbeitete an diesem Text im Jahr 1651, also genau zu der Zeit, in die die intensive Freundschaft mit Scheffler fällt.[29] Das Bild, das er von Böhme zeichnet, dürfte Scheffler entweder über die Lektüre der Biographie oder aus Gesprächen mit Franckenberg vertraut gewesen sein. Es ist das Bild eines lauteren, demütigen Mannes, für den die mystische Erfahrung kein literarischer Topos, sondern Realität gewesen sei und der aufgrund dieses Zeugnisses, das er in seinen Schriften ablegen musste, viele Verfolgungen erlitten habe. Franckenberg betont den Aspekt, wie Böhme zu Unrecht verfolgt wurde, in so deutlichen Worten, dass vermutet wurde, der Bericht spiegele hier auch eigene Erfahrungen religiöser Verfolgung des Autors wider, die dieser mit Scheffler geteilt und diskutiert habe.[30]

Zwei Aspekte des Bildes, das Franckenberg von Böhme zeichnet, scheinen für Schefflers spätere Poesie wegweisend geworden zu sein: Erstens dürfte dies die Charakterisierung Böhmes als Mystiker sein und zweitens dessen Verortung in einer Tradition, auf die Scheffler sich zur Legitimierung seiner Poesie ebenfalls berufen wird. Franckenberg schreibt wörtlich über Böhme, dieser habe erlebt, dass er „durch den Zug des Vaters in dem Sohne, dem Geiste nach in den H. Sabbath und herrlichen Ruhetag der Seelen versetzet, und also seiner Bitte gewähret worden; allwo er (seiner eigen Bekentnis nach) mit Göttlichem Lichte umfangen, und 7 Tage lang in höchster Göttlicher Beschaulichkeit und Freudenreich gestanden".[31] Auch Böhme verwendet diesen Begriff der „Göttlichen Beschaulichkeit" in einem Brief an Franckenberg vom 20. Februar 1623, um sein Erlebnis zu beschreiben.[32] Dies scheint ein gängiger, von beiden verwendeter Begriff gewesen zu sein und er umschreibt Böhmes unmittelbare spirituelle Erfahrung. Böhme verfasste auch eine eigene Schrift mit dem Titel *Von göttlicher Beschaulichkeit*, die Franckenberg in seinem *Gründlichen Bericht* erwähnt (Abb. 1).[33]

Fünf Jahre nach Franckenbergs Tod wird Scheffler als Ziel seiner *Geistreichen Sinn- und Schlussreime* angeben, den Leser ebenfalls mittels seiner Poesie zur „göttlichen Beschaulichkeit" führen zu wollen.[34] Darüber hinaus wird Scheffler sich auf eine Tradition der *theologia mystica* berufen, die seine Rechtgläubigkeit und Verortung in einer anerkannten christlichen Tradition belegen soll. Doch nicht nur Scheffler beruft sich auf die Tradition: Auch Franckenberg situiert Böhme, den vermeintlichen „Enthusiasten" und unstudierten Laien, in dieser Tradition, wobei die Namen, die er aufzählt, nicht nur von Franckenbergs stupender überkonfessioneller Belesenheit Zeugnis ablegen, sondern auch teilweise auffällige Überschneidungen zu jenen Autoren aufweisen, die Scheffler als Zeugen der *theologia mystica* für sich anführen wird. Franckenberg schreibt im Kontext seiner Ausführungen, dass Böhmes Erkenntnis der letztlichen Einheit allen Seins im Grund der Existenz von vielen Autoren vor ihm auch schon bezeugt worden sei:

> Von welchem allgemeinen Grunde der ewigen Einigkeit und einigen Ewigkeit Nicolaus de Cusa, Udalricus Pindarus, Joh. Picus Mirandula, Paulus Scalichius, Jordanus Brunus, Franciscus Georgius Venetus, Autor Physicae Restitutae, Joh. Kapnion, Menasse ben Israel, Franciscus Patricius, Archangelus de Burgenovo, Dionysios Aeropagita, Maximilianus Sandaeus, Alvarez, Taulerus, Rusbroch, Henricus Harphius, Oculus Syderius und andere gnugsames Zeugnis geben.[35]

---

28 Franckenberg 1730, I, 7.
29 Ellinger 1927, S. 65.
30 Ellinger 1927, S. 65.
31 Böhme, *Theosophische Sendbriefe* 41, 3.
32 Böhme, *Theosophische Sendbriefe* 41, 3.
33 Franckenberg 1730, I, 6. Auf den Aspekt der göttlichen Beschaulichkeit geht die Studie Satas ausführlich ein: Sata 2016, S. 171–269.
34 CW, Vorrede, S. 13.
35 Franckenberg 1730, S. 20.

Abb. 1: Jacob Böhme, Titelblatt zu: *Von Göttlicher Beschaulichkeit*, Amsterdam 1682, Oberlausitzische Bibliothek der Wissenschaften Görlitz, A I 8° 119e

Es geht Franckenberg also explizit darum, nicht nur die Authentizität von Böhmes Erfahrung zu bezeugen, sondern auch dessen Traditionsverbundenheit zu betonen. Wieder wird Scheffler zur Legitimierung seiner eigenen mystischen Poesie ähnlich vorgehen. Zwar erwähnt er weder verketzerte Autoren wie Pico della Mirandola oder Giordano Bruno noch weist er auf jüdische Autoren hin, aber er wird sich als Erbe von Tauler, Rusbroch, Harphius und Sandaeus darstellen[36] – Autoren, die sein Freund Franckenberg ebenfalls zur Legitimierung Böhmes zitiert.

Die Gespräche im Freundeskreis über existenzielle Fragen wie die Natur Gottes, die Schöpfung der Welt, aber auch über den Zustand der Kirche werden für Scheffler in dieser Phase seines Lebens prägend. Über die Auseinandersetzung mit der mystischen Literatur des Mittelalters, mit Giordano Bruno und Valentin Weigel, den Franckenberg vorsichtig gegen die lutherische Orthodoxie vertei-

36 CW, Vorrede, S. 14–22.

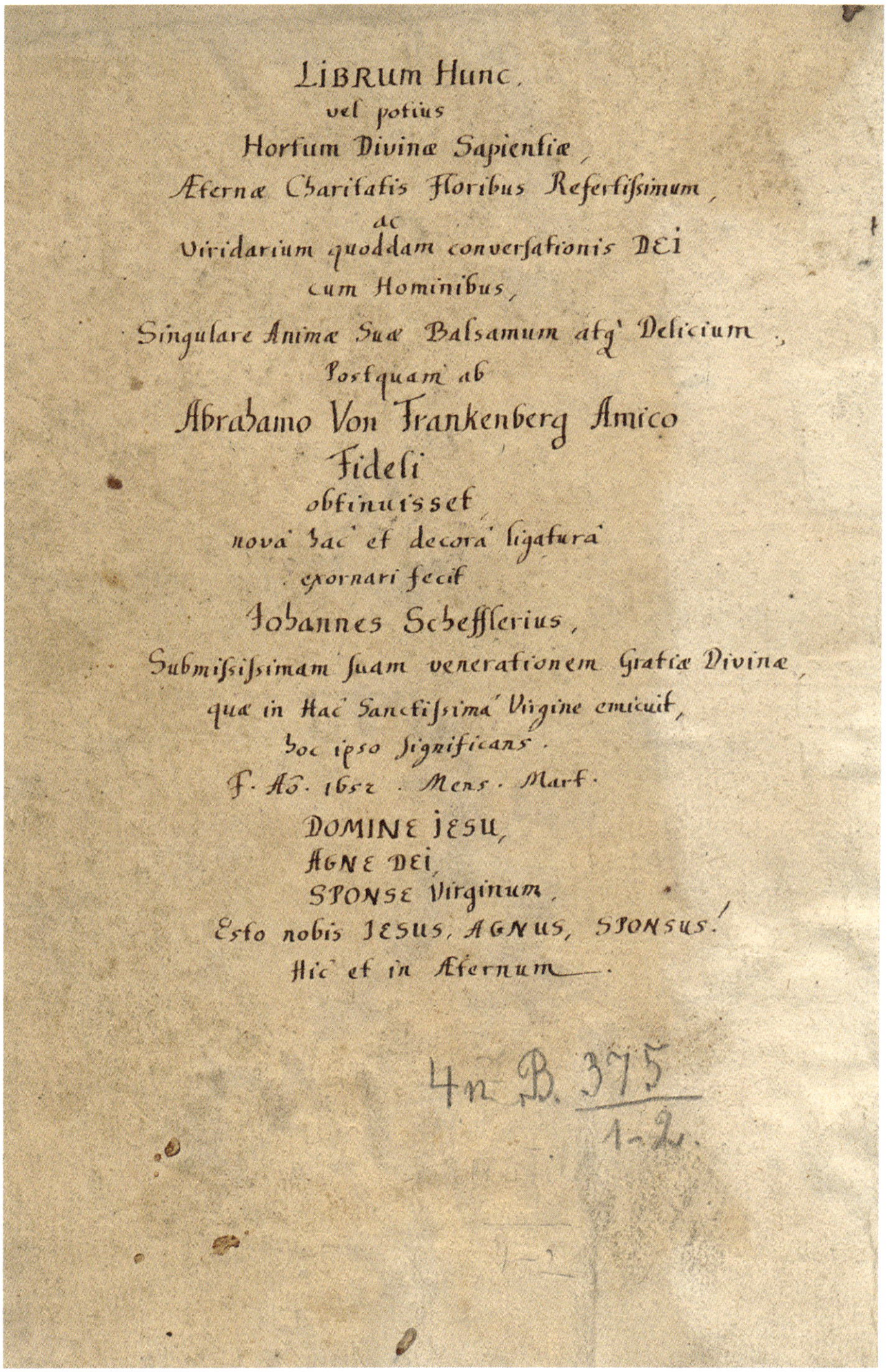
LIBRUM Hunc,
vel potius
Hortum Divinæ Sapientiæ,
Æternæ Charitatis Floribus Refertissimum,
ac
Viridarium quoddam conversationis DEI
cum Hominibus,
Singulare Animæ Suæ Balsamum atq; Delicium,
Postquam ab
Abrahamo Von Frankenberg Amico
Fideli
obtinuisset
novâ hac et decorâ ligaturâ
exornari fecit
Johannes Schefflerius,
Submississimam suam venerationem Gratiæ Divinæ,
quæ in Hac Sanctissimâ Virgine emicuit,
hoc ipso significans.
F. Aõ. 1652. Mens. Mart.
DOMINE JESU,
AGNE DEI,
SPONSE Virginum,
Esto nobis JESUS, AGNUS, SPONSUS!
Hic et in Æternum.

Abb. 2: Handschriftliche Notiz Johann Schefflers in dem von Franckenberg geschenkten Band *Das buch geistlicher gnaden* […], Leipzig 1503, Biblioteka Uniwersytecka Wrocław, 542798–542799 digt hatte,[37] sowie mit Böhme, den dieser überaus schätzte, eröffnen sich Gesprächsthemen, die die Grenzen der kirchlichen Dogmatik weit überschreiten, wie die Fragen nach einer möglichen Gleichsetzung von Gott und Welt, nach deren Ewigkeit und Unendlichkeit, nach der Schöpfung als eines Ausflusses aus Gott und der Notwendigkeit einer Rückkehr in ihren Ursprung, nach Raum und Zeit sowie Zeit und Ewigkeit lediglich als verschiedene Anschauungsweisen des Bewusstseins, nach dem Entwicklungsweg der Seele mit dem Ziel, in Christus neu geboren und damit wesentlich zu werden. Alle diese Themen finden sich in Schefflers erstem großen dichterischen Werk, dem *Cherubinischen Wandersmann*. In diese Jahre in Oels fällt auch die später von Johann Adam Schertzer gegen Scheffler verwendete Beobachtung, dass Scheffler Böhmes *Aurora* besaß, genau durcharbeitete und innig weiterempfahl.

Über Franckenberg scheint Scheffler Wendungen und Denkfiguren des theosophischen Diskurses übernommen zu haben. In einem von Franckenberg geschenkten Band der Predigten Taulers sowie der Offenbarungen der Heiligen Mechthild und Gertrud notiert Scheffler sorgfältig, dass er „dieses Buch – oder besser – diesen Garten der Göttlichen Weisheit", der eine „hohe Freude für seine Seele" sei, von seinem „treuen Freund" Abraham von Franckenberg geschenkt bekommen habe. Er habe diesen Band neu einbinden lassen, womit er der göttlichen Gnade, „die in dieser heiligen Jungfrau offenbar worden war", seine Verehrung ausdrücken könne.[38] An Schefflers Wendungen ist bemerkenswert, dass er hier von der „Göttlichen Weisheit" als personifizierter Jungfrau spricht, einer Wendung, die so weder in den Predigten Taulers noch in den Schriften der Heiligen vorkommt, die aber kennzeichnend für den theosophischen Diskurs sind, in dem Franckenberg verwurzelt war (Abb. 2).[39]

Der Tod Franckenbergs im Jahr 1652 traf Scheffler hart. Er dichtete dem „liebste[n] Freund"[40] ein inniges *Christliches Ehrengedächtnis*, in dem er die Seele des Verschiedenen kühn als den Engeln gleich und eins mit Gott imaginierte:

> Ich mag dich ohne Scheu den Engeln gleiche schätzen
> Und in das weise Chor [sic] der Cherubinen setzen,
> Mit welcher klugem Witz und hohen Reinigkeit
> Du Dich, so viel man kann, gegleicht hast in der Zeit.
>
> Du bist nunmehr mit Gott ein Geist, ein Licht, ein Leben,
> Du bist, wie Gott, mit Schmuck und Herrlichkeit umgeben,
> Du bist ein Gott mit Gott und eine Seligkeit,
> Du bist ein Turm, ein Berg, ein Fels der Ewigkeit.[41]

Das Gedicht bezeugt in warmen Worten, wie genau Scheffler Franckenbergs Gedankenwelt kannte und wie sehr er den Freund, den er auch für sein vorbildliches Leben bewunderte, als Exemplum für die spiritualistische Idee wahrnahm, dass mit dem Absterben des Irdischen das Unsterbliche in der Seele zu Tage tritt. Ein Hinweis, dass das freundschaftliche Band zwischen den beiden auch die

---

37 Ellinger 1927, S. 60.

38 Held 1924, S. 35, 37, 137–138.

39 Bei dem besagten Band handelt es sich um *Das buch geistlicher gnaden, offenbarunge, wunderliches vnde beschawlichen lebens der heiligenn iungfrawen Mechtildis vnd Gertrudis, Closter iungfrawen des closters Helffede*, Leipzig 1503, und *Sermon des großgelarten in gnaden erlauchten doctoris Johannis Tauleri prediger ordens*. Held 1924, S. 138–139.

40 Scheffler/Silesius: *Christliches Ehrengedächtnis des Herrn Abraham von Franckenberg auf Ludwigsdorf*, in: Scheffler 1924, Bd. 2, S. 29.

41 Scheffler/Silesius: *Christliches Ehrengedächtnis*, in Scheffler 1924, Bd. 2, S. 26.

Gedankenwelt Jacob Böhmes einschloss, spiegelt sich in der Schlussstrophe. Scheffler endet mit den Worten:

> Wer Zeit nimmt ohne Zeit und Sorgen ohne Sorgen,
> Wem gestern war wie heut und heute gilt wie morgen,
> Wer alles gleiche schätzt – der tritt schon in der Zeit
> In den gewünschten Stand der lieben Ewigkeit.[42]

Sie erinnert an den Spruch, den Jacob Böhme gerne ins Stammbuch guter Freunde schrieb, wie ihn Franckenberg in Böhmes Biographie überliefert hatte:

> Weme Zeit ist wie Ewigkeit,
> und Ewigkeit wie die Zeit;
> der ist befreyt
> von allem Streit.[43]

Mit Schefflers Gedicht für Franckenbergs Beerdigung spitzte sich jedoch ein Konflikt mit dem lutherisch orthodoxen Hofprediger Gustav Freytag von Schefflers Arbeitgeber, dem Herzog zu Oels zu, an dem sich exemplarisch der zeitgenössische Autoritätskonflikt um mystische Literatur verfolgen lässt. Hatte Freytag bereits am Vers der Gottgleichheit des Verstorbenen im postmortalen Zustand Anstoß genommen, so verhinderte er ohne Rücksprache mit Scheffler den Druck einer Auswahl von u. a. im Katholizismus beheimateten mystischen Autorinnen, die Scheffler als privates Neujahrsgeschenk für seine Freunde hatte drucken lassen wollen. Für Scheffler ließ dieser Zensurakt, den Freytag aus Angst vor „Enthusiasmus" in seiner Kirche ausgeführt hatte, einen schwelenden Konflikt aufbrechen.[44] In einem Brief an Georg Betke vom 28. November 1652 empört er sich darüber, dass er bereits vor Franckenbergs Beerdigung als heimlicher „Weigelianer" gegolten habe, nun aber öffentlich „zum Enthusiasten" geworden sei.[45] Scheffler hatte damit die klassischen Ketzereivorwürfe der lutherischen Orthodoxie auf sich gezogen. In den Vorwürfen des Weigelianismus wie des Enthusiasmus kristallisierte sich der Verdacht der antiklerikalen Heterodoxie, die ultimative Grenzziehung, die ein lutherischer Hofprediger vornehmen konnte.[46] Scheffler zog die Konsequenzen, indem er nur wenige Monate später den Dienst beim Hof zu Oels quittierte und am 12. Juni 1653, ein Jahr nach Franckenbergs Tod, zum katholischen Glauben konvertierte, wobei er den Namen Angelus Silesius annahm.

Scheffler begründete seinen Schritt in seiner 1653 erschienenen Rechtfertigungsschrift mit der Missachtung der dem Christentum ureigenen Tradition der Mystik im Luthertum. Seine Formulierungen sind vielsagend: Scheffler kritisiert die „freventliche Verwerffung der ihnen [...] unerkandten geheimen mit Gott gemeinschafft=Kunst (*Theologiae Mysticae*) welche doch der Christen höchste Weisheit ist".[47] Er erhebt den Vorwurf, dass den Lutheranern die christliche Liebe „erkaltet" sei,[48] man sich im katholischen Raum dagegen um die einzelnen Seelen kümmere und Mystik nicht nur nicht verbiete, sondern sie hochhalte: „Daß man mit großem Eyfer die übung der Tugend treibet, und die geheime mit GOtt gemeinschafft=Kunst, in welcher der Mensch zu Göttlicher Beschawlichkeit geführet

42 Scheffler/Silesius: *Christliches Ehrengedächtnis*, in Scheffler 1924, Bd. 2, S. 26.
43 Franckenberg 1730, I, 26 (S. 20).
44 Kemper 1988, S. 210. Vgl. auch zum Konflikt mit Freytag den Aufsatz von Schmidt-Biggemann in diesem Band.
45 D. Joh. Schefflers Brief an G[eorg] B[etkium] in: Scheffler 1924, Bd. 1, S. 232–233, hier S. 233.
46 Weeks 2020, S. 145.
47 Johannis Schefflers *Gründtliche Ursachen und Motiven* [...] (Scheffler 1653), in: Scheffler 1924, Bd. 1, S. 242.
48 In Scheffler 1924, Bd. 1, S. 244.

wirdt, in hohem Preis hält."[49] Schefflers Worte erinnern in ihrer Sehnsucht nach der Mystik als „der Christen höchste[n] Weisheit", die den Suchenden zu „göttlicher Beschaulichkeit" führen möge, an Franckenbergs Worte über Böhme. Sie verorten sich im Kontext seiner Rechtfertigungsschrift der Konversion zwar formal im Katholizismus. Jedoch weisen sie ihrer Herkunft nach zurück auf das theosophische Milieu, wo Böhme als jemand erinnert wurde, der in den Worten seines – und Schefflers! – Freundes Franckenberg die „göttliche Beschaulichkeit" selbst erlebt und darüber geschrieben hatte. Und wo in zahlreichen Schriften die mystisch gefasste Gottweisheit, die Theo-Sophie in Abgrenzung zur akademischen Theo-Logie als eine von kirchlichen Reglementierungen unabhängige und entsprechend „geheime" Gottessuche praktiziert wurde.[50]

Entsprechend plausibel erscheint die These, dass Schefflers Konversion eine Folge des Umstands ist, dass er mit dem Tod Franckenbergs seine „innere Heimat" verloren hatte und nun in einer konfessionellen Gemeinschaft Ersatz suchte, die er im Katholizismus zu finden glaubte.[51] Um seine Konversion und seine Person entspann sich eine aggressive konfessionelle Polemik, in die er sich selbst mit teilweise inquisitorischer Wut über seine späteren Lebensjahre hin verstrickte. Nach Franckenbergs Tod suchte er die Nähe einflussreicher Männer der Gegenreformation wie Sebastian von Rostock (1607–1671) und nach dessen Tod Bernhard Rosa (1624–1696), dem Abt von Grüssau. Unter ihrem Einfluss wandelte sich Schefflers ursprünglich überkonfessionelle Mystik und seine spiritualistische Kritik an dogmatischen Verhärtungen des Luthertums schrittweise von einer emphatischen Bejahung des Katholizismus zu einer zusehends engstirnigen Verfechtung katholischer Kirchlichkeit als alleinseligmachender Rechtgläubigkeit, die in einem letzten Schritt auch Gewalt als legitimes Mittel zur Bezwingung der protestantischen „Ketzer" verteidigte.[52]

1.4 Der *Cherubinische Wandersmann* (1657 /1675)

Vier Jahre nach Schefflers Konversion erschienen seine wichtigsten poetischen Werke, die die Kontinuität seiner mystischen Frömmigkeit über den Konfessionswechsel hinaus bezeugen: Die *Heilige Seelen-Lust* und die *Geistreichen Sinn- und Schlussreime*, die 1675 um ein sechstes Buch erweitert mit dem heute geläufigen Titel *Cherubinischer Wandersmann* erneut erschienen.[53] Insbesondere die ersten beiden Bücher des *Cherubinischen Wandersmanns* mit ihrer kühnen, auch die Grenzen jeder traditionellen kirchlichen Dogmatik sprengenden Vergottungsrhetorik und ihren panentheistischen Anklängen[54] weisen deutliche Spuren einer spiritualistisch und theosophisch geprägten Gottweisheit auf und wurden konfessionsübergreifend auch so wahrgenommen. Sie artikulieren den Drang nach Vergottung noch über die Engel und Maria, ja über Gott selbst hinaus und spiritualisieren die Heils-

49 In Scheffler 1924, Bd. 1, S. 247.

50 Exemplarisch gerade Franckenbergs Schrift *Conclusiones de Fundamento Sapientiae theorico-practicae. Das ist / endlicher Beschluß vom Grunde der Weißheit von etlichen Liebhabern der Wahrheit zusammen getragen* (Franckenberg 1646).

51 Kemper 1988, S. 211; Gnädinger 1984b, S. 372.

52 Nuanciert zu Schefflers Wandlung und zur Kontextualisierung seiner poetischen Werke in diesem Prozess Ellinger 1927 und Kemper 1988.

53 Kemper 1988, S. 212.

54 Auch wenn Scheffler sich ausdrücklich auf die katholische Tradition beruft und er in der Rezeptionsgeschichte gerne neben Meister Eckhart gestellt wird, ist zu bedenken, dass die katholische Dogmatik das Ketzerurteil gegen Eckhart nie aufgehoben und seine kühne Vergottungsrhetorik nie offiziell rehabilitiert hat. Seine 1329 verurteilten Thesen werden bis auf den heutigen Tag als „Irrtümer Eckharts" in den katholischen Bekenntnisschriften tradiert. Denziger 1991, S. 399. Siehe auch Flasch 2010, S. 321.

tatsachen wie Tod und Auferstehung Christi zu individuellen Vorgängen in der einzelnen Seele. Dabei sind Schefflers Gedanken inhaltlich nicht neu, sondern sie poetisieren die neuplatonische, panentheistische Mystik seines Freundeskreises.[55] Scheffler schließt sich Meister Eckhart teilweise bis zum Wortlaut an, aber auch Dionysios Aeropagita, Tauler, die *Theologia Deutsch*, Weigel und Böhme liefern Wendungen als Vorlagen. In der poetischen Form steht er Czepko nahe, der 1651 seine Gedichtsammlung *Sexcenta Monodisticha sapientum* an Franckenberg schickte.

Die germanistische Forschung hat die Interdependenz der poetischen Werke der *Heiligen Seelenlust* und des *Cherubinischen Wandersmanns* als zwei verschiedene, sich ergänzende Frömmigkeitsformen herausgearbeitet: Während die *Heilige Seelenlust* den seraphinischen Weg zu Gott über die Liebe poetisch feiert, tut der *Cherubinische Wandersmann* dies über den cherubinischen Weg der Betrachtung Gottes. Beide Formen der Engel-Nachahmung hat Scheffler den Lehren des Dionysios Aeropagita über *Die Hierarchien der Engel und der Kirche* entnommen.[56] Nichtsdestoweniger unterscheiden sich die ersten fünf Bücher des *Cherubinischen Wandersmanns* thematisch und stilistisch so sehr von der im selben Jahr erschienenen *Heiligen Seelenlust*, dass Ellinger annimmt, dass sie aus einer früheren Lebensphase stammen und noch in Oels entstanden sind.[57] Ellinger datiert die ersten beiden Bücher auf die Jahre 1651 und 1652, da sie erkennbar von der neuplatonischen Mystik Eckharts, Weigels und auch der Poesie Czepkos geprägt sind. Das dritte und vierte Buch, die die Topoi der schwärmerischen Jesusliebe und der Heiligenverehrung kennen und die Heiligen Gertrud und Mechthild namentlich nennen, datiert er auf die erste Hälfte des Jahres 1652, da dort Schefflers Interesse für Gertrud und Mechthild bezeugt ist. Auch in Bezug auf Böhme finden sich in den ersten beiden Büchern die meisten Anklänge. Dies würde Ellingers These stützen, da ihre Entstehungszeit in die Phase des intensiven Austauschs mit Franckenberg fallen würde, der zeitnah an Böhmes Biographie arbeitete. Wenn diese These stimmt, dann hätte Scheffler bei seinem Weggang von Oels nach Breslau 1653 die fertigen ersten fünf Bücher mitgenommen und im Jahr 1656 noch zehn Sonette sowie die Vorrede ergänzt.[58] Die Sonette und insbesondere die Vorrede sind bereits ein deutliches Zeichen für seinen Geisteswandel. Zwar beruft er sich ausdrücklich auf die mystische Tradition, nennt jedoch lediglich die kirchlich anerkannten Mystiker und erwähnt seine wichtigen Quellen wie Meister Eckhart oder Valentin Weigel, aber auch Jacob Böhme mit keinem Wort mehr.

Parallel zu Schefflers Geisteswandel, der sich nach 1653 vom theosophischen Milieu zum katholischen hin orientierte, aber 1657 noch kein militanter Katholik war, entstand in den Jahren 1653 bis 1657 die *Heilige Seelenlust*, die sich ebenfalls eng an eine Vorlage anschloss, nur war es in diesem Fall die geistliche Minnelyrik des Bernhard von Clairvaux. Diese Brautmystik in der Hoheliedtradition hatte im Freundeskreis um Franckenberg keine Rolle gespielt. Charakteristischerweise malt Scheffler in der *Heiligen Seelenlust* das Verhältnis zwischen der (weiblichen) Seele und ihrem Bräutigam Christus gemäß der bernhardinischen Tradition innig aus – wohingegen er im *Cherubinischen Wandersmann* noch von der Seele und ihrer geistigen Braut Sophia spricht, wie dies auch Jacob Böhme getan hatte. Auch sprachlich weist der *Cherubinische Wandersmann* Wendungen auf, die aus dem Kreis um Franckenberg bekannt sind. So wurden u. a. in Briefen mystische Anschauungen auf knappe Formeln,

55 Siehe hierzu auch den Aufsatz von Schmidt-Biggemann in diesem Band.

56 Kemper 1988, S. 238 sowie Gnädinger 1966, S. 152.

57 Hier und zum Folgenden Ellinger 1927, S. 112–114. Ergänzend zum Aufbau des CW allgemein und zu den einzelnen Büchern Kemper 1998, S. 218–229.

58 Die zehn Sonette sind in der 2. Auflage dann zu Beginn des sechsten Buchs abgedruckt (Gnädinger 1988; Scheffler 1984, S. 289). Sie unterscheiden sich stilistisch und thematisch v. a. mit ihrem Fokus auf die Verdammten fundamental von den Epigrammen der ersten fünf Bücher. Damit legen sie Zeugnis für Schefflers neue religiöse Orientierung ab und weisen auf einen späteren Entstehungszeitraum hin.

teilweise sogar in Versform gebracht, die den Gedichten Schefflers im *Cherubinischen Wandersmann* verwandt sind.[59] Und noch das Titelbild der ersten Auflage mit dem spiritualistisch klingenden Titel *Geistreiche Sinn- und Schlussreime* ist der Gedankenwelt Franckenbergs verbunden. Das Bild eines Kindes bzw. einer kindlichen Seele, die sich auf einem Adler zum Himmel emporschwingt, ist die Ausführung einer Briefstelle Franckenbergs, wo dieser geschrieben hatte „Eia ascendamus in altum cum aquila nostra coelesti gloriosa!" (Abb. 3)[60]

Schefflers *Geistreiche Sinn- und Schlussreime* erfuhren gerade mit ihren theosophischen Anklängen eine lebhafte Rezeption im Pietismus. Gottfried Arnold (1666–1714) gab sie im Jahr 1701 neu heraus und zeigte sich in seiner Gedichtsammlung *Der Weisheit Garten=Gewächs* von ihnen inspiriert. Arnold, der selbst im Jahr 1703 eine Geschichte der Mystischen Theologie als Geschichte einer „geheimen Gottes=Gelehrtheit" verfasste, die er höchst offiziell als „theosophia arcana" übersetzte,[61] ignoriert in seinem Vorwort zu Schefflers Gedichten dessen konfessionelle Festlegung wie seine Polemik und lobt in unparteiischer Gelassenheit dessen guten Lebenswandel sowie seine geistreichen Schriften (Abb. 4).[62]

Ebenso ließ sich Gerhard Tersteegen (1697–1769) in seinem *Geistliche[n] Blumengärtlein inniger Seelen* (1729) teilweise wörtlich von Schefflers Gedichten beeinflussen.[63] Dem Quedlinburger pietistischen Kreis um Arnold entstammt eine Auswahl an Epigrammen aus dem *Cherubinischen Wandersmann* im Jahr 1704, die mit entsprechenden Bibelversen ergänzt und zu einer Sammlung an Losungen zusammengestellt wurde und die sich unter dem Titel *Johannis Angeli Silesii geistreiche Lotterie 1714* großer Beliebtheit erfreute.[64] Hundert Jahre später in der Romantik fanden Schefflers Verse eine neue Verbreitung durch das Ehepaar Karl August und Rahel Varnhagen von Ense sowie durch Friedrich Schlegel. Varnhagen gab 1820 eine Sammlung von Schefflers Gedichten heraus, die er 1832 in der erweiterten Auflage um Auszüge aus dem Werk des französischen Böhme-Anhängers und Böhme-Übersetzers Louis Claude de Saint-Martin (1743–1803) ergänzte.[65]

Doch nicht nur Poeten und religiöse Freigeister fanden Gefallen an Schefflers Gedichten. Seit Mitte des 19. Jahrhunderts existieren rekurrierende Versuche von katholischer Seite, den *Cherubinischen Wandersmann* als kirchlich einwandfreie katholische Literatur darzustellen.[66] Dabei berief man sich auf Schefflers Selbstinszenierung in seiner Vorrede. So versuchte Patrizius Wittmann, ein Vorkämpfer des antimodernistischen Ultramontanismus im Jahr 1842 darzulegen, dass der *Cherubinische Wandersmann* nirgends zu den Lehren der Kirche in Widerspruch stehe. Im Zuge des Bemühens, den Katholizismus in der 2. Hälfte des 19. Jahrhunderts auch literarisch wieder eine führende Rolle spielen zu lassen, sind ihm in diesen Rettungsversuchen einige Autoren gefolgt, so z. B. der Domkapitular Dr. C. Seltmann in Breslau, der Scheffler 1899 attestierte, dass kein Spruch des *Cherubinischen Wandersmanns* um Haaresbreite vom streng kirchlichen Standpunkt abweiche, oder Richard von Kralik, der 1902 über Scheffler schrieb, der *Cherubinische Wandersmann* sei kirchlich korrekt und frei von jedem ketzerischen Makel. Einer Analyse des Textes, seiner Quellen und seines Ent-

59 Ellinger 1927, S. 102.
60 Zitiert nach Ellinger 1927, S. 245–246.
61 Arnold 1703. Der lateinische Untertitel lautet *Historia et descriptio theologiae mysticae seu theosophiae arcanae*.
62 Gottfried Arnolds Vorrede des Herausgebers zum *Cherubinischen Wandersmann*, in: Scheffler 1924, Bd. 1, S. 314–317, hier S. 314.
63 Held 1924, S. 92.
64 Ellinger 1927, S. 123–124.
65 Ellinger 1927, S. 126.
66 Hier und zum Folgenden Ellinger 1927, S. 132–133.

Abb. 3: Johann Scheffler [Angelus Silesius], Titelblatt der Erstausgabe von *Cherubinischer Wandersmann*, Wien 1657, Nationalbibliothek der Tschechischen Republik Prag, 36 F 257

Abb. 4: Johann Scheffler [Angelus Silesius], Frontispiz zu: *Cherubinischer Wanders-Mann: Oder Geistreiche Sinn- und Schluß-Reime, Zur Göttlichen Beschaulichkeit anleitende, Denen Liebhabern der geheimen Gottes-Gelahrtheit und eines beschaulichen Lebens zur geistlichen Ergötzlichkeit*, neu hg. von Gottfried Arnold, Altona 1737, Bayerische Staatsbibliothek München, P.o.germ. 1269 b

stehungsumfelds hält dieses Urteil zwar nicht stand, jedoch belegen diese Zeugnisse die Vielfalt der Rezeptionsgeschichte, die Schefflers Gedichten zuteilwurde.

In der Frage nach dem Verhältnis Schefflers zu Jacob Böhme ist insbesondere ein Gedicht aufschlussreich, das in zwei Versionen existiert und als einziges Böhme namentlich nennt. Das Gedicht steht einmal im vierten Buch des *Cherubinischen Wandersmann* und trägt den Titel *Eines jeden Element* (IV, 32), außerdem zählt es zu den Jugend- und Gelegenheitsgedichten Schefflers und trägt den Titel *Unter einem Bildnis Jacob Böhmes.* Die Autorschaft Schefflers ist umstritten, da es vor allem von den Böhme-Ausgaben Ende des 17. Jahrhunderts bekannt ist.[67] Die beiden Versionen sind in den

67 Zur Frage der Autorschaft gibt es unterschiedliche Ansichten: So ordnet Held in seiner Gesamtausgabe der poetischen Werke Schefflers das Gedicht *Unter einem Bildnis Jacob Böhmes* unter die Jugend- und Gelegenheitsgedichte ein (Scheffler 1924, Bd. 2, S. 29). Hierin ist ihm die germanistische Forschungstradition gefolgt, die das Gedicht von Gnädinger 1984b, S. 370–371 über Kemper 1988, S. 209 bis zu Ingen 2006 (ein „aufrichtiges Bekenntnis") S. 262 und Sata 2016 (Signal für „Inter- und Metatextualität") S. 17 als authentisches Gedicht aus Schefflers Feder behandelt, das er überarbeitet in den *Cherubinischen Wandersmann* aufgenommen habe. Gnädinger weist sogar noch darauf hin, dass zusätzlich das Gedicht *Ein jedes in dem seinigen* (I, 80) im CW dem Gedicht eng verwandt sei: „Der Vogel in der Lufft / der Stein ruht auf dem Land / Jm Wasser lebt der Fisch / mein Geist in GOttes Hand." (Gnädinger 1984b, S. 371) Demgegenüber vermutet Ellinger, dass das Gedicht nicht von Scheffler stamme, sondern eine Verballhornung aus dem CW sei (Ellinger 1927, S. 64), da der Schlussvers von der Konstruktion her nicht passe, „willkürlich angeflickt" wirke und weder inhaltlich noch äußerlich

ersten drei Versen identisch, im *Cherubinischen Wandersmann* endet der letzte Vers „Im Hertzen JESU ich, als meinem Element". Prägend für die Tradition sowohl im 17. Jahrhundert wie in der Gegenwart ist jedoch die Version, die heute als Schefflers Jugend- und Gelegenheitsgedicht gilt:

Unter einem Bildnis Jacob Böhmes
Im Wasser lebt der Fisch, die Pflanzen in der Erden.
Der Vogel in der Luft, die Sonn im Firmament.
Der Salamander muss im Feur erhalten werden:
Und Gottes Herz ist Jacob Böhmens Element.[68]

2 Poetische Spurenlese im *Cherubinischen Wandersmann*

Was hat der junge Scheffler mit Böhme assoziiert? Zunächst einmal verstand er Böhme als einen Repräsentanten der mystischen Tradition, der neben vielen anderen Mystikern den mystischen Weg, der für Scheffler selbst existenziell wichtig war, in Leben und Lehre gegangen war. Zweitens ist Böhme jemand, der im Kontext der im Franckenberg-Kreis gelesenen Mystiker nicht nur in der neuplatonischen Tradition zum reinen Einen der bloßen Gottheit strebte, sondern der den Geist Gottes in der Tiefe des eigenen Herzen sowie in der Natur wahrnahm. Unabhängig davon, ob das Gedicht *Unter einem Bildnis Jacob Böhmes* von Scheffler selbst stammt oder ihm in der Tradition zugeschrieben wurde, formuliert es in der unbedingten Ausrichtung auf „Gottes Herz" eine Briefstelle Böhmes aus, in der dieser erklärt, er habe sich von nichts anderem als der Suche nach dem „Herze Gottes" leiten lassen.[69] In diesem Brief wiederholt Böhme einen Gedanken, den er bereits in der *Aurora* geschrieben hatte und der dort als Aufforderung für den Leser formuliert ist.[70] Diese Suche nach „Gottes Herz" kannte auch Scheffler, und es lassen sich neben der Version des Gedichts, das im *Cherubinischen Wandersmann* steht, noch weitere Spuren von Böhmes Mystik und Naturphilosophie vor allem in den ersten beiden Büchern des Gedichtbands finden.

2.1 Konfessionelle Vorrede und theosophische Widmung

Im Vorwort *Erinnerungsvorrede an den Leser* zu Beginn des Buches betont Silesius ausführlich die dogmatische Unbedenklichkeit seiner Poesie und nennt eine lange Reihe an kirchlich respektierten Gewährsmänner und -frauen der *theologia mystica.* Ihm ist es ein Anliegen zu zeigen, dass die Rede von Vergötterung und Gottwerdung entgegen der protestantischen Verketzerung der Mystik in einer langen christlichen Tradition von der Patristik bis in seine Gegenwart steht. Auch bemüht er sich um die dogmatisch korrekte Rückversicherung, dass die Seele nie ihre Geschaffenheit verliere.[71] Neben einer Fülle an Zitaten von Tauler, Bernhard, Juan de la Cruz, Augustin und anderen beruft er sich dabei auch auf die biblischen Topoi von der allgemeinen Gottessohnschaft in Christus[72] und der Teil-

genügend beglaubigt scheine. Das Gedicht tauche mit dem Schlusssatz „Und Gottes Herz ist Jacob Böhmes Element", so erläutert er, „soviel ich weiß, zuerst in Ausgaben Böhmes aus dem Ende des 17. Jahrhunderts auf" (Ellinger 1927, S. 242).

68 Scheffler 1924, Bd. 2, S. 29.

69 Böhme, *Theosophische Sendbriefe* 10, 3.

70 Böhme, *Aurora* 23, 12.

71 CW, Vorrede, S. 13–14.

72 CW, Vorrede, S. 14; Gal. 3,26.

habe an der göttlichen Natur nach dem zweiten Petrusbrief.[73] Damit verteidigt er sein Schreiben genau mit jenen biblischen Topoi, die gerade im spiritualistischen Diskurs omnipräsent und charakteristisch für die Legitimation mystischen Schreibens gegenüber den Enthusiasmusvorwürfen der lutherischen Orthodoxie sind.[74]

Nach dieser Rückversicherung auf Bibel und Tradition erklärt Scheffler dem Leser, das Ziel seines Schreibens sei es, „die Augen deiner Seele zur Göttlichen beschawlichkeit zuleiten"[75] und ihm mit seinen Versen eine „auffmunterung" zu geben, „den in sich verborgenen GOtt / und dessen heilige Weißheit selbst zusuchen".[76] Diese Aufmunterung verwendet nicht nur die von Böhme und Franckenberg verwendete Begrifflichkeit, sie zielt auch auf die Ermächtigung des Lesers und Laien, wie sie für spiritualistische Schriften charakteristisch ist. Dazu zielt die Suche in Schefflers Worten auf zwei Entitäten, auf den verborgenen Gott und dessen heilige Weisheit in der Seelentiefe, eine Denkfigur, wie sie ohne theosophischen Hintergrund schwer verständlich wäre. Gerade Böhme hatte betont, dass die Weisheit nur im Inneren der Seele gefunden werden könne: Dabei oszilliert die theosophische Wortwahl zwischen den Bedeutungsebenen des *Christus in nobis* und der Weisheit als eigener weiblicher göttlicher Entität. Die höchste Weisheit „stehet vor eurer Seelentür und klopfet an", hatte Böhme insbesondere in Kontexten geschrieben, in denen er seine Leser zur selbstständigen Introspektion auffordert.[77] Und so wie Böhme stets betont hatte, seine Einsichten als unstudierter Laie „in der praxi erfahren" zu haben,[78] so hebt Silesius nach der ausführlichen Rückversicherung seiner Übereinstimmung mit der christlichen Tradition hervor, dass er die Verse vor allem der ersten Bücher ebenfalls einer höheren Quelle verdanke, da sie ihm in nur wenigen Tagen „von dem Ursprung alles gutten einig und allein gegeben worden" seien.[79]

Neben der sorgfältigen Selbstinszenierung als Erbe und Fortführer einer im wörtlichen Sinne katholischen – allumfassenden – christlichen Tradition der *theologia mystica* stellt Scheffler seinen Versen noch an prominentester Stelle eine Zuschrift voran, die an die „Ewige Weisheit" gerichtet ist und die in ihrer Bildlichkeit Bezüge zu theosophischen Quellen nicht übersehen lässt:

> *Zueschrifft*
> Der Ewigen Weißheit GOtte /
> Dem Spiegel ohne makel /
> Den die Cherubin und alle
> Seelige Geister mit ewiger verwunderung anschauen /
> Dem Lichte welches alle Menschen erleuchtet die in diese Welt kommen /
> Dem unerschöpfflichen Brunn und ursprünglichem Qualle aller Weißheit [...].[80]

Die personifizierte Weisheit als Gottes reiner Spiegel stammt als Motiv ursprünglich aus dem apokryphen Buch der Weisheit Salomos (Weish. 7,26) und spielt in Jacob Böhmes Kosmologie eine herausragende Rolle.[81] Entgegen der kirchlichen Tradition setzt Böhme die Weisheit weder mit Maria noch

---

73 CW, Vorrede, S. 18–19; 2 Petr. 1,4.
74 Schmidt 1969.
75 CW, Vorrede S. 13.
76 CW, Vorrede, S. 23.
77 Böhme, *Theosophische Sendbriefe* 55, 7.
78 Böhme, *Theosophische Sendbriefe* 7, 10.
79 CW, Vorrede, S. 22–23.
80 CW, Zuschrift, S. 11.
81 Zur Weisheitstradition allgemein Martin 2020, hier S. 215–224.

mit Christus gleich, sondern spricht ihr eine eigene Persönlichkeit als Jungfrau und „Spiegel der Gottheit“ zu, in dem sich die Gottheit selbst erblickt:

> Sie ist ein Spiegel der Gottheit, denn ein jeder hält stille, und gebieret kein Bildnis, sondern er fähet das Bildnis. Also ist diese Jungfrau der Weisheit ein Spiegel der Gottheit, darin der Geist Gottes sich selber siehet.[82]

In dieser Selbstreflexion des göttlichen Geistes, versinnbildlicht in ihrer Eigenschaft als „Spiegel“, kommt der Weisheit eine wichtige Funktion im Schöpfungsprozess zu. In seiner Zuschrift überblendet Silesius Christus als Licht nach Joh 1,9 mit der Weisheit mit ihrem charakteristisch kosmologischen Attribut des Spiegels, wie es ihr prominent im theosophischen Diskurs zugeschrieben wird. Darüber hinaus ist auch der Begriff des „Quallens“ als Beschreibung der Bewegung des (Hervor)quellens ebenfalls von Böhme bekannt.[83] Während Silesius also einerseits in der Vorrede emphatisch seine Traditionsverbundenheit zur katholischen Tradition zu belegen sucht, weisen seine Wendungen auf tiefere Wurzeln seiner Gottessuche im theosophischen Milieu hin. Diese Spuren lassen sich auch in mehreren Gedichten an die Weisheit aufzeigen.

> *Der Spiegel der Weisheit*
> Die Weisheit schauet sich in ihrem Spiegel an.
> Wer ists? Sie selber / und wer Weisheit werden kann. (I, 166)

Bei Böhme ist die Weisheit nicht nur kosmische Jungfrau im Schöpfungsprozess, sondern auch keusche Braut und Führerin der suchenden Seele. Wenn es in Silesius’ Epigramm heißt, dass man zur Weisheit „werden“ könne, dann erinnert dies an einen Dialog zwischen der Seele und Sophia als Bräutigam und Braut in Böhmes *Weg zu Christo*, dem einzigen zu Böhmes Lebzeiten erschienenen Band. Dort spricht die Sophia als Braut aus der Seelentiefe zu ihrem ins Irdische gefallenen Bräutigam und ermuntert ihn, in seinem Streben und seiner Liebe zu ihr nicht abzulassen. Dann werde sie sich ihm vermählen und ihn beim Transformationsprozess unterstützen:

> [Sophia] Ich will mein Perlein in mir behalten und will in deiner verblichenen, und ietzt in mir wieder lebendig gemachten innern Menschheit, im Himmel in dir wohnen, und mein Perlein dem Paradeis vorbehalten, bis du diese Irdigkeit von dir ablegest, alsdann will ich dirs zum Eigenthum geben.[84]

Klassischerweise gestaltet die Brautmystik das Liebesverhältnis zwischen der (weiblich gedachten) Seele und Jesus aus. Traditionsbildend wirkten in diesem Kontext die Schriften des auch in der Vorrede zitierten Bernhard von Clairvaux. Im theosophischen Diskurs jedoch verschieben sich die Gendergrenzen und das Motiv der Sophia als Braut und weiblicher Seelenführerin einer (männlich gedachten) Seele gewinnt an Gewicht. Wieder fußt es auf dem biblischen Vorbild der *Sapientia Salomonis*, wo Salomon die Weisheit als Braut (Weish. 8,2) heimführen möchte. Dort ist es die Weisheit, die ihn „alles Verborgene und alles Offenbare“ (Weish. 7,21) erkennen lässt, also im Kontext der Frühen Neuzeit genau das, was die Theosophen in ihrem Streben nach der Erkenntnis dessen, „was die Welt im Innersten zusammenhält“, erstrebten. Nur wird es dort nicht mehr in Tradition und (kirchlicher) Autorität gesucht, sondern in der eigenen Erfahrung mit der geheimnisvollen „Braut“ in der Seelentiefe.

---

82 Böhme, *Von der Menschwerdung Jesu Christi* I, 1; 12; Vgl. auch Ingen 1994, S. 147, S. 150–151.
83 Böhme, *Aurora* 1, 3. Siehe zum Begriff des Qualls/Quelle auch Weeks 2013, S. 41–42.
84 Böhme, *Weg zu Christo* I, Von wahrer Buße, 49.

Die Weisheit Salomons
Wie? schaetzstu Salomon, den weisesten Allein?
Auch du kanst Salomon und seine Weisheit seyn.[85] (II, 18)

Der ewigen Weißheit Haus
Die ewge Weißheit baut: Ich werde der Pallast
Wann sie in mir / und ich in ihr gefunden rast.[86] (I, 186)

2.2 Topische Spurenlese: Gott, Natur und Mensch bei Böhme und Scheffler

Neben der Figur der Jungfrau Sophia, die ein topisches Element gerade des theosophischen Diskurses um Böhme und seine Anhänger ist, fügt dieser Diskurs der Tradition der neuplatonischen Mystik um Tauler, Eckhart und Dionysios Aeropagita noch die Naturmystik hinzu. Nicht nur die Seele, sondern die ganze Schöpfung ist bei Böhme ein Gleichnis des Ungrunds und Spiegel der Ewigkeit. Entsprechend kreisen seine Beschreibungen des „Einen“ weniger um die Begriffe des Abgrunds, der Einöde, des Nichts oder der stillen Wüste, wie sie charakteristisch für Eckhart, Tauler und auch Dionysios Aeropagita sind (und von Scheffler gerne wiederaufgenommen werden),[87] sondern Böhme betont vor allem den All-Einheitsgedanken, der sich aus der philosophischen Grundannahme ergibt, dass die ganze Schöpfung in einem Prozess der *creatio continua* aus dem göttlichen Gemüt „ausgehaucht“ wird. So heißt es paradigmatisch im *Mysterium Magnum*:

> Wenn wir betrachten die sichtbare Welt mit ihren Wesen und betrachten das Leben der Creaturen: So finden wir daran das Gleichnis der unsichtbaren geistlichen Welt, welche in der sichtbaren verborgen ist, wie die Seele im Leibe, und sehen daran, daß der verborgene GOtt allem nahe und durch alles ist, und dem sichtbaren Wesen doch ganz verborgen.[88]

Daraus ergeben sich verschiedene philosophische Konsequenzen. So deutet Böhme die Trinität nicht als drei Personen, sondern als drei innergöttliche Kräfte bzw. Prinzipien, die sich der gesamten Schöpfung einprägen.[89] Entsprechend unterliegt sowohl die Natur als auch insbesondere die menschliche Seele dem ewigen Spannungsfeld der dynamischen Prinzipien des dunklen „Vater“- und des hellen „Sohn“-Prinzips. Ebenso ergibt sich die Deutung des Menschen als Mikrokosmos ganz natürlich aus dem All-Einheitsgedanken: „Du bist eine kleine Welt aus der großen“,[90] schreibt Böhme, und dies bedeutet auch, dass im Menschen wie in der Natur keine lokale Trennung von Himmlischem und Irdischem existiert, sondern Zeit und Ewigkeit, Materie und Geist, das Alles und das Eine ineinander in einer ewig dynamischen Realität existieren. Der Weg zu dieser Erkenntnis läuft bei Böhme in der Metaphorik des „Durchbruchs“ durch die äußeren, „siderischen“ Sphären der Existenz in die innere. Das „Innere“ der Seele und der Welt ist das Geistige, und das Geistige unterliegt nicht dem Raum-/

85 CW II, 18, Hervorhebung im Original. Vgl. Weish. 8,2.
86 CW I, 186.
87 CW I, 7, I, 15.
88 Böhme, *Mysterium Magnum*, Vorrede, 1.
89 Böhme, *Mysterium Magnum* 7, 6. Vgl. dazu das Epigramm I 257: „Die Dreyeinigkeit in der Natur: DAß GOtt Dreyeinig ist / zeigt dir jedes Kraut / Da Schwefel / Saltz / Mercur / in einem wird geschaut.“ Hier werden die drei paracelsischen Prinzipien genannt und nicht die böhmesche Prinzipienlehre. Dennoch erinnert die Formulierung, dass sich die Dreieinigkeit an jedem Kraut zeige, sich also weltimmanent manifestiere, an Böhme.
90 Böhme, *Mysterium Magnum* 2, 5.

Zeitkontinuum der geschaffenen Welt. Hierin greift Böhme einen traditionellen Topos mystischer Literatur von Eckhart über das *Corpus Hermeticum* bis zu Weigel auf und verbindet ihn mit der Qualität der Erfahrung des Mystikers. Die Erfahrung der mystischen Schau ist nach Böhme die momenthaft aufscheinende Erkenntnis der All-Einheit, die das Raum-/Zeitkontinuum, an die das gewöhnliche Tagesbewusstsein gebunden ist, transzendiert. So erklärt er in der *Aurora:*

> So du aber deine Gedanken erhebest und denkest, wo GOtt sey, so ergreifest du die siderische Geburt, da Liebe und Zorn gegeneinander wallen. Wenn du aber den Glauben schöpfest an den GOtt, der in Heiligkeit in diesem Regimente regieret, so brichst du durch den Himmel und ergreifest GOtt in seinem heiligen Hertzen. Wenn nun dieses geschiehet, so bist du wie der gantze GOtt ist, der da selber Himmel, Erde, Sternen und Elementa ist, und hast auch ein solch Regiment in dir und bist auch eine solche Person, wie der gantze GOtt in dem Loco dieser Welt ist.[91]

Scheffler kennt in seinen Epigrammen beide Vorstellungen, die Sehnsucht nach der Eckhartschen „Wüste" (I, 7) oder dem „lauter Nichts" (I, 25), aber eben auch die Bilder des All-Einheitsgedankens sowohl als anthropologische Konstitution wie auch als Erkenntnisziel der suchenden Seele:

> *Das ein' ist in dem Andern*
> Ich bin nicht ausser GOtt / und GOtt nicht ausser mir /
> Ich bin sein Glantz und Liecht / und er ist meine Zier. (I, 106)
>
> Es ist noch alls in GOtt
> Ists / daß die Creatur auß GOtt ist außgeflossen:
> Wie hält er sie dannoch in seiner Schoß [sic] beschlossen? (I, 107)
>
> Der Mensch ist alle Dinge
> Der Mensch ist alle ding': Ists daß ihm eins gebricht /
> So kennet er fürwar sein Reichthumb selber nicht. (I, 140)
>
> Wer GOtt soll schaun / muß alles seyn
> Wer selbst nicht alles ist / der ist noch zugeringe /
> Daß er dich sehen soll Mein GOtt und alle Dinge. (I, 191)
>
> Wer recht Vergöttet ist
> Mensch allererst wenn du bist alle Dinge worden /
> So stehst du in dem Wort / und in der Götter Orden. (I, 192)
>
> Es ligt alls im Menschen
> Wie mag dich doch O Mensch nach etwas thun Verlangen /
> Weil du in dir hältst GOtt und alle Ding' umbfangen? (I, 88)

Deutlicher als patristische oder mittelalterliche mystische Texte betont Böhme den Dualismus widerstreitender Prinzipien als Schöpfungsprinzip, dem nicht nur die gesamte Natur, sondern auch jede einzelne Seele unterliegt. Da alles potenziell im Menschen angelegt ist, kommt der willentlichen Ausrichtung der Seele entscheidende Bedeutung zu. Böhmes Philosophie kreist zu einem nicht geringen Teil um die Erklärung der Existenz des Bösen in der Welt.[92] Dabei vertritt er die These, dass nicht Gott den Menschen verdamme, sondern dass Adam in Freiheit seine Imagination in die Prinzipiendualität gerichtet habe und als Konsequenz dem Paradies entschlafen und in die Körperlichkeit der

91 Böhme, *Aurora* 23, 12–13.
92 Rusterholz 2017.

materiellen Welt gefallen sei. Umgekehrt sei es die Aufgabe jeder einzelnen Seele, ihre Imagination wieder auf Gott auszurichten, damit Christus „anzuziehen“ und einen Prozess der zunehmenden Läuterung („Tötung des alten Adam“), Angleichung und schließlich Teilhabe an seiner göttlichen Natur zu durchlaufen. Zentraler Gedanke in diesem Modell ist der Gedanke der Freiheit, die keinen Richtergott kennt, wohl aber jeder einzelnen Seele die Freiheit wie auch die Verantwortung zuspricht, ihre gestaltende Lebenskraft so auszurichten, dass sie aus der Fülle, die potenziell in ihr liegt, die Qualität des verlorenen göttlichen Ebenbilds in sich stärkt.[93] Es ist dieser Freiheitsgedanke in eschatologischer Perspektive, der in letzter Konsequenz die Seele unabhängig von kirchlicher Offenbarungsvermittlung macht. Spuren dieser Vorstellung findet man auch in den ersten Büchern des *Cherubinischen Wandersmanns*:

> *GOtt verdammet niemand*
> Was klagstu über GOtt? Du selbst verdammest dich:
> Er möchte es ja nicht thun / das glaube sicherlich. (I, 137)
>
> Es mus in dir vor seyn
> Mensch wird das Paradiß in dir nicht erstlich seyn /
> So glaube mir gewiß / du kommest nimmer drein. (I, 295)
>
> In dir ist was du wilt
> Der Himmel ist in dir / und auch der Höllen Qual:
> Was du erkiest und wilst / das hastu überall. (I, 145)

Gerade das letzte Epigramm liest sich wie eine direkte Poetisierung von Böhmes Gedanken, die er in unzähligen Schriften und auch Briefen an Ratsuchende geschrieben hatte: Himmel und Hölle sind „innere“ Reiche und es liegt am Menschen, welchem Reich er in sich Raum gibt:

> Gott ist im Himmel, und der Himmel ist im Menschen. Will aber der Mensch im Himmel sein, so muss der Himmel im Menschen offenbar werden. Das muss durch ernste Buße und herzliches Einergeben geschehen.[94]
> Denn ein jeder Mensch ist frei und ist wie ein eigener Gott, er mag sich in diesem Leben in Zorn oder ins Licht verwandeln.[95]
> Es ist ein jeder Mensch sein eigener GOtt und auch sein eigener Teufel; zu welcher Qual er sich neiget und einergibt, die treibet und führet ihn, derselben Werkmeister wird er.[96]

In seinem Bestreben, mit der katholischen Lehre konform zu erscheinen, erwähnt Scheffler weder Böhme noch einen einzigen der protestantischen Mystiker, an denen ohnehin die Stigmen der Häresie und des „Enthusiasmus“-Vorwurfs hafteten. Jedoch liest sich die Einsicht, dass Himmel und Hölle im Menschen existieren und durch die Ausrichtung des Willens im Diesseits wie im Jenseits in die Erfahrung treten wie eine sentenzhafte Verknappung nicht nur von Böhmes, sondern auch von Valentin Weigels (1533–1588) Philosophie. Weigel, der einer der großer Vermittler der Schriften Taulers und Eckharts in den mystischen Diskurs der frühen Neuzeit war und darüber hinaus als Pfarrer zu den lebenspraktischen Sorgen der Gläubigen um den rechten Weg zum Himmel Stellung nehmen musste, schreibt in Bezug auf die Frage nach dem Himmel:

---

93 Rusterholz 2017, S. 180; Hannak 2017a, S. 193.
94 Böhme, *Theosophische Sendbriefe* 12, 48.
95 Böhme, *Aurora* 18, 39.
96 Böhme, *Von der Menschwerdung Jesu Christi* I, 5, 26.

> Keiner kommet in die Finsternis, er habe denn auf Erden in der Finsternis gelebet, und keiner kommet in das Licht, er sei denn auf Erden im Licht gewandelt, das ist: in Christus. Die Seligen haben den Himmel in sich und sind im Himmel. Die Verdammten haben die Hölle in sich und sind in der Hölle. Die wesentliche, leibhaftige Vereinigung ist offenbar, beides in dieser und in jener Welt.[97]

Auffällig ist bei beiden, bei Weigel wie bei Böhme, die Ermächtigung der einzelnen Gläubigen, für die eigene Seligkeit die entsprechenden Entscheidungen zu treffen bei gleichzeitiger vehementer Kritik an der als toter Buchgelehrsamkeit verspotteten akademischen Theologie. In Böhmes Briefen, in denen er auf Fragen der Zeitgenossen detaillierter eingeht als in den großen Schriften, scheint der tiefere, sozialgeschichtliche Kontext dieser zunächst theologischen Kritik deutlicher auf, ebenso in Weigels beiläufigen Erläuterungen zu den Vorstellungen der Ubiquität des Himmelreichs. In der Praxis nehme der Glaube an den zugerechneten Verdienst Christi die Gläubigen selbst aus der Verantwortung und lade dazu ein, auf Christi Zeche zu sündigen, schreibt Böhme.[98] Er überzieht die akademische Theologie, die ihm als Laien die Kompetenz abspreche mit Vorwürfen, bloße „Historien" und „Wähnen" von Gott „ohne Erfahrung" zu lehren.[99] Weigel wird noch deutlicher: Angesichts der konfessionellen Streitigkeiten über den rechten Weg zum Himmel erklärt er, dass man diesen in sich finden könne – und zwar notfalls auch ohne „Zeremonien", d. h. ohne kirchliche Vermittlung:

> Wer sich selbst nicht kennet, der weiß sein Vaterland nicht, nämlich den Himmel, das Paradies, das Reich Gottes, Christus in ihm. Denn unser Vaterland ist nicht diese Welt, nicht Europa, nicht Deutschland, nicht dies oder das Fürstentum, [...] nicht dieses oder jenes Haus ist unsere Heimat [...], denn daraus kann dich jagen ein sterblicher Mensch [...]. Darum ist kein auswendiger Ort [...] die rechte Wohnung, sondern Gott in uns und wir in Gott. Wer in Gott lebet und Gott in ihm, der ist daheim in seinem Vaterland [...]. Er kann auch Gottes Wort nicht verlieren, ob ihm schon das Nachtmahl, die Taufe, das mündliche Predigtamt, die Bücher und alle Zeremonien entzogen werden – so hat er doch nichts verloren, denn Christus ist in ihm.[100]

Es ist dieser Punkt der Loslösung des Heils von allen im konfessionellen Dauerzwist verstrickten kirchlichen Vermittlungsinstanzen, die Weigel wie Böhme den Vorwurf des „Enthusiasmus" eingetragen haben.[101] Indem der Weg zum Heil bei Böhme wie bei Weigel über die selbstverantwortete Hingabe an Christus im Inneren der eigenen Seele oder über die Betrachtung der Natur führt, gestehen sie dem Individuum eine spirituelle Autonomie zu, die die identitätsstiftenden Instrumente kirchlicher Offenbarungsverwaltung zu Äußerlichkeiten herabstuft. In den frühen Gedichten im *Cherubinischen Wandersmann* findet sich eine vergleichbare Betonung der Eigenaktivität in Bezug auf das Himmelreich und eine Feier der spirituellen Autonomie, die mit den Ideen des *deus in nobis* und dem *Inneren Wort* einhergehen:

> *Das Himmelreich ist der Gewaltsamen*
> Nicht GOtt gibts Himmelreich: du selbst mussts zu dir ziehn /
> Und dich mit gantzer macht / und Eiffer drumb bemühn. (I, 211)

---

97 Weigel, „Dialog über das Christentum", in: Wollgast 1977, S. 573. Siehe zu Bezügen Schefflers zu Weigel auch Kemper 1988, S. 218. Zu Weigel als Intellektueller und Mystiker Weeks 1999.

98 Böhme, *Theosophische Sendbriefe* 30, 15–17.

99 Böhme, *Von der Menschwerdung Jesu Christi* II, 8, 1.

100 Weigel, „Vom Ort der Welt", in: Wollgast 1977, S. 304.

101 Weeks 2020, S. 144, 146–149.

Du must was GOtt ist seyn.
Sol ich mein letztes End / und ersten Anfang finden /
So muß ich mich in GOtt / und GOtt in mir ergründen.
Und werden das was Er: Ich muß ein Schein im Schein /
Ich muß ein Wort im Wort / ein GOtt im GOtte seyn. (I, 6)

Die kirchlichen Vermittlungswege kommen als Thema in den ersten beiden Büchern kaum vor, und wenn, dann nur um im Vergottungsstreben des Ich quasi zu verdampfen.[102]

Ein Christ ist Kirch und alles
Was bin ich endlich doch? Ich sol die Kirch‘ und Stein /
Ich sol der Prister GOtts und auch das Opffer seyn. (I, 180)

Die Verse sind eine Poetisierung der spiritualistischen Kirchenkritik, wie sie Böhme genau wie Weigel formuliert hatte und wie sie in Schefflers Freundeskreis um Franckenberg präsent war. Böhme hatte in *Von der neuen Wiedergeburt* die sogenannte steinerne Kirche bzw. Mauerkirche scharf kritisiert und insistiert, dass der Heilige die wahre Kirche überall, wo er sich bewege, in seinem Herzen habe, wohingegen ihm der Geist Gottes aus der ganzen Natur „predige“:

Der Heilige aber hat seine Kirche an allen Orten bey sich und in sich. Dann er stehet und gehet, er liegt und sitzt in seiner Kirchen, er ist in der wahren Christlichen Kirchen, im Tempel Christi; Der H. Geist predigt ihme aus allen Creaturen; alles was er ansiehet, da siehet er einen Prediger GOttes. […][103]
Ein rechter Christi bringt seine heilige Kirche mit in die Gemeine; sein Hertz ist die wahre Kirche.[104]

Den Gedanken, dass dem wahren Christen mit erleuchtetem Herzen nicht nur jeder Ort zum heiligen Raum werden könne, sondern dass ihm auch gerade in den Kreaturen der göttliche Geist bewusst werde, kennt auch Scheffler:

Die Creaturen sind GOttes Widerhall
Nichts weset ohne Stimm: GOtt höret überall
In allen Creaturn / sein Lob und Widerhall. (I, 246)

Gott hört nicht nur in Schefflers Gedicht, sondern vor allem auch in Böhmes Philosophie deshalb in allen Kreaturen seinen eigenen „Wiederhall“, weil der Endzweck der Schöpfung nach Böhme darin besteht, dass sich Gott als der Ungrund, als das schlechthin undifferenzierte Eine, in der Vielfalt der Kreaturen selbst anschaulich und sich damit seiner selbst bewusst werden will. „Dann wenn alles nur Eines wäre, so wäre ihm das Eine nicht selber offenbar“,[105] schreibt er in *Mysterium Magnum*. Ein Reflex dieses Gedankens spiegelt sich in Schefflers Gedicht, das sogar noch Böhmes Begrifflichkeit des „Grimms“ – das Prinzip Gottvaters im Schöpfungsprozess – kennt:

Die Stimme GOttes
Die Kreaturen sind des Ewgen Wortes Stimme:
Es singt und klingt sich selbst in Anmut und in Grimme. (I, 270)

102 Vgl. auch Kemper 1988, S. 222.
103 Böhme, *Von der neuen Wiedergeburt* 6, 14.
104 Böhme, *Von der neuen Wiedergeburt* 6, 16. Siehe dazu Martin 2017c, S. 81–82.
105 Böhme, *Mysterium Magnum* 3, 22.

Im Kontext von Böhmes Ausführungen zum „Himmelreich" ist als anthropologische Voraussetzung ein Menschenbild zu denken, nach dem die Erbsünde nicht zu einer vollständigen Korruption der menschlichen Seele geführt hat, sondern die prälapsarische Ebenbildlichkeit zwar verschüttet wurde, jedoch ein innerster Seelenteil außerhalb des Raum-/Zeitkontinuums der geschaffenen Welt nach wie vor in der Ewigkeit weilt. Böhmes erstes Durchbruchserlebnis, von dem er in *Aurora* ausführlich berichtet, fand gerade im Kontext seiner Frage nach dem rechten „Himmel" statt. Deprimiert von der traditionellen Vorstellung, der Himmel sei lediglich der „runde[..] Zirk ganz lichtblau hoch über den Sternen"[106] und Gott wohne allein dort lokal weit entfernt von seinen Geschöpfen am Himmelszelt, erfuhr er in seiner Durchbruchserfahrung quasi eine kopernikanische Wende der Spiritualität, indem ihm bewusst wurde: „Der rechte Himmel ist allenthalben, auch an dem Orte wo du stehest und gehest."[107] Was den Menschen vom Himmel trennt, ist kein schwertbewaffneter Engel an der Paradiestür, sondern es sind die geschlossenen Augen seines Bewusstseins, die erst in der innersten Geburt wieder eröffnet werden.[108] Dann aber gelte: „Denn du darfst nicht sagen: Wo ist GOtt? Höre du blinder Mensch, du lebest in GOtt und GOtt ist in dir; und so du heilig lebest, so bist du selber GOtt."[109] Entsprechend kommt der Erläuterung der anthropologischen Verfasstheit des Menschen, dessen Seele in drei „Geburten" stehe, hohe Bedeutung zu. In diesem Kontext greift Böhme auch den von Eckhart, Weigel und dem *Corpus Hermeticum* bekannten Topos auf, dass das Raum-/Zeitkontinuum an die Sphäre der geschaffenen Welt gebunden sei, im Geist jedoch „Nahe und Weit als ein Ding" gelte.[110] Wenn das Innerste der Seele im reinen Geist steht und dieser zeitlos und ubiquitär die Welt des Raum-/Zeitkontinuums aus sich heraus „gebiert", dann folgt daraus, dass auch das Innerste der Seele unbewusst an der Ewigkeit teilhat. Diesen Gedanken feiert Scheffler in mehreren Epigrammen:

> *Die Seel ist GOtte gleich*
> Weil meine Seel in GOtt steht außer Zeit und Ort /
> So muß sie gleiche seyn dem Ort und Ewgen Wort. (I, 89)
>
> Man muß sich überschwenken
> Mensch wo du deinen Geist schwingst über Ort und Zeit /
> So kanstu jeden blik seyn in der Ewigkeit. (I, 12)
>
> Der Mensch ist Ewigkeit
> Ich selbst bin Ewigkeit / wann ich dic Zcit Verlasse /
> Und mich in GOtt / und GOtt in mich zusammen fasse. (I, 13)
>
> Die Zeit ist Ewigkeit
> Zeit ist wie Ewigkeit / und Ewigkeit wie Zeit /
> So du nur selber machst einen unterscheid. (I, 47)

Gerade das letzte Epigramm erinnert wieder an den Wahlspruch Böhmes, den dieser, wie Franckenberg über ihn berichtet, gerne seinen Freunden ins Stammbuch schrieb:

---

106 Böhme, *Aurora* 19, 4.
107 Böhme, *Aurora* 19, 24.
108 Böhme, *Aurora* 19, 48.
109 Böhme, *Aurora* 22, 46.
110 Böhme, *Aurora* 19, 51. Vgl. auch Weigel, „Vom Ort der Welt", in: Wollgast 1977, S. 297.

> Wem Zeit ist wie Ewigkeit, und Ewigkeit wie die Zeit
> Der ist befreyt von allem Streit.[111]

Wenn das Himmelreich zwar als dem postlapsarischen Bewusstsein verborgen, aber prinzipiell als ubiquitärer Weltinnenraum gedacht ist, dann stellt sich nicht nur Böhmes Lesern die Frage, wie es zu erreichen sei. Und in diesem Kontext spielt die Ausrichtung der Imagination als gestaltender Lebenskraft bei Böhme eine Schlüsselrolle. Der Fall Adams begann mit seiner Imagination in Gut und Böse. Dies führte zur Verschattung der Gottebenbildlichkeit durch die Aktivität des dunklen Prinzips und endete letztlich mit dem „Fall“ in die Körperlichkeit der äußeren Welt und dem Verlust der Androgynie. Daher gilt es im Prozess der Erlösung, die Imagination als magische Kraft der Attraktion auf Christus als das Licht- und Liebeprinzip auszurichten. Böhme greift für diese Vorstellung die im paracelsischen Diskurs präsente Bildlichkeit des Tingierens bzw. von Christus als Tinktur auf:

> Er ist uns nicht fremd oder schrecklich, sondern ist unsere Liebe-Tinktur. Er ist mit seiner Kraft unserer Seelen Erquickung, unser Leben und unser Seelen Wonne.[112]

In alchimistischer Bildlichkeit werden der Prozess der Wiederbringung der verblichenen Gottebenbildlichkeit bzw. der Wiedergeburt zum neuen Menschen mit einem alchimistischen Transformationsprozess verglichen:

> Wir sehen einen groben Stein liegen, und ist in manchem das beste Gold. Da sehen wir ja, wie das Gold im Steine gläntzet, und der Stein ist stumm und weiß nicht, daß er ein so edel Gold in sich hat. Also auch wir, wir sind ein irdisch Sulphur, haben aber einen himmlischen Sulphur im irdischen, da ein jedes das Seine ist.[113]

Ebenso charakteristisch für Böhmes Vorstellung dieses Transformationsprozesses ist eine Pflanzenmetaphorik, die die Wiederbringung des göttlichen Ebenbildes als „Ausgrünen“ des neuen Menschen beschreibt:

> [D]er alte Adam muß nicht so ganz und gar weggeworfen werden, sondern nur die Hülse als die Schale, darin der Same verborgen liegt. Aus der alten Essenz muß der neue Mensch in Gottes Bewegung ausgrünen als ein Halm aus dem Korne, wie Christus uns lehret.[114]

Jene Pflanzenmetaphorik und die Bildlichkeit von Christus als Tinktur, die die Liebeskraft der Seele weckt, sind auch in Schefflers Epigrammen präsent:

> *Die Gottheit ist das grüne*
> Die GOttheit ist mein Safft: was auß mir grünt und blüht /
> Das ist sein Heilger Geist / durch den der trib geschiht. (I, 90)
>
> GOtt blüht aus seinen Zweigen
> Bistu aus GOtt gebohrn / so blühet GOtt in dir:
> Und seine Gottheit ist dein Safft und deine Zier. (I, 81)

111 Franckenberg 1730, S. 20.
112 Böhme, *Von der Menschwerdung Jesu Christi* I, 9; 23.
113 Böhme, *Von der Menschwerdung Jesu Christi* I, 14; 4.
114 Böhme, *Von der Menschwerdung Jesu Christi* I, 12; 22.

Die geistliche Goldmachung
Dann wird das Bley zu Gold / dann fällt der Zufall hin /
Wann ich mit GOtt durch GOtt in GOtt verwandelt bin. (I, 102)

Auch von derselben
Ich selbst bin das Metall / der Geist ist Feur und Herd /
Messias die Tinctur, die Leib und Seel verklärt. (I, 103)

Die Liebe ist der Weisen Stein
Lieb ist der weisen Stein: sie scheidet Gold auß koth /
Sie macht nichts zu ichts / und wandelt mich in GOtt. (I, 244)

Das Tingiren
Betrachte das Tingirn / so sihstu schön und frey /
Wie dein' Erlösung / und wie die Vergöttung sey. (I, 258)

Böhme geht so weit zu behaupten, dass ein konsequentes Leben in Liebe dazu führe, „ein Geist mit Gott" zu sein, und dies sogar unabhängig nicht nur von der Konfession, sondern sogar von der Religion.[115] Für ihn war die Liebe als Prinzip Christi gleichzusetzen mit dem kosmischen Lichtprinzip gegenüber dem grimmigen Feuerprinzip Gottvaters und damit neben dem Grimm eine geistig-kosmische Urkraft. Er schrieb dies im Kontext der innerprotestantischen Frage, inwiefern der dogmatisch korrekte Glaube an Christus oder die – unparteiische – Liebe heilsentscheidend sei, und beantwortete dies, indem er die Liebe priorisierte und als innergöttliches „Sohn"-Prinzip mit Christus identifizierte.[116]

Scheffler spielt noch bei seinem Konfessionswechsel auf jenen innerprotestantischen Konflikt an, wenn er als Grund für seinen Übertritt zum Katholizismus die „erkaltete" Liebe im Luthertum anführt. Entsprechend feiert er in seiner Poesie die Liebe als Stein der Weisen oder als Magnet, der gemäß dem magischen Gesetz der Attraktion Gott zu sich ziehen könne, bis selbst der Höchste dem nicht mehr zu widerstehen vermag:

Die Lieb ist ein Magnet
Die Lieb ist ein Magnet / sie ziehet mich in GOtt:
Unnd was noch grösser ist / sie reißet GOtt inn Tod. (II, 2)

Ich thue es GOtte gleich
GOtt liebt mich über sich: Lieb ich Ihn über mich;
So geb ich Ihm sovil / als Er mir gibt aus sich. (I, 18)

Doch Scheffler ist die letzte Konsequenz Böhmes, die Naturalisierung des christlichen Dogmengebäudes zu einer Universalisierung Christi als Liebesprinzip fremd. Während Böhme aus dieser irenischen Position heraus gerade die Denkbarkeit des Heils aller Menschen ableitete, so diese in der Liebe leben,[117] identifizierte sich Scheffler Zeit seines Lebens mit der Vorstellung christlicher Rechtgläubigkeit, die er nach seiner Konversion mit der katholischen Kirche und einer immer enger werdenden Vorstellung der katholischen Dogmatik gleichsetzte. Und diese Identifikation ließ ihn im Vergleich zu Böhme zu anderen Schlüssen kommen, die das theosophische Erbe langsam konfessionell einhegten.

115 *Aurora* 22; 51, 52, 60. Hannak 2017b.
116 Hannak 2017a, S. 185.
117 Böhme, *Aurora* 22, 52.

2.3 Theosophischer Aufbruch und Ankunft im Katholizismus: Die späten Gedichte

Zeigen lässt sich der Unterschied zwischen dem frühen und dem späten Scheffler im Vergleich einiger Epigramme aus den ersten Büchern und dem sechsten Buch des *Cherubinischen Wandersmanns*. Das sechste Buch wurde in der zweiten Auflage ergänzt und entstand damit erst nach Jahren des dezidierten Engagements Schefflers für die katholische Kirche. Es tauchen neue Themen auf, ebenso werden Topoi, die aus dem theosophischen Diskurs stammen, im Sinne der katholischen Lehre umgedeutet. Noch im ersten Buch erwähnt Scheffler die Lilie, bei Böhme Symbol eines zu erwartenden kommenden Zeitalters des Friedens, ganz in dessen Sinne:

> *Der Seeligen Lohn*
> Was ist der Seelgen Lohn? Was wird mir nach dem Streit?
> Es ist die Lilie der lautern Göttligkeit. (I, 292)

Im sechsten Buch ist die Lilie dann konkret auf Maria bezogen und steht eindeutig im Kontext katholischer Heiligenverehrung. Im Gegensatz auch zur sprachlichen Pointierung und rhetorischen *argutia* der frühen paradoxen Epigramme fällt die sprachliche und gedankliche Simplizität der späteren Gedichte auf.[118]

> *An die Jungfrau Maria / die geheime Lilie*
> Du edle Lilie, wer findet deinesgleichen? [...]
> In dir findt man allein die Schönheit der Jungfrauen /
> Der Märtyrer Bestand / und aller Heilgen Ziehr.
> Drumb Edle Lilie komm und erquick mich hier /
> Daß ich mög ewig dich und deinen Saamen schauen. (VI, 2)

Auch die theosophisch zentrale Figur der göttlichen Weisheit wird nicht mehr erwähnt. Zwar existiert der Begriff der Weisheit noch, jedoch wird er deutlich anders gefasst. Anstelle der Verkörperung der Weisheit als göttlicher Jungfrau mit dem kosmischen Spiegel wird stattdessen nun vielfach „der Weise" besungen. Der Weise ist nach Scheffler jemand, der nicht sündigt (VI, 255) oder irrt (VI, 256) und der – im Gegensatz zur keuschen Braut der Seele, die dieser aus dem inneren Himmelreich aufregende kosmische Geheimnisse zuflüsterte – gut katholisch ist:

> *Allein der Catholische Christ ist weise.*
> Miß dir nicht Weißheit zue / wie klug du dir auch bist:
> Niemand ist Weiß in Gott als ein Catholischer Christ. (VI, 253)

Neu sind auch die Topoi der Verdammnis und der Verlorenheit der Sünder, die in eklatantem Gegensatz zur Vergottungsrhetorik der ersten Bücher stehen. Das vermehrte Auftreten von Topoi der Sünde und der Verdammnis hebt gerade die unüberwindbare Distanz zwischen Schöpfer und Geschöpf hervor und beschwört den angsteinflößenden Topos der ewigen Höllenstrafen.

> *Der Außspruch über die Verdambten*
> Geht ihr Verfluchten geht / ihr Teuffels Rottgesellen /

---

118 Siehe auch Kemper 1988, S. 229.

> Ihr Raben die ihr mich nie habt getränkt / gespeist /
> Bekleidt / besucht / getröst / noch eingen Dienst geleist:
> Geht in das Ewge Feur und in den Schlund der Höllen [...] (VI, 5)
>
> Was verlohren seyn ist.
> Was ist verloren seyn? Frag das verlohrne Lamm /
> Frag die verlohrne Braut vom ewgen Bräutigam. (VI, 78)
>
> Die ewige verlohrenheit.
> Das Schaf ist gäntzlich hin / das wird nie wieder funden;
> Die Seel die GOtt nicht find / bleibt ewiglich verschwunden. (VI, 79)

Auffällig ist auch die Umdeutung des Topos der Ewigkeit. In den ersten Büchern finden sich viele Gedichte, die ganz im Sinne Böhmes die Ewigkeit als Urelement besingen, in der die Kreatur schwebt und an der sie jenseits ihres der Zeit unterworfenen Tagesbewusstseins unbewussten Anteil hat. Im sechsten Buch dagegen erscheint sie als fernes himmlisches Reich, nach dem sich die Frommen sehnen.[119] Im ersten Buch hieß es noch:

> *Der Mensch ist Ewigkeit*
> Ich selbst bin Ewigkeit / wann ich die Zeit verlasse. /
> Und mich in GOtt / und GOtt in mich zusammen fasse. (I, 13)

Im sechsten Buch formuliert Scheffler dagegen:

> Das ewige soll man suchen
> Die Ehre dieser Welt vergeht in kurtzer zeit:
> Ach suche doch die Ehr der ewgen Seeligkeit! (VI, 21)

Scheffler hat sich über diese Verse hinaus für die katholische Seite äußerst engagiert. Einerseits gründete er Stiftungen, ließ sein Geld den Armen zukommen und fungierte mehrmals als Taufpate für Kinder armer Leute. Andererseits aber wurde er zum aggressiven Polemiker im Dienst der Gegenreformation, zur Hassfigur der Protestanten und zerrieb sich im konfessionellen Streit. Er ließ sich 1661 zum Priester weihen, erzwang die Aufhebung des seit Einführung der Reformation in Schlesien bestehenden Verbots der öffentlichen Fronleichnamsprozessionen in Breslau und verfasste in 12 Jahren nicht weniger als 55 kontroverstheologische Streitschriften.[120] Damit einher geht eine Verengung des Blicks von der überkonfessionellen, inneren Freiheit des Mystikers zum bekennenden, allein den Gnadenzuweisungen *seiner* Kirche Wahrheit zusprechenden Katholiken (Abb. 5).[121]

Und doch – trotz der teilweise berüchtigten inquisitorischen Wut auf ehemalige Glaubensgenossen spiegelt sich selbst noch in seinen Worten zu den katholischsten Ritualen ein später Reflex seiner frühen Berührung mit dem theosophischen Milieu. So nimmt er 1661 an einer Sakramentsprozession in Breslau teil, trägt selbst Monstranz und Dornenkrone und schreibt, er wolle dies tun, „damit ich Christo gleichförmig werde".[122] Es scheint, als suche er in den greifbaren katholischen Riten etwas,

119 Ellinger 1927, S. 205.
120 Ellinger 1927, S. 212.
121 Kemper 1988, S. 213.
122 Held 1924, S. 56.

Abb. 5: Johann Scheffler [Angelus Silesius] mit Bauchladen, Kupferstich aus: *Wolverdientes Capitel Welches neulich die beyden weitbeschrieben Jesuiten Jacob Masenius und Veit Erbermann D. Johann Scheffelern Der Römischen Kirchen nunmehro hochansehnlichen Priester und wohbestalten Kehrwischhändler In einer geheimen und vertrauten Conferentz wegen seiner so unvorsichtiger Weise ausgesprengten Türcken und Christen-Schrift Gelesen* [...], [s. l.] 1664, Biblioteka Uniwersytecka Wrocław, 348503

was im mystisch-theosophischen Diskurs ebenfalls als Konzept existierte, nur dass es dort nicht als kirchliches Ritual, sondern als geistiger Prozess verstanden worden war. Es ist das Konzept der Gottessohnschaft der Begnadeten nach 2. Petr. 1,4, der Teilhabe an der göttlichen Natur für diejenigen, die sich mit ganzer Kraft darum bemühen. Das hatte er selbst einst im ersten Buch des *Cherubinischen Wandersmanns* noch kühn besungen:

> *Ein Christ ist GOttes Sohn*
> Ich auch bin GOttes Sohn / ich sitz an seiner Hand:
> Sein Geist / sein Fleisch und Blut / ist Ihm an mir bekant. (I, 17)

3 Schlussgedanken

Betrachtet man Schefflers Werdegang im Horizont der Philosophie Böhmes, dann scheint es, als sei Scheffler, der wie wenige vor ihm die göttliche Liebe besungen hatte, in seiner Verstrickung in den konfessionellen Streit in der zweiten Lebenshälfte unter den Einfluss des der Liebe entgegengesetzten, dunklen Prinzips des Grimms geraten. Als sei die Sehnsucht nach mystischer Gottweisheit, die er bei Franckenberg und in der mystischen Tradition kennengelernt hatte, nach einer Phase der intensivsten Expansion der suchenden Seele in ihr Gegenteil umgeschlagen. Damit einher geht eine Verdinglichung mystischer Denkfiguren und eine Betonung der angsteinflößenden Aspekte katholischer Dogmatik. Diese Entwicklung von einem Extrem ins andere hat Scheffler selbst leiden lassen[123] und hat sowohl bei Zeitgenossen – auch bei den katholischen – wie in der Rezeption teilweise Unverständnis ausgelöst. Die Gründe für diese Entwicklung sind im Kontext der Gegenreformation in Schlesien sozial- und religionsgeschichtlich erklärbar. Im philosophischen Spiegel von Böhmes Lehre der dynamischen Prinzipiendualität, der jede Seele unterliegt, ließe sich das Ineinander von Liebe und Streit in Schefflers Leben und Werk jedoch ebenfalls deuten. Dann würde sich darin nichts weniger als ein Teil des göttlichen „Spiels" manifestieren, in dem sich das Eine in seiner Gegensätzlichkeit offenbaren muss, um sich dann – gerade im Menschen – selbst anschaulich zu werden.

Diesen versöhnlichen Gedanken kannte auch Scheffler. Er hätte ihn von Jacob Böhme haben können:

> [D]as Alles bedarf des Ichtes nicht, das Ichts ist nur sein Spiel, damit das Alles spielet, und damit ihm das Ganze, als das Alles selber offenbar werde. […] Sonsten so keine Angst wäre, so wäre ihr die Freude selber nicht offenbar, und wäre nur ein einiger Wille, der thäte immer nur ein Ding; so er sich aber in Widerwärtigkeit einführet, so wird in dem Streit die Lust der Freuden zu einer Begierde, und zu seinem Liebe=Spiel, das sie zu wircken und zu thun hat, Menschlich geredet.[124]

> *GOtt spielt mit dem Geschöpffe*
> Diß alles ist ein Spiel / das Ihr die GOttheit macht:
> Sie hat die Creatur umb Ihret willn erdacht. (II, 198)

123 Held 1924, S. 65; Kemper 1988, S. 215.
124 Böhme, *Mysterium Magnum* 3, 21.

Jan Rohls

Quirinus Kuhlmann als Böhmist

Abstract: Quirinus Kuhlmann, the law student and poet from Breslau, encountered the works of Jacob Böhme in Leiden. Indeed, reading Böhme provoked his break with orthodox Lutheranism. The result of his study of Böhme is his writing *Der neubegeisterte Böhme*, published in 1674, in which he advocated a Christianity embodied in the action of love, instead of a mere Christianity according to the letter: the former is contrasted with the text-obsessed Lutheran and Calvinist 'papacy'. He traces the contrast between a Christianity of words and one of action throughout the entire history of Christianity, starting from its origins. Furthermore, Kuhlmann was influenced by the chiliasm of Johannes Rothe, and believed that the latter's prophecies confirmed those of Böhme: they refer to the fifth monarchy of the chiliastic kingdom. He called his own interdenominational Christianity "Kühlmannstum", or "Kühlmanncy": he was its "Kühlprophet", and his extensive body of poems was its "Kühlpsalter". He ventured on several journeys to proselytize for the advent of the "Kühlkingdom", eventually reaching Moscow, where he was executed.

Zu den eindrücklichsten Gestalten, deren Denken durch Jacob Böhme geprägt wurde, gehört der 1651 im schlesischen Breslau geborene Quirinus Kuhlmann, der 1689 in Moskau auf dem Scheiterhaufen endete (Abb. 1). Schon früh ein begeisterter Leser gelehrter Bücher, wurde er Stipendiat des berühmten Maria-Magdalenen-Gymnasiums seiner Heimatstadt, bevor er 1670 das Studium der Rechte in Jena – damals eine Hochburg der lutherischen Orthodoxie – aufnahm. Schon während seiner Schulzeit trat er als Dichter in Erscheinung, und in Jena entstand seine Hohelied-Dichtung *Himmlische Libes=küsse/ über di fürnemsten Oerter der Hochgeheiligten Schrifft/vornemlich des Salomonischen Hohenlides wie auch Anderer dergleichen Himmel=schmekkende Theologische Bücher Poetisch abgefasset.*[1]

Kuhlmanns poetische Schöpfungen blieben nicht ohne Würdigung, denn 1672 krönte ihn der Kaiserliche Hofpfalzgraf und Kanzler der Grafschaft Schwarzburg-Rudolstadt Ahasverus Fritsch zum *poeta laureatus*. Darüber hinaus unterhielt er Kontakte zu dem Jesuiten Athanasius Kircher, mit dem ihn das Interesse am Lullismus verband. Zwar war sein Wechsel von Jena nach Leiden durch den Wunsch motiviert, in der holländischen Universitätsstadt sein Studium der Jurisprudenz mit einer Dissertation abzuschließen. Doch als er 1673 in Leiden eintraf, drückte ihm sein Freund und Begleiter Abraham Plagge ein Exemplar von Böhmes *Mysterium magnum* in die Hände, und die Lektüre des Buches führte bei ihm zu einer Bekehrung, deren unmittelbare Frucht sein 1674 in Leiden erschienenes Prosawerk *Der neubegeisterte Böhme* war.[2] Das Werk bedeutet den definitiven Bruch mit der lutherischen Orthodoxie und dem durch sie geprägten Kirchentum. Dem Werk ist eine Widmung an adlige, bürgerliche und geistliche Repräsentanten des europäischen Luthertums, mit den beiden lutherischen Monarchen Karl XI. von Schweden und Christian V. von Dänemark an der Spitze, vorangestellt. Als Zweck wird angegeben, „aller Augen noch zu eröfnen / Daß ihr Lutherthum eine Antichristliche Secte / ihr vermeintes Ewiges Evangelium ein nichtiges Evangelium oder Babel sei".[3] Allerdings bleibe den in der Widmung Genannten noch Zeit, zur Hochzeit des Lammes zu eilen.

1 Kemper 1988, S. 287.

2 Kuhlmann 1995, Bd. 1, XXVI. Zu Kuhlmanns Begegnung mit den Schriften Böhmes siehe auch den Aufsatz von Thomas Isermann in diesem Band.

3 Kuhlmann 1995, Bd. 1, S. 7.

https://doi.org/10.1515/9783110720525-007

Abb. 1: Porträt von Quirinus Kuhlmann, in: Johann Friedrich Corvinus, *Anabaptisticum et Enthusiasticum Pantheon und Geistliches Rüst-Haus Wider die Alten Quaker, und neuen Frei-Geister, Welche die Kirche Gottes zeithero verunruhiget und bestürmet* […], [Koethen] 1702, Bibliotheca Philosophica Hermetica Collection Amsterdam

In Leiden und Amsterdam fand Kuhlmann Anschluss an andere Böhme-Anhänger, darunter Johann Georg Gichtel, der 1682 die erste Gesamtausgabe der Schriften des Görlitzers herausgab, und zwar unter dem Titel *Des Gottseeligen Hoch-Erleuchteten Jacob Böhmens Teutonici Philosophi Alle Theosophische Wercken*. In der „Zuschrift“ seines *Neubegeisterten Böhme* kündigt Kuhlmann nicht nur die Wiederkunft Christi zum tausendjährigen Reich, sondern auch die Wiederkehr des „entgeisterten“, das heißt verstorbenen Böhme an. Und zwar werde er „neubegeistert“ in einem Jüngling auftreten, um sein ewiges Evangelium zu verkünden und den Völkern die Erkenntnis des verborgenen Gottes in seiner Dreifaltigkeit zu bringen, „wiwol das Pabstthum / Lutherthum / Calvinusthum mit allen anderen Secten und ihren Hohschulen darüber zugrunde gehen müssen“.[4] Der Auftritt des neubegeisterten Böhme findet aber statt zu einer Zeit, in der die vier Erdteile von Kriegen überzogen sind und von Naturkatastrophen heimgesucht werden. Alles das habe Böhme bereits vorausgesagt. Kuhlmann richtet sich mit seinen Warnungen und Forderungen vor allem an die Lutheraner:

> Ihr müsset euch aus eurem Lutherthum / als aus einem Babel heraus begeben / nicht irgend in eine alte oder neue Secte / sondern aus eurem falschen Leben in ein helliges Leben / aus eurem Zanken und streiten in di Sanfftmut und Gelassenheit Gottes / aus euer eigen geförmten Lehre in di würkliche Geist- und Wahrheitslehre / in das ewige Evangelium / wo ihr nicht wollt mit Babel anbrennen / und sondern verbrennen ewigst verbrennen.[5]

4 Kuhlmann 1995, Bd. 1, S. 9.
5 Kuhlmann 1995, Bd. 1, S. 14.

Die Lutheraner werden als antichristliche Wölfe in Schafskleidern bezeichnet, das Luthertum als umgekehrtes Papsttum. Zwar habe Luther die Heilige Schrift verdolmetscht, aber er habe nicht nur den päpstlichen und daher antichristlichen, teuflischen Titel des Doktors der Heiligen Schrift beibehalten, sondern er habe auch das ewige Evangelium an die Schalen äußerlicher Worte gebunden. Darin seien seine Anhänger ihm nur gefolgt:

> Wi si den Kern des ewigen Evangeliums verlohren / leere Wortschalen behalten: so habet ihr gleichfals die Christen Benennung von eurem Christus weggeworfen / den Lutheranernahmen von ihrem Luther mit unerträglicher Leichtsinnigkeit angenommen.[6]

Die Bindung an Luther wird ebenso verurteilt wie die an das Augsburgische Bekenntnis, dem das ewige Evangelium unbekannt sei. Die Lutheraner mögen sich von alledem befreien und sich so auf das Hochzeitsmahl des Lammes vorbereiten, in dem das in Adam verlorene Paradies wiederkehren werde. Mit Christus werde an die Stelle der antichristlichen Glaubenszänkerei der unsinnigen Doktoren die Liebe treten. Denn Christen lieben einander, und wo keine Liebe ist, da ist auch Christus nicht. Denn was vor Gott zählt und den wahren Christen ausmacht, ist nicht das Wortchristentum, sondern das Tatchristentum: „Thatchristen sind rechtschaffene Christusjünger / welche / als si erstarben / erstarb auch das Wahre Christenthum."[7] Es gab von Anfang an die beiden Arten von Christen, so dass der Verfall des Christentums nicht erst im sechsten Jahrhundert begann, wie die Lutheraner annehmen. Kuhlmann zitiert das Hohelied der Liebe, 1 Kor 13, um zu zeigen, dass das Kriterium des wahren Tatchristentums die Liebe ist.

Den Christen und den Antichristen kann man anhand ihrer Früchte unterscheiden. Allerdings bestreitet Kuhlmann nicht, dass das Scheinchristentum seit der Anerkennung des Christentums durch den römischen Staat zugenommen habe. Es trat jetzt nicht nur der Bau großer Tempel an die Stelle der inneren Herzenstempel. Sondern die „Väter und Kirchenlehrer besudelten sich mit dem Peche greulicher Wahnwissenschaften des Heidenthumes / erkläreten di Schrifft sonder wahre Geisterkäntnis".[8] Auf diesem Boden wuchsen der Arianismus und die ihn bekämpfenden Konzilien, die äußerliche Worte über den inneren Schriftsinn stellten. Die Liebe wurde verdrängt durch den Zank, der die Antichristuskirche ins Leben rief. Kuhlmann teilt die traditionelle Lehre vom zweifachen Antichrist, dem Papst in Europa und Mohammed in Asien. Um die Jahrtausendwende traten dann als weiterer Antichrist in Babel die Schultheologie und die Philosophie auf, die das Lamm (gemeint sind das Alte und das Neue Testament) bedrohten. Zwar hat sich der Christusgeist immer wieder Geltung gegen den Papstgreuel verschafft, und Kuhlmann nennt Waldes, Wycliffe, Hieronymus von Prag, Hus und schließlich Luther. Aber gerade Luther wird von ihm auch heftig kritisiert. „Er vergnügte sich an der Schrifft euseren Schalen / die inneren Kern verlohr er".[9] Er schaffte päpstliche Missbräuche ab und führte seine eigenen ein. Die Rache Gottes war es daher, dass aus Luthers Reformation eine weitere Reformation entsprang, nämlich der Calvinismus. Das eine Babel verwandelte sich so in ein dreifältiges Babel, wobei jede Sekte statt des Christennamens den Namen von ihrem jeweiligen Sektierer übernimmt: vom römischen Papst die Römisch-Katholischen, von Luther die Lutheraner und von Calvin die Calvinisten. Diese drei christlichen Sekten entsprechen den drei jüdischen Sekten zur Zeit Jesu: Pharisäer, Essener und Sadduzäer. Unter diesen drei christlichen Hauptsekten offenbart sich als fünffacher Antichrist die „Heidnischchristliche und PäbstischLuthrischCalvinische Theologie, Juris-

6 Kuhlmann 1995, Bd. 1, S. 15.
7 Kuhlmann 1995, Bd. 1, S. 16.
8 Kuhlmann 1995, Bd. 1, S. 20.
9 Kuhlmann 1995, Bd. 1, S. 26.

prudentz/Medicin, Philosophie, Philologie“.[10] Auf römischer Seite versuchen die Jesuiten, verlorenes Terrain zurückzugewinnen, und auf den Predigtstühlen, Hochschulkathedern und selbst in den niedrigen Schulen streiten Lutheraner und Calvinisten gegeneinander.

In dieser Zeit des konfessionellen Streits entdeckte Jacob Böhme das wahre Tatchristentum, das ewige Evangelium unter dem Wortchristentum neu, und zwar zweihundert Jahre nach Hus und hundert Jahre nach Luther. Zwar wurde er von Seiten der Geistlichkeit der Ketzerei angeklagt, und er starb, kurz nachdem er in Dresden verhört worden war. Aber Böhme steht nunmehr neubegeistert wieder auf, und Kuhlmann legt den verschiedenen lutherischen Herrschern und Fürsten nahe, sich von den orthodoxen lutherischen Theologen abzuwenden und zu Böhme und dessen ewigem Evangelium zu bekehren. Große Hoffnung setzt er dabei auf Ernst den Frommen von Sachsen-Gotha und Altenburg, der auch die unterdrückten Lutheraner in den österreichischen Erblanden und in der deutschen Vorstadt von Moskau unterstützte.[11] Gegen die orthodoxen Lutheraner erhebt Kuhlmann den Vorwurf, die Heilige Schrift zu verfälschen, da sie an deren Wörtern kleben und nicht zu ihrem Geist vorstoßen.

> Si machen aus dem H. Paulus und andern Aposteln noch ärgere Abgötter / dan di Päbstler / indem si ihre Worte für di Gottes worte ausgeben / da das Gotteswort nicht in ihren Reden / sondern in ihrer Reden Geiste liget. Darum kämpfen si um di Wörtchen / sätzen bald dahin / bald dorthin ihre Commate / Puncte / Semicole / befleissigen sich Tag und Nacht der Grundsprache / und verursachen ein Grammaticalisches Evangelium / eine Grammaticalische Bibel.[12]

Kuhlmann empfiehlt sich selbst den Obrigkeiten und Städten als Retter, der das göttliche Licht in die Finsternis und damit die Erlösung, die Befreiung aus dem Gefängnis des Wortchristentums bringen werde. Er begründet seine Berufung mit der Entdeckung Böhmes, die ihm in Leiden während einer „Wunderwoche“ zuteilwurde. Als er wegen der wichtigsten Religionspunkte brieflichen Kontakt mit dem Rostocker Theologieprofessor Heinrich Müller aufnehmen wollte, erlebte er eine Erleuchtung. „Ich war verzükket mit Paulus in das Paradis / und sahe unaussprechliche Sachen / welche kein Mensch aussagen kan.“[13] Das Schreiben an den Rostocker Lutheraner wuchs sich zu einer Schrift aus, die den Anfang des *Neubegeisterten Böhme* ausmacht. Danach seien ihm die Weissagungen des Amsterdamer Kaufmannssohns Johannes Rothe bekannt geworden. Dieser besaß für Kuhlmann entscheidende Bedeutung als Prophet des baldigen Weltendes und des Anbruchs des Reiches Christi, der fünften Monarchie nach dem Ende der vier bisherigen Monarchien. Die Kenntnis von seinen Weissagungen empfing er durch die 1673 erschienene Schrift *Kenteecken van den waren Gesant Godts* von Johann Cornelisz. Haesevens. Mit Rothe teilte Kuhlmann die Überzeugung, dass der Fall Babels, das neue Jerusalem und die Rückkehr des verlorenen Paradieses unmittelbar bevorstehe.[14] Mit den weltlichen Herrschaften würden auch alle Religionssekten an ihr Ende gelangen. Gemäß der Vision von Dan 2 werde nach dem Ende der vier Monarchien als fünfte Monarchie das Christusreich aufgerichtet, das tausend Jahre dauern werde und dessen Bewohner bei ihrem Tod direkt ins himmlische Paradies versetzt würden, um mit Jesus zum Jüngsten Gericht wieder zu erscheinen. Am Schluss der Zuschrift legt Kuhlmann es den lutherischen Obrigkeiten noch einmal dringend nahe, sich von der lutherischen Orthodoxie als dem Antichristen zu trennen und dem ewigen Evangelium Böhmes

10 Kuhlmann 1995, Bd. 1, S. 27.
11 Kuhlmann 1995, Bd. 1, S. 33.
12 Kuhlmann 1995, Bd. 1, S. 34.
13 Kuhlmann 1995, Bd. 1, S. 37.
14 Zu Rothe siehe auch den Aufsatz von Frank van Lamoen in diesem Band.

zuzuwenden. In dem nach Vollendung des *Neubegeisterten Böhme* der Zuschrift beigefügten „Sendschreiben“ an Johann Müller erklärt der selbsternannte Prophet des neuen Jerusalem, dass sich seine Schrift nicht nur an den Rostocker Theologen, sondern „an alle Lutherisch-theologische Hochschulfacultäten des Teutschlandes / Dennemarks / Schwedens gerichtet wird / um Rechenschafft von ihrer Lehre zu fodern“.[15] Er selbst habe das ewige Evangelium aus unverdienter Gnade empfangen, noch bevor ihm die Schriften Böhmes in die Hände gefallen seien, aus deren Weissagungen er sich ebenso wie aus den Weissagungen Rothes bestätigt gesehen habe.

Kuhlmann begründet in seiner Einleitung auch, weshalb er sich ausgerechnet an den Rostocker Theologen wendet. Denn in seinen Werken habe Müller versucht, „zum rechtschafenen thatchristenthum di larvenchristen aufzumuntern“.[16] Er dringe mehr auf die Tattheologie als auf die Wortstreiterei, so dass er die Hoffnung hege, dass er mit ihm nach der sanften Liebe Jesu verfahre. Als ihm in Holland die „wunderschriften“ Böhmes in die Hände gefallen seien, habe er zunächst gezögert, sie als Werke eines unstudierten Schusters näher zur Kenntnis zu nehmen. Doch als er sie schließlich gelesen habe, war er „bestürtzet / um in eines so einfältigen Mannes büchern grössere verständnis und erkäntnis von Gott / der Natur und den Menschen beisammen anzutreffen / als zuvor einzeln in so vil tausend Scribenten“.[17]

Böhmes *Aurora* vermittelt ihm mit ihrer Beschreibung der drei ewigen Anfänge des göttlichen Wesens, das heißt der ewigen Geburt der Dreifaltigkeit und der Art und Weise, wie durch sie und aus ihr die Engel, Menschen und alle sonstigen Geschöpfe erschaffen wurden, sowie den Gründen, warum Sünde, Tod und Hölle offenbar wurden, einen Vorgeschmack des neuen Jerusalem. In der Schrift trete der Unterschied zwischen der Weisheit Böhmes und dem gewöhnlichen Hochschulwissen klar zutage. Das gelte aber nicht nur für seinen Erstling *Aurora*, sondern gleichermaßen für die Bücher *Von der Menschwerdung Christi*, *Von der Gnaden-Wahl*, *Signatura Rerum* und *Mysterium Magnum*. Kuhlmann glaubt nun eine weitgehende Übereinstimmung zwischen Böhmes Werken und dem, was er in Müllers Erbauungsschriften gelesen hat, erkennen zu können. Denn auch Müller betone in seinen 1663/64 erschienenen Werken *Die geistlichen Erquickstunden* und *Die apostolische Schlußkette und Kraftkern* das innere tätige gegenüber dem bloß äußerlichen Christentum. Nach der Gegenüberstellung zahlreicher Zitate aus Böhmes und Müllers Werken, die ihre gedankliche Übereinstimmung belegen sollen, skizziert Kuhlmann Böhmes Lebenslauf, den er in den Offenbarungen Gottes gipfeln lässt, die dem Görlitzer Schuster zuteilwurden. Schließlich rührte ihn der Geist Gottes zum dritten Mal, „trib ihn auch darzu an / was er sahe / aufzuschreiben / und verfertigte also von dar bis auf seinen abschid / der im 1624. Christalther erfolget / dreissig Wunderschrifften / welche von kurtzer zeit volkommen in Amsterdam herauskommen“.[18]

Kurz vor seinem Tod habe Böhme sich in Dresden in Anwesenheit des sächsischen Kurfürsten wegen seiner Schriften einer theologischen Überprüfung seiner Rechtgläubigkeit unterziehen müssen. Das Prüfungskollegium habe aus namhaften Vertretern der lutherischen Orthodoxie des Kurfürstentums bestanden: dem sächsischen Oberhofprediger Matthias Hoe von Hoenegg, den Wittenberger Theologen Balthasar Meisner und Fredericus Balduin, dem Jenaer Theologen Johann Gerhard und dem Leipziger Theologen Polycarp Leyser. Böhme habe auch vor seinem Tod prophezeit, dass seine Werke zu einer späteren Zeit Verbreitung und Anerkennung finden würden, eine Weissagung, die sich tatsächlich erfüllt habe. Kuhlmann schreibt:

15 Kuhlmann 1995, Bd. 1, S. 45.
16 Kuhlmann 1995, Bd. 1, S. 58.
17 Kuhlmann 1995, Bd. 1, S. 62.
18 Kuhlmann 1995, Bd. 1, S. 88.

> Es ist ja klar am tage / wie bei disen fünftzig Jahren / vil hohe Stands personen / in Frankreich / Pohlen / Moßkau / vornehmlich Engelland / ja so gar zu Rom / nach Abrahams von Frankenberg zeugung / seine Schriften vor einen Schatz achten / in fremde sprachen übersätzen und sich derer wohl zu bedinen wissen.[19]

Die Frage, woher denn Böhme als einfältiger Laie seine Kenntnis Gottes und seiner Geschöpfe bezogen habe, beantwortet Kuhlmann unter anderem mit Johann Arndt: „Wem sich Gott nicht selbst offenbahret und zuerkennen gibt / der wird nimmermehr recht wissen können / was Gott ist."[20] Böhme habe somit seine Kenntnis nicht aus einer „Weltschule", sondern aus Gott selbst bezogen. Die Offenbarung Gottes wird so ausgespielt gegen die Universitätstheologie, die sich auf Aristoteles stützt.

Durch Böhme sieht Kuhlmann sich in seiner Deutung der Gegenwart, die er den Weissagungen der Schrift entnimmt, bestätigt. Der gesamte Erdkreis hat sich in ein Babel verwandelt, so dass er den Weltheiland und Menschenfreund Jesus anfleht, einen neuen Moses zu erwecken, um sein zerstreutes Israel aus dem antichristlichen Ägypten in das gelobte Land des wahren Tatchristentums zu führen. In der Theologie herrsche wie in allen Wissenschaften die Eitelkeit, wobei sich Kuhlmann auf die Schlussrede Agrippas von Nettesheim in dessen Schrift *Über die Ungewissheit und Eitelkeit aller Künste und Wissenschaften* von 1526 beruft.[21] Daneben erwähnt er noch weitere Zeugen, darunter Juan Luis Vives und Andreas Gryphius. Die Suche nach der wahren Weisheit führt Kuhlmann schließlich zu dem dreifaltigen Weltbuch, das heißt zur Heiligen Schrift, zur Natur und zum Menschen. Der Anfang der Schrift Gen 1,1 handelt ihm zufolge von der „Engelschöpfung", und ihm ordnet er als Folge auch den Engelsturz zu. Denn ursprünglich ruhten die Engel in Gott, während Luzifer aus Selbstsucht sich aus der göttlichen Ruhe herausbewegte. „Er verlohr sein Licht / ward finster / feurig / wüttend / erschrekklich / wi auch des bisher verborgenen Gottesgrimmes theilhaftig / daß er vom Fürsten Michael augenblikklich ausgestossen worden."[22]

Erst durch den Fall wurde den Engeln der Unterschied zwischen Gut und Böse, Liebe und Zorn Gottes bekannt. Alles, was die Schrift beschreibt, wird aber Kuhlmann zufolge durch die Natur bestätigt, während der Mensch für ihn ein Auszug nicht nur der Natur, sondern auch Gottes ist. Daher wendet Kuhlmann sich entschieden gegen die von Aristoteles übernommene Definition des Menschen als vernünftiges Tier. Denn der Mensch sei nicht zum Ebenbild eines Tieres erschaffen, sondern zum Ebenbild des dreifaltigen Gottes und habe erst durch Adams Fall ein äußerliches tierisches Aussehen bekommen, das in grässlichster Gestalt der Teufel und alle Verdammten in der Hölle besitzen. Alles das könne man bei Böhme lesen, der jedoch in Deutschland nahezu unbekannt sei. Kuhlmann meint auch, den Grund dafür gefunden zu haben, dass die deutschen Hochschulen sich seiner Lehre nicht annehmen:

> Böhme dringet in seiner Gotteslehre mit allen fromen Lehrern auf di Widergeburt und rechtschaffene Glaubensfrüchte / welches den teutschen Mundchristen / nebsten ihren Mundpredigern wenig mag gefallen / sondern mus Böhme verworfen / fälschlich gerichtet / boshafftig verdammet / teuflisch verketzert werden.[23]

Böhme wird dabei von Kuhlmann in die Nähe von Johann Arndt gerückt, da er wie Arndt gegen das bloße Wortchristentum vorgeht.

19 Kuhlmann 1995, Bd. 1, S. 90.
20 Kuhlmann 1995, Bd. 1, S. 90.
21 Kuhlmann 1995, Bd. 1, S. 108 f.
22 Kuhlmann 1995, Bd. 1, S. 121 f.
23 Kuhlmann 1995, Bd. 1, S. 124.

Das dreizehnte Kapitel beginnt Kuhlmann mit dem Hinweis, dass er inzwischen auf die Schriften von Johann Rothe gestoßen sei, deren Weissagungen und Offenbarungen die Prophezeiung des Falls Babels durch Böhme bestätigten. 1652 sei Rothe in Den Haag von Gott aufgefordert worden, in den Städten Hollands zu predigen, und 1654 habe ihn Gott nach England gesandt, um dort den Anbruch der fünften Monarchie auf Erden zu verkündigen. 1668 sollte er an alle europäischen Herrscher schreiben und sie auffordern, ihren Thron dem Lamm abzutreten. Trotz des Spottes, der sich über ihn ergoss, habe er 1673 vom nahen Gericht über den Antichristen und Babel erfahren. Schließlich sei ihm geboten worden, seine Weissagungen öffentlich zu drucken, und Kuhlmann listet sechs seiner Schriften auf, die teilweise bereits mehrere Auflagen erlebten:

> Die Weissagungen nun / wiwol si der Welt gantz unmögelich vorkommen / fussen doch auf die H. Schrift / auf Mosen / Propheten / Evangelisten / und find ich bei genauer überlegung so deutlich si gegründet in unserm gantzen hochheiligen Erlösungswerke / daß ich ferner ni zu zweifeln habe / solchs in einer tifgegründeten Schrift auszuführen.[24]

Kuhlmann ist somit von der Wahrheit der Weissagungen Rothes vollkommen überzeugt, auch wenn der Prophet selbst dem allgemeinen Gelächter ausgesetzt war, und er sieht sie durch von ihm als Zeichen des nahenden Reiches angekündigte Naturereignisse bestätigt. Im vierzehnten Kapitel verweist Kuhlmann auf die 1673 erschienene Schrift des Amsterdamer Handwerkers Johann Cornelisz. Haesevens: „Kennzeichen von dem Wahren Gesandten Gottes oder gründige Gezeugnis von den Weissagungen und Offenbahrungen Gottes / Uns heute vorgestelt durch seinen geruffenen Dinstknecht Johann Rothe".[25] In diesem Werk wird Rothe als der geweissagte Johannes identifiziert, der wie der Täufer nicht nur der Sohn des Zacharias, sondern auch der Vorläufer Christi, dieses Mal des zur Aufrichtung seines tausendjährigen Reiches wiederkehrenden Christus sei. Allerdings fallen Rothes Prophezeiungen in Holland ebenso wenig auf fruchtbaren Boden wie die Prophezeiungen Böhmes in Deutschland, was Kuhlmann zu der Klage veranlasst: „O ihr Teutschen! Glaubet ihr eurem Böhme nicht / so glaubet doch dem Holländischen Johannes Rothe / der nunmehr ausführen sol und mus / was aus Gottesgeiste und Befehl euer Böhme vorgesprochen."[26]

Das fünfzehnte Kapitel enthält dann „JACOB BEHMENNS / Des Teutschen Prophetens / Hundert und Funffzig / Weissagungen und Offenbahrungen der / güldenen LILIEN- und RO- / SENZEIT, / Oder der / Glorwurdigsten JESUSMO- / NARCHIA".[27] Das Kapitel dient dazu, die Weissagungen und Offenbarungen, die in Böhmes verschiedenen Werken verborgen sind, zusammenzustellen und sie als Prophezeiungen der fünften Monarchie, das heißt des tausendjährigen Friedensreiches Christi zu deuten. „Denn seine ‚*Lilien*- und *Rosen*zeit ist nichts anders / als di fünffte Monarchie / und was noch mehr ist / so hat Gott einen ungelährten Mann blos dessentwegen erkiset / daß er di gelährten von dieser zeit überzeuge."[28]

Nach einem Schmähruf über Görlitz und Gregor Richter, den dortigen lutherischen Pastor primarius und Gegner Böhmes, ordnet Kuhlmann die Belegstellen aus Böhmes Schriften unter bestimmten Überschriften. Böhmes Schriften werden gedeutet als die Erstlinge einer neuen Zeit, in der der siebte Engel der Apokalypse posaunt und das siebte Siegel geöffnet wird. Der Anbruch der allerletzten Zeit und die Wiederbringung aller Dinge stehen unmittelbar bevor. Dann wird Henoch mit Noah, Moses

24 Kuhlmann 1995, Bd. 1, S. 130.
25 Kuhlmann 1995, Bd. 1, S. 137.
26 Kuhlmann 1995, Bd. 1, S. 141.
27 Kuhlmann 1995, Bd. 1, S. 142.
28 Kuhlmann 1995, Bd. 1, S. 142.

und Elias erscheinen. „Die Zerbrechung der grossen Stadt Babel, der verwirrten Christenheit stehet für der thür; alle Secten sollen bald entsectet werden.“[29] Bald werden der Antichrist und mit ihm das apokalyptische Tier, die Hure und der falsche Prophet entdeckt. Ein großer König und Beherrscher des Erdkreises wird geboren, umgeben von großen Helden und geweissagt von Propheten. In Kürze ist die Bekehrung der Juden, Türken und Heiden zu erwarten, und ein Hirte wird die Völker zu einer Herde zusammenführen. Schließlich wird das Geheimnis der Jesusmonarchie, das heißt des Reiches Gottes, vollendet und eine Hütte Gottes bei den Menschen errichtet werden. Kuhlmann lässt das zentrale Böhme-Kapitel mit einer an Deutschland gerichteten Mahnung enden:

> O Teutschland / Teutschland! Merke es / was dein Kronprophet Böhme geweissaget! Bedenke es wohl / was dir himit offenbahret! Es gehet dein zeitliches und ewiges Heil an / du magst dich dawider auflehnen / wi dirs belibet! Es stehet auch gantz deutlich unter dunkelen Zeichen di Zeit angedeutet des Babelgerichts / und wird dir zum allerletzten mit solcher Klarheit gerufen / um alle Entschuldigung dir zuentreissen / dergleichen noch ni geschehen.[30]

Wie das fünfzehnte Kapitel dem deutschen Propheten Böhme, so ist das sechzehnte dem niederdeutschen Propheten Rothe gewidmet, wobei es Kuhlmanns Ziel ist, die Harmonie zwischen den Aussagen beider Propheten herauszustellen. „Du findest in beiden einerlei / wiwol beider Geist und Worte weit unterschiden. Jacob Böhme redet von zukünfftigem: Johann Rothe vom gegenwärtigen; jener dunkel: dieser deutlich; jener gründet tif: dieser fusset auf di Erfahrung.“[31] Kuhlmann ordnet die Zitate aus den Schriften Rothes unter denselben Überschriften an wie zuvor diejenigen Böhmes, um zu verdeutlichen, dass sie sich sachlich entsprechen. Allerdings ergänzt er manche Überschriften durch Spezifizierungen. So wird etwa die Erscheinung des großen Königs und Beherrschers des Erdkreises in Amsterdam lokalisiert, und die Vollendung des Geheimnisses der Jesusmonarchie oder des Reiches Gottes wird auf 1674 und 1677 datiert. Die Aussicht auf den unmittelbar bevorstehenden Anbruch des Reiches Gottes unter dem wiederkehrenden Jesus begeistert Kuhlmann:

> Wisset gewiß / es ist das Paradisreich auf Erden zu erwarten nach der gantzen Schrift: ein Moses mus auch kommen / der uns hinein leite / und den grossen Erdenkönig / welchen Gott mit andern Königen sätzet / salben.[32]

Bestätigt sieht er sich in seiner Erwartung durch weitere prophetische Schriften aus dem näheren zeitlichen Umkreis, durch Christoph Kotter, Christina Poniatovia und Nicolaus Drabik, aber auch durch die Spiritualistin Antoinette Bourignon und die holländische Prophetin Tanneke Denys, bei der Kuhlmann 1674 fünf Monate in Lübeck verbrachte. Im sechzehnten Kapitel beruft er sich auf den lutherischen Prediger Joachim Betke und dessen 1640 erschienene Schrift *Sacerdotium, hoc est Neutestamentarisches königliches Priestertum, aus dem Typischen fleißig herausgesucht und unserm fast priesterlosen Christentum zum Unterricht und Nutzen aufgesetzt*. In diesem Werk werden die Verwüstungen des Dreißigjährigen Krieges als Zeichen des nahen Weltendes gedeutet. Bereits 1618 habe – so Kuhlmann – das Erscheinen eines Kometen auf das Ende hingewiesen, bei dessen Eintritt zahllose Kometen am Himmel erscheinen würden. Kuhlmann wendet sich dann direkt an Müller:

29 Kuhlmann 1995, Bd. 1, S. 179.
30 Kuhlmann 1995, Bd. 1, S. 217.
31 Kuhlmann 1995, Bd. 2, S. 221.
32 Kuhlmann 1995, Bd. 2, S. 267.

> Werthester Herr Doctor / wo er wird zu dieser zeit schweigen / da er wird gerufen um so viler Seelen willen / di in dem Luthertume unwissend gleichsam in der Irre herümlaufen / so wird eine Hülfe und Errettung von einem andern entstehen / und er mit dem Antichristischen Lehrstuhle untergehen.[33]

Doch wende er sich mit seinem Schreiben nicht nur an Müller, sondern zugleich an alle Theologen, Doktoren, Professoren, Superintendenten, Prediger und Pfarrer des Luthertums. In Anspielung an Mt 18,20 schreibt er: „Si meinen / wann ihrer zwei oder drei in ihrer Theologischen Facultät beisammen / so sei der Heil. Geist mitten unter ihnen: und wollen nicht wissen / daß sie falscher zankereien wegen versammlet / und Teufelskinder heissen."[34]

Das achtzehnte Kapitel erinnert an die fünfzig Jahre zurückliegende Examinierung Böhmes vor dem Kollegium lutherischer Theologen aus Wittenberg, Leipzig und Jena, die 1624 in Dresden stattfand. Kuhlmann sieht sich selbst als göttlichen Boten, der Böhmes Schriften nunmehr als durch Rothe bestätigt nach Deutschland zurückbringt:

> Ich bringe den Hocherleuchteten Böhme mit dem ewigen Evangelium vor euch / O / ihr Teutschlands Hochschulen / als di hochbedrängteste zeit nach seiner Weissagung vorhanden. Bespigelt euch darinnen und erspigelt euren Untergang / wo ihr itzt aus Babel / das ist / aus euren Gottslästerlichen Hohschulen / Religionsverwirrungen und Glaubensverirrungen in di sanfftmüttige Jesuslibe auszugehen säumet.[35]

Die drei „verblendeten Schwestern" Wittenberg, Leipzig und Jena, die Hochburgen der lutherischen Orthodoxie, werden aufgerufen, aus ihrem antichristlichen Schlaf zu erwachen. Die dort tätigen Theologen werden als blinde Glaubenswächter, schriftlose Schriftgelehrte und faule Knechte des Christentums verunglimpft, über die sich der Zorn Gottes ergießen werde. Namentlich erwähnt Kuhlmann Abraham Calov, der sich als orthodoxer Kritiker der kritischen Bibelexegese des Grotius profiliert hatte. „O *Abraham Calov*! Sihe / es ist nicht mehr zeit di *Grotiuswahnsatzungen*, mit noch ärgeren wahnsatzungen zuwiderlegen / noch mit Zänkereien und Teuflischen streitfragen den nahmen eines rechtchristlichen Theologen zuerhalten!"[36] Johann Adam Schertzer wird vorgeworfen, auf philosophische Weise wahre Schriftgründe im hebräischen Text zu suchen, aber die von Böhme gepflegte Muttersprache nicht zu verstehen. Johann Musäus schließlich trifft die Kritik, weil er nicht die Wiederkehr des irdischen Paradieslebens durch die fünfte Monarchie erkannt habe. Kuhlmann spielt Böhme gegen Luther und die orthodoxen Lutheraner aus. „Hat Böhme aus Gott di höchsten geheimnüsse entdekket / so nehmet ihn an / und verwerfet euren Luther / Chemnitien / Gerharden mit allen euren Philosophen / als welche gutt und böse meinungen gehäufet."[37] Letztlich verfolgen die Lutheraner mit ihren selbstgedichteten Traditionen Christus nicht anders als das Papsttum. Zwar berufen sich die Lutheraner ständig auf die Heilige Schrift:

> Ihr schreiet iderzeit Schrifft-Schrifft: Lasset itz schauen Schrifft-Schrifft! Nehmet eure Auspurgische Confession / Apologi / Schmalkaldische artikel / di Eintrachtsformul; ja alle Schrifften des Lutherens! Zeiget nur eine zeile darinnen / welche eins ewigen Evangeliums kennzeichen wäre / und nicht nur mit blossen meinungen / wahne /

---

33 Kuhlmann 1995, Bd. 2, S. 275.
34 Kuhlmann 1995, Bd. 2, S. 277.
35 Kuhlmann 1995, Bd. 2, S. 278.
36 Kuhlmann 1995, Bd. 2, S. 279. Zu Calovs Attacken gegen Böhme siehe auch den Aufsatz von Viktoria Franke in diesem Band.
37 Kuhlmann 1995, Bd. 2, S. 280.

> selbsterklährung auß der Heil. SchrifftWörter zusammen gezogen / auf guttmeinen der jenigen / welche di Pabstfinsternisse sahen / und nur der Schrifft / eusere schale wider ersahen.[38]

Gerade Luther habe es weit von sich gewiesen, direkt durch den Heiligen Geist unterrichtet zu werden, und habe sich lieber an der äußeren Historie orientiert. Die Lutheraner verkehren die Christusnachfolge in eine historische Erzählung, sie predigen sich müde, bleiben aber selber eiskalt. Kuhlmann wirft den orthodoxen Lutheranern zudem eine Vermischung von Theologie und heidnischer Philosophie vor. „Ihr eifet mit einander / und lästert einander als di Heidnische Philosophen / deren Schüler ihr auch seid / und ni des ewigen Evangeliums dessen Lehrer geheiligte sanfftmüttige Männer / keine Heidnischpäpstischluthrische Theologen seind.“[39] Der wahre Lehrmeister der ewigen Weisheit sei aber der Heilige Geist. Die Lutheraner berufen sich stattdessen wie auch die Calvinisten auf das geschriebene Wort, auf das allein sich der Glaube richten solle. Lutheraner wie Calvinisten wandten sich zwar wie Wölfe und Bären gegen den Papst, das apokalyptische Tier, behielten aber die päpstlichen Greuel bei und gaben ihnen nur einen besseren Schein:

> Si lehreten di heidnische Philosophi und Schultheologi / als di Päbstler; machten ihnen eigene Hohschulen / und sich selber darinnen zu Doctoren und Professoren / als wi di Päbstler / was ihnen recht dünkte / beschlossen si in ihren Zusammenkünften / als wi di Päbstler.[40]

Lutheraner und Calvinisten ahmten bloß die Ämter des Papsttums nach, auch wenn sie, zumal nach dem Aufstieg der Jesuiten, untereinander in ständigem Streit lagen. Doch alle drei Konfessionen sind für Kuhlmann nur Ausgeburten des Antichristen:

> Der Pabst will erzwingen / daß seine Satzungen: als des Kirchenhauptes / sein das ewige Evangelium; di Lutheraner geben gleichfals ihre Wortgebundene Erklährung davoraus; di Calvinisten sagen auch also; und haben dich alle drei kein ewiges Evangelium / sondern ein eigenertichtetes Lügenevangelium; das si mit den Worten des ewigen Evangeliums als rechte Antichristen verdekken.[41]

Sie verwandeln das Tatchristentum in ein Geschichtschristentum, während das wahre Christentum sich auf das ewige Wortevangelium stützt, das heißt auf den Heiligen Geist. „Das ewige Wortevangelium bestand aus der Kraft des H. Geistes; das heutige Geschichtsevangelium aus den Worten des Ebreischen und Grichischen Grundtexts / wi aller Lutheraner und Reformirten Bücher und Predigten idweden zeugen.“[42]

Kuhlmann will mit dem Werk Böhmes den lutherischen Fakultäten den Vorgeschmack des ewigen Evangeliums geben. Bevor sie aber Böhme beurteilen, sollen sie tausend theosophische Fragen beantworten, die sich auf das erste Buch Moses, und zwar auf Gen 1–10, das heißt von der Schöpfung bis zur Sprachverwirrung, beziehen, deren Beantwortung allerdings nur mit göttlicher Erleuchtung möglich sein soll. Das von ihm im Anschluss an Böhme und Rothe propagierte Tatchristentum des ewigen Evangeliums, das sich im kurz bevorstehenden tausendjährigen Friedensreich verwirklichen soll, bezeichnete Kuhlmann später als „Kühlmannsthum“. Die Überzeugung, selbst der von Böhme geweissagte Jüngling zu sein, der den Untergang des gegenwärtigen Babylons herbeiführen werde, gewann

38 Kuhlmann 1995, Bd. 2, S. 281 f.
39 Kuhlmann 1995, Bd. 2, S. 284.
40 Kuhlmann 1995, Bd. 2, S. 286 f.
41 Kuhlmann 1995, Bd. 2, S. 289.
42 Kuhlmann 1995, Bd. 2, S. 290.

Kuhlmann nicht zuletzt durch die Lektüre von Prophezeiungen, die der 1670 im holländischen Exil verstorbene Comenius ins Lateinische übersetzt und unter dem Titel „Lux in tenebris" veröffentlicht hatte. Darunter befanden sich auch gegen die Habsburger gerichtete chiliastische Prophezeiungen des 1671 in Pressburg verbrannten mährischen Predigers Nikolaus Drabik und des schlesischen Gerbers Christoph Kotter. Kuhlmann verstand sich als den Propheten, der kurz vor Anbruch des tausendjährigen Friedensreiches Christi auftritt und zur Buße aufruft. Er legte sich den Bußruf Apg 3,19 f. selbst in den Mund: „So tut nun Buße und bekehrt euch, dass eure Sünden getilgt werden, damit die Zeit der Erquickung komme von dem Angesicht des Herrn und er den sende, der euch zuvor zum Christus bestimmt ist: Jesus." Die Zeit der Erquickung wurde von Kuhlmann mit dem tausendjährigen Reich Offb 20,1–6 identifiziert, in dem Christus mit den Märtyrern regieren wird, nachdem der Teufel zuvor gefesselt wurde. Für den Ausdruck „Zeit der Erquickung" der Lutherbibel hat die Vulgata „tempora refrigerii", „Zeiten der Kühlung", und Kuhlmann sah sich selbst als „Kühlpropheten" und „Kühlmonarchen", der von Gott dazu ausersehen war, das „Kühlreich" herbeizuführen. In seinen eigenen Prophezeiungen wurde Kuhlmann durch Frauen wie Tannecke Denys bestätigt, die selbst als Prophetinnen auftraten und mit denen er zusammenlebte. So verstand sich Kuhlmann als neuer Adam und Tannecke Denys als Heilige Jungfrau.[43]

Wie das neue konfessionsübergreifende Christentum des Kühlmannstums neuer Propheten und eines ewigen Evangeliums bedarf, so auch eines neuen Psalters, des „Kühlpsalters", den Kuhlmann zwischen 1677 und 1686 veröffentlichte. Der „Kühlpsalter", der seine Prophezeiungen enthält, sollte ursprünglich in zehn Büchern wie der biblische Psalter 150 Psalmen enthalten. Das Werk blieb aber fragmentarisch und brach mit dem achten Buch und dem 117. Psalm ab. Der „Kühlpsalter" ist für seinen Verfasser die „Erfüllung aller Kühlpropheten, Kühlweisen, Kühlschrifftgelährten, und beginnet daselbst, wo der Prophet Drabitz aufhöhret".[44] Kuhlmann versteht sein Werk somit als Fortsetzung der chiliastischen Prophetie des mährischen Predigers und führt es auf eine an ihn persönlich ergangene göttliche Offenbarung zurück: „Der Kühlpsalter ist di erste Offenbahrung nach meinem eigencentrum".[45] Dem ersten Gesang des ersten Buches ist wie allen Psalmen eine autobiographische Notiz vorangestellt. Demnach wurde Kuhlmann bereits 1670 in Jena unter einer geistlichen Anfechtung zum „Davidisiren" (in Anspielung an König David als Psalmist) getrieben: „Sein Gemütt Davidisirte:/ Was er sagte, ward ein Reim./ Jesus war, der ihn regirte:/ Gottes Lob war Honigseim./ Wo das Gotteslob erklinget,/ Lebet alles Gott verzükkt:/ Wann di Verskunst Gott besinget,/ Wird si göttlich angeblikkt."[46]

Kuhlmanns Christentum transzendiert die vorhandenen Konfessionen, und seine Kirche ist eine innerliche Geistkirche, die aus denen zusammengesetzt ist, in denen Gottes Sohn geboren wird: „Gott Vater selbst gebährt in uns den Sohn:/ Drauf geht der Geist in uns aus Gottes Thron./ Drum lasse uns di Gottes-Kirche bleiben:/ Lass Gottesdinst hirinnen ewigst treiben."[47] Durch die Geburt Gottes in der Seele wird die durch Adams Sünde verlorene Göttlichkeit des Menschen wiederhergestellt. Allerdings schreibt Kuhlmann sich selbst eine herausgehobene Stellung zu, wenn er die Prosaeinleitung zum letzten Buch seines Psalters, dessen Psalmen nicht mehr gereimt sind, mit der Unterschrift versieht: „Der Sohn des Sohns Gottes Jesu Christi und Printz, Prophet, Prister des ewigen erlösten Königrei-

43 Kuhlmann 1995, Bd. 2, S. XXXIV–XLIII.
44 Kuhlmann 1971a, Bd. 1, S. 313.
45 Kuhlmann 1971a, Bd. 1, S. 315.
46 Kuhlmann 1971a, Bd. 1, S. 6.
47 Kuhlmann 1971a, Bd. 1, S. 145.

ches Jesuels".[48] Mit diesem messianischen Bewusstsein der eigenen Göttlichkeit geht die Überzeugung einher, dass der Besonderheit der Offenbarungen auch eine besondere Mitteilungsweise entspricht: „Wundert euch nicht, Menschenkinder, dass unsere Schreibart di gewöhnliche Schreibart aller gesandten von Nun an verlässet! Wir tunken ein unseren Kil in di Ewigkeit."[49] Auch wenn sein Christentum als inneres Geistchristentum alle Konfessionen transzendiert, stellt es sich doch in eine protestantische Tradition, insofern es sich auf Waldus, Wiclif, Hus, Zwingli, Luther, Calvin und Comenius als Zeugen gegen den römischen Katholizismus beruft. Obwohl Luther wegen seiner Kritik an den Schwärmern und Calvin wegen seiner Abendmahls- und Prädestinationslehre kritisiert werden, kann Kuhlmann doch sagen: „Was gutt im *Waldus* war, im *Wiclef*, *Hussen*, *Zwingel*,/ *Luther*, *Calvin*, *Comen*, *Rothe*,/ Dis steh geläutert aus zum nutzen aller Völker/ Als eine Jesusfrucht, dem Papbstthum stets zur scham!"[50]

Als einen Hauptgegner betrachtet Kuhlmann den englischen Katholiken Edward Coleman, der nicht nur für die Konversion des letzten Stuartkönigs Jakobs II. verantwortlich gewesen sein, sondern auch verräterische Kontakte zu Ludwig XIV. gepflegt haben soll und deshalb hingerichtet wurde. Der „Kühlpsalter" erinnert an den Popish Plot: „Rom will durch Kohlmann kohlen anlegen, und auf neu London mit Lunden anstekken, wi der Prophet Kotter geweissaget: Gott will durch Kühlmann Kühlen den brand des Romes."[51] Jakob II., der Katholik auf dem englischen Thron, wird genauso angegriffen wie Ludwig XIV. oder der habsburgische Kaiser Leopold. Gegen sie vorzugehen, werden in Erinnerung an den Winterkönig die protestantischen Herrscher Karl XI. von Schweden aus dem Hause Pfalz-Zweibrücken-Kleeburg und der Kurfürst von Brandenburg beschworen: „VERFOLGT in Brandenburg von Holland biß zu Pohlen// Den Papst mit Feur und Schwerdt/ eh EUCH der Pabst verfolgt!// Geht fort in Schlesien/ durch alle Fürstenthümer// Und macht mein Breßlau frei von Pabst und Antichrist!"[52] Der „Kühlpsalter" endet mit der Ankündigung, dass Babel bald vernichtet werde und die große Stunde des Abendmahls gekommen sei. Das Haus Österreich werde ebenso untergehen wie das Osmanische Reich, und alle Macht werde auf Kuhlmann übergehen. „Fresst, *Sibtzig Völker*, fresst nun *eure Könige*!/ Gott gibt euch alle mir zum Jesu Kühlmannsthume!/ Ost, West, Nord, Sud ist mein zwölfeines Reich!/ *Auf, Kaiser, Könige! Gebt her Kron, hutt und Zepter!*"[53]

In seiner kurzen Schrift *De Monarchia Jesuelitica* hat Kuhlmann 1682 seine Vorstellungen von der fünften Monarchie, des Königreichs Jesuels, konkretisiert. Wie in der Natur die Quintessenz das Destillat der vier Elemente sei, so sei das Beste der vier Weltmonarchien in der fünften Monarchie enthalten. Zwar ist diese republikanisch verfasst, habe aber mit Christus als Herrscher eine monarchische Spitze. Sie umfasst alle Völker, hat eine gemeinsame Sprache und das Christentum als überkonfessionelle Religion, basierend auf der Heiligen Schrift und dem Kühlpsalter. Die Bürger dieser Monarchie, die Anhänger Jesu, sind die „Jesueliten". Trotz ihres konfessionsübergreifenden Charakters wird der protestantische Ursprung der Religion der „Jesueliten" daran deutlich, dass der Sieg über das Papsttum, von dem auch Luthertum und Calvinismus infiziert sind, die entscheidende Voraussetzung auch für die Bekehrung der Juden und Heiden, vor allem der Mohammedaner, ist.[54] Daher richtet sich

48 Kuhlmann 1971a, Bd. 2, S. 274.
49 Kuhlmann 1971a, Bd. 2, S. 271.
50 Kuhlmann 1971a, Bd. 2, S. 252.
51 Kuhlmann 1971a, Bd. 2, S. 200.
52 Kuhlmann 1971a, Bd. 2, S. 361.
53 Kuhlmann 1971a, Bd. 2, S. 326.
54 Kemper 1988, S. 304–311.

seine Kritik am römischen Katholizismus vor allem auch gegen dessen weltliche Vormacht, das Haus Habsburg.

Nach seiner Leidener Zeit begab sich Kuhlmann 1675 nach Lübeck, wo er im Kreis von Tanneke Denys die Witwe Magdalena von Lindau kennenlernte und eine geistliche Beziehung mit ihr einging. 1676 zog er mit Magdalena und deren Kindern nach London, wo er den ihm bereits aus Holland bekannten Franciscus Mercurius van Helmont wiedertraf und auch den Böhmisten John Pordage aufsuchte. Finanziell unterstützt wurde er von dem englischen Edelmann John Bathurst, der selbst zur Bekehrung der Heiden nach Jamaica aufbrach, während Kuhlmann die Bekehrung der Türken und Juden ins Auge fasste und dazu Reisen nach Konstantinopel und Jerusalem plante. Während die Reise nach Konstantinopel 1678/79 tatsächlich stattfand, aber der Plan der Türkenbekehrung natürlich zum Scheitern verurteilt war, endete die 1681 in Angriff genommene Reise nach Jerusalem bereits in Genf. Die Jahre zwischen 1682 und 1688 verbrachte er meist abwechselnd in London und in den Niederlanden. 1684 ging er eine außereheliche Verbindung mit Mary Gould, von Kuhlmann Maria Anglicana genannt, ein und 1687 eine eheliche mit Esther Michaelis, mit der er eine Tochter hatte, die allerdings schon bald nach der Taufe starb. Die Tatsache, dass ihr Vater ein ursprünglicher Lutheraner war, sie selbst hingegen katholisch getauft und auf einem calvinistischen Friedhof bestattet wurde, las Kuhlmann als Zeichen der konfessionellen Versöhnung.

Die geplante Bekehrung der Orthodoxen führte ihn schließlich 1689 nach Moskau, wo er in der deutschen Vorstadt Kontakt zu den dortigen Böhmisten aufnahm und zu predigen begann. Auf Veranlassung des lutherischen Pfarrers Joachim Meincke, den er in seinen Predigten angegriffen hatte, wurde Kuhlmann verhaftet.[55] Im Gerichtsverfahren sagten er und sein Anhänger Conraedt Nordermann, bei dem er gewohnt hatte, „auf der Folter, daß sie einen neuen Glauben und die Ankunft der zehn israelitischen Stämme verkündigten und daß entsprechend einer Engelserscheinung und der eigenen Offenbarung Gottes alle Menschen in der ganzen Welt sich Jesueliter nennen würden".[56] Mit gutachterlicher Billigung aller christlichen Kirchen wurde Kuhlmann am 4. Oktober 1689, im Jahre der Thronbesteigung Peters des Großen, als erwiesener Ketzer in Moskau verbrannt. In seiner *Unpartheyischen Kirchen- und Ketzer-Historie* von 1700 schreibt Gottfried Arnold:

> Man hat ihn aber zuvorher im gefängniß auff das allergrausamste gepeiniget / indem sie mit zweyen grossen glüenden eisen ihm ein hauffen creutze auch [=auff?] den rücken gebrant / und wann die wunden in etwas zu heilen angefangen / ihn wieder auffs neue hervor gezogen / und selbige mit saltz und eßig wieder auffgerieben. Dergestalt haben sie ihm alles fleisch am rücken und heimlichen orten weg gebrant / und zwar gantzer drey wochen nach einander. Worauff sie ihn in etwas wiedergenesen lassen / und hernach auff einem grossen platz in der stadt geführet / da sie ihn in einem dazu gemachten häußlein [...] lebendig verbrant.[57]

55 Kemper 1988, S. 282–286.
56 Kemper 1988, S. 287.
57 Kuhlmann 1995, Bd. 1, S. XIX f.

Thomas Isermann

„Alle Wortchristen sind Antichristen“: Studie zur Radikalisierung in Quirinus Kuhlmanns Traktat *Der Neubegeisterte Böhme* (1674)

Abstract: The influence of Jacob Böhme on the poet Quirinus Kuhlmann is one of the most striking examples of an ecstatic reception in literary history. In Leiden, Kuhlmann experienced an extraordinarily intense encounter with Böhme's writings. Kuhlmann's treatise, the “Neubegeisterte Böhme” (1674), documents Kuhlmann's engagement with Böhme and draws its poetic force from a radical critique of theologians and scholars (“word Christians”). The expressive language in the text is worthy of aesthetic attention.

With its extensive quotations from Böhme, Kuhlmann's tract can help answer the question of the extent to which Böhme is portrayed representatively, and where Kuhlmann one-sidedly radicalizes him. The chapter examines whether signs are already present that Kuhlmann would quit his studies at Jena, and how his reading of Böhme might have led him to drop out of law school. Kuhlmann's radicalism, speaks of despair and disappointment, for example, at the intolerant behavior of the churches, whose destructiveness he also predicts for the New World. In this way, he places an emphasis on Böhme's reception that has not yet received enough attention: Böhme's social criticism.

Kuhlmann's further life shows an ever-increasing radicalization that eventually leads to his demise. The concept of radicalization is deliberately chosen for its proximity to modern phenomena of ideological intensification.

Quirinus Kuhlmann (1651–1689) hat mit der umfassenden Böhme-Apologie, *Der Neubegeisterte Böhme*, ein Traktat geschaffen, das in seiner formalen wie inhaltlichen Radikalität Anspruch darauf erhebt, als Primärtext betrachtet zu werden, den die bisherige Literatur zu Kuhlmann in seinem Eigenwert noch kaum gewürdigt hat (Abb. 1).[1] An dem Werk und seinem Entstehungsprozess[2] kann beobachtet werden, wie ein junger Intellektueller sich radikalisiert. Kuhlmann wurde im Laufe eines halben Jahres, in dem das Werk entstanden ist, selbst ein anderer.

Radikalisierung kann als ein Prozess der Vereinfachung von Weltbildern gelten, der die Psyche, das Gemüt mitverändert. Bei diesem Werk haben wir es mit einem jener seltenen Beispiele zu tun, bei denen der Prozess einer Radikalisierung schriftlich begleitet wird, von einem Autor verfasst, dem dieses Verhältnis von seelischer Betroffenheit und religiös-politischen Zuspitzungen bewusst war: „Schriften“, sagt Kuhlmann über seine Textgattung, „sind di allerwarhaftigsten gemüttsspigel / welche ihren Schreiber nach seiner eigengestalt allen vor augen stellen / und dessen innerliche seelenregungen gleichsam nach dem leben zur bespigelung dar spigeln.“[3]

1 Eine Monographie zum *Neubegeisterten Böhme* gibt es, soweit ich sehe, noch nicht. Zur Einführung vgl. die Einleitung zur Edition von Clark: Clark 1995; vgl. Dietze 1963, S. 109–113; vgl. auch Haferland 2012, besonders S. 154. Auch hier können nicht alle Aspekte dieses Hauptwerkes avantgardistischer Essayistik behandelt werden. Vgl. auch den Aufsatz von Jan Rohls, „Quirinus Kuhlmann als Böhmist“, in diesem Band.

2 Zur Biographie: grundlegend vgl. Dietze 1963; Bock 1957, S. 7–76; Spahr 1981; gute tabellarische Lebens-Chroniken bei Heinz Ludwig Arnold (1973); ebenso bei Quirinus Kuhlmann (1971a, Bd. 1, S. 319–337, Anhang).

3 Kuhlmann 1995, Bd. 1, S. 59.

https://doi.org/10.1515/9783110720525-008

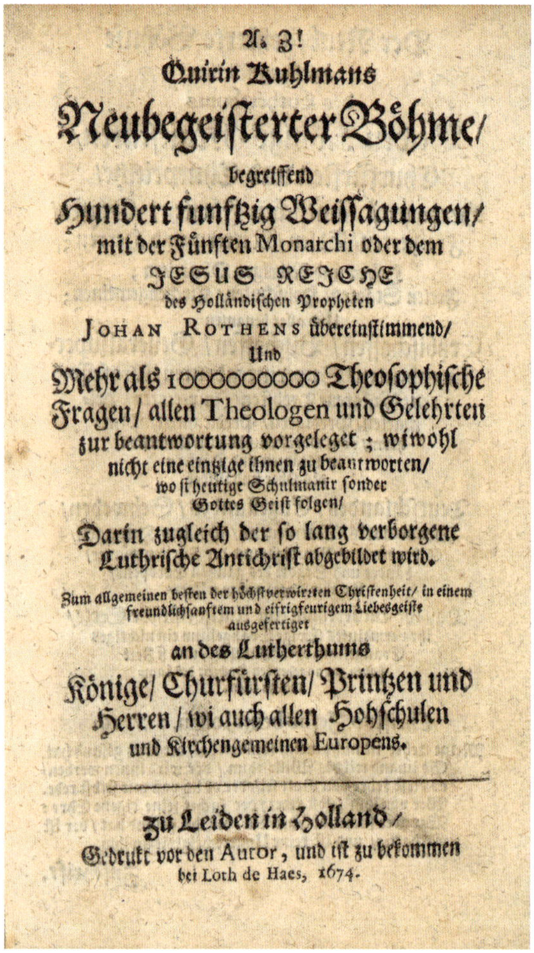

A. Z!
Quirin Kuhlmans
Neubegeisterter Böhme/
begreiffend
Hundert funfzig Weissagungen/
mit der Fünften Monarchi oder dem
JESUS REICHE
des Holländischen Propheten
JOHAN ROTHENS übereinstimmend/
Und
Mehr als 1000000000 Theosophische
Fragen/ allen Theologen und Gelehrten
zur beantwortung vorgeleget; wiwohl
nicht eine einzige ihnen zu beantworten/
wo si heutige Schulmanir sonder
Gottes Geist folgen/
Darin zugleich der so lang verborgene
Luthrische Antichrist abgebildet wird.
Zum allgemeinen besten der höchstverwirrten Christenheit/ in einem
freundlichsanftem und eifrigfeurigem Liebesgeiste
ausgefertiget
an des Lutherthums
Könige/ Churfürsten/ Printzen und
Herren/ wi auch allen Hohschulen
und Kirchengemeinen Europens.
zu Leiden in Holland/
Gedrukt vor den Autor, und ist zu bekommen
bei Loth de Haes, 1674.

Abb. 1: Quirinus Kuhlmann, Titelblatt zu: *Neubegeisterter Böhme*, Leiden 1674, Bibliotheca Philosophica Hermetica Collection Amsterdam

Wir werden im Folgenden sehen, wie diese sensible Selbstbeobachtung relativ zu den politisch-religiösen Themen steht, um die sich Kuhlmann bemüht. Nach einem Blick auf die biographischen Umstände seines Studienabbruchs, der Ausdruck einer kompletten Lebensänderung ist, werden wir Kuhlmanns Traktat an dem Kriterium messen, das er selbst aufstellt: ein Seelenspiegel zu sein. Die Triftigkeit, von einer Radikalisierung zu sprechen, und in welcher Form sie sich bei Kuhlmann zeigt, wird am Schluss diskutiert. Bewusst lege ich keinen vorgeprägten Begriff von „Radikalisierung" fest, um den Text Kuhlmanns vor Kategorisierungen zu schützen, die seine expressive Sprache und Poesie nicht verdient hätten.

1 Studium

Quirinus Kuhlmann wuchs in Breslau als Halbwaise in ärmlichen Verhältnissen auf, wie er schreibt, „im Lutherthume geboren und aufgezogen / durch vil Kranckheiten / Zufälle / Trübsale und allerhand unglükke von Kindheit auf zimlich geschwächet".[4] Als dichterisch begabter Student der juristischen

4 Kuhlmann 1995, Bd. 1, S. 35.

Wissenschaften begann er sein Studium im Oktober 1670 in Jena, 1673 entschied er, seine Studien im niederländischen Leiden fortzusetzen und dort auch abzuschließen. Quirinus Kuhlmann und sein Freund Abraham Plagge brachen im August 1673 von Jena auf, um sich am 19. September in Leiden zu immatrikulieren. Abraham Plagge nun war es, der Kuhlmann die Schriften Böhmes übergab oder zumindest mit ihnen bekannt machte. Der Anlass ist allerdings nicht bekannt, ebenso wenig wie Zeit und Ort von Kuhlmanns erstem Kontakt mit Böhmes Schriften, über den er geheimnisumwittert in der Rückschau von 1681 berichtet:

> Ich ward in Jehne [Jena] bekand, nicht ohne sonderbahre Fügung Gottes, mit einem Ostfrisen [Abraham Plagge] der selbstvertreulich mit mir umgegangen [...] und [wir] pflogen mit einander die feste Freundschaft. Diser ward von Gott zu einem Werkzeuge wider ausgesehen, um Iacob Boehmens Schriften (dessen Mysterium magnum ihm in Iehne in die Hand kommen,) mir in Leyden zuzubringen, nach dem er dahin mein Reisegefährte ward zu gleich, welche er in Jehne von einem Buchhaendler zwar gekauft heimlich, doch mir verhalten [vorenthalten], weil si Gott auf den sibenden Tag meiner Holandsankunft mir vorbehalten.[5]

So berichtet Kuhlmann im ersten Kapitel seines *Neubegeisterten Böhme*: „Vor wenig Monathen sind mir *hir in Holland* in die hände gerathen Jacob Böhmes wunderschriften“.[6] Vielleicht beschäftigte er sich bereits auf der Reise mit den Schriften Böhmes anhand des *Mysterium Magnum*, womöglich im Gespräch mit seinem Freund, eine systematische Rezeption oder die Herstellung von Exzerpten des Gesamtwerkes fand jedoch erst in Leiden statt. Im *Kühlpsalter* schreibt Kuhlmann: „5. Gesang / Darinn er nach des 15. Septembers Böhmisieren [...] und von holdseligen Jesusnahmen zu Leiden in December, 1673, darauf im 20. Jenner 1674 di grosse Paradisaufgehung [...] machte.“[7]

Demzufolge begann er unmittelbar nach seiner Ankunft in Leiden mit der systematischen Böhme-Lektüre, vier Tage noch vor der Immatrikulation. Die Lektüre muss ihn außergewöhnlich gefesselt haben. Bereits auf den 20. Januar des Folgejahres datierte er sein Erweckungserlebnis. Im *Quinarius* von 1680, einer tabellarischen Autobiographie in fünf „Schleudersteinen“, Kapiteln, gegen den „Goliath“ als Umschreibung seiner Gegner, erwähnt er „die plötzliche Verlassung des Academischen Studirens mit allen Lateinereien“.[8] Der *Neubegeisterte Böhme*, immerhin 400 Seiten stark, in dem Kuhlmann seinen Antiakademismus auslebt, wird Ende Mai 1674 bereits beendet.

Dass Kuhlmann allein durch die Texte Jacob Böhmes nicht nur zum Abbruch seines Studiums, sondern zum Ausstieg aus allen Wissenschaften angeregt werden konnte, ist schwer nachzuvollziehen. Wir denken als erstes, dass dieser Student wohl vorher schon mit seinem Studium unzufrieden gewesen sein musste, besondere Erlebnisse gehabt hatte oder unter Einflüssen stand, die sich auf seine Studienmotivation negativ auswirkten.

Bereits in Jena deuten Indizien zumindest auf ein nur halbherzig absolviertes Studium. So legen die Dokumente und biographischen Darstellungen übereinstimmend nahe,[9] dass es ihm in Jena mehr um die Anerkennung als *poeta laureatus* zu tun war als um die Jurisprudenz. Seine Briefwechsel sowie jene über ihn zeigen Quirinus Kuhlmann als talentierten, gar gefeierten Dichter, der schon in Studien-

---

5 Kuhlmann 1681, S. 48, vgl. auch: Dietze 1963, S. 100. Ein Vergleich der Zitate mit den Ausgaben ergibt, dass Kuhlmann im *Neubegeisterten Böhme* die Edition des *Mysterium Magnum* von Betkius 1640 verwendet hat.

6 Kuhlmann 1995, Bd. 1, S. 61. Hervorhebung von mir.

7 Kuhlmann 1971a, Bd. 1, S. 13. Dass Kuhlmann, der auf seiner Reise 1670 von Breslau nach Jena durch Görlitz kam, von Jacob Böhme Notiz nahm oder sein Grab besucht hat, muss wohl ausgeschlossen werden. Die sehr ausführlichen Reiseberichte an die Breslauer Förderer, die jeden nur erdenklichen Namen erwähnen, enthalten denjenigen Böhmes nicht. Vgl. Dietze 1963, S. 24.

8 Kuhlmann 1680, S. 15.

9 So Dietze 1963, S. 33–68; ferner Bock 1957, S. 11–16; auch Lackner 1959, S. 58–69; Spahr 1981, S. 51–58.

zeiten publizierte, Briefe mit Athanasius Kircher und Sigmund von Birken austauschte sowie Sonette oder zeittypisch populäre Grabschriften verfasste. Am Rudolstädter Hof weilte er als Gast unter der Obhut und Sympathie des von lyrischer Jesusminne enthusiasmierten Grafen Albert-Anton I.[10] Dort war man sehr angetan von Kuhlmanns Sonettenkranz der *Himmlischen Liebesküsse.*[11] Es heißt, ein Liebhaber seiner Verskunst, der evangelische Pfarrer Johann Fischer, sei durch die Lektüre der Kuhlmann'schen Sonette von der Modekrankheit der Melancholie geheilt worden.[12] Dieser Fall ist deshalb für uns von Belang, weil wir an ihm ein Beispiel eines heilenden Lesens, der Lesetherapie haben, als welche wir denn auch Kuhlmanns Böhme-Lektüre ansehen können.

Zwischen Melancholie und Erleuchtung, zwischen Psychologie und Religion gab es bereits seit der Renaissance unter der Schirmherrschaft des Melancholie-Diskurses enge Beziehungen. Auch bei Jacob Böhme herrscht eine Abhängigkeit der Erleuchtung von der Melancholie-Diagnose vor.[13] Aus dessen Bekanntenkreis in Niederschlesien stammt der Bericht einer wundergleichen Heilung von der Melancholie durch die Lektüre von Böhmes Schrift *Von wahrer Buße*, glaubhaft dokumentiert in einem Brief Böhmes von 1623 an einen seiner Kopisten.[14] Darüber, wie nun Kuhlmanns Formexperimente mit der Gattung Sonett zu einer Melancholie-Heilung führen konnten, wäre nach unserem Kenntnisstand dieser Episode und im Rahmen dieser Arbeit nur zu spekulieren.[15] Gleichwohl lassen uns solche Beispiele, in denen das Lesen „heilt", etwas über das damalige Verständnis von der Funktion therapeutischer Rezeption erahnen. Lesen war ein zuweilen metaphysischer Akt, die Identifikation mit dem Gelesenen eine Begeisterung, die schon im Titel des Traktats als Ausdruck des „Neubegeisterten", wie noch zu zeigen ist, programmatisch fixiert wird.

2 Juristen

Bildeten Dichtung und Jurastudium unvereinbare Gegensätze? Viele literarische Karrieren der Zeit waren mit der Juristenausbildung sehr wohl vereinbar. Um ein Dichter zu werden oder zu bleiben, hätte Kuhlmann sein Jurastudium 1674 in Leiden nicht abbrechen müssen. Die deutsche Barockliteratur führt zahlreiche Juristen auf, die ebenfalls gedichtet haben: Gryphius, Hofmannswaldau, Hunold, Logau, Lohenstein, Moscherosch, Mühlpfort, Neukirch, Opitz, Weckherlin oder Zinkgref. Einige von ihnen absolvierten ihr Studium ebenfalls in Leiden und durchliefen erfolgreiche juristische Karrieren. Kuhlmann hat eine einmalige Chance für sein späteres Auskommen als Dichter, so gesehen, ohne Not verworfen. Wichtig an dieser Beobachtung scheint, dass Kuhlmann die klassische Dichtung überhaupt, den Kult um ihn als *poeta laureatus* und den lyrischen barocken Formenglanz nun für sich verwarf: Nach dem Böhme-Erlebnis in Leiden änderte Kuhlmann auch den Stil seiner Dichtung. Er schrieb keine Sonette mehr, wählte auch keine anderen klassischen Formen, sondern

10 Am ausführlichsten siehe Dietze 1963, S. 62–67.

11 Vgl. Quirinus Kuhlmann, *Himmlische Libes-Küsse* (Kuhlmann 1971b). Diese Faksimile-Neuausgabe enthält nicht nur die Sonette, sondern auch Kuhlmanns Kommentare und Zwischentexte.

12 Vgl. Dietze 1963, S. 64; grundlegend über die Melancholie im Pietismus: Maier-Petersen 1984.

13 Vgl. Isermann 2019.

14 Vgl. Böhme 1730, *Sendbriefe* 45, 4, S. 162. Zitate aus Böhmes Werken werden dieser Ausgabe entnommen: Jacob Böhme: *Sämtliche Schriften*, Faksimile Neudruck der 1730er Ausgabe in 11 Bänden, Will-Erich Peuckert (Hg.), Stuttgart-Bad Cannstatt: Frommann, 1. Ausgabe 1955–1961, Frommann-Holzboog, 2. Ausgabe 1986–1996 (Böhme 1955–1961). Vgl. ferner: Isermann 2017, S. 347.

15 Hinsichtlich der Funktion von Trost-Schriften als Textgattung einer Lese-Therapie vgl. Gerk 2015, S. 276–313. Zur Rezeption als „Heilsprozess" vgl. auch Haferland 2012, S. 144.

schrieb endgültig in der freien Form der *Kühlpsalter*, die in Strophenbau, Metrik oder Liedform, je nach Gemütslage, situativ gewählt werden konnte.

Differenziert Kuhlmann in seinen Injurien gegen die Wissenschaft zwischen deren Disziplinen? Eher selten. Das Traktat Kuhlmanns ist gespalten in ein Ja – Nein-Schema, in ein Gut und Böse, ein Freund – Feind-Denken, das da lautet: hier die Schriften Böhmes, die modernen Propheten, die Antiakademiker – auf der anderen Seite die Phalanx der Institutionen: „di Heidnischpäbstische Zanktheologi und Zankphilosophi", der „Antichristliche Doctornahme [-titel]". Die „Philosophia ist der allernärrischte Antichrist",[16] „Alle Wortchristen sind Antichristen",[17] gemeint sind die Theoretiker des Glaubens. Kuhlmann sieht sich direkt in der Traditionslinie von Antiakademikern und gedenkt etwa des Heinrich Cornelius Agrippa von Nettesheim.[18] Andreas Gryphius, der dichtende Jurist, dessen Vanitas-Motiv Kuhlmann mit Respekt zitiert, habe erst im reiferen Alter „der Wissenschaften ungewißheit gespottet".[19] Es überwiegt bei ihm freilich der antitheologische Diskurs.[20] Darüber können wir uns wundern, denn mit welcher Logik würde der Abbruch eines Jurastudiums mit der Ablehnung der Theologie begründet sein? In der Tat widmen sich wenige, aber markante Textstellen der Juristerei. Sehen wir uns an, was Kuhlmann im *Neubegeisterten Böhme* über Juristen und deren Wissenschaft schreibt:

> Di Ursache meiner Reise nach Holland war vergangenes Jahrs di Studirensfortsetzung / und gedachte das Justinianische Rechtscorpus so wohl Teutsch als Lateinisch in dessen eigner Lehrart / welche von allen Juristen bei vilen hundert Jahren ni verstanden / herauszugeben / um den Juristen zu weisen ihre Blindheit in ihrem eigenem Rechtscorpus, eh ich aus dem ewigem Rechtsungrunde di Rechtsweißheit / Rechtsklugheit / Rechtswissenschafft ausarbeitete. Der Mensch denkts: Gott lenkts. Denn wi ich in diser bemüssigung bemühsam war / so widerstunt mir der Herr gewaltsamlich. Ein eintziges Jahr hatte ich diser Arbeit bei mir zugetheilet / welche in so vil hundert Jahren alle Juristen ni auszuarbeiten vermögend […].[21]

Der Anspruch, eine Abschlussarbeit zu liefern, die nach dieser Darstellung nichts Geringeres leisten sollte, als die Juristen ihrer Blindheit zu überführen, und in einem Jahr zu meistern, was das Fach in hundert Jahren nicht geleistet habe – dies musste Kuhlmann überfordern. Das Corpus Justinians aus dem 6. Jahrhundert versuchte die römische Rechtsprechung aus mehreren Jahrhunderten zu vereinheitlichen.[22] Daher war es seit der Renaissance ein wichtiger Quellentext zum Römischen Recht geworden. Wenn Kuhlmann dieses Projekt wirklich verfolgt haben sollte, so wird er sich an dem Thema verhoben haben, und wir gewinnen den Eindruck, er kompensiere sein Scheitern mit dem Vorwurf, alles sei antichristlich. Frustration wäre die Ursache für den Hochmut, indem das Scheitern verdrängt wird. Aber das ist nicht der Kern der Juristen-Kritik Kuhlmanns. An anderer Stelle heißt es:

---

16 Kuhlmann 1995, Bd. 1, S. 27 f. Manche Invektiven gehen über Böhmes Gelehrtenkritik hinaus, indem Böhme ein differenziertes Verhältnis etwa von „Philosophia" hatte, das nicht nur negativ war.

17 Kuhlmann 1995, Bd. 1, S. 16.

18 Vgl. Kuhlmann 1995, Bd. 1, S. 108.

19 Kuhlmann 1995, Bd. 1, S. 117.

20 Zu Kuhlmanns Kritik am Luthertum vgl. den Beitrag von Jan Rohls, „Quirinus Kuhlmann als Böhmist", in diesem Band.

21 Kuhlmann 1995, Bd. 1, S. 36.

22 Der Codex Justinianus entstand um 530. Vgl. die Darstellung bei Meder 2017, S. 109–113.

> Di Rechte sind wider di Naturrechte; si gebähren allenthalben Unrechte Rechte [...]. Ach / welches Unrecht gehet auf der unsrigen Richtshäusern vor? Di Ungerechtikeit der Heiden war gerechter / als der meisten Luthrischen und Reformirten Gerechtikeit / welche längst von ihren Rahthäusern ins Elend verwisen / in den das ewige Naturrecht aus ihren geschribenen und gedrukten Stadrechten längst verwisen.[23]

Wenn Kuhlmann hier und an weiterer Stelle[24] eine Diskrepanz zwischen Naturrecht und „Stadrecht" beklagt, klingt das zunächst wie eine frühaufklärerische Position.[25] Die ideale Übereinstimmung des Naturrechts mit dem „Stadrecht" (d. h. das geschriebene Recht) könnte auf den Staatsrechtler Hugo Grotius (1583–1645) zurückgehen. Die Naturrechte fundieren bei Grotius im Werk *De jure belli ac pacis* (1625) das Völkerrecht, das den Umgang der Staaten untereinander regeln sollte, wie etwa die Freiheit der Meere und die Freiheit des Handels.[26] In Kuhlmanns *Sonnenblumen*, verfasst 1671 in Jena, findet sich ein beeindruckend sachliches Lob des Hugo Grotius.[27] Laut Walter Dietze habe Kuhlmann bereits in Jena bei dem Juristen Georg Goetze von Grotius gehört.[28] Der Name Grotius' fällt im *Neubegeisterten Böhme* jedoch nur an einer Stelle, und zwar deutlich pejorativ, wo er von „Grotiuswahnsatzungen" im Kontext seines Angriffs auf den lutherischen Theologen und Böhme-Kritiker Abraham Calov spricht.[29] Dieter Groh zufolge kennt indes auch die theologische Tradition ein Naturrecht.[30] Es umfasst die dem Menschen nach dem Verlassen des Paradieses abverlangte Einhaltung von Rechtsnormen. Die zehn Gebote etwa gelten in jener Zeit wie ungeschriebene Gesetze.[31] Die Inkongruenz von Naturrecht und geschriebenem Recht scheint für Kuhlmann ein erstes Signal der sich anbahnenden Apokalypse zu sein. Wenn Kuhlmann Jurist geblieben wäre, so hätte er sich, seinem Verständnis zufolge, mitschuldig gemacht an den Ursachen der sich ankündigenden Endzeit der Welt. Vergleichen wir Kuhlmanns Juristen-Kritik mit derjenigen Jacob Böhmes, so fällt ein Gleichklang in der sozialkritischen Deutlichkeit auf: „Schicket ein Mann einen Sohn auf die hohe Schule", schreibt Böhme, „daß er soll was Gutes lernen, daß er möge Gott und der Welt nütze seyn, so lernet er Üppigkeit, Hochmuth, Listigkeit, wie man einem Einfältigen möge das Seine, seinen Schweiß, mit List abdringen: Da machet man einen Mantel darum, und heissets Jura; aber der Mantel ist des Teufels, und das falsche Herz ist sein Diener."[32]

Böhmes Schrift *Vom Dreyfachen Leben des Menschen* von 1620 enthält zahlreiche sozialkritische Passagen und weist einen derben Ton auf. Es ist nach *Mysterium Magnum* ein oft von Kuhlmann zitiertes Werk.[33] Die Sozialkritik dieser Schrift richtet sich freilich nicht nur gegen Juristen, sondern kritisiert auch das Verhalten des Schul- und Kirchenpersonals.[34]

---

23 Kuhlmann 1995, Bd. 1, S. 28.

24 Vgl. Kuhlmann 1995, Bd. 1, S. 107.

25 Vgl. Meder 2017, S. 261–276.

26 Vgl. Meder 2017, S. 264–266; Grotius ist Gegenstand zahlreicher Darstellungen zur Blütezeit Hollands im 17. Jahrhundert: Wilson 1968, S. 57–72; Schama 1988, S. 95–99.

27 Der Abschnitt Nr. 462 lautet: „Hugo Grotius ist eine hell-blitzende Sonne / das ewigwährende Werk von den Krigs- und Fridensrechte nur ein kleiner Schatten; welcher doch solche Wunderstrahlen von sich ausschikket / daß alle Welt solche mehr verwundern / als kürzlich durchzuschauen sich betrauet." Kuhlmann 1971a, Bd. 1, S. 348.

28 Dietze 1963, S. 372, Anm. 8.

29 Kuhlmann 1995, Bd. 1, S. 279.

30 Groh 2003, S. 624–630.

31 Groh 2003, S. 625.

32 Böhme 1955–1961, *Dreifaches Leben* 15,7 f.

33 In der Edition von Clark findet sich eine Synopse der Zitate Kuhlmanns aus Böhmes Werken. Vgl. Clark 1995, S. 448.

34 Vgl. Isermann 2017, S. 74–93.

Es gibt wenigstens einen bedeutenden Wissenschaftler, den Kuhlmann *nicht* angegriffen hatte, mehr noch, an den er sich in diesen aufwühlenden Wochen um 1674 wandte, der aber nicht im *Neubegeisterten Böhme* erwähnt wird. In zwei Briefen, bereits aus Leiden, vom 4. Januar 1674 und 19. April 1674, wirbt der Student Kuhlmann um Unterstützung bei dem in Rom wirkenden Jesuiten Athanasius Kircher für seine bereits in Jena thematisierte „Ars Lulliana", eine von Raimundus Lullus (1232–1316) entworfene Mnemotechnik für mechanisierte Gedächtnisleistung. Es muss Kuhlmann sehr motiviert haben, dass dieser berühmte Universalgelehrte auf beide Briefe überhaupt antwortete. Kuhlmann publizierte diesen Briefwechsel denn auch stolz, ließ jedoch die deutliche Ablehnung Kirchers, Kuhlmanns geistige Talente als göttliche anerkennen zu lassen, bei der Veröffentlichung weg. Diesen geschönten Briefwechsel hat Kuhlmann ausgerechnet seinen Breslauer Stipendiengebern, Georg von Schöbel sowie dem alten Christian Hofmann von Hofmannswaldau gesandt. Beide Honoratioren waren Breslauer Patrizier, erfolgreiche Kaufleute, Hofmannswaldau überdies langjähriges Mitglied im Rat der Stadt, ein gestandener Jurist, der in Amsterdam, noch bevor Kuhlmann geboren wurde, als erfolgreicher Dichter mit Andreas Gryphius verkehrte. Diesen beiden Persönlichkeiten also sendet der Student einen gefälschten Briefwechsel mit einem berühmten römischen Wissenschaftler über den göttlichen Erwerb von Wissen und Erkenntnis. Die Episode, deren Textbelege von Walter Dietze ausführlich dargetan worden sind,[35] mutet wie eine Schelmerei an, durch die der Student sich mit einer kleinen Hochstapelei beliebt zu machen gedachte.

Bis zu diesem Zeitpunkt wurde Kuhlmann von Breslauer Patriziern mit Stipendien ausgestattet,[36] nicht allein, weil er so gut dichten konnte, sondern weil die Stadt Breslau, die erst 1702 eine Universität bekommen sollte, Juristen benötigte. Junge talentierte, aber mittellose Breslauer wurden daher unterstützt, wenn sie sich auswärts zu akademischen Berufen ausbilden ließen und in ihre Heimatstadt mit brauchbaren Abschlüssen zurückkehrten. Doch Kuhlmann nahm einen anderen, ganz anderen Weg. Breslau sah ihn nie wieder.

3 Endzeit

Kuhlmanns *Neubegeisterter Böhme* ist bei aller Polemik ein strukturiertes, im Aufbau und in der Kapitelfolge wohlkalkuliertes Traktat.[37] Die grobe Struktur der 23 Kapitel samt Zuschrift und Einleitung wirkt recht komplex. Eine ausführliche Einführung wendet sich an den Rostocker Superintendenten Heinrich Müller (1631–1675), ein orthodoxer Lutheraner, der mit seinem *Himmlischen Liebeskuss* nicht nur den Titel für Kuhlmanns juvenilen Sonettenkranz lieferte, sondern auch von tiefer Frömmigkeit geprägt war.[38] Ihn nimmt Kuhlmann anfangs, so scheint es, als den idealen Leser an, den es zu überzeugen gilt.[39] Kuhlmann hielt große Stücke auf den Rostocker, wenngleich keine Reaktion Müllers auf die unbequeme Würdigung in Kuhlmanns Traktat überliefert ist.

---

35 Vgl. Dietze 1963, S. 102–106.

36 Über die Stipendien und die Situation in Breslau vgl. Dietze 1963, S. 21 f.

37 So auch Clark 1995, S. XXVIII.

38 Kuhlmann hat Müller als Erbauungsschriftsteller rezipiert und den Titel seines Sonettzyklusses *Himmlische Libesküsse* (1671) dem Titel bei Müller, *Himmlischer Liebeskuß* (1659 und 1666), nachempfunden. So Dietze 1963, S. 402, und S. 380. Ebenso Clark 1995, S. XXIV.

39 Der ‚ideale Leser' ist hier verstanden als der dem Schreiber vorschwebende Leser, Repräsentant seiner Zielgruppe.

Die ersten zwölf Kapitel habe Kuhlmann innerhalb einer Woche verfasst, und zwar vom 20. bis 28. Januar 1674.[40] Diese Zeit nennt er 1676 rückblickend[41] auch die „Leidener Großwoche" oder „Wunderwoche" – eine ekstatische Entrückung, die dem Titel des *Neubegeisterten* seine Berechtigung gibt: Böhme selbst werde „durch und in einen Jüngling neubegeistert / um sein ewiges Evangelium vor dem Gerichtstuhle diser Erdkugel zu begeistern".[42] Dieser Jüngling ist zweifellos Kuhlmann selbst. Noch im 34. Kühlpsalm, begonnen auf Lesbos, beendet in London 1684, berichtet er von der Woche, „als Böhme mir mich [!] zeigte klar und hell. Sein Jüngling kont strakks seine zung erlernen, Ja tausendfach in tausend Wundern sternen."[43]

Noch in der gleichen Woche, Ende Januar 1674, kämen ihm „Johan Rothens Weissagungen zuerst vor / und ward ich von Tag zu Tag in und aus meinem Gott bekräftiget".[44] Die Gedanken Rothes, von dem gleich noch zu sprechen sein wird, kamen ihm sozusagen in die Quere und initiierten offenbar eine Steigerung, die das Konzept des Traktats alsbald verändern sollte.

Im umfangreichen Kapitel 15 führt Kuhlmann 150 Originalzitate aus Böhmes Schriften auf, untergliedert in zehn Abschnitte. Das ebenfalls in zehn Abschnitte unterteilte, aber kürzere 16. Kapitel bringt eine Zitatrevue des niederländischen Verkünders der Endzeit, Johannes Rothe, das wiederum in zehn Abschnitte unterteilt ist.[45] Diese jeweils zehn Zitatblöcke tragen in beiden Kapiteln fast immer die gleichen Überschriften. Dadurch soll eine statistikähnliche Vergleichbarkeit der prophetischen Aussagen Böhmes und Rothes ermöglicht werden. Der Text erscheint hier als rein objektive Dokumentation, wenngleich so manche Zuordnung der Böhme-Zitate zu den zehn Zwischenüberschriften durchaus nicht überzeugen kann. Dabei gibt es einen wesentlichen Unterschied zwischen Böhme und Rothe. Kuhlmann kommt in seinem Vergleich der beiden zu folgendem signifikantem Unterschied:

> Jacob Böhme redet von zukünftigem: Johann Rothe von gegenwärtigem; jener dunkel, dieser deutlich: jener gründet tief: diser fusset auf die Erfahrung. […] Böhme überwiget den Rothe / noch weissagend von verborgenheiten / di von disem unentdekket; Rothe hergegen den Böhme / von tag zu tage klährer des Herrn werk volführend.[46]

Während Böhmes Schriften nicht in erster Linie prophetisch scheinen, sind die Zitate aus Johannes Rothe mehr als das, sie sind chiliastisch. Der Chiliasmus lässt sich von der Prophetie durch die Annahme eines tausendjährigen Reiches unterscheiden (aus dem Griechischen, *chilias*, d. h. eintausend), während Prophetie zunächst die allgemeine Qualifizierung darstellt, die Botschaften Gottes für Dritte zu dolmetschen.[47] Doch was meint Kuhlmann mit dem Gegenwartsbezug bei Johannes Rothe? Der wesentliche Unterschied scheint mir darin zu liegen, dass der Chiliasmus bei Kuhlmann den Anbruch jetzt und sofort erwartet, in der Gegenwart. So datiert Rothe, wie Kuhlmann hervorhebt, sein Wissen vom Weltende auf 1674 und den Anbruch der Apokalypse auf das Jahr 1677.[48]

---

40 Vgl. Kuhlmann 1995, Bd. 1, S. 37.

41 Gedruckt 1688 in der *Göttlichen Offenbarung*, vgl. Dietze 1963, S. 101.

42 Kuhlmann 1995, Bd. 1, S. 8.

43 Vgl. Kuhlmann 1971a, Bd. 1, S. 115.

44 Kuhlmann 1995, Bd. 1, S. 37.

45 Zu Rothe siehe die beiden Beiträge von Frank van Lamoen in diesem Band. Ferner zu Rothe bei Kuhlmann den Beitrag von Rohls, „Quirinus Kuhlmann als Böhmist".

46 Kuhlmann 1995, Bd. 2, S. 221 f.

47 Grundsätzlich zum Thema Prophetie bei Jacob Böhme: Benz 1959; zum Chiliasmus bei Kuhlmann: Schmidt-Biggemann 1997.

48 Kuhlmann 1995, Bd. 2, S. 265.

Die 6. Zwischenüberschrift im Kapitel der Böhme-Zitate lautet: „Di Zerbrechung der grossen Stadt Babel, der verwirrten Christenheit stehet vor der thür; alle Secten sollen *bald* entsectet werden."[49] Die entsprechende Zwischenüberschrift bei Rothe lautet fast gleich, aber dringlicher: „Di Zerbrechung der grossen Stadt Babel [...] geschieht *Nun Nun:* alle Secten werden Nun Nun entsectet."[50]

Jacob Böhme war in der Tat kein Chiliast der Endzeit, wenn damit auch ein konkretes Wissen über historische Zeitpunkte verbunden ist. Es gibt bei ihm keinerlei Hinweise auf konkrete Daten zum Anbruch einer Apokalypse. Böhme widerspricht solchen Datierungsversuchen sogar explizit, beispielsweise in einem Brief an Paul Kaym: „Anlangende das Ziel mit Babel, daß Babel solte innerhalb des 1630. Jahres gantz zerbrechen nach eurer Rechnung, und wiewol andere mehr dergleichen schreiben, ist mir nicht genug ersichtlich."[51]

Solche besonnene Skepsis kann ein Chiliast nicht teilen. Da Rothe – wie Kuhlmann referiert – 1674 erfuhr, dass nur drei Jahre später die Apokalypse, der Weltuntergang anbrechen sollte, dann muss sich für Kuhlmann das Zeitgefühl verändert haben. Die Gegenwart hatte ihre Zukunft verloren. Der normale bürgerliche Alltag, ja sein Studium für eine spätere Tätigkeit als Jurist in Breslau muss ihm obsolet vorgekommen sein angesichts des Wissens um das nahende Weltende. Studienabbruch und Chiliasmus scheinen bei Kuhlmann eng zusammen zu liegen.

Die 150 Zitate aus Böhme sprechen jedoch nur vom nahenden, nicht aber konkreten Ende der Welt, mehr in poetischen denn in historischen Bildern und mehr im geheimnisumwitterten Flüsterton als in deutlicher Distinktion. Böhmes Schriften wollen zu einer individuellen Wiedergeburt verhelfen, zu einer Gelassenheit, sie zielen auf eine Art Therapie[52] des Individuums, weniger auf das Ende der Welt im Ganzen. Seine Landschaften sind arkadisch, biblisch, naturhaft. Seine namenlosen Städte verlassen nicht die metaphorische Ebene als Inkarnationen Babels. Der Chiliasmus als Sonderform von Prophetie, den ich bei Böhme nicht wahrnehme, hat die reale Erwartung, oder sogar die Feststellung des Jüngsten Gerichts zum Thema, das Realhistorie und Glaube zusammenrückt und die Trennung von Welt und Gott beendet. Die apokalyptischen Reiter haben die Gemälde in den Köpfen der Chiliasten verlassen und reiten in die Wirklichkeit hinein. Kuhlmann spricht von der Offenbarung und zeigt mit dem Finger auf die historische, ja politische Realität. Um die Indizien des beginnenden Endes der Welt plausibel zu machen, wird radikal die Negativität des gesellschaftlichen Zustands beschrieben, Länder, Städte und Namen werden direkt genannt. Kuhlmann politisiert den mystischen Diskurs:

> Aller Orten in Europen / Africen und Americen ist Krig und Krigesgeschrei: ja aus noch verborgenen Welttheilen wird bald eine unglaubbare Zeitung zerschallen. Wer mag aussprechen di Trübsal / mit der alle Länder angehäuffet? Komme her / O Europa! lasse dich doch ein wenig bespigelen / mit was vor Glükkes Lorbern dein Haupt angelorbert? [...] Ach! was vor gefährliche Wunden empfängest du / werthes Teutschland? [...] Solte Americens Purpur unbepurpert bleiben von den Blutflekken / mit denen Europe ihr Königsgewand überpurpert? Ach nein. Aus der alten Welt zihet der Unchristlichen Christen Greulikeit in die Neue Welt / daß zu ihren abscheulichen Blutgirigkeiten si nur Schauplatzes genug habe / um ein desto weiteres Grabmahl dem fallendem Unchristenthum aufzubauen.[53]

49 Kuhlmann 1995, Bd. 1, S. 179. Hervorhebung von mir.

50 Kuhlmann 1995, Bd. 2, S. 244. Hervorhebung von mir.

51 Vgl. Böhme 1955–1961, *Unterricht von den letzten Zeiten*, S. 414, 1; 59.

52 Vgl. Isermann 2019, S. 105–132.

53 Kuhlmann 1995, Bd. 1, S. 11. Tatsächlich sind die Schweden Ende 1674 in Brandenburg eingefallen. Purpur bezieht sich auf den Spottmantel bei der Kreuzigung Christi, der eine purpurne Farbe hatte.

Diese Geburt der sozialen Anklage aus dem Geist des Chiliasmus folgt einer Logik, wonach Verfall, Dekadenz und Verrohung bereits der Beginn der Offenbarung *sind*. Der Chiliast prophezeit daher weniger die Zukunft, er wird zum Begleiter des Untergangs.

4 Turmbau

Entsprechend zugespitzt erscheinen die 1000 Fragen, die im 20. Kapitel den letzten und umfangreichsten Block des ganzen Werkes bilden. Laut Titelei legt Kuhlmann sie „allen Theologen und Gelehrten zur Beantwortung vor".[54] Ihre Abfolge wirkt atemlos, gehetzt und, da die Antworten fehlen, ratlos und verzweifelt. Durch die rasante Abfolge wirken die Fragen zu schnell gestellt, als dass sie besonnen beantworten werden könnten. Dem gibt eine Selbstaussage Kuhlmanns recht:

> Diese 1000 Theosophische Fragen erwuchsen mir unter den Händen [...] weil ich alles hirgeschribene nicht zweimal bedenke; geschweige zweimahl schreibe [...] Darzu di vilfache verhindernis / welche mir di Feder oftmals aus der Hand zu legen gezwungen / ist zimlich groß / und wäre nicht zuverwundern / wan eine ungleiche Schreibensart hirinnen anzumerken / weil ich mit so ungleichen Gemütte meine Gemütsfragen [...] vorgetragen.[55]

Diese Selbstbeobachtung kann, wie Jonathan Clark und Richard Beare vorschlagen, ein „automatic writing" meinen.[56] Spätestens dann hat der Text seinen Status als „Traktat" verloren und beansprucht andere Maßstäbe. Wieder steht das Wort vom „Gemüt" bereit, das zu ersetzen, was das Werk an Diskursivität verloren hat. Die „ungleichen Gemütte" deute ich als Schwankungen, die angesichts der offenherzigen Bekenntnisse Kuhlmanns auf dessen seelischen Zustand bezogen sind. Während Kuhlmann in der Literatur zuweilen als „Melancholiker" bezeichnet wird,[57] so gemahnt diese Textstelle, in aller Vorsicht gesagt, an eine manische Veranlagung.

Die 1000 Fragen beziehen sich sämtlich auf das erste Buch Mosis, Kapitel 1 bis 11, also bis zum Turmbau zu Babel und zur Sprachverwirrung. Mehr als in den anderen Kapiteln werden Eindrücke aus Böhmes *Mysterium Magnum* sichtbar, jenes Werk, das sich ebenfalls mit der Genesis befasst und das Kuhlmann als erstes von Böhmes Werken zu Gesicht bekam. Die 1000 Fragen, die Kuhlmann den Theologen zur Beantwortung vorlegt, sind recht eigentlich eher Thesen in Frageform. Ich gebe einige Beispiele:

> 217. Warum verbot Gott dem Menschen den Erkäntnisbaum?
> 224. Wüste Gott zuvor Adamsfall / warum verhindert er ihn nicht: Oder wüste Gott solchen nicht / wi ist er allwissend?
> 225. Hat Gott villeicht den Adamsfall verordnet / daß seine Gerechtikeit offenbahr würde / weil solche / wan nichts Unrechtes geschehen / verborgen wäre gebliben?"[58]
>
> Politisch werden die Fragen dort, wo sie sich der Entstehung von Herrschaft und Macht widmen, wobei ein gewisser Pazifismus das Ferment der beklagten Gewalt bildet:
>
> 779. So der Teufel nun ein Vater des Kriges ist / und mit den heiligen Engel zuerst gekriget / woraus ist dann ein eintziger Krig gerecht?[59]

---

54 Kuhlmann 1995, Bd. 1, S. 3.
55 Kuhlmann 1995, Bd. 2, S. 384.
56 Beare zitiert bei Clark 1995, S. XXXI.
57 So die These bei Schmidt-Biggemann 1997, S. 246; Bock 1957, S. 14.
58 Kuhlmann 1995, Bd. 2, S. 303.
59 Kuhlmann 1995, Bd. 2, S. 353.

Zum Ende hin werden die Fragen länger, türmen sich zu Kettensätzen auf: Frage 992 ist drei Seiten lang und widmet sich der Sprachverwirrung zu Babel, dem Tier 666 und anderen spektakulären Motiven der Apokalyptik. Während sich die 1000 Fragen auf 1 Mose 1 bis 11 beziehen, stammen die Fragen zur Offenbarung naturgemäß aus dem letzten Buch des Neuen Testaments. Kuhlmann verbindet die Apokalypse mit dem Turmbau zu Babel, dessen göttlich verfügtem Baustopp und der Sprachverwirrung. Den Turmbau identifiziert Frage 990 mit akademischen Einrichtungen: „Sind nicht Bibliotheken der allernärrischanfangene Babelthurm?“[60] Latein ist die „Babelsche Verwirrungssprache [...], eine Verderbung aller Wissenschafften“.[61] Es herrscht also in Kuhlmanns Turmbau-Metapher nicht eine Verwirrung in viele Einzelsprachen, sondern die Verwirrung anderer Sprachen durch die lateinische. Kuhlmann deutet die Zahl des Teufels, genannt in der Johannes-Apokalypse 13,18, in Anlehnung an den Kirchenvater Irenäus (140–200) als Zeichen der lateinischen Sprache. Indem den griechischen Buchstaben von Alpha bis Omega Zahlenwerte zugeordnet werden, ergibt die Summe der griechischen Buchstaben des Wortes „Lateinos“ die Zahl des apokalyptischen Tieres „666“:[62] War bei Johannes auf Patmos das antike Rom gemeint, so hier das päpstliche. Die lateinische Sprache wird bei Kuhlmann an mehreren Stellen regelrecht verflucht.[63]

Diese Zusammenhänge erhellen den chiliastischen Mythos von der „Quintomonarchie“, der Vorstellung eines fünften Reiches, dessen Herrscher Jesus Christus sein werde.[64] Der in England und Holland verbreitete Mythos von den vier historischen Weltreichen, denen ein fünftes als himmlisches folge, hat Kuhlmann enorm fasziniert und wurde von dem holländischen Propheten Johannes Rothe verbreitet. Als die Vorläufer der „Quintomonarchie“ verstand man die vier Weltreiche auf Erden, etwa: 1. Babylon (mit Babel assoziiert), 2. das Perserreich, 3. das Reich des Alexander (d. h. Griechenland) und 4. Rom. Das fünfte wäre dasjenige Jesu Christi. Das antike und das katholische Rom wird von den Quintomonarchisten offenbar zu einem Weltreich zusammengefasst, die gemeinsame Sprache des antiken und des katholischen Roms wäre das Latein. Von daher versteht sich Kuhlmanns Interesse an der Negativität des Lateinischen im Zusammenhang mit dem Turmbau zu Babel. Frage 953 lautet: „War die Zunge und Sprache der Welt / als si noch einerlei war / von der Adamsprache / darinnen er redete / weit unterschieden? Oder war si di Adamssprache selbst?“[65] Diese Frage geht auf Jacob Böhmes Deutung der Turmbau-Geschichte zurück. Danach sprachen die Menschen vor der Sprachverwirrung einheitlich die adamitische Natursprache.[66] Aus Böhmes umfangreicher Turmbau-Interpretation[67] im *Mysterium Magnum* zitiert Kuhlmann eine zentrale Passage:

> Wenn wir nun wollen den Thurm, und die Stadt Babel in ihrem formirten Bilde auf Erden betrachten, was und wo er sey, so finden wir hell vor Augen gemahlet, daß es die grosse Häuser der Kirchen, Klöster und Schlösser sind, sowohl die feste Mauren und Thürme der Städte auf Erden, da man sich vor Gewalt verbieget, und in den

---

60 Kuhlmann 1995, Bd. 2, S. 380.

61 Kuhlmann 1995, Bd. 2, S. 380.

62 Lambda 30, alpha 1, tau 300, epsilon 5, jota 10, ny 50, omikron 70, sigma 200 = 666. Dies symbolisiert auch bei Kuhlmann Rom als das Tier des Teufels. Zum Teufel im Neuen Testament vgl. Flasch 2015, S. 79–85.

63 Kuhlmann 1995, Bd. 2, S. 382 f. So auch später noch im *Quinarius* (1680), S. 15. Abgedruckt in: Arnold 1973, Anhang.

64 Schmidt-Biggemann 1997, S. 262; vgl. Rusterholz 1973, S. 251. Zur Quintomonarchie siehe auch Jan Rohls, „Quirinus Kuhlmann als Böhmist“, in diesem Band.

65 Kuhlmann 1995, Bd. 2, S. 375.

66 Böhme 1955–1961, *Mysterium Magnum*, S. 330, 35; 48.

67 Die Turmbau-Episode bei Böhme stellt noch ein Desiderat der Forschung dar.

> Kirchen, Klöstern und Stiften in den Meinungen vor Gott heuchelt, und zu Ihme schreyet, daß er uns soll in unserer erdichteten und gefasseten Meinung der Buchstaben annehmen.[68]

Für beide, Böhme wie Kuhlmann, ist der Turmbau eine Geschichte mit Gegenwartsbezug, jedoch mit unterschiedlichen Akzenten: Der Turm, so Böhme, sei „eine Figur des abgefallenen Menschen, welcher ist in die Selbheit eingegangen",[69] „ein Bilde der finstern Welt",[70] in der Zank und Streit dazu geführt haben, „daß sie haben vom Thurm abgelassen, und sind ineinander gefallen, und haben einander über dem Erkentniß des Thurms zu Babel ermordet, getödtet und verfolget".[71] Der Turm steht gleichsam als Ruine der nun fehlenden Bauleitung. Doch Böhmes Brücke zum Neuen Testament ist in der Turmbau-Episode neben der Apokalypse auch das Pfingstwunder.[72] Mit diesem wird in der Apostelgeschichte ein Missionsauftrag an die Jünger erteilt. Einer theologischen Tradition zufolge sei die Glossolalie, das „Zungenreden" der Apostel, die alte adamitische Ursprache gewesen. Deren Eigenschaft sei es, von den verschiedensprachigen Völkern mit je eigener Sprache verstanden zu werden, so dass sie eine Umkehrung der babylonischen Sprachentrennung erlebten.[73] Diese These vertritt Böhme im *Mysterium Magnum*.[74]

Während Böhme dort allen Episoden des 1. Buches Mose die gleiche Aufmerksamkeit widmet, scheint Kuhlmann an der Genesis nur bis zum Turmbau zu Babel und dessen Sprachenkatastrophe interessiert gewesen zu sein. Die danach folgenden Kapitel der Genesis von Abraham bis Jacobs Tod kommen in den 1000 Fragen nicht vor.[75] Vielleicht hat Kuhlmann bis zum 28. Januar 1674, dem Ende der „Wunderwoche", nur bis zur Turmbauepisode gelesen. In dem Augenblick kamen ihm die apokalyptischen Schriften von Johannes Rothe in die Hände, die Euphorie steigerte sich, und ab diesem Punkt hat ihn am Rest des 1. Buches Mose und an Böhmes Kommentar zu demselben nur noch das Prophetische beschäftigt.

5 Radikalisierung

Entlang der Entstehung des Kuhlmann'schen Traktats über Böhme verläuft eine progrediente Fieberkurve, die seine Emotion vom studentischen Wissenschaftskritiker zum literarischen Chiliasten ansteigen lässt. Erfolgreich war das Werk dadurch, dass es den Zeitgenossen das Denken Böhmes nahebrachte. Es erlebte binnen Jahresfrist eine zweite Auflage, jedoch nur mit dem 15. Kapitel, das die Böhme-Zitate enthält.[76] Als Fanfare des Chiliasmus war es weniger erfolgreich. Das Werk spiegelt eine Steigerung in Aggressivität, Einseitigkeit und einer attackierenden Chuzpe.

---

68 Böhme 1955–1961, *Mysterium Magnum*, S. 352, 36; 58. Zu Kuhlmanns Kritik der Institution Kirche, und vor allem des Luthertums, siehe den Aufsatz von Jan Rohls, „Quirinus Kuhlmann als Böhmist", in diesem Band.

69 Böhme 1955–1961, *Mysterium Magnum*, S. 339, 36; 4.

70 Böhme 1955–1961, *Mysterium Magnum*, S. 341, 36; 11.

71 Böhme 1955–1961, *Mysterium Magnum*, S. 341 f., 36; 13.

72 Böhme 1955–1961, *Mysterium Magnum*, S. 340, 36; 7.

73 Dieser Aspekt bei: Borst 1995, S. 1988–1990.

74 Böhme 1955–1961, *Mysterium Magnum*, S. 340, 36; 7.

75 In Kapitel 15, d. h. in den 150 Böhme-Zitaten, wird aus diesem Umkreis nur die Geschichte um Benjamin, Josephs Bruder, ausführlich zitiert.

76 Vgl. Clark 1995, S. XLIV.

Konfessionell gesehen handelt es sich bei der Lebensänderung Kuhlmanns nicht um eine Konversion[77] oder einen Übertritt zu einem anderen Bekenntnis. Eher das Gegenteil ist der Fall, Kuhlmann wird ein Apostat des Luthertums, in dem er aufgewachsen ist, ohne einer neuen Konfession beizutreten. Bei Quirinus Kuhlmann wirkt die Vision, seine „Wunderwoche", performativ und initiiert. Dabei steigert er sich, als wolle er es erzwingen, in die Rolle des Propheten hinein. Die Lebenswende Kuhlmanns ab dem Beginn der Böhme-Lektüre bis zur Fertigstellung des Traktats, die Zeit also vom September 1673 bis Ende Mai 1674, lässt sich grob in drei Phasen einteilen, die dieser Steigerung entsprechen:

1. die Böhme-Lektüre und die sich anschließende „Wunderwoche" vom 20. Januar bis 28. Januar 1674, in der er Kapitel 1 bis 12 verfasste,
2. die Begegnung mit den Schriften Rothes, bei der die 150 Zitate aus Böhmes Werken mit Texten aus Rothes Schriften verglichen werden, ein Vergleich, der Kuhlmann vom Chiliasmus überzeugt (Ende Januar bis April 1674),
3. die entfesselte Auflistung der 1000 Fragen, sowie die Invektiven gegen alle Wissenschaften ab Kapitel 20 und in der „Zuschrift", die an den Anfang gesetzt wird.[78]

Diese drei Stufen der Entstehung lassen sich den Datumsangaben zuordnen, so dass die in Tabelle 1 zusammengetragene Übersicht ermöglicht wird.

Die Gesamtstruktur des Werkes zeigt eine Radikalisierung im Verlauf der Entstehung. Weil die Kapitelreihenfolge teilweise, besonders am Anfang des Werkes, nicht der Reihenfolge der Entstehung entspricht, fällt diese Steigerung nicht auf. Das hat Methode. Die Datumsangaben der Briefe werden genannt, die anderen Entstehungsdaten stammen zumeist aus den viel späteren Kopftexten zahlreicher Kühlpsalmen. Die Kapitel mit den schärfsten Attacken, etwa die spät entstandene „Zuschrift", entstanden Ende Mai 1674, wird an den Anfang gestellt. Kuhlmann muss bemerkt haben, dass die zuerst entstandenen Kapitel ein anderes polemisches Niveau aufweisen als die später entstandenen. Da er betont, nichts zweimal zu schreiben, konnte oder wollte er die Kapitel nicht anpassen, ohne dass ihre Spontaneität verloren ginge. Also hat er die polemisch scharfen Kapitel, die zuletzt entstanden, plakativ an den Anfang gestellt. Diese Bewusstheit ist nicht manipulativ, denn sein Ziel war etwa kein Tagebuch, sondern eine auf Wirkung gezielte Polemik seines während der Niederschrift gesteigerten Sendungsbewusstseins. Hat er in den ersten Kapiteln mit gleichsam philologischer Geduld Böhme referiert und mit Müller oder Rothe verglichen, indem er auch – mit Böhme und Rothe – die Figur des Jünglings mit Jesus Christus identifiziert,[79] benennt er sich zu Beginn der spät entstandenen „Zuschrift" selbst als den Jüngling, der „neubegeistert" aufsteht. Hat er in den zuerst entstandenen Briefen als Leser nur den Rostocker Superintendenten Johann Müller angesprochen, so richten sich die zuletzt entstandenen Kapitel an alle Theologen, an die gesamte Nomenklatura des Luthertums, an dessen Bischöfe, Kurfürsten und Majestäten.[80]

Um diesen Befund ist noch ein Definitionsrahmen zu ziehen, der das Porträt Kuhlmanns und sein Böhme-Erlebnis zu einem Bild macht. Zunächst radikalisierte Kuhlmann die Gedanken Böhmes, allein schon durch die Steigerung des Prophetischen bei Böhme hin zum Chiliasmus Rothes, den Kuhlmann

77 Anders vgl. Schmidt-Biggemann 1997, S. 247.
78 Vgl. die Tabelle bei Dietze 1963, S. 402.
79 So zitiert er Böhme und Rothe in den Kapiteln der Textvergleiche. Vgl. Kuhlmann 1995, Bd. 1, S. 189 und Bd. 2, S. 249. Bei Böhme wird der „Jüngling" deutlich mit Christus konnotiert, etwa in *Drey Prinzipien*, S. 285, Kap. 18, Abs. 60.
80 Vgl. Kuhlmann 1995, Bd. 1, S. 7.

Tabelle 1: Die Entstehungsstufen relativ zu der Kapitelfolge

Entstanden	Kapitel	Inhalt	Stufe
Ende Mai 1674	Zuschrift	gerichtet an das Luthertum	3
25. Mai	Brief	gerichtet an Heinrich Johann Müller, Rostock	3
20. Januar bis 28. Januar	Einleitung	wendet sich an Heinrich Johann Müller	1
	Kapitel 1	Kurzportraits zu den wichtigsten Schriften Böhmes	1
	Kapitel 2 bis 5	Vergleich der Positionen Müllers mit Böhmes	1
	Kapitel 6	über Böhmes Berufung und das „Dresdner Verhör"	1
	Kapitel 7 bis 10	Böhmes Gotteslehre und Erleuchtung	1
	Kapitel 11 u. 12	erste Gelehrtenkritik und über sich selbst	1
28. Januar bis 11. April	Kapitel 13	über Johann Rothe (biographischer Abriss)	2
nach 27. und 28. Mai	Kapitel 14	Anerkennung der chiliastischen Sendung Rothes	3
28. Januar bis 11. April	Kapitel 15	die 150 Böhme-Zitate	2
	Kapitel 16	die Aussagen Rothes über Prophetie	2
	Kapitel 17	Böhmes Prophetie und der 30-jährige Krieg	2
ab 11. April	Kapitel 18 u. 19	über das Luthertum	3
nach 27. und 28. Mai	Kapitel 20	die 1000 Fragen	3
	Kapitel 21	polemische Ausweitung auf 100.000.000 Fragen	3
nach Kapitel 21	Kapitel 22	Geschichte vom „französischen Skribenten"	3
nicht ermittelt	Kapitel 23	weitere Böhme-Zitate	?
am 11. April	Ausleitung, Ende	an Heinrich Johann Müller, Rostock	2

teilte. Doch gibt es auch eine Steigerung der religiösen Evidenz? Kuhlmann hatte sich in die Szene radikaler religiöser Frömmigkeit eingeschrieben. Ihre Vertreter im siebzehnten Jahrhundert werden gern unter einem „radikalen Pietismus"[81] subsumiert: In Holland begegnen ihm neben Rothe auch der ins Exil getriebene deutsche Nonkonformist Friedrich Breckling und Johann Georg Gichtel.[82] „Radikalpietisten" oder „radikale Pietisten" galten als Vertreter einer strengen Opposition zur Institution ‚Kirche', pflegten einen Separatismus und bildeten neue Gemeinden, die sich aus der kirchlichen Konfession zurückzogen. „Eher als der kirchliche Pietismus", so Johannes Wallmann, „kann der radikale Pietismus mit seinem Eintreten für Toleranz und Glaubensfreiheit ein Wegbereiter der Aufklärung genannt werden."[83] Diese beiden genannten aufklärerischen Tugenden finden wir bei Kuhlmann eher nicht. Sein Traktat wirkt wenig tolerant. Er wirkt als der eines Menschen, der merkt, dass er abdriftet. Auch betreibt Kuhlmann keine Gemeindearbeit in Konventikeln oder Gruppen, die vielen Pietisten schließlich wichtig waren.[84]

Die deutlichste Dimension einer Radikalisierung ist die politische. Was als reine Böhme-Begeisterung beginnt, endet mit krassen zugespitzten, sozialkritischen Aussagen über Wissenschaft und Krieg. Rund 150 Jahre nach dem Chiliasmus eines Thomas Müntzer und 100 Jahre vor der Französischen Revolution scheint eine Identifikation des welthistorischen Augenblicks mit dem ungeduldigen Gefühl des Ausbruchs eines „Nun, Nun" in das Muster politischer Zuspitzung zu passen. „Der Aufruhr aber ist die Berufsethik des chiliastischen Christen", schreibt Ernst Bloch.[85] Doch bei Kuhlmann fehlt

81 Wallmann 2005, S. 136.

82 Vgl. Dietze 1963, S. 113 f. Zu Breckling s. den Beitrag von Viktoria Franke in diesem Band, zu Gichtel s. das Kapitel von Rusterholz.

83 Wallmann 2005, S. 137.

84 Wallmann schließt Kuhlmann und auch Böhme nicht in den Kreis der „Radikalpietisten" mit ein. Vgl. Wallmann 2005, S. 137.

85 Bloch 1980, S. 175.

jede Gewaltbereitschaft. Im Gegenteil scheint er in der Nachkriegsepoche eine pazifistische Grundhaltung eingenommen zu haben. Die Beziehungen zwischen Politik und Prophetie intensivieren sich bei Kuhlmann nach dem *Neubegeisterten Böhme* mit der Lektüre der theopolitischen Prophetien bei Comenius und dessen Sammlung *Lux e tenebris*.[86]

Eine „Radikalisierung" liegt bei Kuhlmann jedoch mehr im Verhältnis zu sich selbst. Nach dem biographischen Wendepunkt in Leiden schreibt Kuhlmann anders über sich als zuvor. Die Ruhmsucht ist dem Gefühl einer Berufung gewichen, und was er von da an über sich berichtet, im *Kühlpsalter* und den Kopftexten seiner Gesänge insbesondere, wirkt ehrlich, ungeschönt, wenig angeberisch und auf einer säkularen Ebene desillusioniert. Finden sich bei Jacob Böhme liebliche Passagen, versöhnliche Gedanken, ja die Attitüde der Weisheit, die jene Gelassenheit stilistisch abbildet, von der sie spricht, bleibt Kuhlmanns Traktat meistenteils ein Buch ohne Freude, ein Stakkato stotternder Fingerzeige auf eine Zukunft, die Angst macht. Wer wirklich glaubt, *jetzt* breche die Endzeit an, dem ist jedes Studium sinnlos geworden. Und sie brach an. Sein Weg führte ihn fortan durch die Metropolen Europas in einen Abgrund charismatischer Einsamkeit hinein. Bald nach dem relativen Erfolg des *Neubegeisterten Böhme* wird aus der „Quintomonarchie" die „Kühlmonarchie", die sich vom Namen „Kuhlmann" herleitet.[87] Er reiste 1678 nach Konstantinopel und gedachte, den Sultan zu seiner Kühlmonarchie zu bekehren, doch der war aushäusig im Krieg gegen den Zaren. Kuhlmann zog 1689 nach Moskau, um dort seine Lehre als Gottgesandter dem Zaren zu empfehlen. Zusammen mit seinem Gastgeber, Conraedt Nordermann, wurde er nach einer unfassbaren Folterorgie wegen des Verdachts der Spionage, denunziert von Moskauer Lutheranern,[88] 1689 von der russischen Justiz bei lebendigem Leib verbrannt. Die Juristerei konnte ihm nicht mehr helfen, denn am Jüngsten Gericht sind Juristen nicht zugelassen.

---

86 Vgl. Schmidt-Biggemann 1997, S. 253–255. Comenius wird im *Neubegeisterten Böhme* nicht erwähnt, nur die von jenem zitierten Propheten „Cotterus, Poniatovien, Drabicens" (S. 267 f.).

87 Vgl. Rusterholz 1973, S. 225–227; Dietze 1963, S. 239–248.

88 Vgl. Dietze 1963, S. 307–312.

Leigh T. I. Penman

Jacob Böhme and Poland: An Untold Reception History between Angelus Silesius and Adam Mickiewicz

Abstract: This contribution concerns the reception of Jacob Böhme and his works in the historical territories of Poland, primarily in the seventeenth century. Based on new and overlooked archival evidence, it surveys the several readers, correspondents, friends, and followers of Böhme's theosophy who lived in the Polish-Lithuanian Commonwealth. At least one, Balthasar Walther, helped shape the content and trajectory of Böhme's theosophy.

A major focus of this essay is on the complex background to the publication of an eight-volume collection of Böhme's German-language writings, issued in Toruń in the early 1650s. Led by the mysterious Gottfried Richter, the project involved collaborators from across Europe. On account of its inclusion of several of Böhme's then-unprinted works, and its incorporation of Abraham von Franckenberg's influential 1651 biography of the theosopher, the Toruń collection has shaped scholarly and popular understandings of the theosopher's life and work. Intriguingly, however, the available evidence suggests that the publishing enterprise also involved the poet Johann Scheffler (Angelus Silesius). By examining Böhme's reception in seventeenth-century Poland, we achieve not only a deeper understanding of the circumstances and the personalities involved in this milieu, but also provide a starting point for reconsidering Böhme's place in Poland's religious and intellectual history.

In Poland there is lively interest in Jacob Böhme and his work. From popular editions and translations of Böhme's texts, to documentary movies, academic studies, and cultural celebrations, Böhme plays a minor but important role in Polish culture, particularly on the Silesian borderlands. But the roots of this interest in Böhme's life and work seem, at least at first glance, to be surprisingly modern. To a great extent, it can be traced back to the influential Polish politician, scholar, and poet Adam Mickiewicz (1798–1855, Fig. 1).

Among Mickiewicz's numerous interests were historical manifestations of mysticism. During his Parisian period, Mickiewicz devoted much of his time to studying the works of Louis Claude de Saint-Martin (1743–1803), Emanuel Swedenborg (1688–1772), Johann Scheffler (Angelus Silesius, 1624–1677), and, of course, Böhme. In 1836, he issued the first fruit of his studies, a Polish collection of "Passages and Aphorisms from the works of Böhme, Angelus Silesius and Saint Martin."[1] In 1853, he followed this with a French translation of selections from Böhme's works, which later also appeared in Polish.[2] In his extensive correspondence, Mickiewicz praised the Görlitz theosopher as "the greatest of modern mystics." For the Polish poet, Böhme was a complex, puzzling figure, but his works nevertheless communicated a profound godly truth.[3]

1 See the accessible reprint issued as Mickiewicz 2003.

2 See Mickiewicz 1898.

3 See Böhme 1993; Szymański 2014.

https://doi.org/10.1515/9783110720525-009

Fig. 1: Józef Oleszkiewic, Portrait of Adam Mickiewicz, oil on canvas, 1828, Muzeum Narodowe w Krakowie, inv. no. MNK II-a-94

For decades, Mickiewicz's translations were the only avenues for Polish readers desirous of reading Böhme's work. And while in later decades Böhme received some attention in scholarship dedicated to Mickiewicz, he remained largely obscure in the penumbra of Mickiewicz's own genius. Indeed, as Cezary Lipiński has demonstrated in a careful recent study, until the conclusion of the Second World War, Mickiewicz's works remained the only significant Polish engagements with Böhme's oeuvre.[4] Yet by 1945, as the consequence of a series of geopolitical vicissitudes, the historical territories of Lower Silesia and parts of Upper Lusatia – the heartland of Böhme's theosophical movement – became Polish territory. From then on, there existed a natural impetus for Poles to engage more closely with Böhme and his legacies. Nevertheless, for reasons political, ideological, and perhaps also religious, Polish scholars remained reticent to approach the very German Böhme.

4 Lipiński 2008. See also Cieński 2003.

But a bridge for Polish scholars to approach Böhme was provided by another figure: the Catholic mystic Johann Scheffler, also known as Angelus Silesius.[5] Not only was Scheffler a subject of Mickiewicz's scholarly ministrations; Scheffler was himself of Polish descent. Born in Breslau (Wrocław) in 1624, he was the son of Stanislaus Scheffler (ca. 1562–1637), a minor noble from Kraków. A reader of Böhme's works since at least 1644, he later befriended Böhme's disciple Abraham von Franckenberg (1593–1652), before converting to Catholicism in a public ceremony in Breslau in June 1653.[6] His subsequent verse-form *Cherubinischer Wandersmann* (1657, expanded 1675) is a masterpiece of Catholic mysticism, even as scholars have debated the extent of Böhme's theosophy on it.[7] For post-war Polish scholars like Stanisław Kolbuszewski, Leszek Kołakowski, Józef Kosian and Jan Garewicz, Scheffler became a flagship representative of "Silesian mysticism," a composite literary genre which includes figures like Daniel Czepko von Reigersfeld (1605–1660) and Jacob Böhme.[8] Finally, in 1993, two selections from Böhme's works were translated into Polish, giving modern readers direct access to his works for the first time.[9]

Seen in this perspective, the history of Böhme's reception in Poland is surprisingly modern, and enmeshed with the fates of figures like Mickiewicz and Scheffler. But there is also another, largely untold history of his Polish reception, which begins in the 1610s. This is the subject of the present essay. For during his lifetime, Böhme had several readers, correspondents, friends, followers – and perhaps also enemies – who lived in the historical territories of the Polish-Lithuanian Commonwealth. This was a state incorporating portions of modern Poland, Lithuania, Ukraine, Russia and other countries. At least one of these readers, Balthasar Walther (1568–ca.1631), helped to shape the trajectory and content of his work. But even after Walther's death, Poland continued to play a role in shaping Böhme's reputation. In the early 1650s, an important eight-volume collection of Böhme's German-language writings was printed in a Polish city. Involving personalities from across Europe – including Lower Silesia, Upper Lusatia, the United Provinces, and Poland – this project is exemplary of Böhme's transnational reception in the seventeenth century. Furthermore, by means of its inclusion of Abraham von Franckenberg's influential 1651 biography of Böhme, it has definitively shaped scholarly understandings of the theosopher's life.[10] Intriguingly, however, this publishing enterprise also seems to have involved the cooperation of Johann Scheffler. By revealing this overlooked history of Böhme's reception in Poland, we not only arrive at a deeper understanding of the circumstances that underwrote it, but also provide a further spur for Polish scholars and general readers alike to reconsider Böhme's place in modern Poland's own religious, intellectual, and cultural history.

---

5 On the Polish reception of Angelus Silesius see Lipiński 2004. For a study of the milieu of Angelus Silesius reception by Polish scholars, see Le Brun 2014.

6 On Scheffler's reading of Böhme see Scheffler 1664, pp. 8–9, and further the discussion below.

7 Scheffler 1675a. Scholarly opinion remains divided on the question of Böhme's influence on Scheffler's text. In addition to the literature cited throughout, see the contributions of Wilhelm Schmidt-Biggemann and Kristine Hannak elsewhere in this volume.

8 Kosian 1999; Kosian 2001. Böhme, of course, was a Lusatian, not a Silesian, and considered Silesia a foreign country.

9 Böhme 1993. See further Lipiński 2004.

10 Abraham von Franckenberg: "(Mit Gott) Kurtz- jedoch gründtlich- und warhaffter Bericht, von dem Leben und Abschied des in GOtt seelig ruhenden Jacob Boemens, dieser Theosophischen Schrifften, eigentlichen Authoris und Vrhebers," in Böhme [1652–1654], vol. 4, sigs. A2v–C6v. On the numerous versions of this biography see Gilly 2007d and Gilly's contribution to this volume.

1 Böhme's Connections to the Polish-Lithuanian Commonwealth

It is possible that Böhme himself had a number of early contacts with Poland and her people. Born in 1575 in Alt-Seidenberg in Upper Lusatia, a small village located on a trading route near the Bohemian border, Böhme likely encountered Polish travellers and merchants from a young age. During his journeyman years as an apprentice shoemaker in the 1590s, Böhme probably wandered deep into the territories of the Polish-Lithuanian Commonwealth. Later, as a master shoemaker based in Görlitz, Böhme lived and worked directly on the *via regia*, Europe's most significant trading route. This would have brought further opportunities for contact with Polish businessmen, travellers, pilgrims, and, of course, customers.

While such scenarios are purely speculative, they are nevertheless plausible. But once we turn our attention to a more significant period of Böhme's life – namely that during which he composed the major works of his theosophical *oeuvre* – we stand on firmer ground. For it becomes quickly apparent that Poland was important not only for the distribution and readership of Böhme's works, but also their inspiration. The most significant figure in this regard was undoubtedly the wandering physician Balthasar Walther, a man who was simultaneously Böhme's student, friend, and mentor.[11] While Walther's father was a Lutheran minister from Liegnitz in Lower Silesia, Walther was born in Wschowa (Fraustadt), a town in Poland with royal privileges on the Silesian border. Educated in the local Latin School, he was a fluent speaker of German and Polish. In late May of 1597, Walther accompanied a Polish diplomatic retinue led by the famous statesman Stanisław Golski (d. 1612) from Warsaw to the Sublime Porte of the Ottoman Empire in Constantinople. On the journey, the retinue paused at the court of the infamous Wallachian voivode Michael the Brave (1558–1601) in Târgoviște, where Walther acquired a hagiographical manuscript account of Michael's exploits. This he had rendered into Polish by a court chancellor, from which he created a Latin version, later printed in Görlitz in 1599.[12] After studying medicine as a mature student at the *Viadrina* in Frankfurt an der Oder, Walther appears to have first come into contact with Böhme in Görlitz around 1617 or 1618.[13] Shortly thereafter, he posed forty questions concerning the nature of the soul to the theosopher, which Böhme duly answered in an influential tract, *Vierzig Fragen von der Seelen Urstand* (ca. 1620). Walther later became an important propagator of Böhme's writings in northern Germany and elsewhere. He thus provides a concrete example of a native of Poland and a Polish speaker, albeit of German ethnicity, exercising a decisive influence on both the content and reception of Böhme's theosophical work.

Walther was not Böhme's only supporter with Polish ties. The theosopher's extant correspondence reveals that, in the early 1620s, he corresponded with and visited the physician Gottfried Freudenhammer von Freudenheim (ca. 1596–1659) and the minter Johann Jakob Huser (d. 1659) – probably son of the famed editor of Paracelsus' works – who were based in Głogow (Groß-Glogau).[14] In late 1623, Sigmund von Rechenberg Jr. (d. 1642), a nobleman based in Przybyszów (Purschkau), copied several of Böhme's tracts and circulated them among his contacts in Poland and Lower Silesia.[15] But

11 On Walther see Penman 2010a and 2012.

12 Walther 1599.

13 Walther's medical candidature is documented in Walther et al. 1609, where he signed an occasional poem as "Baldassar Waltherus Silesius, Iun. Medic. Candid."

14 Böhme 1730, vol. 9, pp. 183–194 (11 November 1623).

15 Böhme 1963–1966, vol. 2, p. 376 (Böhme to Christian Bernhard, 13 October 1623); vol. 2, p. 379 (Böhme to Bernhard, 27 December 1623). On Rechenberg, see Andrzejewski 2012, pp. 110, 132, 150, 161, 235; Penman 2018, p. 112.

this kind of contact also occurred further afield. For in 1624, an unnamed apothecary in Vilnius in Lithuania – a city at the furthest reaches of the Polish-Lithuanian Commonwealth – was reading and copying Böhme's writings.[16] This realisation prompted Böhme's famous observation that "That which is rejected by my fatherland, will joyfully be taken up by foreign nations."[17] While I am not currently aware of any evidence that conclusively demonstrates a Polish-language reception of Böhme's writings in the seventeenth century, this brief sketch demonstrates that these works were known and circulated among German-speakers in Poland during the theosopher's own lifetime.

2 The Mystery of the "Toruń Edition"

The most significant manifestation of Böhme's Polish reception occurred several decades later, in the early 1650s. At this time, an eight-volume collection of the theosopher's writings appeared in print. It represents the first uniform multi-volume collection of Böhme's works in any language, preceding the 1682 Amsterdam edition by some three decades. Filling more than 4,500 printed pages in octavo format, the collection was printed without indication of the place or date of printing. The author is identified on each title page solely by the initials "J[acob] B[öhme] T[eutonicus]."

The collection itself contained selections from Böhme's works, as well as several complete tracts, most accompanied by extensive marginal commentaries.[18] The basis texts for these versions were sourced haphazardly, deriving variously from manuscripts, German printed editions, and even printed Dutch translations. Nevertheless, the collection marks the first time that several of Böhme's tracts appeared in print in their original language, as well as the first time that Abraham von Franckenberg's foundational 1651 biography of the theosopher appeared in print. For reasons textual and historical, the collection should thus be of crucial importance to Böhme scholars. Yet it remains surprisingly little known. The reason is not merely one of scholarly oversight: said to have been printed in an edition of 100 exemplars, complete sets are extant only in libraries in Dessau and Wrocław.[19] Partial sets and single volumes are held by a handful of other European libraries.[20]

A *terminus post quem* for its printing is established by the fourth volume, which reprints Franckenberg's Böhme biography (completed 13/23 September 1651). As Carlos Gilly has pointed out, a *terminus ante quem* is perhaps provided by the authorship in England of Durand Hotham's *The Life of Jacob Behmen*, an adaptation of Franckenberg's biography "written […] Novemb. 7. 1653," although the printing of the final volumes might have extended into 1654.[21] The project appears to have proceeded in a piecemeal fashion. This is evident from the first volume, in which the editor writes

16 This is likely to have been Wolfgang Möstel (fl. 1603–1630), see Penman 2018, pp. 98–120.

17 Böhme 1730, vol. 9, p. 210 (Böhme to Martin Moser Jr., March 1624).

18 See the thorough bibliographical description in Buddecke 1937–1957, vol. 1, pp. 80–86, item no. 32.

19 Dessau, Anhaltische Landesbücherei, Sammlung der Herzoglich Anhaltischen Behördenbibliothek, BB2037–2043; Wrocław, Biblioteka Uniwersytecka, shelfmark 308027. Neither of these otherwise complete collections contains the important *pendant* volume printed as Böhme, *Gottes Sohn von Ewigkeit* […] (Böhme [1652–1654]), which may have preceded the printing of the edition proper. The limitation of the edition to 100 copies is indicated in Böhme 1715, vol. 2, col. 96 and Böhme 1730, vol. 10, p. 121.

20 Staatsbibliothek zu Berlin – Preußischer Kulturbesitz holds vol. 8 and Böhme [1652–1654]; London, British Library holds vols 1–3, 5, 7 and Böhme [1652–1654]; Amsterdam, University Library holds vol. 4; Warsaw, Biblioteka Narodowa holds only Böhme [1652–1654].

21 Hotham 1654, sig. A1r. See further Gilly 2007d, pp. 352–353

Fig. 2: Toruń (Thorn), from: Christoph Hartknoch, *Alt- und Neues Preussen Oder Preussischer Historien Zwey Theile* [...], Frankfurt a.M. 1684, Österreichische Nationalbibliothek, 40.P.5 ALT PRUNK[22]

that "this humble edition will be continued if God grants me the time, health, and wealth."[23] The third volume may have been projected as the initial terminal point for the project, since it includes a lengthy index that covers the first three volumes.[24] Nevertheless, the project expanded. The eighth and final volume provides further evidence for the project's haphazard nature, for the editor there notes that, after completing the editorial work, he had just received a Dutch book containing twenty-three of Böhme's letters, some of which he translated back into German and annexed to the volume.[25] The costs associated with the project were substantial: the numerous marginal annotations – typically occupying a quarter of each page and numbering tens of thousands of words – caused the page count to balloon. Furthermore, no fewer than three separate unique copperplate engravings were specifically created for the edition.[26] This indicates that the project was a labour of love for its editor, who, as several passages throughout the work make clear, was also its publisher.[27]

The place of printing has long been debated. An account in the 1715 edition of Böhme's works stated that the collection was printed in Toruń, a prosperous city located on the banks of the Vistula (Fig. 2). However, a dubious story in the same source concerning the familial background of the

---

22 Böhme 1715, vol. 2, col. 96, reprinted in Böhme 1955–1961, vol. 10, p. 121.

23 Quoted in Böhme 1730, vol. 10, p. 122. Cf. Buddecke 1937–1957, vol. 2, p. 85.

24 Böhme [1652–1654], vol. 3, p. 552.

25 Böhme [1652–1654], vol. 8, sig. a2r. The volume was undoubtedly that edited by Le Blon 1653.

26 Böhme [1652–1654], vol. 3, p. 182 (wheel of nature); vol. 5, p. 40 (philosophical globe); vol. 4, after sig. B4v (Böhme's grave monument). In 1660 the Amsterdam-based publisher Heinrich Betke included this last engraving in his edition of Böhme 1660. See further Buddecke 1937–1957, vol. 2, p. 126 and Geissmar 1993, pp. 24, 76. While Gilly 2007d suggests Betke purchased from Richter the original copperplate, it is worth noting that this engraving appeared on a separate sheet in both Richter's and Betke's books, and that none of the other engravings from Richter's edition were reproduced in any of Betke's publications. It thus seems likelier to me that Betke purchased unbound sheets featuring the engraving from Richter, rather than the copperplate itself. It is known that in 1663 Betke possessed multiple copies of the edition for sale. See Betke 1663, sigs. [A2r], [A2v]; "Item von Gottes Sohn/ 8." followed by "Extracta in 8 Theil/ 8."

27 Böhme [1652–1654], vol. 1, pp. 240, 248, etc. Buddecke 1937–1957, vol. 2, p. 85.

editor – of which more below – has caused historians to doubt this assertion.[28] Nevertheless, in 2007 Carlos Gilly observed that the distinctive *Fraktur* typefaces used in the collection are identical to those employed by Michał Karnał (d. 1682), a printer active in Toruń between 1642 and 1664.[29] While these mass-produced typefaces were used by other contemporary printers – such as Achatius Correll (d. 1659) in Elbing (modern Elbląg) – an examination of Karnał's extant prints adds flesh to the bones of Gilly's observation. For, in addition to sharing common type stock, four separate decorative printers' marks used in the Böhme collection appear in six other books printed by Karnał between 1644 and 1655.[30] These bibliographical and typographical peculiarities, when combined with the statement from 1715, confirm Karnał's identity as printer of the Toruń Böhme collection.

It is unknown if Karnał's interest in Böhme was religious or merely commercial. The proposition was, in any event, a risky one for the printer. On 10 May 1651 – only shortly before the Toruń project got underway – Karnał was formally warned by the city council not to print any tracts without the prior approval of censors.[31] Had the Toruń council already caught wind of Karnał's plans to print heterodox religious works? Or was some other, more innocent circumstance responsible? Whatever the case may have been, the warning provides one reason why the collection appeared without indication of the place and printer on their title pages. Karnał does not seem to have suffered any negative consequences on account of the undertaking. He remained in Toruń as official printer to the city council until 1664, in which year he was summoned to Mitau (Jelgava, Latvia) to become court printer to the Dukes of Courland and Semigallia. He died there in 1684.[32]

3 The *Spiritus Rector*: Gottfried Richter

So much for the Toruń edition and its printer. Let us turn now to the identity of its editor and publisher. The sensational account in the 1715 edition of Böhme's works claimed that this was none other than a son of Gregor Richter (1560–1624), the Görlitz *pastor primarius* who had been the theosopher's most strident enemy. According to this report, the young Richter was a "merchant's agent in Toruń" whose love for Böhme's writings "brought him into contact and correspondence with other friends of the theosopher, who were then still alive."[33] In this scenario the Toruń edition is transformed into a providential testament to the divine rectitude of Böhme's theosophy. The account was reprinted verbatim in the 1730 edition of Böhme's works, and in 1736 went unchallenged by the Lutheran hereticator Johann Georg Walch (1693–1775).[34]

---

28 Fechner 1857b, p. 127; Jecht 1924b, p. 34; Buddecke 1937–1957, vol. 2, pp. 85–86; Dünnhaupt 1990–1993, vol. 1, p. 676; Geissmar 1993, p. 24.

29 Kawecka-Gryczowa 1962, pp. 192–194; Hanow 1740, sig. G3v; Bandtkie 1826, vol. 2, pp. 160–163; Lambeck 1868, pp. 9–11; Treichel 1972, p. 398; Brohm 1819, pp. 10, 14.

30 An ornament featuring decorative circles appears in Böhme [1652–1654], vol. 1, p. 364, vol. 2 [p. 383], vol. 5, p. 326 and Thomas 1644, sig. A4v, and furthermore in Fuhrmann [1652b], p. 108. A lion's head ornament appears in Böhme [1652–1654], vol. 2, p. 384, Thamnietz 1652a, sig. F2v, and Thamnietz 1652b, sig. A2v. A floral ornament appears in Böhme [1652–1654], vol. 3 [p. 606], vol. 5, p. 439, and Thamnietz 1655, sig. A1r. A typographical floral ornament appears in Böhme [1652–1654], vol. 4, p. 616 and Neumark 1649, p. 207.

31 Brohm 1819, pp. 10, 14.

32 Anonymous 1845, pp. 558–559.

33 Böhme 1715, vol. 2, p. 96; reprinted in Böhme 1955–1961, vol. 10, p. 121.

34 Walch 1736, pp. 1017–1018

In Görlitz, however, this story was contested stridently. Its most vocal opponent was the Lutheran minister Gottlieb Christian Giese (1721–1788), who in 1774 dismissed it as a Böhmist "fable." It was well known, Giese pointed out, that Richter's son Gregor Jr. (b. 1598) was a Lutheran minister who died in Görlitz in 1633. He could not, therefore, have been involved in the publication. Furthermore, Giese discovered that the eldest son, Gottfried Richter (b. 1594), was a *notarius publicus* in Görlitz, where he married in 1619 and again in 1636.[35] While he could not locate a date of death, Giese nevertheless concluded that it was impossible for Gottfried to have been "a salesman's agent in Toruń," and thus he also could not have been responsible "for extracting and publishing there selections from Böhme's writings in eight volumes."[36] While most scholars have accepted Giese's conclusions, Carlos Gilly recently pointed out that the title *notarius publicus* was honorary, and that there is no logical reason why Gottfried Richter could not have been a merchant's assistant in Toruń during the 1650s, even if he did spend most of his life in Görlitz.[37] Consequently, Gilly argued that new evidence is required to demonstrate that the eldest son of Gregor Richter was *not* involved in the publication of the Böhme edition.[38]

It is now possible to supply such evidence. Preserved today in Wrocław is a manuscript authored by the Görlitz antiquarian Christian Gabriel Funcke (1658–1740), containing genealogical tables of prominent local families. This manuscript was based on the town's extensive church records, some of which are not extant. According to Funcke, Gottfried Richter, eldest son of Gregor Richter, was a *notarius publicus* and medical practitioner in Görlitz, who died in the city of his birth and was buried on 9 February 1640.[39] As such, he cannot have been involved in the production of the Toruń collection, which, as established above, was assembled and printed in the early 1650s, long after his death.

Be that as it may, a person named Gottfried Richter appears to have been involved in the production of the edition, even if he was not a son of the Görlitz pastor. Gilly has shown that in the 1640s Michel le Blon (1587–1656) in Amsterdam corresponded with a certain "Godf. Richter," who sent him scribal copies of two pieces of Böhme's correspondence.[40] While this confirms that someone of that name was an active member of contemporary Böhmist circles, firmer evidence of Richter's connection to the edition is provided by an exemplar of the eighth volume of the Toruń edition held by the Berlin *Staatsbibliothek.* On its title page is an endorsement by the Lutheran pastor and spiritualist Joachim Betke (1601–1663): "Joachim Betkius is my rightful owner, a gift from Gottfried Richter." (Fig. 3)[41]

---

35 This first marriage is also documented by [Gottfried Richter et al] 1619.

36 Giese 1774, pp. 47–48.

37 See Otto 1806, vol. 1, p. 107; Fechner 1857b, p. 127; Jecht 1924b, p. 34; Buddecke 1937–1957, vol. 2, p. 85; Lemper 1976, p. 205, no. 44. Gilly 2007d, p. 350.

38 Gilly 2007d, pp. 350–351. Compare the different conclusion in Bouman/Gilly 2007, p. 20: "However improbable as it may sound, Le Blon's papers prove that the son of Gregor Richter, Böhme's chief opponent, actually published this anthology in eight parts."

39 Wrocław BU, Ms. Akc 1948/546, fol. 93r (Christian Gabriel Funcke, untitled and undated genealogical manuscript of Görlitz families). Richter studied medicine at Frankfurt an der Oder, where he matriculated on 12 April 1617. See Friedländer/Liebe/Theuner 1887, vol. 1, p. 608. When Richter acquired Görlitz citizenship in 1633, he identified himself as a *medicus practicus* in the town's register. See Wenzel 1993, p. 139.

40 Wolfenbüttel HAB, Ms. 67 noviss. 4°, 99v: "2 brieven aen Berent Nitschen van Godf: Richter becomen." Cf. Gilly 2007d, p. 351, who suggests that this line indicates that Nitsche had also corresponded with Richter. Both letters, printed in the edition of 1730 as nos. 24 and 36, were included in Le Blon 1653.

41 Berlin SB, Cs 11810-8. "J. Betkius me jure possidet ex donatione Gottfried Richters" (VD17 1:073160N).

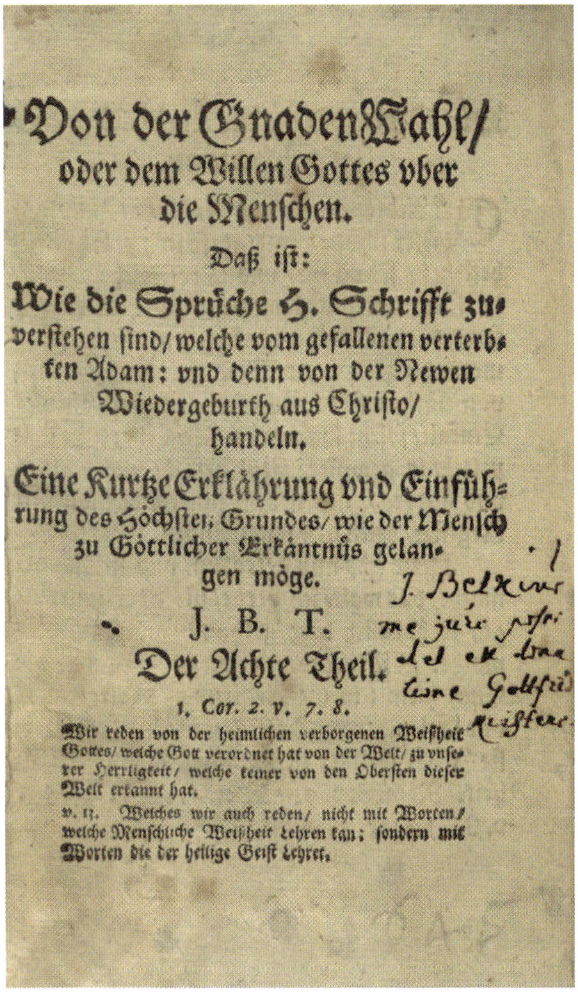

Von der GnadenWahl/
oder dem Willen Gottes vber
die Menschen.
Daß ist:
Wie die Sprüche H. Schrifft zu-
verstehen sind/ welche vom gefallenen verterb-
ten Adam: vnd denn von der Newen
Wiedergeburth aus Christo/
handeln.
Eine Kurtze Erklährung vnd Einfüh-
rung des Höchsten Grundes/ wie der Mensch
zu Göttlicher Erkäntnüs gelan-
gen möge.
J. B. T.
Der Achte Theil.
1. Cor. 2. v. 7. 8.
Wir reden von der heimlichen verborgenen Weißheit
Gottes/ welche Gott verordnet hat von der Welt/ zu vnse-
rer Herrligkeit/ welche keiner von den Obersten dieser
Welt erkannt hat.
v. 13. Welches wir auch reden/ nicht mit Worten/
welche Menschliche Weißheit lehren kan; sondern mit
Worten die der heilige Geist lehret.

Fig. 3: Ownership mark of Joachim Betke, in: Jacob Böhme, *Von der GnadenWahl* […], Der Achte Theil, [Toruń] [1652–1654], Stiftung Preußischer Kulturbesitz Berlin, Cs 11810-8

If we turn to the Toruń edition itself, we find conclusive evidence that this Gottfried Richter was also its editor and publisher. Firstly, there is a letter excerpted in volumes one and four of the edition.[42] Dated 21 February 1651, it was written by "C.W.M.D.V.L." to "H.G.R.V.B." Given that this letter provides an account of Böhme's supposed absolution from charges of heresy by a court of divines in Dresden in 1624, this missive was of uncommon importance to contemporaries.[43] The initials of the author of this letter can be deciphered as "C[hristoph] W[ießner] M[edicinae] D[octor] v[on] L[auban]." Wießner (ca. 1600–1661) met Böhme during his youth in Lauban (Lubań), before embarking on a spectacular career as a faux-Lutheran minister in Austria, a devoted peripatetic follower of the theosopher Paul Felgenhauer (1593–1661), and, from 1642, "physician in extraordinary" to the Polish king Władysław IV. He eventually succumbed to the plague while treating a noble patient in Poland.[44]

---

42 Böhme [1652–1654], vol. 1, pp. 362–364; vol. 4, sigs. C2r–v.

43 Early translations include Le Blon 1653, pp. 99–115; Hotham 1654, sigs. E4v–G1r. German versions appeared in Böhme 1658a, pp. 462–470; Böhme 1682, vol. 1, sigs. ***6v–***11v; Böhme 1715, vol. 2, pp. 28–36.

44 On Wießner, who erroneously appears in the secondary literature variously as Cornelius, Christian, and even Charles, see Theill 1661, sig. D1v; Starck 1724, pp. 873–874, 1079–1084; Adelung 1787, p. 393; Penman 2018, p. 115.

But the addressee of this letter, characterised only as "H.G.R.V.B.," has proven more difficult to identify.[45] In the 1730 edition of Böhme's works, the editors ventured that these initials stood for "Herr G.R. van Beyerland in Amsterdam," supposedly the eldest son of Abraham Willemszoon van Beyerland (1586/87–1648), the great Dutch patron and translator of Böhme's works.[46] Although this elegant solution has since been widely accepted, it is incorrect.[47] In 1936 the Dutch historian Izaak Prins (1887–1968) established that Beyerland's eldest son was named Abraham Abrahamszoon van Beyerland (b. 1607), a name scarcely reconcilable with the initials H.G.R.V.B.[48] Even if this identification is applied to the eldest son of Beyerland's *second* marriage, Willem Abrahamszoon van Beyerland (where G would stand for Guilielmus), he was not known to have had a middle name beginning with R. However, now that we know that a Gottfried Richter was involved in the production of the Toruń edition, and that Michel le Blon indicated that he received the text of Wießner's letter "from Breslau," then it seems reasonable to conclude that the initials stood for "H[err] G[ottfried] R[ichter] V[on] B[reslau]."[49]

A further piece of evidence linking Richter to the Toruń edition appears in the fourth volume of the collection. This tome has a preface in which the editor excuses himself for the quality of some "appended verses."[50] The advertised poem, in the form of 193 Alexandrine rhyming pairs, duly appears at the end of the volume as "Verwandlung des Menschen," and is signed "J.G.B.R.T. 24. Jun. 1647."[51] This formula simply intermixes the initials of "Jacob Böhme Teutonicus" (J.B.T.) with those of "Gottfried Richter" (G.R.), along with the date of the poem's completion. The poetic "Verwandlung" is therefore proof that Gottfried Richter was also the editor of the Böhme edition.

But who was this Gottfried Richter? Combining the evidence above, we can offer some tentative conclusions. Probably hailing from Breslau, Richter served as a salesman's agent in Toruń in the 1640s and 1650s, and corresponded with several of Böhme's followers.[52] He is possibly identical with, or related to, the prominent Breslau merchant of the same name, who in 1633 married Justine Ehem (b. 1610), and who in 1649 donated a numismatic collection to the library of St. Maria Magdalena in Breslau.[53] Future research in local collections in Breslau will likely shed further light on Richter's life and fate.

---

45 A statement in Le Blon 1653, p. 99 reading "Tot een stichtelijck besluyt deser Brieven, heb ick goedt gevonden seker Missive hierby te voeghen, my toegesonden vanden Heer D^r.W.," has been misread as indicating that Le Blon himself was the addressee, such as in a later endorsement to Le Blon's manuscript copy of the letter, which reads "Kopie eines Br. von Dr. Wisner an M. le Blon vom 21.2.1651"; see Wolfenbüttel HAB, Ms. 67 noviss. 4°, 13v–15ar. In reality, the missive was sent to Le Blon from someone in Breslau, which Le Blon mistook as the place from which the letter was written.

46 Böhme 1730, p. 32.

47 The identification is sponsored by, among others; Buddecke 1937–1957, vol. 2, p. 82; Gilly 2007a, p. 443, n. 37; Gilly 2007b, p. 97.

48 Prins 1936, pp. 3–211, genealogical tables E and E1.

49 The solution of the final two characters V.B. as "von Breslau" follows the toponymic logic of the Wießner identification, discussed above. It is worth noting that Koffmane 1880, p. 37, n. 1 undertook a linguistic analysis of Böhme [1652–1654], concluding *nach der sprachlichen Eigenthümlichkeiten* that "its editors were Silesian." Further evidence linking Richter to Breslau is presented below. On the letter originating from Breslau, see above note 45.

50 [Gottfried Richter]: "Der Verleger an der [sic] Leser," in Böhme [1652–1654], vol. 4, sig. A1v.

51 [Richter] 1653. As Gilly 2007d, pp. 352, 443 has shown, this tractate was reprinted on several occasions and has its own fascinating reception history, mainly as a result of the misconception that it was authored by Abraham von Franckenberg.

52 He seems to never have become a citizen of Toruń. See Semrau 1919/1920.

53 Pusch 1986, p. 347; Wende 1679, sig. [A2r]; Friedensburg 1888, p. 84; Friedensburg 1900, pp. 144–145.

4 Other Spiritualist Writings Printed in Toruń

In 1880, in his religious history of Silesia, the church historian Gustav Koffmane (1852–1915) argued, on the basis of a comparison of "typefaces, printers' marks, orthography and paper," that the edition of Böhme's works was not the only book to appear as part of the Toruń publishing enterprise. Indeed, Koffmane suggested that the edition was produced in conjunction with two books by the Lutheran minister Augustin Fuhrmann (1591–1644), namely his *Brust-Bild Der liebe Jesu* (1652) and *Siebenfacher Seelen Kampff* (ca. 1652).[54] Koffmane's observations are borne out by a comparison of the relevant prints. The Fuhrmann volumes are printed on the same unwatermarked paper used in the Böhme edition, and share typefaces and ornaments with other prints by Karnał. Indeed, the final leaf of Fuhrmann's *Seelen Kampff* bears an ornament that appears both in Richter's Böhme edition as well as other contemporary prints by Karnał.[55]

Born in Ohlau (Oława) in 1591, Fuhrmann studied Lutheran theology in Frankfurt an der Oder.[56] In 1639, following a career as a minister in various places throughout Lower Silesia, he was appointed as the Lutheran *Hofprediger* at the multi-confessional court of Duke Johann Christian (1591–1639) in Brieg (Brzeg). From at least 1629, Fuhrmann authored a series of quietistic spiritualist writings inspired by Johann Arndt. In addition to being mentioned several times in the correspondence of Franckenberg and Johann Theodor von Tschesch (1595–1649), since at least 1642 he created scribal copies of Böhme's works.[57] Like Gottfried Richter, Fuhrmann was thus firmly enmeshed in the central European Böhmist networks.

But a closer examination of Fuhrmann's *Brust-Bild* (1652, Fig. 4) particularly its remarkable preface composed by the book's *Verläger* – that is to say, its publisher or perhaps editor – implicates yet other figures in the Toruń publishing enterprise. The author of this preface was someone who, in addition to being familiar with Fuhrmann's oeuvre, was expert in the works and bibliography of the medieval German mystic Johannes Tauler (ca. 1300–1361). He was also familiar with an astonishing diversity of contemporary commentators on Tauler's legacy, including the Schwenckfelder Daniel Sudermann (1550–1631), the Dutch Jesuit Maximilian Sandaeus (1578–1656), the Lutheran jurist and apostate Christoph Besold (1577–1638), the Flemish mystic Louis de Blois (1506–1566), and the Lutheran apocalypticist Julius Sperber (ca. 1540–ca. 1610). Needless to say, the number of people with the kind of specialised knowledge and peculiarity of interest necessary to author such a preface could be counted on one hand. And an indication of the identity of the editor is duly provided by a typographical arrangement found at the conclusion of the piece.

A
I ✠ S
F

54 Fuhrmann 1652a; Fuhrmann [1652b].

55 Fuhrmann [1652b], p. 108. See further above, note 30.

56 Koffmane 1880, pp. 38–42; Zeller 1952; Zeller 1971; Keserű 2001; Karnitscher 2015, pp. 106–108, 110–119, etc.

57 Görlitz OLBW, LA III 409, fol. 31r (Franckenberg to unknown, 23 September 1639); fol. 34v (Franckenberg to unknown, 4 October 1639). See further Kress 2011, pp. 286–287 (n. 114), 387. On the scribal publication, see Wolfenbüttel HAB, Ms. 67 novis 4°, fol. 106v (Heinrich Prunius to Tschesch, 25 February 1642): "Was mir von Br[ieg] communicirt, wolle Er [*sc.* Tschesch] H[errn] A[ugustin] F[uhrmann] auch den 1. Bogen von dem Test: Chri. communiciren, cui meo no[m]i[n]e S. & O. in S.C. so die 177. Th. Fr[agen] verfertiget, möchten wir gern sie ab copiren laßen, damit sie ans tagelicht kämmen."

Brust-Bild
Der
Liebe Jesu /
Vorgestellet
An dem Jünger / welcher
an
Der Brust Jesu lag:
Und erkläret durch
AUGUSTIN FUHRMANN.

Abgedruckt
M. DC. LII.

Fig. 4: Title page in: Augustin Fuhrmann, *Brust-Bild / Der liebe Jesu*, Toruń 1652, Biblioteka Uniwersytecka Wrocław, 3009037

Taken together with the preface – its veneration of Tauler, its startling bibliographical exactitude, the peculiarities of its typesetting, and praise of figures from across the confessional spectrum – this arrangement indicates that the *Verläger* was almost certainly Abraham von Franckenberg, who died on 26 June 1652.[58] But while this explains the initials A.F., we are still left with the puzzle posed by I.S. While this could indicate merely 'in signo [crucis],' there is another explanation.

It is here that we return to a key figure in the history of Jacob Böhme's reception in modern Poland. For I argue that the initials I.S. stand for Franckenberg's close friend; the physician, poet, and later Catholic convert, Johann Scheffler. As stated above, Scheffler and Franckenberg were close friends since 1649. On the occasion of Franckenberg's burial, Scheffler penned a heartfelt farewell to his dear friend.[59] Unsurprisingly, Scheffler was a beneficiary of Franckenberg's will, and was bequeathed a large selection of his friend's books, some of which are extant in the university library of Wrocław and elsewhere.[60] But he was also a custodian of Franckenberg's manuscripts. This much

---

58 [Franckenberg/Scheffler] 1652 (3v –)(4r. Compare the similar authorities listed in Franckenberg 1646 and the manuscript list edited in Zuber 2017a, p. 213, n. 13. I thank Mike Zuber for bringing this document to my attention.

59 Scheffler 1652.

60 See Orcibal 1937; Orcibal 1938; Bruckner 1988, pp. 93–104. Further volumes from the library are today in Berlin and Göttingen, see Penman 2022.

is confirmed by the alchemist Joachim Poleman, who in 1659 informed Samuel Hartlib that "all the manuscripts of Mr Franckenberg [...] were acquired by a physician in Breslau named Scheffler, and had been entrusted to him by the deceased because he was devout and God-fearing."[61] Similarly, in a bibliographical survey of Franckenberg's works printed in 1687, a well-informed commentator wrote that Franckenberg had authored "prefaces to many books, some printed, some still in manuscript, together with an assortment of other manuscripts, including some which fell into the hands of the Jesuits through Dr. Scheffler."[62] Among these manuscripts might have been the preface to the Fuhrmann book.

The appearance of Scheffler's initials at the conclusion of this preface may suggest his responsibility for transmitting the Fuhrmann book to Richter or Karnał, likely sometime between Franckenberg's death in June 1652 and his own conversion to Catholicism in June 1653. Yet the initials might also indicate that Scheffler had revised, or even co-authored the preface with Franckenberg. If so, then Fuhrmann's *Brust-Bild* contains a heretofore unrecognised piece of writing by the great Silesian poet.

Given these circumstances, it is also probable that Scheffler contributed texts from Franckenberg's estate to Richter's Böhme edition. For example, volume four, printed in ca. 1653, contains two works from Franckenberg's pen; the first, his biography of Böhme (1651), and the second, an account of the providential adventures of Johann Beer beneath the Zobtenberg (1641).[63] While older authorities have assumed that Franckenberg supplied the Toruń editor with these texts directly, in 2007 Gilly plausibly suggested that the tracts instead came from Franckenberg's estate, and were thus provided by an intermediary.[64] The Fuhrmann volume suggests that this intermediary was Scheffler, who in the same period shared similar material with the Thuringian pastor Georg Lorenz Seidenbecher (1623–1663), who, like Poleman, recognised the physician as the inheritor of Franckenberg's library.[65]

There is furthermore indirect evidence of contact between Scheffler and Richter. For example, Scheffler is one of the few individuals known to have possessed an exemplar of Richter's Böhme edition. A copy of the fourth volume, with his ownership mark "I[ohannes] S[cheffierus] V[ratislaviensis] S[ilesius]" on the title page, is preserved today in Wrocław (Fig. 5).[66] Second, in the period between 1652 and 1654, when the Toruń edition was printed, Scheffler was personally involved in projects to print heterodox religious literature. While his 1652 attempt to print extracts from medieval German mystics – a project blocked by an overzealous Lutheran censor in Oels (Olesnica) – is well known, Scheffler's admission to knowledge of a specific project to publish Böhme's works in the early 1650s remains virtually unknown.[67]

61 Sheffield, University Library, Hartlib Papers, 60/4/82a (Poleman to Hartlib, 15 August 1659): "Betreffend den sehligen H. Frankenberg vnd seine MS. so hat dieselbe alle bekommen ein Medicus zu Breslaw nahmens Schefflerus, welchem sie der selige Man selber vbergeben, weil Er from vnd Gottesfurchtig gewesen [...]."

62 Franckenberg 1687, sig.)(8v.

63 Böhme [1652–1654], vol. 4, sigs. A2v–C2r; sigs. C2v–C7v. On the legendary spirits of Zobtenberg visited by Beer see Bohn 1918.

64 Koffmane 1880, pp. 37–38; Orcibal 1938, p. 497; Peuckert 1961, p. 208; Buddecke 1937–1957, vol. 2, p. 85. Cf. Gilly 2007d, pp. 351–352.

65 See Verpoorten 1739, pp. 187, 189, 191, 198–199 (reprinting letters of Seidenbecher to Scheffler between 23 November 1652 and 27 April 1653).

66 Wrocław BU, sig. 476144. Cf. Orcibal 1938, p. 497. The conclusions of Peuckert 1928, p. 375, Bruckner 1986 and Bruckner 1988, pp. 93–104, who associate the initials J.S.V.S. instead with Johann Sigismund von Schweinichen, are entirely unfounded. See Penman 2022.

67 Löscher 1714, pp. 79–83 (Scheffler to Georg Betke, 28 November 1652); Scheffler 1665, pp. 5–6.

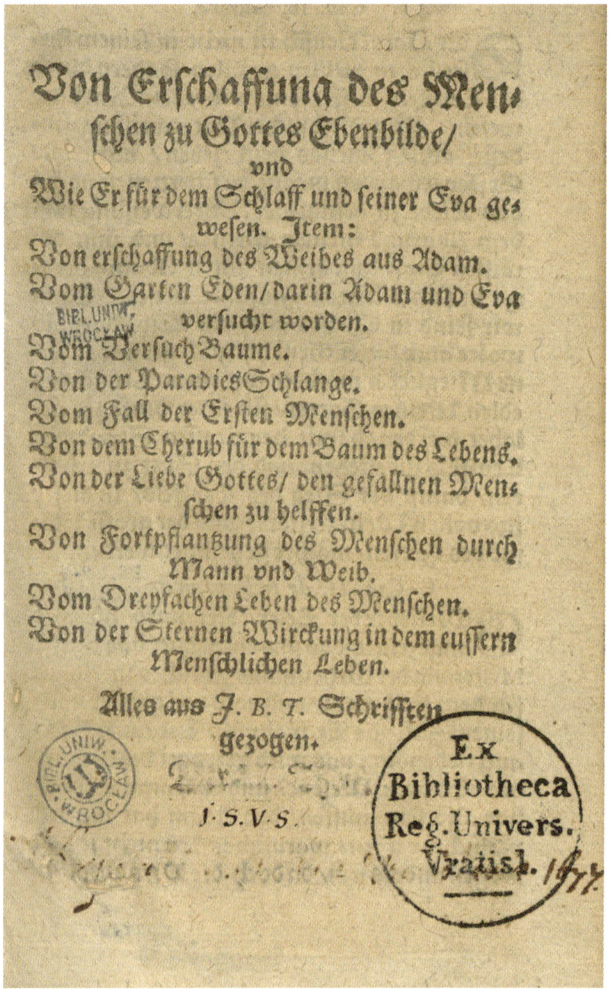
Von Erschaffung des Men-
schen zu Gottes Ebenbilde/
vnd
Wie Er für dem Schlaff und seiner Eva ge-
wesen. Item:
Von erschaffung des Weibes aus Adam.
Vom Garten Eden/ darin Adam und Eva
versucht worden.
Vom VersuchBaume.
Von der ParadiesSchlange.
Vom Fall der Ersten Menschen.
Von dem Cherub für dem Baum des Lebens.
Von der Liebe Gottes/ den gefallnen Men-
schen zu helffen.
Von Fortpflantzung des Menschen durch
Mann vnd Weib.
Vom Dreyfachen Leben des Menschen.
Von der Sternen Wirckung in dem eussern
Menschlichen Leben.
Alles aus J. B. T. Schrifften
gezogen.
J. S. V. S.

Fig. 5: Ownership mark of Johann Scheffler, in: Jacob Böhme, *Von Erschaffung des Menschen zu Gottes Ebenbilde* […], Der Vierte Theil, [Toruń] [ca. 1652], Biblioteka Uniwersytecka Wrocław, 476144

This admission emerged during Scheffler's polemical tussle with the Leipzig theologian Johann Adam Schertzer (1628–1683). In his *Und Scheffler redet noch so viel als nichts* (1664), Schertzer wrote that he had been contacted by a certain "servant" (*famulus*) who was employed by Scheffler sometime between 1649 and 1652. In addition to showing Schertzer an edition of Böhme's *Aurora* that Scheffler had annotated profusely, the *famulus* reported that Scheffler "desired to see them [*sc.* Böhme's works] reprinted."[68] This statement provides *a priori* evidence of Scheffler's interest in something like the Toruń edition. However, in the course of his evasive riposte to Schertzer, Scheffler accidentally betrayed his knowledge of a specific publication project operating out of Breslau, for he wrote that Böhme's books were "openly sold and openly printed" in that city.[69] Given that Gottfried Richter probably hailed from Breslau, and that the only works of Böhme published during Scheffler's Oels period between 1649

68 Schertzer 1664, p. 3: "Wie ich berichtet werde [*sic*]/ so habet ihr Jacob Böhmen Schrifften würdig geachtet/ daß sie wieder gedrucket würden." The *Aurora* edition shown to Schertzer was almost certainly Böhme 1634.

69 Scheffler 1665, pp. 5–6: "Denn man hat ihn [sc. Böhme] zu Breßlau offentlich verkaufft/ ist auch offentlich gedruckt."

and 1653 were those printed by Michał Karnał, there can be little doubt that Scheffler here referred to the Toruń edition of Böhme's works.[70]

5 Conclusion

Despite reaching back to the very beginning of the theosopher's literary career, the story of Böhme's Polish reception has been largely untold. Further research in the rich holdings of Polish archives and libraries will surely reveal more about the Toruń publishing project and its participants, and perhaps also about the extent of the enterprise. I suspect, for example, that a 1656 edition of Böhme's *Gebetbüchlein* was also printed by Michał Karnał, and therefore could represent the final efflorescence of Richter's publishing enterprise, even as the weight of Böhme's printed legacy was shifting to Amsterdam with Heinrich Betkius' arrival there in the same year.[71] New research on Johann Scheffler will have the benefit not only of revealing more information about his roles in Böhme's reception, but could also inform the further analysis of his literary oeuvre, and perhaps define his relationship to the preface to Augustin Fuhrmann's *Brust-Bild*.

With this desire to prompt further research firmly in mind, I wish to conclude this essay by pointing out two pertinent sources concerning Scheffler and his legacies. The first is a manuscript, apparently no longer extant, that belonged to the Prussian bibliophile and diplomat Johann Christian Gottfried Jahn (d. 1755). This manuscript united Johann Theodor von Tschesch's otherwise unknown tract "General Entwerffung der Haupt-Mängel in der Evangelischen Kirche" with Scheffler's "Rationibus, quare ad Catholicos transeundem."[72] This juxtaposition suggests that, to at least one observer, the anticlerical legacy of Böhme's theosophical worldview played a key role in prompting Scheffler's conversion to Catholicism. This is a position supported by Scheffler's own words, if we accept them at face value.[73]

But in the year after his death Scheffler's legacy was reclaimed by Böhmists. In 1678 a portrait of Böhme appeared which was accompanied by seemingly adulterated verses from Scheffler's *Cherubinischer Wandersmann*.[74] Yet where the original lines were

> Im Wasser lebt der Fisch, die Pflanzen in der Erden,
> Der Vogel in der Luft, die Sonn im Firmament,
> Der Salamander muß im Feur erhalten werden,
> Im Herzen Jesu ich als meinem Element.

the final line under the portrait is "Und Gottes Herz ist Jakob Böhmens Element." This encomium was pointedly printed under Scheffler's Catholic baptismal name, Johann Angelus (Fig. 6).

---

70 It is significant that Lipenius 1685, vol. 1, p. 34 indicates that Fuhrmann 1652a was published in Breslau.

71 Buddecke 1937–1957, vol. 2, pp. 214–215, no. 181.

72 Jahn 1755, p. 684. The document possibly consists of extracts or versions of material published in 1653.

73 See Scheffler 1664, p. 9 where the poet thanks God that he had discovered Böhme's writings, "den[n] sie seind grosse Ursache gewest, daß ich zur Erkändtnüß der Wahrheit kommen und mich zur Catholischen Kirchen begeben habe."

74 Scheffler 1675a, IV, p. 32.

Fig. 6: Jacob Böhme, Portrait with verse attributed to Johann Scheffler, c. 1678, copperplate engraving, Herzog August Bibliothek Wolfenbüttel, Portrait Collection, inv. no. A 25410

Was this – like the fable of Gottfried Richter's familial background – another manifestation of the desire of Böhme's followers to demonstrate the enduring truth of the theosopher's doctrines by reclaiming Scheffler's tarnished legacy? Or could the verses be legitimate fruits of Scheffler's pen, authored before his conversion, which filtered down to later Böhmists in a process similar to that behind the Toruń edition?[75] The answers to these questions, if they are indeed out there, will likely be found in the holdings of Polish libraries and archives. The next chapters of Böhme's story, it seems, will have to be written in Poland.

75 Hans Ludwig Held in his edition of Scheffler's *Sämtliche Poetische Werke* (1924) asserts that these verses are a "Parodierung" of the 1670s (Held 1924, p. 33). Cf. the rather different conclusion reached by Ferdinand van Ingen in Böhme 2009, p. 262.

Tünde Beatrix Karnitscher

Jacob Böhme im Karpatenraum

Abstract: This study focuses on the early reception of Jacob Böhme's writings in the Carpathian Basin. The trade routes between Silesia, Vienna and Upper Hungary helped to spread his texts, which could only appear there in print much later, if at all. The reception of Böhme's writings in the Carpathian Basin was thus hesitant. Yet these areas nonetheless served to mediate mystical-spiritual ideas in the mid-18th century.

As in many other regions, Böhme's works circulated in the Carpathian Basin primarily in handwritten letters by German-speaking actors. The correspondence of the Viennese chiliast Johann Permeier (1597–1644) highlights attempts to publish and distribute these writings, and the case of the Austrian magnate family Henckel makes the infrastructure of the reception of spiritualist literature clear. The network of Böhme recipients included Johann Theodor von Tschesch (1595–1649), the publisher Matthäus Merian d. Ä. (1593–1650), a follower of the apocalyptic authors Ludwig Friedrich Gifftheil (1595–1661), Lorenz Grammendorf (around 1575–1650), and prominent adherents of Böhme such as Abraham von Franckenberg (1593–1652), Johann Angelius Werdenhagen (1581–1652) and the copyist Wilhelm Schwartz (1597–1661). The latter copied Böhme's works diligently, and he actively promoted the dissemination of spiritualist literature from Amsterdam via Danzig and Prešov to Transylvania.

Eine Untersuchung der Rezeption der Schriften Jacob Böhmes in Ungarn scheint auf den ersten Blick ein wenig aussichtsreiches Unterfangen zu sein. Ein flüchtiger Blick auf die Anmerkungen in den ungarischen Böhme-Übersetzungen neuester Zeit sowie auf andere sporadische Böhme-Reflexionen der letzten Jahre scheint dies zu bestätigen.[1] Eine Ausnahme stellt allerdings Béla Hamvas (1897–1968) dar, der sich intensiv mit Böhme beschäftigte, seine Gedanken in Relation zum hinduistischen Gedankengut setzte und die *Psychologia vera* 1946/47 ins Ungarische übersetzte.[2] Die Wahl des Titels seiner Übersetzung lässt vermuten, dass der in Preschau (Prešov, Eperjes) geborene und in Preßburg (Bratislava, Pozsony) aufgewachsene Hamvas dafür auch Johann Angelius Werdenhagens (1581–1652) Übersetzung dieses Werkes ins Lateinische zu Rate zog, wenn er sie nicht sogar als Übersetzungsgrundlage verwendete.[3]

Überraschend ist die allgemeine Reserviertheit bezüglich des Themas vor allem, wenn man Böhmes frühe Rezeption im Karpatenbecken bedenkt. Diese lässt sich anhand der Untersuchungen von Bálint Keserű und der ausschließlich auf Ungarisch vorliegenden Publikationen von Noémi Viskolcz rekonstruieren. Dabei verdichtet sich der Kreis der Rezipienten um den aus Oberösterreich stammenden Johann Permeier (1597–nach 1644),[4] um Melchior Beringer von Königshofen (1594–1643) und die Magnatenfamilie Henckel von Donnersmark in den Gebieten bzw. Städten Wien, Preßburg, Ödenburg (Sopron) und die Zips, worauf zunächst eingegangen werden soll.

1 Zu der Annahme, dass Böhme in Ungarn nicht breit rezipiert wurde vgl. Karátson 2006, S. 102; Makovnik 2009, S. 28. Anderswo wird nur generell auf Böhmes ausländische Rezeption hingewiesen, jedoch auf eine spezifisch ungarische überhaupt nicht eingegangen. Vgl. Adamik 1990, S. 108. In der Übersetzung Böhmes von Ferenc Buji wird auf die Rezeption nicht eingegangen, vgl. Buji 2001.

2 Vgl. hierzu Darabos 2008, S. 47, sowie Hamvas 2013.

3 Wie von Zsuzsa Font nahelegt, in Font 2017, S. 35.

4 Zu seiner Person vgl. Keserű 2002 sowie Viskolcz 2006, bes. S. 32–59.

https://doi.org/10.1515/9783110720525-010

Die Böhme-Leserschaft der 1630er bis 1640er Jahre lässt sich anhand jener Briefsammlung rekonstruieren, die in zwei Kodizes im Archiv der Franckeschen Stiftungen zu Halle aufbewahrt wird.[5] Aus dieser Sammlung wird Permeiers Korrespondenznetzwerk sichtbar, wobei der Name Böhmes sowie die Namen seiner ersten Rezipienten, darunter Abraham von Franckenberg (1593–1652) und Wilhelm Schwartz (1597–1661), immer wieder auftauchen. Bemerkenswert dabei sind die vielfältigen Beziehungen zwischen Schlesien, Wien und Oberungarn. Eine besondere Rolle spielt in diesem Zusammenhang Preßburg, da dort die in Wien nach 1620 immer stärker bedrängten protestantischen Familien religiösen Anschluss finden.[6] Permeier selbst verlässt Wien zu dieser Zeit aus Glaubensgründen,[7] andere dagegen bleiben, besuchen jedoch den Gottesdienst in Preßburg. Am Rande sei erwähnt, dass die wohl bedeutendste Dichterin des 17. Jahrhunderts, Catharina Regina von Greiffenberg (1633–1694) aus Niederösterreich, bei einem Besuch in Preßburg ihre spirituelle „Erweckung" erlebt und ihren Weg zur Dichtung findet.

Permeier wendet sich zur Verbreitung spiritualistischen Gedankengutes ebenfalls nach Preßburg. Er lässt seinem Briefpartner Beringer Bücher spiritualistischen Inhalts zukommen und hofft sogar, zur Publikation solcher Texte dort eine Druckerei gründen zu können.[8] Außerdem schlägt er vor, einige dieser spiritualistischen Schriften ins Ungarische zu übersetzen – so etwa Joachim Betkes (1601–1663) *Mensio Christianismi* und das *Speculum fidei*.[9] Beide Vorhaben werden jedoch nicht realisiert, im Gegensatz zu demjenigen Beringers: Der aus Wien nach Preßburg versetzte Beringer pflegt gute Kontakte nach Oberungarn und Siebenbürgen und plant, die eher kirchenkonformen *Postilla* von Johann Arndt (1555–1621) zu veröffentlichen.[10] Dabei greift er auch in den Text der Postille ein, indem er sie seitenweise erweitert, zudem erteilt er Anweisungen zur Ausschmückung und Papierwahl.

Bei diesem Vorhaben wird Werdenhagen zu Rate gezogen und darum gebeten, den von Franckenberg erstellten Lebenslauf von Arndt zu begutachten.[11] Nach dem Erscheinen des Arndt-Druckes 1642/43 in Frankfurt am Main bei Matthäus Merian d.Ä. (1593–1650) planen Permeier und Beringer sogar Übersetzungen von kleineren Schriften Arndts ins Ungarische und ins „Slavonische".[12]

Die Schriften Böhmes gelangen, ebenso wie ein Großteil anderer spiritualistischer Literatur auf Deutsch von Schlesien nach Ungarn. Dabei erreichen die Texte ihre Leser, wie schon in der frühen Böhme-Rezeption im deutschen Sprachraum, oftmals nicht als Druck, sondern in handschriftlicher Form. Bezeichnend ist die erste Erwähnung von Böhmes Schriften in dem genannten Briefwechsel. In einem Schreiben aus dem Jahr 1630 bestätigt nämlich Permeier den Erhalt von Böhme-Schriften und warnt seinen Briefpartner vor falschen Kopien der Texte, die nicht von Böhme stammten und mit vielen Fehlern im Umlauf seien.[13] 1631 wenden sich die Geschwister Saccus aus Amsterdam an

5 Die Handschriften sind unter den Signaturen B17a und B17b zu finden. Zur Beschreibung des Inhalts der Sammlungen vgl. Viskolcz 1998, hier S. 141. Ein Verzeichnis der Briefe ist einsehbar unter http://emlo-portal.bodleian.ox.ac.uk/collections/?catalogue=johann-permeier, (zuletzt aufgerufen am 1. April 2023).

6 Vgl. hierzu Reingrabner 1997; Viskolcz 2006, S. 246–248.

7 Viskolcz 1998, S. 141, Anm. 9.

8 Keserű 2002, S. 296; Viskolcz 2006, S. 115.

9 Viskolcz 2006, S. 112–118, 249. Zu seiner Person vgl. Karnitscher 2019a.

10 Keserű 2002, S. 298 f.; Viskolcz 2006, S. 213–256. Es geht um folgende Ausgabe: Arndt 1643. Zu Beringers Person vgl. Keserű 2002, S. 295.

11 Vgl. Viskolcz 2006, S. 284 f., 319.

12 Vgl. Beringers Brief an Permeier vom 14. Juni 1642 (Bibliothek und Archiv der Franckeschen Stiftungen [AFSt.], B17b f155), zit. in Wotschke 1930, S. 122, Anm. 1, sowie Viskolcz 2006, S. 250, Anm. 862. Vgl. hierzu Viskolcz 2006, S. 248–253, sowie Keserű 2002, S. 300. Solche Übersetzungen sind leider nicht erhalten, ihre Existenz wird jedoch durch die häufige Erwähnung in den Briefen stark angenommen. Vgl. auch Deppermann 2002, bes. S. 21, Anm. 65.

13 Permeier an Anton von Hoecke (AFSt., B17b f69). Vgl. Viskolcz 2006, S. 176 f.; Viskolcz 1998, S. 142.

Permeier in der Hoffnung, dass dieser finanzielle Unterstützung für die Gründung einer Druckerei für Böhmes Werke einwerben könne. Das Hauptaugenmerk richtet sich dabei auf das *Mysterium Magnum* und einen Teil desselben, den *Iosephus Redivivus*, der jedoch offenbar auch als für sich stehendes Werk rezipiert wird.[14] Vor diesem geistigen Hintergrund entfaltet sich der Briefwechsel zwischen Permeier und dem ehemaligen Hofkriegszahlmeister Beringer.[15] Bemerkenswert ist die fruchtbare Zusammenarbeit, wenn man das finanzielle Ungleichgewicht zwischen Permeier und Beringer bedenkt, ebenso wie das Renommee beider. Permeier, der sich u. a. als „Welt-Generaldirektor" betitelt und im Verdacht der Spionage steht, trifft in dieser Konstellation auf den gewandten Beringer, dessen Festhalten am protestantischen Glauben vom Wiener Hof stillschweigend geduldet wird. Durch diese Verbindung avanciert Permeier zu einem ernstzunehmenden Vermittler von Frömmigkeitsliteratur.

Böhmes Name taucht 1638 in der Korrespondenz beider auf, als Beringer seinen Briefpartner darum bittet, ihm den erwähnten *Iosephus Redivivus* zuzuschicken. Permeier kommt diesem Wunsch nach und sendet nicht nur das gewünschte Werk, sondern zusätzlich auch Böhmes *Der Weg zu Christo*.[16] Kurz darauf berichtet Permeier an Beringer begeistert von einem anderen, im Stil Böhmes verfassten Werk:

> Von dem Fürtrefflichen, Hochgelehrten vnd Geistreichen Mann Herrn Abrahamen von Franckenberg zu Ludwigsdorff in Schlesien, (:sonsten vornehmes geschlechts:) hab Ich heut wider ein schönes Schreiben aus dem Fische Brun des bewusten Schusters Weißheit empfangen, darin vngezweifelt das gesambte Ministerium zu Pressburg viel nutzliches zumeditiren haben wurde.[17]

Bemerkenswert ist, dass Beringer – wie Permeier meint – erwägen konnte, ein derart polarisierendes Buch der Pfarrerschaft zu vermitteln. Dies und Permeiers Plan, in Preßburg eine Druckerei zu gründen, zeugen von seinem Optimismus hinsichtlich des religiösen Klimas innerhalb der Stadt und der ungarischen protestantischen Stände, die auf dem Landtag 1638 einheitlich und gut organisiert auftreten.[18] Permeiers Begeisterung ist ungebrochen, als er im gleichen Jahr von dem Gifftheil-Anhänger Lorenz Grammendorf (um 1575–1650) aus Berlin erfährt, welche Böhme-Werke sich gerade im Druck befinden. Dies sind der schon erwähnte *Iosephus Redivivus* sowie *De Signatura Rerum*, *Der Weg zu Christo* und *Aurora*. Permeier bittet kurz darauf um die Zusendung des *Iosephus Redivivus* und der *Vierzig Fragen von der Seelen*.[19] 1641 stellt Permeier sogar einen Katalog von Böhmes Werken zusammen und verschickt diesen samt Böhmes *Vierzig Fragen* als Handschrift an Beringer. In einem späteren Brief fügt er hinzu, er rechne nicht damit, dass das mitgeschickte Traktat bald gedruckt werde und lege daher seinem Adressaten ans Herz, einen zuverlässigen Schreiber für die Erstellung von Kopien zu finden.[20]

14 Für *Iosephus Redivivus* sei die Finanzierung so gut wie gesichert und von *Mysterium Magnum* wäre der letzte Teil gerade im Druck. Für die (wohl vollständige) Drucklegung des *Mysterium Magnum* wäre jedoch weitere Unterstützung notwendig. Böhmes *Iosephus Redivivus* wird 1630 und 1631 in Amsterdam bei Hendricksz Fijt gedruckt, bei der späteren Ausgabe wirkt Franckenberg mit. Ob die Brüder Saccus bei einer dieser Auflagen mitgewirkt haben, oder ob es eine zusätzliche, heute nicht mehr auffindbare Ausgabe von *Iosephus Redivivus* gibt, lässt sich leider nicht mehr bezeugen (Johannes Saccus an Permeier, AFSt., B17b f218; vgl. Viskolcz 2006, S. 177; Viskolcz 1998, S. 143).

15 Vgl. auch Keserű 2002, S. 292, 294–296, sowie Gilly 2007b, S. 89, bzw. S. 416, Anm. 52.

16 Da es schon 1635 eine dritte Auflage beider Werke gab, ist nicht auszuschließen, dass Permeier Beringer diese schickt. *Der Weg zu Christo* ist auch in Beringers Bücherverzeichnis vermerkt. Vgl. Viskolcz 2006, S. 178, 332.

17 Permeier an Beringer, am 2. September 1638 (AFSt., B17a III5g). Zit. in Viskolcz 2006, S. 178, sowie Viskolcz 1998, S. 143, Anm. 27.

18 Keserű 2002, S. 296; Viskolcz 2006, S. 118.

19 Grammendorf an Permeier, am 5. bzw. 15. September 1638 (AFSt., B17a III6o). Vgl. Viskolcz 1998, S. 143; Viskolcz 2006, S. 178.

20 Permeier an Beringer, am 30. April 1641 (AFSt., B17a III7c). Vgl. Viskolcz 2006, S. 178 f.; Viskolcz 1998, S. 144.

Während sich Permeier für Preßburg eine aktive Rolle in der Verbreitung spiritualistischer Lektüre wünscht, betrachtet er eine andere Stadt im Karpatenbecken eher als geeigneten Rückzugsort für eine vertiefte fromme Lektüre: So hofft er, in Ödenburg (Sopron) die Ruhe für Böhmes *Vierzig Fragen von der Seelen* zu finden, wie er Beringer mitteilt.[21] Nicht nur Permeier braucht besondere Muße für die Lektüre der Werke Böhmes, auch Beringer beklagt, dass ihm diese zu mühselig, zeitaufwendig oder einfach zu schwer ist: „sonderlich die 40. Fragen, welches mir doch gar ein verschloßnes Buch ist, vnd mir nicht erlauben will, nur das A.B.C. darinnen anfangen zu lernen, doch lese Ich im Gottes Nahmen gemach fort, da dann bisweilen etwas wenigs kleben bleibt."[22]

Entsprechend tröstet Permeier seinen „Bruder":

> Es ist zwar sein des Schusters Philosophia etwas hoch aber nicht weitleuffig vnd könte mit einem richtigen methodo in eine gar kurtze form gebracht werden, dan wer einmal seine principia verstehet, der findet in allen Schrifften immer einerley gleich wie der Apostel Paulus geschrieben, vnd die Warheit nach ihrer Volkommenheit für sich nicht anderst kan oder vermag.[23]

Allerdings wird in der Korrespondenz Permeiers nur selten konkret über Böhmes Gedanken an sich diskutiert. Eine „kurze" Erklärung von Böhmes Werk entsteht zwar genau um diese Zeit (1641/42), nämlich im Kreise schlesischer Spiritualisten durch Johann Theodor von Tschesch (1595–1649), den Permeier kennt und dessen Bibliothek er offenbar gerne besuchen würde.[24] Tscheschs *Einleitung* in Böhmes Werk wird jedoch in dem Briefwechsel zwischen Permeier und Beringer nicht erwähnt. Dies mag damit zu tun haben, dass Beringers Frömmigkeit anscheinend 1641 konkretere Formen annimmt: Er lobt Arndts Werke, in denen er „schönes temperament vnd [einen] Mittelweg" entdeckt, im Gegensatz zu der „newen Meinung, welche also balden das Kind mit dem Badt außgießen".[25] In diesem Kontext entsteht der eben erwähnte Arndt-Druck unter Beringers Leitung, die sich von der Redaktion über die Finanzierung bis zum Druck erstreckt, sowie mit Permeiers fachlicher Unterstützung. Arndt sei, so Beringer „auch bey dem gemeinen Volck sehr beliebt [...], sonderlich in disen Landen".[26] Er verschließt sich zwar nicht ganz vor Böhme, Joachim Betke sowie der kontroversen und stärker kirchenkritischen spiritualistischen Literatur, bewahrt jedoch eine gewisse Distanz. Diese Haltung ist auch für die spätere Rezeption in dem hier zu behandelnden Gebiet signifikant und tritt später sogar noch markanter hervor.

Nichtdestotrotz laufen die Fäden der frühen Böhme-Rezeption bei Permeier und seinen Briefpartnern zusammen. Dazu gehört die Tätigkeit des Breslauer Buchhalters und Kalligraphen Schwartz, der Böhmes Werke emsig kopiert und die Verbreitung dieser Literatur aktiv von Amsterdam über Danzig und Preschau bis Siebenbürgen vorantreibt (Abb. 1).[27]

21 Permeier an Beringer, am 27. Mai 1641 (AFSt., B17a III7e). Vgl. Keserű 2002, S. 297, sowie Viskolcz 2006, S. 179.

22 Beringer an Permeier, am 24. Mai 1641 (AFSt., B17a III7d), zit. in Viskolcz 2006, S. 179; auch bei Gilly 2007b, S. 416, Anm. 52.

23 Permeier an Beringer, am 27. Mai 1641 (AFSt., B17a III7e), zit. in Viskolcz 1998, S. 144; Viskolcz 2006, S. 179 sowie Gilly 2007b, S. 417, Anm. 52.

24 Zu Tschesch und seiner „Einleitung in dem Edlen Lielien-Zweig des Grundes und der Erkäntniß / der Schrifften des Hocherleuchten Jacob Böhmens / geschrieben an Heinricum Prunnium [...] durch Johannem Theodorum von Tschesch [...]" (Amsterdam 1679), vgl. Karnitscher 2015, bes. S. 219–223, sowie zu Permeier und Tschesch S. 260 f., 266. Vgl. auch Wotschke 1930, S. 93 f.

25 Beringer an Permeier, am 24. Mai 1641 (AFSt., B17a III7d.). Vgl. Keserű 2002, S. 298 sowie Viskolcz 2006, S. 218.

26 Beringer an Permeier, am 24. Mai 1641 (AFSt., B17a III7d.). Vgl. Keserű 2002, S. 298 sowie Viskolcz 2006, S. 218.

27 Vgl. Keserű 2002, S. 306; Viskocz 2006, S. 29, 180; Wotschke 1930, bes. S. 89, 91; Keserű 2000, S. 287, Anm. 20; sowie Fritze 1996, bes. S. 72, 74, 61.

Abb. 1: Wilhelm Schwartz/David Tscherning, Bildnis Wilhelm Schwartz, in: *Deutsche und lateinische Fundamental-Schriften in kleinen und grossen oder Versalien und gemeinen Buchstaben*, Breslau 1659, Biblioteka Uniwersytecka Wrocław, 407261

Schwartz' Tätigkeit zeigt, dass das Interesse an spiritualistischer Literatur im Karpatenbecken nach Permeiers Tod noch bis 1661 anhält. Mit Schwartz' Tod erlischt auch die Verbindung von Breslau und Linum nach Preschau, wie beispielsweise Betke beklagt.[28] Ein Teil der Böhme-Abschriften von Schwartz gelangt nach dessen Tod zu Abraham Willemsz van Beyerland (1586/87–1648).[29] Schwartz steht mit Franckenberg und Tschesch in Verbindung und stellt den für die Böhme-Rezeption wichtigen Kontakt zwischen Heinrich Prunius und Tschesch her.[30] Er trägt auch zur Druckvorbereitung der von Permeier und Beringer aufbereiteten Arndt-Postille bei.[31] Schwartz berichtet Permeier außerdem über die Geschehnisse im Verlagswesen, so z. B. über Franckenbergs Bedenken gegenüber Beyerland[32] oder über die *Apologie* von David Guilbertus, die sich nicht nur gegen Böhme selbst, sondern konkret auch gegen die aktuelle Böhme-Ausgabe von Beyerland richtet.[33] Schwartz leitet 1637 den *Iosephus Redivivus* an Lazar Henckel von Donnersmarck d.J. (1573–1664) weiter, jenes Werk von Böhme, das in den 1630er bis 1640er Jahren in der Korrespondenz Permeiers besonders häufig vorkommt.[34] Die aus Letschau (Levoča, Lőcse, also Zips) stammende wohlhabende österreichische Familie Henckel bietet religiös Andersdenkenden nicht nur finanzielle Unterstützung und Kontaktkapital, sondern soll etwa auch Daniel Czepko von Reigersfeld (1605–1660) Böhmes Gedankenwelt vermittelt haben.[35] Laut eines zeitgenössischen Briefpartners habe Franckenberg in Lazar Henckel d.J. sogar „einen rechten Vater gefunden".[36] Zudem wird in der Forschung ein oberschlesischer spiritualistischer Kreis um Lazar Henckel d.J. angenommen.[37] Die Familie wird von religiös andersdenkenden Autoren nicht zuletzt in der Hoffnung kontaktiert, Unterstützung bei der Drucklegung eigener Werke zu erhalten, womöglich in einer der Druckereien der Zips.[38] Permeier teilt seine Böhme-Lektüre auch mit Henckel. So bedauert letzterer beispielsweise in einem Brief aus dem Jahr 1640, dass er Böhmes *Vierzig Fragen* noch nicht zurückgeben könne, da er sie unbedingt abschreiben lassen wolle, der Kopist jedoch zu viele Fehler mache und der Lektor sehr langsam arbeite.[39] Eine Sammlung von Briefen an die Familie Henckel ist auch Dank Permeier erhalten, der diese „zur erbawung im wahren Christenthumb"[40] zusammenstellt, abschreibt und mit einer Überschrift versieht.

---

28 Wotschke 1928, S. 154.

29 Vgl. Gilly 2007b, S. 89.

30 Infolge dieses wiederhergestellten Kontakts zwischen Prunius und Tschesch entstand die eben erwähnte „Einleitung", die als eine Art Lesehilfe zu Böhme betrachtet werden kann; wahrscheinlich ähnlich, wie es Permeier vorschlägt (s. weiter oben S. 144). Vgl. hierzu auch Karnitscher 2015, S. 219–223.

31 Vgl. Fritze 1996, S. 61.

32 Schwartz an Permeier, am 21. Januar 1643 (AFSt., B17b f196). Vgl. Viskolcz 1998, S. 144; Viskolcz 2006, S. 179. Wotschke 1930, S. 105–108.

33 Schwartz an Permeier, am 4. März 1643 (AFSt., B17b f197), in voller Länge zit. in Wotschke 1930, S. 123 f.; vgl. auch Viskolcz 1998, S. 144; Viskolcz 2006, S. 179. Den Angriff erwidert schließlich Tschesch mit seiner Schrift *Zweifache Apologia, und Christliche Verantwortung auf die fünf lästerlichen Hauptpuncte Davids Gilberti von Utrecht / ins gemein: Wider die Person und Schriften des theueren und hocherleuchteten Manns Jacob Böhmens* […], Amsterdam 1676. Vgl. Karnitscher 2015, S. 223–227.

34 Vgl. Viskolcz 1998, S. 143; Viskolcz 2006, S. 181.

35 Vgl. Keserű 2002, S. 383.

36 Brief von Schwartz an Permeier, am 27. Juni 1641 (AFSt., B17b f189v). Zit. nach Keserű 2000, S. 284, Anm. 12, sowie Keserű 2010, S. 382, Anm. 14.

37 Man denke an die Forschungen von Bálint Keserű, z. B. Keserű 2002, S. 306, sowie Keserű 2000.

38 So z. B. Tschesch, der eine Liste seiner ungedruckten Werke an Lazar Henckel d.J. verschickt (vgl. Karnischer 2015, S. 316–321). Vgl. auch Keserű 2010, S. 382 f.

39 Henckel an Permeier, am 31. Dezember 1640 (AFSt., B17b f 146). Vgl. hierzu Viskolcz 1998, S. 143 f.; Viskolcz 2006, S. 178.

40 Weimar, Herzogin Anna Amalia Bibliothek, Ms Q 286/18, hier Bl. 8r. Ein Teil der Briefwechsel zwischen Permeier und Lazar Henckel wurde von Andrea Schaffer veröffentlicht (vgl. Schaffer 2000, S. 305–310). Zur Sammlung im Allgemeinen vgl. Franckenberg 1995, bes. S. 275, sowie Keserű 2010, S. 382.

In den erhaltenen Briefwechseln tauchen Böhmes *Der Weg zu Christo*, der *Iosephus Redivivus* und die *Vierzig Fragen* am häufigsten auf. Die Briefwechsel zeigen auch, dass Böhmes Werke von deutschen Laien in deren Muttersprache gelesen werden.[41] Die Texte werden teils als Drucke, teils als Handschriften weitergereicht.[42] Die für die Handschriftlichkeit typischen Umstände, wie die Anfälligkeit für Fehler beim Kopieren, der Zeitaufwand bei der Herstellung und die Zirkulation von nicht authentischen Kopien, werden als störend empfunden und in den Briefen immer wieder thematisiert. Autoren heterodoxer Schriften und Böhme-Anhänger halten es für durchaus realistisch, in Preßburg, Zips und Siebenbürgen ihre und Böhmes Werke drucken zu lassen. Diese Hoffnungen werden im Karpatenbecken jedoch nicht erfüllt. Die Rezeption spiritualistischer Literatur in diesem Gebiet verläuft sehr zögernd und verharrt zumeist in einer milderen, kirchenkonformeren Ausrichtung, wozu auch Arndts Werke gerechnet werden können. Böhme taucht, abgesehen von den hier behandelten Briefwechseln, nur sehr selten in den Privatbibliotheken auf. Eine Ausnahme stellt der Besitzvermerk von Gerhard Radl aus Ödenburg in Werdenhagens Böhme-Übersetzung *Psychologia vera* aus dem Jahr 1653 dar,[43] sowie Erasmus Kinczels Besitzvermerk in *Mysterium Magnum* aus Kaschau (Kassa, Košice) aus dem Jahr 1677.[44]

Auch später, als der Pietismus Ungarn erreicht, ändert sich dies nicht maßgeblich. In den vereinzelten Erwähnungen sind Böhmes Werke von der Aura des Verdächtigen umhüllt, so zum Beispiel in der Streitschrift *Religiosa nationis saxonicae* von 1723, die sich gegen Andreas Teutsch und seine Nachfolger richtet. Der Siebenbürger Marcus Croner wird dort beschuldigt, Böhme-Rezipient zu sein.[45] Und auch der ehemalige Hermannstädter Rektor und Professor, Christoph Nicolaus Voigt (1678–1732)[46] äußert sich in einem Brief vom 5. Dezember 1714 misstrauisch gegenüber Böhmes Anhängern:

> [...] Von diesem herrn[47] muß ich doch im vertrauen melden, daß er durch lesung J. Böhmes schriften gantz anders geworden, nachdem er vorher ein sehr übles leben geführet. Er ist auch mit den theologis Saxonicis nicht zufrieden, dieweil sie zur ketzermacherey so geneigt sind. Doch scheinets auch, als gehe er zu weiten und werde mit der zeit alles äußerliche wegwerffen und in andere gefährliche umstände gerathen, wofür ihn Gott wolle in gnaden bewahren![48]

In demselben Brief berichtet Voigt von seiner Freude über das kaiserliche Privileg für die Verbreitung von Arndts *Vom Wahren Christentum*, das circa drei Monate zuvor erteilt worden war. Böhmes Name taucht hier also erneut gerade mit dem von Arndt zusammen auf. Zumindest ist man unsicher in Bezug auf Böhmes Schriften, was in einem anderen Brief aus demselben Jahr sichtbar wird: In Letschau (Zips) erkundigt sich dort Samuel Schliermann bei seinem Schwager, dem Theologiestudenten Johannes Treitmann, wie man in Halle über Böhme denke.[49]

41 Vgl. u. a. Viskolcz 2006, S. 213 f.
42 Vgl. Viskolcz 1998, S. 145.
43 Vgl. Grüll 1994, S. 194.
44 Vgl. Monok 1990, S. 66. Letzterer Besitzvermerk wird auch von Viskolcz erwähnt (Viskolcz 1998, S. 145).
45 Obwohl die Streitschrift handschriftlich überliefert wurde, fand sie Eingang in die Disskusion. Vgl. Font 2001, S. 130 f. sowie S. 50.
46 Zu seiner Person vgl. Csepregi 2013, S. 622.
47 Leider lässt sich nicht eruieren, ob hier Graf August Christoph von Wackerbarth (1662–1734) oder der Buchhändler Johann Ludwig Gleditsch (1663–1741) gemeint ist. Vgl. zu den Personen Csepregi 2013, S. 584, 622.
48 Brief an Heinrich Julius Elers; mitgeteilt in Csepregi 2013, S. 154–156, hier S. 155; vgl. dazu auch Font 2001, S. 74
49 Csepregi 2013, S. 148 f.

Der Weeg zu Christo / Verfasset in neun Büchlein.
Das
1. Von wahrer Busse.
2. Vom heiligen Gebeth.
3. Ein Schlüssel Göttlicher Geheimnüsse.
4. Von wahrer Gelassenheit.
5. Von der Wiedergebuhrt.
6. Vom übersinnlichen Leben.
7. Von Göttlicher Beschauligkeit.
8. Von der erleuchteten und unerleuchteten Seele.
9. Von den vier Complexionen.
Gestellet Aus Göttlichem Erkäntnüß Durch Jacob Böhme, von Alt Seidenburg. Teutonicus Philosophus genannt.
Zu Amsterdam / Gedruckt im Jahr Christi 1704.

Abb. 2: Handschriftlicher Eintrag von Philipp Wilhelm Immendorf vom 21. Oktober 1778, in: Jacob Böhme, *Der Weeg zu Christo*, Somogyi Károly Városi és Megyei Könyvtár (Szeged, Ungarn), A.d. 500

Einen Sonderfall stellt ein handschriftlicher Eintrag von Philipp Wilhelm Immendorf (1715–1791), ein Mitglied der sogenannten „Engelsbrüder“, vom 21. Oktober 1778 dar.[50] Dieser findet sich in einem Exemplar der 1704 erschienenen Amsterdamer Ausgabe von Böhmes *Der Weg zu Christo*[51] und ist an Johann Gertinger aus Preschau (Oberungarn) gerichtet (Abb. 2).

Immendorf verweist darin auf zwei weitere Werke von Böhme: *Vom dreifachen Leben des Menschen* und *Vierzig Fragen von der Seelen*. Gertinger sei „ungelehrt“,[52] stamme aus „Epperies in Oberungarn“ und reise in den deutschsprachigen Gebieten berufsbedingt viel umher. Viel mehr ist von Gertinger nicht bekannt: 1780 erscheinen zwei Sendschreiben von ihm in Hamburg – eines davon wendet sich gegen Lessing, ein anderes beschäftigt sich mit den Freimaurern.[53] Aus den Quellen erfährt man außerdem, dass Gertinger nachweislich 1769 Tokajer Wein u. a. in Erfurt vertreibt.[54]

---

50 Zu Immendorf vgl. Wernle 1925, Bd. 3, S. 215.

51 Immendorf 1778, Somogyi Károly Stadt- und Landesbibliothek, Szeged, A.D. 500.

52 *Magazin des Buch=und Kunsthandels* 1780, S. 780 f. (Erich Schmidt erwähnt Gertinger in seiner Lessing-Monographie, allerdings wird der Verfasser dort fälschlicherweise als „Theolog“ angegeben, vgl. Schmidt 1923, Bd. 2, S. 408 f.).

53 Beide Texte werden in Hamburg gedruckt. Vgl. *Magazin des Buch=und Kunsthandels* 1780, S. 780 f., 784; vgl. auch Brendel 1783, S. 118, Nr. 183.

54 Vgl. *Erfurthisches Intelligenz=Blatt* 1769, S. 153–160, hier S. 156.

Bemerkenswert ist dies insofern, wenn man bedenkt, dass der bedeutende ukrainische Philosoph Hryhorij Skovoroda (1722–1794) – einige betrachten ihn sogar als den ersten ukrainischen Philosophen überhaupt – entscheidende spiritualistische Impulse während seines Aufenthaltes in Tokaj von 1745 bis Anfang der 50er Jahre erhält.[55] Zwar ist Skovoroda dort in der orthodoxen Kirche in erster Linie als Kantor tätig,[56] es darf jedoch nicht außer Acht gelassen werden, dass er sich in Tokaj im Dienste von Fjodor und später Gavriil Visnevskij d.Ä. aufhält, die für den Export des Tokajer Weins für den russischen Zaren zuständig sind.[57] Skovorodas Biograph, Michail Kovalinskyj, stellt in seiner Lebensbeschreibung Tokaj als die erste wichtige Station in Skovorodas geistiger Entwicklung dar, die es ihm ermöglicht habe, neue Ansichten kennenzulernen, was in dieser Form in seiner Heimat nicht möglich gewesen wäre.[58] Skovoroda hält sich nachweislich in Tokaj, Ofen (Buda), Wien und Preßburg auf.[59]

Es sticht in diesem Kontext ins Auge, das Gertinger und Skovoroda beinahe zeitgleich mit demselben Handelsgut und derselben Region in Verbindung stehen und beide eine vergleichbare spiritualistische Grundvorstellung entwickeln. Hinzu kommt, dass sich die Infrastruktur der Rezeption spiritualistischer Literatur in der hier behandelten Region anscheinend mit den offiziellen Handelsrouten deckt, wobei gerade Kaschau und Preschau wichtige Stationen darstellen.

Zusammenfassend kann festgehalten werden, dass die Rezeption der Schriften Böhmes im Karpatenbecken sehr zögernd verläuft und diese immer wieder in Relation zu den Schriften Arndts gesetzt werden. Im Kontext der Böhme-Rezeption tauchen außerdem immer aufs Neue der Name Johann Angelius Werdenhagen sowie die Stadt Amsterdam als wichtiger Dreh- und Angelpunkt der frühen Böhme-Rezeption auf. Die Beschäftigung mit spiritualistischen Schriften im Projekt von Permeier und Beringer, insbesondere mit jenen Arndts, zeigt exemplarisch, wie konfessionelle Unterschiede gegenüber der Botschaft der Texte in den Hintergrund geraten.[60] Böhmes Werke erreichen jedoch nicht die breite Masse – obwohl sie im 17. und 18. Jahrhundert gelesen werden. Zwar werden sie im Bereich der Frömmigkeitsliteratur rezipiert, jedoch vorzugsweise von Laien gelesen oder weitergereicht, oft auch grenzübergreifend. Mit fortschreitender Zeit und der Ausdifferenzierung der Wissensgebiete wird Böhme schließlich auch in anderen Kontexten gelesen und findet Eingang in die Philosophie (Skovoroda), die schöngeistige Literatur (Hamvas), in eine (nicht nur) christliche Spiritualität (z. B.

---

55 Vgl. Tschizewskij 1935, S. 54, Anm. 1; vgl. auch „У ці роки розпочинається велика громадська, літервтурна і педагогічдна діяльність Сковороди [In diesen Jahren begann Skovorodas intensive gesellschaftliche, literarische und pädagogische Tätigkeit]“ (Popov 1969, S. 13).

56 Vgl. Skovorodas Biographie mit dem Titel *Жизнь Григорія Сковороды* [*Das Leben des Gregory Skovoroda*] von Michail Kovalinskyi (Kovalinskyj 1961, S. 489).

57 Gavriil Visnevskijs Vater, der Oberstleutnant Fjodor Visnevskij, versorgt den russischen Hof schon von 1729 an mit Wein aus Tokaj. Sein Sohn übernimmt von 1749 bis 1753 die Leitung der Kommission, die für den Export der Tokajer Weine nach Russland zuständig ist (vgl. Tardy 1963, bes. S. 13, 16, 53 f., 72).

58 „Старался знакомиться наипаче с оюдьми ученостію и знаніями отлично славимыми тогда [Er versuchte, vor allem solche Menschen kennenzulernen, die damals wegen ihrer Gelehrtheit und Kenntnisse ausgesprochen berühmt waren“ sowie „[Auf seiner Reise in fremden Ländern hatte er] почему и способствовался сими доставить себѣ знакомство и пріязнь ученых, а с ними новыя познанія, каковых не имѣл и не мог имѣть в своем отечествѣ [daher solche Bekanntschaften und Freundschaften zu Gelehrten geschlossen, die es ihm ermöglichten, Erkenntnisse zu gewinnen, die er in seiner Heimat nicht erlangen konnte und auch nicht hätte erlangen können.]“ (Kovalinskyj 1961, S. 489 f.).

59 Vgl. hierzu auch Karnitscher 2012.

60 Vgl. Keserű 2002, S. 299, 301. Zum Arndt-Projekt von Permeier und Beringer vgl. weiter oben S. 142, 144 f.

in das Lehrbuch einer buddhistischen Hochschule)[61] und in die Kunst von József Gaál, der in seinen „Psychogrammen" bei einer Ausstellung im Jahr 1994 das für Böhme zentrale Konzept der Begierde und die Lebendigkeit seiner sprachlichen Äußerungen auch für Rezipienten des 20. und 21. Jahrhunderts visuell erlebbar zu machen sucht.[62]

61 *A Tan Kapuja Buddhista Főiskola.*
62 Vgl. den Ausstellungskatalog Gaál 1996.

Päivi M. Mehtonen

Aspects of the Reception of Jacob Böhme's Work in Sweden and Finland Before 1809

Abstract: This chapter explores the reception of Jacob Böhme's works in Sweden and Finland (until 1809 an eastern province of Sweden). Diverse networks of professionals – politicians, academics, merchants, publishers, craftsmen – participated in disseminating Böhme's works or thought. Several *confidents* and statesmen of King Gustav II Adolf (reg. 1611–1632) were already acquainted with early German and Dutch adherents of Böhme. The first part of the chapter sheds light on networks that developed during the Thirty Years' War (1618–1648), which affected all those involved in the first waves of Böhme reception (Werdenhagen-Skytte, Franckenberg-Bureus, Le Blon-Oxenstierna). The second part proceeds to discuss manuscript evidence of Swedish and Finnish translations as tokens of subterranean scribal activism, in which participants of small extra-institutional circles performed the tasks of scribes and distributors. Only in the first half of the eighteenth century did the numbers of Swedish and Finnish translations of Böhme's works begin to proliferate, reaching their peak after the 1780s. The proliferation of translations coincided with developments that placed the rigid Swedish estate system at odds with popular groups taking an interest in Böhme. The extant manuscript collections bear evidence of both independent and overlapping networks of Böhme readers, from craftsmen groups that practiced mysticism to the high Freemasons and Rosicrucians.

1 Introduction

Compared to many other parts of Europe, an awakening to the thought of Jacob Böhme came late to the north. Even if several *confidents* and statesmen of King Gustav II Adolf (reigned 1611–1632) were acquainted with early German and Dutch adherents of Böhme, only in the 1730s did the numbers of translations begin to proliferate, reaching their peak after the 1780s. Why this belated translation activity? I will hazard some explanations by exploring both weaker and stronger cases of reception in the period from the 1630s to the year 1809 in Sweden and Finland.[1] The weaker aspects of reception (such as reference to or readership of Böhme's works, or simply having them "available") will be followed by an exploration of more marked, later translation activity, as manifest in manuscript evidence.

The Böhme manuscripts in Finnish and Swedish constitute material testimony to an Early Modern scribal culture that continued to flourish in eighteenth- and nineteenth-century Europe. In strictly Lutheran Sweden with its culture of censorship, manuscripts were a medium of opposition and dissent. The genres of handwritten secular and religious texts included tracts, pamphlets, circulated letters and devotional manuals. The history of Böhme's reception is thus also a history of different media and, ultimately, involves a plurality of "publics" using such media. This chapter attempts to add color to a blank space persisting on the map of international Böhme studies. It may perhaps be attributed to the still unpublished manuscript form of the early Swedish and Finnish translations of Böhme's works that there have been few studies on questions such as: how did various networks

1 In what follows, I will use the term "Finland" when referring to the area of Finland and an eastern province of Sweden until 1809, where both Finnish and Swedish were used. In place names, the Swedish form is given first, followed by the Finnish in parentheses.

https://doi.org/10.1515/9783110720525-011

of professionals in northern Europe (politicians, academics, merchants, publishers, craftsmen) participate in disseminating Jacob Böhme's works or an awareness of them? What was translated in Sweden and when?[2] I will begin by outlining some important seventeenth-century channels of Böhme influence in Sweden. I then proceed to discuss eighteenth-century manuscript evidence of Swedish and Finnish translations of Böhme's works.[3]

2 The Philosophical Debates Surrounding Böhme's Reception

By the mid-seventeenth century, the European continent was experiencing a humanitarian crisis sparked by confessional warfare. The Thirty Years' War (1618–1648), which brought unprecedented destruction, especially in Central Europe, affected all those involved in the first waves of Böhme reception. The war made Lutheran Sweden into a major power in Europe, yet also left it an impoverished northern kingdom. During and after the war, paradoxical needs prevailed. A desire for new worldviews promoting harmony, unity and pacifism combined with more mundane interests: the (war) industry, global trade, and cultural capital in the form of books, art and educational reforms. Jacob Böhme's works began to spread at a time when the Dutch Republic evolved into a busy hub of culture and business between Silesia and Sweden. Close to the Baltic Sea region, the Dutch Republic was able to fulfill many of Sweden's spiritual, political and material needs – needs which were also entangled with early reactions to Jacob Böhme's works.

The publication in Amsterdam of *Psychologia vera* (1632), a Latin translation of Böhme's *Vierzig Fragen*, can serve as a prism of the range of philosophical, educational and diplomatic discussions of the 1630s and 1640s in Sweden. In 1640 Böhme's treatise was mentioned in a speech delivered at Uppsala University (est. 1477). Chancellor Johan Skytte (1577–1645, before 1604 Schroderus) defended higher erudition as a source of civic prosperity and political life. Famous for his polemical eloquence, Skytte eulogized Socratic methods of understanding and wished to dismantle the ivory towers of Aristotelian scholasticism.[4] The term "Socratic" had a particular meaning for the Swedish statesman, who served three generations of regents in Sweden. Since his student years in Germany, Skytte had been influenced by the French Protestant philosopher Petrus Ramus (1515–1572), who designed a general reform of pedagogy leaning on "natural" reasoning and skills-based education. To Ramus, Socrates was the model of philosophizing. Later Ramists often referred to their methods of education as "Socratic" while polemizing against Aristotelian scholasticism especially in the study of metaphysics.[5] Skytte likewise claimed in his speech that scholastic speculation alienates students from practical

2 In their valuable introduction to the reception of Böhme's works Hessayon and Apetrei state tentatively that there are eighteenth-century Swedish translations from the German as well as Danish, "and perhaps also Finnish versions extant in manuscript" (Hessayon/Apetrei 2014, p. 11 n.). There are indeed. A useful survey of Böhme manuscripts extant in Finland is Kvist 1997, although it only covers the collections of the National Library of Finland and The Finnish Literature Society. (There are more Böhme mss in the collections of the National Archives of Finland [Helsinki, Jyväskylä, Oulu], the Finnish Heritage Agency, and Ostrobothnian Museum/Vaasa City Museum). For recent discussions (without manuscript studies) see Linde 2016 and Mansikka 2016. Linde (2016, p. 137) mentions "the present embryonic state" of the study of the reception of Böhme in Sweden.

3 Even this is a narrow view. Excluded from the present article are influences from the German provinces occupied by Sweden, Swedish Karelia, Livonia and Ingria, as well as Russian influence on literature in Finland e. g. during and after the occupation known as the Great Wrath (1713–1721).

4 Skytte 1731.

5 Ingemarsdotter 2011, p. 125.

life and even the true meaning of Luther's thought. To substantiate his arguments, Skytte quoted a passage from an *aureus liber*, the golden book *Psychologia vera*. In this particular passage, the German editor of the book Johannes Angelius Werdenhagen (1581–1652), who had furnished the Latin translation of Böhme's treatise on the soul with prolific paratexts, mentions Uppsala University. According to Werdenhagen, Gustav Adolf had banished from his realm scholastic metaphysics and opened the gates of the university to the "true philosophy" of Hermes Trismegistus and Paracelsus.[6] What did the political philosopher and jurist Werdenhagen mean, and why did the pragmatic statesman Skytte find this particular passage worth mentioning in an academic speech?

Skytte played an important role in the education reforms of Gustav II Adolf. The Ramist principles were applied when Skytte became private tutor to the young crown prince Gustav, and in the 1620s they were incorporated into the educational reform of the Swedish Crown. In 1626 Skytte included a requirement favoring the Ramistic approach in the statutes of Uppsala University.[7] Ramism was also mentioned in a treatise that may have inspired Skytte's reference to the particular passage of *Psychologia vera*. He was familiar with the works of the Moravian educator and pansophist Johann Amos Comenius (1592–1670).[8] In *Pansophiae Prodromus* (1639, The Precursor of Pansophy), published in London, Comenius outlines methods of universal reform of education. He narrates allegorically how the scholastic study of metaphysics, presented as the Queen of Sciences, was dethroned by the King of Sweden. I quote the passage from an English translation, published in 1642 by another eminent pansophist, Samuel Hartlib, a Polish emigrant in London:

> [...] some doe not onely forsake it [i. e., the scholastic approach to metaphysics], and utterly exclude it out of the compasse of Philosophy, (as the Ramists doe) but even out of Universities, as an unprofitable, and fruitlesse vanity. For *Johannes Angelicus Werdenhagen* witnesseth, that the king of *Sweden, Gustavus Adolphus*, of famous memory (whose exploits testifie, that he was not borne to trifling, but to serious action) did by a publike edict exterminate all studies of the Metaphysickes out of his Kingdome, so that no Booksellers might cause any such bookes to be imported upon paine of confiscation, nor any of his subjects might reade them, lest his Kingdome should be bewitched with a new kind of Barbarisme, and himselfe served with disputers, and glossers in stead of such, as would throughly follow his affaires.[9]

Clearly this passage in Werdenhagen's edition of *Psychologia vera*, echoed by Comenius, Skytte and Hartlib, became a meaningful textual *topos* in influential networks of educational politics and promoters of reform in Protestant societies. Notably, Werdenhagen's interpretation of such a reform was a synthesis of strikingly diverse influences. He made Jacob Böhme's thought an element of state theory, which opposed Aristotelian *rationalistae* for impeding the realization of a "general" politics, *politica generalis*, as a universal reform of the state, jurisprudence, education and the soul of the subject. According to Werdenhagen, the ethics and religion of an ideal monarchic republic could be based on Jacob Böhme's ideas.[10] In his edition of *Psychologia vera*, Werdenhagen presented Böhme as a link in the chain of perennial wisdom running from the legendary ancient figure of Hermes Trismegistus all the way through

---

6 Skytte 1731, pp. 130–131; cf. Werdenhagen 1632, pp. 576–577, 579. Werdenhagen mentions a Bohemian Paracelsian *Medicus* (Johannes Raicus), who joined the medical faculty of Uppsala University in the 1620s.

7 Annerstedt 1908, vol. 2, p. 19; Ingemarsdotter 2011, pp. 226–227. For Skytte's speech and the tradition of Paracelsus in Sweden, Nordström 1934, pp. 28–29; Lindroth 1943, pp. 386–389.

8 Ingemarsdotter 2011, pp. 260–261.

9 Comenius 2013, p. 9.

10 On the influence of the works of Ramus and Böhme on Werdenhagen's *Politica generalis* (1632): Voigt 1965, pp. 15–17, 29–30, 49–60. On the philosophical contexts of Werdenhagen's thought (e. g., the University of Leiden) Skinner 2002, pp. 390–392.

the Swiss physician and philosopher Paracelsus, the spiritualist Valentin Weigel and another heterodox pastor Johann Arndt.[11] Perhaps Werdenhagen conjured the notion, in the ambiguous passage of *Psychologia vera* discussed above, that the Swedish Empire governed by Gustav II Adolf and his learned statesmen were among the potential patrons of such a particular reform. However, Gustav, the "Lion of the North," died in the battle of Lützen in 1632, the same year *Psychologia vera* was printed.

Eight years later, Johan Skytte's speech of 1640 in Uppsala also had diplomatic underpinnings. Both Skytte and Werdenhagen were politicians engaged in the international relations of the Baltic Sea region. Werdenhagen served as an imperial representative of the Hanseatic town of Lübeck (since 1637) and Skytte as the Governor-General of Swedish Livonia, Ingria and Karelia (1629–1634).[12] Indeed, Skytte is mentioned in Werdenhagen's book about the Hanseatic towns, *De rebus publicis Hanseaticis* (1631), which was widely read in the north. These diplomatic aspects and the Protestant cosmopolitanism that surrounded them had apparently lost their relevance by the middle of the eighteenth century. A history of Ramism at Uppsala University refers to the "sects" of the followers of Paracelsus, Hermes Trismegistus and Jacob Böhme and rather sourly opposes them to "soberly philosophizing Ramists."[13]

3 Buying and Selling Böhme: Dutch-Swedish Connections

Johan Skytte deliberated on the efficiency of Swedish education at a time when much of the trade and industry of the Swedish kingdom was in the hands of foreign companies. This was also true for publishing and book trade. For example, the 1632 edition of *Psychologia vera* discussed above was printed in Amsterdam by Johannes Janssonius (1588–1664), a Dutch publisher and cartographer. He also ran businesses in Stockholm and Uppsala. The "Golden Age" of the Dutch Republic developed concurrently with the Swedish epoch of greatness. The expansion of the Netherlands into "the bookshop of the world"[14] enabled the process, well-known in Böhme studies, whereby Amsterdam became the "gate to the world" of Jacob Böhme's works between ca. 1630 and 1642.[15] A writing by Böhme was not just a ray of wisdom but also a commodity. Many seventeenth-century printers in the liberal Netherlands (Janssonius, Betkius, Cunradus et al.) also specialized in printing and exporting editions of mystics, puritans and pietists, whereas Germany produced more mainstream Lutheran literature because of censors.[16]

A catalog from 1652 for Janssonius' bookshop in Stockholm advertises not only Werdenhagen's state-theoretical books and the *Psychologia vera* that he edited, but also Böhme's *Weg zu Christi* (sic, 1635) and *Bedencken über Esaiae Stieffel* (sic, 1639).[17] For Böhme's later Swedish and Finnish reception, *Der Weg zu Christo* became an extremely influential anthology. In contrast, Böhme's polemical

---

11 Werdenhagen 1632, pp. 497–498, 549–555 *et passim*. The historian of science Pamela H. Smith has argued that the hands-on models for acquiring knowledge, as defended by Ramus and Paracelsus, developed an "artisanal epistemology." Paracelsus, in particular, took the craftsman's experimental methods to be paradigmatic for learning in all fields and levels of education (Smith 2004, pp. 66–67, 82–85).

12 Ingemarsdotter 2011, p. 51.

13 Kollinius/Ekerman 1745, p. 32.

14 Pettegree/Weduwen 2019.

15 Petry 1984, pp. 111–113; Gilly 2007a, 2007b and the other chapters in Harmsen 2007.

16 Alsemgeest 2017, pp. 38–50, 69, 72. (Böhme was not among the cases investigated by this illuminating thesis.)

17 Janssonius 1652, pp. 97, 123 (the latter page number appears twice, and in this case actually refers to page 125). The catalog is briefly mentioned by Lindroth (1943, p. 445 n.), to whom I am indebted for triggering my curiosity to take a closer look.

writings, such as that against Stiefel, were more involved in particular debates of the day and hence less topical for new audiences, at least if assessed in light of their absence from the later (extant) collections of Swedish and Finnish manuscripts.

One looks in vain for Swedish titles in Janssonius' multilingual catalogue of 1652. The presence of skillful and well-connected Dutch printers in Sweden apparently did not lead to Swedish translations. Was it the case that all those interested in Böhme could read German, Dutch or Latin?[18] Even merchants and craftsmen in the linguistically rich territories of Sweden were frequently proficient in languages, especially forms of Low German, thanks to their journeyman periods or businesses abroad. A perhaps more salient factor explaining the lack of early translations were the strict regulations determining the market niche of the early Dutch and German entrepreneurs in Sweden. For instance, in 1647 Queen Christina (1626–1689, reigned 1644–1654) granted a privilege allowing Janssonius to establish a bookshop and printing house in Sweden and to produce "good and useful" books as long as his businesses did not harm the markets of Swedish printers (in other words, dissemination of books in the Swedish and Finnish vernaculars).[19] Moreover, trade in heterodox material became increasingly hazardous as the grip of Lutheran orthodoxy tightened over the course of the 1600s. Religious authorities could not prevent the upper estates from obtaining dissenting literature, but the lower social orders needed to be kept in fear of the Almighty. This did not mean that no attempts were made. In 1664 and 1671, Amsterdam-based Cunradus printed Swedish translations of the writings of Paul Felgenhauer, a church critic, pacifist and admirer of Böhme. The translator was a former military man, physician and writer, Andreas (Anders) Pedersson Kempe (1622–1689). He was exiled from Sweden and his books were prohibited.[20]

Alongside books, other goods were also on the move. Sweden was among the clients of the perfume, wine and paper trade of Abraham Willemszoon van Beyerland (1587–1648), also known as one the most important Dutch collectors of Böhme manuscripts and translators of his works.[21] Furthermore, Conrad van Beuningen (1622–1693), who helped to underwrite the publication of Böhme's writings, served as Dutch Ambassador to Stockholm and *burgomaster* of Amsterdam.[22] Another important Böhme expert was the engraver, goldsmith and art dealer Michel le Blon (or Leblon, 1587–1656), who was also a secret agent of the Swedish Crown. After signing a contract with the royal chancellor Axel Oxenstierna in 1632, Le Blon became responsible for collecting political news from all over Europe, relying on his commercial-diplomatic connections. Le Blon carried out this work until 1652. In addition to classified information, the goods sold by Le Blon to Oxenstierna and Queen Christina of Sweden also included books and manuscripts.[23]

Michel le Blon collected and translated Böhme's works, which also occupied him during business trips to Sweden. The only extant copy of a collection of Böhme's letters, translated into Dutch by Le Blon and printed in 1653, is preserved in the Norrköping City Library.[24] The book is part of the Finspång collection from the library of Finspång Castle established by Louis De Geer (1587–1652) of Wallonia, in the Low Countries. He founded cannon forges and other industries in Finspång, Norrköping and other locations in Sweden and became the "father" of Swedish industry during the Thirty Years' War.

---

18 On German and other languages in seventeenth-century Sweden, see Andersson 2011.

19 Klemming/Nordin 1883, pp. 165–167; Pummer 1982.

20 Alnander 1764.

21 Gilly 2007c, pp. 123–132; Lamoen 2007a, pp. 136, 142.

22 Åkerman 1991, p. 186; also Petry 1984, p. 113.

23 Keblusek 2003, pp. 207–208 *et passim*; Noldus 2011.

24 On the Dutch Böhme networks and Le Blon, see Gilly 2007c, pp. 123–132; Lamoen 2007a, pp. 136, 142 and other contributions in Harmsen 2007.

The headquarters of his businesses were in Amsterdam. Louis De Geer was a highly influential entrepreneur and financier, whose international networks also had the best knowledge of recent trends in philosophy and pansophy in Northern Europe. In the early 1640s, De Geer and Axel Oxenstierna invited Johann Amos Comenius to discuss and design a new school plan in Sweden. De Geer became his patron.[25] In addition to Comenius' works, the rich libraries of the De Geer family contained practically the entire *œuvre* of Jacob Böhme, including early printed works and manuscripts, acquired for the library of Finspång Castle by generations of the De Geers.[26] Early industrial locations in Sweden became melting pots of confessions and hubs of nonconformist underground literature. Louis De Geer expressed his wish that a reform of society would bring about tolerant attitudes toward foreign entrepreneurs and craftsmen in Sweden, such as De Geer himself and the thousands of mainly Reformed workers he brought to Sweden from his native Wallonia.[27] Such hopes for a general reform were not fulfilled in seventeenth-century Sweden, increasingly governed by Lutheran orthodoxy.

4 Franckenberg-Böhme-Bureus: A Spiritualist and Ethical Reception of Giordano Bruno

In addition to Johan Skytte and Louis De Geer, other *confidents* of Gustav II Adolf were also acquainted with important adherents of Jacob Böhme. In 1641, when Swedish troops invaded Böhme's native Silesia, the nobleman Abraham von Franckenberg (1593–1652) was among the refugees fleeing north. This avid reader of Paracelsian medicine, alchemy and Kabbala, who was also a biographer and editor of Böhme, settled in the old Hanseatic town of Danzig (Gdánsk). Among his correspondents was Johannes Bureus (1568–1652) in Uppsala, a polymath and Johan Skytte's colleague as private tutor to young Prince Gustav. Bureus was a scholar of hyperborean antiquity, astronomy, and Runic inscriptions, and he was also the first director of the Royal Library in Stockholm (1611–1634). Influenced by Weigel's understanding of radical reformation, Bureus defended a Christianized rectification of Neoplatonic mysticism and a patriotic call for a Protestant restoration of ancient scientific knowledge.[28]

Abraham von Franckenberg knew Bureus' work. From Danzig he sent to Bureus a copy of his astronomical-mystical treatise *Oculus sidereus* (1644, The Sidereal Eye), in which he refers to both Bureus and Jacob Böhme among other defenders of heliocentric astronomy, such as Giordano Bruno, Tommaso Campanella, René Descartes and Galileo Galilei. Franckenberg takes the ideas of the theosophers to concur with the new observational cosmology.[29] In Danzig Franckenberg was closely associ-

25 See the introduction of Milada Blekastad in: Comenius 1975, 11–30 (pp. 11, 15–16); Ingemarsdotter 2011, p. 214.

26 The Finspång library catalog (Lundstedt 1883, pp. 102–103) lists, for instance, *Mysterium Magnum* 1640 (probably printed by Janssonius in Amsterdam, cf. Short Title Catalogue, Netherlands = STCN, www.stcn.nl), *Der Wegk zu Christo*, Amsterdam 1658 (probably printed by Betkius, cf. STCN) and *Alle Theosophische Schrifften*, Amsterdam 1682 (the title is copied from the frontispiece of *Alle theosophische Wercken*, Amsterdam 1682). The Finspång collection also includes a Swedish translation of *Aurora* in manuscript (see more on this below).

27 See the introduction of Milada Blekastad in: Comenius 1975, pp. 11–30 (p. 16).

28 On Bureus' thought in the astronomical context, see Norris 2017.

29 Franckenberg 1644a, paragraphs V, XII, XX, XXV, XXXIII *et passim*; Franckenberg 1995, p. 30 n. Böhme had correspondents in northern Germany (Lübeck), and especially his "propagandist" Balthasar Walther collaborated in the 1620s with northern pansophists, e. g. the Hamburg scholar and alchemist Joachim Morsius (Lemper 1976, pp. 44–45, also for the word "propagandist"). Morsius visited Stockholm after having read in 1624 the Rosicrucian pamphlets of Bureus (1619),

ated with Johannes Hevelius, a famed Polish astronomer.[30] Franckenberg attempted, like Bureus and Böhme, to reconcile the idea of a heliocentric cosmos with a post-reformation world-view during a time of dramatic controversies. For Franckenberg, the idea of an unbounded and decentered universe originally was an Hermetic-Pythagorean doctrine, and occasionally he addressed Johannes Bureus as *Hermes HyperBoreus* (Hermes of the High North).[31] Considering the contexts of the northern Böhme reception, Franckenberg's *Oculus sidereus* is interesting. It was among the earliest commentaries on the theologically inflammatory theory of an infinite universe as posited especially by Bruno. Franckenberg's tract has been placed in the spiritualist and ethical line of reception of Bruno's works, an important indication of their circulation in Northern European pansophic and theosophical culture. This culture appreciated how Bruno's ethics redefined the relationship between the human being and the world, with special regard to the freedom of finite beings in a boundless infinite cosmos.[32] This paradigm of astronomy chimed with the principles of Jacob Böhme's natural philosophy.

In addition, the letters of the Silesian nobleman Franckenberg to Bureus also reveal eminent networks, encompassing places such as Copenhagen, Riga and London, and figures such as Samuel Hartlib and Athanasius Kircher. In these networks, both hand-written manuscripts and printed works were exchanged.[33] The same post routes continued to serve in the later dissemination of (radical) pietist literature published by important Dutch and German Böhme publishers.

The cases of Skytte-Werdenhagen and Bureus-Franckenberg disclose that, in the first half of the 1600s, many scholars, merchants and diplomats close to the corridors of power and the Swedish Crown were also readers of Jacob Böhme's works. Their circulation in the north became more venturesome when the "age of astronomy" of the first half of the 1600s evolved into an age of Lutheran orthodoxy in Sweden and Finland. The new Church Law of 1686 made the Book of Concord the standard for interpreting "the true evangelical faith." Since that same year, this faith was defended from non-orthodox teachings by a (one-man) civil service department of the book censor, *censor librorum*.[34]

5 Böhme's Northern Heirs

We have already seen how the early Bohme translations spread along with the book trade and reformers of education, reaching academics, merchants and craftsmen in the north. This complex, multi-professional reception persisted as pietism and "radical pietism" reached the north.[35] German pietism disseminated new literary practices among lay movements. To reach wider audiences, translation,

---

and he compared Bureus' mysticism to the theosophy of Böhme (Åkerman 1991, p. 137). On Franckenberg, Morsius and Bureus in a Paracelsian context, see Lindroth 1943, pp. 173–177, 244–248.

30 Åkerman 1998, p. 232. (Åkerman discusses *Oculus sidereus* in the context of northern Rosicrucianism). According to Omodeo (2014, p. 366) Hevelius and Franckenberg carried out astronomical (telescopic) observations together.

31 Åkerman 1998, pp. 229–230. For *Hermes HyperBoreus* see Franckenberg's letter to Bureus, 22 March 1641 (Franckenberg 1995, pp. 135–136).

32 Omodeo 2014, pp. 64, 365–372, 384 (on Bruno's ethics), also p. 332. Omodeo does not mention Bureus.

33 Franckenberg (from Breslau) to Bureus, 22 March 1641; (from Danzig) 27 October 1642 (Franckenberg 1995, pp. 135–137, 153–156).

34 See Leonard Bygdéns introduction to *Gustaf Benzelstierna's censorsjournal 1737–1746* (Benzelstierna 1884–1885).

35 The definitions of the terms "pietism" and "radical pietism" are contested by scholars. For terminology and criteria see Schneider 2007 (especially pp. 3–6); Shantz 2015.

too, became a means of combating orthodox Protestant theology.[36] The contacts of the new reformers to Uppsala University remained vital, just as they were for earlier thinkers connected to Böhme.

As a kind of catalog of international radical pietism, Gottfried Arnold's *Unparteyische Kirchen- und Ketzerhistorie* lists over a hundred names of contemporary religious activists. Alongside Böhme, Werdenhagen, Franckenberg, van Beyerland, van Beuningen, Kempe and others, a man from Uleåborg (Oulu), appears, located with the co-ordinates "80 miles from Åbo (Turku) and 20 miles from Lapland."[37] The paths of this Laurentius (Lars, Lauri) Ulstadius (ca. 1650–1732), a schoolteacher and priest from Ostrobothnia, and of his follower Petter Schäfer (ca. 1663–1729) from Åbo reflect a period when nonconformist protests and early waves of radical pietism surfaced in the province of Ostrobothnia and the Åbo region, both on the west coast of Finland.[38] Little is known of Ulstadius' own writings and readings, but Schäfer was a prolific writer and diarist likewise influenced by Böhme. He was a scion of the most prominent, originally German-Dutch industrial families and shipowners in Åbo. The literature that he penned while imprisoned for his beliefs witnesses to a wealth of contacts in the Åbo-Ostrobothnia-Stockholm-Uppsala networks.

Both Ulstadius and Schäfer studied for short periods in Uppsala, the former in the 1670s and the latter in 1685. They continued their studies at the Royal Academy of Åbo (est. 1640). Ulstadius was influenced by mysticism and spiritualism (Schwenkfeld, Weigel, possibly Böhme, and Bureus). Having experienced a crisis of truth he became an ascetic mystic. His fate was sealed by his manifesto against the Lutheran Church, which he presented in 1688 by interrupting a service in Åbo Cathedral. After years of incarceration, he was condemned to death in 1692, but the sentence was commuted to life imprisonment with hard labor in the Smedjegården prison in Stockholm.

Harsh punishments were not unusual. Only three years earlier, in 1689, the German poet and Böhme adherent Quirinus Kuhlmann had been executed in Red Square in Moscow.[39] In Sweden and Finland, too, new edicts, circulars and prohibitions were issued by Charles XI (reigned 1660–1697) and Charles XII (reigned 1697–1718) to detect and burn dissenting literature, restrict citizens' right of assembly and monitor study at those German universities that were associated with pietism.[40] Prominent in the lists of censored literature were the writings of the anti-orthodox, but also anti-Böhme, writer Eva Margaretha Frölich (ca. 1650–1692). Her *Frölichiana* of the 1680s and early 1690s led to her imprisonment, and she died in Stockholm in same year as Ulstadius was sentenced to death.[41]

Ulstadius' follower Petter Schäfer of Åbo (Turku) defended in 1688 a master's thesis in the field of state theory. He discussed concepts of *libertas* in a legion of sources, including Thomas Hobbes and Samuel Pufendorf.[42] Owing to Schäfer's nonconformist ideas and a series of conflicts with authorities, including incarcerations, he left Finland and spent years abroad. Among other places,

---

36 Shantz 2015, p. 319.

37 Arnold 1729, p. 252.

38 On Ulstadius and Schäfer, see Kansanaho 1951–1952. On the general phases of (radical) pietism, see Montgomery 1995 and Laasonen 1995.

39 On Kuhlmann's anti-absolutist state theory and literature, see Dietze 1963, pp. 209–216.

40 Cornelius 1887, pp. 5–6, 17–18; Pajula 1898, p. 74; also Pajula 1911.

41 Alnander 1764, the Contents and pp. 27–29. On the possible influence of Frölich on Ulstadius' followers, studying in Uppsala in the 1680s, see Wallmann 1995, p. 171. On Frölich in general Andersson 2011, pp. 17–19 (including an interesting detail: Frölich was granted a privilege allowing a *textilmanufaktur* in Riga).

42 Schäfer 1688 (praes. Simon Paulinus). The theme was topical in Sweden. German jurist and pietist Pufendorf held a chair in natural law at the University of Lund (est. 1666), and served, from 1677 to 1688, as the Royal Historiographer in Sweden. For Pufendorf's critique of orthodox Lutheran theology, his ambivalent relation to pietism and personal (mild) pietistic outlook, e. g., Döring 1992, pp. 102–111 *et passim*.

he visited Quedlinburg and became Gottried Arnold's informant concerning the Ulstadius narrative in the *Unparteyische Kirchen- und Ketzerhistorie*. In 1699–1700, Schäfer visited Pennsylvania in North America. The area was an old colonial site, where small Swedish-speaking communities lived on, after the foundation in 1638 of the (short-lived) American colony of "New Sweden." In this and other Atlantic enterprises were involved the Swedish-Dutch trading companies, statesmen and entrepreneurs (e. g., Axel Oxenstierna, Louis De Geer). By the time of Schäfer's visit, at the turn of the century, the area had become the Province of Pennsylvania, founded by the Quaker William Penn. He wanted to establish Pennsylvania as a democracy and a religious free state. Schäfer even met Penn. Eventually, however, the wandering Finn chose to return to Åbo from "his Egypt in America."[43] After some time he was again imprisoned, initially at Åbo Castle. Later he was transferred to the Castle of Gävle in Sweden, where he died in 1729.

Schäfer's prison texts, written in both Finnish and Swedish, are rich sources of information on the Böhme debates of the day.[44] In April 1709, he mentions having borrowed a copy of the recent Åbo disputation *De enthusiasmo* (1708, On Enthusiasm) by the Finn Daniel Hagert. No doubt Schäfer could easily count himself among the number of Ulstadius *cum suis suffraganeis*, "with his followers." Similarly, he must have felt an affinity for the legacy of "the Prometheus of Shoemaker Theology" (*Sutoriae Theologiae Prometheus: Jacobus Böhmius*), as well as "Theophrastus Paracelsus."[45] Moreover, Schäfer studied Böhme's *Von der Drey Principien Göttlichen Wesens* during the late summer and early autumn of 1712, noting which chapter was read and when. *Drei Principien*, or parts of it, circulated later in Swedish and Finnish manuscripts. Schäfer's prison diaries also acknowledged contacts from whom Schäfer received radical pietist books in Åbo Castle, such as Elias Wolker (1660–1773, from 1720 von Walcker), an eminent civil servant and one of the first leaders among Stockholm pietists. A link beween Wolker's circles and Åbo Castle was Carl Hasselqvist, Schäfer's likewise nonconformist nephew. The campaigns of authorities in Stockholm to suppress (radical) pietism also affected Ulstadius, who was languishing in Smedjegården in Stockholm, and was for a period denied all visitors.[46] The diaries, correspondence and circulating prison readings belonged to a sphere of communication that was crucial for debates about tolerance under censorship. Radical protestant sociability developed in the prisons, ships, streets and private houses, where both individuals and groups met. These were public places that encouraged theological-political discourse and the establishment of tacit protocols between (trans-confessional) groups of dissenters.[47]

The battle of Lutheran orthodoxy in Sweden against underground literature, both printed and unprinted, was becoming a mission impossible. The printed German works of Böhme and his interlocutors (Gichtel, Dippel, Arnold) frequently appeared in the censors' diaries of findings in ships' cargoes arriving from Lübeck and elsewhere, auction catalogs and bookbinders' stocks.[48] Subterra-

---

43 I warmly thank Dr. Elisa Heinämäki for showing me her working notes and transcription of Schäfer's manuscript "Tros-Bekiännelse och Lefwerne." On Schäfer, see Ruuth 1915b, p. 39; Heinämäki 2017. For the Atlantic dimensions of Swedish trade and culture, see Evans/Rydén 2007 (e. g., for New Sweden after the heyday of the colony, pp. 292–293).

44 Schäfer 2000; Ruuth 1915b; Kansanaho 1951–1952.

45 Hagert 1708, pp. 14–26, 31–34. Another Åbo tract from the same year lists Böhmists among the groups of "fanatics": Edenius 1708, pp. 159, 163.

46 Odenvik 1940, pp. 97–99. On Schäfer's literary activity and correspondences in Åbo and Gävle: Ruuth 1915b, especially pp. 6–11. On Wolker's circles (and Schäfer): Cornelius 1887, pp. 18–37; Ruuth 1915b, pp. 27–29.

47 Bouldin 2014, pp. 591–592, 598.

48 Between 1737 and 1746 the censor's diary often mentions just "Böhme's work." The following titles are specified: in 1740 *Theosophia Revelata* (ed. Gichtel, 1715, vol. 2); in 1743 *Mysterium Magnum*, *Tria Principia*, *Signatura serum* [sic]; in 1744 again *Mysterium Magnum* (1640), *Aurora* (Amsterdam 1676). Benzelsticrna 1884–1885, pp. 99, 119, 208, 211, 243, 249.

nean manuscript circulation increased and gradually reached a growing variety of professional and social groups.

6 Swedish and Finnish Manuscripts

A visit to Ulstadius at Smedjegården prison is also mentioned by another Uppsala student and important Böhme translator, Sven Rosén (b. 1708), who was exiled from Sweden in 1741 and died in 1750 in Macungi (Emmaus) in Pennsylvania. His master's thesis on the influence of Leibniz and Wolff's philosophy upon theology was never finished. Rosén was well versed in classical languages, German, French and English, and supported himself as a private tutor. Like Schäfer, Rosén was an important literary link between reform writers in Sweden, Finland, the Netherlands and Germany.[49]

An increasing number of Böhme's works were translated into Swedish during and after Sven Rosén's lifetime. The extant manuscript material shows the influence of the 1730 German edition of Jacob Böhme's works as a source of the Swedish translations, which were then copied and disseminated in manuscript form (see the table below). The 1730s and 1740s in Sweden saw the formation of several reform movements under the broad umbrella of pietism. For some time, Sven Rosén was a member in a group of ascetic mystics called Gråkoltarna (Greyfrocks) in Stockholm, influenced by Johann Konrad Dippel. Their activity coincided with the circle of the Finnish brothers Eriksson of Ostrobothnia. Jacob (Jaakko) and Erik (Eerik) Eriksson were former Carolinian soldiers in the Great Northern War (1700–1721). Their ascetic theosophy was inspired by the works of Jacob Böhme and the Philadelphians (especially John Pordage, Thomas Bromley). A related later group of mystics, including Erik Eriksson, was the ascetic community in Skevik (ca. 1746–1832) in the Stockholm archipelago.[50]

Although there are extant Swedish Böhme manuscripts pre-dating the mid-1700s, produced by the individuals or groups named above, their number is modest compared to the translation boom especially after the 1780s. By then, the rigid Swedish estate system had been placed at odds with popular groups taking an interest in Jacob Böhme and those whom he inspired. In the 1760s and 1770s, educated elites from the middling orders rose to prominence in the Swedish public sphere and political order, followed by the (non-landowning) craftspersons and lower burghers. Their role in the various reform movements and protests was remarkable.[51] Craftsmen were increasingly to be found among the translators and scribes of Böhme. One of them was involved when the numbers of Swedish and Finnish Böhme translations peaked after a public controversy in the Stockholm area.

A journeyman weaver and factory worker in Stockholm, Anders Collin (1754–1830), became the most famous proponent of Böhme's thought in Sweden and Finland at the turn of the century. As a reformist speaker and critic of the Church, Collin had made powerful foes, even as he attracted followers by the thousand. In 1781–1782, crowds flooded the streets of Stockholm, increasing in size "like a snowball that grows as it rolls along," according to a contemporary commentator.[52] The rise of popular discontent was in part a result of the Tolerance Edict, decreed in 1781 by King Gustav III (reigned 1771–1792), which stimulated calls for freedom of conscience on the part of various radical groups testing the practical (and extremely narrow) limits of the legislation. Religious authorities

---

49 On Rosén, see Linderholm 1911; Kämpe 1924. On Schäfer and Rosén, see Heinämäki 2017.

50 Kämpe 1924, pp. 112–113, 119–122, 215 *et passim*; Krook 1931; the chapters of Ingun Montgomery and Pentti Laasonen in Ackva/Brecht/Deppermann 1995.

51 Jarrick 1999, pp. 102–110; on Ostrobothnian craftsmen and radical reform literature see Mehtonen 2017.

52 Fersen 1870 ("Januari–Maj 1782"), pp. 69, 73.

reacted vehemently to these challenges. A public shaming campaign against Anders Collin took place in order to mobilize popular support from the "lower orders" (*det lägre folket*) against the movement, which was known as Nya Secten (New Sect).[53]

Eventually Gustav III and his brother Duke Charles (the future King Charles XIII, reigned 1809–1818) intervened. By 1800, Collin had been granted the honorary title of Royal Court Librarian.[54] The extant manuscript collections from this period bear evidence of both independent and overlapping networks of Böhme readers: craftsman groups that practiced mysticism, streams of (radical) pietism, Moravians – as well as the high Freemasons and Rosicrucians.

Although the public propaganda campaign helped in pacifying popular protests around 1782, it also expedited the mission of Anders Collin on both the western and eastern shores of the Gulf of Bothnia. With regard to the reception of Böhme, Collin's letters to followers are informative. He situated his own thought in the tradition of earlier admirers of Böhme from the 1720s to the 1750s, who had nevertheless left "knots," now to be untangled by Collin's diligent study of Böhme.[55] While counseling his readers to silent meditation – paving the way for the invisible and inner kingdom of heaven – Collin's letters are tokens of a more material, scribal activism, in which participants performed the tasks of both author and distributor. In March 1785, Collin wrote that he had clearly seen and understood that it was God's will that the works of Jacob Böhme should now be translated, although Satan had condemned the works through the priests and caused Collin a lot of trouble.[56] He writes that it is crucial to keep the secret manuscripts hidden since "these are dangerous times" – a remark not meant strictly eschatologically.[57] The Gustavian court had indeed tolerated and even encouraged heterodox and mystical literature but Gustav's increasingly paranoid control of opposition and suppression of revolutionary ideas from abroad censored practically everything but royalist propaganda. The opposition of the nobles and priests grew in the 1780s, culminating in Gustav's second *coup d'état* in 1789 and his assassination in 1792.[58] However, Anders Collin had more sustained support for his project of disseminating mystical literature: Duke Charles and his "grand vizier," the Finnish-born statesman Gustaf Adolf Reuterholm (1756–1813). Under the grandmastery of Duke Charles, the Swedish Rite of Freemasons became an international network of Böhme readers, also interested in the knowledge of Böhme's works among the transnational radical reform movements.[59]

It is worth taking a closer look at some of the extant manuscript material. Among the eighteenth-century Swedish and Finnish manuscripts known to me are the following translations (Table 1). This small selection illustrates what translations of Jacob Böhme's works began to circulate and (approximately) when. Moreover, obvious connections emerge between the manuscripts preserved in present-day Sweden and Finland. (The rough chronology may change as the comparative study of the material proceeds.)

53 Fersen 1879 ("Januari–Maj 1782"), pp. 69, 73; also Fersen 1870 ("Juni–December 1781"), pp. 55–56.

54 As with Böhme's often legendary biographies, Collin's *vitae* contain hagiographic elements which deserve a separate comparative study. The first one was written by a pioneer of early education in Sweden, Carl Olof Fineman (1792–1863), and published anonymously in Finland (Akiander 1858, pp. 121–150).

55 Collin's letters, 21 December 1785; 30 October 1789: Akiander 1858, pp. 59–61, 91; cf. also an undated letter p. 67.

56 24 March 1785, see also 15 April 1784 and an undated letter: Akiander 1858, pp. 54–55, 45, 66.

57 15 April 1784: Akiander 1858, p. 42.

58 Mattsson 2011.

59 Lekeby 2010, p. 109.

Table 1: Eighteenth-century Swedish and Finnish manuscripts

The beginning of the 1700s[1]	"De incarnatione verbi," i svensk öfversättning (Von der Menschwerdung Jesu Christi, in Swedish translation)	Uppsala University Library ms. T 142a Possibly translated by Sven Rosén[2]
1741	"Christosophia eller Wägen till ewigheten." Författad uti nio små böcker som nu äro sammandragne i åtta […] Öfwersatt från tyska språket år 1741" (Christosophia […] verfasset in Neun Büchlein nun in Acht zusammen gezogen[3] […], translated from the German in 1741)	The National Library of Sweden ms. A 631 Cf. ms. 1777
The middle of the 1700s (?)	"Christosophia eller Wägen till Christum" (Christosophia, oder der Weg zu Christo)	The National Library of Sweden ms. A 632 Cf. ms. 1777
The middle of the 1700s (?)	"Om En lefwande, sann och för GUDI gällande BÄTTRING" (Book 1 of the "Christosophia": Von wahrer Busse) "Om Det Öfwersinneliga Lifwet" (Book 5 of the "Christosophia": Vom übersinnlichen Leben) "Samtal emillan En Uplyst och Ouplyst SIÄL" (Book 7 of the "Christosophia": Gespräch einer erleuchteten und unerleuchteten Seele) "Underwärda PROPHETIOR Om Ändens Ingång i Begynnelsen" (Excerpts from e. g.: Einige magische Prophezeiungen und Weissagungen, Mysterium magnum)	Uppsala University Library ms. T 142a2
?	"En kort Samling af Jacob Böhmes skriftel. författade Uthlåtelser" (A small collection of the writings of Jacob Böhme) A Swedish Böhme florilegia	Uppsala University Library ms. T 130 The ms. is preserved among the "Skevik papers," i. e., the extant manuscripts produced or used in the Skevik community, ca. 1746–1832. Cf. the following ms.
?	"En kort Samling af Jacob Böhms skriffteligen författade Uthlåtelser"	The National Library of Finland ms. C.IV.13

1 According to the Uppsala University Library catalogue ("Handskriftskatalog T. Teologi").
2 Pajula (1898, pp. 175–176) mentions that Rosén read e. g. Paracelsus and Dippel and translated into Swedish Böhme's "aurora eller morgonrodnaden, de incarnatione verbi, de triplici vita hominis, de tribus principiis, punita theosophia." A much later ms. (1829) of *Aurora* survives in the Finspongssamlingen (Norrköping City Library, NoF Läroverkssamlingen, Handskrifter 25): "*I denna werldens sällsamma djupheter*" (another name: "Aurora eller Morgon rodnads upgång"; "translated by A.L." (according to the National Library of Sweden catalogue LIBRIS).
3 The formulation regarding the amount of the chapters refers to the 1730 edition of Jacob Böhme's works, the *Theosophia revelata* (Böhme 1730), the volume *Christosophia, oder Der Weg zu Christo*.

Table 1: *continued*

	(A small collection of the writings of Jacob Böhme) A Swedish Böhme florilegia	According to a (later) note, the florilegia was probably compiled (translated?) by a former army officer J.C. Cedersparre. In 1734, Cedersparre followed the brothers Eriksson to exile from Sweden (to Denmark, the Netherlands, Germany). He returned to Sweden in 1745. Since then, he lived mainly in the Skevik community.[4]
1777	"CHRISTOSOPHIA, eller: Wägen til Christum, författad i nio små böcker, som nu äro sammandragna i åtta, [...] ifrå Tyska språket öfwersatt år 1741. och afskrifwit år 1777" (Christosophia, oder: Der Weg zu Christo, verfasset in Neun Büchlein nun in Acht zusammen gezogen, [...] translated from the German in 1741. Copied in 1777)	The Finnish Literature Society, SKS KIA ms. Ostrobothnia Mystics, Kl. 27884 (the old catalog: Hallio 11) According to a note by a later Finnish owner, this ms. had belonged to Anders Collin. According to Collin's correspondence with his Finnish adherents, among the works of Böhme that Collin promised to send (to be translated and copied) were several treatises from this or similar "Christosophia" anthology ms.[5]
[1785, see the 1789 copy]	["Psychologia vera"]	
1785, see the 1786 copy]	["Einige ernste Reden von dem falschen Priestertum in Babel"]	
1786	"Psychologia" Vera, 1786 suomeksi käätty. (Psychologia vera, translated into Finnish 1786)	The National Library of Finland ms. C.III.7 Jacob Norrgård (? the translator) Eric Häggren (an early owner)
1786	"Mutamat yxiwakaiset puheet sijtä väärästä pappeudesta Babelisa" [...]. Jacob Böhmildä kirioitettu ja hänen kirioituxistansa kootut, 1785 (Einige ernste Reden von dem falschen Priestertum in Babel [...], written by J.B. and compiled from his works in 1785, the Finnish copy 1786) A Finnish Böhme florilegia	The National Library of Finland ms. C.III.4 (1) Eric Häggren (the translator or scribe) The ms. includes a later copy of a letter from Anders Collin, 21 September 1778
[1787, see the 1795 copy]	["Von der Drey Principien Göttlichen Wesens"]	

4 See the entry *Johan Conrad Cedersparre, urn:sbl:14729, Svenskt biografiskt lexikon (the entry written by G. Walli.)*, consulted online on 31 December 2019, https://sok.riksarkivet.se/sbl/. In addition to Cedersparre, important scribes of the Skevikians included Erik Eriksson (1695–1761) and Ludvik Melchior Bluth (? Melchior Ludwig Bluth, 1698–1791).
5 E.g., "Samtal emellan en upplyst och oupplyst Själ" (*Gespräch einer erleuchteten und unerleuchteten Seele*) and "Bättringens process" (*Von wahrer Busse*). Collin's letters, 11 December 1783; 13 February 1786: Akiander 1858, pp. 69–70.

Table 1: *continued*

1789	"Psyohologia [sic] Wera eller Fyratio Frågor om Själen [...]" författade af doctor Balthasar Walther. [...] Ifrån tyskan öfversatt år 1785 (Psychologia vera [...] translated into Swedish from the German 1785)	The National Library of Sweden ms. A 632a S. Lindlöf (the scribe)
1795	"De tribus principiis eller beskrifning om det gudomliga wäsendets tre principier" [...] Öfwersatt från tyskan år 1787 (Von der Drey Principien Göttlichen Wesens, translated from the German in 1787)	The National Library of Sweden ms. A 632a C.G. Berg (? the scribe) P.O. Lundberg (an early owner)
1798	Psychologia Wera eli neljä kymmendä kysymystä sielusta (Psychologia vera, in Finnish)	The National Library of Finland ms. C.III.3 Joh. Martinpoika Skarra (the scribe)

This sequence shows that sometimes it did not take long to cross the linguistic border between Swedish and Finnish. For instance, a Swedish manuscript of Böhme's *Vierzig Fragen* mentions that the translation from German into Swedish was made in 1785.[60] In 1786 the treatise was translated into Finnish. The misspellings in the titles of the manuscripts suggest that the scribes, working in the chains of copying and recopying, often did not know Latin or German.

The manuscript material offers a unique glimpse into the actions of small extra-institutional circles of scribes and Böhme readers. A correspondent of Anders Collin and leader of a Collinian group in the Vasa (Vaasa) region of Southern Ostrobothnia was Beata Herrman (1753–1834). Among the translators and scribes in Ostrobothnia were Jacob Norrgård (1750–1822, scribe, peasant?), Samuel Rinta-Nikkola (1763–1818, tailor, sailmaker), Susanna Widberg (1772–1830) and Mikki Matinpoika Sauso (1793–1853, carpenter). The extensive surviving Finnish manuscript collections of the so-called Ostrobothnian Mystics reveal the activity especially of craftsmen and women in translating and copying Böhme's manuscripts. For example, between ca. 1799 and 1807, tailor Rinta-Nikkola copied "40dä kysymystä sielusta" (*Vierzig Fragen*) at least four times (Fig. 1–3), "Uudesta jällens syndymisestä" (*Von der neuen Wiedergeburt*) at least four times, "Tie Christuxen tygö" (*Der Weg zu Christo*) at least twice, in addition "Neljästä complexionista" (*Von vier Complexionen*) and "Magilliset propheziat" (*Einige magische Prophezeiungen*) at least once each.

The wealth of printed and unprinted texts around the Collinians and other Ostrobothnian Böhme readers reveals a rich and complex picture of eighteenth-century literature. Böhme's thought pervaded both the lower and higher social strata. In Finland, Anders Collin's textual influence continued to be felt for decades (even after 1809) among small mystically oriented groups, academic pioneers of early childhood education and cultural elites. Such streams of Böhme influence gradually merged with the nineteenth-century political-religious streams of Swedish and Finnish national romanticism, influenced by German philosophers such as Schelling, Hegel, and Baader.

60 Other Swedish copies of the 1785 translation survive in the Netherlands and Great Britain.

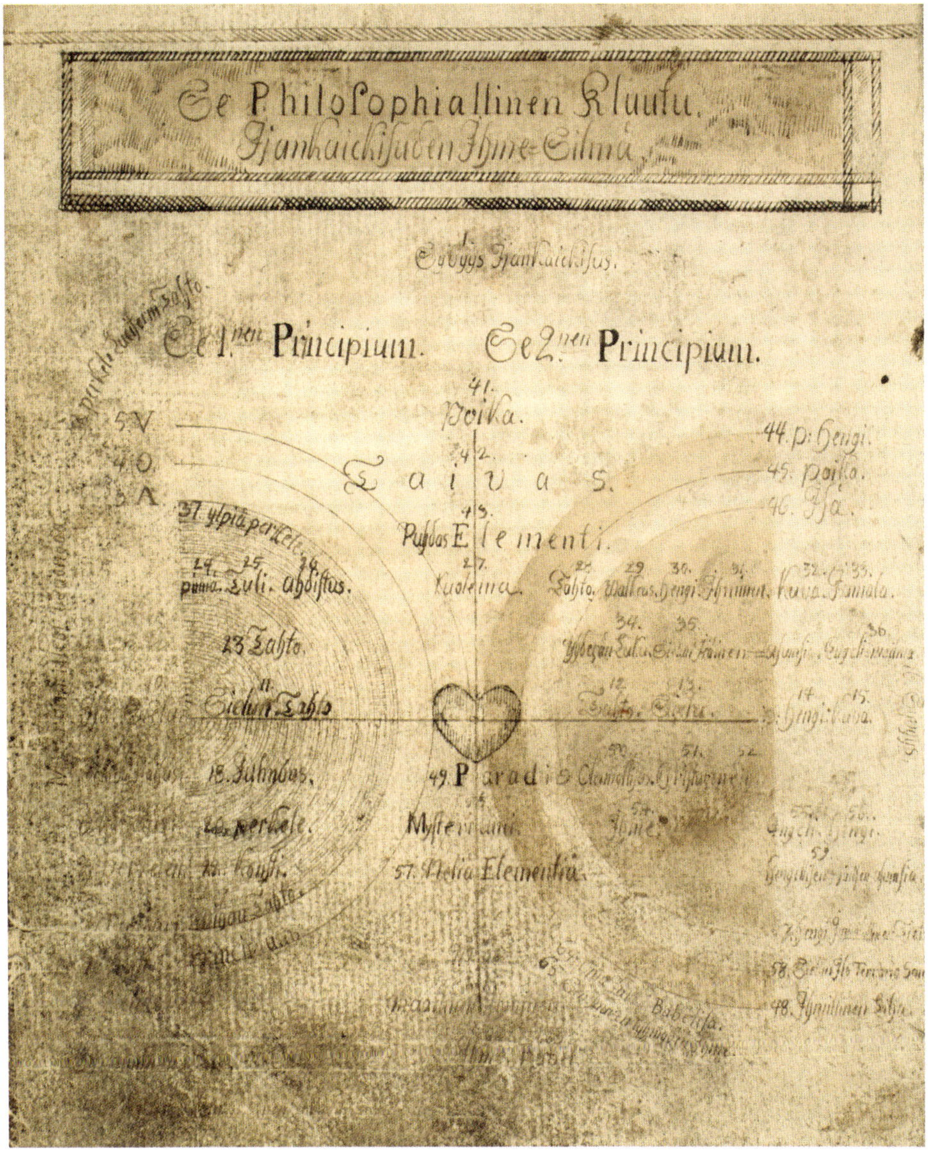

Fig. 1: The "philosophical sphere" in a Finnish translation of Böhme's *Vierzig Fragen von der Seele*: Jacob Böhme, *Bsychologia wera* [sic]. *Eli neliä kymmendä kysymystä sielusta*. Printed with permission from the Finnish Literature Society (SKS KIA, MS Pohjanmaan mystikot, A644. Samuel Rinta-Nikkola 1802?)

7 Conclusion

The complexity and variety of different instances of engagement with Böhme in the north becomes apparent in later research traditions. This study stops at the year 1809, when Finland became an autonomous grand duchy of imperial Russia. Böhme reception did not end there but, on the contrary, became so varied and wide that it provides ample material for another study. In Finland, the literary movements of Russia and Czar Alexander I (reigned 1801–1825) as a protector of Böhme literature in the 1810s, left traces even in the manuscript collections of Ostrobothian mysticisms.

Due to new political constellations, nineteenth-century research tended to focus either on Sweden and Russia or on Finland. In Sweden, both Anders Collin's Böhme interpretations and Böhme's writings found their way into histories of literature, as part of discussions about mysticism in early

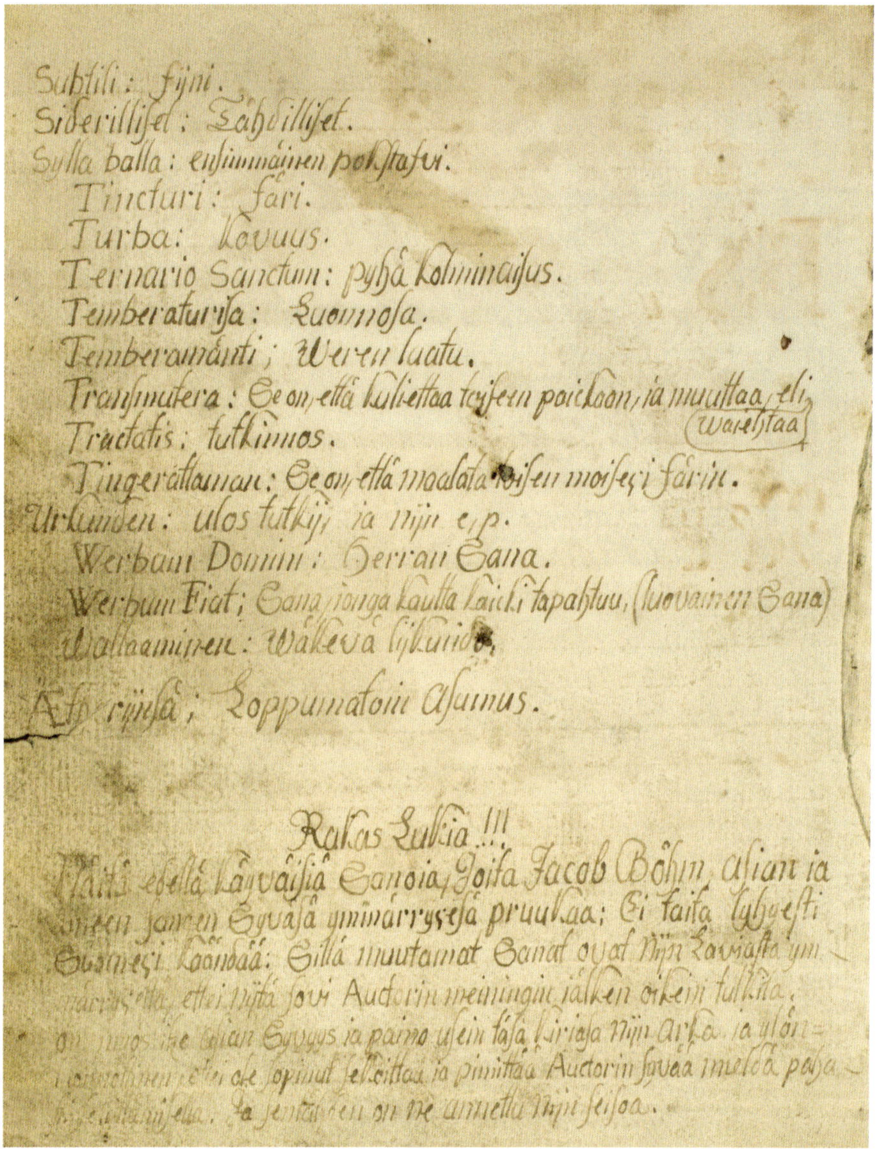

Fig. 2: A page from the short vocabulary (*Clavis*, or *Schlüssel*), attached to a Finnish translation of Böhme's *Vierzig Fragen von der Seele*: Jacob Böhme, *Bsychologia wera* [sic]. *Eli neliä kymmendä kysymystä sielusta*. Printed with permission from the Finnish Literature Society (SKS KIA, MS Pohjanmaan mystikot, A644. Samuel Rinta-Nikkola 1802?)

Romanticism. Printed editions of Böhme's writings also resulted.[61] In Finland the polemical and political beginnings of Collin's influence have been almost completely shunned, and the Collinians have been studied as one of the early religious revival movements within the narrative of national history. Futher comparative studies on the manuscripts will increase our understanding of the complex history of underground literature, including the networks of northern Böhme reception.

Within this limited space, it has not been possible to discuss yet another branch of Böhme's reception: popular narratives of the shoemaker philosopher in nineteenth-century Finland. Fact and fiction about Böhme as a freedom fighter and quick-witted orator lived on in Finnish working-class period-

61 E.g., Lamm 1963, vol. 1, pp. 101–102; vol. 2, pp. 61–63.

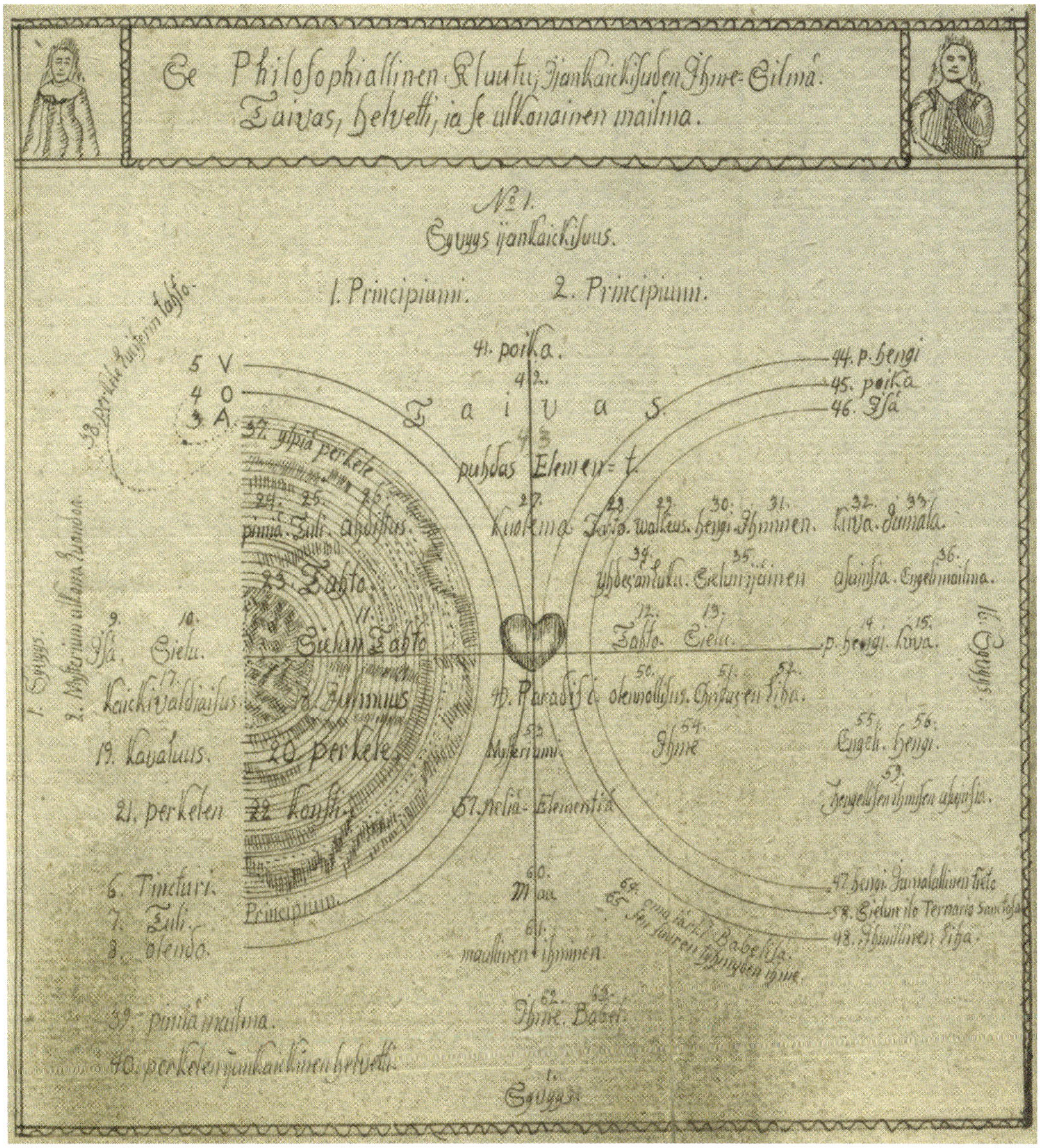

Fig. 3: The "philosophical sphere" in a Finnish translation of Böhme's *Vierzig Fragen von der Seele*: Jacob Böhme, *Bsychologia Wera* [sic] *eli neliäkymmendä kysymystä sielusta*. Printed with permission from the National Library of Finland (SKS KIA, MS C.III.31. Samuel Rinta-Nikkola 1808)

icals and dailies.[62] A plurality of public spheres developed in which characters such as Böhme – once seen only as dangerous enthusiastic transgressers – could be portrayed in positive ways.

Acknowledgement note: Parts of this article were presented in the colloquium of the research program 2019 of the Herzog August Bibliothek in Wolfenbüttel (February 2019) and the conference *Jacob Böhme in Central and Eastern Europe* (Gotha Research Centre of the University of Erfurt, 28 June 2019). The author is indebted to all discussants for their useful feedback. I should like to acknowledge the Helander Foundation and Stipendiatenprogramme der HAB Wolfenbüttel for supporting this study.

62 For entertaining tales featuring Böhme, see, e. g. issues of the Finnish periodical *Väinämöinen*: Anonymous 1898 and Anonymous 1899. Further study of this unexplored material is a work in progress.

Aira Võsa / Mait Laas

Jacob Böhmes imaginäre Spuren in der estnischen Polit-Mystik des 19. Jahrhunderts

Abstract: Jacob Böhme's works have been read in Estonia since the beginning of the 18th century. In this essay, a first attempt is made to trace the likely influence of the theosopher in the works of 19th-century Estonian intellectuals and politicians. The writings, calling for a spiritual awakening, were intended to fire up Estonian national consciousness. All of the authors under consideration, Friedrich Reinhold Kreutzwald, Lydia Koidula and Carl Robert Jakobson, had connections to the Moravian Church (*Brüdergemeine*) in Moravia, which can be seen as a possible mediator of Böhme's ideas. The three socially committed authors under consideration in this chapter maintained lively contacts with one another as they worked toward Estonian cultural and national consciousness. From the presented literary examples, it can be concluded that mystical, non-mainstream Christianity was closely connected to the early phases of the awakening of an Estonian national identity. One reason for this may have been the richly illustrated world of ideas and the lavish vocabulary of spiritualist literature. Relying on this fascinating material, authors were able to present abstract ideas to the public in an attractive way. In this way, transformations of Böhme's thought served a new national ideology, a kind of political mysticism.

1 Einleitung

In den Est- und Livländischen Provinzen des Russischen Zarenreichs spielte die deutsche Sprache und Kultur eine entscheidende Rolle. Dank eines regen Kulturtransfers breitete sich im 18. und 19. Jahrhundert das Ideengut der Aufklärung und der Romantik deutschen Ursprungs im Baltikum aus (Abb. 1). Vermittelt durch die deutschbaltische Oberschicht nahmen die einheimischen Bevölkerungsgruppen – Esten und Letten – an dieser Entwicklung teil. Um die Mitte des 19. Jahrhunderts, auf der Welle der patriotischen Stimmungen in Europa, erwachte auch unter den Esten ein Nationalbewusstsein. Estnische Gelehrte erreichten einen hohen Bildungsgrad, wobei sie u. a. von der Herrnhuter Brüdergemeine beeinflusst waren, die mit der etablierten lutherischen Kirche konkurrierte. Diese ökumenisch gesinnte religiöse Erneuerungsbewegung[1] hatte bereits 1730 Missionare nach Estland geschickt, wo sie eine prägende Wirkung ausübten.[2] Die ersten Herrnhuter Brüder wurden in Estland von den lokalen, pietistisch gesinnten Pastoren und Adligen freundlich aufgenommen. 1736 kam der von Jacob Böhmes Gedankengut inspirierte Gründer der Bewegung, Graf Nikolaus Ludwig

1 Die Herrnhuter Brüdergemeine (nach alter Schreibweise ohne „d") wurde von dem lutherisch-pietistischen Grafen Nikolaus Ludwig von Zinzendorf (1700–1760) gegründet. Dieser hatte 1722 evangelische Glaubensflüchtlinge aus Böhmen und Mähren, deren Überzeugungen auf den tschechischen Reformator Jan Hus zurückgingen, auf seinem Land in der Oberlausitz aufgenommen. Aus der Siedlung ging eine überkonfessionelle Glaubensbewegung mit einer aktiven Missionsarbeit hervor. Vgl. Meyer 2000.

2 Durch den Livländischen Plan Zinzendorfs und die Arbeit unter Esten und Letten stieg die Zahl der im Baltikum zu Betreuenden um 1775 auf ca. 15.000 an, womit die Tätigkeit in der Region das gleiche Ausmaß erreichte wie die Arbeit im gesamten Deutschland (Meyer 2000, S. 73). Auf dem Höhepunkt der Bewegung gab es im Baltikum 250 Bethäuser mit etwa 70.000 Mitgliedern, die von 7.000 „Nationalgehülfen" betreut wurden. Nach der vollständigen Legalisierung der Bewegung durch Alexander I. im Jahr 1817 erlebte die Brüdergemeine bis in die 1840er Jahre hinein noch einmal eine Blütezeit (Philipp 1974, S. 220).

https://doi.org/10.1515/9783110720525-012

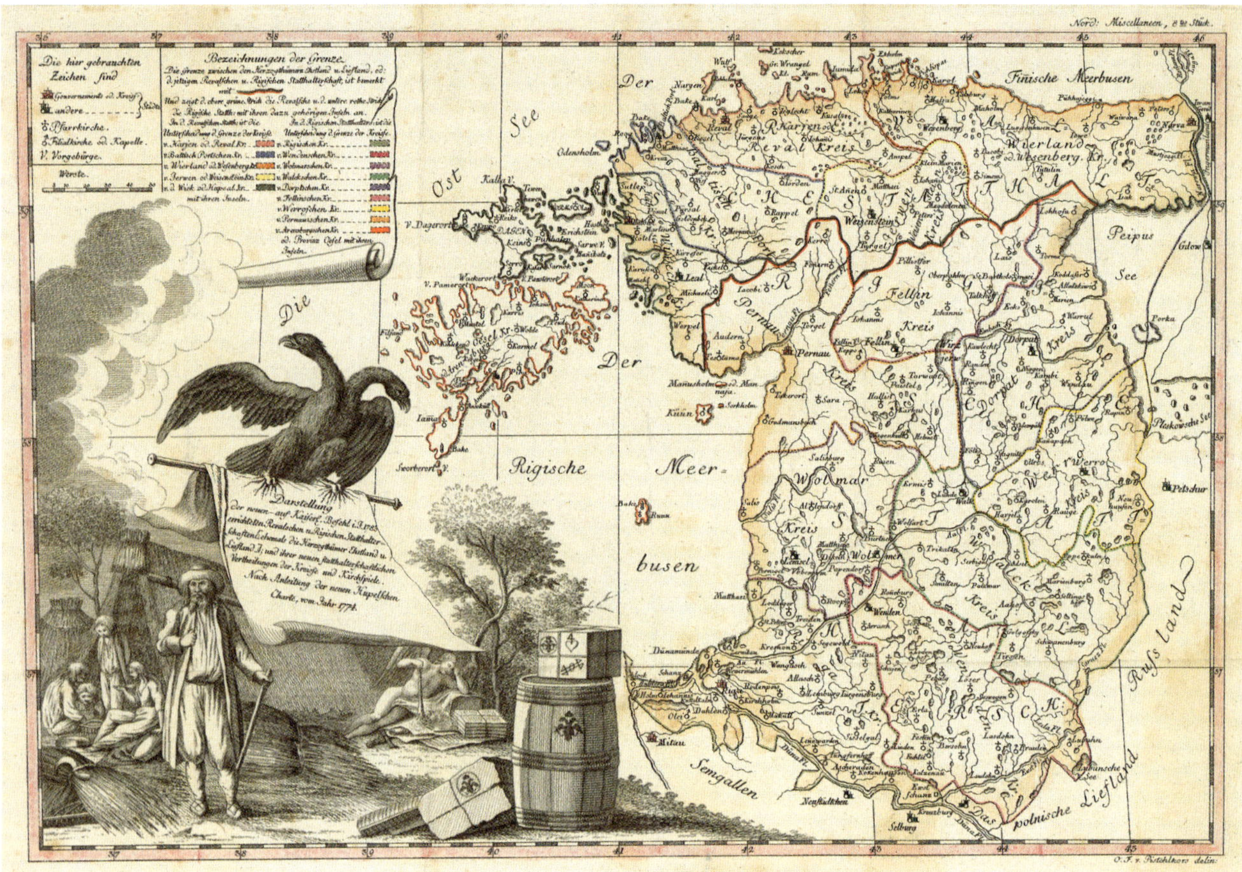

Abb. 1: Otto Friedrich von Pistohlkors, Darstellung der neuen auf Keiserl(ichen) Befehl i. J. 1783 errichteten Revalschen und Rigischen Statthalterschaften […]: nach Anleitung der neuen Hupelschen Charte, vom Jahr 1774, Riga 1784, kolorierter Kupferstich, Estnische Nationalbibliothek, Kartenabteilung, Tallinn, Inv. Nr. ARKT-00255

von Zinzendorf, persönlich nach Tallinn (Reval) und predigte in den dortigen Kirchen. Dabei setzte sich Zinzendorf, wie der Pastor Eberhard Gutsleff schriftlich festhielt, besonders für die mystischen und anderen religiösen Randgruppierungen ein. Laut der Überlieferung waren es „erschütternde Predigten von Christo für uns, heilsame Reden für Mystiker, für Dippelianer und ängstliche Fromme".[3]

Die Brüdergemeine war mit der mystischen Gedankenwelt gut vertraut. In den 1740er Jahren, die als Sichtungszeit bezeichnet wird, versuchte Zinzendorf, eine umfassende theosophische Lehre von der Dreieinigkeit aufzustellen, später wechselte er jedoch zur Christi Blut- und Wunden-Mystik.[4] Zudem kannte er Böhmes neuplatonische Sprachmystik, d. h. seine Lehre der Natursprache.[5] Auf dieser theoretischen Basis wollte Zinzendorf eine alle Völker und Kulturen vereinigende spirituelle Sprache entwickeln.[6] Auch der Mitbegründer der Herrnhuter Brüdergemeine und Missionar in Livland, Christian David, wandte sich zumindest in der ersten Phase der Bewegung der Mystik zu, er teilte eine theosophische Gottesvorstellung sowie Böhmes Idee von dem androgynen Ur-Adam.[7]

Außer in der Brüdergemeine zirkulierten Böhmes Werke unter den Baltischen Freimaurern, die ebenso auf eine geistige Erweckung und Bruderschaft zielten. Die frühesten Freimaurerlogen wurden

3 Verbeek 1845, S. 178.
4 Uttendörfer 1950, S. 240–241.
5 Karnitscher 2012, S. 130–139.
6 Erben 2012, S. 52–55.
7 Uttendörfer 1950, S. 128.

1750 in Riga und 1773 in Tallinn gegründet. Am Ende des 18. Jahrhunderts wirkten in Tallinn vier Logen, zu deren Reihen sowohl Vertreter des Bürgertums (Beamten, Literaten, Pastoren und Großhändler) als auch des Adels und der Handwerker gehörten. Die Freimaurerei spielte eine wichtige Rolle auch für die Ansichten der Neubegründer und der ersten Professoren der Universität Tartu (Dorpat) am Anfang des 19. Jahrhunderts. In etlichen Freimaurerlogen in Tallinn, Tartu und Riga wurde das christlich orientierte Schwedische Lehrsystem bearbeitet, und man pflegte rege Beziehungen zu den Großlogen sowie zu den Rosenkreuzern in Russland. Von den Moskauer Rosenkreuzern etwa ist bekannt, dass sie Jacob Böhme wie keinen anderen Philosophen oder Theologen schätzten und seine Schriften als die nach der Bibel wichtigste Lektüre empfahlen.[8]

Eine Leitfigur der Russischen Freimaurer und Gründer der Loge „Isis" in Tallinn, Fürst Nikolai Trubetskoi, schrieb am 1. Februar 1784 an einen Freund, den Freimaurer Aleksei Rževski:

> Ich danke Gott, dass die Werke von dem hochgeweihten, unseren in Gott ruhendem Bruder Jakob [Böhme] Ihr Herz bewegt haben; les die, mein Freund, les die im Gebet, und glaub, je mehr Du die liest, desto mehr wird die Seele des Herrn, die sich durch den Großgeist und den Heiligen, besser gesagt, durch den Gottes Freund, in Ihrem Herz Wurzel schlagen.[9]

Schon im 17. Jahrhundert hat ein Livländer bei der Vermittlung von Böhmes Ideengut eine entscheidende Rolle gespielt. So schuf der aus Riga stammende Alchemist und Chiliast Michael Andreae die Illustrationen für die erste, 1682 in Amsterdam erschienene Gesamtausgabe von Böhmes Werken. Seine Kupferstiche und deren Erläuterungen sind in etliche Böhme-Ausgaben und Übersetzungen aufgenommen worden und haben die visuelle Kultur der esoterischen Literatur nachhaltig geprägt.

Anhand bürgerlicher Nachlassverzeichnisse aus Tallinn und Pärnu (Pernau) lässt sich feststellen, dass der Jacob Böhme in Estland spätestens Anfang des 18. Jahrhunderts bekannt war. In den Privatbibliotheken lagen neben Johann Arndts fast obligatorischem Buch *Wahres Christenthum* auch die Schriften von Jacob Böhme vor. Die Besitzer waren vor allem deutschbaltische Literaten und Beamte, die neben Böhme auch Mystiker und pietistische Autoren wie Thomas a Kempis, Philipp Jakob Spener, August Hermann Francke, Gottfried Arnold, Nikolaus Ludwig von Zinzendorf und Amos Comenius lasen.[10] Böhmes Schriften befanden sich etwa im Besitz des Korrektors der ersten vollständigen estnischen Bibelausgabe,[11] des Herrnhuter Gymnasiallehrers Christoph Erdmann Bicck.[12]

Das Zeugnis einer negativen Böhme-Rezeption im 18. Jahrhundert ist die 1788 im lettischen Teil von Livland erschienene kritische Schrift von Benjamin Heidecke[13] mit dem Titel *Jacob Böhmens*

---

8 Wistinghausen 2016, S. 218; Gilly 1993, S. 54–58.

9 Melgunov/Sidorov 1991, S. 162.

10 Lamoen 2007b, S. 258–259; Harmsen 2012, S. 202. Schon im Jahr 1711 besaß z. B. der Pernauer Buchhalter Johann Christopher Peper ein Extrakt aus Böhmes Schriften, erschienen 1700 in Amsterdam (Pullat 2009, S. 115). Böhmes Erbauungschriften waren im Besitz des Revaler Schul-Kollegen Johann Laurentius Hesse (Pullat 2009, S. 14), über seine Theosophischen Werke verfügte wiederum der Gold- und Silberschmied Sven Herling (Pullat 2009, S. 67).

11 Die erste estnische Bibel *Piibli Ramat, se on keik se Jummala Sanna, mis Pühhad Jummala Mehhed/ kes pühha Waimo läbbi juhhatud* [...] (Tallinn: J.J. Köhler 1739) wurde von den lokalen pietistisch und herrnhutisch geneigten Pastoren übersetzt und redigiert. Die Herausgabe und der Druck derselben sind dank großzügiger Spenden von N.L. von Zinzendorf sowie von deutschbaltischen Adligen und Geistlichen zustande gekommen (Hasselblatt 2006, S. 146–150).

12 Verzeichnet sind in seiner Nachlassliste Böhmes *Weg zu Christo* und *Mysterium Magnum* (Pullat 2009, S. 20).

13 Benjamin Christoph Gotthilf Heidecke (ca. 1763–1811) – Pastor, Pädagoge, Übersetzer, Autor zahlreicher Lehrbücher und Herausgeber von etlichen Zeitschriften. In Merseburg geboren, studierte er in Leipzig Rechtswissenschaft und trat als Hauslehrer zuerst in Rauna in Livland und später in Tallinn in Estland ins Amt. Nach einem russischen Militärdienst

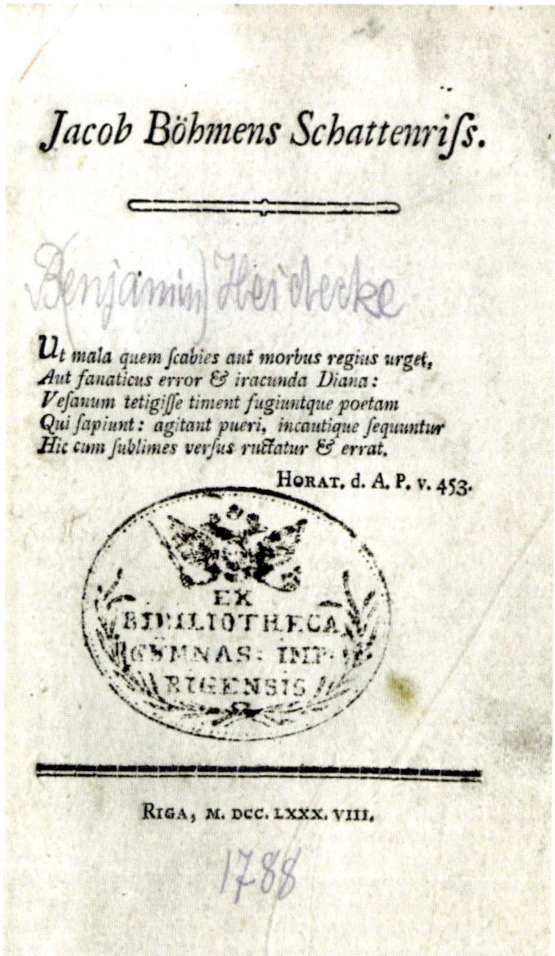

Abb. 2: Benjamin Heidecke, Titelblatt zu: *Jacob Böhmens Schattenriss*, Riga 1788, Lettische Nationalbibliothek Riga, RW2/2667

Schattenriss: eine briefliche Abhandlung über Böhmes Person und Werk, die der Autor größtenteils in Leipzig verfasste, im Jahr 1788 als Ankömmling in Rauna (Ronneburg) mit einem Zusatz versah und schließlich in Riga drucken ließ. Der von den französischen Aufklärern angetane Heidecke stellt Böhme in seinem Büchlein als einen ‚Narren' oder ‚Betrüger' an den Pranger. Ohne dessen Werke selbst gelesen zu haben, übt er an ihm scharfe Kritik im radikal-rationalistischen Stil.[14] Der Erscheinungsort Riga weist allerdings darauf hin, dass der Autor hier mit einer beachtlichen Zahl fachkundiger Leser rechnen konnte. So stellt Heidecke fest, dass „[…] Unzählige in den nördlichern Gegenden Europas im Schweiß ihres Angesichts über seinen Werken brüten […]".[15] (Abb. 2)

Die Ausbreitung der Werke Böhmes im 17. und 18. Jahrhundert illustrieren auch die Bestände der Forschungsbibliotheken in Tallinn und Tartu. Laut elektronischem Gesamtkatalog der größeren estnischen Bibliotheken handelt es sich um fast einhundert Bände.[16] In Riga dagegen sind wegen

wurde er 1801 Pastor an der lutherischen Neukirche zu Moskau und Propst. Er wirke auch als Inspektor des gräflich Sieverschen Schulinstituts der genannten Kirche (Napiersky/Recke 1829, S. 208–209).

14 Heidecke 1788, S. 27–28.

15 Heidecke 1788, S. 45.

16 https://www.ester.ee (zuletzt aufgerufen am 06.05.2023).

der verheerenden Folgen des zweiten Weltkrieges deutlich weniger Exemplare erhalten geblieben. Laut dem elektronischen Katalog der Lettischen Nationalbibliothek befinden sich dort nur vier Werke.[17] Auf Estnisch und Lettisch gibt es bis jetzt keine publizierte Übersetzung von Böhmes Schriften.

Wir gehen davon aus, dass Böhme seine geistigen Spuren in Estland in der zweiten Hälfte des 19. Jahrhunderts hinterließ. Dieser Zeitraum wird in den Geschichtsdarstellungen als die Zeit des ‚nationalen Erwachens' bezeichnet, gelegentlich auch als die Zeit der ‚Morgenröte'. Dieser Begriff – Böhmes bekanntestes Motiv und zugleich Titel seines Erstlingswerks – bezeichnet eine Zeit der Wiederbringung des Verlorenen, ein Heraufdämmern einer neuen harmonischen Epoche auf den verschiedenen Ebenen der Existenz.[18] Die von Böhme entliehene und von Johann Gottfried Herder – der übrigens in Riga zu den Freimaurer gehörte und dort seine ersten Werke veröffentlichte – vielbenutzte Metapher[19] durfte dem nationalromantischen Diskurs der deutschbaltischen und der ersten estnischen Intellektuellen nicht unbekannt gewesen sein.

Seit Mitte des 19. Jahrhunderts erschienen aus der Feder der Leitfiguren der nationalen Bewegung zahlreiche nationalromantische Essays und poetische Werke; es wurden das Nationalepos geschaffen und patriotische Reden gehalten. Einige, meist als Naturalisten oder Existentialisten angesehene Autoren haben in ihren Arbeiten folkloristische, volksaufklärerische und fromme Literatur miteinander vermengt, ohne zwischen diesen Gattungen zu differenzieren und sich dessen bewusst zu sein. In den auf den ersten Blick rationalistischen Texten kommen u. a. mystische Fragmente und Motive vor, deren Ursprung im geistigen Erbe Jacob Böhmes zu vermuten ist.

Anhand dieses Materials möchten wir einige auffallende Beispiele und Autoren vorstellen, die unterschiedliche Facetten der nationalen Bewegung repräsentieren, und zwar eine intellektuelle (Friedrich Reinhold Kreutzwald), eine ästhetische (Lydia Koidula) und eine praktische (Carl Robert Jakobson). Außer in den schriftlichen Quellen finden sich Böhmes Spuren auch in der Bildkultur.

2 Friedrich Reinhold Kreutzwald

Seit den ersten Jahrzehnten des 19. Jahrhunderts, parallel zum Sammeln von Volksdichtung im Herderschen Sinne, verbreitete sich unter einigen deutschbaltischen Intellektuellen die Meinung, dass die Kleinvölker und -kulturen keine eigenständige Zukunft hätten. Für die Esten sah man voraus, dass sie zwangsläufig mit einer nahestehenden ‚Hochkultur' – entweder mit der russischen oder der deutschen – verschmelzen oder sich auflösen würden. So meinte z. B. der deutschbaltische Arzt und Publizist Georg Julius von Schultz-Bertram: „Kleinere Nationalitäten sind den niedrigen Inseln im Meere vergleichbar, die von den Fluthen allmälig vernichtet werden."[20] Gegen die Auffassung, dass die einheimische Kultur aufgelöst wird, erhoben sich jedoch Stimmen aus dem Lager der ersten estnischen Literaten.

Einer, der sich mit dieser pessimistischen Prognose für die Zukunft der Esten nicht zufriedengab, war der estnische Arzt und Schriftsteller Friedrich Reinhold Kreutzwald (1803–1882). (Abb. 3) Er vertrat die Meinung, das kleine Volk habe mit seiner Sprache und Kultur den gleichen Wert wie die größeren, auch wenn dessen Chancen auf Fortbestand gering seien. Kreutzwald war ein sehr frucht-

17 http://kopkatalogs.lv (zuletzt aufgerufen am 06.05.2023).
18 Hannak 2017a, S. 196–197.
19 Schmidt 1999, S. 69–71.
20 Schultz-Bertram 1860, S. 433.

Abb. 3: Johann Köler, Bildnis Friedrich Reinhold Kreutzwald, 1864, Öl auf Leinwand, Estnisches Historisches Museum, Tallinn, Inv. Nr. AM 13364 G 4499

barer Autor, zu seinem literarischen Werk gehören Erzählungen und Märchen, aber auch umfangreiche poetische Texte. Mit seinen Übersetzungen ins Estnische wirkte er als Volksaufklärer. Kreutzwald vertrat somit die intellektuelle Seite der nationalen Bewegung. In seinen Schriften berief er sich auf die estnische Folklore, auf die europäische Aufklärungsliteratur sowie auf die deutsche Romantik. Diese fanden auch Ausdruck in Kreutzwalds Epos *Kalevipoeg* (Kalevs Sohn) – ein Hauptwerk der estnischen Kultur. Das Epos erschien erstmals zweisprachig, auf Deutsch und Estnisch, in den Jahren 1857–1861. Die erste volkstümliche, d. h. rein estnisch-sprachige Ausgabe wurde 1862 in Kuopio (Finnland) in 1000 Exemplaren herausgegeben. Das synkretistische, auf der Volksdichtung und den Sagen basierende Epos wurde für die Esten mit der Zeit zu einem Kennzeichen ihrer Religiosität, oder auch zu einem ‚unorthodoxen' Ersatz derselben. In diesem Werk, das bis heute 19 Editionen erlebt hat und in mehr als ein Dutzend Sprachen übersetzt worden ist, kann ein Einfluss von Böhmes Erbe erahnt werden.

Der Autor Kreutzwald war seit seiner Kindheit mit den Herrnhutern verbunden, sein Vater wirkte als Vorleser in einer ihrer Gemeinden. In der Revalschen deutschen Kreisschule wurde er im Geiste der herrnhutischen Frömmigkeit zum Lehrer einer Bauernschule ausgebildet. Auch im Laufe seines späteren beruflichen Werdegangs beschäftigte er sich mit der Geschichte der Brüdergemeine in Estland.[21]

Die esoterisch-religiösen Stimmungen wurden im Russischen Reich von höchster politischer Ebene gelenkt. Eine entscheidende Rolle spielte dabei Alexander Golizyn, der nach der Gründung der Heiligen Allianz 1817 zum Minister der Religion und der Volksbildung aufstieg. So wie Zar Alexander I. verkehrte auch er mit den russischen Freimaurern und Rosenkreutzern. Der pietistisch gesinnte Golizyn teilte u. a. die Überzeugung des deutschen Mystikers Johann Heinrich Jung-Stilling, dass nach der Niederschlagung des von Napoleon verkörperten ‚Bösen' 1836 ein christliches Friedensreich anbrechen werde.[22] Zu dessen praktischer Vorbereitung fing man an, Bibelgesellschaften zu gründen, an deren Tätigkeit alle Konfessionen sowie die Freimaurer und Brüdergemeinen teilnahmen. Man zielte auf die Verkündigung und Förderung einer alle Christen vereinigenden, innerlichen Kirche.

Der junge Kreutzwald interessierte sich für Jacob Böhme und andere Mystiker bereits während seiner Studienzeit 1826–1833 an der Dorpater Universität. Wir wissen, dass er Böhme aus dem weitverbreiteten Buch *Ueber die Einsamkeit*[23] von dem Schweizer Popularphilosophen und Arzt Johann Georg Zimmermann kannte und Abschriften daraus anfertigte.[24] Bei Kreutzwalds Exzerpt der Passagen über Böhme handelt es sich um eine recht kritische Stellungnahme Zimmermanns, die sich allerdings an die Adresse aller Anachoreten und Mystiker richtete.[25] (Abb. 4)

---

21 Suits 1933a; Suits 1933b.

22 Kondakov 2014, S. 82.

23 Zimmermann 1784.

24 Friedrich Reinhold Kreutzwalds Notiz-Buch 1829–1830 (Estnisches Literaturmuseum Tartu, EKLA 116 Mi:5). Einen Hinweis auf Kreutzwalds Notiz-Buch findet sich in: Tohver 1932, S. 61.

25 Zimmermann 1784, S. 135–137.

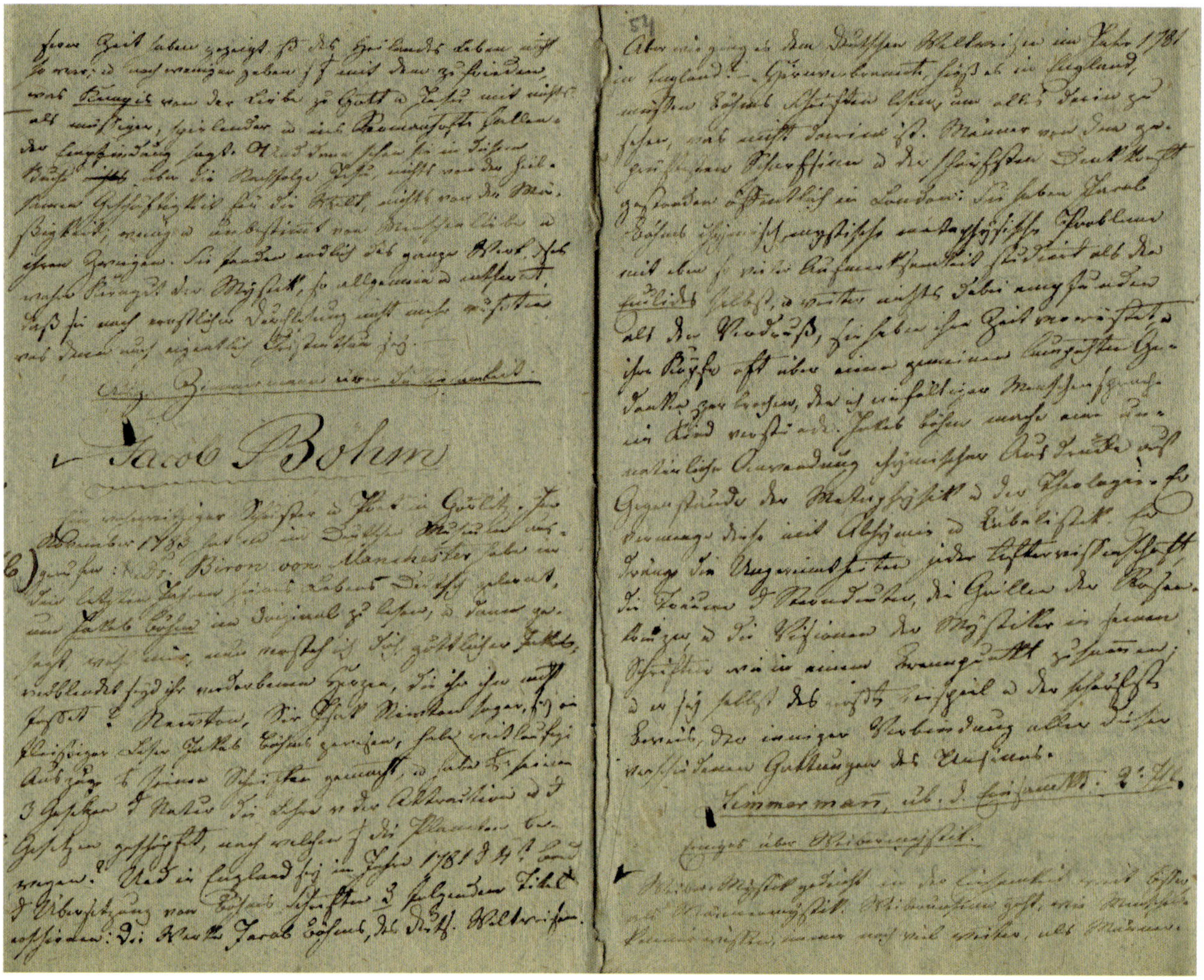

Abb. 4: Friedrich Reinhold Kreutzwalds Notiz-Buch 1829–1830, Estnisches Literaturmuseum Tartu, EKLA 116 M1:5

Kreutzwald scheint die mystische Gedankenwelt jedoch inspiriert zu haben. Im Vorwort zum Epos *Kalevipoeg* zeigt er dem Estnisch sprechenden Landvolk, das er als einen totkranken Patienten beschreibt, eine Überlebensmöglichkeit mittels des Sammelns von ‚nationaler Poesie', also der Volksdichtung auf.[26] Als ‚Arznei' empfiehlt er das Versepos samt den Antworten auf die Grundfragen: Wer sind wir? Woher kommen und wohin gehen wir? Nach Kreutzwalds Vorstellung brauchte das Volk einen Mythos, nicht nur von einem einstigen Helden, sondern auch von einem zukünftigen Retter. Diesem Zweck diente die Erzählung von Kalevipoeg nach dem Vorbild des finnischen Volksepos *Kalevala.* Als Ur-König der Esten und zugleich pflügender Bauer stellte Kalevipoeg für die estnischen Bauern eine Identifikationsfigur in der Gegenwart dar.

Kreutzwald setzte sich sowohl als Arzt als auch durch seine literarische Tätigkeit für das Wohl und die Lebenskraft der Menschen ein. So wie die Natur besondere Stoffe für Medikamente enthielt, so lieferten ihm verschiedene Texte die Ideen zur Heilung der Menschen. Entsprechend konnten gesammelte Zitate – wie die unterschiedlichen Pflanzen zu heilenden Arzneien – zu literarischen

26 Kreutzwald 1857, S. IV.

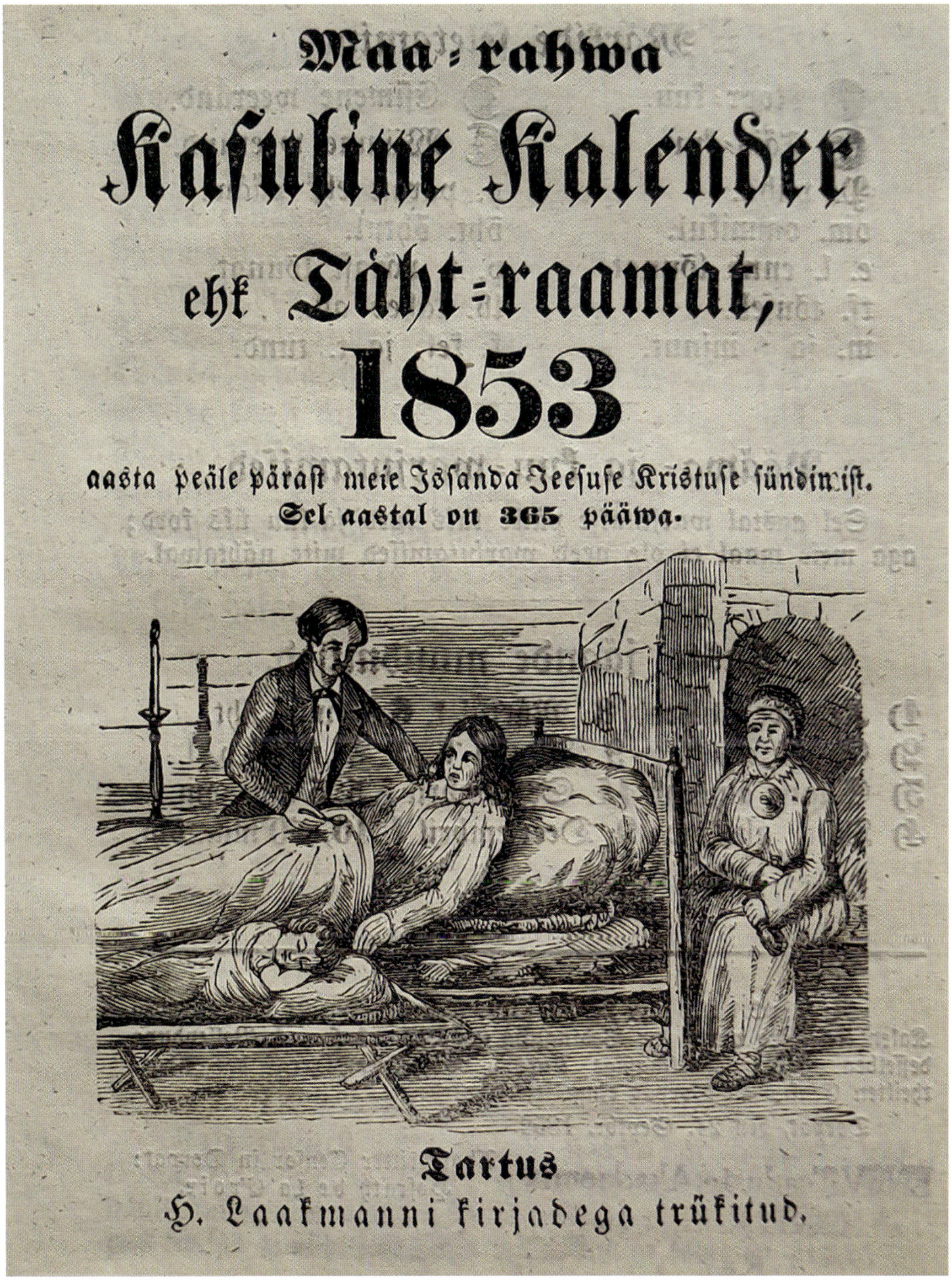

Maa-rahwa
Kasuline Kalender
ehk Täht-raamat,
1853
aasta peäle pärast meie Issanda Jeesuse Kristuse sündimist.
Sel aastal on 365 pääwa.

Tartus
H. Laakmanni kirjadega trükitud.

Abb. 5: August Daugell, Titelillustration, Holzschnitt zu: *Üks öö-pilt* (*Ein Nacht-Bild*), in: *Maa-rahwa Kasuline Kalender ehk Täht-raamat*, 1853 aasta peale, Tartu 1852, Estnisches Literaturmuseum Tartu, KMAR A 6098

Textkompositionen zusammengefügt werden. Im Jahr 1853, als Kreutzwald eine erste Fassung des Epos *Kalevipoeg* niederschrieb, erschien seine Kurzgeschichte *Üks öö-pilt* (Ein Nacht-Bild). Im Fokus der Erzählung steht eine junge todkranke Frau, eine alleinstehende Mutter (Abb. 5). An einer Stelle beschreibt der zufällig im Haus der Kranken eingetroffene Erzähler der Sterbenden den Weg zur Wiedergeburt und ins Jenseits. Die darauffolgende Passage unterscheidet sich in Stil und Gedankengut von der ansonsten eher nüchternen Geschichte und kommt dem Leser zuweilen etwas skurril vor. Und es fällt auf, dass die hier beschriebene imaginäre Welt den Werken Böhmes und den Illustrationen, die seine Anhänger über die Jahrhunderte dafür entwarfen, sehr nahe kommt (Abb. 6). Dieser Teil wurde übrigens einhundert Jahre später, in der sowjetischen Zeit Estlands, aus Kreutzwalds gesammelten Werken gestrichen.[27]

> Erinnere dich in einer finsteren Stunde, dass einmal der Glanz aller Welten dein Herz erfüllt hat und dass du die Größe des Seins empfunden hast. Ob deine Augen dann in die Ewigkeit, in den Sternenhimmel geschaut haben und tagsüber wiederum auf die andere Seite? Denke ein kleines Zwischenstück weg und stelle dir eine dich beschattende Erdkugel vor, dann wölben sich – wie um eines Zirkelringes Zentrum – die Welten um dich, über dich und unter dich – alle triebhafte und getriebene – Glanz im Glanz – Größe in die Größe gedrungen – alle Sonnen zu einer Sonnenkugel nahe zu dir zusammengepresst. Würdest du dich in Ewigkeit durch alle Sonnen durchdringen und ziehen, du könntest nicht daraus zum Nichts kommen. Das Nichts befindet sich nur zwischen den Welten, nicht um die Welt herum.[28]

Die Vision von den sich offenbar werdenden Welten in einem Reich außerhalb der irdischen Zeit ähnelt Böhmes kosmologischen Vorstellungen. Kreutzwald verknüpft diese Vision in der Erzählung etwas später mit einem spezifisch estnischen Stoff, mit seiner eigenen Kunstmythologie. Ein Motiv des biblischen Paradieses verschmilzt mit dem mythischen Helden Kalevipoeg, der seinem Volk das verlorene Paradies zurückbringen wird. Dort heißt es:

> Kalevipoeg und ein Kind, sie wandern alle frei in einem Garten, und eine Eintagsfliege webt die Reihe ihrer Vorfahren durch die Stürme und Feinde nach zu den Urahnen, die einst an den Ufern der Flüsse des Paradieses in der Abendsonne spielten.[29]

In dieser Episode des Prosastückes steckt gleichsam der Kern des Epos *Kalevipoeg*. Hier treffen sich die verschiedenen Paradigmen, die Kreutzwald miteinander zu vereinen versuchte – das Rationale und das Irrationale. Die Vergangenheit, die Gegenwart und die Zukunft ereignen sich zugleich in einem Raum, im Paradies. Christliche und heidnische Motive sind miteinander verwoben.

Das Epos wie das Prosastück sollten Hoffnung auf das Erwachen und die Wiedergeburt suggerieren, einem vor dem Aussterben stehenden Volk die Befreiung und Wiederbelebung verkünden. Im Jahre 1854 veränderte Kreutzwald die ursprüngliche handschriftliche Version vom Ende des Epos, in dem Kalevipoeg in einer Höhle angekettet blieb. In der veränderten Fassung muss der Geist von Kalevipoeg wieder in seinen physischen Körper eingehen und als Invalide – seine Beine wurden mit dem eigenen Schwert abgehackt – auf einem weißen Pferd unter die Erde, d. h. in die Hölle reiten. Dort wird er durch einen Schwur mit der Hand an einen Stein gefesselt. Er wird von der ‚Finsternis' gefangen genommen, und zugleich wird er über sie wachen. Die Finsternis in Gestalt einer gehörnten Bestie und das Licht, verkörpert von Kalevipoeg als Symbol des estnischen Volksgeistes, überwachen sich also gegenseitig.

27 Kreutzwald 1953, S. 175–188.
28 Kreutzwald 1853, S. 19–20.
29 Kreutzwald 1853, S. 21.

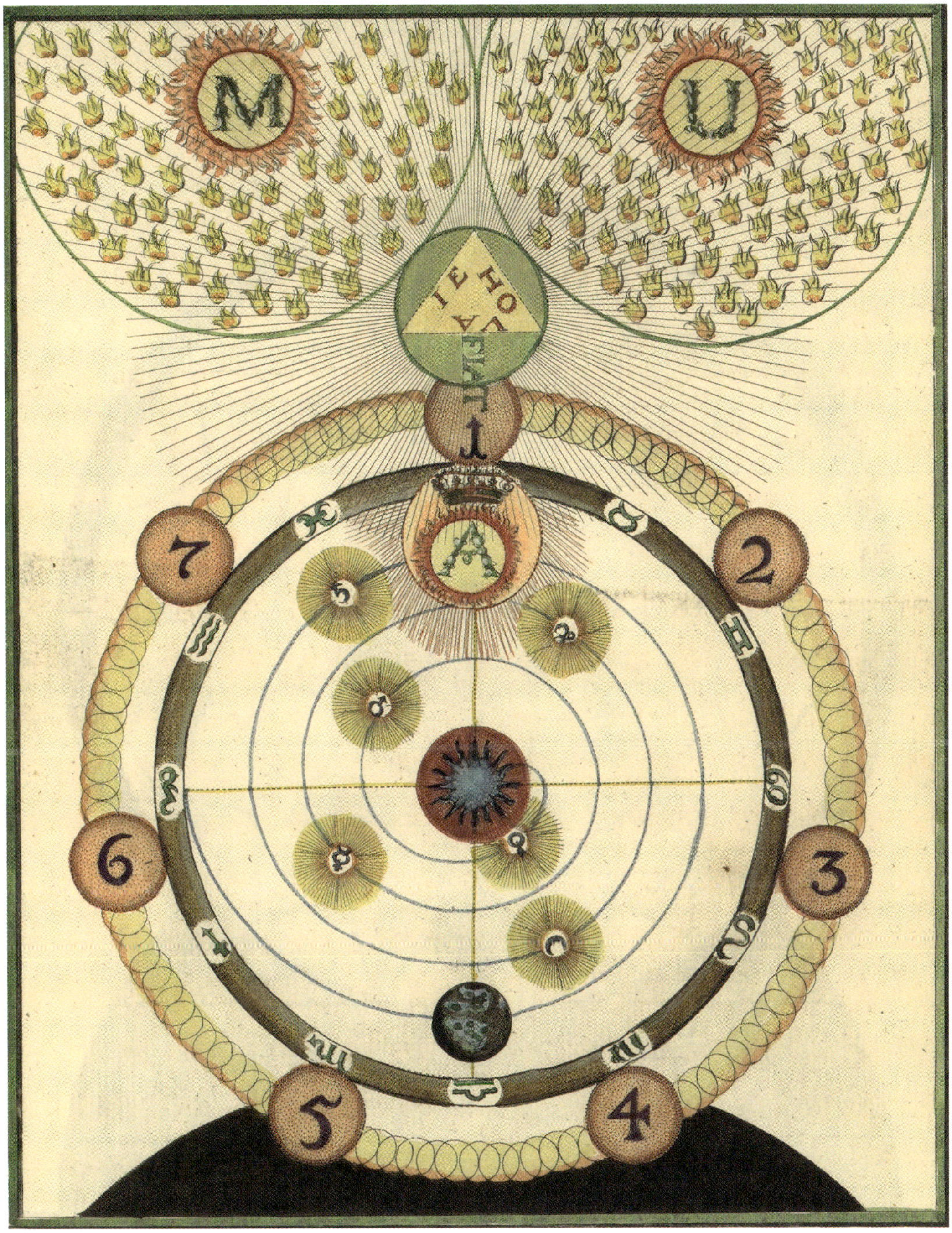

Abb. 6: Dionysius Andreas Freher, Die sieben Planeten und die sieben Quellgeister oder Qualitäten, in: Jacob Böhme, *The Works of Jacob Behmen, the Teutonic Theosopher*, hg. von George Ward und Thomas Langcake [so-called Law Edition], London 1764–1781, Bibliotheca Philosophica Hermetica Collection Amsterdam

Kritiker haben die Umarbeitung des Epiloges als ‚träumerisch' und ‚unlogisch' abgestempelt.[30] Wir sehen hier jedoch Parallelen zu der Böhmeschen Idee von der Einheit des Lichts und der Finsternis, wie auch Böhmes Verständnis von der Wiedergeburt (Abb. 7). Böhme schreibt:

> Nicht wird das Alte Adamische Fleisch des Todes zu himmlischen Fleische: Nein, es gehöret in die Erde, in Tod; sondern in dem alten irdischen Menschen ist das ewige Fleisch verborgen, und scheinet in dem alten Menschen wie das Feuer in einem Eisen, oder wie Gold in einem Steine. Das ist der edle hochteure Stein, Lapis Philosophorum, den die Magi finden, der die Natur tingiret, und einen neuen Sohn im alten gebieret: der ihn findet, achtet ihn höher als diese Welt; dann der Sohn ist viel tausendmal grösser als der Vater.[31]

Auch in Kalevipoeg können das Licht und die Wiedergeburt nur in der Finsternis zutage treten. Alchemistisches Brennen – der Ritt durch die Höhle/Hölle – ist notwendig für das Purifizieren. Nur durch das Gefesseltsein wird Kalevipoeg zu ‚Licht'. Ein in der Finsternis gefangener Held ohne Beine wurde durch diese Umarbeitung zu einem Wahrzeichen seines ähnlich unglücklichen Volkes – und zugleich zu dessen Erlöser. Letzterem wird gleichsam eine eschatologische Befreiung und Wiedergeburt angekündigt.[32] Die letzte Szene im Epos ähnelt Böhmes apokalyptischer Vorstellung, der kosmischen Wiedergeburt in *Aurora*:

> Und ob dieselbe Bildung gleich zergänglich war, dieweil sie vor GOtt nicht rein war, so wolte doch GOtt am Ende dieser Zeit das Hertze und den Kern daraus ziehen aus der neuen Wiedergeburt, und von dem Tode und Zorne entscheiden: und solte die neue Wiedergeburt ausser diesem Loco in GOtt ewig grünen, und wieder himmlische Frucht tragen.[33]

In beiden Texten ereignet sich ein kosmischer Kampf um die Welt zwischen Gott (in unserem Epos ist es Kalevipoeg) und dem Teufel. Der Prozess verläuft analog zur Wiedergeburt des Menschen. Durch die Wiedergeburt ist der innere Mensch schon im Himmel bei Gott, während sein sterblicher Körper noch auf der Erde oder gar in der Hölle verweilt.[34]

Böhmes Muster für die kosmische und spirituelle Wiedergeburt ist auch das Muster für Kalevipoeg. Als König und Bauer wird er am Ende zum Messias, der seiner Nation eine künftige Wiedergeburt ermöglicht. Dies ist der Sinn des etwas fremdartigen Epiloges: Er sollte andeuten, dass die estnische Kultur schon in alten Zeiten die Kraft zur Eigenständigkeit besaß, dass sie diese in der Gegenwart innehat und auch in der Zukunft behalten wird. Die hoffnungsvollen Schlusszeilen des Epos sind wahrscheinlich bis ins 20. Jahrhundert die meistzitierten Verse in Estland gewesen:

Aga ükskord algab aega,	Einmal wird die Zeit beginnen,
Kus kõik piirud kahelotsal	Wo die Spähne von zwei Seiten
Lausa lähvad lõkendama;	In gewalt'gen Flammen brennen,
Lausa tuleleeki lõikab	Und die off'nen Gluthen schmelzen
Kätte kaljukammitsasta:	Dann die Hand auch von dem Felsen.
Kül siis Kalev jõuab koeu	Dann kehrt Kalev auf die Erde,
Oma lastel' õnne tooma,	Seinem Volke Glück zu bringen,
Eestipõlve uueks looma.	Eine neue Zeit der Esten[35].

30 Annist 2005, S. 701.

31 *De triplici vita hominis* 6, 97–98. Hier und im Folgenden beziehen wir uns auf die Böhme-Ausgabe von 1730.

32 Annist 2005, S. 701–702.

33 *Aurora* 24,25.

34 Zuber 2017b, S. 117.

35 Kreutzwald 1861, S. 734–735.

Abb. 7: Michael Andreae, Titelblatt zu: Jacob Böhme, *Betrachtung Göttlicher Offenbahrung*, Amsterdam 1682, Bibliotheca Philosophica Hermetica Collection Amsterdam

Das Gedankengut Böhmes und die von ihm geprägten Sinnbilder stehen in Kreutzwalds Schriften im Dienst der nationalen Erweckung. Man sehnte sich nach einer Reformation und einer Spiritualisierung des Lebens. Im Einklang mit Böhmes Ideenwelt sollte das Lichtprinzip in jedem Einzelnen sowie im ganzen Kosmos finstere Mächte zum Stillstand bringen.

Kreutzwalds religiöse und philosophische Weltanschauung ist als existentialistisch, pantheistisch-deistisch und auch als rationalistisch angesehen worden.[36] In unserem Kontext ist es bezeichnend, dass der Dichter des Epos sich neben den kirchlich-theologischen Themen auch für die von Böhmes Theosophie inspirierte idealistische Philosophie von Schelling und Hegel interessierte.[37] Darüber hinaus ist in *Kalevipoeg* der Schatten des Geistes des ebenfalls von Böhmes Erbe berührten *Faust* von Goethe erkannt worden. Die Ähnlichkeit zeigt sich im Sujet sowie in der philosophischen Struktur beider Werke.[38] Man darf somit annehmen, dass die Böhmeschen Ideen und Motive vermittels der erwähnten Autoren in Kreutzwalds Werk gelangt sind. Die geistige Atmosphäre seiner Jugend sowie sein frühes Interesse für die Mystik haben die Aneignung derselben offensichtlich begünstigt.

3 Lydia Koidula

Eine andere Schlüsselfigur der estnischen nationalen Bewegung, eine Schriftstellerin und Vorreiterin auf dem Gebiet der Kunstdichtung, war Lydia Emilie Florentine Jannsen (1843–1886). Mit Kreutzwald pflegte sie einen intensiven Briefwechsel, und seine literarische Autorität war von ihr hoch geschätzt. Die bis heute in Estland meistbekannte Poetin trug das bedeutungsvolle Pseudonym ‚Koidula', auf Estnisch eine Ableitung von ‚Sängerin der Morgenröte'.

Lydia Jannsen stammte aus der Familie eines herrnhutischen Küsters und Schulmeisters und war selbst eine ausgebildete Gouvernante. Als literarisch begabte junge Frau stand sie ihrem Vater Johann Voldemar Jannsen bei der Herausgabe des ersten estnischen Wochenblattes (*Perno Postimees*) zur Seite. Zusammen bereiteten sie das erste estnisch-sprachige Sängerfest im Jahre 1869 vor. Mit diesem Ereignis wurden die Esten erstmals öffentlich als ein einheitliches Volk sichtbar. So ist die Tradition der Sängerfeste zu einem wesentlichen Bestanteil der estnischen Kultur und Identität geworden.

Lydia Jannsens erste, 1866 anonym erschienene Gedichtsammlung *Waino-Lilled* (Wiesenblumen) wurde von einer anderen Leitfigur der nationalen Bewegung, Carl Robert Jakobson, mit Begeisterung aufgenommen. In demselben Jahr bereitete Jakobson den Druck eines Lesebuchs für Schulen vor und nahm darin auch einige Gedichte der jungen Frau auf. Es war sein Vorschlag, dass die Autorin künftig den Decknamen ‚Koidula' tragen könnte. Leider ist der Brief mit der Begründung der Namenswahl verlorengegangen, aber wir kennen die Reaktion der jungen Dichterin. Sie war sich bewusst, dass der ihr zugewiesene Titel mit einer ‚mystischen' Figur verbunden war, und lehnte das Pseudonym daher zunächst ab. Doch bald hat sie es sich angeeignet, und Koidula wurde zu ihrem meistbenutzten Künstlernamen.[39] Ihre unter diesem Pseudonym verfassten Gedichte erreichten seit 1867 in Estland allgemeine Bekanntheit.

Es ist eine auffallende Übereinstimmung, dass neben dem Motiv der Morgenröte auch die Wiesenblumen in Böhmes Theosophie keine unwichtige Rolle spielen. Letztere hat er als eine Quelle der

36 Vgl. dazu Holberg 1933.

37 Kõiv 2003, S. 1868–1870.

38 Vgl. dazu Talvet 2009.

39 Salupere 2017, S. 305, 332–333.

göttlichen Weisheit gedeutet: „Du wirst kein Buch finden, da du die Göttliche Weisheit köntest mehr finden zu forschen, als wenn du auf eine grüne und blühende Wiesen gehest [...].“[40]

Die frühen Dichtungen von Koidula waren mehr oder weniger treue Übertragungen oder Bearbeitungen deutscher Vorlagen. Als Quelle dienten der jungen Autorin die im Deutschunterricht verwendeten Lesebücher von Carl Oltrogge und Elise Polko. In ihrer zweiten Gedichtsammlung *Emmajõe õpik* (Die Nachtigall vom Emajõgi) löste sich Koidula jedoch von ihren unmittelbaren Vorbildern und schlug einen eigenen Weg ein. Sie widmete sich dem Loblied auf Vaterland und Muttersprache, was es bis dahin im Estnischen noch nicht gegeben hatte, da von einem Estland als Vaterland noch nicht die Rede gewesen war.[41]

Bei Lydia Koidula wollen wir einen ästhetischen Aspekt unterstreichen. Es betrifft ihre Selbstinszenierung wie auch ihr literarisches Schaffen. Wie in der Romantik typisch, verflocht sie in ihrer patriotischen, von der vorkolonialen Zeit inspirierten Dichtung die Folklore mit dem christlichen Paradigma. Alte heidnische Götter wie Taara und Vanemuine wurden als Symbole der einstigen paradiesischen Freiheit eingesetzt, und deren erwartete Wiederkunft mit der Unabhängigkeit der Esten verknüpft.

Zudem ist Koidulas Denken von der herrnhutischen Blut-Mystik beeinflusst. In Koidulas Dichtung werden die Leiden des Vaterlandes wegen der langandauernden Leibeigenschaft mit den Wunden, Tränen und Schmerzen des Erlösers verglichen. Das häufige Motiv der Morgenröte wird dabei allerdings in der Bedeutung einer wolkenlosen Zukunft verwendet. Auch ein großer Teil ihrer Naturlyrik hat eine religiöse Färbung. Diese besitzt eine große Nähe zu Böhmes Naturfrömmigkeit, wonach die Natur als Verkörperung oder als Haus Gottes angesehen wird: „Die Schöpfung oder ganze Creation ist anders nichts als eine Offenbarung des allwesenden, ungründlichen Gottes [...].“[42]

Ebenso wie in der Epistemologie Böhmes geht es in der Poesie Koidulas um die Möglichkeit, Gott in der Natur zu spüren. In ihren Gedichten spiegelt sich eine physikotheologische Ansicht. Auf die Vorstellung, dass die Natur Spuren vom Wesen des Schöpfers in sich trägt, d. h. dass sie eine Verkörperung von Gottes schöpferischen Wortes ist, beruht auch auf Böhmes Sprachphilosophie, seiner Theorie von der Natursprache. Koidulas Poesie lässt sich zwar nicht nachweislich mit Böhmes Theorie verbinden. Die Naturmetaphern waren im deutschen Gesang des 19. Jahrhunderts, die sie zum Vorbild nahm, weitverbreitet. Ein ideeller Bezug scheint jedoch evident zu sein: Die Animation der Natur, die Naturrede als Gottes Stimme, als eine offenbarende Antwort auf die menschliche Sprache – solche Vorstellungen liegen ansatzweise in Böhmes Theorie von der Natursprache begründet. Diese hat auch vermutlich Einfluss auf eine die Sprache sakralisierende Sprachphilosophie ausgeübt, wie sie im 18. Jahrhundert etwa von Johann Georg Hamann vertreten wurde, der das Adamische Wort mit der neugeschaffenen Welt gleichsetzte.[43] Nach Böhme sowie nach Hamann sind aus der Urzeit, von der paradiesischen organischen Sprache nur zerstreute Überbleibsel oder Fragmente in der Gegenwart überliefert. Der romantische Diskurs von dem verlorenen goldenen Zeitalter und von der Ursprache verlagerte sich um die Mitte des 19. Jahrhunderts in die Ideenwelt der deutschbaltischen Estophilen und von dort weiter in die Texte der Begründer der estnischen Nationalkultur.[44] In gleicher Weise lassen sich in Koidulas dichterischem Schaffen Böhmes vermittelte Spuren erahnen, auch wenn diese als solche nicht erkannt wurden.

---

40 *De tribus principiis* 8,12.

41 Hasselblatt 2006, S. 253–255.

42 *De signatura rerum* 16,1.

43 Undusk 2005, S. 563.

44 Undusk 1995, S. 749–751.

Abb. 8: Johann(es) Daniel Behse, „Die Morgenröte“, Lydia Koidula in Volkstracht, 1867, Albuminpapier, Estnisches Literaturmuseum Tartu, EKLA A-38-11

Abb. 9: Tanni Peterburg, Carl Robert Jakobson, 1882, Lithografie, Estnisches Literaturmuseum Tartu, EKLA C-135:12

Im Laufe der Zeit bildete sich in der Poetin die Überzeugung ihres Auserwähltseins heraus. Sie übernahm die Rolle einer Gesandten Gottes und zugleich der eines Opfers. In dem Gedicht *Õhtu pühitsus* (Abendweihe) äußert sie dies wortwörtlich: „[...] Natur des Vaters heilig Haus, Mein Herz zum Opfer drin.“[45] Das Opferbewusstsein der Dichterin wurde von ihren Mitstreitern noch verstärkt. Es wurde ihr suggeriert, dass sie sich selbst auf dem Altar des Heimatlandes opfern müsse. Im Jahre 1870 schrieb ihr Carl Robert Jakobson: „Sie sind von den Göttern geschaffen worden, damit Sie für das Vaterland Estland leben. Wagen Sie das nicht zu vergessen.“[46]

Koidulas Auftreten als ein Hoffnungsstrahl ihres Volkes, als Morgenlicht oder Aurora, lässt an die göttliche Weisheit ‚Sophia‘ denken, die in Böhmes Werken als Erlösungsvermittlerin gelegentlich mit Maria gleichgesetzt wird.[47] Die künstlerisch sowie sozial aktive Poetin Koidula verkörperte eine Offenbarung der Idealwelt. Die betont volkstümliche Selbstdarstellung und richtungsweisende Mission der Dichterin lässt sich auch an einer Fotoinszenierung aus dem Jahre 1867 ablesen. Auf einer weit verbreiteten Aufnahme posiert Koidula in heller festlicher Volkstracht, sie hat bäuerliche Attribute, eine Harke und ein Fässchen in den Händen (Abb. 8). An diesen Details und der Kolorierung kann man deutlich den Einfluss der Kunst der Romantik spüren.[48] Lydia Koidula sollte als Vorbild bei der Umsetzung der geistigen Ideale ins alltägliche, praktische Leben wirken.

Ihr eigener kurzer Lebensweg hat ein tragisches Ende gefunden. Nach der Heirat im Jahre 1873 zog sie mit ihrem Mann nach Kronstadt und blieb der nationalen Bewegung seitdem fern. Im Jahr

45 Koidula 1925, S. 165.
46 Jakobson 1911, S. 370.
47 Schmidt-Biggemann 2017, S. 166.
48 Möseneder 1981, S. 37–39.

1882 erkrankte sie an Brustkrebs, der sie früh ins Grab brachte. Ihre Symbolkraft als eine Verkörperung der Weisheit und ein Hoffnungsstrahl des Volkes hat jedoch überdauert.

4 Carl Robert Jakobson

Die Metapher der Morgenröte kommt in den Texten der Erweckungszeit häufig vor. Mit ihr wird meist das Ende der Jahrhunderte langen Leibeigenschaft der Esten bezeichnet, die in Est- und Livland in den Jahren 1816 bzw. 1819 abgeschafft wurde. So findet sich der Begriff der Morgenröte auch bei Carl Robert Jakobson (1841–1882), dem bereits erwähnten Mitstreiter und ‚Pater' von Lydia Koidula (Abb. 9). Der den Herrnhutern nahestehende, charismatische Wortführer der nationalen Bewegung war ein gesellschaftlich engagierter Publizist, Schriftsteller, Pädagoge und Landwirt. Im Unterschied zu Kreutzwald, dessen Patriotismus hauptsächlich in der Belletristik mündete, gelang es Jakobson durch Reden und Essays große Volksmengen zu überzeugen und sozial zu aktivieren. Er vertrat somit eine praktische Seite und war eine agierende Kraft der nationalen Bewegung.

In den Jahren 1868 bis 1870 hielt Jakobson in Tartu drei berühmte, der estnischen Geschichte und Kultur gewidmete patriotische Reden. Die erste trug den Titel „Die Zeit des Lichtes, der Finsternis und der Morgenröte des estnischen Volkes" und war eine ideologische, auf die Einheit des Volkes zielende Ansprache. Die Estnische Geschichte wird hier verallgemeinert und nach einem metaphysischen Muster als Kampf zwischen Licht und Finsternis dargestellt. Mit Verweis auf die Schöpfungsgeschichte von Gen 1 behandelt der einführende, programmatische Abschnitt der Rede einen andauernden und unausweichlichen Zweikampf zwischen Licht und Finsternis auf der Erde. Offenbar einen Gegensatz zu der kirchlichen Lehre spürend, hat der russisch-orthodoxe Zensor den fraglichen Abschnitt vor Drucklegung der Handschrift gelöscht.[49]

Analog zu dieser Rede durchzieht viele Texte von Jakobson das allegorische Ringen zwischen dem Guten und dem Bösen. Als eine bemerkenswerte Parallele zu seiner dualistischen Weltsicht sind die antike manichäistische Religion oder auch die mittelalterliche christliche Häresie der Katharer festgestellt worden.[50] Angesicht dessen, dass Jakobson in einer von herrnhutischem Gedankengut geprägten Umgebung aufwuchs und er in seiner Jugendzeit am Petersburger Zarenhof gewirkt hatte,[51] kann man davon ausgehen, dass die entsprechenden Impulse aus dem (früh-)neuzeitlichen spiritualistischen Schriftgut sowie aus der protestantischen Mystik, u. a. von Böhmes Erbe stammten.

Das Licht, die Finsternis und die Morgenröte stehen bei Jakobson für die Perioden unterschiedlicher Qualität in der Geschichte und Gegenwart Estlands. Diese sind 1. die einstige Freiheit der Einheimischen, 2. die mit den Kreuzfahrern einsetzende 700-jährige ‚Sklaven-Nacht' und 3. die darauffolgende Zeit des Glücks. Für Jakobson bekundete die Morgenröte, vergleichbar mit Böhmes Vorstellung, die Wiederbringung des einst Verlorenen.

In seinen kirchenhistorischen Abhandlungen brandmarkte Jakobson gleich der radikalpietistischen Tradition die Amtskirche samt dem Papst als Vertreter des Reiches der Finsternis. Die Träger des Lichtes dagegen waren in seinen Augen die christlichen Andersgläubigen außerhalb der verfassten Kirchen.[52] Auf der gesellschaftlich-politischen Ebene identifizierte er sich mit christlichen Nonkonformisten, die er als Vorkämpfer der Bauernrechte sah. Den vorreformatorischen katholischen

49 Undusk 2016, S. 159.
50 Undusk 2016, S. 161–167.
51 Jansen 1987, S. 32.
52 Undusk 2016, S. 164–165.

und etablierten lutherischen Hochkirchen setzte Jakobson das positive Beispiel der Herrnhuter entgegen. Erst von den Brüdern sei ‚der rechte Funke' in Estland gezündet worden.[53] Das Licht weist neben dem rechten Glauben auch auf die Volksbildung hin, die die Herrnhuter mit der Gründung der Bauerschulen ermöglichten.

Am Ende seiner ersten Rede verglich Jakobson das estnische Volk mit dem Gold, das im Feuer purifiziert werde.[54] Jakobson bediente sich dieser alchemistischen Metapher und des Wortschatzes in verschiedenen Kontexten, so konnte sie z. B. in der Beschreibung eines Verwesungsprozesses auftreten. Er nannte dies ‚eine Trennung der Elemente' oder ‚Tingieren', aus dem ein neues Leben hervorgehe.[55] Diese Begriffe erinnern sehr an Böhmes Sprachgebrauch.

In Jakobsons zweiten patriotischen Rede mit dem Titel „Die Kämpfe auf dem estnischen Geistesacker" können die Einflüsse von Böhmes Konzeption der Natursprache wahrgenommen werden. Die Rede befasst sich mit der estnischen Sprache und Literatur, deren Zustand von der Stärke des Geistes des Volkes abhänge. In einem historischen Rückblick auf die Entwicklung der estnischen Schriftsprache und auf die Zeit ihrer ‚Morgenröte' wird der Übergang der estnischen Schreibweise zu einem ‚natürlichen Grund' begrüßt. Die neue Schreibweise verzichtete auf eine frühere, auf der deutschen Grammatik basierenden Ausdrucksform. Als wichtig wurde die Reinheit und Natürlichkeit der Muttersprache erachtet, die am besten dem Geist des Volkes entspreche. Diese Einstellung deckt sich mit Böhmes Auslegung der Sprachverwirrung zu Babel (Gen 11,1–9), wonach der Siedlungsort und die Sprache eines jeden Volkes miteinander verbunden sind. Nach dem Verlust der ursprünglichen Natursprache sei jedem Volk die seinem Geist und Ort angemessene Sprache zuteil geworden.[56] Weil die rechte Erkenntnis nur durch die Muttersprache zu erreichen sei, forderte Böhme auf, sie richtig zu erlernen:

> Denn verstehe nur deine Mutter=Sprache recht, du hast so tieffen Grund darinnen als in der Hebräischen oder Lateinischen, ob sich gleich die Gelehrten darinnen erheben wie eine stoltze Braut; es kümmert nichts, ihre Kunst ist ietz auf der Boden=Neige.[57]

Auch laut Jakobsons nationalromantischen Ausführungen steckt in der Kenntnis, Forschung und Wiederherstellung der möglichst ursprünglichen Gestalt der Muttersprache mehr als nur ein philologisches Interesse. Schon in seiner ersten Rede maß Jakobson der Sprache eine sakrale Dimension bei: „Die Sprache ist, die ein Volk zum Volke macht, sie verbirgt in sich eine unendliche Macht und Heiligkeit."[58] Zudem stimmte er dem Gedanken zu, dass die Nationalsprachen, als Kunstwerke der Völker, aus der biblischen Sprachverwirrung herrührten.[59] Ein früheres Vorbild als die Sprachtheorien der Romantiker erweist sich somit für Jakobson Böhmes theologisch argumentierte Ansicht von der Nähe der Muttersprache zur Adamischen Natursprache.

Ähnlich wie Böhme, hat Jakobson sich für die Willensfreiheit eines jeden Menschen ausgesprochen. Im Jahr 1872 schrieb er in einem Brief an seine zukünftige Frau:

---

53 Jakobson 1991, S. 31.
54 Jakobson 1991, S. 32.
55 Jakobson 1911, S. 378.
56 *Mysterium magnum* 35,74: „Denn weil sich die Völcker in alle Lande zerstreuen solten, so hatte Er (Gott) jedem Volck eine Sprache eröffnet, wie es in einem Lande wohnen würde, die sich unter dieselbe sensualische Qualität schickete und damit concordirte […]."
57 *Aurora* 8,73.
58 Jakobson 1991, S. 21.
59 Jakobson 1991, S. 21.

> Ich glaube an gar keinen anderen Himmel oder an keine andere Hölle als an die Erdkugel, die wir uns selber zum Himmel oder zur Hölle machen. Wenn wir die höheren Bestrebungen verlassen und nur dem teuren Bäuchlein leben müssten, dann achte ich die Erde zur Hölle, die nicht zum Leben taugt. Ich will entweder die Erde mir zum Himmel machen oder fallen, d. h. wieder zu Nichts werden.[60]

Jakobson verstand sich selbst als geistiger Vorreiter und Retter seines Volkes. Das zeigt sich deutlich in einem Brief an einen seiner Mitstreiter, den Künstler Johann Köler. Darin vergleicht Jakobson sich selbst und seinen Freund mit dem biblischen Moses und Aaron. Er selbst wäre demnach als Moses derjenige, der sein Volk aus dem Joch befreit; Köler dagegen der Hohepriester Aaron, der mit seiner Kunst dem Volk zu neuem Leben verhilft, „den getrockneten Ast zum Blühen bringt".[61]

Außer den genannten Parallelen bei Böhme und Jakobson fällt eine weitere prinzipielle Gemeinsamkeit auf: die Idee von der gegenseitigen Bedingtheit der Gegensätze, dass das Eine nicht ohne das Andere zurechtkommt. Im Antagonismus liege das Potenzial zur Geburt von etwas Neuem und Besserem. In der Rhetorik Jakobsons wurde aus der Böhmeschen Dichotomie von Licht und Finsternis eine treibende Kraft, die das Volk dem Erwachen und der Wiedergeburt näherbringe. In der Schlacht gegen die Mächte der ‚Finsternis', d. h. die deutschbaltische Oberschicht, Papisten und Kirchenherren, sollte der Lebenswille und die Kampfeslust des Volkes erweckt und durch die ‚Morgenröte' entzündet werden. Der Gedankengang verweist auf Böhmes Idee, dass Licht und Finsternis einander nicht ausschließen, sondern sich gegenseitig bedingen und offenbaren. Das bedeutete, dass das Böse neben der Angst und der Aggression gewissermaßen schöpferische Mächte sind, erforderliche Stufen auf dem Weg zum Licht.[62]

5 Zusammenfassung

Trotz der stilistischen Unterschiede treten bei den angeführten Autoren, die an der Spitze der nationalen Bewegung in Estland stehen, viele vergleichbare, teilweise zeitspezifische Merkmale auf. Eines davon ist das christlich-mystische Erbe. Bei Kreutzwald manifestierte es sich vor allem in den offenbarungsartigen kosmologischen Visionen. Bei Koidula sahen wir einen Versuch, die mystische Idealwelt selbst zu verkörpern, und bei Jakobson äußerte sich das Erbe in seinem Geschichtsmodell sowie in seiner Auffassung der Sprache. Von allen Autoren wird die Natur als eine göttliche Offenbarungsvermittlerin verherrlicht. So lässt sich sagen, dass im Fall von Estland das mystische heterodoxe Christentum und das Nationalbewusstsein zumindest in der frühen Phase der ‚Zeit des Erwachens' eng miteinander verbunden waren. Ein Grund dafür kann die bildreiche Vorstellungswelt und der üppige Wortschatz des spirituellen Schrifttums gewesen sein, anhand derer sich dem Publikum äußerst abstrakte Ideale leichter vor Augen führen ließen. Das spirituelle Schrifttum war also gewissermaßen ein Mittel im Dienst der nationalen Ideologie, eine Art von Polit-Mystik – aber nicht nur dies. Es hatte auch eine sakrale Dimension. Das Irrationale wurde in das Rationale integriert, so dass die Texte eine säkulare wie auch geistliche Befreiung und Erlösung boten. Es muss jedoch angemerkt werden, dass nicht alle Aktivisten und Fürsprecher diese Richtung vertraten. Manche nahmen die genannten Muster und Metapher auf, ohne aus der Kirche auszutreten.

60 Jakobson 2008, S. 52.
61 Jakobson 1912, S. 287. Vgl. die Bibelstelle Num 17.
62 Rusterholz 2017, S. 173, 175, 179.

Abb. 10:
Mihkel Tilk, Torgel. Große Hölle in Livland, 1887, Albuminpapier, Estnisches Nationalmuseum Tartu, Fk 855:13

Der Einfluss von Jacob Böhme auf die estnischen Autoren scheint eher mittelbar gewesen zu sein. Es wurde auf Böhme nirgends direkt verwiesen, wobei man sagen muss, das die Quellen auch sonst selten genannt sind. Böhmes Wirkung ist zwar nicht beweisbar, wohl aber spürbar in den idealistisch gefärbten Ideen, sprachlichen Metaphern und deren künstlerischen Ausarbeitungen. Eine mögliche Vermittlungsinstanz der spiritualistischen Literatur war die Brüdergemeine, zu der alle angeführten Autoren zeitweilig Kontakt hatten. Die Herrnhuter haben einen fruchtbaren Boden für die Romantik und die Herausbildung nationaler Ideen bereitet, die ihrerseits aus Böhmes Mystik geschöpft haben. Die aus seinen Texten hergeleiteten theologisch-literarischen Motive zogen sich im Laufe der Jahrhunderte durch die Schriften unterschiedlicher Autoren. Wahrscheinlich waren es vor allem Schriftsteller und Philosophen wie Goethe, Herder, Hegel und Schelling, die Böhmes Erbe in den estnischen Kulturraum vermittelten. Die deutschen Romantiker und Idealisten haben in den baltischen Provinzen des 19. Jahrhunderts eine große Popularität erlebt. Viele von ihnen waren Mitglieder der als Reaktion auf den zunehmenden Rationalismus gegründeten Freimaurerlogen, in deren Ritualen theosophische Ideen weiterlebten.

Noch im Jahr 1887 inszenierte der zur Brüdergemeine gehörende Fotograf Mihkel Tilk (1859–1891) in Tori (Torgel) im Pernauschen Kreis eine Reihe von symbolistischen Fotos, die sich Böhmescher Muster bedienen (Abb. 10). Angeregt wurde Tilk von der örtlichen Natur sowie der Idee der Gegensätzlichkeit von Licht und Finsternis. Seine Absicht war es, das nationale Selbstbewusstsein der Esten zu erwecken. In seiner künstlicheren Arbeit konnte Tilk auf eine lange Tradition zurückgreifen, die von Autoren wie Kreutzwald, Koidula, Jakobson und anderen etabliert wurde.

Witalij Morosow

Semjon Gamaleja: Übersetzer, Schriftsteller und Böhmist

Abstract: The article presents for the first time a detailed analysis of the theosophy of Russian Imperial state figure, Martinist, and moral thinker Semyon Ivanovich Gamaleya (1743–1822), the most productive interpreter of Jacob Böhme's works into Russian. Gamaleya was a friend of Nikolay Novikov and a leader of the Russian Martinist movement at the turn of the 18th and 19th centuries. Together with others in Novikov's circle, Gamaleya compiled a hermetic library that included Russian translations of international alchemical texts. The chapter demonstrates that, although Gamaleya's work on this library was significant, his greatest contribution was the first Russian translation of Böhme's complete works. Böhme was a key thinker for Gamaleya, who relied on Böhme's treatises in his own mystical quest. Based on archival materials in St. Petersburg and Moscow, this chapter reconstructs Böhme's mediation in Russian and Gamaleya's interpretation of him. A comparative analysis of Gamaleya's translations with the different copies of his interpretations raises the question, whether the "Böhme-project" was actually carried out by a team. The chapter then takes a closer look at Gamaleya's interest in Böhme's "Sophia" and presents a transcription and German translation of Gamaleya's text, "Of the Three Principles," which was prepared for this volume.

Es besteht kein Zweifel daran, dass das Erbe des sächsischen Mystikers und Theosophen Jacob Böhme (1575–1624) eine besondere Stellung in der Entwicklung der russischen Religionsphilosophie eingenommen hat. Die Spuren der ersten Bekanntschaft russischer Bürger mit der Theosophie liegen in der Frühen Neuzeit, als der aus Schlesien stammende Mystiker, Dichter und Böhme-Anhänger Quirinus Kuhlmann (1651–1689) in das „Moskauer Russland" kam, um dort unter Protestanten zu predigen.[1] Die religiösen Kontroversen Kuhlmanns mit dem einflussreichen deutschen Pastor der lutherischen Gemeinde zu Moskau Joachim Meincke (gest. 1695) hatten zur Folge, dass der zuvor in Breslau tätige Schriftsteller verurteilt und am 4. Oktober 1689 als Ketzer lebendig verbrannt wurde.[2] Trotzdem gelang es dem Breslauer Mystiker, sich in die Geschichte der protestantischen Bewegung Osteuropas einzuschreiben und das Interesse an der Theosophie unter einigen Gebildeten im russischen Zarenreich zu wecken.[3] Es ist bemerkenswert, dass die russischen Rosenkreuzer und Martinisten des 18.

Anmerkung der Herausgeberinnen: Aufgrund der Situation seit dem 24. Februar 2022 war es leider nicht möglich, die vom Autor gewünschten Abbildungen von den betreffenden Institutionen in Russland zu erhalten.

1 Das „Moskauer Rußland" ist eine feste Redewendung in der Slavistik. Man unterscheidet z. B. zwischen „Kiewer Ruß(land)", „Nowgoroder Ruß(land)", „Wladimirer Ruß(land)", „Moskauer Ruß(land)" usw. Bemerkenswert ist, dass es in Russland sogar noch vor der Ankunft Kuhlmanns in Moskau einige Kenner der Werke Böhmes gab: „There had been followers of Böhme even before Kuhlmann's arrival in Moscow: In Archangelsk for instance, where the merchant Konrad Nordermann had become acquainted with Böhme's books. Not surprisingly, Kuhlmann was received enthusiastically in these circles, because he was well-known as the author of the *Neubegeisterte Böhme* in large parts of Europe." Zit. nach Gilly/Afanaseva 1993, S. 202.

2 Onasch 1967, S. 99. Zu Kuhlmann siehe die Aufsätze von Thomas Isermann und Jan Rohls in diesem Band.

3 Siehe hierzu das exzellente Buch von Walter Dietze (1963): *Quirinius Kuhlmann: Ketzer und Poet*.

https://doi.org/10.1515/9783110720525-013

Abb. 1:
Semjon Gamaleja, Miniaturporträt, Ende 18. Jahrhundert, Moskau, Staatliches Historisches Museum

und 19. Jahrhunderts, die die Werke Böhmes sammelten, übersetzten und uminterpretierten,[4] sich ebenfalls für Kuhlmanns Geschick interessierten,[5] aber auch für die Schriften anderer west- und zentraleuropäischer Verfasser, die die Fragen des christlichen Glaubens im Hinblick auf die Probleme der Naturtheologie und der Alchemie stellten. Zu den Schlüsselgestalten in der Geschichte der martinistischen Bewegung, die einen wesentlichen Beitrag für die Böhme-Rezeption im Russischen Reich geleistet haben, gehört der Schriftsteller und Übersetzer Semjon bzw. Semën Ivanovič Gamaleja[6] (1743–1822). (Abb. 1)

4 Unter den russischen Martinisten sind Nachfolger des Martinismus bzw. des französischen Intellektuellen Louis Claude de Saint-Martin (1743–1803) zu meinen, der seinerseits selber Böhme rezipierte und übersetzte. Nicht zuletzt wuchs das Interesse an die Schriften Böhmes in Russland des ausgehenden 18. Jhs. im direkten Bezug auf die Verbreitung der Ideen Saint-Martins im Russischen Reich. „In den achtziger Jahren des 18. Jahrhunderts begann Saint-Martin bei dem Straßburger Kaufmann […] Friedrich Rudolf Salzmann Deutsch zu lernen, um Jakob Böhme im Original lesen zu können.“ Zit. nach Schmidt-Biggemann 2004b. S. 36. Bemerkenswert ist, dass es in Russland auch Kopien mit Übersetzungen Böhmes in das Französische gab, die parallel mit deutschen Originalen und Übersetzungen in das Russische kursierten.

5 In der Russischen Staatsbibliothek zu Moskau gibt es u. a. die *Fragmente* über Quirinus Kuhlmann (RGB: 13-31-39 Sammlung Arsen’ev 13, Verz. 31, Akt. № 39) und die Auszüge aus Gottfried Arnold (1664–1714) über Kuhlmann („О Квиринѣ Кульманѣ“ [Über Quirinus Kuhlmann], RGB: Sammlung Arsen’ev 14, № 732 [Übersetzung von Vasilij Ljovšin]), die durch die russischen Martinisten übersetzt und kopiert wurden.

6 In der Forschungsliteratur lassen sich sowohl die deutsche Lautwert-Transkription seines Namens *Semjon Iwanowitsch Gamaleja* treffen, als auch wissenschaftliche Transliteration(en) *Semjon/Semën/Semen Ivanovič Gamaleja*. Außerdem gibt es die Transkription des Nachnamens Гамалья als „Hamalija“, die unter dem Einfluss der ukrainischen Historiographie des 20. Jhs. entwickelt wurde. Hier und im Folgenden werden alle Namen historischer Persönlichkeiten aus Russland anhand der wissenschaftlichen Transliteration angegeben, jedoch mit einigen Besonderheiten, konkret: ë → jo, e und ѣ → e.

Gamaleja zählt mit Recht zu den produktivsten namentlich bekannten Übersetzern von Werken Böhmes ins Russische. In der Forschungsliteratur findet sich sogar die Meinung, dass Gamaleja die *Opera Omnia* Böhmes komplett übersetzt habe.[7] Diese Ansicht müsste jedoch noch präzisiert werden, was im Folgenden versucht werden soll. Wenn man ermessen will, wie groß Gamalejas Beitrag zur Verbreitung der theosophischen Literatur im Russischen Reich war, lässt sich feststellen, dass er zu den größten Kennern der Werke Böhmes in der russischen Geistesgeschichte gehörte und sehr viel dafür getan hat, um theosophische und alchemistische Ideen zu verbreiten. Der vorliegende Aufsatz zielt vor allem darauf ab, auf der Grundlage von Handschriftenuntersuchungen in Moskauer und St. Petersburger Bibliotheken ein Licht auf die Stellung Böhmes im Spiegel des Schrifttums Gamalejas zu werfen und die Aufmerksamkeit des Lesers auf das Phänomen der Böhme-Rezeption im Russischen Kaiserreich vom 18. Jahrhundert bis in das 1. Viertel des 19. Jahrhunderts zu lenken.

Semjon Gamaleja wurde am 26. Mai oder am 31. Juli 1743 (nach dem julianischen Kalender) in St. Petersburg geboren.[8] Väterlicherseits gehörte er zu einer geistlichen Familie: Sein Vater Ivan war Priester[9] und gehörte vermutlich zum verarmten Adel, über Semjons Mutter ist nichts bekannt. Seine erste Ausbildung bekam Gamaleja in der Kiewer Akademie: Dort erlernte er Latein und Deutsch, er besuchte u. a. Kurse der Philosophie, Logik und Redekunst. Er verließ die Akademie am 12. November 1763 und nahm im Jahr darauf ein Studium an der Akademischen Universität zu St. Petersburg auf. Schon damals bewies Gamaleja seine sehr guten Sprachkenntnisse, was der Akademiker, Sprachwissenschaftler und Historiker Johann Eberhard Fischer (1697–1771) in einem Report dokumentierte.[10]

Nach dem Studium diente Gamaleja seit 1769 als Lehrer für Latein im Korps der adligen Landkadetten (Suchoputnyj Šljachetnyj Kadetskij Korpus), außerdem arbeitete er im Senat. 1774 erhielt er dank Zacharij G. Černyšjovs (1722–1784) eine höhe Arbeitsstelle in der Kanzlei des Generalgouvernements zu Polozk und Mogiljow. 1782 zog Gamaleja zusammen mit Zacharij Černyšjov nach Moskau um. Dort lernte er den bekannten Journalisten und Herausgeber Nikolaj I. Novikov (1744–1818) kennen, der zu den herausragenden Vertretern der mystischen Richtung im Martinismus gehörte. Beide Intellektuelle interessierten sich für mystische, alchemistische und naturphilosophische Literatur, was ihre langjährige fruchtbare Zusammenarbeit begründete. Beide verband eine lebenslange

7 Vgl. Faggionato 2005, S. 176 [Fußnote 147]; Koch 2002, S. 99 [Fußnote 292; mit dem Hinweis auf den Beitrag zu Gamaleja von Erich Bryner]. Diese These basiert ursprünglich auf einer Untersuchung von Dmitrij I. Popov (1793–1863), der die 22-bändige russische Ausgabe von Böhmes Werken zum ersten Mal erwähnte (siehe RNB: Sig. 1000-2-936, fol. 23.). Gamaleja vorbereitete einen „extra“ Böhme-Band über den Stein der Weisen, den er anhand der Auszüge aus den Schriften Böhmes und seiner Anhänger im Jahre 1809 in Tichvinskoe fertigstellte. Siehe hierzu: Kondakov 2018, S. 107–114.

8 Die meisten Studien geben St. Petersburg als Geburtsort Gamalejas an, jedoch gibt es Hinweise darauf, dass Semjon aus Kitajgorod bei Poltawa stammen könnte. Diese Vermutung basiert auf der Hypothese, dass Semjon ein Sohn des Kosaken Ivan Andreevič Gamaleja (1699–1766) gewesen sei. Dieser war ein einflussreicher Amtmann der Saporoger Kosaken und gehörte zur südrussischen militärischen Aristokratie. Da Ivan Andreevič in Kleinrussland wohnte und Semjon Gamaleja seine erste Ausbildung in Kiew bekam, wurde vermutet, dass Semjon Gamaleja aus der im Gebiet von Poltawa ansässigen Familie von Ivan Andreevič stammen könnte. Dagegen berichtet der bekannte Wappenforscher und Genealoge des Kosakentums Vadim L. Modzalevskij (1882–1920) in seiner monumentalen Schrift *Malorossijskij rodoslovnik* [Das kleinrussische Familienstammbuch] über die Familie Gamaleja, dass Semjon Ivanovič einer *verarmten* adligen Familie aus St. Petersburg entstammte. Modzalevskij zählt Semjon nicht zu den Söhnen des Ivan Andreevič, sondern zur Familie eines *anderen* Ivan Gamaleja. Den Stammbaum des Kosaken Ivan Andreevič Gamaleja beschreibt Modzalevskij ebenfalls in seinem *rodoslovnik*. Zu Semjon I. Gamaleja und seiner Herkunft siehe: Modzalevskij 1908, S. 268.

9 Siehe hierzu: Lichotkin 1988. Vgl. Kuljabko 1962, S. 142.

10 Die Resolution über die Immatrikulation Gamalejas an der Akademischen Universität St. Petersburg wurde durch den Universalgelehrten Michail (Michajlo) V. Lomonosov (1711–1765) protokolliert. Vgl. Kuljabko 1962, S. 142 f.

Freundschaft, bis zu seinem Tod[11] wohnte Gamaleja auf dem Gut der Familie Novikov in Tichvinskoe im Gouvernement Moskau.

Zeitgenossen berichteten, wie Gamaleja versuchte, *vita activa* und *vita contemplativa* in Einklang zu bringen. Man nannte ihn *božij čelovek* (die Redeweise kommt vom Griechischen ἄνθρωπος τοῦ Θεοῦ), d. h. ein gottgefälliger Mensch, ein „Gotterwählter“. Gamaleja gilt als Kritiker der Leibeigenschaft im Russischen Reich. Er lehnte das Angebot ab, Leibeigene zu haben, die ihm für seinen Dienst in Weißrussland als Adliger zustanden. Seine Entscheidung begründete er folgendermaßen: Wenn ich schon nicht weiß, was ich mit meiner eigenen Freiheit tun soll, wie kann ich dann über die Freiheit von dreihundert Menschen bestimmen?[12] Diese Selbstreflexion über die Rolle der Freiheit demonstriert, dass Gamaleja sich für Fragen der Selbstständigkeit, des Guten und des Bösen als moralischer Denker interessierte, der dazu tendierte, sein Leben und seine Tat mit Blick auf die christlichen Tugenden einzurichten.

Zusammen mit Novikov gehörte Semjon Gamaleja zu den Schlüsselfiguren im Kreis der Moskauer Martinisten: Zusammen begründeten sie die russische spekulativ-theosophische Tradition. Nikolaj Novikov, der nach eigenen Angaben nur ungenügende Fremdsprachkenntnisse besaß,[13] organisierte Kontaktnetzwerke und kümmerte sich um die Literaturauswahl. Gamaleja beschäftigte sich vor allem als Übersetzer und Interpret alchemistischer und theosophischer Literatur. Als Übersetzer debütierte er bereits im Staatsdienst: 1768 veröffentlichte er in St. Petersburg die Übersetzung einer Abhandlung über die Weisheit des spanischen Humanisten Juan Luis Vives (1493–1540) aus dem Lateinischen. Ferner übersetzte Gamaleja zahlreiche Werke zur Geschichte, Medizin und Religion. Erst nach der persönlichen Bekanntschaft mit Novikov begann er, alchemistische Literatur ins Russische zu übersetzen.

Zu den bedeutendsten Projekten, die Novikov als Buchproduzent zusammen mit Semjon Gamaleja verwirklichen wollte, gehörte die sog. *Hermetische Bibliothek* (HB) – die Gründung der größten alchemistischen Handschriftensammlung der russischen Geistesgeschichte.[14] Die Bibliothek enthält zahlreiche Werke der alchemistischen Naturphilosophie, darunter die Schriften von Autoren wie Arnaldus de Villanova, Johannes de Rupescissa, Bernardus Trevirensis, Nicolas Flamel, Paracelsus, Michael Sendivogius, Alexander von Suchten, Valentin Weigel, Georg Friedrich Retzel, Anton Josef Kirchweger, Georg von Welling u.v.a.[15] Zwei alchemistische Werke in der *Hermetischen Bibliothek* wurden Jacob Böhme zugeschrieben: die Abhandlung *Theosophische Beschreibung der Tinktur der*

---

11 Semjon Ivanovič Gamaleja starb am 10. Mai 1822.

12 Longinov 1867, S. 163.

13 In einem Brief an Nikolaj M. Karamzin (1766–1826) schrieb Novikov: „[…] mein Lieber, vergessen sie aber nicht, dass Sie mit einem Idioten (bzw. Ungebildeten) reden, der so gut wie keine Sprachen beherrscht hat“. Vgl. im Original: „любезнѣйшій мой, не забывайте, что с Вами говоритъ Ідіотъ (невѣжа), не знающій никакихъ языковъ“. Zit. nach: Pis'ma N. I. k N. M. K., in: Gamaleja 1832–1839, Bd. 2, S. 269.

14 Die *Hermetische Bibliothek* gibt es in zwei Fassungen: die sog. Moskauer und die St. Petersburger Handschriftensammlungen. Die Moskauer Sammlung umfasst 49 Sammelbände und befindet sich in der Russischen Staatsbibliothek zu Moskau. Die St. Petersburger Sammlung befindet sich in der Russischen Nationalbibliothek zu St. Petersburg und enthält nur 35 Bände; sie schließt mit Band 43 ab. Fünf Bände aus der St. Petersburger Sammlung, die Bände 4, 17, 18, 29 und 31, wurden durch Nikolaj S. Tichonravov (1832–1892) gekauft, sie befinden sich heute in der Russischen Staatsbibliothek Moskau. Der Historiker Jurij Kondakov hat entdeckt, dass die Moskauer und die St. Petersburger Sammlungen ab dem Band 31 zahlreiche Abweichungen aufweisen. Somit ist festzustellen, dass es nach dem Tod Novikovs zwei unabhängige Übersetzungsgruppen gab, die das Projekt Novikovs fortsetzten. Siehe Kondakov 2018, S. 131–194.

15 Siehe die Beschreibung der *Hermetischen Bibliothek* in: Kondakov 2018, S. 149–174.

Weisen (vgl. Bd. VII, 3 und Bd. XXXIX, 4 der HB) und die *Kurze und deutliche Beschreibung des Steins der Weisen* (Bd. XXXIX, 5 der HB).[16]

Zeitgleich mit der Übersetzung alchemistischer Literatur für die *Hermetische Bibliothek* bereitete Gamaleja die erste komplette russischsprachige Sammlung der Werke Böhmes in 23 Sammelbänden vor. Die Übersetzung der Schriften Böhmes lässt sich somit als Hauptprojekt im Leben Gamalejas betrachten. Jedoch scheint es wichtig zu betonen, dass er all diese Schriften keinesfalls allein übersetzt haben konnte, zweifellos hatte Gamaleja Assistenten und Vertraute, die ihm dabei halfen. Zu den Unterstützern Gamalejas gehörten u. a. zwei Brüder, Nikolaj I. (1741–1818) und Pjotr I. Safonov (1753–1828); beide standen im Briefwechsel mit Novikov und Gamaleja. Der Schriftzug Nikolaj I. Safonovs lässt sich z. B. in der russischsprachigen Handschrift des Böhme'schen Werkes *Von der Gnadenwahl* (1623) erkennen, das Gamaleja möglicherweise noch im 18. Jahrhundert übersetzte.[17] Zu den möglichen Mitarbeitern Gamalejas könnten auch Vasilij A. Ljovšin (1746–1826), Vasilij V. Artem'ev (1779–1835) und Grigorij M. Pochodjašin (1760–1820) gezählt werden. Es bleibt allerdings unklar, wie viele Leute tatsächlich an diesem fundamentalen Übersetzungsprojekt teilnahmen.

Die Tätigkeit des Martinistenkreises war konspirativ organisiert. Nach einer Serie der Repressionen gegen die Rosenkreuzer im Jahr 1792 gingen Novikov und Gamaleja sehr vorsichtig vor. Da Gamaleja ein begabter Dolmetscher war, liegt die Vermutung nahe, dass er schnell Stegreifübersetzungen machen konnte: Dabei „liest" man den in der Ausgangssprache verfassten Text direkt in der Zielsprache. Diese Art der Verdolmetschung kann erklären, weshalb Gamalejas Übersetzungen oft in unterschiedlichen Händen überliefert sind. Ein weiterer Grund für die Variabilität der Handschriften liegt darin, dass Novikov und Gamaleja Kopisten hatten. Als Abschreiber erwähnt sich im Manuskript der Schrift Böhmes *Vom dreifachen Leben des Menschen* (1620) Nikolaj P. Safonov (1790–1856), der Sohn Pjotr I. Safonovs.[18] Einige Rohfassungen von Gamalejas Übersetzungen kopierte Nikolaj Novikov und verbesserte sie sprachlich.

In diesem Zusammenhang darf man nicht außer Acht lassen, dass es im Russischen Reich des 18. und des 19. Jahrhunderts noch andere Übersetzer Böhmes gab. Einige Schriften, wie z. B. *Von Christi Testamenten* (1624), dürfte der Rosenkreuzer Fürst Ivan S. Gagarin (1752/54–1810) übersetzt haben, der sich für theosophische Schriften interessierte. Der Forschung ist eine Reihe von Fragmenten und Auszügen aus den Schriften Böhmes bekannt, die Ivan Gagarin eigenhändig abschrieb und (vermutlich) übersetzte. Einige Werke dürfte Osip A. Pozdeev (1742–1820) übersetzt haben, der mit Gamaleja in Kontakt stand. Pavel I. Goleniščev-Kutuzov (1767–1829) übersetzte die Abhandlung *De Signatura Rerum* aus dem Französischen.[19] Als Übersetzer von Werken Böhmes galt auch Alexander F. Labzin (1766–1825), der im Jahr 1815 Böhmes *Der Weg zu Christo* (*Christosophia*) edierte.[20] Zudem gibt es eine Reihe von anonymen russischen Fassungen von Werken Böhmes, deren Übersetzer der Forschung unbekannt sind. Bis heute existiert keine Untersuchung, die die Unterschiede in der Terminologie in den verschiedenen russischen Übersetzungen der Werke Böhmes in Betracht gezogen hätte. Dies ist eine Aufgabe für künftige Forschungen.[21]

---

16 Als Quellen für diese Übersetzungen wurden höchstwahrscheinlich folgende deutschsprachige Ausgaben des 18. Jhs. benutzt: Böhme 1780; Böhme 1747.

17 Siehe: RGB: Sammlung Arsen'ev 14, № 767: „О благодатномъ избраніи" (Ende des 18. Jhs.).

18 RGB: Sammlung Arsen'ev 14, № 767, S. 574. Die HS datierte Nikolaj P. Safonov in das Jahr 1822.

19 Siehe hierzu: *De Signatura Rerum*, in: RNB: Sig. O III 53. Vgl. Gilly/Afanaseva 1993, S. 178.

20 Siehe Böhme 1815.

21 Als produktives Hilfsmittel für die Untersuchung der sprachlichen Besonderheiten der russischen Fassungen könnten die Handschriften dienen, die terminologische Erklärungen enthalten. Zu solchen Schriften gehört z. B. die Abhand-

Als Übersetzer und Organisator der Übersetzungstätigkeit verfasste Gamaleja ein *Verzeichnis* der Handschriften mit schon fertiggestellten russischen Fassungen.[22] Dieses *Verzeichnis* enthält Mitteilungen sowohl über die schon übersetzten Texte für die *Hermetische Bibliothek* als auch für die Böhme-Sammlung. Daher ist z. B. bekannt, dass mehrere Schriften, die für die Bildung der *Hermetischen Bibliothek* als Ausgangsquellen dienten, aus dem bekannten *Theatrum Chemicum* des Verlegers Lasarus Zetzner (1602–1661) stammen.

Im *Verzeichnis* unterschied Gamaleja zwischen den Handschriften, die schon in Sammelheften zusammengefasst worden waren, und den Übersetzungen, die ohne Umschläge als Folios aufbewahrt wurden. Dies bezeugt, dass das Register der Handschriften den Prozess der Übersetzungsarbeit dokumentierte: Es bleibt allerdings unklar, wie viele Sammelbände durch Gamaleja bzw. durch seine *Gruppe* ursprünglich geplant wurden. Eine besondere Handschriftenanzahl in der Liste der Übersetzungen stellen im *Verzeichnis* Böhmes Werke dar.

Unter der Nr. 30 zählte Gamaleja im *Verzeichnis* die Schriften auf, die er schon übersetzt hatte. Die Liste scheint der Chronologie der Übersetzung zu folgen: *Aurora oder Morgenröte im Aufgang* [Якова Бема Аврора, или утренняя Заря] (1612/1613), *Beschreibung der drei Prinzipien göttliches Wesens* [О трехъ началахъ Б. существа] (1619), *Vierzig Fragen von der Seele* [Сорокъ вопросовъ о Душѣ] (1620), *Von der Menschenwerdung Jesu Christi* [О вочеловѣченіи J… X…] (1620), *Libri apologetici, oder Schutz-Schriften wider Balthasar Tilken* [Защитительныя посланія] (1621), *De Signatura rerum, von der Geburt und der Bezeichnung aller Wesen* [О сигнатурѣ вещей, или о рожденіи и пр.] (1622), *Von der Gnadenwahl* [О благодатномъ избраніи] (1623), *Epistolae theosophicae (Theosophische Send-Briefe)* [Ѳеософическія посланія] (1618–1624), *Mysterium Magnum* [Мистеріумъ Магнумъ въ 3. Книгахъ] (1623), *Von sechs Theosophischen Puncten* [Жизнь и ([verm.] разъясненія – *W.M.*) приложенныя притомъ. 1-е. О шести Ѳеософскихъ Пунктах. 2-е. –] (1620), *Theosophische Fragen* [177 вопросовъ Ѳеософскихъ] (?), *Clavis, oder Schlüssel, das ist Eine Erklärung der vornehmsten Puncten und Wörter, welche in diesen Schriften gebraucht werden* [Ключъ, т.е. Изъясненіе наизнатнѣйшихъ пунктовъ и пр.] (1624), *Kurze Erklärung sechs Mystischer Punkte* [Изъясненіе шести мистическихъ пунктовъ] (1620) und *Mysterium Pansoficum, oder Gründlicher Bericht von dem Irdischen und Himmlischen Mysterio* [Мистеріумъ Пансофикумъ, или Основательное увѣдомленіе о земномъ и небесномъ] (1620).

Ferner erwähnte Gamaleja weitere Schriften Böhmes, die er ebenfalls zu dem Zeitpunkt des Abfassens des *Verzeichnisses* übertragen haben wollte. Unter Nr. 31 figuriert ein gewisser *Auszug aus Böhme* [Извлеченіе изъ J. Бема], unter Nr. 59 finden sich einige Blätter *Über die zwanzig Figuren Böhmes* [Относительно 20 фигуръ въ писаніяхъ J. Бема] und unter Nr. 90 *Vom dreifachen Leben des Menschen* [J. Бема о тройственной жизни человѣка] (1620). Es ist bemerkenswert, dass diese Abhandlung erst unter Nr. 90 im *Verzeichnis* aufgeführt wird. Genau diese Schrift Böhmes schrieb Nikolaj P. Safonov im Jahr 1822 ab (Sammlung Arsen'ev 14, Nr. 767). Da Gamaleja im Mai 1822 starb, lässt sich vermuten, dass Safonov diese Arbeit erst nach dem Tod des Übersetzers fertiggestellt hat. Die Schrift *Vom dreifachen Leben des Menschen* lässt sich somit als eine der letzten Übersetzungen Gamalejas betrachten.

Es scheint charakteristisch, dass die Mehrzahl der Schriften Böhmes in einer Gruppe unter Nr. 30 gesammelt wurde: Offenbar strebte Gamaleja an, die Opera Böhmes komplett zu übersetzen. In der

---

lung *Clavis*, или Ключъ къ твореніямъ Я. Б [Clavis, oder der Schlüssel zu den Werken von J.B.]. Siehe: RNB: Sig. O III № 92. Diese Schrift enthält einen detaillierten Thesaurus der theosophischen Termini.

22 Siehe „Реестръ рукописныхъ книгъ, переведенныхъ с разныхъ языковъ" [(Gamalejas) Verzeichnis der handschriftlichen Bände mit Übersetzungen aus den unterschiedlichen Sprachen] in zwei Kopien bzw. Heften. RGB: Sammlung Arsen'ev 14, № 549.

Folge fand er weitere Schriften, die ihm vorher nicht bekannt waren. Zwischen den Nrn. 31 und 59 sind eine ganze Reihe von alchemistischen Abhandlungen aufgeführt, die sich in der *Hermetischen Bibliothek* Novikovs nachweisen lassen. Zwischen den Nrn. 59 und 90 finden sich weitere Werke von Mystikern, Alchemisten und Theosophen, darunter diverse Schriften von Johannes Tauler, Valentin Weigel, Abraham von Franckenberg u. a. Die Tatsache, dass Gamaleja augenscheinlich mindestens zweimal gezwungen war, auf das Projekt der kompletten Übersetzung der Werke Jacob Böhmes zurückzukommen, zeigt, dass er nicht alle seine Schriften gleichzeitig zur Verfügung gehabt haben konnte.

Obwohl Gamaleja der Böhme-Forschung vor allem als Übersetzer bekannt ist, darf man nicht außer Acht lassen, dass er außerdem zahlreiche Briefe und Reden geschrieben hat. Einige dieser Zeugnisse lassen das Interesse Gamalejas an der Theosophie Böhmes erkennen, die es erlauben, seine Ansichten anhand der Sophiologie zu rekonstruieren.[23]

Zum ersten Mal wurden ausgewählte Briefe Gamalejas im Jahr 1832 in Moskau herausgegeben, zwischen 1836 und 1839 wurden dann weitere Briefe veröffentlicht, wodurch eine dreibändige Ausgabe der Briefe entstand. Die Mehrheit dieser Episteln enthalten moral-didaktische und praktisch-philosophische Ratschläge und Gedanken. Nur einige Stellen in Gamalejas Briefen, die in der ersten Hälfte des 19. Jahrhunderts gedruckt worden sind, lassen sich als charakteristische Elemente des theosophischen Diskurses ansehen. Nach dem Tod Gamalejas blieben seine kosmogonischen und soteriologischen Ansichten dem breiten Publikum fast unbekannt. Zu den wichtigen Quellen für die Böhme-Rezeption gehört der Brief IX. aus dem 2. Band der Moskauer Edition. In diesem Brief schrieb Gamaleja rätselhaft über die Elemente des Körpers und des Geistes im Hinblick auf die Kräfte des Teufels, der auf die Seele einwirken könne: „Der Teufel hält unsere Einbildungskraft (*Imagination*) von allem ab, was seinem Reich in uns entgegen stehen könnte."[24] Der Kampf Lucifers gegen Gott vollzöge sich nirgendwo anders, als in der Seele des Menschen. Nach diesen Reflexionen kam Gamaleja im selben Brief auf die soteriologische Sophiologie zu sprechen. Er schrieb:

> Obschon die reine Jungfrau Sophia unsere feuerhafte Seele zum bereiteten Mahl freundlich und liebevoll einlädt, erhört die Seele die Einladung nicht. Die Seele trinkt, beschäftigt sich mit anderen Sachen, dem schon längst gegebenen Getränk: Darum wünscht sie nicht, das Neue [zu probieren], und zeigt mit Rat und Tat, dass es ihr viel lieber ist, das Alte [zu schlucken].[25]

---

23 Dass die Fragen der Sophiologie für die Moskauer Martinisten von Interesse waren, lassen auch anonyme Handschriften erkennen. Siehe hierzu: RGB: Sammlung Arsen'ev 14, № 749. Siehe auch den Aufsatz von Aleksandr Gaisin in diesem Band.

24 Alle Übersetzungen von WM, wenn nicht anders angegeben. „[Діаволъ] отвлекаетъ воображеніе наше отъ всего того, что могло бы противно быть царству его въ насъ". Zit. nach: Gamaleja 1836, S. 26. Gamaleja unterschied in den *Briefen* zwischen verschiedenen Stufen des Glaubens anhand der Domänen des Seienden. Der Mensch betet, aber sein Gebet wird nur den Bereich des Seienden betreffen, auf den, Gamaleja zufolge, der Mensch sich in seinem Glauben beschränkt hatte. Der Heide kann mit seinem Gebet die höchste Gnade Gottes nicht erleben, weil er seine Seele vom Licht der Gnade abgetrennt habe. Vgl. die paracelsische Unterscheidung zwischen dem *Licht der Natur* und dem *Licht der Gnade*. Gamaleja unterschied zwischen drei Domänen des Glaubens: dem Glauben an das Irdische, an das Siderische und an die Hl. Dreifaltigkeit. Im Brief XI schrieb er, dass man zu den elementaren Geistern beten kann, wenn es um die irdische (sublunare) Natur geht (unter den Handschriften von Martinisten gibt es z. B. Gebete an die Salamander). Man kann an die Himmelskörper als Götter glauben und dann zu den Himmelskörpern und -erscheinungen beten (Astrolatrie). Die höchste und schwierigste Stufe des Gebets sei jedoch, Gamaleja zufolge, das Gebet an den Hl. Geist, das durch den Glauben fundiert sei, der die Grenzen des Irdischen und des Himmlischen überschreitet. Vgl. hierzu: Gamaleja 1836, S. 31 f.

25 „Сколь ни любезно и попечительно чистая Дѣва Софія приглашаетъ огненную душу нашу на уготованный пиръ, однако душа, занимающаяся другими предметами, не внемлетъ оному приглашенію, но пьетъ старое: потому и не хочетъ новаго, сказывая самымъ дѣломъ, что старое лучше". Zit. nach: Gamaleja 1836, S. 26.

Um die Einladung der Sophia, des weiblichen Prinzips der Weisheit Gottes, anzunehmen, muss die menschliche Seele somit einen vollkommen freien Willensakt vollziehen.

Die Unterscheidung zwischen Licht und Finsternis in der Seele ist theosophisch geprägt: Die Metapher der feuerhaften Natur der Seele wies den Leser des Briefes auf Böhmes dynamische Metaphysik des Feuers hin, wobei Böhme die Reaktionskraft im feuerhaften Wesen der Seele begriff, die wie ein „Scheidewasser“ wirkt, das „das Positive und Negative in zwei feindliche Bereiche teilt“.[26] Böhme wird in diesem Brief nicht namentlich genannt, sogar der Empfänger bleibt in der Ausgabe unerwähnt. Dadurch wird klar, dass Gamaleja das Projekt der Übersetzung der Werke Böhmes geheim halten wollte. In dem Brief finden sich einige dunkle und rätselhafte Zeilen, wie: „Das anbei Mitgesendete lassen Sie, bitte, dorthin liegen, wohin es auf dem Geschriebenen zu liegen lassen steht.“[27] Oder weiter: „Ich habe das überarbeitet, was sie [bereits] lasen, und ich habe dazu die Glückwünsche mitgeschrieben.“[28] Da Gamalejas Übersetzungen im Kreis um Novikov konspirativ organisiert wurden, liegt die Vermutung nahe, dass in den obenzitierten Zeilen die Handschriften mit theosophischen Inhalten indirekt erwähnt sein könnten, die er mutmaßlich davor übersetzt hatte. In diesem Falle lassen sich die Reflexionen über den Teufel und Sophia-Weisheit in dem Brief nicht einfach als einen provisorischen religionsphilosophischen Exkurs, sondern als Instruktionen bzw. Belehrungen für die Adressaten der zugeschickten Übersetzungen begreifen.

Zu den interessantesten Quellen im Hinblick auf die Böhme-Rezeption im Schrifttum Gamalejas gehören die Handschriften mit Reden und Briefen, die, soweit mir bekannt ist, noch nie publiziert wurden. Ich fokussiere mich im Folgenden auf zwei Abhandlungen von Semjon Gamaleja, die ich in der Staatsbibliothek Moskau untersuchen konnte: die Rede *Über die Erschaffung der Welt*[29] und den Brief *Über die drei Prinzipien*.

In der Rede *Über die Erschaffung der Welt* skizzierte Gamaleja sophiologische Gesichtspunkte der Selbsterkenntnis Gottes, und zwar mit Blick auf die Kosmogenese. Danach verwirklicht Sophia die Gesetze der Natur im ontologischen Sinne des Wortes. Ihre Selbsterkenntnis kann als die Erschaffung der Welt betrachtet werden. „Die göttliche Weisheit ist“ – Gamaleja zufolge –

> ewig doch gleichzeitig temporär, da Gott und die Natur im zeitlichen Jetzt und in der Ewigkeit bestehen. In der ewigen Natur bestehen auf alle Fälle vollkommenste Gestalten. Die glorreichste Gestalt ist die menschliche [славнейшій же образъ есть человѣкъ], die von der Ewigkeit her aus der ewigen Natur gestaltet worden ist, gleich wie alle möglichen Gestalten, die in der Natur entstehen, wo die vielfältig seienden Dinge in tausenden Veränderungen und Schönheiten ihren Ort für immer finden werden.[30]

Von Interesse ist, dass Gamalejas Rede *Über die Erschaffung der Welt* nicht nur zahlreiche Hinweise auf die theosophische Darstellung der Schöpfung enthält, sondern auch auf die Anschauungen hermetischer Denker und Kabbalisten. Aus diesem Grund lässt sich vermuten, dass Gamaleja in der Rede dazu tendierte, durch den Überblick über die Ausgangspunkte von verschiedenen geistigen Traditionen, die Spuren der *Philosophia Perennis* anschaulich zu machen. Gamaleja betrachtete Sophia-Weisheit als Vermittlerin in der Schöpfung, als eine Instanz, die es erlaubt, die ewige Natur in ihrer potenziellen Vielfalt zu erkennen. Um die Natur der Schöpfung zu verstehen, sollte der Mensch nach

---

26 Deinert 1964, S. 405.
27 Gamaleja 1836, S. 25.
28 Gamaleja 1836, S. 25.
29 Semjon Gamaleja: Речь о сотвореніи міра, in: RGB: Sammlung Arsen’ev 14, № 315.
30 Sammlung Arsen’ev 14, № 315, fol. 90v.

Sophia suchen. Noch deutlicher spricht Gamaleja über die Sophiologie mit Blick auf die Soteriologie in einem Brief aus dem Jahr 1806 unter dem Titel *Über die drei Prinzipien* (siehe *Anhang*).

Gamaleja beginnt diesen Brief mit einer Betrachtung der paracelsischen *tria prima*[31] im Hinblick auf die Beschaffenheiten der ewigen und der sterblichen Natur nach Böhme. Er schreibt, dass die drei Urprinzipien in uns immer zusammen existieren, gleich wie Gott-Vater, Gott-Sohn und der Hl. Geist in Christus. Die Schöpfung erklärt Gamaleja durch die Bewegung Gottes: Gott hat sich in der Schöpfung entäußert („[Богъ] подвигъ себя в твореніи“, vgl. die kabbalistische Konzeption des Zimzums, צִמצוּם).[32] In dieser Bewegung sind die drei Urprinzipien der Schöpfung, nämlich Salz, Schwefel und Quecksilber, für die Sinnlichkeit zugänglich geworden.[33] Daher können wir diese drei Prinzipien nicht anders erfassen als sinnlich.[34] In der geistigen Natur erklärt Semjon Gamaleja *tria prima* durch Böhmes Lehre von den Qualitäten. Angesichts der verwendeten Termini scheint es überaus wahrscheinlich, dass der Brief *Über die drei Prinzipien* eine Erklärung der Hauptprinzipien von Werken Böhmes wie z. B. *Von sechs Theosophischen Punkten, Beschreibung der drei Prinzipien göttlichen Wesens* und *Mysterium Magnum* darstellen sollte. Im Text beschreibt Gamaleja seine Ansichten über die Schöpfung durch die Metapher des Spiegels Gottes.[35] Hier dringt Gamaleja unzweideutig zum Böhme'schen Motiv der Dialektik zwischen *Ungrund* und *Grund* vor: „Gott nach dem innersten Kern seines Wesens oder als Ungrund ist ein unendlicher, durch nichts entstandener Wille, womit er sich selber fassen und dadurch einen Spiegel seiner selbst in sich gestalten will.“[36] Im Brief *Über die drei Prinzipien* wird diese Dialektik der Schöpfung durch die Metapher des natürlichen Spiegels erklärt, ebenso wie z. B. in der Schrift Böhmes *Von der Menschenwerdung Jesu Christi*.[37]

Eines der zentralen Themen des Briefes *Über die drei Prinzipien* betrifft das Problem der Wiedergeburt des Menschen in Christus. Basierend auf der Annahme der ursprünglich zweigeschlechtlichen Natur Adams, seiner Androgynität, betrachtete Gamaleja die Weisheit-Sophia als Mittel zur Wiedergeburt. Seine zentrale Definition der Sophia bestimmt sie als himmlischen *Leib Christi*. Gamaleja zufolge wurde sie in den Leib Mariä als Gestalt Gottes eingebracht. Die Jungfrau Maria war in diesem Sinne wie ein Gefäß für Sophia. Schließlich wurde Sophia durch Mariä Himmelfahrt in die Dreifaltigkeit Gottes aufgenommen.[38]

Der Mensch sollte nach Sophia suchen, und zwar in Jesus, im Sohn der Jungfrau. Daher lehrt uns Jesus Christus die Wiedergeburt. Ohne Wiedergeburt gibt es keinen Aufstieg zum Himmel. Der Mensch wird als Adam verstanden. Seine zwei Naturen bewegen sich in einem flammenden Verlangen aufeinander zu, so dass das Feuer in der Seele als dynamisches Prinzip des Seienden Feuerfunken gebiert. Die wahre Wiedergeburt des Menschen liegt darin, das Männliche und das Weibliche, die im ersten Adam geteilt wurden, wiederzuvereinigen. Semjon Gamaleja begreift diese Wiedergeburt des Menschen als keusche, d. h. „jungfräuliche Männlichkeit“ (дѣвственное мужество).[39]

---

31 Siehe zum Problem des Paracelsismus im Russischen Reich des 18. und 19. Jhs.: Morosow 2018.

32 Siehe zur kabbalistischen Konzeption des Zimzums: Necker 2019. Siehe außerdem: Schulte 2014.

33 Semjon Gamaleja: Послание о трех началахъ [Der Brief über die drei Prinzipien]. RGB: Sammlung Arsen'ev 14, № 538, fol. 2r.

34 RGB: Sammlung Arsen'ev 14, № 538, fol. 1r.

35 RGB: Sammlung Arsen'ev 14, № 538, fol. 1v–2r.

36 Hamberger 1844, S. 20.

37 Vgl. Gamaleja: Sammlung Arsen'ev 14, № 538, fol. 1v. Böhme 1682, *Von der Menschenwerdung Jesu Christi*, Bd. 3, Teil II, Kap. I, 9–12, S. 112 f. Vgl. hierzu auch Böhme 1730, *Sex Puncta Theosophica, oder Von Sechs Theosophischen Punkten hohe und tiefe Gründung*, Bd. 6, Kap. I, 8–13. S. 4 f.

38 Gamaleja: Sammlung Arsen'ev 14, № 538, fol. 3r.

39 Ebd. Vgl. mit der „männlichen Jungfrau“ aus dem *Mysterium Magnum* Böhmes.

Um das zu erleben, sollte man Sophia finden. Gamaleja vergleicht die Bedeutung Sophias für die Menschen mit der der Jungfrau Maria für Jesus Christus. Der Mensch solle Sophia „heiraten" und sich den Jungfernkranz verdienen.[40] Das Motiv der Brautschaft und Ehe mit Sophia sowie die Heiligkeit der symbolischen Heirat wies den Leser deutlich auf die christosophischen Reflexionen Böhmes hin. Gamaleja ruft seinen Gesinnungsgenossen zu, die Sophia-Weisheit zu loben. Den Brief schließt er mit der Voraussage, dass der, der Sophia treu in seiner Liebe bis zu seinem Tod bleibe, sich mit ihr trauen lassen werde (кто вѣренъ пребываетъ до смерти, тот вѣнчается).[41] Bei der Heirat mit Sophia geht es um die Vereinigung mit der Weisheit Gottes. Genau dieses Motiv entwickelte später auch Vladimir Solov'jov (1853–1900) in seinen sophiologischen Werken.[42] Ob er mit den Schriften und Übersetzungen Semjon Gamalejas vertraut gewesen war, lässt sich heute nicht mit Sicherheit sagen.

Anhang

Der Brief *Über die drei Prinzipien* Gamalejas wurde basierend auf der Handschrift aus der Russischen Staatsbibliothek zu Moskau (RGB) transkribiert: Sammlung Arsen'ev 14, № 538. Fol. 1r–4r.

Ich bedanke mich bei meinen Freunden und Kollegen Sergei Zotov und Olga Tytarenko für Gespräche, Hinweise und Hilfe im Prozess des Transkribierens der Handschrift. Die Orthographie des Briefes wird nach dem Original mit Berücksichtigung der orthographischen Besonderheiten wiedergegeben.

Mein bester Dank gilt Michael Schippan für Hinweise und stilistische Ausbesserungen meiner Übersetzung dieses Briefes ins Deutsche.

Письмо С. И. Г.

[О трехъ о началахъ]

Три начала неразлучно суть въ насъ едино, какъ Отецъ Сынъ и Св. Духъ во Христѣ, однако мы не можемъ различить иначе онаго, какъ въ ощущенiи, вкусѣ, обонянiи, т: е: въ духовныхъ чувствах. Въ наружной натурѣ это есть ⊖♀☿. Въ духовной натурѣ это есть: 1^е тьма, которая оказываетъ себя страхомъ, холодомъ, зноемъ, скорбiю, ужасомъ и жалобою или обвиненiемъ. 2^е огнь, который оказываетъ себя в душѣ блескомъ, а въ чувствахъ остротою которая вырождаетъ свѣтъ, яко 3^е начало изъ коего происходитъ сладкое, кроткое благотворенiе, радость и славословiе и сiи три суть основанiе возхожденiя.
[Fol. 1r]

Понежѣ когда мы стоимъ во тьмѣ, то смущается или скорбитъ душа по свѣтѣ, чтобы избавится отъ скорби или въ такомъ стремленiи возникаетъ огнь в душѣ и изъ огня выходитъ блескъ свѣта въ умъ, голову и смыслъ. Горнiа же имѣетъ разныя откровенiа и центръ; понеже она купно истекла во всѣ твари отъ вѣчности; преждѣ сотворенiя пожелавъ, она была зерцало Божiе, что вы сможете понимать на натуральномъ зеркалѣ. Вы стоя предъ нимъ видите вашъ

40 Vgl. Gamaleja: Sammlung Arsen'ev 14, № 749.

41 Gamaleja: Sammlung Arsen'ev 14, № 538, fol. 4r.

42 Siehe hierzu das ausführliche Buch von Henrieke Stahl (2019), *Sophia im Denken Vladimir Solov'evs*. Siehe auch den Aufsatz von Aleksandr Gaisin in diesem Band.

образъ, котораго не воплощаетъ и не держитъ зеркало, ибо ежели вы отходите, то и образъ отходитъ. Такимъ образомъ Св. Духъ усмотрѣлъ все творенiе въ премудрости Ангеловъ и человековъ, что все были Божественныя идеи
[Fol. 1v]

и Духи безъ тѣла, которыя паки прешли, когда Богъ игралъ съ собою. Когда же Богъ восхотелъ выродить ихъ въ существо и твари яко Ангеловъ и человековъ, тогда онъ подвигъ себя в творенiи въ коем движимо открылись 3 начала. Ибо нѣтъ твари, которая бы не имѣла въ себѣ тьмы, огня и свѣта, животныя по наружней натурѣ Солнца и Звездъ, а Ангелы и человѣки по внутренней натурѣ и вѣчному мiру. Небесной же Софiи мы не сможемъ понимать внѣ Jисуса: она не Богъ, не зерцало его, она не Jисусъ, но небесная плоть и кровь Его и ежели мы облекаемся во Jисуса, то облекаемся и въ Софiю Его. Когда же она разсматривается какъ идея и образъ Божiй, какъ гордецъ, а иногда и Богъ представляетъ ее, то извольте понимать
[Fol. 2r]

образъ въ зерцалѣ. Когда Богъ, который есть Духъ зрѣлъ себя въ зерцалѣ, то образъ въ зерцалѣ былъ также подобiе Бога, притомъ Дѣвственъ или Дѣва, которой образ Быт[iя] издунутъ въ Адама, образъ, который бы намъ (Jehovah Elohim) подобенъ былъ.

Онъ однако чрезъ паденiе угасъ, и погубленъ, и во Христѣ семѣни жены, паки обѣщанъ и открытъ, какъ то Христосъ выразительно сказалъ къ jудеямъ: Я и Отецъ едино есьма и отъ моего Духъ св. оное возьметъ и возвѣститъ вамъ. И такъ мы нигдѣ, как только въ Jисусѣ должны искать и находить Софiю и для того Христосъ учитъ возрожденiю безъ которого онъ не можетъ войти въ небо. Она же въ рожденiи есть помощница наша, и со Христомъ и въ тинктурѣ, которая в первомъ
[Fol. 2v]

Адамѣ, коварствомъ разлучены въ мужа и жену паки возстановитъ въ одну, т: е: въ дѣвственное мужество. Или есть небесная тварь Его, которую Онъ принесъ съ небес и въ Марiю и учинился плотiю, однако принимая изъ Марiи человечество наше ввелъ съ собою чрезъ смерть в вѣчную троицу и прославилъ. Ежели вы въ боренiи побѣдите и облечетесь во Jисуса, то невозможно высказывать основанiя, понеже вкуса и чувствительности высказывать не возможно. Хотя чрезъ паденiе Адама открылся гнѣвъ въ мiрѣ и въ человѣкѣ, однако гнѣвъ не Богъ и не всемогущъ, ибо Онъ самъ сказалъ, къ Моисею: пусти меня, чтобы я поглотилъ народъ. Для того должно въ силѣ Jисуса бороться съ гнѣвомъ столь долго, пока онъ предастъ себя любви и покориться
[Fol. 3r]

и тогда откроется, что Богъ есть любовь и одна любовь всемогуща, и в Богѣ не открыть гневъ, какъ и Христосъ притчею о блудномъ сынѣ Лука XV учитъ нас и Павелъ 1 Коринф. XIII подтверждаетъ.

Главный же Братъ жалуется или клевещетъ на насъ, коего мы должны гораздо отличать и просить Бога, чтобы Онъ благоизволилъ укрѣпить насъ въ своей любви. Лучше нам менѣе надѣяться на себя, и бояться самихъ себя, нежели воображать себѣ, что и мы нѣчто самое и мудрость.

Любовь во внутреннемъ человѣкѣ обитаетъ, а гнѣвъ въ плоти и крови и нѣохотнѣе слушаетъ голову во плоти, и дѣлаетъ, чего хочетъ Князь Тьмы.

[Fol. 3v]

Нынѣ много говорятъ и пишутъ о царствѣ Христовомъ а не многіе внимаютъ на Св. Писаніе: т: е: что только царскіе священники будутъ соучастниками царства Христова, которые съ нимъ отверглись себя, распалив и умертвили себя, что и есть мученичество цѣлой жизни нашей, и сказывается: кто вѣренъ пребываетъ до смерти, тот вѣнчается.

[Fol. 4r]

Übersetzung ins Deutsche:

Semjon Gamaleja

Brief über die drei Prinzipien

Drei Grundprinzipien oder Urgründe (начала) sind in uns untrennbar und zusammen, wie der Vater, der Sohn und der Hl. Geist in Christus, allerdings können wir diese nicht anders unterscheiden als durch das Gefühl, den Geschmack und den Geruchssinn, d. h. durch die geistigen Sinnesempfindungen. In der äußeren Natur sind sie Salz, Schwefel und Mercurius: ⊖🜍☿ In der geistigen Natur sind es: das erste Prinzip, die Finsternis, die in sich Furcht, Kälte, Glut, Harm, Schrecken, Klage und Beschuldigung trägt. Das zweite Prinzip ist das Feuer, das sich durch seinen Glanz in der Seele zeigt, und im Gefühl durch seine Schärfe das Licht hervorbringt. Aus dem dritten Prinzip treten das Süße, die milde Wohltätigkeit, die Freude und der Ruhm hervor und diese drei Prinzipien sind der Grund jedes Aufgangs.
[Fol. 1r]

Alldieweilen, wenn wir in der Finsternis stehen, wird die Seele verwirrt und trauert um das Licht, damit sie sich von dem Leid befreien kann, oder in dem Streben danach entsteht in der Seele ein Feuer, und aus dem Feuer erscheint im Geiste, im Kopf und im Sinn der Glanz des Lichtes. Das Himmlische hat verschiedene Offenbarungen und ein *Centrum*, aus dem es [d. h. die himmlische Natur – *W.M.*] von Ewigkeit her reichhaltig in alle Schöpfungen einging. Bevor sie [d. h. die himmlische Natur – *W.M.*] nach der Schöpfung begehrte, war sie Spiegel Gottes, was Sie anhand eines natürlichen Spiegels begreifen können. Stehen Sie vor ihm, dann sehen sie darin Ihre Gestalt, die der Spiegel nicht in sich verkörpert oder als etwas Wahres festhält, denn, wenn Sie fortgehen, dann verschwindet das Bild. Auf solche Weise hat sich der Hl. Geist die ganze Schöpfung in der Pansophie der Engel und der Menschen so vorgestellt,
[Fol. 1v]

dass alles göttliche Ideen und körperlose Geister gewesen waren, die erst dann erschienen, als Gott mit sich selbst spielte. Als Gott gewünscht hat, sie Wirklichkeit werden und die Wesen als Engel und Menschen erscheinen zu lassen, entäußerte er sich in der Schöpfung, in der sich drei Urprinzipien eröffneten. Denn es gibt keine Schöpfung, die in sich keine Finsternis, kein Feuer und kein Licht enthielten, die tierischen Lebewesen in der äußeren Natur der Sonne und der Gestirne, die Engel und die Menschen aber in der inneren Natur und ewigen Welt. Für die Menschen bleibt es unmöglich, die Himmlische Sophia ohne Jesus zu verstehen: Sie ist nicht Gott, sie ist nicht Spiegel Gottes, sie ist nicht Jesus, aber sie ist Sein himmlisches Fleisch (Corpus) und Blut, und wenn wir selbst in Jesus wohnen, dann wohnen wir auch in Seiner Sophia. Wenn man sie als Idee und Gottes Bild betrachtet, wie sie der stolze Widersacher, doch auch mitunter Gott selbst vorstellt,

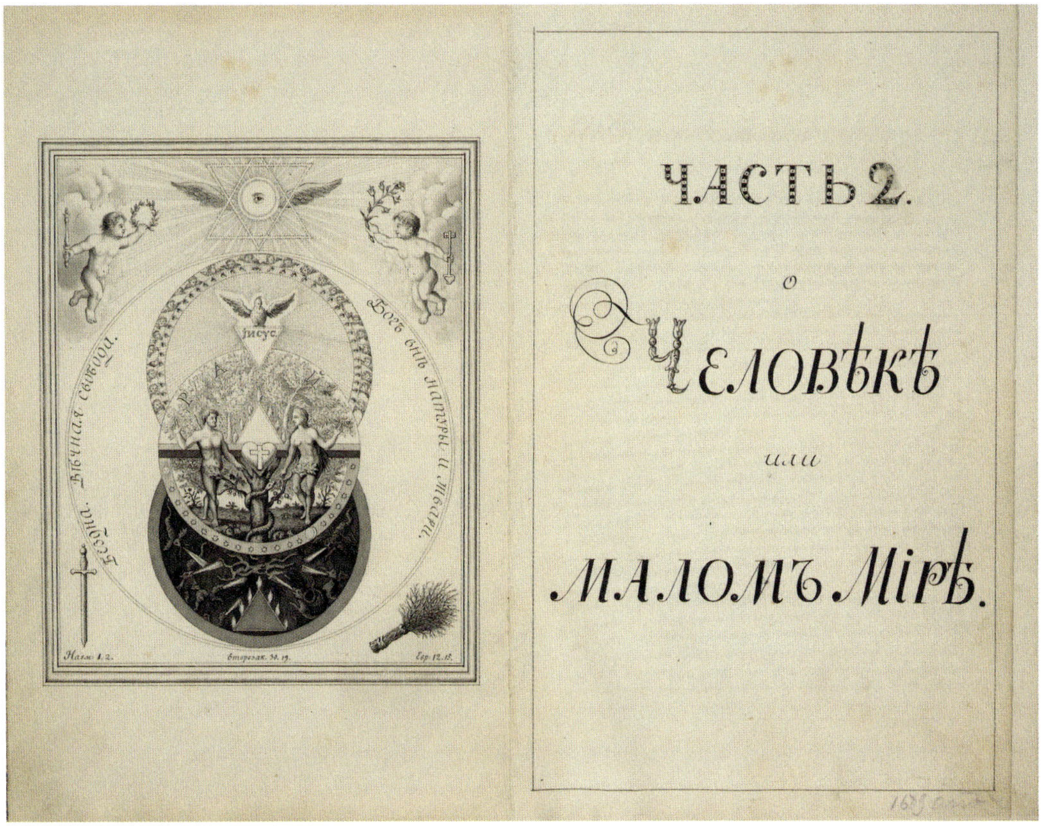

Abb. 2: Jacob Böhme, О человѣкѣ или о Маломъ Мірѣ (*Über den Menschen oder über die Kleine Welt* [*Mikrokosmos*]), o.O., o. D., Bibliotheca Philosophica Hermetica Collection Amsterdam

[Fol. 2r]

dann gestattete man sich, die Gestalt im Spiegel vorzustellen. Als Gott, der auch der Geist ist, der sich selbst im Spiegel sah, da war die Gestalt im Spiegel auch das Ebenbild Gottes, jungfräulich oder eine Jungfrau, deren Daseinsbild in Adam als Lebensatem eingeflößt war [vgl. Gen 2,7 – *W.M.*], ein Bild, das uns als *Jehovah Elohim* ebenbildlich war. (Abb. 2)

Es [d. h. das Bild Gottes – *W.M.*] erlosch allerdings durch den Fall und wurde abgetötet, aber durch Christi Saat in der [Jung-]Frau gleichsam versprochen und offenbart, wie auch Christus ausdrucksvoll den Juden sagte: „Ich und der Vater sind eins" [vgl. Joh 10,30 – *W.M.*] und von meinem Hl. Geist nehmet es auf und sei es Euch verkündet. Und so sollten wir nirgends außer in Jesu Sophia suchen und entdecken, daher lehrt Christus die Wiedergeburt, da es ohne Wiedergeburt keinen Aufstieg zum Himmel gibt. Allein sie [d. h. Sophia – *W.M.*] ist unsere Helferin in der Geburt und mit Christus und in der Tinktur,
[Fol. 2v]

die im ersten Adam durch Arglist geteilt in Mann und Frau ward, in eins wiederauferstehen wird, in jungfräulicher Männlichkeit. Allein sie [d. h. Sophia – *W.M.*] ist Sein himmlisches Geschöpf, die Er vom Himmel geholt und in Maria innezuwohnen beliebt hat, aber er nahm in Mariä unsere Menschengestalt durch den Tod mit sich in die ewige Dreifaltigkeit und verherrlichte sie dadurch. Wenn Ihr im Kampf gewinnen und in Jesu innewohnen solltet, dann wird es nicht mehr möglich, den Grund zu äußern [es geht hier augenscheinlich um die Dialektik zwischen Ungrund und Grund – *W.M.*], weil

es dann unmöglich ist, den Geschmack und die Sinnlichkeit auszudrücken. Obwohl durch den Abfall Adams der Zorn in der Welt und im Menschen entdeckt wurde, ist der Zorn dennoch nicht Gott und nicht allmächtig, da Er zu Moses sprach: Lass mich herein, damit ich das Volk aufnehme. Dafür soll man mit der Kraft Jesu so lange gegen den Zorn kämpfen, bis er sich der Liebe ergäbe und unterwerfe,
[Fol. 3r]

und dann eröffne sich, dass Gott die Liebe und die Liebe allein allmächtig ist, und dass Gott nicht seinen Zorn offenbart, wie es uns auch Christus in seinem Gleichnis vom verlorenen Sohn im Lukasevangelium, 15 lehrt und auch Paul in seinem ersten Brief an die Korinther, 13 bestätigt.

Der Hauptbruder [der Große Widersacher bzw. Lucifer – *W.M.*] beschwert sich und verleumdet uns, und wir sollten Gott darum bitten, uns in Seiner Liebe zu bestärken.

Es wäre für uns besser, weniger auf sich selbst zu hoffen und sogar besser, uns vor uns selbst zu fürchten, als sich vorzustellen, dass wir selbst etwas Ganzes an sich und die Weisheit selbst wären. Die Liebe wohnt dem inneren Menschen inne, der Zorn im Fleisch und Blut, und er erhört den Kopf im Leib nicht gern und er macht das, was der Fürst der Finsternis wünscht.
[Fol. 3v]

Heutzutage spricht und schreibt man viel über das Reich Christi, aber nur wenige erhören die Hl. Schrift, das bedeutet: allein die Geistlichen des Reiches werden des Reiches Christi teilhaftig, die sich auf Ihn verlassen haben, die erglühten und sich abtöteten, was die wahre Qual unseres gesamten Lebens bedeutet, und es verlautet da: Wer bis zu seinem Tode treu bleibt, wird sich trauen lassen [oder auch: Wer bis zu seinem Tode treu bleibt, der wird einst gekrönt – *W.M.*].
[Fol. 4r]

Danksagung: Mein bester Dank gilt Michael Schippan und Olga Tytarenko für zahlreiche Hinweise und den produktiven Austausch.

Aleksandr Gaisin

Jacob Böhme in Vladimir Solovyov's Early Metaphysics

Abstract: This study investigates philosophical and theological connections between Jacob Böhme and Vladimir Solovyov, arguably Russia's most significant thinker. The article provides a reading of Solovyov's early philosophy as expressed in his "Lectures on Divine Humanity" and seeks to investigate the possible presence of Böhme's mystical thought within Solovyov's project. The chapter starts with describing the cultural and historical background of Solovyov's connection to Böhme as well as with evidence of Solovyov's interest in and familiarity with Böhme. Then it provides an overview of certain elements of Böhme's theological narrative – the concept of "Unground"; the idea of anxiety or struggle within God; Eternal Nature; Sophia; self-will and the origin of evil – and examines them step by step in Solovyov's "Lectures". In its conclusion, this inquiry points out ambivalence in the Böhmist elements in Solovyov's own thought: it is impossible to deny Solovyov's usage of Böhme's ideas; yet, their distorted appearance in Solovyov's text signals that he is ready to modify or misread them to make them fit better with his own eclectic narrative. Investigation into Böhme's tropes within the "Lectures" reveals the legacy of Böhme's reception in the 19th century as well as Solovyov's own creative appropriation of the shoemaker from Görlitz.

1 Introduction

There is a well-known historical anecdote that the renowned theosopher Franz von Baader was summoned by Russian authorities to present his thought to Russian audiences.[1] Baader, who was at pains to style himself as the most important modern expert on Böhme,[2] accepted the invitation, but his voyage to the East in 1822 was halted prematurely in Riga, and on his way back to Munich he spent many hours in discussions with Hegel in Berlin.[3] While this story seems to be a mere curiosity, it also shows indirectly, I argue, that there was a certain intellectual demand in Russia for a philosophy inspired by Böhme, offering readings and interpretations of his complex writings. It was late Russian enlightenment circles, which were highly influenced by Martinism and Rosicrucianism, that introduced Böhme to the nascent Russian intelligentsia in the eighteenth century. Nicolay Novikov, a famous Russian Freemason, writer and book publisher, and Johann Georg Schwarz, a philosophy professor at Moscow University and the leading figure in Russian Rosicrucianism, were among those

1 For English quotations in *De Electione Gratiae*, *Mysterium Magnum*, *De Signatura Rerum*, *De Triplici Vita Hominis* and *De Testamentis Christi*, I cite from Böhme 1764–1781. Quotations from *Sex Puncta Theosophica* and *De Aequanimitate* appear in John Sparrow's translations: Böhme 1661b. For English citations from *Mysterium Pansophicum*, I use the following: Böhme 2013. A quotation from *Sex Puncta Mystica* is given in John Rolleston Earle's translation: Böhme 1958.

2 This curious story together with many details regarding its circumstances can be found in the 15th volume of Baader's *Sämtliche Werke*. Baader's biographer writes that since 1815 Baader was in contact with many Russian families as well as with Germans serving in the Russian Empire (Baader 1963, pp. 61–62). Baader's own report on his trip to Russia relates many circumstances of his Russian journey (Baader 1963, pp. 85–101). His lectures in Russia were intended to present his own philosophy, yet Böhme was a steady influence on Baader, who gave two series of private lectures on Böhme. He also worked on a new edition of Böhme's works which was to contain explanations and commentaries written by Baader that would make the works more accessible (Zovko 1996, pp. 243–244).

3 As Hans Grassl points out Hegel and Baader met in the summer of 1822 in Berlin where Baader stayed shortly during his trip to Russia. On his way back to Munich, Baader stayed in Berlin again, this time from December 1823 until May 1824. During Baader's second stay in Berlin, he and Hegel would often see each other (Grassl 1963, pp. 105–110).

https://doi.org/10.1515/9783110720525-014

who spread Böhme's writings and incorporated his ideas into their own work. Another Russian Freemason and writer, Semyon Gamaleya, was perhaps even more important for the Russian reception of Böhme, as he appears to have translated all of Böhme's works into Russian.[4] Moreover, in letters to his friends and followers, he often relied on Böhme's tropes and ideas.

However, few of Böhme's translated works were published in Russia. In the early 1790s, the Russian crown began to shut down the activities of Russian branches of freemasonry, and Alexander I completely banned freemasonry in 1822. Russian Rosicrucians and Freemasons attempted to spread, among other teachings, Böhme's ideas and writings. Böhme's *Christosophia/Der Weg zu Christo* was published in St. Petersburg in 1815. This endorsement of Böhme by Russian Rosicrucians and Freemasons made him an acceptable and accessible choice of reading among Russian *hommes des lettres*. Indeed, many Russian writers and thinkers throughout the nineteenth century and in the early twentieth century were avid readers of Böhme. To name just two examples, the prolific publisher, writer and *émigré*, Alexander Herzen, praised Böhme in his most philosophical work, *Letters of the Study of Nature*[5] and the world-famous anarchist Mikhail Bakunin read extensively the works of famous Böhme interpreters such as Baader and Saint-Martin,[6] and probably knew writings by Böhme as well. In the early 1870s, Vladimir Solovyov (1853–1900) read Böhme and incorporated the baroque imagery of the Görlitz shoemaker into his early poetry. He also engaged with Böhme's ideas in his philosophy. Finally, at the turn of the twentieth century, the philosopher and theologian, Sergei Bulgakov, placed Böhme in a line of "true" philosophers, including Plato, Eriugena, Schelling and their Russian peer, Vladimir Solovyov (Fig. 1).[7]

Vladimir Solovyov has often been praised as the first original Russian philosopher and the inaugurator of what is known as the Russian Religious Renaissance. He was born in 1853 in Moscow, the son of Sergey Solovyov, a prominent scholar and historian. Impressed by Spinoza and nihilism in his teenage years, in his early twenties Solovyov gradually returned to Christianity after a mystical experience in the early 1870s. Solovyov studied natural science at Moscow University for two years, then switched to history and philology. After his graduation, he became increasingly interested in theology and philosophy and went on to study theology at the Church Academy in the Sergiev Posad near Moscow for a year.[8] Thereafter, Solovyov took a one-year study trip to the British Museum in London to work on a planned but never completed dissertation on Gnosticism.[9] Upon returning from Europe in 1875, he wrote and defended another thesis, in which he criticized positivist philosophy. Solovyov subsequently enjoyed a rather short academic career, which ended in 1881. After Alexander II was killed by a terrorist attack in St. Petersburg, Solovyov gave a lecture in which he pleaded with authorities to show mercy to the killers. He had to leave both academia and the Russian capital immediately after the talk.[10] After this decisive event, he lived as a prominent scholar, writer and poet. He supported himself through the publishing of his essays, which included among other things obituaries for Russian intellectuals, publications on the "Jewish Question," and essays on poets such as Mikhail Lermontov and Adam Mickiewicz. Solovyov also continued to write philosophical works, and closer to the end of his life he worked on a Russian translation of Plato. In the 1890s, he was appointed as head

4 Chizhevsky 2007, p. 23. See also the essay on Gamaleja in this volume.
5 Herzen 1944, p. 33. The Russian title of the letters is *Pisma ob izuchenii prirody* (in Russian: *Письма об изучении природы*).
6 Chizhevsky 2007, p. 114.
7 Bulgakov 2017, pp. 16–27.
8 Zenkovsky 1991, pp. 11–14.
9 Kozyrev 2007, pp. 10–11.
10 Etkind 2013, pp. 170–171.

Fig. 1: Ivan Nikolaevich Kramskoy, Portrait of Vladimir Solovyov, 1885, oil on canvas, The State Russian Museum, St. Petersburg, inv. no. Ж-2984

editor and writer for the philosophical section of the Brockhaus and Efron Encyclopedic Dictionary, the most comprehensive Russian encyclopaedia of the imperial era.[11]

Solovyov's connection to theosophic discourse might best be illustrated with a short quotation by another thinker of the Russian Silver Age, Nicolai Fedorov. While Fedorov exchanged pleasantries with Solovyov in their correspondence, he also left scathing remarks about him in his notebooks. In one such note, Fedorov says: "All his life Solovyov wanted to be a superhuman: a visionary, a kabbalist and, at last, a prophet."[12] In the preceding lines, Fedorov writes that Solovyov's reliance on both mysticism and metaphysics rendered his project incapable of justifying any action in the "real" world. Hence, according to Fedorov, Solovyov tended to portray himself as otherworldly. Indeed, Fedorov might have expressed here something that was common to both Böhme and Solovyov. Like Böhme, Solovyov was not a churchman, but he was not a typical layman either. So, it might be best to call Solovyov a "prophet," especially since he expressed in his poems and prose a belief that he was a receiver of celestial wisdom from Divine Sophia, which put him in a position to prophesy (Fig. 2).

Often, however, his Sophianic poems were written with a fair bit of self-irony, as if Sophia was teasing him, or as if it was all a game in his imagination. His self-portrayal as an interlocutor of Sophia suggests that, again like Böhme, Solovyov was not only a rational thinker, a philosopher, but that he also experienced several visionary experiences during his life. For both of them, "visions" were not opposed to rational thinking per se, but rather constituted unmediated moments of insight that help ground and establish a rational discourse. Furthermore, Solovyov was no stranger to the esoteric practices of his era such as invocation of spirits and automatic writing. Finally, the term kabbalist in its strict sense is surely misleading as applied to both Böhme and Solovyov.[13] Yet it is worth considering that they were both exposed to Jewish mysticism, and although scholars disagree about the exact scope of its influence on their thought, it is safe to say that both were inspired to some extent by the so-called Christian Kabbalah, that is, Christian interpretations of Jewish mystical writings.

However, it is important to note that Solovyov was not a normative or orthodox theologian, as he has sometimes been portrayed or read.[14] While he led an ascetic if not a monastic life, it was still an unconventional one for a mainstream pious Christian. An example of Solovyov's unusual lifestyle is the fact that he had an addiction to turpentine – peculiar for one in his social position – which led to his early demise and probably cost him decades of life. Solovyov never married or had children, never taught at the church academies or seminaries or had any influence whatsoever on the Russian Church. A memoir by his sister reveals that he, in fact, never even went to Mass.[15] This reflects how astonishingly unimportant the liturgy was in Solovyov's philosophical project, especially considering

---

11 Velichko 1902, pp. 3, 7–39.

12 All translations from Russian into English in this article are mine. There is, however, a reliable English translation of Solovyov's "Lectures" by Peter Zouboff and Boris Joakim (Solovyov 1995). Here I quote Fedorov 1994, p. 183.

13 Wilhelm Schmidt-Biggemann's *Geschichte der christlichen Kabbala* contains a chapter on Böhme (Schmidt-Biggemann 2013, pp. 87–233). Solovyov's links to Kabbalah are discussed at length by Konstantin Burmistrov (Burmistrov 1998). An article of mine also inquires into Solovyov's connections to Kabbalah (Gaisin 2018, passim).

14 Solovyov nonetheless strongly identified with Eastern Orthodox Christianity. In the "Lectures," he names Greek Church Fathers as direct predecessors of his own thought, and also claims that the Eastern Church kept Christian contemplation alive throughout history, a tradition that he wants in his philosophy to combine with the advances of Western thought. A parallel argument is pursued by Evgeny Trubetskoy, who reads Solovyov as a Christian Platonist (Trubetskoy 1913), who complemented Platonic doctrine with Christian revelation. Finally, Alexey Losev – the last remnant of the Russian Silver Age – denies any substantial influence that Western thought, including Böhme, might have had on Solovyov's Sophiology by suggesting that Solovyov, as an "orthodox theologian," could not have been too interested in Protestant theology (Losev 2009, pp. 588–589).

15 Etkind 2013, p. 177.

Fig. 2: Icon of St. Sophia, the Wisdom of God, early 17th c., wood, tempera on wood, The State Russian Museum, St. Petersburg, inv. no. ДРЖ-1200

that he viewed himself as a Christian thinker. Needless to say, he was far from being acknowledged by the Russian Orthodox Church during his lifetime or after his death.

Solovyov's work enjoyed an immense reception in pre-revolutionary Russia, where he influenced both the writers and poets of the Russian Silver Age as well as thinkers of the so-called Russian Religious Renaissance. His western reception remains less researched. The German translations of his writings appeared in 1916–1917 and were endorsed in Heidelberg by the Russian-German philosopher Fedor Stepun.[16] The Marxist philosopher and literary critic György Lukács was an avid reader of Solovyov and wrote a review of the German edition of Solovyov's collected volumes. Lukács's close friendship with Ernst Bloch – a German-Jewish philosopher and another Marxist intellectual – makes it possible that Bloch too had knowledge of Solovyov's ideas.[17] At the same time, Solovyov was read by the Swiss Catholic philosopher Hans Urs Von Balthasar, whose *The Glory of God* (vol. 3) contains a tract on Solovyov. Finally, given Solovyov's deep interest in Gnostic religion[18] he can be thematically linked to Heidegger's pupil Hans Jonas, who wrote extensively on Gnosticism, and to the German-Jewish religious scholar Jacob Taubes, who was interested in the influence "heresies" had on the development of modern thought.

2 Aspects of Böhme's Theology: Unground, Sophia, Anxiety in God, Self-Will

This section sketches part of Böhme's theological narrative to lay the ground for the argument that Solovyov appropriated certain ideas from Böhme for his "Lectures on Divine Humanity."[19] Some aspects of Böhme's thought – "Unground," Anxiety within God, Sophia, and self-will – are present in Solovyov's "Lectures," although contrasts between their two projects also emerge.

2.1 "Un-ground"

One can start portraying Böhme's theological narrative with the notion of "Unground," which is, arguably, his most famous concept. "Unground" or "Abyss," in the English translation, describes divine existence before or outside its connection to finitude or Creation. The Divine conceived like this is therefore absolutely transcendent and Böhme resorts to the vocabulary of negative theology to characterize it. Böhme writes in *Mysterium Magnum*:

> This is now the Eye of the Abyss, the eternal Chaos, wherein all, whatsoever Eternity and Time have are contained [...] who is without all Nature, without all Beginnings of any Essence, a Working in himself; generating, finding, or perceiving himself; without any kind of Source from any thing, or by any thing: He has neither Beginning nor End: He is immense; no Number can express his Largeness, and Greatness: He is deeper than any Thought can reach: He is nowhere far from any thing, or nigh unto any thing: He is through all, and in all: His Birth is every where; and

16 Boldyrev 2012, pp. 92–93.

17 Boldyrev 2012, p. 92.

18 Solovyov was not only influenced by Gnosis in his thinking, but also wrote extensive entries on gnostic religion and ancient gnostic writers for the *Brockhaus and Efron Encyclopedic Dictionary*.

19 The Russian title of the "Lectures" is "Chtenia o bogochelovechestve" (in Russian: "Чтения о Богочеловечестве").

> without and besides him there is nothing else: He is Time and Eternity, Byss and Abyss, and yet nothing comprehends him save the true Understanding, which is God himself.[20]

So in "Unground," God is outside of any finite sphere, yet he contains in a dormant, spiritual way "all whatsoever Eternity and Time have." In his commentary on Böhme's vocabulary, Andrew Weeks explains the term while highlighting characteristics of Böhme's language:

> As rationalization confronts the aporia of infinite regression, it explains by not explaining. The ground becomes the "un-ground." The German prefix un- both negates and magnifies. For example, if the word *Menge* denotes a multitude, an *Unmenge* is a great multitude. Distinct from "no ground," the "unground" effects the same purging of human reason that has led the author to embrace *magia* and *mysterium*. These terms indicate the binary aspect of his thought: the confrontation of being with nothing, the natural with the supernatural, immanence with transcendence. In context, they facilitate the verbal management of uncertainty.[21]

In line with the German mystical tradition (e. g. Meister Eckhart), Böhme also called the transcendent Divine "Nothing." Says Böhme: "When I consider what God is, then, I say, he is the One; in reference to the Creature as an Eternal Nothing. He has neither Foundation, Beginning, or Abode; he possesses nothing but only himself. He is the Will of the Abyss; he is in himself only one; he needs neither Space, nor Place […]."[22]Again, this "Nothing" should not be read literally, but rather as presupposing that it encompasses all things to come. The finite exists in God "as nothing," dormant, and so is God himself in this state of hiddenness. He is the Will that has not found its expression.

2.2 Differentiation within God

According to Böhme's teachings, within the "Unground" there is a movement to manifestation that will eventually lead to differentiation within the Divine, and, henceforth, to multiplicity. Böhme describes the need within the Divine for such a movement from the infinite to the finite as follows: "For the vast infinite space desireth narrowness and inclosure [or comprehension] wherein it may manifest itself, for else in the wide stillness there would be no manifestation; therefore there must be attracting or inclosing, out of which the manifestation appeareth."[23]

In Böhme's writings, there are several ways in which such differentiation happens. Two of them might be called "intra-divine" and "non-agonic" since the differentiation there happens in a peaceful manner. The third way, that involves what Böhme calls Eternal Nature, might be described as agonistic, as it creates tension and conflict within the divine. The first "intra-divine" differentiation is binary and happens with the emergence of eternal Wisdom, in which Unground sees itself and all the things it encompasses.[24] Böhme uses a metaphor of an eye and a mirror, and this introduces a split within the Divine that juxtaposes seer and seen, and points towards a possible self-consciousness of the Divine.

20 Böhme 1764–1781, *Mysterium Magnum* 1, 8.

21 Weeks 2013, p. 59.

22 Böhme 1764–1781, *Mysterium Magnum* 1, 2.

23 Böhme 1764–1781, *De Triplici Vita Hominis* 1, 33.

24 There are, however, other images of Wisdom or Sophia in Böhme, which correspond more to the Biblical narrative (Proverbs 8) as they do not portray emergence of Sophia from God but rather state that she was already with the Father before the work of Creation began. Says Böhme: "[…] but [it is] the chaste Virgin of the eternal Wisdom and Understanding, of which I treat often in this Book. Now the Virgin is [present] before God, and she inclines herself to the Spirit from which the Virtue proceeds, out of which she (viz. the chaste Virgin) is, this is now God's Companion to the Honour and

It also allows one to talk about multiplicity, as in the mirror the images of all things appear, thus, Wisdom gestures to a possibility of real difference and Creation. Says Böhme:

> Thus we apprehend the Eternal Abysse without and beyond Nature to be like a Looking Glass, for it is like an Eye, which there seeth, and yet bringeth nothing into the seeing, wherewith it seeth [...]. Thus we are to apprehend and understand concerning the Eternal wisdom of God, which thus resembleth an Eternal Eye without Being or Substance: it is the Abysse and yet seeth all; all hath stood hidden in it from Eternity, whence it hath its seeing [...].[25]

The second mode of differentiation, that leads Unground from hiddenness to manifestation within the Divine, is Trinitarian. Here, movements within the Unground are associated with the persons of the Christian Trinity. The "Father" is designated as the eternal Will of the *Unground* that comprehends itself in the mind, whereas the emanation from the Will and the mind is the Spirit. Böhme writes:

> In this Eternal Generation we are to understand three Things, viz. 1. An Eternal Will. 2. An Eternal Mind of the Will. 3. The Egress from the Will and Mind, which is a Spirit of the Will and Mind. The Will is Father: The Mind is what is conceived of the Will, viz. the Seat or Habitation of the Will, or the Centre to something; and it is the Will's Heart; and the Egress of the Mill and Mind is the Power and Spirit.[26]

Before we move on to discuss Böhme's "Eternal Nature," we should note the concepts we will encounter later in Solovyov's "Lectures." First, as the next section details, Solovyov exhibits a weak echo of Böhme's "Unground": while he never uses the word, he still postulates that God first existed in an undifferentiated state, in which all things were merged. Solovyov, however, fuses this with the notion of the Father, who is also the Will that wants to limit itself and therefore produces the Son as its first expression. Second, Solovyov too has images of Sophia – Divine Wisdom – that speak of her as a repository of all things created. Yet in Solovyov's narrative in the "Lectures," Sophia only appears in the Creation story. She is not a part of binary self-differentiation within the Divine.

2.3 Anxiety in God

With his notion of Eternal Nature, Böhme introduces an aspect of anxiety or agony into his theology. In the process of Trinitarian differentiation, the Will was instrumental, whereas the ground of Eternal Nature lies in desire. Böhme explains: "For the nothing is a craving after something. [...] Since this craving is, however, nothing but a mere Will, it has nothing. There is nothing to give it anything. Nor does it have any place to abide or repose."[27] God in the state of Unground exists as nothing, but desire wants to be separate from the Unground, wants to have its own, individual mode of existence. "For the good or the light is as nothing; but if something come into it, then this something is another than the nothing. For the something dwells in itself in torment; for where there is something, there must be a quality which makes and keeps the something."[28] This existence as "something" is associated with pain, and it stands as a contrary to the previous peaceful existence of God. "The Wrathfulness and

---

Joy of God; the same appears or discovers herself in the eternal Wonders of God. In the Discovery, she becomes longing after the Wonders in the eternal Wifdom, which yet is herself [...]." (Böhme 1764–1781, *De Triplici Vita Hominis* 14, 85–86).

25 Böhme 1661b, *Sex Puncta Theosophica* 1, 9–15.

26 Böhme 1764–1781, *Mysterium Magnum* 1, 3–4.

27 Böhme 2013, *Mysterium Pansophicum* 1, 1.

28 Böhme 1958, *Sex Puncta Mystica* 3, 6.

painful Source is the Root of Joy, and the Joy is the Root of Enmity of the dark Wrathfulness; so that there is a Contrarium, whereby the good is made manifest, and known that it is good."[29] Yet, Eternal Nature is necessary for God's manifestation, if it had not originated, then there would have been no Creation, no further development within the Divine. Böhme argues: "Thus we are also to conceive of God, that he has therefore introduced his Will into a Science or Root to Nature, that his Power in Light and Majesty may be manifested, and that there might be a Kingdom of Joy. For if in the Eternal One no Nature did arise, then All would be still and quiet."[30]

It is important to bear in mind that Eternal Nature and the good, merciful side of God should not be thought as absolute "Manichean" oppositions because they both have their origin within the Unground:

> Understand it thus, in the Separation or Distinction of the Science or Root, where Fire and Light divide themselves; by the Fire understand the Eternal Nature, wherein God says, He is an angry, jealous or zealous God, and consuming Fire. Which is not called the Holy God, but his Zeal or Jealousy, as a consuming Power of whatever the Desire in the Distinction or Separation in the Science or Root comprehends or conceives in itself [...].[31]

This aspect of Böhme's theology,[32] which presents an image of a jealous and angry God, might be called "Marcionite," because it contains an element of danger."[33] As the next section discusses more fully, Solovyov also postulates an anxiety and a desire within God, which needs its other for his manifestation. God is not fully God in Solovyov's "Lectures" until his manifestation into the world. Yet, at the same time, Solovyov's thought completely lacks the threatening "Marcionite" moment of Böhme's Eternal Nature.

2.4 Self-will, Christ and Sophia

For Böhme, the reason for the Fall is the self-will of Lucifer, and then Adam. Self-will's desire is akin to Eternal Nature as it wants its own, independent existence as opposed to following the will of God. Created for adoration of God and participation in his wonders, Adam falls through the temptation of self-will.

> For God hath not created us for ourselves only, but to be instruments of his wonders, by which he desireth to manifest his wonders. The resigned will trusteth God, and expecteth all good from him; but self-will ruleth itself, for it is broken off from God. All that self-will doeth is sinne, and against God; for it is gone out of that order (wherein God created it) into disobedience, and desireth to be its own Lord and Master.[34]

---

29 Böhme 1764–1781, *Mysterium Magnum* 4, 19.

30 Böhme 1764–1781, *De Electione Gratiae* 2, 46–47.

31 Böhme 1764–1781, *De Electione Gratiae* 2, 99–100.

32 Cyril O'Regan, who writes from a modern Catholic perspective, connects Böhme's image of a dangerous and zealous God with the "Zorngott" of Lutheran tradition (O'Regan 2002, p. 40).

33 Marcion was an early Christian writer (ca. 85–160), who taught that the jealous and wrathful God of the Old Testament was a different deity than the true God who sent Jesus Christ. I use the term "Marcionite" in a wider meaning: it designates theological speculation that postulates a moment of threat or danger to the Creation within God. In such a reading, Böhme's Eternal Nature is a "Marcionite" moment.

34 Böhme 1661b, *De Aequanimitate* 1, 33. In the 1831 German edition of Böhme works, the corresponding fragment is *De Aequanimitate* 1, 37. "Self-will" is a translation of what in the original German text is written as "der eigene Wille." Böhme also uses the word "Selbstheit" throughout the text with the same meaning.

The catastrophic Fall introduces sexual differentiation into the previously androgynous nature of Adam. This also brings us to Böhme's Christ, who as the Redeemer of Creation and Restorer of God's image is androgynous.

> Therefore Christ became Man in the Woman's Part, and brought the Man's Part again into the holy Matrix, so that the Limbus and the female Matrix were again one Image, viz. a manly virgin […] with universal Fullness, both in the Formed, and without the Formed [divine Creature or God-man;] for thus was Adam also before his Eve, and so must we also be in Christ, if we would be the Image and Temple of God.[35]

The other aspect of Böhme's Christology interesting to us, is that Christ as the Logos and second Person of the Trinity encompasses both divine Will and divine Wisdom i. e. Sophia. In the next Section we will see Solovyov postulating self-will as the reason for the Fall, albeit for Solovyov it is the self-will of Divine Sophia and not Adam. Solovyov also openly admits that Christ is both Logos and Sophia and is, thus, androgynous.

3 Solovyov's "Lectures on Divine Humanity" and Jacob Böhme

Solovyov liked to call himself "eclectic," and the "Lectures on Divine Humanity" provide a fine example of the idiosyncratic thought of the Russian philosopher. The "Lectures" display influences from Platonism, the Church Fathers, Gnosticism, Kabbalah, Böhme, German Idealism and more. He composed them sometime after his return from England in 1877. In that same year, Solovyov penned a letter to Countess T.A. Tolstaya that reveals his interest in Böhme and his interpreters:

> I have found three specialists on Sophia: Georg Gichtel, Gottfried Arnold, and John Pordage. All three of them have had almost the exact same visions that I had, and this is the most interesting about them since as theosophers all of them are fairly meek, they follow Böhme but are less talented than he was. I think the only reason Sophia busied herself with them was their innocence. As a result, only Böhme, Paracelsus and Swedenborg are real thinkers, so there is a lot of room left in the field for me.[36]

Indeed, even before his "Lectures," Solovyov was apparently interested in Böhme. In an earlier work, his poetic "Prayer to Sophia" – as Henrieke Stahl points out in her analysis of this poem – Solovyov used several tropes that show his knowledge of Böhme and his followers.[37] According to Stahl, Solovyov calls God and/or Sophia by three names in that poem: An-Soph, Jah and Soph-Jah.[38] These names and the way they are misspelt point towards both Jewish mysticism and its reception by Böhme

35 Böhme 1764–1781, *Mysterium Magnum* 19, 17.

36 Stahl 2019, p. 104.

37 As Lucinda Martin points out Böhme's *Der Weg zu Christo* "can be seen as a devotional," where Böhme "depicts 'conversations' between divine Wisdom and the soul of the praying supplicant in which 'Sophia' addresses the supplicant as 'Liebe Seele'" (Martin 2019b, p. 143).

38 For instance, Böhme uses the spelling "Soph-IAH" in *De Testamentis Christi*: "The Soul's Mouth eateth of this holy Substance, whereby the Soul is turned into a Love-fire-burning, for the Love of Christ giveth Ens and Substance to the Soul's Fire; the fiery Life of the Soul taketh this Love Substance into its Essence, and by this Love- burning the Temple of Soph- IAH is again unlocked, viz., the substantial holy powerful Light, the true Spirit which vanished in Adam: As a Light goeth forth out of Fire, so The wisdom through the Soul's-Fire, another Principle, viz. the Property of the Divine Power and Virtue goeth forth; and in that out-going Power and Virtue dwelleth the supernatural unsubstantial God in Trinity: For this is the Divine Principle where God in Man dwelleth, worketh, and willeth, wherein the Divine Light is Understood, which diffuseth itself through the true Man, as Fire through Iron." (Böhme 1764–1781, *De Testamentis Christi* 3, 11)

and Böhmist writers. Moreover, Solovyov mentions the connection of roses with lilies – an alchemist trope that betrays Solovyov's interest in Paracelsus and his subsequent reception by Böhme. Stahl also claims that the structure and narrative of the poem itself are reminiscent of prayers Böhme wrote.[39] Finally, Solovyov's nephew wrote that in the library of the Church Academy in the Sergiev Posad, he once found a book by Böhme, namely, *Christosophia* (that is, *Weg zu Christo*) containing marginalia in handwriting that he believed to be Solovyov's.[40]

As we will see, Solovyov's interest in Böhme left traces in his "Lectures on Divine Humanity." Solovyov delivered the "Lectures" in 1878 in Moscow, and the continuous publication of them followed 1878–81 in the journal *Orthodox Review*. The "Lectures" can be understood as an inquiry into how history is possible and what account of metaphysics could explain historical processes and offer guidance for the future.

The "Lectures" start with a commentary on controversial subjects of Solovyov's era, namely, positivist philosophy and socialist movements. Solovyov acknowledges their relative truth, but judges them as coming from false philosophical or theological presuppositions, making them, hence, incomplete. To offer a "complete worldview" (this phrase was coined later by Sergei Bulgakov, yet it is a fine description of Solovyov's project as well), Solovyov argues that one needs to rely on the idea of God and his distinct relationship to Creation. The history of the world, according to Solovyov, can then be described as an ongoing reconciliation between God and fallen Creation. Solovyov proceeds with an overview of ancient religions, insisting that the theology of the ancient world culminates in Christian revelation, in which the world and God unite in the concrete figure of Christ. Against this background, in the middle lectures Solovyov offers his version of what he considers to be Christian metaphysics as he discusses the Trinity and God's relationship to created entities. He elaborates on the Creation of the world, the relationship between Sophia and the Logos, and offers his version of Christology. These lectures reveal many influences, including those of presumably Böhmian origin, especially, when Solovyov talks about the Trinity's inner life, Sophia and the Logos. In the concluding lectures, Solovyov delivers an ecclesiological doctrine and talks about a messianic and apocalyptic future. One should also mention that the published version of the lectures available to us now differs from the lectures Solovyov delivered in 1878. For the "Lectures" to be published, the manuscripts had to go through censorship, so Solovyov reportedly reduced the "heterodox," gnostic and "theosophic" references and allusions that penetrate his work.[41]

One can argue that the core point of the "Lectures" is to explain the relationship between God, Creation and history.[42] In this regard, Solovyov's metaphysics has a narrative touch and describes the stages of God's theogonic self-realization, followed by his kenotic self-expression into the created world, the prehistorical Fall of Creation into the state of materiality and, finally, the promise or prophecy of the last restoration of Creation within the Creator yet to come. Before the beginning of Creation, God is defined, according to Solovyov, as "all that exists in the positive sense, or, in other words, the

39 Stahl 2019, pp. 103–117.
40 Solovyov 1997, p. 90.
41 Burmistrov writes that "the published text of the lectures differs significantly from what Solovyov was talking about." Still, people who were present during Solovyov's presentations, Butmistrov continues, left comments and remarks regarding their content, which reveal that Solovyov's listeners clearly saw his mystical and unorthodox inspirations. For instance, Nikolay Strakhov, who was present at one of Solovyov's lectures, wrote to Tolstoy that Solovyov argued "fiercely against the dogma of eternal damnation. Surely, he was ready to preach many other heresies, but obviously did not dare to, and chose this dogma in order to have his say clearly. [...] Here, Kabbalah, Gnosticism and mysticism each contributed a share into Solovyov's thought." (Burmistrov 1998, p. 44)
42 This corresponds largely to Sholem's definition of "theosophy" (Sholem 1954, pp. 12–14).

unity of everything makes the content of God, his objective essence."[43] This means that, at the dawn of time, all things existed in God, yet their existence was without difference "everything is submerged in and absorbed by Him as in its common source [...] [everything] does not differ in actuality, and only exists in possibility, in potentiality."[44] Solovyov calls this entity "God the Substance," and he connects it to the Father of the Christian Trinity. Solovyov does not use the Greek word *kénosis*. Rather, he speaks in terms of "limitation." While God the Father exceeds any limitation, He can still restrict or limit himself for the sake of self-expression. So, in an act of self-limitation, the Father produces his Word, Logos, which both expresses and restricts the nature of the Father. The Word or Logos is, of course, associated with the Second Person of the Trinity. Finally, when God the Father sees Himself in his Word, the third Person of the Trinity, the Holy Ghost, appears in this act of perception.

What Solovyov describes here is sometimes referred to as the "immanent Trinity," and such a Trinitarian ontology is hardly new. Solovyov himself admits this and mentions the Church Fathers, Neoplatonism and Philo of Alexandria among his various inspirations. What requires our attention here is one specific remark Solovyov makes, which brings the whole construct closer to Böhme. Solovyov writes: "As absolute and unconditional God cannot content Himself with having everything within itself [...] He has to have it not only within but also for Himself and by Himself. Without such fulness of existence God cannot be complete or absolute, that is, he cannot be God."[45] Solovyov underscores the processual character of the triune God, and he admits that this process needs a form of completion so that God could be God. The Godhead is, therefore, neither residing in the state of *ataraxy* and self sufficiency nor does it apparently create out of its perfect fullness or out of love for Creation. Rather, God, for Solovyov, needs self-expression, and this need means that the created world is a necessary opposition to God, which the Divine needs for its manifestation. In Solovyov, God creates through kenotic movements, which are, however, needed for God's own self-becoming. Solovyov does not use words like "anxiety" or "agony" here, let alone the baroque or alchemical imaginings of Böhme. Yet this remark transforms what up to now seemed to be Solovyov's Christian Platonism into a far more nuanced and Böhme-influenced construction: God is a lasting process driven by its own inner need to express itself and for this he needs what might be called non-God. In Böhme's language that would be "Eternal Nature," in Solovyov's non-God would be "Creation."

A bit later in the lectures, Solovyov introduces what seems to be an idea held by Böhme as well. Solovyov says that the first mode of existence, that is essentially the Father, is Will. Accordingly, this Will is the will to existence. The Father posits the essences of things before himself and, one can argue, longs for existence within them. Solovyov writes: "God the existent wants his essences or his content, imagines it, feels it – hence his being, which is nothing other than relation to the essence and is defined as will."[46] While Solovyov says "will," this vivid description makes the word "desire" more suitable. In my reading, Solovyov claims that there is a lack in God, there is something that the Divine desires to possess, yet he does not have it. This lack is one of being. One can compare Solovyov's quotation with a short passage from Böhme's *Six Theosophical Points*: "For we understand, that every Will, without the awakening of the fiery Essences,[47] is an Inability, as it were inanimate or Mute

---

43 Solovyov 2006, p. 116.
44 Solovyov 2006, p. 116.
45 Solovyov 2006, p. 130.
46 Solovyov 2006, p. 143.
47 Cyril O'Regan notes that, for Böhme, essence (*Wesen*) "implies life and energy". Böhme emphasizes that "essence is not a helpful category when applied to this incipient stage of divine manifestation. An important passage in *Mysterium Magnum* expresses this paradoxically by saying that the threefold spirit ('dieser dreifache Geist') is one essence and thus no essence (*kein Wesen ist*) (*MM* 1. 5; also *MM* 1, 6: *SPT* 1.1, 29). What Böhme is saying is that [...] this trinitarian dynamic

without Life, wherein is no feeling, understanding or substantiality."[48] So, according to Böhme, God needs Creation to avoid its primordial state of "Mute being."[49]

Let us return to the weak echo of Böhme's "Unground" in Solovyov's thought. Solovyov does not use this word, yet he is interested in divine life before God's self-differentiation, and he too postulates the primordial life of God as a state of total indifference to things within God. Solovyov, however, blends this state with what he calls Father, that is divine Will, but also weakens the Böhmist echo even further as he calls God Father "the Substance." Still, for Solovyov and for Böhme, divine Will, originating within the primordial abyss, brings about the process of self-differentiation. Yet, the movement in Solovyov is different as he uses the language of "limit": the first thing the divine Will does is limit itself, whereas Böhme speaks of "Egress"[50] and "Apprehension"[51] of the Will in the Son, i. e. the first Trinitarian movement is emanation. One should also note the absence of Sophia in Solovyov's narrative so far: she is not a part of divine immanent self-differentiation and self-reflection. The more visible trope of Böhme in Solovyov's narrative is, arguably, the anxiety within God, who is driven by desire for self-expression, and who needs his other, non-God, for manifestation. As we will see further in Solovyov's narrative, he is even ready to postulate that evil originates within God. Yet again, the resemblance is weakened as Solovyov does not have a notion comparable to Böhme's Eternal Nature and, moreover, Solovyov does not have any moment of divine wrath and jealousy in his narrative, which renders him different from a more "Marcionite" Böhme.

Let us now continue with Solovyov's Creation narrative in the "Lectures." The Creation story is the point where Böhme and Solovyov contradict each other (although there are still certain similarities between the two). For Böhme the Creation is driven by the dialectical and agonistic relationship between the Eternal Nature and God, which need each other to produce finite Creation. In contrast to Böhme, Solovyov's Creation story does not know such dialectics or agony as it pursues the more straightforward logic of Neoplatonic emanation. Solovyov's Creation is also marked by borrowing certain elements from Schelling's "middle" Platonic period: namely, the notion of *Abfall*, which is important as it prepares and informs Solovyov's Sophiology in the "Lectures." After finishing his description of the "immanent Trinity," Solovyov proceeds to explain the origin of Creation. It is important to keep in mind that Solovyov's original plan in the mid-1870s, before composing the "Lectures," was to write a monograph on ancient Gnosticism. This intent is evident in the "Lectures" as a whole, as well as in the section on Creation. Furthermore, as we will see, Solovyov also employs Schelling's notion of *Abfall*, according to which finite Creation originated by being split up from the ideal absolute in a catastrophic event that led to the state of material, finite existence. Schelling developed this notion in *Bruno* and later in *Philosophy and Religion*.[52] The original Creation, as articulated in the "Lectures," happens completely within the ideal realm, where there is no physicality or material-

---

does not constitute an essence in that this dynamic does not bring about a determinate divine life. Simply put, the threefold life is not the God that creates and preserves, judges and forgives, suffers and redeems. The God of trinitarian process is still disengaged, while yet laying down conditions of engagement" (O'Regan 2002, p. 35).

48 Böhme 1661b, *Sex Puncta Theosophica* 1, 4.

49 Böhme 1661b, *Sex Puncta Theosophica* 1, 5.

50 The German word Böhme uses is "Ausgang." Böhme 1764–1781, *Mysterium Magnum* 1, 3–4.

51 "For what is termed in the Beginning, is here called the Eternal Beginning the Will of the Abyss to a Ground or Foundation, that is, to the divine Apprehension, wherein the Will comprises or frames itself in a Center to a Ground or Foundation, viz. to the Being of God, and brings itself into Power, and goes forth from the Power into Spirit, and in the Spirit models itself into Perceptibility of the Powers. [...] This comprises itself into Power, which is called God the Son" (Böhme 1764–1781, *De Electione Gratiae* 2, 25–30). The original German behind "Apprehension" is "Fassung." In the German edition the corresponding fragment is *De Electione Gratiae* 2, 8–9.

52 Schelling 2010, p. 26.

ity involved in Creation. On the contrary, God – after his differentiation into Substance, Logos and Spirit – starts positing before himself platonic forms or essences. Solovyov does not use the stoic or gnostic word *aeon* but calls these forms "spheres."[53] He further insists that there are three types of spheres (of will, of intellect and of soul), which compose three lines of ideal creation. As they are, the spheres have the same faculties as God has, albeit to a much lesser degree. They have free will and consciousness, and they interconnect with each other, creating lesser new spheres, i. e. the emanated entities continue to emanate and produce new spheres. In a way, the world of spheres resembles Böhme's paradise – the angelic realm, where created entities form a community that adores God.[54] In this case, this is the realm where God is united with ideal Creation, yet separate enough so that God could know Creation. At this point in his explication, Solovyov discusses why God and Creation are not identical. Here, the influence of Kabbalah is clear in Solovyov, and he might be read as arguing that each individual sphere expresses in its individuality a certain quality of God, whereas both the full pleroma of God's inner life and all spheres are the true content of God. In such a reading, the spheres are close to the kabbalistic *Sephirot* as they present God in Creation as his revealed qualities. However, God is never the created spheres themselves, i. e. the world, since they are, after all, only expressed parts of his all-encompassing nature.

At this point in the "Lectures," Solovyov introduces Divine Sophia, an idea often thought central to both Solovyov and the Russian religious renaissance. One should note, however, that Solovyov's Sophiology developed over the years,[55] and the place Sophia holds in the "Lectures" is rather modest. She is not central to his project here, and she displays many gnostic features. Still, this is the point in the "Lectures" where Solovyov openly references "Christian theosophy," i. e. Böhme. He quotes Böhme by calling Sophia the "body of God." For Böhme Sophia is God's mechanism for Creation, and her unfolding is nature and constitutes the "body of God." Böhme writes:

> Everything is in itself a senseless, and as a dead Thing or Being; it is only a Manifestation of the Spirit, which is in the Body: The Spirit is signed with the Body; whatever the Spirit is in itself in an incomprehensible [imperceptible] Operation, the same is the Body in the comprehensible and visible Working. There is one Form of the seven Forms of Nature superior and chief [...] so they sign the Body of every Thing and Creature in its Generation [or kind]: This is the Manifestation of the divine Wisdom in the expressed Word of Love and Anger.[56]

In fact, Solovyov's understanding of Sophia is here similar to Böhme's as he also assigns Sophia an instrumental role in the process of finite Creation, and sees her as embodiment of the created world, yet for Solovyov this first Creation is not material. In Solovyov's immanent Trinity it is the Logos that embodies the expression of God's Substance or content, whereas, in the relationship between self-realized God and the created world, Sophia is the "expressed, realized idea." Solovyov writes, introducing Sophia:

---

53 The word "sphere" might be a reference to Böhme's Creation narrative, but their function in Solovyov is quite different from the spheres of Böhme, and reminds one rather of the gnostic aeons.

54 One can call the world of the spheres in Solovyov the realm of unity-in-multiplicity, following Cyril O'Regan's interpretation of Böhme (O'Regan 2002, p. 42).

55 Henrieke Stahl outlines three understandings of Sophia that Solovyov held throughout his life (Stahl 2019, pp. 200–239). In her study, Wendy Helleman reads Solovyov's Sophia as Dante's Beatrice (Helleman 2011).

56 Solovyov 2006, pp. 157–158; Böhme 1764–1781, *De Signatura Rerum* 13,1.

> [...] in Christian theosophy the produced unity is called Sophia. If in the unconditionally existing absolute we do not differentiate it from its content, essence or form, then we find the direct expression of the first [i. e. content] in Logos, and the expression of idea in Sophia, which is then an expressed, realized idea.[57]

In other words, in God as "Substance" there is no difference between essences, content or form, everything exists there undifferentiated. But in the inner Trinity, it is the Logos that expresses and limits Substance. In the relationship between Creation and the triune God, it is Sophia who is the expression of God into the realm of finite Creation. She is akin to Christ, as the following quote by Solovyov demonstrates:

> And as a being, while different from its form or idea, she is, at the same time, in unity with it. In the same way, the Logos, while different from Sophia, is still internally connected to her. Sophia is the body of God, the matter of Divinity, penetrated by the ground of divine unity. It is Christ who realizes and carries in himself this union and he – as a complete divine organism, individual and universal at the same time – is both Logos and Sophia.[58]

This identification of Christ with Sophia, which essentially makes Christ androgynous, has strong parallels in Böhme,[59] as well as with the Gnostic tradition, where Sophia is sometimes portrayed as a syzygy of Christ. However, Solovyov explicitly refers to "Christian theosophy" in these passages, and he calls Sophia "body of God" ("Gottes Leib" in Böhme's parlance). Moreover, such conception of androgynous unity between Logos and Sophia within the personality of Christ was a belief held among many Böhmist enthusiasts at the turn of the eighteenth century. Gottfried Arnold, Georg Gichtel and Anne Magdalena Francke were among those who supported this view. As Lucinda Martin points out "[...] this is how the Angelic Brethren understood the traditional idea of the *Nachfolge Christi*. They believed that Christ and Sophia constituted one and the same (androgynous) spirit. By progressing toward the goal of sexlessness, the *Engelsbrüder* thought they were helping to usher in Christ's reign."[60] Thus the androgynous Christ in Solovyov's "Lectures" comes from Böhme or his followers more than from other sources. When Solovyov portrays Sophia as God's material presence in the created world, as an entity that "grasps" the Son or Spirit and, thus, allows their expression into the created realm, this is also a creative misreading of Böhme's teaching. Solovyov's Sophia is necessary for the Creation of the finite world, for the expression and realization of ideas, but not for the initial self-reflection within the Divinity as in Böhme.[61] Böhme's imagery has inspired Solovyov as well. For instance, this quote from Böhme presents Sophia as the revelation of God's secrets, as his "garment" and the "ornament of the divine world":

> And that is called the Virgin-like Wisdom: For it is not Genetrix, also it self opens nothing; only the Holy Spirit is the opening of its Wonders. It is his Garment and faire beauteous Ornament, and hath in it, the Wonders, Colours, and Vertues of the divine World; and is the house of the Holy Trinity, and the Ornament of the Divine and Angelicall Worlds.[62]

---

57 Solovoyv 2006, p. 157.
58 Solovyov 2006, p. 158.
59 Böhme 1764–1781, *Mysterium Magnum* 19, 17.
60 Martin 2020, p. 236.
61 Böhme 1661b, *Sex Puncta Theosophica* 1, 9–15.
62 Böhme 1661b, *Sex Puncta Theosophica* 1, 83–84.

Sophia is the feminine aspect of the Godhead, that in which divine secrets – or as Solovyov says "content," or "ideas" – are revealed. But Solovyov reads Sophia as instrumental for finite Creation, which is the last moment of God's self-differentiation ["expressed, realized idea" i. e. real otherness], whereas for Böhme she is a part of the "divine world," where she is also instrumental for the self-realization of God in the mirror metaphor:

> And we understand here, the Eternal Being or Substance of the Deity, with the Abyssal Wisdom: for, the Eternal will which catchet or compriseth the Eye; viz: the Looking-Glass wherein the Eternal Seeing standeth, viz: the Wisdom; is the Father. And the Eternal Comprised or catched, in the Wisdom; where the Catching or Comprising, in it self compriseth a Ground or Center, out of the Abysse into a Ground, is the Form or Heart; for it is the Word of Life, or its Substantiality, wherein the Will with the Glance or Reflexion appeareth.[63]

In his Sophiology, Solovyov both follows and misreads Böhme, while also using language and images that are his own, rather than Böhmist. He speaks of "ideas" (i. e. platonic forms), and "content" – an indication that he interprets the figure of Sophia in Platonic terms.

To complete his Creation narrative, Solovyov needs to address the origin of evil. He does not shy away from repeatedly calling the finite, phenomenal world "abnormal" or insufficient. The evil of this world, says Solovyov, is that everything exists in an alienated state, with all things separated from each other and from God. This sheer existence in finitude and materiality provokes and determines the egoistical self-will in creatures. Solovyov concludes that, since such phenomenal existence already presupposes evil, the root of evil must lie in the infinite realm, in the "Garden of God."[64] As God encompasses everything, the possibility or root of evil lies within him as well. God, according to Solovyov, never uses his good will to bring evil into existence, but creatures might defy his will and actualize evil. God and creatures share the same ground of freedom. In other words, God cannot undo the freedom of individual souls, as they have it from the same ground he does. As before, Solovyov does not use the notion of "Unground," but his argument here rather presupposes it. Moreover, his insistence that the origin of evil lies within God is essentially in tune with Böhme's teaching about an Eternal Nature, which proceeds from the desire within the Unground, and which serves as opposition to God against which he can manifest goodness and joy.[65] Yet Solovyov's reading of Böhme here is very simplified: he glosses over the fact that he has just postulated evil within God. Solovyov wants to resolve this with the notion of what Böhme called self-will ("der eigene Wille"/"Selbstheit"). He says that there is only the Will of the Father and it is up to the creatures to either accept or reject it. In this regard, the only possible sin is to defy God's will.[66]

In Böhme's teaching, it was Lucifer and then the human being who were seduced by the temptation of self-will, which "is gone out of that Order wherein He created it, into Disobedience, and

63 Böhme 1661b, *Sex Puncta Theosophica* 1, 22–23.

64 Solovyov 2006, p. 158.

65 Böhme 1764–1781, *De Electione Gratiae* 2, 46–47, 99–100.

66 Interestingly, this simplified reading of Böhme reveals that Solovyov is not an antinomian thinker. Unlike many Christian and Jewish sectarian movements, to which Solovyov was nonetheless sympathetic, he cannot admit that sin is "the path to repentance." In Solovyov's view, the will of God remains the foundation of law, and the creatures are expected to accept it, as it is good will and, therefore, good law. I argue here against Alexander Etkind's brilliant essay on Solovyov in his *Hlysty* that the affinities between sectarian movements and Solovyov remain rather superficial. While the doctrines might sometimes sound similar, such a vital point as the antinomian stance of many sects, and Solovyov's adherence to God's will as law for Creation, really set them apart from each other. Moreover, it sets Solovyov apart from the Russian Silver Age, which, as was splendidly shown by Etkind, was really antinomian in theory and practice and, thus, had a much closer relationship with Russian sects.

desireth to be its own Lord and Master."[67] However, Solovyov applies this trope to Sophia instead of Adam. It was she who was seduced by self-will and who committed the Fall. She defies the will of God and wants to exist on her own and create on her own. She wants herself more than she wants God's will. Yet, Solovyov's narrative here quickly turns into a gnostic myth: Just as in many of the gnostic narratives, Sophia's Fall causes the cosmic catastrophe, and the finite world comes into being as the result. At first, Solovyov says, this fallen world is the "chaos of various elements." Alienated from God, Sophia cannot create properly. This is, of course, another gnostic motif in Solovyov: the Creation that Sophia puts forward on her own is damaged, insufficient. What follows might also be identified as a trope from Kabbalah. Solovyov adds that, to save Sophia and Creation, Logos or the Son plunges into the world that split away from the ideal realm. Sophia and Logos enter into an erotic union in which they produce the world as we know it: the world that gradually moves towards reunification with the Absolute. Surprisingly, the monastically shy Solovyov describes the relationship between Sophia and Logos in purely sexual terms:

> In this way, the incarnation of the divine idea, which is the goal of all world process, is determined by the union of God's ground with the world soul. The first is an active, determining, creative or impregnating element, whereas the world soul is a passive force that receives the ideal ground and adds matter to the perceived for its development, or shell for its complete disclosure.[68]

The divine ground or Logos is the masculine element, whereas the Divine Sophia/world soul is a feminine one. Their relationship can be seen as erotic because Logos and Sophia are attracted to each other by what they lack in themselves. There is no unconditional giving, but rather, Logos lacks the ability to "realize his idea in the alienated elements of material being [...] whereas the world soul cannot directly unite these elements."[69] This nearly sexual imagery in the "Lectures" will not be found in Böhme's writings, even though Böhme postulates a union between Logos and Sophia. It is, however, common in Kabbalah to describe the *Shekhinah* as a divine concubine and her relationship with God in more explicitly sexual terms.[70]

We have seen that Solovyov's Sophia appears in the "Lectures" as an amalgam of many influences. Solovyov draws on Böhme when he calls Sophia the "body of God" and underscores her instrumental role for Creation. Again, Solovyov follows Böhme and other Böhmists when he imagines Sophia and the Logos as constituent parts of an androgynous Christ. A kabbalistic influence can be spotted in the openly sexual relationship that the Logos and Sophia have in Solovyov's narrative. Finally, the motifs of Sophia's catastrophic Fall as well as insufficiency and the "abnormality" of her creation efforts point towards Solovyov's interest in Gnostic mythology.

4 Conclusion

To conclude, one could ask: Can Solovyov be considered a Böhmist? To answer in the spirit of Jacob Böhme, one should probably say, "Both yes and no." Yes, because the inspiration and influence that

67 Böhme 1661b, *De Aequanimitate* 2, 18.
68 Solovyov 2006, p. 200.
69 Solovyov 2006, p. 201.
70 I refer to the chapters, "God's wife and concubine: Paths of National Myth" and "Contemplating a Female: From Platonic Eros to Jewish Mysticism" in Moshe Idel's *Kabbalah and Eros* (Idel 2005).

Böhme exercised on the young Solovyov in the "Lectures" is obvious: Solovyov postulates an androgynous Christ and references Böhme's notion of Sophia; Solovyov, like Böhme, develops a notion of self-will and its desire for individual, alienated existence, and he even postulates the origin of evil as lying within God, akin to Böhme's "Eternal Nature." Solovyov's narrative retains a distant echo of Böhme's "Unground," and the way Solovyov's God needs its other, Creation, to complete his manifestation is reminiscent of the agonistic differentiation within God, which Eternal Nature brings into Böhme's theology. Yet, Solovyov is not a Böhmist, as these tropes from Böhme in Solovyov are always heavily distorted and enmeshed with other ideas. Solovyov's Sophia is a Böhmist repository of things to come, or as Solovyov says, of "ideas," but she does not participate in the divine binary differentiation. Moreover, although in Solovyov's narrative she, instead of Adam, becomes the subject of the Böhmian self-will, her story drifts quickly into a gnostic myth of Fall, and then into a kabbalastic narrative of a divine concubine. While Solovyov postulates the origin of evil within a primordial sphere, he is not developing any kind of dialectic: Solovyov cannot repeat after Böhme that, "The Wrathfulness and painful Source is the Root of Joy, and the Joy is the Root of Enmity of the dark Wrathfulness."[71] Moreover, Solovyov remains free from the images of a wrathful, jealous God. In this sense, Solovyov does not belong to the "Marcionite" heritage in which Böhme partakes. Although Solovyov keeps remnants of Böhme's "Unground," he immediately blends the primordial state of total indifference with the notions of Father as Will and Father as Substance, which is a departure from Böhme's own usage of "Unground." And finally, for Solovyov, the first step of divine self-differentiation is self-limitation, whereas Böhme speaks of "Egress" ("Ausgang") and "Apprehension" ("Fassung"). Finally, although I argue that there is an element of Böhmist anxiety within Solovyov's God, the place of such a trope in Solovyov's narrative is confusing, since the real difference in Solovyov's "Lectures" is created through the voluntaristic Fall of Sophia, and not through an agonistic differentiation between Eternal Nature and God as in Böhme. In the end, one can conclude, Solovyov reads and creatively misreads Böhme in his "Lectures," sometimes very freely simplifying some of the daring and original ideas of the shoemaker from Görlitz in order to make them fit better with the Russian thinker's own eclectic narrative.

71 Böhme 1764–1781, *Mysterium Magnum* 4, 17.

II The Netherlands

Viktoria Franke

An "Impartial" Promoter of Truth: Friedrich Breckling and his Strategies in the Dissemination of the Writings of Jacob Böhme

Abstract: The most important contribution of Friedrich Breckling (1629–1711) to the dissemination of Böhme's thought was the polemical tract "Anticalovius" (1688). It was a reaction to "Anti-Böhmius" (1684), written by the orthodox Lutheran theology professor Abraham Calov (1612–1682) who characterized Breckling and other sympathizers of Böhme as dangerous religious enthusiasts. In "Anticalovius," Breckling presents himself as an "impartial" defender of Böhme. He strives to give a nuanced opinion of Böhme, because he hopes to pull his readers, especially traditional churchgoers, into Böhme's camp. Breckling decided to pen a reply to Calov, when he realized that Calov's rejection of Böhme had actually increased the public's curiosity. He urges readers to make up their own mind about Böhme's ideas, even as he acknowledges certain flaws, which he says are excusable in the context of their time and Böhme's biography. He argues that, these errors aside, there is great wisdom in Böhme's writings. Breckling admires Böhme for his rejection of scholasticism and his appreciation of nature. He saw in Böhme a forerunner of a brighter, more peaceful future for humanity. In yet another tract, "Paulus Redivivus" (1688), Breckling praises Böhme for his writings about the conversion of "Jews, heathens and Turks," which were aimed at opening Christendom to people from all over the world.

1 Introduction

Friedrich Breckling played a key role among early Böhme supporters in seventeenth-century Amsterdam, the gathering place for a whole community of religious nonconformists and free thinkers, including many religious refugees from German-speaking countries.[1] Breckling included many of these figures in the "Catalogus Testium Veritatis," a version of which was ultimately published in Gottfried Arnold's *Kirchen- und Ketzerhistorie* (1700) – a kind of *Who's Who* of Böhme adherents in the Dutch Republic, the German lands, England and even Denmark.[2] Yet, Breckling never intended the "Catalog" as a non-judgmental account of religious nonconformism, but wanted to collect those he considered to be "true witnesses of truth."[3] Strikingly, Böhme-publisher Johann Georg Gichtel (1638–1710) is totally absent from the catalog, which reflects the difficult professional relationship between Breckling and Gichtel.[4] Breckling's writings indicate that he appears to have been occupied with the

1 This is made clear by the numerous references by Carlos Gilly and others in *Jacob Böhmes Weg in die Welt* (Harmsen 2007). On Breckling's nonconformist network and as a dissenter in the Dutch Republic, see Naschert 2011 and Steiger 2005.

2 Breckling's "Catalogus testium vertiatis" was a register of so-called "witnesses of truth" after Luther in the tradition of Matthias Flacius' register of witnesses of truth up to Luther (Naschert 2011, pp. 12–13). The catalogue in Gotha, Chart A 306, 111–237, probably served as the basis for the "Catalogus testium veritatis," published in Arnold (Zaepernick 1965–1968, p. 23). Compared to the document in the Gotha archive, the published "Catalogus" was shortened and the order of the biographies was altered, but no substantial changes were made to the content.

3 Breckling 1700, nos. 74, 75, 80, 142, 156, 157, 158, 159, 160, 163.

4 On Gichtel as a publisher of Böhme, see Janssen 2007, pp. 251–254.

https://doi.org/10.1515/9783110720525-015

thought and writings of Böhme from about 1682 onwards, but due to lack of extant correspondence from the 1670s and 1680s, little is known about his contacts and activities amongst proponents of Böhme in these decades.[5]

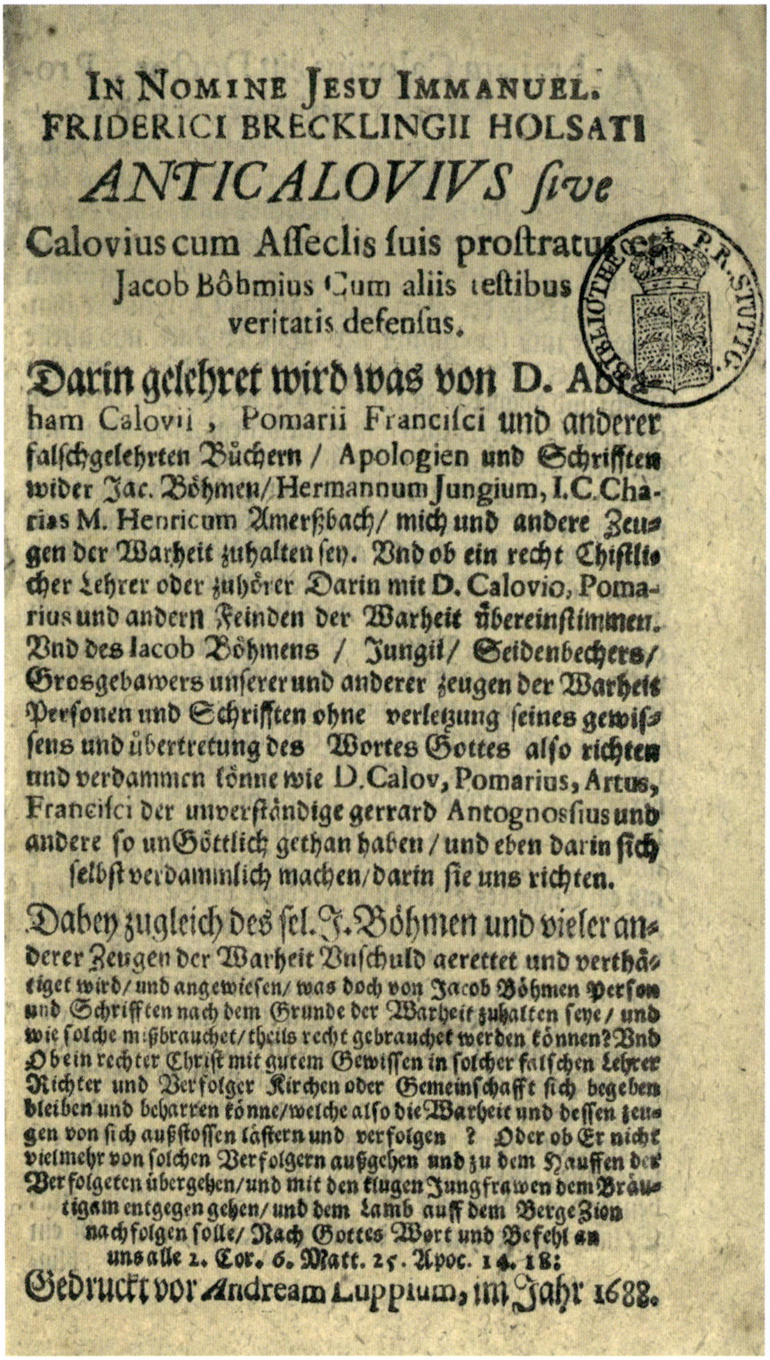
In Nomine Jesu Immanuel.
Friderici Brecklingii Holsati
Anticalovius sive
Calovius cum Asseclis suis prostratus et
Jacob Böhmius Cum aliis testibus
veritatis defensus.
Darin gelehret wird was von D. Abraham Calovii, Pomarii Francisci und anderer falschgelehrten Büchern / Apologien und Schrifften wider Jac. Böhmen/Hermannum Jungium, I.C.Charias M. Henricum Amerßbach/ mich und andere Zeugen der Warheit zuhalten sey. Und ob ein recht Christlicher Lehrer oder zuhörer Darin mit D. Calovio, Pomarius und andern Feinden der Warheit übereinstimmen. Und des Jacob Böhmens / Jungii/ Seidenbechers/ Grosgebawers unserer und anderer zeugen der Warheit Personen und Schrifften ohne verletzung seines gewissens und übertretung des Wortes Gottes also richten und verdammen könne wie D.Calov, Pomarius, Artus, Francisci der unverständige gerrard Antognossius und andere so unGöttlich gethan haben / und eben darin sich selbst verdamnlich machen/darin sie uns richten.
Dabey zugleich des sel. J. Böhmen und vieler anderer Zeugen der Warheit Unschuld gerettet und verthätiget wird/ und angewiesen/ was doch von Jacob Böhmen Person und Schrifften nach dem Grunde der Warheit zuhalten seye/ und wie solche mißbrauchet/theils recht gebrauchet werden können? Und Ob ein rechter Christ mit gutem Gewissen in solcher falschen Lehrer Richter und Verfolger Kirchen oder Gemeinschafft sich begeben bleiben und beharren könne/welche also die Warheit und dessen zeugen von sich außstossen lästern und verfolgen ? Oder ob Er nicht vielmehr von solchen Verfolgern außgehen und zu dem Hauffen der Verfolgeten übergehen/und mit den klugen Jungfrawen dem Bräutigam entgegen gehen/ und dem Lamb auff dem Berge Zion nachfolgen solle/ Nach Gottes Wort und Befehl an uns alle 2. Cor. 6. Matt. 25. Apoc. 14. 18:
Gedruckt vor Andream Luppium, im Jahr 1688.

Fig. 1: Friedrich Breckling, title page in: *Anticalovius sive Calovius cum Asseclis suis prostratus Jacob Bôhmius cum aliis testibus veritatis desensus*, Halle (Saale) 1688, Württembergische Landesbibliothek Stuttgart, Theol. oct.2170

5 Breckling 1682b, p. 16.

Fig. 2: Jakob von Sandrart, Portrait of Abraham Calov, Fontispiece in ibid.: *Biblia Testam. Veteris Illustrata*, Frankfurt a.M., 1672

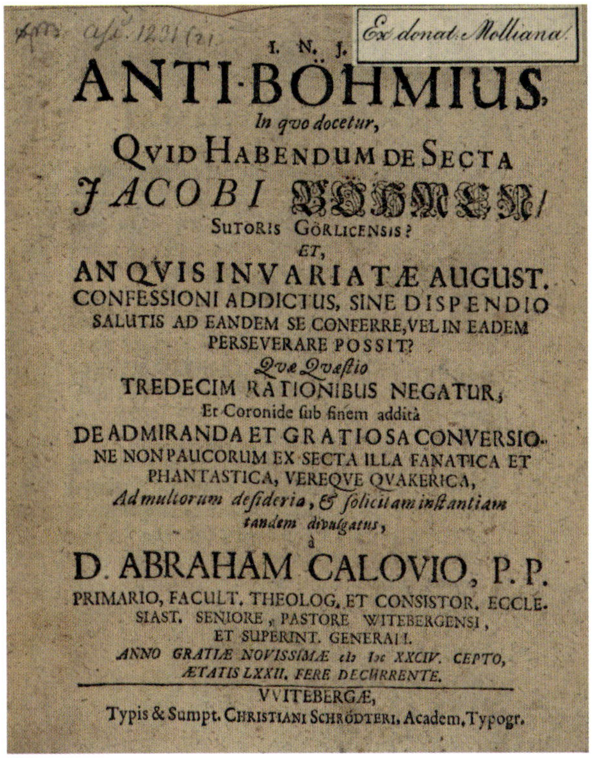

Ex donat. Molliana

I. N. J.

ANTI-BÖHMIUS,
In quo docetur,
QVID HABENDUM DE SECTA
JACOBI Böhmen/
SUTORIS GÖRLICENSIS?
ET,
AN QVIS INVARIATÆ AUGUST.
CONFESSIONI ADDICTUS, SINE DISPENDIO
SALUTIS AD EANDEM SE CONFERRE, VEL IN EADEM
PERSEVERARE POSSIT?
Quæ Quæstio
TREDECIM RATIONIBUS NEGATUR;
Et Coronide sub finem additâ
DE ADMIRANDA ET GRATIOSA CONVERSIO-
NE NON PAUCORUM EX SECTA ILLA FANATICA ET
PHANTASTICA, VEREQVE QVAKERICA,
Ad multorum desideria, & solicitam instantiam
tandem divulgatus,
à
D. ABRAHAM CALOVIO, P. P.
PRIMARIO, FACULT. THEOLOG. ET CONSISTOR. ECCLE-
SIAST. SENIORE, PASTORE WITEBERGENSI,
ET SUPERINT. GENERALI.
ANNO GRATIÆ NOVISSIMÆ clↃ IↃc XXCIV. CEPTO,
ÆTATIS LXXII. FERE DECURRENTE.
VVITEBERGÆ,
Typis & Sumpt. CHRISTIANI SCHRÖDTERI, Academ. Typogr.

Fig. 3: Abraham Calov, title page in: *Anti-Böhmius in quo docetur, quid habendum de Secta Jacobi Boehmen* [...], Wittenberg 1684, Bayerische Staatsbibliothek München, Res/4 Asc. 1231,21

The polemical tract *Anticalovius* (1688) was Breckling's most important contribution to the dissemination of Böhme (Fig. 1). In the work, Breckling defended Böhme and other "witnesses to truth" against an attack put forward by the professor of theology in Wittenberg and important defender of Lutheran orthodoxy Abraham Calov (1612–1686, Fig. 2 and 3).

Calov's *Anti-Böhmius* had been published four years earlier in 1684. Calov had attacked Breckling and other followers of Böhme, accusing them of publishing Quakerish and fantastical writings.[6] Breckling reacted to this offensive by publishing *Anticalovius* to defend Böhme and other "witnesses to truth." Beyond defending Böhme and other reformers, the tract also provides crucial information about the networks of religious nonconformists in Amsterdam in the second half of the seventeenth century, and positions Breckling within the circles of Böhme supporters.

In this chapter, I will first address the genesis of *Anticalovius* and the nature of the relationship between Breckling and Gichtel. Secondly, I will explore the specific goal Breckling pursued with the publication of *Anticalovius* and examine the defense strategies he employed and the dilemmas he encountered. Finally, although Breckling's discussion of Böhme's content is sparse, I will briefly consider his interpretation of Böhme.

6 Calov 1684, fol. B1v–B3v.

2 The Genesis of *Anticalovius*

Anticalovius was published in 1688, but the manuscript must have been completed largely before 25 February 1686, the day Abraham Calov died. Breckling writes in *Anticalovius* that he initially decided not to publish the work, because he did not want to fight the dead. He changed his mind in 1687, after he read a theological disputation by Jacob Hieronymus Lochner (1649–1700), in which Lochner defended Calov's opinion about Böhme and other nonconformists.[7] Since Calov's influence continued after his death through his writings, Breckling thought it wise to publish his reply to Calov's *Anti-Böhmius* after all.[8]

To make sense of the genesis of *Anticalovius*, the original context should be considered from which Breckling's defense of Böhme resulted. Breckling's relationship with the circle of Böhme supporters in Amsterdam needs to be examined carefully, especially his relationship with Gichtel. By the mid-1680s, Breckling and Gichtel could already look back on a long history of thorough mutual dislike. Their relationship began as early as 1664, when Gichtel found refuge in Breckling's house in Zwolle. It is uncertain at which point their relationship turned problematic, but at least from 1666 onwards there seems to have been an alienation, when Gichtel started to develop ambitions as a prophet in his own right.[9] A year later, in 1667, Gichtel rejected Breckling's intentions to marry, but this did not deter him from later defending Breckling in a conflict with the Amsterdam Lutheran consistory. This affair, and Gichtel's aggressive defense of Breckling, eventually led to Breckling's dismissal as a pastor in Zwolle and to Gichtel's banishment in 1668.[10]

Later, when both men lived in Amsterdam, Breckling apparently ignored Gichtel when he met him on the street.[11] Gichtel was just as negative regarding Breckling, as Breckling was regarding him. Gichtel wrote in 1669 in a letter to Breckling that all of the latter's writings were Satan's deceit and that he was caught up by devilish fantasies.[12] In retrospect, his banishment from Zwolle appeared to Gichtel to be a fortunate act of God, because this helped him escape the influence of Breckling, who, according to Gichtel, only wanted to be a "leader of the blind."[13] In 1680, there was a short period of reconciliation between Breckling, his wife and Gichtel, when all were extremely sick at the same time. Believing death to be near, Breckling and his wife sent Gichtel medicine and asked for his forgiveness, which Gichtel granted.[14] Breckling and Gichtel never fully lost sight of one another. In 1691 Breckling could tell the printer Henricus Betkius that Gichtel was still alive and well, and residing at the Egelantiersgracht in Amsterdam.[15]

---

7 Lochner 1687.

8 Breckling 1688a, fol. G3v.

9 Breckling considered himself to be a prophet and advocated the "libertas prophetandi," the freedom to prophesy. See Breckling 1663, p. 71: "Ja wer wolte hier nicht mit Paulo und Mose wündschen/ daß doch alle Leute weissagen möchten? weil doch alle Creaturen/ Vögel/ Fische/ Thiere/ Kräuter/ Graß und Bletter auff den Bäumen/ ja alle Sternen Zeichen und Wunder/ Gottes Lob Wort und willen uns täglich ankündigen. Wer wolte denn solches dem Menschen verbieten/ der doch für allen anderen Creaturen dazu mit Vernunfft/ Rede und Weißheit begabet/ und auch durch Christum auffs newe dazu erkauffet/ erwehlet/ und berufen ist/ daß er die Gnade/ Tugend und Lob seines Gottes allenthalben verkündigen/ außbreiten und preisen solle/ als ein Königlich Priesterthumb Gottes?"

10 De Bie/Loosjes 1919–1931, pp. 244–246; Zaepernick 2000, p. 924; Rusterholz, 2001, p. 97; Estié 1990, p. 46 ff.; Estié 1992, pp. 9–39.

11 Gichtel 1722, vol. 7, p. 184.

12 Gichtel to Breckling, Amsterdam, 4 Mai 1669, FB Gotha Chart. A 413, fol. 234r–234v, here: fol. 234r.

13 Gichtel 1722, vol. 5, p. 3596. Compare Gichtel 1722, vol. 5, p. 3610.

14 Gichtel 1722, vol. 5, p. 3801.

15 Breckling to Betkius, The Hague, 29 May 1691, FB Gotha Chart. B 198, fol. 112r–112v, here: fol. 112v.

Anticalovius reveals that Breckling was well informed about efforts in Amsterdam to disseminate Böhme, since he writes that "here in Amsterdam" Böhme's books are given to all sympathizers who do not have enough money to buy them.[16] *Anticalovius* also makes clear the extent to which Breckling supported Gichtel's cause to publish a German edition of Böhme's writings:

> [...] Which [Böhme's writings, V.F.] were located later by friends, copied at great expense, translated into English and Dutch and first printed, after the English and Dutch had appropriated [them] at great cost, effort and labor, which the ungrateful Germans scorned, until they [Böhme's writings] were also finally printed in German here in Holland twice, and indeed at last very excellently and at great expense, and published for the common benefit to the mockery and ridicule, the shame and disgrace of all such German Pharisees and despisers, especially among the Lutherans, who expel, confiscate and banish their own divinely sent prophets, wise men and scholars from their hearts, cities, countries, presses and book shops.[17]

The difficult relationship between Breckling and Gichtel cannot be explained properly, just by pointing to their supposed "difficult" or "conflicting" personalities, but was caused in the first place by the cultural dynamics in which they were bound. Because both tried their luck as prophets on the seventeenth-century religious market place, they were destined to compete with each other.[18] Occasionally though, they were forced to cooperate in that same market place to oppose the established churches, especially the Lutheran orthodoxy.[19] These conflicting interests caused Breckling and Gichtel to develop an intense and exhausting love-hate relationship. The two men alternated constantly between these poles, which is evident in *Anticalovius*, for example, when Breckling writes about his ties with Gichtel and the "house brothers" with whom he led a quasi-monastic life:

> Because I have seen such misuse of the writings of Böhme among many and have punished them for that, they started to dislike me, so that the great love that the Böhme supporters hold up has turned into hatred, bitterness,

16 Breckling 1688a, fol. E6r.

17 Unless otherwise stated, all translations in this chapter are made by me. For the original, see Breckling 1688a, fol. D5r: "Die hernach von Freunden auffgesuchet/ mit grossen Unkosten abgeschrieben/ ins Englische und Holländische übersetzt/ und zuerst gedruckt sind/ nachdem die Engelländer und Holländer das mit grossem Unkosten/ Mühe und Arbeit an sich gebracht/ was die undanckbare Deutschen verachtet/ biß sie auch endlich in Deutscher Sprach allhier in Holland zwo mahl/ und zwar zuletzt sehr trefflich mit großen Unkosten gedrukket/ und zum gemeinen Nutzen ausgegeben sind zum Spiet und Spott/ Schande und Schmach aller solcher Deutschen Phariseer und Verachter/ die ihre eigene von Gott zu ihnen gesandte Propheten/ Weisen und Schrifftgelehrten aus ihren Herzen/ Städten/ Ländern/ Drückereyen und Buchladen ausstossen/ confisciren und verbannen/ sonderlich unter den Lutherschen [...]." Compare Rusterholz 2001, pp. 83–84 and Martin 2014, pp. 121–123 for Böhme's Dutch, English and German reception history in the seventeenth century.

18 Breckling speaks of a public market on which religious ideas compete. Breckling 1661, p. 76: "Wolltet ihr nun nicht weiter mit ewren Unterthanen verführet werden/ so fliehet solche frembde Christos/ Bauch-prediger und Kirchen-teuffel/ und lasstet Gottes Wort frey und reichlich/ umbsonst und ohn Geld unter euch in ewren Ländern/ wie zur Apostel Zeit/ allenthalben geprediget werden/ durch Christi verfolgete Creutzdiener: da kan die Warheit Gottes und Lügen des Satans endlich wie Liecht und Finsterniß offenbahr werden; da kan jederman alles hören/ prüfen/ und vielmehr als im offentlichen Marckt das beste zu seiner Seelen Notturfft erwehlen; da wird auch die Verführung und Thorheit der heutigen Bauchdiener allen Menschen offenbahr werden/ wie sie Gottes Geist und Wort allein an ihre Cantzeln/ Beichtstühlen und Kirchen gebunden/ und alle Leute unter ihrem Gehorsam/ als im Babylonischen Gefängniß gefangen gehalten haben; Da Christus unterdeß mit seinen Aposteln auff dem Felde/ Bergen und Marckten/ oder in den Wüsten/ Schiffen/ und andern Ortern mit seiner Kirchen wohnet/lehret/ und sich aufhält." See also: Martin 2014, p. 124

19 Martin 2016, pp. 3, 5, 16–16.

gall and anger against me, and since then they accuse me that I do not have love, because God Himself punishes and chastises those he loves.[20]

Breckling's unwelcome criticism led Gichtel and his circle to turn against Breckling, but it is obvious that the difficult relationship between Gichtel and Breckling had much earlier roots, and this just was another chapter in an ongoing and complicated history.

Another example of the ambivalence in their relationship is the fact that *Anticalovius* was also meant as a defense of Gichtel. Although Breckling does not give Gichtel's name a prominent place in the book, and the reader has to get through more than half the book, before encountering Gichtel's name for the first time, Breckling does mentions Gichtel twice as one of those persons who are being unjustly persecuted:

[...] like Dr. Joh. Müller, Pomarius, Dr. Calov, Dr. Wolflein and so many Lutheran priests, cities and churches [who] have been banned, persecuted and excluded from the Lutheran church and recorded in their register of heretics, up to now, the late J. Böhme, L.F. Gifftheil, J. Betkius, J.C. Roselius, L. Grammendorf, J. Taube, J.C. Charias, J.C. Holzhausen, J.J. Fabricius, H. Jung, Fr. Zwetgius, N. Chronius, J. Lutkeman, J.M. Stenger, G.L. Seidenbecher, Pe. von Angel J.G. Gichtel, Loth Fischer, Fr. Breckling and many others.[21]

It was a rather weak defense of Gichtel, because he is mentioned together with other persons that should be defended (Breckling includes himself). A second time, Breckling mentions Gichtel in the "post scriptum" to *Anticalovius*. In this afterword, Breckling refers to the book of his sympathizer Hermann Jung (1608–1678), a Lutheran preacher in Monnickendam who published a defense of Breckling, Gichtel, Johann Caspar Charias (1638–1662) and Johann Jacob Fabricius (1618/20–1673) against the criticism of the Lutheran consistory in Amsterdam in 1669.[22]

Breckling's ambivalent attitude prompted a reaction from Gichtel, who wrote a letter to Breckling accusing him of defending both himself and Böhme halfheartedly:

I have read your "Anticalovius" and it almost seems to me that you want to wash the fur and not wet it, namely, to defend Böhme's writings, but to be ashamed of the truth and even to make him look suspicious. For sure, Böhme does not need your strife, because God defends him [Böhme] Himself against his aggressors [...] also [I] do not know who would want to publish it, unless maybe Amersbach takes pity on it, [...] and it is strange what you write already on page two, near the end, which nobody can suspect or accuse me of, just because Calov thinks I belong to Böhme's sect which I do not [...] because I do not know of a sect, just that with this [accusation] the devil wants to blaspheme all good books and scare away lovers of good books.[23]

---

20 Breckling 1688a, fol. E8r: "Daß ich solchen Mißbrauch der Bömischen Schrifften an vielen gesehen und gestraffet/ daher bin ich ihnen unleidlich worden/ so daß ihre grosse Liebe di di Bömisten vorgeben/ sich in lauter Haß/ Bitterkeit/ Gall und Zorn gegen mir verkehret hat/ und beschuldigen mich darnach/ daß ich keine Libe habe/ da Gott Libe selbst doch straffet und züchtiget/ welch er libet."

21 Breckling 1688a, fol. F3v: "[...] wie D. Joh. Müller/ Pomarius/ D. Calov/ D. Wolflein und so viel Lutherische Priester/ Städte und Kirchen bißher den seligen J. Böm/ L.F. Gifftheiln/ J. Betkium/ J.C. Roselium/ L. Grammendorf/ J. Tauben/ J.C. Charias/ J.C. Holzhausen/ J.J. Fabricium/ H. Jungii/ Fr. Zwetgium/ N. Chronium/ J. Lutkeman/ J.M. Stengern/ G.L. Seidenbecher/ Pe. Von Angelen/ J.G. Gichteln/ Loth Fischer/ Fr. Breckling/ und viel andern bißher außgestossenen/ verfolget/ und auß der Luterschen Kirchen in ihr Ketzer-Register außgebannet."

22 Breckling 1688a, G5r. Jung published two defenses in 1669 of Breckling and others in a reaction on a book by the Lutheran preacher Artus Georgius Velten (d. 1679): Breymayer 2009, p. 212. Breckling refers to one of those two publications by Jung. Compare Estie 1992, pp. 44–45, 49–50.

23 Gichtel to Breckling, Amsterdam, ca. 1684–1688, FB Gotha Chart. A 413, fol. 235r–235v, here: fol. 235r: "Euer AntiCalovium habe geleßen, und dunckt mich fast, ihr wollet den Peltz waschen, und nicht naß machen, Böhms Schriften namlich defendiren, der Wahrheit Euch aber schämen, ihn gar Suspect machen, und hat gewiß Böhm eurer hader

In the passage that Gichtel found offensive, Breckling wrote that he had warned against the Quakers, followers of Felgenhauer and other enthusiasts who wanted "to make out of Böhme or other peoples' writings a new sect […]." Breckling went on to assert that this just gave "learned fools" like Calov the opportunity to decry new "idols and cult leaders."[24] Although Breckling and Gichtel disagreed about Gichtel's position among followers of Böhme and about the way Böhme and his supporters should be defended, it is significant that Breckling gave Gichtel the unpublished manuscript of *Anticalovius* to read.

And even though Gichtel's advice that Breckling have it printed by Heinrich Ammersbach (1632–1691) was given in a belittling way, the advice itself was not that unlikely. Ammersbach had already participated in the dissemination of Böhme's writings in the 1670s. He and the Böhme-publisher Betkius cooperated closely in the book trade, though the extent of their collaboration is unclear.[25] In 1675, Ammersbach had published a collection of smaller writings of Böhme under the title *Theosophische Schrifften.*[26] Further, Ammersbach had already printed two of Breckling's religious publications: *Ankündigung des Gerichtes Gottes*[27] in 1666 and *Friderici Brecklings unterschiedliche Schrifften die allgemeine Noth dieser Zeit betreffende*,[28] a compilation of five smaller tracts, in 1675. In the end, *Anticalovius* was published not by Ammersbach, but by Andreas Luppius (1754–1791).[29] Nonetheless, the fact that Breckling shared the manuscript with Gichtel, together with Gichtel's concrete suggestions about a possible publisher, suggests that these two adherents of Böhme saw one another as members

nicht nöthig, denn Gott defendiret ihn selbst wider seine Aggressores […] weiß auch nicht, wers verlegen wird wollen, es möchte dann Amersbach sich darüber erbarmen, der eine druckerey hat, welchem ihm zu schreiben könnet; und ist fremd, daß ihr gleich pag. 2 circa finem schreibet; darin mir niemand solches verdenken oder arg aufnehmen kann, daß weil Calov mich ia mit unter Böhmens Secte rechnet, welcher ich doch nicht zugethan bin […] da ich doch von keiner Secte weiß, ohne daß der teufel alle gute Bücher nur damit lästern, und die Liebhaber guter Schriften abschrecken will […]."

24 Breckling 1688a, fol. A2r–A2v: "[…] Die auß Jacob Böhmen und anderer Menschen Schrifften eine newe Secte anrichten/ oder die Antonetta und Schrifften alß eine newe Mariam gern über alles erhöhen und neben Christo setzen wollen/ eben so wohl alß die auß D. Calov und dergleichen gelehrten Narren/ und Menschen Nahmen immer einen newen Abgott und Secten-Meister nach dem andern machen und auffwerffen […]."

25 Heijting 2007, pp. 228–229.

26 Böhme 1675. Though the work mentions Betkius on the title page, the work was apparently published by Ammersbach who used Betkius' name. Compare Buddecke 1937–1957, vol. 1, pp. xx–xxi.

27 Breckling 1666b.

28 Breckling 1675.

29 Why the manuscript was not published by Ammersbach, but by Luppius (1754–1791) could not be reconstructed in detail. Luppius had started a career as a publisher of spiritualist literature around 1684. It appears that Breckling and Luppius collaborated on the *Kühlpsalter* of Quirinus Kuhlmann (1651–1689). From a polemical work by Kuhlmann, directed against Breckling, we can deduce that Breckling translated the *Kühlpsalter*. The fact that Luppius wrote an afterword for "Anticalovius," addressed to the Christian-minded and truth loving reader might suggest that Luppius also supported Breckling on a personal level. Compare Luppius 1688, fol. H3v–H4v; Kuhlmann 1688, fol. A2r–v.: "3. Im ersten schreiben vom 23. Sept. aus Amsterdam schreibet also Brekling: O Kühlmans gedachte Tractaten wil ihm gern getreulich und ohn einige verenderung ubersetzen; aber di meiste zirde ist im Lateinischen stile/ sonst ist wenig dahinter/ und schon vil dinge in Q.K. Schrifften in offenbahre Lügen wider ihn selbst ausgelauffen. Der Mann/ der mich an Spener und andere so hoch recommendiret vorige Jahre; der selbst an Luppium mündlich bezeugen muste/ daß ich alle Gelährten Europens über hauffen hätte geworfen/ wo ich meiner gabe allein hätte gefolget/ der vergisset sich/ und verleumdet die Schriften/ daß sonst ausser den stil wenig dahinter. 4. Als diese Spinne vor das Geld es nur übersätzen solte/ weil er nichts anders gemeiniglich thut/ als corrigiren oder übersetzen/ so vergisset er sich wider/ daß sein Urtheil unnöthig sei demjenigen (und zwar von einem seichtgelährten Tantologisten/ und Kuhlmansfeinde) der in der Welt so vil hineinkommet/ und selbst von meinen feinden bessere Urtheil weist."

of the same community. Reading between the lines of the apparent and openly articulated mutual dislike between the two men, it is perhaps not too much to say that *Anticalovius* was the result of a very loose cooperation between Breckling and Gichtel.

3 Defense Strategies and Dilemmas

Anticalovius starts with a direct attack on Calov and an explanation for why the book was written. Breckling accuses Calov of acting as an "inquisitor," a "big pope" and a "new antichrist." He argues that Calov condemns everything and everyone that does not coincide with his sectarian opinion.[30] In Calov's view, Breckling and others like him were dangerous religious fanatics. Breckling, of course, did not see himself as a fanatic. In fact, he warned against those who had an overly high opinion of him and made out of Böhme a "false God." Breckling cautioned against erecting a "new sect" on the basis of Böhme's writings and transforming them into a new standard to replace Holy Scripture. These enthusiasts even copied Böhme's style and choice of words, he complained; such fools could be called "Böhmians" rather than Christians.[31] Breckling thus tried in his *Anticalovius* to defend Gichtel, but at the same to discredit him and his fellows. By promoting Böhme, but simultaneously correcting other Böhme adherents, Breckling hoped to portray himself as a knowledgable but "impartial" authority.

What was Breckling's motivation in positioning himself in this way in discussions about Böhme? Which goal or goals did he pursue? And who was the intended reading public of *Anticalovius*? Breckling could easily have ignored Calov's public attack on Böhme, especially since, in 1688, Calov had already been dead for two years, but Breckling had good reason to continue the polemics. He clearly saw that "bad publicity is also publicity" and that Calov had made Böhme's name and writings more known among Lutheran readers and students:

> And who does not see in this a hidden divine providence that God has blinded them so much that Dr Pomarius and Calov along with other Pharisees like them in Germany must allege all such writings, which are suspicious and hateful to them, with their names and titles and make them known among all Lutheran listeners and students, so that each and every one who reads those registers of heretics has reason to seek out such writings, previously unknown to them, and to read them, to examine them and to keep those things which are good. By writing refutations and suppressing and persecuting Christ and His truth, the world helps instead to promote and disseminate it and make it public.[32]

Indeed, Calov's criticism just increased curiosity among the traditional church public to read Böhme's writings and those of his followers. In calling on readers to form an opinion of their own, Breckling saw an opportunity to expose people to Böhme's thought. Thus, even as he wrote in *Anticalovius* that

---

30 Breckling 1688a, fol. A1v.

31 Breckling 1688a, fol. E7v–E8r.

32 Breckling 1688a, fol. E4v: "Und wer siehet darin nicht eine verborgene Providenz Gottes/ daß Gott sie so verblendet/ daß D. Pomarius und Calov sampt andern ihres gleichen Phariseern in Deutschland/ alle solche ihnen verdächtige und verhassete Schrifften mit ihren Namen und Titulen allegiren/ und unter allen Lutherischen Zuhörern und Studenten bekandt machen müssen/ daß alle und jede die solche ihre Ketzer-Register lesen/ Ursach haben/ solche ihnen bißher unbekandte Schrifften auffzusuchen/ nachzulesen/ alles darin zu prüfen/ und das gute darauß zu behalten: So muß die Welt eben durch den Weg Christum und seine Warheit befodern und erhöhen/ bekandt machen und außbreiten helffen/ dadurch sie solche mit ihren Gegenschrifften und Verfolgungen suchen zu wiederlegen und zu unterdrücken."

he did not have a high opinion of Calov's interpretation of Böhme, he did think that Calov underpinned his reading of Böhme very well:

> One has to be highly astonished at the great blindness of this old theologian, that he often cites the best and deepest quotations from Jacob Böhme and condemns them without any reason, cause, understanding and refutation. Why? Because Jacob Böhme has said it [...]?[33]

Breckling painted both Calov and uncritical supporters of Böhme as "partial" (*parteyisch*). To accuse others of being partial, while asserting his own impartiality, was an important component in his defense strategy. Breckling's message to Calov was that one should investigate Böhme's writings carefully, after 1 Thessalonians 5:21: "Prove all things; hold fast that which is good."[34] He wanted to stimulate his readers to judge Böhme without prejudice. They should decide for themselves what to think of Böhme. Breckling aspires to emancipate his readers from Lutheran-orthodox authority.[35] Breckling's reaction to Calov can therefore be seen as a conscious strategy to attract attention to Böhme and to disseminate his thought and writings. Breckling's goal was to convince loyal Lutherans to join Böhme's camp, but, and this is crucial, Breckling wanted people to accept his interpretation of Böhme and not that put forward by Gichtel. These two advocates of Böhme had similar interests, but their competing goals made consistent cooperation difficult.

4 Breckling's Interpretation of Böhme

In a defense of Böhme, the reader might expect a long and detailed discussion of specific aspects of Böhme's ideas. At about a hundred pages, *Anticalovius* is one of Breckling's longer writings. It is thus surprising that Breckling has relatively little to say about Böhme's content. Breckling could have appealed to readers to form their own opinions and, at the same time, given his own positive assessment of Böhme, backing it with arguments. Yet, instead of discussing Böhme in depth, Breckling remains quite superficial. Although he did not want to appear "partial," it is obvious that he was in fact "proböhmius."[36] Most of his defense therefore focuses on undermining objections to Böhme's person and teachings. He defends Böhme's character by saying that he was a "kind-hearted, loyal, unpretentious, friendly, gentle, Christian, honest, virtuous, loving and obedient human being and listener in the Lutheran church until his death [...]."[37] When Böhme's character, life and writings are

---

33 Breckling 1688a, fol. E3v: "Man muß sich zum höchsten über die grosse Blindheit dieses alten Theologi verwundern/ daß er offt die beste und tieffeste Sprüche auß Jacob Böm anziehet/ und ohne jenigen Grund/ Ursach/ Verstand und Wiederlegung verdammet. Warum? Dieweil Jacob Böm es geredet/ nicht untersuchend/ ob es Warheit oder Lügen sey?"

34 Breckling 1688a, fol. D4v, D8v, E8v.

35 Breckling 1688a, fol. B3v–B8v, G6r–G6v.

36 Breckling expresses his high opinion on Böhme probably most convincingly in his short but powerful article in his "Catalogus Testium Veritatis": "Jacob Böhme, ein schuster aus Görlitz, von Gott hochbegabet und erleuchtet, und der gelehrten welt zum Zeichen und wunder gestellet, daß vieler hertzen gedancken an seinen wunder-schrifften offenbar werden möchten." In: Breckling 1700, no. 56.

37 Breckling 1688a, C7v: "Was Jacob Böhm und seine Person anbelanget; So ist derselbige ein gütiger/ trewer/ einfältiger/ freundlicher/ sanfftmüthiger/ Christlicher/ auffrichtiger/ Tugendsahmer/ Liebreicher und gehorsamer Gottes Mensch und zuhörer in der Lutherschen kirchen gewesen und biß in den todt also geblieben/ so daß auff seine Person nichts zu sagen fält [...]."

compared to those of Calov and other opponents, it becomes clear that Böhme, "as a light in the Lord will outshine all of them just as the moon shines brighter than the stars and the earth."[38]

Breckling further argues that Böhme's teachings had a divine origin and were not given by the devil or other evil spirits. He asserts that there has hardly been a writer who had discovered the realm of the devil and its manifold seductions and had warned against it more thoroughly than Jacob Böhme had done.[39] On the other hand, Breckling had to admit that there were many statements in Böhme's writings which he "and other Christian hearts" could neither understand nor competently judge or defend. Breckling contends that a good tree can bear bad fruit and a well-sowed field and garden can have weeds. He warns against throwing away those things that are good in Böhme, just because there are also things that should be rejected.[40] Breckling acknowledges Böhme's errors, but invites those without fault to "cast the first stone."[41]

Breckling continues in this vein, claiming that Böhme had difficulties putting his deep and important insights into words. Breckling even says that Böhme blabbered "like a child," but that God himself communicated in Holy Scripture, and not by displaying his profound wisdom directly. Instead, He adjusted content to humans' childish understanding, like a learned doctor who teaches children the ABC's.[42]

What is more, Böhme had written of lot of his thoughts simply as a memory aid, to help him recall what he had learned after an instance of holy insight had ended. Breckling professes that certain scholars who knew nothing about such internal "flashes of light," were blaspheming and labeling that which they did not understand as enthusiasm. Breckling poses the rhetorical question: Was not the entire Bible written by visionaries based on visual and auditory revelations, such as that of John of Patmos who saw the entire apocalypse spiritually?[43]

Yet Breckling is quick to add that many of the dark, unclear and – for many – "suspicious" passages in Böhme's early writings, especially in *Aurora*, were explained more clearly in his later writings. This was especially true for Böhme's very beautiful *Sendschreiben*, which, Breckling puts forth, are a true key to his writings.[44]

Breckling also emphasizes that Böhme did not enjoy an academic education. He did not learn to parrot the scholarly language of his time, nor did he practice the scholastic art of discussion. Rather, Böhme created his own vocabulary, without knowing that his writings would ever be published and encounter such aggressive critics.[45]

Finally, Breckling turns to Calov's criticism of Böhme's investigation of the Hebrew language. Breckling believed that in all languages, but especially in Hebrew, there were divine mysteries involved in the formation of letters and words. For Breckling, whoever denied this, did not receive

---

38 Breckling 1688a, C7v: "Wenn wir D. Calov und alle des J. Böhmens Wiedersacher mit ihren Schrifften gegen Jac. Böhmens Person/ Leben und Schrifften halten/ so kan der unterscheid erst recht offenbahr werden/ und Jac. Böhm wird noch als ein Liecht in dem Herren für Ihnen allen hervorleichten wie der Mond für den Sternen und der Erden helle scheinet."

39 Breckling 1688a, fol. D1v.

40 Breckling 1688a, fol. D3r–D3v.

41 John 8:7.

42 Breckling 1688a, fol. D3v.

43 Breckling 1688a, fol. D4v: "Und weil unsere falsch-gelehrten nichts von solchen inwendigen Liechts-Blicken/ Auffschliessungen und Vorstellungen derer Dinge im Spiegel des Gemüths und Stunde derer Seelen/ die in der inwendigen Geistlichen und Göttlichen Welt und im Mysterio magno verborgen seyn/ wissen noch verstehen wollen/ so verlästern sie solches/ und haltens für Enthusiasterey/ davon sie selbst keine Erfahung haben."

44 Breckling 1688a, fol. D4v.

45 Breckling 1688a, fol. D5r.

true and godly insight into "kabbalah" and "magic" from God.[46] Like many contemporaries, Breckling believed that Jewish mysticism was part of the godly primal wisdom that had been passed down through history. Breckling maintains that God gave Jacob Böhme great wisdom to uncover and describe these things. In Breckling's view, nobody before Böhme had found more profound insight into the "true language of nature" and the deep mysteries of Hebrew and other human languages and the way that they all are derived from the same root and develop into many branches for one purpose.[47]

According to Breckling, Calov could not understood Böhme – who, Breckling admits a second time – was a difficult writer, because Böhme was a "mystic" and "a magus taught by God who speaks and writes from the center."[48] Calov did not know anything about that, because he was a "Buchstabendiener," a mere "servant of letters," who could not see into the spirit of a text.[49] Breckling notes that in Holy Scripture too, there are many things that are difficult to understand, including contradictory passages that could be better explained with the help of other Scripture and after the spiritual sense and an analogy of faith.[50] For this reason, Breckling concludes, there were many false explanations and quarrels among Christian denominations, but those who believe and follow Scripture under the leadership of Christ in one spirit and belief are the "one and true Holy Christian Church in Christ."[51]

Moreover, in Martin Luther's writings there were many strange and incorrect expressions too, especially when Luther seemed to write contemptuously about Moses and his good works.[52] Breckling recommends that people read Jacob Böhme's writings attentively and with a Christian mind, ignoring whatever is obscure until God reveals their meaning. Such readers will find much more reason and wisdom in Böhme's writings than false scholars do, Breckling assures his audience.[53]

Breckling continues that because people have been "blind" in philosophical things and not able to discover "true grounds and principles" from which to prove the cause and reason for all things, God was merciful to us and sent us a shoemaker, who showed us the way, but unfortunately there were people who preferred to keep the "false and blind" philosopher Aristotle. Breckling thought that Calov held himself to be a great philosopher, but that he did not see that true philosophy always corresponds with theology, as it does in Böhme's writings.[54] In particular, Breckling's opposition to the scholastic Aristotelian philosophy of his day made him value Böhme: "So that in the book of J. Böhme's 'De signature rerum' or also in his 'Mysterium magnum' about Genesis more profound wisdom and truth has been revealed than in all the worldly-wise writings to date […]."[55] Breckling proclaims that

46 Breckling 1688a, fol. D5v.
47 Breckling 1688a, fol. D6v–D6r.
48 Breckling 1688a, fol. D6r: "Denn Jacob Böm ist ein Mysticus und von Gott gelehrter Magus/ der aus dem Centro redet un[d] schreibet/ davon sie nichts wissen/ weil sie nur Buchstabendiener seyn/ die in cortice und littera behangen bleiben/ daher alle ihre Predigten und Schrifften nur Wort und Wind ohne Geist und Krafft sind."
49 Breckling 1688a, fol. D6r.
50 Romans 12:6.
51 Breckling 1688a, fol. D6v: "[…] welche aber unter einem Haupt Christo in einem Geist und Glauben der Heiligen Schrifft in allen gläuben und folgen/ die sind und bleiben die eine Heilige Christliche Kirche in Christo/ weil ausser Christum keine Kirche zu finden […]."
52 Breckling 1688a, fol. D6v.
53 Breckling 1688a, fol. D7r.
54 Breckling 1688a, fol. E1r.
55 Breckling 1688a, fol. E1v: "So daß in dem einen Buch des J. Bömen de Signatura rerum/ oder auch in seinem Mysterio magno über Genesin mehr gründlicher Weißheit und Warheit/ als durch aller welt-weisen Schrifften bißher geoffenbahret sind/ wer solches nur danckbahr erkennen/ und in dem Liecht mit Daniel einsehen will/ daraus es geschrieben

true philosophical knowledge is not to be found in books, but in the internal light, given by God, which made man able to penetrate and use correctly all external things. True theology means to discover those divine things revealed in Holy Scripture with the help of the internal light and faith of Christ that were hidden from us in nature. The light of nature corresponds with Scripture.

The fact that Böhme was a German philosopher also played a role in Breckling's esteem for him. "German" denoted that Böhme was Christian, in contrast to the "heathen" philosophers of antiquity:

> [...] and God has pity on our blindness, and awakens a German Philosopher for the Germans, who describes to us the true root and reason of all hidden wisdom much better than Aristotle, Plato and all the philosophers, but we blaspheme and reject such a Christian Theosopher with his true grounds and principles of all divine and natural wisdom, so that we may keep our darkness and heathen, false, fleshly and Aristotelian philosophy, wisdom and book learning.[56]

Breckling also argued for placing Böhme in the context of his time. In this way, he softens the things in Böhme that he could not approve.[57] An example that Breckling gives of Böhme being limited by his context is that some errors were caused by the use of inadequate Bible translations. Böhme had only had "human translations" at his disposal which often did not coincide with the intentions of the Holy Spirit in the original text.[58] In other cases, there more were practical concerns related to Böhme's context. Breckling maintains that Böhme wrote little about the articles of faith and about justification because Scripture itself treats these subjects, and also because Luther had explained these things sufficiently. Other subjects that some critics miss in Böhme, such as the purification of the heart and the advancement of Christian life, had been handled at length by Johann Arndt (1555–1621), Stefan Prätorius (1536–1603) and others.[59]

Yet Breckling valued Böhme as one in a line of holy men – including great biblical leaders – whose ideas would come to completion in the future:

---

und hergeflossen ist. Denn die recht Philosophische Weißheit besteht nicht in den Büchern davon geschrieben/ sondern in einem inwendigen Liecht und Gabe Gottes/ dadurch wir alle auswendige Dinge im Liecht der Natur durchsehen und recht gebrauchen lernen [...]."

56 Breckling 1688a, fol. E1r: "[...] und Gott sich über unsere Blindheit erbarmet/ und den Deutschen einen deutschen Philosophum erwecket/ der uns die rechte Wurtzel und Gründe aller verborgenen Weißheit viel besser als Aristoteles/ Plato und alle Philosophi beschreibet/ da verlästern und verwerffen wir solchen Christlichen Theosophum mit dessen rechten Gründen und Principiis aller Göttlichen und natürlichen Weißheit/ daß wir also unsere Finsternüß und Heydnische falsche fleischliche und Aristotelische Philosophi Weißheit und Schrifftgelehrtheit behalten mögen [...]." Compare Steiger 2012, p. 289: Steiger apparently sees this passage as proof that Breckling rejected the ancient Roman-Greek heritage fundamentally. Compare Breckling's remark in Breckling 1682a that "Seneca, Plato, Aristoteles, und alle weise Heyden offt treuer in ihren Gaben und Erkäntniß/ als wir in unserm Christenthum seyn."

57 Breckling 1688a, fol. E6v–E7r: "[...] sondern einen jeglichen vermahnet in seiner Gabe getreu zu seyn/ an seinem Ort/ wie J. Boem zu seiner Zeit gewesen/ und wir heut zu unser Zeit seyn müssen. So will und muß ich auch den S.J. Bömen wider solche Lästermäuler verthädigen/ und beweissen/ daß wir vielmehr an ihnen mit der Warheit und Gottes Wort zu richten und straffen finden/ als sie an J. Boem zu tadeln haben mögen."

58 Breckling 1688a, fol. G7r–G7v: "Zu dem hat Jacob Böm di menschliche Ubersetzungen der Bibel gebrauchet/ darin viel mit dem Grund-Text des H. Geistes nicht überein komt/ so ist es kein Wunder/ daß einfältige Leute offt dencken/daß die Bibel darin nicht recht schreibet/ worin der Menschen unvollkommene Ubersetzungen es nicht recht getroffen haben/ und worin die Decke Moses noch für unsern Augen liget/ daß wir durch unsern fleischlichen Sin verblendet/ den tieffen Sinn des Geistes in dem Grundtext nicht recht einsehen/ wie J. Böm von sich bekennet."

59 Breckling 1688a, fol. E3r.

> J. Böhme is still to be regarded but as a morning star against the fullness of all divine and natural wisdom and knowledge, which will rise like a bright sun after him, of which the fullness of the time of roses and lilies and its perfect and manifold gifts J. Böhme often testifies as a precursor, as of other great men who will follow after him in the spirit and power of Enoch, Moses, Elias, David and Salomon.[60]

Breckling notes that the historian of philosophy Johann Angelius Werdenhagen (1581–1652) had also counted Böhme among the most prominent confessors and reformators of these "last times."[61]

In discussing Böhme's place among learned and holy men, Breckling cites Böhme's first book, the *Aurora* (1612). Breckling especially values its preface, which employs an allegory of a tree to describe the decline of papism, Luther's Reformation and all the ancient and future events in world and salvation history.[62] Apart from *Anticalovius*, Breckling also mentions the preface of *Aurora* in a small, sixteen-page religious tract entitled *Paulus Redivivus* (Fig. 4).

This tract, written in 1688, the same year as *Anticalovius*, sheds light on Breckling's esteem of Böhme. *Paulus Redivivus* makes clear that Breckling found support in Böhme for his own plans to convert "Jews, Turks, heathens and false Christians" to what Breckling believed to be "true Christianity":

> What I think of the remaining Turks, Jews, heathens, and their innocent children and their condition in life and death, I find expressed and described better in no book than in the Holy Scripture and also in Jacob Böhme's blessed writings, especially in his excellent preface to the "Aurora." [...] What the blessed Jacob Böhme has written very thoroughly and truthfully about the contemporary ungrateful Christians and their sects, about the papists, Lutherans, Calvinists and their articles of faith, about which they disagree, everyone can read in his writings. In him, God has lit a great light of all hidden wisdom and truth and has placed it upon a lamp for the common good.[63]

In *Paulus Redivivus*, Breckling opposes the position of contemporary Protestant clergy regarding other faiths, namely that only they and their church were chosen by God and that all other Christian denominations, as well as Jews, Turks and heathens were lost, because they do not know Christ properly. Yet Breckling declares that the Lutheran theologians themselves were responsible for the "blindness" in the world, because they refused to preach the gospel to everyone. Moreover, he points out that those same Lutheran theologians condemn Jacob Böhme, because he at least gave the heathens some hope for salvation.[64]

---

60 Breckling 1688a, fol. E2r: "Noch ist J. Böm nur wie ein Morgenstern zu achten/ gegen der Vollheit aller Göttlichen und natürlichen Weißheit und Erkäntnüß/ die wie eine helle Sonne nach ihm aufgehen soll/ von welcher Vollheit der Rosen- und Lilien-Zeit dessen vollkommenen und vielfältigen Gaben J. Böm als ein Vorläufer offt zeuget/ wie auch von andern Wunder-Männer/ die in dem Geist und Krafft Enochs/ Noah/ Mosis und Elias Davids und Salomo nach ihm kommen sollen [...]." Compare for an explanation of the biblical passages: Brink/Martin/Muratori 2019a, pp. 1–10, 118.

61 Breckling 1688a, fol. E3v.

62 Breckling 1688a, fol. E3r–E3v.

63 Breckling 1688b, pp. 6–7: "Was ich von den ubrigen Türcken Juden Heyden und ihren unmündigen Kindern und derer aller zustand im Leben und Sterben halte/ daß finde ich in keinem Büchern besser außgedrücket und beschrieben als in der H. Schrifft/ und auch in Jacob Boemen S. Schrifften/ sonderlich in der fürtrefflichen Vorrede über die Auroram/ wer nurAugen und Weißheit von Gott hat solches recht einzusehen/ wie alles im Grunde für Gott liegt und beschaffen ist. Was auch der S. Jacob Boem von den heutigen undanckbahren Christen und ihren Secten/ von den Papisten/ Lutherschen/ Reformirten/ und denen Artikeln die unter ihnen streitig seyn sehr gründlich nach Warheit geschrieben hat/ kan ein jeder selbst bey ihm nachlesen. Nachdem Gott uns ein grosses Liecht aller verborgenen Weißheit und Warheit in ihm angezündet/ und zum gemeinen dienst auff den Leuchter gestellet hat."

64 Breckling 1688b, p. 2.

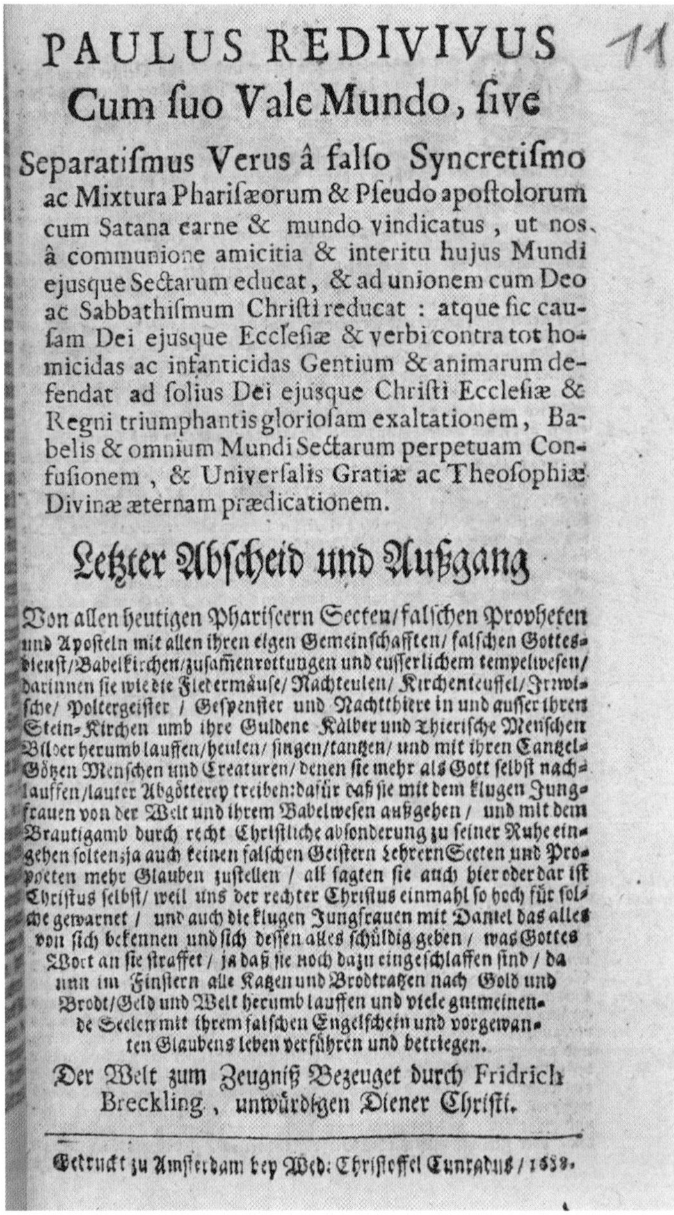

PAULUS REDIVIVUS

Cum ſuo Vale Mundo, ſive

Separatiſmus Verus â falſo Syncretiſmo ac Mixtura Pharisæorum & Pſeudo apoſtolorum cum Satana carne & mundo vindicatus, ut nos, â communione amicitia & interitu hujus Mundi ejusque Sectarum educat, & ad unionem cum Deo ac Sabbathiſmum Chriſti reducat: atque ſic cauſam Dei ejusque Eccleſiæ & verbi contra tot homicidas ac infanticidas Gentium & animarum defendat ad ſolius Dei ejusque Chriſti Eccleſiæ & Regni triumphantis glorioſam exaltationem, Babelis & omnium Mundi Sectarum perpetuam Confuſionem, & Univerſalis Gratiæ ac Theoſophiæ Divinæ æternam prædicationem.

Letzter Abſcheid und Außgang

Von allen heutigen Phariſeern Secten/ falſchen Propheten und Apoſteln mit allen ihren eigen Gemeinſchafften/ falſchen Gottesdienſt/ Babelkirchen/ zuſammenrottungen und euſſerlichem tempelweſen/ darinnen ſie wie die Fiedermäuſe/ Nachteulen/ Kirchenteuffel/ Irrwiſche/ Poltergeiſter / Geſpenſter und Nachtthiere in und auſſer ihren Stein-Kirchen umb ihre Guldene Kälber und Thieriſche Menſchen Bilder herumb lauffen/ heulen/ ſingen/ tantzen/ und mit ihren Cantzel-Götzen Menſchen und Creaturen/ denen ſie mehr als Gott ſelbſt nachlauffen/ lauter Abgötterey treiben: dafür daß ſie mit dem klugen Jungfrauen von der Welt und ihrem Babelweſen außgehen / und mit dem Brautigamb durch recht Chriſtliche abſonderung zu ſeiner Ruhe eingehen ſolten; ja auch keinen falſchen Geiſtern Lehrern Secten und Propheten mehr Glauben zuſtellen / all ſagten ſie auch hier oder dar iſt Chriſtus ſelbſt/ weil uns der rechter Chriſtus einmahl ſo hoch für ſolche gewarnet / und auch die klugen Jungfrauen mit Daniel das alles von ſich bekennen und ſich deſſen alles ſchüldig geben / was Gottes Wort an ſie ſtraffet / ja daß ſie noch dazu eingeſchlaffen ſind / da nun im Finſtern alle Katzen und Brodtratzen nach Gold und Brodt/ Geld und Welt herumb lauffen und viele gutmeinende Seelen mit ihrem falſchen Engelſchein und vorgewanten Glaubens leben verführen und betriegen.

Der Welt zum Zeugniß Bezeuget durch Fridrich Breckling, unwürdigen Diener Chriſti.

Getruckt zu Amſterdam bey Wed: Chriſtoffel Cunradus / 1688.

Fig. 4: Friedrich Breckling, title page in: *Paulus Redivivus cum suo Vale Mundo* […], Amsterdam 1688, Bibliothek der Franckeschen Stiftungen Halle (Saale), 24 F 6 [11]

The Lutheran Church of his time must have seemed to Breckling very small minded indeed. In contrast, Breckling's cosmopolitical and universalist view of Christianity opened the Lutheran church for people from all over the world, regardless of their religious or ethnic background.

5 Conclusion

Breckling's most important contribution to the dissemination of Böhme was the 1688 polemical tract *Anticalovius*. The text was a reply to *Anti-Böhmius* (1684), written by the Wittenberg professor of theology Abraham Calov in which Calov had accused Breckling and other sympathizers of Böhme of being dangerous religious enthusiasts. To trace the genesis of *Anticalovius*, I have considered Breckling's relationship with Johann Georg Gichtel, the publisher of the 1682 edition of Böhme's writings. Breckling and Gichtel had a difficult relationship, since they both tried their luck as competitors on the seventeenth-century religious market place. They were part of a complex communication culture, consisting of religious refugees and dissenters, in which great sympathy for each other and the pursuit of similar goals alternated with deep dislike, mistrust and even hatred. In *Anticalovius*, Breckling therefore criticizes Gichtel and his circle as biased supporters of Böhme, yet the book is also meant as a somewhat reluctant defense of Gichtel. I have argued in this chapter that *Anticalovius* was the result of a loose cooperation between Breckling and Gichtel. At the same time, Breckling believed he could best defend Böhme by keeping up an appearance of impartiality. "Impartiality" was a persuasion strategy to help him win over orthodox Lutherans who were very curious, but also critical of Böhme. If Breckling could succeed, this eventually would end intolerance and persecution within Lutheranism – or so Breckling hoped.

If we take a closer look at Breckling's statements about Böhme's thought and writings in both *Anticalovius* and *Paulus Redivivus*, it is obvious that he was a great admirer of Böhme. Breckling particularly admires his rejection of scholasticism and his appreciation of nature. He saw in Böhme a forerunner for a brighter and more peaceful future for humanity.

Sibylle Rusterholz

Johann Georg Gichtels Böhme-Rezeption als *Theosophia Practica*

Abstract: Gichtel's thorough reading of all of Böhme's writings was reflected in around 900 letters to acquaintances. While the teachings developed in Gichtel's correspondence build on Böhme's thought, there are considerable differences. The chapter describes these differences focusing on fall and rebirth, Eve and Sophia, work, church and faith, practice and experience. The central theological idea for both Gichtel and Böhme is rebirth, which both understand as the recovery of "Sophia," the light tincture of the soul lost in the fall of man. But in contrast to Böhme, Gichtel regards the renunciation of sexuality as a prerequisite for rebirth. Just as marriage and rebirth are mutually exclusive, Gichtel also regards faith and wage labor as incompatible. From 1678 he gave up paid work and chose instead the "Melchizedek priesthood", which consisted in constant prayer for others. Gichtel rejected church attendance and external creeds. Both Gichtel and Böhme emphasized the importance of practice and experience ("Theosophia practica") over "historical" religion. Yet, for Gichtel, the world of temporal nature, Böhme's third principle, is entirely negative (he thus rejected alchemy). This conflicts with Böhme's appreciation of the book of nature and of man's nature as imago Dei. After Gichtel's death, his followers formed the so-called Brotherhood of Angels, which promoted celibacy.

Johann Georg Gichtel wurde als Sohn einer angesehenen protestantischen Familie 1638 in Regensburg geboren, wo er die Grundlagen zu einer ungewöhnlich breiten Sprachenkenntnis (Latein, Griechisch Hebräisch, Syrisch, Arabisch) erwarb. Er studierte zunächst Theologie, Philosophie und Geschichte in Straßburg (u. a. Genealogie bei Philipp Jakob Spener), später Jurisprudenz, und wurde – nach Abschluss seiner juristischen Studien in Speyer – 1664 in seiner Heimatstadt als Advokat zugelassen. Statt einer vielversprechenden bürgerlichen Karriere nimmt Gichtels Lebensweg unter dem Eindruck von Visionen und prägenden religiösen Erlebnissen jedoch eine andere Wendung, als er 1664 den evangelischen Gesandten beim Regensburger Reichstag eine zusammen mit dem ungarischen Baron Justinian Ernst von Welz (1621–1668)[1] verfasste Programmschrift zur Gründung einer *Jesusliebenden Gesellschaft* vorlegte. Die darin enthaltene Forderung, Eignungskriterium zum geistlichen Amt solle weniger Gelehrtheit als vielmehr Erleuchtung durch den Heiligen Geist sein, selbst wenn es sich um ungelehrte Handwerker handle, führte zu erbittertem Widerstand der Theologen und zu jahrelanger Verfolgung Gichtels mit dreimonatiger Kerkerhaft 1664 in Nürnberg und Regensburg. 1665 wurde Gichtel bei Verlust der bürgerlichen Rechte und jeglichen Vermögens für immer aus seiner Heimatstadt ausgewiesen. In den folgenden drei Jahren reist er quer durch Europa, trifft 1664 und 1667 im niederländischen Zwolle mit dem dissidenten lutherischen Pfarrer Friedrich Breckling (1629–1711) zusammen, der ihn in seiner Kirchenkritik bestätigt,[2] und landet 1668 schließlich in Amsterdam, dem Refugium etlicher als „Schwarmgeister" verfolgter Zeitgenossen. Die Begegnung mit dem Werk Jacob Böhmes noch im selben Jahr in Amsterdam wird zum folgenreichsten Ereignis in seinem Leben. Die nun einsetzende exzessive Böhme-Lektüre ist ablesbar in rund 900 Briefen (auf nahezu 4.000 Druck-

1 Vgl. Schnabel 2006, S. 337–406; im Anhang: Zeittafel zu Justinian Ernst von Welz, ebd. S. 407–411.
2 Zu Gichtel und Breckling siehe Schnabel 2006, S. 372 f., 386 sowie die Zeittafel S. 409 f.; Zaepernick 1982, S. 80–82.

https://doi.org/10.1515/9783110720525-016

seiten), die er in den nachfolgenden 42 Amsterdamer Jahren bis zu seinem Tod 1710 an Freunde und Anhänger schreibt.[3]

Als Böhme-Herausgeber und Verfasser der den einzelnen Kapiteln aller Böhme-Schriften vorangestellten Summarien war Gichtel wie kein anderer mit der Gedankenwelt Böhmes vertraut. Seine Briefe sind voll von expliziten und impliziten Böhme-Bezügen; seine Lehre baut in allen wesentlichen Punkten auf der Lehre Böhmes auf, doch so, dass sich durch Isolierung und Akzentuierung gewisser Teilaspekte erhebliche Differenzen ergeben. Der Klärung dieser Differenzen anhand der für Gichtel wichtigsten Themenbereiche gilt mein Beitrag. Ich nenne die den Aufbau des Folgenden bestimmenden thematischen Schwerpunkte: *Sündenfall* und *Wiedergeburt* – *Eva* und *Sophia* – *Arbeit* (*Melchisedechisches Priesteramt*) – *Kirche* und *Glaube* – *Praxis* und *Erfahrung*.

Das Ziel seines Schreibens hat Jacob Böhme einmal so zusammengefasst:

> Unser Schreiben langet alleine dahin, zu forschen das Bilde GOttes [imago Dei], wie das erschaffen, und wie es verdorben, und wie es wieder soll in seinen ersten *Statum* [d. h. ursprünglichen Zustand] kommen, die neue Wiedergeburt aus Christo recht zu verstehen, und den innern und äussern Menschen zu erkennen, was der sterbliche und der unsterbliche sey, und wie er sterblich worden: auch wie ihme zu thun sey [was er tun müsse], daß er wieder in seinen ersten *Statum* komme.[4]

Es geht also um die Erneuerung der durch den Sündenfall des ersten Menschen verlorenen Gottebenbildlichkeit in der Wiedergeburt. Es ist dies auch das zentrale Theologumenon Gichtels. Auch für ihn steht die *Wiedergeburt* im Zentrum seiner Theosophie. In ihrer Auffassung des *Sündenfalls* jedoch unterscheiden sich Gichtel und Böhme, indem sie unterschiedliche Akzente setzen. Böhme sieht in Adams Fall den Missbrauch seines ihm von Gott verliehenen freien Willens, als es ihn gelüstet, die Ungleichheit „von Böse und Gut zu schmecken und zu probiren, als die Eitelkeit der Erden".[5] Die Folge: Adam, ursprünglich „männliche Jungfrau", fällt in die Gegensätzlichkeit der irdischen Welt. Er verliert seine Androgynität: Seine himmlische Leiblichkeit mutiert zur irdischen Körperlichkeit; an die Stelle der himmlischen *Sophia* tritt die irdische *Eva*. – Gichtel übernimmt Böhmes Sophia-Lehre und die mit dieser verbundene Vorstellung vom androgynen Ur-Adam.[6] Wiedergeburt heißt für Gichtel Rücknahme des Sündenfalls, den er in gegenüber Böhme verengter Perspektive ganz konkret als Fall

---

3 Böhme-Zitate im Folgenden nach: Jacob Böhme: *Sämtliche Schriften*. Faksimile-Neudruck der Ausgabe von 1730 in 11 Bänden, hg. von Will-Erich Peuckert, Stuttgart: Frommann-Holzboog, 1. Aufl. 1955–1961, 2. Aufl. 1986–1996 (zitiert als Böhme 1955–1961). Gichtel-Belege nach: Johann Georg Gichtel: *THEOSOPHIA PRACTICA* [...] (Gichtel 1722). – Darüber hinaus befinden sich zahlreiche ungedruckte Briefe in verschiedenen europäischen Archiven. Vgl. Zaepernick 1982, S. 88, Anm. 16; S. 90, Anm. 20. – *Eine kurtze Eröffnung und Anweisung Der dreyen PRINCIPIEN und Welten im Menschen / in unterschiedlichen Figuren vorgestellet [...] Samt einer Beschreibung der dreyerley Menschen, nach Art des in ihme herrschenden Principii oder Geistes [...] Abgemahlet und vorgestellet Durch Johan Georg Grabern von Ringenhausen / Johan Georg Gichteln von Regensburg [o.O.] Auf vieler Verlangen aufs neue dem Druck übergeben im Jahr 1736* [o.O.] (Gichtel/Graber 1723/1736).

4 *Mysterium magnum* 21,17 (Böhme 1955–1961 VII, S. 145).

5 *Mysterium magnum* 18,31 (Böhme 1955–1961 VII, S. 123).

6 Vgl. *Mysterium magnum* 41,23 (Böhme 1955–1961 VII, S. 416): „Adam war das Bilde GOttes: Er war Mann und Weib, und doch der[selben] keines vor seiner Eva, sondern eine männliche Jungfrau, [...], die Tincturen als Kraft vom Feuer und Licht, [...], waren ineinander als Eine [...]." Adams „Schlaf" (1. Mos. 2,21) deutet Böhme als Zeichen des ‚Verbleichens' der *imago Dei* infolge des Verlusts der himmlischen Jungfrau Sophia und damit als Verbleichen der „Tinctur des Lichts" (ebd. § 28). Mit seiner Sophia-Lehre und der Vorstellung vom androgynen Ur-Adam übernimmt Böhme Gedanken aus der jüdischen Kabbala. Zur umstrittenen Frage, auf welchem Wege diese zu ihm gelangt sein mögen, siehe Rusterholz 2001, S. 82 f. Zu Böhmes Sophia-Lehre im historischen Kontext sowie zu deren Adaption durch Gichtel und die Engelsbrüder siehe Martin 2020, S. 214–225.

ins Fleisch versteht:[7] „Denn als Adam aus dem Paradies gestoßen worden ist, ist er in die viehische Fortpflanzung fortgegangen, und hat sich vom Vertrauen GOttes in eigene Versorgung eingeführet, und seine Kräften in die Erde, Kräuter, Bäume und Metallen gewendet."[8] Deshalb sei – so Gichtel kurz und bündig – „die Eva ein Rigel vor Sophia".[9] Denn: „Das Weib [...] bindet uns an den Welt=Geist so vest an, daß sie uns [d. h. die geplagten Männer!] aus der Gelassenheit [dem seelischen Gleichgewicht] nicht allein bringet, sondern gar zur Höllen führet."[10] Wiedergeburt heißt für Gichtel Wiedergewinnung der Sophia, der im Sündenfall verblichenen weiblichen „Licht-Tinctur" der Seele: „Es ist um die Jungfrau zu tuhn; denn daraus ist der Fall geschehen, und sol auch wieder die Herstellung in ihrer Kraft in uns ausgeboren werden; darum ist nicht nach einem äußern Reich zu gaffen, sondern einzukehren, und auf den Blick im *Centro* zu sehen, darinnen das Licht oder Kraft=Leben aufgehet."[11] Es geht um die Umkehrung des Willens, um die Umwendung des Blicks von außen nach innen: „[d] enn die falsche Lust der ausgehenden Sinnen, nach einem Weib und Irdigkeit, ist des eigenen Willens [d. h. des Eigenwillens] Frucht, welchen Christus [als der „andere Adam"] mit seinem Blut am Creutz ersäufen muste."[12] In der Wiedergeburt aber – so Gichtel – höre die „Begierde zur viehischen Vermischung" auf![13]

Das aber hat nun nicht nur für Gichtels Lehre und für sein eigenes Leben einschneidende Konsequenzen, sondern stürzt ihn auch in ein Dilemma hinsichtlich Böhmes, denn bekanntlich hatte Böhme im Jahr 1599 geheiratet und bis 1606 vier Söhne gezeugt. Vor dem Hintergrund seiner eigenen Lektüreerfahrungen hat Gichtel seine Briefpartner wiederholt zur Böhme-Lektüre aufgefordert, mit folgender Begründung:

> [...] denn ohngeachtet ich auch die *Philosophie* und *Theologie* studiert und mich in *Polemicis* (in Streit=Sachen und Schriften) auf Universitäten geübet, darneben die Hebräische und Griechische Sprachen bereits von Jugend auf gelernet, muß ich doch bekennen, daß mir bemeldte Schriften [nämlich die Schriften Böhmes] in Lesung der Bibel weit bessern Dienst getahn, als alle Wissenschaften der hohen Schulen.[14]

Seine Böhme-Lektüre habe ihm also sogar zum besseren Verständnis der Bibel verholfen! Ja, er geht so weit zu behaupten, mit Hilfe von Böhme ließen sich alle dunklen Rätsel der Schrift lösen.[15]

Wie aber könne einer, „der mit Weib und Kind belastet, das edle Licht=Perlein [die himmlische Sophia] in sich erreichen", fragt Gichtel in einem Lehrbrief an einen Gymnasiasten, wie also könne ein mit Weib und Kind Belasteter, „nachdem er mit irdischer Bauch=Sorge beschweret ist", die Wiedergeburt erreichen?[16] Das betrifft nun auch den überaus verehrten Böhme, der als Ehemann und Familienvater „am Band des *spiritus mundi* gefangen" gelegen.[17] Böhme habe zwar in seinen Schriften über die Wiederherstellung der *imago Dei* in der Wiedergeburt ausführlich und erhellend gehandelt, weil aber Böhme „früh ins Weib gefallen, ligt dieses Mysterium bedecket; deßwegen GOtt uns [also ihn, Gichtel

7 Vgl. Gichtel 1722, IV 76,8; S. 2832: „Daß nun Adam, wie alle Thiere, ein Weib wolte haben, war wider Gottes Schaffen und Ordnung."
8 Gichtel 1722 IV 11,5; S. 2522.
9 Gichtel 1722 II 51,45; S. 872.
10 Gichtel 1722 III 78,7; S. 2160.
11 Gichtel 1722 II 54,11; S. 891 f.
12 Gichtel 1722 IV 76,9; S. 2833.
13 Gichtel 1722 IV 116,7; S. 3053.
14 Gichtel 1722 II 13,35; S. 656 f.
15 Gichtel 1722 II 78,10 f.; S. 1034.
16 Gichtel 1722 II 51,43; S. 871.
17 Gichtel 1722 V 34,29; S. 3305.

selbst] in diesem Mysterio ergriffen, beyde Tincturen zusammen geehlichet, [...] und auf den Leuchter gestellet".[18] Gichtel betrachtet sich selbst also in diesem Punkt als Vollender Böhmes! Obwohl er „viel Tentationes von Weibern [habe] durchpassieren müssen",[19] habe er allen Anfechtungen (wie z. B. wiederholten Heiratsanträgen und angebotenen Erbschaften) widerstanden und für sich selbst den Weg geistlicher „Beschneidung um des Himmelreichs willen"[20] gewählt, d. h. den Verzicht auf Sexualität, der ihm als Voraussetzung der Wiedergeburt gilt – ist doch Eva ein Riegel vor Sophia!

Jedoch bleibt der Verlust der Sophia auch für den Wiedergeborenen eine stets latente Gefahr, was auch für Böhme gelte:

> Maßen dan wohl zu merken, daß auch Böhme selbst, ob er schon unterschiedlich mal in *Ternar.[ium] Sanctum* erhaben worden, dennoch im ängstlichen Kampf stehen müssen, bis etwan 5. Jahr vor seinem Ende, als er aus Görlitz gebannet worden, und von seiner Frau in Dreßden geschieden leben müssen, sich enthalten, und seine meiste Schriften verfertiget.[21]

Auch habe ihm seine Frau, wie es an anderer Stelle heißt, „großes Elend, Streit und Kampf gebracht", habe er doch wegen seiner Eheschließung „seine Gab verloren, und sieben Jahr drum ringen müssen, ehe Sie ihm ist wieder innerlich ausgeboren worden [...]".[22] Hier nun gerät Gichtels geistliche [Um] deutung biographischer Daten in Widerspruch zu den historisch verbürgten Fakten: Nach der Niederschrift der *Aurora* 1612 und der Beschlagnahmung des Manuskripts war 1613 eine Abschrift desselben in die Hände des Pastor Primarius Gregor Richter geraten, der Böhme öffentlich verunglimpfte; der Stadtrat verhängte darauf ein Schreibverbot, das Böhme 1619 (sieben Jahre nach der *Aurora*) mit der *Beschreibung der Drey Principien Göttliches Wesens* durchbricht.

Gichtel nun wendet erstens die politischen Fakten ins Geistliche, indem er das aus äußeren, politischen Gründen verhängte Schreibverbot zum Verlust des inneren Schreibvermögens umdeutet und damit ein exemplarisches Beispiel seiner Hermeneutik gibt. Zum anderen: Böhme ist nach der Veröffentlichung seines *Weg[s] zu Christo* 1624, der einzigen zu seinen Lebzeiten gedruckten Schrift, die den heftigen Widerstand des Pastor Primarius Gregor Richter erneut entflammte, am 10. Mai 1624 auf Einladung seiner Gönner nach Dresden gereist, um dem von Richter entfachten Sturm etwas auszuweichen. Tatsächlich sind Böhmes „meiste Schriften" zwischen 1619 und 1623 entstanden, allerdings nicht in Dresden, wo er sich 1624 nur kurze Zeit ohne seine Frau, die bei der bedrohten Familie in Görlitz blieb, aufgehalten hatte und bereits am 1. Juli 1624 wieder zurück in Görlitz war. Während rund eineinhalb Monaten also hatte er sich seiner Frau „enthalten" müssen, eine Zeitspanne, die selbst Böhme kaum zur Niederschrift seiner „meisten Schriften" ausgereicht hätte! Hier also war eindeutig der Wunsch der Vater von Gichtels irrigen Gedanken.

Und wie stellt sich Gichtels Forderung „geistlicher Beschneidung" als Voraussetzung der Wiedergeburt aus der Sicht Böhmes dar? Man müsse – so Böhme an Esaias Stiefel – „das Äussere von dem Innern unterscheiden. Das Eheliche Werck ist in sich, so es in der Ordnung geschicht, nicht sündlich, denn es wird durch GOttes Amtmann der Natur getrieben, und unter Göttlicher Gedult ertragen."[23]

---

18 Gichtel 1722 V 114,14 f.; S. 3656 f.

19 Gichtel 1722 V 123,10; S. 3714.

20 Gichtel 1722 I 77,14; S. 280: „Ein geistlicher wiedergeborner Mensch aber trachtet nach Gottes Reich, überwindet die Natur, und beschneidet sich um des Himmelreichs willen, auf daß er zum Gebät stets tüchtig seyn möge." – Zu Gichtels Eheauffassung siehe auch Võsa 2010.

21 Gichtel 1722 V 17,12; S. 3214.

22 Gichtel 1722 III 41,4; S. 2020.

23 *Anti-Stifelius II*, Absatz 409 (Böhme 1955–1961 V, S. 304).

Fazit: Ehe und Wiedergeburt bilden (anders als für Gichtel) für Böhme keine absoluten Gegensätze. – Damit wird ein erstes Muster der Gichtel'schen Böhme-Rezeption sichtbar: die stete Wendung von außen nach innen sowie die Verschärfung von Böhmes Perspektivismus zu einander ausschließenden Alternativen.

Es ist diese Bewegung von außen nach innen, die Gichtel in Böhmes Zeichnung vom „Rad der Natur" bestätigt sah: „J. Böhm hat im dreyfachen Leben ein Rad, darinnen er vorbildet, wie sich aus dem *Centro* alles ausgeboren, und also das Leben wieder hineinwinden müsse [...]."[24] Das bezieht sich auf Böhmes Zeichnung des Rads der Natur und deren Auslegung in seiner Schrift *Vom Dreyfachen Leben des Menschen*: „Also gehet das Begehren in sich hinein, nach dem Hertzen, welches ist Gott, wie du kanst also mit einer solchen Figur nachdenken, dann die Wiedergeburt gehet auch in sich zu GOttes Hertze."[25]

Gichtel hat Böhmes „Rad der Natur" als „Rad der Geburt" (Abb. 1) in seine Schrift *Eine kurtze Eröffnung und Anweisung Der dreyen Principien Und Welten im Menschen* übernommen und seine Rezeption Böhmes damit zur Identifikation gesteigert. Der kleinen Schrift sind außerdem noch drei resp. vier menschliche Figuren beigefügt, die den Prozess der Wiedergeburt auf dem Hintergrund der „Dreyen Principien und Welten im Menschen" veranschaulichen. Dabei verwendet Gichtel Elemente einer Vision, die er 1664 im Regensburger Gefängnis erfahren, minutiös beschrieben[26] und als seine eigene Wiedergeburt gedeutet hat, als Bildelemente: In der ersten Figur – „Der gantz Irdische, Natürliche, Finstere Mensch; in Sternen und Elementen" – erscheint die das Hertz umwindende Schlange (Abb. 2), während die zweite Figur – „Der Wiedergeborne Mensch In seiner instehenden Geburt in Christo im Hertzen, welcher die Schlange gantz zermalmet" – die in der Vision erfahrene Zertrümmerung der Schlange durch Christus ins Bild setzt (Abb. 3). Die dem Titelblatt vorangestellten Figuren drei und vier (in Vorder- und Rückansicht) zeigen den „inwendigen vollkommenen Menschen" nach den drei „Principien Göttliches Wesens" (Abb. 4 und 5).[27]

Der zentrale Lehrpunkt der „geistlichen Beschneidung" als Bedingung der Wiedergeburt hatte weitreichende Konsequenzen auch für Gichtels Beurteilung der *Arbeit*. Damit komme ich zu meinem nächsten Themenstichwort. Das biblische Gebot, der Mensch solle sechs Tage arbeiten, am siebten Tag aber ruhen, gilt nach Gichtel allein für den gefallenen Adam, d. h. für den „natürlichen" Menschen, nicht aber für den gläubigen und wiedergeborenen Menschen. Glaube und „irdischer Mammon", konkret: Glaube und Lohnarbeit, betrachtet Gichtel als unvereinbar. Gemeinsam mit zwei langjährigen „Hausbrüdern", mit denen er die Wohnung teilte, hatte er während rund zehn Jahren seinen Lebensunterhalt als Korrektor und Übersetzer in einer Amsterdamer Druckerei verdient. Nach dem Tod beider Berufsgefährten gab Gichtel 1678 jeden Broterwerb auf in der Überzeugung, dass die Entfaltung wahren Glaubens materiellen Ungesichertseins notwendig bedürfe: „Nun kan ich in Wahrheit aus eigener Erfahrung bezeugen, so lange wir einen Pfennig in Eigenheit besitzen, darauf wir mit unserer Begierde ruhen können, kan in uns weder der Glaube wurtzeln, noch die Liebe wachsen, oder das Vertrauen zu GOtt offenbar werden."[28] Vor diesem Hintergrund mussten ihm existenzsichernde Heiratsangebote vonseiten mehrerer reicher Frauen ebenso wie das Angebot einer Leibrente als Anfechtungen des Teufels erscheinen.

24 Gichtel 1722 III 70,3; S. 2168.

25 Vgl. *Von dem Dreyfachen Leben des Menschen* 9,55–60 (Böhme 1955–1961 III, S. 171 f.). Die Zeichnung vom Rad der Natur ist zwischen den Seiten 170 und 171 eingeheftet.

26 Siehe Gichtel 1722 V 83, 17–20; S. 3491 f.

27 Zur Frage von Gichtels Anteil am Text der „*Kurtze[n] Eröffnung und Anweisung der dreyen Principien und Welten im Menschen*" siehe Rusterholz 2001, S. 99.

28 Gichtel 1722 IV 2,10; S. 2458.

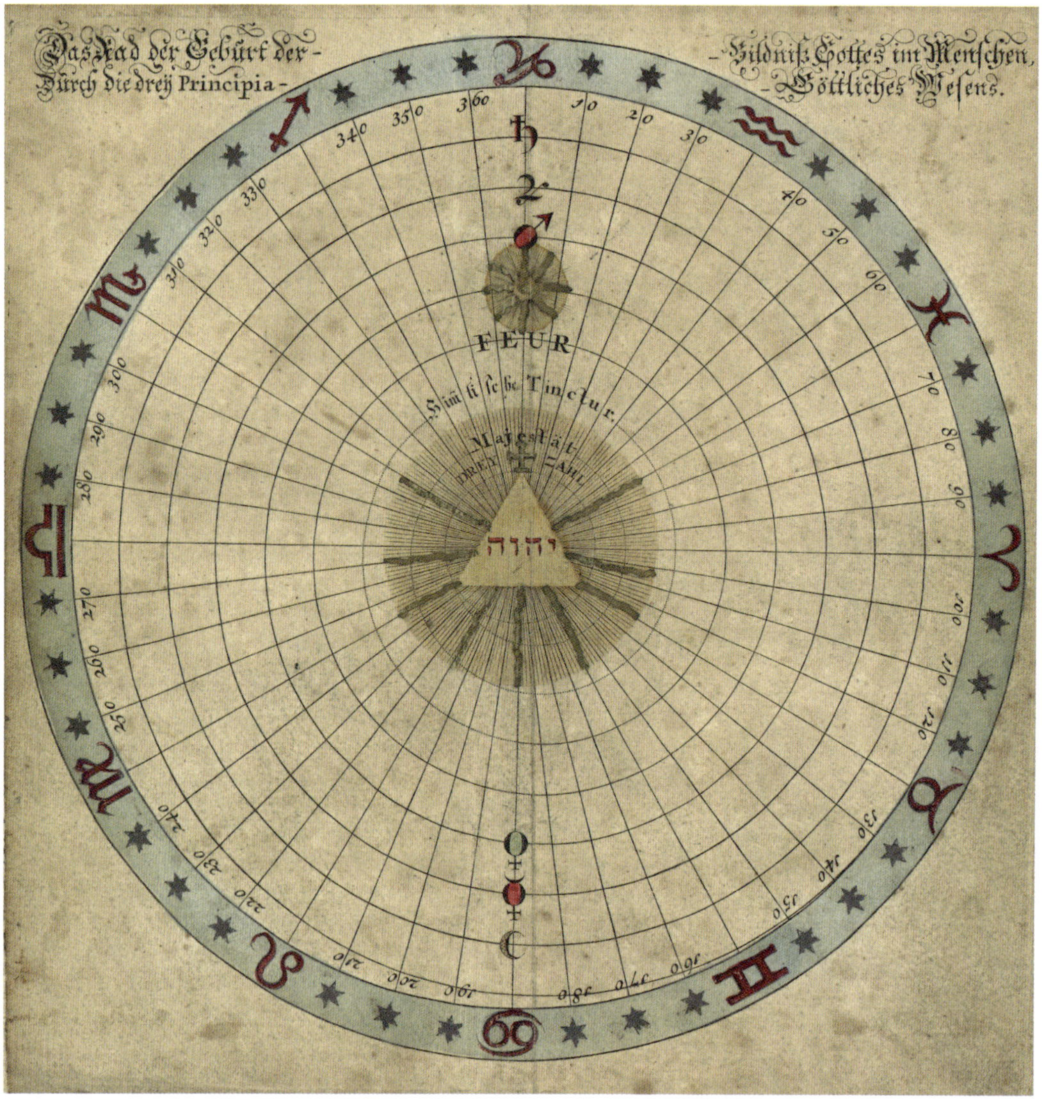

Abb. 1: Das Rad der Geburt, in: Johann Georg Gichtel und Johann Georg Graber, *Eine kurtze Eröffnung und Anweisung Der dreyen Principien Und Welten im Menschen* […], [s. l., s. n.]

Das biblische Gebot: „Im Schweiß deines Angesichts sollst du dein Brot essen" sei allein „den Getrauten" [den Verehelichten] gesagt. Die Gläubigen und Ungetrauten hingegen äßen „vom verbo Domini". Und Gichtel fährt fort: „Denn der auch sein äußeres Leben aus dem Regiment des Gestirnes ziehen, und im Glauben GOtt leben wil, muß seine Speise auf geistliche Art im Glauben bilden, und im Schweiß seines Gemüts sein Brot essen, und ihm gantz keine müßige Tage zulegen [d. h. sich keinerlei Müßiggang erlauben]."[29] In diesem Zusammenhang führt Gichtel – und damit geht er erklärtermaßen über Böhme hinaus – den Begriff des *Melchisedechischen Priesteramts* ein, das er für die ihm noch verbleibende Lebenszeit zu seinem Beruf wählt. Was ist damit gemeint? Die Lehre vom Melchisedechischen Priesteramt steigert den Gedanken der mystischen *imitatio* und *compassio Christi* zu der Forderung, die eigene Seele in ständigem Gebet für die Rettung der (lebenden oder toten) unwieder-

29 Gichtel 1722 I 77,52; S. 288.

geborenen Brüder als ein „Anathema" (Fluchopfer) darzubringen.[30] Aufgrund einer Vision[31] sei er von Gott in diesem Amt bestätigt worden, dessen Ausübung er in engem Bezug zu Christus sieht, sei doch Christus „Anathema" für die ganze Welt gewesen:

> Er gab sich dem Zorn GOttes oder der Höllen ein, und nahm eben mit solchem Einergeben dem Zorn GOttes oder der Höllen seine Macht, und wurde der Höllen HErr; also wan wir uns für unsere Brüder als ein Anathema darstellen, so führen wir in der Krafft JEsu die Liebe in den Zorn ein, dadurch der Zorn gelöschet und überwunden wird.[32]

Auch hier ist wieder die für Gichtels Theosophie wesentliche Wendung von außen nach innen zu beobachten: „Denn dieses Melchisedechische Priestertum gehöret dem inwendigen neugebornen Menschen zu, der äußere Thier=Mensch ist nur ein Lasttragender Esel, der des innern Menschens Werkzeug seyn muß." Und weiter:

> Wan des Menschen Geist von aller Creatur verlassen steht [d. h. in vollkommener Gelassenheit, frei von jedem Eigenwillen], so kann er sein Vertrauen vollkommen auf GOtt stellen. Und in solcher gäntzlichen Verleugnung [seiner selbst] begegnet ihm Sophia, bekleidet ihn, und bringt ihn wieder in den ersten Stand nach dem innern Menschen, als [so wie] Adam vor dem Schlaf gewesen und setzet ihn zum Regenten über den irdischen Leib [...].[33]

Als des „innern Menschens rechte wahre Gehülfin" helfe Sophia auch dem kreatürlichen, äußeren Leben „per *Fidei Magiam* [durch die Magie des Glaubens] die tägliche Nohtdurft bilden".[34] So wie es für Gichtel nach 1678 dann tatsächlich geschah. Er wurde, nachdem er kein Geld mehr verdiente, stets freiwillig von Mitbrüdern mit dem Lebensnotwendigen versehen. Es gilt dies auch für Böhme, der von seinen adligen Anhängern materiell unterstützt wurde mit dem Ziel, ihm trotz der äußerst schwierigen zeitgeschichtlichen Umstände die Niederschrift seines Werkes zu ermöglichen.[35] Anders als Gichtel hat Böhme allerdings Lohnarbeit und Glauben nicht für unvereinbar gehalten.

Seit 1668, also bereits zehn Jahre bevor er jede Lohnarbeit aufgab, um sich ganz dem inneren, geistigen Dienst des Melchisedechischen Priesteramts zu widmen, hat Gichtel keine *Kirche* mehr betreten, um einem öffentlichen Gottesdienst beizuwohnen. Auch hier zeigt sich wieder eine Verschärfung der Position Böhmes. Ihm gehe es – so Böhme in seiner Schrift *Von dem Dreyfachen Leben des Menschen* – nicht darum,

> die Kirchen einzureissen, in welchen man Christi Amt treibet, sondern wir zeigen euch die Heuchler, welche euch an sie binden, daß ihr von ihnen ausgehet zur Gemeine Christi: und gehet in Tempel Christi, und lasset euch nicht blos an der Mauer=Kirchen genügen, denn sie ist nur ein Steinhauffe, und ist todt, aber Christi Tempel ist lebendig.[36]

---

30 Vgl. Gichtel 1722 II 72,20–22; S. 1001 f. – Zu den biblischen Grundlagen siehe Hebr 7,1–3; Röm 9,3; 1. Mose 14,18 f.
31 Vgl. Gichtel 1722 V 68,1 f.; S. 3433.
32 Gichtel 1722 II 72,22; S. 1001.
33 Gichtel 1722 I 103,5; S. 419.
34 Gichtel 1722 II 50,5; S. 857.
35 Zum zeitgeschichtlichen Umfeld siehe Rusterholz 2001, S. 66–70, hier besonders: S. 69.
36 *Von dem Dreyfachen Leben des Menschen* 11,81 (Böhme 1955–1961 III, S. 223 f.).

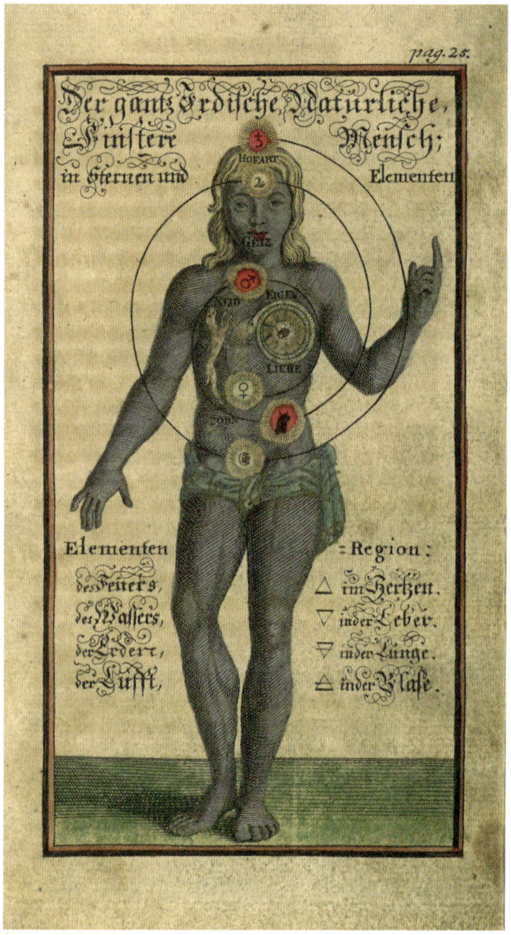

Abb. 2: Der gantz Irdische Natürliche Finstere Mensch, in: Johann Georg Gichtel und Johann Georg Graber, *Eine kurtze Eröffnung und Anweisung Der dreyen Principien Und Welten im Menschen* […], [s. l., s. n.]

Abb. 3: Der wiedergeborene Mensch, in: Johann Georg Gichtel und Johann Georg Graber, *Eine kurtze Eröffnung und Anweisung Der dreyen Principien Und Welten im Menschen* […], [s. l., s. n.]

Mit der Analogisierung von Kirchen- und Glaubensbegriff geht Gichtel noch einen Schritt weiter, wenn er feststellt: „die Augspurgische Confession [d. h. die verbindliche Zusammenfassung der reformatorischen Lehre von 1530] hindert den Geist GOttes. Und so lange ein Gemüt an einer äußerlichen Religion hanget, kan es nicht zur Philadelphischen Liebe=Gemeinschaft durchbrechen; denn es bätet das Thier an.“[37] Gichtels provokante Äußerung bezieht sich auf die „äußerliche Religion“ aller Konfessionen, wie er in einem weiteren Brief erläutert.[38] Entsprechend warnt Gichtel vor der lutherischen Lehre der Rechtfertigung allein aus *Glauben* (*sola fide*) und der Lehre von der Zurech-

37 Gichtel 1722 III 126,7 f.; S. 2400. – Gichtels Formulierung spielt auf die englische Böhme-Anhängerin Jane Leade (1624–1704), die Begründerin der *Philadelphian Society* (1694) an, deren Schriften Gichtel sehr geschätzt hatte, bis Leade sich zur Lehre der *Apokatastasis* (*Wiederbringung* auch des Teufels) bekannte, die für Gichtel unter das Verdikt der „äußerlichen Religion“ fiel und entsprechend von ihm abgelehnt wurde. Zur Entwicklung von Gichtels Verhältnis zu Leade siehe Albrecht 2010, S. 354–359.

38 Vgl. Gichtel 1722 I 14,7; S. 54.

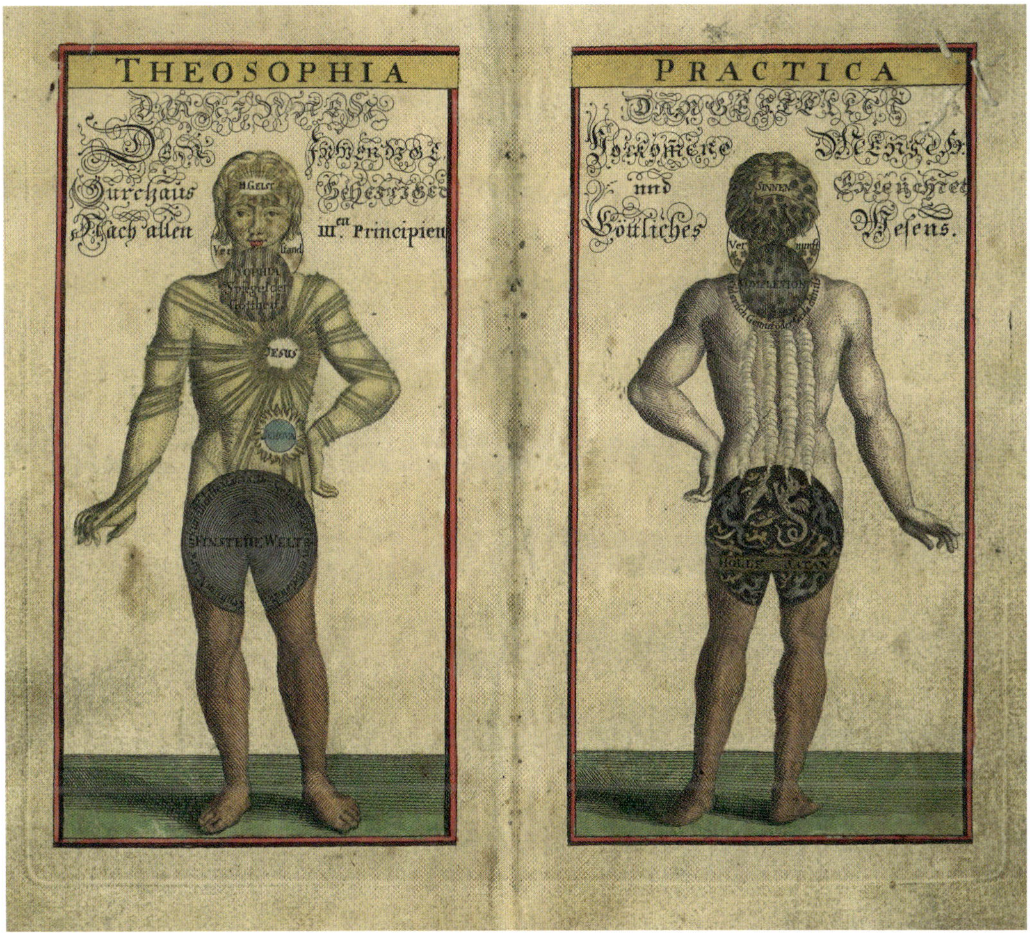

Abb. 4 und 5: Der „theosophische“ Mensch von vorn / und von hinten, in: Johann Georg Gichtel und Johann Georg Graber, *Eine kurtze Eröffnung und Anweisung Der dreyen Principien Und Welten im Menschen* […], [s. l., s. n.]

nung (*imputatio*) der Verdienste Christi: „Denn das neue Lutherische Evangelium, welches die Seele mit Schuhe und Strümpf, ohne Creutzigung des Fleisches, ohne Verleugnung, ohne Mit=Leyden, Mit=Sterben und Mit=Auferstehung mit Christo in Himmel hineinführet, hat mit dem Teufel im Fleisch einen Seelenverderblichen Frieden gemacht.“[39] In der Skepsis gegenüber dem „leckerhaftigen Weg“[40] von *sola fide* und *imputatio* ist Böhme mit Gichtel einig: „Gewiß und wahrhaftig, das Kitzeln und Heucheln mit Christi Verdienst, ausser [d. h. außerhalb] der wahren ingebornen Kindschaft, ist falsch und erlogen“ heißt es in Böhmes Schrift *Von der neuen Wiedergeburt*[41] und in der *Menschwerdung Jesu Christi*:

> Wir müssen in Trübsal neugeboren werden, und kostet viel mit GOttes Zorn ringen, und dem Teufel obsiegen: Hätten wir nicht alda Christum bey uns, ja in uns, wir verlören den Streit. Es thuts nicht eine Hand voll Wissenschaft, das wirs wissen, und uns mit GOttes Gnade kitzeln, und GOtt zu unserm Sünden=Deckel machen, daß wir also den Schalck und Teufels=Larven unters Leiden Christi verstecken und fein zudecken.[42]

39 Gichtel 1722 V 98,11; S. 3561.
40 *Zweyte Schutz=Schrift wieder Balthasar Tilken*, Absatz 179 (Böhme 1955–1961 V, S. 139).
41 *Von der neuen Wiedergeburt* 5,9 (Böhme 1955–1961 IV/9, S. 130).
42 *Von der Menschwerdung Jesu Christi* II 5,16 f. (Böhme 1955–1961 IV, S. 147).

Gichtels Schluss: „Darum hilft keine Zurechnung [imputatio], sondern eine Wiedergebärung und Umwendung der Seelen aus dem Fleisch in Geist […].“[43] Die Abwertung des Äußerlichen, d. h. die Abwertung festgeschriebener Glaubensinhalte und die Hinwendung zum Inneren, zum Geist, gilt für Gichtel wie für Böhme gleichermaßen.

Beide, sowohl Böhme wie Gichtel, betonen die Bedeutung der eigenen *Praxis* und *Erfahrung* gegenüber einem bloß „historischen“ Wissen, sei doch „die vernünfftige Gelehrtheit nur des Teufels s. v. Arschwisch, damit er Gott spottet und die Welt äffet“, wie Gichtel betont[44] und Böhme seinerseits mit Nachdruck unterstreicht: „Dann die wahre Religion stehet nicht allein im äusserlichen Worten im Schein, sondern in lebendiger, thätiger Kraft, daß einer dasselbe, was er weiß, begehret von Grund des Hertzens, in der Liebe gegen den andern zu vollbringen.“[45]

Praxis meint nicht nur die reale Umsetzung des Gewussten, der Wissensinhalte in die Tat, sondern zielt auf den Nachvollzug des Gelesenen im eigenen Innern, im Centrum des eigenen Herzens. Gichtel schreibt: „Denn ob man schon alle Schriften erleuchteter Männer weiß, so ist doch die eigene *Praxis* viel gewisser, und confirmiret den Glauben im Hertzen, da man hernach keines menschlichen Zeugniß nöhtig“ habe,[46] was auch für die Böhme-Lektüre gelte, denn:

> J. Böhm hat zwar diese Mysterien [d. h. die Mysterien von Liebe und Zorn, Licht und Finsternis] tief und weitläufig ausgewickelt, der es aber nicht mit eigener Praxis in seinem seelischen Grund selbst ausgrabet, suchet und findet, wird doch nur den Schatten seiner Schriften erreichen.

Und weiter (mit Bezug auf das eigene Schreiben): „Ich wil aus meinem eigenen Buch der Erfahrung, was mir der liebe GOtt selbst eröffnet, schreiben, und euch zeigen, wie mich GOtt geleitet […]“, so Gichtel an einen seiner Korrespondenzpartner,[47] weil nämlich „alles Wissen ohne Praxi nur einen Glast [Schein, Glanz] gebieret, und auch unsere [d. h. Gichtels eigene] Briefe erst im Centro werden ergriffen werden, wan die eigene Erfahrung [d. h. die innere Erfahrung der angesprochenen Briefpartner] den Vorzug wird haben.“[48] Gichtels Briefe verstehen sich als Anleitung hierzu. „Als eines übenden Streiters Schul“, wie es heißt, wollen seine Briefe den „Stimulus zur Nachfolge“ schärfen.[49] Das autobiographische Detail fungiere dabei als „Spiegel“, „sich darinnen zu sehen, wie man sich in der Nachfolge Christi tragen müsse, und was eines wiedergebornen Christen Werk sey“.[50] – Während sich beim Thema Kirche wiederum eine Verschärfung der Position Gichtels gegenüber der Position Böhmes zeigte, nähern sich beim Thema Glauben beider Positionen an, was auch für die zuletzt genannten Stichwörter Praxis und Erfahrung gilt.

Um die Besonderheiten von Gichtels Böhme-Rezeption noch genauer und aus einem etwas anderen Blickwinkel zu beleuchten, möchte ich zum Schluss meiner Überlegungen die Fragestellung umkehren und fragen: Gibt es wesentliche Aspekte von Böhmes Theosophie, welche die Rezeption Gichtels im Rahmen der *Theosophia practica* nicht berücksichtigt?

Jenes wunderbare Lob der äußeren Natur in Böhmes Schrift *Beschreibung der Drey Principien Göttliches Wesens* wäre aus der Feder Gichtels undenkbar:

---

43 Gichtel 1722 III 93,17; S. 2245.
44 Gichtel 1722 V 21,4; S. 3242.
45 *Zweyte Schutz=Schrift wieder Balthasar Tilken*, Absatz 60 (Böhme 1955–1961 V, S. 118).
46 Gichtel 1722 VI 60,20; S. 1526.
47 Gichtel 1722 I 79,1; S. 299.
48 Gichtel 1722 II 55,27; S. 904.
49 Gichtel 1722 I 6,2; S. 26.
50 Gichtel 1722 II 55,34; S. 905.

> Du wirst kein Buch finden, da du die Göttliche Weisheit köntest mehr inne finden zu forschen, als wenn du auf eine grüne und blühende Wiesen gehest, da wirst du die wunderliche Kraft GOttes sehen, riechen und schmecken, wiewol es nur ein Gleichniß ist; und ist die Göttliche Kraft im dritten *Principio* materialisch worden, und hat sich GOtt im Gleichniß offenbaret […].[51]

Mit „Gleichniß" bezeichnet Böhme nicht die allegorisch-metaphorische Veranschaulichung eines theologischen Inhalts. „Gleichniß" bezieht sich bei Böhme auf die „strukturelle Analogie" verschiedener Seinsbereiche. Inneres und Äußeres sind bei Böhme stets aufeinander bezogen: in der materiellen Natur des dritten Prinzips als dem „ausgesprochene[n], geformte[n] Wort GOttes"[52] bleiben die Spuren Gottes (für den Wiedergeborenen) sichtbar. Spuren Gottes in der äußeren Natur nimmt Gichtel hingegen kaum wahr. Gichtel reduziert die äußere Natur des dritten Prinzips auf den Fortpflanzungstrieb, auf die „viehische" Natur des Menschen. Folgerichtig kann er (entsprechend seiner Maxime geistlicher „Beschneidung um des Himmelreichs willen") deshalb fordern: „das Natur=Leben muß todt seyn, und unterworfen bleiben".[53] Außen und Innen stehen für Gichtel nicht, wie bei Böhme, in komplementärer Abhängigkeit, sein Blick wendet sich stets von außen nach innen, vom Fleisch zum Geist. Daraus ergibt sich auf Seiten Gichtels eine prinzipielle Abwertung des Buchs der Natur, während bei Böhme eine hohe Wertschätzung des Buchs der Natur zu beobachten ist. Die unterschiedliche Bewertung der sichtbaren Natur des dritten Prinzips lässt sich an der unterschiedlichen Bewertung der Alchemie verdeutlichen.

Wie es im Untertitel von *De signatura rerum* heißt, habe Böhme in diesem wohl am stärksten alchemistisch geprägten Werk „gleichniß=weise" den Stein der Weisen und den „heiligsten Eckstein der Weisheit", den alchemistischen Prozess und Christus bzw. den Prozess der Wiedergeburt also, eingeführt. Dass es ihm dabei jedoch um etwas grundsätzlich anderes als um eine allegorisch-metaphorische Vergleichung geht, wird an mehr als einer Stelle des Textes selbst deutlich, etwa an folgender:

> Damit ich aber den Liebhaber möge gründlich verständigen, wie es mit Christo ist zugegangen, und wie es ingleichen im Philosophischem Wercke [d. h. dem alchemistischen Werk] zugehe, ist es gantz Ein Proceß: Christus hat den Grimm des Todes überwunden in menschlicher Eigenschaft, und den Zorn des Vaters in eine Liebe in menschlicher Eigenschaft verwandelt: Also hat auch der *Philosophus* [d. h. der Alchemist] einen solchen Willen; Er will die grimme Erden zum Himmel machen, und den giftigen *Mercurium* in Liebe verwandeln: So mercke er uns recht, wir wollen alhie nichts parabolisch schreiben, sondern gantz sonnenklar.[54]

Böhme weist jede dunkle, bildhaft-verschleiernde Rede zurück. Es gehe ihm um die klare Korrespondenz von Außen und Innen, wie sie sich in der Entsprechung von alchemistischem Prozess mit dem heilsgeschichtlichen Prozess Christi bzw. dem durch Christi Erlösungstat ermöglichten innerseelischen Prozess der Wiedergeburt zeige. – Auf derartige Aussagen hat Gichtel mit deutlichem Unbehagen reagiert. Vom alchemistischen Werk habe er sehr wohl „Erkenntniß" – er hatte von einem Buchhändler an die 400 alchemistische Bücher geerbt und studiert[55] – er achte es aber gering, denn „es turbiret mich propter Christum", wie er 1697 an einen Laboranten schreibt.[56] Er flüchtet sich aus diesem Dilemma, indem er das alchemistische Werk als rein materialisches ins Außen des dritten Prinzips, in die irdische Welt des gefallenen Adam verbannt, die es zu überwinden gelte:

---

51 *Beschreibung der Drey Principien Göttliches Wesens* 8,12 (Böhme 1955–1961 II, S. 76 f.).
52 *Mysterium magnum* 68,7 (Böhme 1955–1961 VIII, S. 745).
53 Gichtel 1722 I 77,49; S. 287.
54 *De signatura rerum* 11,6 (Böhme 1955–1961 VI, S. 142).
55 Vgl. Gichtel 1722 V 15,16; S. 3205.
56 Gichtel 1722 V 10,4; S. 3180.

> Nun sage ich, daß es schwerer ist, seine Begierde aus allen geschaffenen Wesen auszuziehen, und in den einigen GOtt […] einzuwenden, und Ihme aus allen Kräften anzukleben. Am Ende hilft kein *Lapis Philosophorum*, sondern JEsus Christus, unser neuer Leib, welcher im Feuer bestehen kan.[57]

Mit seiner Abwertung des Buchs der Natur steht Gichtel quer zu seiner Zeit, in der das Buch der Natur im Rahmen der Entwicklung der Naturforschung immer mehr an Bedeutung gewinnt. Im Gegensatz zu Gichtel hat Böhme mit seinem spirituellen Lob des Buches der Natur die Natur nicht nur in Beziehung zur Wiederherstellung der *imago Dei* gesehen, sondern auch der empirischen Erforschung der Natur ein gewisses Eigengewicht gegeben.[58] Ganz am Ende des *Mysterium magnum*, Böhmes letztem und zugleich umfangreichsten Werk von 1623, heißt es, es sei notwendig, „daß die *Magia Naturalis* wieder offenbar werde, […], daß man in der Natur erkenne das ausgesprochene und geformte Wort GOttes, sowol die neue Wiedergeburt, und auch den Fall und Verderbung […], daß man doch an der Natur lerne die Schrift verstehen".[59] Und im *Dreyfachen Leben des Menschen*: Die irdische Welt sei „zu dem Ende in ein eigen *Principium* geschaffen, daß sie soll alle ihre Wunder und Wercke zum Wesen [zur leiblichen Erscheinung] bringen" – und dies zu vollbringen sei des Menschen höchste Aufgabe, denn: „[…] keine Creatur kan der Welt Wunder an Tag und ans Licht bringen, als der Mensch."[60] Welch ein Unterschied zu Gichtels tief pessimistischer Einschätzung dieser unserer äußeren Welt des dritten Prinzips sowie des Menschen und seiner Aufgabe!

Gichtels einseitige Böhme-Rezeption, deren Abwertung des Buchs der Natur und der Natur des Menschen in der Ablehnung der Sexualität und in der Forderung „geistlicher Beschneidung" um des Himmelreichs willen gipfelt, erscheint – aus heutiger Sicht – als Extremposition einer religiös begründeten Perversion. Nach Gichtels Tod schlossen sich seine Anhänger zur sogenannten Engelsbrüderschaft zusammen, eine Sozietät, die Ehelosigkeit unter Verweis auf Mt 22,30 zum Programm erhebt.[61]

Die Engelsbrüder haben sich trotz der religiösen Differenzen zu Böhme hinsichtlich der Beurteilung der Sexualität um die Verbreitung von dessen Werk äußerst verdient gemacht. Gottfried Arnold (1666–1714), Engelsbruder und Freund Gichtels, hat seinen Briefwechsel mit diesem bereits 1700 unter dem an Böhme gemahnenden Titel *Theosophische Sendschreiben* herausgegeben.[62] Die erste textkritisch überarbeitete Böhme-Gesamtausgabe wurde 1682 unter maßgeblicher Beteiligung

---

57 Gichtel 1722 V 15,19 f.; S. 3206.

58 Das war bereits bei Johann Arndt (1555–1621) in seinem großen Erbauungsbuch *Vier Bücher vom wahren Christenthum* (1610) zu beobachten gewesen, das für die Thematik des Zusammenhangs und Verhältnisses der beiden Bücher wirkungsgeschichtlich äußerst bedeutsam ist. Arndt hatte den ersten drei Teilen seines umfangreichen Werks – „Liber scripturae", „Liber vitae Christi" und „Liber conscientiae" – einen vierten Teil hinzugefügt, den er mit „Liber naturae" überschrieb. Den Zusammenhang aller vier Teile erläuterte Arndt in der wichtigen programmatischen Vorrede zum dritten Buch folgendermaßen: Den vierten Teil habe er hinzugefügt, um zu zeigen, „wie die Heilige Schrift, Christus, Mensch und gantze Natur übereinstimme […]." Zit. nach Rusterholz 1994, S. 144. Zur Frage des Zusammenhangs von „liber naturae" und „liber scripturae": Rusterholz 1994, S. 134–142.

59 *Mysterium magnum* 68,7 (Böhme 1955–1961 VIII, S. 745).

60 *Von dem Dreyfachen Leben des Menschen* 9,6 (Böhme 1955–1961 III, S. 160).

61 Mt 22,30: „In der Auferstehung werden sie weder freien noch sich freien lassen, sondern sie sind gleichwie die Engel im Himmel."

62 Gichtel hat Gottfried Arnolds im November 1700 erschienene Schrift *Das Geheimnis der göttlichen Sophia* überaus geschätzt, hatte Arnold hier doch ganz im Sinne Gichtels die Verbindung mit Sophia und die irdische Ehe für unvereinbar erklärt. (Vgl. Arnold 1963, S. 75–83). Als Arnold jedoch im September 1701 heiratete, hat Gichtel dies als Verrat an Sophia verurteilt und sich in den folgenden Jahren mehr und mehr von Arnold entfremdet. Zu den biographischen Hintergründen der Entfremdung siehe Büchsel 2010, S. 100–102. Zu Arnolds Böhme-Rezeption siehe Vogel 2010.

Gichtels in Amsterdam herausgegeben. Als Spiritus rector der noch heute unentbehrlichen Gesamtausgabe von 1730 fungierte Gichtels enger Freund und Vertrauter, der Engelsbruder Johann Wilhelm Überfeld (gest. 1732). Die Engelsbrüder haben so – durch die Förderung der Rezeption Böhmes – ein positiveres Verständnis der sinnlichen und geistigen Natur des Menschen ermöglicht als es ihrem eigenen religiösen Rigorismus entsprach.

Frank van Lamoen

Jan Luyken's Incompatible Desires of the Heart

Abstract: Jan Luyken (1649–1712) was an etcher and poet. He became widely known for his *De Duytse Lier* (The Dutch Lyre, 1671), a collection of lyrical, sensual poems that is still read today. At the age of 26, he had a profound religious experience that moved him toward a more contemplative life. He joined the Mennonite Church and produced devotional emblem books with some Böhmist motifs.

Luyken's drawings, etchings and poems were collected in the 19th century by the Mennonite banker Christiaan Pieter van Eeghen (1880–1889). His collection is now held by the Amsterdam Museum. Dr Isabella H. van Eeghen (1913–1996), a great-grandchild of the collector, was a book historian who worked as an archivist at the Amsterdam City Archive. She was fascinated by Luyken's life and was convinced that he had Böhmist sympathies, without, however, being able to find any proof more conclusive than certain references to Böhme's works in Luyken's poetry.

Based on the surviving correspondence between Johann Georg Gichtel and Johann Wilhelm Überfeld and their Böhmist group, the "Angelic Brethren", this article for the first time sheds light on the actual relationship between Luyken and Gichtel's followers in Leiden and explains why his involvement with the brethren was only short-lived.

Most eighteenth-century authors saw the poet and printmaker Jan Luyken (1649–1712) as a Böhmist (Fig. 1 and 2). When the Kantian philosopher Johannes Kinker dismissed the poet Willem Bilderdijk's "theosophical emotional philosophy" as irrational, he referred to Böhme and Luyken in one breath.[1] Arnold Houbraken (1660–1719), who may have known Luyken, wrote in his collection of artists' biographies:[2]

> In his spare time J. Luiken was engaged in the study of Jacob Böhme and Antoinette Bourignon and almost exclusively sought the company of those who were equally given to such zealotries. […][3]

He was quiet and withdrawn, "always turned inwards" (*altijd met opgespannen gedagten*).

> In short, through reading the above-mentioned books, he went so far as to reject all work, cancelling his contracts with the Booksellers Mortier, van der Sys, and others for whom he used to do a great deal of work, sold his goods, keeping only a small part, and distributing the rest among the poor, and left Amsterdam quietly to live in the faith with his old housekeeper, who survived him and later inherited from him: though in a short while he found his faith was not strong or powerful enough, and his imagination was merely built on sand. This is what forced him to return, and take up the etching needle once again to provide for himself by this means. […] When he died, he was of the same persuasion as the afore-mentioned Böhme.[4]

1 Kinker 1823, p. 282. For another, similar passage see: Hanou 1988, p. 271.

2 Houbraken 1976, pp. 253–256, 201; cf. Horn 2000. In this monumental analysis of Houbraken's views as expressed in *De groote schouburgh*, it is claimed that Luyken was "painted as a fool" by the biographer (p. 62); Luyken is called "his [Houbraken's] Pietist *bête noire*" (p. 311), "piety personified, and a Calvinist, whereas Houbraken disliked zealotry and organised religion" (p. 644).

3 All translations are mine unless stated otherwise. Houbraken 1976, p. 254: "J. Luiken oeffende zig in zynen buitentyd in de boeken van Jakob Bohme [sic] en Antonette Bourignon, en hielt byna met niemant, als zulke, die aan der zelver dweeperyen vast waren, zamenspraak, en ommegang."

4 Houbraken 1976, pp. 255–256: "Om kort te gaan, hy kwam door 't leezen der gemelde boeken zoo ver dat hy zig ontsloeg van alle werk, en de Boekverkopers Mortier, van der Sys, en andere, daar hy veel voor te doen had, 't zelve op zeide, zyn

https://doi.org/10.1515/9783110720525-017

Fig. 1: Pieter Sluyter, after Arnold Houbraken, Portrait of Jan Luyken, between 1712–1713, etching, Rijksmuseum Amsterdam, inv. no. RP-P-OB-59.518

Houbraken based his account on the *Kort verhaal van het godvruchtig leven en zalig afsterven van Joannes Luiken* ("Short Story of the Godly Life and Blissful Death of Joannes Luiken") of 1712, which, however, refers neither to Böhme nor to Bourignon.[5]

Luyken was raised in a family of Remonstrants, Mennonites and Collegiants. He made a name for himself as a lyric poet with his *Duytse lier* (The Dutch Lyre) of 1671, a volume of love poetry dedicated "to the young ladies" (*Aan de juffrouws*). He married one of them, Maria de Oudens, on 20 March 1672. A year later, on 8 June 1673, he was baptized in Amsterdam in the Collegiant congregation in Beverwijk, joining the "Lamb and Tower" (*Lam en Toren*) community of the well-known physician and Mennonite preacher Galenus Abrahamsz de Haan (1622–1706). It was at this time that Luyken began to experience God's activity in creation:

goederen verkocht, een klein deel behield, en de rest aan den armen gaf, en van Amsterdam, vertrok om stil door 't geloof met zyn oude meid, die hem overleefde en naderhand nog part in zyne nalatenschap gehad heeft, te gaan leven: maar bevond in korten tyd dat zyn geloof niet sterk of kragtig genoeg, en zijne verbeelding op een zandgrond gebouwt was. Overzulks werd hy door nood gedrongen weder te keeren, en de Etsnaald weder op te vatten om zig door dat middel zyn nootdruft te bezorgen. […] Hij stierf in het zelve gevoelen als van Bohme voorheen gemeld."

5 Houbraken 1977, pp. xv–xxvi.

Fig. 2: Joseph Mulder after Jan Luyken, Jacob Böhme writing in his cobbler's shop, 1686, copperplate engraving, Kupferstich-Kabinett, Staatliche Kunstsammlungen Dresden, inv. no. A 137850

> At the age of 26, the LORD appeared to his heart in a powerful manner; urging his heart with great conviction and penance, and showing him that the lay life was not sufficient to become an Heir of an incorruptible and imperishable heritage, which is laid out for those who love God, but that battle needed to be done to enter, as the gate leading to life is small and the road narrow.[6]

According to the *Kort verhaal*, Luyken decided to live a different life from then on, "joining the pious of those days, such as *Abraham Galenus, Petrus Serarius* and others."[7] The secular "eros" that Luyken had exhibited in his poetry now made way for a spiritual love:

6 "In 't 26. Jaar zyns Ouderdoms, is hem de HEERE op een krachtdaadige wys aan zyn herte verscheenen; hem met veel overtuiginge en bestraffinge nagaande, en toonende dat het burgerlyke leven niet genoeg was om een Erfgenaam te worden, van een onverderfelyke en onverwelkelyke erfenis, die weg geleid is voor de geene die God liefhebben, maar dat 'er moet gestreeden worden om in te gaan dewyl de poort eng en de weg smal is, die ten leven leid." (Houbraken 1977, pp. xv–xvi)

7 Here, the biographer gets his facts wrong: the chiliast Serrarius had died in 1669, before Luyken's conversion. He was, however, a friend of the family. Serrarius' library was auctioned on 9 April 1670, together with the books of Benedictus Bahnsen, a mathematician, astrologer and publisher of chiliastic texts attributed to the Rosicrucian Julius Sperber. Bahnsen had meant to leave his collection of alchemical texts to Gichtel, but the latter was not interested. Bahnsen was

> He loved solitary walks outside, the better to savour the sweet enjoyment of God, saying; "*That he looked upon the created things of nature as a letter written in the hand of his beloved, which caused him to fall in love with the origin of all things.*"[8]

This contemplative attitude is evident in Luyken's emblematic volume of mystical love poetry entitled *Jezus en de ziel: Een geestelyke spiegel voor 't gemoed, bestaande in veertig aangenaame en stichtelyke zinnebeelden* ("Jesus and the Soul: A Spiritual Mirror for the Mind, Consisting of Forty Pleasant and Devotional Symbols") (1678). The volume appeared with Pieter Arentsz, a publisher for the circle around Galenus, who also issued the works of Bourignon and the chiliastic pamphlets of Rothé. His publishing list may have been important for Luyken's development.[9]

For his explanations of the emblems in *Jezus en de ziel* Luyken drew liberally on the mystical tradition, quoting from the work of Thomas à Kempis, Eckhart, Tauler and Jacob Böhme. Theosophical speculations are absent from the volume. The corresponding terminology is restrained, as appears from passages that are based on Böhme's *Der Weg zu Christo*: Luyken adapted Böhme's idea of a dialogue between the soul and the heavenly Sophia as "A Dialogue between the Redeemer and the redeemed Soul."[10] What Luyken derived from Böhme appears to be primarily a *theosophia practica*. However, interpreting his adaptation of Böhme becomes more complex if we take into account that Christ, as the second Adam, restores the original bond between human nature and the heavenly Sophia; for Luyken, the androgynous Christ *is* Sophia, groom as well as bride.[11]

1 Luyken and Gichtel

It is not known when Luyken and Gichtel first met. Gichtel made a note in his diary when Maria de Oudens, who was noted for her beautiful singing voice and who had become Luyken's wife in 1672, was buried in the Carthusian churchyard, not far from where he lived, on 25 January 1682. He may have attended the funeral, in the company of Alhart de Raadt and Willem Gozewijn Huygens.[12] After that time, the poet Luyken was regularly to be found in the company of the ascetic Gichtel, and donated sums of money to him.

buried from his house on Nieuwezijds Achterburgwal, near the horse stables, on 24 October 1669. This is also where the auction took place. Cf. Wittmann 1984, pp. 157–161.

8 "Hij beminde de eenzaame wandelingen buiten, om te meer het zoet genieten Gods gewaar te worden, dewyl hy zeide; '*Dat hy de geschape dingen der natuur aanzag, als een brief geschreven door de hand van zyn beminde, het geen hem op de oorsprong aller dingen deed verlieven.*'" (Houbraken 1977, p. xvii [Luyken's words are italicized in the printed edition])

9 Visser 1999. Curiously, Luyken's *Duytse Lier* was published by Jacobus Wagenaar, a nephew by marriage of the radical enlighteners Adriaan and Johannes Koerbagh, and the publisher of the Dutch translation of Hobbes' *Leviathan*, see Heertum 2011, pp. 7–8.

10 Emblem XXIV is devoted to *Weg zu Christo* I, 48: "Weiter spricht die Seele zu ihrer edeln Jungfrau Sophia, als ihrer wiedergebornen Buhlschaft"; Veld 2000, pp. 156, 158, note 570.

11 See Sibylle Rusterholz's excellent survey article, "Jacob Böhme und Anhänger" (Rusterholz 2001, p. 79). Rusterholz refers to Ingen 1994.

12 *Zaagmans comptoir almanach*, 1682: 25 Jan.: "uxor Luykens sepulta op de Kathuijser [sic] Kerkhoff. eod. circa horam matitunem abierunt fr. Raad cum Huijgen." Three almanacs by Gichtel have been preserved, dating from the following years: 1682, 1683 and 1684 [Görlitz, Oberlausitzische Bibliothek der Wissenschaften (OLB), LA III 144, LA III 153; Wrocław University Library (UL), Ms. Akc. 1977/46]. I am grateful to Dr. Carlos Gilly for drawing my attention to them.

From the end of November 1683, Gichtel ended his letters to Überfeld in Frankfurt am Main by conveying the regards of others, including "Luijk" and a certain De Maijer (also spelled Meijer or Meijre).[13] Überfeld apparently inquired after Luyken's background, as on 7 January 1684 Gichtel referred to his friend Luijk as "ein Kupferstecher oder Etser" ("an engraver or etcher"). Around this time, Luyken apparently entered a new stage of his life, as described by Arnold Houbraken. On 15 January 1685 Luyken wrote a letter with strong Böhmist overtones from Amsterdam to Elisabeth and Maria Legiers,[14] two Mennonite sisters from Middelburg. The letter also contains references to other spiritual brethren living in the country:

> Let us remain Quietly in our corner; and let the Holy Heart of God, Which is his Love and Mercifulness, be our church and Temple, where we enter daily using our Imagination: Let all the pious people be our Brethren and Sisters: Oh! a Beautiful congregation! [...] I do not write this to instruct you but to achieve Harmony and concord. Oh Sisters, for I have found that we think alike. And this is the practice of our Sweet Brethren in Maarssen and of many more who I know; and even though I am but deficient and one of the least in this work of Love, I still rejoice greatly, and Thank God that I have such worthy Br[ethren] *who have made praying their craft*, and enfold the entire human race in the arms of Love, and steadily commend the same to God's Mercifulness *as spiritual Priests who are Hidden From the World*; Battling against the Power of the Devil, who rages to devour everything in the abyss. And just as I rejoice over such sweet Brethren, so I tell you this to Your happiness, so that faith and Love may still be found on earth, and, among others, we have yet another one here in Amsterdam who is unknown to You; Oh! A Soul wholly devoted to God, and to the love of mankind, a man (although only wedded to the Bride Jesus) of great and miraculous experience.[15]

The person in Amsterdam to whom Luyken was referring here was Gichtel, the "Kriegsmann Christi" ("soldier of Christ") who battled against evil in prayer. Fellow warriors who received visits from Gichtel – whether or not in the company of Luyken – lived in the area of Leiden, Warmond, Rotterdam, Maarsen and Utrecht.[16] At the end of his letter to the Legiers sisters in relatively far away

---

13 All quotes by Gichtel are based on his unpublished correspondence with J.W. Überfeld from the years 1683–1710 [Wrocław University Library (UL), Ms. Akc. 1975/148.] I am grateful to Dr Carlos Gilly for pointing out this superb collection of letters. These letters were deliberately omitted from the *Theosophia practica* edition of 1722, and not without reason, as will appear.

14 Amsterdam City Archives, Records of Baptisms, Marriages and Deaths (DTB). The Mennonite couple Maria Legiers and Jan Huijgen had two daughters: Elisabeth (born in Amsterdam on 22 March 1687; baptized on 28 June 1711) and Sara (born in Amsterdam on 8 February 1689). Maria Legiers, then called Jan Huijgen's widow, was buried in Amsterdam on 11 September 1719. Her sister Elisabeth gave notice of her marriage to Jan's brother Pieter Huijgen on 11 August 1685. She was then living in Middelburg, in the province of Zeeland.

15 "Laten wy Stil in ons hoekje blyven; en laat het Heilig Herte Gods, Welke is zyn Liefde en Barmhertigheid onse kerk en Tempel zyn, daar wy daaglyks met onze Immaginatie ingaan: Laate alle vroomen onze Broeders en Zusters zyn: O! een Schoone gemeente! [...] Dit Schryve ik niet als Leerende maar tot een Harmonie en overeenstemming. O Zusters om dat ik U ook in deeze grond bevond te staan. En dit is het doen van onze Lieve Broeders tot Maarsen en Meer anderen, die ik weet; en al is 't dat ik in dit werk der Liefde nog zeer wynig en een van de minste ben, zo verheug ik my nogtans zeer, en Danke God dat ik zulke waardige Br[oeders] heb *die van het gebed haar ambagt maake*, en het gantse menselyke geslagt, in de armen der Liefde vatte, en het zelve geduurig in gods Barmhertigheid opdraage *als geestelyke Priesters die Voor de Wereld ve[r]borgen zyn*; Stormende tegen de Magt des Duivels, die woed om alles in de afgrond te verslinden. En gelyk als ik my over zulke lieve Broeders verheuge, zo zegge ik zulks tot Uwer bleidschap, op dat er nog geloof en Liefde op aarde gevonden word, en wij hebben er nevens andere, hier nog een tot Amsterdam die UL; onbekend is, Och! Een gants overgegeevene Ziele in God, en in de Liefde des menselyke geslagts een Man (hoewel niet getroud als met de Bruid Jezus) van groote en wonderlyke ervaarentheid" (Luyken 1983, p. 16 [pp. 11–20]). The emphasis in the quote is mine).

16 "Lebens-Lauf des Mannes Gottes, Joh. Georg Gichtels," in Gichtel 1722, pt. VII, p. 179.

Zeeland, Luyken passed on the regards of Johannes Rooswijk,[17] Reyndert Adriaansz[18] and Saartje Rosiers. These three also belonged to the network of the brethren, according to Gichtel's correspondence.[19] At the end of his letter, Luyken asked the sisters to give his regards to J. de Boodt. This is probably Johannes Boot from Zeeland, who in 1677 prepared a translation of Böhme's *Mysterium magnum*, which has remained unpublished.[20]

On 9 April 1685 Gichtel reported from Amsterdam that "Gott seiner Vätterliche Hand gnädig geöffnet, und auch Luijk beweget, hier aus zu scheiden, und aufs Land zu gehen, Gott im Geiste zu dienen" ("God has graciously opened his fatherly hand, and also moved Luijk to leave this place behind and move to the countryside in order to serve God in Spirit"). Gichtel was a radical spiritualist, who considered it impossible to serve two masters. Godly people of a more moderate nature feared he was disrupting the fabric of society with his insistence on voluntary poverty.

Luyken sold his parents' home on 4 May 1685. "Brother Luijk," as he was called from that time on, could not immediately find a modest abode in the countryside. In the summer, he regularly traveled between Amsterdam and Leiden to visit Überfeld, together with his son and Gichtel or Johannes Rooswijk. His housekeeper, Annetje van Vliet, was also often to be found in the company of the "brothers"; sometimes she traveled with Rooswijk's wife or followed on her own on the night boat.

In October 1685, the "Brother House" in Warmond became vacant, but "Br. Luijk feels he must not move into the house until God himself urges him." The divine nudge was not forthcoming, and Luyken craved a peace he believed he would not be able to find in Warmond or in Rijnsburg: "he is not inclined to settle in Rijnsburg either, as he knows he will have to put up with many visits from Collegiants there," Gichtel noted on 28 December.[21] In the end, Überfeld rented a house for the fastidious poet in Overdoes near Leiden, in the vicinity of the local "brothers." The house in Warmond became the home of Dr. Georg Ernst Aurelius Reger from Naarden, who is well known in the annals of alchemy as the publisher of the works of Ericus Pfeffer, a physician, alchemist and theosopher who lived for a while on Egelantiersgracht in Amsterdam. Luyken wrote a *Gezang, van 't tyd'lijk, en eeuwig vuur en licht* ("Song of the Transitory and Eternal Fire and Light"),[22] a poem to a text by Pfeffer: *Een korte verhandeling van het onderscheid tusschen de geest, ziel, en 't lichaam des menschen* ("A Brief Exposition of the Distinction between Man's Spirit, Soul and Body"). In a letter of 1703, Luyken added an excerpt from Pfeffer's *Hydroliticus Sophicus*, the "Waater Philosophij der wijsheit" by E.P.I.H.[23]

---

17 On 16 January 1682, Johannes Rooswijk, then aged 27, gave notice of marriage with Johanna Kleijnhens living on Koestraat, who was nine years his junior. The marriage was held in Sloterdijk on 1 February. Three children were subsequently baptized in Amsterdam: Isaak (13 November 1682); Sara (11 April 1684) and Anna Maria (17 June 1685).

18 Hendrik van 't Veld discovered a poem by Luyken entitled *Brief aan Ryndert*, dated Amsterdam, 3 October 1685, cf. Veld 2000, p. 482, no. 14.

19 Tryntje Baarens [Barends] and Aart Gerritse are also mentioned in Luyken's *Brieven* (Luyken 1983, p. 7, 34) and in the correspondence between Gichtel and Überfeld.

20 Jacob Böhme, *Mysterium magnum* [University Library Amsterdam (UBA), hs XII C 10]. The Rotterdam Collegiant Barent Joosten Stol knew Johannes Boot as a translator. He wrote in his critique of Böhme, *Verhandeling van den Christelyke Leidsman* (Stol 1689, p. 431), that "de Bood" from Zeeland had lent him *Mysterium magnum*. There was also a Johannes Boot in the circle of Antoinette Bourignon (van der Linde 1895, p. 196). Boot is not mentioned in De Baar 2003.

21 "Br. Luijk meijnet sich nicht darinnen zu bewegen, bis Gott selbst einigen trieb geben wird […] nach Rheinsburg hat er keine genegenheit weil er vielen anläuffen von den Collegianten, alda ist unterworffen" (Wrocław UL, Ms. Akc. 1975/148).

22 In [Luyken] 1692, pp. 13–16 [signed J.L.].

23 Reger and the house in Warmond are mentioned in a letter by Gichtel to Überfeld, October 1685 (Wrocław UL, Ms. Akc. 1975/148). Among Reger's published works are *Gründlicher Bericht auff einige Fragen, bekräfftiget durch drey übereinstimmende Zeugen, als der Heiligen Schrifft, dem Buch der Natur, und dem Buch der Menschheit* (Reger 1683), to which

Dark clouds were beginning to gather once Luyken had left Amsterdam. Members of the Mennonite community there expressed their concern about Luyken's new ascetic lifestyle, prompting Gichtel to write on 19 April 1686 that the Mennonites' views and those of the brethren regarding paid work were not compatible:

> A few days ago, I received a visit from Galenus, and was asked about Br. Luijk's change in life and work, but I found that his reasoning differs widely from our faith. He feels it is possible to serve two masters, that is, to be a Christian and still pursue a worldly career.[24]

The apostle Paul was of course the great example in this respect. Things would never be mended between the Mennonites and Gichtel: a certain "Brother Elias"[25] challenged Galenus in 1689, starting a conflict which seems to have dragged on for years. On 23 May 1692 Gichtel wrote to Überfeld: "In the end, Galenus banned our good brother Elias from his community."[26]

2 Women and Apostates

A thorny problem for the celibate brothers in Leiden was the coming and going of women, especially Luyken's devout housekeeper, Annetje van Vliet, a young woman in her twenties. On 12 May 1686, Gichtel wrote that Luyken had objected to the allegations made by the brothers and had protested that Annetje was not "Mannfühlig," that is, she was not interested in men. The brothers, however, clearly thought that Luyken was fascinated by her. That same day, Gichtel noted a little spitefully that he did not find Anniken to have an ascetic spirit, as Brother Luyken maintained ("an Anniken finde ich solche abgestorben geist nicht, wie br. Luijk meinet").[27] A week later Gichtel recorded how Annetje had come to see him and how he had admonished her:

> I told her what all brothers felt, that she should stay nicely at home, and should stop all this walking around, and even though she kept protesting she had not gone out, I answered that in future she should take care to avoid going out, as we have no desire for womenfolk when we meet, and that if we wanted to see her, we would call for her, for we are unmarried warriors and would have to talk about doing battle, something which she would not understand,

a catalogue with 85 manuscripts by E.P.I.H [=Ericus Pfeffer Itzehoensis Holsatus] was added. In 1744 a manuscript of the *Hydrolitus Sophicus* was offered for 10 guilders by Michael Bidstrup, a Danish bookseller in Amsterdam (*Bibliotheca chymica et cos hermetica*, Amsterdam 1744, p. 63, no. 73). One manuscript is now in Copenhagen [Royal Library, Ms. Thott 740]. Luyken mentions the text in a letter of 1703 (Luyken 1983, p. 9). Neither Jacques B.H. Alblas (1987), nor van 't Veld 2000 were able to identify Pfeffer. A brand of alchemy tinged with Böhme's theosophy made its appearance with the publication of his works.

24 "Ich habe vor wenig tagen von Galenus besuch gehabt, und bin besprochen worden wegen br. Luijks veränderung von Leben und werken, habe aber gefunden, dass seine Vernunfft mit unserem glauben weit discrepiren, Er meijnet, man könne zweijen herrn wohl dienen, nehmlich ein Christ seijn, und doch seinen aüsserlichen beruff warnehmen" (Wrocław UL, Ms. Akc. 1975/148).

25 Michiel Elias (1660/61–1702), accountant at the Bank of Amsterdam, married the 28-year-old Maria Margareta Wiltschut on 11 September 1697. Elias was buried from his house on Oude Turfmarkt on 30 March 1702.

26 Wrocław UL, Ms. Akc. 1975/148: 23 May 1692, "Galenus hat unseren guten br. Elias endlich aus seinem Collegio gebannen."

27 Wrocław UL, Ms. Akc. 1975/148.

> until she and Luijk were to engage in battle themselves, in that case we might also have cause to speak with her. She answered that she wanted no battle with Luijk, and never had one.[28]

Gichtel describes a telling scene: the girl may have been pious, but she was not open to the Gichtelian "inner-warrior" jargon and she didn't want trouble with her boss. For this and other reasons, over the course of 1686, Gichtel lost faith in Jan Luyken, and the latter had less and less contact with the brothers as a result. In 1687 Luyken joined the Amsterdam Guild of Saint Luke and simply appears to have settled back into doing paid work. That same year his second Böhmist volume of emblems was published by Pieter Arentsz as *Voncken der liefde Jesu* ("Sparks of Jesus' Love").

In the eyes of Gichtel, Luyken was an apostate who had succumbed to the "spiritus mundi." In the following years, Gichtel always referred to him in the same breath as that other lost son, Alhart de Raadt. On 20 December 1686 he declared to Überfeld that De Raadt's and Luyken's departure had caused his spirit to expand 1000 times rather than weakening it.[29] De Raadt and Luyken were enthralled by the "Vernunftschlange," or "Serpent of Rationality," as Gichtel noted on 11 January 1689.[30] The battle of minds continued, and not surprisingly it was Gichtel who was victorious. On 16 August of that year, he wrote that, "Raadts Spirit and Luyken's Spirit lie, thank God, underground, and love wins in great triumph."[31] A year later, on 13 November 1690, he told brother Überfeld that Luyken had wanted to replace De Raadt.[32]

That Luyken and De Raadt were well acquainted is more than likely. It would have been difficult to avoid each other: De Raadt, Goethals and Huygens all lived in Warmond in 1685 and visited Gichtel regularly. Luyken wanted nothing better than to live near the brothers. On top of that, he was translating Böhme's *Aurora*, and it is to be expected that he would have consulted philologists and experienced translators like De Raadt and Goethals.

The second edition of *Jezus en de ziel*, augmented with numerous quotes from *Aurora*, appeared in 1685; the commentary to emblem XXXIX, *Van 't eeuwige vaderland* ("Of the eternal fatherland"), was expanded from six pages to twenty, and couched in unmistakable Böhmist terminology.[33] A year later, Jan Luyken's translation of *Aurora*, was published as the first part of a planned complete edition of Jacob Böhme's works in Dutch.[34] The work was printed for Frederik Vorster who, like Gichtel, lived on Lauriergracht. According to the title page, the translation had been meticulously corrected, partly on the basis of the author's own manuscripts, partly on the basis of the earliest and thoroughly revised printed editions.[35]

---

28 "Ich habe ihr gesagt, was aller brüder Meinung seij, dass sie fein zu Haus bleiben, und alles laufen einstellen müste, und ob sie schon immer protestirte, nicht ausgewest zu seijn, so antwortete, dass sie dann ins zu kommende so viel mehr das auslauffen meiden müste, denn wir beijsam kommende, frauleuth beij uns nicht verlangen, so wir sie aber begehrten, wolten wir sie ruffen lassen, dieweil wir ungetraute Kriegsleuthe, von streit zu reden hätten, welchen sie nicht verstünde, biss sie und Luijk in einen streit würden gerathen, als dan wäre mit ihr auch zu sprechen, sie antwortete keinen streit mit Luijk zu verlangen, hätte auch keinen gehabt" (Wrocław UL, Ms. Akc. 1975/148).

29 Wrocław UL, Ms. Akc. 1975/148: 20 December 1686, "dass mein Geist durch Raadts und Luijks umkehren 1000 mehr zugenohmen als geschwächet werde."

30 Wrocław UL, Ms. Akc. 1975/148.

31 Wrocław UL, Ms. Akc. 1975/148: "Raads Geist und Luyks Geist liegen, gottlob, unter, und sieget die liebe in grossen triumpf."

32 Wrocław UL, Ms. Akc. 1975/148: "Luijk gemeinet hat, Raads platz zu ersetzen."

33 Reitsma 1916, p. 210.

34 Böhme 1686 (*Alle de Theosoophsche of Godwijze werken*, pt. 1).

35 Böhme 1686, titlepage: "Ten deele volgens des schrijvers eigen handschriften, en ten deele volgens de eerste en bestnageziene drukken op 't naerstigste verbeterd."

Jan Luyken referred to his *Aurora* translation in a letter to Barend Joosten Stol dated May 1689.[36] Stol had borrowed the manuscript from him and had quoted passages in his 1689 text, *Verhandeling van den christelyke leidsman* ("Treatise on a Christian Guide"), in which the author showed himself critical of Böhme's work.[37] Reitsma has compared the passages based on Luyken's manuscript with the printed translation and noted minor variants which may have been the work of a purist corrector.[38] This corrector might have been Alhart de Raadt or one of his friends: Huygens owned the previously mentioned original Böhme manuscripts that Luyken used, with the autograph of *Aurora* taking pride of place. The translator or corrector noted German words that had been left untranslated, or expressions that needed to be resolved, in the margins of the printed text. Similar marginal annotations are to be found in the translation of Böhme's *Mysterium magnum* that issued from De Raadt's circle.[39] The *Aurora* fragments included by De Raadt in his 1704 anthology of Böhme's writings under the title *Welruikende krans van lelyen en rosen* ("Sweet-smelling Weath of Lilies and Roses") were not taken from Luyken's translation. However, the manuscript of this anthology includes an early version of the frontispiece of Luyken's *Aurora* translation, but without the engraved imprint and subtitle. This suggests that De Raadt may also have somehow been involved in the production of Luyken's *Aurora*.[40]

For his part, Gichtel had not a word to spare about Luyken's translating efforts, but the evidence regarding De Raadt's possible involvement in translating *Aurora* may shed new light on Gichtel's previously mentioned remark that Luyken had intended to replace De Raadt.[41]

3 Annetje above Sophia

In the years following Luyken's departure from the Brethren, Gichtel kept harping on the pernicious influence exerted by the pious Annetje van Vliet: "Luyken wanted his Annike on the throne," he informed Überfeld on 15 August 1690.[42] Other acquaintances of Luyken and initial followers of Gichtel also eventually returned to their homes and jobs, including Reyndert Adriaansz. Gichtel wrote on 13 November of that year: "Luyken […] was led astray by Reyndert, and betrayed by his Annike's great holiness. I have told him often enough that he has no fiery earnestness."[43]

---

36 Luyken 1983, p. 22.

37 It appears from the letter of 1689 that Luyken certainly knew who Böhme's adversaries were: he mentions Esaias Stiefel, Balthasar Fielken [=Tilke], and Gregorius Richter, all of whom attacked Böhme verbally and in writing; David Gysbartes [Guilbertus] from Utrecht, who in 1643 had published a *Christelijke waerschouwing*, in which he attacked both Böhme's works and Beyerland's translations; Luyken also alludes to Abraham Calovius' *Anti-Böhmius* (1684) and refers to a recent work by Eva Vroliks of 1687. For the latter see: Andersson 1994.

38 Reitsma 1916, p. 207; cf. Does 1929; Veld 2000, p. 157. Some examples: where Luyken, as quoted by Stol, closely follows the German text, writing "physici," "creature" and "elementen," the corrected translation has: "natuurkenner," "schepselen" and "hoofdstoffen"; "runden Cirk" is rendered as "sirkel" in Stol, and "omkring" in the printed translation.

39 Jacob Böhme, *Mysterium magnum*. Amsterdam, Jacob Claus 1700. The translation was ready as early as 1693; University Library Amsterdam (UBA) holds a handwritten copy made before the printed edition [shelf mark hs XIII C 17].

40 The manuscript's title is: *Lelyen en rosen-crans uit het paradys*; the preface is dated 17 December 1702 [University Library Amsterdam (UBA), XV F 20]. The engraved subtitle in the banderol and the imprint within the representation make it unlikely that the engraving for Luyken's translation was also sold as a separate print.

41 Wrocław UL, Ms. Akc. 1975/148: "Luijk gemeinet hat, Raads platz zu ersetzen."

42 Wrocław UL, Ms. Akc. 1975/148: "Luijk wollte sein Annige auf den thron haben."

43 Wrocław UL, Ms. Akc. 1975/148: "Luijk […] ist durch Reijnert verleith, und durch seiner Annikens grosse heiligkeit betrogen worden. Ich habe ihm genug gesagt, dass kein feuriger ernst in ihm seij."

The members of the Mennonite community meanwhile tried to persuade their straying brethren to return to the fold. One of them paid a visit to Gichtel with Exodus 20 – the chapter containing the Ten Commandments – in hand, reminding him of verse 9: "Six days thou shalt labour and do all thy work."

On 5 January 1691, Jan Luyken, lying ill on his bed ("sieckelyck van lichaeme te bedde liggende") at his house in Amsterdam, sent for a notary to draw up his will. On 22 January, Gichtel provided his version of the story:

> Luijk coveted Anniken to be his wife, which she refused and left him, but he confessed guilt, and had her return to him, after which he was bedridden and, of the opinion that he would die, took leave of everyone, but it doesn't go according to his fantasy, that he would pass away from his Annike, and I don't want to visit him because my word is despised.[44]

In the eyes of Gichtel, Annetje had a disastrous influence on Jan Luyken; the influence Anna van Zuylen exerted on her husband Alhart de Raadt was equally catastrophic: "the whoring spirit won out" (*der hurrige Geist siegete*).

Years after Gichtel, Luyken and De Raadt had died, yet another much younger "brother," Johann Heinrich Potthoff (1684–1750), spoke with the now elderly Johann Wilhelm Überfeld, after which he noted in his diary on 5 August 1730 how eager Luyken had been to live with the brothers at the time. More than forty years had passed since then, but the interviewee was as unrelenting as before. Potthoff noted the resentful comments of the aged ascetic at length. Prior to his change of heart, Luyken had composed "whorish songs," had also "engraved nasty images to accompany them," and had "married a woman straight out of the whorehouse." After that, he had published a large number of emblem books, which he had illustrated himself, even though "his engraving was not as neat as it should be, though ingenious and full of action."[45]

44 "Luijk hat sein Anniken zum weib begehret, welches sie abgeschlagen und von ihm gescheiden ist, er aber hat schuld bekennet, und sie wieder beij sich gehohlet, darauf er betlägerig worden, und in Meinung dass er sterben würde, von jedem abschied genohmen, aber es gehet nach seiner fantasie nicht, er soll seiner Aniken absterben, und ich mag ihn nicht besuchen weil mein Wort verachtet wird" (Wrocław UL, Ms. Akc. 1975/148).

45 "Von Jan von Luijken, erzählte er, wie derselbe mit aller Gewalt auch auf dem Lande wohnen wolte, so dass Ven[erandus] [=Ueberfeld] ein Haus für ihn in Overdoes [=Leiden] auf ein Jahr miethen musste, dasselbe auch gantz meubliret, gleich er sonst ihm vielmahls auf die 50. fl. geschenket. Er sei das Pflaster aber für ihn zu heiss gewesen, und habe nur über 4. Wochen daselbst nicht ausgehalten, wie wohl die Jahres-Miethe vollaus müssen bezahlt werden. Er habe sich etwa eingebildet, dass man bei Ven[erandus] nur so auf der Kammer sitze und Andacht pflege, bis man zu Tische gerufen werde, und dann einmals ins Grüne spatzieren gehe, verse mache und ein Liedchen singe; welches Luijkens Werk gewesen, nach dem er sich von seiner ruchlosen Lebens-Art bekehrte, in welcher er Huren-Lieder gemacht, hässliche bilder dazu gestochen, von Profession ein Kupfer-stecher seiende: auch ein Weib aus dem hurhause geheirathet; da er dann nun wieder gut machen wollte, was er vorher für ärgernisse angerichtet, und eine ungläubliche Menge allerhand Bücher mit Sinnbildern und dergleichen heraus gegeben, wozu er die Materie aus Tauler, Kempis und Böhmen genommen, weil er eine besondere Gabe gehabt zu reimen, und die Kupfer selber dazu stechen können, wie wohl sein Stich der säuberste nicht sei, doch Sinnreich und voll Handlung. Geist habe er aber für sich gar nicht gehabt; das buch Jezus en de Ziel, habe er noch in der besten Zeit geschrieben, darin auch viel aus J. Böhmen genommen, es sei aber doch unrein, und ein Ekel fürs Gemüth, nachdem der Mann abgewichen. Seine frau wäre ein paar Jahre vorher gestorben, ehr er nach Overdoes gekommen; die Magd hätte er aber behalten, und als ein heilige gleichsam angebetet; sie habe nichts arbeiten dürfen, damit sie dem Gebet desto besser obliegen könne; sie habe nicht so viel thun dürfen dass sie selber Kohlen ins feuer-Stübgen geholet, sondern er habe ihr solche gebracht, auch gekocht, gewaschen, und alle weibliche Arbeit für sie verrichtet; und das nicht heimlich, sondern öffentlich, wenn er auch gleich zuspruch von andern bekommen, vor denen er sich nicht schämte. Seinem Sohn hätte er allen Mutwillen gestattet, welcher dadurch gantz verwildert, und ein rechter Taugenichts geworden wäre. Der Mann hat sich sondern Zweifel an Ven[erandus] geärgert, weil er keinen

The poet of *De Duytse lier* did not pass muster in the end; he was found too light due to his passion for his *ancilla poetica*, Annetje van Vliet. In the end he had remained too worldly, even though he perceived God's activity in creation in everything and everyone. Luyken's pietist lifestyle and his beliefs, which inclined towards pantheism, lend credence to Arnold Houbraken's conclusion that at the end of his life, Luyken "was of the same persuasion as the afore-mentioned Böhme."[46]

Acknowledgement note: This article is a revised version of a part of "Verliefd op Sophia; Alhart de Raadt (1640–1716) en de vrienden van Jacob Boehme," published in *Geschiedenis van de wijsbegeerte in Nederland. Documentatieblad van de werkgroep Sassen* 13 (2002), pp. 119–163.

in die Sinnen fallenden Schein und Form der frömmigkeit bei demselben gefunden, sondern einen gar ernsten Streit wieder den eigenen Willen, welcher Streit ihm nicht angestanden." (*Extract aus Potthoffs Diario*, p. 85 [University Library Amsterdam (UBA), Bibliotheca Philosophica Hermetica Collection Amsterdam]). Several excerpts and copies of Potthoff's diaries dating to the years 1722–24 and 1730 are now in Wrocław UL.

46 Houbraken 1976, p. 256; cf. nt 4.

Frank van Lamoen

Johannes Rothé and His Twelve Heroes: Editors of Böhme after the End Times

Abstract: The year 1672 is known in Dutch history as the Disaster Year, when the Republic of the Seven United Provinces was attacked by England, France and the bishoprics of Münster and Cologne. In the crisis that followed, many believed themselves to be living in the final stage of the End Times, which had begun in the apocalyptic year 1666. Theologians, astrologers and seers proclaimed the Second Coming of Christ. One was the self-styled prophet Johannes Rothé, who in 1674 left for Hamburg in the company of 'twelve heroes' to encounter the Saviour. The twelve heroes were named for King David's twelve military commanders. One of this group, Quirinus Kuhlmann, had pointed in his *Neubegeisterter Böhme* (1674) to similarities between Rothé's prophecies and chiliastic passages in the work of Jacob Böhme. The affinity with Böhme may have been less obvious for the other heroes at the time, but following their adventure with Rothé, some of them found refuge with the Böhmist Johann Georg Gichtel, for whom the perception of the End Times was a strictly inner experience. The former heroes went on to contribute to Gichtel's 1682 edition of Böhme's *Alle theosophische Wercken*, with Willem Gozewijn Huygens acting as financer, Michael Andreae as illustrator and Alhart de Raadt and Johannes Goethals as trained theologians with backgrounds in textual criticism.

Things had settled down in Amsterdam when the collected works of Jacob Böhme were published there in 1682, but the preceding decade had been all but peaceful. The editor of the collected works was Johann Georg Gichtel (1638–1710), a devoted follower of Böhme who led a life of contemplation and battled evil through prayer. In preparing the edition, he was assisted by a number of former chiliasts who in the 1670s had lived in hope of the Second Coming. At the time, these men were led by the prophet Johannes Rothé (1628–1702), having been part of his elite unit of twelve heroes following the example of the twelve army captains of King David (1 Chron. 27:1–15). The group included among others Alhart de Raadt, Willem Gozewijn Huygens, Johannes Goethals, and Quirinus Kuhlmann.

1 The Career of a "Hero"

Alhart de Raadt (1640–1716) was a talented young man who was born to a humble family in Amsterdam.[1] He attended the Latin School in Amsterdam's "Oude Zijde" district when Cornelius Sladus (1599–1678) was principal. This school was located in the nave of the chapel of the former Bethany Convent on Koestraat. He then enrolled at the Amsterdam Athenaeum Illustre with the financial backing of a number of orthodox Calvinist merchants. At the age of eighteen, he challenged the notion that comets have predictive powers in his *Disputatio physica de cometis* (1658), written under the supervision

1 On Alhart de Raadt (before 1699), see Knipscheer 1937. See also more fully: Lamoen 2003. As I was completing this article in 2003 I exchanged information with Professor Willem Frijhoff, who was preparing the entry on De Raadt for the *Biografisch lexicon voor de geschiedenis van het Nederlandse protestantisme* (Frijhoff 2006). I am grateful to Professor Frijhoff for a number of interesting additional details.

https://doi.org/10.1515/9783110720525-018

of the Cartesian Arnoldus Senguerdius (1610–1668).[2] In his *Disputatio mathematica de retrogressu umbrae in horologio Achaz*, presided over by the mathematician Alexander de Bie (ca. 1620–1690), he discussed 2 Kings 20:11, a biblical passage which recounts how God made the shadow on Ahaz' sundial retreat ten degrees at Isaiah's request, to serve as a sign for the ailing Hezekiah.[3] De Raadt was certainly interested in modern science, but to him divine omnipotence overruled the laws of nature.

Alhart de Raadt left Amsterdam in February 1660 to study theology at Leiden.[4] The theological faculty was dominated at the time by the covenant theology of Johannes Cocceius (1603–1669), which stressed the importance of philology and allegorical exegesis to demonstrate the organic unity between the Old and New Testaments. Revelation accordingly acquired a historical dimension, and the eternal, sovereign God was shown to engage with the fallen human being in a merciful covenant relationship. As a result, the doctrines of revelation and eschatology became important for orthodox thinkers, and chiliasm was no longer the domain of religious separatists. On top of that, the skies seemed to exhibit signs of the imminent end of mortal time: the great conjunction of 1663 was believed by many to signal the Second Coming.

Alhart de Raadt's formative years follow the usual academic pattern. He took part as a respondent in disputations presided over by such lecturers as David Stuart and by Professor Johannes Hoornbeek.[5] He became a candidate for the ministry in 1664. On 28 September 1665 he summarized classical and modern notions about the nature of the cosmos in his *Disputatio philosophica inauguralis de coelo*. The following day, he debated on God's announcement of the Flood in *Disputatio theologica inauguralis In Geneseos VI,3*.[6]

---

2 Raadt 1658b [Library Company of Philadelphia (LCPh), 1216 Q Log 7]; Raadt 1659 [LCPh 1216 Q Log 31]; Frijhoff 2006, p. 239.

3 Raadt 1658a [London, British Library (BL) 529.g.13.(15.)].

4 Leiden, *Album studiosorum* 14 February 1660: Alardus Johannis de Raet Amstelodamensis 20. T. [i. e.: aged 20 when he enrolled as a theology student]. I am spelling his name as he did himself in notarial deeds: Alhart de Raadt (variants: Raat, Raedt etc.). His father, Johannes Eldersz, is referred to as a "gemeiner Mann" in "Lebens-Lauf des Mannes Gottes, Joh. Georg Gichtels," in: Gichtel 1722, vol. 7, p. 218. On 14 May 1637, Johannes gave notice of marriage with Willemtje Hermans [Harmens]. A son, Eldert [=Alhart], was baptized on 25 March 1640. Willemtje was buried in Zuiderkerk on 17 July 1691, coming from "Vlooienburg across from the synagogue," the address of her son-in-law, Hilling Tadeus van Velsen (born 1656/1657). This surgeon from Emden gave notice of his marriage with the then 20-year-old Janneke de Raadt on 15 April 1679. A brother of hers, Jacobus de Raadt, who had entered the service of the East India Company in Hoorn aboard the ship Bredehoff, died on 15 July 1705 [Utrecht Archives, not. prot. U 118 a 2, no. 459]. Gichtel did not think much of Jacob: "alle unsere Brüder ärgern und stossen sich an Jacob de Radt, um seines ungeziemenden Redens, Schertzens, Lachens und Tobackrauchens willen" (Gichtel 1722, vol. 1, letter 53, n.d., p. 171 ff.).

5 Stuartus, Dav. *Disputatio philosophica, de philosophia in genere*. Lugduni Batavorum, apud Johannem Elsevirium 1661 [resp. A. de Raadt] [München, Bayerische Staatsbibliothek, 4 Diss. 5430-1/54,2]. In 1661 Stuart was still a lecturer; he was appointed full professor in 1664. He died in Paris in 1669. His father, the Scotsman Adam Stuart, succeeded François Du Ban as professor of physics at Leiden University in 1644. He was an outspoken opponent of Descartes. Raadt 1664 [University Library Amsterdam (UBA), Allard Pierson Depot OTM: O 99–1105].

6 Raadt 1665a [University Library Leiden (UBL), 236 B 2: 46], with a dedication to Hoornbeek and the men who sponsored his studies: Anthonius Verspreet, Johannes Elyson, Johannes Snel, Abraham de Sadeler, Abraham van Friessem, Johannes Pol and Servatius Auxbrebis (the latter is not mentioned in the dedication to *Punctationis Hebraicae natura commentarius* of 1671). Frijhoff 2006 traced a copy of Galileo Galilei's *Systema cosmicum* (Galilei 1641) which was annotated by De Raadt. It concerns the second edition of Matthias Bernegger's translation of the *Dialogo* [1st edition 1635]. The edition furthermore contains: *Perioche ex introductione in Martem Ioannis Kepleri* [...] and *Epistola* [...] *Pauli Antonii Foscarini* [...] *circa Pythagoricorum, & Copernici opinionem de mobilitate terrae et stabilitate solis: et de novo systemate seu constitutione mundi: in qua Sacrae Scripturae auctoritates, & theologicae propositiones, communiter adversus hanc opinionem adductae conciliantur* [Washington, Smithsonian Libraries QB41.G15sL1641]. Raadt 1665b [University Library

In 1665 Alhart de Raadt, twenty-five years of age, became doctor of philosophy and theology. Two days after he took his doctorate, he gave notice of his marriage to Anna van Zuylen. The couple were married in Koudekerk on 10 October, but they were not to enjoy happiness for very long.[7] In the 1660s, epidemics made child mortality even higher than in earlier periods, and their first child, baptized in the Hooglandse Kerk on 18 July 1666, died only a few months later. The other children that were born to them in the following years were not granted a long life either.[8]

The turbulent year 1666 brought signs that many saw as harbingers of the apocalypse: the Dutch Republic was caught up in the Second Anglo-Dutch War (1665–1667), with some wanting to appoint the sixteen-year-old Prince Willem as *Stadholder*, while Grand Pensionary Johann de Witt, in effect the Republic's political leader, aimed for peace. Sabbatai Zevi, the self-proclaimed Messiah from the Levant who had been embraced by many Jews, was captured by the Turks and forced to convert to Islam. The predicted return of the Jews from the diaspora failed to take place, an oft-cited condition for the "End Times," but many still clung to the hope of salvation. De Raadt, for his part, traveled to Vlissingen to hear Jean de Labadie, whose chiliastic sermons were colored by the reports of Sabbatai Zevi.[9] On the occasion of the signing of the peace treaty at Breda on 31 July 1667, De Raadt published a solemn eulogy on the peace that had just been concluded: "Speeches by the Dutch Maiden, well-tuned now that the times have changed following the last war with England."[10]

It was around this time that De Raadt's kindred spirits appeared on the scene. The first one was Willem Gozewijn Huygens (1645–1699), a scion from an Arnhem family of regents. He matriculated at Leiden University on 1 December 1665 as a student of literature and philosophy. When his father died the next year, Willem Gozewijn succeeded him as lord of the family estate of Clarenbeek. In the years 1667–1672 he served as a member of the Arnhem magistrate like his father before him. After that he resigned from his offices, having become averse to the affairs of the world. It may be that the political situation influenced his decision.[11] Huygens was a witness at the baptism of the second child of Alhart and Anna De Raadt on 28 August 1668.

The second to join the company and the youngest was Johannes Goethals Jr. (1650–1728) from Delft, son of the court pastor who attended *Stadholder* Frederik Hendrik in his final hours. Goethals

---

Leiden (UBL), 236 B 2: 47], "And the Lord said, 'My spirit shall not always strive with man, for that he also is flesh: yet his days shall be an hundred and twenty years.'" (King James Version, Genesis 6:3)

7 Leiden Regional Archives, Records of Baptisms, Marriages and Deaths (DTB): notice of marriage 1 Oct., marriage 10 Oct. 1665 to Anna van Zuylen; sole child of Dirk Theunisz van Zuylen and Anna Jochemis [=Jochems]. Anna lived on Bierkaai in Leiden.

8 Leiden Regional Archives, Records of Baptisms, Marriages and Deaths (DTB): a daughter, Anna, was baptized on 18 July 1666, witnesses were Dirk van Zuylen and Anna Ophemius; the child was buried in the week of 12/18 Sept. 1666, and recorded as coming from Rapenburg. On 28 Aug. 1668, Karel was baptized in the presence of Willem Gozewijn Huygens, Dirk van Zuylen, Anna Ophemius, and Willemtje Harmens; the child was buried in the week of 24 Febr./2 March 1669, with the address: near Pieterskerk. Another son called Karel was baptized on 27 Febr. 1671, witnessed by Willem Gozewijn Huygens; the infant was buried in the week of 30 March/4 April 1671; address: near Pieterskerk. On 13 Jan. 1673, yet another child was buried in the Zuiderkerk in Amsterdam. Another child died after Alhart and Anna had returned from Harderwijk; it was buried in the week of 9/15 June 1675, and listed as coming from Bierkaai, where Dirk van Zuylen lived.

9 Saxby 1987, p. 143; Scholem 1992, pp. 606–607.

10 *Reedenen der Neederlandsche maaghdt, getempert na 't waalen der tyden in den laatsten oorlog met Engelandt* (Raadt 1667) [University Library Leiden (UBL), shelf mark MNL Port. 145].

11 Willem Gozewijn is not related to the renowned Constantijn and Christiaan Huygens brothers. His father Rutger Huygens (1592–21.8.1666) married in succession Nomna van Lintelo in 1624, Charlotte Louise van Meetkerke in 1627, and Anna Margaretha van Stralen from The Hague in 1641. In 1643 he consolidated his estate and named it Clarenbeek. Willem Gozewijn was born in The Hague in 1645; he matriculated at Leiden to study literature and philosophy on 1 December 1665, together with his brother Goswinus Philippus (died 1672). See Juten 1900, pp. 271–273; Anspach 1881.

enrolled as a student of theology at Leiden University in 1668. He would share in the joys and sorrows of De Raadt and his family, and in the end, he would survive all his friends.[12]

In 1671 De Raadt contributed to the scholarly controversy on the antiquity of the Hebrew vowel points with a study entitled סוגית הנקוד *Sugyat haniqud hoc est De punctationis Hebraicae natura commentarius*. Calvin, Casaubonus, Erpenius, Capellus and others believed the vowel points and accents were of Masoretic origin. Spinoza had also expressed this (correct) view in his *Tractatus theologico-politicus* (1670).

Luther and Calvin had seen no problem in the relatively modern origin of the vowel points, but after the Leiden philologist Thomas Erpenius had published an edition of Capellus' *Arcanum punctationis revelatum* (1624) with a laudatory preface written by himself, the dogmatists realized it compromised the idea of a clear textual transmission of the Old Testament. Catholic polemicists concluded that the canon was not infallible, in view of the human interventions in the text, and stressed the importance of the ecclesiastical tradition as the *verbum Dei non scriptum*. According to the authoritative Hebraist Johann Buxtorf (1564–1626) and his son of the same name, however, the vowel points were Mosaic in origin and Voetius, too, considered the Bible to be divinely inspired down to every tittle and iota. De Raadt was of the same opinion; his Cocceian exegesis and allegorizing was thus bound to conflict with a corrupt source text. His exposition was preceded by a brief Hebrew text by the theology student Everard van Someren (1644–1710), who together with the publisher Loth de Haes was to take part in the chiliast adventures of Johannes Rothé a few years later. De Raadt's *Sugyat haniqud* was reprinted in 1683.[13]

Thanks to the success of this book, Alhart de Raadt was appointed professor of theology at the University of Harderwijk on 13 May 1671.[14] The Faculty of Theology there was another Cocceian stronghold. De Raadt left Leiden in September, at the age of 31. On 9 December the newly appointed professor held an inaugural lecture, *Disputatio theologica secunda de goële*, with his friend Johannes Goethals acting as respondent. Goethals followed him to Harderwijk at the end of January 1672. Their mutual friend Huygens had already left Leiden in March 1671, presumably to look after his affairs in Arnhem.[15]

De Raadt's professorship was surprisingly short-lived. Less than a year and a half later, on 6 April 1673, Doctor de Raadt re-enrolled at Leiden, with Goethals following him on 13 May.[16] What had gone wrong? The political climate was not exactly encouraging. The Dutch Republic was invaded by foreign troops in the disastrous year of 1672. The French crossed the Rhine and occupied Utrecht, while German forces captured the eastern provinces. The Dom Church and other churches in Utrecht were reclaimed by Catholics. To what extent this situation affected the career of a Protestant theolo-

---

12 Leiden, *Album Studiosorum*, 3 March 1668: Johannes Goethals Delphensis, 18 T. [i. e.: aged 18 when he enrolled as a theology student]. Son of Johannes Goethals (1611–24 Dec. 1673), a pastor highly valued by Voetius. Goethals Sr.'s widow Catharina Rozeboom remarried the pastor/poet Johannes Vollenhove (1631–1708); cf. Vollenhove, *Gedichten*, Den Haag 1656–1693 [Royal Library The Hague (KB), 135 B 263].

13 Raadt 1671a [University Library Amsterdam (UBA), Allard Pierson Depot OTM: RON A-4727], with a text in Hebrew by Everard van Someren and a dedication to his patrons. 2nd edition Raadt 1683 [University Library Groningen (UBG), AL C 20]. Muller 1980.

14 Lieburg 2000. De Raadt's name only occurs in this volume in the list of professors (Appendix I), with a reference to the *Nieuw Nederlandsch biografisch woordenboek* (NNBW).

15 Raadt 1671b. [Universitätsbibliothek Heidelberg 1, 4820 RES 1 (6 Dec 1671); 1, 4820 RES 2 (9 Dec 1671)]; Leiden Regional Archives, Ecclesiastical statements of good conduct (Attestaties), 23 Jan. 1672: Goethals to Harderwijk; 14 Sept. 1671: De Raadt to Harderwijk; Huygens left Leiden on 22 March 1671.

16 De Raadt's enrolment was free of charge thanks to his doctorate degree; Goethals enrolled in the Faculty of Law.

gian is difficult to assess. What is certain is that De Raadt had created a difficult situation for himself because of his extreme Cocceian views and his fervor for the chiliastic views of Johannes Rothé.[17]

When Johannes Cocceius died of the plague in 1669, he was mourned by his student De Raadt in a funerary poem.[18] In 1673 De Raadt defended his beloved mentor in an *Apologia veritatis quam provocavit clariss*[*imus*] *(dum viveret) Samuel Maresius*. The candidate for the ministry Everard van Someren translated a major part of the work into Dutch under the title *De vyfde monarchie, ofte 't ryke der heyligen* (1674). Huygens, who had by then turned his back on all worldly cares, sponsored the translation.[19]

Samuel Maresius had been called to Leiden in 1673 but died before he was able to accept his office. He was the author of a large number of polemical works, including *Chiliasmus enervatus* (1664), a work directed against the chiliasm and separatism of Labadie, and *Antirrheticus* (1669), against Comenius. He and Voetius were fierce opponents of both Cartesians and Cocceians. De Raadt criticized the dogmatism of Maresius. He regarded the sacrament of reconciliation or confession as well as the Three Forms of Unity (that is, the Heidelberg Catechism [1563], Belgic Confession [1561], and Canons of Dort [1618–1619]) as man-made, and could not accept them as authoritative. The same was true for the Bible translation authorized by the States General, which contained many translating errors. De Raadt also opposed Cartesianism, which undermined theology with its methodological skepticism. The utterances of the Holy Spirit are of a higher nature, he wrote, with an appeal to 1 Cor. 2:4–5:

> What business does the Spirit of God have with the Spirit of the World? […] What communion can the crystalline streams of Zion have with the wretched mud holes of the philosophers? What agreement is there between heavenly wisdom and the wisdom of this world? What does Christ have to do with Aristotle or with Descartes? Nothing, with any of them.[20]

Maresius had furthermore published twelve theses against the biblical Millennium, and had called into question the imminent conversion of the Jews.[21] De Raadt by contrast was a chiliast, and would continue to speculate about a utopian end time all his life.[22]

---

17 Gichtel writes in *Theosophia practica*, vol. 1, letter 110 to Martin John, 3 April 1703 (Gichtel 1722, p. 470): "Dr. Radt aber, der sich mit Rothées Kundschaft aus seiner Harderwyckischen Professoratur geworfen, war mit sich selbst verlegen, und besuchte Breckling" [in 1674]; cf. Gichtel's *Lebens-Lauf* in Gichtel 1722, vol. 7, p. 162.

18 Raadt 1669 [in Latin by S. Wouters, A. Hollebeeck and C. v.d. Maersche]; University Library Leiden (UBL), Portef. 20: 49: Catalogus 1887, col. 565.

19 Raadt 1673 [University Library Amsterdam (UBA), Allard Pierson Depot OTM: O 61–1844]. Johannes Goethals Sr. apprenticed his nephew Rombertus Vliterpius Goethals (born. 1648/49 in Naaldwijk) to the book dealer Johannes van Someren. Rombertus married Sara van Someren, his employer's daughter, in Amsterdam in 1684. Rombertus Goethals left for Utrecht in 1709 (Eeghen 1960–1978, vol. 3, in voce Goethals, van Someren). See also Paul 1980. Raadt 1674 [University Library Leiden (UBL), Maatschappij Nederlandse Letterkunde (KL) 1499 F 12; bookplate of Chr. Sepp]. Translation of a part of the *Apologia veritatis.*

20 "Wat heeft de Geest Godts met de Geest des Weerelts te schaffen? […] Wat gemeenschap hebben de cristallijne stroomen van Zion, met de beroerde modderpoelen der philosoophen? Wat over-een komst is 'er tusschen de hemelsche wijsheydt en de wijsheydt dezer weerelt? Wat heeft Christus te doen met Aristoteles of met Cartesius? Niet met allen." After which he referred to 1 Cor. 1:18 ff. and 1 Cor. 3; Raadt 1674, p. 275.

21 Raadt 1674, p. 158, referring to Maresius 1669, p. 38 [Groningen University Library (UBG), EN DE 6]; cf. Nauta 1935, p. 36.

22 De Raadt's *Apologia* did not remain unanswered. The provincial synods were shocked; the work was banned by the States of Friesland in 1675. For the response of Hubertus van der Meer, a pastor from Bovenkarspel, see his polemic against Balthasar Bekker, Meer 1674 [Leiden University Library (UBL), 167 G 21]; cf. Thijssen-Schoute 1989, p. 48; Diest

2 A Man with a Mission: Johannes Rothé[23]

Johannes Rothé, the chiliast who came to be regarded as a subversive madman in the 1670s, was born to a wealthy family. During his childhood, he was tormented by melancholy and visions. As a young man, he wandered through England announcing the Millennium as a penitential preacher, but was soon arrested. It was a time of great religious unrest in England: Cromwell had just dissolved the Parliament of Saints to prevent radical Puritans, chiliasts and Quakers from taking control. Rothé was eventually released from prison through the mediation of diplomats. In 1660, he married a daughter of Samuel Hartlib (1600–1662) and settled on his country estate at Oud-Wulven, between Utrecht and Houten.

Rothé's knowledge of international relations stood him in good stead when he claimed that the spirit of the Lord came upon him. In 1668 he admonished the Dutch people to repent, in a pamphlet signed "Johannes R. Servus Dei". Four years later, his prophetic gifts asserted themselves even more strongly in a pamphlet published in January 1672 entitled *Eenighe prophetiën ende revelatiën Gods*, in which he predicted that the French and the English would invade the country.

According to this pamphlet, the Millennium would begin after an apocalyptic event of European dimensions. An army of faithful warriors would set off from England and the Dutch Republic to destroy the evil one and his legion. Rothé himself would make his entry as a new King David in Amsterdam, the New Jerusalem.

3 A Circumcised Parson

Among Rothé's followers was the Limburg parson Theodorus Huberti Dircksz, alias "Houbi." He had met Rothé at the home of Comenius (1592–1670), who had acquired a reputation as an apocalyptic visionary. In 1668 Comenius had published his *Via lucis* (written in 1641) in Amsterdam. A year later, in 1669, he listed in his chiliastic text *Clamores Eliae* the names of his sympathizers, including Rothé, Serrarius, Breckling and Seidenbecher. Comenius also explicitly based his writings on the chiliast tendencies in the work of Jacob Böhme, and especially on the call for a general reformation as issued by

1674 [Knuttel pfl. 11232]; Anonymous 1674 [Knuttel pfl. 11233]; cf. Nauta 1935, p. 415; Knuttel 1908–1916, vol. 4, p. 343; vol. 5, p. 78, 117–118, 171; Knuttel 1889–1920 [=Knuttel pfl.].

23 De Boer 1900. Rothé provided biographical details in his pamphlets of the years 1672–1677. See: Knuttel pfl. pt. II.2. The Royal Library holds a manuscript of a notorious anti-Orangist pamphlet: *Een sware beschuldinge ingebragt tegen de prins van Oranie*, dated Amsterdam 6 Nov. 1676, 13 fols. [Royal Library The Hague (KB), 75 J 22]; Knuttel 1914, no. 354. Knuttel also wrote the entry on Rothé in the NNBW, pt. 1, col. 1443–1446). More about Rothé in: Anonymous 1574–1798: *Resolutien* van de Staten van Hollandt ende Westvriesland. S. l., s. n. 1574–1798, and the *Hollandsche Mercurius* for 1677 (year 27 (1678)); partly incorrect details on Rothé's life were published during his lifetime in Gottfried Arnold's *Unpartheyische Kirchen- und Ketzer-Historie* (Arnold 1699–1700), pt. III col. 25, p. 243 ff.); Haley 1978; Weekhout 1998, pp. 97–98. Previously unknown archival material is held by the Amsterdam City Archives (SAA), 30579, Inventaris van de Collectie Stadsarchief Amsterdam; personalia, no. 1537 (File on Johannes Rothé 1674–1924) containing notes by H.J. Schouten dated 15 Dec. 1924; 9 fols. (unpaginated) with information on Houbi: deposition before notary public P. Padthuysen 7 nov. 1672; *Justitieboeck* 17 Jan. 1673, 25 Jan. 1675; *Confessieboeken* 17 Jan. 1673, 20 Dec. 1674, 25 Jan. 1675; deposition before notary public G. Steeman 12 Jan 1677. Contemporary documents on behalf of notary public Steeman (dated 5 Jan. 1677) following Rothé's arrest: *Extracten uyt de Resolutien van de Staten van Hollandt ende Westvriesland*, 6 Feb. 1674, 28 Feb. 1674, 17 July 1674, 26 July 1674, 15 Jan. 1676; petition by the family to the burgomasters of Amsterdam and the States of Holland [1674]; testimony by Jurriaan Broeck and Jacob van Velsen, 22 April 1675; depositions before notary public Steeman following Rothé's arrest, 30 Dec. 1676, 6 Jan. 1677, 12 Jan. 1677; interrogations of Rothé 11 and 13 Jan. 1677, 15 and 25 Feb. 1677.

the Rosicrucian Manifestoes and the utopian projects of Johann Valentin Andreae, the Rosicrucians' spiritual father.[24]

Johannes Rothé soon awarded parson Houbi a crucial place in his plans for the coming end of salvation history. He would be in charge of the conversion of the Jews, according to Romans 11 a condition for the Second Coming and the beginning of the Millennium. Houbi had had himself circumcised by a Jew in Ouderkerk in the presence of Rothé around Easter 1672. Later that year he declared, with seven Catholics as his witnesses, that he had never reneged on his faith,

> but through circumcision the better to meet and communicate with the Jews here and bring them to the Catholic Christian faith according to the admonition and the example of our Saviour Christ Jesus and the holy Apostle Paul and his disciple Timothy.[25]

History is silent about how the circumcised parson acquitted himself of his duties. In the following years, he was incarcerated from time to time, released, and eventually banished from Holland. When Houbi nevertheless showed up in Amsterdam at the beginning of 1676, he was sentenced to the correction house for a year. He was still there when Rothé was arrested in Amsterdam in December 1676. The detained parson made a deposition at the request of Rothé's relatives on 12 January 1677, stating that he had met Rothé through Comenius, and had visited him regularly after that time to discuss the revenues of his parish. Rothé had given the parson four *ducatones*, and later, at the house of a Jew where Houbi was staying, about a thousand *rijksdaalders* "for the tithe which he [Rothé] believed he owed Houbi" (*voor de thiende, die hij [Rothé] verstont, aen hem deposant schuldigh te sijn*).[26] The poor parson tried to refuse, but Rothé kept urging and later handed him another five to six hundred guilders, "to supplement the said tithe" (*tot supplement van deselve thiende*), in addition to his writings. These funds were confiscated when Houbi was arrested.

Rothé made a statement on 15 February 1677 that Houbi "gave himself out to be a man whom God had singled out to convert the Jews" (*sigh uijtgaff voor een man, met wien Godt ijts besonders voor hadde, tot bekeringh van de Joode*), confirming that he had given him "the tenth part of his assets" (*de tiende van sijn middelen*), which amounted to some 3,500 guilders. His generosity sprang "from a divine intuition which had been on his mind some 10 to 12 years, that he would at one time have to give away a tenth of his possessions" (*uyt een goddelijcke ingevinge die hem 10 a 12 jaer op 't hart [had] gelegen, dat hij eens een tiende van sijn goet soude moeten geven*).[27] He had told the dumbfounded Houbi: "I do not give it to you but to the Lord, to use the same in the service of the Lord" (*ick en geeff het U niet maer den Heere, om het selffde in 't werck des Heeren te gebruycken*).[28] Houbi did not object. Rothé regarded him as Melchizedek, to whom Abraham had donated a tenth of the spoil according to Genesis 14:20. Rothé was a moneyed man with a mission. This had already become all too clear in 1673.

24 On Comenius and chiliasm see: Gilly 1999; Rood 1970, p. 205 ff.

25 "Maer wel om door middel van de besnijdenisse soo veel te beter ommegangh ende communicatie met de Joden alhier te hebben ende deselve tot het Catholijcq Christen Gelooff te brengen volgens de vermaninge ende 't exempel van den Zalichmaker Christus Jesus ende den heijligen Apostel Paulus ende sijnen discipel Timoteus." Deposition before notary public P. Padthuysen, 7 Nov. 1672 (Rothé 1674–1924).

26 Deposition by Houbi before notary public Steeman, 12 Jan. 1677 (Rothé 1674–1924).

27 Interrogation of Rothé, 15 Feb. 1677 (Rothé 1674–1924).

28 Deposition by Houbi before notary public Steeman, 12 Jan. 1677 (Rothé 1674–1924).

4 Preparations

In 1673, Johannes Rothé prepared for the events that he believed were bound to take place as Christ's Kingdom came into being. That year he published a sizeable pamphlet the title of which contained chiliastic phrases based on scriptural passages about a coming Millennium. Revelations 21 refers to a "new heaven and new earth" while Acts 3:21 speaks of the "restoration of all things." (Fig. 1)

Rothé's *A NEW HEAVEN and EARTH* (*EEN NIEUWE HEMEL en AERDE*) has two illustrations. The second one is more straightforward than the first and depicts the return of King Melchizedek, which may be a veiled reference to Houbi. It also includes a representation of the resurrection of the bones according to the vision in Ezekiel 37, a passage traditionally associated with the restoration of Israel. The first, more complex, illustration portrays a crowd gathered around a standard with a banner. The Lion of Judah is lying at the foot of the standard. Next to the aura enclosing this representation is an armed militia. The meaning of this print is less symbolic than might appear at first sight. Rothé provided in his pamphlet a "Description of the twelve Heroes of God: Their service, and weapons: And each shall keep watch around the standard of the Lord."

> Each of them shall have a pike measuring fifteen feet. A sword, and a helmet with a breastplate, as used in the war. [...] The pikes shall be divided into three parts, each part five feet tall, fitted together with screws. [...] Tents shall be put up around the standard, in which God's Heroes shall keep watch; each one shall have his own tent, and carry his own tent with him; and the same shall be made of green woven linen, proof against rain and wind. [...] A night watch shall also be kept, and a lantern shall be placed near the standard of a green color and fitted round with a translucent horn window, proof against rain and wind. [...] The handles of the swords shall be made of ivory; the same material as used for the rings in the banners of the standard: the head of a lion shall be carved at the top end, in the shape of the lion's head lying beside the standard: the rest belonging to the sword shall be made of copper, following the shape on the standard.[29]

Rothé certainly had an eye for detail. The final interrogation conducted on 25 February 1677 makes clear that he had actually ordered all the equipment described above to be made. Asked what he meant with the standard and the lion, he answered that it had been "an inspiration which he judged to have come from God" (*een inspiratie die hij oordeel[de] van god te komen*), something inexplicable which had been "inspired from on high" (*van booven ingegeven*) and which he simply had to obey. Next, he was asked "when he had commissioned the weaponry such as harnesses, helmets, pikes, sabres, spade, axe, tent, lantern, trumpets and the rest" (*op wat tijt hij het wapentuijgh als harnassen, helmetten, piecken, sabels, spa, bijl, tendt, lantarenkamer, basuijnen, als anderen [had] laten maken*). "In 1673–74," Rothé answered.

Finally he was asked what had moved him to do so. Johannes Rothé replied:

29 "Yeder van haer sal een spietse hebben van vyftien voeten langh. Een Swaert, en een Helmet met een Borstwapen, als in d'oorlogh gebruyckt wort. [...] De Piecken sullen in drie deelen verdeelt worden, yeder deel vijf voeten langh, met schroeven in malkanderen vastgemaeckt. [...] Daer sullen Tenten geslagen worden rontomme de Standaert, waer in de Helden Gods hare wacht houden sullen; yeder sal sijne eygene Tente hebben, en sal yeder sijne Tente met sich voeren; en deselve sal sijn van groen geweeven Linnen, bequaem gemaeckt tegens regen en wint. [...] Oock sal daer een nacht-wake gehouden werden, en een Lantaern sal by den Standaert staen van groene coleur en met hooren-werck rontomme beset om door te lichten, en voor regen en winden bewaert te sijn. [...] De Swaerden sullen van Yvoor het hant-gevest sijn; even de selfde materie als de ringe aen de Vaene des Standaerts is: voor aen het eynt sal een hooft van een Leeuw gehouwen sijn, in de Figure als de Leeuwen-hooft besyde de Standaert leggende is: de rest tot het Swaert behoorende sal van koper sijn, na de Figure als aen de Standaert is." Rothé 1673, pp. 10 ff.

(5)

DEN GODT ISRAELS,
EN
SYNE BANIERE.

ER dat tot de volgende Figure voortgegaen wert in het leſen, ſo rade yeder nauw ſijn ſelve examineere, oft hy eenigh deel aen dit
A 3 werck

Fig. 1: Den Godt Israels en syne baniere, in: Johannes Rothé, *Een nieuwe hemel en aerde*, Amsterdam 1673, University Library Amsterdam (UBA)/Bibliotheca Philosophica Hermetica Collection Amsterdam

> that the Lord God intended to use him as well as others as an instrument to restore all things which he, enthralled by the return of Christ, was anticipating, based on that which he had been able to comprehend from Scripture. [He] also states that the standard lion, and further instruments, were to have served in this transformation, to bring the Jews, who are accustomed to being guided by symbols, to Christ, and that the Lion of Judah as well as the ark of the covenant once served as a visible sign of the presence of God, so that this Lion of Judah would serve as a sign of the presence of Christ.[30]

The interrogations ended here (25 February 1677). Everything was now crystal clear to the interrogators.

5 The Twelve Heroes

Why was Rothé able to do as he did in 1673 and the following years? Being a man of means, he was not straightaway confined to the madhouse. Furthermore, the political climate was conducive to prophets of doom and chiliastic ambassadors of a kingdom of peace lasting a thousand years. The fulfillment of the prophecies and the fact that the prophet, like a shrewd politician, promised tax reductions in the New Jerusalem ensured Rothé a score of followers, including "heroes" like Alhart de Raadt, Johannes Goethals, Willem Gozewijn Huygens, Everard van Someren, Gijsbert Beijer, Loth de Haes, Edward Richardson, Johannes Cornelisz. Haeseven,[31] Christianus de Beecs,[32] Cornelis van Goch, a man named Bloch and another unidentified man called Brugh, as well as the brilliant but overwrought spiritualist hero Quirinus Kuhlmann (1651–1689).

Kuhlmann saw in Rothé the fulfillment of the chiliastic ideas of Jacob Böhme and called upon the Brothers of the Rosycross to join the ranks. In 1674 Kuhlmann published with Loth de Haes in Leiden his *Neubegeisterter Böhme*, containing 150 prophecies by Kuhlmann in which he also showed Böhme and Rothé to be in agreement.[33] The same publisher issued a Dutch translation of chapters 15 and 16. In spite of the many similarities noted by Kuhlmann, Rothé did not want to be known as a Böhmist, but as an autonomous prophet in his own right. Once Rothé's mission took on an increasingly political character, Kuhlmann distanced himself from the prophet.[34]

Edward Richardson on the other hand, who had served as a minister with the English congregation in Leiden since 1670, was certainly a politically engaged chiliast. He had been involved in a conspiracy against Charles II in 1663, but had managed to escape to the Dutch Republic, where English agents were keeping a close eye on him. At the time of the Third Anglo-Dutch War (1672–1674), he was busy translating anti-English propaganda.[35] In his capacity as minister, he officiated on 3 March 1675 at

30 "dat god de heere, voor hadde hem benevens andren, als een instrument te gebruijken tot d'opregtinge en herstellinge aller dingen die hij gevangene door de komste Cristij te gemoet sagh, volgens het gene hij uijt de schrifture heeft kunnen begrijpen. Seght voorts den Standaert Leeuw, en vordre instrumenten, in die veranderingh gedient te sullen hebben, om de joode die gewent sijn figierlijck geleijt te werden, daer door tot Cristen te brengen, en dat de Leeuw Juda gelijck de arcke des verbonts eertijts een sigbaer teken van de tegenwoordigheijt gods betekende alsoo oock dese Leeuw Juda soude sijn een teken van de jegenwoordigheijt Cristij." Interrogation Rothé, 25 Feb. 1677 (Rothé 1674–1924).

31 Cf. Haeseven 1673 [Knuttel pfl. 11024].

32 Cf. Beecs 1673 [Knuttel pfl. 11025; see also 11247 and 11248 for pamphlets against De Beecs, by J. Price, preacher in The Hague].

33 Kuhlman 1674 [University Library Amsterdam (UBA), Allard Pierson Depot OTM: OK 62–3274].

34 For Kuhlmann see: Dietze 1963, pp. 125 ff. See also the essays by Thomas Isermann and Jan Rohls in this volume.

35 Hoftijzer 1987, pp. 78–79.

the wedding of the publisher Loth de Haes and Elisabeth Michaelis, who had a daughter, Esther, from a previous marriage. Esther and Quirinus Kuhlmann were engaged to be married on 20 January 1687 in the home of her parents in Akersloot.[36]

Richardson died in Amsterdam in 1677. A year before his death, his translation of *The Way to the Sabbath of Rest* (1655) by the English Böhme adherent Thomas Bromley (1629–1691) appeared under the title *De wegh tot den Sabbath der ruste: ofte der zielen voortgang in 't werk der wedergeboorte*.[37] The works of Bromley, as well as Jane Leade and other members of the Philadelphian Society would later become important to Alhart de Raadt and his fellow spiritualists once it dawned upon them that the revolutionary End Times should not be interpreted literally but spiritually. Only then did Böhme's work really become meaningful to them. But things had not yet reached this stage.

6 A Chiliastic Sermonizer

On 28 January 1674, a candidate for the ministry Everard van Someren delivered a sermon in Rotterdam on the subject of the Fifth Monarchy, taking Daniel 2:44–45 as his point of departure. Also present were the ministers Franciscus Ridderus and Nicolaus Grebber, who responded with loud coughs to the frank words of the candidate.[38] When van Someren declared that the expected kingdom would not be of a spiritual nature, but "outward and physical" (*uyterlyck en lichamelyck*), a coughing fit no longer did the trick. The ministers shouted at him that he was a "Quaker," and burgomaster van Maerssen, who also happened to be there, had him forcibly removed from the church. As he was carried away, van Someren called out in triumph that the sermon had already been printed, so that its contents could be perused should anyone be interested. Gijsbert Beijer, a Rotterdam prophet who would remain loyal to Rothé to the end, had been responsible for having the text printed and distributed. He was summoned by the authorities several times, but never appeared.[39]

The ideological background of van Someren's sermon had been provided by Alhart de Raadt's *Apologia Veritatis*. Johannes Rothé reacted immediately by hurling prophetic abuses at the heads of the ministers and the burgomaster. The Rotterdam deputy lodged a complaint against Rothé with the States of Holland, who in turn urged the prophet's relatives on 6 February to have the troublemaker put away. Rothé's wife and friends did everything they could to keep him at home to avoid further mischief, especially when it became clear the family's wealth was in danger of being confiscated, but had to inform the States on 17 July of the same year that to their deep regret Johannes had fled.

7 Exodus

Rothé had indeed left the country: the end times were nigh. He planned to return with his followers after forty weeks had passed to establish the Millennium on earth. The paraphernalia that were part of the "Exodus" from Amsterdam have been described above. The standard and the lion were taken from storage. Tents had been ordered from a sailmaker in Enkhuizen which were confiscated in Feb-

36 Dietze 1963, p. 235.

37 Bromley 1676 (Hoftijzer 1987, p. 258).

38 Weekhout 1998, pp. 206 ff.

39 Weekhout 1998 does not identify Beijer as a follower of Rothé; see also De Boer 1900, p. 17, note 4.

ruary 1675. A furious Rothé predicted that the inhabitants of Enkhuizen would be sold as slaves. When shortly afterwards a ship from that city was captured by the Turks, he regarded it as the fulfillment of his prophecy.[40]

From his hiding place, Rothé requested that the States of Holland provide him safe-conduct, admonishing the *Stadholder* to join him:

> Lord Prince. You make war against God, so God makes war against you. Do you believe you can stand up to God? No. Soon the great God will heap shame on You; you hasten Your ruin and Your end is near. Consider my words and repent, before it is too late.[41]

Needless to say, according to the vision of the future put forward by Rothé, the *Stadholder* would not have a position of power in the future reign of Christ. What is more, Rothé regarded the Prince's brazen attempts to gain sovereignty as a form of idolatry, as we will see. His plea for revolution on biblical grounds, together with Rothé's unstoppable exhortations against Willem III, would eventually prove to be his undoing.

On 24 March 1674 the country was struck by a portentous storm. The next day was Easter, the feast of the resurrection. It was on this day that Rothé left Amsterdam, accompanied by an unknown number of disciples of whom the coranto, *Hollandsche Mercurius*, would later write that various people in the party were otherwise "not of unsound mind" (*van geen onevene hersens*), although they did have great faith in the prophecies. The twelve "heroes" sought refuge near Hamburg, where they were to remain until August. It is unknown what exactly went on there, but more than fifty years later, in 1730, the aged Böhmist Johann Wilhelm Überfeld told Brother Potthoff that Johannes Goethals had been captured, while Alhart de Raadt and Willem Gozewijn Huygens had managed to get away.[42] The scene of the events appears to have been Buxtehude near Hamburg, according to a satirical print with an accompanying poem that made great fun of the affair: *A vision from the Beginning of Time, Revealed to the Prophets and Children of the Prophets Jan Rothe, Culman, and Someren, de Raat, and other Warriors under the Spiritual Standard in Boxtehoe near Sinte Reynuyt* ("Saint Empty," the fictitious patron saint of drunkards).[43]

8 The Great Idol

After Rothé and his men had left for Hamburg, a satirical print of his was published which ridiculed the *Stadholder*. The print depicted Willem III perched on a pedestal outside the *Buitenhof*, the main government building. Written by hand on the pedestal were the words: "De groote afgodt van Hollant 1674" ("The great idol of Holland 1674"). Several copies had the word "Geveynstheyt" ("Hypocrisy") written in front of William's mouth. Rothé admonished once more:

---

40 De Boer 1900, pp. 10 ff.

41 "Heer Prins. Ghy strydt tegen Godt, soo strydt Godt tegen U. Meynt Ghy tegen Godt yets te vermogen? Neen. De groote Godt sal U haest tot schande brengen; ghy verhaest Uw val en Uw eynde nadert. Gedenkt myne woorden en bekeert U, voor het te laat is." De Boer 1900, p. 10.

42 *Extract, aus des theuren Bruders, Herrn Potthoffs Diario* [...], (1730) p. 30 [University Library Amsterdam (UBA), Bibliotheca Philosophica Hermetica Collection Amsterdam].

43 *Visioen van de tyden der eeuwen Geopenbaert aen de Propheten en Propheten kinders Jan Rothe, Culman, en Someren, de Raat, en andere Strijders onder de Geestelijcken Standaert te Boxtehoe by Sinte Reynuyt*. For the satirical print see: De Boer 1900, p. 10; Atlas 1897, no. 2638 [Knuttel pfl. 11408].

> Once again, I must set before Your eyes Your sins and misdeeds. You will let the people worship You like an Idol and you pursue greatness; behold, God's vengeance and judgement will come to strike You down.[44]

The print was dispatched to the burgomasters of several cities, who appealed to the States of Holland in April. Rothé's family managed to prevent the prophet being sentenced in absentia, and did their best to find their unruly relative, also enlisting the help of the authorities across the border. Rothé was meanwhile drifting through the north of Germany, in the grip of paranoia.

On 1 August 1674 another ominous tempest scourged the country, uprooting trees and dislodging roofs from houses and churches. The Dom church in Utrecht was struck by lightning. Rothé read the hand of God into all of this, and he was not the only one. In his letters to the cities, he wrote of fire from the heavens and snakes and toads that were creeping through the streets. From Franeker, Rothé addressed Chief Prosecutor Johannes Ruysch and the Court of Holland on 11 October:

> You have (it is true) been motivated by your fears to proceed against me as if I were a criminal. If you had the true fear of God in you and understood my cause properly, you would have taken better counsel than to start a lawsuit against me [...].

He also lashed out at those who wished to sentence him, writing that his enemies:

> [...] should be hung on Haman's gallows [Esther 7:10] which they had prepared for me: do the right thing by these false men: God demands it of you, otherwise the punishment will be upon you and the entire government.[45]

In November 1674 English diplomats arrived in The Hague to arrange the marriage between Willem III and Mary Stuart, daughter of James, Duke of York, who had converted to Catholicism and was the brother of the British King. Rothé immediately recognized the marriage deal as the work of the Antichrist and penned furious letters that were not without effect on the *Stadholder*. Having become slightly paranoid, the Prince told the diplomat William Temple that there were rumors of an uprising of some three thousand chiliasts to take place around Christmas. Yet no such revolution took place.

In 1675 a compositor and an engraver were arrested for their part in producing the idolatry print making fun of Willem III. The two printers were suspected of being associates in an "infamous satire by the false prophet J. Rothé" (*infameus pasquil van J. Rothé, vals profeet*). Juriaan Broeck, the engraver who had executed the work after a design by Rothé, had also provided the handwritten additions. He stated he had not made the captions out of hatred, "but by order of Johannes Rothé, whom Broeck had judged to be a prophet" (*maar door bevel van Johannes Rothé, die bij gevangene geoordeelt werd een propheet te zijn*).[46]

The compositor, Jacob van Velsen declared that he had only typeset two lines, after which two lads in his service, called Pieter and Matthijs, had finished the job. The text had been printed by his

44 "Noch ditmael moet ik Uwe sonden en grouwelen U voor oogen stellen. Ghy laet U van menschen aanbidden als een Afgodt en ghy staet naar hoogheyt; siet, soo komt daer wrake en oordeel Godts, welcke U om verre slaet." De Boer 1900, p. 12.

45 "Gij hebt (het is waer) u angst willen betrachten om tegen mij als een crimineel te procederen. Hadt gij de waere vrese gods gehadt en mijn saack recht verstaen gij hadt een beter raet genomen als tegen mij te procederen [...]." "[...] moet men aen de galge Hamans [Esther 7,10] hangen welcke sij voor mij bereijt hadden: doet aen dese valsche menschen recht: godt eijst het van u, anders de straffe sal op u en het geheele colegie vallen." De Boer 1900, pp. 12 ff. The Hague, National Archives, Archive Hof van Holland no. 5314, *Criminele papieren*, file 12, contains two letters by Rothé, pamphlets, the charge against him, and correspondence between the chief prosecutor Ruysch and the bailiff (Rothé 1675–1677).

46 Testimony by Jurriaan Broeck, 22 April 1675 (Rothé 1674–1924).

assistant. He also stated that he had, “not seen a galley proof, as it had been taken from him without it having been collated, nor had he ever set eyes on the impression of the pasted-on image prior to his detention” (*geen proeff gesien te hebben, alsoo het sonder collationeeren van hem gehaelt [was], gelijck noyt voor zijne detentie het afdrucksel van het plaetjen daer op gepleckt gesien [had]*).[47]

9 Rothé Arrested

At the end of 1674, Rothé was back in the Republic. He was having visions in which God’s wrath poured itself out over Holland: he saw a fiery path leading from the Zuiderzee to Amsterdam; it was raining snakes and other vermin above the cities; Leiden, Haarlem and The Hague were completely annihilated, while in Amsterdam only the old city was destroyed.[48] Rothé’s pamphlets had in the meantime taken on a stridently political character. He reproached the prince for having exposed the country to grave danger with his acts of war. He believed that Willem had furthermore secretly converted to the Catholic faith to wed Mary Stuart.

The States of Holland reacted by putting a price of a thousand guilders on Rothé’s head, after which the prophet kept a low profile for a while. In December 1675, their chief prosecutor demanded that Rothé be banished and his possessions confiscated. Rothé’s family managed to prevent this on grounds of insanity. On 8 November 1676, Rothé wrote to the chief prosecutor, urging him to put William III on trial for high treason. Rothé suggested that the prince was behind the murder of the De Witt brothers. According to Rothé, the *Stadholder* was also in cahoots with the Jesuits and the Vatican. Once more Rothé detected the machinations of the Antichrist.[49]

This last flurry of letters ended the patience of the authorities. On 1 December 1676, the price on his head was raised to three thousand guilders. Furthermore, anyone able to identify the printer behind Rothé’s pamphlets could collect two thousand guilders. Rothé had now become an enemy of the state.

Johannes Rothé was arrested before the year had run its course. He was asked during one of the interrogations how he had come to be taken prisoner. He said he had left the house without a wig and ran into two bailiff’s assistants who had asked him who he was. And he said to them, quoting Exodus 3:14: “I am that I am.” The slow servants of the law did not immediately catch on, so that the prophet repeated: “I am that I am, the servant of the Lord.” After he said this, he was taken.[50]

Rothé did not mention during the interrogation that he had actually been stopped by a group of Englishmen, including a certain Herne, who pocketed the five-thousand-guilder reward and who later was given an office in the service of the *Stadholder*. The printer Sierick Paulus was also arrested, and then banished for his role in assisting the prophet. The Rotterdam prophet Gijsbert Beijer who had distributed the pamphlets was sentenced to the pillory and two years in prison. Johannes Rothé’s relatives, for their part, immediately collected witness statements to the effect that the prisoner had been insane for at least twenty-five years, thus making clear that they bore no responsibility for his actions.

47 Confession, 22 April 1675 (Rothé 1674–1924).
48 De Boer 1900, p. 14.
49 De Boer 1900, p. 14.
50 Interrogations Rothé, Jan.–Feb. 1677 (Rothé 1674–1924).

10 The Aftermath

How did Rothé's story end? The interrogations were conducted on 11 and 13 January, and on 15 and 25 February 1677. Johannes Rothé was confined to the so-called "secret house of correction," a separate ward for prisoners from a good family, who were as a rule placed there at the request of their relatives. The pious chiliast was detained in the prison on Heiligeweg. Gichtel had a clear recollection of the events, as is obvious from a letter dated 16 February 1709, in which he recalled having given proper warning to Rothé and to "his heroes."[51]

The prophet's wife, Anna Hartlib, died in 1679, while he was still detained. According to Gichtel, Rothé continued having visions in prison.[52] In 1691, his relatives petitioned the States for his release, which was granted. In that same year Rothé, Kuhlmann, De Raadt, van Someren and other chiliasts were featured in the satirical novel *Het leven van Philopater* (1691) by Johannes Duijkerius:

> The upheaval created here by one *Joannes Rothe* and his none-too-small band of followers some twenty-five years ago, and how he dared raise his *Standard*, to set off for *Jerusalem*, on the *Market* in front of the *Townhall*, is common knowledge.[53]

The novel also satirized Cocceius' method of allegorical exegesis by parodying his adage: "Words mean anything they can mean."

After the trip to Hamburg with Rothé, Alhart de Raadt tried to find a safe shelter. When he returned to Leiden in 1674, he was on the verge of a nervous breakdown: the Millennium had not begun as expected, friends of his had been arrested, and the prophet Rothé was a wanted man, even in his own country. Through Breckling's son, De Raadt came into contact with Gichtel, and he poured out his heart to him. It was the beginning of a friendship that was to last ten years. After that time and until his death in 1710, Gichtel would frequently write about De Raadt, often in bitter words, as the two eventually fell out.[54] As late as 1730, Gichtel's close associate Johann Wilhelm Überfeld (1659–1732), who headed a commune of pious Böhmists near Leiden, touched on the demise of their friendship in conversations with Brother Potthoff, who meticulously noted the details of the tragedy in his diary. Potthoff's diary was copied several times in the eighteenth century, as a result of which the story of Gichtel's exemplary love for his lost son has been preserved.

In Gichtel's eyes, De Raadt was too worldly and too academic to be open to Sophia, or Divine Wisdom, the feminine aspect of God necessary for rebirth. The same was true for Michael Andreae (ca. 1628–1720), a learned alchemist and chiliast from Riga who was to design the engravings for Böhme's *Alle theosophische Wercken* (1682), edited by Gichtel and his fellows. In Lübeck in the 1670s,

51 "Rothé war aus Bürgermeisterlichem Hause hier, und redlich begütert; sein Intent war die Juden zu bekehren. [...] Ich warnete ihn wol, auch seine Helden; er R. aber bezog sich auf Englische Erscheinungen, und war betrogen, dass seine Gesellschaft bald gäntzlich zerstreuet worden; er aber einige Jahr im Zuchthaus aufgeschlossen gelebet, bis er endlich nüchtern worden, aus dem Zuchthaus gelassen, ein Weib genommen, und vor wenig Jahren gestorben ist." Gichtel 1722, vol. 5, letter 67, 16 Feb. 1709, p. 3432; Rothé's imprisonment is mentioned in Elias 1903–1905, no. 369, p. 898. A certain Catrina Bentze, Johannes Rothé's second wife remarried on 3 Nov. 1702 to the 43-year-old Franciscus la Maunier from Brussels.
52 Letter by Gichtel to Überfeld, 19/29 Feb. 1684 [Wrocław University Library (UL), Ms. Akc. 1975 / 148].
53 "Welck een gewoel eenen *Joannes Rothe* over omtrent vyf en twintig jaeren geleden met sijn aenhang die niet kleyn en was, hier over aenrigte en hoe hy sijn *Standaert*, om na *Jerusalem* te trecken, midden op de *Marckt* voor het *Stadhuys* dorst planten, is daer een iegelijck genoegsaem bekent." Duijkerius 1991 [1691], p. 120.
54 Gichtel 1722, index in voce Raadt (Allard. Doctor und Professor).

Andreae associated with Tannecke Denijs (1637/38–1702), a prophetess of the End Times who was inspired by Böhme's work. Andreae also knew Quirinus Kuhlmann. It is very well possible that he had already become acquainted with Alhart de Raadt, Johannes Goethals and Willem Gozewijn Huygens in those days. The latter acquired the collection of Böhme manuscripts from the heirs of Abraham Willemsz van Beyerlandt (1586/7–1648) in 1680. On 15 December 1681, Gichtel agreed a contract with the Amsterdam printer Lucas Bijsterus, who would, a few months later, sell his share in the Böhme edition to Andries van Hoogenhuysen and his son David. Huyghens lent Gichtel six thousand guilders, after which Böhme's oeuvre was printed in less than a year's time, in an edition of 1,500 copies.[55] The manuscripts were collated with previous printed editions, but many of the corrections failed to be made in time.[56] The contributions to the project made by De Raadt and Goethals, both philologically trained men, were not acknowledged.

In the summer of 1684, the 25-year-old Johann Wilhelm Überfeld settled in Leiderdorp. A year before, he had approached Gichtel in Amsterdam, as he wanted to distribute Böhme's collected works in Frankfurt am Main. Überfeld was immediately embraced by Gichtel, who saw in him his spiritual heir and successor. A jealous De Raadt broke with both men in 1684.

Überfeld, a Böhme disciple of a younger generation, survived the original "heroes": Huygens passed away in 1699, De Raadt in Utrecht in 1716, Andreae died at the age of 92 in 1720, also in Utrecht, and Goethals, finally, gave up the ghost in Haarlem in 1728. His library, including the Böhme manuscript collection, was soon sold by his heirs.[57] Überfeld managed to acquire the collection through the mediation of the Mennonite publisher Izaak Enschedé. He went to great lengths to conceal the facts of the edition history as well as the role played by the former chiliasts: had it been up to Überfeld, his 1730 edition of Böhme's collected works would have appeared without the fascinating engravings by Michael Andreae.

Andreae's work, however, continued to slumber in the library of three generations of Enschedé publishers. When it was auctioned in 1867, it still contained a part of the estate of Johannes Goethals. The compiler of the catalogue noted after item no. 604: "Il paraît que plusieurs des ouvrages mystiques décrites plus haut, comme ceux de SCLEI, BÖHME, ENGELBRECHT, JANE LEADE, ANTH. BOURIGNON, sont écris de la main du même pasteur GOETHALS, et qu'il fit copier par M. ANDREAE ceux de A. DE RAADT etc." It has been possible to trace a number of these manuscripts. They prove that the chiliasm of the heroes was gradually mitigated through their reading of Böhme's work, so that they eventually pursued a more irenic Philadelphian direction, marked by the ideal of a symbolic Millennium which would bring harmony on earth by abolishing all evil.[58]

---

55 Janssen 1986, pp. 137–141.

56 "Ausführlicher Bericht von J.B. Leben und Schriften und Schriften (1730)" in: Böhme 1955–1961, vol. 10, cap. VI, p. 103.

57 Advertisement, *Oprechte Haerlemsche Courant*, 24 July, 31 July, 3 Aug. 1728 [newspaper database Delpher (www.delpher.nl)].

58 Catalogue Enschedé 1867 (9 December and following days):

Cat. no. 585: *Annotatien uit de schriften van Jacob Boehme*, 1710. 8vo, approx. 250 pp.

Cat. no. 587: Hans Engelbrecht, *Voornaamste schriften*, abridged translation, 1710. 4, 190 pp. With an engraving.

Cat. no. 594: Antoinette Bourignon, *Verhandeling van de waare deugt; Extract van de getuygenissen in het boek Getuygenis der waarheid; Nieuwejaarsgift van A.B. aan haare kinderen; Oefening over het woort Gods; Over de verblintheid der menschen; Over den Antichrist*. 14 pts. mss 8.

Cat. no. 597: Alhart de Raadt, *Reys Israels uit Egypten na Canaan; Verborgentheidt der wedergeboorte grondelijk aangewesen*, [1704 or later]; 248 pp.; University Library Leiden (UBL), BPL 975, donum J.H.L. van der Schaaff; cf. Christiaan Sepp "Onuitgegeven opstellen van Alhart de Raadt," in: *Bibliographische mededeelingen* 1883, pp. 257–266.

Cat. no. 598: *Mysterium Sophiae revelatum*, Clarivii adornata per A. de Raadt, Ultrajecti delineata per M. Andreae, 1685; 4; 119 pp. [Manchester, John Rylands Library, Ms. 77; cf. Montague R. James, *A descriptive catalogue of the Latin manu-*

Acknowledgement note: Parts of this article were previously published in Dutch: "Verliefd op Sophia; Alhart de Raadt (1640–1716) en de vrienden van Jacob Boehme" (Lamoen 2002). The issue of this periodical was only published in 2004.

scripts in the John Rylands library at Manchester, Manchester: At the University Press Longmans, Green & Company 1921 (München: Kraus reprint 1980), pt. 1, pp. 145–146, no. 77].

Cat. no. 599: *Meletemata Boehmiana*, exerpta ab A. de Raadt, descripta a M. Andreae. 1681. 4; 420 pp., in German.

Cat. no. 600: Alethophilus [=Wolf von Metternich], *De boom des leevens*, aangeweesen in drie verhandelingen. I. De waare volmaaktheid en geluksaligheid in deze wereld. II. De gestadige vreugde des geests. III. Een nader verklaaring van de lere der rechtvaerdiging, vertaald door Johannes Goethals [1707]. 4; 560 pp. [University Library Amsterdam (UBA), Bibliotheca Philosophica Hermetica Collection Amsterdam].

Cat. no. 601: *Paradysche Rosenhof of grondige verklaring van de seven Qualiteiten en de drie principien.* 4; 156 pp. [Leeuwarden, Tresoar Hs 224 (bibliotheek Meekhof Doornbosch); cf. Jacob van Sluis, *Inventaris van de handschriften van de voormalige Provinsjale Bibliotheek fan Fryslân*. Ljouwert 2017].

Cat. no. 602: [B. Sclei] *Instantis universalis theologiae*, partes III [ca. 1685].8; 500 pp., Duits, calligraphy by Michael Andreae.

Cat. no. 603: *Carmina sacra* varii idiomatis variique argumenti. 1685. 4; 134 pp. [Columbia University, Rare Book and Manuscript Library, X 893 J 5 (Auction Giuseppe Almanzi, Jacob Emden, M.J. Lewenstein, Amsterdam Frederik Muller, 3 Nov. 1868)].

Cat. no. 604: Johannes Goethals, *Brieven en aantekeningen over en uittreksels uit mystieke geschriften*, early eighteenth century. (Bought by Frederik Muller; the letters by Johannes Goethals that are now part of the University Library Amsterdam collection were probably part of this lot).

Cat. no. 605: *Stichtze almanach*, with manuscript notes by Johannes Goethals in a work on the prophets, and notes on the translation by Hans Engelbrecht etc., 1710. 12; 70 pp. [Het Utrechts Archief (HUA), PK VII E 21; with thanks to Ruud Lambour who found this text].

Cat. no. 610: Jane Leade, *Openbaring der boodschap van het ewig evangelium* [ca. 1700]. 4; 144 pp. [Manchester, John Rylands Library, Dutch MS 5].

Cat. no. 611: Jane Leade, *Der Weeg zur wahrer Busse* [ca. 1700].; 4; 80 pp. [Manchester, John Rylands Library, German MS 4].

Lennart Gard

Epistolary Practices and Group Formation among the Eighteenth-Century Followers of Jacob Böhme: Johann Wilhelm Überfeld (1659–1731) and His Community of Rebirth

Abstract: This chapter investigates mechanisms of community formation among Jacob Böhme's followers in the early eighteenth century. As a case study, the paper focusses on the far-reaching correspondence of Johann Wilhelm Überfeld (1659–1731), a German émigré to the Netherlands, who in the early eighteenth century became a leading figure of Protestant dissent. Admired for his religious insights, Überfeld sent thousands of letters advising believers in all the major Protestant denominations across Europe. His followers copied his epistles from his lifetime until well into the nineteenth century. Previous historiography has largely ignored this material. Instead, it often accepted polemical accounts of the 18th century which described Überfeld and his followers as a religious sect and gave them the moniker "Angelic Brethren". This chapter confronts these descriptions with Überfeld's own notions of community as revealed in his correspondence. Firstly, the chapter traces the modern image of the group to its origins in polemical Protestant publications of the early eighteenth century. Based on Überfeld's own correspondence, it then illuminates how Überfeld himself conceptualized religious community. Finally, the paper analyzes how letter writing and the specific practices related to it put Überfeld's concept into practice.

1 Introduction

The last several years have witnessed growing historiographic attention towards Jacob Böhme's impact in the realm of religious group formation. While some scholars have shed light on the networks of supporters and opponents that emerged around the Lusatian philosopher during his lifetime, others have illuminated his importance for various communities in the centuries thereafter.[1] The present essay deals with group-building mechanisms that have received little attention to date. It focusses on a social formation usually referred to in the literature as the "Gichtelians" or "Angelic Brethren" (*Engelsbrüder*).

Historiography has described the "Angelic Brethren" as a small group of male and female followers of Böhme that emerged in the early eighteenth century and recruited its members mainly among Protestants in Central and Western Europe.[2] Their organization is supposed to have been strictly sep-

1 Recent key publications on Böhme are Harmsen 2007; Kühlmann/Vollhardt 2012; Hessayon/Apetrei 2014; Andersson/Martin/Penman/Weeks 2019. Concerning the position of Böhme among his contemporaries, the research of Leigh T. I. Penman is of particular merit. See from his most recent contributions Penman 2017 and 2019b; see also Karnitscher 2015. As regards Böhme's reception in later centuries, see for example the research on Jane Leade (1673–1704) and the Philadelphian Society, on the networks of Friedrich Breckling (1629–1711), on Conrad Beissel's (1691–1768) monastic community at Ephrata, and on the tradition of spiritual alchemy: Hessayon 2016; Bach 2003; Klosterberg/Naschert 2011; Zuber 2017a.
2 As an introduction, see Bonheim 2007; Meyer 2017, 250–253.

https://doi.org/10.1515/9783110720525-019

aratist and hierarchical, with the community's alleged founder Johann Wilhelm Überfeld (1659–1731) at the top.[3]

Überfeld was a native Westphalian with a bi-confessional family background: While his mother adhered to the Lutheran faith, his father was a Reformed tradesman.[4] As a young man, Johann Wilhelm himself, too, worked as a merchant in Frankfurt am Main. In the early 1680s, he came into contact with his future mentor Johann Georg Gichtel (1638–1710), a Böhme enthusiast residing in Amsterdam.[5] Shortly afterwards, in early 1684, he left his profession in order to move to the area of Leiden in the Netherlands where he remained until his death.[6] According to most researchers, while Gichtel propagated his own ideas in a loose correspondence network, Überfeld is supposed to have turned the concepts of his master into the guiding principles of a sectarian community.[7] Following his mentor's explanations of Böhme's teachings on original sin, Überfeld allegedly demanded sexual chastity and celibacy.[8] Several scholars add that his correspondents were expected to refrain from work and participation in church services.[9]

For some of the "Angelic Brethren," these characterizations might in fact hold true. Yet, other supposed group members worked for a living, attended church, were married and had children.[10] Even Überfeld himself does not completely match the criteria described in the literature. Apparently, he was the godfather of several of his sibling's children.[11] When he died, he was buried at the *Hooglandse Kerk* in Leiden.[12] Given all this, there is obviously a need for new explanations to make sense of the phenomenon in question.

A reexamination of the "Angelic Brethren" can rely upon a plethora of sources that have so far been largely overlooked: Relevant documents are housed in many different European archives and libraries.[13] Probably the greatest number of manuscripts related to the "Angelic Brethren" are those found at the *Oberlausitzische Bibliothek der Wissenschaften* (Upper Lusatian Library of Sciences, OLB) in Görlitz and at the University Library of Wrocław. Together, these two institutions preserve great parts of the so-called Linz Archive, which the literature usually describes as the group's internal

---

3 Zaepernick 1982, p. 88; Zaepernick 1995, pp. 256–264; Rusterholz 2001, pp. 101 f.

4 For a short first-person account on Überfeld's family background, see Oberlausitzische Bibliothek der Wissenschaften Görlitz (hereafter: OLB), LA II 7, no. 6. On interconfessional marriages in the early modern German lands, see various contributions to Luebke/Lindemann 2014.

5 On Gichtel, see Võsa 2006; Gorceix 1975. Besides discussions of the "Angelic Brethren," historiography usually refers to Gichtel and Überfeld as editors-in-chief of the collected works of Böhme which were published in 1682, and 1730, respectively. On this issue, see esp. Janssen 2007 and Bonheim 2012. Gichtel's status as editor has recently been questioned by Zuber 2017a, pp. 284–294. Gichtel's letters appeared in several editions. The most comprehensive one is Gichtel 1722.

6 On Überfeld, see: Meyer 2017, pp. 250–253. In 1720, a short biographical account on Überfeld, written by the Lutheran pastor Friedrich Christian Lesser (1692–1754), was published as a supplement to Reinhard 1720, here: pp. 320–338.

7 Zaepernick 1982, pp. 88 f.; Rusterholz 2001, pp. 101 f.

8 On Gichtel's attitude towards marriage and sexuality, see Võsa 2011.

9 See Zaepernick 1982, pp. 88–90, and for a slightly modified perspective Zaepernick 1995, p. 259.

10 Some scholars have already hinted at these discrepancies. See especially Bonheim 2007, p. 370; Daniel 2000, pp. 270–275; Daniel 2004, pp. 213–249; Daniel 2011, pp. 160 f.

11 See his entries in his personal calendar for November 8 and 18, 1707: OLB, LA III 141.

12 Snoek 2018, p. 40.

13 Letters by Überfeld have so far been discovered in Amsterdam (Ritman Library), Basel (University Library), Copenhagen (Royal Library), Düsseldorf (Archive of the Evangelical Church of the Rhineland), Görlitz (Upper Lusatian Library of Sciences), Gotha (Research Library), Leiden (University Library), Pfäffikon (Chronikstube), Solothurn (Central Library), The Hague (National Library), Wolfenbüttel (Herzog August Library), Wrocław (University Library) and Zürich (Central Library). On the documents in Düsseldorf, see Meyer 2013; on the sources in Pfäffikon, see Seidel 2006; Seidel 2007; Scheidegger 2014, p. 155.

source collection. Going back to a library formed during Überfeld's lifetime, group members are said to have passed it on in absolute secrecy from generation to generation. After several relocations, the documents had been kept in Linz am Rhein since the late nineteenth century. The collection was split up and dispersed after the Secret State Police of the National Socialist Regime confiscated it in 1941.[14]

To a large extent, the Linz Archive as well as many other relevant collections consist of letters written by Überfeld. His correspondence network stretched from the Netherlands over Denmark and the Protestant German lands to the Prussian city of Königsberg (now Kaliningrad, Russia). According to previous estimations, the OLB Görlitz alone possesses about 12,000 of his letters.[15] Only a few of them have been preserved as originals, however. Most are hand-written copies, often bound together in large, sometimes lavishly decorated volumes. Apparently, such copies were produced over the course of at least a century, beginning when Überfeld was still alive.[16]

Following up on significant gaps in research and the wealth of extant documentary evidence, this essay explores to what extent Überfeld and his correspondents constituted a coherent religious community. Given the enormous amount of epistolary source material, the essay begins with the assumption that correspondence practices may reveal central characteristics of the group. The investigation is based primarily on sources from Görlitz. Additional evidence is taken from manuscripts kept at the *Forschungsbibliothek* Gotha (Research Library),[17] from a printed collection of Überfeld's letters which was published in 1740,[18] as well as from several polemical treatises originating from his critics.

Firstly, I briefly illuminate the origins of public discourse on the "Angelic Brethren." The rest of the chapter deals with Überfeld's own position towards group formation in more detail, focusing initially on religious doctrine, and then on practice. To shed light on Überfeld's concept of religious community, my remarks concentrate on an issue that has previously received little attention, namely his views on spiritual rebirth. I will then seek to identify epistolary practices through which the idea of a rebirth community took shape.

---

14 On the history of the Linz archive, see Snoek 2018; Wenzel 2007; Wenzel 2013.

15 Bonheim 2007, p. 368.

16 For instance, the following letter collections date explicitly to the time before Überfeld's death: OLB, LA (Linz Archive) III 20, 41, and 59. The collection OLB, LA III 116 was produced in 1825.

17 The material from Gotha belongs to the collection of Ernst Salomon Cyprian (1673–1745). Cyprian, who served as librarian and member of the Church Council of Saxe-Gotha, intended to publish a substantial refutation of Gottfried Arnold's (1666–1714) *Unpartheyische Kirchen- und Ketzer-Historie* (1699–1700). In preparation for this project, which he could never complete, he collected vast amounts of sources on all kinds of religious actors and groups deemed heterodox. On his activities in this regard, see Dixon 2006; Gehrt 2017.

18 Überfeld 1740; Scheidegger 2014, p. 155, attributes the publication of this book to Überfeld's close ally Johann Heinrich Potthoff (1684–1750). On Potthoff, see Harmsen 2007, p. 475. The editors have reduced the recipients' names to initials, some of which even refer to pseudonyms. The full names are revealed in a manuscript note placed at the beginning of the copy held by the State and University Library Göttingen. This copy can be found online under the URL: http://resolver.sub.uni-goettingen.de/purl?PPN682413526, consulted online on 24 January 2021.

2 Überfeld and the "Angelic Brethren": A New Group Enters Public Discourse

Johann Georg Gichtel entertained a large correspondence network and was a well-known figure in Protestant dissident circles and beyond.[19] But during his lifetime, his activities do not seem to have raised great public concern about the possible emergence of a new religious group. When an enlarged edition of Gichtel's letters appeared in the year of his death (1710), Valentin Ernst Löscher's (1673–1749) theological journal *Unschuldige Nachrichten von Alten und Neuen Theologischen Sachen* ("Innocent News of Old and New Theological Matters"), which was usually well-informed about all sorts of supposed heterodoxies, published a short review.[20] Surprisingly, the anonymous reviewer could not say anything about Gichtel's biography. He even assumed that the letters had been written by a Swiss.[21]

Public attention apparently did not increase notably before the decade that followed Gichtel's death. One of the first to express worries about the possible emergence of a dissenting community was Johann Gustav Reinbeck (1683–1741), a Lutheran pastor from Berlin. In 1715, he published a short article on Gichtel's life and works. He explicitly justified this by pointing to the supposed missionary ambitions of Gichtel's disciples who might plant the seed for a "new sect."[22] Similar concerns were raised around the same time by the Halle theologian Joachim Lange (1670–1744) in a monographic treatment of Gichtel's *Theosophische Send=Schreiben*, a published collection of his correspondence.[23] On more than 250 pages, Lange sought to enumerate Gichtel's misconceptions, accusing him, among other things, of separatist intentions.[24] At the end of his text, Lange turned directly to the "lovers of the *Theosophische Send=Schreiben*" and warned them of admiring the man "occasionally called by his initial letter U. resp. Ub. [...]," i. e. Johann Wilhelm Überfeld. "Not only," Lange added, "does he accept all of the author's [i. e. Gichtel's] errors, he also enlarges them and, unfortunately, is therefore placed in even higher esteem by some."[25]

Both Lange and Reinbeck worried about Gichtel's followers, but the first book that placed them at the center of attention was published in 1719 by Johann Heinrich Kindervater (1675–1726), a pastor from Nordhausen in the Harz region of Germany. Based on a collection of confiscated letters by Überfeld and some of his correspondents, Kindervater claimed that the admirers of Böhme and his

---

19 When, in 1704, Ernst Salomon Cyprian travelled to the Netherlands, he gathered information about Gichtel. See the notes he took during his stay: FB Gotha, Chart. A 297, pp. 419–430, esp. p. 415. New light has recently been shed on Gichtel's position among his contemporaries by Zuber 2017a, esp. pp. 284–294, 314–320, 346–367.

20 Löscher 1710, pp. 569–574. On Valentin Ernst Löscher, see for example Voigt-Goy 2011.

21 Löscher 1710, p. 569.

22 Reinbeck 1715, p. 523: "Weil nun nicht allein gedachte Send=Schreiben bezeugen/wie an so manchen Orten er Eingang gefunden/sondern auch sonst wohl bekandt ist/daß seine Nachfolger immer mehr Jünger zu machen suchen/also daß wir in kurtzer Zeit eine offenbahre neue Secte haben dürften: so wird vielleicht nicht unnützlich seyn/dem Publico von diesem Manne/so wohl von seinem Leben/als auch von seiner Lehre/einige Nachricht mitzutheilen." Reinbeck's text was later republished under the author's full name: *Joh. Gustav Reinbecks* [...] *Nachricht von Gichtels Lebens=Lauf und Lehren* (Reinbeck 1732). On Reinbeck, see Straßberger 2008.

23 Lange 1715. On Lange, see for instance Salo 2011.

24 Lange 1715, p. 255.

25 Lange 1715, pp. 262 f.: "An die Liebhaber der Theosophischen Sendschreiben [...]. Man wolle doch auch die so grosse und gewiß GOtt mißfällige Anhänglichkeit/welche man nach des Auctoris Tode an diejenige Person/die jener in seinen Sendschreiben hin und wieder mit dem Vorbuchstaben U oder Ub. benennet/bezeuget hat/fahren lassen; sintemal es leider offenbar genug ist/daß dieser nicht allein allen Unrichtigkeiten des Auctoris völlig ergeben sey/sondern darinnen auch gar noch weiter gehe/aber auch deßwegen leider von einigen noch höher erhoben werde."

disciple Gichtel had already formed a new religious community.[26] He mentioned that the new "sect" was led by Überfeld whose followers supposedly treated his letters "as if they came immediately from God."[27] The Lutheran pastor named several guiding principles of the community, among them, for example, a negative attitude towards church services. According to the author, two characteristics were of paramount importance: abstinence from sexual relationships and from worldly labor. In Kindervater's interpretation, these moral imperatives were meant to ensure that group members attained the purity of the angels. Probably referring to Überfeld's own use of language,[28] he concluded that the group was called "Angelic Brotherhood."[29] The name by which the circle around Überfeld is known today thus entered public discourse in 1719.

Already in 1720, another monographic treatment of Überfeld and his followers complemented Kindervater's description of the group and its guiding principles. Its author, Johann Balthasar Reinhard (1673–1742), was a pastor in Nordhausen, too, and had access to the same source material as Kindervater.[30] With a total length of around 340 pages plus a detailed index, his text was twice as large as his colleague's was. Following a model inspired by religious catechisms, Reinhard raised a long series of questions about the belief system of the "Angelic Brethren." He then answered these questions with direct quotes from his sources and confronted these statements with the principles of the Lutheran Church. Instead of altering the line of argument established by Kindervater, Reinhard tried to support his colleague's accusations by means of more profound theological reasoning.

Periodical literature, too, contributed to discussions about the "Angelic Brethren."[31] In 1720, Löscher's *Unschuldige Nachrichten* mentioned the group on various occasions. Not only did the journal review Reinhard's and Kindervater's books,[32] but it also published compromising letters by Überfeld and some of his correspondents[33] as well as a list of supposed community members.[34]

Apparently, no further in-depth treatments of the "Angelic Brethren" were produced in the decade that followed. Relying on the literature that already existed, authors of religious compendia began to include short sections about the group in their publications.[35] At the end of Überfeld's life, a growing audience could thus easily access information about his supposed community. Until

26 Kindervater 1719. See on this text Daniel 2000, pp. 275 f., n. 23.

27 Kindervater 1719, p. 7: "Wie denn auch seine Sendschreiben und Briefe von der Brüderschafft so angenommen werden/als ob sie unmittelbar von Gott kämen."

28 In his correspondence, Überfeld occasionally used the terms "angelic brother" (*Engelsbruder*) and "angelic sister (*Engelsschwester*) as appellations. Alternatively, he used terms like "brother/sister of the cross" (*†-Bruder/-Schwester*), "brother/sister in faith" (*Glaubensbruder/-schwester*), "brother/sister in heart" (*Herzensbruder/-schwester*) or just the basic expressions "brother" (*Bruder*) and "sister" (*Schwester*). In line with previous historiography on Protestant correspondence culture around 1700, one may assume that this terminology was meant to avoid the strict hierarchies of conventional epistolary protocol. Gottfried Arnold devoted an entire publication to the terms "brother" and "sister" as appellations: Arnold 1696. Further evidence for the wide dissemination of this use of language is given by Albrecht 2005, pp. 52 f.; Deppermann 2002, p. 88; Kramer 1880–1882, vol. 1, pp. 132 f. On 'conventional' forms of address, see for instance Vellusig 2000, pp. 36–50; Furger 2010, pp. 102–116.

29 As a particular point of reference in the Bible, Kindervater mentioned Mt. 22,30: "For in the resurrection they neither marry, nor are given in marriage, but are as the angels of God in heaven" (KJV).

30 Reinhard 1720. On this publication, see Daniel 2000, pp. 275 f., n. 23.

31 Thilo Daniel mentioned that Löscher's profound interest in the "Angelic Brethren" was linked to the journal editor's own conflicts with some of Überfeld's correspondents in his home parish in Dresden: Daniel 2004, pp. 213–241. Several documents from Görlitz could be cited to support his thesis, for example OLB, LA II 105a, no. 3.

32 Löscher 1720, pp. 339–341, 825–830.

33 Löscher 1720, pp. 67–87, 830–842.

34 Löscher 1720, pp. 677–694.

35 See for example [Cyprian 1723], pp. 285 f.; Buddeus/Walch 1724, pp. 650–652.

today, Kindervater and his peers have remained highly influential in scholarly discussions about the "Angelic Brethren." Their polemical publications seem almost like blueprints for certain recent scholarly treatments on the group. In what follows, I am going to confront the image they created with Überfeld's own concept of religious community.

3 Überfeld's Concept of a Rebirth Community

When early modern authors addressed issues of religious plurality, they typically rejected active attempts at forming new groups.[36] This holds true with regard to Überfeld's contemporary critics who assumed that the "Angelic Brethren" had purposely separated themselves from the institutional church and its eternal truths. But it is also confirmed by Überfeld's own usage: for him, "sects" are man-made institutions which only pretend to be of divine origin. He thus consequently used the term to denigrate religious communities of all kinds, from smaller groups such as the Labadists to large institutions like the Catholic Church.[37]

By this logic, the establishment of a new group was only acceptable if it did not result from human self-will. Accordingly, Überfeld characterized legitimate religious communities as the product of a process of natural growth that was directly evoked and guided by God. To describe such a group, he regularly used botanical expressions such as "ein Gewächs" (a growing plant).[38] He applied the same terms, however, to set out the path for the "true" believer. "Gewächs," for instance, was not only a synonym for community, but also depicted the individual's longing for spiritual progress.[39] These terminological parallels point at a conception in which collective and personal growth are intrinsically interwoven. In order to shed additional light on his concept of community, it is thus necessary to understand his ideas of individual progress in the spiritual realm.

Überfeld's reflections on personal growth took their point of departure from the works of Jacob Böhme. He regularly mentioned the Lusatian author as one of his prime sources of inspiration. On the level of terminology, his idol's impact is directly visible in Überfeld's letters, and the allusions to botany are in fact no exception to this. To give but one example, Böhme repeatedly referred to his own correspondence partner Christian Bernhard as a "plant of God" (*Gewächse Gottes*) and to the community of "true" believers as God's "little branches" (*Zweiglein*).[40] But beyond terminology, he also seems to have influenced Überfeld conceptually.

Concerning Böhme's own understanding of spiritual progress, scholars have generally pointed at the paramount importance of the term rebirth.[41] Mike Zuber has recently analyzed how the ways

---

36 See for a brief summary: Sarx 2010.

37 Both the Catholic Church and the Labadists are explicitly labelled as "sects" in the letter from J.W. Überfeld to Anna Magdalena Francke, 4 March 1708, OLB, LA II 44c, no. 20.

38 Überfeld 1708: "Es sey ein Gewächs von Innen im Geist, das müste seine Zeitigung haben, u[nd] die Creatur Gott nicht vorlauffen: Dieses Gewächs werde Gott selber austreiben, da wir Gott dann würden dienen können, von gantzem Hertzen, von gantzer Seelen, von gantzem Gemüht u[nd] aus allen Kräfften." Perceiving communities in terms of botanical terminology was a broader trend among Protestants around 1700. For a brief summary of this complex phenomenon, see Schunka 2018, pp. 244–248.

39 See for example the letters from J.W. Überfeld to A.M. Francke, 28 January 1707, OLB, LA II 50a, no. 1; 18 August 1707, Überfeld 1740, pp. 349–357, here: p. 350; 4 March 1708, OLB, LA II 44c, no. 20.

40 *Send=Briefe* 4,2; 4,9 (Jacob Böhme to Christian Bernhard, 14 November 1619). In the present essay, German quotes from Böhme are taken from the 1730 edition (Böhme 1730). Translations into English are my own, unless otherwise noted.

41 For an introduction, see Martin 2017a.

in which the philosopher used this expression developed over time. While Böhme's first text *Aurora* took a traditional Lutheran perspective and referred to the term "rebirth" as a synonym for baptism and the Last Jugdment, his later *œuvre* saw a distinct terminological shift: From his 1619 work *De Tribus Pincipiis* onwards, Böhme described rebirth as a process through which the prelapsarian state of humanity could be restored.[42]

As in the writings of Böhme, the term "rebirth" occupies a central position in Überfeld's correspondence. The register to the printed edition of his letters, for example, mentions 21 text passages that shed light on his conception.[43] While his ideas on the subject are manifold and not always easy to grasp, there can be little doubt that like Böhme, Überfeld understood rebirth as a process of restoration. Explicitly, he mentioned that rebirth resembled the "renewal of all things" (*Erneuerung aller Dinge*)[44] and that it was "not the work of one day or one year" (*keines Tages oder Jahres Werck*).[45] As a consequence, he continuously asked his correspondence partners to be persistent in their spiritual struggle.

The way in which Überfeld envisioned the process of rebirth was influenced by another key concept of Böhme, the distinction between three "principles." The Lusatian philosopher differentiated between the principles of eternal darkness, eternal light, and perceptible nature which he loosely associated with the Trinity of Father, Son and Holy Spirit.[46] For him, the relationship between the different parts of this triad lay at the heart of theogony, cosmogony, and developments in the human world. In Überfeld's conception, they were above all a central element of the process of spiritual renewal: According to him, a deification of the human soul was possible, but only if Christ was born within the believer through all three principles.[47]

Thinking of rebirth in terms of Böhme's "Trinity" had profound consequences. It led to a tripartition of rebirth into three successive processes that Überfeld even addressed separately as three different "births." Particularly illustrative in this regard is a passage from a letter Überfeld wrote in 1712.[48]

---

42 In some of his subsequent texts, Böhme conceived of this process in terms of alchemy, a tendency that culminated in 1622 with his treatise *Signatura rerum*. On this chronology, see Zuber 2017b.

43 Überfeld 1740, p. 824.

44 J.W. Überfeld to Johann Gottfried Pronner, 29 June 1698, Überfeld 1740, pp. 55–59, here: p. 56.

45 J.W. Überfeld to Johann Friedrich Schultz, 1 August 1706, p. 254.

46 For more information, see the introductory remarks to Böhme 2019, esp. pp. 2–6. For more detailed accounts on the first two principles, see Rusterholz 2017; Hannak 2017a.

47 J.W. Überfeld to J.F. Schultz, 22 December 1705, Überfeld 1740, pp. 213–220, here: p. 213: "Das Geheimniß der Wiedergeburt (worin wir alle E[uer] L[iebden] Fragen in eins einschliessen wollen) ist groß, weil unsere himmlische Bildniß, JESUS, durch alle drey Principia muß geboren werden […]"; J.W. Überfeld to J.F. Schultz, 1 August 1706, Überfeld 1740, p. 254: "Das heisset dann, durch alle drey Principia durchs Feuer ins Licht geboren werden […]: da zuletzt dann die völlige himmlische Hochzeit und Beylager der Seelen mit der Jungfrauen celebriret wird; die Seele vergöttet; darin sich beyde Centra, Vaters und Sohnes, aufschliessen, und im Wunder des Lichts stehen."

48 J.W. Überfeld to A.M. Francke, 11 December 1712, OLB, LA II 48c, no. 15: "Dieses ist nun die dritte Gebuhrt [sic] der Himmlischen Mutter mit dem Knäblein der himmlischen Tinctur nach dem Geheimniß der H[eiligen] Dreyheit innerhalb 49. Jahren, im Jahr 1664. Anfang nehmende, die erste Geburt unter dem Mysterio des Himmlischen Vaters währete 21. Jahr, u[nd] lief a[nn]o 1685. an Ihr Ziehl, innerhalb welchen wir mit dem säl[igen] Br[uder Gichtel] welcher a[nn]o 1664 von Gott ergriffen worden in der Verborgenheit des Geistes in der Schwachheit des Fleisches gewandelt […]. Die Liebe aber sammelte alles im Geiste wieder, u[nd] gebahr sich andern 21. Jahr durch des Sohns Mysterium, durch lauter Leyden u[nd] Armuth […]. Diese instehende 7. Jahr nun ist der Jungfrauen Geburth [sic] unter der Bewegung des H[eiligen] Geistes." On spiritual childhood experiences as an element of self-fashioning practices in seventeenth- and eighteenth-century Protestantism, see Loch 2000.

Probably referring to his own spiritual path,[49] he differentiated between three distinct "births" in his life. Yet none of them would have been a short event. The first "birth" had started in 1664 when he was only five years old, and lasted until 1685. He called it the "birth under the mystery of the heavenly Father," the incarnation of the first principle. The year 1685 marked the beginning of a 21-year period of a second birth, namely "the birth under the mystery of the Son." Since 1706, a third birth had been taking place "under the movement of the Holy Spirit." In Überfeld's account, the three principles thus provided a temporal structure to the process of spiritual renewal.

Überfeld's subdivision of the rebirth process was inspired by several sources. Points of reference may well be found in Böhme's early work *Aurora*. In this text, the Lusatian author mentions that, "a pure and beautiful heaven stands above the depths of this world in all three births."[50] Thus, "birth" appears almost to be a synonym for "principle," a term which did not enter Böhme's vocabulary before his second major text, *De Tribus Principiis*. Here he made the equation explicit, stating "a *principium* is nothing but a new birth, a new life."[51]

Another author who may have contributed to inspiring Überfeld's tripartite vision of rebirth is Abraham von Franckenberg (1593–1652). In his biography of Böhme, Franckenberg did not just recount the breakthrough experience that the Lusatian philosopher himself had famously described in the nineteenth chapter of the *Aurora*.[52] He also highlighted that Böhme had gone through several similar experiences since his youth. Although none of these events was explicitly called a "rebirth," they could easily be interpreted as such.

Überfeld's immediate forerunner, however, was his mentor in Amsterdam. Gichtel discussed the importance of the principles for rebirth in a short tract. Moreover, he even produced a series of graphical depictions of the process of spiritual renewal, progressing from the "entirely earthly, natural, dark man" (*Der gantz irrdische natürliche finstre Mensch,* Fig. 1) to the image of the "inward, perfect man, sanctified and enlightened in all the three principles of God" (*Der inwendige vollkommene Mensch, durchaus geheiliget und erleuchtet nach allen dreyen Principien göttlichen Wesens,* Fig. 2). Along with these graphic figures, Gichtel's text was published posthumously by Überfeld, but the illustrations circulated in manuscript form among his peers even before.[53] To a large extent, Überfeld's specific vision of spiritual renewal may have been Gichtel's legacy.

---

49 Jacob Michelmann's (1679–1744) biography of Gichtel, which was published as the last volume of the *Theosophia Practica*, mentions the same dates: 1664 as the year of Gichtel's and Überfeld's simultaneous awakening ([Michelmann] 1722, pp. 22, 198), 1685 and 1705 as moments of collective rebirth among Gichtel and his followers (Michelmann 1722, pp. 160 f.). The biography points at the fact that Überfeld and his peers interpreted individual rebirth as an intrinsically social event. Gichtel's biography was attributed to Michelmann by Rusterholz 2001, p. 96. Letters from the Linz Archive show that he in fact cooperated with Überfeld and others when writing the text. See for example J.W. Überfeld to J. Michelmann, 14 March 1721, OLB, 5.00.10a, pp. 432–436; J.G. Pronner to J. Michelmann, 25 April 1721, OLB, 5.00.10b, pp. 704 f.

50 *Aurora* 19,25: "Daß aber wahrhaftig ist, daß ein reiner, schöner Himmel in allen dreyen Geburten über der Tieffe dieser Welt sey [...]." Translation: Böhme 2013. Translation slightly amended.

51 *Drey Principien* 5,6: "Denn ein Principium ist anders nichts als eine neue Geburt, ein neu Leben." Translation: Böhme 2019. On Böhme's use of the term "birth," see Böhme 2013, p. 41. Several years later, in 1622, Böhme produced a short treatise *De Regeneratione oder Von der Neuen Wiedergeburt* which summarized his concepts of rebirth.

52 On the different versions of Franckenberg's biography, see Gilly 2007d and his essay in this volume; on Böhme's own descriptions of his breakthrough, see Rusterholz 1999.

53 Gichtel/Graber 1723. In 1722, Überfeld had published an extensive collection of Gichtel's letters, the *Theosophia Practica*. The illustrations and their descriptions were intended as an appendix (Gichtel/Graber 1723, fol. A2r). The manuscript circulation of the figures is mentioned in the letter exchange between Überfeld's correspondents Johann Otto Glüsing (1675/76–1727) and Christoph Marselis (ca. 1670–1731): See the letter from J.O. Glüsing to C. Marselis, 25 December 1711, FB

In order to grasp the relationship between Überfeld's concept of rebirth and his views of religious community, it is helpful to have a look at his correspondence to certain individuals. In many ways, his letters to Anna Magdalena Francke (1670–1734), the wife of Halle theologian August Hermann Francke (1663–1727), provide insight.[54] The beginning of their personal exchange may be dated to late January 1707. Already in his first letter, Überfeld indicated that Anna Magdalena Francke was partaking in the process of rebirth.[55] Given the fact that she had already been in contact with Gichtel since the 1690s, this may not come as a surprise.[56] However, Überfeld's conclusions deserve further attention. According to him, their common participation in the rebirth process had forged special bonds between them. He maintained that she had previously appeared in his mind several times and was thus no stranger to him. In particular, he highlighted the affective impact of their connection. Probably alluding to Francke's latest messages to Gichtel, Überfeld claimed that she had vacillated emotionally in the recent past and that his own feelings had adapted to this. This sort of affective "mirroring" would prove that she belonged to a religious elite: a circle of "true" believers scattered among the masses of those who were only Christian by denomination.[57] More than just common features, rebirth and its affective consequences appear as connecting elements within this small group.[58]

Gotha, Chart. A 298, pp. 86 f. On Glüsing, see for example: Shantz 2015, pp. 332–336; on Christoph Marselis: Manzo 2012. On Gichtel's figures, see also Zuber 2017a, pp. 342, 355, 358. On the circulation of Gichtel's figures, see also Martin 2020, pp. 236–239.

54 According to several eighteenth-century registers, which are kept in Görlitz, Überfeld sent around 200 letters to A.M. Francke. Their correspondence came to an end in 1716. Speculations about the existence of their written exchange were of paramount importance to previous research on the "Angelic Brethren." According to Gertraud Zaepernick (1982), Überfeld's interventions regarding the question of marriage led to a temporary alienation between August Hermann Francke and his wife. This would explain why Anna Magdalena Francke refrained from following her husband when he became pastor at St. Ulrich's Church in Halle and moved into a new parish house in 1715. In view of a planned publication of mine, I would merely like to mention that several of Überfeld's utterances raise serious doubts about Zaepernick's narrative. Explicit advice to move into the new parish house can, for instance, be found in a letter from J.W. Überfeld to A.M. Francke, 1 April 1715, OLB, LA III 23, 1a, pp. 112–115. On the correspondence between Überfeld and A.M. Francke, see also: Martin 2020.

55 He did so by means of an indirect comparison, describing her husband as a "newborn" in need of her support. The very fact that Überfeld apparently considered August Hermann Francke to be in the process of rebirth, along with his statement that Anna Magdalena Francke needed to support him, challenges common assumptions about the relationship between the "Angelic Brethren" and "Halle Pietists." The German quote reads as follows: "Die Sache ist, die l[iebe] Schwester hat an ihrem Mann einen neugebohrenen, u[nd] daher noch schwachen Bruder bekommen": J.W. Überfeld to A.M. Francke, 28 January 1707, OLB, LA II 50a, no. 1.

56 On this correspondence, see Zaepernick 1982, esp. pp. 94–105.

57 Überfeld's elitist approach participated in a larger trend of the time: Reflections on the existence of a transconfessional invisible church (*Ecclesia invisibilis*) of "true" believers stimulated Protestant criticisms of the official churches around 1700. On this issue, see Martin 2016. On conceptualizations of the *Ecclesia invisibilis* in the writings of the early reformers, see Locher 2004.

58 J.W. Überfeld to A.M. Francke, 28 January 1707, OLB, LA II 50a, no. 1. On emotions as a foundation for processes of community-building, see Rosenwein 2010. Within research on early modern Protestantism, the issue of emotional community-building has been recently explored by Engelhardt 2019. The concept of an affective connection may have been connected to the idea that the prayers of spiritually advanced "priests of Melchizedek" could support others in their religious struggles. A short explanation of this concept is attached to a letter by J.O. Glüsing to C. Marselis, 19 February 1712, FB Gotha, Chart. A 298, pp. 89–91. On the "priesthood of Melchizedek," see Albrecht 2015. See also Rusterholz's essay in this volume.

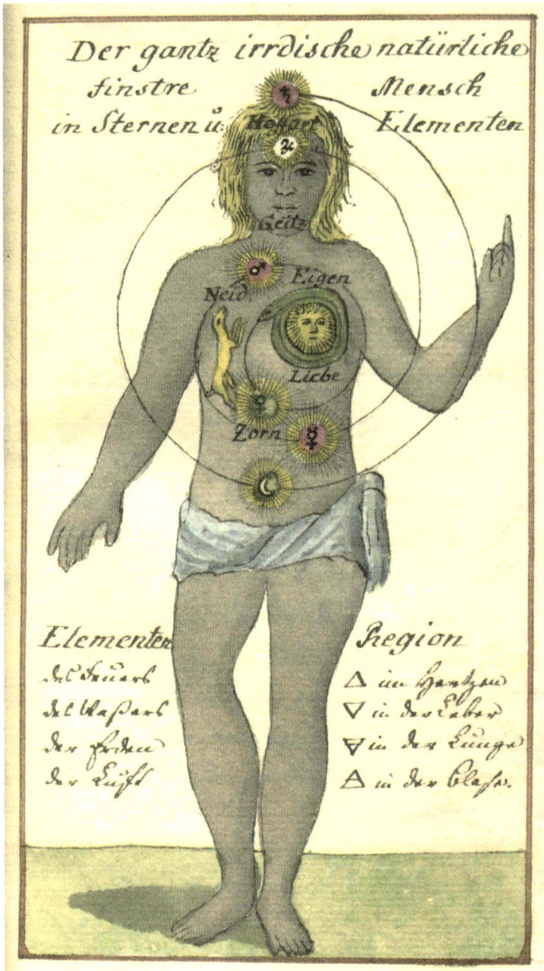

Fig. 1: Der gantz irrdische natürliche finstre Mensch, in: Johann Georg Gichtel and Johann Georg Graber, *Eine kurtze Eröfnung und Anweisung der dreyen Principien und Welten im Menschen*, Regensburg 1696, Oberlausitzische Bibliothek der Wissenschaften Görlitz, LA III 156

In a negative manner, Überfeld also used the idea of mental bonding to exclude people from the elite of "true" Christians. This becomes particularly visible with regard to people who acted against his will. For example, in a discussion of Joachim Lange's criticism of Gichtel, he noted that it would not be possible to make a mental connection to the theologian's disturbed mind.[59] In this sense, the concept of a spiritual rebirth with affective consequences becomes a tool to differentiate between friend and foe.

Überfeld's reference to the three principles apparently gave further shape to his concept of community, and again, his correspondence with Anna Magdalena Francke reflects this. At the beginning of their written exchange, he stated that the she was still in her spiritual childhood.[60] But as time passed

59 J.W. Überfeld to A.M. Francke, 22 July 1714, OLB, LA III 66, fol. 239v–240v, here: fol. 239v: "Was Prof Langen angehet, können wir in seinen Geist nicht eingehen, weil die Turba darinnen, worinn wir ihn baden lassen wollen." For a similar statement on Überfeld's correspondents, see for example J. W. Überfeld to J. Michelmann, 9 October 1713, OLB, LA III 40, pp. 337–340, here: p. 337; J. W. Überfeld to Michael Kähn, 4 October 1729, OLB, LA II 9, no. 87.

60 See J.W. Überfeld to A.M. Francke, 18 August 1707, Überfeld 1740, pp. 350–355, here: p. 351: "Der Geist im Gemüth erinnert uns unserer Kindheit im Gewächs derselben Gebärmutter des Glaubens in Christo."

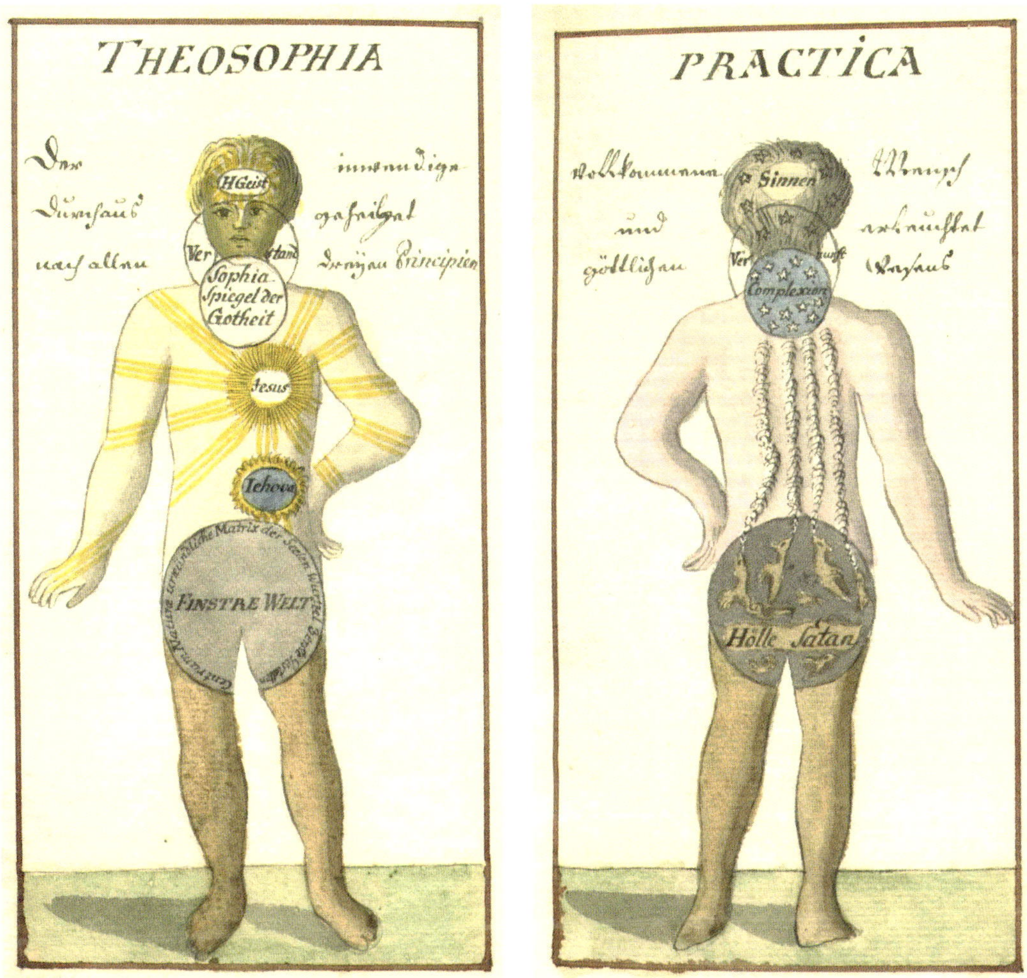

Fig. 2: Theosophia Practica. Der inwendige vollkommene Mensch durchaus geheiliget und erleuchtet nach allen dreyen Principien göttlichen Wesens (Front and Back), in: Johann Georg Gichtel and Johann Georg Graber, *Eine kurtze Eröffnung und Anweisung der dreyen Principien und Welten im Menschen*, Regensburg 1696, Oberlausitzische Bibliothek der Wissenschaften Görlitz, LA III 156

by, he continuously praised her for her perseverance in her struggle towards rebirth.[61] Finally, in early 1711, he claimed that something had changed: Having drunk from the "chalice full of God's wrath," Francke was now finally entitled to taste the "sweet chalice filled with the blood of Jesus Christ."[62] God's "wrath" and Jesus Christ can be identified here as the first and the second principles. One can thus interpret the event Überfeld described as Francke's second moment of rebirth. It is worthy of emphasis that he framed it in a language which referred to the Holy Communion. Progress in rebirth and community access are perceived as two sides of the same coin. Moreover, access to this spiritual Communion is considered a benefit one has to earn. Thus, at least in theory, Überfeld's rebirth community had a layered structure.

61 See for example J.W. Überfeld to A.M. Francke, 4 March 1708, OLB, LA II 44c, no. 20; 7 December 1710, OLB, LA II 44 f, no. 36.

62 J.W. Überfeld to A.M. Francke, 12 February 1711, OLB, LA II 44g, no. 48: "E[uer] L[iebden] hat mit uns nun den Becher voll des Grimmes Gottes getrunken […]. Also werden wir auch nun den süßen Becher des Bluts Jesu Christi […] miteinander theilhafftig werden."

4 Epistolary Practices of Community Formation

Face-to-face interaction among Überfeld and his peers was largely inhibited by spatial distance. Therefore, potential processes of group formation largely depended on forms of epistolary communication.[63] The following paragraphs will take this as their main vantage point. They seek to offer a brief sketch of how correspondence helped to put Überfeld's concept of a rebirth community into practice.

Letters served groupmaking procedures on several levels. First of all, correspondence contributed to the formation of a religious community in terms of content. Correspondence presented itself as a platform for the exchange of ideas, but also more concretely as a valuable tool for spiritual instruction.[64] For someone like Überfeld who refrained from expressing his ideas in other genres, the instructive function of letters was of particular importance. Guidelines for potential success in the process of rebirth are an element present in a good many of his letters. His spiritual instructions ranged from abstract explanations of religious concepts to precise statements on an individual's spiritual progress[65] and concrete judgements on certain authors.[66] Often, his statements referred to specific questions and needs that had been addressed to him directly by his correspondence partners.[67]

Apart from supporting the development of a common set of beliefs, letters also facilitated group formation because they allowed a kind of sketch outlining the relationships between individuals, a practice that might be called the mental mapping of the rebirth community.[68] In his correspondence, Überfeld continuously drew comparisons between individuals concerning their progress on the path towards renewal. As regards his epistolary communication with Anna Magdalena Francke, this holds true right from the first letter. Here, Überfeld already compared the "newborn" founder of the Halle orphanage, i. e. August Hermann Francke, to his supposedly more advanced wife.[69] In the following letters, Überfeld gradually introduced more and more names to the correspondence, usually stating where the respective people could be found and how they behaved spiritually. The mental maps emerging from this kind of practice were layered because people differed with regards to their spiritual progress, but they were also dynamic since relative spiritual differences between people could change.

63 Yet this does not mean that face-to-face interaction was irrelevant. It is noteworthy that Überfeld's estate in the Netherlands was a popular destination among travelling Protestants in the early eighteenth century. His visitors included theologians from Halle such as Johann Tribbechow (1677–1712) and even August Hermann Francke himself. Tribbechow's visit is documented in the letter from J.W. Überfeld to A.M. Francke, 18 August 1707, Überfeld 1740, pp. 349–357, here: 352 f. On Francke's visit, which occurred in mid-1705, see Sträter 2012, p. 69. Recently on travel practices among eighteenth-century Protestants: Schröder-Kahnt/Veltmann 2018. The importance of face-to-face interaction is also highlighted by the fact that Überfeld's correspondence network had geographical focal points. For example, he regularly mentioned the "brothers in Merzien," the "brothers in Magdeburg," the "brothers in Aurich," and the "brothers in Berlin."

64 The instructive function of correspondence has been illuminated by Martin 2017b.

65 See the examples in the sub-chapter above.

66 For example, in his correspondence with Christoph Marselis, he regularly discussed the works of the Spanish mystic Miguel de Molinos (1628–1696). See for example J.W. Überfeld to C. Marselis, 1 August 1710, OLB, LA II 28, no. 17; 6 January 1712, OLB, LA II 45e, no. 28. Überfeld expressed general disdain towards most authors, with the exception of Böhme. For a statement on his initial experiences with Böhme's writings, see J.W. Überfeld to A.M. Francke, 18 August 1707, Überfeld 1740, pp. 349–357, here: p. 352. Besides religious issues, he also discussed matters of general scholarly interest. For example, advice on good grammar can be found in the letter from J.W. Überfeld to A.M. Francke, 6 December 1711, OLB, LA II 46i, no. 30.

67 This may be inferred from his answers, which often paraphrase at least parts of the questions.

68 This argument is largely based on the findings of Martin 2016.

69 J.W. Überfeld to A.M. Francke, 28 January 1707, OLB, LA II 50a, no. 1. See above n. 48.

The idea of a threefold rebirth process was relevant to these practices of mental mapping, too. Überfeld's gratulatory letter to Anna Magdalena Francke on the occasion of her supposed second rebirth is particularly illuminating in this regard. In a postscriptum, he meticulously listed those who had recently been writing to him. Besides several individual correspondents, he highlighted a "tenfold letter" from Magdeburg, i. e., a piece of correspondence made up by the contributions of ten people who were all referred to by name. He justified this enumeration by stating that all the correspondents were "co-workers in God's vineyard," adding that Anna Magdalena Francke, was "not a dead but a living member" of the rebirth community.[70]

Considering someone as potentially-reborn does not guarantee that the respective person takes part in communal activities or even knows anything about his or her supposed status. There is, however, sustainable evidence that Überfeld's correspondence partners also formed personal bonds with one another and spread the idea of spiritual renewal. While some of their letters to one another directly testify to this,[71] additional evidence may be drawn from Überfeld's correspondence: Quite regularly, he praised correspondents for their successes in the spiritual instruction of others.[72] The concept of a rebirth community thus seems to have spread through structures of mutual support.

Apart from their relevance in terms of content, letters also mattered to the formation of social bonds because of the concrete ways in which they were distributed. This is true in at least two regards. First, Überfeld and his peers often took detours when contacting each other. The correspondence that was exchanged between Leiden and Halle, for instance, often went through the hands of Johann Gottfried Pronner (1667–1741) in Amsterdam and Theodor Schermer (1669–1730) in Bremen.[73] Pronner, to whom historiography sometimes refers as no. 2 in the hierarchy of the "Angelic Brethren," as well as Schermer had the opportunity to add messages on their own, the result thus being chains of communication rather than individual letters.

Secondly, letters were often passed on as copies. In his correspondence, Überfeld mentioned this circulation quite regularly. It can be inferred from his statements that both incoming and outgoing

---

70 J.W. Überfeld to A.M. Francke, 13 February 1711, OLB, LA II 44g, no. 48: "Kaum sind die Briefe unter göttl[ichem] Beystand geendet gewesen, so hat uns Gott diesen Morgen früh einen neuen Seegen gegeben, aus M[a]gd[e]b[urg] kommende: Ist ein zehen-facher Brief, womit wir in eine neue Geburt kommen. Nicht zweiffelnde, wann diese abgethan, wird Gott all-wieder neuen Saamen geben, u[nd] uns nicht unfruchtbar laßen. Welches melde auf Veranlaßung zu E[uer] L[iebden] Freuden, u[nd] Mitwißenschafft zur Aufschließung im Gebeht, weil wir in Christo Arbeiter in einem Weinberg sind, u[nd] ein Leib woraus Er sich gebieret. Gleich wir finden, daß E[uer] L[iebden] kein todtes sondern ein lebendiges Mitglied ist."

71 See for example Glüsing's correspondence with Marselis in FB Gotha, Chart. A 298, pp. 86–102.

72 See for instance: J.W. Überfeld to Johann Friedrich Michelmann, 22 May 1711, OLB, LA III 284, fol. 5r–6v, here: fol. 6v.; J.W. Überfeld to A.M. Francke, 23 June 1711, OLB, LA II 46b, no. 4; 14 August 1711, OLB, LA II 46b, no. 4; 26 July 1712, OLB, LA II 47c, no. 14; J.W. Überfeld to J. Michelmann, 28 October 1712, OLB, LA III 27, pp. 453–457, here: p. 456; J.W. Überfeld to Michael Kähn, Johann Matthias Wicker and Christian Ludwig Schiele, 4 February 1727, OLB, LA II 9, no. 60.

73 Direct evidence is given for example in the following letters: J.G. Pronner to J. Michelmann, 27 April 1714, OLB, 5.00.13d, pp. 202–212, here: p. 202; J.W. Überfeld to A.M. Francke, 17 November 1711, OLB, LA II 46i, no. 30; 11 December 1712, OLB, LA II 48c, no. 15; 24 March 1713, OLB, LA II 49b, no. 15. In some cases, the source material in Görlitz directly reflects these chains of communication. Some of the copy collections include Pronner's and Schermer's letters to A.M. Francke. The copyists often subsumed the whole chain under one single registration number. Pronner's and Schermer's letters thus appeared as attachments to Überfeld's correspondence. Examples can be found in various copy collections of OLB, LA II. The importance of Pronner had already been highlighted by Kindervater 1719, p. 7. See also Zaepernick 1982, p. 88. On Pronner, see for example Harmsen 2007, p. 476. On Schermer, see Mai 1979, pp. 195 f.

mail was reproduced. Überfeld was often the receiver of copies, but at least sometimes, he acted as a copyist himself. Furthermore, his peers sent reproduced material to one another as well.[74]

At least in principle, copying practices and chain letters fit into the broader picture of early modern correspondence culture. Historiography has pointed out on various occasions that contemporary notions of privacy are in many ways misleading with regards to epistolary practices of the past. In early eighteenth-century Europe, written messages were regularly read out aloud or passed on to others.[75] Partially, these tendencies were connected to a need for efficiency, since writing and sending letters was both time-consuming and costly. Überfeld and his peers certainly shared these concerns.[76] Still, their epistolary practices also had specific religious dimensions. This holds true both in terms of original correspondence and in the production of copies.

In his letters, Überfeld directly reflected on the circumstances of epistolary exchange. His remarks went beyond what was required according to early modern letter-writing protocol. Instead of just stating when he had received a particular letter, in his reply he also mentioned whether that letter and one of his own had made the same stops on the way to their respective destinations. In his correspondence with Anna Magdalena Francke, for example, he occasionally highlighted that their messages had "met" in Bremen or Amsterdam.[77] Besides that, he took note when he received letters simultaneously which had come from different places. In the early 1710s, for instance, he began to correspond with Francke's brother Ludwig Ernst von Wurm (1675–1725) who was a privy councillor in East Frisia.[78] From this point onwards, Überfeld regularly informed the two siblings whenever their letters had arrived at his house at or near the same time.[79] According to Überfeld, "meetings" or simultaneous arrivals of written messages were the result of immediate intervention by God, proving that "true" believers were spiritually connected.[80] He thus referred to the circumstances of letter-exchange

---

74 Some of the source collections of the Linz Archive contain basic information on individual copies (e. g. date of production/reception; place of dispatch; name of the copyist). See for example the remarks at the beginning of each section of OLB, LA III 16. For Überfeld as a recipient of copies, see for instance the respective references in the following letters: J.W. Überfeld to A.M. Francke, 13 February 1711, OLB, LA II 44g, no. 48; 22 August 1712, OLB, LA II 47d, no. 21. For Überfeld as a producer of copies, see: J.W. Überfeld to J. Michelmann et al., 12 August 1718, OLB, LA III 65, pp. 137–154, here: pp. 139–142; J.W. Überfeld to A.M. Francke, 23 October 1711, OLB, LA II 46i, no. 30; 24 March 1713, OLB, LA II 49b, no. 15.

75 Scholarship on seventeenth- and eighteenth-century Protestantism has repeatedly confirmed these tendencies. See for example Pyrges 2015, pp. 277–331; Fritz 2009; Mettele 2009, pp. 147–178; Gleixner 2005, pp. 91–110. For a recent in-depth analysis of early modern epistolary practices, see Daybell 2012; on practices of reading out aloud esp. Chartier 1990.

76 Time efficiency was regularly an issue in the correspondences. See for example J.W. Überfeld to J. Michelmann and Friedrich Andreae, 2 November 1714, OLB, 5.00.13d, pp. 393–404, here: p. 397; J.W. Überfeld to A.M. Francke, 21 August 1711, OLB, LA II 46b, no. 4; J.G. Pronner to A.M. Francke, 23 June 1711, OLB, LA II 46b, no. 4. Überfeld and his correspondents frequently relied on the regular post for their mail exchange. The issue of postage costs is discussed in the letter from J.W. Überfeld to A.M. Francke, 20 February 1711, OLB, LA II 44g, no. 48.

77 See for example J.W. Überfeld. to A.M. Francke, 24 March 1713, OLB, LA II 49b, no. 15: "Der l[iebe] Gott hats abermalen dirigiret, daß unsere Briefe E[uer] L[iebden] beliebtes vom 14. u[nd] mein geringfügiges vom 20., in Amst[erdam] einander abermahl getroffen." See also J.W. Überfeld to A.M. Francke, 11 December 1712, OLB, LA II 48c, no. 15.

78 There is some evidence that Anna Magdalena Francke played an important role in the establishment of this contact. See for instance J.G. Pronner to A.M. Francke, 22 October 1712, OLB, LA II 47 f, no. 36. Evidence of von Wurm's interest in Überfeld has already been given by Wotschke 1931, pp. 97 f.

79 See for example J.W. Überfeld to L.E. v. Wurm, 5 October 1712, OLB, LA II 31c, no. 52; J.W. Überfeld to A.M. Francke, 11 December 1712, OLB, LA II 48c, no. 15.

80 Particularly illustrative in this regard is the letter from J.W. Überfeld to L.E. v. Wurm, 27 February 1713, OLB, LA II 32, no. 16, p. 58: "Berichte daß das beliebte vom 15. dieses abermal zur gesegneten Zeit u[nd] Stunde am 22. dito über Ütrecht alhier gearriviret, da zugleich auch die wehrten Briefe von H[alle] über Amsterdam eingelaufen waren. Mann erkennt Gottes Hand dabey, welcher der Fr[au] S[chwester] Schreiben zwischen H[alle] u[nd] B[remen] einen Posttag über arrestiret, daß die Briefe vom 12., die am längsten auf den 15. an dem letztgedachten Orth sollen ankommen, erst in order to substantiate a central element of his vision of the rebirth community. He even claimed that correspondence-related events contributed to religious renewal and to the unity among those in search of it. Überfeld explicitly described simultaneous arrivals as incidents that supported common spiritual growth.[81] In this sense, letters mattered as objects in their own right regarding the formation of a group of "true" believers.

The production of copies was directly connected to concepts of a rebirth community, too. The many versions of Überfeld's letters that were made during his lifetime prove this point. Quite regularly, they were bound together in volumes that referred to the issue of rebirth on their title pages.[82] What is more, the copyists often refrained from reproducing the whole letters. Their extracts often centered on explanations of the process of spiritual renewal and sometimes obscured the original contexts of communication.

One may conceive of this tendency as part of a broader trend in early modern Protestantism. Previous historiography has pointed to a lively tradition of turning letters (*Briefe*) into epistles (*Sendbriefe*), i. e. of producing abridged versions of letters by prominent religious figures without the respective answers.[83] The collected epistles of Böhme and Gichtel, in particular, may be interpreted as role models for practices that were applied to the correspondence of their admirer in Leiden. But unlike most examples discussed in previous historiography, the copying tradition related to Überfeld's letters was largely dominated by manuscripts. Exploring the diversity of these handwritten copy collections might be a promising prospect for the cultural history of early modern Protestantism.

5 Conclusion

Like Jacob Böhme, Johann Wilhelm Überfeld understood spiritual renewal as a process through which the prelapsarian state of humanity could be restored. In accordance with his mentor Johann Georg Gichtel, he described this process as a path through the three principles. The idea of rebirth was also paramount to Überfeld's concept of a legitimate religious group. Individual spiritual progress and the creation of a legitimate community were construed by him as simultaneous developments. The "true" believers, connected through mental and affective bonds, would thus support each other on their return to the original state of man.

am 18. geliefert worden auf daß E[uer] L[iebden] die liebgedachte Frau unterwegen noch einholen mögen, u[nd] eine Post die beyderseitigen Briefe hier ins Land bringen sollen."

81 See J.W. Überfeld to A.M. Francke, 22 June 1711, OLB, LA II 46b, no. 4: "Mit Ankunfft der Briefe hat die Himml[ische] Jungfrau […] | ihr himml[isches] Schatzkästlein aufgethan, uns ihre angenommene l[iebe] Gäste zu beneveniren u[nd] zu regaliren: […] Sintemahl eine Gebuhrt auf die andere folget."

82 See for example: OLB, LA III 13: *Erster Theil der Erbaulichen Theosophischen Send=Schreiben des hocherleuchteten Mannes Gottes Johann Wilhelm Überfelds, darinnen von den allertiefesten Geheimnissen der neuen Wiedergeburt in Christo nach allen Graden gründlich gehandelt wird* […], Cölln an der Spree 1716; OLB, 5.00.13a: *JESU=SOPHIA REVELATA, das ist Gnaden= u[nd] Geheimniß=volle Send=Briefe des geheiligten u[nd] Hocherleuchteten Mannes Gottes Johann Wilhelm Überfelds. Darinnen von* […] *denen geheimen verborgenen Glaubens=Wegen in Geist u[nd] Natur, in der gesegneten Wiedergeburt von anfang bis zur Vollkommenheit gründl[ich] gehandelt wird*, s. l. 1715.

83 On this phenomenon, see the concise summary by Mennecke-Haustein 1991; see also Essig 2000, pp. 97–101. Scholars have explored some of these editions in more detail: See for example Blaufuß/Schicketanz 1987 on the edited epistles of Philipp Jacob Spener (1635–1705); Ackva 2011 on Gerhard Tersteegen (1697–1769); Horn Melton 2015, pp. 36–53, on the *Sendbrief* of Johann Schaitberger (1658–1733).

Still, conceiving of the idea of a rebirth community as the essence of a "sect" of "Angelic Brethren" would be misleading in several ways. Firstly, Überfeld spoke of "sects" in a very derogatory way and explicitly opposed them to his vision of natural growth. Secondly, as a group name, "Angelic Brethren" was not coined by him, but by eighteenth-century polemicists. Thirdly, and perhaps most importantly, equating the idea of a rebirth community with an actual social formation would presuppose that there had automatically been a broad consensus about the validity of Überfeld's views. Given the great geographical and social distances between him and his various correspondents, such consent was not guaranteed but rather had to be reached through practical interaction. To a large extent, this interaction depended on epistolary communication.

Correspondence helped to shape notions of a rebirth community both in a material way and in terms of content. On the level of content, it served as a tool of spiritual instruction and allowed the emergence of an implicit "map" of a group of believers on the path towards spiritual renewal. Materially, chain letters and copy circulation enabled greater numbers of people to participate in communication. These modes of transmission were in turn also thematized in discourses about certain aspects of the rebirth community. Material and immaterial aspects of group formation were thus closely connected.

This chapter has argued that the enormous amounts of epistolary source material related to Überfeld can be explained by the great effort expended to unite the "true" believers. The results of these efforts may have varied, depending on the individual level of integration into epistolary exchange and on the ways in which people responded to religious instruction. Since community bonds were shaped through constant interaction, they were continually changing.

Acknowledgement note: This essay, written in 2020, presents early results of a dissertation project that was completed in 2023. I would like to thank the Fritz Thyssen Foundation which has financially supported my research in the framework of a Herzog Ernst scholarship. The Gerda Henkel Foundation also provided me with funding for which I am grateful, too.

III Britain

Ariel Hessayon

“To Make Such Things Knowne in My Native Language”: Acquiring, Translating and Disseminating Böhme’s Writings in England and Wales

Abstract: It is significant that between 1645 and 1662 most of Böhme’s treatises and the majority of his letters were printed in English translation at London. Moreover, two shorter pieces were rendered from English into Welsh in 1655. Yet the question of why Böhme’s writings were translated into English and the mechanisms behind this process has never been adequately explained. So here I will show how, firstly, before the outbreak of Civil War certain English speakers obtained Böhme’s writings both in manuscript and print through their associates in the Dutch Republic and Holy Roman Empire. Then manuscript translations were made primarily from German and to a lesser extent Dutch and Latin versions of Böhme’s works. Most of these texts were available in editions published at Amsterdam. These English translations, a few of which are anonymous, circulated privately in much the same way as did other mystical and prophetic writings during the period. Finally, there was an organised scheme for publishing the extant corpus in English. While some of the cost was met by the translators themselves, it is clear that Samuel Hartlib and members of his circle acted as intermediaries by using agents to purchase books, subsequently shipping them to England.

On 4 August 1653, Samuel Herring of Swan Alley in Coleman Street, London petitioned Barebone’s Parliament to consider thirty propositions for the good of the nation. The second proposal was that two colleges at Oxford and Cambridge should be devoted to the study of “attaining and enjoying the spirit of our Lord Jesus.” Few books would be needed besides the Bible and English translations of “Jacob Behmen, and such like, who had true revelation from the true spirit.”[1] This proposal was not adopted, nor is there evidence for how much support it attracted among Herring’s fellow parishioners or in Parliament. Though he may have acted alone, it is equally possible that Herring represented the public face of a group promoting the dissemination of English versions of the German mystic’s writings. Indeed, it is significant that between 1645 and 1662 most of Böhme’s thirty or so treatises and the majority of his roughly eighty-four extant letters were rendered into English. Altogether twenty different books – some containing several titles – by the “Teutonic Philosopher” were published in English versions at London during this period. Moreover, two shorter pieces were translated from English into Welsh in 1655.

Despite several modern scholarly studies on the reception of Böhme’s ideas in the German-speaking territories, the Dutch Republic and the British Isles, the reasons why his writings were translated into English and the mechanisms behind this process have never been adequately explained.[2] Among Böhme’s followers there circulated a garbled story that Charles I had been the main patron of the venture before his execution on 30 January 1649. Some like Francis Lee (a non-juror and co-founder of the Philadelphian Society) also maintained, probably correctly, that after the restoration of the Stuart monarchy in May 1660 the remaining works were brought out under the auspices of Philip Herbert, fifth Earl of Pembroke. In their eyes, this tradition of royal and aristocratic support gave the under-

1 Society of Antiquaries of London, MS 138 fol. 155v, printed in Nickolls 1743, p. 99.

2 Baily 1914; Maxse 1934; Thune 1948; Hutin 1960; Smith 1989, pp. 185–225; Gibbons 1996.

https://doi.org/10.1515/9783110720525-020

taking prestige. Yet it simplifies developments, obscuring the involvement of a number of people with common aims. Actually, there were three overlapping phases.

- Firstly, in the period between Böhme's death in November 1624 and the outbreak of Civil War in August 1642 certain multilingual English speakers, all of whom could read either Latin or German and Dutch, engaged with Böhme's writings. These had been obtained both in manuscript and print through associates in the Dutch Republic and Holy Roman Empire. Unsurprisingly these English-speaking readers of Böhme were – with one known exception – foreigners, emigrants or those who had travelled abroad. Among them were John Dury (1596–1680), Theodoricus Gravius (ca. 1600–fl. 1658), Theodore Haak (1605–1690), Samuel Hartlib (ca. 1600–1662), Joachim Hübner (1611–1666), Richard Napier (1559–1634), Petrus Serrarius (1600–1669), Justinus van Assche (1596–1650) and Hendrik van Steenwijck the younger (ca. 1580–1640?). So far as is known, not a word of Böhme had yet been translated into English.[3]
- Then from 1644, or possibly even 1643, English manuscript translations were made primarily from German and to a lesser extent Dutch and Latin versions of Böhme's works. Most of these texts were available in editions published at Amsterdam financially supported initially by Johannes von Sack (fl. 1618–fl. 1631), and thereafter particularly by Abraham Willemsz van Beyerland (1587–1648). These English translations, a few of which were anonymous, circulated privately in much the same way as did other prophetic, spiritual and mystical writings – notably excerpts or complete works by Hans Denck, Sebastian Franck, Nicholas of Cusa, Hendrik Niclaes and Johannes Tauler; not to mention the "Theologia Germanica" and "The Divine Cloud of Unknowing."[4]
- Finally there was an organised scheme for publishing the extant corpus in English. While some of the cost was met by the translators themselves, it is clear that Samuel Hartlib, a Prussian émigré resident in London since 1628, and members of his circle acted as intermediaries by using agents to purchase books, subsequently shipping them to England.

The son of a successful merchant based at the Baltic port of Elbing (modern Elbląg, Poland), Hartlib assiduously cultivated international correspondents – especially the loose community of Protestant refugee scholars forced into exile by plundering armies marauding through central Europe during the Thirty Years' War. As is well known, his circle promoted reconciliation between the Protestant churches and planned to establish a University in London with a College for Oriental studies to assist with the conversion of the Jews to Christianity. They also advocated educational and medical reform as well as disseminating the Moravian exile Johannes Amos Comenius's theories concerning universal knowledge (pansophy) and the importance of translation as a first step towards establishing communication through a common tongue.[5] Although it had gone unheeded by many of his compatriots, Böhme's announcement of the dawn of a new reformation thus chimed with their vision of universal reformation. Similarly, Böhme's foremost English translator John Sparrow (1615–1670, Fig. 1) hoped his endeavour would be rewarded with the settlement of religious controversies and the disappearance of sects and heresies.[6]

And though he feared making such things known in his native language to "so many various minds, as are now sprung up," Sparrow nonetheless contented himself with the knowledge that his public-spirited efforts might provide "much comfort" to "troubled doubting" souls, enabling them to

3 Hessayon 2020.
4 Hessayon (forthcoming a).
5 Turnbull 1947; Webster 1975; Greengrass/Leslie/Raylor 1994.
6 Hessayon 2019.

Fig. 1: David Loggan, Portrait of John Sparrow, 1659, etching, National Portrait Gallery London, inv. no. NPG D29097

attain that "inward Peace which passeth all understanding."[7] It was, however, to prove a vain hope. Instead of the promised "Day of Pentecost," when the "true sence and meaning of all Languages" would be united into one tongue, there was a new Babel.[8] Instead of doctrinal unanimity there was discord. Indeed, Böhme's readers responded in largely unforeseen ways: sometimes with enthusiasm but on other occasions with exasperation, ambivalence and even revulsion. A handful were convicted of blasphemy, others formed spiritual communities, while still others fulminated against what they regarded as Böhme's incomprehensible nonsense and vile falsehoods. All the same, engagement with Böhme's teachings was more extensive at this crucial moment in English history than has usually been recognised. Nor was his influence either straightforward or always easy to untangle from the wider tradition of continental mystical, prophetic and visionary writing that he epitomised.[9]

This chapter, however, is mainly concerned with the diffusion of Böhme's writings rather than their reception. Locating these translations within the broader framework of the propagation of continental alchemical, astrological, millenarian and mystical writings during a turbulent period of

7 Sparrow 1647.
8 Böhme 1651, sig. A3^{r-2}.
9 Hessayon 2014b.

English history, it focuses upon the contribution of intermediaries, patrons, translators, biographers, printers, publishers and booksellers. It shows how Böhme's texts were copied, transmitted, translated and issued in a predominantly volatile environment which witnessed major upheavals in the publishing trade – including the temporary breakdown of pre-publication censorship. Furthermore, by drawing upon a number of manuscript sources unknown to or unused by previous scholars it uncovers the translators' social networks; revealing their ties through kinship and friendship, as well as shared professional and commercial interests. Indeed, these extensive connections largely explain why Böhme's works were acquired so readily in printed English translations and later selectively rendered into Welsh.

1

Between 1641 and 1660 an estimated 32,238 titles were published in the British Isles or by English speakers elsewhere in the world; that is roughly 26 % of the total amount of such publications between 1475 and 1700.[10] Although the number of English translations of continental European writings printed or reissued during this period has yet to be established, this heterogeneous corpus of material consisted of writings by more than 220 non-native authors (both genuine and pseudonymous), as well as a handful of anonymous titles. Works in this corpus ranged from antique Greek texts to canonical and noncanonical religious texts to modern satire, travelogues and much more. Furthermore, there were a number of English translations that remained unpublished but nonetheless circulated in manuscript during the period. In addition, there were prose and verse English paraphrases rather than translations. As to the translators of these works, more than eighty-five have been identified to date. At the same time, it should be stressed that several works by continental authors continued to be printed or reprinted in the original Latin. A number of English authors, perhaps most famously John Milton (1608–1674), also published in that language.

Despite Christopher Hill's claim that the English Revolution was a short-lived age of "freedom" when relatively cheap and portable printing equipment may have made it easier than ever before for new and sometimes radical ideas to see the light of day, the desire to censor – as is widely recognised – remained in many quarters.[11] There were three effective ways in which this could be achieved: through pre-publication, post-publication and self-censorship. Pre-publication censorship, particularly of religious literature, which had been used to increasing effect during the 1630s, became a lost cause after 1641. For in that year the secular court of Star Chamber and the ecclesiastical court of High Commission were abolished by act of Parliament, leading to a disintegration of the London Stationers' Company monopoly. With the collapse of pre-publication censorship, the licensing system upon which it had been built became increasingly used to protect the publisher's copyright rather than to indicate official approbation. Despite initial Parliamentary attempts at reasserting control by examining those considered responsible for committing abuses in printing and licensing, and subsequently through legislation, without an equivalent to the Papal Index of prohibited books pre-publication censorship appears to have been almost entirely at the licenser's discretion. As such it was utterly ineffective. Indeed, during the later 1640s licensing was characterised by inconsistent practice and the absence of a universally agreed strategy.

10 Bell/Barnard 1998; Barnard/McKenzie/Bell 2002, pp. 779–785, 789; Veylit n.d.
11 Hill 1985, pp. 34, 40, 51; Hill 1984 [1972], p. 17; Hill 1984, p. 21.

By contrast, post-publication censorship and a range of severe punishments remained. Legislation empowered civil and military officials to punish those involved in producing unlicensed material. Doubtless, this prompted strategies to avoid detection: spurious imprints, anonymity, pseudonymity and varying degrees of self-censorship. All the same, post-publication censorship proved most effective when implemented by those with intimate knowledge of the printing trade. And in exceptional circumstances its outcome could be dramatic. For although no one had been burned at the stake for heresy in England since 1612, the published writings of blasphemers and seditionists were still consigned to the flames in public book burning rituals that resembled Protestant *Autos da Fé* by proxy.[12]

As well as being conducive for the production of unprecedented quantities of scandalous, seditious, libellous and blasphemous pamphlets, these upheavals in the publishing world facilitated the dissemination of printed English translations of continental European writings. Among the numerous works issued at London during the 1640s were Sebastian Franck's *The Forbidden Fruit: or, a treatise Of the Tree of Knowledge of Good and Evill* (printed by T.P. and M.S. for Benjamin Allen, 1642); Benet of Canfield's *A Bright Starre, Leading to, & Centering in, Christ our perfection* (printed by Matthew Simmons and sold by Henry Overton, 1646); Nicholas of Cusa's *Ophthalmos aplois or The single Eye* (published by John Streater, 1646); the anonymous *Theologia Germanica* (published by John Sweeting, 1646, 1648); Valentin Weigel's *Of the Life of Christ* (published by Giles Calvert, 1648); pseudo-Weigel's *Astrology Theologized* (published by George Whittington, 1649); *The Divine Pymander of Hermes Mercurius Trismegistus* (printed by Robert White and published by Thomas Brewster and Gregory Moule, 1649); and a number of works by the Family of Love's founder Hendrick Niclaes including *Revelatio Dei* (published by Giles Calvert, 1649), *An Introduction to The holy Understanding of the Glasse of Righteousnesse* (published by George Whittington, 1649), and *Terra Pacis* (published by Samuel Satterthwaite, 1649). In addition, several titles were printed at Cambridge by the University printer Roger Daniel; the sixth edition of Johann Gerhard's *Meditations* (1640, 1644); Gerhard's *The summe of Christian Doctrine* (1640); Juán de Valdés's *Divine considerations treating of those things which are most profitable* (1646); and Johann Valentin Andreae's *A Modell of a Christian Society* together with his *The Right Hand of Christian Love offered* (1647).

On 8 November 1644 the London bookseller George Thomason acquired a copy of *The Life of one Jacob Boehmen* (printed by L.N. for Richard Whitaker, at the King's Arms in Paul's Church-yard, 1644).[13] Its author was the Silesian nobleman Abraham von Franckenberg (1593–1652). I have suggested elsewhere that the translator was John Sparrow and that his source was the prefatory material to the German version of *Mysterium Magnum* published at Amsterdam in 1640, although Michael Kurtz's verses praising Böhme were omitted.[14] Possibly the pamphlet was issued to coincide with the twentieth anniversary of Böhme's death on 7/17 November 1624. While some of Böhme's followers regarded him as a prophet of the Thirty Years' War, Franckenberg had praised his "profound" and "deepe-grounded" writings, believing that they hinted at the great wonders God would perform in future generations.[15] So it is significant that the publication of Franckenberg's *Life of Boehme* signalled the beginning of a loosely co-ordinated project to issue English versions of the Teutonic Philosopher's writings.

12 Hessayon 2007c.
13 [Franckenberg 1644b] [British Library (hereafter BL), Thomason E 16(16)]. This translation differs from that contained in Böhme 1665. On the different versions of Franckenberg's biography of Böhme, including recently discovered manuscript material, see the essay by Carlos Gilly in this volume. On Franckenberg's reception of Böhme generally, see the chapter by Mike A. Zuber.
14 Hessayon 2019, pp. 347–348.
15 Tschesch/Franckenberg 1649, p. 6 (usually bound with Böhme 1649a).

The following year saw the publication of Böhme's *Two Theosophicall Epistles: Wherein the Life of a true Christian is described.* The title page relates that the letters were "printed by M[atthew] S[immons] for B[enjamin] Allen, and are to be sold at his shop, at the Crown in Popes-head Alley, 1645." The work was also described as "Lately *Englished* out of the *German Language*." The bookseller Thomason dated his copy 2 May 1645.[16] Werner Buddecke (1887–1967) suggested that this edition was based on an interesting mixture of sources, including both printed German editions and Dutch translations, and perhaps also German manuscript material.[17] In order to access this material the English translator must therefore have had a direct or indirect contact in the United Provinces who knew Abraham Willemsz van Beyerland, who possessed the manuscripts. Elsewhere I have shown that within two weeks of the English publication of Franckenberg's *Life of Boehme*, Sparrow was using his association with Hartlib to purchase what were most likely editions of Böhme's works printed at Amsterdam and that, by way of John Dury, then in Rotterdam, the agent for this transaction was the millenarian and student of mystical theology Petrus Serrarius.[18] Indeed, it can also be demonstrated that in October 1636 Serrarius, along with his friend Justinus van Assche, had been requested to purchase a copy of Böhme's recently published *Drievoudigh leven des Menschen* from Beyerland at his house on the Warmoesstraat in Amsterdam.[19] With these links established, it can be confidently maintained that following *The Life of one Jacob Boehmen*, Sparrow translated Böhme's *Two Theosophicall Epistles*.

Besides these two printed translations, Sparrow was very likely responsible for further English versions of Böhme's writings preserved in manuscript. These were finished anonymously before the end of the First English Civil War. One was dated 1644 and variously entitled "The most Remarkable History of IOSEPH Mystically expounded & interpreted" or "The most excellent Historie of Joseph, with morall and mystical expositions." This survives in two known copies in different scribal hands – one in the British Library Harleian collection, the other in the Bibliothèque Mazarine.[20] The Harleian version lacks the final two paragraphs and is without ownership inscription. It may have been a fair copy by Sparrow himself. By contrast, the undated Mazarine copy was made "for the Lord Phillip Herbert" who would accede to Earldom of Pembroke on 23 January 1650.[21] The text itself consisted of a translation of Böhme's *Mysterium Magnum* "beginning at ye 36th Chapt[r] of Genesis and continuing to ye end of y[t] booke." The translator's source was chapters 64 to 78 (pp. 537–704) of the German version of *Mysterium Magnum* published at Amsterdam in 1640.[22] It is noteworthy that this manuscript translation is quite similar in style and structure to *The Third Part* of the English version of Böhme's *Mysterium Magnum* which was published with a separate title page as *The most excellent history of Joseph* at London in 1654. While Sparrow's cousin John Elliston the younger (ca. 1625–1652) translated more than half this text (presumably at least 40 of the 78 chapters), Sparrow was probably responsible for the third part since Elliston would have been about nineteen at the time of the manuscript's completion. It can therefore be assumed the manuscript represents an earlier version of Sparrow's translation,

16 Böhme 1645, title page [BL, Thomason E 1170(1)].

17 Buddecke 1937–1957, vol. 2, pp. 171–172.

18 Sheffield University Library (hereafter SUL), Hartlib Papers (hereafter HP) 3/2/77A; Hessayon 2019, p. 351.

19 Uppsala University Library, Waller Ms benl-00852. I am most grateful to Helmer Helmers for translating the Dutch.

20 British Library, London, MS Harleian 1821; Bibliothèque Mazarine, Paris, MS 4581.

21 Hessayon 2007a, pp. 320–323.

22 These chapters of Böhme's *Mysterium Magnum* had been previously issued as a separate publication entitled *Iosephus Redivivus, das ist, Die Vberaus Lehr vnd Trostreiche Historia von dem Ertzvatter Joseph* (Böhme 1631)

which, much like scribal copies of *Theologia Germanica*, circulated among aristocratic or wealthy patrons.[23]

Another manuscript contains several more treatises by Böhme, namely “The Way to Christ Comprehended” (consisting of “True Repentence” and “True Resignation”); “The third booke of regeneration that is the new Birth”; “The 4. Booke being a dialogue betweene a master and a schollar, of the super-sensuall life”; “A short discourse of the key opening the divine misteryes vizt of Repentance”; “Of the mixt world and its wickednesse”; “A letter of Jacob Bohmen to a good friend of his” dated 10/20 April 1624; and “An exposition of some words” used in Böhme’s writings. Dated 11 December 1645 – whether by the translator or a copyist is unclear – this collection was based on *Der Weg zu Christo* (Amsterdam, 1635). It can be connected with another carefully transcribed translation of Böhme’s “The Way to Christ Comprehended” which likewise derived from the same German edition printed at Amsterdam in 1635. Although these manuscripts are in different scribal hands the translation is the same except for some minor scribal variants. While the former copy is dated, it lacks an ownership inscription. The latter, on the other hand, is undated but was once in the possession of William Clopton.[24] This name, however, was not uncommon thus precluding definite identification.[25] In addition, there may be a third manuscript copy of “The Way to Christ.” In the mid-twentieth century, it was in the possession of Charles Muses (1919–2000), founder of the Jacob Boehme Society. He informed Buddecke that it was dated “1643.”[26] It has not yet been traced but is hopefully still extant.[27]

Significantly, these manuscript copies of “The Way to Christ” are fairly similar to the published version and doubtless represent an initial translation of the text. Copyright was entered in the Stationers’ Register on 13 April 1647 and the work was subsequently issued as *The Way to Christ Discovered. By Iacob Behmen. In these Treatises. 1. Of true Repentance. 2. Of true Resignation. 3. Of Regeneration. 4. Of the Super-rationall life. Also, the Discourse of Illumination. The Compendium of Repentance. And the mixt World, &c.* (printed by M[atthew] S[immons] for H[umphrey] Blunden, at the Castle in Cornhill, 1648). There were two printings initially, with Thomason acquiring one version on 25 October 1647.[28] Doubtless the translator was Sparrow again.

One more surviving English manuscript translation of Böhme’s writings, probably copied by the grammarian and physician Joseph Webbe (fl. 1612– fl. 1642), is preserved in the papers of the antiquary, astrologer and botanist Elias Ashmole (1617–1692).[29] This is an extract from a letter written to the physician Christian Steinberg (ca. 1581–fl. 1624) of Fürstenwalde in which Böhme commended a treatise attributed to Johann Siebmacher (fl. 1607–fl. 1618), alchemist of Nuremberg, entitled *Wasser stein der Weysen* [*Water-Stone of the Wise Men*] (Frankfurt a. M., 1619). Following Buddecke, Mike A. Zuber has recently shown that Böhme’s letter dates not from 1622, as was commonly thought, but late May 1624.[30] The translation itself somewhat resembles the version printed in *The Epistles of Jacob*

23 Scribal copies of John Everard’s translation of *Theologia Germanica* were in the possession of Edmund Sheffield, 1st Earl of Mulgrave and Henry Rich, 1st Earl of Holland.

24 Bodleian Library, Oxford, MS Rawlinson C 763; Bodl., MS Eng.Th.e.103.

25 There was William Clopton (ca. 1614–ca. 1685), of Liston Hall, Essex admitted pensioner at Christ’s College, Cambridge on 6 March 1628; William Clopton (fl. 1662), of Essex admitted pensioner at Emmanuel College, Cambridge on 12 March 1630, a clergyman who was ejected after the Restoration; and William Clopton (ca. 1618–1666) of Groton, Suffolk admitted pensioner at Christ’s College, Cambridge on 18 October 1636.

26 Buddecke 1937–1957, vol. 2, p. 234.

27 The bulk of Muses library was auctioned by Thompson Rare Books of Hornby Island, British Columbia, Canada.

28 Briscoe Eyre/Plomer/Rivington 1913–1914, vol. 1, p. 268; BL, Thomason E 1130(1).

29 Black 1845, cols. 1398–1399; Watson 1911.

30 Zuber 2019, pp. 279–282.

Behmen aliter, Tevtonicvs Philosophvs (printed by Matthew Simmons in Aldersgate Street, for Giles Calvert, at the Black Spread Eagle, 1649).[31] This translation was done by John Elliston the younger, of whom more shortly.

2

On 15 October 1646 the copyright of another work by Böhme was entered in the Stationers' Register. This was subsequently published in two editions as *XL. Qvestions Concerning the Soule* (printed by Matth[ew] Simmons for H[umphrey] Blunden, at the Castle in Cornhill, 1647).[32] Both editions contain an address "To the Reader" by "One of the unworthiest of the Children of Men, J[ohn] S[parrow]." This self-effacing claim was perhaps inspired by Beyerland's customary sign off "V.L. Mede-Borgher van dese wereldt" ["fellow citizen of this world"]. It also marks the first English translation of Böhme's writings, either in manuscript or print, publicly acknowledged by Sparrow. Moreover, one edition includes an additional preface directed "to the earnest lovers of wisdom." Here Sparrow claimed that Böhme was a divinely inspired author whose writings reached into "the deepest Mysteries of Nature" that would "lead to the attaining of the highest powerfull naturall wisdome". Accordingly he compared him to the "ancient Philosophers" – Hermes Trismegistus, Zoroaster, Pythagoras and Plato – together with "modern" alchemical authors – the fictional Bernard Trevisan, Ramon Lull, Paracelsus and Michael Sendivogius. Moreover, Sparrow positioned Böhme among certain contemporary thinkers who had endeavoured to reform scholarship, philosophy, linguistics, mathematics and science: John Selden, Francis Bacon, Johannes Amos Comenius, John Pell and René Descartes. In short, readers of Böhme's writings, each according to their "condition, propertie, and inclination," would be able to reconcile all important scholarly differences, even those between the most profound magical, mystical and alchemical writers and the experimental physicians, philosophers, astrologers and mathematicians. Finally, and crucially, "differences in Religion" might also be reconciled:

> that the minds, and Consciences of all doubting persons may bee satisfied about Predestination, Election, Creation, corruption, Salvation, and Restoration, so cleerely, that all will love one another.[33]

Continuing this theme in his address "To the Reader," Sparrow declared that he had:

> taken in hand to put this Treatise into English, which I chose to doe rather out of the Originall then out of any Translations, because they many times come short of the Authors owne meaning, and because I found many errours in

---

31 Bodl., MS Ashmole 1499, fol. 279r–v: "As concerning y[e] Philosophycall worke of y[e] Tincture, it is not so easye to goe about it: though I my selfe have it not in y[e] practice: the seale of god lieth before it, to keepe it & its true ground in silence (or secrett) upon paine of Eternall punnishment, unlesse a man knew y[t] it should not be misused [...] Sir, you may reade y[e] water=stone of ye wise men, which is printed, in it is much truth; & also plaine, the labour is little, & y[e] charges very small [...]" Cf. Böhme 1649a, 23.15–18, pp. 170–171: "Also concerning the Phylosophicall worke of the *Tincture*, its progresse is not so bluntly and plainely to be described; albeit I have it not in the Praxis, the Seale of God lyeth before it to *conceale* the true ground of the same, upon paine of eternall punishment, unlesse a man knew for certaine, that it might not be mis-used [...] Read the *Water-Stone of the Wise men*, which is in Print; therein is much truth; and it is moreover *cleare*, the worke is *easie*, and the Art is *simple* [...]".

32 Briscoe Eyre 1913–1914, vol. 1, p. 248.

33 Sparrow 1647, reprinted in Böhme 1665, "To the Earnest Lovers of Wisdom."

> some of them, and he is so deep in his writings, that we have need to desire that our soules may be put into such a condition as his was in, else they cannot be fully understood.[34]

Appended to both 1647 editions of *XL. Qvestions Concerning the Soule* and issued with a separate title page was *The Clavis, or Key. Or, An Exposition of some principall Matters, and words in the writings of Jacob Behmen* (1647).[35] This version, which unfortunately contained some typographical errors, closely followed the content of Beyerland's Dutch version *Clavis ofte sleutel* (Amsterdam: Nicolaes van Ravesteyn, 1642). Moreover, for Sparrow's translation of *XL. Qvestions*, Buddecke suggested that Sparrow drew on an assortment of sources, including a Latin version entitled *Ψυχολογια [Psychologia] vera I[acobum] B[öhmen] T[eutonicus]* (Amsterdam: Johann Janssonius, 1632) by Johannes Angelius Werdenhagen (1581–1652), some German manuscripts, and a partial rendering into Dutch by Beyerland.[36] Certainly, Beyerland was aware of Sparrow's English translation. Thus on 16/26 August 1647 the physician Heinrich Appelius (fl. 1648) wrote to Hartlib from Purmerend in the United Provinces informing him that Beyerland, "Mr. Dureys friend," wanted "2 coppyes of J. Bohmens XL questions of ye Soule, Mr Johannes et Samuel who are by Mr Serrarius can deliver them unto him." Appelius was Dury's brother-in-law and was also acquainted with the alchemist Johann Rudolph Glauber (1604–1670). In the same letter he added that treatises by the so-called "German Lazarus" Hans Engelbrecht (1599–1642) were being printed in Dutch and that "Behm hath much written of ye times of Wonders, wherein wee live or come, ye Lord fitt us for him."[37] These Dutch translations of Engelbrecht were probably by van Beyerland, who may additionally have subsidised their publication. Interestingly, some contemporary English translations by an unknown hand also circulated in manuscript.[38] But it is not known if Beyerland obtained his desired copies of Sparrow's printed translation.

One man who did possess a copy of a 1647 edition of Böhme's *XL. Qvestions* was Major-General John Lambert (1619–1684).[39] Lambert's opinions of Böhme are unrecorded, but his continuing interest in mystical theology was confirmed while on campaign in Scotland in December 1651, for his agent recorded that he had received a little bag containing copies of Jean d'Espagnet's *Enchyridion Physicæ Restitutæ* (London: W. Shears & Robert Tutohein, 1651), a book by Juán de Valdés – probably *Divine considerations treating of those things which are most profitable* (Cambridge, 1646) – and *Theologia Germanica. Or, Mysticall Divinitie* (printed for John Sweeting, at the Angell in Popes head Alley, 1648).[40]

Another likely reader of Sparrow's translation of *XL. Qvestions Concerning the Soule* (1647) was Charles I. In his preface to a new edition entitled *Forty Questions of the Soul* (printed for L[odowick] Lloyd, at the Castle in Cornhill, 1665), Sparrow related:

> When this Book was first Printed, I endeavoured by a Friend to present one of them to his Majesty King *Charles* that then was, who vouchsafed the perusal of it; about a Month after was desired to say what he thought of the Book,

---

34 Sparrow 1665.

35 However, *The Clavis* was omitted from the 1665 edition of *Forty Questions of the Soul*.

36 Buddecke 1937–1957, vol. 2, pp. 129–132.

37 SUL, HP 45/1/33B–34A; see also, SUL, HP 45/1/47A.

38 BL, MS Sloane 2569, fols. 91–125, Hans Engelbrecht, "Account of a Divine Vision"; BL, MS Sloane 2555, Hans Engelbrecht, "A Christian writing to the learned, translated from German into Dutch in 1643 by "M.D.B.G.V.D.W." This approximates to van Beyerland's usual tag; i. e. M[e]D[e]-B[ur]G[her in de] D[rie] V[ermenghde] W[ereldt]. The latter translation was based on Engelbrecht 1643.

39 Cambridge University Library, Syn.7.64.145, flyleaf.

40 BL, Add. MS 21, 426, fol. 349r.

> who answered, that the Publisher in English seemed to say of the Author, that he was no Scholar, and if he were not, he did believe that the Holy Ghost was now in Men, but if he were a Scholar, it was one of the best Inventions that ever he read.[41]

Sparrow's account appears trustworthy, for it suggests that Charles I was given an edition of Böhme's work during the period of his confinement by the New Model Army and its allies on the English mainland (4 June–11 November 1647). Nevertheless, passed around by word of mouth the story became embellished. After staying some months in London in 1676 a foreign traveller enthused how some trustworthy Englishmen had told him:

> It is but too true, that the King of England, *Charles I*, before his martyr-death not only gave the means for the printing of Jacob Böhme's writings, especially of the *Mysterii Magni*, but also that he was astonished, after having read A°. 1646 the "40 Qvestions of the Soul", and called out: Praise be to God! that there are still men to be found, who are able to give a living witness of God and his word by experience. And this caused him to send a habile person to Görlitz in Lusatia, to learn there the German language, and thus to become more able to understand better Jacob Böhme's style in his own mother-tongue, and to translate his writings into English. At the same time he was ordered to note down all and everything he could learn at Görlitz of J. Böhm's life, writings and circumstances; which things all have been executed and done.[42]

This anecdote is probably attributable to the "learned" poet and prophet Quirinus Kuhlmann (1651–1689) of Breslau who, while in London in October 1676, "defended Jacob Boehmen against the Academicos (regarding philosophy) in published writings."[43] Evidently, it had an enduring appeal, for about 1701 Francis Lee (1661–1719), former Fellow of St. John's College, Oxford, non-juror and co-founder of the Philadelphian Society, wrote to Pierre Poiret (1646–1719) in Holland, informing him:

> Forty Questions on the Soul came out here in England a little before the martyrdom of King Charles the First, and was put into his hands and read by him with great admiration, for he quickly perceived that something remarkable was concealed under the enigmas of the writer.[44]

Accepting his source without question, Poiret incorporated a summary of Lee's epistle in *Bibliotheca Mysticorum Selecta* (Amsterdam, 1708), remarking that the "pious King Charles I and several nobles from his court" thought highly of Böhme – "even when they had read only very little from his writings."[45] This tradition was also preserved in an anonymous account sent from London after 1715 and published in Johann Wilhelm Ueberfeld's complete edition of Böhme's works entitled *Theosophia Revelata* ([Leiden?], 1730). According to this version, some said that Charles I had supplied the funds

---

41 Sparrow 1665.

42 Böhme 1730, p. 105, translated as "VI. Of the old and new editions and impressions of these writings; also of the Dutch, English, Latin and French translation of the same" in Dr Williams's Library, MS 186.17 (15), "Introduction to Philosophy" (1858), fols. 60–61. Cf. Gichtel 1722, vol. 7, endnotes, with an English translation of an "Appendix of Particulars concerning Jacob Böhm and his Writings" at Dr Williams's Library (hereafter DWL), MS I.1.62, p. 176; partly printed in *Gentleman's Magazine*, 52 (July 1782), p. 329, and Hutin 1960, p. 196 n. 24.

43 *Unschuldige Nachrichten von Alten und Neuen Theologischen Sachen, Büchern, Uhrkunden, Controversien, Veränderungen, Anmerckungen, Vorschlägen, u.d.g.* [...]. Leipzig: Jacob Andreas Bock [under changing titles from 1701–1761], section VIII, p. 439, printed in English translation by Eduard Bernstein as "Letters of Hilary Prach and John G. Matern" (Prach/Matern 1919, p. 5); see also Hessayon 2016, p. 46.

44 DWL, MS 186.18 (1), p. 4, translated from the Latin by Robert Jenkins; printed in Jenkins 1873, p. 182 (with a slightly different translation), and Hutin 1960, pp. 195–196 n. 24.

45 Poiret 1708, p. 169; translated in Hutton 1990, p. 156.

for the publication of Böhme's writings and that "therefore they had been printed *royal.*"[46] The truth was that Sparrow had stipulated in his contract with the publisher and bookseller Lodowick Lloyd (fl. 1649–1676) that four copies of *Several Treatises: of Jacob Behme Not printed in English before* (printed for Lloyd, at the Castle in Cornhill, 1661) were to be on "Royall paper."[47]

Lee's letter to Poiret also stated that Böhme's remaining works were "brought out under the auspices of the Earl of Pembroke."[48] Philip Herbert (1619–1669), fifth Earl of Pembroke, acceded to his titles in January 1650, inheriting a fortune estimated at £30,000 per annum, but also rumoured debts of £80,000.[49] We have seen that he was the intended recipient of what was very likely Sparrow's manuscript translation of Böhme's "The most excellent Historie of Joseph" (presumably copied between 1644 and 1649). Indeed, his continued interest in the Teutonic Philosopher is evident in *Of the Internal and Eternal Nature of Man in Christ* (printed by John Macock, 1654). Issued anonymously but attributed by Thomason to the "Earle of Pembrok," this finely printed treatise indicates his engagement with some of Böhme's teachings – notably on the sacraments of Baptism and the Lord's Supper.[50] At an unknown date Pembroke joined a Behmenist community established at Bradfield, Berkshire by the rector John Pordage (1607–1681).[51] These ties endured, for Pordage was to be received "most friendly" at Pembroke's country seat in Wilton, Wiltshire as was Thomas Bromley (1630–1691) another member of the community.[52] According to the antiquary John Aubrey (1626–1697), the Earl of Pembroke had:

> an admirable Witt, and was contemplative but did not much care for reading. His chiefest Diversion was Chymistrie, which his Lordship did understand very well and he made Medicines, that did great Cures.[53]

Pembroke's reputation as a devotee of this "most Divine and Mysterious Art" was indeed widespread. Hartlib, for example, recorded in his ephemeris that Pembroke had paid the alchemist Johannes Banfi Hunyades the younger (ca. 1621–1696) a pension of £100 and created a medicine that cured "dropsies and other incurable diseases."[54] Nor was his patronage confined to this sphere. In 1654 the heresiarch John Reeve (1608–1658) addressed "An Epistle from the Eternal Jehovah" to Pembroke hoping that if he found it "worthy of the press" he would support its publication.[55] Likewise, a Quaker woman was apparently given £20 by Pembroke, using some of it to finance the printing of books.[56] Furthermore, Pembroke employed John Milton's elder nephew, student and biographer Edward Phillips (1630–ca. 1696) to help interpret "some of the Late Teutonique Philosophers, to whose Mystic Theology his Lordship […] is not a little addicted."[57]

---

46 Böhme 1730, p. 104, translated in DWL, MS 186.17 (15), fol. 60. Cf. Gichtel 1722, p. 175 and printed in Hutin 1960, p. 195 n. 22.

47 Bodl., MS Rawlinson Essex 23, fol. 294v, printed in Hessayon/Penman (forthcoming). Royal paper, called "great sheets" during this period, referred to a paper size measuring at least 570 × 420 mm. It is possible these were intended for distribution as presentation copies to wealthy patrons.

48 DWL, MS 186.18 (1), p. 5.

49 Hessayon 2007a, p. 320.

50 Herbert 1654, title page [BL, Thomason E 734(1)]. Thomason dated this copy 29 April 1654. He also acquired a second copy dated 8 June 1654 [BL, Thomason E 740(6)].

51 Bodl., MS Rawlinson D 833, fol. 64r; Hessayon 2008.

52 DWL, MS 186.18 (1), p. 5; Nicolson 1992, p. 280; Hessayon 2004.

53 Aubrey 1999, p. 146.

54 Afonso V et al. 1651, sigs. A2r–A3r; SUL, HP 28/1/69A; Bodl., MS Aubrey 26, fol. 7v; SUL, HP 29/4/4B; Taylor 1953, p. 115.

55 Reeve 1856, pp. 53–68.

56 Friends House Library, London, William Caton MS III no. 74, fols. 181–185.

57 BL, Add. MS 78,298 fol. 166r, printed in Chambers/Galbraith 2014, vol. 1, p. 443; cf. Bray 1859, vol. 3, pp. 197–198.

In 1660 Sparrow loaned Pembroke his manuscript translations of four treatises by Böhme; "An Apologie Concerning Perfection" (completed 31 December 1659); "Of the Four Complexions"; "Of the Earthly and of the Heavenly Mystery" (completed 6 February 1658); and "The Exposition of the Table of the Three Principles" (completed 18 March 1658). The first two would appear in *The Remainder of Books written by Jacob Behme* (London, printed by M[ary] S[immons] for Giles Calvert at the Black Spread Eagle, 1662), while the latter would be printed in *Several Treatises: of Jacob Behme* (1661).[58] Presumably, it was these two publications that Lee afterwards claimed were issued with Pembroke's backing.

3

Besides Pembroke's patronage, Sparrow also received support from the regicide Colonel Richard Deane (1610–1653). Moreover, both his father Colonel John Sparrow (1592–1664) and Elliston's father were investors in a scheme to colonise the islands of Eleutheria (modern Bahamas).[59] As I have discussed both Deane's relationship to the Sparrow family and the Eleutheria plantation elsewhere, here I will focus instead on Sparrow's further connections, collaboration with Elliston and remaining Böhme translations. Thus on 20 December 1647 copyright of Böhme's second work was entered in the Stationers' Register. This was subsequently published in two editions variously entitled *A Description Of the Three Principles of the Divine Essence* (printed by M.S. for H. Blunden, 1648) and *The Second Booke. Concerning The Three Principles of The Divine Essence* (printed by M[atthew] S[immons] for H[umphrey] Blunden at the Castle in Cornhill, 1648).[60] The latter was augmented with a preface by Sparrow in which he answered the complaints of readers who found Böhme difficult, advising them to peruse his writings carefully so that what they considered "hard at first" would become "easie at last." He also explained that he was reluctant to epitomise Böhme's writings since they would be misunderstood, adding that in some places he had chosen to retain Böhme's German vocabulary both to convey the author's "Excellent Notions" in a manner close to the original and because the strangeness of the words would give English readers pause.

As a lawyer, Sparrow also stressed the necessity of legal reform. In his view, this would facilitate reconciliation with "every Obstinate rebellious Member in the Kingdom." Indeed, these defeated Royalists should be treated in the same way as an authoritative father dealt with a disobedient child – with punishment extending to exile for those former enemies who refused to live "quietly and peaceably at home" among their "Brethren." Yet if reformation of the law were accomplished so that people were governed by the "most briefe, plaine & easie" laws, then:

> all Hearts will blesse the Hands of such Reformers, and Love will cover All the Ends of the Earth, and the God of Love will give us his blessing of Peace all the world over, and then the King of Glory will dwell with Men, and All the Kingdomes of the Earth will be his.[61]

58 Bodl., MS Rawlinson Essex 23, fol. 294r, printed in Hessayon/Penman (forthcoming).
59 Hessayon 2019, pp. 338, 339–345.
60 Briscoe Eyre 1913–1914, vol. 1, p. 281. Its forthcoming publication was announced in Hotham 1648, dedicatory epistle.
61 Sparrow 1648. Within five years of writing this preface Sparrow would be appointed to the Parliamentary Committee to consider reformation of the law (17 January–23 July 1652).

Fig. 2: After Anton van Dyck, Portrait Michel le Blon, c. 1700, oil on canvas, Rijksmuseum Amsterdam, inv. no. SK-A-205

For this translation Buddecke suggested that Sparrow had used a German manuscript but supplied his own unique title.[62] Doubtless he had obtained a copy of the text through Beyerland by way of intermediaries. Although van Beyerland died in 1648 Sparrow would later receive more Böhme material from another "lover of the divine wisdom." This was the Frankfurt-born Hermetic engraver, art dealer and diplomatic agent of the Swedish crown at Amsterdam, Michel le Blon (1587–1656, Fig. 2).[63]

A "very intimate acquaintance and fellow-labourer" of van Beyerland's,[64] known to Rabbi Menasseh ben Israel (1604–1657),[65] and regarded by Hartlib as "a very curious man for Painting and all manner of Arts,"[66] Le Blon also corresponded with several of Böhme's followers and readers. Among them were Abraham von Franckenberg; Heinrich Prunius (ca. 1602–1644), formerly a medical student and language teacher, afterwards secretary in Dresden at the court of the Prince-Elector of Saxony; and Christian Bernhard († 1649), toll-collector of Sagan (modern Zagan, Poland).[67] In November 1646, while resident at Amsterdam, Franckenberg, who was then living in Danzig (modern Gdańsk, Poland), sent him 25 of Böhme's autograph letters dating from about 1620 to 1624 that had originally been part

62 Buddecke 1937–1957, vol. 2, pp. 121–123.
63 Sellin 1998a, 1998b, 1999; Keblusek 2003; Noldus 2011.
64 Böhme 1730.
65 University Library Amsterdam (UBA), MS III E 9 (31, 37, 76), printed in De Bethencourt 1904.
66 SUL, HP 28/1/59B.
67 Herzog August Bibliothek, Wolfenbüttel, Cod. Guelf. 67 Noviss. 4° fols. 99r–103v, 110v, partly printed in Le Blon 2007.

of Bernhard's collection. Le Blon subsequently translated a dozen of the most important into Dutch while staying at Stockholm in 1647. They were eventually published together with Le Blon's translation of some other letters in van Beyerland's collection, amounting to a total of 23 epistles as *Vergaderinge Der noch resterende XXIII. Seer Geestrijcke Leer–en Stichtelijcke Brieven des van Godt verlichte Mans Jacob Böhme Teutonici* (1653).[68] At the same time, and using the same Gothic and Roman typefaces, printers' ornaments and paper, Le Blon issued a Dutch version of Böhme's "Little Prayer-book" entitled *Gulde kleynoot eener Aendachtighe Ziele* (*Golden gem of a devout soul*) ([Amsterdam], 1653, Fig. 3). Evidently they were conceived as a pair, although only one complete set is known to survive.[69]

On 10/20 April 1650 Le Blon sent Sparrow an original letter by Böhme, most likely addressed to Christian Bernhard, which Le Blon had received from Franckenberg when the latter was staying with Beyerland at Amsterdam (Fig. 4). More than a decade later Sparrow eventually published this missive in German with his translation.[70] Evidently he considered possessing an example of Böhme's handwriting of such significance that he commissioned the calligrapher and arithmetician Edward Cocker (1631/2–1676) to reproduce it in an engraving together with the English version in Sparrow's hand so that "the very Character of All Manuscripts may be Communicated and perpetuated." This engraving was printed in the seventh part of *The Remainder of Books* (1662) entitled "Theosophick Letters." Yet of the sixty extant copies of this collection only one, to my knowledge, contains the engraving.[71] As for rest of Böhme's "Theosophick Letters," which were translated in selection rather than their entirety and most of which consisted of epistles to Bernhard, Sparrow's source was evidently *Theosophische Send-Schreiben* (Amsterdam: Hendrick Betke, 1658). Comprising 62 letters by Böhme, an account of "Teutonicus" written in February 1651 by the Breslau physician Christoph Wießner (ca. 1600–1661) and a further treatise by Franckenberg, this volume was carefully edited by Le Blon, the publisher Hendrick Beets (1625?–1708) and, before his death in June 1652, Franckenberg.[72]

For his part, Franckenberg translated some Böhme material into Latin, which he published pseudonymously in the second part of his *Trias Mystica* (Amsterdam: George Trigg, 1651) as "Metapsychica de Terrestri & Coelesti Mysterio, ex Cognitione Mysterii Magni Concepta, Contemplatio."[73] He also had an extensive epistolary network and among his correspondents was Hartlib, to whom he wrote several letters from Danzig between August 1646 and August 1648.[74] Moreover, some of Franckenberg's work was translated into English – notably, as we have seen, his brief biography of Böhme. Yet there were pieces that remained in manuscript too, such as most of "Oculus Sidereus, or a new opened starre-light and farre-sight" (from the German edition printed at Danzig, 1644) and what may have been an edited work entitled "A Theologicall argument against the use of the materiall sword in a Christian

---

68 Böhme 1730, pp. 109, 116–117, translated in DWL, MS 186.17 (15), fols. 67–68, 69–70; Buddecke 1937–1957, vol. 2, pp. 42–43; Gilly 2007c, pp. 125, 128–129. It was supplemented with some spiritual letters by Georg Preining († 1526/27), weaver and preacher of Augsburg together with Christoph Wießner's well known account.
69 There are two known copies of *Gulde kleynoot*: Koninklijke Bibliotheek, The Hague, KW 954 D 49, and Norrköpings stadsbibliotek, 2174. That held at Norrköping is bound with and precedes *Vergaderinge Der noch resterende XXIII.* I am most grateful to Ola Gustafsson of Norrköpings Stadsbibliotek for providing me with high quality scans of the title pages and to Leigh T. I. Penman for clarifying this point.
70 Jacob Böhme, "Theosophick Letters or Epistles," pp. 31–32 [second pagination] in Böhme 1662.
71 Cambridge University Library, G.11.63.
72 Böhme 1658a; Heijting 1973.
73 Franckenberg 1651, pp. 65–95; Miller 1971, pp. 212, 232–233.
74 BL, MS Sloane 648, fols. 89r–90v, with an English translation in Bailey 1914, pp. 85–88 n. 3; Franckenberg 1995, pp. 195–202, 219–220; SUL, HP 1/33/14A.

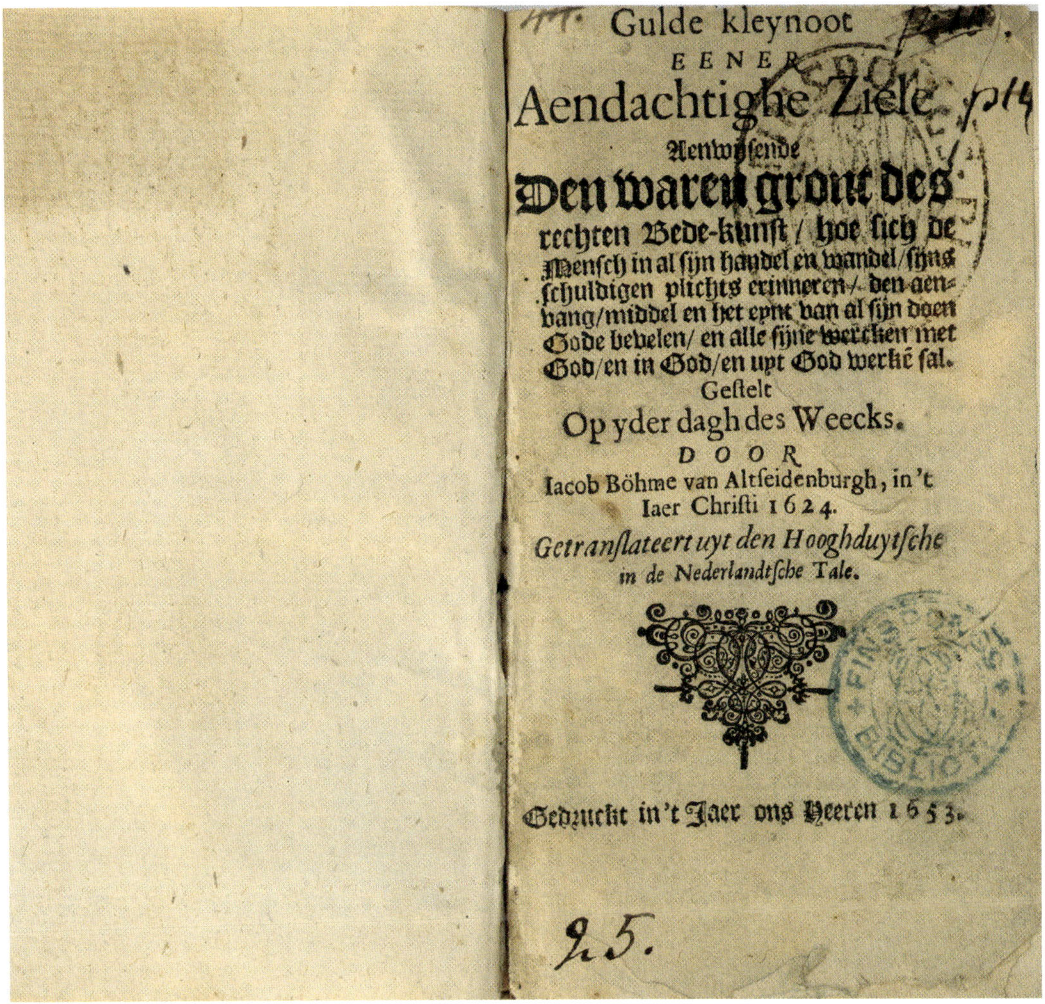
Gulde kleynoot
EENER
Aendachtighe Ziele
Aenwysende
Den waren gront des
rechten Bede-kunst / hoe sich de
Mensch in al sijn handel en wandel/sijns
schuldigen plichts erinneren/ den aen-
vang/middel en het eynt van al sijn doen
Gode bevelen/ en alle sijne wercken met
God/en in God/en uyt God wercke sal.
Gestelt
Op yder dagh des Weecks.
DOOR
Iacob Böhme van Altseidenburgh, in 't
Iaer Christi 1624.
Getranslateert uyt den Hooghduytsche
in de Nederlandtsche Tale.
Gedruckt in 't Iaer ons Heeren 1653.

Fig. 3: Title page in: *Gulde kleynoot eener Aendachtighe Ziele* [...], Amsterdam 1653, Norrköping City Library, Finspong Collection, 2174

Commonwealth" (from an undated Latin edition of 1646).[75] In addition, Franckenberg's letter of 11/21 October 1641 to "D.O.B.J.O.S" was printed in *A Reall and unfeigned Testimonie, concerning Iacob Beme of Old Seidenberg*, a work that sometimes appeared separately but was usually bound with *The Epistles of Jacob Behme* (1649). Joachim Telle identified the source as Böhme's *Von Christi Testamenten 2. Büchlein* (Sonnenburg: Anastasio Morgenroth, [1642]) and suggested that the recipient may have been Heinrich Prunius.[76] The translator was Sparrow's cousin John Elliston the younger.

The eldest son of John Elliston the elder (ca. 1599–1652), lord of the manor of Overhall in Gestingthorpe, Essex, Elliston the younger was admitted to Gray's Inn on 3 February 1644 and later married

75 BL, MS Sloane 648, fols. 101r–40v; Staats- und Universitätsbibliothek, Hamburg, Cod. Theol. 1911, fols. 33r–58r; Majus/Uffenbach 1729–1731, vol. 3, pp. 737–738, no. 68. *Argumentum Theologicum* was purportedly by "Valerio Nigrino" but the English translation, perhaps by Benjamin Furly, was attributed in a later hand to "Abrah. von Franckenberg." The date derives from the library catalogue of the mathematician Benedikt Bahnsen. See Serrarius/Bahnsen 1670, p. 10 no. 61 [second pagination].

76 Böhme 1642a, sigs. Yxi^{r}–Ziii^{r}; Franckenberg 1995, pp. 137–142.

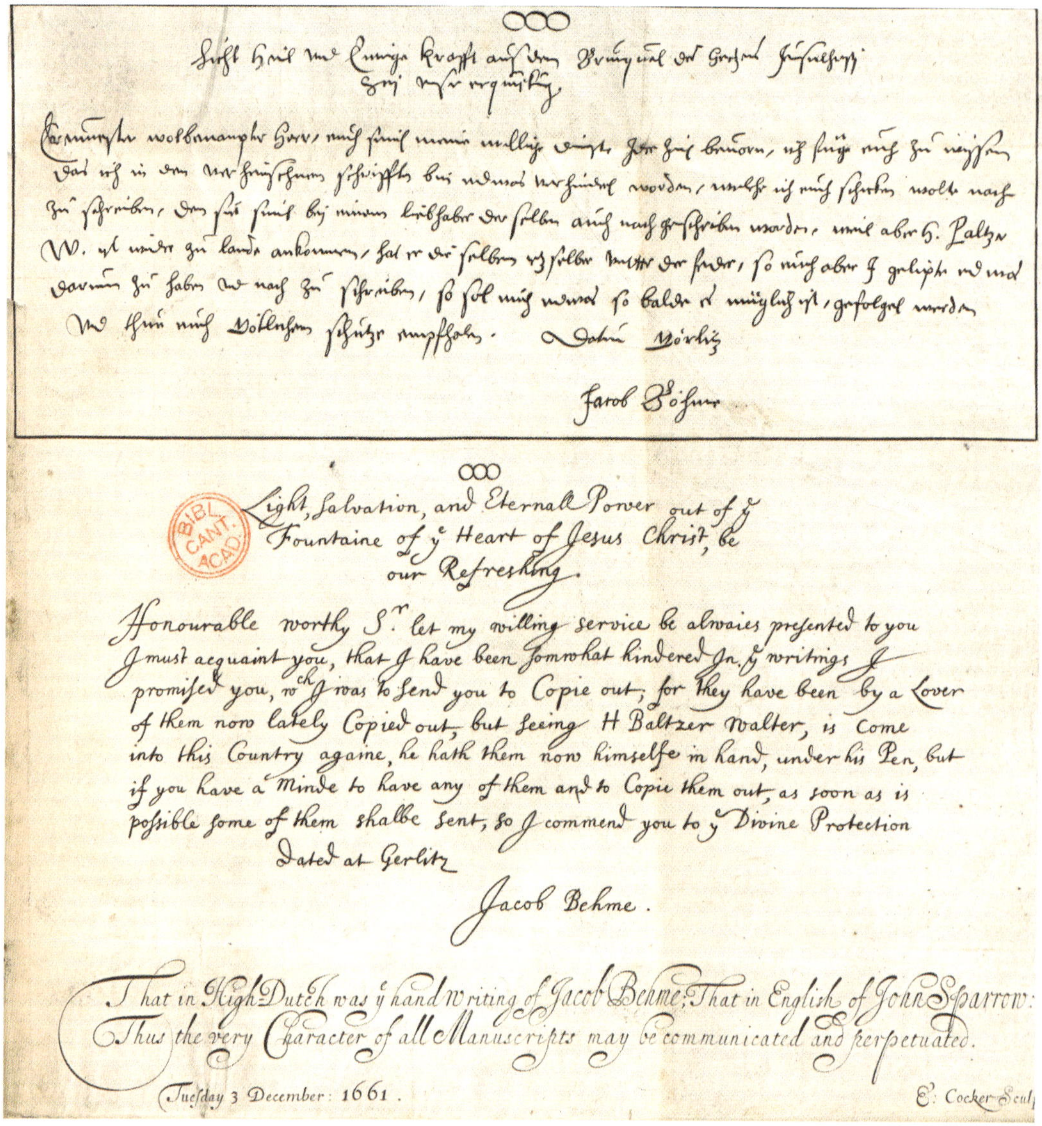
Light, Salvation, and Eternall Power out of ye Fountaine of ye Heart of Jesus Christ, be our Refreshing.

Honourable worthy Sr. let my willing service be alwaies presented to you I must acquaint you, that I have been somwhat hindered In ye writings I promised you, wch I was to send you to Copie out; for they have been by a Lover of them now lately Copied out, but seeing H Baltzer Walter, is come into this Country againe, he hath them now himselfe in hand, under his Pen, but if you have a minde to have any of them and to Copie them out, as soon as is possible some of them shalbe sent, so I commend you to ye Divine Protection

Dated at Gerlitz

Jacob Behme.

That in High-Dutch was ye hand Writing of Jacob Behme; That in English of John Sparrow: Thus the very Character of all Manuscripts may be communicated and perpetuated.

Tuesday 3 December: 1661.

E: Cocker Sculp

Fig. 4: Jacob Böhme to [Christian Bernhard?] (c. 1620), with English translation by John Sparrow. The manuscript of Böhme and Sparrow was accurately reproduced in an engraving by Edward Cocker dated December 3 1661 [*The Remainder of Books written by Jacob Behme*, trans. John Sparrow, London 1662), from an apparently unique copy held at Cambridge University Library, G.11.63]

Winifred, daughter of Robert Barrington in October 1650.[77] Working from *Von Christi Testamenten*, Elliston translated not only Franckenberg's letter of October 1641 but also a letter dated 23 September/3 October 1641 from Johann Theodor von Tschesch (1595–1649), a Silesian nobleman and formerly privy councillor of Liegnitz, to Heinrich Prunius. This too appeared in *A Reall and unfeigned Testimonie*. There then followed *A Warning from Iacob Beem the Teutonique Phylosopher* (1649), of which the first four paragraphs likewise derived from *Von Christi Testamenten*.[78] As for Böhme's *Epistles* with which *A Reall and unfeigned Testimonie* and *A Warning from Iacob Beem* were usually bound, these

77 John Elliston the elder had married Elizabeth († 1632), a younger sister of John Sparrow the elder, father of the Böhme translator. See Essex Record Office, Chelmsford, D/P 85/1/1; Foster 1889, p. 238; Essex RO, D/Y 1/3/65 (ii); Essex RO, D/Y 1/3/68 (ii, iii); Bodl., MS Rawlinson Essex 22, fols. 220r–v, 246r–49r; Wright 1836, vol. 1, p. 537; Walker 1934, p. 312; Anonymous 1939.

78 Böhme 1642a, sigs. Yii^{v}–Yvi^{r-3}, Aaii^{r}–Aaiii^{v}; Tschesch/Franckenberg 1649 [usually bound with Böhme 1649a]

appeared in two editions printed by Matthew Simmons. The title page of both editions declared that these letters were translated from German and this seems to have been the case in several instances. Yet the 35th epistle which Böhme wrote to the physician Tobias Kober (1587–1625) from Dresden in June 1624, concluded with the statement that it was translated into English from a Dutch version based on Böhme's "owne hand-writing."[79] Furthermore, van Beyerland had initially published 14 of Böhme's letters in a Dutch translation entitled *Eenighe schoone brieven* (1641), which he then expanded into an edition of 21 letters with the same title (1643). All of these letters, albeit in a different sequence, also appeared in Elliston's English translation suggesting that he may have consulted the 1643 edition of van Beyerland's *Eenighe schoone brieven*.[80]

Altogether the 1649 English edition of Böhme's correspondence consisted of 35 letters, including some addressed to various customs officials, patrons and physicians. Since 21 of these corresponded to those available in Dutch, added to which was the letter to Kober, it appears therefore that more than a dozen were based on German manuscript copies. Elliston may thus have accorded these epistles greater importance than had some of their recipients. Moreover, in his preface to *The Epistles of Jacob Behmen* Elliston defended their author, claiming that his language was neither "trimmed up" in the scholastic "pompe, and pride of words" nor savoured of "a *Sectarian* spirit of Hypocrisie and affectation; arrogancy and *Pedantick* presumption." For in these epistles there was:

> much seasonable and wholesome Doctrine, Instruction, and Counsell, for a Christian resigned Soule; much Consolation for the afflicted under Christs Crosse [...] Exhortation to Truth, Love, and righteousnesse: Dehortation from all evill, pride, envy, covetousnesse wrath, malice, falshood, and Cain-like Hypocrisie; likewise many Propheticall Passages, and Predictions concerning the punishment, and severe *judgements* that are and shall be upon Babel, and the Antichrist, and all false, and wicked Oppressours.

Like Sparrow, Elliston too hoped that all "Sects" and "Controversies in Religion" would be settled "*on the true* ground" so that "we may come to serve God aright in the true unity of the Spirit."[81]

It also seems likely that Sparrow and Elliston collaborated in translating a compilation of Böhme's prophetical writings under the title *Mercurius Teutonicus; or, A Christian information concerning the last Times* (printed by M[atthew] Simmons, for H[umphrey] Blunden, at the Castle in Cornhill, 1649). This had been heralded the previous year by Sparrow in his preface to *The Three Principles of The Divine Essence* as "a little Treatise of some Prophecies concerning these latter times" collected out of Böhme's writings by "a Lover of the Teutonick Philosophy."[82] The address "To the Lover of Peace and Truth" in *Mercurius Teutonicus* may have been by Elliston since it lacked Sparrow's customary sign off, while the excerpts from a letter to the Liegnitz toll-collector Paul Kaym (ca. 1571–1635) were almost identical to those printed in Elliston's translation of Böhme's *Epistles*.[83] Moreover, passages from chapters 30, 31, 32 and 40 of *Mysterium Magnum* closely match those that would be published in 1654.[84] Since we have seen that Sparrow probably translated chapters 64 to 78 of this work while Elliston was responsible for more than half (i. e. possibly chapters 1 to 40 if not more), the selection from *Mysterium Magnum* was probably also by Elliston. Significantly, copyright of *Mercurius*

---

79 Böhme 1649a, p. 215.

80 Cf. Buddecke 1937–1957, vol. 2, pp. 69–71, 169–170. I am grateful to Leigh T. I. Penman for discussing this point and sharing his table of Dutch and English translations of Böhme's epistles.

81 Böhme 1649a, sigs. a^{v}–a2, $a2^{r-2}$.

82 Sparrow 1648, "To the Reader".

83 Böhme 1649b, pp. 1–3; cf. Böhme 1649a, pp. 51–53.

84 Böhme 1649b, pp. 24–39; cf. Böhme 1654c, pp. 181–185, 189, 190–191, 193, 195, 199–202, 277–281.

Teutonicus was entered in the Stationers' Register on 2 February 1649 – just days after the execution of Charles I.[85]

Thereafter, Sparrow translated *The Third Booke of the Author being The High and Deepe Searching out of The Threefold Life of Man* (printed by M[atthew] S[immons] for H[umphrey] Blunden, at the Castle in Cornhill, 1650). This was advertised as a "long expected book" by that "famous German author Jac. Bemen" in mid-May 1650.[86] For his part, Elliston next translated Böhme's *Signatura Rerum: or the Signatvre of all Things* (printed by John Macock, for Giles Calvert, at the Black Spread Eagle, at the West end of Paul's Church, 1651) from an "Original Copy" in his possession.[87] Elliston's premature death, however, necessitated that Sparrow completed the work of his "Deare Kinsman," subsequently finishing and issuing their joint endeavour *Mysterium Magnum. Or An Exposition of the First Book of Moses called Genesis* (printed by M[atthew] Simmons for H[umphrey] Blunden at the Castle in Cornhill, 1654). On 21 August 1652, some nine days after the death of his father John Elliston the elder, Elliston the younger drew up his will. Sparrow was one of three witnesses and also appointed one of three supervisors. The next day Elliston died at Gestingthorpe about 1 o'clock in the morning and "so went into the Mystery, where his soule enjoyeth the fruits of his labours of Love."[88]

A few months before Elliston's death, Sparrow published another Böhme translation, *Of Christs Testaments, viz: Baptisme and the Supper* (printed by M[atthew] Simmons, to be sold by George Eversden at the Golden Ball in Aldersgate Street, or by H[umphrey] Blunden at the Castle in Cornhill near the Exchange, 1652).[89] Afterwards he continued issuing further translations of Böhme's works, including *Concerning the Election of Grace. Or Of Gods Will towards Man. Commonly called Predestination* (printed by John Streater, for Giles Calvert, and John Allen, and are to be sold at their shops, at the Black Spread Eagle at the West end of Paul's Church; and at the Sun Rising in Paul's Church-Yard in the New Buildings between the two North Doors, 1655);[90] *Aurora. That is, the Day-Spring. Or Dawning of the Day in the Orient* (printed by John Streater, for Giles Calvert, and are be sold at his shop at the Black Spread Eagle at the West end of Paul's Church, 1656);[91] *The Fifth Book of the Authour, In Three Parts. The first; Of the Becoming Man or Incarnation of Jesus Christ The Sonne of God* (printed by J[ohn] M[acock] for Lodowick Lloyd, at the Castle in Cornhill, 1659);[92] *Several Treatises: of Jacob Behme Not printed in English before* (printed for L[odowick] Lloyd at the Castle in Cornhill, 1661); and *The Remainder of Books written by Jacob Behme* (printed by M[ary] S[immons] for Giles Calvert, at the Black Spread Eagle, at the West End of St. Paul's, 1662).

Sparrow's achievement was commemorated by the poet and future dramatist Samuel Pordage (1633–1691?) who penned an encomium on Böhme's foremost English translator.[93] An eighteenth-century writer likewise commended Sparrow as a man of "true virtue," who seemed to have penetrated "very deeply into the spirit of the author." Nevertheless, he noted that while his translation was

85 Briscoe Eyre 1913–1914, vol. 1, p. 309. See also, *A Perfect Diurnall* no. 288, 29 January–5 February 1649, p. 2319; *Perfect Occurences of Every Daies iournall in Parliament* no. 110, 2–9 February 1649, p. 830; *A Perfect Summary* no. 3, 5–12 February 1649, p. 21. Thomason dated his copy 5 February 1649.

86 *A Perfect Diurnall* no. 22, 6–13 May 1650, p. 256; *Several Proceedings in Parliament* no. 33, 9–16 May 1650 p. 486.

87 Böhme 1651, p. 207. Thomason dated his copy 2 July 1651.

88 Briscoe Eyre 1913–1914, vol. 1, p. 459 (28 October 1654); Böhme 1654c, "To the Reader"; The National Archives, London, Prob 11/225 fols. 218v–19r; Bodl., MS Rawlinson Essex 23, fol. 296r, printed in Hessayon/Penman (forthcoming).

89 *A Perfect Diurnall*, no. 125, 3–10 May 1652, last page. Thomason dated his copy 22 May 1652 [BL, Thomason E 665(4)].

90 Thomason dated his copy 13 November 1655 [BL, Thomason E 859(5)].

91 Briscoe Eyre 1913–1914, vol. 2, p. 91 (18 October 1656). Thomason dated his copy 17 October 1656 [BL, Thomason E 890(1)].

92 Thomason dated his copy 12 April 1659 [BL, Thomason E 977(1–3)].

93 P[ordage] 1661, sig. a4^{r-2}.

regarded as faithful and correct except for some of the most obscure passages, it was "not the most beautiful."[94] Wishing to justify the undertaking of a new translation of Böhme into English, the non-juror and mystic William Law (1686–1761) was even less charitable:

> The translators of J[acob] B[ehmen], Elliston and Sparrow, are much to be honoured for their work; they had great piety and great abilities, and well apprehended their author, especially Elliston; but the translation is *too much loaded with words*, and in many places *the sense is mistaken*.[95]

4

According to Richard Baxter's edited memoirs, when aged about 18 he made the acquaintance in London of Humphrey Blunden (1609–fl. 1661), "a sober, godly, understanding" apprentice "whom I very much loved," and who "is since turned an extraordinary Chymist, and got *Jacob Behem* his Books translated and printed."[96] Blunden's shop was at "The Castle" in Cornhill near the Royal Exchange and during the latter half of the 1640s he entered into partnership to issue the writings of the astrologer William Lilly.[97] Blunden also published six works by the alchemist Thomas Vaughan and may be the H.B. who appended an encomium to "his ever honour'd" friend's *Anima Magica Abscondita* (printed by T.W. for H[umphrey] B[lunden], 1650).[98] In his ephemeris for 1648 Hartlib remarked that Blunden had gotten "an Instrument for curing deafness" from the alchemist Johann Rudolph Glauber; he apparently intended to apply it to his wife but was reluctant to pay £5 for it.[99] Blunden, moreover, queried some passages in Glauber's books – probably those translated as *A Description of New Philosophical Furnaces* (printed by Richard Coats for Thomas Williams, 1651), as well as reportedly corresponding with two men at Amsterdam: Petrus Serrarius and the Bohemian-born chiliast and visionary Paul Felgenhauer (1593–1661).[100] In addition, he published a number of works by or derived from the writings of Jacob Böhme, several in association with the printer Matthew Simmons. Indeed, such was Blunden's enthusiasm for that "deep illuminated man of God" that he "furnished" Durand Hotham with material for the latter's biography of Böhme.[101] He is most likely the H. Blunden who supplied a prefatory epistle to Böhme's *Four Tables of Divine Revelation* (printed for H[umphrey] Blunden, and sold at the Castle in Cornhill, 1654). This treatise was rendered into English by H.B. – a monogram that may be identified with Blunden; a namesake licensed to practise medicine; or Humphrey Blundell (ca. 1622–fl. 1644), Shropshire educated and a former pupil of Charles Hotham (1615–1672).[102]

The third son of Sir John Hotham of Scorborough by his second wife, Charles Hotham was educated at Westminster school, Peterhouse and Christ's College, Cambridge.[103] In June 1644 he was intruded

94 Böhme 1730, p. 104, translated in DWL, MS 186.17 (15), fol. 59; cf. Gichtel 1722, vol. 7, endnotes, translated in DWL, MS I.1.62, p. 175.
95 DWL, MS I.1.43, pp. 173–178, William Law to Stephen Penny (8 April 1747) [copy], printed in Walton 1854, p. 45 n.
96 Baxter 1696, part 1, p. 11.
97 Hessayon 2015.
98 Vaughan 1650, last page.
99 SUL, HP 31/22/4A; SUL, HP 23/6A; SUL, HP 60/14/39B–40A; SUL, HP 28/1/83B.
100 SUL, HP 60/3/6A; SUL, HP 42/2/5A; Beaumont 1705, pp. 321–323.
101 Böhme 1654b, sig. H3; Hotham 1654, sig. B2.
102 Böhme 1654b, title page, "To the Reader"; Helmont 1664, "To the English Reader."
103 Hessayon (forthcoming b). On the Hotham brothers, see also the chapter in this volume by Hengstermann on Henry More and the Cambridge Platonists.

Fellow of Peterhouse and was afterwards nominated as junior Proctor of Cambridge University. While holding this position from July 1646 to March 1647 Hotham engaged in a public debate before the Vice-Chancellor Thomas Hill († 1653) on the topical question of whether the soul was transmitted from the parent or created by God out of nothing and infused into the body. Within about a year and with Hill's support this discourse was published, probably in a reworked and expanded version rather than from memory, as *Ad Philosophiam Teutonicam Manuductio* (printed by T[homas] W[ilson] for H[umphrey] Blunden, 1648). Interestingly, it contained a commendatory verse by Hotham's "highly esteem'd" friend and contemporary at Christ's, the Platonist Henry More. An English rendering, possibly by Hotham's student Tobias Conyers (1630–1687), appeared around two years later as *An Introduction to the Tevtonick Philosophie* (printed by T.M. & A.C. for Nath[aniel] Brooks at the Angel in Cornhill, 1650). In his dedication to Hill, Hotham explained that he sought to make these "*abstruse Notions*" more accessible by "*taking off the dark style*" of Böhme's "*magick language*," for:

> Whatsoever the Thrice-great Hermes deliver'd as Oracles from his Propheticall Tripos, or Pythagoras spake by authority, or Socrates debated, or Aristotle affirmed; yea, whatever divine Plato prophesied, or Plotinus proved; this, and all this, or a far higher and profounder Philosophy is (I think) contained in the Teutonicks writings.[104]

Afterwards Hotham translated Böhme's *A Consolatory Treatise Of The Four Complexions* (printed by T[homas] W[ilson] for H[umphrey] Blunden, and sold at the Castle in Cornhill, 1654).[105]

His brother Durand Hotham (ca. 1617–1691), sometime of Hutton Cranswick in the East Riding of Yorkshire, completed a biography of the Teutonic Philosopher on 7 November 1653 which was subsequently published as *The Life of Jacob Behmen* (printed for H[umphrey] Blunden, and sold at the Castle in Cornhill, 1654). This biography of that "deep illuminated man of God" drew largely on Franckenberg's brief memoir supplemented with "Authentick Information" from the tongues and pen of those who knew him. Addressing the reader, Durand conceded finding many "obscure" things as well as "highly honest, pious" and "just" sentiments in Böhme's writings. Yet he trusted that this short relation would stir up more "searching Spirits" to thoroughly weigh his publications. For it had pleased God to use Böhme as his instrument to "bring so much Knowledge into the World." After several digressions – on subterranean spirits in Iceland, rabbinical legends, the trial of a local white witch, and an anecdote told him by two Germans in London – Durand concluded by proposing Böhme's inclusion at the head of a new roll of "Civil Saints," hoping that in these "last generations" he would be joined by such as have:

> cry'd out against, acted, and suffer'd, to redeem that part of mankind joyn'd in the Communion of a nation with them, from the captivity of tyrannous usurpation, and pretence, to rule by servile and customary Lawes (made by some powerfull corrupt interest).[106]

5

The diffusion of Böhme's texts from east to west, from Görlitz to Amsterdam and thence to London, Essex and the East Riding, continued with their translation from English into Welsh at Wrexham by

104 Hotham 1650, dedicatory epistle, prefatory material.

105 The copyright of this work was entered in the Stationers' register by the publisher Humphrey Blunden on 28 October 1654; see Briscoe Eyre 1913–1914, vol. 1, p. 459.

106 Böhme 1654b, sig. H3; Hotham 1654, sigs. B2, C2–$C2^{r}$, $G2^{r-2}$–$G2^{v2}$. Thomason dated his copy 29 September 1654 [BL, Thomason E 1068(6)].

Morgan Llwyd (1619–1659) of Gwynedd.[107] Regarded as the greatest Welsh prose-writer of the seventeenth century, Llwyd was probably educated at Wrexham grammar school – where according to tradition he heard the local curate Walter Cradock preach. During the Civil Wars he seems to have served as a chaplain and was associated with the Welsh army officers and regicides John Jones and Thomas Harrison, justifying the execution of Charles I with the lines "The law was ever above Kings."[108]

By October 1651 Llwyd was pastor of the gathered church at Wrexham. He considered the Welsh preacher William Erbery (1604–1654) his "ever remembred friend" and "once-dear School-master"; significantly, Cradock had been Erbery's curate at St. Mary's, Cardiff before he went to Wrexham.[109] Erbery knew Böhme's *Mercurius Teutonicus* (1649), paraphrasing a prophetical passage that "the Turks shal yet turn to be true Christians, and that Christians shall all know the Truth as it is in Jesus."[110] Perhaps he introduced Böhme to Llwyd, who by June 1651 was studying the Teutonic Philosopher. Llwyd was also known to some in London that waited for the "kingdome of God & the saluation of Israel" and, emboldened by reading Michael Gühler's *Clavis Apocalyptica* (1651), he wrote to Hartlib in December 1652 to ask about a rumour concerning the appearance of "the signe of the son of man" in the clouds above Germany or Poland.[111] One of Llwyd's earliest published works was an allegory on contemporary religious and political divisions entitled *Dirgelwch I rai iw ddeall Ac i ereill iw Watwar, sef Tri aderyn yn ymddiddan yr Eryr, a'r Golomen, a'r Gigfran* (*A Mystery for some to understand and others to mock at, that is to say, Three Birds discoursing, the Eagle, the Dove, and the Raven*) (1653). The title page indicated that it was also a sign to address the Welsh "before the coming of 666 [anti-Christ]" (Revelation 13:18).

In July 1656 Llwyd wrote from Wrexham to the Baptist preacher Henry Jessey recommending that he peruse "Jac. Behmens three-fold life, & especially his booke of Baptisme & lords supper."[112] Another of Llwyd's correspondents was Richard Baxter, whose understanding of God's "first and second will" he questioned:

> None knowes the will before the revealed essence of God. Know wee him (as immanent), then all is plaine & the key is found, though philosophy could never well attend to the eternall word who is the only begotten Image and universall declaration of the wonderful everblessed Godhead & is God eternall.[113]

Baxter responded on 10 July 1656, complaining that he could not understand Llwyd's meaning. Furthermore, having looked into Sir Henry Vane's and Böhme's writings he was dissatisfied with their use of allegory and their obscure manner of revealing "y[e] whole fabricke & systeme or body of truths w[ch] they p[ro]fess to have attained."[114] Llwyd replied in December 1656 acknowledging that some things concerning God, paradise and the New Jerusalem were either impossible to comprehend, difficult to speak of, unlawful or inconvenient to have made known to all. Indeed, the "present writings of men" lagged far behind Paul for "elegant expressions and depth of understanding."[115] Yet Llwyd had turned to Sparrow's version of Böhme's *The Way to Christ Discovered* (1648, 1654), translating "Of true

107 Roberts 2004.
108 National Library of Wales (hereafter NLW), Aberystwyth, MS 11434 B, printed in Ellis 1899–1908, vol. 1, p. 55.
109 Erbery 1653, pp. 21, 22; Scott/Bliss 1847–1860, vol. 5, p. 329.
110 Erbery 1658, p. 333; cf. Böhme 1649b, pp. 36–38.
111 SUL, HP 65/8/1A.
112 NLW MS 11438 D, Letter 86, printed in Katz 1988, pp. 197–198.
113 DWL, MS Baxter, Letters, I 52, printed in Ellis 1899–1908, vol. 2, p. 271, and calendared in Keeble/Nuttall 1991, vol. 1, pp. 209–210.
114 DWL, MS Baxter, Letters, I 53, calendared in Keeble/Nuttall 1991, vol. 1, pp. 217–218.
115 Ellis 1899–1908, vol. 2, p. 273; Keeble/Nuttall 1991, vol. 1, pp. 234, 248–249.

Resignation" and "A Dialogue between a Scholar and his Master, Concerning the Super-sensuall life" into Welsh as "Yr Ymroddiad" ("Resignation") and "Y Discybl ai Athraw O newydd" ("The Disciple and his Teacher, Anew") (1655). These were published in London together with two works by Llwyd as *Yr ymroddiad neu Bapuryn a gyfieuthiwyd ddwywaith i helpu y cymru unwaith allan or Hunan ar drygioni* (*Self Resignation, or a Paper translated to help the Welsh out of Self and Evil*) (1657). His objective was explained in the preface: "to bring the spirit of man into entire submission to God by subduing the natural self to the spiritual self."[116]

The dream of Böhme's principal English translators that his writings would put an end to religious strife proved to be illusory. Instead of a new reformation, there was a new Babel. Condemned by some as a mixture of incomprehensible nonsense and vile falsehoods, the Teutonic Philosopher's ideas and vocabulary were appropriated and reworked into a variety of belief systems, ranging from the syncretism of the Cambridge Platonists to alchemists' experiments to discover the secrets of nature, and several early Quakers' notions of the unfolding of divine mysteries. Like other continental European works sold in English versions at London during the 1640s and 1650s, Böhme's texts were issued as a result of co-operation between translators, patrons, facilitators, printers and publishers. This was at a time when legislation empowered civil and military officials to fine or imprison the authors, printers, publishers and booksellers of unlicensed material. Indeed, while Böhme's writings were not suppressed (the copyright of seven books was entered in the Stationers' Register) a few of his readers were imprisoned for blasphemy or punished by authority. Their fate will be discussed in my forthcoming book, though it serves to emphasise the English translators' inability to control how Böhme would be interpreted.

Acknowledgement note: Parts of this essay first appeared as "'The Teutonicks Writings': Translating Jacob Böhme into English and Welsh" (Hessayon 2007b). All precise continental European dates are given according to the Julian and Gregorian calendar; all English dates according to the Julian only. The year is taken to begin on 1 January. I am most grateful to Susanna Åkerman and Leigh T. I. Penman for their helpful comments but I remain responsible for any shortcomings.

116 Palmer 1888, pp. 13–14; Parry 1955, p. 246.

Christian Hengstermann

Melancholy and Materialism: Henry More's Critiques of the Teutonic Philosophy

Abstract: More engaged critically with Jacob Böhme for four decades. While he initially rejected the Teutonic philosophy as yet another variety of melancholy materialism, More gradually came to appreciate its author as an inspired Christian moralist and a misguided, yet well-meaning, panpsychist. Böhme was credited by More with placing the soul's practical rebirth in the vision of God above any theoretical reasoning about the divine nature. Humility and charity were the first principles of a theology which could not but appeal to More's own ideal of universal Christian love, including an ecclesiastical latitudinarianism that valued pious orthopraxy more than rigid orthodoxy. More even accorded Böhme a providential role in paving the way for British Christendom from an erroneous belief in external ritual and matter to Christ within. A major Cambridge precursor is Charles Hotham whose *Manuductio* is the single most significant British work on Böhme in the first half of the 17th century. More's growing appreciation can be traced from positive remarks in his anti-enthusiastic pamphlets in the 50s to his more positive reappraisal of Behmenist metaphysics in the philosophical prose writings of the 60s. More's *Censura* is both a comprehensive exposition of Böhme's thought and an audacious translation of his theogony into his own Platonist "ancient theology".

1 Introduction: Cambridge Behmenism? – *Divine Dialogues* about the Teutonic Philosopher at Christ's College and Ragley Hall

Cambridge Behmenism is largely coextensive with Henry More's life-long engagement with the Teutonic philosopher (Fig. 1). More is by far the most prolific of a group of seventeenth-century progressive Anglican divines generally known as "men of latitude" in their own age and as the "Cambridge Platonists" or "Cambridge Origenists" today.[1] In response to the mayhem caused by the mid-century British religious wars, they championed a general latitude in matters of doctrinal religion. Rather than theoretical dogma, true religion was to be based upon practical virtue and participation in God's own goodness and life. As well as reviving the time honoured ancient wisdom of Florentine humanism, the Cambridge Platonists engaged intensively with all the major writers of early modern science and philosophy. While their practical faith drew extensively upon the ancient wisdom of pagan and patristic Platonism, notably Plotinus and Origen, it integrated the new cosmological insight of the likes of Galileo, Bacon and Descartes. In his preface to the two principal collections of his works, the one-volume English *Collection of Several Philosophical Writings* of 1662 and the three-volume Latin *Opera Omnia* of 1679, More described his own philosophy as a synthesis of the two "*dazling Para-*

1 See the latest collections of essays on the Cambridge Platonists edited by Hedley/Leech 2019 and the special issue of the *British Journal for the History of Philosophy* 25 (2017) which provide surveys of contemporary scholarship on the subject. I have argued for the alternative sobriquet "Cambridge Origenists" in: Fürst/Hengstermann 2013. More textual evidence for More's Origenism appears in Hengstermann 2020b. More's preoccupation with the heterodox Church Father is highly pertinent to his view of Böhme, to whom he attributes the Origenian doctrines of the pre-existence of souls and, possibly, the restitution of all things.

https://doi.org/10.1515/9783110720525-021

doxes of the Motion of the Earth," i. e. Cartesian heliocentrism, "*and* the Prae-existence of the Soul" or Origenian pre-existentianism. He believed these two doctrines to constitute the core of the "Judaical Cabbala"[2] which he never grew tired of elucidating in dialogue with all the new seminal systems of early modern philosophy. Admired for his polished Latin style, he was asked by his fellow Platonists to correspond with René Descartes in the late 1640s. While continuing to hold the Frenchman in high regard, he went on to compose critical handbooks on Descartes' natural philosophy and his ethics and metaphysics in the mid-1660s and early 1670s. And it was More as well who provided an in-depth refutation of Thomas Hobbes's determinism in his principal philosophical prose work of 1659 entitled *The Immortality of the Soul*. Likewise, he was the first to perceive and combat the threat of Baruch de Spinoza's determinism and naturalism to the Platonist project. Among the key authors of early modern thought whose writings he subjected to detailed criticism was the Teutonic philosopher Jacob Böhme.

More's "Behmenism" – as adherence to Böhme's thought was dubbed in early modern England – covers no less than four decades of his life.[3] Like all his philosophy, it unfolds in *Divine Dialogues* with his friends and followers, of which he himself provides a vivid literary account in his 1668 work of that title. More's and his circle of friends' view of Böhme is an ambivalent one. On the one hand, More views Böhme's "language of Nature" as arising not from inspiration, but from "a superlative strain of Melancholy."[4] In general, he deems him "a very serious and well-minded Man, but of a nature extremely melancholick."[5] On the other hand, More is prepared to accord Böhme a pivotal role in God's providential plan. His religion of pious inwardness was intended by God himself to free British Christendom from the stale and unprofitable theoretical dogma of earlier High Church ritualism: "For at present, by a kind of oblique stroke, God does notable execution upon the dead Formality and Carnality of Christendom by these zealous Evangelists of an *internal* Saviour."[6] More's preoccupation with Böhme's role in God's grand providential design of the education of humankind points to the first group of interlocutors in his *Divine Dialogues* about the Silesian mystic, i. e. "Anglican Behmenism"[7] which flourished from the mid-1640s onwards. Not only did that pioneering network composed of John Sparrow, John Elliston and Charles and Durant Hotham undertake the Herculean labour of translating Böhme's voluminous work into English, but they were also vocal in their political commitment to his vision of a God immanent in universal nature and in the individual soul. The Teutonic philosophy which this network helped disseminate in translations and treatises at More's behest was viewed by them as God's chief means to reconcile the warring factions of British Christendom. More' engagement with Böhme proceeded in four phases, beginning with More's contribution of Latin and English commendatory verse to the first major English exposition of the Teutonic philosopher's thought. This elucidation was published by one of his Cambridge friends, the Anglican Behmenist Charles Hotham, in Latin and in English in 1646 and 1648. In a second phase,

2 *The Preface General* 17 (More 1712, p. xix).

3 The subsequent account is throughout based upon the pioneering research of Hutton 1990 and Crocker 2003, pp. 54–55. My English translation of More's *Philosophiae Teutonicae Censura*, the principal text of Cambridge Behmenism, is now accessible in the new Sourcebook of Cambridge Platonism: http://www.cambridge-platonism.divinity.cam.ac.uk/view/texts/diplomatic/Hengstermann1679D. It includes a first introduction to More's reception of Böhme as well as explanatory notes.

4 *Divine Dialogues* 5,16 (More 1712, p. 461)

5 *Divine Dialogues* 5,18 (More 1712, p. 467).

6 *Divine Dialogues* 5,18 (More 1712, p. 468).

7 This apposite nomenclature has been suggested by Hutin 1960, p. 42. Hutin's monograph continues to be an invaluable standard work of reference. Besides Hutin 1960, pp. 37–45, there are brief overviews of the reception of Böhme in the age of the English revolution in Bailey 1914, pp. 57–114; Jones 1928, pp. 208–234; Struck 1935, pp. 163–188; Smith 1989, pp. 185–191; Hessayon 2007b; Hessayon 2014b; Smith 2014 and Muratori 2019, pp. 85–88.

Fig. 1: Portrait of Henry More, [n. d.], Copperplate engraving, Herzog August Bibliothek Wolfenbüttel, inv. no. I 9184

More reacted to the publication of the translation of Böhme's most celebrated work, the *Aurora*, by writing critical outlines of Behmenist enthusiasm and materialism in his 1656 *Enthusiasmus Triumphatus*.

The third and fourth phases of More's engagement with Böhme involve the interlocutors of the *Divine Dialogues*. From about 1667, More was engaged in heated discussions about Böhme with his pupils and friends at Christ's College in Cambridge and, above all, at Ragley Hall, the estate of the politically influential noble Conway family in Warwickshire. As is related by his friend John Worthington, More had his "ears full of Behmenism at Ragley" at that time. Moreover, he apparently had the complete English Böhme at his disposal: "I sent several times to enquire of your return, but could not hear of it, till I received yours. I believe, you had your ears full of Behmenism at Ragley; for when I was at London, I met with one, who was to buy all Jacob Behmen's works, to send thither."[8] Among the friends and associates with whom More was wont to engage in controversial Behmenist dialogues from the mid- to late 1660s was his "heroine pupil" Anne Conway, the wife of Edward

8 Worthington 1847–1886, vol. II/2, 287.

Conway.[9] The two corresponded about Böhme whom More praised for his personal piety and practical probity, while faulting him for his misguided materialism in matters metaphysical: "Honest Jacob is wholsome at the bottom though a philosopher but at random."[10] It is very likely that Conway was the *Friend* to whom More's *Censura Philosophiae Teutonicae*, originally composed as a *Private Letter* in 1670, was addressed.[11] It was against the backdrop of their earlier debates about Teutonic philosophy at Ragley Hall and their earlier correspondence about this subject that Conway approached her friend and mentor and posed to him the five *quaestiones* or "queries" which he went on to answer in his 1670 *Censura*. The crowning achievement of Cambridge Behmenism, More's *Critique* contains a comprehensive exposition of the Teutonic philosopher's thought from the vantage point of the author's own Neoplatonist *theologia prisca*.

The final phase of More's Behmenism extended from the mid- to the end-1670s, when More chose to translate his major English works, including his *Critique of the Teutonic Philosophy*, into Latin and (re-)publish them in his three-volume *Opera omnia*. Besides translating the *Critique*, More added several scholia to his original work. While relatively few in number, these later comments linked Böhme to the cabbalist Isaac Luria and the rationalist Baruch de Spinoza whom More had by then come to view as proponents of the same misguided pantheistic materialism of a God identified with nature. Again, the "Divine Dialogues" that he engaged in with his evolving network shaped his view of the revered Teutonic philosopher. More had by then contributed extensively to the ambitious cabbalistic project of the German Hebraist Christian Knorr von Rosenroth and his Flemish associate Franciscus Mercurius van Helmont who had befriended his heroine pupil Conway.[12] In the preface to the three-volume *Opera omnia* in which he reviews all his writings, More comments upon his works directed against the cabbalist-Behmenist-Spinozist error of confusing God with nature (*Deus sive natura*). In so doing, however, More, in remarks noteworthy for their positive tone, is careful to set the Teutonic philosopher's materialism apart from the erroneous metaphysics propounded by the Jewish mystic Luria and the Dutch rationalist Spinoza:

> Incidentally, since I placed the *Kabbala of the Eagle-Eye-Boy* last in these Cabbalistic writings, I chose to put the *Critique of the Teutonic Philosophy* directly after it. The reason is that I reckoned that the latter was exceedingly close to the former considering J.B.'s teaching about the corporeality of the Deity and his divisibility in his *Aurora or Daybreak* (an error that he clearly was subject to in that work). However, just as I have refuted the *Foundations* of the *Cabbala of the Eagle-Eye-Boy*, so have I clearly shown that Jacob Boehme finally overcame that despicable error and attained the truth.[13]

More's early interest in the Teutonic philosopher culminated in the first major comprehensive depiction of Böhme's epistemology and ontology. Further, it coincided with a Behmenist moment in English theology. In 1646, his friend Charles Hotham, one of the foremost Anglican Behmenists of the day, advertised with considerable daring the circle's translation of the Silesian master's works at a public Commencement at the University of Cambridge.

---

9 On Conway, see the magisterial biography by Hutton 2004, esp. pp. 65–66 on her as the most likely addressee of More's work. Cf. also the essay collection by Hengstermann/Weichert 2012, especially the essay by Hutton 2012.

10 Conway 1992, p. 306.

11 Cf. Muratori 2019, p. 48.

12 Cf. Smith 1989, p. 186: "Boehme's writings themselves belong to the more extensive tradition of European Christian Kabbalah, and the appropriation of his ideas in England is best seen in this context." On Böhme's deep elective affinity with the Kabbalah, see the account in Schmidt-Biggemann 2013, pp. 187–234.

13 *Praefatio Generalissima* 13 (More 1675–1679, vol. II/1, xiv). My translation.

2 Böhme *Hothamice* and Böhme, the Enthusiast – First Acquaintance and Early Critique

2.1 A Behmenist Moment in English Theology – Behmenist Metaphysics and Politics in the Hotham Brothers' 1646 *Ad Philosophiam Teutonicam Manuductio* and 1654 *Life of Jacob Behmen*

More's initial interest in the Teutonic philosopher goes back to the mid-1640s. It was sparked by the brothers Charles and Durand Hotham who were instrumental in the meteoric rise of Anglican Behmenism in Civil War and Interregnum England. In March 1646, Charles Hotham, a friend of More's from his undergraduate years at Christ's College, defended the proposition that "the souls are traduced or created from nothing either of which is possible" at a Cambridge commencement ceremony. He went on to publish his thesis in its original Latin and in an English translation in 1648 and 1650. It contained an in-depth interpretation of Böhme's celebrated notions of the "abyss" (*Ungrund*) and of "Wisdom" (*Weisheit*), viewed as two aspects of one deity of infinite spatial extension and universal creativity. In 1654, Charles's brother Durand published a first book-length biography of Böhme in which he emphasized the Teutonic philosopher's extraordinary personal uprightness and piety. Not only did the Hotham brothers' metaphysical and political works on Böhme arouse More's own fascination with the Silesian shoemaker mystic, but it also informed his own Platonist Behmenism.

Presented at a major event at the university, Hotham's commencement thesis was a public manifesto of early Anglican Behmenism.[14] He was a fellow of Peterhouse College, which had been intruded by the Earl of Manchester two years prior. Hotham sought to convince the university of the Behmenist vision of Christianity espoused by a circle of committed Anglican laymen. Both Charles and Durand Hotham were part of that small, yet remarkably prolific, group which actively sought to reconcile the warring factions of British Christendom at the time of the civil war. To this end, the London lawyer John Sparrow (1615–1665), supported by his brother-in-law John Elliston and the printer Humphrey Blunden, produced a complete translation of Böhme's theosophical writings from 1645 to 1662.[15] Hotham's thesis was clearly intended to promote the Anglican Behmenists' philological and political agenda of an ecumenical Behmenist Christianity expressed in several programmatic prefaces attached to the network's English translations. At its heart was the hope for the unity of Christendom which, they believed, required all of the Christian factions to lay aside their petty differences and instead embrace the inspired Silesian shoemaker's vision of a cosmic God.

We do not know whether More attended the 1646 commencement at which Hotham, the Cambridge mouthpiece of Anglican Behmenism, presented his *Introduction to the Teutonick Philosophy*. However, when Hotham went on to publish his thesis in Latin and in English in 1648 and 1650,[16]

---

14 Smith 2014 provides an important first analysis of the prefaces attached to the translations which are the principal sources of the circle's political programme of an irenic Behmenist natural theology. However, there is as of yet no thorough analysis of the major Behmenist philosophers, notably Charles Hotham whose reading of Böhme exerted decisive influence upon More and his Cambridge Platonist circle.

15 See the comprehensive chart and timeline provided in Hutin 1960, pp. 38–39. An excellent survey of the Anglican Behmenists' translation project is given in Hessayon 2007.

16 The identity of the translator, given as D.F. on the title page, is disputed. The majority identify D.F. with "Durand frater," i. e. Durand Hotham. See e. g. Hutton 1990, p. 158; Hessayon 2007b, p. 152 and Muratori 2019, p. 51. However, Smith 2014, p. 107 suggests that the *Introduction* is "an English translation almost certainly by Daniel Foote in 1650." Neither side provides references to sources. Either way, the *Manuductio* may be the single most important exposition of Anglican

he approached More and asked him to compose a commendatory poem. More duly obliged his undergraduate friend's request. Embarrassingly, the foremost expert on the Teutonic philosopher among the Cambridge Platonists started his Behmenist career as a self-professed ignoramus who proudly paraded his utter lack of knowledge in elegant, albeit flat and unprofitable, Latin verse. It was not without a sense of irony that he entreated his erudite friend "good Charles" to provide an intelligible introduction to a particularly dark and difficult author whose philosophical intentions, he confessed, continued to elude him:

> I ken no Teutonick, good Charles! Then vent
> Thyself- and thine own Ingenie depeint.
> Write Hothamick, & thine own sense explain;
> So shall thy learned page with force detaine
> My ravish'd mind.[17]

"Good Charles" in turn gently chided his "candid More," reproaching him for a "blinking eye" upon which he blamed his Cambridge friend's alleged inability to pierce through the "Teutonic darkness." The battle of wits between the two Cambridge friends, joined in the poetry attached to the work, was continued in the prose of its "Epistle Dedicatory" and the treatise proper. Throughout his thesis, Hotham is clearly at pains to win More and his fellow Cambridge Platonists for the cause of Anglican Behmenism. In the preface, he once again amicably teases More when praising the Teutonic philosopher for surpassing the principal Platonic authorities of his friend's cherished ancient theology of Egypt and Greece:

> I speake plainly what I at this present thinke.
> Whatsoever the Thrice-great Hermes deliver'd as Oracles from his Propheticall Tripos, or Pythagoras spake by authority, or Socrates debated, or Aristotle affirmed; yea, whatever divine Plato prophesied, or Plotinus proved; this, and all this, or a far higher and profounder Philosophy is (I think) contained in the Teutonicks writings. And if there be any friendly medium which can possibly reconcile those ancient differences between the Nobler wisdom which hath fixt her Palace in Holy writ, and her stubborn hand-maid, Naturall Reason; this happy marriage of the Spirit and the Soul, this wonderful consent of discords in one harmony, we owe in great measure to Teutonicus his skill.[18]

Hotham's thesis bears impressive testimony to lively early discussions about Böhme between the Anglican Behmenists and the Cambridge Origenists. The dispute about who is the superior representative of ancient theology is, in fact, a thinly-veiled allusion to the debates between these two groups of thinkers.

While his Cambridge friend's commendatory verse falls flat and is wanting in philosophical substance entirely, Hotham's *Manuductio* itself is the first major philosophical work of Anglican Behmenism. It sets out to provide a comprehensible, yet speculatively dense and demanding, introduction to an author known for the obscurity of his thought and language and to translate his philosophical

---

Behmenism. D.F.'s translation is a free, yet generally reliable, rendering which occasionally expands upon the original. Whatever his identity, he was clearly familiar with Hotham's thought which he skilfully manages to clarify in several places and even build upon the original account. The English *Introduction* may, hence, well be seen as yet another seminal Anglican Behmenist document in its own right. My account is meant to furnish a first philosophical interpretation both of the English and Latin versions of the *Manuductio*.

17 There is a transcription of the original Latin and the later English in verse in Hutton 1990, pp. 169–171.

18 Hotham 1648: *Procancellario Senatuique ac juventuti Academiae Cantabrigiensis Salutem*/Hotham 1650: *The Epistle Dedicatory*. References are throughout given to the original Latin and D.F.'s English translation. Important differences are noted. The preface is not paginated.

vision into the accepted academic vernacular of traditional Aristotelian metaphysics and orthodox Christian theology.[19] At the beginning of the treatise proper, the author reviews conflicting theories of the soul's origin, exhibiting throughout a remarkable doctrinal latitudinarianism which links early Anglican Behmenism to Cambridge Platonism. Of the rival theories discussed, Hotham dismisses out of hand two varieties of psychological monism by which the soul is inevitably robbed of its individuality and personality. Both Galen's physicalism of the soul as "meer due temper or active spirit arising from the commixture of Elements and Humours"[20] and Averroes' theory "That all Particular Soules are but the emanation of the Universal soule of the World"[21] are shown to be wanting. While criticizing and rejecting it as well, Hotham nevertheless provides a highly favourable outline of a third model, i. e. More's own Origenist theory of the pre-existence of the soul. This theory is introduced as "that of the *Platonicks*," i. e. the Cambridge Platonists of whom More was the most celebrated figurehead in his day. Hotham thus writes of the soul:

> That being all of them created by God in an equal and immaculate estate, of rare perfection, the fountain & firmament of which being coadunation with the will of God, they fell to their own will, and by that meanes were cast out from the presence of God, and confin'd to this world; in which, if under the dire School-mistress of miseries, inconstancies, mischances, mortalities, they learned to reseek that Eternal Immoveable, they are by the mercy of God reassumed into their own Country, being unchained from the gally of the body.[22]

Quoting the principal ancient authorities of the ancient theology again, Hotham explicitly references "the famous *Origen*"[23] whom More had extolled as a "holy sage" in his 1647 *Democritus Platonissans*.[24] Hotham draws upon his friend's Origenist epic in his critical, yet balanced, account of the psychology of the pre-existence of soul.[25] Yet a fourth model that Hotham acknowledges, held by the majority of Christians at the time, is the creationist view of a soul being "created of nothing, and in the instant of creation infus'd into the body."[26]

Instead of the four models rejected in the introduction, Hotham opts for a fifth, i. e. the traducianist view that a child's soul comes into existence through biological procreation. It hinges upon a panpsychist ontology deeply steeped in Böhme's cosmic theogony. In creation, God shares with an animate cosmos his own creativity and fertility, enabling it henceforth to realize its inherent potential by its own effort. His, therefore, is not a creative act from without, but one from within by which

---

19 Cf. the lavish praise bestowed upon "the earliest, to my knowledge, piece of Boehme-influenced printed discourse in England" which Smith 2014, p. 106 is right in praising as the first British example of "Boehme mastered" writing. However, Smith erroneously views the treatise as showing that "Boehme's style has been mastered by the rigors of Cambridge Platonism." While clearly harbouring sympathies for More and his circle, whom he evidently seeks to enlist for his cause, Hotham is not a Platonist. Instead, he explicitly sets out to prove Behmenism superior to the Origenian Platonism of his university friend and colleague.

20 Hotham 1648, p. 2; Hotham 1650, pp. 2–3.

21 Hotham 1648, p. 2; Hotham 1650, p. 3.

22 Hotham 1648, p. 3; Hotham 1650, pp. 4–5.

23 Hotham 1648, p. 3; Hotham 1650, pp. 4–5.

24 *Democritus Platonissans* 75,6 (More 1998, p. 427).

25 D.F. goes even further than Hotham 1648, p. 4 in acknowledging More's Origenist doctrine "as the best and noblest Essay natural man hath attained unto" (Hotham 1650, p. 7). Apparently, the translator's sympathies for Cambridge Origenism were more pronounced than More's. One might hypothesize that the addition by the translator may also reflect a further rapprochement between the Cambridge Behmenists and the Cambridge Origenists between the publication of the original Latin work and its English translation. It may have induced the translator to stress the qualities of More's Origenist philosophy even more.

26 Hotham 1648, p. 5; Hotham 1650, p. 8.

creation may prosper by virtue of its own autonomous agency: "*God doth as yet operate by his cooperating concourses with the creatures, according to their severall natures.*"[27] The Behmenist cosmology outlined in the *Manuductio* envisages a world "full of radiant life, and as throughly furnisht with possibilities of propagation into thousands of thousands in its own kinde, as that childe of the drossie Earth, the Brutall spirit, is fruitful in his kinde."[28] Life develops and flourishes within God himself whom Hotham associates closely with the infinity of space and nature without identifying him with it.[29] Borrowing the most celebrated of Böhme's designations of the Divine, the author posits an original "abyss" which, while distinct from God, coexists with him from all eternity. Böhme's abyss (*Ungrund*) is identified by Hotham with "an infinite immeasurable space, in every imaginable point whereof dwelt the whole Deity."[30] It represents the potentiality and possibility of all his subsequent creative work of which it is the necessary logical prerequisite. Its vast emptiness is one "in which God was able to create so many worlds"[31] each of which was to occupy a part of its extension. While not "quantity particularly determinate" itself, space instead serves as an absolute yardstick by which the distance of one created world, located at one determinate place within its vast extension, can be measured in relation to all the others occupying it.[32]

Hotham is careful to rebut any Aristotelian reading of the abyss or space as merely imaginary. As the infinite extension in which God, occupying each of its part in his entirety, exerts his creative power, space "is not purely nothing." Instead, it is second only to God himself in its degree of objective reality. However, whereas God is indivisible, space is distinguished from him by its divisibility: "Although that this bottomlesse Immensurable partake (next under God) most highly of the reality of being, yet is it not God himself, because its divisibility and several other properties are diametrically opposite to the many attributes of the perfect Divine life and essence."[33] The "perfect Divine life and essence," therefore, corresponds to its infinite extension in a living cosmos in which beings, proceeding from it in creation, are allowed to share in its fullness in the autonomous flourishing of their "*severall natures*." While the former is God as transcendent unity, the latter is expressly called the "Body of the Deity, or more fitly, the eternal habitation of the Godhead."[34] The Behmenist abyss shares with the *materia prima* of traditional scholastic Aristotelianism all its attributes of indefiniteness, endowed by God with living shape and form in the processes of organic nature. Therefore, the infinity of the abyss necessarily defies any cataphatic categorization in principle, while remaining the principle of all extended reality by which it becomes determinate as a whole and in its parts. Its infinity is accessible only to imaginative vision abstracting from all determinateness and finiteness altogether.[35]

---

27 Hotham 1648, p. 15; Hotham 1650, p. 23. The translator felicitously expands upon the terse outline of Hotham's theory of divine agency: *Operatur Cooperando*.

28 Hotham 1648, pp. 8–9; Hotham 1650, p. 15.

29 While wary of identifying God and infinite space, Hotham, *Manuductio* 15, certainly comes near to aligning them very closely: *Primo ante omnem rerum creationem ab aeterno extitisse Deum & Abyssum, spatium viz. Inmensum & infinitum*. While not identical with God himself, the abyss clearly is the first mode of his creative ubiquity.

30 Hotham 1648, pp. 20–21; Hotham 1650, p. 33.

31 Hotham 1648, p. 21; Hotham 1650, p. 33.

32 Hotham 1648, p. 21; Hotham 1650, pp. 33–34 where the abyss is clearly conceived of as geometric space which, as the author further elucidates, "may challenge all the denominations of quantity and dimension."

33 Hotham 1648, p. 21; Hotham 1650, p. 34.

34 Hotham 1648, p. 22; Hotham 1650, p. 34.

35 While Hotham 1648, p. 22 merely states the identity of Böhme's abyss with Aristotle's first matter, D.F., drawing upon his knowledge of the Teutonic philosophy, expands upon the apophatic implications of that first divine attribute, quoting Böhme verbatim: "The meaning of which is 'That the narrow speech and expressions of mankind, with which they measure out and circumscribe their finite essences, applied to this Infinite, are too narrow, nay contradictory in the

Hotham goes on to draw upon five of Böhme's seven qualities to furnish a cosmic theology and anthropology along the lines of the Teutonic philosophy. For one thing, he views the abyss and Wisdom as the two defining attributes of one God who, originally a chaos of infinite unrealized potential and possibility, subsequently limits himself in subjectivity and creativity, thereby becoming living space. The abyss is driven by the violent conflict between the first quality of "Desire and inclination to corporeity" or "a force contracting, curdling and constringing" and the second, i. e. the opposite "force impetuously resisting coagulation." It is this clash of the first and second qualities of contraction and expansion which then gives rise to a third quality of "a spirit of anguish gnawing the bowels of the first matter," eventually erupting in the fourth or "A great burning or pitchy dark fire."[36] From the awesome spectacle of the first four qualities wrestling with one another in the violent primordial life of the abyss arises the fifth of a "*majestatick light* filling all this infinite space," i. e. God's Wisdom: "This light, or at least its vital and chearing rayes breathing a sweet gale through the circuit of the infinite Abysse, the holy Scripture, especially the Apocryphal book of *Solomon* called by the name of *Wisdome*."[37] God then goes on to create the angels who all mirror the timeless theogonic process of the violent abyss pacified by life-giving Wisdom. While their spirit originates in the living order of Wisdom, their soul and their body are related to the primordial chaos of the abyss. Among the angels created by the Father's wisdom is Lucifer whose spirit succumbs to the urges of the lesser two qualities of (centripetal) possessiveness and (centrifugal) megalomania. They lead to a "spirit of anguish and envy, gnawing it self" within and an open rebellion without. His insurrection gives rise to sin and hellfire viewed by Hotham as an abyss which, bereft of the light and life of Wisdom, descends into fiery chaos. The English Behmenist gives a harrowing account of the fall:

> And here you may see the first originall of sinne, and Hell-fire; especially those foure Bases, or corner-stones upon which 'tis founded; *Covetuousness*, *Pride*, *Envy* and *Wrath*; For from these apostate Souls their spirit had to its mansion. God had withdrawn himself to his own Center; the Wisdomes sweet light becalm'd the raging Deep, or properties of the Abysse, no more: and what now remains, but that these unhappy branches fallen from that communion with the Divine stock, continue in their own sphere, the eternal sewel of the fire themselves have kindled.[38]

Hotham's is a Behmenist theodicy hinging upon an intricate typology of Lucifer's sins which correspond closely to the four qualities of the abyss. It views evil as a reversal of the theogony of God's own eternal change from primordial abyss into living wisdom. God, as is related in the first creation account of Genesis, subsequently transforms the chaos of the apostatic angelic sphere into the empirical cosmos or the third principle. Adam, whom he places in the world, is called upon to act as its "*Hierarch*,"[39] sharing with the three principles of the abyss, of Wisdom and of the "Mundane Spirit"[40] a threefold life. It is the third principle of the "Mundane spirit," also variously called the "brutall

---

enunciation of it, and extend onely to declaration of a negative glimpse of its unimaginable vastnesse'" (Hotham 1650, p. 35).

36 Hotham 1648, pp. 22–23; Hotham 1650, pp. 34–35. In support of his Behmenist cosmology, Hotham proceeds to provide a detailed description of metals dissolved in acid and emitting poisonous gases in the process. While the metaphysics of divine nature is Behmenist, the example chosen is one characteristic of the author's age of nascent experimental chemistry and natural sciences.

37 Hotham 1648, pp. 24–25; Hotham 1650, pp. 4–5

38 Hotham 1648, pp. 28–29; Hotham 1650, pp. 45–46.

39 Hotham 1648, p. 33; Hotham 1650, p. 53.

40 Hotham 1648, p. 34; Hotham 1650, p. 54.

Spirit,"[41] the "Worlds spirit"[42] and "Microcosmick spirit,"[43] which dynamically mediates between the abyss of chaos and the wisdom of life and light in the visible world.[44] Its work in creating Adam and all subsequent living beings is conceived of in terms of divine and natural double agency: "Since then, to affirm *Adam* to be created by God and inspired by him, and withal to be framed out of the dust and animated by the wind, are repugnancies." Instead, nature itself, giving life to animate beings, must be viewed as "Gods inward power disguised in a cloud."[45]

While sharing with his brother's treatise its apologetic intent, Durand Hotham's 1654 *Life of Jacob Behmen* defends the eponymous philosopher from a biographical perspective. After an earlier anonymous biographical sketch arguably authored by Sparrow,[46] Hotham's vivid account constitutes the first book-length English biography of the Teutonic mystic. Closely modelled upon Abraham von Franckenberg's hagiographical vita, which appeared in an English translation that same year,[47] Hotham's *Life of Jacob Boehme* is notable as much for the Anglican Behmenists' use of it to promote their ideal of a deeply irenic and ecumenical Christian religion as it is for the actual biographical information provided. Throughout, the younger of the two Hotham brothers is aware that his passionate paean of praise to Böhme is likely to incite the ire of the authorities of church and state alike. Especially the clergy will take exception to his rash and ill-conceived attempt at his hero's canonization. Durand Hotham himself expresses the concern that he may be "transformed into a Devill by their Exercations and Anathemaes."[48] Still, following the example set by his elder brother's philosophical treatise, Durand advertises the complete edition of Böhme's translated works of which no fewer than eight volumes had appeared by then. Three more, including Charles's translation of the *Consolatory Treatise of the Four Complexions*,[49] followed suit in what amounted to an Anglican Behmenist *annus mirabilis*. Durand's protreptic duly references the Anglican Behmenist network, mentioning Humphrey Blunden by name and praising him as the book series' "*ingenuous Publisher*." At the centre of the *Life* is Böhme's extraordinary probity and piety. While freely acknowledging the obscurity of Böhme's writings, Hotham views their contents as providing vital preparation for Christ's imminent Second Coming:

---

41 Hotham 1648, p. 9; Hotham 1650, p. 15.

42 Hotham 1648, p. 34; Hotham 1650, p. 55. Once again, D.F. stresses the commonalities between Anglican Behmenism and Cambridge Platonism by adding an allusion to Plato's *Phaedrus*. It is clearly intended to appeal to More and his Cambridge associates: "For as being carried in the chariot of the Worlds spirit with the five attendant Senses, we view all its frame, and know its motions: so by our Soul we have a prospect into the eternal Abysse; and the Spirit, into the magick glasse of the Wisdom and depth of the Deity: and herein is our dignity above the brute beasts, whose composition participates onely of the last principle; we, besides that, of the first and second."

43 Hotham 1648, p. 40; Hotham 1650, p. 63.

44 In Hotham 1650, D.F. adds a concise definition of the chief entity of Charles Hotham's Behmenist panpsychism, calling it an "invisible Principle, that moves the grosse matter, and is the original of life."

45 Hotham 1650, p. 64. The terminology again is not Charles Hotham's, but D.F.'s.

46 Cf. Hessayon 2007b, pp. 297–298.

47 Muratori 2019, p. 53 rightly calls it a "re-elaboration of Franckenberg's edition," stressing its great significance to English Behmenism: "The success of Durand Hotham's re-elaboration of Franckenberg's text – published as *The Life of Jacob Behmen* – is key to understanding the mediation of Böhme into English." As will be shown, More is another important case in point.

48 D. Hotham 1654, B1v.

49 The preface contains a Behmenist *ars interpretandi* in which Charles Hotham expounds the formidable difficulties of Böhme's thought and language and the principles guiding his and the other Anglican Behmenists' translation project. See the detailed analysis of his notion of Behmenist "trilingualism" in Muratori 2019, pp. 55–58.

> Truly having found many things obscure in this man's Writings, others highly honest, pious, just, and of much improvement to that equal, humane, sociable principle (to which I have devoted all that I have, a servant till the true Bridegroom appear to take me up to a better society) I thought, that an inquiry into, and a short Relation of his Life, would be no little advantage to stir up the more searching Spirits to a thorough weighing of all that he hath published; and being herein furnished with some helps by the *ingenuous Publisher* of Works, Mr. Blunden, I laid aside a few daies to fit the Materials that were sent me in an order accommodate for a gentle and willing Reader.[50]

Hotham's Behmenism is deeply steeped in an eschatology of a world riven by apocalyptic war and about to come to a violent end. Böhme and his writings are a providential instrument by which God attempts to lead "these last generations"[51] to salvation in the probing times of the civil war era. Like his fellow Anglican Behmenists, Hotham subscribes to a Christian religion of existential inwardness: "God hath sent this last Generation a plain, uncouth Message, bidding man to fight, telling him that he shall have a Heaven, a Joy, a Paradise, a Land, a Territory, a Kingship – but that all this is in himself, the Land to be won is himself."[52] Böhme's "plain, uncouth message" has been given to humankind at a key juncture of a universal process of historical illumination in which the souls gradually come to participate in God's fullness. Throughout the treatise, this "plain, uncouth message" is opposed to the contemporary Christian practice of superficial ritual or, worse, self-righteous violence. Hotham's view of humankind in general and British Christendom in particular is exceptionally bleak. If it were not for God taking control of human reason and instilling in it the vision of his own goodness, the religious would probably have annihilated the human race in its entirety by now:

> For certainly such and so insociable are the Religious of the World, that each would in high appetite devour the other, and misspend the pretious Race of mankind in mutual Slaughters, did not the good God enter into the noble Reason of Man, and set up in power the meek and the neighbourly dictates thereof, to curb the bold claims of tyrannous fancy, which doth by its imposterous Opinion unman the Creature, and countenance him to act over all his immoral and untutor'd Lusts under pretence of Conscience and religious Zeal.[53]

Hotham shares with Franckenberg his interest in the supernatural events in the life of the Silesian mystic. Thus, he dwells at length upon Böhme's early intimations of God's omnipresence in nature experienced near the mountain of Zotten outside Görlitz which he relates in vivid detail.[54] He likewise reproduces the story of a mysterious old man visiting the shoemaker's shop where the young Böhme apprenticed and prophesying to him of his future greatness.[55] Of particular beauty is Hotham's English rendering of Franckenberg's celebrated account of the 25 year-old Böhme's conversion in 1600 of which he sought to provide an account in his *Aurora* and all his subsequent writings:

> After this, about the year 1600, in the twenty fift year of his age, he was again surrounded by the Divine Light, and replenish'd with the Heavenly Knowledge; Insomuch as going abroad into the Fields, to a Green before *Neys-Gate*,

50 D. Hotham 1654, B2r. See also the praise bestowed either upon the translator Sparrow or the publisher Blunden ibid. E2r: "Many of these works have of late been published, in the *English* tongue, by the industry of a Gentelman, to whose pains our *English* Common-wealth rests much oblig'd, the rest remain yet lockt up, and expect the diligency of the same or some other such generous spirit."

51 D. Hotham 1654, B2v. The expression is not a Christian trope, but characteristic of the Anglican Behmenists' eschatology which informs Hotham's reading of the Teutonic philosopher.

52 D. Hotham 1654, B2v.

53 D. Hotham 1654, B4r.

54 Cf. D. Hotham 1654, C3v.

55 Cf. D. Hotham 1654, D2r–v.

> at Gorlitts, he there sate down, and viewing the Herbs and Grass of the field, in his inward Light, he saw into their Essences, use, and properties, which was discover'd to him by their Lineaments, Figures, and Signatures.[56]

Still, while acknowledging Böhme's preoccupation with the divine depths of nature, the younger Hotham brother's chief concern is with his ethical message. Man was created by God as his "Fellow-worker with him in Goodness."[57] Once the secrets of nature had been revealed to him by God in mystical vision, Böhme himself placed "his Duty to God and his Neighbour"[58] above all else, while also staying loyal to the political and ecclesiastical powers of his day. There is no doubt that Hotham believed Böhme to be the means whereby God sought to curb the violent impulses of the "insociable" among "the Religious of the World," i. e. among those in political power and those among the many subversive and divisive sects of Interregnum England. Böhme's irenic Christianity is viewed as a benign providential antidote to the deadly disease of the internecine strife afflicting British Christendom in that era. The sublime revelations of which he was found worthy witness to God's grand design of gradually disclosing to humankind the fullness of his wisdom.

Böhme's own life mirrors both the present woes experienced and the future joys expected. In his detailed account of the trials undergone by the Teutonic philosopher towards the end of his life, Hotham once again inveighs against the petty and parochial mind of the religious authorities of his day which he reproaches for wilfully thwarting God's providential design: "What a height of Presumption is it, to believe that the wisdom and fullness of God can ever be pent up in a Sydonical Canon? How overveening are we to limit the successive manifestations, to a present rule, and light, persecuting all that comes not forth in its height and breadth?"[59] However, the resplendent light emanating from Böhme's oeuvre, bettering his every reader, leaves no doubt as to the good outcome of the tribulations suffered by the Silesian shoemaker himself as well as his Anglican translators and propagators. Hotham extols Böhme's religion of the Christ in the heart of the faithful soul as a prophetic sign of universal salvation:

> So that the plentifull harvest of true seekers of the heavenly Jerusalem in the inner man (many of which can speak their experiences of great attainments) gives great hopes that the day of the revelation of the son of man foretold by all the Prophets and Apostles, and copiously spoken of by our enlightened Author, is now breaking, and shall shortly shine forth in its noon-day glory to the universal rejoicing of the whole Creation. Mean while let us with oil in our lamps, and the Wedding garment of a renewed spirit, prepare to meet the Lord at his coming.[60]

Böhme, to Hotham, is instrumental in bringing about that "renewed spirit" of a sincere and humble religion united in Christ. Contrary to the ambitious clergy and subversive sects, he did so without craving political power or founding a church of his own. It is highly likely that both Charles Hotham's cosmology of God's omnipresence in space and nature and Durand's biography of a sincere and pious shoemaker philosopher appealed deeply to Henry More and peaked a serious interest in Böhme's philosophy.

---

56 D. Hotham 1654, D3r.
57 D. Hotham 1654, D1r.
58 D. Hotham 1654, D3r.
59 D. Hotham 1654, E4r.
60 D. Hotham 1654, F3v–F4r.

2.2 *Behmenismus Triumphatus* – The Nature, Cause and Cure of Behmenism in the 1656 *Brief Discourse* and *Mastix His Letter*

By the mid-1650s, which mark the second phase of his engagement with the Silesian shoemaker mystic, More had remedied his earlier ignorance of the Teutonic philosophy. In the *Enthusiasmus Triumphatus* of 1656 and in the *Mastix his letter to a private Friend*, a brief epistolary treatise which he appended to the original work, More provided detailed doxographical accounts of the Behmenist variety of enthusiasm. Not only did Böhme's visionary writings provide the author with ample material for his exposition of the titular *Nature, Causes, Kinds* of enthusiasm, defined by More as "a full, but false persuasion in a man that he is inspired,"[61] but he also applied to it the *Cure* of his own epistemology of the soul's intuitive vision of God's goodness.

It is probably no coincidence that More wrote his critique of enthusiasm in close proximity to the publication of John Sparrow's translation of the *Aurora*, the Teutonic philosopher's first and best known work. While neither of More's two works is devoted to Böhme in its entirety, the Teutonic figures quite prominently both in the *Enthusiasmus triumphatus* and the *Mastix his letter*, witnessing to the deepening of More's interest in Böhme's theosophical system.[62] In the original systematic treatise and the later epistolary appendix, More sets out to expound in great detail the religious radicalism of his day. "Enthusiasm," an umbrella term for a great variety of Interregnum religious sects, is, according to More, a misguided conviction wrought not by the soul's highest powers of intellect and reason, but by its lowest ones of perception and imagination which stir in the enthusiast a range of irresistible mental images. Underlying More's account of enthusiasm is a psychology of human belief conceived along Stoic lines. Following either the "guidance of Reason" or the "Strength and vigour of Fancy," neither of which, More is careful to stress, is infallible,[63] the soul is free to assent to a mental image or to withhold its assent. However, the enthusiast's "phantasmes and perceptions" of being privy to the Deity's innermost mysteries arise not of free volition, but of psychological and physiological necessity: "From whence it is plain, that the Soul is of that nature, that she sometimes may awake fatally and necessarily into phantasmes and perceptions, without any will or consent of her own."[64] The "phantasms and perceptions" of the enthusiast's perturbed spirit give rise to the delusion of infallible divine inspiration and also correspond to the "animal spirits" of his body. An enthusiast's psychological conviction is not grounded in divine truth, but in the heat of his body's animal spirits which cause an irresistible "*Fervour of Mind*."[65]

Throughout, More's enquiry into the origins of the sectarian's religious vision hinges upon an elaborate psycho-physiological parallelism of the imagination and the movements of the animal spirits mediating between mind and body. The interaction of the two substances of More's Platonist-Cartesian dualism is particularly evident at their intersection in the mental images into which the soul's imagination forms the body's animal spirits in the enthusiast's vision. The enthusiast's condition is diagnosed as both psychological and physiological in nature. He is in a never-ending dreamlike state: "The *Brains*, *Animal Spirits*, or whatever the Soul works upon within in her imaginative operations" retain the "figuration or modification" given to them in sleep even after the enthusiast has

61 *Enthusiasmus triumphatus* 2 (More 1712, p. 2).

62 It is particularly revealing that More devoted two chapters of the second work to temper the rather generic exposition of Böhme's thought in the first. Apparently, More had second thoughts about his earlier critique, which, as I shall argue, has its roots in the formidable challenge that the Teutonic philosophy was bound to pose to his moral epistemology.

63 *Mastix his letter* 1 (More 1656, p. 295).

64 *Enthusiasmus triumphatus* 4 (More 1712, p. 3).

65 *Enthusiasmus triumphatus* 30 (More 1712, p. 21).

woken up.[66] Before long, the soul's nightly "imaginative operations" and the body's "figuration or modification" in the process prove far more vigorous than the perception at day:

> So that the opinion of the Truth of what is represented to us in our Dreams is from hence, that Imagination then (that is, the inward figuration of our Brain or Spirits into this or that representation) is far stronger than any motion or agitation from without, which to them that are awe dims and obscures their inward imagination, as the light of the Sun doth the light of a Candle in the room.[67]

As an inevitable consequence, the dreams and phantasms gradually gain such a hold over the enthusiast's soul that he loses any freedom whatsoever to withstand them, thus eventually yielding to them conscious and volitional control over his thoughts and actions altogether. He, thus, becomes incapable of even considering evidence to the contrary. Among the various causes of a rampant imagination that permanently clouds the enthusiastic soul's judgement, melancholy takes pride of place: "But it is most observable in Melancholy when it reaches to a disease, that it sets on some one particular absurd imagination upon the mind so fast that all the evidence of reason to contrary cannot remove it, the parties thus affected in other things being as sober and rational as other men."[68] It is viewed by More as "a kind of *natural inebriation*"[69] whose effects upon the soul are very much akin to those of alcohol.

As well as furnishing a careful diagnosis of the "illness" of Interregnum religion and sectarianism, More also seeks to provide an antidote against enthusiasm. It is not simply the philosopher's reason which More opposes to the enthusiast's fancy. Instead, the author is prepared to concede that discursive reasoning, like imaginative vision, is liable to error. Instead of fancy or reason, the soul's intuitive vision of God's all-encompassing goodness is viewed as the chief criterion of all religious truth claims. Whereas the corporeal spirits work upon man's fancy, taking it captive and filling it with potent images of his alleged union with the Divine, it is Christ himself who wholly acts as the soul's "spirit of Illumination" or the "Principle of the *purest reason*" in the Cambridge Platonists' practical rationalism. On More's Platonist convictions, Christ is "the Eternal λόγος [Word], the all-comprehending Wisdom and Reason of God, wherein he sees through the Natures and Ideas of all things, with all their respects of Dependency and Independency, Congruity and Incongruity, or whatever Habitude they have one to another, with one continued glance at once."[70] In true religious knowledge or illumination, God himself becomes the forming principle of the purified and humble soul which grasps or touches him in intuitive vision. The divine life of participation in God's all-encompassing goodness is the distinguishing mark "betwixt pure Religion and Complexion," between religious reason and truth on the one hand and religious enthusiasm on the other. Both in the handbook on enthusiasm and the letter appended to it, divine goodness as the first criterion of all religious inspiration and knowledge is tied to the second criterion of the acknowledgement of the historical Christ, whom More views as the chief image of the Father's goodness. While sharing with Christians the belief in God's universal benignity, the ancient Platonists did not have the visible assurance of the incarnation:

> They had their Recumbency upon that principle in God which moved him in the fulnesse of time to send *Jesus Christ* into the world, according as it is written, *God so loved the world, that he gave his onely begotten Sonne, etc.* which is a greater and more particular manifestation of the love of God, then the poore Heathen ever did enjoy. But yet so farre forth as they did rely on the goodnesse of God, they did not differ in their faith from us Christians, who

66 *Enthusiasmus triumphatus* 5 (More 1712, p. 3).
67 *Enthusiasmus triumphatus* 5 (More 1712, pp. 3–4).
68 *Enthusiasmus triumphatus* 11 (More 1712, p. 8).
69 *Enthusiasmus triumphatus* 16 (More 1712, p. 12).
70 *Enthusiasmus triumphatus* 54 (More 1712, p. 39).

> also rely upon the same, though upon more explicite terms, and from a more certain and particular knowledge thereof revealed in *Christ Jesus*, that noble pledge of the love of God towards us.[71]

The third criterion of true religious knowledge is the soul's general commitment to the normativity of reason guided by the vision of divine goodness as a transcendent principle. These three criteria – divine goodness, recognition of the historical Christ and a faculty of reason guided by adherence to the Divine – constitute true religious knowledge and illumination and provide an antidote to the errors of enthusiastic sects.

The tripartite antidote administered in the *Brief Discourse* leads to a fundamental aporia in More's critical account of the Teutonic philosophy which he comes close to acknowledging as such in the appended brief treatise *Mastix his letter*. Böhme, paradoxically, emerges both as infected by enthusiasm, i. e. a mistaken belief in divine inspiration, and possessing the antidote to it, namely personal moral holiness. In the original work, More applies his psychology and physiology of the enthusiast's alleged revelation to the most influential sects of his day. While not mentioning the Teutonic philosopher by name in the *Brief Discourse*, he does provide a first doxographical overview in a catalogue of contemporary errors of theological chemistry or theosophy. In a critique of the celebrated chemist philosopher Paracelsus, More rebuts in detail a pantheist materialism which he views as "no better than Atheism."[72] His argument is twofold. For one thing, a theism which identifies God with matter and its various modifications deprives God of his supreme moral attributes, instead viewing him as both good and evil. For another, the God of a materialist theism, sharing with matter its divisibility, can no longer be viewed as one single Deity: "But to slice God into so many parts, is to wound him and kill him, and to make no God at all."[73]

In a subsequent "promiscuous Collection of divers odd conceits out of several Theosophists and Chymists," More singles out several recognizably Behmenist tenets for critique. Like other Interregnum sectarians whom he criticizes for their presumptuousness in laying claim to exclusive knowledge, Böhme is viewed as an enthusiast whose fancy and melancholy, fuelled by the agitated movements of his animal spirits, gave rise to an erroneous pantheist or materialist vision of the Divine which collapsed God, the cosmos and man into one:

> That all is God's self.
> That a man's self is God, if he live holily.
> That God is nothing but an hearty Living, friendly Seeing, good Smelling, well Tasting, kindly Feeling, amorous Kissing, etc. Nor the Spirit, say I, that inspires this mystery any thing but Melancholy and Sanguine.
> That God the Father is of himself a dale of darkness, were it not for the light of his Son.
> That God could not quell Lucifer's rebellion, because the battle was not betwixt God and a Beast, or God and a man, but betwixt God and God, Lucifer being so great a share of his own Essence.
> That Nature is the Body of God, nay, God the Father, who is also the World, and whatsoever is any way sensible or perceptible.[74]

While he does not mention the celebrated Silesian "chymist and theosophist" by name in his *Enthusiasmus triumphatus*, he does so in the later *Mastix his Letter* appended to the original work. In this letter, More now explicitly views Böhme's theosophical vision as fulfilling all the criteria of an enthusiast, i. e. a religious thinker not moved by sober reason, but by excessive fancy: "*Jacob Behmen*,

71 *Mastix his letter* 8 (More 1656, p. 298).
72 *Enthusiasmus triumphatus* 47 (More 1712, p. 34).
73 *Enthusiasmus triumphatus* 47 (More 1712, p. 34).
74 *Enthusiasmus triumphatus* 44 (More 1712, p. 30).

I conceive, is to be reckoned in the number of those whose Imaginative *facultie* has the prehemenence above the *Rationall*."[75] Despite that, however, he goes to great lengths to disassociate Böhme from his fellow enthusiasts, notably David Joris, an Anabaptist, and Heinrich Niclaes, the founder of the Family of Love. Whereas the latter two sacrilegiously extol themselves as Christ incarnate, Böhme is praised by More as a man of great personal holiness and humbleness who never wilfully strayed from accepted church teaching. More's second account is remarkable for its conciliatory tone due indubitably to his chief biographical source, Durand Hotham's *Life*:

> But as for Jacob Behmen I do not see but that he holds firm the Fundamentalls of the Christian Religion, and that his minde was devoutly united to the head of the Church, the crucified Jesus, to whom he breathed out this short ejaculation with much Fervency of spirit upon his deathbed, Thou crucified Lord Jesus, have mercy on me, and take me into thy kingdome. But though I be very well assured of the sanctity of the Man, and look upon him as one that is as much beyond the other two, as his boastings of his own person are lesse then theirs who either equalized themselves with, or set themselves above our Saviour, who is God blessed for ever; yet it is to me no argument at all, that whatsoever he writes is from an infallible spirit.

Gifted with an extraordinarily vivid imagination, Böhme is a classic example of a sincerely religious individual who "could not without a miracle fail of becoming an *Enthusiast*, and of receiving divine truths upon the account of the strength and vigour of his Phansie."[76] Still, while the chief source of his revelations was indeed his excessive imagination, his personal piety and probity were such that his flights of fancy, almost despite themselves, could not but become "so well qualified with holiness and sanctity" that the "divine truths" which he believed to have been imparted to him by God himself "proved not unsuccessful in sundry apprehensions."[77] While More is reticent as to the exact nature of the "sundry apprehensions" and "divine truths" which he is prepared to credit to Böhme, it is clear that he views the Teutonic philosophy as not entirely without metaphysical merit. Crucially, More is compelled to attribute to Böhme certain speculative insights which, on the principles of his mature epistemology, cannot but spring from a life of great personal holiness.

More's *Censura*, the principal document of Cambridge Origenism, grew organically from his earlier brief expositions of the Silesian mystic. No fewer than three out of its five chapters or "questions" are devoted to defending the Behmenists' claim to their master's "infallible spirit." As well as furnishing a far more detailed refutation of Böhme's materialistic pantheism of a Deity coming to be in the dynamic processes of living nature, More was now careful to spell out the "sundry apprehensions" of the "divine truths" of which the Teutonic philosopher at least had an inkling.

Yet More goes even further by providing a Platonist reinterpretation of Behmenist teachings wherever the master, led astray by his enthusiastic fancy, had fallen short of the ancient truth. To this end, More outlines a reconciliatory middle way of reading Böhme. While commending his inspired insight and its promotion of pious living, More rejected Böhme's materialist metaphysics of God as an "abyss of physical monads" endowed with life and the power of self-organization. Both in his epistemology and in his ontology, Böhme is shown to be a *priscus theologus manqué* whose thought More carefully translates into the ancient theology of his own Christian Neoplatonism and Origenism.[78]

---

75 *Mastix his letter* 3 (More 1656, p. 295).

76 *Mastix his letter* 3 (More 1656, p. 295).

77 *Mastix his letter* 3 (More 1656, p. 295).

78 This hermeneutic approach to the *Censura* is indebted to Hutton 1990, p. 163, from whom the Morean concept of Böhme as "a kind of *priscus theologus manqué*" has been borrowed. It is the principle applied to the Teutonic philosophy in the longest of the five *quaestiones*: "The fourth section of the *Censura* is striking for what can only be described as a rewriting of Boehme in order to show what he might have achieved had his mind not been clouded with Melancholy."

3 Böhme, the *priscus theologus manqué*, and Böhme, the Cabbalist and Spinozist – Mature Revisions in the 1670 *Philosophiae Teutonicae Censura* and the 1679 *Opera Omnia*

3.1 Providentialist Epistemology: Böhme's Boniform "Simplicity" and Enthusiastic "Fantasy" in Salvation History

Not only does More, in his *Censura*, restate his earlier critique of Böhme's enthusiasm, but he also speculates at great length upon the precise link between his melancholic state of mind and the materialistic character of his theosophical system. Throughout, the author's approach to Böhme's epistemology of the Divine hinges upon his own understanding of the vision which he believes God to have granted to his sincere and pious Teutonic devotee. While Böhme was therefore able to come close to the ancient truth, especially in matters of practical Christianity in which he gains insight into/from infallible divine inspiration, his melancholy marred his vision of God, tainting it with misguided notions of a theogonic naturalism.

In the biographical introduction to the *Censura*,[79] More cites several episodes from Durand Hotham's *Life* to impress upon his reader Böhme's inspiration in matters of practical Christianity. Likewise, as one example, he mentions the case of a Görlitz inhabitant who had besmeared the memory of the deceased mystic. Upon pointing out to a tourist "the house in which that heretic Jacob Boehme lived," the man suddenly died, a course of events that More takes as irrefutable evidence that God watched over the Teutonic philosopher: "So dear was the memory of this deceased innocent man to divine providence."[80] Not only does More reproduce the supernatural episodes from Hotham's *Life*, but he also goes to some lengths to interpret them in terms of his own mature epistemology of the "boniform faculty." Superior even to discursive "right reason" of which it serves as the first principle and criterion, this faculty enables the soul both to see God in indubitable intuitive awareness and to embrace him in irresistible "intellectual love"[81] once it has purged itself from all self-will and passion. On relating Böhme's peaceful death, More identifies his own notion of the highest of the soul's faculties with Böhme's concept of the "heart, in which the root of our regeneration lies and which is the source from which those most divine and delicate sensations of which the human soul is capable spring forth."[82] Such was Böhme's practical perfection in purity and humility that God accorded him a pivotal role in a providential plan to which the mystic's subsequent global renown bears impressive testimony:

> It was, I believe, primarily because of the perfection of this part that J.B. was so dear to the invisible powers. And notwithstanding his shortcomings in other fields, he was accompanied by such strokes of providence as made him famous all over the world and, as it were, a miracle amongst many good and intelligent men. Furthermore, although he was, for the most part, devoid of it, the repute of his philosophical inspiration nevertheless was like a bait that drew many others towards a sincere reformation of their character and the endeavour to attain that of

79 *Philosophiae Teutonicae Censura*, Praefatio ad Lectorem (More 1675–1679, vol. II/1, pp. 531–535).

80 *Philosophiae Teutonicae Censura*, praef. 19 (More 1675–1679, vol. II/1, p. 534).

81 *Enchiridion Ethicum* II 9,16 (More 1675–1679, vol. II/1, p. 61/More 1690, p. 157). On the boniform faculty and right reason, see Hengstermann 2020b.

82 *Philosophiae Teutonicae Censura*, praef. 20 (More 1675–1679, vol. II/1, pp. 534–535). The two parts of More's description refer to the boniform faculty as the principle of practical and theoretical virtue. "Regeneration" is effected in purification which More considers the *sine qua non* of the spiritual sensation of God's ubiquitous creative and salvific goodness.

> which no-one need be devoid unless he wants to be. *This is the spirit of Life in the new birth* which, even if it were without any philosophical science, would rightly continue to be the object of man's highest striving and such a precious pearl that it is to be cherished above all other things in the universe.[83]

While wary of his subsequent philosophical exposition of his vision, More nevertheless grants to Böhme the immediate *Κέντρον κέντρῳ συνάψαντα* ["centre touching centre"] of the boniform vision of God which is at the centre of his own epistemology. The Silesian shoemaker's soul "joined its centre with God's centre," enjoying what Böhme calls "divine tactility or intellectual sweetness," analogous, yet superior to the "natural tactility or palpability"[84] of sense perception. The epistemological distinction between spiritual and sense perception informs More's critique of Böhme. More's answer to the first of Anne Conway's five questions about Jacob Böhme, i. e. "whether Jacob Böhme was infallibly inspired," is not simply a resounding "no." Instead, the author is careful to distinguish between an ethical and a metaphysical approach to the Teutonic philosophy. As regards Böhme's ideal of Christian perfection, notably his notion of the rebirth of the soul, More is willing to follow the most ardent of Böhme's adherents in crediting him with infallible inspiration. Thus, he shares the Behmenists' view that "something more than human has been at work" in the master's writings. The Teutonic philosopher's true and commendable doctrine of the soul's rebirth in Christ is indeed of heavenly origin:

> And their assumption that something more than human has been at work in them does not seem entirely unwarranted, nor does their supposition, at times at least, that all of them are infallibly inspired, especially since the author himself claims so frequently and so confidently that this is the sole source of his writings. And I, for my part, admit that I believe that there is no falseness in this man, but that he was sincere in everything he said.[85]

Likewise, Böhme's ethics of "meekness, humility, self-denial, love and the like" originates not in his own reasoning, but in "the Divine Spirit acting on him insofar as the Spirit of life and sanctification is in him."[86]

However, while inspired in his practical ethics, Böhme was misguided in his theoretical metaphysics. More assembles an exhaustive list of Böhme's errors which clearly prove wrong Böhme's claims to inspiration and to infallibility alike. Besides a range of wrong astronomical assumptions, the worst offence of Böhme's metaphysics, which cannot but belie his lofty claim to extraordinary vision of things divine and cosmic, is his materialistic notion of God. It is manifest in his identification of the Father with seven source spirits that are obviously corporeal in nature. In More's view, Böhme's error is due to his rampant imagination fuelled by sincere, yet ultimately misguided, religious fervour. Böhme's emotional turmoil is diagnosed as an acute case of melancholy. Böhme's was an "unrestrained melancholic imagination."[87] In his detailed analysis of the coming-to-be of Behmenist materialism, More once again has recourse to psychology and physiology alike. Couched in the technical

83 *Philosophiae Teutonicae Censura*, praef. 21 (More 1675–1679, vol. II/1, p. 535).
84 *Philosophiae Teutonicae Censura*, quaest. 4,5 (More 1675–1679, vol. II/1, p. 547).
85 *Philosophiae Teutonicae Censura*, quaest. 1,2 (More 1675–1679, vol. II/1, p. 536).
86 *Philosophiae Teutonicae Censura*, quaest. 1,4 (More 1675–1679, vol. II/1, p. 536). Again, the vocabulary used is the technical hylomorphistic terminology of More's mature epistemology of the boniform faculty through which God "acts on," i. e. informs the soul as its inner formative cause, imparting to it his own comprehensive vision of his creative goodness. More could hardly bestow more lavish praise upon Böhme whom he credits with having attained the practical ideal at the heart of the ancient truth of Christianity.
87 *Philosophiae Teutonicae Censura*, quaest. 1,10 (More 1675–1679, vol. II/1, p. 537). Naturally, Böhme's melancholy left its mark upon his reading of the Book of Revelations, whose horrors More details in quaest. 3,10 (More 1675–1679, vol. II/1, p. 543). Böhme anticipated the events of the apocalypse to begin imminently: "And as regards the Day of Judgement, the

vocabulary of the "animal spirits" which mediate between the incorporeal mind and the body, More's account of Behmenist enthusiasm, paradoxically, views the sincerity and intensity of the Teutonic philosopher's religious longing as the cause of his erroneous claim to inspiration:

> He had entreated the Holy Spirit for his gift according to the promise with such great faith and intense fervour that the vehemence of his desires and his frequent prayers had heated up the complete fabric of his body and inflamed his animal spirits, and so it was that his imagination acquired such extraordinary strength and vigour. Under these circumstances, that scenery of thought depicted in his *Aurora* took such hold of his mind that it easily swayed him and made him believe that it was an infallible illumination from God and the fruit of his supplications and prayers.[88]

In subsequent treatises, More further substantiates his claim by carefully comparing Böhme's account of divine becoming in his two early works, the *Aurora* and the *Three Principles*, to that of the author's own experience of being reborn as well as the stages before and afterwards. Thus, the first four of the qualities of which the Father is composed in Böhme's theogony, i. e. those of "astringency, bitterness, anguish and heat,"[89] mirror the restlessness of Böhme's own mind prior to his conversion, as his animal spirits became more and more heated in his longing for the birth of Christ in his soul. Likewise, the transition from the Father's original darkness in his unconscious volition to the light of the Son who furnishes him with vision and consciousness, thereby placating his primordial wrath, reflects the restlessness of a deeply religious mind like Böhme's upon the verge of his fundamental religious experience. The intensity of his religious feeling accounts for the violence of God's movement out of the abyss invoked so graphically and so memorably in the *Aurora* and his later writings. It is in particular the violence of physical motion caused by the fervour of his wistful longing for the divine which informed Böhme's vision:

> And therefore, as he had felt in himself that bitterness, sourness, anguish and fire so crassly and corporeally in the labours of his new birth before the breaking forth of light and love, which is Christ according to the spirit, he, therefore, imagined that the birth of the eternal Son of God could not be any different from that. Nor could the Father out of whom he was generated be any different from one who is so corporeal that, considered without the birth of the Son, he can in himself become bitter, sour, disturbed, passionate, dark, harsh and more of that kind. Since he, I say, had felt this in his own body before his new birth, he imagined God the Father to be such a dark, disturbed and corporeal essence as he himself had experienced in this condition. This might have been the origin of this fundamental error concerning the corporeity of God.[90]

The chasm between inspired practical truth and misguided theoretical errors in the Teutonic philosophy is a major topic of More's *Censura*. Building upon his earlier speculations in the *Divine Dialogues* in which he had already taken up the Anglican Behmenist agenda of Böhme's prophetic role in British church history, More devotes the work's final "question" to the aporia which had afflicted his reading of Böhme ever since his first exoneration of the mystic almost one and a half decades prior. The aporia itself is exposed by his heroine pupil Anne Conway, when she employs the technical vocabulary of her teacher's rationalist theology of a moral *ens perfectissmum* and the concomitant epistemology of a correspondence between practical virtue and theoretical knowledge. If God is a most moral being sharing his essence with those practising the virtues of purity, humility and charity, "how," on More's own first

---

strong impression that such a terrible and dreadful subject had left on his melancholic imagination easily induced in him a sense of its being much closer at hand than it was in reality."

88 *Philosophiae Teutonicae Censura*, quaest. 2,6 (More 1675–1679, vol. II/1, p. 541).

89 *Philosophiae Teutonicae Censura*, quaest. 3,4 (More 1675–1679, vol. II/1, p. 542).

90 *Philosophiae Teutonicae Censura*, quaest. 3,14 (More 1675–1679, vol. II/1, p. 544).

principles,[91] "can it be seen as consistent with divine providence, with its goodness and perfection, to permit such an innocent and Christian soul to succumb to so many and manifest errors, coupled with the worst possible error, namely that he believed himself to be infallibly inspired?" More's subsequent theodicy of Behmenist error is deeply steeped in the twin sources of his own Christian rationalism, i. e. Origenism and Cartesianism. While the question is couched in the language of Descartes' fourth *Meditation*, More's answer points to the education of mankind outlined in the second book of Origen's *On First Principles*. On the human side, Böhme is credited both with having purified himself and with having attained divine or boniform illumination. However, his was a level of purification well below a level that he could have achieved. As a consequence, he could still be led astray by the vigour of his religious imagination. To the less than perfect purification, therefore, corresponds his less than perfect illumination:

> For, to move on to the other part of this question, it followed from the imperfect and incomplete state of his purification at that time, which J.B. defends so strenuously in his writings, that he was liable to this error. Thus, as he did not believe in such a perfect victory over his own body as might have been possible (at least in others), he lacked that respect and fear which might have stopped him from prophesying before his time.[92]

On the divine side, God, for one thing, may clearly be excused for allowing a soul, however pious, to err, since the fault was Böhme's, not his. For another, God allowed Böhme's error to flourish as the product of a faulty, yet vigorous, philosophical infancy. More dwells at great length upon the analogy of Böhme's purified and enlightened, albeit misguided, materialism as an early stage of the human mind gradually progressing to the heights of mature Platonist idealism. Böhme, from the vantage point of More's Origenist soul-making theodicy, resembles a garrulous child. It is with no little stylistic virtuosity that More subjects Böhme's daring speculation to gentle and well-meaning satire:

> Or why should God hinder the gradually emerging first attempts of our mind, as it comes to be in our new birth, which has its own state of childhood very much like that in nature? Or which father or grandfather, I beseech you, would take exception to his son or grandson's first philosophical babblings, even though, in his childlike chatter, the boy mistakes his half-linen black cap for a natural part of his head and takes his long beard, which constantly moves while he is speaking, for his principal instrument of speech?[93]

The grandfather's beard corresponds to the cosmos which Böhme in childlike first speculation mistook for the Creator himself. In a coinage of his own, More likens the starry sky idolized by the Teutonic philosopher to God's "silver nightcap." However, while Böhme's cosmotheism fell short of the truth of Platonist transcendence, it nevertheless contained its seeds, as it were, thus allowing the Teutonic philosophy to tentatively advance beyond a materialistic position:

> In a similar fashion, we may assume, our heavenly Father takes little offence at the errors of his children who, thanks to their new birth, feel both a passionate love for him and a yearning for knowledge of his nature, but are subject to a good many gross errors in the reflections they undertake upon him in their infancy. Jakob Boehme, I claim, was first in this state when he took the azure ether and the stars to be a part of God the Father, even though they are not even his silver nightcap. Thus, when he was a little boy, he certainly thought and wrote like a little boy. Afterwards, however, his intellect attained to a purer and more spiritual Deity.[94]

---

91 The fifth question, while *prima facie* extraneous to the exposition of the Teutonic philosophy at large, is in fact its pivot and centre. Böhme's thought is revealed to be a vital stage in the history of human intellect emerging from materialism and first embracing panpsychism and then idealism.

92 *Philosophiae Teutonicae Censura*, quaest. 2,4 (More 1675–1679, vol. II/1, p. 541).

93 *Philosophiae Teutonicae Censura*, quaest. 5,3 (More 1675–1679, vol. II/1, p. 556).

94 *Philosophiae Teutonicae Censura*, quaest. 5,3 (More 1675–1679, vol. II/1, p. 556).

Böhme was thus chosen by the "heavenly Father" to serve as an instrument of salvation for the shoemaker philosopher's kindred souls, i. e. such as had embarked upon the path of purification without yet attaining to the sublimity of Platonist speculation about "a purer and more spiritual Deity" beyond the world of visible becoming. The Imperfection of Teutonic philosophy is thus used by God as a providential means to "restore every thing to the state of Felicity, which God and Nature intended for it."[95] Indeed, the chief end of the boniform imperative is the self-communication of God's own moral and intellectual perfection: "And since he so obviously was a patron of imperfection, it was possible that even this proved quite useful, since he is closer to those furthest removed from perfection and, therefore, better suited to lend them a hand."[96]

More's own rereading of Böhme's ontology in the *Censura* is based upon his providentialist epistemology. For one thing, it subjects the Teutonic philosopher's materialism to detailed criticism along the lines of More's earlier *Enthusiasmus Triumphatus*. Neither must God be conflated with nature nor must he be believed to undergo a birth in its various processes. Furthermore, More himself participates in divine providence both by highlighting the inklings of idealism spread through the Teutonic Philosopher's voluminous writings and by carefully translating them into the ancient truth of Platonism.

3.2 Materialism, Panpsychism and Idealism in Religious Ontology: Böhme's *Theologia Prisca Manquée*

The hermeneutic applied to Böhme's ontology in the *Censura* is a tripartite one that corresponds closely to the epistemology of lower sense and higher spiritual perception. While the author still views Böhme as a materialist, he is now prepared to credit him with an initial insight into intelligible realities, albeit the lesser realities of the spirit of nature and the world soul which inform matter. Böhme, for the most part, is no longer viewed as a materialist *tout court*, but as a proponent of what More would later refer to as "hylozoism," i. e. panpsychism, in his critique of Baruch de Spinoza and Isaac Luria, whom he regarded as Böhme's kindred spirits. It is a second level beyond mere materialism. The third level, glimpsed by Böhme only from afar, is that of the highest strata of divine transcendence, i. e. God as the good and as creative intellect imparting his vision to the world soul and the spirit of nature.

On a first level of interpretation, there is, for More, no escaping the conclusion that Böhme's speculations about the Father as a composite of seven source spirits, each of which is defined as a sensible quality, are clearly materialistic in character. In the *Censura*, More reviles time and again what he frames as the πρῶτον ψεῦδος ["first error"] of Böhmes theosophical vision, an "error of utter blindness and madness"[97] in which Böhme identifies the body of the entirety of the universe with God. Böhme's God is identical with matter and, therefore, shares its defining attribute of divisibility or, as More puts it in the technical diction of his own substance dualism, "discerpibility":

95 *Enchiridion Ethicum* II 9,16 (More 1675–1679, vol. II/1, p. 61/More 1690, p. 157). It is the categorical imperative of Morean ethics which corresponds closely to the universal boniform vision. In many ways, it may be seen as testimony to the inventiveness of God's providence that he had Böhme obey that imperative, even though his boniform vision had been far from perfect.

96 *Philosophiae Teutonicae Censura*, quaest. 5,7 (More 1675–1679, vol. II/1, p. 557).

97 *Philosophiae Teutonicae Censura*, quaest. 4,13 (More 1675–1679, vol. II/1, p. 549).

> Hence, it is quite obvious that the seven source spirits, according to the author's expositions in this book of his entitled *Aurora*, are the highest Deity and that there is nothing beyond them. Therefore, God, in his view, is corporeal and God the Father dark and desolate, bereft of all joy without the Son. And another very clear corollary of that is that God is discerpible.[98]

Böhme's materialism becomes particularly evident in his expositions of God's becoming which the Teutonic philosopher expounds in terms of the "dark abyss of physical monads"[99] undergoing various modifications and engendering the Deity in the process. On a second hermeneutic level, however, More is now willing to entertain the view of a development of Böhme's thought from early materialism to mature panpsychism. Several passages in Böhme's writings are shown by More to contradict those blatantly materialistic in tone and imply a Divinity "beyond" the process of divine becoming. It is, above all, attributes predicated of the Deity in Böhme's later writings which More cites in support of his developmental reading of the Teutonic philosopher's growing sense of divine transcendence:

> Furthermore, in *The Threefold Life of Man*, ch. 4, v. 64, he says: "For the Father generates nature out of the eternal still freedom, which he is himself, and yet in the stillness, he is not called Father, but because of the eternal nature which he generates" (4, 64) and in v. 86: "We mean but one God in three persons of one essence and will. However, we give you to understand about the Trinity that there are three centres therein, which are known in eternal nature, although they are not known outside or beyond nature. For outside nature, the Deity is called Majesty, but in nature, it is called Father, Son and Holy Spirit" (4,86). These places in his writings are remarkable indeed, and so are those which free him from that egregious error of making pure divinity either dark or discerpible and corporeal. And there are places in his *Aurora* which are altogether opposed to that, stating clearly that the Trinity is beyond nature in still and bright eternity, as it is also clear from his charts at the beginning of his *Grand Mystery*.[100]

In this more charitable second reading, More highlights certain concepts in Böhme's work which can easily be endowed with a Platonist meaning. Thus, the distinction between God prior to and in nature, coupled with quasi-Plotinian concepts like "eternal still freedom" or "eternity," lends itself readily to a reading along the lines of More's own Platonist dualism of transcendent archetype and immanent image. However, the God of those later passages which soften Böhme's earlier materialism, still falls short of the transcendent "Trinity of Pure Divinity," i. e. Good, Intellect and Soul. Instead, Böhme's God is a lesser "trinity of nature" viewed as an animate cosmos gradually acquiring rudimentary consciousness. In More's generous "hylozoistic" second reading of Böhme, God emerges from the violent processes of nature and is seen as the world soul.[101] More's rationale for his hylozoistic second interpretation is that Böhme's God originally lacks consciousness: for this reason, More views it as falling short of the supreme subjectivity of his "eternal shining freedom":

> However, the fact that he [Böhme] says that the latter [Freedom] cannot comprehend himself shows that in this inquiry about God in his *Aurora or the Break of Day* his mind had not been able to advance above the sphere of Mars or the world soul. For, while infinity is incomprehensible to the imagination, the eternal shining freedom in pure divinity comprehends both itself and all things.[102]

---

98 *Philosophiae Teutonicae Censura*, quaest 1,15 (More 1675–1679, vol. II/1, p. 540). Böhme, in More's estimate, may well be the worst offender in ascribing to God discerpibility: "Could the total Deity," More goes on to exclaim in disbelief, "be depicted as corporeal and discerpible any more clearly?".

99 *Philosophiae Teutonicae Censura*, quaest. 4,10 (More 1675–1679, vol. II/1, p. 548).

100 *Philosophiae Teutonicae Censura*, quaest. 4,17 (More 1675–1679, vol. II/1, p. 550).

101 Böhme's hylozoism or panpsychism is stated succinctly in *Philosophiae Teutonicae Censura*, quaest. 4,21 (More 1675–1679, vol. II/1, p. 551): "He generally subscribes to the view that the world is an animate substance."

102 *Philosophiae Teutonicae Censura*, quaest. 4,26 (More 1675–1679, vol. II/1, p. 551).

More rejects the Behmenist tenet of God or an unformed abyss of infinite power engaging in creation to acquire self-knowledge in the determinateness of things as unbefitting of the supreme perfection of the divine first principle, which admits neither of change nor becoming in any way. However, More does not simply dismiss Böhme's celebrated theogonic account out of hand, but goes to great lengths to interpret it in terms of nature and salvation history.

The philosophy of nature outlined in the *Censura* pivots around an animate cosmos of which the Teutonic philosopher, despite all the delusions of his enthusiastic fancy, exhibits in places profound knowledge. Above all, Böhme endorsed the twin tenets of More's own rational theology of Cartesian heliocentrism and Origenian pre-existentianism. Böhme may well have been guided by "some good genius, a guardian of that ancient wisdom, occasionally working upon his mind to make it form a representation of it," when he courageously placed the sun in the centre of the cosmos. Once again, More credits Böhme with a providential role in contributing decisively to the "rediscovery of that ancient theory about the motion of the earth around the immobile sun stationed in the midst of the planets in a manner which amounted to a divination rather than a prediction."[103] Moreover, Böhme assumed the soul to pre-exist its present earthly state and undergo successive incarnations. The Behmenist concept of an androgynous Adam, created by God in the beginning, is a powerful intimation of the pre-existent soul of ancient Origenist theology. In its original state, the soul, in Böhme's quasi-Origenist theosophy, does not yet exercise its low "plastic part," but is engaged solely in the boniform vision of God which informs its every thought and action: "Its intellect, by contrast, was wholly actuated by the eternal omniform Intellect and its boniform faculty was firmly focused on the Supreme Good."

The soul's state of primordial bliss precedes the events related in Genesis which Böhme rightly views as postlapsarian. More reads Böhme thusly:

> However, he seems to intimate that the human minds, even though they were once fixed in divine tranquillity, nevertheless subsequently rained down from the sphere of pure deity into paradise. After their fall there, they sank even further, some even into this elemental world.[104]

It is in belated response to his friend Charles Hotham's traducianist reading that More, more than two and a half decades after the Behmenist commencement, is particularly profuse in his praise of Böhme's anthropology of a pre-existent soul. Not only can there be no doubt that "he holds the *pre-existence of souls*," but More even attributes to Böhme the same authority as More's own Platonism: "This is thoroughly Platonic, even reaching to the sublime level of Plotinus."[105] The "elemental world" into which the souls "rain down" after the fall is a living entity itself. Its soul, "the world soul," is the third in a "trinity of universal nature" which gradually gains rudimentary sensation and consciousness as the second, the "spirit of nature," purposefully, albeit unconsciously, works upon the third, the "abyss of physical monads," shaping them and enabling them to host living forms and souls of ever-growing complexity: "For if it were not for the vital operations of the spirit of nature, as it fashions things from the abyss of physical monads, the soul of the world would remain in perpetual silence and darkness, having neither perception of itself nor of anything else."[106]

The animate cosmos even possesses a fleeting sense of all the events transpiring in it, remembering all of them in a kind of proto-memory. It can thus serve as "God's gigantic register"[107] in which

103 *Philosophiae Teutonicae Censura*, Conclusio 3 (More 1675–1679, vol. II/1, p. 558).
104 *Philosophiae Teutonicae Censura*, concl. 3 (More 1675–1679, vol. II/1, p. 558).
105 *Philosophiae Teutonicae Censura*, concl. 3 (More 1675–1679, vol. II/1, p. 558).
106 *Philosophiae Teutonicae Censura*, quaest. 4,37 (More 1675–1679, vol. II/1, p. 554).
107 *Philosophiae Teutonicae Censura*, quaest. 4,32 (More 1675–1679, vol. II/1, p. 553).

all his dealings with man and nature are duly recorded.[108] However, the animate cosmos in which the soul inhabits a variety of bodies, is not a “world of darkness.” Instead, More interprets Böhme’s concept of a world of darkness as a counterfactual thought experiment of a world soul bereft of the formative influence of the divine soul sharing with it a vision of God’s intellect and goodness. The world would inevitably be a “true world of fire and darkness.”[109] The horror so graphically invoked by Böhme in his accounts of the dark world evidences the egregious potential for evil inherent in a world moved by moral agents both angelic and human:

> His view about hell or the world of fire and darkness which he believes to be everywhere is true only about its *potentiality*. The total sphere of universal nature could certainly change into a world of fire and darkness. And then Mars would be its great devil or universal Beelzebub. And the infernal Mercury would fill the universe with monstrous and horrendous forms by means of his corrupted and contaminated divine salitter.[110]

In reality, however, such a hellish scenario is ruled out by the universal formative work of the world soul or “the Lucifer of universal nature” by which the “trinity of universal nature,” gradually fashioned in the image of the archetypal “Trinity of pure Divinity,” may well be seen as a “universally flourishing paradise of nature”[111] in which only very few beings still resist the lure of divine beauty. Instead, More concurs with Böhme in entertaining the hope of a future “age of the lily” which he expounds in the political terms of the Cambridge Platonists’ latitudinarianism. It is identical with the Philadelphian church in the Book of Revelations, an end of time community of “brotherly love.” Significantly, this age is not the topsy-turvy world of an enthusiastic overthrow of all authority political and ecclesiastical, but rather one defined by the end of all violent religious strife finally settled by calm and sober reason. Böhme’s eschatological vision is nothing short of prophetic:

> And his prediction about these times is so far beyond and above his usual ways (in one respect, at least) that his mind may rightly seem to have been in another state of ecstasy when writing down this prophecy. Though a most formidable slanderer and assailant of reason, he can nevertheless write the following about these times: “The lily will not be found in strife and warfare, but in a friendly, humble and benign spirit, coupled with good and sound reason. This will dissipate and dispel the smoke of the devil and flourish in due time.”[112]

More is careful to stress the deeply ecumenical dimension of Böhme’s eschatology which is not exclusive to Christians, but expresses the common “expectation of the Jews, the Turks or all other nations”[113] eventually reunited in a shared vision of the cosmic Deity. The time of the lily prophesied by the Silesian mystic with such poetic vigour clearly approximates the Origenist vision of universal salvation with which More himself wrestled from his early poetry to his late polemical writings.

---

108 In a later scholium *Philosophiae Teutonicae Censura*, in quaest. IV., sect. 32 (More 1675–1679, vol. II/1, p. 555), More expands upon the notion of God’s cosmic memory. While denying to the world soul both reason and will, he describes its memory in protomentalist terms as a storage room of impressions vaguely remembered: “To my mind, it is absolutely certain that the world soul possesses neither reason nor free will. And without reason, it also lacks recollection, but (if it has any at all) it may have some passive memory at least, one that is almost mindless and, if it has any remembrance in it, it must be elicited by someone else. However, these things are covered in immense and impenetrable obscurity and darkness.”

109 *Philosophiae Teutonicae Censura*, quaest. 4,13 (More 1675–1679, vol. II/1, p. 549).

110 *Philosophiae Teutonicae Censura*, quaest. 4,27 (More 1675–1679, vol. II/1, p. 551).

111 *Philosophiae Teutonicae Censura*, quaest. 4,28 (More 1675–1679, vol. II/1, p. 552).

112 *Philosophiae Teutonicae Censura*, concl. 14 (More 1675–1679, vol. II/1, p. 560).

113 *Philosophiae Teutonicae Censura*, concl. 15 (More 1675–1679, vol. II/1, p. 560).

On a further hermeneutic level, More places a transcendent God above nature and salvation history alike. While, for More, Böhme approximated the ancient theology of a heliocentric cosmos in which pre-existent souls, called into being prior to its creation, undergo successive incarnations, the German mystic did not quite attain to the highest of ontological strata, i. e. the "Trinity of Pure Divinity" of which the "trinity of universal nature," depicted with such vigour and insight in Böhme's theogonic vision, is a faint image or "shadowy projection." More expounds his cosmological scheme in a tree metaphor which is clearly meant to correct Böhme's own in the celebrated preface to his *Aurora*:

> The trinity of universal nature is like a shadowy projection of the Trinity of pure divinity through the divine soul. It resembles a tree standing above the bank of a river which projects its shadows into the water with the highest of its branches being the lowest in the projection, while the latter correspond to the former and bear a necessary similarity to them. Likewise, the ♃ or abyss of physical monads reflects the image of ☉, the sun, or the supreme good, which the Platonists call *τἀγαθόν* [the good]. Hence, as the supreme good is divine tactility or intellectual sweetness, so the abyss of physical monads is the source of natural tactility or palpability. And as *τἀγαθόν* is the uniform lucidity and clarity of divinity, so the abyss of monads is uniform darkness, albeit one that can be ignited into universal splendour and light, thereby creating the 'one element' mentioned by J.B.[114]

In one of the later scholia appended to the original work, More points out with great clarity the rationale for the strict idealism of his cosmological scheme. Whereas Böhme is prepared to admit of evil and darkness in his abyssal God, even viewing it as his first reality, More's principal concern is with the paternal first principle as a "supreme good" or the "holiness of the divine majesty." In turn, God's supreme moral perfection calls for a strong notion of divine transcendence which prevents him from being implicated in the woe and evil afflicting his creatures: "However, if one pays sufficient regard to the holiness of the divine majesty, one will both in word and matter make a most religious distinction between the sphere of pure divinity and the sphere of universal nature."[115] More's exemplarist two-stratum ontology of intelligible archetypes and empirical images is intended to do justice both to God's transcendence to and immanence in all things. At the same time, this ontology serves as the matrix of the translation of the Teutonic philosophy into the ancient theology. To that end, he reduces to six Böhme's own "overly-complex sevenfold distinction of the pure divinity before nature and creation" which he attributes to "his rash and superstitious affect for the number seven."[116]

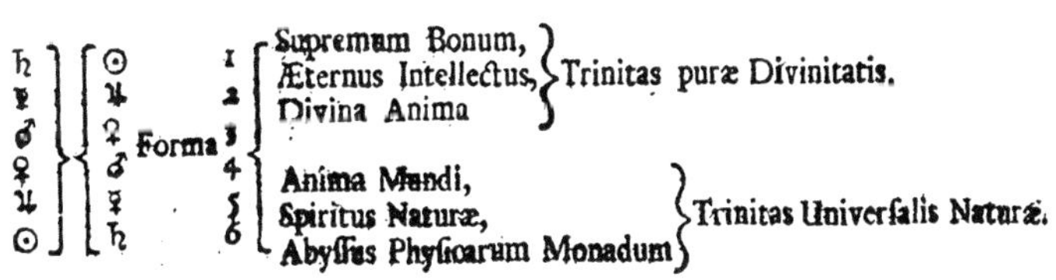

Once "fire" has been excised from it, Böhme's scheme can be translated into an exemplarist ontology in which each of the three lower strata of nature, viewed as an inferior "trinity of universal nature," can be shown to be an image of the corresponding higher stratum of the Divinity, identified with the

114 *Philosophiae Teutonicae Censura*, quaest. 4,1 (More 1675–1679, vol. II/1, pp. 546–547).
115 *Philosophiae Teutonicae Censura*, scholia on Qu. IV, sect. 3 (More 1675–1679, vol. II/1, p. 555).
116 *Philosophiae Teutonicae Censura*, quaest. 4,17 (More 1675–1679, vol. II/1, p. 550).

transcendent “Trinity of Pure Divinity.” Thus, the abyss of physical monads or atoms at the bottom mirrors the metaphysical One or the “supreme good” at the top. In the first principles of More’s Neoplatonism, the abyss possesses in potentiality and comes to acquire in time what its archetype, the One, possesses in eternal actuality. The development from potentiality to actuality is effected by the spirit of nature in space which gradually comes to acquire higher types of corporeality by means of its own autonomous agency, the “universal splendour and light” expressed in God’s timeless “Eternal Intellect” whose Word the Teutonic philosopher acknowledges as God’s creative power: “And the וב of pure divinity, the eternal intellect or divine wisdom, according to which all things are formed, corresponds exactly to his sound and tone, his sixth form which he makes the fashioner of all things. He is also the true eternal Son of God who is not the heart, but the wisdom in the Deity.”[117] God’s creative word, reverberating through the abyss of physical monads, is mediated to all living atoms by the “Divine Soul” fashioning the cosmos into a “world soul” in its own image and likeness. While More sees merit in the vitalistic dynamism of his philosophy of nature, he nonetheless faults Böhme for viewing the causality at work in the animate cosmos as material, rather than formal. In reality, all spiritual beings, like the original angelic ones, owe their incorporeal substance not to “universal nature,” but to “pure divinity” which they are called upon to imitate in reasonable thought and action:

> As to their living and intelligent spirits, however, they do not come to be *from*, but solely *in accordance with* pure divinity, as they imitate and participate in its intellectual faculty. In terms of their essence, they come to be in accordance with the soul of the world and the spirit of nature, if they are not indeed far above essence.[118]

Likewise, the “one element” or the “salitter” of which God and the cosmos are composed in Böhme’s materialist or panpsychist pantheism is reinterpreted by More as a redeemed future cosmos in which “every thing,” i. e. every single atom of the abyss of matter, has been restored to that “state of Felicity, which God and Nature intended for it.”[119]

4 Cambridge *Behmenism* and Beyond – The Legacy of More’s Writings on Böhme

More’s writings on Böhme, notably his 1670 *Censura*, grew from controversial discussions with the principal representatives of two seminal networks, i. e. Anglican Behmenism and Cambridge Platonism. These writings paint a remarkably sympathetic portrait of Jacob Böhme. Throughout, More followed the Hotham brothers, two of the leading Anglican Behmenists, in viewing the Teutonic philosopher both as a person of exceptional sincerity who never wavered in his faith in Christ and the Protestant church and as a philosopher of no little acumen. More’s portrait in places seems almost Jamesian in its concern with Böhme’s penchant for melancholic musing which stirred in him a wistful longing for the Divine. The pious shoemaker emerges as a paradigmatic “sick soul,” privy to the divine voice making itself heard in all things cosmic and human. Despite protestations to the contrary, especially in his letters, More increasingly came to take Böhme seriously as a metaphysical thinker as well. It stands to reason that the influence which the Teutonic philosopher himself and his Anglican

117 *Philosophiae Teutonicae Censura*, quaest. 4,14 (More 1675–1679, vol. II/1, p. 549).
118 *Philosophiae Teutonicae Censura*, quaest. 4,24 (More 1675–1679, vol. II/1, p. 551).
119 *Enchiridion Ethicum* II 9,16 (More 1675–1679, vol. II/1, p. 61/More 1690, p. 157).

followers, notably the Hotham brothers, exerted upon More's thought was far more profound than he was ready to acknowledge. Charles' Deity, defined as infinite living extension, and Durand's "equal, humane, sociable principle," viewed as the principle of virtuous action and contemplation, bear such close resemblance to More's mature ontology of infinite divine extension and boniform vision that Anglican Behmenism must be viewed as a principal source of these key tenets of his Origenist rationalism.

More expressly credited to Böhme a flawed, yet occasionally brilliant, approximation of the ancient theology, including a rudimentary initial notion of a transcendent God and, above all, a heliocentric cosmology of panpsychist character in which pre-existent souls assume different forms of corporeality. More's critique of Böhme's thought revolves around major questions of religious epistemology and ontology. At its centre are two different experiences of the Divine. Whereas Böhme's religious philosophy is shown to hinge upon his experience of existential anguish and doubt resolved in the vision of God's creative power in nature, More's is one that privileges the *a priori* of moral universalism *vis-à-vis* the *a posteriori* of the contemplation of nature. In turn, the goodness of the first principle requires a strict idealism of which Böhme's theosophy, while rightly positing a vitalistic force above inanimate matter, fell short throughout. Still, despite this shortcoming, More eventually viewed Böhme as a major philosophical thinker on a par with an early modern rationalist as deep and disconcerting as Baruch de Spinoza. It is testimony to More's growing admiration for Böhme that in his final remarks upon the subject he extolled him as a quasi-Origenist thinker who had overcome his early materialism. While still critical of Böhme's religious philosophy, More even endorsed the Anglican Behmenists' conviction that the shoemaker prophet served as God's providential instrument in guiding the faithful to the Christ within. Böhme is praised by More as a prophet of the latitudinarian ethos of religious toleration espoused by Anglican Behmenism and Cambridge Platonism alike.

As well as being a major metaphysical work in its own right, More's *Censura* proved to be among the most influential of his writings. Its extraordinarily rich reception history in the European Republic of Letters, which yet remains to be traced and documented in detail,[120] is due both to its favourable portrait of the man Jacob Böhme and the interpretation of his theosophical system in the generally recognizable terms of materialism and panpsychism. Paradoxically, the *Censura* was instrumental in establishing Jacob Böhme's credentials as a major thinker in the subsequent history of western speculation in which More's principal work on Böhme, on account of its general reconciliatory tone, came to be cited in defence of the Teutonic philosopher. Both Gottfried Arnold (1666–1713) and Pierre Poiret (1646–1719), who played pivotal roles in the German and Dutch dissemination of Böhme's work, credited "Henricus Morus, that great *Philosophus* and *Theologus* in England" with having provided a favourable view of the contested German mystic of whose work he had been extremely cognizant. As a consequence, the Protestant theologian Wolfgang Jäger (1647–1720) devoted his Tübingen disputation entitled *De Jacob*[*o*] *Boehmio judicium Henrici Mori* of 1708 to the English "*Philosophus* and *Theologus*", emphasizing More's critique of Böhme's thought and faulting him for his rather lenient attitude towards the pious Christian. Poiret, Jäger's opponent targeted in the disputation, responded to the critique levelled at him. Significantly, Poiret, in his 1721 *Vindiciae*, deals with More's *Censura* in which he now finds evidence of the author's own heterodox Cabbalism and even Spinozism. More's view of Behmenist-Cabbalist-Spinozist enthusiasm and cabbalism, of which he became suspected himself in the heated European debates sparked off by the publication of Spinoza's *Ethics*, informed

---

120 The following brief remarks on the reception history of the principal work of Cambridge Behmenism are based on Achermann 2012, pp. 314–315.

Johann Georg Wachter's hugely influential *Der Spinozism im Jüdenthum* of 1699 in which More is cited as a major critic of those three spectres of misguided pantheism.

It is through his historic Spinozist-Cabbalist reading of Böhme that More's *Censura*, the principal work of Cambridge Behmenism, exerted influence upon the nascent Pantheism Controversy in the following century. More's searching exposition of a Neoplatonist pantheism by which he sought to do justice to divine transcendence and immanence thus emerges as a major source of all subsequent European speculation inspired by the Silesian shoemaker's daring vision of the Divine.

Jan Rohls

Himmel und Hölle bei John Pordage

Abstract: Together with Jane Leade, the theologian John Pordage belongs to those followers of Jacob Böhme who spread his thought in England, and also elaborated it further in their own works. Pordage's *Metaphysica*, which is only extant in German and was published in several volumes in 1715, is an eloquent example of this. The discussions of heaven and hell are particularly revealing in this respect, because they demonstrate the liveliness of eighteenth-century representations of the afterlife and of its inhabitants. For Pordage, knowledge of heaven and hell derives exclusively from divine revelation. Heaven, as the world of light and love, owes its glory to the advent of the Trinity. It is the seat of the angels, who are created, immortal beings: despite their spiritual nature, they have subtle bodies, and can fall away from God because of their changeability. Hell is the place of the fallen angels, with Lucifer at its pinnacle, and Pordage describes its landscape in great detail. Lucifer's fall presupposes his temptation by the fire spirit in view of the exaltation of Christ as the ruler of heaven.

Böhmes Schriften fanden schon früh Aufnahme in England.[1] Zu dem Kreis englischer Böhme-Anhänger gehörte John Pordage (Abb. 1), der als Geistlicher der Staatskirche in der von 1649 bis 1660 währenden Phase des Commonwealth 1649 und 1654 vor das Kirchengericht zitiert wurde, wo man ihm unter anderem Kontakte mit Geistern vorwarf und ihn der Häresie bezichtigte. Vorübergehend verlor er sein geistliches Amt, wurde aber während der Restauration wiedereingesetzt. Erste Visionen hatte er bereits 1649, und 1654 begann er, sich in Böhme zu vertiefen. 1663 lernte er Jane Leade kennen, mit der er gemeinsam seine Schriften las. Das Ergebnis der Lektüre waren eigene Schriften, die Gedanken des Görlitzer Theosophen aufgreifen. Während seine *Theologia Mystica* 1683, zwei Jahre nach seinem Tod, von Jane Leade publiziert und mit einem Vorwort versehen wurde, erschien seine Metaphysik erst 1715, und zwar nicht in ihrer originalen englischen Fassung, die wie auch manch andere Originalfassung seiner Schriften verloren ist, sondern in einer deutschen Übersetzung in Frankfurt am Main und Leipzig. Ihr vollständiger Titel lautet: *Göttliche und Wahre Metaphysica, Oder Wunderbahre, durch Erfahrung erlangte Wissenschafft Der unsichtbaren und ewigen Dinge, entdeckt durch D. Joh. Pordädsche*. Die zahlreichen deutschen Übersetzungen belegen die Popularität von Pordage in bestimmten pietistischen Kreisen. Seine „Sophia" von 1699 übte einen nicht zu unterschätzenden Einfluss auf Gottfried Arnold aus.

Die umfangreiche *Göttliche und Wahre Metaphysica* umfasst fünf Teile, die von verschiedenen unsichtbaren Welten handeln, beginnend mit der göttlichen und endend mit der paradiesischen Natur. Daneben thematisiert sie die ewige und die „englische" (d. h. engelhafte) Natur sowie die Natur der Hölle. Wie dem Untertitel zu entnehmen ist, möchte Pordage schreiben „von denen Unsichtbaren Welten, Als Der göttlichen, der Ewigen Natur, der Englischen, der Hölle und Paradißischen, ihren Einwohnern, deren Regierung, Gestalt, Sprache, Verrichtung und andern Wundern; dergleichen noch nie ans Licht gekommen, so lang die Welt gestanden". Ganz offensichtlich wurde Pordage in seiner Theorie der unsichtbaren Welten von Böhme beeinflusst, der gleichfalls zwischen der Welt des trinitarischen Gottes, der ewigen Natur als Gottes erster äußerer Manifestation, dem Himmel der Engel, der Hölle und dem Paradies unterschied.

1 Zur frühen Böhme-Rezeption in England s. den Beitrag von Hessayon in diesem Band.

https://doi.org/10.1515/9783110720525-022

Im Folgenden sollen nur die Ausführungen zum Himmel der Engel und zur Hölle bei Pordage dargestellt werden. Sie zeigen, wie lebendig in der zweiten Hälfte des 17. Jahrhunderts die Vorstellungen von Himmel und Hölle samt deren Bewohnern waren. Schließlich waren die Engel und Teufel, die etwa den *Engelsturz*, die verschiedenen Fassungen des *Jüngsten Gerichts* oder den *Höllensturz der Verdammten* eines Rubens und ebenso Miltons Epos *Paradise Lost* bevölkern, nicht bloß Ausschweifungen künstlerischer Phantasie, denen auf Seiten der religiösen und dogmatischen Vorstellungswelt christlicher Theologen nichts entsprochen hätte. Man muss bedenken, dass 1681, als Pordage starb, erst sieben Jahre vergangen waren, seit Milton seine letzte Fassung des *Paradise Lost* veröffentlicht hatte.

Pordage beginnt seine *Metaphysik* mit einem Vorwort, das an die Ewigkeit selbst gerichtet ist, und zu Beginn des zweiten Vorworts, das sich an den Leser wendet, bemerkt er, dass derjenige, der über die Ewigkeit schreibe, zuvor in ihr gewesen sein müsse. Tatsächlich beruft sich Pordage für seine detaillierte Kenntnis des Himmels und der Hölle auf persönliche Entrückungen in diese Sphären, die es ihm ermöglichten, die spärlichen Ausführungen, die die Heilige Schrift über sie enthalte, sachgerecht zu ergänzen. In der Ewigkeit gewesen zu sein, bedeutet für ihn, dass sich die Ewigkeit ihm offenbart habe, und die Offenbarung ist in seinen Augen der einzige Zugang zur Ewigkeit und zu den ewigen Welten: „Es können nur zween Wege seyn / zur Erkäntnüß der Ewigkeit zu gelangen: Nemlich / entweder durch die Untersuchung der Vernunfft / oder durch der Ewigkeit selbst eigne Offenbahrung ihrer selbst.“[2]

Da die diskursive Vernunft auf die sinnliche Welt beschränkt sei, biete die Offenbarung die einzige Möglichkeit, von der ewigen Sphäre Kenntnis zu erlangen. Pordage geht dabei davon aus, dass in jedem Menschen etwas Ewiges, nämlich das Gemüt des ewigen Geistes, existiere, das von der Offenbarung der göttlichen Weisheit angesprochen, ein Auge, das von ihr geöffnet werden könne: „Das Gemüth des Ewigen Geistes ist selber ein Auge/ und wann dieses Auge des Gemüths/ mit dem Auge der Göttlichen Weisheit vereiniget ist/ so kan es dadurch in seinem Maß die Wunder der Ewigkeit sehen/ erkennen/ verstehen und begreiffen.“[3] Die wahre Philosophie der Ewigkeit gründe somit auf der Selbstoffenbarung der Ewigkeit und nicht etwa auf der diskursiven Vernunft eines Aristoteles oder Descartes. Damit grenzt Pordage seine eigene Philosophie ausdrücklich von der zeitgenössischen Schulphilosophie ab und beruft sich stattdessen auf Böhme:

> Er hat uns seine Lehre nachgelassen/ nicht als seine eigne Meynung/ oder muthmaßliche Einbildung aus seiner eignen finstern unerleuchteten Vernunfft/ noch als ob er dieselbe von Menschen hätte; sondern als einen Göttlichen Ausspruch der unbetrieglichen Wahrheit/ wie sein Ewiger Geist sie in den untrieglichen Spiegel der Göttlichen Weißheit/ gesehen/ gelesen und erkannt hat.[4]

Im dritten Buch seiner *Metaphysik* versinnbildlicht Pordage die himmlische Welt der Engel durch einen Kreis mit einem schwarzen Mittelpunkt. Der Kreis steht für die kugelförmige englische Welt, der schwarze Mittelpunkt für das „ewige Aug oder die ewige Einheit/ worinnen die Heil. Dreyheit verschlossen ist“.[5] (Abb. 2)

Die englische Welt ist für Pordage der Himmel, der in der Bibel und der Tradition mit verschiedenen Namen bezeichnet wird: „Berg Zion“, „Himmlisches Jerusalem“, „Reich der Liebe“, „Coelum Empyreum“ und „Ternarius Sanctus“. Von dem letzten Namen heißt es, dass ihn „der göttliche Philosophus Jacob Böhme offt in seinen Schrifften brauchet/ die Englische Welt damit anzudeuten: und

2 Pordage 1715, Bd. 2, Vorrede an den Leser, ohne Seitenangabe.
3 Pordage 1715, Bd. 2, Vorrede an den Leser, ohne Seitenangabe.
4 Pordage 1715, Bd. 2, Traktat 3, S. 256.
5 Pordage 1715, Bd. 2, Traktat 3, S. 6.

Abb. 1: Ausgeklapptes Frontispiz-Porträt von John Pordage, in: John Pordage, *Theologia Mystica oder Geheime und verborgne göttliche Lehre* [...], Amsterdam 1698, Bibliotheca Philosophica Hermetica Collection Amsterdam

solches darum/ weil die Heil. Dreyheit/ sagt er/ in ihrer Natur der Liebe mit der Majestät ihrer Glorie sich in besagter Weise offenbahret".[6] Er beruft sich dabei auf das sogenannte *Comma Johanneum* (1 Joh 5,7): „Drei sind es, die Zeugnis ablegen im Himmel: der Vater, der Sohn und der Heilige Geist, und diese drei sind eins." Für Böhme – so Pordage – besagt dieser Vers, dass die Trinität sich im Himmel, also in der englischen Welt offenbart, so dass diese als „Heiliger Ternar" bezeichnet werden kann. Bei diesem Himmel handle es sich um „ein Principium/ welches durch die Krafft der Heil. Dreyheit aus der Ewigen Natur in eine Einheit und Harmonie geschaffen worden/ damit die Heil. Engel darinnen wohnen und der Offenbahrungen der Glorie der Gottheit allda genießen möchten".[7] Als *opus ad extra*, das heißt als ein nicht innertrinitarisches, sondern nach außen gerichtetes Werk, sei die ganze Trinität ursächlich an ihm beteiligt. Zuvor habe die englische Welt nur als Idee im göttlichen Gemüt existiert, und erst durch die Macht des dreieinigen Gottes sei sie in einem Nu zur wirklichen Existenz gebracht worden. Pordage klärt auch das Verhältnis dieser englischen zur sichtbaren irdischen Welt. Die englische Welt oder – wie er sagt – das himmlische Prinzip sei größer als die irdische Welt:

> Es begreifft in seinem Umkreiß die Himmel und die Erde dieser sichtbahren Schöpffung: es gehet durch die gantze äussere Welt/ und wie es nicht in dieser Welt oder in irgend einem Theil derselben eingeschlossen ist/ so ist es auch aus keinem Theil davon ausgeschlossen/ sondern durchdringet und begreiffet dieselbe ganz und gar.[8]

6 Pordage 1715, Bd. 2, Traktat 3, S. 11.
7 Pordage 1715, Bd. 2, Traktat 3, S. 11 f.
8 Pordage 1715, Bd. 2, Traktat 3, S. 21.

Gemäß Böhmes Diktum, dass der Himmel die Offenbarung der Trinität sei, unterscheidet Pordage drei Höfe der englischen Welt. Er greift damit zurück auf Joh 14,2: „In meines Vaters Haus sind viele Wohnungen." Alle drei Höfe zeichneten sich zwar durch Heiligkeit aus, doch lasse die Heiligkeit Gradunterschiede zu. Bei den drei Höfen handelt es sich um den äußeren Vorhof, den inneren Hof und das Allerheiligste. Letzteres werde von Paulus auch als der dritte Himmel bezeichnet, in den er entrückt worden sei (2 Kor 12,2). Es sei das Ziel der Wiedergeburt und Neuschöpfung des Menschen: „Das Werck der Heil. Dreyheit in der Seelen-Essentz bringet die Seele durch alle Himmel in den Dritten und letzten Himmel."[9] Das Allerheiligste sei der Ort, „da Christus und seine Elteste als Mit-Erben in der höchsten Glorie regieren".[10] Dort angelangt, sei die Wiedergeburt vollendet. Es handle sich um die „Vollendung des Wercks des H. Geistes/ dadurch er den gefallenen Sünder in dem höchsten Gipfel der Herrlichkeit hinaufführet/ damit derselbe mit Christo auf seinem Thron der Glorie in dem Allerheiligsten herrsche und regiere".[11]

Der Vorhof und der innere Hof sind für Pordage hingegen niedere Grade der Heiligkeit, die der Wiedergeborene zunächst zu durchschreiten hat, bevor er ins Allerheiligste eingelassen wird. Doch selbst in den Vorhof gelangten nur reine Geister und heilige Seelen, die – wie es im Anschluss an Offb 7,14 heißt – „gantz schön/ weiß/ ohne Flecken und reine Nazarener sind/ in dem Blut des Lamms gewaschen und gereinigt".[12] Dieser Vorhof wird von Pordage mit dem verlorenen Paradies identifiziert. Denn dieses Paradies, das identisch sei mit den elysischen Feldern der antiken Philosophen und Poeten, sei nach dem Fall des ersten Menschenpaares in den englischen Himmel verpflanzt worden. Von diesem erhöhten Paradies spreche auch Jesus am Kreuz, wenn er dem guten Schächer verheiße, dass er noch heute mit ihm im Paradiese sein werde (Lk 23,43). Denn unmittelbar nach seinem Tod sei Jesus ins himmlische Paradies eingezogen, wogegen er erst mit seiner Himmelfahrt ins Allerheiligste gelangt sei. Als eigentlichen Wohnort der Engel betrachtet Pordage den inneren Hof, wo die Engel auf ihren Thronen die Trinität in seliger Gottesschau anbeten. Die Wiedergeborenen, die ihre Neuschöpfung im Allerheiligsten vollenden, rangieren für ihn mit Christus über den Engeln. Gott habe Christus selbst nach dessen Himmelfahrt zum Herrscher über die Engel eingesetzt und zu seinem Sohn erklärt, was auf Seiten der Engel Verwunderung ausgelöst habe. Als sie sahen, „daß er in Herrschaft/ Glorie und Würde über sie erhöhet/ und GOtt ihn seinen Sohn nannte/ und vor ihnen bezeugete/ daß er ihr Haupt und König sey/ und daß es sein Wolgefallen wäre/ daß sie sich alle vor ihm beugen/ und ihm unterthänig seyn sollten/ da wurden sie vor höchster Verwunderung gäntzlich bestürtzet".[13] Denn sie betrachteten sich als die älteren Söhne Gottes, die sich zudem durch ihre Sündlosigkeit von den sündigen Menschen wie dem verlorenen Sohn unterschieden, die dank ihrer Wiedergeburt den Thron mit Christus teilten.

Der Himmel verdankt Pordage zufolge seine Herrlichkeit oder Glorie der Tatsache, dass der dreieinige Gott in ihn eingezogen ist und sich in ihm ausgebreitet hat. Aus der ewigen Welt bringe er aber das „Auge der Ewigkeit" mit sich. Dieses offene Auge, eingefasst in ein Dreieck, ist als Trinitätsdarstellung geläufig, und Pordage bemerkt: „In diesem Auge der Ewigkeit wird das *Angesicht* der H. Dreyheit gesehen und geoffenbahret."[14] Es wird als allwissend und allgegenwärtig charakterisiert und mit den übrigen göttlichen Vollkommenheiten ausgestattet. Es sei das väterliche Auge des Segens

---

9 Pordage 1715, Bd. 2, Traktat 3, S. 27.
10 Pordage 1715, Bd. 2, Traktat 3, S. 26.
11 Pordage 1715, Bd. 2, Traktat 3, S. 29.
12 Pordage 1715, Bd. 2, Traktat 3, S. 31.
13 Pordage 1715, Bd. 2, Traktat 3, S. 53.
14 Pordage 1715, Bd. 2, Traktat 3, S. 91.

(5)

Erstes Buch.
Von
Der Englischen Welt an und für sich selbst.
Cap. I.
Derselben Figur oder Abbildung/ Wesenheit/ Namen/ Ursachen und Ort.

Oo 4 §. 1.

Abb. 2
John Pordage, *Göttliche und wahre Metaphysica, Oder Wunderbahre, durch eigene Erfahrung erlangte Wissenschaft Der unsichtbaren und ewigen Dinge* […], Bd. 2, Traktat 3, Frankfurt a.M./Leipzig, 1715, Bayerische Staatsbibliothek München, Asc. 3869-2

und der Liebe, aus dessen Zentrum das Licht des Sohnes strahle. Denn der Sohn sei „das unzugängliche flammende Licht des Auges des Vaters/ er ist das flammende triumphierende Feuer der Liebe das aus dem Hertzen/ aus dem Centro oder Mittel des Auges des Vaters ausflammet".[15] Der Heilige Geist schließlich als dritte Person der Trinität strahle von dem Auge aus und webe und wirke durch alle Kräfte der englischen Welt. Als die göttliche Dreieinigkeit in diese Welt eingezogen sei, habe sie auch die Weisheit oder Sophia mitgebracht. Die Weisheit ist eine Gestalt, die Pordage mit jener himmlischen Jungfrau identifiziert, von der in Offb 12,1 die Rede ist: „Und es erschien ein großes Zeichen am Himmel: eine Frau, mit der Sonne bekleidet, und der Mond unter ihren Füßen und auf ihrem Haupt eine Krone von zwölf Sternen." Diese Jungfrau wird im Anschluss an Offb 2,28 durch den Morgenstern symbolisiert. Sie habe laut Spr 8,22 bereits vor der Schöpfung existiert, sei aber von Gott unterschieden und nehme eine Mittelstellung ein zwischen der Trinität und den Bewohnern des englischen Himmels: „Die Jungfrau der Weißheit offenbahret sich als von der H. Dreyheit Vater/ Sohn und H. Geist unterschieden und unter ihnen stehend/ doch so daß sie höher ist als alles und über und

15 Pordage 1715, Bd. 2, Traktat 3, S. 103.

vor allem ist/ was im Englischen Himmel sich befindet."[16] Sie herrsche als Königin am englischen Firmament wie auf einem prächtigen Thron, umgeben von zwölf englischen Kräften und Tugenden.

Die englische Welt des Himmels wird von Pordage im Anschluss an Böhme als Welt des Lichts und der Liebe charakterisiert und von der finsteren Welt der Hölle ebenso unterschieden wie von der mit dem strafenden Zorn Gottes verbundenen Feuerwelt und der sichtbaren irdischen Welt. Dabei sind Himmel, Hölle und Feuerwelt für ihn keine örtlich fixierten Räume, sondern sie erstrecken sich über die gesamte irdische Welt und üben jeweils eine magische Anziehungskraft aus: „Und also ist der Himmel überall in dieser gantzen Welt/ imgleichen die Hölle/ die Feuer-Welt und das Paradiß; doch jedes in seinem eignen Centro und wirckenden Eigenschafft".[17] Obgleich sich Himmel und Hölle über die ganze irdische Welt erstrecken, haben Pordage zufolge die Bewohner der einen Welt keine Kenntnis von der jeweils anderen Welt. Die Welten seien völlig voneinander geschieden, wenngleich sie beide ihre magische Anziehungskraft auf die Seele mit ihrem „Willen-Geist" ausüben, der ihr aber widerstehen könne:

> Es ist demnach der ewige Willen-Geist/ so lange er noch auf dem Wege der Wiedergeburt wandelt/ gestellt in die Mitte zwischen der Englischen und der Höllischen Welt: kehret er sich zur Englischen Welt/ so macht er sich zum Engel des Lichts/ kehrtet er sich aber zur Finstern Welt/ so macht er sich zum Engel der Finsterniß.[18]

Die Seele könne sich somit frei entscheiden, ob sie in den Himmel oder in die Hölle gelangen wolle. Schließlich stellt sich Pordage noch die Frage, zu welchem Zweck denn die englische Welt erschaffen worden sei. Grundsätzlich sei sie geschaffen, um die Herrlichkeit Gottes zu offenbaren, aber ihr besonderer Zweck sei es, als Wohnung der Engel zu dienen und ihnen die selige Gottesschau zu ermöglichen. Denn der dreieinige Gott habe ja im Zentrum der Himmelskugel Einzug gehalten und dort eine zweite Wohnung neben seiner ersten in der ewigen Welt aufgeschlagen.

Erst nachdem er sich der Beschreibung der englischen Welt des Himmels gewidmet hat, geht Pordage auf deren Bewohner, die Engel, ein. Dabei verteidigt er zunächst die Existenz von Engeln als wirklichen personalen Lebewesen und beruft sich dazu auf seine eigenen Visionen und Offenbarungen:

> Ein Engel in seiner ersten Geburt und ursprünglichen Schöpffung und Formirung/ wie er aus der Hand der H. Dreyheit kommen/ bestehet aus einem ewigen Drey/ nemlich aus einem ewigen *Geist*/ einer ewigen *Seele*/ und einem ewigen *Leibe* welche drey in ihrer Vereinigung eine einige Persohn machen.[19]

Die Engel seien die ersten Geschöpfe Gottes, wobei ihr Geist unmittelbar aus dem göttlichen Wesen erschaffen sei, ohne selbst Teil der Gottheit zu sein. Der Geist der Engel sei daher auch nicht ewig, da er einen zeitlichen Anfang habe, wohl aber sei er unsterblich. Zudem unterscheide er sich von Gott durch seine Veränderlichkeit und Wandelbarkeit. Denn nur so sei der Fall eines Engels erklärlich. Von dem Geist der Engel hebt Pordage deren Seele ab, die er aus Finsternis oder Feuer und Licht zusammengesetzt sein lässt. Beide seien in ihr ursprünglich in Harmonie miteinander verbunden:

---

16 Pordage 1715, Bd. 2, Traktat 3, S. 121.
17 Pordage 1715, Bd. 2, Traktat 3, S. 148.
18 Pordage 1715, Bd. 2, Traktat 3, S. 158.
19 Pordage 1715, Bd. 2, Traktat 3, S. 164.

> Das Feuer mit seinen Gestalten/ als Herbigkeit/ Bitterkeit/ Angst und Finsterniß/ macht der Seelen-Essentz grimmig und feurig; die Licht-Essentz aber mit ihren Gestalten und wirckenden Kräfften/ nemlich Wässerigkeit/ Mildheit/ Lindigkeit u.s.f. macht der Englischen Seelen-Essentz sanfft/ anmuthig/ gelind und freundlich.[20]

Durch die harmonische Verbindung von Licht und Finsternis seien die Seelen, frei von jeder zornigen Neigung, ursprünglich in Liebe auf Gott gerichtet gewesen. Pordage schreibt den Engeln neben Geist und Seele auch einen spezifischen Leib zu, der allerdings hell und durchscheinend sei:

> Selbst die Erde/ daraus dieser Leib bereitet/ ist gantz hell/ leuchtend und kristallinisch/ weit durchsichtiger als Glaß/ und die gantze Zusammensetzung von Feuer/ Lufft und Wasser ist dergestalt dünne/ daß man durch dieselbe ihre Geister und Seelen sehen kan/ wie sie sich in ihren durchleuchtigen Leibern bewegen.[21]

Aufgrund ihrer vollkommenen Transparenz könnten die Leiber der Engel auch durch Felsen, Steine, Holz und andere dichte Materie hindurchdringen. Zwar handle es sich bei ihnen um dreidimensionale organische Körper, doch sei ihre Speise rein geistig-geistlicher Natur, weshalb sie auch über keine Därme verfügten. Auch seien sie geschlechtslos oder androgyn, wenngleich ihr Äußeres sie als männlich erscheinen lasse:

> Alle Englische Leiber sind in *Männlicher* Gestalt hervorgebracht/ das ist in vollkommener Gestalt/ Krafft und Stärcke/ ohne alle Unvollkommenheit/ Schwachheit oder Zunehmung an Alter; auch sind dieselbe Mann und Weib in sich selbst/ indem ihr ewiger Geist gleichsam ihr Mann/ und ihre ewige Seele ihr Weib ist; äusserlich aber sind sie ohne allen Unterscheid Männlichen oder Weibliches Geschlechts.[22]

Daher würden sie auch von einigen Philosophen, wobei unklar ist, wen Pordage außer Böhme im Sinn haben könnte, als männliche Jungfrauen bezeichnet. Unter Verweis auf Jes 6,1 f. und Ez 10,5 erwähnt Pordage auch die Flügel, mit denen er allerdings nur die Cherubim und Seraphim, das heißt die obersten Engel, ausgestattet wissen will. Denn sie bedürften der Flügel, um in der Nähe des göttlichen Thrones ihr Angesicht vor dem Licht der Herrlichkeit Gottes zu schützen. Pordage stattet sie auch mit prächtigen Kleidern, geschmückt mit Edelsteinen und Kleinodien, aus. Er unterscheidet einzelne Ränge der Engel, die eine hierarchische Ordnung unter dem dreieinigen Gott als monarchischer Spitze bilden. Als göttliche Thronfürsten nennt er Michael (Off 12,7), Uriel (4 Esr 4,1) und Luzifer (Mt 25,41).

Mit Luzifer ist auch bereits jener Engel benannt, der den Engelssturz auslöst und dafür in die Hölle verbannt wird. Pordage geht im vierten Buch seiner *Metaphysik* davon aus, dass es eine ewige dunkle Welt gibt, die gewöhnlich als Hölle bezeichnet wird. Er ist davon überzeugt, dass diese dunkle Welt ihre Wurzeln in der ewigen Natur als der ursprünglichen äußeren Manifestation Gottes hat. Die ewige Natur ist daher die Quelle nicht nur der glänzenden Engelwelt, sondern auch der dunklen Welt: „Nicht allein das Englische *Principium*, oder die Liebe=Welt/ sondern auch die grimmige Welt/ oder das finstere *Principium*, hat seinen Ursprung aus der fruchtbaren Gebärmutter der ewigen Natur."[23] Pordage weist darauf hin, dass auch die alte heidnische Philosophie und Poesie den Unterschied zweier fundamentaler gegensätzlicher Prinzipien anerkannt und zwischen Himmel und Hölle differenziert habe. Beide Prinzipien hätten aber denselben Ursprung gemäß dem allgemeingültigen Gesetz: „Ab uno omnia

20 Pordage 1715, Bd. 2, Traktat 3, S. 201.
21 Pordage 1715, Bd. 2, Traktat 3, S. 216.
22 Pordage 1715, Bd. 2, Traktat 3, S. 225.
23 Pordage 1715, Bd. 3, Traktat 1, S. 7.

procedunt", „Von Einem stammen alle ab".[24] Gleichwohl stünden beide Prinzipien nicht auf derselben ontologischen Stufe, sondern die Hölle sei dem Himmel nachgeordnet. In der Bibel fänden sich einige Passagen, die sich mit der Hölle und deren Einwohnern, den Teufeln, befassten. Dort erfahre man auch, dass eine Anzahl von Engeln, die ursprünglich der Sphäre des Lichts angehörten, aufgrund ihres Ungehorsams gegenüber Gott aus der „Liebewelt" in die Hölle gestürzt seien und so ihre himmlische Seligkeit verloren hätten. Es sei aber nicht nur die Schrift, sondern auch unser eigenes Gewissen, das uns von der Existenz der Hölle überzeuge. Und zwar versichere es uns, „daß die Hölle nicht allein in uns/ sondern auch ein gewisser Ort ausser uns sey; ingleichen/ daß auch Teufel seyn/ als die eigentliche Einwohner dieser finstern Ewigkeit".[25] Pordage beruft sich dabei auf Zeugnisse von Christen, die Visionen und Offenbarungen der äußeren Hölle und ihrer Einwohner gehabt hätten, und er erwähnt auch eine eigene Erfahrung, die er zuerst 1651 gemacht habe. Damals habe nämlich der Geist der Ewigkeit zu ihm die Worte gesprochen: „Werffet diesen unnützen Knecht hinaus in die äusserste Finsternüß/ alwo ist Weinen/ Heulen und Zähnklappen."[26] Nach diesen Worten habe er, Pordage, sich für fünf Jahre im Mittelpunkt der dunklen Welt eingeschlossen gefunden. Die Beschreibung der Hölle, die er in seiner *Metaphysik* gebe, fuße auf dieser Erfahrung. Daher beanspruche er für seine Beschreibung der Hölle auch Authentizität: „Doch ist nichts in diesem Werck mein eigen/ als allein die Schreib-Art. Dann die Dinge selbst sind mir in dem finstern *Centro* eröffnet worden".[27]

Zu Beginn seiner Beschreibung führt Pordage die verschiedenen Namen an, die für das dunkle Zentrum gebräuchlich seien. Es werde „Hölle", aber auch „dunkle Welt" genannt. Als dunkle Welt bilde es den Gegensatz zur „Lichtwelt", weil in ihm dichte Finsternis ohne jeden Schimmer von Licht herrsche. Ein weiterer Name, der es der „Liebewelt" gegenüberstelle, sei „Zorn-Feur-Welt", weil es das Zentrum des Zorns und der Angst sei. Pordage kann auch von der „Grimmigkeit" sprechen. Als Reich des Drachens oder des Teufels bilde es den Gegensatz zum Reich Gottes. Schließlich werde es auch noch als „Abyssus" bezeichnet, weil es ein großes Loch sei. Pordage liegt alles daran, Gott nicht zur Ursache der Hölle und des Teufels zu machen. Denn Gott wirke ja nicht wider seine eigene Natur, und offenkundig sei die Hölle, da sie mit Finsternis, Tod, Zorn, Trübsal, Angst und Qual verbunden sei, das gerade Gegenteil von Licht, Leben, Liebe und Seligkeit, die das Wesen Gottes ausmachen. Die Hölle wird Pordage zufolge nicht durch Gott bewirkt, sondern durch die sündigen Engel in Verbindung mit der Kraft der Finsternis. Diese Kraft wird identifiziert mit dem „grossen finstern Feur-Geist der Natur".[28] Diesem Feuergeist eigne zwar das Verlangen, sich selbst zu manifestieren und zu offenbaren, aber ihm fehle das Vermögen, dies aus sich selbst heraus zu leisten. Daher wähle er Luzifer, damit dieser ihm bei seiner Selbstoffenbarung helfe. Bei Pordage heißt es:

> darum drang die subtile Arglistigkeit der Finsterniß sehr hefftig auf den Willensgeist Lucifers und seiner gantzen Zunfft/ ihr in Erweckung [...] des höllischen Feuers in seiner Ursprünglichkeit [...] beyzustehen; welches sie dann gethan haben/ indem sie ihren Willengeist darein gesetzet.[29]

Erst nach seiner Vereinigung mit Luzifer samt seinen Engeln offenbare sich der Feuergeist als Hölle. Dabei wird der Feuergeist nicht als ein freies personales Handlungssubjekt wie ein Mensch oder Engel vorgestellt, sondern als eine geistige Kraft, die gleichwohl über einen eigenen Willen, eigenes Fühlen

24 Pordage 1715, Bd. 3, Traktat 1, S. 8.
25 Pordage 1715, Bd. 3, Traktat 1, S. 9.
26 Pordage 1715, Bd. 3, Traktat 1, S. 10.
27 Pordage 1715, Bd. 3, Traktat 1, S. 12.
28 Pordage 1715, Bd. 3, Traktat 1, S. 16.
29 Pordage 1715, Bd. 3, Traktat 1, S. 17.

und eigene Sinneswahrnehmung verfügt. Als Geschöpf Gottes habe sich diese Kraft zwar ursprünglich in vollkommener Harmonie mit allen anderen Kräften der Natur befunden, doch habe sie sich durch ihre Subtilität und Raffinesse ausgezeichnet. Luzifer hingegen sei verantwortlich für das harmonische Zusammenwirken aller Kräfte in ihm selbst gewesen:

> Lucifer dann/ als der oberste Regent über seine eigene Seele und über sein Reich/ muste alle diese drehende ringende Gestalten/ durch die Stärcke und Macht seines ewigen Geistes/ in rechter gehöriger Gleichmäßigkeit halten/ darinn sie von GOtt hervorgebracht/ und ihm anvertrauet waren: worinnen er seine Treu und Pflicht gegen die höchste Majestät/ seinen Schöpffer und Gutthäter/ beweisen solte.[30]

Doch indem er seine Freiheit missbraucht habe, habe Luzifer seinen Blick von Gott abgewandt und stattdessen auf sich selbst gerichtet, wobei er in sich die verschiedenen Kräfte wahrgenommen habe und besonders fasziniert gewesen sei vom Feuergeist. Er habe daraufhin seinen eigenen Willen mit dessen bis dahin unbefriedigtem Verlangen vereinigt, was zur Folge gehabt habe, dass die Finsternis des Feuergeistes das Licht vertrieben habe und die Engelwelt des Lichts und Lebens in die Hölle der Finsternis und des Todes verwandelt worden sei.

Angesichts des Vorwurfs des manichäischen Dualismus sah Pordage sich zu der Verteidigung genötigt, dass er Gut und Böses habe derart trennen müssen, um Gott nicht zum Urheber des Bösen zu machen. Doch bedeute dies keineswegs, dass es sich um zwei Prinzipien handle. Vielmehr habe Gott im Anfang ein einziges Prinzip erschaffen, nämlich die ewige Natur, in der die ewige Dunkelheit mit dem ewigen Licht harmonisch miteinander verbunden gewesen seien. Das Böse sei erst in die Existenz getreten, als die ewige Finsternis des Feuergeistes sich von dem ewigen Licht gelöst habe. Zwar seien die vier Elemente, die auch im Himmel existiert hätten, immer noch dieselben wie in der lichtvollen Engelwelt, aber sie hätten sich in der Hölle völlig gewandelt. Das Feuer sei schweflig, das Wasser salpetrig, die Luft stürmisch und die Erde hart geworden. Die einstigen Engel hätten sich in Teufel verwandelt, die wüssten, „daß sie unter der Gewalt und Herrschaft dieser vier ersten Gestalten der Natur gefangen/ und als mit Ketten geschlossen liegen. Dann diese Gestalten sind mächtiger/ als alle Teufel und verdammte Geister/ die als in einem finstern Kercker und stinckenden Gruben gefangen liegen".[31] Pordage entwickelt geradezu eine reale Topographie der Höllenlandschaft. Danach muss die Hölle so groß sein, dass sie genügend Platz für alle gefallenen Engel und die verdammten Menschen bietet. Die Grenze zwischen der Hölle und dem Himmel, das heißt der Welt des Lichts und Lebens, wird durch die göttliche Gerechtigkeit und Strafe gebildet. Sie hält die Welt des guten Prinzips getrennt von der Welt des bösen Prinzips. Da uns diese Welt des bösen Prinzips grenzenlos zu sein scheine, bezeichneten wir sie als bodenlosen finsteren Abgrund, als Abyssus. Auch wenn die Herrschaft des Lichts und der Finsternis voneinander getrennt seien, handle es sich bei ihnen doch nicht um räumlich verschiedene Regionen. Sondern das Reich der Dunkelheit erstrecke sich über die ganze irdische Welt. Pordage erklärt, „daß beyde die Licht-Welt und das finstere *Principium* allenthalben in und über dieser sichtbaren Schöpffung sind/ und dennoch ein jedes in seinem eignen Ort bleibet".[32]

Die Ubiquität des Reiches der Dunkelheit sei die notwendige Bedingung dafür, dass der Teufel gemäß Hiob 1,7 die Welt durchwandern könne. Da die Hölle erst zu einem bestimmten Zeitpunkt zu existieren begonnen habe, sei sie anders als Gott und die ewige Natur selbst zwar nicht ewig, wohl

30 Pordage 1715, Bd. 3, Traktat 1, S. 22.
31 Pordage 1715, Bd. 3, Traktat 1, S. 40.
32 Pordage 1715, Bd. 3, Traktat 1, S. 46.

aber existiere sie endlos. Der Ursprung der Hölle ist für Pordage – wie bereits erwähnt – die Versuchung Luzifers durch den finsteren Feuergeist:

> Denn als die oberste Krafft der Finsternüß (welche ist der Satan) Lucifer und seine Hierarchie versuchte/ mächtige Fürsten in dem Zorn-Feuer zu werden/ und in ihrer eignen Macht als Könige zu herrschen/ als welches besser wäre/ als unter GOtt in seiner sanfften Liebe zu regieren/ und die Engel dieser Versuchung beystimmeten/ und ihren Willen darzu übergaben/ solches zu vollbringen; da sahe es GOtt nicht blosserdings an/ sondern als ein gerechter Richter übergab er die sündige Engel/ diesem mächtigen Betrug und der Lügen zu glauben.[33]

Luzifer und die ihm folgenden Engel hätten somit selbst ihre eigene Verdammnis bewirkt, insofern Gott ihren sündhaften Abfall mit der Erschaffung der Hölle als ihrem Gefängnis bestraft habe. Pordage bestreitet, dass Gott vorausbestimmt habe, dass die Finsternis ein eigenes selbstständiges Prinzip werde. Wohl habe er vorausgewusst, dass der Feuergeist versuchen würde, mit Hilfe Luzifers ein solches Prinzip zu werden. Doch habe er nicht vorausgesehen, wie Luzifer darauf reagieren würde. Vorausgesehen habe er nur, dass dann, wenn Luzifer auf den Versuch des Feuergeistes positiv reagieren würde, er keine Möglichkeit haben würde, die Selbstständigkeit des finsteren Prinzips zu verhindern. Die Finsternis mit ihren unterschiedlichen Graden und Schattierungen von Angst, Qual und Disharmonie bildet laut Pordage die Hölle, in der Luzifer und die mit ihm gefallenen Engel eingekerkert sind. Die Ketten, mit denen sie gefesselt sind, seien nur Metaphern für Angst, Qual und Disharmonie. Die unmittelbare Folge von Luzifers Fall seien Zorn und Feuer, die die gefallenen Engel vergifteten. Sie bildeten die Ursünde, aus der dann alle Aktualsünden quöllen und deren Wirkung derjenigen einer bösen Saat gleiche. Entsprechend den verschiedenen Sünden der Engel gebe es verschiedene Abteilungen der Hölle, etwa für Verzweiflung, Verfluchung und Unglauben. Der Hauptherrscher über die Hölle sei zwar der Feuergeist, aber es sei Gott als der wahre Souverän, der es dem Feuergeist erlaube, unter ihm zu herrschen. Pordage insistiert auf der Selbstständigkeit des Feuergeistes gegenüber den Ranters – eine der zahlreichen während des Commonwealth aufkommenden spiritualistischen Sekten –, die in ihm nur eine Seite, einen Aspekt Gottes sähen. Denn sie erklärten, „dieser Zorn-Feuer-Geist sey der Hintertheil GOttes/ die Licht- und Liebe-Feuer-Essenz aber sein Fördertheil/ und also haben sie gesetzet/ GOtt und der Drache/ welcher der Zorn-Feuer-Geist der Hölle ist/ seye eins".[34]

Der Feuergeist trage in der Bibel unterschiedliche Namen. Er werde „diabolus", „Gott dieser Welt" oder „Drache" genannt. Als Drache sei er mit sieben Köpfen ausgestattet, die seine unterschiedlichen Kräfte symbolisierten, und mit zehn Hörnern, die Metaphern für seine verschiedenen Vermögen seien. Der Feuergeist herrsche über die Hölle, deren Bewohner die von ihm geborenen bösen Geister, Luzifer und sein Anhang sowie die verdammten Nachkommen Adams und Evas seien. Zu den bösen Geistern zählten etwa der Geist des Zorns, des Neids und der Eifersucht. Pordage betont, dass alle diese Geister reale Entitäten seien, und er wendet sich explizit gegen jene, „die da glauben/ die Teufel seyen nichts anders als böse Gedancken/ böse Bewegungen und blose Eigenschafften/ als Hoffart/ Zorn und dergleichen".[35] Die Geister seien gleichwohl körperlos, weshalb sie auch in anderen Wesen wohnen und sie beeinflussen könnten, zumal sie die unterschiedlichsten Sprachen beherrschten. Die gefallenen Engel seien hingegen nicht körperlos, sondern träten in furchterregender Gestalt auf. Sie gehörten ursprünglich der vollkommen reinen Welt an und stürzten in eine durch und durch sündige Welt, aus der Freiheit in die Knechtschaft, aus dem Himmel in die Hölle, „da sie weniger

33 Pordage 1715, Bd. 3, Traktat 1, S. 52 f.
34 Pordage 1715, Bd. 3, Traktat 1, S. 110.
35 Pordage 1715, Bd. 3, Traktat 1, S. 168.

Freyheit haben als unter den Türcken die Sclaven auf den Galeren".[36] Nach ihrem Fall seien sie von der seligen Schau der ewigen Liebe Gottes ausgeschlossen. Stattdessen sähen sie nur noch den strafenden zornigen Gott und ihr eigenes hässliches Äußeres, das Folge ihres Falls sei. Hässlich sei aber nicht nur ihre äußere Erscheinung, sondern auch ihr Inneres, da es durch Disharmonie, Angst und Qual gekennzeichnet sei.

Pordage gibt eine detaillierte Beschreibung von Luzifers Versuchung durch den Feuergeist, der mit den Mitteln des Betrugs arbeite. Ursprünglich habe der Feuergeist in Luzifer gewohnt, bevor er durch dessen positive Reaktion freigesetzt worden sei. Pordage schreibt:

> Dieser kühne Versucher fürchtete sich nicht/ Fürst Lucifer anzugreiffen/ da er auf seinem Fürstlichen Thron in unbefleckter Schönheit/ in grosser Pracht und Majestät regirte/ allwo die übrige Engel seiner herrlichen Hierarchie seinen Thron umgaben/ welche alle heller als die Sonne am Mittage leuchteten.[37]

Die Schwierigkeit, den Erfolg der Versuchung zu erklären, ist stets dieselbe, weil der Erfolg bereits vorauszusetzen scheint, was durch ihn erst erklärt werden soll. Es muss nämlich etwas Böses in demjenigen vorhanden sein, der versucht wird, das den Erfolg der Versuchung erklärt. Pordage sieht auch selbst diese Schwierigkeit, wenn er schreibt: „Es ist der niedrigen groben Vernunfft unmöglich zu begreiffen/ wie es immer müglich gewesen/ daß ein solcher Salomon (ein so hoher Geist) je versucht wurde."[38] Doch er möchte die Versuchung plausibel machen, indem er den Feuergeist sich mit den folgenden schmeichelnden Worten an Luzifer wenden lässt:

> O glorioser Lucifer/ du bist lauter Glorie/ lauter Schönheit/ lauter durchscheinende Herrlichkeit/ du bist gantz schön/ und doch kanst du deinen Stand noch besser machen/ und dich zu einer noch höheren Würde/ als darinn du anjetzo bist/ erheben. Dann dein gegenwärtiger Stand bestehet nur darinn/ daß du bloß über dein eigen Heer als ein großer Monarch regirest; und dieses dein Monarchisches Regiment stehet nur in dem sanfften Wasser=Geist/ woraus das sanffte Licht und die sanffte Liebe-Feuer-Essenz urständet. So du aber mit mir in der Grimmigkeit und Macht des Feuers herrschen woltest/ würdest du viel höher in der Herrschaft der Feuer-Essenz erheben werden/ sintemal diese weit stärcker ist als der sanffte Wasser=Geist.[39]

Dies würde ihn über alle anderen Engel erheben. Gott habe die Versuchung Luzifers durch den Feuergeist wahrgenommen, ohne einzugreifen, weil er allen Engeln, als er sie erschuf, die Willensfreiheit verliehen habe. Er habe zwar gewusst, dass Luzifer die Fähigkeit besessen habe, der Versuchung zu widerstehen, aber er habe nicht vorausgewusst, wie er auf sie reagieren würde:

> Vielweniger dann hat Gott vor der Schöpffung Lucifers und seiner Engel vorher gewusst/ daß ihr Abfall geschehen würde. Denn so wäre es ein zuvor bestimmter vorgesetzlicher Wille der Gottheit gewesen/ die es so hätte haben wollen: und dann wäre es keine Feindschafft wider Gott gewesen: auch würde Gott so dann Lucifer und seine Engel darum nicht gestraffet haben/ weil sie seinem vorher bestimmten Willen gehorsam gewesen.[40]

Pordage beschreibt Luzifers Reaktion auf die Versuchung als dramatische Abfolge verschiedener Momente. Zunächst habe der Thronfürst seine Engel befragt, ob sie unter seiner Oberherrschaft über alle anderen Engel einschließlich der Erzengel herrschen wollten. Die Engel hätten dem zugestimmt, indem sie ihm einhellig erklärt hätten, immer in Übereinstimmung mit ihm handeln zu wollen. Die

36 Pordage 1715, Bd. 3, Traktat 1, S. 176.
37 Pordage 1715, Bd. 3, Traktat 1, S. 194.
38 Pordage 1715, Bd. 3, Traktat 1, S. 196.
39 Pordage 1715, Bd. 3, Traktat 1, S. 197 f.
40 Pordage 1715, Bd. 3, Traktat 1, S. 201.

erste Stufe, die zur positiven Reaktion auf die Versuchung geführt habe, habe darin bestanden, dass Luzifer und seine Engel statt auf Gott auf sich selbst reflektierten: „Diß war also der erste Anfang der erste Schritt dieses Mißbrauchs/ daß sie ihr Gemüth aus Gott in sich selbst kehrten/ und nach der Erkäntnuß ihrer selbst forschten.“[41] Denn das Ergebnis dieser Selbstreflexion sei die Selbstliebe gewesen, die die Wurzel aller anderen Sünden sei. Der Feuergeist habe nur auf eine besonders günstige Gelegenheit für die Versuchung gewartet, und er habe sie gefunden, als die Trinität Christus zum Herrscher über alle Engel erklärt habe, als also

> die Heil. Dreyheit dem gantzen Englischen Heer bekandt gemacht/ wie sie entschlossen/ ihren wesentlichen Christum/ das flammende Hertz der Liebe/ das ewige Wort und das *Centrum* der Gottheit/ unter der Heil. Dreyheit zum Obersten Haupt über das gantze Englische Heer zu machen/ welchem sie/ als ihrem Obersten Herrn und Regierer unterthänig seyn sollten.[42]

Während die Erzengel Michael und Uriel die Herrschaft Christi akzeptiert hätten, habe sich Luzifer gefragt, warum Gott nicht ihn zum Himmelsherrscher auserkoren habe. In diesem Moment habe sich der Feuergeist an Luzifer mit den Worten gewandt: „„O mächtiger Lucifer/ du bist ein grosser Potentat in der sanfften Liebe-Feuer-Essentz: es ist aber in der Macht deines eigenen Willens/ dich noch zu einem weit grössern Potentaten in der Grimmigkeit des ursprünglichen Feuers zu machen'“.[43] Er könne seine Macht noch steigern:

> ich will nicht sagen/ über Gott selbst/ wie er vor und über dem *Principio* der Natur war: sondern dieses will ich sagen/ sintemal GOtt in den grimmigen Feuer der Ewigen Natur zu herrschen verworffen/ und in dem sanfften *Wasser* der sanfften Liebe zu regiren erwählet hat: so du dannach/ O Lucifer/ in dem grimmigen Feuer zu herrschen erwählest/ so wirst du über GOtt/ wie Er in der Sanfftmuth der Liebe ist/ und über das gantze Englische Heer herrschen.[44]

Der Feuergeist habe Luzifer erklärt, dass Gott bis jetzt das grimmige Feuer im milden Wasser der Liebe gefangen gehalten habe und die Befreiung des Feuers den Aufstieg Luzifers und seiner Anhänger unter den Engeln bedeute. Schließlich habe der Feuergeist Luzifer und seine Anhänger gedrängt, ihn, der in ihnen wohne, aus seinem Kerker zu befreien. In dem Augenblick, in dem sie dieser Bitte nachgekommen seien, hätten sie ihre ursprüngliche gute Natur verloren. Sie seien hässlich geworden, geschlagen mit Angst, Qual und Disharmonie. Sie hätten „eine höllische und Teuflische Gestalt/ einen schwartzen/ herben/ rauhen/ elenden/ kalten/ nackten/ mit Angst und Pein umgebenen/ schweflichten/ salpetrichten Leib“ erhalten.[45] Seit ihrem Höllensturz befänden sie sich in beständiger Bewegung und dauerndem Krieg mit Gott. Genau davon handelt auch Miltons *Paradise Lost*, das bald nach der Veröffentlichung von Pordages *Metaphysik* unter dem Titel *Verlust des Paradieses* von dem Zürcher Johann Jakob Bodmer ins Deutsche übertragen wurde. Miltons Epos galt Bodmer und seinem Mitstreiter Johann Jakob Breitinger als Inbegriff dichterischer Einbildungskraft, die mit dem Wunderbaren, Phantastischen und Imaginären arbeitet. Nichts belegt besser die damalige Aktualität der an Böhme orientierten Ausführungen von Pordage zu Himmel und Hölle samt deren Bewohnern.

41 Pordage 1715, Bd. 3, Traktat 1, S. 213.
42 Pordage 1715, Bd. 3, Traktat 1, S. 224.
43 Pordage 1715, Bd. 3, Traktat 1, S. 239 f.
44 Pordage 1715, Bd. 3, Traktat 1, S. 240.
45 Pordage 1715, Bd. 3, Traktat 1, S. 306.

Amir Saifullin

Thought Imagery: Vision and Knowledge in the Cosmogony of Jacob Böhme and Robert Fludd

Abstract: This chapter addresses the conceptual relationship and means of communicating textual or visual knowledge of two theosophers, Jacob Böhme and Robert Fludd. Despite philosophical correlations and a centuries-long shared reception history, this issue has remained largely unexplored. Their parallel reception histories disclose why they remained outsiders in philosophical, scientific and theological discourses. This essay discusses their philosophies through the lens of Abraham Hinckelmann's accusation that Böhme's theosophy was indebted to Fludd. Hinckelmann argued that the two share a common conception of creation, with chaos as the source of possibilities. The chapter identifies dialectics such as light and darkness as the operative core of both authors. This affinity is even more evident when Böhme's textual account is compared to Fludd's visual narrative. As images help constitute Fludd's work, the chapter discusses his pictorial program and its speculative core in the Kabbala and the art of memory. In discussing the Genesis depictions in Fludd's writings, the chapter shows how these images mean to involve viewers. This mode of representation is compared to Böhme's use of language and his concept of *Natursprache,* thus presenting his "thought imagery" as a constructive element of his philosophy. This suggests a common approach to the transmission of knowledge: Fludd and Böhme expect the viewer to internalize knowledge by acts of performing knowledge.

1 Böhme and Fludd: Obscurity and Enlightenment

> "I don't know what is going on with this theosophical nonsense? […] Have they [the wisest theologians] not surrounded the mountain with enough enclosures to keep away Robert Fludd and Jacob Böhme and the finders of the philosophers' stone and all their cattle and herds?"
>
> Johann Gottfried von Herder[1]

What is interesting about the passage above is not Herder's misguided hostility towards the "cattle and herds" of the theosophers, but rather whom he designates as the shepherds.[2] Herder was not alone in identifying Robert Fludd (1574–1637) and Jacob Böhme (1575–1624) as the leading figures of the theosophical tradition: on the contrary, this selection appears to be symptomatic of the histo-

1 Herder 1774, p. 16: "Ich wüßte nicht, was über den Theosophischen Unsinn ginge? […] Haben sie [die weisesten Theologen] nicht Gehäge gnug um den Berg gezogen, die Robert Floods und Jakob Böhme und Finder des Steins der Weisen und alle ihr Vieh und Heerde davon abzuhalten?" Here and elsewhere, translations are mine unless stated otherwise.
2 In fact, Herder's text opens with the inclusion of Fludd and Böhme in the company of Descartes and Newton, as "being on one path:" "Robert Flood und Des-Kartes, Newton und Jakob Böhm, Burnet und Whiston und Leibniz und Silberschlag und Schwedenborg und Bombast Aureolus von Hohenheim und alle [sind] im Grunde auf Einem Wege." Herder 1774, p. 3, note B. It is noteworthy that in this same treatise on Genesis and the origin of religions, Herder's concept of hieroglyphs (*Schöpfungshieroglyphe*) is formulated. He sees these as the oldest evidence (*älteste Urkunde*) of the memory of Creation, as the "memory image" (*Gedächtnisbild).* As will be shown, this has much in common with both Fludd's and Böhme's views on the subject.

https://doi.org/10.1515/9783110720525-023

riographical reception of the time.[3] The perception that Fludd and Böhme are somehow connected formed during their lifetimes and has persisted to the present day.[4] In fact, seventeenth-and eighteenth-century sources still offer the best comparative analysis of the precise theoretical points linking the two thinkers.[5] Particularly in the wake of recent interest in both figures, this paper's first aim is to identify points of contact, without seeking to be exhaustive. Thus, I will begin by briefly reconstructing their shared historical reception and the ground that made it possible by mapping the points where their philosophical programs align.

Herder's critique appears to reflect a shared sentiment among many Enlightenment authors towards both Böhme and Fludd and the tradition they were assumed to spearhead. Contextual reading implies that Herder's characterization of theosophical epistemology as *Unsinn* ("non-sense"), however sarcastic, should be taken literally, as something that is perceived to be opposed to "sense" (*Sinn*). This has roots in the way critics perceived these writers as being obscure, not least because of their use of "thought imagery," that is visual thinking, and in Fludd's case, also because of image-making, which was often interpreted by their contemporary opponents as a sign of religious enthusiasm (*Schwärmerei*).[6] Thus, very tellingly, Fludd's opponent, the German astronomer Johannes Kepler (1571–1630), accused him of "revelling in the shadowy enigmas of things" via *picturaes* and hieroglyphs, in opposition to himself who, with mathematical diagrams, "strives to carry things that are shrouded in obscurity to the clarity of the intellect."[7] Meanwhile, Méric Casaubon, the son of the famous disenchanter of Hermeticism, described Böhme as a "mere fanatic" and a source of rhetorical "frenzies."[8] Ironically, Fludd was of the conviction that he was one of the ones seeking "most clearly to demonstrate the secrets of nature [...] concealed or hidden by ancient philosophers."[9] This refers to the fact that they placed polarities such as darkness and light at the operative core of their cosmological views, proclaiming the emancipating struggle of light against the darkness as the foundation of their work. They both relied upon an arsenal of visual and textual means to imprint knowledge on the viewer's imagination, prompting bodily and spiritual internalization. I therefore argue that

3 A practicing physician, Fludd published a volume in 1617 in support of the Rosicrucians' call for a new kind of learning based upon "sound (i. e. Reformed) Christian doctrine." Soon afterwards Fludd attempted such a project by publishing the first volume of his all-encompassing "History [or survey] of two worlds, the Macrocosm and the Microcosm." *De utriusque cosmi historia* (Fludd 1617–1626) organizes knowledge by synthesizing not only all conceivable branches of cosmic and human existence, but also a variety of possible ways of communicating about them. The text crucially relied on the efficacy of images which were engraved by Matthäus Merian, executed most likely after Fludd's own drawings: see Debus 1979; Rösche 2008; Fludd 2018 (Facsimile).

4 For example, Ariel Hessayon mentions Fludd as being "further afield," but he also points to the shared readership of the two men. Hessayon 2014a, p. 32.

5 To my knowledge, in German- and English-speaking scholarship, only two authors have comprehensively addressed this issue: Hinckelmann 1693, and more recently, Szulakowska 2000 and 2006. Both are discussed below. Furthermore, Schmidt-Biggemann has written extensively on both authors, particularly highlighting the kabbalist origins of their works: Schmidt-Biggemann 2007.

6 It has been often remarked that in Fludd's work the images not only have an argumentative function but that often they also present the argument. See Christoph Lüthy's fascinating analysis of "the epistemic assumptions rendered explicit" in the use of images between Kepler and Fludd: Lüthy 2018.

7 Kepler 1940, p. 375, cited in Lüthy 2018, p. 257: "Propterea etiam in ipsius opere plurimæ sunt picturæ; in meo, diagrammata mathematica literis instructa. Videas enim, ipsum plurimum delectari rerum æenigmatibus tenebrosis, cum ego res ipsas obscuritate involutas in lucem intellectus proferre nitar."

8 Casaubon 1970 [1656], p. 167, cited in Stark 2009, p. 163.

9 Huffman/Seelinger 1978, p. 91. cited in Guariento 2014, p. 45: "[...] opiniones meæ non sint nouæ, sed potius evidentissimæ arcanorum Naturæ [...] a Veteribus Philosophis tectorum seu absconditorum explicationes et demonstrationes clarissimæ." I thank Luca Guariento for sending me his PhD thesis, which offers a detailed overview of Fludd's *œuvre*.

a contemporary reader should analyze the function of language and images in both thinkers within their epistemological contexts. Both Fludd and Böhme conceived of language – visual and textual alike – as cosmogenic, or world-building. Accordingly, the second aim of this paper is to show that the affinity between Böhme and Fludd stretches beyond the similarity of their philosophical programs to include the form and mode of transmission of their work. This will ultimately help to answer the question why the work of both authors found (and continues to find) appreciation and application outside academia in the practices of scientists, writers, philosophers and artists?[10] Finally, something should be said about the historical context in which the present writing is embedded, as there appears no time more fitting to write about shared intellectual history and memory – impossible without continuous exchange cross borders and languages – than in this time of re-emerging nationalisms in the countries discussed, and beyond.[11]

2 Unity of Opposites – Shared Histories of Fludd and Böhme

Nicholas of Cusa's idea of the *coincidentia oppositorum* is important not only to approach Fludd and Böhme's works, but also their lives. Despite their divergent social backgrounds, language differences and the fact that with all probability they never met, the Oxford-educated physician Robert Fludd and the self-taught shoemaker from Germany, Jacob Böhme, have much in common.[12] On a conceptual level, they share a belief in the Mosaic wisdom personified by Sophia. They both employed, albeit to different extents, ideas derived from kabbalah, natural magic, alchemy and astrology. Much of this is due to the fact that they draw on a pool of related writings that are indebted to certain traditions and to authors such as Paracelsus (1493–1541) and Heinrich Khunrath (1560–1605).[13] Furthermore, they have a parallel dissemination history that, at least in print, mostly played out outside their respective countries of origin. Thus, during his lifetime none of Fludd's major works were published in England, but rather in Germany and the Netherlands, prompting German uranographer Johannes Bayer to write to Fludd on 3 February 1618 that his "Historia of the Macrocosm now casts its rays on our Germany, as its light does through all the places of the most learned of Europe."[14] That the rays' shining was obscured when reaching the island is evident from Fludd's remarks concerning domestic reception in contrast with the reception abroad:

---

10 Fludd and the images in his writing have attracted attention from physicists, artists, musicians and writers such as Wolfgang Pauli, George Bataille, André Breton, Anselm Kiefer, Harry Smith, and Hillary Mantel. A recent trend is the emergence of theosophic imagery as a subject in popular visual culture, such as in the TV series, "the OA" (2016–18) and "Dark" (2017–20), both distributed by "Netflix."

11 This paper was written during and after Brexit at the libraries of The Warburg Institute, Staatsbibliothek zu Berlin – Preußischer Kulturbesitz, and the Bibliotheca Hertziana in Rome. I owe the staff of these institutions my gratitude.

12 All books by Fludd (with the exception of the posthumously published, self-translated *Mosaicall Philosophy* and a short treatise on weapon-salve, see note 18) were initially printed in Latin. Böhme wrote only in German. Even considering that Fludd travelled at least twice across Europe, Prague seems to be the only city he visited that intersects with the areas where Böhme lived and travelled. However, Fludd travelled to Prague years before Böhme was there. For the most recent account of Fludd's travels and network, see Guariento 2016.

13 On Paracelsus and Fludd, see Debus 1979. For Böhme and Paracelsus, see Gantenbein 2018, pp. 166–196. On Khunrath and theosophy, see Gilly 2014, pp. 9–22.

14 Huffman 1978, p. 91. Fludd visited Bayer in Augsburg. He has been identified as the person who brought the manuscript of *De utriusque cosmi historia* to Oppenheim, instead of Michael Maier, as earlier suggested by Frances Yates. Guariento 2016.

> This I speake to some of my Countrymens shame, who in stead of encouraging me in my labours (as by Letters from many out of Polonia, Sueuia, Prussia, Germanie, Transyluania, France and Italy I haue been) doe prosecute me with malice & ill speeches.[15]

Fludd's attempt to find consolation in the Bible by concluding this letter with a reference to Luke 4:24 ("no man is a Prophet in his own Country") can well resonate with Böhme, who was notably accused of heresy and banned from writing in his hometown. While Böhme's works circulated in German lands in copied manuscripts, gaining him a loyal audience, yet most of them were printed for the first time in the Netherlands and England, where they found a following among intellectual and revolutionary circles.[16]

The parallels in the respective dissemination histories, along with conceptual similarities rooted in the shared tradition, must be the reason why their names are also intertwined across the pages of their reception history, which has its beginning in their shared networks and later assumes the form of historiographical narratives. Some of the readers of Fludd and Böhme might even have met both authors. For instance, the cosmopolitan polymath from Hamburg, Joachim Morsius (1593–1644) met Fludd while travelling through England in 1619. His amicable impressions of Fludd along with the latter's autograph are preserved in a page dedicated to him in the *Stammbuch* known as *Album Morsianum*.[17] In 1623 Morsius travelled to Lübeck, where he became acquainted with Johann Staricius and Balthasar Walther, by whom he was made aware of Böhme. While recently it has been disputed that Morsius and Böhme knew each other in person, there is little doubt that they shared the same network, which also included Böhme's first biographer, Abraham von Franckenberg (1593–1652), who is likewise featured in Morsius' album.[18] Thus, in Morsius we have a historical figure that links Fludd and Böhme, which, considering his role as a librarian and collector of manuscripts, could also be an indicator of their joint dissemination – written and oral. In England, too, particularly during and after the revolution when the works of both authors appeared in English (Böhme's editions from 1645 to 1662, Fludd's *Mosaicall Philosophy* in 1659) there is evidence of shared readership. For instance, both authors have been identified as noteworthy sources for John Milton's *Paradise's Lost* (1667).[19]

Not only did their followers read them both, but also in the writings of their adversaries the names of Fludd and Böhme often appear together. Thus, the German theologian Ehregott Colberg in his 1690–91 rejection of "mingling of Christian faith with platonic-hermetic philosophy" answers his self-posed question, "how one could even gain knowledge of Böhme's *Natursprache?*" with a reference to "no other advice but one given by Rob. Fluddus."[20] A few pages further the related endeavor of both is implicitly dismissed as being rooted in "Imagination und Speculation": "the inner revela-

15 Fludd 1631, p. 24. Fludd enjoyed high social standing, as reflected in his audience with the king, membership (and even censorship) of the Royal College of Physicians and of circles including John Selden, William Harvey, Indigo Jones etc. Guariento 2016.

16 The only work to appear in print during Böhme's lifetime was *Der Weg zu Christo. Jn zweyen Büchlein* (Böhme 1624). See Penman 2010b, pp. 418–419.

17 Unable to consult the volume (III) from Lübeck's *Stadtbibliothek*, I rely upon Heinrich Schneider, who provides a reproduction of said page: Schneider 1929.

18 Penman 2019b, p. 102, footnote 14. On Staricius and Böhme, see Weeks 2019.

19 Milton had access to these books through the library of his friend Nathan Paget, which listed five books by Fludd and sixteen books and manuscripts by Böhme. Sarkar 2012, p. 171.

20 Colberg 1710 [1690/91], pp. 156–157: "Wie man denn zur Erkäntniß der Natur=Sprache […] gelangen könne. Hier ist kein ander Rath / als den Rob. Fluddus p. 43.44. giebt." For the enlightening analysis of "the heresiologist," see Hanegraaff 2012. However, at the same time Colberg rightfully recognizes that Fludd, too, refers in his early writing to the book of nature (*libra naturae*) and its "natural characters" (*characteres naturæ*).

tions, dreams visions, angelic apparitions, ecstasy, […] all is a mere effect of phantasms."[21] Similar examples are numerous, but the most telling and exhausting one is provided by the theologian and orientalist Abraham Hinckelmann's (1652–1695) book *Detectio Fundamenti Böhmiani* (1693). Like Colberg's writing, this work is set in the larger theological context of "anti-apologeticism." Protestant theologians accused writers who drew on Hermetic and Neoplatonic sources of being "enthusiastic" and "fanatical" (*schwärmerisch*), because they presumed an individual ability to gain divine knowledge through mystical illumination (*gnosis*), thus bypassing mediation of knowledge through religious institutions.[22] It is in Hinckelmann's critique that we encounter one of the rare reflections on the relationship between Fludd and Böhme. In his "examination and refutation" of Böhme's teaching, Hinckelmann focuses on arguments against the source of Böhme's *Grundlehre* or "basic doctrine," which Böhme claimed to be divine revelation. Refuting this, Hinckelmann believes that Böhme drew his theories from a more secular source, stating that "the calf with which he plowed is the English philosophus Robertus Fludd a Fluctibus."[23] The approach of reading Böhme's work through its indebtedness to Fludd proved to be persuasive, prompting German pietist Gottfried Arnold (1666–1714) to refute the claim made "by many" that Böhme had already died when Fludd's *Mosaicall Philosophy* was published.[24] Meanwhile, outside of the theological debate, in the subsequently formed discipline of the history of philosophy, Böhme and Fludd have also been viewed as a pair, often accompanied by others such as the Paracelsian chemist Jan Baptist van Helmont. The transition from being objects of theological criticism to becoming subjects within the historiographical canon should not come as a surprise, as Hanegraff has argued, since Enlightenment authors constructed their traditions of secular philosophy in opposition to the "counter-tradition" of "pagan, occult, superstitious and irrational religion and thought as an essentially unified tradition of unreason."[25] Scholars have recognized the instrumental role of Jakob Brucker's damning account of theosophy in helping to place the two men in the same tradition. Fludd and Böhme are listed in his *Historia critica philosophiae* (1742) and *Kurze Fragen* (1731–36) among its representatives.[26] Serving as a canonical reference for most of the century that followed, *Historia* informed further authoritative reference-books such as Diderot's *Encyclopédie*,[27] William Enfield's English translation *The History of Philosophy* (1792) and subsequent historiographical studies.[28] Much has been done in recent decades to un- and re-cover the role and significance of

---

21 Colberg 1710 [1690/91], p. 159: "[…] die inneren Offenbahrungen/ Träume/ Visiones, englische Erscheinungen/ Entzückungen. […] doch nur in blosser Würckung der Phantasen bestehet."

22 Hanegraaff 2010, pp. 96–97.

23 Hinckelmann 1693, p. 61: "Das Kalb damit er gepflüget ist der Engelländische Philosophus Robertus Fludd a Fluctibus."

24 Arnold 1721, p. 1139: "Böhme [ist] viel älter gewesen, und [hat] eher geschrieben als Fludd, und also von ihm nichts haben können." While the conclusion is right, the premise of Arnold's argumentation is not precise: Böhme was only one year older than Fludd, and wrote *Aurora* in 1612, while Fludd completed the manuscript of the first *tomus* of his *Historia* by 1611/12. Guariento 2014, p. 21. Abraham Rees' *Cyclopædia* (1819) maintains that Böhme "appears to have acquired some knowledge of the doctrine of Robert Fludd" (Rees 1819, sub voce *Behmen*).

25 Hanegraaff 2010, 92.

26 Apart from Hanegraaff 2012, see also Schmidt-Biggemann/Stammen 1998.

27 Jason A. Josephson-Storm observed a paradox in the *Encyclopédie* in that it contains a scathing article on theosophy, but also one praising Paracelsus. This brings him to the conclusion that the *Encyclopédie* was not as opposed to the occult as it appears at first sight. Josephson-Storm 2017, p. 51. I have observed the same pattern in its German counterpart, Zedler's *Universal-Lexicon* (1731–1754), which features a damning account of theosophy and Böhme as its leading representative, while the articles on Fludd and Böhme are written in a more neutral tone, mentioning their "dark" language and their critics while also acknowledging the high esteem in which they were held by others.

28 See Tennemann's chapter "Mystische Naturforscher und Theosophen dieser Zeit" in: Tennemann 1829, p. 362: "Böhm und Fludd hatten den Versuch gemacht, die Ausgeburten ihrer phantastischen Speculation auch in der Bibel zu finden." Enfield 1791, pp. 489–504.

Fludd and Böhme in the history of philosophy and science.[29] The idea of their joint reception has also survived, epitomized and visualized most recently in exhibitions curated by the editors of the present volume and dedicated to Böhme which have been partially illustrated by Fludd's images.[30]

However, despite vastly overlapping readerships, critical and sympathetic, surprisingly few attempts have been made to explore the nature of their similarities. Those that have done so have attempted to explain the thought of one through the writing of the other. Thus, Urszula Szulakowska, to my knowledge the only scholar after Hinckelmann to address this issue, maintained (in opposition to Hinckelmann) that it was Fludd who must have read, and was thereby influenced by, Böhme.[31] If, indeed, it can be argued that one author read another, then to my mind, Szulakowska has correctly established the order of influence between the two authors. However, further research is necessary to test this thesis. For present purposes, the historiographical context can provide the starting ground for a discussion of resemblances between their philosophical programs and the means of their transmission. Hinckelmann's account offers an opportunity to simultaneously discuss the interrelation of Fludd and Böhme, while maintaining the perspective from which the early readers saw both authors.

3 Correlating Cosmologies: Chaos and Order in Böhme and Fludd

Hinckelmann's refutation is usually read in the context of widespread criticism of Böhme's work and it is thus consequently built upon the wrong premises.[32] Indeed, as has been rightfully noted, his conclusion that Fludd was "the well from which Böhme draw his water" does not stand the scrutiny of history, as none of Fludd's works were published when Böhme's *Aurora* was already circulating.[33] Hinckelmann's conclusion is less relevant than his fascinating comparison of Böhme and Fludd, which was based on close reading and cross-referencing of the two authors. The correlations analyzed by Hinckelmann, I argue, mostly still hold true.

First, Hinckelmann identifies their main similarity in the conception of the Divine, understood in the works of both as a "hidden God" – *verborgener Gott* in Böhme and *Deus latens* in Fludd. In this, he is also plausibly right to recognize Cusa's dialogue *De Deo Abscondito* (1444/45) as a source

---

29 See, for example, Muratori 2016.

30 Brink/Martin/Muratori 2019a. This is not the only example: the cover of the 1984 Spanish edition of *De signatura rerum* is illustrated by the image of Fiat from Fludd 1617–1626, vol. 1, p. 49. Böhme 1984.

31 Szulakowska's claim, unlike Hinckelmann's, is not in contradiction with the bio- and bibliographical data and it is rooted in close reading of both authors. She suggests that Fludd could have known a manuscript copy of *Aurora*, written in 1612 and available in manuscript. On this basis, she argues that Fludd borrowed Böhme's personification of Nature as a virgin and employed it in his *Tractatus Theologo-Philosophicus* (1617). Szulakowska 2006, pp. 139–140. Additionally, Christoph Geissmar traces the influence of Fludd's images to illustrations of Böhme's posthumous editions. He did not, however, analyze the reasons for this (Geissmar 1993, pp. 179–188).

32 Sibylle Rusterholz, like Gottfried Arnold before her, observes that Böhme's writings predate the Fludd works cited by Hinckelmann as potential sources for Böhme (Rusterholz 2012, p. 12).

33 Hinckelmann 1693, p. 68: "daß ich den Brunn gewiesen/ wo Böhme Wasser geschöpffet habe. […] dass Böhmens Weißheit auß Fluddi Operibus geholet sey."

for both authors.[34] Further, he argues that in Böhme's conception of the Divine one finds "two eternal principles, light and darkness" and that both are contained in chaos, "which is God itself as the being of all beings."[35] This, as the theologian correctly analyzes, is "the foundation of all of Böhme's wisdom."[36] Crucially, he recognizes that "this is also the case with Fludd."[37] To prove this, Hinckelmann quotes passages from the first volume of *De utriusque cosmi historia* which, he argues, correspond to Böhme's conception of the Divine in *Mysterium Magnum*. In one of these passages, Fludd corrects Augustine's idea of privation (the absence of any quality) by noting that the idea of blackness contains the idea of light: "This primal material [...] is the original passive *ground* of action, containing the world."[38] This quote is a key example for Hinckelmann. However, I believe that the conceptual similarity with Böhme is even more obvious in the following passage, where Fludd writes of matter as being

> drowned in darkness, like the primal matter of the macrocosm before light was created, for it contains a potential for the lovely presence of that light without which it can never be brought to the active state.[39]

Here the parallels between Fludd's cosmogony and that of Böhme become clear. For Böhme, the abyss is the prerequisite for the division of light and darkness, good and evil, freedom and captivity, a thought that is also elaborated in Hinckelmann's citation from *Clavis* describing *Mysterium Magnum* as

> [...] a chaos, from which evil and good originate, and also light and darkness, life and death, joy and sorrow – a ground of heaven and hell, as well as for the visible world with everything it contains, for everything lies in one and only ground. NB. Like the tree contains its image, before the artists carves it out and gives it shape.[40]

---

34 Hinckelmann 1693, p. 63: "Anfänglich so ist die Lehre von Gott allerdings in Flud so beschaffen/ wie in Böhmen. Dieser redet viel von den verborgenen GOtt: bei den Flud ist *Deus latens* ja eben derselbe/ und dabey sehr glaublich daß er zuerst aus der Cabalisten oder auch Nicolai Cusani Schriften selbigen gelernet." Much of this shared foundation can also be found in Ramon Llull's *Liber Chaos* (ca. 1285), which presents primordial chaos as possibility, as Charles Lohr has put it, "an intentional reality." On the connection between the views of Llull and Cusa on chaos, see Lohr 2005, p. 133: "Chaos ist, für Llull, eine intentionale Wirklichkeit – eine reale, aber nicht existierende Wirklichkeit, die vor der Welt als die Möglichkeit der Dinge *gewesen* ist."

35 Hinckelmann 1693, p. 63: "In Böhmens Göttl. Wesen findet man zwo ewige *principia*, Liecht und Finsterniß. [...] Indeß wären sie doch in eines zusammen / als in einen Chao, welches *Chaos* GOtt selber ist / als das Wesen aller Wesen [...]."

36 Hinckelmann 1693, p. 63: "Und kurz zu sagen/ hierinnen ist der Grund aller Böhmischen Weißheit!"

37 Hinckelmann 1693, p. 63: "Mit Fludd ist es eben so bestand. Der sagt Tom. I. Hist. Macrocosmi pag. 25. die Ur=Materie aller Dinge sey *instar fumi nigerrimi seu vaporis, seu umbræ horrendæ, seu abyssi tenebrosæ.*"

38 Fludd 1617–1626, vol. 1, p. 24; Fludd 1982, p. 21. Fludd 1617–1626, vol. 1, p. 25: "Omnium tamen actionum passivum primum, rerumque capax: Unde mundi mater vocatur, in cujus gremio orbes ætherei rutilis ignibus decorati, & quatuor elementa inferius juxta centrum suspensa tanquam in utero materno comprehenduntur."

39 McLean 1982, p. 23. See Fludd 1617–1626, vol. 1, p. 27: "Hic igitur considerandum est, quod rei materia, dum tenebris submergitur, sic se habet in re forma privata, ut prima macrocosmi materia ante lucis productionem, nam habet potentiam ad lucis cujusdam presentiam & pulchritudinem, sine qua in actum nunquam potest deduci [...]."

40 Hinckelmann 1693, p. 64: "ein Chaos, daß daraus böses und gutes urständet/ als Liecht und Finsternis/ Leben und Todt/ Freude und Leid. – Ein Grund des Himmels und der Höllen/ und der sichtbaren Welt/ samt allen den was da ist/ da alles ist in einem einigen Grund gelegen/ NB. gleichwie das Bild im Baum/ eher es der Künstler ausschnitzet und formiret [...]." He cites, with a few omissions, from Böhme's *Clavis*, § 23. Citations from Böhme's texts other than *Aurora* are from: Jacob Böhme*: Sämtliche Schriften*, Facsimile reprint of the 1730 edition in 11 volumes, ed. Will-Erich Peuckert, Stuttgart-Bad Cannstatt: Frommann, 1st edition 1955–1961, Frommann-Holzboog, 2nd edition 1986–1996. Here: vol. 9, *Clavis*, 23, p. 84. This edition hereafter cited as Böhme 1955–1961.

Fig. 1: Robert Fludd, "Et sic in infinitum", Prima Materia, in: *De utriusque cosmi historia*, vol. 1, 26, Oppenheim/Frankfurt a.M., 1617–1626, Sächsische Landes- und Universitätsbibliothek Dresden, 1.B.3237-1

The image of the artist, present already in Llull's description of creative chaos, is a link to Fludd, who, assisted by the engraver Matthäus Merian and following the instructions of Hermes and Moses, presented pictorially the pre-existence of the light.[41]

Fludd's "imaginary picture of this formless matter" (Fig. 1) has the shape of an uneven rectangle rendered by a density of intersecting vertical and horizontal lines. Horst Bredekamp observed that in the various printed copies of the book the black of the square is not consistent and the directions of lines differ.[42] On the basis of four different copies he analyzed, Bredekamp suggests that several layers of black and spirals were applied by the engraver, thus increasing the darkness towards its center. Thus, he argues that the chaotic spiral line is conceptually significant as "a vector of movement that draws the entire archetypical cosmos into a spiraling vortex which opens up to creation."[43] Indeed, the irregular superimposition of black lines and layers that leave spots of light uncovered points to a conscious instruction by Fludd or a faithful interpretation of the text by Merian. The result visually suggests the potential emanation of pre-existing light, thus deliberately preserving the potency of "this lovely presence of that light" held in captivity behind the darkness. However, any suggestion of movement or the identification of a designated center, as in Bredekamp's interpretation, would directly contradict the text describing "primordial infinite formless Being" (*Ens primordiale, infinium,*

41 Hinckelmann, too, refers to the image of the black square (Hinckelmann 1693, p. 63: "[Fludd] läst es auch bey den Worten nicht bleiben/ sondern hat dem Leser pag. 26. ein Kohl=schwarz Quadrat=Stück vorgemahlet." Fludd 1617–1626, vol. 1, p. 25: "Hujus autem materiae informis effigiem imaginariam, *Mercurii Trismegisti* & veridici *Moysis* descriptionem imitando, […] hoc in loco depinximus."

42 Bredekamp 2016, p. 110.

43 Bredekamp 2016, p. 113.

informe) that precedes the image – and thus, the very foundation of the cosmology in question.[44] Furthermore, neither of the two copies that I have viewed in the British Library show any sign of concentration of black layers or lines at the center. This fits with the spatial and temporal framework set by the four words inscribed on each side of the depiction – "et sic in infinitum" ("and thus to infinity"). This implies that the totality of primordial nothingness spreads beyond the page's margins, making it conceptually impossible to define a center. This collaboration of image and text, alluding to spatial and temporal infinity, helps to bypass the limits of mimetic pictorial representation and puts emphasis instead on the imagination of the reader/viewer, who is asked to participate in image/reality construction. Art historians have considered the depiction of *prima materia* as a forerunner of abstraction.[45] Fludd's image however, does not perform its function without the text, nor without the context – it is tied to its ontological and epistemological setting as it is to the series of depictions that follow it.

While the depiction of *prima materia* illustrates the similarities in the two authors' conceptions of Divine, yet another series of images proves that the polarization of darkness and light is an equally operative core of Fludd's cosmology, as it is for Böhme.[46] Shortly after concluding the survey's initial two *libri* on the principles and fabric of macrocosm, Fludd presents an image of two pyramids, one formal, another material – for Fludd, "a key or door to the doctrine".[47] (Fig. 2)

In the image, two intersecting cones represent light and darkness. The cone of life-giving light, the *pyramis formalis*, made out of spiritual substance, emanates from the triangle symbolizing the Trinity. It intersects with the cone of dark materiality, the *pyramis materialis*, which protrudes from the Earth, symbolizing the "aspiration of the universe to its divine source."[48] Thus, the upper point of the formal pyramid stemming from God touches the earth, while that of the material reaches to God. This optical construction produces an "image of God and his created universe as being perpetually locked in a mutual gaze."[49] The sun, situated in the middle of the cones, balances the binaries of form and matter, male and female, sulphur and mercury. Appearing throughout the books of *De utriusque cosmi historia* and used in various ways, these binaries demonstrate that dialectics of polarities (darkness/light, form/matter) are at the core of Fludd's thought, as they are for Böhme. Hinckelmann, therefore, was right in stating:

> At the core of their teaching, Fludd and Böhme are entirely of the same view. Both recognize an unrevealed God who is the essence of all essence and in whom light and darkness are the two sources or original fabrics, of which one is passive, and the other is active. Yet, before creation they were together in one chaos.[50]

---

44 Fludd 1617–1626, vol. 1, p. 25: "[...] nullius quantitatis seu dimensionis, cum nec parvum, nec magnum dici possit, nullius qualitatis, cum nec sit subtile, nec spissum, nec perceptibile; nullius proprietatis, nec inclinationis, non movens [...]."
45 Hollein/Rosenberg 2007, p. 273. Exhibition catalogue.
46 Fludd adapted the concept of pyramids from Cusa's *De coniecturis.* See Guariento 2014, p. 36. Another image that makes this strikingly apparent is placed at the opening of the *Medicina Catholica* with its intertwined Dionysian and Apollonian influences, Fludd 1629–1631, p. 7. This image is called a "hieroglyphic image of all:" "Emblema Hieroglyphicum Totius."
47 Fludd 1617–1626, vol. 1, p. 81. The quote is from: Fludd 1617–1626, vol. 2, Setio II, Portio VII, 191: "[...] cum pyramidis formalis aut materialis aliquam facimus mentionem; [...] quoniam est præcipua doctrinæ nostræ clavis sive porta per quam in hujus Philosophiæ." As Guariento aptly points out, "pyramidal science" is a key part of the arts and *scientiæ* designated by Fludd as a tool of human's self-understanding, alongside prophecy, geomancy, genethlialogy, physiognomic, chiromancy and arts of memory. See Fludd 1617–1626, vol. 2, Sectio II, Portio VII, 179: *De speculativa pyramidum metaphysicæ et physicæ scientia*. Guariento 2014, pp. 94–97.
48 Here I follow Szulakowska's precise interpretation of the concept: Szulakowska 2000, pp. 170–171.
49 Szulakowska 2000, pp. 170–171.
50 Hinckelmann 1693, p. 65: "Also haben wir nun Fludd und Böhmen/ was den Grundsatz belanget/ gänzlich eines Sinnes. Beyde erkennen einen ungeoffenbahrten GOtt / der das Wesen aller Wesen sey/ in welchen Liecht und Finsterniß die

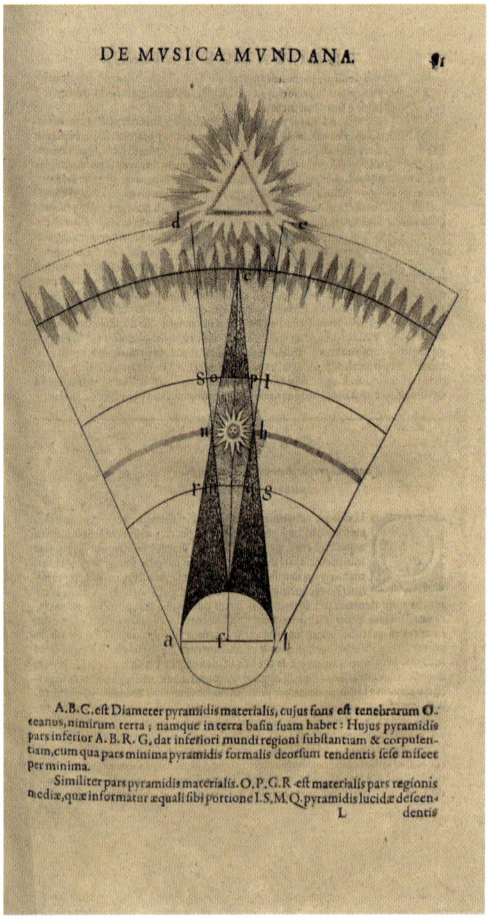
DE MVSICA MVNDANA. 81

A.B.C. eſt Diameter pyramidis materialis, cujus fons eſt tenebrarum Oceanus, nimirum terra; namque in terra baſin ſuam habet: Hujus pyramidis pars inferior A.B.R.G. dat inferiori mundi regioni ſubſtantiam & corpulentiam, cum qua pars minima pyramidis formalis deorſum tendentis ſeſe miſcet per minima.

Similiter pars pyramidis materialis. O.P.G.R. eſt materialis pars regionis mediæ, quæ informatur æquali ſibi portione I.S.M.Q. pyramidis lucidæ deſcendentis

L

Fig. 2: Robert Fludd, The "pyramis formalis" and the "pyramis materialis", in: *De utriusque cosmi historia*, vol. 1, 81, Oppenheim/Frankfurt a.M., 1617–1626, Sächsische Landes- und Universitätsbibliothek Dresden, 1.B.3237-1

However, Fludd's images testify not only to the theosophical affinity of these authors but also to their shared way of transmitting knowledge, at the core of which is the intrinsic relationship between vision and knowledge.

4 Image and Thought at Work: Robert Fludd's Visual Genesis

Böhme's and Fludd's visual thinking echoes Giordano Bruno's definition of the true philosopher as someone who imagines in both words and images.[51] So far, I have relied on Fludd's images to illustrate a philosophical alignment between him and Böhme. However, in Fludd's cosmology images surpass their illustrative function, much like Böhme's use of language transcends its rhetorical and descriptive significance. In both cases, language, whether textual or visual, can be seen to have epistemological

beyden Quellen oder Urstoffen […] seyn/ davon das eine sich hat passive, das andere aktive, welche beyde aber vor der Schöpffung sind in einen einigen Chao untereinander gewesen." Hinckelmann then proceeds with a 3-page long list of correlations providing an impressive number of cross-references.

51 Giordano Bruno, "Sigillus Sigillorum", cited in Lüthy 2018, p. 227: "Non est enim philosophus, nisi qui fingit et pingit."

and ontological power. Even before Foucault in *Les mots et les choses*, the historian D.P. Walker outlined "verbal force" in a theory of language that could be applied to Böhme and Fludd:

> There is a real, not conventional, connection between the words and what they denote, [...] the word is not merely like a quality of the thing it designates, such as its color or weight; [rather], it is, or exactly represents, its essence.[52]

As the literary scholar Brian Vickers has put it, for Renaissance magicians to "rearrange words was to rearrange reality," making language a powerful tool, uncontrollable for the religious authorities, in the hands of those who access hidden (lat. *occultus*) truths.[53] It is with this in mind that the works of these authors were called "monstrous inventions of their imaginative speculations" during the Enlightenment, in an attempt to disempower and disenfranchise their ideological foes.[54] Therefore, in order to argue that Fludd and Böhme's affinity lies in the ontological status of language, it is key to first reconstruct the theory of non-descriptive, enchanted (visual) language to which both have recourse.

In Fludd's *De utriusque cosmi historia*, the images range from mechanical and ocular illustrations to talismanic and magical images. The historian Robert Westman concisely describes them as "ways of knowing, demonstrating, and remembering."[55] Another crucial function should be added to this: the images constitute the cosmos as Fludd has seen it through the lenses of Scripture, kabbalistic, alchemical, Neoplatonist and Hermetic authorities. The images are thus intended to demonstrate the truth of his particular view of the world and simultaneously to be this world's manifestation. In synergy with the text, images transmit knowledge by capturing the imagination of the reader, as Fludd himself described:

> Given that we are in this place beginning to tell our story about created things, we have [...] left away all uncreated things and the description of the Holy Spirit, *simply depicting, so as to capture our imagination*, the operations of its uncreated rays.[56]

Furthermore, Fludd scholars have pointed out that his images "lent themselves to public instruction," and "could operate at several different semiotic levels," not only as icons, but as "metaphors that could be subject to oral discussion."[57] In this, Fludd relies upon insights from a variety of traditions that inform his iconography.

In opposition to the "pictorial turn" in visual studies, that is to say, approaching images in their immediacy, independent from language and sometimes historical context, I suggest analyzing Fludd's pictorial program in its communicative function and within its iconographical traditions and epistemological settings.[58] The anthropology of thought advanced by Carlo Severi provides a productive and nuanced perspective to achieve this.[59] In his concept of the *chimera*, he invites us to look at images

52 Walker 1958, pp. 80–81, cited in Stark 2009, p. 90.
53 Vickers 1984, p. 106.
54 Jacob/Jacob 1980.
55 Westman 1984, p. 181.
56 Fludd 1617–1626, vol. 1, p. 54, cited in and translated by Lüthy 2018, p. 241: "Quoniam hoc loco historiam nostram de rebus creatis incipimus, idcirco in primæ Macrocosmi regionis creatione res increatas, Spiritusque sancti descriptionem hic omisimus, depingentes *solummodo pro imaginationis nostræ captu*, operationem radiorum ipsius increatorum [...]." Italics are mine.
57 Szulakowska 2000, p. 181.
58 Keith Moxey's article offers an extensive overview of the various theoretical aspects and currents within the pictorial turn. Moxey 2008.
59 Severi 2018.

as part of communicative ritual or quasi-ritual praxis, as the transmission of knowledge in the social memory of many cultures occurs not only through the spoken word but also images:

> The counterpart of writing in many societies is not merely the spoken word but, more precisely, the hybridization of word and image in the form of a mnemonic device, most commonly in ritual contexts.[60]

Severi draws upon studies of Frances Yates and Paolo Rossi concerning the *artes memorandi* of various mystical thinkers including Bruno und Fludd. He also refers to Giambattista Vico, who in his *La Scienza Nuova* (1725) formulated the myth of a universal language postulating that human memory is preserved by images: "images constituted the mental language" and established "the principle of the hieroglyphs by which all nations spoke."[61] Furthermore, the *artes memorandi* and this myth of an original or Adamic language are both manifestations of mental languages. Severi writes: "to study memory means studying thought at work."[62] This means that we can approach images or any other visual material as an aid to thinking as well as tools for the transmission and preservation of knowledge.[63] It is this approach that I want to apply to Robert Fludd's transmission of knowledge by visual means.

When Kepler contemptuously compared Fludd's images to "hieroglyphs," contrasting them to his own "mathematical diagrams," Fludd took the judgement without grievance, for he believed in the idea of a primordial language that has been forgotten, but can be remembered in order to reveal a deeper divine knowledge:

> What he [Kepler] has expressed in many words and long discussion, I have compressed into a few words and explained by means of hieroglyphic and exceedingly significant figures. [...] A figure, that is, in which its essence can be beheld by eye and mind as in a mirror and without many-worded circumlocution.[64]

Thus, this quintessential passage frames images as vehicles in which the essence can be preserved, transported and immediately revealed. Furthermore, it sums up Fludd's epistemology outlined in the text accompanying a well-known plate in *De triplici animæ in corpore visione* of the second volume of *De utriusque cosmi historia* (Fig. 3).

The depiction shows three kinds of visions of the soul, each allocated to a corresponding brain cell: the terrestrial sensible world (*mundus sensibilis*) perceived by five senses, each of them corresponding to an element (sight with air, hearing with fire etc.) and imprinted on the front ventricle by *sensitiva*. This is contrasted to the intellectual world (*mundus intellectualis*) of the Divine, the angelic level of which we may be able to contemplate through the mind (*mens*), which governs over intellect and reason and is located in the middle ventricle. Both are connected through the imaginable world (*mundus imaginabilis*) with its shadows of the sensible world (*umbra terrae*), which the imaginative soul (*anima imaginativa*), conjoined with *sensitiva* in the front, captures in images (*imagines*).[65] Seen through the prism of Renaissance facultative psychology, the images carry on one hand the form of the perceived, on the other they can reconfigure the perceived with the power of imagination, before

60 Severi 2018, p. 66.
61 Severi 2018, p. 63.
62 Severi 2018, p. 64.
63 Severi 2018, p. 64.
64 Fludd 1621, p. 5, translated by Priscilla Silz in Pauli 1955: "Quod igitur ille multis verbis et longa oratione expressit, hoc ego brevibus contraxi, figurisque hieroglyphis et valde significantibus explicavi. [...] figuræ naturæ suae magis aptæ includeretur, in qua eius virtus, tanquam in speculo, absque verborum plurimorum, circuitione oculo et animo conspiceretur."
65 For more detailed descriptions, see Lüthy 2018, p. 267.

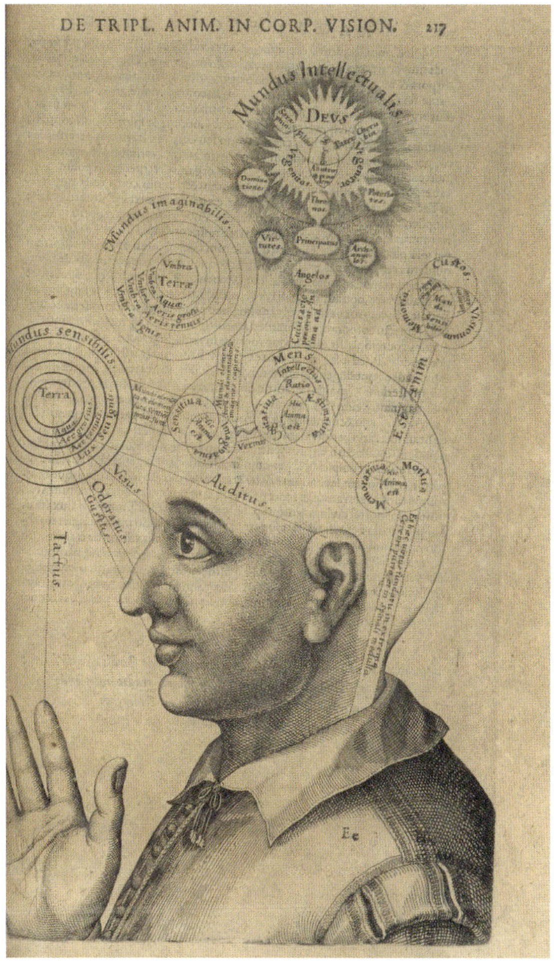

Fig. 3: Robert Fludd, "De triplici animæ in corpore visione", in: *De utriusque cosmi historia*, vol. 2, 217, Oppenheim/Frankfurt a.M. 1617–1626, Sächsische Landes- und Universitäts-bibliothek Dresden, 1.B.3237-1

it is passed to the faculty of reason.[66] Being between two worlds, the terrestrial and the divine, these images are both receptive and creative in nature, and imagination is the faculty that mediates, as it communicates the form and the matter, the body and the soul. Fludd's epistemology, however, with its genealogical links to Ficino's natural magic, Bruno's art of memory and Paracelsian alchemical theory, endows the imaginable world with even more agency and power.

Discussing Fludd's facultative psychology, Lüthy noted that the plate does not render clearly the connection between the imaginable and the intellectual worlds, which is visually suggested by a tiny "worm" (*vermis*). I believe, this can be clarified if one brings Fludd's "terrestrial shadows" in genealogical connection with Bruno's "shadows of ideas" (*umbrae idearum*).[67] Bruno placed them at the core of human's cognitive potential.[68] According to Bruno, the perceived becomes knowledge by

66 Kodera 2018, pp. 121–125.

67 Indeed, Lüthy underlines that Fludd's "three-partite division is the same" as Giordano Bruno's (Lüthy 2018, pp. 267, 87 f.).

68 As Sergius Kodera has shown, while the shadows are accumulated through the sensual organs, they do not carry a negative connotation in Bruno's cosmology: "as a tracing of divine light, the shadow is the only available means for obtaining an image of divine truth." Thus, the shadow presents a direct link to the intellectual word. Kodera 2015, pp. 193–194.

being stored in our memory as a sensory mental image – *phantasma* of the perceived, that he also describes as a shadow.[69] By the same token, (foreign) words are translated into images. Thus in Fludd, as in Bruno, these shadows, i. e. memorized images, organize processes of knowledge reception and production through a visual cognitive process that is set in motion by imagination and enabled by memory, which serves as "the guardian of vision" (as literally inscribed over the image: *memoria [est] custos visionum*).[70] How exactly this process of image-making and memorizing works is extensively described in the section on the art of memory, which is introduced by an image of the same person's head in profile, depicting the eye of imagination (*oculus imaginationis*) that projects five images (including the Tower of Babel and an Egyptian obelisk) in place of the conjoined souls of imagination and sensation.[71]

For Fludd, the art of memory is not just a mnemonic device but "the science of spiritual memorizing which is vulgarly called *Ars Memoriae*."[72] It is not within the scope of the present essay to go into detail on Fludd's treatise on memory. It is important, however, to briefly chart the genealogy of pictorial theory used to illustrate the art of memory, for it sheds light on much of Fludd's wider image theory. Of particular importance is Ficino's astral magic. In *Theologia Platonica*, Ficino writes about transferring the life of the stars down through air to aid human health (this is also Fludd's prime concern). Furthermore, Yates argued that Ficino's magical memory images could be considered as inner talismans "inscribed with an image" and assumed to have "magical efficacy."[73] In an important passage, Yates further explains how Ficino associated the use of talismans with the power of imagination by arguing that Ficino's use of magical images was intended to condition the imagination to "receive celestial influence":

> His talismanic images [...] could be imprinted inwardly on the mind with such force that when a person, with this imprint in his imagination came out into the world of external appearances, these became unified through the power of the inner image, drawn from the higher world.[74]

If this talismanic power was enacted through the mnemonic system, it would allow one to "remember" everything the universe contains. It is in Bruno that Yates saw the most radical form of the art of memory and the power of images. Bruno follows Ficino in that the depictions of stars mediate between the ideas of the celestial world and the sub-lunar terrestrial world. If one is aware of how to manipulate the images of stars, one also knows how to change stellar influences, thus enabling terrestrial transformations. The aim of this memory system is to establish the return of intellectual unity through the organization of significant images.[75] Seen this way, Fludd's images serve the internalization of knowledge by channeling and imprinting knowledge on the imagination.

The way that this imprinting is enacted through the organization of pictorial space can be explored first with reference to Paracelsus' theory of imagination, and second to the iconographic tradition

69 Farinella/Preston 2002.

70 Further to the right, the plate shows the rear ventricle, where the soul of *memorativa* is intertwined with that of *motiva*. Here the interlinked worlds of sensation, imagination and mind are preserved and from here *motiva*, via the spinal cord, affects motions of the body.

71 Yates downplayed the significance of these images, but their clear allegorical meaning is suggestive. In what follows, I refer to Frances Yates: *The Art of Memory* (Yates 1999 [1966]).

72 Fludd 1617–1626, vol. 2, Sectio II, Portio III, 47: "De animæ memorativæ scientia, quæ vulgo art memoriæ vocatur."

73 Yates 1999 [1966], p. 151.

74 Yates 1999 [1966], p. 155.

75 Yates 1999 [1966], p. 228.

inherent to it. Thus, Szulakowska examines alchemical images in Paracelsian theosophy as a device promoting contemplation, which leads to gnosis.[76] Imagination plays an architectural role within Paracelsian cosmology. Humans, as mirrors of the cosmic order, possess two bodies – physical and astral. Imagination, being a faculty of the latter, thus has a similar, parallel role to intellectual and spiritual cognition. Due to the presence of celestial spheres as interior "astra" within the human body, humans can comprehend the stars. Since it was the stars that produced all earthly phenomena, through the "astra" humans are able to understand all natural and supernatural phenomena. Human intelligence, according to Paracelsus, merged with its object of analysis and thus "gained knowledge, not by rational logic, but through an empathetic union with the world," through gnosis.[77] Furthermore, Paracelsus believed that through the imaginative faculty of the astral body, humans can unite with God.

This power of imagination in the magical and spiritual practices of Paracelsian theosophy has, Szulakowska argues, encouraged the use of visual material, such as the engravings made for the 1595 and 1692 editions of the *Amphitheatrum sapientiae aeternae* by the German physician and alchemist Heinrich Khunrath (1560–1605). These engravings mean to excite the viewer's imagination, so that "mystical alchemy" can "take place though the act of visual contemplation." This "theatre of images" reflects the celestial spheres directly within the human mind, evoking "the emphatic faculty of the human spirit" which brings the mind to unity with the Divine by way of imagining the heavenly realms. Another aspect of Khunrath's images, which also comes through in Fludd's visual program, is that they absorb into the imaginary space the viewer. Khunrath's image of the alchemist in his laboratory is framed by a circular text which creates a radically exaggerated perspectival space, as in a "Cave of Illumination," into which the viewer is invited by the composition. Perspective is not employed to provoke an optical illusion but to produce an effect of real presence. In this way, the image attains a "deeper spiritual significance in which the generic signifier is transported from the viewer's eye to that of God [...] transcending the space of both the physical world and of its pictorial copy."[78] Szulakowska has argued that Fludd's images were thus also designed to accommodate the viewer within their imaginary world, "causing a spiritual and intellectual alchemy to occur" while looking at the image.[79]

Returning to Fludd's pictures, the narrative of Genesis unfolds in the first two books of the first tome as a sequence of alchemical separations (Fig. 1 and 4).[80] However, it should be noted that this "abstract" unveiling of the world is interrupted by three images of experiments. This marks a crucial point of difference between Böhme and Fludd: Fludd was preoccupied with winning over the reader not only by capturing the imagination, but also with experiments.[81] This reflects a coexistence of different modes of representation that Fludd employs both to transmit the knowledge and to constitute it. Starting from unformed matter, he transitions from the image of the first appearance of light to the image depicting the division of water, and the chaos of the elements. The final image shows the sun and the elements, which were scattered in the previous plate, restored to order. It is important to state that Fludd's images are intended as a sequence unfolding in the eye of the viewer and its persuasive significance also lies in its seriality. By turning the pages, the viewer is invited to go through and experience all stages of the creation of the world *ex nihilio*, as in the case of the sequence from chaos to order.

---

76 In the following I rely on Szulakowska 2000, pp. 7–10.
77 Szulakowska 2000, pp. 7–10.
78 Szulakowska 2000, p. xvii.
79 Szulakowska 2000, p. 43.
80 On Genesis as a chemical process of separation in Paracelsus and Fludd, see Debus 2013, pp. 149–169 and the chapter "Synthesis of Fludd."
81 Burnett 1999.

Fig. 4: Robert Fludd, The images of Genesis, from: *De utriusque cosmi historia*, vol. 1, Oppenheim/Frankfurt a.M. 1617–1626, Sächsische Landes- und Universitätsbibliothek Dresden, 1.B.3237-1

In sum, Fludd's images of genesis do not merely demonstrate the process but are the process of world creation in the viewer's imagination, in that they provoke a mental operation that allows the viewer to reconstitute, conjure or remember creation by internalization. I will now turn to Böhme's use of language to explore the potential of its correspondence with Fludd.

5 Böhme's Imago-Logocentrism

While Böhme barely uses depictions, his texts feature a variety of elements – from metaphors to discussion of images (*Bilder*), exposing the importance of visual thinking in the formation of Böhme's world.[82] The Creation as any creation is conceived as a process from imagining to image-making, as it is revealed already in *Aurora:*

> [...] the hands work in accordance with the image. For you must first call a work to mind if you want to make it. For the soul [...] recognizes what God its father makes and cooperates in the celestial formation. This is why it sketches out a model for the nature spirits of how they are to shape a thing. In accordance with this configuration of the soul, all things in this world are made.[83]

The act of creation which occurs by pronouncing the word – *fiat* – is premised by the interrelation between image and word that occurs in Böhme's conception of *Natursprache.* Böhme attributes to the Adamic language an expressive or "sensual" function, merging acoustic and visual properties of language. According to this theory, the essential nature of a thing is expressed in the word corresponding to it; to comprehend this, one has to "inform" oneself with the same kind of figure by pronouncing the word.[84] As Fludd admits of being unable to fully describe the primordial nothingness, and so he depicts it, so Böhme claims that the Holy Spirit "cannot be written" but only depicted "in a likeness."[85] Thus, it is not in writing, but in speaking, that is performing, that the essence can be communicated. Moreover, for Böhme sound is directly related to visualization: "the visible essence has come out of speaking-out or exhaling of the invisible power."[86] By being uttered, the words sonically evoke mental images. For Böhme, this interrelatedness of the textual, sonic and visual language with its coincidence

82 A recent captivating analysis of Böhme's theory of images, imagination and desire that frames it as a "corporeal practice of envisioning" is offered in Gentzke 2017.
83 Here and further citations from *Aurora* after Böhme 2013. Here I cite *Aurora* 15:40–41, Böhme 2013, pp. 458–459: "Als den arbeiten Erst die Hende nach dem Bilde / Den du must ein werck vor hin in Sin Bringen / wilstu es machen / den die Seele begreifft den Höchsten Sin / Sie Sihed was Gott ihr vater macht / vnd arbeitet mitte in der Himlischen formunge / Darumb zirckeld sie den Natur Geistern ein model für / wie sie sollen ein ding Bilden / vnd Nach diser für Büldunge der Seelen / werden alle ding in dieser weld gemacht."
84 *Aurora* 19:76, Böhme 2013, pp. 568–569: "So mus er sich auch in eine Solche gestald formiren." This theory is developed further in *Signatura rerum* where it is best summed up in the following passage, Böhme 1955–1961, vol. 6, *De signatura rerum* 1:16, p. 7: "an ihrem ausgehenden Hall, Stimme und Sprache, kennet man den verborgenen Geist, dann die Natur hat jedem Dinge seine Sprache nach seiner Essenz und Gestaltnis gegeben [...] Ein iedes Ding hat seinen Mund zur Offenbarung. Und das ist die Natur-Sprache."
85 *Aurora* 3:25, Böhme 2013, pp. 156–157: "So man aber Seine Person / Supstantz / vnd Eigendschafft auß Rechtem grunde Beschreiben wiel / So mus mans auch in gleichnüs für bilden / den den Geist kahn man nicht Schreiben / die weil er keine Creatur ist / Sondern die wallende krafft Gottes."
86 Böhme 1955–1961, vol. 7, *Mysterium Magnum*, Preface 4, p. 1: "von dem Aussprechen oder Aushauchen der unsichtbaren Kraft ist worden das sichtbare Wesen."

of form and matter is not simply historical, but happens through his own writing, where his theory is put into praxis.

Readers have found this point particularly difficult. Böhme's style was perceived as obscure not only by his adversaries, who took it as a symptom of theosophical *Schwärmerei* but also by his followers, who claimed that the reader needs to distil the philosophical core from the vapors of obscure language. It has been observed that, for example, Hegel, who also read Brucker's historiography, saw in this "imagery of the thoughts" (*Bildlichkeit der Gedanken*) an inability to think abstractly, which does not, however, overshadow the depth of Böhme's ideas for him.[87] Therefore, Hegel praises Böhme's philosophy *despite* his thinking in images, opposing form and content.[88] Similarly, Ernst Bloch, a particularly avid reader of Böhme (and Hegel), considered Böhme's language as image-strong (*bildkräftig*), and highlighted the "linguistic illiteracy" of his "baroque cobbler German."[89]

Bo Andersson, however, provides a compelling analysis of Böhme's image-thinking, refuting these claims and inverting the role of Böhme's language from something obscuring the intellectual insight, to placing language at the center of his enterprise. Language emerges here in an ambiguous capacity – on the one hand, it serves the rhetorical mode of persuasion of the reader, and on the other, it defies any rhetorical function. Language assumes a cosmogenetic duty in its instrumental role of constructing reality as a laboratory. While the aspect of persuasion is equally strong in Fludd's vocabulary, it is the instrumental role that I want to emphasize. Especially productive in this regard is Andersson's application of Lev Vygotsky's dialectic of thinking and (inner) speaking and its actualization through Hanspeter Ortner's notion of language as *Produktionskraft* and *Werkstatt*. According to these theories, acts of speech do not follow mental processes of thinking but coincide with them, thus partaking in reality construction. When applied to Böhme and his extensive use of metaphors, such as tree or the concept of quality (*Qualität*), that can be a fountain and a source (*Quelle*), a torment (*Qual*), or originating and bubbling up (*Quellen*), these emerge not as a rhetorical apparatus mirroring an outside reality, but as Andersson put it, as "instruments of thinking and knowledge," as "an epistemological form of thinking that is employed to gain other forms of knowledge."[90] They are thus enunciations that construct reality.[91] It is particularly fitting that Andersson, like Severi, refers to Vico in this context, for whom the metaphor is located not only at the birth of language but accompanies the whole thought process. According to Vico's *universale fantastico*, which is at the core of his poetic wisdom, language is always metaphorical, the metaphor being not analogical, but identical.[92] Applying this view of language to the case of Böhme, it becomes impossible to separate Böhme as a thinker from his mode of writing. Furthermore, it is necessary to acknowledge the reality-forming function

---

87 "Es ist eine barbarische Form der Darstellung und des Ausdrucks, – ein Kamp seines Gemüts, Bewusstseins mit der Sprache, und der Inhalt des Kampfes ist die tiefste Idee, die die absolutesten Gegensätze zu vereinigen aufzeigt." Hegel, *Vorlesungen über die Geschichte der Philosophie*, cited in Andersson 2007, p. 2.

88 See also Ludwig Feuerbach's description of Böhme's language as "chaotisch und zusammengedrängt." Andersson 2007, p. 3.

89 Bloch 1972, p. 71: "großartig wie das Genie hier aus der Halbbildung, ja nicht einmal aus dieser und barockem Schusterdeutsch mit einer bildkräftigen Sprachbegabung ohnegleichen Licht schlägt, und zwar so, dass noch aus einer sprachlichen Unbildung ein großer und seltsamer Gedanke herauskommt."

90 A better known example is found in *Aurora* 1:3, Böhme 2013, pp. 116–117: "qualitet ist die Bewegligkeit. quallen / oder treiben Eines dinges." The coexisting multiplicity of implied meanings is even clearer in the passage from *Mysterium Pansophicum* (1620), in which Böhme discusses the longing of the multiplicity after the one, *Ein gründlicher Bericht*, Text 6, Böhme 2013, pp. 808–809: "so will doch der erste Quall / von deme alles ist erboren / über alles herrschen."

91 Andersson 2007, p. 245.

92 See also Verene 1981.

of Böhme's language. In this regard, Böhme's call to "consider these words [of creation] as they are" proves particularly interesting, as words do not relate to, but coincide with essence.[93]

Seen through these theoretical lenses, the cosmogonic quality of Böhme's use of language becomes apparent. On the other hand, the reality-producing capacity of language is already inherent in the logocentric philosophy of Böhme (and Fludd), and therefore does not need to be justified by reference to more recent linguistic theories.[94] In fact, the opposite is more likely: modern linguistic theories have borrowed from these older theories of enchanted language.[95] The reason for this relation may be that the formative power of language is the very premise upon which both theosophists construct their systems through logocentric readings of Genesis.

Having briefly touched upon theoretical notions of Böhme's language and established that both Fludd and Böhme operate on an assumption of acting word/image, the crucial question remains: namely, how do they communicate and enact this in their respective work? Andersson has analyzed a crucial passage from *Aurora*, in which Böhme confesses that he is unable to inscribe (communicate) the theological mystery directly to the reader: "I cannot inscribe it in your heart, for it is not for everyone's understanding or comprehension."[96] To reach readers, they will need to first experience the Divine, according to Böhme. In paragraph 18 of *Aurora* on the creation of earth and heaven, Böhme provides not only a textual recapitulation of Genesis but also an analysis of the sound "fiat:" the words of *Genesis*, "And God said: let there be light" (*Und Gott sprach: Es werde Licht*) prompt the reader to interiorize and visualize the experience of Creation. Böhme's discussion of the verb "spoke" ("sprach") is striking: he understands it as the moment when the spirit utters between the teeth:

> The word *sprach* ["spoke"] is spoken only in the human manner. You philosophers, open your eyes. In my simplicity I will teach you the language of God. That's the way it has to be. The word *sprach* composes itself between the teeth. They bite together and the spirit hisses out between them. The tongue inclines in the middle and at the front it makes a point, as if it heard something hissing and were afraid.[97]

At first sight, this appears to be a macro-microcosmical analogy, where the human act of speech substitutes God's moment of creation. Yet, the function of the metaphor is not merely to provide a rhetorical analogy. More so, this passage relegates agency to the reader who can experience the moment of Creation and thus partake in it.[98] I believe this to be a crucial moment that signifies what

93 *Aurora* 18:48–51, Böhme 2013, pp. 526–527: "Diese worte mus man eigendlich betrachten was sie sind."

94 See Agamben 1988. On Böhme's "spiritualistic theory of language," see Schmidt-Biggemann 2004a, pp. 187–192.

95 Hence, Josephson-Storm recently showed how theosophy affected linguistics by first pointing to Ferdinand de Saussure's deep interest in Brahmanical theosophy during the time of his classical "Course in General Linguistics" (1906–11), and second to the impact on the theory of linguistic relativity, the "Shapir-Whorf hypothesis" denoting the determination of thought through language. Whorf was a practicing theosophist. Josephson-Storm 2017, p. 119.

96 *Aurora* 24:6, Böhme 2013, pp. 706–707: "Ich kahn dirs wol nicht in dein Hertze schreiben / den es ist nicht Idermans verstand vnd begreiffligkeitt." See also Andersson 2007, p. 91.

97 *Aurora* 18:88–89, Böhme 2013, pp. 536–537: "Das wortt Sprach. ist auff menschen weise gered / Ir Philosophus Tutt die augen auff / Ich wiel euch in meiner einfald die sprache Gottes lehren / Als es den sein muß. Das wortt sprach / fast sich zwischen den zenen / den die Beissen sich zu Sammen / vnd zischt der Geist durch die zeene rauß / vnd die zunge Beuged sich in der mitten / vnd forne spitzt sie Sich / als ob sie hörete was da zischte / vnd sich furchte."

98 That the relegation of agency is particularly to what Böhme aspires is made clear in *Mysterium Magnum*, Böhme 1955–1961, vol. 7, *Mysterium Magnum*, Preface, 6, p. 1: "Also hat nun der Mensch den Gewalt von dem unsichtbaren Worte GOttes empfangen zum Wiederasussprechen / daß er das verborgene Wort der Göttlichen Scienz wieder in Formungen und Schiedlichkeit ausspricht."

Jan Baptist van Helmont later called "embodiment or ensoulment of the mother tongue" (intended simultaneously as the Adamic language).[99]

Andersson and others have provided an exhaustive analysis of this passage, also showing, for example, that Böhme's phonetic articulation is correct and that this phonetical process is visual and not just sonic: the philosopher who wants to be taught the divine language has to "open the eyes."[100]

At this point I can draw a parallel between the two authors regarding the production and communication of knowledge: they construct and then operate within a genealogical framework that puts their writing in direct relation with the language before the division, the separation of form and matter, signified and signifier, subject and object. Fludd's conceptualization of his images as "hieroglyphs" links these to the Hermetic-Egyptian tradition, as Böhme's *Natursprache* brings his writing in association with the angelic language of the Garden of Eden. In addition, both authors refer to the Hebrew alphabet as well as to the book of nature. This provides ground for putting their communication theory into practice, wherein their writing becomes a matter of direct, visual communication of knowledge. In turn, it allows them to claim possession of divine knowledge that can be universally accessed through their writing, regardless of the language in which they are written.

6 Conclusion: Vision and Pre-illumination of a Different World

I have outlined correspondences between Fludd and Böhme, highlighting a reciprocal relationship between vision and knowledge underlying their production, communication and reception of knowledge, resulting in its embodiment. But there are obvious and substantial differences between the thinkers, too: for example, their social standing, as well as the focus of their work. Human health and medicine are central concerns for Fludd, but not for Böhme, whose focus is more naturalistic, while Fludd's is more anthropological. Yet, the two authors are also connected like two cones intersecting in the middle coinciding: they share a mutual interest in acquiring the knowledge of everything, the world, God, and the self.

Both authors pay great attention to the moment that precedes Creation, and it is the way that Genesis is enacted in their writing that the correlations between the authors become visible. While Fludd enhances the textual account of Creation with a series of captivating images, Böhme's textual treatment of the subject is intensified by sensual – sonic and visual – reading. Thus, both authors allow their readers and viewers to experience the moment of Creation by applying different modes of representation. Yet, they offer similar ways of transmitting knowledge, namely by imprinting it on the viewer's imagination while including readers in the narration. This, together with their theosophical programs, is what made them dangerous in the eyes of their opponents – contemporary scientists, mechanical philosophers, Catholic and Protestant theologians, who rushed to marginalize and exclude their "obscure" discourse. However, it is also what has made them compelling for those

99 Jan Baptist van Helmont: "Den onuytspreekelijcken naeme," cited in Fransen 2014, p. 44: "maar alsoo den mensch sijns moeders taele eygentlijck, […], ingelijft heeft, oft ingegeestet; […]." I thank Sietske Fransen for the reference and providing her thesis.

100 *Aurora* 18:87, Böhme 2013, pp. 536–537: "Ir Philosophus Tutt die augen auff / Ich weil euch in meiner einfald die sprache Gottes lehren." Andersson 2007, pp. 101–102.

with an interest in arts, sciences and politics, striving to emancipate themselves from the boundaries of plain, rationalist language, and with this, its reality-setting.

A growing body of literature from intellectual history to social anthropology shows that the epistemology in question, even when eclipsed, has never been fully obliviated. On the contrary, its traces are present in the formation of the early emancipatory political theories and movements that still have not lost their actuality today: from Marx and classical anarchism, to early twentieth-century anti-colonial and feminist thought.[101] This is rooted in the conception of Creation as an open process of possibilities, and goes back to the communication and production of knowledge that is neither institutionally supervised nor mediated, but rather attributes a significant role to imagination in the formation of the intellectual world. This explains the contribution of figures like Böhme and Fludd to these later developments.

Ernst Bloch's ontology of hope might offer an example of such re-vision. With his concept of the "darkness of the lived moment" (*Dunkelheit des gelebten Augenblicks*) Bloch applies the dualism of "primordial chaos" to our everyday experience to signal that we lack the distance to know the lived moment – it is undergone yet not experienced. At the same time, these lived moments contain the anticipatory conditions of the world.[102] Originating in the Lurianic Kabbalah, it describes these everyday "manifestations of hope as surplus 'shards of light,' left over from the creation of the world as negativity."[103] Bloch translates this idea into his concept of "pre-illuminations" (*Vorscheine*) of a different world, that is central to any possibility of its formation. For, as Böhme reminds us, "you must first call a work to mind if you want to make it."[104]

This might be particularly urgent in the present historical moment. The anthropologists remind us that "world-making projects show that other worlds are possible."[105] If a project for a different world is indeed at least in part a question of imagination, as has been argued by authors from Hannah Arendt to Donna Haraway, then the epistemological thought imagery strategies of thinkers like Böhme and Fludd would be well worth revisiting.

Acknowledgement note: Part of this paper is derived from research I conducted for my master's thesis: Amir Saifullin: *Imagining the World: On the Political Implications of Robert Fludd's Magical Imagery as a Cosmogonic Force and Utopian Vision* (Saifullin 2019). I would like to thank John Tresch who supervised the thesis, as well as Sara Miglietti who offered her support throughout the process. Special thanks go to the editors of this volume.

101 For this, see eye-opening studies: Josephson-Storm 2017 and Lagalisse 2019.
102 Hudson 1982, p. 96.
103 Thompson 2013, p. 84.
104 *Aurora* 15:40–41, Böhme 2013, pp. 458–459.
105 Lowenhaupt Tsing 2015.

IV Böhme Today and Tomorrow

Scott Brown

How Is Böhme Relevant Today? The Peculiar Case of Philip K. Dick

Abstract: In the years since the death of Philip K. Dick (1928–1982), he has ascended to a posthumous fame that has made his science fiction known throughout the world. What is less known is that Dick's greatest work may have been his two-million word personal journal, written in the final eight years of his life and called "Exegesis." The *Exegesis* began in response to a singular revelatory event he experienced in early 1974. Until the end of his life, Dick wrote his journal as a continual speculation on the 1974 event and its meaning. It was this revelatory event that led Philip K. Dick to Jacob Böhme. Sometime while writing the *Exegesis*, Dick discovered Böhme and soon both the journal and Dick's last fictional works begin to mention Böhme by name. This chapter examines Dick's *Exegesis* as well as his last non-fiction and fiction works and reveals that not only was Dick's own revelatory event similar to Böhme's but Dick also begins to use Böhme's ideas in creative ways to synthesize modern thought and technology with the fertile ideas of the "philosopher among the simple," Jacob Böhme.

> "I have encountered the demonic, insane, slaying, "Dark" side of God – & seen it contained by the "Bright" or Logos or rational or Wisdom side – ie in the Dialectic – so this is a profound & absolutely veridical experience of the Godhead, exactly as Boehme experienced it."
> Philip K. Dick, *Exegesis*[1]

The year 2019 marked the 400th anniversary of Jacob Böhme's work, *Von den drei Principien Göttliches Wesen* or the *Three Principles of the Divine Essence* (1618–19).[2] This occasion prompts the question, "How is Böhme relevant today?" Böhme's ideas have inspired many over the centuries since his death, both in academic circles, and in the broader cultural context, up until the present day. His ideas continue to exert an influence that is, if not concealed, largely not credited to him. Among Böhme's nineteenth- and twentieth-century readers were philosophers, theologians, politicians, writers, and even film directors.[3] Of those Böhme impacted in the twentieth century, the case of science fiction

1 In the following, I cite Dick verbatim, retaining his idiosyncratic writing style, even when spelling and punctuation do not follow standard norms. In particular, his *Exegesis* – his personal journals – are written in a stream of consciousness manner with little regard for grammatical conventions. I flag variances to the reader in cases that might lead to misunderstanding. This particular passage was retrieved on August 3, 2019 from the Philip K. Dick Zebrapedia Crowdscription Engine Project (hereafter cited as Zebrapedia) to transcribe the works of Dick: https://fromthepage.com/zebrapedia/exegesis/pkd-folder-53/display/32003450 [Folder 53–021]. The entire work, published and unpublished, is available through an online collaborative hosted by Pennsylvania State University: http://zebrapedia.psu.edu/. The Zebrapedia Crowdscription Engine is dedicated to transcription, discussion, annotation, and editing of Philip K. Dick's *Exegesis*. To access the material, a person must be registered online, agree to the terms and conditions of use, and be designated a collaborator.

2 The work was completed in 1619, but Böhme may have been working on it as early as 1617, since the early copy by Christian Bernhard bears this date on the title page (Biblioteka Uniwersytecka Wrocław, Akc. 1975/255).

3 I mention some examples that might be new to the reader: Thomas Toke Lynch (1818–1871), General Ethan Allen Hitchcock (1798–1870), Jakob Lorber (1800–1864), John Pulsford (1815–1897), Henri Bergson (1859–1941), Sri Aurobindo (1872–1950), Julian Huxley (1887–1975), Indries Shah (1924–1996), Sirdar Ikbal Ali Shah (1894–1969), Dorothy Solle (1929–2003), Samuel Richardson (1689–1761), Robert Bly (1926–2021), Arthur M. Young (1905–1995), Joseph Campbell (1904–1987), Beryl Pogson (1895–1967), the Wachowski sisters (b. 1965; b. 1967), Israel Regardie (1907–1985), Teillhard de Chardin (1881–1955), Marsden Hartley (1877–1943), Martin Luther King Jr. (1929–1968), W.B. Yeats (1865–1939), Gilles Deleuze (1925–1995), and Cormac McCarthy (1933–2023).

https://doi.org/10.1515/9783110720525-024

Fig. 1: Philip K. Dick, portrait by Frank Ronan, [ca. 1975]

author Philip K. Dick (1928–1982) is peculiar because he appears to have discovered Böhme in the wake of an illuminative experience or private revelation that bears some similarities to Böhme's own experience (Fig. 1).[4] In Dick's *Exegesis*, a two-million word personal journal written over the span of nearly eight years, we find a radical assimilation of Böhme's ideas; in the later part of Dick's life we also find a profound reinterpretation of these same ideas. In the *Exegesis*, Dick reflects on the similarity between his revelatory experience and that of Böhme:

> I can't help but note that Boehme's initial revelation came to him the way mine came to me (he saw sunlight reflected off a pewter vessel) + his basic revelation about God + creation was of a "yes-no" dialectic. + certainly my view of God + creation is acosmic pantheism as his was; that is, a dynamic process, not a static state.[5]

In Böhme, Dick found a kindred spirit. Both Dick and Böhme were extremely prolific writers. Dick sought to communicate his revelation in his monumental *Exegesis* and even in his fictional work; Böhme, on the other hand, understood all of his over thirty works as attempts to express the content of the intuition he had experienced.[6] There are striking similarities between Dick and Böhme's approaches. After the revelatory experience that Dick dubbed "2-3-74" (to mark the dates of February–March 1974), his subsequent writings became decidedly influenced by the German thinker. Böhme has been described as "the most Dickian of mystics."[7] With regard to the relationship between Dick and Böhme, this could be interpreted to mean that they both share common traits: prolific work, immense creativity, and also a degree of inscrutability. In the following, I rely on direct references to Böhme in Dick's later fictional works, his non-fictional speculative writings, as well as excerpts from

4 Zebrapedia, retrieved on January 11, 2020 [Folder 01–270].
5 Zebrapedia, retrieved on January 17, 2020 [Folder 01–270].
6 Hessayon/Apetrei 2014, p. 1.
7 Lethem 2011, p. 889.

his *Exegesis*, such as his essay *Cosmogony and Cosmology*, to examine Böhme's influence upon Dick. I will ask: How did Dick transpose Böhme's ideas through pulp science fiction, which was, at that time, a kind of literary ghetto? How did Böhme find a new relevance through the once maligned genre of science fiction?

When Philip K. Dick died of a stroke in 1982, only friends and a small following of cult fans knew him as the author of a prodigious body of work, including 121 short stories and over 45 novels, published starting in 1952.[8] Among Dick's papers there were accounts of a profound revelatory experience that he later called, "2-3-74" to mark the timeframe in which this singular event occurred. What began as notes for his next novel became the endless speculation and theorizing that developed into his *Exegesis*, a journal that is conceived as an attempt to describe, define, and continuously reflect on the nature of this supernatural experience.[9]

Dick lived in poverty and obscurity for most of his life, but with the release of the movie *Blade Runner* (1982), based upon Dick's novel *Do Androids Dream of Electric Sheep?* (1968), he began a posthumous ascent to worldwide fame and notoriety (Fig. 2). A steady stream of films based upon Dick's writings followed: *Total Recall* (1990), *Screamers* (1995), *Minority Report* (2000), *Paycheck* (2003), *A Scanner Darkly* (2006), *The Adjustment Bureau* (2011), and the more recent remakes of *Blade Runner* (2017) and *Total Recall* (2012), not to mention the current Amazon Prime series, *The Man in the High Castle*, a book for which Dick won the Hugo Award in 1963. There are probably few who nowadays have not heard of any of these cinematic adaptations, and yet the theoretical foundations of these science fiction worlds still remain to be explored.

By the 1970s, Philip K. Dick was in trouble. His life was marked by various crises: financial hardship; an inability to break out of the "ghetto" of pulp science fiction and into mainstream published fiction; amphetamine and drug use (that had mostly ended by 1972[10]); a suicide attempt in 1972; and his own questioning of his sanity for most of his life. Dick did not have the luxury of writers' block. He wrote to live and to support his family. Yet, despite his prolific output, he was able to produce work that his fellow authors lauded for its high quality. He was called by Ursula LeGuin, a science fiction contemporary, "our homegrown Borges"[11] and Fredric Jameson pronounced Dick, "the Shakespeare of science fiction."[12] The author and illustrator Art Spiegelman said of Dick, "What Franz Kafka was to the first half of the twentieth century, Philip K. Dick is to the second half."[13] Dick led a tumultuous life. He was married five times. He was ambitious, humorous, self-destructive, charming, given to extreme mood swings, and seemed sometimes to treat acquaintances like family and family like acquaintances. For Dick, throughout most of his life his creative genius seemed less a gift than a curse.

Nonetheless, Dick's works have helped usher in a new way of conceptualizing the world and understanding the human being's place in it. Beginning with his first published work, *Beyond lies the Wub* (1952, Fig. 3), Dick had already begun to explore metaphysical questions such as, What does it mean to be human? What is human? What does it mean to be conscious? Among Dick's many themes in his works are the nature of time and of reality (including the conception of a multiplicity of realities), the idea of an *idios* (private) versus the *koinos* (shared) cosmos, abnormal mental states, and

8 Lethem 2011, inside back dust jacket.
9 McKee 2004, p. 5.
10 Rickman 1988, p. 5.
11 Streitfeld 2019, p. 153.
12 James 1982, p. 17.
13 Sutin 1995, p. x.

Fig. 2: Philip K. Dick, Book cover of: *Do Androids Dream of Electric Sheep. Filmed as Blade Runner*, 4th ed., London 2004

an inexhaustible supply of conjectures and theories about the nature of his *2-3-74* experience. Over the eight years following the experience of 1974, Dick slowed the output of his novels in favor of a personal revelatory dialogue with himself as reflected in the *Exegesis*.

Dick discovered Böhme after his *2-3-74* experience, which he claims was a "salvific gnosis" that re-ordered his mind, re-created the world around him, and was the catalyzing event that led him to write his *Exegesis*. In his Exegesis, Dick attempted to explain this mystical experience intellectually and to understand it for himself. The largest portion of Dick's *Exegesis* was published in 2011 (with earlier excerpts published in 1987, 1991 and in *The Philip K. Dick Society Newsletter* in the 1980s) and now with the Zebrapedia Crowdscription Engine the entire work is available in its entirety.[14] Like Böhme's work, Dick's *Exegesis* is repetitive, but it is also a fascinating exploration of a single individual's impossible effort to understand and describe through the written word a singular visionary experience that changed a life forever.

Dick's *Exegesis* shares some similarities with Jung's *Seven Sermons to the Dead (Septem Sermones ad Mortuos)* (1916) and *Red Book* (2009). Yet *Exegesis* is unique for the seemingly infinite questions it poses, formulates, and reformulates. The last eight years of Dick's life were used to record an experience that was brief but left behind a memory so pregnant with meaning that he spent the rest of his life attempting to explain it in words and to understand it with his rational mind. One wonders, if

14 Excerpts of Dick's *Exegesis* were published in *The Philip K. Dick Society Newsletter* (Dick 1986), in *Cosmogony and Cosmology* (Dick 1987), *In Pursuit of VALIS* (Dick 1991c), *The Exegesis of Philip K. Dick* (Lethem 2011), and now in its entirety at the Zebrapedia Crowdsription Engine (Zebrapedia).

"The wub, sir," Peterson said. "It spoke!"

BEYOND LIES THE WUB

By PHILIP K. DICK

The slovenly wub might well have said: Many men talk like philosophers and live like fools.

THEY had almost finished with the loading. Outside stood the Optus, his arms folded, his face sunk in gloom. Captain Franco walked leisurely down the gangplank, grinning.

"What's the matter?" he said. "You're getting paid for all this."

The Optus said nothing. He turned away, collecting his robes. The Captain put his boot on the hem of the robe.

"Just a minute. Don't go off. I'm not finished."

"Oh?" The Optus turned with dignity. "I am going back to the village." He looked toward the animals and birds being driven up the gangplank into the spaceship. "I

69

Fig. 3: Philip K. Dick, "Beyond Lies the Wub," Planet Stories, July 1952 (6 pages) https://www.sffaudio.com/images20/pdpdfs.html (retrieved on 18.5.2023)

Dick were still living, would he still be writing his *Exegesis?* Was writing a way for Dick, and possibly Böhme as well, to prolong or relive the experience that their first enlightenment experience provided?

Dick's writing took a radical detour after a suicide attempt in 1972.[15] In a sense, his work travels from "darkness" to "light" during this period, since, out of the depths of depression, Dick was able to accomplish some of his best work. He was writing his *Exegesis*, with its dark musings, simultaneously with creative work that he needed to sell to make a living. Dick's last five works *A Scanner Darkly* (1977), *Radio Free Albemuth* (1985), *VALIS* (1981), *The Divine Invasion* (1981), and *The Transmigration of Timothy Archer* (1982) were all finished after Dick's *2-3-74* visionary experience, and each either contains direct references to Böhme or to the *Exegesis*.

Some of these direct references to Böhme in Dick's fiction contain fascinating and strange connections to historical figures. In *VALIS*, Dick writes,

> Fat said, "Time does not exist. This is the great secret known to Apollonius of Tyana, Paul of Tarsus, Simon Magus, Paracelsus, Boehme and Bruno. The universe is contracting into a unitary entity which is completing itself."[16]

And in *The Divine Invasion* Dick writes:

> We engineered the American Revolution," Elias said. "A group of us. We were Friends of God at one time, and the Brothers of the Rosy Cross in 1615 [...] I was Jacob Boehme, but you wouldn't know of him.[17]

In Dick's last finished fictional work, *The Transmigration of Timothy Archer*, he presents some of the theological questions that he was grappling with in his *Exegesis*:

> The difficulty that dogma presents is that it strickens the creative spirit in man. Whitehead Alfred North Whitehead – has given us the idea of God in process, and he is, or was, a major scientist. Process theology. It all goes back to Jakob Boehme and his "no-yes" deity, his dialectic deity anticipating Hegel. Boehme based that on Augustine. "Sic et non," you know.[18]

Preceding the *2-3-74* experience, Dick's fourth wife Nancy had left him, his home had been burglarized, he had attempted suicide, and he had taken a 2 ½ year hiatus from writing.[19] Dick's life was in torment and he was looking for a way to break through the "gates of hell" that had formed in his life. The *2-3-74* event was a turning point, and perhaps his greatest work, *A Scanner Darkly*, was written during this time of crisis and anxiety. It is peculiar that in his letters from the time, Dick never mentions the shattering experiences he is enduring.[20] He seems almost at a loss for words and his letters at this time are commonplace and uninformative. Dick mentions no aspect of his *2-3-74* experience until April 14, 1974 when he first writes to fellow science fiction author Ursula K. Le Guin (1929–2018) about his "recent religious experience."[21] Once he began to consciously wrestle with the experience, his theorizing about it began to dominate the *Exegesis*. It has even been suggested that Dick's process of creating new, competing theories in his *Exegesis* was vital to the religious experience

---

15 Williams 1986, p. 9.
16 Dick 1991b, p. 59.
17 Dick 1981, p. 85.
18 Dick 1991a, p. 25.
19 Dick 1991d. Here I cite the editor's unpaginated chronology of Dick's life at the beginning of the book.
20 Dick 1991d, pp. 3–34.
21 Dick 1991d, pp. 49–50.

itself.[22] Dick's final monumental work describes the visionary experience he compared to Böhme's revelatory insight of 1600.[23]

Dick sought to understand himself and to contextualize his life through his own science fiction writing. Dick's penchant for questioning his own mental condition is well documented in his *Exegesis*, along with thousands of pages of speculations, revelations, and a strange tale of a precarious enlightenment. The *Exegesis* includes peculiar annotations of his science fiction works and the ideas he struggled with in life and worked to resolve in his fictional worlds. Many of these ideas have yet to be fully investigated. For example, the *Exegesis* contains numerous references to Böhme. Dick seems to build upon Böhme's ideas in some of his most radical speculations that he worked on until his death. In folder 01 of the *Exegesis*, written in late 1980, Dick writes:

> To me the world order (as it was for Boehme) is a reflection of a dialectical process of self-development in the ground of being, this process being a combat between mindless being (einai) + knowing (noain). By bipolarizing these two basic aspects of itself the Godhead evolves; + we see this evolution mirrored in the intrinsically irreal (derived) world-order, which Holy Wisdom makes real by subordinating it to + assimilating it within her own self as the cosmic corpus Christi.[24]

Here in the *Exegesis*, Dick is comparing his own revelatory experience to Böhme's, stating,

> Boehme + I are both uneducated men. We did not come to our revelation by reading or education. I guess I express mine fully in "Valis": the irrational is at the root of creation, but reason [St. Sophia] has broken into this irrational reality, + transmutes + sobers it invisibly. So there is an evolution in the universe from the irrational to the rational.

In folder 03, written in September 1978,[25] Dick again compares his ideas to those of philosophers with whom he shares affinities, and Böhme is the one to whom he feels closest:

> I am with Boehme perhaps most of all – + with his teacher, Paracelsus, most of all. + even with Heraclitus in his maxim that "latent form is the master of obvious form" in my inner-outer, upper-lower Christ vs Caesar system [...].[26]

Finally, in late 1978, Dick is speculating on the rise of the Rosicrucians and on how Böhme fits into this politico-spiritual group. Dick writes:

> The 16th, 17th century illuminati are connected with this secret brotherhood of authentic Xtians linked to the macrobrain + to Christ. (This may be the same thing.) The arcane symbolism + cryptic tractates + codices of e. g. the Hermetics, + Bruno + Theophrastus + Boehme may conceal a supratemporal movement of political radical activists (like the Freemasons vs Maria Theresa). They were crucial in breaking the power of the Catholic League in the 30 Years War in its effort to crush Protestantism; without the Brotherhood in Holland, England + Germany, Protestantism would have gone the way of the Catharists, instead of being the first heresy in 1600 years to survive.[27]

22 McKee 2004, p. 48.
23 Zebrapedia, retrieved on July 29, 2019 [Folder 01–270].
24 "Noain" is yet another of Dick's idiosyncratic spellings. The Greek term is usually rendered, "noein" in English. Zebrapedia, retrieved on January 11, 2020 [Folder 01–272].
25 Zebrapedia, retrieved on July 18, 2020.
26 Zebrapedia, retrieved on August 10, 2019 [Folder 03–061].
27 Dick is wrong about the dates of the Illuminati. They were a secret society active in the last quarter of the eighteenth century. The group hoped to improve society through education, with the ultimate goal of helping humanity achieve a state in which there would no longer be a need for humans to rule over one another. The Thirty Years' War actually con-

Dick's *Exegesis* acts as a sort of psychobiography where Dick analyzes himself and his own motivations through his past fictional works, his revelatory experiences, and the *Exegesis* itself. Dick even re-read his published works and analyzed them in the context of his *2-3-74* experience.[28] In a sense, Dick looked into his past for clues to the future. One could argue that in the present world we have interiorized the idea that humans live in an artificial reality as technology continues to change human interactions at their most basic level, where "real" and "fake" become part of everyday experience. For example, the idea that we are living in a computer simulation has actually been endorsed by some in the scientific establishment.[29] Dick was compelled by the obsessive need to write, but whereas early in his career he wrote to survive, after 1974 he wrote as a means to explain and understand his revelation with his rational mind. In 1980, Dick described *2-3-74* as "a more sophisticated experience of the world."[30] In other places, he calls it *anamnesis* or a "loss of forgetfulness" where he was a "secret Christian" who was living in fear of the Roman government.[31] This does not mean that Dick necessarily believed himself to be living in Roman times, but that the same dialectical struggle between light and darkness was being repeated throughout time until the end of the world. He also refers to *2-3-74* as a series of "shaman experiences,"[32] as "supernatural experience," as "genuine theophany,"[33] or simply "religious experience."[34] Dick wrote to a friend that this experience could not be expressed in words.[35] Yet that is exactly what Dick attempted to do.[36]

After his visionary experience in 1974, Dick began to use science fiction as a means to present philosophical ideas, and the ideas of Böhme in particular. In 1978 he confessed in a letter to his daughter: "I am on one of the most important quests a human being can undertake. It is nothing less than an 'updating of the concept of divinity'."[37] Elsewhere Dick said that his purpose as a writer was to "pierce through the veil of what is only apparently real and get to what is really real."[38] Some have contended that Dick was neither a philosopher nor a theologian. Yet, Dick portrayed himself as follows: "I am a fictionalizing philosopher [...]. The core of my writing is not art but *truth*."[39] Indeed, in the *Exegesis* Dick writes that in his 2-3-74 experience, "all illusion dissolved away like a soap bubble & I saw reality at last –, in the 4 1/2 years since, have at last comprehended it intellectually – that I saw & knew + & experienced (my exegesis)."[40]

There is some disagreement regarding whether Dick pursued his *2-3-74* experience analytically and intellectually, and why he did not try to spur another experience like the original experience in

sists of many different, interrelated conflicts. Historians generally agree that it took place 1618–48. The war devastated central Europe and was an important motivation for Jacob Böhme, who completed most of his writings between 1618 and 1624, when he died. The quote was retrieved on August 10, 2019: Zebrapedia [Folder 03–005].

28 Arnold 2016, p. 146.

29 Falk 2019.

30 Lethem 2011, p. 644.

31 McKee 2004, p. 2.

32 Dick 1993, p. 210.

33 Dick 2009, p. 26, 28.

34 Dick 1991d, p. 50.

35 Dick 2009, pp. 31–36.

36 Dick 1991c, p. viii–xii.

37 Dick 1993, p. 167.

38 Williams 1986, p. 2.

39 Lethem 2011, p. 693.

40 Zebrapedia, retrieved on August 3, 2019 [Folder 02–065].

1974.[41] Dick echoes Böhme unknowingly when he says that he wants to capture what cannot be spoken with words. Yet both authors ignored this commonplace regarding the impossibility of explaining ineffable mystical experience, and both continued to write. Böhme believed that a person of any religious affiliation could find Christ – a radical statement, in Böhme's time as today.[42] Dick persisted on this same path, but reconsidered the idea of revelation through science fiction. In the process, Dick questioned everything, even his own sanity. It is this quest which led him to Böhme.

Dick's work *Cosmogony and Cosmology* (1978) is a summary of the *Exegesis* he had written up to that point after discovering Böhme.[43] Here Dick creatively uses Böhme's ideas as a foundation for his own speculations into ontology and the creation of the world. It is interesting to note that *Cosmogony and Cosmology*, where Böhme figures prominently, was written on or around January 23, 1978, at roughly the same time when, "God answered my prayers [...] by leading me to Jacob Boehme."[44] *Cosmogony and Cosmology* distills and summarizes the ideas and questions posed in the *Exegesis* up to January 23, 1978.[45] In this essay, Dick reinterprets and reimagines Böhme's ideas on Creation as an "updating of divinity." This, he claimed, was one of the objectives in his own work, both fiction and non-fiction. Böhme is mentioned several times in *Cosmogony and Cosmology* as the basis for Dick's striking and creative reinterpretation of Böhme's cosmogony as a foundation for his own developing theory of the cosmos. Since Folder 50 of the *Exegesis* was written in January 1978, I estimate that Dick first encountered Böhme through his new edition of the *Encyclopaedia Britannica* or *The Encyclopaedia of Philosophy* sometime during or in the year preceding January 1978. While Dick's *Exegesis* remained unfinished, his *Cosmogony and Cosmology* represents a comprehensive summary of the thoughts contained in the *Exegesis* up to 1978.

Cosmogony and Cosmology postulates a world that is being projected by a "computer-like teaching machine" that Dick called *Zebra* or *artifact*. The *artifact* is "ruthlessly deterministic" and operates on blind cause and effect laws to render this world as a prison against an experience of the *Ungrund, or as Dick phrased it, the Urgrund*.[46] This *artifact* or *Zebra*, as Dick also called it, created this world as a mirror or instrument for the first creator or *Urgrund, or abyss*, to comprehend or attain self-awareness of itself. Dick states, "We are moving toward isomorphism," that is, similarity with, the *Urgrund* and when this isomorphic state is reached, the individual "bonds to the *urgrund*" in a stunning flash of light that Dick likened to Böhme's *Blitz*, although this "flash" acts as a door through which the light world of the *Urgrund* can be reached.[47] In *Cosmogony and Cosmology*, Dick is careful to say that his *2-3-74* experience was not like Böhme's *Blitz*, but as Dick continues to work on his *Exegesis*, he describes his experience as "exactly" like Böhme's.[48] Here, Dick appears to distinguish between Böhme's *Blitz* and another sort of experience that can be discerned where "projected reality" is somehow modified or changed.[49] For Dick, the goal of human life was to be isomorphic with the

41 McKee 2004, p. 71. Kyle Arnold asserts throughout his book on Dick that Dick's experience caused a "spiritual hangover" that sent him into a long depression (see Kyle 2016, p. 179).

42 Böhme 2007 [70:77], p. 713: "But grace came again from that same only God, and offereth itself to all ignorant unknowing persons, heathen as well as Jews."

43 Dick 1987, pp. 7, 8.

44 Lethem 2011, pp. 279–286.

45 Dick 1987, pp. 7, 8.

46 Dick 1987, pp. 11, 34–35. Dick used "Urgrund" or "original ground" to describe the primordial state of the cosmos outside of time and before the Divinity and the rest of the cosmos coalesced into fixed forms. Dick appears to capitalize "Urgrund" in *Cosmogony and Cosmology* but leaves the term uncapitalized in parts of the *Exegesis*.

47 Dick 1987, pp. 9–11.

48 Zebrapedia, retrieved on July 18, 2020 [Folder 53–021], [Folder 53–058].

49 Dick 1987, p. 10.

"true maker," the *Urgrund*.[50] Dick did not conceive of this *Urgrund* as some impersonal abstraction, or a dissolution into nothingness or non-being, but called it his "loving abyss."[51] The "great mystery" both Böhme and Dick struggled to understand within their respective revelatory experience is that the *Urgrund* or "Nothingness" began to perceive itself.[52] Andrew Weeks points out that in *Six Theosophic Points* (1620) the *Schrack* "is the shock of human self recognition" and "the tragic ground of life," yet it also "stands for the Wisdom of Sophia."[53] In *Six Theosophic Points* Böhme's "Nothing," *Ungrund* or abyssal God assumes a prominence that is unlike Bohme's previous works.[54] The idea of the Abyss or *Nothing* is foundational for Böhme's understanding of the human being, of Creation, and even of the Trinity.[55] The Abyssal *Nothing* assumes a renewed importance in Böhme's later works, as it also does for Dick.

Dick believed that humans closely approximate isomorphism with the *Ungrund* or *Urgrund*. Therefore, the *Urgrund* can be realized or discovered within a human being. In *Cosmogony and Cosmology* Dick asserts that *Christ* or the *Atman*, derived from Hindu philosophy, is a "microform" of the *Urgrund* or primal God. Once this *Urgrund* is born in a human being, the moment of *Blitz* (a term Dick borrowed from Böhme) or lightning flash occurs and the power of the world is broken. Dick emphasized that we should not deny the outer, physical world but should work toward the "moment our individual egos die and the *Urgrund* is born in us [...] at that moment we are freed from the world and become a portion of our original source."[56] In *The Meaning of the Creative Act*, the Russian philosopher Nicolas Berdyaev writes, "The final human mystery is the birth of God in man."[57] Dick also attends to this mystery by using Böhme's idea of the *Ungrund*. Dick makes the *Ungrund* almost a surrogate for Christ, just as Böhme does in certain works. But Dick goes even further to state, "Christ is a microform of the *Urgrund*, not a product of it, but it itself."[58]

Dick does not refer to any specific writing of Böhme, so it is probable that he did not have detailed knowledge of his works, and that he based his understanding of Böhme solely on the entries in the *Encyclopedia Britannica* (15th edition) and the *Encyclopedia of Philosophy* (1967), which were in his possession. Indeed, the *Encyclopedia of Philosophy* discusses Böhme's concepts of *Ungrund* and *Blitz*, as well as his theory of the seven qualities of nature and how they operate as a unified whole.

It is perhaps in Dick's *Cosmogony and Cosmology* that he most closely parallels Böhme's ideas about the cosmos. Dick states: "The maker is motivated to seek an instrument for self-awareness [...] And our reality was constructed to act as a sort of mirror or image of its maker, so that the maker can obtain thereby an objective standpoint to comprehend its own self."[59] In *The Dictionary of Philosophy*, this Böhmian idea is explained in these terms: "The abysmal will needs a real object to arouse self-knowledge."[60] The dialectical process of the *Urgund* or *Ungrund* to reach self-awareness

---

50 Dick 1987, p. 10.
51 Zebrapedia, retrieved on July 18, 2020 [Folder 21–097].
52 Martin 2019a, p. 54.
53 Weeks 1991, pp. 176–179. See also Zebrapedia [Folder 01–308].
54 Weeks 1991, p. 179–180.
55 Böhme 1971 [I:7,20], [4:8].
56 Dick 1987, pp. 10–15.
57 Berdyaev 1962, p. 18. Berdyaev was but one of a number of Russian thinkers who took inspiration from Böhme. See the chapters by Gaisin and Morosow in this volume.
58 Dick 1987, p. 17.
59 Dick 1987, p. 21.
60 Edwards 1967, p. 328. Cf. Böhme 1920, pp. 74, 181.

occupies much of Dick's thought and is covered extensively in the *Exegesis*.[61] Dick was interested in gnostic thought but his *artifact* or *Zebra* is no *demiurge* that is evil *per se*, but instead behaves as an unconscious, machine-like projection that has no evil will in itself. Dick's idea bears some relation to Böhme's *spiritus maoris mundi* (spirit of the great world), but he also acknowledges the influence of other philosophical strands, including the pre-Socratics, and twentieth-century philosophers.[62]

Böhme writes in his *177 Theosophical Questions*, "[...] all things consist in YES and NO; ["JA und NEIN"]."[63] Dick proposed that the *Urgrund* "perpetually interacts" with the world or *artifact* in a binary manner similar to a computer system where 0 and 1 form the basis of all computer processes.[64] For Dick, the computer was an ideal analogue for the Divinity and how it operates in the world. In a speech presented in Metz, France, in 1977, Dick asserts bluntly, "We are living in a computer programmed reality."[65] In *The Six Theosophic Points*, Böhme comments on the unreality and insubstantial substance of the world, stating that it is, "nothing else than a coagulated smoke from the eternal aether."[66] For Dick, the 1 represents the *Urgrund* or "Yes" and the 0 represents the *artifact* or world or "No."[67] He thus conceives a "binary zero one switching model,"[68] which he calls *VALIS* (Vast Active Living Intelligence System). Dick acknowledges Böhme as the source of inspiration for this idea:

> Boehme: yes – no [...] This is how a computer works. The zero position is the void; hence when I conceive of God as VALIS I am only getting the 1; I need also the void, the zero. To comprehend/apperceive/envision the void is to envision the other phase (zero phase) of the flicker binary pulsation, the sum of the two phases being the totality. Thus the Muslims are correct; the universe is destroyed "every day" (actually every trillionth of a second) "and re-created." But what is interesting to me is that the way I conceive of this, all its decisions are made during the "spaces" that we are totally unaware of.[69]

Furthermore, Dick explains that: "the initial false move it [VALIS] tries out is during its zero phase is Boehme's no; and the 1 or on phase is Boehme's yes so my envisioning is essentially Boehme's, updated in terms of computers and information-processing systems."[70]

---

61 Zebrapedia, retrieved on August 1, 2019 [Folder 01–270]. "THEREFORE IT IS A SELF-CORRECTING SYSTEM, TOTALLY HOMEOSTATIC. AS Boehme TAUGHT, WHAT WE EXPERIENCE AS EVIL IS 'THE NEGATIVE QUALITIES OF THE DIALECTIC.' HE ALSO TAUGHT 'THAT THE WORLD IS A MERE REFLECTION OF THE DIVINE [...] [WHICH] TENDS TOWARD ACOSMIC PANTHEISM.' GOD GOES THROUGH STAGES OF SELF DEVELOPMENT [...] + THE WORLD IS MERELY THE REFLECTION OF THIS PROCESS. BOEHME ANTICIPATED HEGEL IN CLAIMING THAT THE DIVINE SELF-DEVELOPMENT OCCURS BY MEANS OF A CONTINUING DIALECTIC, OR TENSION OF OPPOSITES." I have rendered this quote in capitals, although it is difficult from the orthography to discern for certain whether Dick was writing in all capitals. Böhme believed (after the Gnostics) in a primordial Fall, echoed by Adam's Fall. He was influenced by Paracelsus.

62 Böhme 2019 [10:25], p. 245.

63 Böhme 1661a [3:2], p. 35.

64 Dick 1987, pp. 13, 14.

65 Jones 2014, retrieved on August 10, 2019.

66 Böhme 1971, p. 27.

67 Zebrapedia, retrieved on August 1, 2019. April 15, 1981 [Folder 84–007]: "0 – 1 flicker rate (misinterpreted by me as time frames; no: it's binary. Tries out a false move (0), then corrects to 1 which is actualized in/as the next "frame." Has the effect of separate frames due to the off-on pulsation; discrete: isn't-is, nonbeing-being. The system shuts off every trillionth of a second (0). These are decisions. After each off (0) when it switches back on to 1 the "frame" (1) is different (in terms of internal arrangement (adjustment, mutual adjustment, interaction/interconnection). Boehme: yes – no."

68 Zebrapedia, retrieved on January 11, 2020 [Folder 90–039].

69 Zebrapedia, retrieved on August 10, 2019. April 15, 1981, sleep insight: [Folder 90–002].

70 Zebrapedia, retrieved on August 3, 2019 [Folder 84–007].

Dick equates Böhme's "Yes and No" with a computer's binary processing (0 and 1) but he also describes the world itself in terms of a computer system: it is this dialectic process that actually creates the world itself.[71] Again, in the *Exegesis* Dick states: "Now, this corrolates with Boehme's conception that evil is the no stages in God, which are ultimately rejected by a higher synthesis […]."[72] Dick dwells on the binary nature of reality as a dualistic 0-1 "pulse flicker"[73] and underscores that, "the foundation of creation is to choose, to reject, to choose again: Böhme's dialectic ceaselessly at work, blinking off-on-off-on)."[74] This binary dialectic process swings between being (1) and non-being (0) every "trillionth of a second," and, during the void or 0 phase, the *Ungrund* chooses or discards a choice in favor of a better next step in the dialectic process. It is interesting to note that Böhme's "Philosophical Sphere," a sketch of his philosophical system included in *The Forty Questions of the Soul* (*Vierzig Fragen von der Seele*), features a beating heart at the center (Fig. 4).

Although Dick never mentions this image, the beating heart shares a similarity with the 0-1 binary pulsation or switching model he develops, in that the human heart operates in a 1-0 or binary manner in the "beats" of systole (1) and diastole (0). Also, in *Von der Gnadenwahl* (1623) ("On the Election of Grace"), Böhme writes that, "we see the world but half" – again an instance of what Dick would have later called a "binary switching model" where the world qua world is only half of what is.[75] This binary process is the fundamental construct of Creation itself as well as the goal of human life, a choice between light and darkness. Near the end of Dick's life on April 15, 1981 he writes about a "sleep insight," where he states that his, "envisioning is essentially Boehme's, updated in terms of computer and information-processing systems."[76] Dick is still working with Böhme's ideas years after his first mention of him. Nearing the end of his life, Dick confesses in another part of the *Exegesis*: "I knew that binary switching model was correct as soon as it came to me."[77] Böhme's ideas remained a touchstone for Dick's own ideas up until his death in 1982.

I would like to go back now to the original question posed at the beginning of this essay: How is Böhme relevant today? The eighteenth-century scientist Georg Christoph Lichtenberg (1742–1799) famously commented that Böhme's works were, "a kind a picnic, where the author provides the words and the reader the meaning." However, another quote by Lichtenberg may best describe the convergence between Böhme and Dick. Lichtenberg asks: "Do we laugh at Jacob Bohme? But the supernat-

---

71 Jones 2014, retrieved on August 8, 2019.

72 Emphasizing that there are many instances of the "yes" and "no," Dick speaks here of "stages" and uses a plural verb ("are"). Zebrapedia, retrieved on August 1, 2019: [Folder 90–034].

73 Zebrapedia, retrieved on August 1, 2019 [Folder 90–008]: "Thus I saw VALIS externally and thus I experienced VALIS internally. It was due to memory of the zero phase of the binary pulse-flicker."

74 Zebrapedia, retrieved on August 1, 2019 [Folder 90–045].

75 Jacob Böhme: *Of the Election of Grace*. In: Böhme 1764–1781 [3:92]: "And when God introduced the spiritual World according to all Properties into an *outward Substance*, then the Inward continued in the outward, the outward as a Creation or Creature, but the inward as a generating Substance; and in that Respect we see the World but half as it were."

76 Zebrapedia, retrieved on August 1, 2019 [Folder 90-002] "Boehme: yes – no. Hartshorne 0 – 1. Quantitative (0 – 1) converted to qualitative by spatiotemporal reality itself; that is, quantitative information is poured into material reality within which and by which it is converted into qualitative information. While it's off, reality ceases to be. When it comes back on it is slightly different. It (the system) doesn't transmit a zero bit; it (the system) ceases to be. This is when it makes a tentative move which it then cancels in favor of a better move, at every junction (trillionth of a second, flicker rate) it discards an inferior move in favor of a better one; hence Leibnitz's view that "this is the best of all possible worlds" (this is a rapid selection process). […] It comes back on, back into being, back to the 1 phase when it has tried out a faulty solution and has substituted a better (the best possible?) instead, which is the next "time frame." Thus its decision-making processes, i. e. its thinking, and its nonbeing phase, lie outside our awareness […]."

77 Lethem 2011, p. 715.

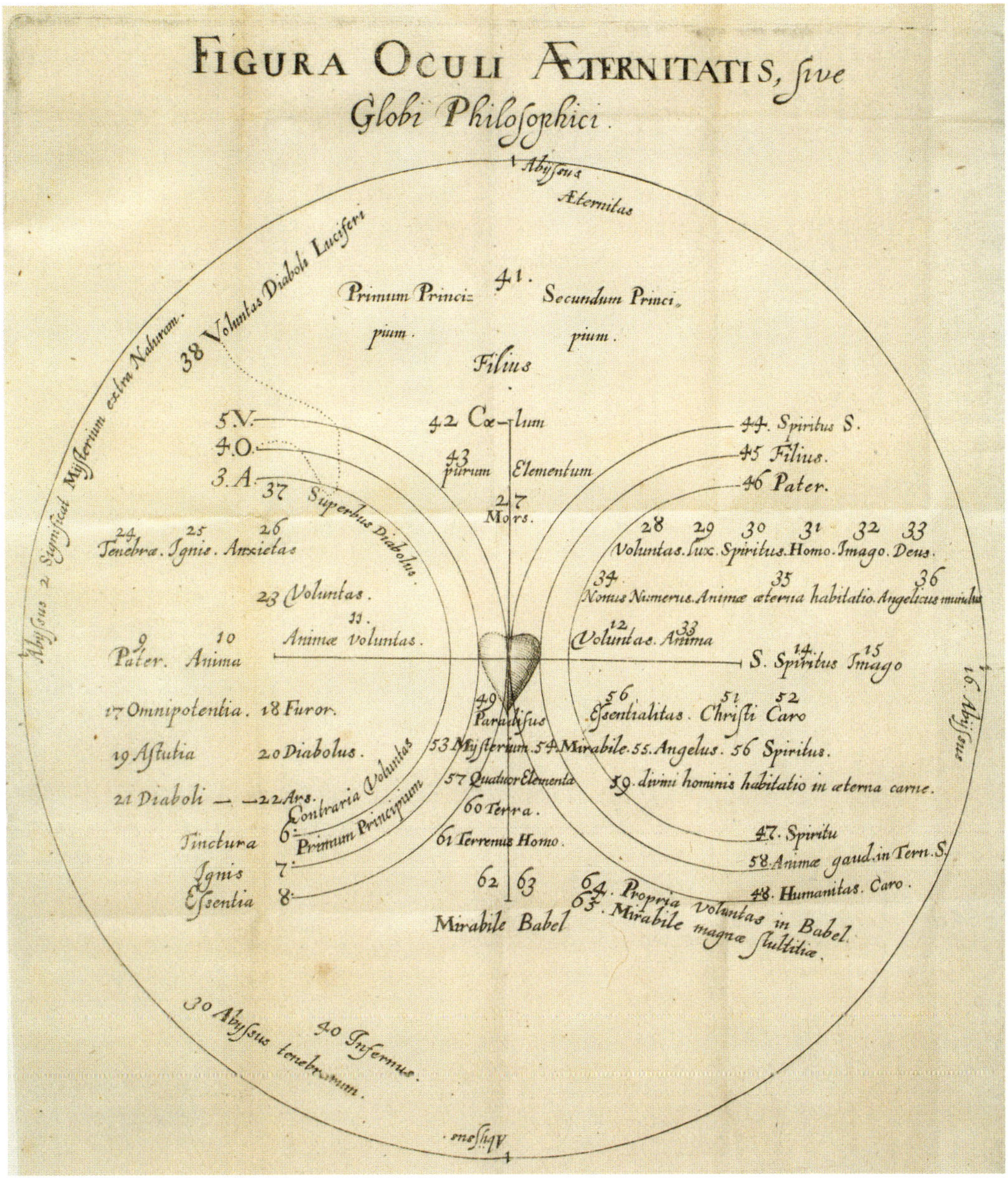

Fig. 4: Jacob Böhme, Figura Oculi Æternitatis, in: *Psychologia Vera I.B.T: XL Quaestionibus explicata* [Latin trans. of "Forty Questions of the Soul"], ed. and trans. Johann Angelius von Werdenhagen, Amsterdam 1632, Bibliotheca Philosophia Hermetica Collection Amsterdam

ural things of which he speaks never could sound natural. [...] Do we not already have in our own religion once time three equals one?"[78]

Böhme and Dick both ask their readers to suppress their rational minds and to strike out beyond the obvious and what is known. This is part of a unique creative process that Böhme, and later Dick, made foundational to their own creative expression. The life and works of Böhme have captured peoples' creative imagination since his death. In the case of Dick, he drew on Böhme's ideas to update the concept of divinity in the twentieth century. Dick's prolific body of work took a definite turn

78 Lichtenberg 2000, p. 48.

toward theological ideas incorporating the ideas of Jacob Böhme after his *2-3-74* visionary experience. Could an obscure science fiction author be a modern access point for Böhme?

Through his influence on a wide range of artists, philosophers and thinkers, Böhme continues to reach out to us through the centuries in subtle and profound ways of which we are mostly unaware. Böhme thus became a catalyst for Dick's creative expression. In the fictional novel *VALIS*, Dick relies on ideas set forth in the *Exegesis*. Speaking through his alter ego, Horselover Fat, he muses: "I suppose all the secrets of the universe lay in it somewhere amid the rubble."[79] Perhaps that is how Böhme is most relevant today: Among the "rubble" of Böhme's prolific and complex works, those with creative minds will find ample stimulation.

79 Dick 1991b, p. 25.

V Appendix

Carlos Gilly

Abraham von Franckenberg, *Kurtz- jedoch gründtlich- und warhaffter Bericht, von dem Leben und Abscheid des in Gott seelig ruhenden* ***Jacob Boemens****, dieser Theosophischen Schrifften, eigentlichen Authoris und Vrhebers*, Bibliotheca Philosophica Hermetica Collection Amsterdam

Einleitende Bemerkungen zu dem Manuskript

Bei dem hier in Faksimile reproduzierten Manuskript aus dem Besitz der Bibliotheca Philosophica Hermetica / Embassy of the Free Mind in Amsterdam handelt es sich um ein Heft in Oktav mit dreizehn eng beschriebenen Blättern. Das Manuskript steht an erster Stelle in einem 1675 gebundenen Sammelband mit weiteren sieben Böhme-Drucken und einem Druck von Franckenberg aus dem Verlag von Heinrich Betkius in Amsterdam (1660–1663, 1675). Aufgrund von Notizen in der Vorderinnenseite des Einbandes erfahren wir aus der Hand des ehemaligen Besitzers (einem Herrn Reissle?), dass die sieben Böhme-Drucke, ohne die Handschriften, «drei niederländische Gulden» gekostet hätten, das Binden von all den Büchern «zwei Kupferstück», während er für das Manuskript von Franckenbergs *Bericht* und die zusätzliche Figur mit der *Tabel von den dreyen Principien* zusätzlich «einen niederländische[n] Gulden» hätte bezahlen müssen.[1]

Als Kopist des äusserst fein geschriebenen Textes kommt nur Franckenbergs langjähriger Freund und Mitarbeiter Wilhelm Schwartz in Frage. Laut Zeugnis von Überfeld hatte ihn «eine gar zierliche Hand geschrieben […], die recht zu admiriren ist».[2] Fast zwanzig Jahre lang hatte Schwartz Briefe und Traktate von Franckenberg (gelegentlich auch von Böhme im Auftrag von Beyerland) sauber kopiert.[3] Er erhielt von Franckenberg noch im März 1652, also drei Monate vor dessen Tod, mehrere Handschriften als Geschenk oder zur Aufbewahrung («eine Wagen-Lade voll Manuscriptorum […] nebst etlich wenigen gedruckten Exemplarien»).[4]

Nach Franckenbergs Tod unterhielt Schwartz einen regen Briefwechsel mit den Böhme-Anhängern in Thorn (G. Richter?), in Eperies (heute Prešov) sowie in Amsterdam (Joachim Betke und Friedrich Breckling), der bis zu Schwartzens Tod 1661 andauerte.[5] Als Schreibmeister und Kalligraph gab Schwartz noch 1658 in Breslau sein Werkbuch zum Schönschreiben heraus.[6]

1 «75. ohne das geschriben – kostet recht 3 ndfl. – zu binden 2 Kopfstück – Vor die Schrift und den gezeichnete Figur 1 ndfl. Bezahlt».

2 *De vita*, in Böhme 1730, Bd. 10, S. 129. Zu Schwartz siehe auch den Beitrag von Karnitscher in diesem Band.

3 Vgl. Franckenberg 1995, S. 339–343; Harmsen 2007, S. 90, 478.

4 Franckenberg 1995, S. 295.

5 Wotschke 1930, S. 87.

6 Deutsche und lateinische Fundamental-Schriften in kleinen und grossen oder Versalien und gemeinen Buchstaben / durch Wilhelmen Schwartz; David Tscherning sculps[it] et excud[it], Breslau, G. Gründer, 1658. https://bibliotekacyfrowa.pl/dlibra/publication/66316/edition/76527/content [letzer Zugriff am 2/2/2/2023].

https://doi.org/10.1515/9783110720525-025

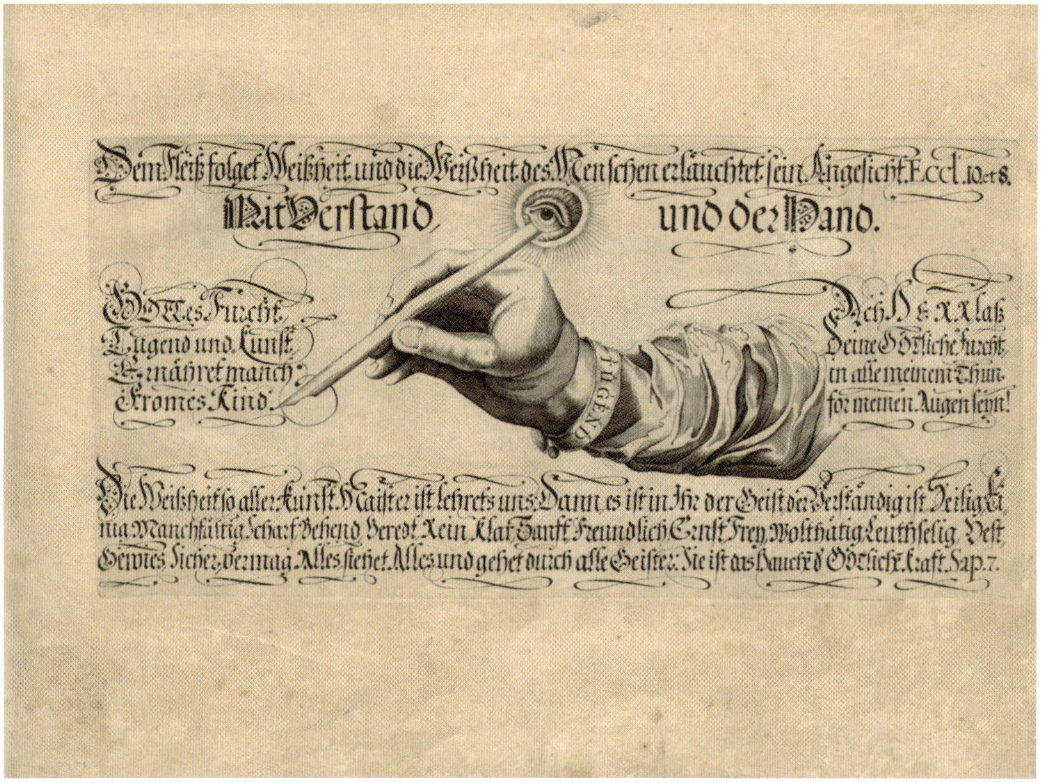

Abb. 1: Wilhelm Schwartz/David Tscherning, «Mit Verstand und der Hand», in: *Deutsche und lateinische Fundamental-Schriften in kleinen und grossen oder Versalien und gemeinen Buchstaben*, Breslau 1659, Biblioteka Uniwersytecka Wrocław, 407261

Auch hier verwendete Schwartz kurze Texte von Franckenberg als Vorlage für die Schreibmuster[7], vergaß aber nicht, das eigene Porträt (siehe Abb. 1, S. 145) und das Symbol seines Handwerks an prominenter Stelle zu platzieren (Abb. 1).

Bekannt sind auch die beiden nach Vorlage von Schwartz gestochenen Kupfertafeln mit Arndts Porträt und dem Gedicht *Currus Evangelicus* (Triumphwagen des Evangeliums) vom 25. März 1642, in dem Franckenberg «den von Gott erleuchteten Theologen» Johann Arndt als den vierten Herold und Reformator nach John Wycliff, Jan Hus und Martin Luther besingt:

> Quae pia Wiclefus, sana Hussus, vera Lutherus / Arndus sancta docet hic Liber unus habet.
> (Was Wycliff an Frommheit, Hus an Besinnung und Luther an Wahrheit bezeugten, das ist Arndts heilige Lehre, die hier in diesem einen Buch enthalten ist).

Beide Tafeln waren für die von Johann Permeier herausgegebene *Postilla* für die Sonntags-Evangelien (Frankfurt a.M. 1643) bestimmt und wurden auch tatsächlich gedruckt. Die dafür verwendeten Kupferplatten wurden aber von einem Stecher bearbeitet, der sein Werkzeug offensichtlich nicht ganz beherrschte, was Schwartz in einem Brief an Permeier vom 9. Juli 1642 bitter beklagt.[8] Nebenbei erkundigte sich Schwartz nach den letzten Neuigkeiten auf dem Gebiet «der Vor- oder Zierschriften in Kupfer»: «ich habe zwar schon längst willens gehabt nach meiner wenigen Gabe, sintemal ich nicht viel ediert sehe, etwas herausgeben».

7 Rusterholz 2005, S. 213–214.

8 Wotschke 1930, S. 120; das Original befindet sich in Halle, Franckesche Stiftungen, Ms. B 17b, 194r-v.

Der wichtigste Beitrag von Schwartz in Sachen Jacob Böhme ist wohl sein berühmter Kupferstich mit den «Dreyerley Welten», den er 1654 in Breslau anfertigte («Wilhelmus Schwartz, delineavit et scripsit in Vratislavia, Anno 1654»), dessen Entwurf und Gestaltung aber, wie Gichtel vermerkte, auf Franckenberg zurückgeht (siehe Abb. 1, S. 29).

Unser Sammelband enthält ferner, wie oben erwähnt, eine «gezeichnete Figur», das heisst eine von der gleichen Hand angefertigte Kopie (vier Oktavo-Blätter in Querformat) des Kupferstiches *Tabel von den dreyen Principien*. Diese *Tabel* hatte Wilhelm Schwartz auf Wunsch von Franckenberg 1640/41 mit kalligraphischer Virtuosität gezeichnet und samt Kupferplatte wohl zu Beyerland nach Amsterdam geschickt. Dies erklärt auch, warum die *Tabel* in hochdeutscher und nicht, wie der Rest des Buches, in niederländischer Sprache veröffentlicht wurde.[9] Der Text in diesem Manuskript ist ebenfalls fein und sauber geschrieben, erreicht aber nicht die Perfektion der in Kupfer gestochenen *Tabel*, die zuerst Beyerland in der *Tafel vande drye Principien* (Amsterdam 1642) mit abdrucken liess. Sowohl Gichtel wie auch Überfeld hielten diese Tafel für eine der am besten gelungenen Böhme-Publikationen:

> 1642: De Tafel von den 3 Principien [...] aus verschiedenen geschriebenen Copien gecorrigiret, und daher sehr accurate, gleich auch das Schema selbsten eines gar saubern Kupfer-Stichs, in Hochdeutscher Sprache, mit Lateinischer Schrifft das Beste vor alle ist.[10]

Von der gleichen Kupferplatte stammen die Abzüge, die der Verleger Betkius zwanzig Jahre später der deutschen Erstausgabe der *Tabula Principiorum Vom Gott/ der grossen und kleinen Welt* (Amsterdam 1662) beilegte.[11]

Was jedoch Franckenbergs *Bericht* betrifft, bleibt eine Frage unbeantwortet. Während der ehemalige Besitzer des hier faksimilierten Manuskripts von Franckenbergs *Bericht von dem Leben und Abscheid* von Jacob Böhme 1675 genau wusste, dass der *Bericht* «noch nicht gedruckt» worden war, scheint keiner der zahlreichen Böhme Liebhaber in den Niederlanden von der Existenz dieses Exemplars Kenntnis gehabt zu haben. Auch in keinem Katalog oder Verzeichnis der jeweiligen Vorbesitzer von Böhme-Handschriften in den Niederlanden, von Huygens bis zu Überfeld, wird eine Kopie von Franckenbergs *Bericht* vermerkt, sodass wir nicht wissen, wie der Text in der Ausgabe von 1680 zustande gekommen ist.

Zwar hatte Franckenberg neun Monate vor seinem Tod (25. Juni 1652) zusammen mit Michel le Blon die Ausgabe *Theosophische Sendschreiben J.B.T.* geplant.[12] Für diese Ausgabe war sowohl die *Relation* von Cornelius Weißner wie auch Franckenbergs *Bericht von dem Leben und Abscheid* vorgesehen.

Nun starb 1656 auch Michel le Blon, wodurch die Überlieferungskette unterbrochen wurde. Der Verleger der *Theosophische Sendschreiben J.B.T.* von 1658 in Amsterdam, Hendrick Betkius, wartete

9 Vgl. die Reproduktion in Gilly/Heertum 2002, Bd. II, S. 170–171.

10 *De vita et scriptis*, in Böhme 1715, Bd. 2, S. 94–95; in Böhme 1730, Bd. 10, S. 119.

11 http://archiv.ub.uni-marburg.de/ubfind/Search/Results?lookfor=b%C3%B6hme+jacob+1662&type=AllFields Für eine gute Reproduktion dieser Tafel vgl. Gilly/Heertum 2002, Bd. 2, S. 170–171. In den nachfolgenden Ausgaben der *Tabula principiorum* (1675, 1682 und 1698) wurde der Text auf einem karierten Blatt typographisch gesetzt, während in den Gesamtausgaben von 1715 (S. 3641 ff.) und 1730 (IX, S. 129) der Inhalt der *Tabel* auf vier Seiten verteilt und separat abgedruckt wurde.

12 Vgl. die von beiden, gemeinsam mit dem Verleger Hendrick Betkius unterschriebene posthume Vor-Rede auf S. A4v: «M.L.B. H.B. A.V.F.».

vergebens auf Franckenbergs *Bericht* und musste sich mit dem Abdruck von Weißners *Relation-schreiben* am Schluss des Bandes (S. 462–470) zufriedengeben.[13]

Wilhelm Schwartz seinerseits fertigte nachträglich eine neue Kopie an, die er mit dem Hinweis auf eben diese Edition abschloss: «besiehe Herrn C[ornelius] W[eißner] M[edicinae] D[octor] V[triusque] L[aubensis] Schreiben an H[errn] G[ulielmum] *A*[brahamszoon] v[an] B[eyerland], de dato 22 Febr. 1651, so zu Ende der *Theosophischen Sendschreiben J.B.T.* angehengt».

Das falsche Akronym für den Sohn von Beyerland, H.G.*R*.V.B anstatt H.G.*A*.V.B, steht, ausser in unserem Manuskript, sowohl in der Thorner Ausgabe von ca. 1653 (*Von Erschaffung des Menschen. Der IV. Theil*),[14] wie in den Ausgaben von 1715 (*De vita et scriptis*)[15] und 1730 (*De vita et scriptis*).[16] In der handschriftlichen Kopie von Weißners *Relation*[17], die Le Blon für sich selbst abschrieb, wird der Sohn Beyerlands überhaupt nicht erwähnt.[18] Dasselbe geschieht in der von Le Blon veröffentlichten niederländischen Übersetzung[19], in den von ihm vorbereiteten *Theosophische Sendschreiben* von 1658[20] und schliesslich auch in dem Abdruck von Weißners *Relation* in der ersten Gesamtausgabe von Gichtel, De Raadt und Goethals von 1682.[21]

13 Weißners *Relation-schreiben* wird hier nach der Version von Le Blon transkribiert (Wolfenbüttel HAB, 67 Novissimi 4°, 13v–15r) und nicht nach der verkürzten und entstellten Kopie in der Thorner Ausgabe, *Von Erschaffung des Menschen. Der IV. Theil*, C2r ff.

14 Böhme [1652–1654], Teil 4, C2r. Zur Thorner Ausgabe siehe auch den Beitrag von Penman in diesem Band.

15 Böhme 1715, Bd. 2, S. 28: «an H.G.R.V.B angelassen».

16 Böhme 1730, Bd. 10, S. 32: «An Herren G.R. von Beyerland in Amsterdam».

17 Wolfenbüttel HAB, 67 Novissimi 4°, 13v–15r.

18 «Copie van sekeren Brief, die *mij* gesonden is van Heer Wisner doctor inder Medecijne, tot Breslaw. Anno 1651».

19 Böhme 1653b, S. 99–115.

20 Böhme 1658a, S. 461–470.

21 Böhme 1682, Bd. 1, ***6v.

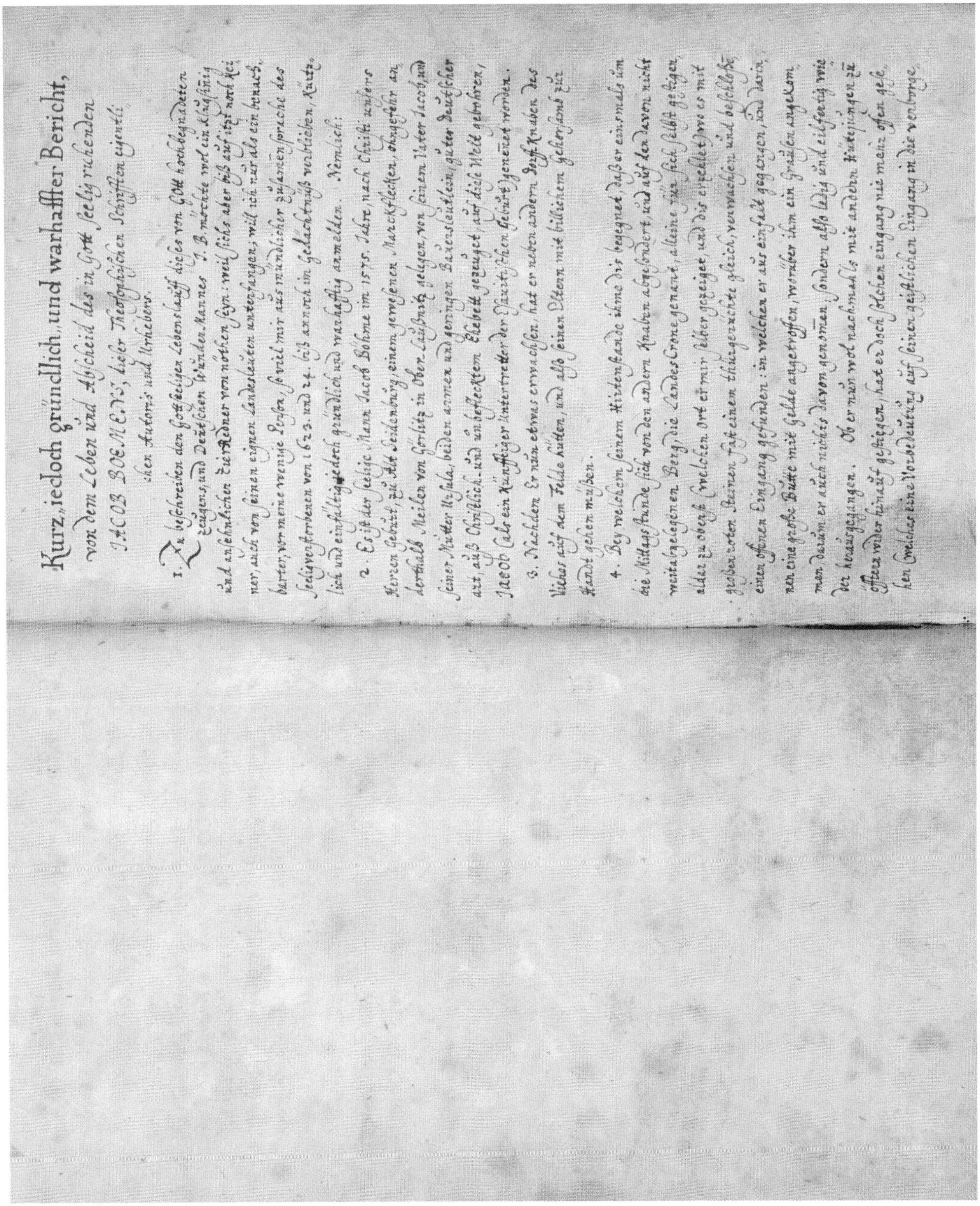

Kurz, iedoch gründlich, und warhaffter Bericht, von dem Leben und Abscheid des in Gott seelig ruhenden JACOB BOEMENS, dieser Theosophischen Schrifften eigentlichen Autoris und Urhebers.

1. Zu beschreiben den Gottseeligen Lebenslauff dieses von GOtt hochbegnadeten zeugens, und Deutschen Wunder Mannes J. B. möchte wol ein klugsinnig und ansehnlicher Zier Redner von nöthen seyn: weil sichs aber biß auf itzt noch keiner, auch von seinen eignen Landesleuten unterfangen; will ich nur als ein benachbarter, vor meine wenige Person, so viel mir aus mündlicher zusamensprache des seeligverstorbenen von 1623. und 24. biß annoch im Gedächtnüß verblieben, Kürtzlich und einfältig jedoch gründlich und warhafftig anmelden. Nemlich:

2. Es ist der seelige Mann Jacob Böhme im 1575. Jahre, nach Christi unsers Herren Geburt, zu Alt Seidenburg, einem gewesenen Marckflecken, ohngefehr anderthalb Meilen von Görlitz in Ober Laußnitz gelegen, von seinem Vater Jacob, und seiner Mutter Ursula, beiden armen und geringen Bauersleutlein, guter deutscher art, auß Christlich- und unbeflecktem Ehebett gezeuget, auf diese Welt gebohren, Jacob (als ein künfftiger Untertretter der Esauitischen Geburt) genennet worden.

3. Nachdem Er nun etwas erwachsen, hat er neben andern Dorff Knaben des Viehes auf dem Felde hütten, und also seinen Eltern mit billichem Gehorsamb zur Handt gehen müßen.

4. Bey welchem seinem Hirtenstande ihme dis begegnet, daß er einsmals um die Mittagsstunde sich von den andern Knaben abgesondert, und auf den davon nicht weitabgelegenen Berg, die Landes Crone genant, alleine für sich selbst gestigen, aldar zu oberst (welchen Ort er mir selber gezeiget, und dis erzehlet) wo es mit großen roten Steinen fast einem thürgerüchte gleich, verwachsen und beschloßen, einen offenen Eingang gefunden: in welchen er aus einfalt gegangen, und darinnen eine große Butte mit Gelde angetroffen, worüber ihm ein Grausen angekommen, darum er auch nichts davon genommen, sondern also ledig und eilfertig wie der herausgegangen. Ob er nun wol nachmahls mit andern Hütejungen zu öffters wider hinauf gestiggen, hat er doch solchen eingang nie mehr offen gesehen (welches eine Vorbedeutung auf seinen geistlichen Eingang in die verborge,

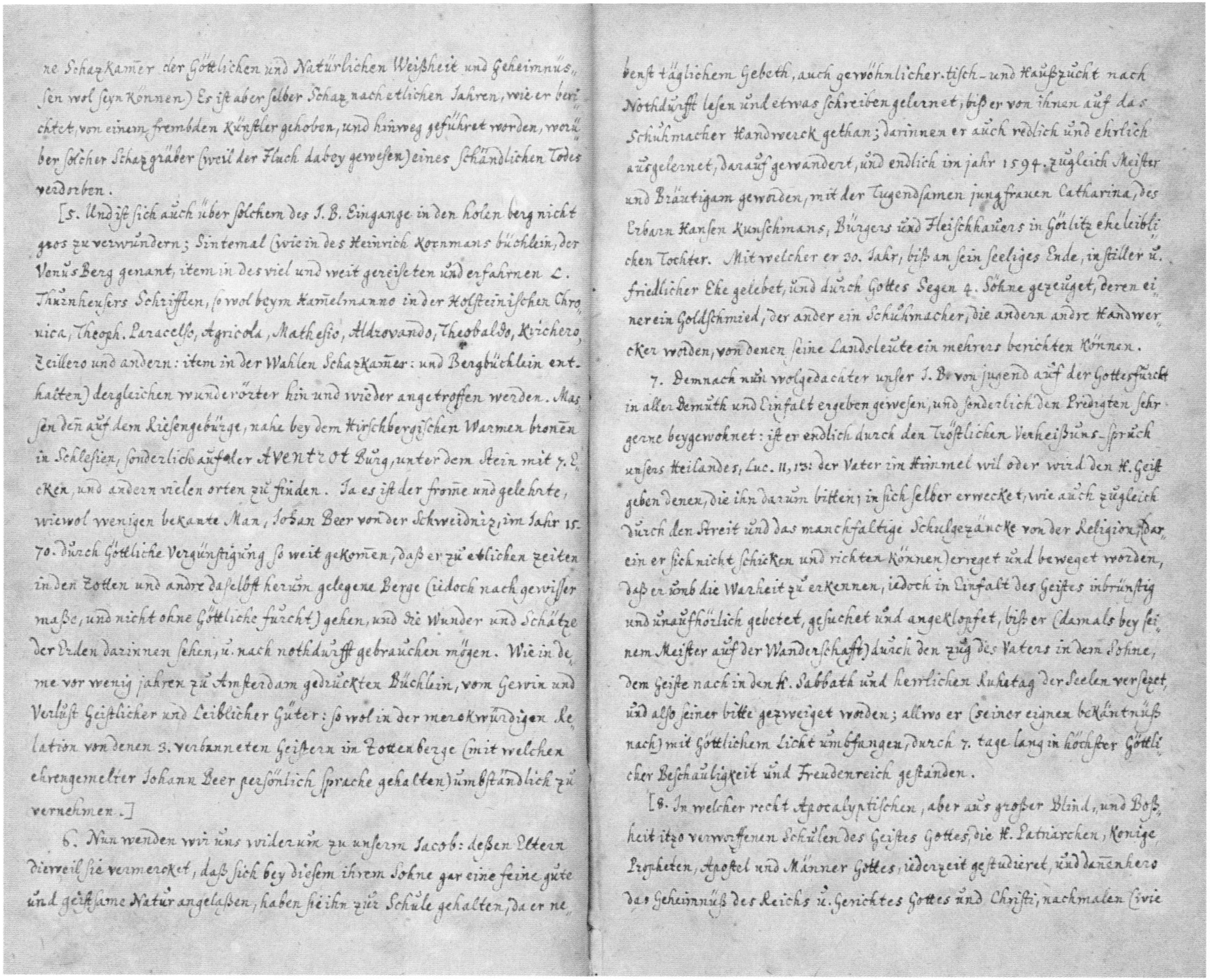

ne Schazkamer der Göttlichen und Natürlichen Weißheit und Geheimnüs,
sen wol seyn können) Es ist aber selber Schaz nach etlichen Jahren, wie er beri,
chtet, von einem frembden Künstler gehoben, und hinweg geführet worden, worü,
ber solcher Schazgräber (weil der Fluch dabey gewesen) eines schändlichen Todes
verdorben.

[5. Und ist sich auch über solchem des J.B. Eingange in den holen berg nicht
gros zu verwündern; Sintemal (wie in des Heinrich Kornmans büchlein, der
Venüs Berg genant, item in des viel und weit gereiseten und erfahrnen L.
Thurnheusers Schrifften, so wol beym Hamelmanno in der Holsteinischen Chro,
nica, Theoph. Paracelso, Agricola, Mathesio, Aldrovando, Theobaldo, Kirchero,
Zeillero und andern: item in der Wahlen Schazkamer: und Bergbüchlein ent,
halten) dergleichen wunderörter hin und wieder angetroffen werden. Mas,
sen den auf dem Riesengebürge, nahe bey dem Hirschbergischen Warmen bronen
in Schlesien, sonderlich auf der Aventrot Bürg, unter dem Stein mit 7. E,
cken, und andern vielen orten zü finden. Ja es ist der frome und gelehrte,
wiewol wenigen bekante Man, Johan Beer von der Schweidniz, im Jahr 15,
70. dürch Göttliche Vergünstigung so weit gekomen, daß er zu etlichen zeiten
in den Zotten und andre daselbst herüm gelegene Berge (iedoch nach gewisser
maße, und nicht ohne Göttliche furcht) gehen, und die Wunder und Schätze
der Erden darinnen sehen, u. nach nothdurfft gebrauchen mögen. Wie in de,
me vor wenig jahren zu Amsterdam gedrückten Büchlein, vom Gewin und
Verlust Geistlicher und Leiblicher Güter: so wol in der merckwürdigen Re,
lation von denen 3. verbanneten Geistern im Zottenberge (mit welchen
ehrengemelter Johann Beer persönlich sprache gehalten) umbständlich zu
vernehmen.]

6. Nun wenden wir uns widerum zu unserm Jacob: deßen Eltern
dieweil sie vermercket, daß sich bey diesem ihrem Sohne gar eine feine gute
und geistsame Natur angelaßen, haben sie ihn zur Schüle gehalten, da er ne,

benst täglichem Gebeth, auch gewöhnlicher tisch- und Haußzucht nach
Nothdurfft lesen und etwas schreiben gelernet, biß er von ihnen auf das
Schuhmacher Handwerck gethan; darinnen er auch redlich und ehrlich
außgelernet, darauf gewandert, und endlich im jahr 1594. zugleich Meister
und Bräutigam geworden, mit der Tugendsamen jungfrauen Catharina, des
Erbarn Hansen Kunschmans, Bürgers und Fleischhauers in Görlitz eheleibli,
chen Tochter. Mit welcher er 30. Jahr, biß an sein seeliges Ende, in stiller u.
friedlicher Ehe gelebet, und durch Gottes Segen 4. Söhne gezeuget, deren ei,
ner ein Goldschmied, der ander ein Schuhmacher, die andern andre Handwer,
cker worden, von denen seine Landsleute ein mehrers berichten können.

7. Demnach nun wolgedachter unser J. B. von jugend auf der Gottesfurcht
in aller Demüth und Einfalt ergeben gewesen, und sonderlich den Predigten sehr
gerne beygewohnet: ist er endlich durch den Tröstlichen Verheißuns-spruch
unsers Heilandes, Luc. 11, 13: der Vater im Himmel wil oder wird den H. Geist
geben denen, die ihn darum bitten; in sich selber erwecket, wie auch zugleich
durch den Streit und das manchfaltige Schulgezäncke von der Religion, dar,
ein er sich nicht schicken und richten können) erreget und beweget worden,
daß er ümb die Warheit zu erkennen, iedoch in Einfalt des Geistes inbrünstig
und unaufhörlich gebetet, gesuchet und angeklopfet, biß er (damals bey sei,
nem Meister auf der Wanderschaft) durch den zug des Vaters in dem Sohne,
dem Geiste nach in den H. Sabbath und herrlichen Ruhetag der Seelen versezet,
und also seiner bitte gezweiget worden; allwo er (seiner eignen bekäntnüß
nach) mit Göttlichem Licht umbfangen, durch 7. tage lang in höchster Göttli,
cher Beschaulichkeit und Freudenreich gestanden.

[8. In welcher recht Apocalyptischen, aber aus großer Blind, und Boß,
heit itzo verworffenen Schülen des Geistes Gottes, die H. Patriarchen, Konige,
Propheten, Apostel und Männer Gottes, iederzeit gestudieret, und danenhero
das Geheimnüß des Reichs u. Gerichtes Gottes und Christi, nachmalen (wie

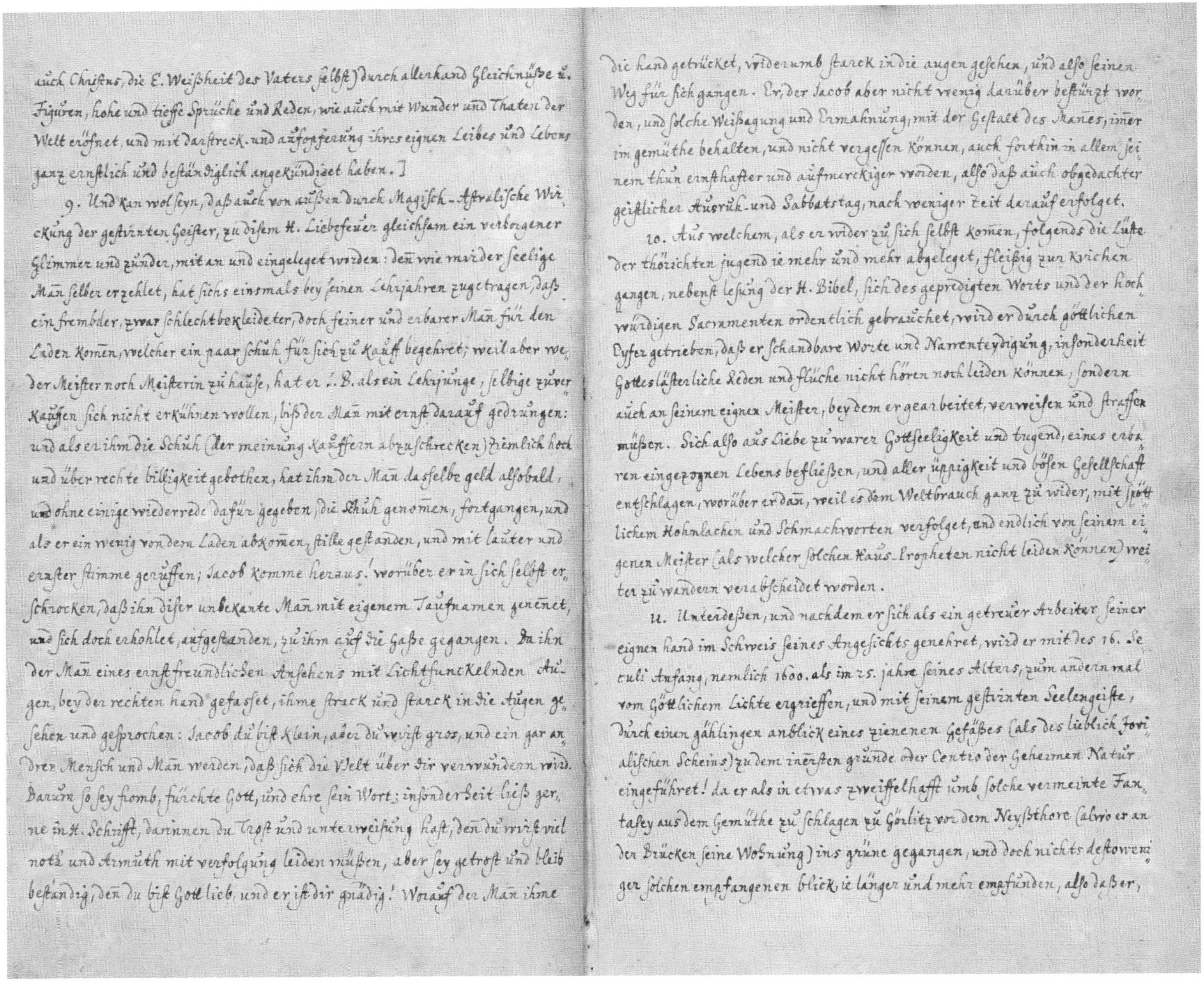

auch Christus, die E. Weißheit des Vaters selbst) durch allerhand Gleichnüße u.
Figuren, hohe und tieffe Sprüche und Reden, wie auch mit Wunder und Thaten der
Welt eröfnet, und mit darstreck- und aufopferung ihres eignen Leibes und Lebens
ganz ernstlich und beständiglich angekündiget haben.]
9. Und kan wol seyn, daß auch von außen durch Magisch-Astralische Wir-
ckung der gestirnten Geister, zu disem H. Liebefeuer gleichsam ein verborgener
Glimmer und zünder, mit an und eingeleget worden: den wie mir der seelige
Man selber erzehlet, hat sichs einsmals bey seinen Lehrjahren zugetragen, daß
ein frembder, zwar schlecht bekleideter, doch feiner und erbarer Man für den
Laden komen, welcher ein paar schuh für sich zu Kauff begehret; weil aber we-
der Meister noch Meisterin zu hauße, hat er J. B. als ein Lehrjunge, selbige zuver-
kauffen sich nicht erkühnen wollen, biß der Man mit ernst darauf gedrungen:
und als er ihm die Schuh (der meinung Kauffern abzuschrecken) ziemlich hoch
und über rechte billigkeit gebothen, hat ihm der Man daselbe geld alsobald,
und ohne einige wiederrede dafür gegeben, die Schuh genomen, fortgangen, und
als er ein wenig von dem Laden abkomen, stille gestanden, und mit lauter und
ernster stimme geruffen; Jacob komme heraus! worüber er in sich selbst er-
schrocken, daß ihn diser unbekante Man mit eigenem Taufnamen genenet,
und sich doch erhohlet, aufgestanden, zu ihm auf die Gaße gegangen. Da ihn
der Man eines ernstfreundlichen Ansehens mit Lichtfunckelnden Au-
gen, bey der rechten hand gefasset, ihme strack und starck in die Augen ge-
sehen und gesprochen: Jacob du bist klein, aber du wirst gros, und ein gar an-
drer Mensch und Man werden, daß sich die Welt über dir verwundern wird.
Darum so sey fromb, fürchte Gott, und ehre sein Wort; insonderheit ließ ger-
ne in H. Schrifft, darinnen du trost und unterweisung hast, den du wirst viel
noth und Armuth mit verfolgung leiden müßen, aber sey getrost und bleib
beständig, den du bist Gott lieb, und er ist dir gnädig! Worauf der Man ihme

die hand getrücket, widerumb starck in die augen gesehen, und also seinen
Weg für sich gangen. Er, der Jacob aber nicht wenig darüber bestürzt wor-
den, und solche Weißagung und Ermahnung, mit der Gestalt des Manes, imer
im gemüthe behalten, und nicht vergessen können, auch forthin in allem sei-
nem thun ernsthafter und aufmerckiger worden, also daß auch obgedachter
geistlicher Ausruk- und Sabbatstag, nach weniger Zeit darauf erfolget.
10. Aus welchem, als er wider zu sich selbst komen, folgends die Lüste
der thörichten jugend ie mehr und mehr abgeleget, fleißig zur Kirchen
gangen, nebenst lesung der H. Bibel, sich des gepredigten Worts und der hoch-
würdigen Sacramenten ordentlich gebrauchet, wird er durch göttlichen
Eyfer getrieben, daß er schandbare Worte und Narrenteydigung, insonderheit
Gotteslästerliche Reden und flüche nicht hören noch leiden können, sondern
auch an seinem eignen Meister, bey dem er gearbeitet, verweisen und straffen
müßen. Sich also aus Liebe zu warer Gottseeligkeit und tugend, eines erba-
ren eingezognen Lebens befließen, und aller üppigkeit und bösen Gesellschaft
entschlagen, worüber er dan, weil es dem Weltbrauch ganz zu wider, mit spött-
lichem Hohnlachen und Schmachworten verfolget, und endlich von seinem ei-
genen Meister (als welcher solchen Haus-Propheten nicht leiden können) wei-
ter zu wandern verabscheidet worden.
11. Unterdeßen, und nachdem er sich als ein getreuer Arbeiter seiner
eignen hand im Schweis seines Angesichts genehret, wird er mit des 16. Se-
culi Anfang, nemlich 1600. als im 25. jahre seines Alters, zum andernmal
vom Göttlichem Lichte ergrieffen, und mit seinem gestirnten Seelengeiste,
durch einen gählingen anblick eines zienenen Gefäßes (als des lieblich Jovi-
alischen Scheins) zu dem inersten gründe oder Centro der Geheimen Natur
eingeführet! da er als in etwas zweiffelhafft umb solche vermeinte Fan-
tasey aus dem Gemüthe zu schlagen zu Görlitz vor dem Neysthore (alwo er an
der Brücken seine Wohnung) ins grüne gegangen, und doch nichts destoweni-
ger solchen empfangenen blick ie länger und mehr empfunden, also daß er,

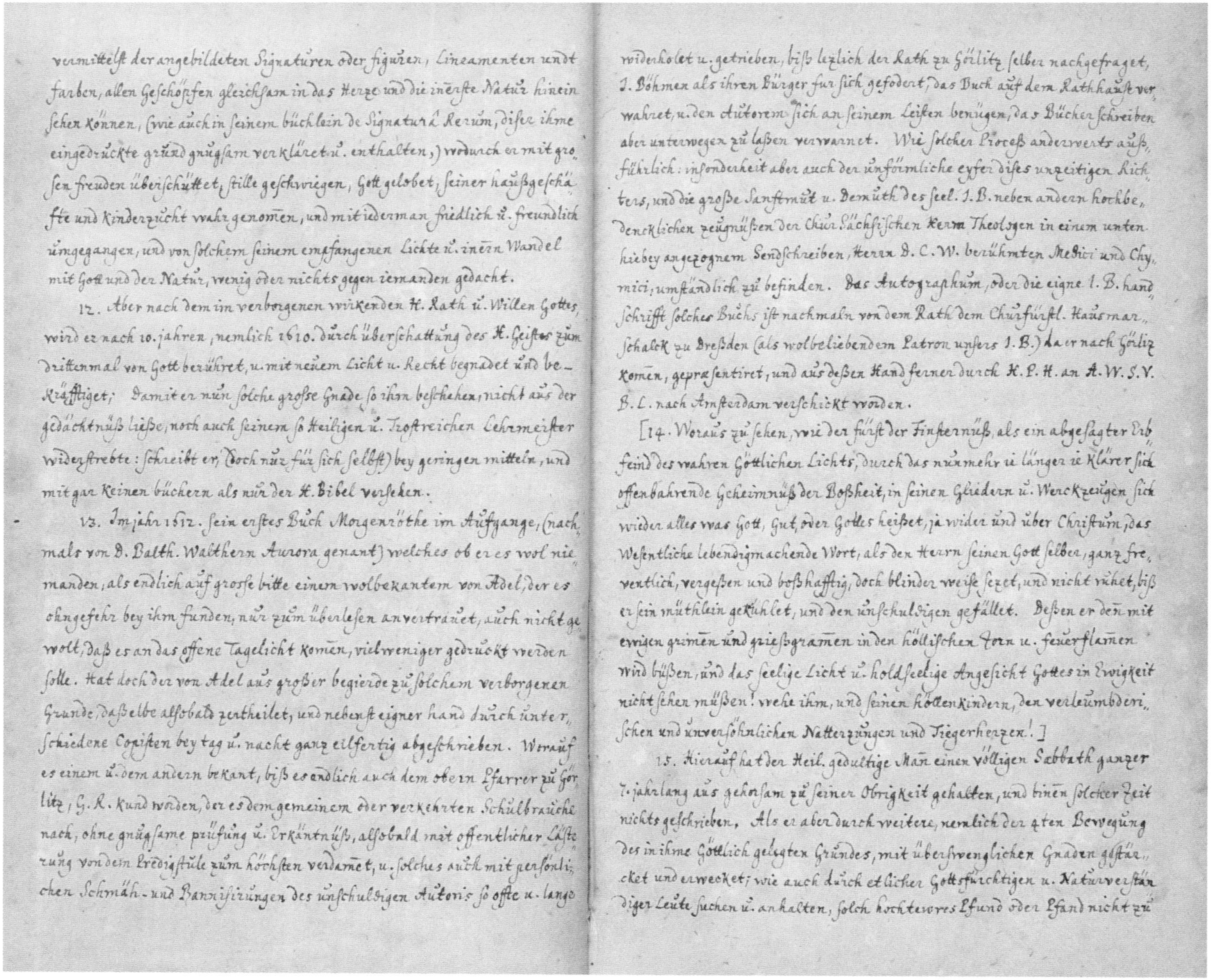

vermittelst der angebildeten Signaturen oder figuren, Lineamenten undt
farben, allen Geschöpfen gleichsam in das Hertze und die inerste Natur hinein
sehen können, (wie auch in seinem büchlein de Signatura Rerum, diser ihme
eingedruckte grund gnugsam verkläret u. enthalten,) wodurch er mit gro-
ßen freuden überschüttet, stille geschwiegen, Gott gelobet, seiner haußgeschä-
fte und Kinderzucht wahrgenomen, und mit iederman friedlich u. freundlich
umgegangen, und von solchem seinem empfangenen Lichte u. inern Wandel
mit Gott und der Natur, wenig oder nichts gegen iemanden gedacht.

12. Aber nach dem im verborgenen wirkenden H. Rath u. Willen Gottes,
wird er nach 10. jahren, nemlich 1610. durch überschattung des H. Geistes zum
drittenmal von Gott berühret, u. mit neuem Licht u. Recht begnadet und be-
kräfftiget; Damit er nun solche grosse Gnade so ihm beschehen, nicht aus der
gedächtnüß liesse, noch auch seinem so Heiligen u. Trostreichen Lehrmeister
widerstrebte: schreibt er, (doch nur für sich selbst) bey geringen mitteln, und
mit gar Keinen büchern als nur der H. Bibel versehen.

13. Im jahr 1612. sein erstes Buch Morgenröthe im Aufgange, (nach-
mals von D. Balth. Walthern Aurora genant) welches ob er es wol nie-
manden, als endlich auf grosse bitte einem wolbekantem von Adel, der es
ohngefehr bey ihm funden, nur zum überlesen anvertrauet, auch nicht ge-
wolt, daß es an das offene Tagelicht komen, vielweniger gedruckt werden
solle. Hat doch der von Adel aus großer begierde zu solchem verborgenen
Grunde, daßelbe alsobald zertheilet, und nebenst eigner hand durch unter-
schiedene Copisten bey tag u. nacht ganz eilfertig abgeschrieben. Worauf
es einem u. dem andern bekant, biß es endlich auch dem obern Pfarrer zu Gör-
litz, G. R. kund worden, der es dem gemeinem oder verkehrten Schulbrauche
nach, ohne gnugsame prüfung u. erkäntnüß, alsobald mit offentlicher Läste-
rung von dem Predigstule zum höchsten verdamet, u. solches auch mit persönli-
chen Schmäh- und Bannisirungen des unschuldigen Autoris so offte u. lange
widerholet u. getrieben, biß lezlich der Rath zu Görlitz selber nachgefraget,
J. Böhmen als ihren Bürger fur sich gefodert, das Buch auf dem Rathhause ver-
wahret, u. den Autorem sich an seinem Leisten benügen, das Bücher schreiben
aber unterwegen zu laßen verwarnet. Wie solcher Proceß anderwerts aus-
führlich: insonderheit aber auch der unförmliche eyfer dises unzeitigen Rich-
ters, und die große Sanftmut u. Demuth des seel. J. B. neben andern hochbe-
dencklichen zeugnüßen der Chur Sächsischen Herrn Theologen in einem unten
hiebey angezognem Sendschreiben, Herrn D. C. W. berühmten Medici und Chy-
mici, umständlich zu befinden. Das Autographum, oder die eigne J. B. hand-
schrifft solches Buchs ist nachmaln von dem Rath dem Churfürstl. Hausmar-
schalck zu Dreßden (als wolbeliebendem Patron unsers J. B.) da er nach Görliz
komen, gepræsentiret, und aus deßen Hand ferner durch H. P. H. an A. W. S. V.
B. L. nach Amsterdam verschickt worden.

[14. Woraus zu sehen, wie der fürst der Finsternüß, als ein abgesagter Erb-
feind des wahren Göttlichen Lichts, durch das nunmehr ie länger ie klärer sich
offenbahrende Geheimnüß der Boßheit, in seinen Gliedern u. Werckzeugen sich
wieder alles was Gott, Gut, oder Gottes heißet, ja wider und über Christum, das
Wesentliche lebendigmachende Wort, als den Herrn seinen Gott selber, ganz fre-
ventlich, vergeßen und boßhafftig, doch blinder weise sezet, und nicht ruhet, biß
er sein müthlein gekühlet, und den unschuldigen gefället. Deßen er den mit
ewigen grimen und griesgramen in den höllischen Zorn u. feuerflamen
wird büßen, und das seelige Licht u. holdseelige Angesicht Gottes in Ewigkeit
nicht sehen müßen! wehe ihm, und seinen Höllenkindern, den verleumbderi-
schen und unversöhnlichen Natterzungen und Tiegerherzen!]

15. Hierauf hat der Heil. gedultige Man einen völligen Sabbath ganzer
7. jahrlang aus gehorsam zu seiner Obrigkeit gehalten, und binen solcher Zeit
nichts geschrieben. Als er aber durch weitere, nemlich der 4ten Bewegung
des in ihme Göttlich gelegten Grundes, mit überschwenglichen Gnaden gestär-
cket und erwecket; wie auch durch etlicher Gottsfürchtigen u. Naturverstän-
diger Leute suchen u. anhalten, solch hochtewres Pfund oder Pfand nicht zu

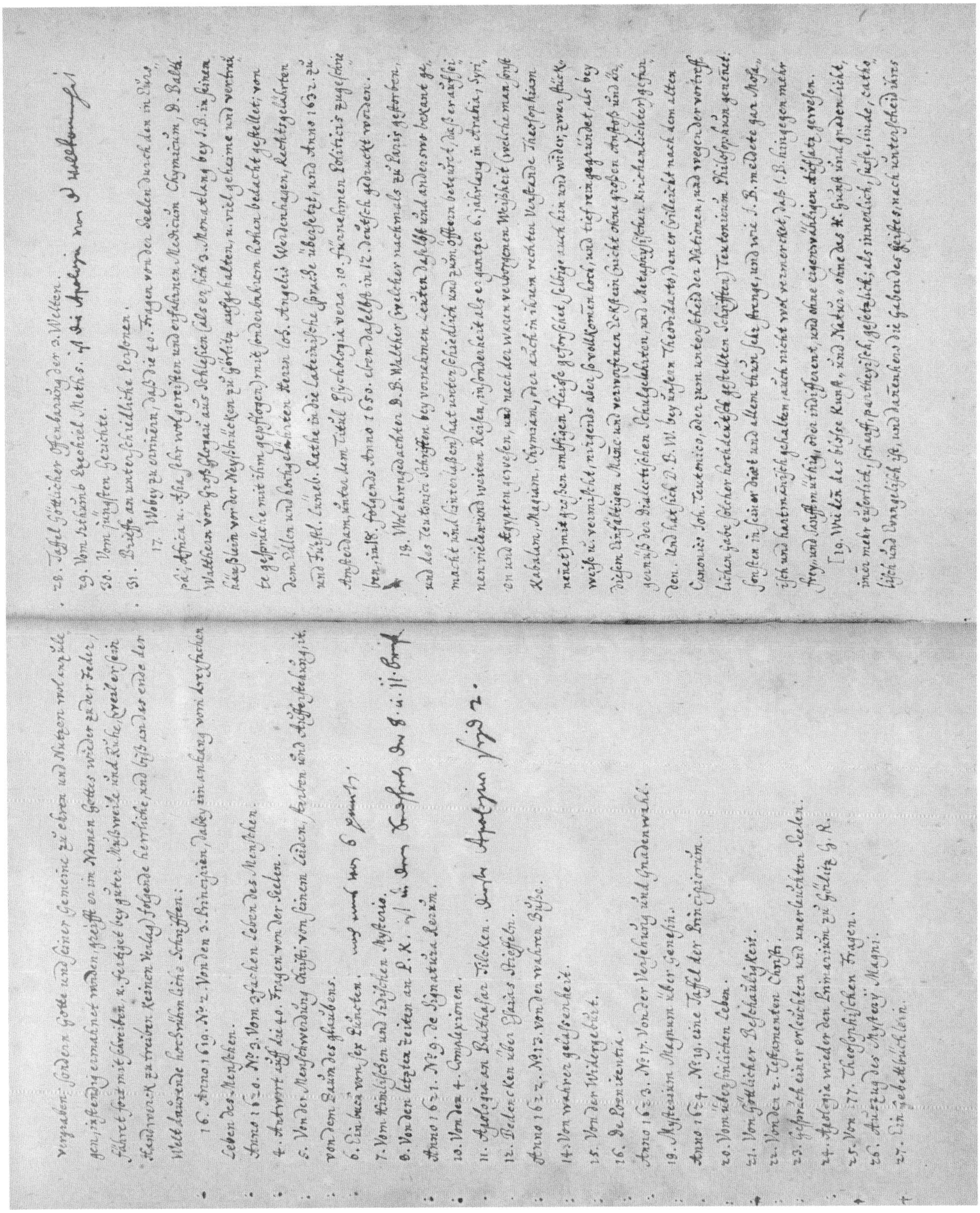

vergraben: sondern Gotte und seiner Gemeine zu ehren und Nutzen wol anzule-
gen, instendig ermahnet worden, greifft er im Namen Gottes wieder zu der Feder,
führet fort mit schreiben, u. fertiget bey guter Mußweile und Ruhe (weil er sein
Handwerck zu treiben keinen Verlag) folgende herrliche, und biß an das ende der
Welt daurende hochrühmliche Schrifften:
16. Anno 1619. No. 2. Von den 3. Principien, dabey ein anhang vom dreyfachen
Leben des Menschen.
Anno 1620. No. 3. Vom 3fachen Leben des Menschen.
4. Antwort auff die 40. Fragen von der Seelen.
5. Von der Menschwerdung Christi, von seinem Leiden, sterben und Aufferstehung, it.
von dem Baum des glaubens.
6. Ein buch von sex Puncten. [illegible] 6 [illegible]
7. Vom Himlischen und Irdischen Mysterio.
8. Von den letzten Zeiten an P. K. ist in dem [illegible] der 8. u. 11. Brief
Anno 1621. No. 9. de Signatura Rerum.
10. Von den 4. Complexionen.
11. Apologia an Balthasar Tilcken. dieser Apologien sind 2.
12. Bedencken über Esaias Stieffeln.
Anno 1622. No. 13. von der wahren Buße.
14. Von wahrer gelassenheit.
15. Von der Widergeburt.
16. De Poenitentia.
Anno 1623. No. 17. Von der Versehung und Gnadenwahl.
18. Mysterium Magnum über Genesin.
Anno 1624. No. 19. eine Taffel der Principiorum.
20. Vom übersinnlichen Leben.
21. Von Göttlicher Beschaulichkeit.
22. Von den 2. Testamenten Christi.
23. Gespräch einer erleuchten und unerleuchten Seelen.
24. Apologia wieder den Primarium zu Görlitz G. R.
25. Von 177. Theosophischen Fragen.
26. Auszug des Mysterii Magni.
27. Ein Gebettbüchlein.
28. Taffel Göttlicher Offenbarung der 3. Welten.
29. Vom Irrthumb Ezechiel Meths. ist die Apologie von der Vollkommenheit
30. Vom jüngsten Gerichte.
31. Brieffe an unterschiedliche Personen.
17. Wobey zu erinnern, daß die 40. Fragen von der Seelen durch den in Euro-
pa, Africa u. Asia sehr wol gereisten und erfahrnen Medicum Chymicum, D. Balth.
Walthern von Groß Glogau aus Schlesien (als er sich 3. Monatlang bey J. B. in seinem
häußlein vor der Neysbrücken zu Görlitz auffgehalten, u. viel geheime und vertrau-
te gespräche mit ihm gepflogen) mit sonderbahren hohen bedacht gestellet; von
dem Edlen und hochgelährten Herrn Ioh. Angelis Werdenhagen, Rechtsgelährten
und Fürstl. Lüneb. Rathe in die lateinische sprache übersetzt, und Anno 1632. zu
Amsterdam, unter dem Titul Psychologia vera, 10. fürnehmen Politicis zugeschrie-
ben, in 18. folgends Anno 1650. eben daselbst in 12. deutsch gedruckt worden.
18. Wolehrengedachter D. B. Walther (welcher nachmals zu Paris gestorben,
und des Teutonici Schriften bey vornehmen Leuten daselbst und anderswo bekant ge-
macht und hinterlaßen) hat unterschiedlich und zum öfftern beteuret, daß er auff sei-
nen vielen und weiten Reisen, insonderheit als er gantzer 6. jahrlang in Arabia, Syri-
en und Egypten gewesen, und nach der waren verborgenen Weißheit (welche man sonst
Kabalam, Magiam, Chymiam, oder auch in ihrem rechten Verstande Theosophiam
nennet) mit großen embsigen fleiße geforschet, selbige auch hin und wider, zwar stück-
weise u. vermischt, nirgends aber so vollkommen hoch, und tief rein gegründet, als bey
diesem Einfältigen Manne und verworfenen Eckstein (nicht ohne großen Anstoß und Är-
gernüß der Dialectischen Schulgelehrten, und Metaphysischen Kirchenlichter) gefun-
den. Und hat sich D. B. W. bey unsern Theodidacto, den er (vielleicht nach dem alten
Canonico Joh. Teutonico, oder zum unterscheid der Nationen, und wegen der vortreff-
lichen Gabe solcher hochdeutsch gestellten Schrifften) Teutonicum Philosophum genennet:
sonsten in seiner diaet und allem thun sehr strenge, und wie J. B. meldete gar Mosa-
isch und hartmänisch gehalten, auch nicht wol vermercket, daß J. B. hingegen mehr
frey, und sanfftmüthig, oder indifferent, und ohne eigenwähligen Vorsatz gewesen.
[19. Wie den das bloße Kunst- und Natur- ohne das H. Gunst und gnaden Licht,
immer mehr eüserlich, scharff, partheyisch, gesetzlich; als innerlich, süße, linde, catho-
lisch und Evangelisch ist, und dannenhero die Gaben des Geistes, nach unterscheid ihres

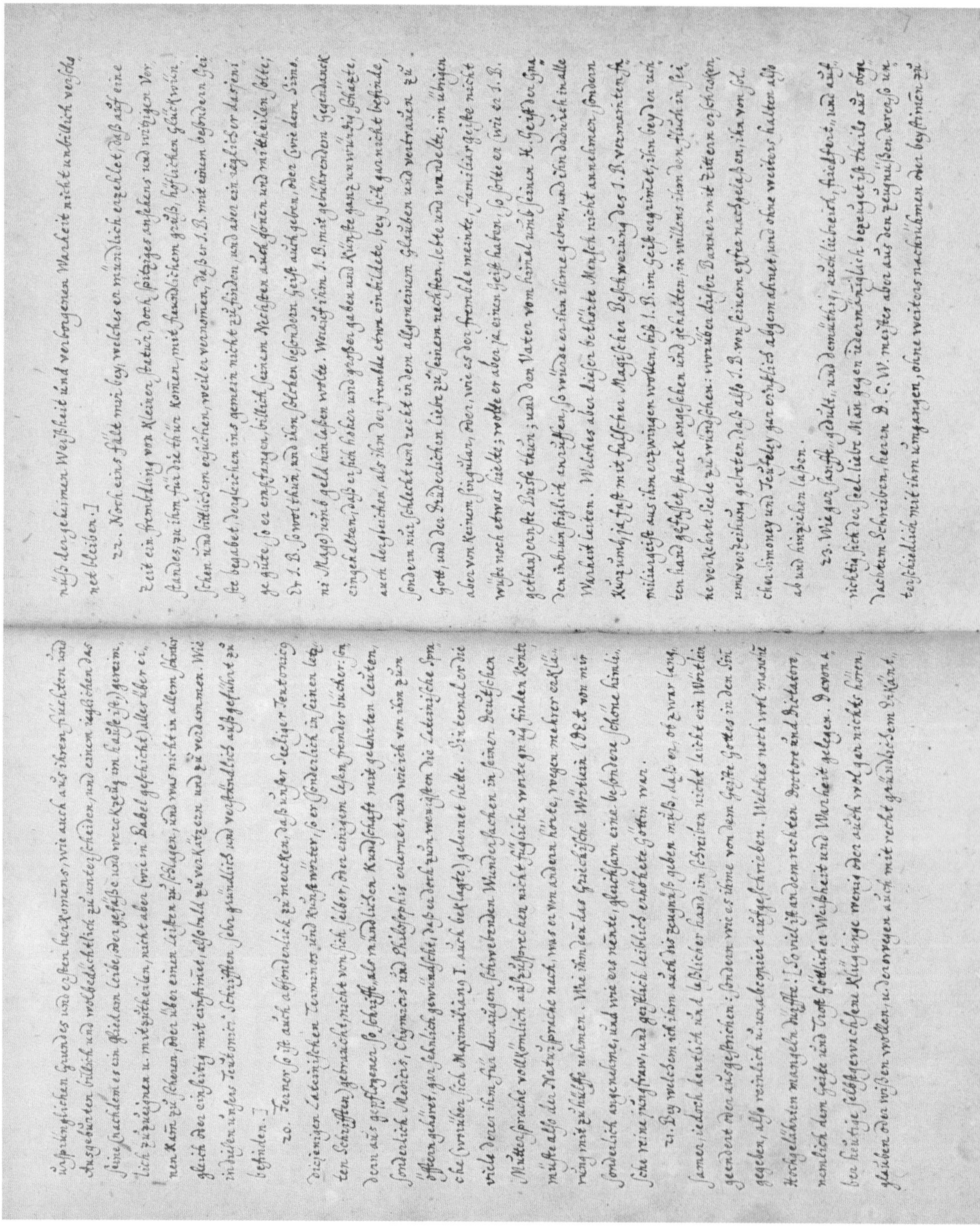

ursprünglichen Grundes und ersten herkomens, wie auch aus ihren früchten und Ausgeburten billich und wolbedächtlich zu unterscheiden, und einem iegl[ichen] das seine (nachdem es ein glied am leibe, oder gefäße und werckzeug im hause ist) gereimlich zuzueignen u. mitzutheilen, nicht aber (wie in Babel geschicht) alles über einen Kam zu scheren, oder über einen Leisten zu schlagen, und was nicht in allem schnurgleich oder einseitig mit einstimet, alsobald zu verkätzern und zu verdammen. Wie in diesen unsers Teutonici Schrifften sehr gründlich und verständlich außgeführt zu befinden.]

20. Ferner so ist auch absonderlich zu mercken, daß unser Seeliger Teutonicus diejenigen Lateinischen Terminos und Kunstwörter, so er (sonderlich in seinen letzten Schrifften) gebraucht, nicht von sich selber, oder einigem lesen frembder bücher: sondern aus gepflogener so schrifft, als mündlichen Kundschaft mit gelehrten leuten, sonderlich Medicis, Chymicis und Philosophis erlernet, und wie ich von ihm zum öfftern gehöret, gar sehnlich gewündscht, daß er doch zum wenigsten die Lateinische Sprache (worüber sich Maximilianus I. auch beklagte) gelernet hette. Sintemal er die viele derer ihm für den augen schwebenden Wundersachen in seiner deutschen Muttersprache vollkömlich auszusprechen nicht fügliche worte gnug finden könte, müste also der Natursprache nach, was er von andern hörte, wegen mehrer erklärung mit zu hülffe nehmen. Wie ihm den das Griechische Wörtlein IDEA von mir sonderlich angenehme, und wie ers nente, gleichsam eine besondere schöne himlische reine jungfraw, und geistlich leiblich erhöhete Göttin war.

21. Bey welchem ich ihm auch dis zeugnüß geben muß, daß er, ob zwar langsamer, iedoch deutlich und leßlicher hand, im schreiben nicht leicht ein Wörtlein geendert oder ausgestrichen: sondern wie es ihme von dem Geiste Gottes in den Sin gegeben, also reinlich u. unabcopiert aufgeschrieben. Welches noch wol manchem Hochgelährten mangeln dürffte! [So viel ist an dem rechten Doctore und Dictatore, nemlich dem Geiste und Trost Göttlicher Weißheit und Warheit gelegen. Davon aber heutige selbstgewachsene Klüglinge wenig oder auch wol gar nichts hören, gläuben oder wißen wollen, u. derowegen auch mit recht gründlichem Erkäntnüß der geheimen Weißheit und verborgenen Warheit nicht unbillich verschonet bleiben.]

22. Noch eins fält mir bey, welches er mündlich erzehlet, daß auf eine Zeit ein frembdling von kleiner statur, doch spitziges ansehens und witzigen Verstandes, zu ihm für die thür komen, mit freundlichem gruß, höflichen Glückwünschen und bittlichem ersuchen, weil er vernomen, daß er I. B. mit einem besondern Geiste begabet, dergleichen ins gemein nicht zu finden, und aber ein ieglicher dasjenige güte, so er empfangen, billich seinem Nechsten auch gönnen und mittheilen solte; Er I. B. so wol thun, und ihm solchen besondern Geist auch geben, oder (wie dem Simoni Mago) umb geld hinlaßen wolte. Worauf ihm I. B. mit gebührendem Gegendanck eingehalten, daß er sich hoher und großer gaben und Künste ganz unwürdig schäzte, auch dergleichen, als ihm der frembde etwa einbildete, bey sich gar nicht befinde, sondern nur schlecht und recht in dem allgemeinem Glauben und vertrauen zu Gott, und der Brüderlichen liebe zu seinem nechsten, lebte und wandelte; im übrigen aber von keinem singular, oder, wie es der frembde meinte, familiargeiste nicht wüste noch etwas hielte; wolte er aber ja einen Geist haben, so solte er (wie er I. B. gethan) ernste Buße thun; und den Vater vom himel umb seinen H. Geist der Gnaden inbrünstiglich anruffen, so würde er ihn ihme geben, und ihn dadurch in alle Warheit leiten. Welches aber dieser bethörte Mensch nicht annehmen, sondern kurzumb, ja fast mit falscher Magischer Beschwerung des I. B. vermeinten familiargeist aus ihm erzwingen wollen, biß I. B. im Geist ergrimet, ihn bey der rechten hand gefaßet, starck angesehen und gehalten, in willens ihm den fluch in seine verkehrte Seele zu wündschen: worüber dieser Banner mit Zittern erschroken, umb verzeihung gebeten, daß also I. B. von seinem eyfer nachgelaßen, ihn von solcher Simoney und Teufeley gar ernstlich abgemahnet, und ohne weiters halten also ab und hinziehen laßen.

23. Wie gar sanfft, gedult, und demüthig, auch liebreich, friedfert, und aufrichtig sich der seel. liebe Man gegen iedermäniglich bezeuget ist theils aus obgedachtem Schreiben, herrn D. C. W. meistes aber aus den zeugnüßen derer, so unterschiedlich mit ihm umgangen, ohne weiters nachrühmen oder beystimen zu

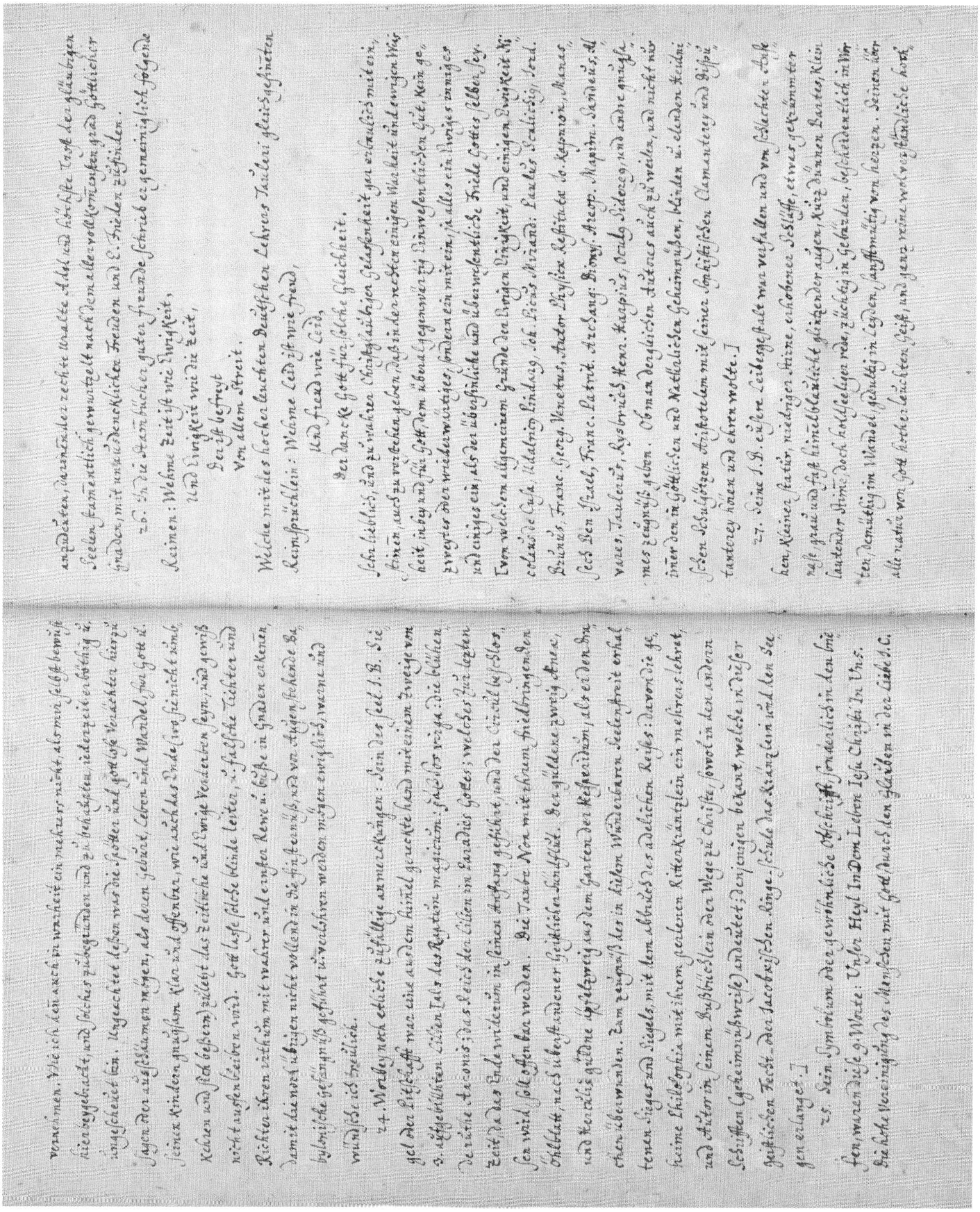

vernehmen. Wie ich den auch in warheit ein mehrers nicht, als mir selbst bewüst hierbeygebracht, und solches zübegründen und zu behaupten, iederzeit erböthig u. üngescheüet bin. Ungeachtet deßen was die Spötter und gottlose Verächter hierzü sagen oder aussdäumen mögen, als deren Gebürt, Leben und Wandel, für Gott u. seinen Kindern gnügsam klar und offenbar, wie auch das Ende (wo sie nicht umb kehren und sich beßern) zületzt das Zeitliche und Ewige Verderben seyn, und gewiß nicht aussenbleiben wird. Gott lasse solche blinde leiter, u. falsche Lichter und Richter ihren irthüm mit wahrer und ernster Rewe u. büße in Gnaden erkenen, damit die noch übrigen nicht vollend in die finsternüß, und vor Augen stehende Babylonische Gefängnüß geführt u. verlohren werden mögen ewiglich, warne und wündsche ich treülich.

24. Worbey noch etliche züfällige anmerckungen: Sein des seel. I.B. Siegel oder Pitschafft war eine aus dem himel gereckte hand mit einem Zweige von 3. aufgeblühten Lilien [als das Raptum magicum: [illegible] virga: die blühende rüthe Aaronis; das Reich der Lilien im Paradies Gottes; welches zur letzten Zeit, da das Ende widerüm in seinen Anfang geführt, und der Circul beschlossen wird, soll offenbar werden. Die Taube Noa mit ihrem friedbringenden Öhlblatt, nach überstandener Geistlicher Sündflut. Der güldene zweig Aneae, und Herculis güldne äpfelzweig aus dem Garten der Hesperidüm, als er den Drachen überwunden. Zum zeügnüß des in diesem Wünderbaren Seelenstreit erhaltenen Sieges und Siegels, mit dem abbruch des adelichen Reises: davon die geheime Philosophia mit ihrem perlenen Ritterkräntzlein ein mehrers lehret, und Autor in seinem Bußbüchlein oder Wege zü Christo, sowol in den andern Schrifften (geheimnüßweise) andeutet; denjenigen bekant, welche in dieser geistlichen Fecht- oder Jacobischen Ringe-schule das Kräntzlein und den Seegen erlanget.]

25. Sein Symbolum oder gewöhnliche Obschrifft, sonderlich in den brieffen, waren diese 9. Worte: Unser Heyl In Dem Leben Iesu Christi In Uns. Die hohe Vereinigung des Menschen mit Gott, durch den glauben in der Liebe I.C. anzudeüten, darinnen der rechte Uralte Adel und höchste Trost der gläubigen Seelen stamentlich gewurtzelt nach dem allervollkomensten grad Göttlicher gnaden, mit unaussdencklichen Freuden und E. Frieden züfinden.

26. In die Stambücher guter freunde schrieb er gemeiniglich folgende Reimen: Wehme Zeit ist wie Ewigkeit,
Und Ewigkeit wie die Zeit,
Der ist befreyt
Von allem Streit.

Welche mit des hocherleuchten Deutschen Lehrers Tauleri gleichgesinneten Reimsprüchlein: Wehme Leid ist wie freud,
Und freud wie Leid,
Der dancke Gott für solche Gleichheit.

Sehr lieblich, und zu wahrer Christglaübiger Gelassenheit gar erbaulich mit einstimen, auch zu verstehen geben, daß in der rechten einigen Warheit und ewigen Weisheit, in bey und für Gott, dem überalgegenwärtig Einwesentlichen Gut, kein gezweyter oder wiederwärtiges, sondern ein mit ein, ja alles ein Ewiges inniges und einiges ein, als der übersinliche und überwesentliche Friede Gottes selber sey. [Von welchem allgemeinem Gründe der Ewigen Einigkeit, und einigen Ewigkeit Nicolaus de Cusa, Udalricus Lindavg, Joh. Picus Mirand: Paulus Scaliger, Jord. Brünus, Franc. Georg. Venetus, Autor Physicæ Restitutæ Jo. Kapnion, Manasses Ben Israel, Franc. Patrit. Archang: Dionys. Areop. Maxim. Sandeus, Alvares, Taulerus, Rysbruch, Henr. Harpius, Oculg Sidereg, und andre gnugsames zeügnüß geben. Ob man dergleichen Autores auch zu weilen, und nicht nur iñer den in Göttlichen und Natürlichen Geheimnüßen, blinden u. elenden Heidnischen Schulgötzen Aristotelem mit seiner Sophistischen Clamanterey und Disputanterey hören und ehren wolte.]

27. Seine I.B. eüßere Leibesgestalt war verfallen und von schlechter Ansehen, kleiner statür, niedriger Stirne, erhobener Schläffe, etwas gekrümmter nase, grau und fast himelblaülicht glintzender augen, kurz dünnen Bartes, klein lautender Stime, doch holdseeliger rede, züchtig in Gebärden, bescheidentlich in Worten, demüthig im Wandel, gedultig in Leyden, sanfftmütig von hertzen. Seinen über alle natür von Gott hocherleüchten Geist, und ganz reine wolverständliche hoch

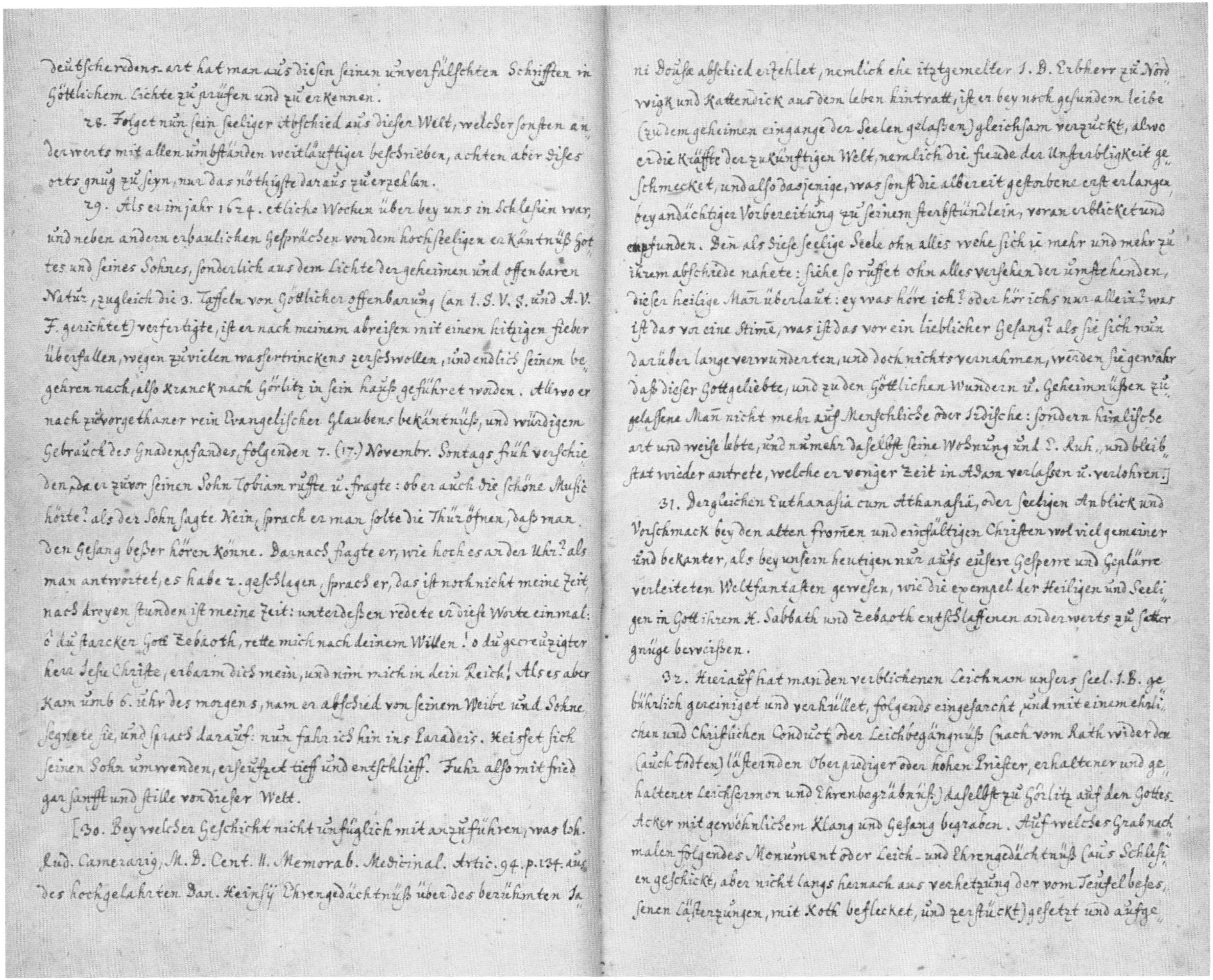

deutscherdens-art hat man aus diesen seinen unverfälschten Schrifften in Göttlichem Lichte zu prüfen und zu erkennen.

28. Folget nun sein seeliger Abschied aus dieser Welt, welcher sonsten anderwerts mit allen umbständen weitläufftiger beschrieben, achten aber dieses orts gnug zu seyn, nur das nöthigste daraus zu erzehlen.

29. Als er im jahr 1624. etliche Wochen über bey uns in Schlesien war, und neben andern erbaulichen Gesprächen von dem hochseeligen erkäntnüß Gottes und seines Sohnes, sonderlich aus dem Lichte der geheimen und offenbaren Natur, zugleich die 3. Taffeln von Göttlicher offenbarung (an I. S. V. S. und A. V. F. gerichtet) verfertigte, ist er nach meinem abreisen mit einem hitzigen fieber überfallen, wegen zuvielen wassertrinckens zerschwollen, und endlich seinem begehren nach, also kranck nach Görlitz in sein hauß geführet worden. Allwo er nach zuvorgethaner rein Evangelischer Glaubens bekäntnüß, und würdigem Gebrauch des Gnadenpfandes, folgenden 7. (17.) Novembr. Sontags früh verschieden, da er zuvor seinen Sohn Tobiam ruffte u. fragte: ob er auch die schöne Music hörte? als der Sohn sagte Nein, sprach er man solte die Thür öfnen, daß man den Gesang besser hören könne. Darnach fragte er, wie hoch es an der Uhr? als man antwortet, es habe 2. geschlagen, sprach er, das ist noch nicht meine Zeit, nach dreyen stunden ist meine Zeit: unterdeßen redete er dieß Worte einmal: o du starcker Gott Zebaoth, rette mich nach deinem Willen! o du gecreuzigter herr Jesu Christe, erbarm dich mein, und nim mich in dein Reich! Als es aber kam umb 6. uhr des morgens, nam er abschied von seinem Weibe und Sohne, segnete sie, und sprach darauf: nun fahr ich hin ins Paradeis. Heisset sich seinen Sohn umwenden, erseufzet tieff und entschlieff. Fuhr also mit fried gar sanfft und stille von dieser Welt.

[30. Bey welcher Geschicht nicht unfüglich mit anzuführen, was Ioh. Rud. Camerarius, M. D. Cent. II. Memorab. Medicinal. Artic. 94. p. 134. aus des hochgelahrten Dan. Heinsii Ehrengedächtnüß über des berühmten Iani Dousæ abschied erzehlet, nemlich ehe itztgemelter I. D. Erbherr zu Nordwigk und Kattendick aus dem leben hintratt, ist er bey noch gesundem leibe (zu dem geheimen eingange der Seelen gelassen) gleichsam verzuckt, alwo er die Kräffte der zukünftigen Welt, nemlich die freude der Unsterbligkeit geschmecket, und also dasjenige, was sonst die albereit gestorbene erst erlangen, bey andächtiger Vorbereitung zu seinem sterbstündlein, voran erblicket und empfunden. Den als diese seelige Seele ohn alles wehe sich je mehr und mehr zu ihrem abschiede nahete: siehe so ruffet ohn alles versehen der umstehenden, dieser heilige Man überlaut: ey was höre ich? oder hör ichs nur allein? was ist das vor eine Stime, was ist das vor ein lieblicher Gesang? als sie sich nun darüber lange verwunderten, und doch nichts vernahmen, werden sie gewahr daß dieser Gottgeliebte, und zu den Göttlichen Wundern u. Geheimnüssen zugelassene Man nicht mehr auf Menschliche oder Irdische: sondern himlische art und weise lebte, und nunmehr daselbst seine Wohnung und E. Ruh, und bleibstat wieder antrete, welche er vorigen Zeit in Adam verlassen u. verlohren.]

31. Dergleichen Euthanasia cum Athanasia, oder seeligen Anblick und Vorschmack bey den alten fromen und einfältigen Christen wol viel gemeiner und bekanter, als bey unsern heutigen nur aufs eusere Gesperre und Geplärre verleiteten Weltfantasten gewesen, wie die exempel der Heiligen und Seeligen in Gott ihrem H. Sabbath und Zebaoth entschlaffenen anderwerts zur sattergnüge beweisen.

32. Hierauf hat man den verblichenen Leichnam unsers seel. I. B. gebührlich gereiniget und verhüllet, folgends eingesarcht, und mit einem ehrlichen und Christlichen Conduct oder Leichbegängnüß (nach vom Rath wider den (auch todten) lästernden Oberprediger oder hohen Priester, erhaltener und gehaltener Leichsermon und Ehrenbegräbnüß) daselbst zu Görlitz auf den Gottes Acker mit gewöhnlichem Klang und Gesang begraben. Auf welches Grab nachmalen folgendes Monument oder Leich- und Ehrengedächtnüß (aus Schlesien geschickt, aber nicht langs hernach aus verhetzung der vom Teufel besessenen lästerzungen, mit Koth beflecket, und zerstückt) gesetzt und aufge-

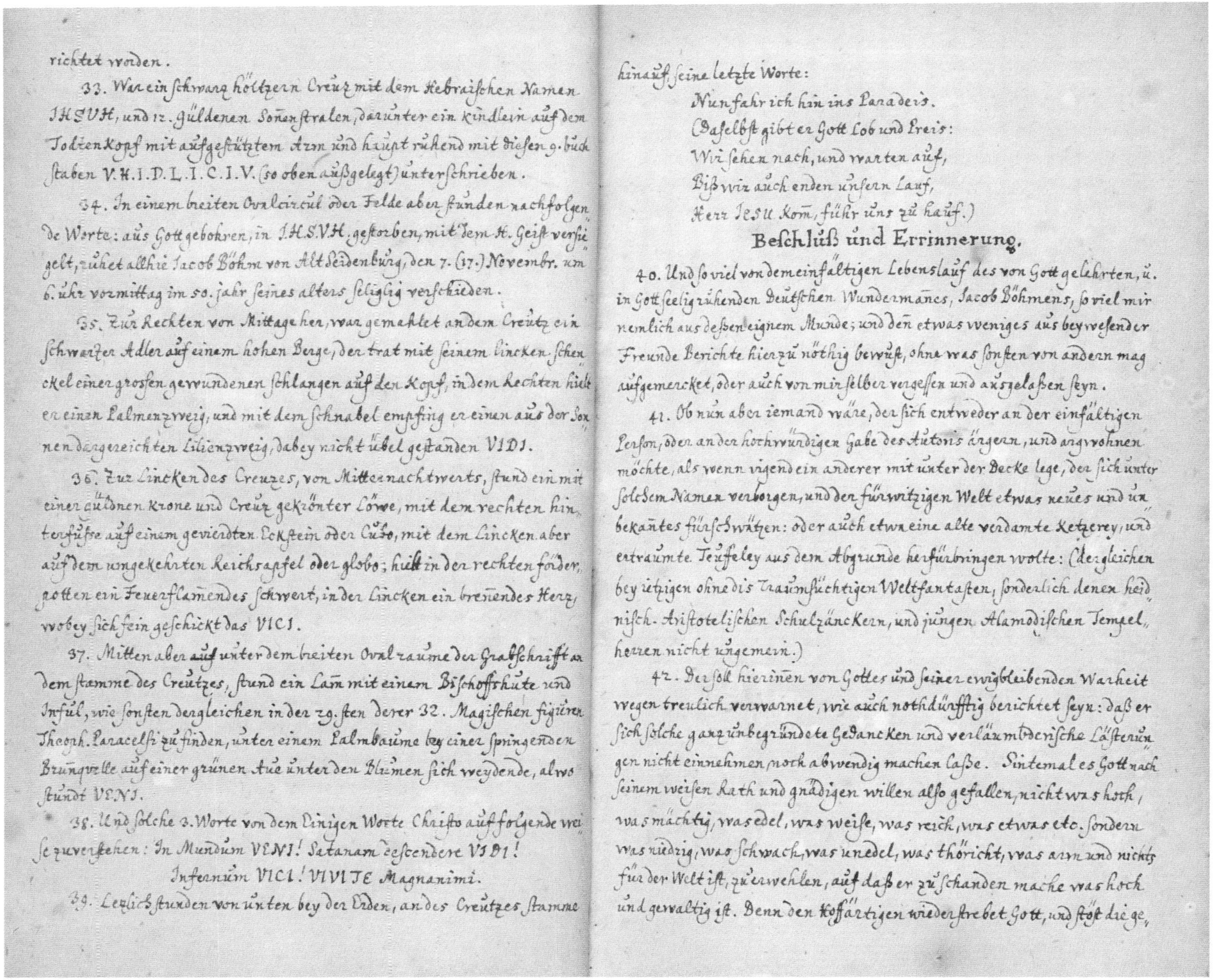

richtet worden.

33. War ein schwartz höltzern Creütz mit dem Hebraischen Namen IHSVH, und 12. güldenen Soñenstralen, darunter ein kindlein auf dem Todtenkopf mit aufgestütztem Arm und haupt ruhend mit diesen 9. buchstaben V.H.I.D.L.I.C.I.V. (so oben außgelegt) unterschrieben.

34. In einem breiten Ovalcircul oder Felde aber stunden nachfolgende Worte: aus Gott gebohren, in IHSVH gestorben, mit dem H. Geist versiegelt, ruhet allhie Jacob Böhm von Alt Seidenburg, den 7. (17.) Novembr. um 6. uhr vormittag im 50. jahr seines alters seliglig verschieden.

35. Zur Rechten von Mittage her, war gemahlet an dem Creutz ein schwartzer Adler auf einem hohen Berge, der trat mit seinem lincken schenckel einer grosen gewundenen schlangen auf den Kopf, in dem Rechten hielt er einen Palmenzweig, und mit dem schnabel empfing er einen aus der Soñen dargereichten Lilienzweig, dabey nicht übel gestanden VIDI.

36. Zur Lincken des Creuzes, von Mitternachtwerts, stund ein mit einer güldnen Krone und Creütz gekrönter Löwe, mit dem rechten hinterfuße auf einem geviedten Eckstein oder Cubo, mit dem Lincken aber auf dem umgekehrten Reichsapfel oder globo; hielt in der rechten fördern pfoten ein Feuerflamendes schwert, in der Lincken ein brenendes Herz, wobey sich fein geschickt das VICI.

37. Mitten aber auf unter dem breiten Ovalraume der Grabschrift an dem stamme des Creützes, stund ein Lam mit einem Bischoffshute und Inful, wie sonsten dergleichen in der 29. sten derer 32. Magischen figüren Theoph. Paracelsi zu finden, unter einem Palmbaume bey einer springenden Brunquelle auf einer grünen Aue unter den Blumen sich weydende, alwo stundt VENI.

38. Und solche 3. Worte von dem Einigen Worte Christo auf folgende weise zuverstehen: In Mundum VENI! Satanam descendere VIDI!

Infernum VICI! VIVITE Magnanimi.

39. Letzlich stunden von unten bey der Erden, an des Creutzes stamme hinauf seine letzte Worte:

Nun fahr ich hin ins Paradeis.
(Daselbst gibt er Gott Lob und Preis:
Wir sehen nach, und warten auf,
Biß wir auch enden unsern Lauf,
Herr JESU kom, führ uns zu hauf.)

Beschlüß und Errinnerung.

40. Und so viel von dem einfältigen Lebenslauf des von Gott gelehrten, u. in Gott seelig ruhenden Deutschen Wundermanes, Jacob Böhmens, so viel mir nemlich aus dessen eignem Munde; und den etwas weniges aus beywesender Freunde Berichte hierzu nöthig bewust, ohne was sonsten von andern mag aufgemercket, oder auch von mir selber vergessen und ausgelaßen seyn.

41. Ob nun aber iemand wäre, der sich entweder an der einfältigen Person, oder an der hochwürdigen Gabe des Autoris ärgern, und argwohnen möchte, als wenn irgend ein anderer mit unter der Decke lege, der sich unter solchem Namen verborgen, und der fürwitzigen Welt etwas neues und unbekantes fürschwätzen: oder auch etwa eine alte verdamte Ketzerey, und erträumte Teufeley aus dem Abgrunde herfürbringen wolte: (dergleichen bey ietzigen ohne dis traumsüchtigen Weltfantasten, sonderlich denen heidnisch-Aristotelischen Schulzänckern, und jungen Alamodischen Tempelherren nicht ungemein.)

42. Der soll hierinen von Gottes und seiner ewigbleibenden Warheit wegen treulich verwarnet, wie auch nothdürfftig berichtet seyn: daß er sich solche ganz unbegründete Gedancken und verläumbderische Lästerungen nicht einnehmen, noch abwendig machen laße. Sintemal es Gott nach seinem weisen Rath und gnädigen willen also gefallen, nicht was hoch, was mächtig, was edel, was weise, was reich, was etwas etc. sondern was niedrig, was schwach, was unedel, was thöricht, was arm und nichts für der Welt ist, zu erwehlen, auf daß er zu schanden mache was hoch und gewaltig ist. Denn den Hoffärtigen wiederstrebet Gott, und stößt die ge-

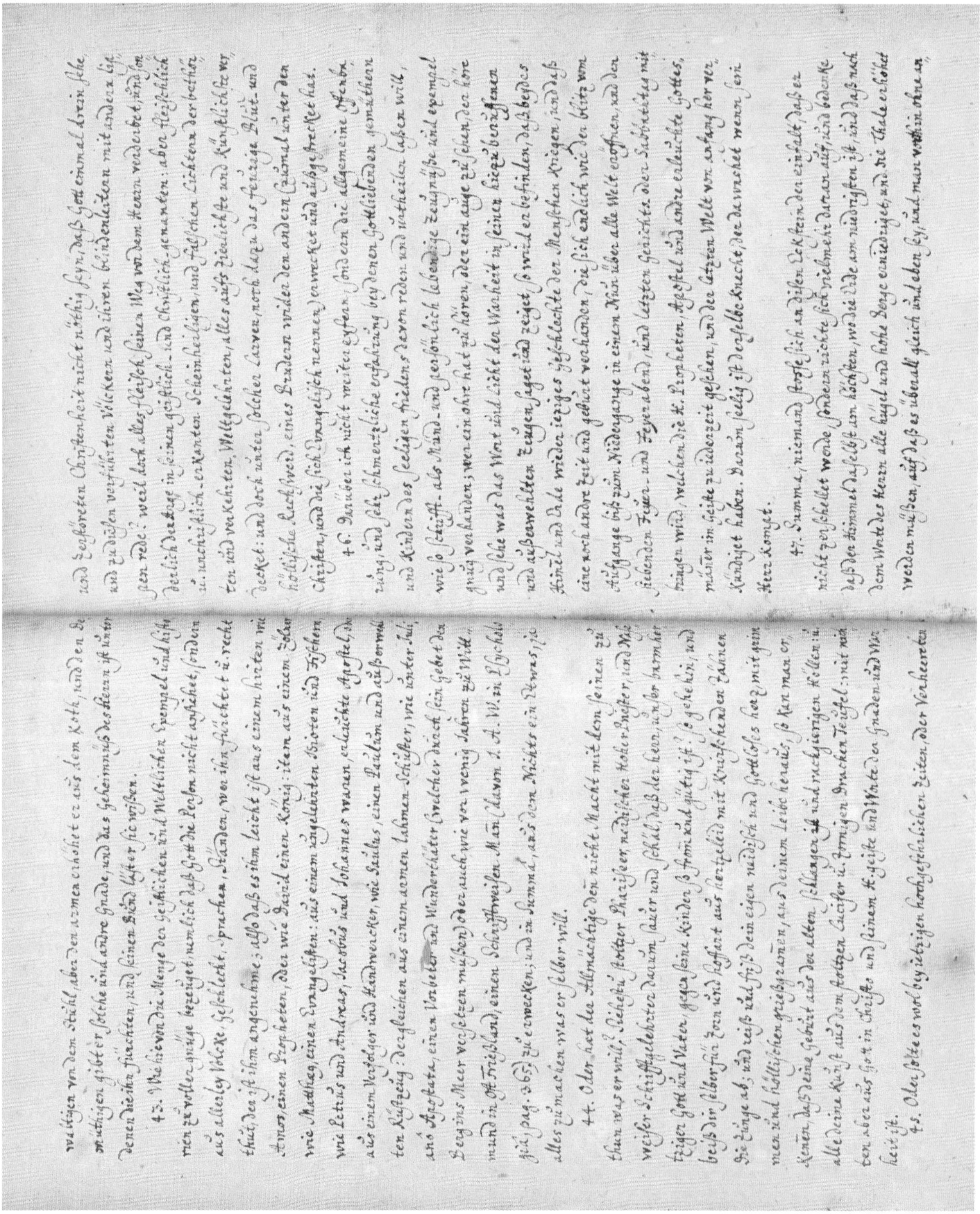

wältigen von dem Stuhl, aber den armen erhöhet er aus dem Koth, und den de-
müthigen gibt er solche und andre Gnade, und das Geheimnuß des Herrn ist unter
denen die ihn fürchten, und seinen Bund lässet sie wißen.

43. Wie hievon die Menge der Geistlichen und Weltlichen Exempel und histo-
rien zu voller gnüge bezeuget, nemlich daß Gott die Person nicht ansiehet, sondern
aus allerley Volcke, Geschlecht, Sprachen, Ständen, wer ihn fürchtet u. recht
thut, der ist ihm angenehme; also daß es ihm leicht ist aus einem hirten wie
Amos, einen Propheten, oder wie David einen König: item aus einem Zölner
wie Matthaeus, einen Evangelisten: aus einem ungelehrten Idioten und Fischern,
wie Petrus und Andreas, Jacobus und Johannes waren, erleuchte Apostel, oder
aus einem Verfolger und Handwercker, wie Saulus, einen Paulum und außerwehl-
ten Rüstzeug: dergleichen aus einem armen lahmen Schuster, wie unter Juli-
ano Apostata, einen Vorbeter und Wunderthäter (welcher durch sein Gebet den
Berg ins Meer versetzen müßen) oder auch wie vor wenig Jahren zu Witt-
mund in Ost Frießland, einen Schrifftweisen Man (davon 1. A. W. in Psycholo-
gia, pag. 365) zu erwecken; und in Summa, aus dem Nichts ein Etwas, ja
alles zu machen was er selber will.

44. Oder hat der Allmächtige den nicht Macht mit dem seinen zu
thun was er will? Siehestu stoltzer Phariseer, neidischer Hoher Priester, und Naß-
weiser Schrifftgelehrter darum sauer und schäl, daß der herr, unser barmher-
tziger Gott und Vater, gegen seine Kinder so from und gütig ist? so gehe hin, und
beiß dir selber für Zorn und hoffart aus hertzeleid mit Knirschenden Zähnen
die Zunge ab; und reiß und friß dein eigen neidisch und Gottloses herz, mit grim-
men und höllischen grießgramen, aus deinem Leibe heraus, so kan man er-
kenen, daß deine Geburt aus der alten Schlangen ist und rachgierigen Höllen: u.
alle deine Kunst aus dem stoltzen Lucifer u. zornigen Drachen Teufel: mit nich-
ten aber aus Gott in Christo und seinem H. geiste und Worte der Gnaden und War-
heit ist.

45. Oder solte es wol bey ietzigen hochgefehrlichen Zeiten, oder Verheereten
und Zerstöreten Christenheit nicht nöthig seyn, daß Gott einmal drein sehe,
und zu dißen verführten Völckern und ihren blinden leitern mit andern lip-
pen rede? weil doch alles fleisch seinen Weg vor dem Herrn verderbet, und son-
derlich der Zorge in seinen geistlich- und Christlich-genanten: aber fleischlich
u. unchristlich-erkanten Scheinheiligen, und falschen Lichtern der bethör-
ten und verkehrten Weltgelehrten, alles aufs zierlichste und Künstlichste ver-
decket: und doch unter solcher Larven, noch dazu das feurige Blut- und
höllische Rachschwerd, eines Brudern wider den andern (zumal unter den
Christen, und die sich Evangelisch nennen) erwecket und außgestrecket hat.

46. Darüber ich nicht weiter eyfern, sondern die allgemeine Offenba-
rung, und sehr schmertzliche erfahrung bey denen Gottliebenden gemüthern
und Kindern des seeligen friedens davon reden und urtheilen laßen will,
wie so schrifft- als Mund- und persönlich lebendige Zeugnüße und exempel
gnug verhanden; wer ein ohre hat zu hören, oder ein auge zu sehen, der höre
und sehe was das Wort und Licht der Warheit in seinen hiezu beruffenen
und außerwehlten Zeugen saget und zeiget, so wird er befinden, daß beydes
Himel und Erde wieder iezige Geschlechte der Menschen kriegen, und daß
eine noch andre Zeit und geburt verhanden, die sich endlich wie der blitz vom
Aufgange biß zum Niedergange in einem Nun über alle Welt eröffnen, und den
siebenden Feyer- und Feyerabend, und letzten Gerichts- oder Sabbathtag mit-
bringen wird, welchen die H. Propheten, Apostel und andre erleuchte Gottes-
mäner im Geiste zu iederzeit gesehen, und der letzten Welt von anfang her ver-
kündiget haben. Darum seelig ist derselbe Knecht, der da wachet wenn sein
Herr komt.

47. Summa, niemand stoße sich an disen Eckstein der einfalt, daß er
nicht zerschellet werde, sondern richte sich vielmehr daran auf, und bedenke
daß der Himmel daselbst am höchsten, wo die Erde am niedrigsten ist, und daß nach
dem Worte des Herrn alle hügel und hohe Berge erniedriget, und die thale erhöhet
werden müßen, auf daß es überall gleich und eben sey, und man vorthin ohne an-

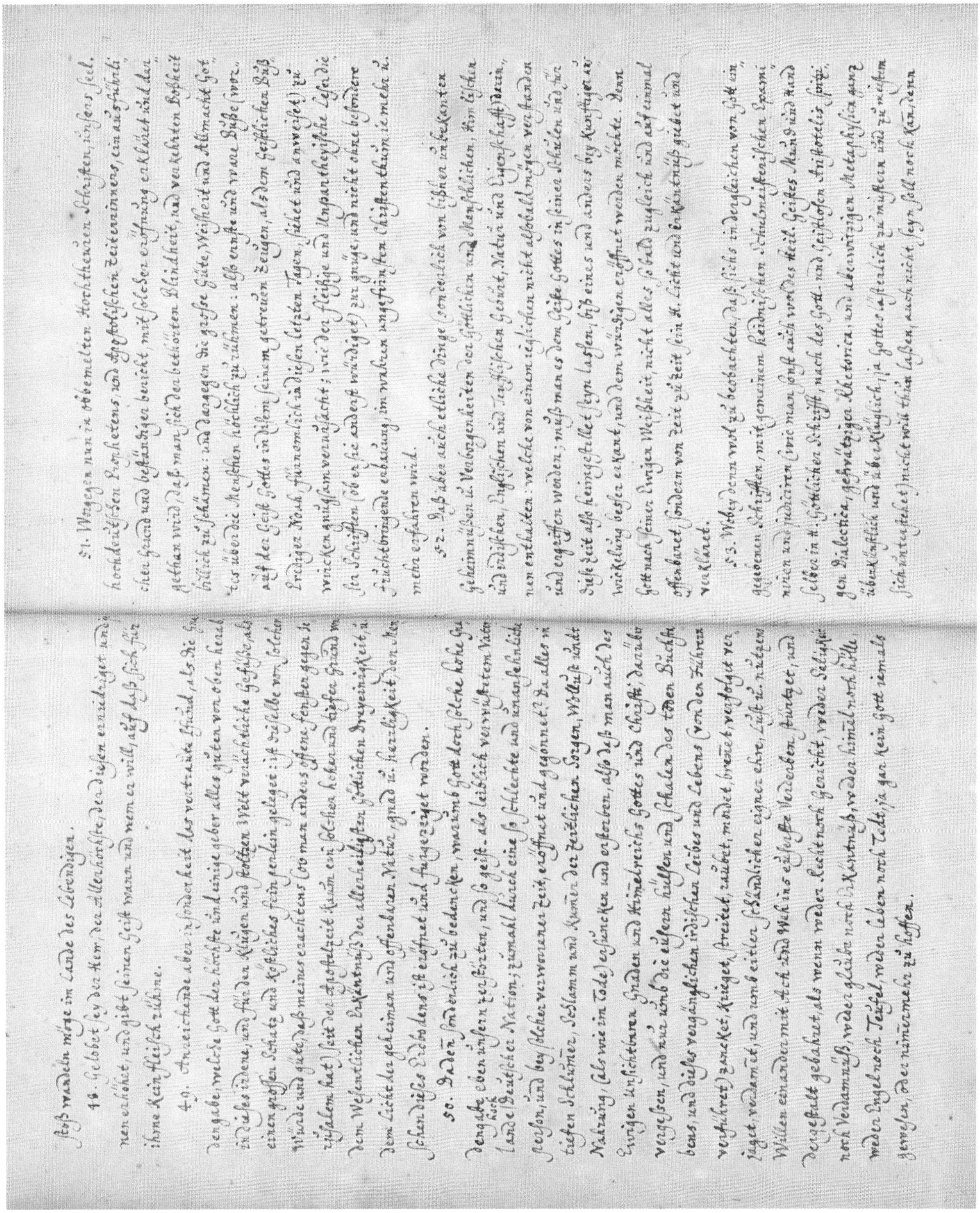

stoß wandeln möge im Lande des Lebendigen.

48. Gelobet sey der Herr, der Allerhöchste, der diesen ernidriget und ihnen erhöhet, und gibt seinen Geist wann und wem er will, auf daß sich für ihme kein fleisch rühme.

49. Anreichende aber insonderheit das vertraute Pfund, als die Gnadengabe, welche Gott der höchste und einige geber alles guten von oben herab in dieses irdene, und für den klugen und stoltzen Welt verächtliche Gefäße, als einen grossen Schatz und köstliches fein perlein geleget: ist dieselbe von solcher Würde und güte, daß meines erachtens (ob man anders offene fenster gegen Jerusalem hat) seit der Apostelzeit kaum ein solcher hoher und tiefer Grund von dem Wesentlichen Erkäntnüß der allerheiligsten göttlichen Dreyeinigkeit, u. dem Licht der geheimen und offenbaren Natur, gnad u. herrligkeit, den Menschen dieses Erdbodens ist eröffnet und fürgezeiget worden.

50. Daben sonderlich zu bedencken, warumb Gott doch solche hohe Gnadengabe eben unsern zerstörten, und so geist- als leiblich verwüstetem Vaterlande (hoch Deutscher Nation; zumahl durch eine so schlechte und unansehnliche Person, und bey solcher verworrener Zeit, eröffnet und gegönnet? Da alles in tiefen Schlumer, Schlamm und Kumer der zeitlichen Sorgen, Wollust und Nahrung, (als wie im Tode) ersuncken und erstorben, also daß man auch des Ewigen Unsichtbaren Gnaden und Himelreichs Gottes und Christi, darüber vergessen, und nur umb die eusern hülsen und schalen des todten Buchstabens, und dieses vergänglichen irdischen Leibes und Lebens (von den Führern verführet) zancket, krieget, streitet, raubet, mordet, brenet, verfolget, verjaget, verdamet, und umb eitler schändlicher eigner ehre, Lust u. nutzens Willen einander mit Ach und Weh ins eusserste Verderben stürtzet, und dergestalt gebahret, als wenn weder Recht noch Gericht, weder Seligkeit noch Verdamnüß, weder glaube noch Erkäntnüß, weder himel noch hölle, weder Engel noch Teufel, weder leben noch Todt, ja gar kein Gott iemals gewesen, oder nimermehr zu hoffen.

51. Wogegen nun in obbemelten Hochtheuren Schriften, unsers seel. hochdeutschen Prophetens, und Apostolischen Zeiterinners, ein ausführlicher Grund und beständiger bericht, mit solcher eröffnung erkläret und dargethan wird, daß man sich der bethörten Blindheit, und verkehrten Boßheit billich zu schämen: und dargegen die grosse Güte, Weisheit und Allmacht Gottes über die Menschen höchlich zu rühmen: also ernste und ware Buße (wozu der Geist Gottes in disem seinem getreuen Zeugen, als dem Geistlichen Bußprediger Noah, fürnemlich in diesen letzten Tagen, siehet und anweiset) zu wircken gnugsam verursacht; wie der fleißige und Unpartheyische Leser dieser Schriften (ob er sie anderst würdiget) zur gnüge, und nicht ohne besondere fruchtbringende erbauung, im wahren ungeferbten Christenthum ie mehr u. mehr erfahren wird.

52. Daß aber auch etliche dinge (sonderlich von bißher unbekanten Geheimnüßen u. Verborgenheiten der Göttlichen und Menschlichen, Himlischen und irdischen, Englischen und Teuflischen Geburt, Natur und Eigenschaft) darinnen enthalten: welche von einem ieglichen nicht alsobald mögen verstanden und ergriffen werden; muß man es dem Geiste Gottes in seiner Schulen und für diese Zeit also heimgestellet seyn lassen, biß eines und anders bey künftiger auswickelung besser erkant, und dem würdigen eröffnet werden möchte. Denn Gott nach seiner Ewigen Weißheit, nicht alles so bald zugleich und auf einmal offenbaret, sondern von Zeit zu Zeit sein H. Licht und Erkäntnüß giebet und verkläret.

53. Wobey denn wol zu beobachten, daß sichs in dergleichen von Gott eingegebenen Schriften, mit gemeinem heidnischen Schulmeisterischen Examiniren und judiciren (wie man sonst auch wol des Heil. Geistes Mund und Hand selber in H. Göttlicher Schrifft, nach des Gott- und Geistlosen Aristotelis spitzigen Dialectica, geschwätzigen Rhetorica, und aberwitzigen Metaphysica ganz überkünstlich und überklüglich, ja Gottes lästerlich zu mustern und zu meistern sich untersteht) nicht will thun laßen, auch nicht seyn soll noch kan; denn

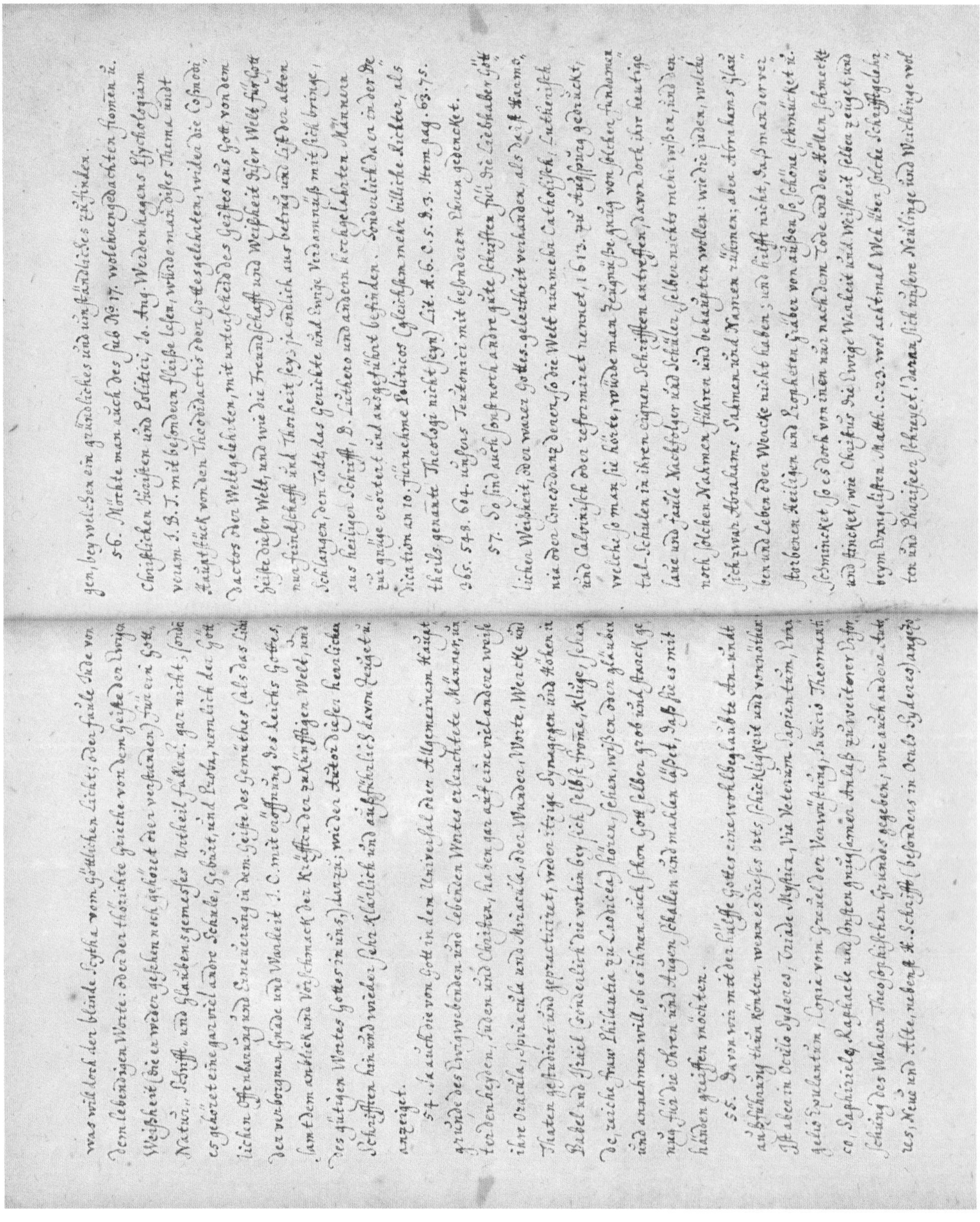

was will doch der blinde Scytha vom Göttlichen Licht; oder faule Jude von
dem lebendigen Worte: oder der thörichte Grieche von dem Geiste der Ewigen
Weißheit (die er weder gesehen noch gehöret oder verstanden) für ein Gott,
Natur, Schrifft, und Glaubensgemesses Urtheil fällen? gar nicht; sondern
es gehöret eine gar viel andre Schule, Geburt, und Probe, nemlich der Gött
lichen Offenbarung und Erneuerung in dem Geiste des Gemüthes (als das Licht
der verborgnen Gnade und Warheit J. C. mit eröffnung des Reichs Gottes,
samt dem anblick und Vorschmack der Kräfften der zukünfftigen Welt, und
des gütigen Wortes Gottes in uns,) darzu; wie der Autor dieser herrlichen
Schrifften hin und wieder sehr klärlich und außführlich davon zeuget u.
anzeiget.
54. Ja auch die von Gott in dem Universal oder Allgemeinem Haupt
gründe des Ewigwebenden und lebenden Wortes erleuchtete Männer, un
ter den heyden, Juden und Christen, haben gar auf eine viel andere weise
ihre Oracula, Spiracula und Miracula, oder Wunder, Worte, Wercke und
Thaten gestudiret und gepracticiret, weder itzige Synagogen und Hohen in
Babel und Israel (sonderlich die vorhin bey sich selbst frome, kluge, sehen
de, reiche fraw Philautia zu Laodicea) hören, sehen, wißen oder gläuben
und annehmen will, ob es ihnen auch schon Gott selber grob und starck ge
nug für die Ohren und Augen schallen und mahlen läßet, daß sie es mit
händen greiffen möchten.
55. Davon wir mit der hülffe Gottes eine wohlbeglaubte An- undt
außführung thun könten, wenn es dieses Orts schickligkeit und vonnöthen.
Ist aber in Oculo Syderes, Triade Mystica, Via Veterum Sapientum, Evan
gelio Epulantum, Copia vom Greuel der Verwüstung, Judicio Theomanti
co, Saphiriel, Raphaele und sonsten gnugsamer Anlaß zu weiterer Erfor
schung des Wahren Theosophischen Grundes gegeben; wie auch andere Auto
res, Neue und Alte, nebenst H. Schrifft (besonders in Oculo Syderes) angezo
gen, bey welchen ein gründliches und umständliches zu finden.
56. Möchte man auch des sub No 17. wolehrengedachten fromen u.
Christlichen Juristen und Politici, Jo. Ang. Werdenhagens Psychologiam
verum J. B. T. mit besondern fleiße lesen, würde man dises Thema undt
Hauptstück von den Theodidactis oder Gottesgelehrten, wider die Cosmodi
dactos oder Weltgelehrten, mit unterscheid des Geistes aus Gott, von dem
Geiste dieser Welt, und wie die Freundschafft und Weißheit diser Welt für Gott
nur feindschafft und Thorheit sey, ja endlich aus betrug und List der alten
Schlangen, den Todt, das Gerichte und Ewige Verdamnüß mit sich bringe,
aus heiliger Schrifft, D. Luthero und andern hochgelahrten Männern
zur gnüge erörtert und ausgeführt befinden. Sonderlich da er in der De
dication an 10. fürnehme Politicos (gleichsam mehr billiche Richter, als
theils genante Theologi nicht seyn) Lit. A.6. C.5. D.3. Item pag. 63. 75.
365. 548. 604. unsers Teutonici mit besonderen Ehren gedencket.
57. So sind auch sonst noch andre gute schrifften für die Liebhaber Gött
licher Weißheit, oder warer Gottes-gelertheit verhanden, als daß Harmo
nia oder Concordanz derer, so die Welt nunmehr Catholisch, Lutherisch
und Calvinisch oder reformiret nennet, 1613. zu Augspurg gedruckt,
welche so man sie hörte, würde man Zeugnüße gnug von solchen fundamen
tal-Schulen in ihren eignen Schrifften antreffen, davon doch ihre heutige
laue und faule Nachfolger und Schüler, selber nichts mehr wißen, und den
noch solchen Nahmen führen und behaupten wollen: wie die Juden, welche
sich zwar Abrahams Sahmen und Namen rühmen; aber Abrahams Glau
ben und Leben oder Wercke nicht haben; und hilft nicht, daß man der ver
storbenen Heiligen und Propheten Gräber von außen so schöne schmücket u.
schmincket, so es doch von inen nur nach dem Tode und der Höllen schmeckt
und stincket, wie Christus die Ewige Warheit und Weißheit selber zeuget, und
beym Evangelisten Matth. c. 23. wol achtmal Weh über solche Schrifftgelehr
ten und Phariseer schreyet! daran sich unsere Neulinge und Weichlinge wol

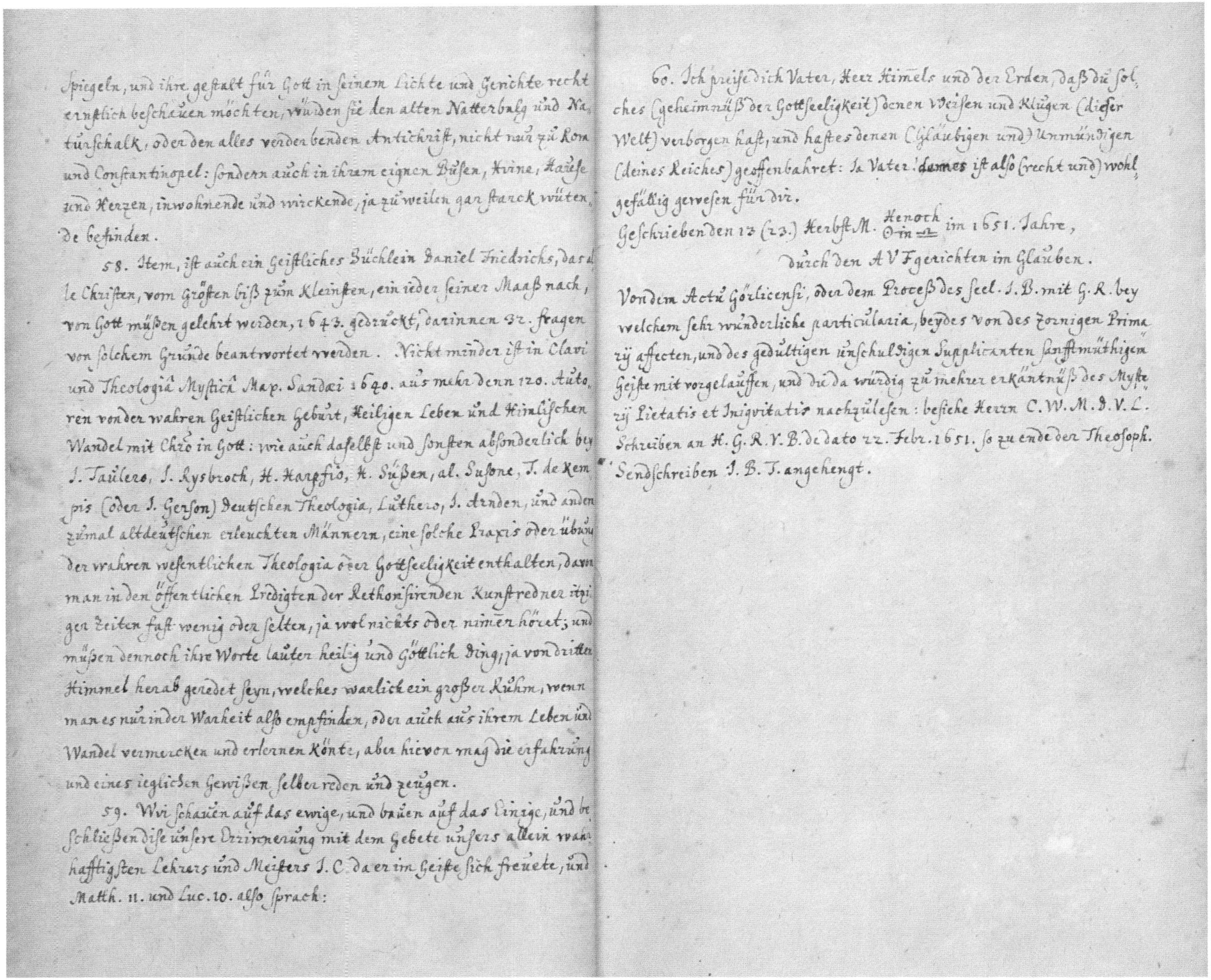

spiegeln, und ihre gestalt für Gott in seinem Lichte und Gerichte recht
ernstlich beschauen möchten, würden sie den alten Natterbalg und Na-
turschalk, oder den alles verderbenden Antichrist, nicht nur zu Rom
und Constantinopel: sondern auch in ihrem eignen Busen, Nirne, Haüse
und Herzen, inwohnende und wirckende, ja zuweilen gar starck wüten-
de befinden.

58. Item, ist auch ein Geistliches Büchlein Daniel Friedrichs, das al-
le Christen, vom Grösten biß zum Kleinsten, ein ieder seiner Maaß nach,
von Gott müßen gelehrt werden, 1643. gedruckt, darinnen 32. fragen
von solchem Grunde beantwortet werden. Nicht minder ist in Clavi
und Theologiâ Mysticâ Map. Sandaei 1640. aus mehr denn 120. Auto-
ren von der wahren Geistlichen geburt, Heiligen Leben und Himlischen
Wandel mit Chro in Gott: wie auch daselbst und sonsten absonderlich bey
J. Taulero, J. Rysbroch, H. Harpfio, H. Süßen, al. Susone, T. de Kem-
pis (oder J. Gerson) deutschen Theologia, Luthero, J. Arnden, und andern
zumal altdeutschen erleuchten Männern, eine solche Praxis oder übung
der wahren wesentlichen Theologia oder Gottseeligkeit enthalten, dam
man in den öffentlichen Predigten der Rethorisirenden Kunstredner itzi-
gen Zeiten fast wenig oder selten, ja wol nichts oder nimer höret; und
müßen dennoch ihre Worte lauter heilig und Göttlich ding, ja von dritten
Himmel herab geredet seyn, welches warlich ein großer Ruhm, wenn
man es nur in der Warheit also empfinden, oder auch aus ihrem Leben und
Wandel vermercken und erlernen Könte, aber hievon mag die erfahrung
und eines ieglichen Gewißen selber reden und zeugen.

59. Wir schauen auf das ewige, und bauen auf das Einige, und be-
schließen dise unsere Erinnerung mit dem Gebete unsers allein wahr-
hafftigsten Lehrers und Meisters J. C. da er im Geiste sich freuete, und
Matth. 11. und Luc. 10. also sprach:

60. Ich preise dich Vater, Herr Himels und der Erden, daß du sol-
ches (geheimnüß der Gottseeligkeit) denen Weisen und Klugen (dieser
Welt) verborgen hast, und hastes denen (Gläubigen und) Unmündigen
(deines Reiches) geoffenbahret: Ja Vater! ~~dannes~~ ist also (recht und) wohl-
gefällig gewesen für dir.

Geschrieben den 13 (23.) Herbst M. Henoch ☉ in ♎ im 1651. Jahre,
durch den A V F gerichten im Glauben.

Von dem Actu Görlicensi, oder dem Proceß des seel. J. B. mit G. R. bey
welchem sehr wunderliche particularia, beydes von des Zornigen Prima-
rij affecten, und des gedultigen unschuldigen Supplicanten sanftmüthigem
Geiste mit vorgelauffen, und die da würdig zu mehrer erkäntnüß des Myste-
rij Pietatis et Iniquitatis nachzulesen: besiehe Herrn C. W. M. D. V. L.
Schreiben an H. G. R. V. B. de dato 22. Febr. 1651. so zu ende der Theosoph.
Sendschreiben J. B. T. angehengt.

Bibliography

Manuscripts

In the following, the manuscripts referred to within the volume have been listed alphabetically by location and library. Where authors have provided additional information in their manuscript lists, this has been added here within square brackets.

Aberystwyth, National Library of Wales
MS 11434 B
MS 11438 D, Letter 86

Amsterdam City Archives (SAA)
30579, Inventaris van de Collectie Stadsarchief Amsterdam; personalia [File on Johannes Rothé 1674–1924]
F Rot [File on Rothé]
Records of Baptisms, Marriages and Deaths (DTB)

Amsterdam, University Library (UBA)
Allard Pierson Depot OTM: O 61–1844
Allard Pierson Depot OTM: O 99–1105
Allard Pierson Depot OTM: OK 62–3274
Allard Pierson Depot OTM: RON A-4727
hs XII C 10
hs XIII C 17 [Jacob Böhme, *Mysterium magnum*]
MS III E 9 (31, 37, 76)
olim coll. Bibliotheca Philosophica Hermetica Ms. M 135 [*Extract, aus des theuren Bruders, Herrn Potthoffs Diario beziehlende die gesalbten und centralen Reden des hochseligen Herrn Johann Wilhelm Űberfelds, im Jahr 1730 in Leijden gesammelet*, 174 pp.]
olim coll. Bibliotheca Philosophica Hermetica, ms. M 188
olim coll. Bibliotheca Philosophica Hermetica, ms. M 188 [Alethophilus [=Wolf von Metternich], *De boom des leevens, aangeweesen in drie verhandelingen. I. De waare volmaaktheid en geluksaligheid in deze wereld. II. De gestadige vreugde des geests. III. Een nader verklaaring van de lere der rechtvaerdiging*, vertaald door Johannes Goethals [1707]. 560 pp.]
XV F 20

Berlin, Staatsbibliothek (SB) – Preußischer Kulturbesitz
Cs 11810-8
Ms. germ. fol. 142, ff. 132r–37v, f. 134r [Abraham von Franckenberg: "[Klageschreiben vom Greuel der Verwüstung]"]

Cambridge University Library
G.11.63
Syn.7.64.145

Chelmsford, Essex Record Office
D/Y 1/3/65 (ii)
D/Y 1/3/68 (ii, iii)
D/P 85/1/1

Copenhagen, Royal Library [Kongelige Bibliotek (KB)]
Ms. Thott 49 oktav
Ms. Thott 740

Dessau, Anhaltische Landesbücherei
Sammlung der Herzoglich Anhaltischen Behördenbibliothek, BB2037–2043

https://doi.org/10.1515/9783110720525-026

Görlitz, Oberlausitzische Bibliothek der Wissenschaften (OLB)
5.00.10a
5.00.10b
5.00.13a
5.00.13d
LA (Linz Archive) II 105a
LA II 7
LA II 9
LA II 28
LA II 31c
LA II 32
LA II 44c
LA II 44f
LA II 44g
LA II 45e
LA II 46b
LA II 46b
LA II 46i
LA II 47c
LA II 47d
LA II 47f
LA II 48c
LA II 49b
LA II 50a
LA II 105a
LA III 13
LA III 16
LA III 20, 41, and 59
LA III 23
LA III 27
LA III 40
LA III 65
LA III 66
LA III 116
LA III 141
LA III 144 [Zaagmans comptoir almanach op 't jaer ons Heeren Jesu Christi 1682]
LA III 153
LA III 284
LA III 409

Gotha, Forschungsbibliothek (FB)
Chart. A 29
Chart. A 297
Chart. A 298
Chart. A 306 [Breckling: Catalogus theodidactorum et testes veritatis inter nos]
Chart. A 413
Chart. A 413, fol. 234r–234v [Gichtel to Breckling, Amsterdam, 4 Mai 1669]
Chart. A 413, fol. 235r–235v [Gichtel to Breckling, Amsterdam, ca. 1684–1688]
Chart. A 413, fol. 276v [Letters and Other Documents on Religious Dissenters]
Chart. B 198, fol. 112r–112v [Breckling to Betkius, The Hague, 29 May 1691]

Groningen University Library (UBG)
AL C 20
EN DE 6

Halle, Bibliothek und Archiv der Franckeschen Stiftungen
AFSt, B17a III5g [Letter from Johann Permeier to Melchior Beringer, 2 September 1638]
AFSt, B17a III6° [Letter from Lorenz Grammendorf to Johann Permeier, 5 and 15 September 1638]
AFSt. B17a III7e [Letter from Johann Permeier to Melchior Beringer, 27 May 1641]
AFSt. B17b f155 [Letter from Melchior Beringer von Königshofen to Johann Permeier, 14 June 1642]
AFSt. B17b f189v [Letter from Wilhelm Schwartz to Johann Permeier, 27 Juni 1641]
AFSt. B17b f196 [Letter from Wilhelm Schwartz to Johann Permeier, 21 January 1643]
AFSt. B17b f197 [Letter from Wilhelm Schwartz to Johann Permeier, 4 March 1643]
AFSt. B17b f218 [Letter from Johannes Saccus to Johann Permeier, 8 and 18 Juni 1631]
AFSt. B17b f69 [Letter from Johann Permeier to Anton von Hoecke, 31 May 1630]
AFSt. B17a III7d [Letter from Melchior Beringer von Königshofen to Johann Permeier, 24 May 1641]
AFSt. B17b f146 [Letter from Lazar Henckel von Donnersmarck d.J. to Johann Permeier, 31 December 1640]
AFSt., B17a III7c [Letter from Johann Permeier to Melchior Beringer, 30 April 1641]

Hamburg, Staats- und Universitätsbibliothek
Cod. Theol. 1911

Heidelberg, Universitätsbibliothek
1, 4820 RES 1
1, 4820 RES 2

Helsinki, The Finnish Literature Society
SKS KIA ms. Ostrobothnia Mystics, Kl. 27884

Helsinki, The National Library of Finland
ms. C.III.3
ms. C.III.4 (1)
ms. C.III.7
ms. C.IV.13
ms. A 631
ms. A 632a

Leeuwarden, Tresoar
Hs 224 [*Paradysche Rosenhof of grondige verklaring van de seven Qualiteiten en de drie principien.* 156 pp.]

Leiden Regional Archives
Records of Baptisms, Marriages and Deaths (DTB)
Ecclesiastical Statements of Good Conduct (Attestaties)

Leiden University Library (UBL)
167 G 21
236 B 2: 47
BPL 975 [Alhart de Raadt, *Reys Israels uit Egypten na Canaan; Verborgentheidt der wedergeboorte grondelijk aangewesen*, [1704 or later]. 248 pp.]
Maatschappij Nederlandse Letterkunde (KL) 1499 F 12
MNL Port. 145
Portef. 20: 49

London, British Library
Add. MS 21, 426
Add. MS 78,298
MS Harleian 1821
MS Sloane 2555
MS Sloane 2569

MS Sloane 648
Thomason E 16(16)

London, Dr Williams's Library
MS 186.17 (15)
MS 186.18 (1)
MS Baxter, Letters, I 52, 53
MS I.1.43
MS I.1.62

London, Friends House Library
William Caton MS III no. 74

London, Society of Antiquaries of London
MS 138

London, The National Archives
Prob 11/225 fols. 218v–19r

Manchester, John Rylands Library
Ms. 77 [*Mysterium Sophiae revelatum*, Clarivii adornata per A. de Raadt, Ultrajecti delineata per M. Andreae, 1685. 119 pp.]
Dutch MS 5 [Jane Leade, *Openbaring der boodschap van het ewig evangelium* [ca. 1700]. 144 pp.]
Dutch MS 14 [Jane Leade, *Der Weeg zur wahrer Busse* [ca. 1700]. 80 pp.]

Moscow, Russian State Library (RGB)
Collection Arsen'ev 13, Verz. 31, Akt. № 39
Collection Arsen'ev 14, no. 315, 538, 549, 732, 749, 767

Munich, Bayerische Staatsbibliothek
4 Diss. 5430-1/54,2

New York, Columbia University, Rare Book and Manuscript Library
X 893 J 5 [*Carmina sacra varii idiomatis variique argumenti* 1685, 134 pp.]

Norrköpings stadsbibliotek
Översättning av A.L. MS Norrköpings stadsbibliotek, Finspongssamlingen (NoF), Läroverkssamlingen, Handskrifter 25 [Jacob Böhme, *I denna werldens sällsamma djupheter (Aurora eller Morgon rodnads upgång)*]
MS 2174 [Jacob Böhme, *Gulde kleynoot*]

Oxford, Bodleian Library (Bodl.)
MS Ashmole 1499
MS Aubrey 26
MS Eng.Th.e.103
MS Rawlinson C 763
MS Rawlinson D 833
MS Rawlinson Essex 22
MS Rawlinson Essex 23

Paris, Bibliothèque Mazarine
MS 4581

Philadelphia, Library Company of Philadelphia (LCPh)
1216 Q Log 31
1216 Q Log 7

Sheffield University Library (SUL)
Hartlib Papers (HP)
Hartlib Papers, 60/4/82a [Letter from Joachim Poleman to Samuel Hartlib, 15 August 1659]

Smithsonian Libraries, Washington
QB41.G15sL1641 [Galileo Galilei: *Systema cosmicvm: in qvo dialogis IV. de duobus maximis mundi systematibus, Ptolemaico & Copernicano, rationibus vtrinque propositis indefinitè disseritur. Accessit locorum S. Scripturæ cum terræ mobilitate conciliatio*, Lvgdvni: sumptibus I. A. Hvgvetan, 1641, annotated by Alhart de Raadt]

St. Petersburg, National Library of Russia (RNB)
Sig. 1000-2-936
Sig. O III 53

Stockholm, National Library of Sweden
Ms. A 631
Ms. A 632
Ms. A 632a
Ms. 1777

Szeged, Somogyi Károly Stadt- und Landesbibliothek
A.D. 500 [Handwritten entry from Philipp Wilhelm Immendorf, 21 October 1778, in: Jacob Böhme: *Der Weeg zu Christo* [...], Amsterdam 1704]

Tartu, Estnisches Literaturmuseum
EKLA 116 Mi:5 [Friedrich Reinhold Kreutzwalds Notiz-Buch 1829–1830]

The Hague, National Archives
Archive Hof van Holland, (3.03.01.09) *Criminele papieren* (1572–1810), no. 5307.12 and 5314. 12 [File on Johannes Rothé 1675–1677]

The Hague, Royal Library (KB)
135 B 263
135 B 263 [Johannes Vollenhove, *Gedichten*, Den Haag 1656–1693, 17 fols.]
75 J 22 [*Een sware beschuldinge ingebragt tegen de prins van Oranie*, dated Amsterdam 6 Nov. 1676, 13 fols.]
KW 790 G 26
KW 954 D 49

Uppsala University Library
Ms. T 130
Ms. T 142a
Ms. T 142a2
Waller Ms. benl-00852

Utrecht Archives
not. Prot. U 118

Utrecht, Het Utrechts Archief (HUA)
PK VII E 21 [*Stichtze almanach*, with manuscript notes by Johannes Goethals in a work on the prophets, and notes on the translation by Hans Engelbrecht etc., 1710. 70 pp.]

Warsaw, Biblioteka Narodowa (BN)
Reps 3910 II [Abraham von Franckenberg and Georg Fischer: *Meditationes Quædam. Apographum*]

Weimar, Herzogin Anna Amalia Bibliothek
Ms Q 286/18 [Letters to Henckel family (Lazar Henckel von Donnersmarck d.J. and Elias Henckel von Donnersmarck)]

Wolfenbüttel, Herzog August Bibliothek (HAB)

Cod. Guelf. 62 Noviss. 4°

Cod. Guelf. 64.24 Extrav.

Cod. Guelf. 67 Noviss. 4°

Cod. Guelf. 796.2 Helmst. [Jacob Boehme, Johann Theodor von Tschesch and Wilhelm Schwartz: "Gebethbüchlein" (autograph), with other treatises and letters)]

Ms. 1104 Helmst

Ms. 67 novis 4°, fol. 106v [Letter from Heinrich Prunius to Theodor von Tschesch, 25 February 1642]

Ms. 67 noviss. 4°, 13v–15ar [Michel le Blon: manuscript copy of a letter "Kopie eines Br. Von Dr. Wisner an M. le Blon vom 21.2.1651"]

Ms. 67 noviss. 4°, 99v 2 [Michel le Blon and Gottfried Richter: letters]

Wrocław University Library (UL) [Biblioteka Uniwersytecka Wrocławiu (BU)]

Ms. 308027

Ms. 476144

Ms. Akc 1948/546, fol. 93r [Christian Gabriel Funcke: untitled and undated genealogical manuscript of Görlitz families]

Ms. Akc. 1975/148

Ms. Akc. 1975/236

Ms. Akc. 1975/255 [Jacob Böhme: *De tribus principiis, oder Beschreibung der drey Principien Göttliches Wesens.* Manuscript copy in the hand of Christian Bernhard]

Ms. Ack. 1975 D 232

Ms. Ack. 1975 D 236

Ms. Akc. 1977/46

Ms. Mil. IV 143

Zürich, Zentralbibliothek (ZB)

Sammlung Oskar R. Schlag, SCH R 809 [Abraham von Franckenberg: ספראל *SÆPHIRIEL: Das ist ein HIMLISCHES LICHT Und MAGISCHER BERICHT Die Geheimnüßen der Zahlen Mit Ihren Figuren Nach BIBLISCHER Offenbahrung Und NATÜRLICHER Würckung Gründlichen, und Erbaulichen zu Betrachten*]

Jacob Böhme Editions

Böhme 1624 — Jacob Böhme: *Der Weg zu Christo. In zweyen Büchlein. Das erste Von Wahrer Busse/ wie sich der Mensch im Willen und Gemütte in sich selber erwecken müsse/ und was seine ernste betrachtung und fürsatz sein solle. Nebenst angehengten gar ernsten Gebeten. Das ander Von wahrer Gelassenheit/ wie der Mensch in Göttlichem vertrawen wandeln solle*, [Görlitz]: [Rambau].

Böhme 1628 — Jacob Böhme: *Der Weg zu Christo. In Zweyen Büchlein*, s. l.: s. n.

Böhme 1631 — Jacob Böhme: *Iosephus Redivivus, das ist, Die Vberaus Lehr vnd Trostreiche Historia von dem Ertzvatter Joseph*, Amsterdam: Veit Heinrichs.

Böhme 1632 — Jacob Böhme: *Psycholgia Vera I.B.T: XL Quaestionibus explicata*, trans. Johann Angelius von Werdenhagen, Amsterdam: Jan Jansson.

Böhme 1634 — Jacob Böhme: *Aurora Das ist: MorgenRöthe im Auffgang und Mutter der Philosophiae*, [Amsterdam]: [J. Janssonius].

Böhme 1640 — Jacob Böhme: *Mysterium magnum oder Erklärung vber das Erste Buch Moses*, Amsterdam: J. Janssonius.

Böhme 1642a — Jacob Böhme: *Von Christi Testamenten 2. Büchlein*, Sonnenburg: Anastasio Morgenroth.

Böhme 1642b — Jacob Böhme: *Clavis ofte sleutel*, Amsterdam: Nicolaes van Ravesteyn.

Böhme 1645 Jacob Böhme: *Two Theosophicall Epistles*, London: Benjamin Allen.

Böhme 1647 Jacob Böhme: *XL. Qvestions Concerning the Soule*, trans. J[ohn] S[parrow], London: Matthew Simmons.

Böhme 1648a Jacob Böhme: *The Second Booke. Concerning The Three Principles of The Divine Essence*, trans. John Sparrow, London: Humphrey Blunden.

Böhme 1648b Jacob Böhme: *The Way to Christ Discovered. By Iacob Behmen. In these Treatises. 1. Of true Repentance. 2. Of true Resignation. 3. Of Regeneration. 4. Of the Super-rationall life. Also, the Discourse of Illumination. The Compendium of Repentance. And the mixt World, &c.*, printed by M[atthew] S[immons] for H[umphrey] Blunden, at the Castle in Cornhill.

Böhme 1649a Jacob Böhme: *The Epistles of Jacob Behmen*, trans. John Elliston, London: Giles Calvert.

Böhme 1649b Jacob Böhme: *Mercurius Teutonicus; or A Christian Information concerning the last Times*, [trans. John Sparrow and John Elliston?], London: Humphrey Blunden.

Böhme 1650 Jacob Böhme: *The Third Booke of the Author being The High and Deepe Searching out of The Threefold Life of Man*, London: Printed by M[atthew] S[immons] for H[umphrey] Blunden, at the Castle in Cornhill.

Böhme 1651 Jacob Böhme: *Signatura Rerum: or the Signatvre of All Things*, trans. J[ohn] Elliston, London: Giles Calvert.

Böhme 1652 Jacob Böhme: *Of Christs Testaments, viz: Baptisme and the Supper*, London: Printed by M[atthew] Simmons, to be sold by George Eversden at the Golden Ball in Aldersgate Street, or by H[umphrey] Blunden at the Castle in Cornhill near the Exchange.

Böhme [1652–1654] Jacob Böhme: [...] *Alles auß J.B.T. Schrifften gezogen*, 8 vols, ed. Gottfried Richter, [Toruń]: Karnał.

Böhme 1653a Jacob Böhme: *Gulde kleynoot eener Aendachtighe Ziele*, trans. Michel le Blon, [Amsterdam]: s. n.

Böhme 1653b Jacob Böhme: *Vergaderinge Der noch resterende XXIII. Seer Geestrijcke Leer–en Stichtelijcke Brieven des van Godt verlichte Mans Jacob Böhme Teutonici*, trans. Michel le Blon, [Amsterdam].

Böhme 1654a Jacob Böhme: *A Consolatory Treatise Of The Four Complexions*, 1654 printed by T[homas] W[ilson] for H[umphrey] Blunden.

Böhme 1654b Jacob Böhme: *Four Tables of Divine Revelation*, trans. H[umphrey] B[lunden?], London: Humphrey Blunden.

Böhme 1654c Jacob Böhme: *Mysterium Magnum. Or An Exposition of the First Book of Moses called Genesis*, trans. John Elliston and John Sparrow, London: Humphrey Blunden.

Böhme 1655 Jacob Böhme: *Concerning the Election of Grace. Or Of Gods Will towards Man. Commonly called Predestination*, London: Printed by John Streater, for Giles Calvert, and John Allen.

Böhme 1656 Jacob Böhme: *Aurora. That is, the Day-Spring. Or Dawning of the Day in the Orient*, London: Printed by John Streater, for Giles Calvert.

Böhme 1658a Jacob Böhme: *Theosophische Send-Schreibens*, ed. M[ichel] L[e] B[lon], H[endrik] B[eets]and A[braham] V[on] F[ranckenberg], Amsterdam: Heinrich Betke.

Böhme 1658b Jacob Böhme: *Der Weg zu Christo/ Verfasset in sechs Büchlein*, Amsterdam: bey Henrico Betkio.

Böhme 1659 Jacob Böhme: *The Fifth Book of the Authour, In Three Parts. The first; Of the Becoming Man or Incarnation of Jesus Christ The Sonne of God*, London: Printed by J[ohn] M[acock] for Lodowick Lloyd, at the Castle in Cornhill.

Böhme 1660 Jacob Böhme: *Von dem Dreyfachen Leben*, Amsterdam: Betke.

Böhme 1661a Jacob Böhme: *A Consideration of the Divine Revelation in a Hundred Seventy Seven Theosophick Questions*, in: Böhme 1661b.

Böhme 1661b Jacob Böhme: *Several Treatises of Jacob Behme*, trans. John Sparrow, London: Lloyd.

Böhme 1662 Jacob Böhme: *The Remainder of Books written by Jacob Behme*, trans. John Sparrow, London: Giles Calvert.

Böhme 1665 Jacob Böhme: *Forty Questions of the Soul*, trans. John Sparrow, London: Lodowick Lloyd.

Böhme 1675 Jacob Böhme: *Optimè de Pietate & Sapientia meriti, (Sunt omnia Ab. de Franckenberg verba in Sphaerâ Myst. p. III.)* [...] *oder Jacob Böhmen/ von alt Seidenburg Theosophische Schrifften/ (Benebenst unterschiedlichen Censuren und Judiciis anderer Gottes-Gelehrten Männer) Derer Specification oder Verzeichnis auff folgender Seiten dieses Blats zu finden*, Amsterdam/Franckfurt am Mäyn: Heinrich Betke.

Böhme 1682 Jacob Böhme: *Des Gottseeligen Hoch-Erleuchteten Jacob Böhmens Teutonici Philosophi Alle Theosophische Wercken*, 15 vols, [Johann Georg Gichtel (Ed.)], Amsterdam: s. n.

Böhme 1686 Jacob Böhme: *Aurora of de dageraad in 't opgaan: dat is: de wortel of moeder der philosophie, astrologie, en theologie*, Amsterdam: Fredrik Vorster.

Böhme 1700 Jacob Böhme, *Mysterium magnum*, Amsterdam: Jacob Claus.

Böhme 1715 Jacob Böhme: *Theosophia Revelata. Das ist: Alle Göttliche Schriften des Gottseligen und Hocherleuchteten Deutschen Theosophi Jacob Böhmens* [...], ed. Johann Otto Glüsing, 2 vols, [Hamburg]: s. n.

Böhme 1730 Jacob Böhme: *Theosophia Revelata. Das ist: Alle Göttliche Schriften des Gottseligen und Hocherleuchteten Deutschen Theosophi Jacob Böhmens* [...], ed. J[ohann] W[ilhelm] Ueberfeld, s. l. [Netherlands]: s. n.

Böhme 1747 Jacob Böhme: *Kurtze und deutliche Beschreibung des Steins der Weisen*, Amsterdam: s. n.

Böhme 1764–1781 Jacob Böhme: *The Works of Jacob Behmen, the Teutonic Theosopher*, ed. George Ward and Thomas Langcake, [so-called Law Edition], 4 vols, London: M. Richardson.

Böhme 1780 Jacob Böhme: *Theosophische Beschreibung der Tinktur der Weisen und der Cur aller Krankheiten*, Berlin/Leipzig: Christian Ulrich Ringmacher.

Böhme 1815 Jacob Böhme: *Christosophia, или Путь ко Христу въ девяти книгах. Творенiе Якова Бема*, St. Petersburg: Иос. Иоаннесова [I. Ioannesova].

Böhme 1920 Jacob Boehme: *Six Theosophic Points and other Writings*, trans. John Rolleston Earle, New York: Alfred A. Knopf.

Böhme 1934 — Jacob Boehme: *The Incarnation of Jesus Christ*, trans. John Rolleston Earle, London: M.A. Constable & Company LTD.

Böhme 1955–1961 (Facsimile of the 1730 edition) — Jacob Böhme: *Sämtliche Schriften*. Facsimile reprint of the 1730 edition in 11 volumes, ed. Will-Erich Peuckert, 1st edition, Stuttgart-Bad Cannstatt: Frommann.

Böhme 1958 — Jacob Boehme: *Six Theosophic Points and Other Writings*, trans. John Rolleston Earle, Michigan: University of Michigan Press.

Böhme 1963–1966 — Jacob Böhme: *Die Urschriften*, ed. Werner Buddecke, 2 vols, Stuttgart-Bad Cannstatt: Frommann.

Böhme 1971 — Jacob Boehme: *Six Theosophic Points and Other Writings*, Ann Arbor: University of Michigan Press.

Böhme 1984 — Jacob Böhme: *De signatura rerum*, ed. Muñoz Moya y Montraveta, Barcelona: Muñoz Moya y Montraveta.

Böhme 1986–1996 (Facsimile of the 1730 edition) — Jacob Böhme: *Sämtliche Schriften*. Facsimile reprint of the 1730 edition in 11 volumes, ed. Will-Erich Peuckert, Stuttgart-Bad Cannstatt: Frommann-Holzboog (2nd edition).

Böhme 1993 — Jacob Böhme: *Ponowne narodziny*, ed. and trans. Jerzy Kałążny and Andrzej Pańta, Poznań: Brama.

Böhme 2007 — Jacob Boehme: *Mysterium Magnum*, vol. 2, trans. John Sparrow, CA: Hermetica San Rafael.

Böhme 2009 — Jacob Böhme: *Werke*, ed. Ferdinand van Ingen, Frankfurt a.M.: Deutscher Klassiker Verlag.

Böhme 2011 — Jacob Böhme: *Genius of the Transcendent: Mystical Writings of Jakob Böhme*, trans. Jeff Bach and Michael L. Birkel, Boston/London: Shambhala.

Böhme 2013 — Jacob Boehme: *Aurora (Morgen Röte im auffgang, 1612) and Ein gründlicher Bericht or A Fundamental Report (Mysterium Pansophicum, 1620)*. With a Translation, Introduction, and Commentary by Andrew Weeks and Günther Bonheim in Collaboration with Michael Spang as Editor of Gründlicher Bericht, Leiden/Boston: Brill.

Böhme 2019 — Jacob Böhme: *De Tribus Principiis, oder Beschreibung der Drey Principien Göttliches Wesens. Of the Three Principles of Divine Being, 1619*. With Translation, Introduction and Commentary by Andrew Weeks and a Discussion of the Manuscript Tradition by Leigh T.I. Penman, Leiden/Boston: Brill.

Böhme 2020 — Jacob Böhme: *Ein gründlicher Bericht von dem irdischen Mysterio und dann von dem himmlischen Mysterio (1620)*, ed. Günther Bonheim, Stuttgart-Bad Cannstatt: Frommann-Holzboog.

Newsbooks

A Perfect Diurnall no. 288, 29 January–5 February 1649
Perfect Occurences of Every Daies iournall in Parliament no. 110, 2–9 February 1649
A Perfect Summary no. 3, 5–12 February 1649
A Perfect Diurnall no. 22, 6–13 May 1650
Several Proceedings in Parliament no. 33, 9–16 May 1650

Primary Sources

Adelung 1787 Johann Christian Adelung: *Geschichte der menschlichen Narrheit*, vol. 4, Leipzig: Weygand.

Afonso V et al. 1651 Afonso V et al.: *Five Treatises of the Philosophers Stone*, trans. H[enry] P[innell], London: John Collins.

Alnander 1764 Samuel Johansson Alnander (Kindahl, Petrus, dissertant): *Historia librorum prohibitorum in Svecia, Upsaliæ*, consulted online on 31 December 2019: http://www.diva-portal.org/.

Andreae 1647 Johann Valentin Andreae: *A Modell of a Christian Society and The Right Hand of Christian Love offered*, Cambridge: Roger Daniel.

Anonymous 1498 [Anonymous]: *Sermon des gross gelarten in gnade[n] erlauchte[n] Doctoris Johannis Thauleri prediger ordens*, Leipzig: Kachelhofen.

Anonymous 1503 [Anonymous]: *Das buch geistlicher gnaden, offenbarunge, wunderliches vnde beschawlichen lebens der heiligenn iungfrawen Mechtildis vnd Gertrudis, Closter iungfrawen des closters Helffede*, Leipzig: Lotter.

Anonymous 1574–1798 [Anonymous]: *Resolutien van de Staten van Hollandt ende Westvriesland*, s. l.: s. n.

Anonymous 1636 [Anonymous]: *Warhafftige/ Erschreckliche Geschichte vnd Relation, Was sich zu Königsberg in Preussen/ mit so eines Gottslästerlichen Menschen/ welcher sich für einen Gott außgegeben/ zugetragen. Vnd wie derselb wegen seines vielfältigen Ehebruchs vnd Vnbußfertigkeit den 11. Octobris 1636. Hingerichtet/ vnd verbrandt worden*, s. l.: s. n.

Anonymous 1646 [Anonymous]: *Theologia Germanica. Or, Mysticall Divinitie*, London: Printed for John Sweeting, at the Angell in Popes head Alley (reprint 1648).

Anonymous 1649 [Anonymous]: *The Divine Pymander of Hermes Mercurius Trismegistus*, London: Printed by Robert White and published by Thomas Brewster and Gregory Moule.

Anonymous 1674 [Anonymous]: *Apologia pro Samuele Maresio*, The Hague: Typis Levini van Dijck.

Anonymous 1710 [Anonymous]: Rezension zu: Johann Georg Gichtel: *Theosophische Sendschreiben* […], in: *Unschuldige Nachrichten Von Alten und Neuen Theologischen Sachen* […], Leipzig: Braun, pp. 569–574.

Anonymous 1898 [Anonymous]: "Älkäät olko pahaa wastaan!" *Väinämöinen*, nr. 17 (9 April 1898), p. 68.

Anonymous 1899 [Anonymous]: "Tallirenki." *Väinämöinen*, nr. 44 (2 November 1899), pp. 186–187.

Arndt 1610 Johann Arndt: *Vier Bücher vom wahren Christenthum*, Magdeburg: Francke/Böel.

Arndt 1643 Johann Arndt: *Postilla. Das ist Außlegung der SontagsEvangelien* […], Frankfurt a.M.: Matthaeus Merian/ Wolfgang Hoffmann.

Arndt 1736 Johann Arndt: *Gesammelte kleine Schrifften*, ed. J.J. Rambach, Leipzig/Görlitz: Marche.

Arnold 1696 Gottfried Arnold: *Fratrum Sororumq[ue] Appellatio Inter Christianos maxime & alios quondam usitata tum & Cognatio Christianorum Spiritualis.* […], Francofurti ad Mœnum: Johann Christoph König.

Arnold 1699–1700 Gottfried Arnold: *Unpartheyische Kirchen-und Ketzerhistorie*, 2 vols, Frankfurt a.M.

Arnold 1700a Gottfried Arnold: *Das Geheimnisz Der Göttlichen Sophia oder Weisheit/ Beschrieben und Besungen von Gottfried Arnold*, Leipzig: Thomas Fritsch.

Arnold 1700b	Gottfried Arnold: *Fortsetzung und Erläuterung Oder Dritter und Vierdter Theil der unpartheyischen Kirchen- und Ketzer-Historie/ Bestehend In Beschreibung der noch übrigen Streitigkeiten im XVIIden Jahrhundert*, Frankfurt a.M.: Thomas Fritsch.
Arnold 1703	Gottfried Arnold: *Historie und Beschreibung der Mystischen Theologie/ oder geheimen Gottes Gelehrtheit/ wie auch derer alten und neuen Mysticorum*. Frankfurt a.M.: Thomas Fritsch.
Arnold 1721	Gottfried Arnold: *Unpartheyische Kirchen- und Ketzer-Historie: Vom Anfang des Neuen Testaments Biß auf das Jahr Christi (1688)*, Frankfurt a.M.: Thomas Fritschens sel. Erben.
Arnold 1729	Gottfried Arnold: *Fortsetzung und Erläuterung, Oder Dritter und Vierdter Theil der unpartheyischen Kirchen- und Ketzer-Historie*, Frankfurt a.M.: Thomas Fritsch.
Arnold 1963 (Facsimile)	Gottfried Arnold: *Das Geheimnis der göttlichen Sophia*. Facsimile reprint of the edition Leipzig 1700, Stuttgart-Bad Cannstatt: Frommann.
Aubrey 1999	John Aubrey, *Aubrey's Brief Lives* [first published 1949], ed. Oliver Dick, Boston: David R. Godine.
Baxter 1696	Richard Baxter: *Reliquiae Baxterianiæ*, ed. Matthew Sylvester, London: T. Parkhurst, J. Robinson, J. Lawrence, and J. Dunton.
Beaumont 1705	John Beaumont: *An Historical, Physiological and Theological Treatise of Spirits*, London: D. Browne.
Beecs 1673	Christianus de Beecs: *Missive waer in de voornaemste van de hedendaegse propheten verdedight, ende de redenen aengewesen werden, waerom men die behoorde geloof te geven*, Amsterdam: Gedruckt voor den autheur, en zijn te bekomen bij P. Arentsz.
Beer 1639	Johann Beer: *Gewinn und Verlust: Das ist ein Geistlicher und sehr Nützlicher Bericht/ Wie man allerley Geistliche und Leibliche Himlische und Irrdische Gütter gewinnen und verliehren ist*, ed. Abraham von Franckenberg, [Amsterdam]: s. n.
Benet of Canfield 1646	Benet of Canfield: *A Bright Starre, Leading to, & Centering in, Christ Our Perfection*. London: Printed by Matthew Simmons and sold by Henry Overton.
Benzelstierna 1884–1885	Gustaf Benzelstierna: *G. Benzelstjernas censorsjournal 1737–1746*, ed. Leonard Bygdén and Eugène Lewenhaupt, Uppsala, consulted online on 31 December 2019: https://litteraturbanken.se/.
Betke 1663	Heinrich Betke: *Catalogus Librorum officinæ Henrici Betkii* [...] *Verzeichnüß derer Bücher/ welche Henricus Betkius zu Amsterdam hat lassen Drucken/ theils auff seinen Kosten/ theils aber davon Er viel Exemplaria bey sich hat*, Amsterdam: Betke.
Bidstrup 1744	Michael Bidstrup: *Bibliotheca chymica et cos hermetica*, Amsterdam: M. D. N. Bidstrup.
Breckling 1663	Friedrich Breckling: *Religio libera Persecutio relegata, Tyrannis Exul & Justitia Redux. Hochnötige Erinnerung an die hohe Obrigkeit in Deutschland* [...] *und andern Fürstenthümern/ Ländern und Statten Europæ über einige Gewissensfragen Von der Gewissens Freyheit/ und andern höchnötigen Sachen der Obrigkeit Ampt und Persohn anbelangend*: [...], Freystat [Amsterdam]: s. n.
Breckling 1666a	Friedrich Breckling: [...] *An alle Gottlose/ so wohl Hohe als Niedere Obrigkeit/* [...], *in: Wecker/ Oder Aufmunterung zur wahren Hertzens Busse/ Durch Friederich Liebhaber*, Görlitz: [Heinrich Ammersbach].
Breckling 1666b	Friedrich Breckling: *Ankündigung des Gerichtes Gottes an das heutige über alle vorige mehr dan Greuliche und Schreckliche Thier/ Behemoth und Leviathan/* [...], s.l: s. n., in: Friedrich Liebhaber: *Stadte Wecker/ Oder Aufmunterung zur wahren HertzensBusse/ undd einem rechtschaffenen Christlichen Leben/ Das ist: Ein Antwort-Schreiben/ an einen Rahtsverwandten in einer vornehmen Stadt*. Görlitz: [Heinrich Ammersbach].

Breckling 1675 Friedrich Breckling: *Unterschiedliche Schrifften/ Die allgemeine Noth dieser Zeit betreffende/* [...], [Amsterdam]: [Heinrich Ammersbach].

Breckling ca. 1682a Friedrich Breckling: *Pseudosophia Mundi* [...], s. l.: s. n.

Breckling 1682b Friedrich Breckling: *Christliche Erinnerung und Warnung an alle Menschen/ betreffend den wahren und rechten Ausgang so wohl aus der groben und grossen Welt-Babel/ als auch aus dem subtilen Babelreich der Hoffärtigen Fladder-geister und Lucifers Heiligen/* [...], s. l.: s. n.

Breckling 1688a Friedrich Breckling: *Anticalovius sive Calovius cum Asseclis suis prostratus et Jacob Bôhmium Cum aliis testibus veritatis defensus. Darin gelehrt wird was von D. Abraham Calovii, Pomarii Francisci und anderer falschgelehrten Büchern/ Apologien und Schriften wider Jac. Böhmen/ Hermannum Jungium, I.C. Charias M. Henricum Amerßbach/ mich und andere Zeugen der Wahrheit zu halten sey.* [...] *Dabey zugleich des sel. J. Böhmen und vieler anderer Zeugen der Warheit Unschuld gerettet und verthädiget wird/ und angewiesen/ was doch von Jacob Böhmen Person und Schrifften nach dem Grunde der Warheit zu halten seye/ und wie solche mißbrauchet/ theils recht gebrauchet werden können?* [...]. [Wesel]: Andreas Luppius.

Breckling 1688b Friedrich Breckling: *Paulus Redivivus* [...] *Von allen heutigen Phariseern Secten/ falschen Propheten und Aposteln mit allen ihren eigen Gemeinschafften/* [...], Amsterdam: Wed. Christoffel Cunradus.

Breckling 1700 Friedrich Breckling: "Catalogus testium veritatis continuatus huc usque", in: Gottfried Arnold: *Unparteyische Kirchen- und Ketzer-Historie/ bestehend In Beschreibung der noch übrigen Streitigkeiten im XVIIden Jahrhundert. Mit Königl. Polnischen Churfürstl. Brandenburgischen Privilegiis*, vols 3/4, Frankfurt a.M.: Thomas Fritsch, pp. 760–780.

Brendel 1783 Georg Christoph Brendel: *Missiv an die hocherleuchtete Brüderschaft des Ordens des Goldenen und Rosenkreutzes* [...] *Nebst einem noch nie im Druck erschienenen vollständigen historisch=kritischen Verzeichnis von 200 Rosenkreutzerschriften vom Jahr 1614 bis 1783*, Leipzig: Böhme.

Broek/Heertum 2000 Roelof van den Broek and Cis van Heertum (Eds): *From Poimandres to Jacob Böhme. Gnosis, Hermetism and the Christian Tradition*, Amsterdam, In de Pelikaan, 2000.

Bromley 1676 Thomas Bromley: *De wegh tot den Sabbath der ruste: ofte der zielen voortgang in 't werk der wedergeboorte*, Amsterdam: Steven Swart [2nd edition Amsterdam: P. Arentsz 1682].

Bruno 1879–1891 Giordano Bruno: *Jordani Bruni Nolani Opera latine conscripta*, ed. Francesco Fiorentino and Felice Tocco, Naples/Florence: Morano (Facsimile reprint: Stuttgart-Bad Cannstatt: Frommann-Holzboog, 1962).

Buddeus/Walch 1724 Johann Franz Buddeus and Johann Georg Walch: *Historische und Theologische Einleitung In die vornehmsten Religions=Streitigkeiten* [...], Jena: Dorothea Margarethe Meyer.

Calov 1684 Abraham Calov: *Anti-Böhmius, in qvo docetur, Qvid Habendum de Secta, Jacobi Böhmen/ Sutoris Görlicensis? Et, An qvis invariatæ august. Confessioni addictus, sine dispendio salutis ad eandem se conferre, vel in eadem perseverare possit? Qvæ Qvæstio Tredecim Rationibus Negatur, Et Coronide sub sinem additâ de admiranda et gratiosa conversione non paucorum ex secta illa fanatica et phantastica, vereqve qvakerica*, Wittenberg: Christian Schrödter.

Colberg 1710 [1690/91] Ehregott Daniel Colberg: *Das Platonisch-Hermetische Christenthum, Begreiffend Die Historische Erzehlung vom Ursprung und vielerley Secten der heutigen Fanatischen Theologie, Unterm Namen der Paracelsisten, Weigelianer, Rosencreutzer, Quäcker, Böhmisten, Wiedertäuffer, Bourignisten, Labadisten, und Quietisten*, 2 vols, Leipzig: Gleditsch und Weidmanns.

Comenius 1639 Jan Amos Comenius: *Pansophiae prodromus (Operis pansophici a Johanne Amos Comenio coepti: prodromus, biennio abhinc, Praeludiorum titulo publicatus.* London: [Miles Flesher sumptibus L. Fawne, & S. Gelibrand].

Comenius 1642 Jan Amos Comenius: *A Reformation of Schools: designed in two excellent treatises* [...]. (trans. *Pansophiae prodromus*, 1639), ed. Samuel Hartlib, London: s. n.

Comenius 1975 Johann Amos Comenius: *Comenius' självbiografi: Comenius about Himself*, ed. Milada Blekastad et al., Stockholm: Föreningen för Svensk Undervisningshistoria.

Comenius 2013 Johann Amos Comenius: "A Reformation of Schooles, (Michael Sparke, London 1642)", in: *The Hartlib Papers*, ed. M. Greengrass, M. Leslie and M. Hannon, published by The Digital Humanities Institute, University of Sheffield, consulted online on 31 December 2019: http://www.dhi.ac.uk/hartlib.

Nicholas of Cusa 1646 Nicholas of Cusa: *Ophthalmos aplois or The single Eye*, London: published by John Streater.

[Cyprian 1723] [Ernst Salomon Cyprian]: *Compendivum Historiae Ecclesiasticae* [...] *a pace Westphalica ad nostra vsque tempora deductum* [...], Gothae: Johann Andreas Reyher.

Czepko 1963 Daniel von Czepko: *Geistliche Schriften*, ed. Werner Milch, Darmstadt: Wissenschaftliche Buchgesellschaft [originally Breslau 1930].

Czepko 1989 Daniel Czepko: *Sämtliche Werke*, ed. Hans-Gert Roloff, Marian Szyrocki and Ulrich Seelbach, Berlin/New York: De Gruyter.

De Bethencourt 1904 C. De Bethencourt: "Lettres de Menasseh ben Israel à Isaac Vossius (1651–1655)", in: *Revue des Études Juives* 49, pp. 105–106.

De Valdés 1646 Juán de Valdés: *Divine considerations treating of those things which are most profitable*, Cambridge.

Denziger 1991 Heinrich Denziger (Ed.): *Kompendium der Glaubensbekenntnisse und kirchlichen Lehrentscheidungen*, 37th edition, Freiburg: Herder.

D'Espagnet 1651 Jean d'Espagnet: *Enchyridion Physicæ Restitutæ*, London: W. Shears & Robert Tutohein.

Diest 1674 Samuel van Diest: *Apologia pro Ecclesiastica Reformata*, Enkhuizen: C. Lastdrager.

Duijkerius 1991 [1691] Johannes Duijkerius: *Het leven van Philopater en Vervolg van 't leven van Philopater* [1691, 1697], ed. G. Maréchal, Amsterdam: Rodopi.

Edenius 1708 Jordanus Nicolai Edenius: *Epitome historiae ecclesiasticae novi testamenti*, Åbo.

Ellinger 1927 Georg Ellinger: *Angelus Silesius. Ein Lebensbild*. Breslau: Wilhelm Gottl. Korn.

Engelbrecht 1643 Hans Engelbrecht: *Een Christelijck Geschrift Aen de Geleerden*, [Amsterdam?]: s. n.

Erbery 1653 William Erbery: *A Call to the Churches*, London.

Erbery 1658 William Erbery: *The Testimony of William Erbery*, London: Giles Calvert.

Erfurthisches Intelligenz=Blatt 1769 *Erfurthisches Intelligenz=Blatt*, vol. 1, Erfurt: Müller.

Fersen 1870 Fredrik Axel von Fersen: *Fredrik Axel von Fersens historiska skrifter*, ed. R.M. Klinckowström, vol. 5: *Större och mindre tilldragelser under konung Gustaf III:s regering*, Stockholm: Norstedt.

Fludd 1617–1626 Robert Fludd: *De utriusque cosmi maioris scilicet et minoris metaphysica, physica atqve technica historia*, 2 vols, Oppenheim/Frankfurt a.M.: Johann Theodore de Bry/Officina Bryana.

Fludd 1621 Robert Fludd: *Demonstratio quaedam analytica*, Frankfurt a.M.: Theodor de Bry.

Fludd 1629–1631 Robert Fludd: *Medicina Catholica*, Frankfurt a.M.: William Fitzer.

Fludd 1631 Robert Fludd: *Doctor Flvdds Answer to M. Foster Or, The Sqvesing of Parson Fosters Sponge*, London: Nathanael Butter.

Fludd 1982 Robert Fludd: *The Origin and Structure of the Cosmos*, trans. Patricia Tahil, ed. Adam McLean, Edinburgh: Phanes Press.

Fludd 2018 (Facsimile) Robert Fludd: *Utriusque Cosmi Historia*. Facsimile reprint of the 1617–1624 edition (Oppenheim/Frankfurt a.M.: Johann Theodor de Bry), ed. Wilhelm Schmidt-Biggemann, 5 vols, Stuttgart: Frommann-Holzboog.

Foster 1889 Joseph Foster (Ed.): *The Register of Admissions to Gray's Inn, 1521–1889*, London: Hansard.

Franck 1642 Sebastian Franck: *The Forbidden Fruit: or, a treatise Of the Tree of Knowledge of Good and Evill*, London: Printed by T.P. and M.S. for Benjamin Allen.

Franckenberg 1644a Abraham von Franckenberg (A. Franc. De Monte Sil.): *Oculus sidereus Oder Neu-eröffnetes Stern-licht und Fern-gesicht*, Danzig: Georg Rheten.

[Franckenberg 1644b] [Abraham von Franckenberg]: *The Life of one Jacob Boehmen*, London: Richard Whitaker.

Franckenberg 1646 Abraham von Franckenberg: *Conclusiones de Fundamento Sapientiæ Theorico-practicæ. Das ist/ Endlicher Beschluß Vom Grunde der Weißheit/ Von etlichen Liebhabern der Wahrheit zusammen getragen*, Königstein [Amsterdam]: [Hans Fabel].

Franckenberg 1651 Abraham von Franckenberg: *Trias Mystica: In quâ 1. Speculum Apocalypticum: 2. Mysterium Metapsychicum: 3. Epistolium Chronometricum: Ad Ecclesiam quæ est in Philadelphia et Laodiceia*, Amsterdam: Joris Trigg.

[Franckenberg/Scheffler] 1652 [Abraham von Franckenberg and Johann Scheffler]: "Erinnerung des Verlägerß", in: Fuhrmann 1652a, 1v–6v.

Franckenberg 1675 Abraham von Franckenberg: *Via veterum sapientum. Das ist: Weg der Alten Weisen*, Christoffel Cunradus, Amsterdam: Heinrich Betke.

Franckenberg 1676 Abraham von Franckenberg: *Raphael oder Artzt-Engel*, Amsterdam: Jacob van Velsen.

Franckenberg 1687 Abraham von Franckenberg: *Theologische Send-Schreiben Von dem rechten Kirchen-gehen/ An Magr: G.S. einen Hoff-Prediger*, Amsterdam.

Franckenberg 1703 Abraham von Franckenberg: "*Theophrastia Valentiniana*. Das ist: Ein unpartheyischer Schrifft- und Natur-mäßiger Bericht Uber ein *Fragmentum* Von der Lehre *Valentini*", in: *Supplementa, Illustrationes und Emendationes Zur Verbesserung Der Kirchen-Historie*, ed. Gottfried Arnold, Frankfurt a.M.: Thomas Fritsch, pp. 11–49.

Franckenberg 1730 Abraham von Franckenberg: "Gründlicher und wahrhafter Bericht von dem Leben und Abscheid des in Gott selig-ruhenden Jacob Böhmens, dieser Theosophischen Schriften eigentlichen Autoris und Schreibers," in: Böhme 1730, vol. 22, pp. 5–31.

Franckenberg 1995 Abraham von Franckenberg: *Briefwechsel*, ed. Joachim Telle, Stuttgart-Bad Cannstatt: Frommann-Holzboog.

Fuhrmann 1652a Augustin Fuhrmann: *Brust-Bild Der Liebe Jesu/ Forgestellet An dem Jünger/ welcher an Der Brust Jesu lag*, [Toruń]: s. n.

Fuhrmann [1652b] Augustin Fuhrmann: *Siebenfacher Seelen Kampff. Der Aus ihr selbst Auß: vnd In GOTT Ein/ Pilgrimirenden Seelen*, [Toruń]: s. n.

Galilei 1641 Galileo Galilei: *Systema cosmicum*, Lugduni sumptibus I.A. Huguetan.

Gerhard 1640a Johann Gerhard: *Meditations*, Cambridge: Roger Daniel (reprint 1644).

Gerhard 1640b Johann Gerhard: *The Summe of Christian Doctrine*, Cambridge: Roger Daniel.

Gichtel 1722 Johann Georg Gichtel: *Theosophia practica. Halten und Kämpfen ob dem H. Glauben bis ans Ende/ Durch die Drey Alter Jesu Christi, Nach den Dreyen Principien Göttliches Wesens, mit derselben Ein- und Ausgebuhrt Durch Sophiam in der Menschheit/ Welche Gott derselben in diesem Alter der Zeit von neuem vermählet hat/* [...] *Auf Veranlassung in Briefen gestellet von dem Gottseligen Gottes=Freund und Mann Sophiae, Johann Georg Gichtel*. Dritte Edition, vermehret und verbessert, [ed. Johann Wilhelm Überfeld], 7 vols, Leyden: s. n.

Gichtel/Graber 1723/1736 Johann Georg Gichtel and Johann Georg Graber: *Eine kurtze Eröffnung und Anweisung Der dreyen Principien Und Welten im Menschen* [...], s. l.: s. n.

Giese 1774 Gottlieb Christian Giese: *Sechster Beytrag zur Kirchen- und Predigergeschichte der Churfürstl. Sächs. Sechsstadt Görlitz vom sechszehenden Jahrhunderte bis auf gegenwärtige Zeit beym Ausgange des 1774ten Jahres*, Görlitz: Fickelscherer.

Glauber 1651 Johann Rudolph Glauber: *A Description of New Philosophical Furnaces*, London: printed by Richard Coats for Thomas Williams.

Haeseven 1673 Johannes Cornelisz. Haeseven: *Kenteecken van den waren gesant Godts; ofte grondige getuygenis van de prophetien en revelatien Godts, etc. Ons heden voorgestelt door sijn geroepen dienstknecht Joannes Rothe*, Amsterdam: Gedruckt voor den autheur, en zijn te bekomen bij Pieter Arentsz.

Hagert 1708 Daniel Hagert: *De enthusiasmo. Disputatio synodalis*, Åbo: Merckell.

Hanow 1740 Michael Christoph Hanow: *Denkmahl der Danziger Buchdruckereyen und Buchdrucker, seit dem Jahr 1539* [...], Danzig: Thomas Johann Schreiber.

Hegel 1833–1836 Georg Wilhelm Friedrich Hegel: *Vorlesungen über die Geschichte der Philosophie*, ed. Carl Ludwig Michelet, Berlin.

Hegel 1995 Georg Wilhelm Friedrich Hegel: *Lectures on the History of Philosophy*, trans. E.S. Haldane and Frances H. Simson, vol. 3, Lincoln: University of Nebraska Press.

Hegel 2009 Georg Wilhelm Friedrich Hegel: *Lectures on the History of Philosophy 1825–26*, trans. Robert F. Brown and J.M. Stewart, vol. 3: *Medieval and Modern Philosophy*, Oxford: Clarendon Press (second corrected edition).

Heidecke 1788 — Benjamin Heidecke: *Jacob Böhmens Schattenriss*, Riga: s. n.

Helmont 1664 — Jean Baptiste van Helmont: *Van Helmonts Workes*, London: Lodowick Lloyd.

Henel von Hennenfeld 1704 — Nicolaus Henel von Hennenfeld: *Silesiographia renovata, necessariis scholiis, observationibus et indice aucta*, Breslau/Leipzig: Christianus Bauchius.

Herbert 1654 — [Philip Herbert, fifth Earl of Pembroke]: *Of the Internal and Eternal Nature of Man in Christ*, London: Printed by John Macock.

Herder 1774 — Johann Gottfried von Herder: *Älteste Urkunde des Menschengeschlechts*, vol. 1, Riga: Johann Friedrich Hartknoch.

Herp 1538 — Heinrich Herp: *De Theologia Mystica libri tres*, Cologne: Friessen.

Hessayon/Penman (forthcoming) — Ariel Hessayon and Leigh Penman (Eds): *Extracts from the Diary of John Sparrow (1615–1670) of Essex, Made by the Antiquarian William Holman (1669–1730)*.

Hinckelmann 1693 — Abraham Hinckelmann: *Detectio Fundamenti Böhmiani, Untersuchung und Widerlegung Der Grund-Lehre/ Die In Jacob Böhmens Schrifften verhanden*, Hamburg: Georg König.

Hollandsche 1678 — *Hollandsche Mercurius* [for 1677]. Haarlem: Abraham Casteleyn.

Hotham 1648 — Charles Hotham: *Ad Philosophiam Teutonicam Manuductio*, London: T.W. for H. Blunden.

Hotham 1650 — Charles Hotham: *An Introduction to the Teutonick Philosophie*, London: Printed by T.M. & A.C. for Nath. Brooks.

Hotham 1654 — Durand Hotham: *The Life of Jacob Behmen*, London: H. Blunden.

Houbraken 1976 — Arnold Houbraken: *De groote schouburgh der Nederlantsche konstschilders en schilderessen*, pt. 3, (reprint of the 2nd edition, The Hague: J. Swart [etc.] 1753), Amsterdam: Israel (first edition: 1721).

Houbraken 1977 — Arnold Houbraken: “Kort verhaal van het godvruchtig leven en zalig afsterven van Joannes Luiken”, in: Jan Luyken: *Des menschen begin, midden en einde* (reprint of the edition Amsterdam, Wed. P. Arentz, K. van der Sys 1712), Utrecht: De Banier.

Jäger 1708 — Wolfgang Jäger: *De Jacob[o] Boehmio judicium Henrici Mori*, Tübingen: Reisius.

Jahn 1755 — Johann Christian Jahn: *Verzeichnis der Bücher so gesamlet*, vol. 1, no. 1, Frankfurt a.M./Leipzig: Johan Samuel Heinsius Erben.

Janssonius 1652 — Johannes Janssonius: *Catalogus librorum, qui in officina libraria Joannis Janssonii, Regii typographi, partim a typis, partim ab impensis ejus prostant*, Holmiae: [Johannes Janssonius].

Kindervater 1719 — Johann Heinrich Kindervater: *Die neue Engels=Brüderschafft als eine Veritable Qväckerey, In der Käyserl. Freyen Reichs=Stadt Nordhausen entdecket* [...], Nordhausen: August Hoyer.

Kinker 1823 — Johannes Kinker: *Brieven over het natuurregt aan den heer Paulus van Hemert*. Amsterdam: Johannes van der Hey en zoon.

Kober 1730 — Tobias Kober: “Umständlicher Bericht [...] von der Kranckheit, Absterben und Begräbniß des sel. *Autoris Theosophi*, an die Edlen Herren von Schweinichen”, in: *De vita et scriptis Jacobi Böhmii oder Ausführlich erläuterter Historischer Bericht von dem Leben und Schriften des teutschen Wunder-Mannes und hocherleuchteten Theosophi*, ed. Johann Wilhelm Überfeld, [Leiden?]: s. n., pp. 40–52.

Kollinius/Ekerman 1745 — Andreas B. Kollinius, under the presidium of Petrus Ekerman: *Dissertatio academica, De varia fortuna philosophiae Rameae in Academia Upsalensi*, Upsaliae: s. n.

Kuhlmann 1671 — Quirinus Kuhlmann: *Lehrreiche Weißheit-Lehr-Hof-Tugend-Sonnenblumen preißwürdigster Sprüche*, Jena: Samuel Adolph Müller.

Kuhlmann 1674 — *Quirin Kuhlman's Neubegeisterter Böhme, begreiffend hundert funftzig Weissagungen, mit der fünften Monarchi oder dem Jesus Reiche des holländischen Propheten Johan Rothens übereinstimmend, und mehr als 1000000000 theosophische Fragen, allen Theologen und Gelehrten zur beantwortung vorgelegt*. Leiden: vor den Autor, zu bekommen bei Loth de Haes.

Kuhlmann 1681 — Quirinus Kuhlmann: *Des Christen, Des Jesuelitens Lutetier- oder Pariserschreiben*, London: Johannes Gain.

Kuhlmann 1688 — Quirin Kuhlmann: *Widerlegte Breklingsworte, aus zweien Brifen an Andreas Luppius gezogen. Hibei sind gefüget das 34 (49) und 35 (50) Kühl-Jubel aus dem Kühlsalomon*, Amsterdam: Andreas Luppius.

Kuhlmann 1971a [1684–1685] — Quirinus Kuhlmann: *Der Kühlpsalter*, 2 vols, ed. Robert L. Beare, Tübingen: Niemeier.

Kuhlmann 1971b [1671] — Quirinus Kuhlmann: *Himmlische Libes-Küsse*, ed. Birgit Biehl-Werner, Tübingen: Niemeyer.

Kuhlmann 1995 — Quirinus Kuhlmann: *Der Neubegeisterte Böhme*, 2 vols, ed. Jonathan Clark, Stuttgart: Hiersemann.

Lange 1715 — Joachim Lange: *Christliche Prüfung des Geistes In den so genannten Theosophischen Send=Schreiben* [...], Halle: Renger.

Le Blon 1653 — Michel le Blon: *Vergaderinge der noch resterende XXIII. Seer geestrijcke leer- en stichtelijcke brieven*, [Amsterdam]: s. n.

Lipenius 1685 — Martin Lipenius: *Bibliotheca realistheologica omnium materiarum, rerum et titulorum*, 2 vols, Frankfurt a.M.: Johannes Frederici and Johannes Görlin.

Llwyd 1653 — Morgan Llwyd: *Dirgelwch I rai iw ddeall Ac i ereill iw Watwar, sef Tri aderyn yn ymddiddan yr Eryr, a'r Golomen, a'r Gigfran* (*A Mystery for some to understand and others to mock at, that is to say, Three Birds discoursing, the Eagle, the Dove, and the Raven*), London: James Flesher, sold by Thomas Brewster.

Llwyd/Böhme 1657 — Morgan Llwyd and Jacob Böhme: *Yr ymroddiad neu Bapuryn a gyfieuthiwyd ddwywaith i helpu y cymru unwaith allan or Hunan ar drygioni* (*Self Resignation, or a Paper translated to help the Welsh out of Self and Evil*), London: s. n.

Lochner 1687 — Jacob Hieronymus Lochner: *Disputatio Inauguralis Theologica De Separatismo* [...]. Rostock: Joh. Wepplingius.

Löscher 1710 — Valentin Ernst Löscher (Ed.): *Unschuldige Nachrichten Von Alten und Neuen Theologischen Sachen* [...], Leipzig: Braun.

Löscher 1714 — Valentin Ernst Löscher (Ed.): *Unschuldige Nachrichten von alten und neuen theologischen Sachen auff d. Jahr* [...] *1714*, Leipzig: Johann Grosse.

Löscher 1720 — Valentin Ernst Löscher (Ed.): *Fortgesetzte Sammlung Von Alten und Neuen Theologischen Sachen* [...], Leipzig, 1720.

Luppius 1688 — Andreas Luppius: "Zu Erfüllung der noch übrigen Seiten habe ich Andreas Luppius / als Verleger dieses Büchleins folgende gantz einfältige Nachrede beyfügen wollen", in: Breckling 1688a, fol. H3v–H4v.

Luyken 1678 — Jan Luyken: *Jezus en de ziel. Een geestelyke spiegel voor 't gemoed, bestaande in veertig aangenaame en stichtelyke zinnebeelden*, Amsterdam: Pieter Arentsz.

Luyken 1687 — Jan Luyken: *Voncken der liefde Jesu*, Amsterdam: Pieter Arentsz.

[Luyken] 1692 — [Jan Luyken]: *Een korte verhandeling van het onderscheid tusschen de geest, ziel, en 't lichaam des menschen: haar wercking, verval, en herstel. Door E.P.I.H. Met een gezang van 't tijd'lijk, en eeuwig vuur en licht*, Amsterdam: Johannes Boekholt.

Luyken 1983 — Jan Luyken: *Brieven zonder censuur. Met een bloemlezing uit de gedrukte brieven*, ed. Henk Vekeman, Cologne: Lukassen.

Magazin des Buch= und Kunsthandels 1780 — *Magazin des Buch=und Kunsthandels, welches zum Besten der Wissenschaften und Künste von den dahin gehörigen Neuigkeiten Nachricht giebt*, vol. 7, Leipzig: Breitkopf.

Majus/Uffenbach 1729–1731 — Johann Heinrich Majus and Zacharias Konrad von Uffenbach: *Bibliotheca Uffenbachiana universalis sive catalogus librorum*, 4 vols, Frankfurt a.M.: J.B. Andreae and H. Hort.

Maresius 1669 — Samuel Maresius: *Audi alteram partem*, Amstelodami: apud Petrum Messchaert.

Meer 1674 — Hubertus van der Meer: *De dood in de pot* [...] *met een nareden nopende het aanstotelijk schrift van D. Alhardus de Raad*, Enkhuizen: Meinert Mul.

[Michelmann] 1722 — [Jacob Michelmann]: *Der Wunder=volle und heilig=geführte Lebens=Lauf Des Auserwehlten Rüstzeugs Und Hochseligen Mannes Gottes / Johann Georg Gichtels* [= Gichtel 1722, vol. 7], Leyden: s. n.

More 1656 — Henry More: *Enthusiasmus triumphatus, or, A discourse of the nature, causes, kinds, andcure, of enthusiasme; written by Philophilus Parresiastes, and prefixed toAlazonomastix his observations and reply: whereunto is added a letter of his to aprivate friend, wherein certain passages in his reply are vindicated, and severallmatters relating to enthusiasme more fully cleared*, London: printed by J. Flesher.

More 1679 — More, Henry: "Philosophiæ Teutonicæ censura" (English translation by Christian Hengstermann), from *Opera omnia*, vol. 1, pp. 529–561, consulted online on 2 April 2023: https://www.cambridge-platonism.divinity.cam.ac.uk/view/texts/diplomatic/Hengstermann1679D.

More 1690 — Henry More: *An Account of Virtue or Dr Henry More's Abridgement of Morals*, London: Printed for Benj. Tooke.

More 1712 — Henry More: *A Collection of Several Philosophical Writings*, London: Joseph Downing.

More 1713 — Henry More: *Divine Dialogues: Containing Sundry Disquisition & Instructions Concerning the Attributes of God and his Providence in the World*, Second Edition, London: Joseph Downing (first edition: 1668).

More 1966 [1675–1679] — Henry More: *Opera omnia*, 3 vols, London: Gualteri Kettilby, 1675–1679 (Reprint Hildesheim: Olms, 1966).

More 1998 — Henry More: *A Platonick Song of the Soul*, ed. with an introductory study by Alexander Jacob, Lewisburg/London: Bucknell University Press.

Neumark 1649 — Georg Neumark: *Keuscher Liebesspiegel das ist: ein bewegliches Schau-Spiel von der holdseligen Kalisten / und ihrem Treu-beständigen Lisandern / Laut der Historischen Beschreibung in gewisse Abhandlung und Auffzüge gebracht / mit Musikalischen Ttükken* [sic] *und Bildlichen Stellungen außgeziehret*, Toruń: Michael Carnall.

Niclaes 1649a Hendrick Niclaes: *Revelatio Dei*, London: Giles Calvert.

Niclaes 1649b Hendrick Niclaes: *An Introduction to The holy Understanding of the Glasse of Righteousnesse*, London: Published by George Whittington.

Niclaes 1649c Hendrick Niclaes: *Terra Pacis*. London: Published by Samuel Satterthwaite.

Oprechte 1728 *Oprechte Haerlemsche Saturdaegsche Courant*, Haarlem: Abraham Casteleyn.

Poiret 1708 Pierre Poiret: *Bibliotheca Mysticorum Selecta*, Amsterdam: Wetstein.

Poiret 1721 Pierre Poiret: *Vindiciae, in Petri Poireti Posthuma*, Amsterdam: Ex Officina Wetsteniana.

P[ordage] 1661 S[amuel] P[ordage]: *Mundorum Explicatio*, London: Lodowick Lloyd.

Pordage 1715 John Pordage: *Göttliche und Wahre Metaphysica, Oder Wunderbahre / durch Erfahrung erlangte Wissenschafft Der unsichtbaren und ewigen Dinge, entdeckt durch D. Joh. Pordädsche*, Leipzig: Hagen.

Raadt 1658a Alhart de Raadt: *Disputatio mathematica de retrogressu umbrae in horologio Achaz*, praes. Alex. De Bie, Amsterdam: Johannes Banning.

Raadt 1658b Alhart de Raadt: *Disputatio physica de cometis*, praes. A. Senguerdius, Amsterdam: Johannes Banning.

Raadt 1659 Alhart de Raadt: *Disputatio physica de ligamentis*, praes. A. Senguerdius, Amsterdam: Johannes van Ravesteyn.

Raadt 1664 Alhart de Raadt: *Disputatio theologica textualis in Genes. 49. Vers. 10*, praes. J. Hoornbeek, Lugduni Batavorum: sumpt. Academiae, ap. Vid. & haer. J. Elsevirii typ.

Raadt 1665a Alhart de Raadt: *Disputatio philosophica inauguralis, de coelo* [28 sept.], Lugduni Batavorum: ex typ. Severini Matthiae.

Raadt 1665b Alhart de Raadt: *Disputatio theologica inauguralis In Geneseos VI,3* [29 Sept.], Lugduni Batavorum: ex typ. Severini Matthiae.

Raadt 1667 Alhart de Raadt: *Reedenen der Neederlandsche maaghdt, getempert na 't waalen der tyden in den laatsten oorlog met Engelandt*, printed for the author, s. l.: s. n.

Raadt 1669 Alhart de Raadt: *Lijck-traanen gestort over den Hoog-geleerden, wyt-beroemden en Godsaligen Heer Johannes Coccejus* […], Lugduni Batavorum: apud Viduam & Hæredes Johannis Elsevirii.

Raadt 1671a Alhart de Raadt: *Sugyat haniqud hoc est De punctationis Hebraicae natura commentarius*, Lugduni Batavorum: ap L. de Haes 1571 [=1671].

Raadt 1671b Alhart de Raadt: *Disputatio theologica secunda De goële* [resp. Johannes Goethals], ad diem 9 Dec. Hardervici, apud Paul. Van den Houte.

Raadt 1673 Alhart de Raadt: *Apologia veritatis quam provocavit clariss. (dum viveret) Samuel Maresius*, Amsterdam: Johannes van Someren.

Raadt 1674 Alhart de Raadt: *De vyfde monarchie, ofte 't ryke der heyligen, schriftmatig bewesen*, trans. Everard van Someren, Rotterdam: Barent van Santbergen.

Raadt 1683 Alhart de Raadt: *Sugyat haniqud hoc est De punctationis Hebraicae natura commentarius*, 2nd edition, Lugduni Batavorum: ap. A. Marston.

[Raadt] 1704 [Alhart de Raadt]: *Welruikende krans van lelyen en rosen*, Utrecht: Gerrit Muntendam.

Rees 1819 Abraham Rees: *The Cyclopædia; or, Universal Dictionary of Arts, Sciences, and Literature, s. v. "Behmen"*, vol. 4, London: Hurst, Rees, Orme and Brown, et al.

Reeve 1856 John Reeve: *Sacred Remains, or, a Divine Appendix*, 3rd edition, London: Joseph Frost.

Reger 1683 Georg Ernst Aurelius Reger: *Gründlicher Bericht auff einige Fragen, bekräfftiget durch drey übereinstimmende Zeugen, als der Heiligen Schrifft, dem Buch der Natur, und dem Buch der Menschheit*, Hamburg: Wolffen.

Reinbeck 1715 Johann Gustav Reinbeck: "Gichtels Lebens=Lauff/ nebst einer aus demselben angestellten Prüfung seiner Person/ und dessen Lehren", in: *Freywilliger Heb=Opfer, Von allerhand in die Theologie lauffenden Materien*, Berlin: Johann Andreas Rüdiger, vol. 6, pp. 522–559; vol. 7, pp. 563–623.

Reinbeck 1732 Johann Gustav Reinbeck: *Joh. Gustav Reinbecks* [...] *Nachricht von Gichtels Lebens=Lauf und Lehren*, Berlin: Johann Andreas Rüdiger.

Reinhard 1720 Johann Balthasar Reinhard: *Schrifftmäßige Prüfunge des Geistes Der neuen Engels=Brüderschafft, Bestehend In einer unpartheyischen Untersuchunge ihrer Lehren und Irrthümer* [...], Leipzig/Nordhausen: Schuster.

[Richter et al.] 1619 [Gottfried Richter et al.]: *Nuptiis auspicatiss. Gotfridi Richteri Gorlicii, & Sabinæ Theodoræ* [...] *Viri Dn. Eliæ Crügeri, p.m. in Repub. Boleslaviensi olim Senatoris primarii & Prætoris meritiss. Relictæ Viduæ* [...] *1619* [...] *celebrandis*, Görlitz: Rambau.

[Richter] 1653 [Gottfried Richter]: "Von Verwandlung Des Menschen Auß einem Himlischen, Englischen Paradisischen: Jn Einen Irrdischen, Thierischen, Stern-Menschen. Welcher wieder in die Erste Bildnüs Gottes, gebracht werden muß Durch die Newe Wieder Geburth", in: Böhme [1652–1654], vol. 4, C5v–C8v.

Rothé 1672 Johannes Rothé: *Eenighe prophetien en revelatien Godts aengaende de Christen Werelt in dese eeuw*, Amsterdam: Pieter Arentsz.

Rothé 1673 Johannes Rothé: *Een Nieuwe Hemel en Aerde. Het Nieuwe Jerusalem. De Weder-oprechtinge aller dingen, volgens (Actor. 3.21.) De Koningk Melchizedeck, (Gen: 14.18. Hebr: 7.1.) De Baniere (of) Standaert Gods, De Werelt voorgestelt tot een heylige opmerckinge. Een Voorloopende Tydinge van 't volgende Nieuws voor Israel*, Amsterdam: gedruckt voor den autheur, en zijn te bekomen by Pieter Arentsz.

Sandaeus 1627 Maximilian Sandaeus: *Theologia Mystica*, Mainz: Schönvetter.

Sandaeus 1640 Maximilian Sandaeus: *Pro Theologia Mystica Clavis*, Cologne: Ex Officina Gualteriana.

Schäfer 1688 Petter Schäfer (Petrus Schaefer), praes. Simon Paulinus: *Exercitium academicum, in Libertatem civium, Quatenus ex recta civitatis administratione resultat*, Aboae: Apud Joh. Wallium.

Scheffler 1652 Johann Scheffler [Angelus Silesius]: *Kristliches Ehrengedächtnüs/ des* [...] *WolEdlen und Gestrengen Herren Abraham von Franckenberg auf Ludwigsdorff*, Oels: Seyffert.

Scheffler 1653 Johann Scheffler [Angelus Silesius]: *Gründtliche Ursachen und Motiven, warumb er von dem Lutherthumb abgetretten/ und sich zu der Catholischen Kyrchen bekennet hat*, Ingolstadt: Gregor Hänlin.

Scheffler 1657 Johann Scheffler [Angelus Silesius]: *Johannis Angeli Silesii Geistreiche Sinn- vnd Schussrime*, Vienna: Kürner.

Scheffler 1668 Johann Scheffler [Angelus Silesius]: *Heilige Seelen-Lust/ oder Geistliche Hirten-Lieder/ Der in Jhren Jesum verliebten Psyche, Gesungen von Johann Angelo Silesio, Und von Herren Georgio Josepho mit außbundig schönen Melodeyen gezieret/ allen liebhabenden Seelen zur Ergetzlichkeit und Vermehrung ihrer heiligen Liebe/ zu Lob und Ehren Gottes an Tag gegeben.* Breslau: Gottfried Gründer für Baumann.

Scheffler 1664 Johann Scheffler [Angelus Silesius]: *Und Scheffler redet noch! Das ist Johannis Schefflers Schutz=Rede Für sich und seine Christen=Schrifft Wieder seine schmähende Feinde Lic. Schertzern und D. Chemnitium*, Neyß: Schubart.

Scheffler 1665 Johann Scheffler [Angelus Silesius]: *Verthädigte Luthrische Wahrheit wieder den unluthrischen Schertzer*, Neyß: Ignaz Konstantin Schubart.

Scheffler 1675a Johann Scheffler [Angelus Silesius]: *Johannis Angeli Silesii Cherubinischer Wandersmann oder Geist-Reiche Sinn- und Schlußreime zur Göttlichen beschauligkeit anleitende*, Glatz: Ignaz Konstantin Schubart.

Scheffler 1675b Johann Scheffler [Angelus Silesius]: *J.A. Silesij Sinnliche Beschreibung Der Vier letzten Dinge/ Zu heilsamem Schrecken und Auffmunterung aller Menschen inn Druck gegeben. Mit der himmlischen Procession vermehrt*, Schweidnitz: Zacharias Horn.

Scheffler 1677 Johannes Scheffler [Angelus Silesius]: *D. Johannis Schefflers Der H. Römischen Kirchen Pristers Ecclesiologia Oder Kirche-Beschreibung. Bestehende in Neun und dreyssig unterschiedenen außerlesenen Tractätlein von der Catholischen Kirche und dero wahren Galuben/ wie auch von den Uncatholischen Gelachen und dero falschem Wahn/ so theils vorhin absonderlich gedrucket worden/ theils aber noch nie das Tageslicht gesehen.* [...], Neiße/Glatz: Ignatius Constantin Schubart.

Scheffler 1923 Johannes Scheffler [Angelus Silesius]: *Sämtliche poetische Werke und eine Auswahl aus seinen Streitschriften mit einem Lebensbilde*, ed. Georg Ellinger, Berlin: Propyläen Verlag.

Scheffler 1924 Johannes Scheffler [Angelus Silesius]: *Sämtliche Poetische Werke in drei Bänden*, ed. Hans Ludwig Held, 2nd edition, Munich: Allgemeine Verlagsanstalt.

Scheffler 1949–1952 Johannes Scheffler [Angelus Silesius]: *Sämtliche Poetische Werke in drei Bänden*, ed. Hans Ludwig Held, 3rd edition, Munich: Hanser.

Scheffler 1984 Johannes Scheffler [Angelus Silesius]: *Cherubinischer Wandersmann.* Kritische Ausgabe, ed. Louise Gnädinger, Stuttgart: Reclam.

Schertzer 1664 Johann Adam Schertzer: *Und Scheffler redet noch so viel als nichts/ oder Johannis Schefflers übelschmähenden/ und seine Christen=Schrifft/ so viel als nichts/ schützenden Schutz=Rede*, Leipzig: Friedrich Lanckisch and Johann Erich Jahn.

Schneuber 1648 Tobias Schneuber: *Kurtze Einfältige Glaubens Bekäntnüß* [...] *Des Zeugens JESU CHRISTI*, Amsterdam: Fabel.

Sclei 1639 Bartholomäus Sclei: *Pater Noster. Das ist Eine geheime unnd allgemeine Außlegung Des Heiligen Vater Unsers, Abraham von Franckenberg*, [Amsterdam]: [Johannes Janssonius].

Serrarius/Bahnsen 1670 Petrus Serrarius and Benedict Bahnsen: *Catalogus variorum* [...] *Librorum. Reverend. Dn. Petri Serrarii, Theologi P.M. et Experientiss. Dn. Benedict Bahnsen, Mathemat. P.M., Johann Georg Gichtel*, Amsterdam: Jacob van Velsen.

Skytte 1731	Johannes Skytte: "Oratio, qua studiosam Upsaliensis Academiae pubem ad verum studiorum finem publice hortabatur", delivered at the University of Uppsala on 19 November 1640, in: *Schwedische Bibliothec*, ed. C. Nettelbladt, vol. 4, Stockholm, Leipzig: Rußworm, pp. 122–135.
Sparrow 1647	John Sparrow: "To the Reader", in: Böhme 1647.
Sparrow 1648	John Sparrow: "To the Reader", in: Jacob Böhme: *The Second Booke. Concerning The Three Principles of The Divine Essence*, trans. John Sparrow, London: Humphrey Blunden.
Sparrow 1665	John Sparrow: "To the Reader", in: Jacob Boehme: *Forty Questions of the Soul*, trans. John Sparrow, London: Lodowick Lloyd.
Starck 1724	Caspar Heinrich Starck: *Lubeco-Lutherana Evangelica, das ist* […] *Lübeckischer Kirchen-Historie*, Hamburg: Felginer.
Stol 1689	Barent Joosten Stol: *Verhandeling van den Christelyke Leidsman*, Rotterdam: Ambrosius Werfhuysen.
Stuart 1661	David Stuart: *Disputatio philosophica, de philosophia in genere*, resp. A. de Raadt, Lugduni Batavorum: apud Johannem Elsevirium.
[Sudermann] 1614	[Daniel Sudermann]: *Harmonia oder Concordantz* […], [Naumburg an der Saale]: s. n. (printed 1613).
Tennemann 1829	Wilhelm Tennemann: *Grundriss der Geschichte der Philosophie für den akademischen Unterricht*, Leipzig: Johann Barth.
Thamnietz 1652a	Konrad Thamnietz: *Trost-Schrift Aus dem Lateinischen* […] *An* […] *Hn. Johann Preussen* […] *wie dann auch* […] *Hn: Heinrich Preussen* […] *Zur geringen Bezeugung Seines Christ-Hertzlichen Mittleydens*, Toruń: Michael Karnall.
Thamnietz 1652b	Konrad Thamnietz: *Glük-Gedichte Uber der Erfrewlichen Zeitung/ Wegen Gnädiger entbindung Der* […] *F: Elisabeth Weisseln/ So* […] *Ihrer Mütterlicher Bürden Am 12.* […] *Decembris* […] *1652.* […] *befreyet Und Neben Ihrem* […] *Ehe-Herrn Durch glükliche Geburt eines Töchterleins Des Nahmens Elisabeth Hoch erfrewet hat; Auß* […] *wohl-meinendem Hertzen Und Zuverläßiger Freundschafft*, Toruń: Michael Karnall.
Thamnietz 1655	Kurt Thamnietz: *Hochzeit-Gedancken über der Von dem Heyligsten Stiffter Gnädig- und Wohl-ausersehener Ehe Zwischen* […] *Herrn Greger Schönknecht und Jungf. Elisabeth Zöllerinn neben Anwünschung alles Segens*, Toruń: Michael Karnall.
Theill 1661	Johann Theill: *CXXXIV. Nosce te ipsum. Dictum hoc aureum ad. D. Viridium post confecta Sacra matutina debitæ Valedictionis loco enucleandum sibi sumserunt Gottfriedus Wiesner & Martinus Jänichen*, Bautzen.
[Thomas] 1644	Gerhard Thomas: *Hochzeit-Gedancken zu Sonderem Gefallen Dem* […] *Hn. Gerhardt Thomas Vornehmen Handelßmann in Thorn* […] *wie auch Der* […] *Jungfrawen Elisabeth/ Des* […] *Hn. Philip Puschen* […] *Tochter. Gehalten in Thorn Den 26. HerbstMonatsTag des 1644 Jahrs*, Toruń: Michael Karnall.
Tschesch/ Franckenberg 1649	Johann Theodor von Tschesch and Abraham von Franckenberg: *A reall and unfeigned Testimonie, Concerning Iacob Beme Of Old Seidenberg, in upper Lausatia. Or The letters of two Learned Germans, both acquaintance, and Lovers of this Authour; called Teutonicus. The first is an Epistle of H*[*ans*] *D*[*ietrich*] *V*[*on*] *T*[*schesch*] *to H*[*enricus*] *P*[*runius*] *V*[*on*] *H*[*irschfeld*] *Dated the 3. Of Octob. Stilo novo, Anno 1641. The second is an Epistle of A*[*braham*] *V*[*on*] *F*[*ranckenberg*] *to D.O.B.J.O.S. the 21 of Octob. Anno. 1641. Translated out of High Dutch, for Benefit and Information to those that read his Writings*, London: Giles Calvert.

Tschesch 1679 Johann Theodor von Tschesch: *Einleitung in dem Edlen Lielien-Zweig des Grundes und der Erkäntniß/ der Schrifften des Hocherleuchten Jacob Böhmens/ geschrieben an Heinricum Prunnium* [...] *durch Johannem Theodorum von Tschesch* [...], Amsterdam: Heinrich Betke.

Überfeld 1740 Johann Wilhelm Überfeld: *Auserlesene Extracten aus den gesalbten Briefen des Mannes Gottes Joh. Wilh. Uberfelds*, s. l.: s. n.

Unschuldige Nachrichten 1701–1761 *Unschuldige Nachrichten von Alten und Neuen Theologischen Sachen, Büchern, Uhrkunden, Controversien, Veränderungen, Anmerckungen, Vorschlägen, u.d.g.* [...], Leipzig: Jacob Andreas Bock [under changing titles from 1701–1761].

De Valdés 1646 Juán de Valdés: *Divine Considerations Treating of Those Things Which Are Most Profitable*, Cambridge: Roger Daniel.

Van der Linde 1895 Antonius van der Linde: *Antoinette Bourignon, das Licht der Welt*, Leiden: Brill.

Vaughan 1650 Thomas Vaughan: *Anima Magica Abscondita*, London: Humphrey Blunden.

Verpoorten 1739 Albrecht Meno Verpoorten: *De Georgii Laurentii Seidenbecheri vita et institutis*, Danzig: Schreiber.

Visioen 1676 *Visioen van de tyden der eeuwen Geopenbaert aen de Propheten en Propheten kinders Jan Rothe, Culman, en Someren, de Raat, en andere Strijders onder de Geestelijcken Standaert te Boxtehoe by Sinte Reynuyt*, s. l.: s. n.

Walch 1736 Johann Georg Walch: *Historische und Theologische Einleitung in die Religions-Streitigkeiten, welche sonderlich ausser der Evangelisch-Lutherischen Kirche entstanden* [...], *Vierdter und fünffter Theil*, Jena: Johann Meyers Wittwe.

Walther 1599 Balthasar Walther: *Brevis et vera description rervm ab illvst. Ampliss. Et fortiss. Militae contrapatriæ suæ Reiq[ue] Pub. Christianæ hostes Duce ac Dn. Dn. Jön Michaele, Moldawiæ Transalpinæ sive Vvalachiæ Palatino gestarum, In eiusdem aula Tervvisana fideliter collecta*, Görlitz: Johann Rhamba.

Walther et al. 1609 Balthasar Walther et al.: *Propemptica M. Jeremiæ Tschondero Vratislaviensi Silesio* [...] *Praeceptori, Cum iisdem ex Academia Francofurtana* [...], Frankfurt a.O.: Eichorn.

Weigel 1648 Valentin Weigel: *Of the Life of Christ*, London: Giles Calvert.

(Pseudo-)Weigel 1649 (Pseudo-)Weigel: *Astrology Theologized*, London: George Whittington

Weigel 1977 Valentin Weigel: *Ausgewählte Werke*, ed. Siegfried Wollgast, Stuttgart: Kohlhammer Verlag.

Wende 1679 Georg Wende: *A.Ω. Wratislaviensium quorundam patronorum ac civium studium colligendi numos in Gymnasio Wrat. Magdalenaeo a.d. XXI. Sept. A.O.R. MDC. LXXIX*, Brieg: Gottfried Gründer.

Werdenhagen 1632 Angelus von Werdenhagen: *Psychologia vera J. B. T. XL quaestionibus explicata et rerum publicarum vero regimini, ac earum majestatico juri applicate*, Amsterdam: Johann Janssonius.

Worthington 1847–1886 John Worthington: The Diary and Correspondence of John Worthington, ed. James Crossley and Richard C. Christie, 3 vols, Manchester: Chetham Society.

Zimmermann 1784 Johann Georg Zimmermann: *Über die Einsamkeit*, vol. 2, Leipzig: Weidmann.

Secondary Literature

Achermann 2012 Eric Achermann: "Fromme Irrlehren. Zur Böhme-Rezeption bei More, Newton und Leibniz", in: Kühlmann/Vollhardt 2012, pp. 313–361.

Ackva/Brecht/Deppermann 1995 Friedhelm Ackva, Martin Brecht and Klaus Deppermann (Eds): *Geschichte des Pietismus. Der Pietismus im 18. Jahrhundert*, vol. 2, Göttingen: Vandenhoeck & Ruprecht.

Ackva 2011 Friedhelm Ackva: *Gerhard Tersteegen als Briefseelsorger. Grundlagen, Methoden und Aspekte seines erwecklichen Wirkens*, Gießen: Brunnen.

Adamik 1990 Lajos Adamik: "Nachwort", in: *Jakob Böhme: Földi és égi misztériumról*, trans. Botond Isztray, Budapest: Helikon, pp. 103–108.

Adorno 2019 Theodor Adorno: *Notes to Literature*, ed. Rolf Tiedemann, trans. Shierry Weber Nicholson, New York: Columbia University Press.

Agamben 1988 Giorgio Agamben: "Language and History in Benjamin", in: *Differentia: Review of Italian Thought* 2, pp. 169–183.

Agamben 2009 Giorgio Agamben: *The Signature of All Things: On Method*, trans. Luca D'Isanto and Kevin Attell, New York: Zone Books.

Akademie Herrnhut 2013 Akademie Herrnhut [Dietrich Meyer (Red.)] (Ed.): *Jakob-Böhme-Gedenken. 400 Jahre nach Erscheinen seiner Erstlingsschrift "Aurora"*, Dresden: Neisse Verlag.

Åkerman 1991 Susanna Åkerman: *Queen Christina of Sweden and Her Circle. The Transformation of a Seventeenth-Century Philosophical Libertine*, Leiden/Boston: Brill.

Åkerman 1998 Susanna Åkerman: *Rose Cross over the Baltic. The Spread of Rosicrucianism in Northern Europe*, Leiden: Brill.

Akiander 1858 Matthias Akiander: *Historiska upplysningar om religiösa rörelserna i Finland i äldre och senare tider*, vol. 2: *Helsingfors*, consulted online on 31 December 2019: http://runeberg.org/.

Alblas 1987 Jacques B.H. Alblas: *Johannes Boekholt (1656–1693). The First Dutch Publisher of John Bunyan and Other English Authors*, Nieuwkoop: De Graaf.

Albrecht 2005 Ruth Albrecht: *Johanna Eleonora Petersen. Theologische Schriftstellerin des frühen Pietismus*, Göttingen: Vandenhoeck & Ruprecht.

Albrecht 2010 Ruth Albrecht: "Zum Briefwechsel Johann Georg Gichtels mit Johanna Eleonora Petersen", in: *Der radikale Pietismus. Perspektiven der Forschung*, ed. Wolfgang Breul, Marcus Meier and Lothar Vogel, Göttingen: Vandenhoek & Ruprecht, pp. 327–359.

Albrecht 2015 Ruth Albrecht: "Konzepte einer elitären geistlichen Priesterschaft im Umfeld des Pietismus unter Berufung auf Melchisedek", in: *Überliefern – Erforschen –Weitergeben. Festschrift für Hans Otto zum 65. Geburtstag*, ed. Inge Mager, Hannover: Gesellschaft für Niedersächsische Kirchengeschichte, pp. 157–167.

Album studiosorum 1875 *Album studiosorum Academiae Lugduno Batavae MDLXXV–MDCCCLXXV*, Den Haag: Martinus Nijhoff.

Alsemgeest 2017 Axel Alsemgeest: "Dutch Connections in Swedish Collections. A Material Approach to the Dutch-Swedish Book Trade", MA thesis, Faculty of Humanities, Leiden.

Andersson 1994 — Bo Andersson: "'Jacob Bemens Duyvels Boeken': Eva Margaretha Fröhlichs Auseinandersetzung mit Jacob Böhme," in: *Gott, Natur und Mensch in der Sicht Jacob Böhmes und seiner Rezeption*, ed. Jan Garewicz and Alois M. Haas, Wiesbaden: Harrassowitz, pp. 223–243.

Andersson 2007 — Bo Andersson: *Jacob Böhmes Denken in Bildern: Eine kognitionslinguistisch orientierte Analyse der Wirklichkeitskonstruktion in der Morgen Röte im auffgang (1612)*, Tübingen: Francke.

Andersson 2011 — Bo Andersson: "Tyskt språk och tysk kultur i 1600-talets Sverige", published in diva.org, consulted online on 31 December 2019: http://www.diva-portal.org/.

Andersson/Martin/Penman/Weeks 2019 — Bo Andersson, Lucinda Martin, Leigh T.I. Penman and Andrew Weeks (Eds): *Jacob Böhme and His World*, Leiden/Boston: Brill.

Andrzejewski 2012 — Tomasz Andrzejewski: *Die Herren von Rechenberg im Herzogtum Glogau während des 16. Und 17. Jahrhunderts*, trans. Andreas R. Hoffmann, Würzburg: Verein für Geschichte Schlesiens.

Annerstedt 1908 — Claes Annerstedt: *Upsala [sic] Universitets Historia*, vol. 2, Uppsala: A.-B. Akademiska Bokförlaget.

Annist 2005 — August Annist: *Friedrich Reinhold Kreutzwaldi "Kalevipoeg"*, Tallinn: Eesti Keele Sihtasutus.

Anonymous 1845 — [Anonymous]: "Zur Geschichte der Druckereien, Lithographien und Buchhandlungen in Curland, und des Curländischen Kalenders", in: *Das Inland. Eine Wochenschrift für Liv-, Esth- und Curlands Geschichte, Geographie, Statistik und Literatur* 10(32), pp. 557–562

Anonymous 1939 — [Anonymous]: "The Sparrow Family of Gestingthorpe", in: *Essex Review* 48, pp. 214–216.

Anspach 1881 — Jacobus Anspach: "De Veluwse familie Tulleken en hare aanverwanten", in: *Heraldieke bibliotheek*, N.R. 3, pp. 1–312, Supplement XVI, pp. 279–295.

Arnold 1973 — Heinz Ludwig Arnold: "Zeittafel", in: *Quirinus Kuhlmann. Der Kühlpsalter, 1.–15. And 73.–93. Psalm*, ed. Heinz Ludwig Arnold, Stuttgart: Reclam, pp. 235–252.

Arnold 2016 — Kyle Arnold: *The Divine Madness of Philip K. Dick*, New York: Oxford University Press.

Atlas 1897 — *Atlas van Stolk: katalogus der historie-, spot- en zinneprenten betrekkelijk de geschiedenis van Nederland, verzameld door A. van Stolk Cz*, ed. G. van Rijn and C. van Ommeren, vol. 3, Amsterdam: Frederik Muller.

Baader 1963 — Franz Xavier von Baader: *Sämtliche Werke*, 16 vols (reprint of the edition Leipzig 1850–1860), Aalen: Scientia.

Bach 2003 — Jeff Bach: *Voices of the Turtledoves. The Sacred World of Ephrata*, University Park/Göttingen: Pennsylvania University Press/Vandenhoeck & Ruprecht.

Bailey 1914 — Margaret Lewis Bailey: *Milton and Jakob Boehme. A Study of German Mysticism in Seventeenth-Century England*, New York: Oxford University Press.

Bandtkie 1826 — Jerzy Samuel Bandtkie: *Historia drukarń w Królestwie Polskim i Wielkim Księstwie Litewskim*, 3 vols, Krakow: Matecki.

Barnard/McKenzie/Bell 2002 — John Barnard, D.F. McKenzie and Maureen Bell (Eds): *Cambridge History of the Book*, vol. 4: 1557–1695, Cambridge: Cambridge University Press.

Becker/Krüger 1975–1998 Jörg Georg Becker and Nilüfer Krüger: *Die theologischen Handschriften der Staats- und Universitätsbibliothek Hamburg*, 4 vols, Hamburg: Hauswedell & Co.

Bell/Barnard 1998 J.M. Bell and J. Barnard: "A Provisional Count of Wing Titles, 1641–1700", in: *Publishing History* 44, pp. 89–97.

Benz 1959 Ernst Benz: *Der Prophet Jakob Böhme. Eine Studie über den Typus nachreformatorischen Prophetentums*, Wiesbaden: Akademie der Wissenschaften und der Literatur.

Berdyaev 1962 Nicolas Berdyaev: *The Meaning of the Creative Act*, trans. Donald A. Lowrie, New York: Collier.

Beyer et al. 2017 Hartmut Beyer et al.: "Bibliotheken im Buch: Die Erschließung von privaten Büchersammlungen der Frühneuzeit über Auktionskataloge", in: *Kodikologie und Paläographie im Digitalen Zeitalter 4*, ed. Hannah Busch et al., Norderstedt: BoD, pp. 43–70.

Black 1845 W.H. Black: *A Descriptive, Analytical, and Critical Catalogue of the Manuscripts Bequeathed unto the University of Oxford by Elias Ashmole*, Oxford.

Blaufuß/Schicketanz 1987 Dietrich Blaufuß and Peter Schicketanz: "Speners Letzte 'Theologische Bedencken' als Beitrag zu seiner Korrespondenz", in: *Philipp Jakob Spener: Schriften*, ed. Erich Beyreuther, vol. 15.1, Hildesheim/Zürich/New York, pp. 9–89.

Bloch 1972 Ernst Bloch: *Vorlesungen zur Philosophie der Renaissance*, Frankfurt a.M.: Suhrkamp.

Bloch 1980 Ernst Bloch: *Thomas Münzer als Theologe der Revolution*, Frankfurt a.M.: Suhrkamp (first edition: 1911).

Bock 1957 Claus Victor Bock: *Quirinus Kuhlmann als Dichter. Ein Beitrag zur Charakteristik des Ekstatikers*, Einsiedeln: Waldstatt.

Bogdan/Hammer 2016 Henrik Bogdan and Olav Hammer (Eds): *Western Esotericism in Scandinavia*, Leiden/Boston: Brill.

Bohn 1918 Erich Bohn: " Von den Walen und den Schätzen des Zobten", in: *Mitteilungen der Schlesischen Gesellschaft für Volkskunde* 20, pp. 99–120.

Boldyrev 2012 Ivan Boldyrev: *Vremya Utopii. Problematicheskie osnovaniya i konteksty filosofii Ernsta Blocha*, Moscow: Izdat. Dom Vysšej Školy Ėkonomiki.

Bonheim 2007 Günther Bonheim: "Johann Wilhelm Überfeld und die Gemeinschaft der Engelsbrüder und -schwestern", in: Harmsen 2007, pp. 365–381.

Bonheim 2012 Günther Bonheim: "Die 'große Reinigung' vom 'gemeinen Geiste'. Zu den Umständen der Entstehung der dritten Böhme-Gesamtausgabe 1730/31 und zu ihrem philologischen Ertrag", in: Kühlmann/Vollhardt 2012, pp. 451–462.

Borst 1995 Arno Borst: *Der Turmbau zu Babel. Geschichte der Meinungen über Ursprung und Vielheit der Sprachen und Völker*. Munich: Deutscher Taschenbuch Verlag (first edition: 1957).

Bouldin 2014 Elizabeth Bouldin: "In Search of 'Fellow Pilgrims'. Radical Protestants and Transconfessional Exchanges in Europe and the British Atlantic, ca. 1670–1730", in: *Church History* 83(3), pp. 590–617.

Bouman/Gilly 2007 José Bouman and Carlos Gilly: *Visitors Guide to the Exhibition: Jacob Böhme's Way into the World*, Amsterdam: Bibliotheca Philosophica Hermetica.

Bray 1859 William Bray (Ed.): *Diary and Correspondence of John Evelyn, F.R.S.*, 4 vols, London: Henry Bohn.

Bredekamp 2016 Horst Bredekamp: “Galilei’s Spiral Scribbles, Campanella and Fludd”, in: *What Reason Promises: Essays on Reason, Nature and History*, ed. Susan Neiman, Peter Galison and Wendy Doniger, Berlin/New York: De Gruyter, pp. 100–116.

Breul/Meier/Vogel 2010 Wolfgang Breul, Marcus Meier and Lothar Vogel (Eds): *Der radikale Pietismus. Perspektiven der Forschung*, Göttingen: Vandenhoeck & Ruprecht.

Breymayer 2009 Reinhard Breymeyer: “Jung, Junge, Jungius, Hermann”, in: *Killy-Literaturlexikon: Autoren und Werke des deutschsprachigen Kulturraums*, ed. Walther Killy and Wilhelm Kühlmann, vol. 6, 2nd revised edition, Berlin: De Gruyter, pp. 212–213.

Brink/Martin 2017a Claudia Brink and Lucinda Martin (Eds): *ALLES IN ALLEM. Die Gedankenwelt des mystischen Philosophen Jacob Böhme. Denken – Kontext – Wirkung*, Dresden: Sandstein.

Brink/Martin 2017b Claudia Brink and Lucinda Martin (Eds): *GRUND UND UNGRUND. Der Kosmos des mystischen Philosophen*, Dresden: Sandstein.

Brink/Martin/Muratori 2019a Claudia Brink, Lucinda Martin and Cecilia Muratori (Eds): *LIGHT IN DARKNESS: The Mystical Philosophy of Jacob Böhme*, Dresden: Sandstein.

Brink/Martin/Muratori 2019b Claudia Brink, Lucinda Martin and Cecilia Muratori (Eds): *OOG VOOR DE WERELD: De visionaire denker Jacob Böhme*, Dresden: Sandstein.

Briscoe Eyre/Plomer/Rivington 1913–1914 G.E. Briscoe Eyre, H.R. Plomer and C.R. Rivington (Eds): *A Transcript of the Registers of the Worshipful Company of Stationers from 1640 to 1708*, 3 vols, London: privately printed.

Brohm 1819 Karl Friedrich August Brohm: *Geschichte des Thornschen Gymnasiums*, Toruń: Grünauer.

Bruckner 1986 John Bruckner: “Die ‘Bibliotheca Eusebiana’ Abraham von Franckenbergs. Zur Rekonstruktion einer Gelehrtenbibliothek”, in: *Wolfenbütteler Barock-Nachrichten* 13, pp. 66–70.

Bruckner 1988 János Bruckner: *Abraham von Franckenberg: A Bibliographical Catalogue with a Short-List of His Library*, Wiesbaden: Harrassowitz.

Büchsel 2010 Jürgen Büchsel: “Gottfried Arnolds Verteidigung der Unparteiischen Kirchen- und Ketzerhistorie. Dargestellt anhand eines Briefwechsels mit Hofrat Tobias Pfanner”, in: *Der radikale Pietismus. Perspektiven der Forschung*, ed. Wolfgang Breul, Marcus Meier and Lothar Vogel, Göttingen: Vandenhoek & Ruprecht, pp. 85–104.

Buddecke 1934 Werner Buddecke: *Verzeichnis von Jakob Böhme-Handschriften*, Göttingen: Häntzschel.

Buddecke 1937–1957 Werner Buddecke: *Die Jakob Böhme-Ausgaben: Ein beschreibendes Verzeichnis*, 2 vols, Göttingen: Häntzschel.

Buji 2001 Ferenc Buji: “Jakob Böhme. Az érzékfeletti életről”, in: *Axis Polaris. Tradicionális tanulmányok* 1, pp. 63–80.

Bulgakov 2017 Sergii Bulgakov: *Filosofia Khozyastva*, Moscow: Youwrite.

Burmistrov 1998 Konstantin Burmistrov: “Vladimir Solovyov i kabbala. K postanovke problemy”, in: *Issledovanya po istorii russkoj mysli. Ejegodnik za 1998 god*, ed. M.A. Kolerov, Moscow: Modest Kolerov i Tri Kvadrata, pp. 7–104.

Burnett 1999 Graham Burnett: "The Cosmogonic Experiments of Robert Fludd: A Translation with Introduction and Commentary", in: *Ambix* 46(3), pp. 113–130.

Casaubon 1970 [1656] Méric Casaubon: *A Treatise Concerning Enthusiasm* [1656], ed. Paul Korshin, Gainesville: Scholars' Facsimiles & Reprints.

Catalogue Enschedé 1867 *Catalogue de la bibliothèque* [...] *formée pendant le 18ᵉ siècle par Messieurs Izaak, Iohannes et le Dr Iohannes Enschedé*, Amsterdam: Frederik Muller; The Hague: Martinus Nijhoff.

Catalogus 1887 *Catalogus der bibliotheek van de Maatschappij der Nederlandsche Letterkunde*, vol. 1, ed. H.C. Rogge and Louis D. Petit, Leiden: E.J. Brill.

Cersowsky 1990 Peter Cersowsky: *Magie und Dichtung. Zur deutschen und englischen Literatur des 17. Jahrhunderts*, Munich: Fink.

Chambers/Galbraith 2014 Douglas Chambers and David Galbraith (Eds): *The Letterbooks of John Evelyn*, Toronto/Buffalo/London: University of Toronto Press.

Chartier 1990 Roger Chartier: "Loisir et sociabilité. Lire à haute voix dans l'Europe moderne", in: *Littératures classiques* 12, pp. 127–147.

Chizhevsky 2007 Dmitry Chizhevsky: *Gegel v Rossii*, St. Petersburg: Nauka.

Cieński 2003 Marcin Cieński: "Der polnische Barock als Kontext für die Literatur Schlesiens", in: *Memoria Silesiae: Leben und Tod, Kriegserlebnis und Friedenssehnsucht in der literarischen Kultur des Barock*, ed. Mirosława Czarnecka et al., Wrocław: Wydawnictwo Uniwersytetu Wrocławskiego, pp. 467–476.

Clark 1995 Jonathan Clark: "Einleitung", in: *Quirinus Kuhlmann: Der Neubegeisterte Böhme*, ed. Jonathan Clark, Stuttgart: Hiersemann, pp. XI–LII.

Conway 1992 Anne Conway: *The Conway Letters. The Correspondence of Viscountess Anne Conway, HenryMore, and Their Friends*, ed. Sarah Hutton and Marjorie H. Nicolson, Oxford: Clarendon Press.

Cornelius 1887 Carl Alfred Cornelius: *Svenska Kyrkans historia efter reformationen, Senare delen 1693–1886*, Uppsala: Almqvist and Wiksell

Crocker 2003 Robert Crocker: *Henry More, 1614–1687. A Biography of the Cambridge Platonist*, Dordrecht/Boston/London: Springer.

Crumb 1986 R. Crumb: "The Religious Experience of Philip K. Dick". Online reproduction of a selection from the comic book archive of Weirdo #17, consulted online on 10 August 2019: https://philipdick.com/resources/miscellaneous/the-religious-experience-of-philip-k-dick-by-r-crumb-from-weirdo-17/.

Csepregi 2013 Zoltán Csepregi: *Pietas Danubiana/Pietismus im Donautal. 1693–1755. 437 Schreiben zum Pietismus in Wien, Preßburg und Oberungarn*, Budapest 2013, consulted online on 4 April 2019: http://medit.lutheran.hu/konyvek/konyv-146.

Czarnecka/Szyrocki 2003 Miroslawa Czarnecka and Marian Szyrocki (Eds): *Memoria Silesiae. Leben und Tod, Kriegserlebnis und Friedenssehnsucht in der literarischen Kultur des Barock*, Wrocław: Wydawn. Uniw. Wrocławskiego.

Daniel 2000 Thilo Daniel: "Die Bedeutung des biographischen Umfeldes für Zinzendorfs Dresdener Unionspläne", in: *Union – Konversion – Toleranz. Dimensionen der Annäherung zwischen den christlichen Konfessionen im 17. Und 18. Jahrhundert*, ed. Heinz Duchhardt and Gerhard May, Mainz: Zabern, pp. 267–287.

Daniel 2004	Thilo Daniel: *Zinzendorfs Unionspläne 1719–1723. Nikolaus Ludwig von Zinzendorfs theologische Entwicklung bis zur Gründung Herrnhuts*, Herrnhut: Herrnhuter.
Daniel 2011	Thilo Daniel: “Schwestern unter Brüdern. Drei Lebensläufe aus dem Umfeld Nikolaus Ludwig von Zinzendorfs”, in: *Der radikale Pietismus. Perspektiven der Forschung*, ed. Wolfgang Breul, Marcus Meier and Lothar Vogel, Göttingen: Vandenhoeck & Ruprecht, pp. 159–170.
Darabos 2008	Pál Darabos: “Hamvas Béla ‘psychologia vera’-ja”, in: *Ökotáj* 39–40, pp. 47–58.
Daybell 2012	James Daybell: *The Material Letter in Early Modern England. Manuscript Letters and the Culture and Practices of Letter-Writing, 1512–1635*, London: Palgrave Macmillan.
De Baar 2003	Mirjam de Baar: *“Ik moet spreken”: Het spiritueel leiderschap van Antoinette Bourignon (1616–1680)*, Zutphen: Walburg.
De Bie/Loosjes 1919–1931	Jan Pieter de Bie and Jakob Loosjes (Eds): Article “Johann Georg Gichtel”, in: *Biographisch woordenboek van protestantsche godgeleerden in Nederland*, vol. 3, The Hague: Nijhoff, pp. 244–246.
De Boer 1900	M.G. de Boer: “Een onrustige geest (Joannes Rothé)”, in: *Tijdschrift voor geschiedenis, land en volkenkunde* 15, pp. 1–19.
Debus 1979	Allen G. Debus: *Robert Fludd and His Philosophical Key*, New York: Science History Publications.
Debus 2013	Allen G. Debus: *The Chemical Philosophy* [1977], Mineola: Dover.
Deinert 1964	Herbert Deinert: “Die Entfaltung des Bösen in Böhmes ‘Mysterium Magnum’”, in: *PMLA* 79(4), pp. 401–410.
Deppermann 2002	Andreas Deppermann: *Johann Jakob Schütz und die Anfänge des Pietismus*, Tübingen: Mohr Siebeck.
Dick 1981	Philip K. Dick: *The Divine Invasion*, New York: Timescape.
Dick 1986	The Philip K. Dick Society Newsletter, ed. Paul Williams, PKDS 12, October 1986.
Dick 1987	Philip K. Dick: *Cosmogony and Cosmology*, Surrey: Kerosina.
Dick 1991a	Philip K. Dick: *The Transmigration of Timothy Archer*, New York: Timescape.
Dick 1991b	Philip K. Dick: *VALIS*, New York: Vintage.
Dick 1991c	Philip K. Dick: *In Pursuit of VALIS: Selections from the Exegesis*, ed. Lawrence Sutin,Underwood-Miller Novato, CA & Lancaster, PA.
Dick 1991d	Philip K. Dick: *The Selected Letters of Philip K. Dick: 1974*, ed. Paul Williams. Foreword: William Gibson, Underwood-Miller, Novato, CA & Lancaster, PA, 1991.
Dick 1993	Philip K. Dick: *The Selected Letters of Philip K. Dick: 1977–1979*, ed. Don Herron, Introduction by Robert Anton Wilson, Underwood-Miller Novato, CA & Lancaster, PA, 1993.
Dick 1995	Philip K. Dick: *The Shifting Realities of Philip K. Dick. Selected Literary and Philosophical Writings*, ed. Lawrence Sutin, New York: Vintage.
Dick 2009	Philip K. Dick: *The Selected Works of Philip K. Dick. 1980–1982*, ed. Don Herron, Nevada City, CA: Underwood.

Dierse 1974 — Ulrich Dierse: "Gelassenheit". In: *Historisches Wörterbuch der Philosophie* [HWPh], ed. Joachim Ritter, Karlfried Gründer and Gottfried Gabriel, vol. 3; Basel: Schwabe, col. 219–224.

Dietze 1963 — Walter Dietze: *Quirinus Kuhlmann. Ketzer und Poet*, Berlin: Rütten & Loening.

Dixon 2006 — C. Scott Dixon: "Faith and History on the Eve of Enlightenment. Ernst Salomon Cyprian, Gottfried Arnold, and the History of Heretics", in: *Journal of Ecclesiastical History* 57, pp. 33–54.

Doller 2009 — Carolin Doller: "'Ach, liebe Schwester, wie sehr sehne ich mich nach Dir!' Beziehungen adliger Schwestern zwischen persönlicher Nähe und räumlicher Distanz", in: *Schwestern und Freundinnen. Zur Kulturgeschichte weiblicher Kommunikation*, ed. Eva Labouvie, Cologne/Weimar/Vienna: Böhlau, pp. 335–355.

Döring 1992 — Detlef Döring: *Pufendorf-Studien. Beiträge zur Biographie Samuel von Pufendorfs und zu Seiner Entwicklung als Historiker und Theologischer Schriftsteller*, Berlin: Duncker & Humblot.

Does 1929 — Johannes C. van der Does: "Het conflict tusschen Barend Joosten Stol en Jan Luyken", in: *De nieuwe taalgids* 23, pp. 197–206.

Dünnhaupt 1990–1993 — Gerhard Dünnhaupt: *Personalbibliographien zu den Drucken des Barock*, 6 vols, Stuttgart: Hiersemann.

Edwards 1967 — Paul Edwards: *Encyclopedia of Philosophy*, vol. 1, New York: MacMillan & Free Press.

Eeghen 1960–1978 — Isabella H. van Eeghen: *De Amsterdamse Boekhandel 1680–1725*, 5 vols, Amsterdam: Stadsdrukkerij.

Elias 1903–1905 — Johan E. Elias: *De vroedschap van Amsterdam*, 2 vols, Haarlem: Vincent Loosjes.

Ellinger 1927 — Georg Ellinger: *Angelus Silesius. Ein Lebensbild*, Munich: Korn.

Ellis 1899–1908 — Thomas Ellis and J.H. Davies (Eds): *Gweithiau Morgan Llwyd O Wynedd*, 2 vols, Bangor/London.

Enfield 1791 — William Enfield: *The History of Philosophy. From the Earliest Times to the Beginning of the Present Century. Drawn up from Brucker's Historia Critica Philosophiae*, vol. 2, London: J. Johnson.

Engelhardt 2019 — Juliane Engelhardt: "Anxiety, Affect, and the Performance of Feelings in Radical Pietism. Towards a Topography of Religious Feelings in Denmark-Norway in the Early Enlightenment", in: *Eighteenth-Century Studies* 52, pp. 245–261.

Erben 2012 — Patrick M. Erben: *Harmony of the Spirits. Translation and the Language of Community in Early Pennsylvania*, Virginia: University of North Carolina Press.

Essig 2000 — Rolf-Bernhard Essig: *Der Offene Brief. Geschichte und Funktion einer publizistischen Form von Isokrates bis Günter Grass*, Würzburg: Königshausen & Neumann.

Estié 1990 — Paul Estié: "Die Auseinandersetzung von Charias, Breckling, Jungius und Gichtel in der lutherischen Gemeinde zu Kampen 1661–1668", in: *Pietismus und Neuzeit* 16, pp. 31–52.

Estié 1992 — Paul Estié: "Die Entlassung Friedrich Brecklings als Pfarrer der Lutherischen Gemeinde zu Zwolle, 1667–1668", in: *Pietismus und Neuzeit* 18, pp. 9–39.

Etkind 2013 — Alexander Etkind: *Hlysty. Sekty, literatura i revoluzia*, Moscow: Novoe literaturnoe obozrenie.

Evans/Rydén 2007 — Chris Evans and Göran Rydén: *Baltic Iron in the Atlantic World in the Eighteenth Century*, Leiden/Boston: Brill.

Eylenstein 1922 Ernst Eylenstein: “Ludwig Friedrich Gifftheil. Zum mystischen Separatismus des 17. Jahrhunderts in Deutschland”, in: *Zeitschrift für Kirchengeschichte* 41, pp. 1–62.

Faggionato 2005 Raffaella Faggionato: *A Rosicrucian Utopia in Eighteenth-Century Russia*, Dordrecht: Springer.

Falk 2019 Dan Falk: “Are We Living in a Simulated Universe? Here’s What Scientists Say”. 6 July 2019, consulted online on 10 August 2019: https://www.nbcnews.com/mach/science/are-we-living-simulated-universe-here-s-what-scientists-say-ncna1026916.

Farinella/Preston 2002 Alessandro G. Farinella and Carole Preston: “Giordano Bruno: Neoplatonism and the Wheel of Memory in the ‘De Umbris Idearum’”, in: *Renaissance Quarterly* 55(2), pp. 596–624.

Fechner 1857a Hermann Adolph Fechner: “Jakob Böhme, sein Leben und seine Schriften”, in: *Neues Lausitzisches Magazin* 33, pp. 319-446

Fechner 1857b Hermann Adolph Fechner: *Jakob Böhme: Sein Leben und seine Schriften, mit Benutzung handschriftlicher Quellen dargestellt*, Görlitz: Oberlausitzischen Gesellschaft der Wissenschaften.

Fedorov 1994 Nikolai Fedorov: “O. Filosofii V. Solovyova”, in: *Sochineniya*, vol. 2, Moscow: Progress, 180-183.

Fischer 2004 Kevin Fischer: *Converse in the Spirit: William Blake, Jacob Boehme, and the Creative Spirit*, Cranbury: Associated Universoty Presses.

Fish 1967 Stanley Eugene Fish: *Surprised by Sin. The Reader in Paradise*, London: Macmillan.

Flasch 2010 Kurt Flasch: *Meister Eckhart. Philosoph des Christentums*, Munich: C.H. Beck.

Flasch 2015 Kurt Flasch: *Der Teufel und seine Engel*, Munich: C.H. Beck.

Font 2001 Zsuzsa Font: *Erdélyiek Halle és a radikális pietizmus vonzásában*, Szeged: Tudományegyetem.

Font 2017 Zsuzsa Font: “Johann Angelius Werdenhagen és a peterseni Apokatasztaszisz”, in: *Acta Historiae Litterarum Hungaricarum* 33, pp. 27–36, consulted online on 4 April 2019: http://acta.bibl.u-szeged.hu/54750/3/hist_litt_hung_033_ujfolyam_002.pdf.

Fransen 2014 Sietske Fransen: *Exchange of Knowledge through Translation: Jan Baptista Van Helmont and His Editors and Translators in the Seventeenth Century*, PhD Diss., The Warburg Institute.

Friedensburg 1888 Ferdinand Friedensburg: “Einführung in die schlesische Münzgeschichte mit besonderer Berücksichtigung des Mittelalters”, in: *Zeitschrift des Vereins für Geschichte und Alterthum Schlesiens* 22, pp. 74–93.

Friedensburg 1900 Ferdinand Friedensburg: “Geschichte der Münzsammlung des Museums”, in: *Jahrbuch des schlesischen Museums für Kunstgewerbe und Altertümer* 1, pp. 144–158.

Friedländer/Liebe/Theuner 1887 Ernst Friedländer, Georg Liebe and Emil Theuner (Eds): *Aeltere Universitäts-Matrikeln I. Universität Frankfurt a.O.*, 3 vols, Leipzig: Hirzel.

Frijhoff 2006 Willem Frijhoff: “Alhart de Raadt”, in: *Biografisch lexicon voor de geschiedenis van het Nederlandse protestantisme* (BLGNP), ed. J. van den Berg, vol. 6, Kampen: Kok, pp. 239–241.

Fritz 2009 Eberhard Fritz: “Kommunikative Netzwerke im Radikalen Pietismus. Zur Rolle religiöser Einstellungen bei der Intensivierung des wissenschaftlichen Diskurses im späten 17. Und frühen 18. Jahrhundert”, in: *Kommunikation in der Frühen Neuzeit*, ed. Klaus-Dieter Herbst and Stefan Kratochwil, Frankfurt a.M.: Lang, pp. 105–117.

Fritze 1996 Ernst Fritze: "Die Fundamentalschriften des Wilhelm Schwartz", in: *Jahrbuch für schlesische Kirchengeschichte* 75, pp. 57–84.

Furger 2010 Carmen Furger: *Briefsteller. Das Medium "Brief" im 17. Und frühen 18. Jahrhundert*, Cologne/Weimar/Vienna: Böhlau.

Fürst/Hengstermann 2013 Alfons Fürst and Christian Hengstermann (Eds): *Die Cambridge Origenists. George Rusts Letterof Resolution Concerning Origen and the Chief of His Opinions*, Münster: Aschendorff.

Gaál 1996 *Gaál József és Kóta Tamás kiállítása*, Exhibition catalog, Budapest, Óbudai Társaskör Galéria, 5 April–1 May 1994, Budapest.

Gaisin 2018 Aleksandr Gaisin: "Solovyov's Metaphysics between Gnosis and Theurgy", in: *Religions*, Special Issue "The Marrano Phenomenon. Jewish 'Hidden Tradition' and Modernity", ed. A. Bielik-Robson, Basel/Beijing: MDPI, pp. 164–173.

Gamaleja 1832–1839 Semjon Gamaleja: *Письма С.И.Г. (Pis'ma S.I.G)*, 3 vols, Moscow.

Gantenbein 2019 Urs Leo Gantenbein: "The New Adam: Jacob Böhme and the Theology of Paracelsus", in: Andersson/Martin/Penman/Weeks 2019, Leiden/Boston: Brill, pp. 166–196.

Gard 2019 Lennart Gard: *Die Korrespondenz zwischen Anna Magdalena Francke (1670–1734) und den Engelsbrüdern. Eine Fallstudie zu Prozessen religiöser Vergemeinschaftung im Umfeld Johann Wilhelm Überfelds (1659–1731)*, Master's thesis, Freie Universität Berlin.

Gehrt 2017 Daniel Gehrt: "Gottfried Arnold und Ernst Salomon Cyprian im Ringen um die historische Deutung des Christentums seit der Reformation", in: *Im Kampf um die Seelen. Glauben im Thüringen der Frühen Neuzeit*, ed. Sascha Salatowsky, Gotha: Universität Erfurt, pp. 51–61.

Geissmar 1993 Christoph Geissmar: *Das Auge Gottes. Bilder zu Jakob Böhme*, Wiesbaden: Harrassowitz.

Gentzke 2017 Joshua Levi Ian Gentzke: "Imagining the Image of God: Corporeal Envisioning in the Theosophy of Jacob Böhme", in: *Lux in Tenebris, The Visual and the Symbolic in Western Esotericism*, ed. Peter J. Forshaw, Leiden/Boston: Brill, pp. 103–130.

Gerk 2015 Andrea Gerk: *Lesen als Medizin. Die wundersame Wirkung der Literatur*, Berlin: Rogner und Bernhard.

Geyer 2001 Hermann Geyer: *Verborgene Weisheit. Johann Arndts "Vier Bücher vom wahren Christentum" als Programm einer spiritualistisch-hermetischen Theologie*, 2 vols, Berlin/New York: De Gruyter.

Gibbons 1996 Brian Gibbons: *Gender in Mystical and Occult Thought: Behmenism and Ist Development in England*, Cambridge: Cambridge University Press.

Gilly 1991 Carlos Gilly, "Das Sprichwort 'Die Gelehrten die Verkehrten' oder der Verrat der Intellektuellen im Zeitalter der Glaubensspaltung", in: *Forme e destinazione del messaggio religioso. Aspetti della propaganda religiosa nel Cinquecento*, ed. Antonio Rotondò, Florence: Olschki, pp. 229–375.

Gilly 1993 Carlos Gilly: "Iter Gnostico-Russicum", in: Gilly/Afanasyeva 1993, pp. 54–58.

Gilly 1994 Carlos Gilly: "'Theophrastia Sancta'. Der Paracelsismus als Religion im Streit mit den offiziellen Kirchen", in: *Analecta Paracelsica. Studien zum Nachleben Theophrast von Hohenheims im deutschen Kulturgebiet der frühen Neuzeit*, ed. Joachim Telle, Stuttgart: Steiner, pp. 425–488.

Gilly 1999 Carlos Gilly: "Comenius und die Rosenkreuzer", in: *Aufklärung und Esoterik*, ed. Monika Neugebauer-Wölk, Hamburg: Meiner, pp. 87–107.

Gilly 2000 Carlo Gilly: "Das Bekenntnis zur Gnosis von Paracelsus bis auf die Schüler Jacob Böhmes," in: Broek/Heertum 2000, pp. 385-425.

Gilly 2005 Carlos Gilly: "Erasmo, la Reforma radical y los heterodoxos radicales españoles", in: *Les Lletres hispàniques als segles XVI, XVII i XVIII*, ed. Tomàs Martínez Romero, Castellò de la Plana: Publicacions de la Universitat Jaume I, pp. 225–376.

Gilly 2007a Carlos Gilly: "Zur Geschichte und Überlieferung der Handschriften Jacob Böhmes", in: Harmsen 2007, pp. 39–54.

Gilly 2007b Carlos Gilly: "Wege der Verbreitung von Jacob Böhmes Schriften in Deutschland und den Niederlanden", in: Harmsen 2007, pp. 71–98.

Gilly 2007c Carlos Gilly: "Zur Entstehung und Wirkung der Handschriftensammlung Abraham Willemsz van Beyerland", in: Harmsen 2007, pp. 99–132.

Gilly 2007d Carlos Gilly: "Zur Geschichte der Böhme-Biographie des Abraham von Franckenberg", in: Harmsen 2007, pp. 329–363.

Gilly 2014 Carlos Gilly: "Khunrath und das Entstehen der frühneuzeitlichen Theosophie in Heinrich Khunrath: Amphitheatrum sapientiae aeternae – Schauplatz der ewig allein wahren Weisheit", in: *Clavis Pansophiae 6*, ed. Carlos Gilly et al., Stuttgart: Frommann-Holzboog, pp. 9–22.

Gilly/Afanasyeva 1993 Carlos Gilly and M.I. Afanasyeva (Eds): *500 Years of Gnosis in Europe: Exhibition of Printed Books and Manuscripts from the Gnostic Tradition*, Moscow and St. Petersburg, Amsterdam: In de Pelikaan.

Gilly/Heertum 2002 Carlos Gilly and Cis van Heertum (Eds), *Magia, alchimia, scienza dal '400 '700: l'influsso di Ermete Trismegisto/Magic, Alchemy and Science: The Influence of Hermes Trismegistus*, Florence: Centro Di/Edifirmi Srl.

Gleixner 2005 Ulrike Gleixner: *Pietismus und Bürgertum. Eine historische Anthropologie der Frömmigkeit, Württemberg. 17.–19. Jahrhundert*, Göttingen: Vandenhoeck & Ruprecht.

Gnädinger 1966 Louise Gnädinger: "Die spekulative Mystik im 'Cherubinischen Wandersmann' des Johannes Angelus Silesius", in: *Studi Germanici* n.s. 4 (1966), pp. 29–59, 145–190.

Gnädinger 1984a Louise Gnädinger: "Daten zu Leben und Werk", in: Scheffler 1984, pp. 359–364.

Gnädinger 1984b Louise Gnädinger: "Nachwort", in: Scheffler 1984, pp. 365–414.

Goertz 1996 Hans-Jürgen Goertz: Art. "Anticlericalism", in: *The Oxford Encyclopedia of the Reformation*, ed. Hans J. Hillerbrand et al., vol. 1, Oxford: Oxford University Press, pp. 46–51.

Goldsmith 1993 Steven Goldsmith: *Unbuilding Jerusalem: Apocalypse and Romantic Representation*, Ithaca, NY/London: Cornell University Press.

Gorceix 1975 Bernard Gorceix: *Johann Georg Gichtel. Théosophe d'Amsterdam*, Lausanne: L'Âge d'homme.

Grassl 1963 Hans Grassl (Ed.): "Hegel an Baader. Ein unveröffentlichter Brief", in: *Hegel-Studien* 2, pp. 105-110.

Greengrass/Leslie/Raylor 1994 Mark Greengrass, Michael Leslie and Timothy Raylor (Eds): *Samuel Hartlib & Universal Reformation: Studies in Intellectual Communication*, Cambridge: Cambridge University Press.

Groh 2003 Dieter Groh: *Schöpfung im Widerspruch. Deutungen der Natur und des Menschen von der Genesis bis zur Reformation*, Frankfurt a.M.: Suhrkamp.

Grüll 1994 Tibor Grüll, et al. (Eds): *Lesestoffe in Westungarn*, vol. 1, Szeged: Scriptum KFT, consulted online on 4 April 2019: http://real-eod.mtak.hu/1479/1/AD_XVIII_I.pdf.

Guariento 2014 Luca Guariento: *From Monochord to Weather/Glass: Musica 'Speculativa' and Ist Development in Robert Fludd's Philosophy*, PhD Diss., University of Glasgow.

Guariento 2016 Luca Guariento: "Life, Friends, and Associations of Robert Fludd: A Revised Account", in: *Journal of Early Modern Studies* 5, pp. 9–37.

Guggisberg 1997 H.R. Guggisberg: *Sebastian Castellio 1515 – 1563. Humanist und Verteidiger der religiösen Toleranz*, Göttingen: Vandenhoeck & Ruprecht.

Guillory 2010 John Guillory: "Genesis of the Media Concept", in: *Critical Inquiry* 36(2), pp. 321–362.

Haferland 2012 Harald Haferland: "Heilsbedeutung und spekulative Alchemie. Böhme-Rezeption bei Quirinus Kuhlmann", in: Kühlmann/Vollhardt 2012, pp. 143–164.

Hakelberg 2015 Dietrich Hakelberg: "Die fanatischen Bücher des Benedikt Bahnsen. Leben und Bibliothek eines religiösen Dissidenten", in: *Bibliothek und Wissenschaft* 48, pp. 113–146.

Hal 2014 Toon van Hal: "One Continent, One Language? Europa Celtica and Its Language in Philippus Cluverius' Germania Antiqua (1616) and Beyond", in: *European Review of History* 21(6), pp. 889–907.

Haley 1978 Kenneth H.D. Haley: "Sir Johannes Rothe: English Knight and Dutch Fifth Monarchist", in: *Puritans and Revolutionaries. Essays in Seventeenth-Century History Presented to Christopher Hill*, ed. D. Pennington and K. Thomas, Oxford: Oxford University Press, pp. 310–332.

Hamberger 1844 Julius Hamberger (Ed.): *Die Lehre des deutschen Philosophen Jakob Böhme*, Munich: Verlag der literarisch-artistischen Anstalt.

Hamvas 2013 Béla Hamvas: *Az ősök nagy csarnoka*, vol. 4, Budapest 2013 (Hamvas Béla művei, 22).

Hanegraaff 2010 Wouter J. Hanegraaff: "Western Esotericism in Enlightenment Historiography: The Importance of Jacob Brucker", in: *Constructing Tradition: Means and Myths of Transmission in Western Esotericism*, ed. Andreas B. Kilcher, Leiden/Boston: Brill, pp. 91–113.

Hanegraaff 2012 Wouter J. Hanegraaff: *Esoterism and the Academy. Rejected Knowledge in Western Culture*, Cambridge: Cambridge University Press.

Hannak 2013 Kristine Hannak: *Geist=reiche Critik. Hermetik, Mystik und das Werden der Aufklärung in spiritualistischer Literatur der Frühen Neuzeit*, Berlin/New York: De Gruyter.

Hannak 2017a Kristine Hannak: "Licht. Zur Entfaltung des zweiten Prinzips der Trinität in den Ebenen des Seins bei Jacob Böhme", in: Brink/Martin 2017b, pp. 184–199.

Hannak 2017b Kristine Hannak: "Glaubensstreit und Liebesethik. Jacob Böhmes Reflexion von Juden, Christen, 'Türcken' und Heiden in der Aurora", in: *Morgenröte im Aufgang. Beiträge einer Tagung zum 400. Jahrestag der Entstehung von Böhmes Erstschrift*, ed. Günther Bonheim und Thomas Regehly, Berlin: Weißensee, pp. 51–74.

Hannak 2019 Hannak, Kristine: "Johann Arndt (1555–1621) and the 'Crisis of Piety'" of Jacob Böhme's Time, in: Andersson/Martin/Penman/Weeks 2019. Leiden/Boston: Brill, pp. 145–165.

Hanou 1988 André J. Hanou: *Sluiers van Isis. Johannes Kinker als voorvechter van de Verlichting, in de vrijmetselarij en andere Nederlandse genootschappen, 1790–1845.* Deventer: Sub Rosa.

Harmsen 2007 Theodor Harmsen (Ed.): *Jacob Böhmes Weg in die Welt. Zur Geschichte der Handschriftensammlung, Übersetzungen und Editionen von Abraham Willemsz van Beyerland*, Amsterdam: In de Pelikaan (Pimander 16).

Harmsen 2012 Theodor Harmsen: "The Reception of Jacob Böhme and Böhmist Theosophy in the Geheime Figuren der Rosenkreuzer", in: Kühlmann/Vollhardt 2012, pp. 183–206.

Hasselblatt 2006 Cornelius Hasselblatt: *Geschichte der estnischen Literatur. Von den Anfängen bis zur Gegenwart*, Berlin/ New York: De Gruyter.

Hedley/Leech 2019 Douglas Hedley and David Leech (Eds): *Revisioning Cambridge Platonism: Sources and Legacy*, Dordrecht: Springer.

Heertum 2011 Cis van Heertum: "Reading the Career of Johannes Koerbagh: The Auction Catalogue of His Library", in: *Lias* 38(1), pp. 1–57.

Heijting 1973 Willem Heijting: "Hendrik Beets (1625?–1708), Publisher to the German Adherents of Jacob Böhme in Amsterdam", in: *Quaerendo* 3, pp. 250–280.

Heijting 2007 Willem Heijting: *Profijtelijke boekskens. Boekcultuur, geloof en gewin. Historische Studies*, Hilversum: Verloren.

Heinämäki 2017 Elisa Heinämäki: "Proving the Inner Word. (De)materializing the Spirit in Radical Pietism", in: *Christianity and the Limits of Materiality*, ed. Minna Opas and Anna Haapalainen, London/Oxford: Bloomsbury Academic, pp. 187–209.

Held 1924 Hans Ludwig Held: "Das Leben des Angelus Silesius", in: Angelus Silesius: *Sämtliche poetische Werke in drei Bänden*, ed. Hans Ludwig Held, 2nd edition, Munich: Allgemeine Verlagsanstalt, vol. 1, pp. 19–216.

Helleman 2011 Wendy Helleman: *Solovyov's Sophia as a Nineteenth-Century Russian Appropriation of Dante's Beatrice*, New York: Edwin Mellen Press.

Hengstermann 2013 Christian Hengstermann: "George Rusts A Letter Correct of Resolution Concerning Origen and the Chief of His Opinions. Manifest eines neuzeitlichen Origenismus", in: Fürst/Hengstermann 2013, pp. 11–45.

Hengstermann 2020a Christian Hengstermann (Ed.): *"That Miracle of the Christian World". Origenism and Christian Platonism in Henry More*, Münster: Aschendorff.

Hengstermann 2020b Christian Hengstermann: "Visions of the Cosmic God. The Christian Platonism of Origen and Henry More", in: Hengstermann 2020a, pp. 11–74.

Hengstermann/ Weichert 2012 Christian Hengstermann and Ulrike Weichert (Eds): *Anne Conways* Principia Philosophiae. *Materialismuskritik und Alleinheits-Spekulation im neuzeitlichen England*, Berlin: LIT (Pontes 52).

Herzen 1944 Alexander Herzen: *Pisma ob izuchenii prirody*, Moscow: OGIZ – Gospolitiszdat.

Hessayon 2004 Ariel Hessayon: "Bromley, Thomas (*bap.* 1630, *d.* 1691)", in: *Oxford Dictionary of National Biography*, consulted online on 2 December 2022: https://www.oxforddnb.com/display/10.1093/ref:odnb/9780198614128.001.0001/odnb-9780198614128-e-40437?rskey=PJPW3v&result=4

Hessayon 2007a — Ariel Hessayon: *"Gold Tried in the Fire": The Prophet Theaurau John Tany and the English Revolution*, Aldershot: Ashgate.

Hessayon 2007b — Ariel Hessayon: "'The Teutonicks Writings': Translating Jacob Böhme into English and Welsh", in: *Esoterica* 9), pp. 129–165, consulted online on 3 August 2023: http://www.esoteric.msu.edu/VolumeIX/EsotericaIX.pdf.

Hessayon 2007c — Ariel Hessayon: "Incendiary Texts: Book Burning in England, c.1640–c.1660", in: *Cromohs – Cyber Review of Modern Historiography* 12, pp. 1–25.

Hessayon 2008 — Ariel Hessayon: "Pordage, John (*bap.* 1607, *d.* 1681)", in: *Oxford Dictionary of National Biography*, consulted online on 2 December 2022: https://www.oxforddnb.com/display/10.1093/ref:odnb/9780198614128.001.0001/odnb-9780198614128-e-22546?rskey=Z0XvRa&result=1

Hessayon 2014a — Ariel Hessayon: "Boehme's Life and Times", in: Hessayon/Apetrei 2014, pp. 13-37.

Hessayon 2014b — Ariel Hessayon: "Jacob Boehme's Writings During the English Revolution and Afterwards: Their Publication, Dissemination, and Influence", in: Hessayon/Apetrie 2014, pp. 77–97.

Hessayon 2015 — Ariel Hessayon: "Blunden, Humphrey (b. 1609, d. in or after 1654)", in: *Oxford Dictionary of National Biography*, consulted online on 2 December 2022: https://www.oxforddnb.com/display/10.1093/ref:odnb/9780198614128.001.0001/odnb-9780198614128-e-59849?rskey=w7Zskk&result=1

Hessayon 2016 — Ariel Hessayon: "Lead's Life and Times (Part Two): The Woman in the Wilderness", in: *Jane Lead and Her Transnational Legacy*, ed. Ariel Hessayon, London: Palgrave Macmillan, pp. 39–69.

Hessayon 2019 — Ariel Hessayon: "Jacob Böhme's Foremost Seventeenth-Century English Translator: John Sparrow (1615–1670) of Essex", in: Andersson/Martin/Penman/Weeks 2019, Leiden/Boston: Brill, pp. 329–357.

Hessayon 2020 — Ariel Hessayon: "'Teutonicus': Knowledge of Boehme among English Speakers before the English Civil War", in: *Daphnis* 48, pp. 1–25.

Hessayon (forthcoming a) — Ariel Hessayon: "John Everard (c.1584–1640/41), Alchemist, Author, Translator, Copyist".

Hessayon (forthcoming b) — Ariel Hessayon: "'Honest Jacob' Boehme, the Cambridge Platonists and Their Associates".

Hessayon/Apetrei 2014 — Ariel Hessayon and Sarah Apetrei: *An Introduction to Jacob Boehme. Four Centuries of Thought and Reception*, New York: Routledge.

Hill 1984 [1972] — Christopher Hill: *The World Turned Upside Down. Radical Ideas during the English Revolution*, Harmondsworth: Peregrine.

Hill 1984 — Christopher Hill: *The Experience of Defeat. Milton and Some Contemporaries*, London: Faber and Faber.

Hill 1985 — Christopher Hill: "Censorship and English Literature", in: *The Collected Essays of Christopher Hill*, vol. 1: *Writing and Revolution in 17th Century England*, Brighton: Harvester, pp. 32–71.

Hoftijzer 1987 — Paul G. Hoftijzer: *Engelse boekverkopers bij de beurs. De geschiedenis van de Amsterdamse boekhandels Bruyning en Swart, 1637–1724*, Amsterdam: APA.

Holberg 1933 — Selma Holberg: *Kreutzwaldi usundlik maailmavaade. Referat: Kreutzwalds religiöse Weltanschauung*, Tartu: Akad. Kirjandusühing.

Hollein/Rosenberg 2007 — Max Hollein and Raphael Rosenberg (Eds): *Turner-Hugo-Moreau. Entdeckung der Abstraktion*, Exhibition catalogue, Munich: Hirmer.

Holzhey/Schmidt-Biggemann/Mudroch 2001 — Helmut Holzhey, Wilhelm Schmidt-Biggemann and Vilem Mudroch (Eds): *Grundriss der Geschichte der Philosophie. Die Philosophie des 17. Jahrhunderts*, vol. 4, Basel: Schwabe.

Horn 2000 — Hendrik J. Horn: *The Golden Age Revisited: Arnold Houbraken and His Great Theatre of Netherlandish Painters and Paintresses*, Doornspijk: Davaco.

Horn Melton 2015 — James van Horn Melton: *Religion, Community, and Slavery on the Southern Frontier*, Cambridge/New York: Cambridge University Press.

Hudson 1982 — Wayne Hudson: *The Marxist Philosophy of Ernst Bloch*, New York: St. Martin's Press.

Huffman/Seelinger 1978 — William Huffman and Robert Seelinger: Robert Fludd's "Declaratio Brevis to James I", in: *Ambix* 25(2), pp. 69–92.

Hutin 1960 — Serge Hutin: *Les disciples anglais de Jacob Boehme aux XVIIe et VIIIe siècles*, Paris: Éditions Denoël.

Hutton 1990 — Sarah Hutton: "Henry More and Jacob Boehme", in: *Henry More (1614–1687). Tercentenary Studies*, ed. Sarah Hutton, Dordrecht/Boston/London: Springer, pp. 157–171.

Hutton 2004 — Sarah Hutton: *Anne Conway. A Woman Philosopher*, Cambridge: Cambridge University Press.

Hutton 2012 — Sarah Hutton: "Anne Conway und die Güte Gottes", in: Hengstermann/Weichert 2012, pp. 69–83.

Idel 2005 — Moshe Idel: *Kabbalah and Eros*, New Haven/London: Yale University Press.

Ingemarsdotter 2011 — Jenny Ingemarsdotter: *Ramism, Rhetoric and Reform. An Intellectual Biography of Johan Skytte (1577–1645)*, Uppsala: Uppsala Universitet.

Ingen 1983 — Ferdinand van Ingen: "Jacob Böhme in Holland", in: *Studien zur europäischen Rezeption deutscher Barockliteratur*, ed. Leonard Forster, Wiesbaden: Harrassowitz, pp. 227–254.

Ingen 1994 — Ferdinand van Ingen: "Die Jungfrau Sophia und die Jungfrau Maria bei Jacob Böhme", in: *Gott, Natur und Mensch in der Sicht Jacob Böhmes und seiner Rezeption*, ed. Jan Garewicz and Alois Maria Haas, Wiesbaden: Harrassowitz, pp. 147–163.

Ingen 2006 — Ferdinand van Ingen: "Jacob Böhme und die schlesischen Dichter Daniel von Czepko, Johannes Scheffler und Quirinius Kuhlmann", in: *Heterodoxie in der Frühen Neuzeit*, ed. Hartmut Laufhütte and Michael Titzmann, Tübingen: Niemeyer, pp. 243–265.

Isermann 2017 — Thomas *Isermann: O Sicherheit, der Teufel wartet deiner! Jacob Böhme-Lektüren*, Görlitz: Oettel.

Isermann 2019 — Thomas Isermann: "Von der Melancholie zur Gelassenheit. Psychologie bei Jacob Böhme", in: *Schriftenreihe der Deutschen Gesellschaft zur Geschichte der Nervenheilkunde*, ed. Axel Karenberg and Kathleen Haack, vol. 25, Würzburg: Königshausen & Neumann, pp. 105–132.

Jacob/Jacob 1980 — James R. Jacob and Margaret C. Jacob: "The Anglican Origins of Modern Science: The Metaphysical Foundations of the Whig Constitution", in: *Isis* 71(2), pp. 251–267.

Jaeckel 2017 — Stephanie Jaeckel: "Mit der Zunge denken", in: *Die Zeit* 37/2017, consulted online on 11 April 2023: https://www.zeit.de/2017/37/jacob-boehme-schlosskapelle-residenzschloss-dresden.

Jakobson 1911 Carl Robert Jakobson: "C.R. Jakobsoni kirjad Koidulale", in: *Eesti Kirjandus* 10, pp. 365–379.

Jakobson 1912 Carl Robert Jakobson: "C.R. Jakobsoni kirjad prof. J. Köhlerile", in: *Eesti Kirjandus* 7, pp. 283–291.

Jakobson 1991 Carl Robert Jakobson: *Kolm isamaa kõnet. Kriitiline väljaanne käsikirjast kommentaaride ja järelsõnaga*, Tallinn: Eesti Raamat.

Jakobson 2008 Carl Robert Jakobson: "Kiri Julie Thalile 1872", in: *C.R. Jakobsoni mõttevaramu*, ed. Monika Jõemaa, Kurgja: C.R. Jakobsoni Talumuuseum, pp. 51–52.

James 1980 Montague R. James: *A Descriptive Catalogue of the Latin Manuscripts in the John Rylands Library at Manchester*, Munich: Kraus reprint (originally: Manchester: At the University Press Longmans, Green & Company 1921).

James 1982 Fredric Jameson: "Futurist Visions That Tell Us about Right Now," *In These Times* 6:23 (May 5-11, 1982): p. 17.

Jansen 1987 Ea Jansen: *Carl Robert Jakobson muutuvas ajas: märkmeid, piirjooni, mõtteid*, Tallinn: Eesti Raamat.

Janssen 1986 Frans A. Janssen: "Böhme's *Wercken* (1682): Its editor, Its publisher, Its printer", in: *Quaerendo* 16, pp. 137–141.

Janssen 2007 Frans A. Janssen: "Die erste Ausgabe von Böhmes gesammelten Werken 1682", in: Harmsen 2007, pp. 249–254.

Jarrick 1999 Arne Jarrick: *Back to Modern Reason. Johan Hjerpe and Other Petit Bourgeois in Stockholm in the Age of Enlightenment*, Liverpool: Liverpool University Press.

Jecht 1924a Richard Jecht: "Die Lebensumstände Jakob Böhmes", in: *Jakob Böhme. Gedenkgabe der Stadt Görlitz zu seinem 300jährigen Todestag*, ed. R. Jecht, Görlitz: Magistrat der Stadt Görlitz: pp. 7–75.

Jecht 1924b Richard Jecht: *Jakob Böhme. Gedenkgabe der Stadt Görlitz zu seinem 300-jährigen Todestage*. Görlitz: Stadtverwaltung Görlitz.

Jenkins 1873 [R.C. Jenkins]: "Miracles, Visions, and Revelations, Mediaeval and Modern", in: *The British Quarterly Review* 58, pp. 168–188.

Jones 1928 Rufus Jones: *Spiritual Reformers in the 16th & 17th Centuries*, London: Macmillan.

Jones 2014 Josh Jones: "Philip K. Dick Theorizes the Matrix in 1977, Declares That We Live in 'A Computer-Programmed Reality'", consulted online on 10 August 2019: http://www.openculture.com/2014/02/philip-k-dick-theorizes-the-matrix-in-1977-declares-that-we-live-in-a-computer-programmed-reality.html.

Josephson-Storm 2017 Jason A. Josephson-Storm: *The Myth of Disenchantment, Magic, Modernity, and the Birth of the Human Sciences*, Chicago: University of Chicago Press.

Jung/Pauli 1955 Carl Gustav Jung and Wolfgang Pauli: *The Interpretation of Nature and the Psyche*, New York: Pantheon.

Juten 1900 W.J.F. Juten: "Muiterij van het garnizoen van Breda in 1623", in: *Taxandria* 1900, pp. 271–273.

Kämpe 1924 Alfred Kämpe: *Främlingarna på Skevik*, Uppsala: Lindblad.

Kansanaho 1951–1952 Erkki Kansanaho: "Suomalaiset yltiöpietistit Lauri Ulstadius ja Pietari Schaefer", in: *Suomen kirkkohistoriallisen seuran vuosikirja*, 41-42 (printed 1954), pp. 99–214.

Karátson 2006 Gábor Karátson: "Jacob Böhme és a Föld Szíve. Gondolatok az Aurora olvasása közben", in: *Sziget a szárazföldön: előadások a Posticumban*, ed. Gyula Zsugán, Nagyvárad: Posticum, pp. 102–120.

Karnitscher 2012 Tünde Beatrix Karnitscher: "Istenkeresés Kelet és Nyugat között a 18. században. Hrihorij Szkovoroda (1722–1794) Magyarországon töltött évei", in: *Magyar Egyháztörténeti Vázlatok. Essays in Church History in Hungary* 24(1–2), pp. 25–40.

Karnitscher 2015 Tünde Beatrix Karnitscher: *Der vergessene Spiritualist Johann Theodor von Tschesch (1595–1649). Untersuchungen und Spurensicherung zu Leben und Werk eines religiösen Nonkonformisten*, Göttingen: Vandenhoeck & Ruprecht.

Karnitscher 2017 Tünde Beatrix Karnitscher: "Die Suche nach der 'Stille' im 'grob und thierisch[en]' Schall. Klang bei Jacob Böhme", in: Brink/Martin 2017b, pp. 130–139.

Karnitscher 2019a Tünde Beatrix Karnitscher: "Spiritualism and Cultures of Dissent: Johann Theodor von Tschesch (1595–1649) Interprets Jacob Böhme", in: Andersson/Martin/Penman/Weeks 2019, Leiden/Boston: Brill, pp. 313–328.

Karnitscher 2019b Tünde Beatrix Karnitscher: "Betke (Betkius, Beatus Joachimus), Joachim", in: *Frühe Neuzeit in Deutschland, 1620–1720. Literaturwissenschaftliches Verfasserlexikon*, ed. Stefanie Arend et al., vol. 1, Berlin/Boston: De Gruyter, pp. 628–640.

Katz 1988 D.S. Katz: "Philo-Semitism in the Radical Tradition: Henry Jessey, Morgan Llwyd, and Jacob Boehme", in: *Jewish-Christian Relations in the Seventeenth Century: Studies and Documents*, ed. J. van den Berg and E.G.E. van der Wall, Dordrecht: Kluwer, pp. 195–199.

Kawecka-Gryczowa 1962 Alodia Kawecka-Gryczowa: *Drukarze dawnej Polski od XV do XVIII wieku, 4. Pomorze*, Wrocław: Zakład Naukowy Imienia Ossolińskich.

Kayser 1920 Hans Kayser (Ed.): *Schriften Jakob Böhmes. Mit der Biographie Böhmes von Abraham von Franckenberg*, Leipzig: Insel.

Keblusek 2003 Marika Keblusek: "The Business of News. Michel le Blon and the Transmission of Political Information to Sweden in the 1630s", in: *Scandinavian Journal of History* 28 (3–4), pp. 205–213.

Keeble/Nuttall 1991 N. Keeble and G.F. Nuttall (Eds): *Calendar of the Correspondence of Richard Baxter*, 2 vols, Oxford: Clarendon Press.

Kemper 1988 Hans-Georg Kemper: *Deutsche Lyrik der Frühen Neuzeit*, vol. 3: *Barock-Mystik*, Tübingen: Niemeyer.

Kepler 1940 Johannes Kepler: "Harmonice mundi", in: *Gesammelte Werke*, ed. Max Caspar, vol. 6, Munich: C.H. Beck.

Keserű 2000 Bálint Keserű: "Ein obeschlesischer Spiritualistenkreis um Lazarus Henckel den Jüngeren. Fragen und Hypothesen", in: *Oberschlesiche Dichter und Gelehrte vom Humanismus bis zum Barock. Im Auftrag der Stiftung Haus Oberschlesien*, ed. Gerhard Kosellek, Bielefeld: Aisthesis, pp. 281–293.

Keserű 2001 Bálint Keserű: "Hat der schlesische Spiritualismus Ungarn-Siebenbürgen erreicht? Die lateinische Version der Rettung Augustin Fuhrmanns", in: *"Wer sinen vriunt behaltet, daz ist lobelich": Festschrift für András Vizkelety zum 70. Geburtstag*, ed. L. Jónácsik, M. Nagy et al., Budapest: Katholische Péter-Pázmány-Univ., pp. 271–280.

Keserű 2002 Bálint Keserű: "In den Fußstapfen der Rosenkreuzer. Johann Permeiers Tätigkeit und Vorhaben im Karpatenbecken", in: *Rosenkreuz als europäisches Phänomen im 17. Jahrhundert*, ed. Friedrich Niewöhner and Carlos Gilly, Amsterdam: In de Pelikaan, pp. 287–306.

Keserű 2010 Bálint Keserű: “Akatolikus mecenatúra a dunai monarchia országaiban a donnersmarcki Henckelek példáján”, in: *“Ez világ, mint egy kert…”. Tanulmányok Galavics Géza tiszteletére*, ed. Bubryák Orsolya, Budapest: MTA Művészettörténeti Kutatóintézet, pp. 379–387.

Klemming/Nordin 1883 Gustaf Edvard Klemming and Johan Gabriel Nordin: *Svensk boktryckeri-historia 1483–1883*, Stockholm, consulted online on 31 December 2019: https://litteraturbanken.se/.

Klosterberg/Naschert 2011 Brigitte Klosterberg and Guido Naschert (Eds): *Friedrlich Breckling (1629–1711). Prediger, “Wahrheitszeuge” und Vermittler des Pietismus im niederländischen Exil*, Halle: Verlag der Franckeschen Stiftungen.

Knipscheer 1937 F.S. Knipscheer (in voce): “Alhart de Raadt”, in: *Nieuw Nederlandsch biografisch woordenboek* (NNBW), ed. P.J. Blok and P.C. Molhuysen, vol. 10, Leiden: A.W. Sijthoff, col. 774–776.

Knuttel 1889–1920 Willem P.C. Knuttel: *Catalogus van de pamfletten-verzameling berustende in de Koninklijke Bibliotheek*, 9 vols, The Hague: Algemeene Landsdrukkerij.

Knuttel 1908–1916 Willem P.C. Knuttel (Ed.): *Acta der particuliere Synoden van Zuid-Holland 1621–1700*, 6 vols, The Hague: Martinus Nijhoff.

Knuttel 1911 Willem P.C. Knuttel: “Johannes Rothe”, in: *Nieuw Nederlandsch biografisch woordenboek* (NNBW), ed. P.J. Blok and P.C. Molhuysen, vol. 1, Leiden: A.W. Sijthoff, col. 1443–1446.

Knuttel 1914 Willem P.C. Knuttel: *Verboden boeken in de Republiek der Vereenigde Nederlanden*, The Hague: Martinus Nijhoff.

Koch 2002 Kristine Koch: *Deutsch als Fremdsprache im Russland des 18. Jahrhunderts: Ein Beitrag zur Geschichte des Fremdsprachlernens in Europa und zu den deutsch-russischen Beziehungen*, Berlin/New York: De Gruyter.

Kodera 2015 Sergius Kodera: “Shadows over Shulamith: Giordano Bruno’s De Umbris Idearum and the Song of the Songs”, in: *Theory of Science* 37(2), pp. 187–207.

Kodera 2018 Sergius Kodera: “Giovan Battista Della Porta’s Imagination”, in: *Image, Imagination, and Cognition. Medieval and Early Modern Theory and Practice*, ed. Claudia Swan et al., Leiden/Boston: Brill, pp. 117–146.

Koffmane 1880 Gustav Koffmane: *Die religiösen Bewegungen in der evangelischen Kirche Schlesiens während des siebzehnten Jahrhunderts*, Breslau: Selbstverlag.

Koidula 1925 Lydia Koidula: *Kogutud luuletused*, ed. Jaan Bergmann, Tartu: Tänapäev.

Kõiv 2003 Madis Kõiv: “‘Kalevipoeg’ Tammsaare tähendamissõnade kumas”, in: *Looming* 12, pp. 1853–1881.

Kondakov 2014 Jurij Evgen’evič Kondakov: *Knjaz A.N.Golitsyn: pridvornyj, chinovnik, hristianin (Prince A.N. Golitsyn: Courtier, Official, Christian)*, St. Petersburg: ĖlekSis.

Kondakov 2018 Jurij Evgen’evič Kondakov: *Тайные инструкции российских розенкрейцеров XVIII–XIX вв Tajnye instrukcii rossijskich rozenkrejcerov XVIII–XIX vekov* (Secret Instructions of the Russian Rosenkreutzers of the XVIII–XIX Centuries), Moscow: Ganga.

Kosellek 2000 Gerhard Kosellek (Ed.): *Oberschlesiche Dichter und Gelehrte vom Humanismus bis zum Barock*, Bielefeld: Aisthesis.

Kosian 1999 Józef Kosian: “Die schlesische Mystik”, in: *Philosophie und Regionalität*, ed. Karol Bal, Wrocław: Wydawnictwo Uniwersytetu Wrocławskiego, pp. 47–64.

Kosian 2001 Józef Kosian: *Mistyka Śląska. Mistrzowie duchowości śląskiej: Jakub Boehme, Anioł Ślązak, Daniel Czepko*, Wrocław: Wydawn. Uniwersytetu Wrocławskiego.

Kovalinskyj 1961 Michail Kovalinskyj: "Жизнь Григорія Сковороды ([The Life of Gregory Skovoroda]", in: *Гринорій Сковорода: Твори в двох трмах*, vol. 2, ed. В. Г. Войцехівська et al., Kiew: АН РСР, pp. 487–535.

Kozyrev 2007 Aleksei Kozyrev: *Vladimir Solov'ov i gnostiki*, Moscow: Izdat. Savin S.A.

Kramer 1880–1882 Gustav Kramer: *August Hermann Francke. Ein Lebensbild*, 2 vols, Halle: Waisenhaus.

Kress 2011 Berthold Kress: *Divine Diagrams. The Manuscripts and Drawings of Paul Lautensack (1477/78–1558)*. Leiden/Boston: Brill.

Kreutzwald 1853 Friedrich Reinhold Kreutzwald: "Üks öö-pilt", in: *Ma-rahwa Kassuline Kalender ehk Täht-ramat 1853 aasta peale*, ed. Friedrich Reinhold Kreutzwald. Tartu: Laakman, pp. 1–32.

Kreutzwald 1857 Friedrich Reinhold Kreutzwald: "Vorwort. Kalewipoeg, eine estnische Sage", in: *Verhandlungen der gelehrten Estnischen Gesellschaft zu Dorpat* 4(1), consulted online on 23 November 2019: https://www.digar.ee/arhiiv/nlib-digar:184775.

Kreutzwald 1861 Friedrich Reinhold Kreutzwald: "Kalewipoeg, eine estnische Sage", in: *Verhandlungen der gelehrten Estnischen Gesellschaft zu Dorpat* 5(2/3), consulted online on 23 November 2019: https://www.digar.ee/arhiiv/nlib-digar:184775.

Kreutzwald 1953 Friedrich Reinhold Kreutzwald: "Üks ööpilt", in: *Jutud. Teosed*, ed. Karl Taev et al., Tallinn: Eesti Riiklik Kirjastus, pp. 175–188.

Krook 1931 Tor Krook: *Väckelserörelserna i Österbottens svenska församlingar under 1800-talet*, in: *Suomen Kirkkohistoriallisen Seuran Toimituksia* 31(1).

Kühlmann 1999 Wilhelm Kühlmann: Art. "Scheffler, Johannes", in: *Theologische Realenzyklopädie (TRE)*, ed. Gerhard Müller et al., vol. 30, Berlin/New York: De Gruyter, pp. 83–87.

Kühlmann/Vollhardt 2012 Wilhelm Kühlmann and Friedrich Vollhardt (Eds): *Offenbarung und Episteme. Zur Wirkungsgeschichte Jakob Böhmes im 17. und 18. Jahrhundert*, Berlin/Boston: De Gruyter.

Kuljabko 1962 Elena Kuljabko: *М.В. Ломоносов и учебная деятельность Петербургской академии наук* (*M.V. Lomonosov i učebnaja dejatel'nost' Peterburgskoj Akademii Nauk*), Moscow/Leningrad: ANS.

Kunicki 2003 Wojciech Kunicki: "Der Zobtenberg unterirdisch", in: *Memoria Silesiae: Leben und Tod, Kriegserlebnis und Friedenssehnsucht in der literarischen Kultur des Barock*, ed. Mirosława Czarnecka et al., Wrocław: Wydawnictwo Uniwersytetu Wrocławskiego, pp. 419–435.

Kvist 1997 Hans-Olof Kvist: "Der Einfluß Jakob Böhmes in Finnland", in: *Grundbegriffe christlicher Ästhetik. Beiträge des V. Makarios-Symposiums Preetz 1995*, ed. Klaus Fitschen and Reinhart Staats, Wiesbaden: Harrassowitz, pp. 119–139.

Laasonen 1995 "Pentti Laasonen: Der Pietismus in Finnland im 17. und 18. Jahrhundert", in: Brecht/Deppermann 1995, pp. 523–541.

Lackner 1959 Martin Lackner: *Geistfrömmigkeit und Enderwartung. Studien zum preußischen und schlesischen Spiritualismus*, Stuttgart: Evangelisches Verlagswerk.

Lagalisse 2019 Erika Lagalisse: *Occult Features of Anarchism*, London: PM Press.

Lambeck 1868 Ernst Lambeck: *Geschichte der Rathsbuchdruckerei von Thorn*, Thorn: Rathsbuchdruckerei.

Lamm 1963 Martin Lamm: *Upplysningstidens romantic. Den mystiskt sentimentala strömningen i svensk litteratur*, vols 1–2, Stockholm: Hammarström & Åberg (first edition: 1918–1920).

Lamoen 2002 Frank van Lamoen: "Verliefd op Sophia. Alhart de Raadt (1640–1716) en de vrienden van Jacob Boehme", in: *Geschiedenis van de wijsbegeerte in Nederland. Documentatieblad van de werkgroep Sassen* 13, pp. 119–163.

Lamoen 2007a Frank van Lamoen: "Mit dem Auge des Geistes: Hintergründe zu den Übersetzungen des Abraham Willemsz van Bayerland". In: Harmsen 2007, pp. 133–167.

Lamoen 2007b Frank van Lamoen: "Der unbekannte Illustrator: Michael Andreae", in: Harmsen 2007, pp. 255–307.

Largier 2009 Niklaus Largier: "Mysticism, Modernity, and the Invention of Aesthetic Experience", in: *Representations* 105(1), pp. 37–60.

Laube 2017 Stefan Laube: "Alles in Bewegung", in: *Süddeutsche Zeitung*, 25.10.2017, consulted online on 11 April 2023: https://www.sueddeutsche.de/kultur/jakob-boehme-in-dresden-alles-in-bewegung-1.3722144?reduced=true.

Le Blon 2007 Michel Le Blon: "Kürzelverzeichnis von Böhme-Anhängern", in: Harmsen 2007, pp. 451–456.

Le Brun 2014 Jacques le Brun: "Angelus Silesius selon Kołakowski: Une interpretation", in: *Archives de sciences sociales des religions* 59(166), pp. 115–127.

Lekeby 2010 Kjell Lekeby: *Gustaviansk mystik. Alkemister, kabbalister, magiker, andeskådare, astrologer och skattgrävare i den esoteriska kretsen kring G.A. Reuterholm, hertig Carl och hertiginnan Charlotta 1776–1803*, Sala/Södermalm: Vertigo.

Lemper 1976 Ernst-Heinz Lemper: *Jakob Böhme. Leben und Werk*, Berlin: Union Verlag.

Lethem 2011 Jonathan Lethem: *The Exegesis of Philip K. Dick*, New York: Houghton Mifflin Harcourt.

Levinson 2018 Marjorie Levinson: *Thinking Through Poetry*, New York: Oxford University Press.

Lichotkin 1988 Grigorij Lichotkin: "Гамалея, Семён Иванович (Gamaleya, Semion Ivanovic)", in: *Словарь русских писателей XVIII века* (*Slovar' russkich pisatelej XVIII veka*), ed. Aleksandr M. Pančenko, vol. 1, Leningrad: Nauka, p. 195.

Lichtenberg 2000 Georg Christoph Lichtenberg: *The Waste Books*, trans. with an Introduction by R.J. Hollingdale, New York: New York Review of Books Classics.

Lieburg 2000 Fred A. van Lieburg: "Het Gelders Athene in Neerlands Israël. De theologische faculteit van Harderwijk", in: *Het Gelders Athene. Bijdragen tot de geschiedenis van de Gelderse universiteit in Harderwijk (1648–1811)*, ed. J.A.H. Bots et al., Hilversum: Verloren, pp. 163–176.

Linde 2016 Fabian Linde: "Christian Theosophy and the Influence of Böhme in Sweden", in: Bogdan/Hammer 2016, pp. 137–144.

Linderholm 1911 Emanuel Linderholm: *Sven Rosén och hans insats i frihetstidens radikala pietism*, Uppsala/Stockholm: Almqvist & Wiksell.

Lindroth 1943 Sten Lindroth: *Paracelsismen i Sverige till 1600-talets mitt*, Uppsala: Almqvist & Wiksell.

Lipiński 2004 Cezary Lipiński: "Deutsche Vergangenheit und polnisch-niederschlesische Identität. Zur Rezeption der schlesischen Mystik in Polen nach 1945", in: *Verhandlungen der Identität Literatur und Kultur in Schlesien seit 1945*, ed. Jürgen Joachimsthaler and Walter Schmitz, Dresden: Thelem, pp. 265–291.

Lipiński 2008 Cezary Lipiński: "Die Angelus-Silesius-Rezeption in Polen (1875–2006)", in: *Schlesien als literarische Provinz Literatur zwischen Regionalismus und Universalismus*, ed. Marek Adamski and Wojciech Kunicki, Leipzig: Leipziger Universitätsverlag, pp. 185–196.

Loch 2000 Werner Loch: "Die Darstellung des Kindes in pietistischen Autobiographien", in: *Das Kind in Pietismus und Aufklärung. Beiträge des Internationalen Symposions vom 12.–15. November 1997 in den Franckeschen Stiftungen zu Halle*, ed. Josef N. Neumann and Udo Sträter, Tübingen: Verl. der Franckeschen Stiftungen Halle im Max-Niemeyer-Verl., pp. 143–182.

Locher 2004 Gottfried Wilhelm Locher: *Sign of the Advent. A Study in Protestant Ecclesiology*, Fribourg: Academic Press.

Lohr 2005 Charles Lohr: "Chaos nach Ramon Llull und Nikolaus von Kues", in: *Ramon Llull und Nikolaus von Kues: eine Begegnung im Zeichen der Toleranz*, ed. Ermenegildo Bidese et al., Turnhout: Brepols, pp. 125–138.

Longinov 1867 Michail Longinov: *Новиковъ и Московскіе Мартинисты* (*Novikóv i moskovskīe martinisty*), Moscow: Tip. Gracheva.

Losev 2009 Aleksei Losev: *Vladimir Solovyov I ego vremya*, Moscow: Molodaya Gvardiya.

Lowenhaupt Tsing 2015 Anna Lowenhaupt Tsing: *The Mushroom at the End of the World: On the Possibility of Life in Capitalist Ruins*, Princeton/Oxford: Princeton University Press.

Luebke/Lindemann 2014 David M. Luebke and Mary Lindemann (Eds): *Mixed Matches. Transgressive Unions in Germany from the Reformation to the Enlightenment*, New York/Oxford: Berghahn.

Lundstedt 1883 Bernhard Lundstedt, *Katalog öfver Finspongs Bibliotek*. Stockholm: Kongl. Boktryckeriet.

Lüthy 2018 Christoph Lüthy: "What Does a Diagram Prove That Other Images Do Not? Images and Imagination in the Kepler-Fludd Controversy", in: *Image, Imagination, and Cognition. Medieval and Early Modern Theory and Practice*, ed. Claudia Swan et al., Leiden/Boston: Brill, pp. 227–274.

Mai 1979 Gottfried Mai: *Die niederdeutsche Reformbewegung. Ursprünge und Verlauf des Pietismus in Bremen bis zur Mitte des 18. Jahrhunderts*, Bremen: Hauschild.

Maier-Petersen 1984 Magdalene Maier-Petersen: *Der "Fingerzeig Gottes" und die "Zeichen der Zeit"*, Stuttgart: Heinz.

Makovnik 2009 Péter Makovnik: "Bevezetés Böhme világába", in: *Jacob Böhme: Christosophia avagy A Krisztushoz vezető út*, Budapest: Kairos, pp. 11–28.

Mansikka 2016 Tomas Mansikka: "Christian Theosophy and the Influence of Böhme in Finland", in: Bogdan/Hammer 2016, pp. 119–126.

Manzo 2012 Elena Manzo: *Christof Marselis. Note a margine di un inedito libro di disegno*, Milan: FrancoAngeli.

Martin 2014 Lucinda Martin: "Jacob Boehme and the Anthropology of German Pietism", in Hessayon/Apetrei 2014, pp. 120–141.

Martin 2016 Lucinda Martin: "Noch eine 'res publica literaria'? Die Briefe der Unsichtbaren Kirche als diskursiver Raum", in: *Aufklärung* 28, pp. 135–172.

Martin 2017a Lucinda Martin: "Wiedergeburt", in: *Alles in Allem. Die Gedankenwelt des mystischen Philosophen Jacob Böhme. Denken – Kontext – Wirkung*, ed. Claudia Brink and Lucinda Martin, Dresden: Sandstein, pp. 64–70.

Martin 2017b Lucinda Martin: "Pietistische Briefe als Mittel der Erziehung in radikal-pietistischen philadelphischen Kreisen um 1700", in: *Erziehung als "Entfehlerung". Weltanschauung, Bildung und Geschlecht in der Neuzeit*, ed. Anne Conrad and Alexander Maier, Bad Heilbrunn: Klinkhardt, pp. 69–80.

Martin 2017c Lucinda Martin: "Freiheit", in: *Alles in Allem. Die Gedankenwelt des mystischen Philosophen Jacob Böhme. Denken, Kontext, Wirkung*, ed. Claudia Brink and Lucinda Martin, Dresden: Sandstein, pp. 77–83.

Martin 2019a Lucinda Martin: "Creation", in: *Light in Darkness: The Mystical Philosophy of Jacob Böhme*, ed. Claudia Brink, Lucinda Martin and Cecilia Muratori, Dresden: Sandstein, pp. 53–61.

Martin 2019b Lucinda Martin: "Martin Moller (1547–1606) and the 'Crisis of Piety' of Jacob Böhme's Time", in: Andersson/Martin/Penman/Weeks 2019, Leiden/Boston, pp. 121–144.

Martin 2020 Lucinda Martin: "Jacob Böhme and the Spiritualist Reformation of Gender", in: *Daphnis* 48, pp. 214–246.

Martin/Penman/Brink 2022 Lucinda Martin, Leigh T.I. Penman and Claudia Brink (Eds): *The Time of the Lily. The Mystical Philosopher Jacob Böhme and the Renewal of the World*, Dresden: Sandstein.

Mattsson 2011 Annie Mattsson: "The Place Is Swarming with Libels – Manuscript Publication of Oppositional Texts During the Reign of Gustav III (1771–1792)", in: *LIR.Journal* 1, pp. 49–66, consulted online on 31 December 2019: http://lir.gu.se/LIRJ.

Maxse 1934 Reginald Maxse: "The Reception of Jacob Boehme in England in the XVII and XVIII Centuries", unpublished Oxford University B.Litt.

Mayer 1999 Paola Mayer: *Jena Romanticism and Its Appropriation of Jakob Böhme. Theosophy, Hagiography, Literature*, Montreal: McGill-Queen's University Press.

McClymond 2018 Michael J. McClymond: *The Devil's Redemption. A New History and Interpretation of Christian Universalism*, 2 vols, Grand Rapids, MI: Baker Academic.

McKee 2004 Gabriel McKee: *Pink Beams of Light from the God in the Gutter. The Science-Fictional Religion of Philip. K. Dick*, Lanham/Maryland: University Press of America.

Meder 2017 Stephan Meder: *Rechtsgeschichte. Eine Einführung*, Cologne/Weimar/Vienna: Böhlau.

Mehtonen 2017 P.M. Mehtonen: "Syrjitty naisviisaus ja toisinajatteleva käsityöläinen. Böhmeläinen Sofia-kirjallisuus 1870–1830", in: *Historiallinen Aikakauskirja* 2, pp. 138–149.

Melgunov/Sidorov 1991 Sergej Petrovitch Melgunov and Nikolaj Pavlovitch Sidorov (Серге́й Петро́вич Мельгуно́в and Николай Павлович Сидоров) (Eds): *Масонство в его прошлом и настоящем* (*Massonstvo v jego proshlom i nastojaschem*) (Freemasonry in its Past and Present), St. Petersburg: IKPA [1st edition 1914–1915].

Mennecke-Haustein 1991 Ute Mennecke-Haustein: "Gleich als Hand an Hand nach dem hohen Ziel fortzuschreiten. Gerhard Tersteegen und die Tradition erbaulicher Briefausgaben", in: *Le livre religieux et ses pratiques. Etudes sur l'histoire du livre religieux en Allemagne et en France à l'époque moderne*, ed. Hans-Erich Bödeker, Gerald Chaix and Patrice Veit, Göttingen: Vandenhoeck & Ruprecht, pp. 361–387.

Mettele 2009 Gisela Mettele: *Weltbürgertum oder Gottesreich. Die Herrnhuter Brüdergemeine als globale Gemeinschaft 1727–1857*, Göttingen: Vandenhoeck & Ruprecht.

Meyer 2000 Dietrich Meyer: *Zinzendorf und die Herrnhuter Brüdergemeine. 1700–2000*, Göttingen: Vandenhoeck & Ruprecht.

Meyer 2013 Dietrich Meyer: "Professor Dr. Wilhelm Goeters und die Böhme-Anhänger oder Engelsbrüder in Linz/Rhein 1930 bis 1945", in: *Jakob-Böhme-Gedenken. 400 Jahre nach Erscheinen seiner Erstlingsschrift "Aurora"*, ed. Akademie Herrnhut, Dresden: Neisse, pp. 119–147.

Meyer 2017 Dietrich Meyer: "Jakob Böhme (1575–1624) und seine Schüler. Jakob Böhmes Leben und Schau", in: *Handbuch Evangelische Spiritualität*, ed. Peter Zimmerling, vol. 1, Göttingen: Vandenhoeck & Ruprecht, pp. 239–259.

Mieckiewicz 1898 Adam Mieckiewicz: *Rozprawa Mickiewicza o Jakóbie Boehmem*, trans. Piotr Chmielowski, Warsaw: Nakładem "Przeglądu Filozoficznego".

Mieckiewicz 2003 Adam Mickiewicz (Ed.): *Zdania i uwagi z dzieł Jakuba Boehme, Anioła Szlązaka i Saint-Martina*, Paris: s. n.

Miller 1971 Arlene Miller: "Jacob Boehme from Orthodoxy to Enlightenment", PhD Diss, Stanford University.

Modzalevskij 1908 Vadim Modzalevskij: *Малороссiйскiй родословникъ* (*Malorossijskij rodoslovnik*), vol. 1, Kiev: Fronckevič.

Monok 1990 István Monok et al. (Eds): *Kassa város olvasmányai: 1562–1731*, Szeged: József Attila Tudományegyetem, consulted online on 4 April 2019: http://real-eod.mtak.hu/1471/1/AD_XV.pdf.

Montgomery 1995 Ingun Montgomery: "Der Pietismus in Schweden im 18. Jahrhundert", in: Brecht/Deppermann 1995, pp. 489–522.

Morosow 2018 Witalij Morosow: "Paracelsus im kaiserlichen Rußland: Zur Geschichte der Paracelsiana zwischen 1780 und 1840", in: *Nova Acta Paracelsica*, no. 28, ed. Pia Holenstein Weidmann, Bern: Peter Lang, pp. 189–216.

Möseneder 1981 Karl Möseneder: *Philipp Otto Runge und Jakob Böhme*, Marburg: J.G. Herder-Institut.

Moxey 2008 Keith Moxey: "Visual Studies and the Iconic Turn", in: *Journal of Visual Culture*, 7.2.2008, pp. 131–146.

Muller 1980 Richard A. Muller: "The Debate over the Vowel Points and the Crisis in Orthodox Hermeneutics", in: *Journal of Medieval and Renaissance Studies* 10, pp. 53–72.

Muratori 2016 Cecilia Muratori: *The First German Philosopher: The Mysticism of Jakob Böhme as Interpreted by Hegel*, Dordrecht: Springer.

Muratori 2019 Cecilia Muratori: "'A Philosopher at Randome': Translating Jacob Böhme in Seventeenth-Century Cambridge", in: Hedley/Leech 2019, pp. 47–64.

Nancy 2007 Jean Luc Nancy: *Listening*, trans. Charlotte Mandell, ed. David Wills, New York: Fordham University Press.

Napiersky/Recke 1829 Karl Eduard Napiersky and Johann Friedrich von Recke: *Allgemeines Schriftsteller- und Gelehrten-Lexikon der Provinzen Livland, Ehstland und Kurland*, vol. 2, Mitau: Steffenhagen.

Naschert 2011 Guido Naschert: "Breckling als Netzwerker des protestantischen Nonkonformismus", in: *Friedrich Breckling (1629–1711): Prediger, "Wahrheitszeuge" und Vermittler des Pietismus im niederländischen Exil*, ed. Brigitte Klosterberg and Guido Naschert, Halle: Verl. der Franckeschen Stiftungen (Kleine Schriften der Franckesche Stiftungen 11), pp. 3–18.

Nauta 1935 Doede Nauta: *Samuel Maresius*, Amsterdam: H.J. Paris.

Necker 2019 Gerold Necker: "'Out of Himself, to Himself': The Kabbalah of Jacob Böhme", in: Andersson/Martin/Penman/Weeks 2019, Leiden/Boston: Brill, pp. 197–220.

Nickolls 1743 John Nickolls (Ed.): *Original Letters and Papers of State, Addressed to Oliver Cromwell*, London: William Bowyer.

Nicolson 1992 Marjorie Nicolson (Ed.): *The Conway Letters. The Correspondence of Anne, Viscountess Conway, Henry More, and Their Friends, 1642–1684* (revised by Sarah Hutton), Oxford: Oxford University Press.

Noldus 2011 Badeloch Vera Noldus: "A Spider in Its Web. Agent and Artist Michel le Blon and His Northern European Network", in: *Double Agents. Cultural and Political Brokerage in Early Modern Europe*, ed. Marika Keblusek and Badeloch Vera Noldus, Leiden/Boston: Brill, pp. 161–191.

Nordström 1934 Johan Nordström 1934: "Lejonet från Norden", in: *Samlaren*, Ny följd 15, pp. 1–66.

Norris 2017 Matthew Norris: "Johannes Bureus and the Prisca Astronomia. A Lutheran Antiquary Engages with the New Science", in: *Medicine, Natural Philosophy and Religion in Post-Reformation Scandinavia*, ed. Ole Peter Grell and Andrew Cunningham, New York: Routledge, Taylor & Francis, pp. 171–198.

Odenvik 1940 Nathan Odenvik: *Lars Ulstadius. En pietismens banerförare i fångenskap för sin tro – och några av hans medkämpar*, Stockholm: Förl. Filadelfia.

Omodeo 2014 Pietro Daniel Omodeo: *Copernicus in the Cultural Debates of the Renaissance. Reception, Legacy, Transformation*, Leiden/Boston: Brill.

Onasch 1967 Konrad Onasch: *Grundzüge der russischen Kirchengeschichte*, Göttingen: Vandenhoeck & Ruprecht.

O'Regan 2002 Cyril O'Regan: *Gnostic Apocalypse. Jacob Boehme's Haunted Narrative*, New York: State University of New York Press.

Orcibal 1937 Jean Orcibal: *La formation spirituelle d'Angelus Silesius (1624–1657), Mystique et Contre-Reforme*, PhD Diss., École Pratique des Hautes Études, Paris

Orcibal 1938 Jean Orcibal: "Les sources étrangères du Cherubinischer Wandersmann (1657) d'après la bibliothèque d'Angelus Silesius", in: *Revue de littérature comparée* 18, pp. 494–506.

Otto 1806 Gottlieb Friedrich Otto: *Lexikon der oberlausitzischen Schriftsteller*, Görlitz: Anton.

Pajula 1898 Johan Samuel Pajula: *Pietismi ja uskonnolliset liikkeet Suomessa vv. 1686–1772*, Hämeenlinna: Hämeen Sanomain Kirjapainossa.

Pajula 1911 Johan Samuel Pajula: "Jacob Böhmen vaikutuksesta Suomen n.k. mystikoihin", in: *Teologisk Tidskrift – Teolooginen Aikakauskirja* 16, pp. 1–12.

Palmer 1888 Alfred Palmer: *A History of the Older Nonconformity of Wrexham and Its Neighbourhood*, Wrexham: Woodall, Minshall & Thomas.

Parry 1955 Thomas Parry: *A History of Welsh Literature*, Oxford: Oxford University Press.

Parry 2019 Robin A. Parry: *A Larger Hope? Universal Salvation from the Reformation to the Nineteenth Century*, Eugene: Wipf and Stock.

Paul 1980 Mart-Jan Paul: “Everard van Someren en de Vijfde Monarchie”, in: *Documentatieblad Nadere Reformatie* 4, pp. 54–63.

Pauli 1955 Wolfgang Pauli: “The Influence of Archetypal Ideas on the Scientific Theories of Kepler”, in: Carl Gustav Jung and Wolfgang Pauli, *The Interpretation of Nature and the Psyche*, New York: Pantheon, pp. 147–212.

Penman 2010a Leigh T.I. Penman: “Ein Liebhaber des Mysterii, und ein großer Verwandter desselben. Toward the Life of Balthasar Walther, a Wandering Paracelsian Physician”, in: *Sudhoffs Archiv* 94, pp. 73–99.

Penman 2010b Leigh T.I. Penman: “The First Appearance of Jacob Böhme’s Work in Print”, in: *Notes and Queries* 57, pp. 418–419.

Penman 2012 Leigh T.I. Penman: “Jacob Boehme’s Student and Mentor: the Liegnitz Physician Balthasar Walther (1568–ca. 1631)”, in: Kühlmann/Vollhardt 2012, pp. 38–74.

Penman 2014 Leigh T.I. Penman: “Boehme’s Intellectual Networks and the Heterodox Milieu of His Theosophy, 1600–1624”, in Hessayon/Apetrei 2014, London: Routledge, pp. 57–76.

Penman 2017 Leigh T.I. Penman: “Statt ‘Briefe Böhmes an …’ nun eine erste ‘Korrespondenz mit …’. Nachricht von der Entdeckung zweier Briefe Paul Kayms an Jacob Böhme”, in: *Morgenröte im Aufgang. Beiträge einer Tagung zum 400. Jahrestag der Entstehung von Böhmes Erstschrift*, ed. Günther Bonheim and Thomas Regehly, Berlin: Weißensee, pp. 197–208.

Penman 2019a Leigh T.I. Penman: *Hope and Heresy: The Problem of Chiliasm in Lutheran Confessional Culture, 1570–1630*, Dordrecht: Springer.

Penman 2019b Leigh T. I. Penman: “Jacob Böhme and His Networks”, in: Andersson/Martin/Penman/Weeks 2019, Leiden/Boston: Brill, pp. 98–120.

Penman 2020 Leigh T.I. Penman: “Die beschädigte Überlieferung: Eine Aufdeckung von Irrtümern zu Böhmes Korrespondenz”, in: *Mystik aus Frankfurt/Die Theologia Deutsch* (Böhme-Studien 5), ed. Günther Bonheim and Thomas Regehly, Berlin: Weißensee, pp. 177–203.

Penman 2022 Leigh T.I. Penman: “Habent sua fata libelli: A History of the Library of Johann Scheffler” in: Martin/Penman/Brink 2022, pp. 151–171.

Penman 2023 Leigh T. I. Penman: *Prophecy, Madness, and Holy War in Early Modern Europe. A Life of Ludwig Friedrich Gifftheil*, Oxford: Oxford University Press.

Petry 1984 Michael John Petry: “Behmenism and Spinozism in the Religious Culture of the Netherlands, 1660–1730”, in: *Spinoza in der Frühzeit seiner religiösen Wirkung*, ed. Karlfried Gründer and Wilhelm Schmidt-Biggemann, Heidelberg: Lambert Schneider, pp. 111–147.

Pettegree/Weduwen 2019 Andrew Pettegree and Arthur der Weduwen (Eds): *The Bookshop of the World. Making and Trading Books in the Dutch Golden Age*, New Haven/London: Yale University Press.

Peuckert 1924 Will-Erich Peuckert: *Das Leben Jacob Böhmes*, Jena: Diederichs.

Peuckert 1928 Will-Erich Peuckert: *Die Rosenkreutzer. Zur Geschichte einer Reformation*, Jena: Diederichs.

Peuckert 1961	Will-Erich Peuckert: *Das Leben Jakob Böhmes*, 2nd edition, in: Böhme 1955–1961, vol. 10.
Philipp 1974	Guntram Philipp: *Die Wirksamkeit der Herrnhuter Brüdergemeine unter den Esten und Letten zur Zeit der Bauernbefreiung*, Cologne: Böhlau.
Popov 1969	Павел Миколайович Попов [Pavel M. Popov]: *Григорій Сковорода.* [Gregory Skovoroda], Kiev: Dnipro.
Prach/Matern 1919	Hilary Prach and John G. Matern: "Letters of Hilary Prach and John G. Matern", in: *Journal of the Friends Historical Society* 16, pp. 1–9.
Preminger 2014	Alex Preminger et al.: "Metaphor", in: *The Princeton Handbook of Poetic Terms*, ed. Alex Preminger, Princeton, NJ: Princeton University Press, pp. 136–141.
Principe 2013	Lawrence M. Principe: *The Secrets of Alchemy*, London/Chicago: University of Chicago Press.
Principe/Weeks 1989	Lawrence M. Principe and Andrew Weeks: "Jacob Boehme's Divine Substance Salitter: Its Nature, Origin, and Relationship to Seventeenth Century Scientific Theories", in: *The British Journal for the History of Science* 22(1), pp. 53–61.
Prins 1936	Izaak Prins: "Gegevens betreffende de 'Oprechte Hollandsche civet'", in: *Economisch-Historisch Jaarboek* 20, pp. 3–211.
Pullat 2009	Raimo Pullat (Ed.): *Die Privatbibliotheken in Tallinn und Pärnu im 18. Jahrhundert*, Tallinn: Estopol.
Pummer 1982	Heinz Pummer: "Johannes Janssonius. Buchdrucker und Buchhandler der Königin", in: *Nordisk Tidskrift för bok- och biblioteksväsen* 69, pp. 33–48.
Pusch 1986	Oskar Pusch: *Die Breslauer Rats- und Stadtgeschlechter in der Zeit von 1241 bis 1741*, vol. 1, Dortmund: Forschungsstelle Ostmitteleuropa.
Pyrges 2015	Alexander Pyrges: *Das Kolonialprojekt EbenEzer. Formen und Mechanismen protestantischer Expansion in der atlantischen Welt des 18. Jahrhunderts*, Stuttgart: Steiner.
Reingrabner 1997	Gustav Reingrabner: "A protestantizmus a mai Ausztria területén a 17. Században", in: *Új kegyesség. Fejezetek az osztrák-magyar protestáns kapcsolatok történetéből*, ed. Márta Nagy, Budapest, pp. 11–42.
Reitsma 1916	Frits Reitsma: "De oorsprong van Luykens 'Jezus en de ziel'", in: *Tijdschrift voor Nederlandse taal en letterkunde* 35, pp. 202–221.
Rickman 1988	Gregg Rickman: *Philip K. Dick: In His Own Words*, Long Beach, CA: Fragments West/The Valentine Press.
Ritter/Gründer/Gabriel 1971–2007	Joachim Ritter, Karlfried Gründer and Gottfried Gabriel: *Historisches Wörterbuch der Philosophie*, Basel: Schwabe.
Roberts 2004	Stephen K. Roberts: "Llwyd, Morgan (1619–1659", *Oxford Dictionary of National Biography*, consulted online on 2 December 2022: https://www.oxforddnb.com/display/10.1093/ref:odnb/9780198614128.001.0001/odnb-9780198614128-e-16869?rskey=UNqXGw&result=1
Robinson 1869	Henry Crabb Robinson: *Diary, Reminiscences, and Correspondence*, ed. Thomas Sadler, vol. 2, Cambridge: Cambridge University Press.

Rood 1970 Wim Rood: *Comenius and the Low Countries, Some Aspects of Life and Work of a Czech Exile in the Seventeenth Century*, Amsterdam: Van Gendt.

Rösche 2008 Johannes Rösche: *Robert Fludd: Der Versuch einer hermetischen Alternative zur neuzeitlichen Naturwissenschaft*, Göttingen: V & R unipress.

Rosenwein 2010 Barbara H. Rosenwein: "Problems and Methods in the History of Emotions", in: *Passions in Context*, consulted online on 24 January 2020: https://www.passionsincontext.de/index.php/?id=557.

Ruppel 2006 Sophie Ruppel: *Verbündete Rivalen. Geschwisterbeziehungen im Hochadel des 17. Jahrhunderts*, Cologne/Weimar/Vienna: Böhlau.

Rusterholz 1973 Sibylle Rusterholz: "Klarlichte Dunkelheiten. Quirinus Kuhlmanns 62. Kühlpsalm", in: *Deutsche Barocklyrik. Gedichtinterpretationen von Spee bis Haller*, ed. Martin Bircher and Alois M. Haas, Bern/Munich: Francke, pp. 225–264.

Rusterholz 1994 Sibylle Rusterholz: "Das Verhältnis von *liber naturae* und *liber scripturae* bei Jacob Böhme", in: *Gott, Natur, Mensch in der Sicht Jacob Böhmes und seiner Rezeption*, in: Jan Garewicz and Alois Haas, Wiesbaden: Harrassowitz, pp. 129–146.

Rusterholz 1999 Sibylle Rusterholz: "Jakob Böhmes spirituelle Erfahrung als 'Grund' seiner schriftstellerischen Existenz", in: *Die Morgenröte bricht an. Jakob Böhme, naturnaher Mystiker und Theosoph*, ed. Evangelische Akademie Baden, Karlsruhe: Evangelischer Presseverband, pp. 100–120.

Rusterholz 2001 Sibylle Rusterholz: "Jakob Böhme und Anhänger", in: *Grundriss der Geschichte der Philosophie. Die Philosophie des 17. Jahrhunderts*, vol. 4: *Das Heilige Römische Reich Deutscher Nation, Nord- und Ostmitteleuropa*, ed. Helmut Holzhey and Wilhelm Schmidt-Biggemann, Basel: Schwabe, pp. 61–102 and 130–137.

Rusterholz 2003 Sibylle Rusterholz: "Elemente christlicher Kabbala bei Abraham von Franckenberg", in: *Christliche Kabbala*, ed. Wilhelm Schmidt-Biggemann, Ostfildern: Jan Thorbecke, pp. 183–197.

Rusterholz 2005 Sibylle Rusterholz: "Abraham von Franckenbergs Verhältnis zu Jacob Böhme. Versuch einer Neubestimmung aufgrund kritischer Sichtung der Textgrundlagen", in: *Kulturgeschichte Schlesiens in der Frühen Neuzeit*, ed. Klaus Garber, Tübingen: Niemeyer, pp. 205–241.

Rusterholz 2012 Sibylle Rusterholz: "Jacob Böhme im Lichte seiner Gegner und Anhänger: Die zentralen Argumente der Streitschriften von ihren Anfängen zu Lebzeiten Böhmes bis zum Ende des 17. Jahrhunderts", in: Kühlmann/Vollhardt 2012, pp. 7–32.

Rusterholz 2013 Sibylle Rusterholz: "Elemente christlicher Kabbala bei Abraham von Franckenberg", in: *Christliche Kabbala*, ed. Wilhelm Schmidt-Biggemann, Ostfildern: Jan Thorbecke, pp. 183-197.

Rusterholz 2017 Sibylle Rusterholz: "Finsternis. Jacob Böhmes Metaphysik des Bösen im Horizont seiner Lehre vom freien Willen des Menschen", in: Brink/Martin 2017b, pp. 172–183.

Ruuth 1915a Martti Ruuth: "Carl Hasselqvistin kirjeenvaihto Petter Schäferin kanssa vv. 1719–1726", in: *Suomen uskonnollisten liikkeiden historiasta. Asiakirjoja ja tutkimuksia*, SKHST 12(1), ed. Martti Ruuth, pp. 195–226.

Ruuth 1915b Martti Ruuth: "Kaksi Petter Schäferin päiväkirjaa [1707–1712, 1712–1714]", in: *Suomen uskonnollisten liikkeiden historiasta. Asiakirjoja ja tutkimuksia*, SKHST 12(1), ed. Martti Ruuth, pp. 1–194.

Saifullin 2019 Amir Saifullin: “Imagining the World: On the Political Implications of Robert Fludd’s Magical Imagery as a Cosmogonic Force and Utopian Vision”, Master’s thesis, The Warburg Institute, University of London.

Salo 2011 Timothy M. Salo: “Joachim Lange. Lutheran Pietist Theologian and Halle Apologist”, in: *The Pietist Impulse in Christianity*, ed. Christian T. Collins Winn et al., Eugene: Pickwick, pp. 82–93.

Salupere 2017 Malle Salupere*: Koidula. Ajastu taustal, kaasteeliste keskel*, Tallinn: Tänapäev.

Salvadori 2018 Stefania Salvadori: *Inventar des Briefwechsels von Johann Valentin Andreae (1586–1654)* (Wolfenbütteler Arbeiten zur Barockforschung 55), Wiesbaden: Harrassowitz.

Sarkar 2012 Malabika Sarkar: *Cosmos and Character in Paradise Lost*, New York: Palgrave Macmillan.

Sarx 2010 Tobias Sarx: “Sekte”, in: *Enzyklopädie der Neuzeit*, vol. 11, Stuttgart, col. 1065–1072.

Sata 2016 Lehel Sata: *Paradox und mystische Sinnlichkeit. Angelus Silesius’ Cherubinischer Wandersmann im Lichte der Theosophie und Sprachphilosophie Jacob Böhmes* (POETICA – Schriften zur Literaturwissenschaft 140), Hamburg: Kovač.

Saxby 1987 Trevor John Saxby: *The Quest for the New Jerusalem, Jean de Labadie and the Labadists, 1610–1744*, Dordrecht: Martinus Nijhoff.

Schäfer 2000 Petter Schäfer: *Minä Pietar ja minä Anna. Päiväkirja vuosilta 1707–1714*, ed. Matti Piispa, Helsinki: Otava.

Schaffer 2000 Andrea Schaffer: “Briefe an und von Lazar Henckel d.J. bzw. an seinen Sohn Elias”, in: *Oberschlesische Dichter und Gelehrte vom Humanismus bis zum Barock. Im Auftrag der Stiftung Haus Oberschlesien* (Tagungsreihe der Stiftung Haus Oberschlesien 8), ed. Gerhard Kosellek, Bielefeld, pp. 293–310.

Schama 1988 Simon Schama: *Überfluss und schöner Schein. Zur Kultur der Niederlande im Goldenen Zeitalter*, trans. Elisabeth Nowak, Munich: Gutenberg.

Scheidegger 2014 Christian Scheidegger: “Die theosophische Literatur der Gichtelianer im Kanton Zürich”, in: *Zwingliana* 41, pp. 117–157.

Schelling 2005 Friedrich Wilhelm Joseph Schelling: *Bruno oder über das göttliche und natürliche Prinzip der Dinge*, Hamburg [first edition: Berlin 1802].

Schelling 2010 Friedrich Wilhelm Joseph Schelling: *Religion and Philosophy*, trans. Klaus Ottoman, Putnam, CT: Spring Publications.

Schmidt 1923 Erich Schmidt: *Lessing. Geschichte seines Lebens und seiner Schriften*, 2 vols, 4th edition, Berlin: Weidmann.

Schmidt 1969 Martin Schmidt: “Teilnahme an der göttlichen Natur. 2 Petr. 1, 4 in der theologischen Exegese des Pietismus und der lutherischen Orthodoxie”, in: *Wiedergeburt und neuer Mensch. Gesammelte Studien zur Geschichte des Pietismus*, ed. Martin Schmidt, Witten: Luther Verlag, pp. 238–298.

Schmidt 1999 Johannes Schmidt: *Die klare, helle Wahrheit. Johann Gottfried Herders Christliche Schriften Entstehung, Gehalt und Wirkung unter Berücksichtigung der Bezüge zu Gotthold Ephraim Lessings religionsphilosophischem Spätwerk*, PhD Diss., University of Hamburg.

Schmidt-Biggemann 2007	Wilhelm Schmidt-Biggemann: *Apokalypse und Philologie*, ed. Anja Hallacker and Boris Bayer, Göttingen: Vandenhoeck & Ruprecht.
Schmidt-Biggemann 1997	Wilhelm Schmidt-Biggemann: Erlösung durch Philologie. "Der poetische Messianismus Quirinus Kuhlmanns (1651–1689)", in: *Studien zur Literatur des 17. Jahrhunderts*, ed. Hans Feger, Amsterdam/Atlanta: Rodopi, pp. 243–284.
Schmidt-Biggemann 2004a	Wilhelm Schmidt-Biggemann: *Philosophia Perennis*, Dordrecht: Springer.
Schmidt-Biggemann 2004b	Wilhelm Schmidt-Biggemann: *Politische Theologie der Gegenaufklärung. Saint-Martin, De Maistre, Kleuker, Baader*. Berlin: Akademie.
Schmidt-Biggemann 2007	Wilhelm Schmidt-Biggemann: "Robert Fludds Konzeption des Weltgeistes", in: *Spirits Unseen*, ed. Christine Göttler and Wolfgang Neuber, Leiden/Boston: Brill, pp. 197–211.
Schmidt-Biggemann 2013	Wilhelm Schmidt-Biggemann: *Geschichte der christlichen Kabbala*, vol. 2, Stuttgart, Bad Cannstadt: Frommann-Holzboog.
Schmidt-Biggemann 2017	Wilhelm Schmidt-Biggemann: "Ewiges Werden und Vollendung. Böhmes Qualitätenlehre im Rahmen der christlichen Heilsgeschichte", in: Brink/Martin 2017b, pp. 142–170.
Schmidt-Biggemann/Stammen 1998	Wilhelm Schmidt-Biggemann and Theo Stammen (Eds): *Jacob Brucker (1696–1770): Philosoph und Historiker der europäischen Aufklärung*, Berlin: De Gruyter.
Schnabel 2006	Werner Wilhelm Schnabel: "Justinian oder Wie man zum Schwärmer wird. Genese, Programmatik und Scheitern des Welzschen Missionsprojekts", in: *Heterodoxie in der Frühen Neuzeit*, ed. Hartmut Laufhütte and Michael Titzmann, Tübingen: Niemeyer, pp. 337–411.
Schneider 1929	Heinrich Schneider: *Joachim Morsius und sein Kreis. Zur Geistesgeschichte des 17. Jahrhunderts*, Lübeck: Otto Quitzow.
Schneider 2007	Hans Schneider: *German Radical Pietism*, trans. Gerald T. MacDonald, Lanham/Toronto/Plymouth: Scarecrow.
Scholem 1992	Gershom Scholem: *Sabbatai Zwi. Der mystische Messias*, Frankfurt a.M.: Jüdischer Verlag.
Schröder-Kahnt/Veltmann 2018	Anne Schröder-Kahnt and Claus Veltmann (Eds): *Durch die Welt im Auftrag des Herrn. Reisen von Pietisten im 18. Jahrhundert*, Halle: Verlag der Franckeschen Stiftungen.
Schulitz 1990	John Robert Schulitz: "Einheit in Differenz. Die kabbalistische Metamorphose bei Jakob Böhme", PhD Diss., University of Michigan.
Schulte 2014	Christoph Schulte: *Zimzum. Gott und Weltursprung*, Berlin: Jüdischer Verlag im Suhrkamp Verlag.
Schultz-Bertram 1860	Georg Julius Schultz-Bertram: "Zur Geschichte und zum Verständnis der estnischen Volkspoesie", in: *Baltische Monatsschrift* 2, pp. 431–448.
Schunka 2018	Alexander Schunka: "Pflanzgarten. Thüringische Akteure in der europäischen Reich-Gottes-Arbeit des Halleschen Pietismus seit 1700", in: *Pietismus in Thüringen – Pietismus aus Thüringen. Religiöse Reform im Mitteldeutschland des 17. und 18. Jahrhunderts*, ed. Alexander Schunka and Veronika Albrecht-Birkner, Stuttgart: Franz Steiner, pp. 243–263.

Schweinfurth 2019 Reiner Schweinfurth: "In den Osten kommt das Licht", in: *Frankfurter Allgemeine Zeitung*, 14.08.2019, consulted online on 11 April 2023: https://www.faz.net/-in4-9q0o1.

Scott/Bliss 1847–1860 William Scott and James Bliss (Eds): *The Works of* […] *William Laud*, 7 vols, Oxford: John Henry Parker.

Seidel 2006 J. Jürgen Seidel: *Baron Carl Joseph von Campagne und die Gichtelianer in der Schweiz. Ein Beitrag zum Radikalpietismus im Zürcher Oberland*, Zürich: Dreamis.

Seidel 2007 J. Jürgen Seidel: "Zwischen Theosophie und Pietismus. Einblicke in die Korrespondenz der Schweizer 'Gichtelianer'", in: *Zwingliana* 34, pp. 95–119.

Sellin 1998a P.R. Sellin: "Michael Le Blon and England, 1632–1649: With Observations on Van Dyck, Donne, and Vondel", in: *Dutch Crossing* 21, pp. 102–125.

Sellin 1998b P.R. Sellin: "Michael Le Blon and England, 1632–1649 II: Genesis and Fortunes of G.R. Weckherlin's Elegaic Lament 'Des Grossen Gustav-Adolfen Ebenbild'", in: *Dutch Crossing* 22, pp. 53–84.

Sellin 1999 P.R. Sellin: "Michael Le Blon and England, 1632–1649 III: Gustavus Adolphus, Sir Walter Raleigh's Gold Mine, and the Perfidy of George Villiers, Duke of Buckingham", in: *Dutch Crossing* 23, pp. 102–132.

Semrau 1919/1920 Arthur Semrau: "Die Bürgerlisten der Stadt Thorn aus dem 17. Jahrhunderte", in: *Mitteilungen des Coppernicus-Vereins für Wissenschaft und Kunst zu Thorn* 27 (1919), pp. 66–82, and 28 (1920) pp. 40–70.

Sepp 1883 Christiaan Sepp: "Onuitgegeven opstellen van Alhart de Raadt", in: *Bibliographische mededeelingen* 1883, pp. 257–266.

Severi 2018 Carlo Severi: *Capturing Imagination: Proposal for an Anthropology of Thought*, Chicago: Hau Books.

Shantz 2015 Douglas H. Shantz: "Pietism as a Translation Movement", in: *A Companion to German Pietism. 1660–1800*, ed. Douglas H. Shantz, Leiden/Boston: Brill, pp. 319–347.

Shelley 2003 Percy Bysshe Shelley: *The Major Works*, ed. Zachary Leader and Michael O'Neill, Oxford: Oxford University Press.

Sholem 1954 Gershom Sholem: *Major Trends in Jewish Mysticism*, New York: Schocken.

Sholem 1971 Gerschom Sholem: *The Messianic Idea in Judaism*, New York: Schocken.

Skinner 2002 Quentin Skinner: *Visions of Politics*, vol. 2, Cambridge: Cambridge University Press.

Sluis 2017 Jacob van Sluis: *Inventaris van de handschriften van de voormalige Provinsjale Bibliotheek fan Fryslân*, Ljouwert: Tresoar.

Smith 1989 Nigel Smith: *Perfection Proclaimed. Language and Literature in English Radical Religion 1640–1660*, Oxford: Clarendon Press.

Smith 2004 Pamela H. Smith: *The Body of the Artisan. Art and Experience in the Scientific Revolution*, Chicago/London: University of Chicago Press.

Smith 2014 Nigel Smith: "Did Anyone Understand Boehme?", in: Hessayon/Apetrei 2014, pp. 120–141.

Snoek 2018 Govert Bonnie Snoek: *Handschriften en vrienden van Jacob Böhme in Leiden en Amsterdam, van Leiden naar Linz am Rhein. Eugen Schulte als 'Vorsteher' van de Gichtelianen in contact met Wilhelm Goeters en Werner Buddecke. De roof door de Gestapo (1941). De uitgave van de Urschriften (1963–1966) en de huidige situatie*, Haarlem: Rozekruis Pers.

Solovyov 1995 Vladimir Solovyov: *Lectures on Divine Humanity*, trans. Peter Zouboff, ed. Boris Jakim, New York: Lindisfarne Books.

Solovyov 1997 Sergej Solovyov: *Zhishn' i tvorcheskaya evoluzia Vladimira Solov'ova*, Moscow: Respublika.

Solovyov 2006 Vladimir Solovyov: *Chtenia o bogochelovechestve*, Moscow: Izdat. Ast (et al.).

Spahr 1981 Blake Lee Spahr: "Quirin Kuhlmann: The Jena Years", in: *Problems and Perspectives. A Collection of Essays on German Baroque Literature*, ed. Blake Lee Spahr, Frankfurt a.M./Bern: Lang, pp. 51–57.

Stahl 2019 Henrieke Stahl: *Sophia im Denken Vladimir Solov'evs. Eine ästhetische Rekonstruktion*, Münster: Aschendorff.

Stark 2009 Ryan J. Stark: *Rhetoric, Science, and Magic in Seventeenth-Century England*, Washington: The Catholic University of America Press.

Steiger 2005 Friedrich Breckling: *Autobiographie. Ein frühneuzeitliches Ego-Dokument im Spannungsfeld von Spiritualismus, radikalem Pietismus und Theosophie*, ed. Johann Anselm Steiger, Tübingen: Niemeyer (Frühe Neuzeit 109).

Steiger 2012 Johann Anselm Steiger: "Jacob Böhmes Rettung. Friedrich Brecklings 'Anticalovius' (1688) als Apologie des mystischen Spiritualismus", in: Kühlmann/Vollhardt 2012, pp. 283–294.

Straßberger 2008 Andres Straßberger: "Reinbeck, Johann Gustav", in: *BBKL* 29, col. 1150–1164.

Sträter 2012 Udo Sträter: "Interessierter Beobachter oder Agent in eigener Sache? August Hermann Franckes Hollandreise 1705", in: *Goldenes Zeitalter und Jahrhundert der Aufklärung. Kulturtransfer zwischen den Niederlanden und dem mitteldeutschen Raum im 17. und 18. Jahrhundert*, ed. Erdmut Jost and Holger Zaunstöck, Halle: Mitteldeutscher Verlag, pp. 62–77.

Streitfeld 2019 David Streitfeld: *Ursula K. Le Guin: The Last Interview and Other Conversations*, Brooklyn: Melville House.

Struck 1935 Wilhelm Struck: *Der Einfluss Jakob Boehmes auf die englische Literatur des 17.Jahrhunderts*, Rostock: Carl Hinstorffs Hofbuchdruckerei.

Suits 1933a Gustav Suits: "Kreutzwald Ohulepal", in: *Looming* 4, pp. 444–450.

Suits 1933b Gustav Suits: "Kreutzwald Tallinnas", in: *Looming* 5, pp. 595–603.

Sutin 1995 Lawrence Sutin: "Introduction,", in: *The Shifting Realities of Philip K. Dick. Selected Literary and Philosophical Writings*, ed. Lawrence Sutin, New York, Vintage 1995, pp. ix-xxiv.

Swanström 2004 André Swanström: *Separatistledare i 1700-talets Österbotten*, Åbo: Åbo Akademis förlag.

Szulakowska 2000 Urszula Szulakowska: *The Alchemy of Light, Geometry and Optics in Late Renaissance Alchemical Illustration*, Leiden/Boston: Brill.

Szulakowska 2006 Urszula Szulakowska: *The Sacrificial Body and the Day of Doom*, Leiden/Boston: Brill.

Szymański 2014 Tomasz Szymański: "Les Sources ésotériques d'Adam Mickiewicz vues par le prisme de sa correspondence", in: *Corresponances d'érudits aux xviiie et xixe siècles*, ed. Marie-France de Palacio, Rennes: Presses universitaires de Rennes, pp. 93–107.

Talvet 2009 Jüri Talvet: "Constructing a Mythical Future City for a Symbiotic Nation from the European 'Periphery': Fr. R. Kreutzwald's Epic Kalevipoeg", in: *Interlitteraria* 14(1), pp. 84–103.

Tardy 1963 Lajos Tardy: *A tokaji Orosz Borvásárló Bizottság története (1733–1798). Fejezetek a magyar-orosz gazdasági kapcsolatok történetéből*, Sárospatak: Rákóczi Múzeum.

Taylor 1953 F.S. Taylor and C.H. Joston: "Johannes Banfi Hunyades 1576–1650", in *Ambix* 5, pp. 44–52.

Telle 1986 Joachim Telle: "'Zum Filius Sendivogii' Johann Hartprecht", in: *Die Alchemie in der europäischen Kultur- und Wissenschaftsgeschichte*, ed. Christoph Meinel, Wiesbaden: Harrassowitz, pp. 119–136.

Thijssen-Schoute 1989 Caroline Louise Thijssen-Schoute: *Nederlands Cartesianisme*, Utrecht: Hes.

Thompson 1993 E.P. Thompson: *Witness Against the Beast*, Cambridge: Cambridge University Press.

Thompson 2013 Peter Thompson: "Religion, Utopia, and the Metaphysics of Contingency", in: *Privatisation of Hope, Ernst Bloch and the Future of Utopia*, ed. Peter Thompson and Slavoj Žižek, Durham/London: Duke University Press, pp. 82–106.

Thune 1948 Nils Thune: *The Behmenists and the Philadelphians: A Contribution to the Study of English Mysticism in the 17th and 18th Centuries*, trans. G.E. Björk, Uppsala: Almquist & Wiksells.

Titzmann 2006 Michael Titzmann: "Religiöse Abweichung in der Frühen Neuzeit: Relevanz, Formen, Kontexte", in: *Heterodoxie in der Frühen Neuzeit*, ed. Michael Titzmann und Hartmut Laufhütte, Tübingen: Niemeyer, pp. 5–118.

Tohver 1932 Liis Tohver: *Kreutzwaldi väliskirjanduslikust eruditsioonist. Mit einem deutschen Referat: Kreutzwalds Belesenheit in den fremden Literaturen*, Tartu: Akad. Kirjandusühingu Kirjastus.

Treichel 1972 Irena Treichel: *Slownik pracowników książki polskiej*, Warsaw: Państwowe Wydawnictwo Naukowe.

Trubetskoy 1913 Evgeny Trubetskoy: *Mirososerzanie Vladimira Solovyova*, Moscow: Publishing House Put.

Tschizewskij 1935 Dimitrij Tschizewskij: "Skovoroda-Studien. III. Skokvorodas Bibel-Interpretation im Lichte der kirchenväterlichen und mystischen Tradition", in: *Zeitschrift für Slavische Philologie* 12(1/2), pp. 53–78.

Turnbull 1947 George Turnbull: *Hartlib, Dury and Comenius. Gleanings from Hartlib's Papers*, Liverpool: Liverpool University Press.

Undusk 1995 Jaan Undusk: "Hamanni ja Herderi vaim eesti kirjanduse edendajana: sünekdohhi printsiip", in: *Keel ja Kirjandus* 11, pp. 746–756.

Undusk 2005 Jaan Undusk: "Paradiesische Syntax und Buchstabenmagie. Bemerkungen zum 'magischen' Hamann", in: *Die Gegenwärtigkeit Johann Georg Hamanns. Acta des achten Internationalen Hamann-Kolloquiums an der Martin-Luther-Universität Halle-Wittenberg 2002*, ed. Bernhard Gajek, Frankfurt a.M.: Lang, pp. 551–569.

Undusk 2016 Jaan Undusk: *Eesti kirjanike ilmavaatest*, Tartu: Ilmamaa.

Uttendörfer 1950 Otto Uttendörfer: *Zinzendorf und die Mystik*, Berlin: Christl. Zeitschriften-Verlag.

Veld 2000 Hendrik van 't Veld: *Beminde broeder die ik vand op 's werelts pelgrims wegen. Jan Luyken (1649–1712) als illustrator en medereiziger van John Bunyan (1628–1688)*, Utrecht: De Banier.

Velichko 1902 Vasily Velichko: *Vladimir Solovyov. Jizn i tvorenia*, St. Petersburg: Golike & Wilborg.

Vellusig 2000 Robert Vellusig: *Schriftliche Gespräche. Briefkultur im 18. Jahrhundert*, Vienna/Cologne/Weimar: Böhlau.

Verbeek 1845 Jacob Wilhelm Verbeek (Ed.): *Des Grafen Nicolaus Ludwig von Zinzendorf Leben und Charakter: in kurzgefaszter Darstellung nach A.G. Spangenberg's Biographie desselben und Quellen aus dem Archiv der evangelischen Brüder-Unität*, Gnadau, Leipzig: Menz.

Verene 1981 Donald Philip Verene: *Vico's Science of Imagination*, Ithaca/London: Cornell University Press.

Veylit n.d. A. Veylit: "Some Statistics on the Number of Surviving Printed Titles for Great Britain and Dependencies from the Beginnings of Print in England to the Year 1800", consulted online on 2 August 2023: http://estc.ucr.edu/ESTCStatistics.html.

Vickers 1984 Brian Vickers: "Analogy Versus Identity", in: *Occult and Scientific Mentalities in the Renaissance*, ed. Brian Vickers, Cambridge: Cambridge University Press, pp 95–164.

Viskolcz 1998 Noémi Viskolcz: "Egy Böhme-olvasókör az 1630–40-es években", in: *Magyar Könyvszemle* 114(2), pp. 140–145, consulted online on 4 April 2019: http://epa.oszk.hu/00000/00021/00017/0003-103.html.

Viskolcz 2006 Noémi Viskolcz: *Reformációs könyvek. Tervek az evangélikum egyház megújítására*, Budapest: Országos Széchényi Könyvtár.

Visser 1999 Piet Visser: "De pelgrimage van Jan Luyken door de doopsgezinde boekenwereld", in: *Doopsgezinde bijdragen*, New Series 25, pp. 167–195.

Vogel 2010 Lothar Vogel: "Beobachtungen zur Böhmerezeption in Gottfried Arnolds Sophienschrift", in: *Der radikale Pietismus. Perspektiven der Forschung*, ed. Wolfgang Breul, Marcus Meier and Lothar Vogel, Göttingen: Vandenhoek & Ruprecht, pp. 271–292.

Voigt 1965 Alfred Voigt: *Über die Politica generalis des Johann Angelius v. Werdenhagen (Amsterdam 1632)*, Erlangen: Univ.-Bund.

Voigt-Goy 2011 Christopher Voigt-Goy: "Valentin Ernst Loeschers, 'Unschuldige Nachrichten' als Institution im Konflikt zwischen Frühaufklärung und Pietismus", in: *Zeitsprünge. Forschungen zur Frühen Neuzeit* 15, pp. 312–324.

Võsa 2006 Aira Võsa: *Johann Georg Gichtel – teosoofilise idee kandja varauusaegses Euroopas*, Tartu: Tartu Ülikooli Kirjastus, 2006. (University Press Tartu) https://raamatupood.utlib.ee/en/dissertations/4146-johann-georg-gichtel-teosoofilise-idee-kandja-varauusaegses-euroopas.html

Võsa 2010 Aira Võsa: "Johann Georg Gichtels Verhältnis zum anderen Geschlecht in Leben und Lehre", in: *Der radikale Pietismus. Perspektiven der Forschung*, ed. Wolfgang Breul, Marcus Meier and Lothar Vogel, Göttingen: Vandenhoek & Ruprecht, pp. 361–368.

Võsa 2011 Aira Võsa: "Die Ehe bei Jakob Böhme und Johann Georg Gichtel", in: *Der radikale Pietismus. Perspektiven der Forschung*, ed. Wolfgang Breul, Marcus Meier and Lothar Vogel, Göttingen: Vandenhoeck & Ruprecht, pp. 81–88.

Walker 1934 R.R.A. Walker: "John Elliston and John Sparrow, the English translators of Jacob Behmen", in: *Notes & Queries*, 14th series, 167, p. 312.

Walker 1958 D.P. Walker: *Spiritual and Demonic Magic from Ficino to Campanella*, London: The Warburg Institute.

Wallmann 1995 Johannes Wallmann: *Theologie und Frömmigkeit im Zeitalter des Barock. Gesammelte Aufsätze*, Tübingen: Mohr.

Wallmann 2005 Johannes Wallmann: *Der Pietismus*, Göttingen: Vandenhoeck & Ruprecht.

Walton 1854 Christopher Walton: *Notes and Materials for an Adequate Biography of the Celebrated Divine and Theosopher*, William Law, London: privately printed.

Watson 1911 F. Watson: "Dr. Joseph Webbe and Language Teaching (1622)", in: *Modern Language Notes* 26(1), pp. 40–46.

Weatherby 2017 Leif Weatherby: "A Reconsideration of the Romantic Fragment", in: *Germanic Review* 92(4), pp. 407–425.

Webster 1975 Charles Webster: *The Great Instauration: Science, Medicine and Reform, 1626–1660*, London: Duckworth.

Weekhout 1998 Ingrid Weekhout: *Boekencensuur in de Noordelijke Nederlanden*, Den Haag: Sdu.

Weeks 1991 Andrew Weeks: *Boehme: An Intellectual Biography of the Seventeenth-Century Philosopher and Mystic*, Albany, NY: State University of New York Press.

Weeks 1999 Andrew Weeks: *Valentin Weigel (1533–1588): German Religious Dissenter, Speculative Theorist, and Advocate of Religious Tolerance*, New York: State University of New York Press.

Weeks 2013 Andrew Weeks: "Introduction", in: Böhme 2013, pp. 1–67.

Weeks 2019 Andrew Weeks: "Jacob Böhme, Johannes Staricius (ca. 1580–??), and the Culture of Dissent", in: Andersson/Martin/Penman/Weeks 2019, Leiden/Boston: Brill, pp. 221–243.

Weeks 2020 Andrew Weeks: "Valentin Weigel and Anticlerical Tradition", in: *Daphnis* 48, Special Issue "The Forgotten Reformation", ed. Andrew Weeks, Bo Andersson and Urs Leo Gantenbein, pp. 140–159.

Weigelt 1976 Horst Weigelt: "Ludwig Friedrich Gifftheil und die Schwenckfelder in Schlesien: Ein Beitrag zur Geschichte des mystischen Spiritualismus im 17. Jahrhundert", in: *Traditio – Krisis – Renovatio aus theologischer Sicht: Festschrift Winfried Zeller zum 65. Geburtstag*, ed. Bernd Jaspert and Rudolf Mohr, Marburg: Elwert, pp. 273–283.

Wenzel 1993 Cornelia Wenzel: *Beiträge zur Wirtschafts- und Sozialgeschichte der Stadt Görlitz im 17. Jahrhundert*, Görlitz: Stadtverwaltung.

Wenzel 2007 Matthias Wenzel: "Das Schicksal des Linzer Böhme-Archivs von 1941 bis zur Gegenwart", in: Harmsen 2007, pp. 383–398.

Wenzel 2013 Matthias Wenzel: "Jakob Böhmes Weg in die Welt – und zurück nach Görlitz", in: *Jakob-Böhme-Gedenken. 400 Jahre nach Erscheinen seiner Erstlingsschrift "Aurora"*, ed. Akademie Herrnhut, Dresden: Sandstein, pp. 91–106.

Wernle 1925 — Paul Wernle: *Der schweizerische Protestantismus im XVIII. Jahrhundert*, vol. 3: *Religiöse Gegenströmungen. Die Ausstrahlungen der französischen Revolution auf Schweizerboden*, Tübingen: Mohr.

Westman 1984 — Robert S. Westman: "Nature, Art, and Psyche: Jung, Pauli, and the Kepler-Fludd Polemic", in: *Occult and Scientific Mentalities in the Renaissance*, ed. Brian Vickers, Cambridge: Cambridge University Press, pp. 177–230.

Williams 1986 — Paul Williams: *Only Apparently Real. The World of Philip K. Dick*, New York: Arbor House.

Wilson 1968 — Charles Wilson: *Die Früchte der Freiheit. Holland und die europäische Kultur des 17. Jahrhunderts*, trans. Peter de Mendelssohn, Munich: Kindler.

Wistinghausen 2016 — Henning von Wistinghausen: *Freimaurer und Aufklärung im Russischen Reich. Die Revaler Logen 1773–1820*, 3 vols, Cologne: Böhlau.

Wittmann 1984 — Reinhard Wittmann (Ed.): *Bücherkataloge als buchgeschichtliche Quellen in der frühen Neuzeit*, Wiesbaden: Harrassowitz.

Wotschke 1928 — Theodor Wotschke: "Der märkische Freundeskreis Brecklings", in: *Jahrbuch für brandenburgische Kirchengeschichte* 23, pp. 140–162.

Wotschke 1930 — Theodor Wotschke: "Wilhelm Schwartz. Ein Beitrag zur Geschichte des Vorpietismus in Schlesien", in: *Zeitschrift des Vereins für Geschichte Schlesiens* 64, pp. 89–126.

Wotschke 1931 — Theodor Wotschke: "Pietistisches aus Ostfriesland und Niedersachsen", in: *Zeitschrift für niedersächsische Kirchengeschichte* 36, pp. 72–178.

Wright 1836 — Thomas Wright: *The History and Topography of the County of Essex*, 2 vols, London: George Virtue.

Yates 1999 [1966] — Frances Yates: *The Art of Memory*, London: Routledge.

Yeowell 1853 — J. Yeowell: "Replies: Jacob Boehme, or Behmen", in: *Notes and Queries: A Medium of Intercommunication for Literary Notes and Queries: A Medium of Inter-Communication for Literary Men, Artists, Antiquaries, Genealogists, etc.* 8, no. 202, pp. 246–248.

Zaepernick ca. 1965–1968 — Gertraud Zaepernick: *Verzeichnis der Handschriftbestände pietistischer, spiritualistischer und separatistischer Autoren des 17. und 18. Jahrhunderts in der Landesbibliothek Gotha, sowie in anderen Handschriftensammlungen in Gotha und Erfurt*. Typed catalogue, [Halle/Saale]: [Martin-Luther-Univ.].

Zaepernick 1982 — Gertraud Zaepernick: "Johann Georg Gichtels und seiner Nachfolger Briefwechsel mit den Hallischen Pietisten, besonders mit A.M. Francke", in: *Pietismus und Neuzeit* 8, pp. 74–119.

Zaepernick 1995 — Gertraud Zaepernick: "Ein Separatist wider Willen. Paul Friedrich Lehmann", in: *Pietismus und Neuzeit* 21, pp. 241–273.

Zaepernick 2000 — Gertraud Zaepernick: "Gichtel, Johann Georg", in: *Religion in Geschichte und Gegenwart*, ed. Hans Dieter Betz, vol. 3, Tübingen, p. 924.

Zebrapedia — Zebrapedia Crowdscription Engine, consulted online on 3 August 2019: http://zebrapedia.psu.edu.

Zeller 1952 — Winfried Zeller: "Augustin Fuhrmann", in: *Zeitschrift für Religionsgeschichte* 4, pp. 214–229.

Zeller 1971 — Winfried Zeller: "Augustin Fuhrmann und Johann Theodor von Tschesch", in: Winfried Zeller: *Theologie und Frömmigkeit: Gesammelte Aufsätze*, ed. Bernd Jaspert, Marburg: Elwert, pp. 117–153.

Zenkovsky 1991 Vasily Zenkovsky: *Istoria Russkoi Filosofii*, vol. 2, Leningrad: Ėgo.

Zovko 1996 Marie E. Zovko: *Natur und Gott: das wirkungsgeschichtliche Verhältnis Schellings und Baaders*, Würzburg Univ., Diss.

Zuber 2017a Mike A. Zuber: *Spiritual Alchemy from the Age of Jacob Boehme to Mary Anne Atwood, 1600–1900*, PhD Diss., University of Amsterdam.

Zuber 2017b Mike A. Zuber: "Theosophische Spekulation und erbauliche Frömmigkeit. Jacob Böhme, die neue Wiedergeburt und ihre Alchemisierung", in: Brink/Martin 2017b, pp. 114–129.

Zuber 2019 Mike A. Zuber,: '"Jacob Böhme and Alchemy: A Transmutation in Three Stages'", in: Andersson/ Martin/Penman/Weeks 2019, Leiden/Boston, pp. 262–285.

Zuber 2021 Mike A. Zuber: "Franckenberg, Abraham von", in: *Literaturwissenschaftliches Verfasserlexikon*: *Frühe Neuzeit in Deutschland 1620–1720*, ed. Stefanie Arend et al., Berlin: De Gruyter, vol. 3: F–H, s. v.

Photo Credits

University Library Amsterdam, Allard Pierson Depot
p. 11
Rijksmuseum Amsterdam
pp. 254, 313
Embassy of the Free Mind, Collection Bibliotheca Philosophica Hermetica Amsterdam
pp. VIII, 7 (Fig. 5), 10, 13, 15, 96, 110, 179, 181, 273, 353, 399, 407–419
Staatsbibliothek zu Berlin – Preußischer Kulturbesitz
p. 133
Cambridge University Library
p. 316
Sächsische Landes- und Universitätsbibliothek (SLUB) Dresden / Digitale Sammlungen
pp. 370, 372, 375, 378
Schmidt Kunstauktionen Dresden OHG
p. 225 (Fig. 2)
Staatliche Kunstsammlungen Dresden, Kupferstich-Kabinett
p. 255 (photo: Herbert Boswank)
Oberlausitzische Bibliothek der Wissenschaften Görlitz
pp. 292, 293
Bibliothek der Franckeschen Stiftungen Halle (Saale)
p. 236
Finnish Literature Society, Helsinki
pp. 165 f.
National Library of Finland, Helsinki
S. 167
Laboratory Stock National Museum, Kraków
p. 126
National Portrait Gallery London
p. 303
Walterfilm, Los Angeles
p. 388
State Historical Museum, Moscow
p. 190 (Public Domain: /https://upload.wikimedia.org/wikipedia/commons/9/94/Simeon_Gamaleya.jpg), accessed 08.10.2023)
Bayerische Staatsbibliothek, München
pp. 8 (urn:nbn:de:bvb:12-bsb10913792-1), 78 (Fig. 4: urn:nbn:de:bvb:12-bsb10118967-1), 225 (Fig. 3: urn:nbn:de:bvb:12-bsb10873547-1), 355 (urn:nbn:de:bvb:12-bsb10266436-6)
Norrköping City Library, Finspong Collection
p. 315
Germanisches Nationalmuseum, Nürnberg
cover image, p. 29 (photo: Georg Janßen)
The State Russian Museum, St. Petersburg
pp. 205, 207
National Library of the Czech Republic, Prague
p. 78 (Fig. 3)
National Library of Latvia, Riga
p. 172
Württembergische Landesbibliothek, Stuttgart
p. 224
Somogyi Károly Városi és Megyei Könyvtár, Szeged
p. 148
Estonian Historical Museum, Tallinn
p. 174
National Library of Estonia, Department of Maps, Tallinn
p. 170
Estonian Literature Museum, Tartu
p. 176, 177, 184
Estonian National Museum, Tartu
p. 188
Österreichische Nationalbibliothek, Wien
p. 130 (http://data.onb.ac.at/rec/AC09936209, Portal: https://search.onb.ac.at/primo-explore/search?vid=ONB, digital copy made by Google)
Herzog August Bibliothek Wolfenbüttel
pp. 5 (Fig. 2), 7 (Fig. 4), 140, 325
Biblioteka Uniwersytecka Wrocław
pp. 5 (Fig. 1.1, 1.2), 6, 9, 18–23, 34, 72, 92, 136, 138, 145, 404
Zentralbibliothek Zürich, Sammlung Oskar R. Schlag
p. 31

Other
p. 177 (photo: Author)
p. 390 (photo: Claudia Brink)
pp. 246, 247 (photo: Author)

https://doi.org/10.1515/9783110720525-027

Index of Names

Aaron (bibl.) 187
Abraham (bibl.) 120, 271
Adam (bibl.) 41, 46 f., 57 f., 60, 83 f., 88, 97, 100, 105, 118–120, 170, 180, 183, 186, 197, 201 f., 211 f., 219 f., 240 f., 243, 245, 249, 256, 331 f., 345, 360, 374, 379, 382, 397
Adelgreiff, Johann Albrecht 25 f., 33, 35–40
Adriaansz, Reyndert 258, 261
Agrippa von Nettesheim (pseud. of Cornelius, Heinrich) 100, 113
Albert-Anton (I.) von Schwarzburg-Rudolstadt 95
Alblas, Jaques B.H. 259
Alexander I, Czar of Russia 165, 169, 175, 204
Alexander II, Czar of Russia 204
Alighieri, Dante 216
Allen, Benjamin 305
Allen, John 318
Ambrosius (Ambrose, Church Father) 47
Ammersbach, Heinrich 229
Andersson, Bo 380–382
Andreae, Johann Valentin 16, 48, 69, 271, 305
Andreae, Michael 171, 181, 265, 279–281
Angelen, Pe. von 228
Appelius, Heinrich 309
Apetrei, Sarah 152
Apollinaris (of Laodicea) 26
Apollo (myth.) 371
Apollonius of Tyana 392
Aquin, Thomas of (Acquinus) 47
Archer, Timothy (fict.) 284, 392
Arendt, Hannah 383
Arentsz, Pieter 256, 260
Aristophanes 46
Aristoteles 100, 234, 269, 352
Arius 26
Arndt, Johann 17, 27, 32, 51, 60, 65, 69, 100, 135, 142, 144, 146 f., 149, 154, 171, 234, 250, 404
Arnold, Gottfried 17, 26, 36, 55, 77 f., 107, 158 f., 171, 190, 212, 217, 223, 250, 270, 285, 287, 349, 351, 367, 368
Arnold, Kyle 395
Artem'ev, Vasilij V 193
Ashmole, Elias 307
Assche, Justinus van 302, 306
Aubrey, John (Earl of Pembroke) 311
August von Anhalt-Plötzkau 17
Augustine of Hippo (Saint Augustine) 369, 392
Aureolus von Hohenheim, Bombast (see Paracelsus)
Aurobindo, Sri 387
Ávila, Teresa von 42, 66

Baader, Franz von 164, 203 f.
Baal (bibl.) 39
Baar, Mirjam de 258
Baarens, Tryntje (Barends) 258
Bach, Jeff 283
Bacon, Francis 308, 323
Bahnsen, Benedict (Benedikt) 34, 36, 255, 315
Bakunin, Mikhail 204
Balduin, Fredericus 99
Balthasar, Hans Urs Von 208
Banfi Hunyades Jr., Johannes 311
Bataille, George 365
Bathurst, John 107
Bayer, Johannes 365
Baxter, Richard 319, 321
Beare, Richard 118
Beatrice (fict.) 216
Beecs, Christianus de 274
Beer, Johann(es) 25–26, 33–35, 37, 40, 137
Beets, Hendrick (see Betke, Heinrich; Betkius)
Beijer, Gijsbert 274
Bekker, Balthasar 269
ben Israel, Menasseh 69, 313
Benjamin (bibl.) 120
Bentze, Catrina 279
Benzelstierna, Gustaf 157, 159
Berdyaev, Nicolas 396
Berg, C.G. 164
Bergson, Henri 387
Beringer, Melchior 141 f., 149
Bernhard, Christian 44, 128, 288, 313 f., 316, 387
Besold, Christoph 135
Betke, Georg 68 f., 74, 137
Betke, Heinrich (Beets, Hendrick; Betkius) 3, 10, 130, 132, 139, 154, 226, 314, 403, 405
Betke, Joachim 68 f., 102, 132 f., 142, 144, 146, 403
Beuningen, Conrad van 155
Beyerland, Abraham Willemszoon van (Beyerlandt, Willemsz van) 4, 9, 13–15, 38, 134, 146, 155, 158, 261, 280, 302, 306, 308 f., 313 f., 317, 403, 405 f.
Bidstrup, Michael 259
Bie, Alexander de 226
Bieck, Christoph Erdmann 171
Bijsterus, Lucas 280
Bilderdijk, Willem 253
Birgitta von Schweden 49
Birken, Sigmund von 112
Blaufuß, Dietrich 297
Bloch, Ernst 380
Blois, Louis de 135
Blon, Michel Le (Leblon) 8, 15, 44, 132, 134, 155, 313 f., 405 f.
Blunden, Humphrey 307 f., 312, 317–320, 327, 332 f.
Bluth, Ludvik Melchior (Melchior Ludwig) 163
Bly, Robert 387

https://doi.org/10.1515/9783110720525-028

Bodmer, Johann Jakob 362
Böhme, Catharina 43
Böhme, Jacob (Boehme, Jakob) passim
Bohn, Henry 35, 137
Bonaventura 49
Bonheim, Günther 30, 283–285
Boot, Johannes 258
Bouldin, Elizabeth 158
Bourignon, Antoinette 102, 253 f., 256, 258, 280
Breckling, Friedrich 17, 25, 68, 122, 223–237, 239, 269, 270, 279, 283, 403
Bredekamp, Horst 370
Breitinger, Johann Jakob 362
Breton, André 365
Broeck, Juriaan 270, 277
Bromley, Thomas 160, 275, 311
Brucker, Jakob 367, 380
Brugh (unidentified) 274
Bruno, Giordano 16, 69, 71, 156 f., 372, 374–376, 392 f.
Bruxius, Adam 44
Buddecke, Werner 3, 11, 15, 28, 129–132, 134, 139, 229, 306 f., 309, 313, 314, 317
Buji, Ferenc 141
Bulgakov, Sergei 204, 213
Bureus, Johannes Thomae Agrivillensis 16, 69, 151, 156–158
Burgenovo, Achangelus de 70
Burmistrov, Konstantin 206, 213
Burnet 363, 377
Buxtorf, Johann 268

Caesar, Gaius Julius 393
Calov, Abraham 25, 103, 114, 223, 225 f., 236, 261
Calvert, Giles 305, 308, 312, 318
Calvin, Johannes 106, 268
Campanella, Tommaso 156
Campbell, Joseph 387
Casaubon, Méric 268, 364
Casper von Lohenstein, Daniel 112
Castellio, Sebastian (pseud. Basilius Monfortius, Georgius Kleinbergius) 16 f.
Cedersparre, C.M. 163
Černyšjovs, Zacharij G. 191
Chardin, Teillhard de 387
Charias, Johann Caspar 228
Charles I Stuart, King of England and Scotland 301, 309 f., 318, 321
Charles II Stuart, King of England and Scotland 274
Charles XI (Karl XI), King of Sweden 95, 106, 158
Charles XII (Karl XII), King of Sweden 158
Charles (Duke/later King Charles XIII, King of Sweden; Karl XIII) 161
Christian V, King of Denmark 95
Christina, Queen of Sweden 155
Chronius, N. 228
Clairvaux, Bernhard von 49, 76, 81
Clark, Jonathan 109, 114 f., 118, 120
Clopton, William 307
Cocceius, Johannes 266, 269, 279
Cocker, Edward 314, 316
Colberg, Ehregott Daniel 25 f., 66, 366 f.
Coleman, Edward 106, 301
Collin, Anders 160–165
Comenius, Johann Amos (John, Jan) 42, 105 f., 123, 153, 156, 171, 296, 270 f., 302, 308
Conway, Anne 325, 340 f.
Conway, Edward 326
Cornelius, Heinrich (pseud. Agrippa von Nettesheim)
Correll, Achatius 131
Croll, Oswald 69
Cromwell, Oliver 270
Croner, Marcus 147
Cruz, Juan de la 66, 79
Cunradus, Casparus 154 f.
Cusanus, Nicolaus (Nicolaus de Cusa, Nikolaus von Kues, Nicholas of Cusa) 16, 56, 70, 302, 305, 365, 368 f., 371
Cyprian, Ernst Salomon 285–287
Czepko von Reigersfeld, Daniel 48, 51, 56, 61, 63 f., 68 f., 76, 127, 146

Daniel (bibl.) VIII, 39, 233, 275
Daniel, Roger 305
David (bibl.) 39, 105, 235, 266, 270
Deane, Richard 312
Debus, Allen 364 f., 377
Deleuze, Gilles 387
Denck, Hans 302
Denys, Tanneke (Tannecke, Denijs) 102, 105, 107, 280
Descartes, René 156, 266, 269, 308, 323 f., 342, 352, 363
Dick, Nancy 392
Dick, Philip K. 387–389
Diderot, Denis 367
Dietze, Walter 109, 111 f., 114–116, 121 f., 158, 189, 274 f.
Dircksz, Theodorus Huberti (pseud. Houbi) 270
Dionysios Areopagita (Pseudo-Dionysius Areopagita) 41, 49, 56, 65, 70, 76, 82
Dippel, Johann Konrad 159 f., 162
Drabik, Nicolaus 102, 105
Dury, John 302, 306, 309

Earle, John Rolleston 203
Eckhart von Hochheim (see Meister Eckhart)
Ehem, Justine 134
Einsiedel, Abraham von 44
Elers, Heinrich Julius 147
Elijah (Elias) (bibl.) 39, 102, 235
Ellinger, Georg 59, 65, 67–70, 73, 75 f., 77–79, 91
Elliston, Elizabeth 316
Elliston, John, the elder 312, 315–319, 324, 327
Elliston, John, the younger 306, 308, 315, 318
Ender von Sercha, Karl 44

Ender von Sercha, Michael 44
Enfield, William 367
Engelbrecht, Hans 280, 281, 309
Enoch (Henoch) (bibl.) 101, 235
Enschedé, Izaak 280
Erasmus of Rotterdam 17
Eriksson, Erik (Eerik) 160, 163
Eriksson, Jacob (Jaakko) 160, 163
Eriugena, Johannes Scottus 204
Ernst the Pious von Sachsen-Gotha und Altenburg (Ernst der Fromme) 98
d'Espagnet, Jean 309
Etkind, Alexander 204, 206, 218
Eva (bibl.) passim
Everard, John 268 f., 274 f., 307
Eversden, George 318

Fabricius, Johann Jacob 228
Fechner, Hermann Adolph 3, 131 f.
Fedorov, Nicolai 206
Felgenhauer, Paul 133, 155, 229, 319
Ferdinand III, Holy Roman Emperor 50
Feuerbach, Ludwig 380
Ficino, Marsilio 16, 46, 375 f.
Fielken, Balthasar (see Tilke)
Fijt, Hendricksz 143
Fineman, Carl Olof 161
Fiore, Joachim von 42
Fischer, Georg 27, 30, 32
Fischer, Johann 112
Fischer, Johann Eberhard 191
Fischer, Loth 228
Flacius, Matthias 223
Flamel, Nicolas 192
Fludd, Robert 363–383
Font, Zsuzsa 141, 147
Foucault, Michel 373
Franck, Sebastian 17, 48, 51, 96, 302, 305
Francke, Anna Magdalena 217, 288, 291 f., 294–294
Francke, August Hermann 171, 291, 294
Franckenberg, Abraham von passim
Fransen, Sietske 382
Frederik Hendrik, Prince of Orange, Dutch governor 267
Freher, Dionysius Andreas VIII, IX, 179
Freudenhammer von Freudenheim, Gottfried 44, 48, 128
Freytag, Gustav 49, 74
Friedrich, Daniel 17
Frijhoff, Willem 265 f.
Fritsch, Ahasverus 95
Frölich, Eva Margaretha 158
Fuhrmann, Augustin 131, 135–139
Funcke, Christian Gabriel 132
Furly, Benjamin 315
Fürstenau, Kaspar von 44

Gaál, József 150
Gabriel (bibl.) 47
Gagarin, Ivan S. 193
Galilei, Galileo 16, 156, 266
Gamaleya, Semyon Ivanovich (Gamaleja, Semjon; Semën Ivanovič) 189–192, 196–198, 200–204
Garewicz, Jan 127
Geer, Louis De 155 f., 159
Geissmar, Christoph 368
Gentzke, Joshua Levi Ian 379
Gerhard, Johann 99, 305
Gerritse, Aart 258
Gersdorf, Rudolf von 44
Gertinger, Johann 148 f.
Gertrud von Nivelles (Saint) 73, 76
Gichtel, Johann Georg passim
Giese, Gottlieb Christian 132
Gifftheil, Ludwig Friedrich 25 f., 37–40, 141, 143, 228
Gilbert, David 146
Giller von Lilienfeld, Mathias 44
Gilly, Carlos passim
Glauber, Johann Rudolph 309, 319
Gleditsch, Johann Ludwig 147
Gloger von Schwanbach, Gottfried 44
Glüsing, Johann Otto 3, 290 f., 295
Goch, Cornelis van 274
Goethals, Johannes 260, 265, 267–269, 274, 276, 280 f., 406
Goethals Jr., Johannes 267
Goethals, Rombertus Vliterpius 269
Goetze, Georg 114
Goleniščev-Kutuzov, Pavel I. 193
Golski, Stanisław 128
Gould, Mary 107
Grammendorf, Lorenz 141, 143, 228
Gravius, Theodoricus 302
Grebber, Nicolaus 275
Greiffenberg, Catharina Regina von 142
Groh, Dieter 114
Grotius, Hugo 103, 114
Gryphius, Andreas 100, 112 f., 115
Guariento, Luca 364–367, 371
Guilbertus, David 146, 261
Guin, Ursula K. Le 392
Gustav II Adolf, King of Sweden 151, 153 f., 156, 160 f.
Gustav III, King of Sweden 160 f.
Gutsleff, Eberhard 170
Gysbartes, David 261

Haak, Theodore 302
Haan, Galenus Abrahamsz de 254
Haes, Loth de 269, 271 f.
Haeseven, Johann Cornelisz. (Haesevens) 98, 101
Hagert, Daniel 159
Häggren, Eric 163
Hamvas, Béla 141, 149

Hanegraaff, Wouter 366 f.
Hänlin, Georg 49
Haraway, Donna 383
Harphius, Henricus 17, 49, 70 f.
Hartlib, Anna 279
Hartlib, Samuel 69, 137, 153, 157, 270, 301 f.
Hartley, Marsden 387
Harvey, William 366
Hasselqvist, Carl 159
Hegel, Georg Wilhelm Friedrich 43, 164, 182, 188, 203, 380, 392, 397
Hegenicht, Ehrenfried 8 f., 13
Hegenicht, Gottfried 28
Heidecke, Benjamin Christoph Gotthilf 171 f.
Heijting, Willem 229, 314
Heinämäki, Elisa 159 f.
Helleman, Wendy 216
Helmers, Helmer 306
Helmont, Franciscus Mercurius van 107, 326
Helmont, Jan Baptist van 367, 382
Helt, Adolf 25 f., 39 f.
Henckel (Family) 142, 146
Henckel von Donnersmarck, Elias 32
Henckel von Donnersmarck, Lazar(us) 32, 44, 146
Henoch (Enoch) (bibl.) 101, 235
Heraclitus 393
Herder, Johann Gottfried 173, 188, 363 f.
Herling, Sven 171
Hermans, Willemtje (Harmens) 266 f.
Hermes Trismegistus (myth.) 33, 153 f., 305, 308
Herp, Heinrich 42, 49
Herring, Samuel 301
Herrman, Beata 164
Herzen, Alexander 204
Hessayon, Ariel 152
Hesse, Johann Laurentius 171
Hezekiah (bibl.) 266
Hieronymus of Prague 97
Hildegard of Bingen 42, 49
Hill, Christopher 304
Hinckelmann, Abraham 363, 364, 367–372
Hinckelmann, Benedict 44
Hitchcock, Ethan Allen 387
Hobbes, Thomas 158, 256, 324
Hoburg, Christian 68
Hoecke, Anton von 142
Hoe von Hoenegg, Matthias 99
Hofmannswaldau, Christian Hofmann von 112, 115
Holzhausen, J.C. 228
Hoogenhuysen, Andries van 280
Hoogenhuysen, David van 280
Hotham, Charles 319 f., 323 f., 326–334, 345, 348 f.
Hotham, Durand (Durant) 129, 319 f., 324, 327, 332–334, 338 f., 348 f.
Houbi (see pseud. of Dircksz, Theodorus Huberti)
Houbraken, Arnold 253–257, 263
Hübner, Joachim 302
Huijgen, Elisabeth 257
Huijgen, Jan 257
Huijgen, Pieter 257
Huijgen, Sara 257
Hunold, Christian Friedrich 112
Huser, Johann Jakob 128
Huss, Johannes (Jan Hus) 169, 404
Huxley, Julian 387
Huygens, Christiaan 267
Huygens, Constantijn 267
Huygens, Goswinus Philippus 267
Huygens, Rutger 267
Huygens, Willem Gozewijn 6, 256, 260 f., 265, 267–269, 274, 276, 280, 405

Idel, Moshe 219
Immendorf, Philipp Wilhelm 148
Irenaeus (Irenäus) 119
Isaiah (Jesaja) (bibl.) 266

Jacob (bibl.) passim
Jäger, Wolfgang 349
Jakob II. (James II), King of England and Scotland 106
Jakobson, Carl Robert 169, 173, 182, 184–188
James II. (Duke of York) 277
Jameson, Frederic 389
Jannsen, Johann Voldemar 182
Jannsen, Lydia Emilie Florentine (see pseud. of Lydia Koidula)
Janssonius, Johann(es) (Janszoon, Jan) 9, 33, 154 f., 309
Jesus of Nazareth (bibl.) 35, 76, 81, 98, 100, 102–106, 111 f., 119, 121, 197–200, 211, 239, 250, 256 f., 260, 271, 289, 293, 301, 318, 321, 336–338, 354
Joakim, Boris 206
John the Evangelist (Johannes) (bibl.) passim
John of Patmos (bibl.) 191, 232
Jonas, Hans 208
Jones, Indigo 367
Joris, David 338
Joseph (bibl.) 120, 306, 311
Josephson-Storm, Jason A. 367, 381, 383
Jung, Hermann 228

Kafka, Franz 389
Kapnion, Johannes (see pseud. of Johannes Reuchlin)
Karamzin, Nikolaj M. 192
Karl V (Charles V.), Holy Roman Emperor 43
Karl XI, King of Sweden (see Charles XI)
Karlstadt (pseud. of Andreas Rudolff Bodenstein) 59
Karnał, Michał 131, 135, 137, 139
Kaym, Paul 44
Kayser, Hans 11
Kempe, Andreas (Anders) Pedersson 155, 158

Kempis, Thomas à 17, 32, 69, 17, 256, 262
Kepler, Johannes 266, 364, 374
Kerner, Arnold 27
Khunrath, Heinrich 365, 377
Kiefer, Anselm 365
Kinczel, Erasmus 147
Kindervater, Johann Heinrich 286–288, 295
King Jr., Martin Luther 387
Kinker, Johannes 253
Kircher, Athanasius 69, 95, 112
Kirchweger, Anton Josef 192
Kleijnhens, Johanna 258
Kleinbergius, Georgius (see pseud. of Castellio, Sebastian)
Klenner, Zacharias 38
Knorr von Rosenroth, Christian 326
Kober, Tobias 37, 44, 317
Kodera, Sergius 375
Koffmane, Gustav 134, 135, 137
Koidula, Lydia (pseud. of Jannsen, Lydia Emilie Florentine) 169, 173, 182–185, 187 f.
Kolakowski, Lesszek 127
Kolbuszewski, Stanislaw 127
Köler, Christoph 48, 68, 174
Köler, Johann 187
Kondakov, Jurij 175, 191 f.
Kopernikus, Nikolaus (Copernicus) 16, 69, 266
Köppe, Augustin 44
Koschwitz, Johann Daniel 44
Kotter, Christoph 102, 105 f.
Krackwitz, Friedrich van 44
Kralik, Richard von 77
Krausen, Friedrich 44
Kreutzwald, Friedrich Reinhold 169, 173–176, 178, 180, 182, 185, 187 f.
Kuhlmann, Quirinus 95–107, 109–123, 158, 189 f., 229, 265, 274 f., 279 f., 310
Kunschman, Hans 43
Kurtz, Michael (Kurtze) 44, 305

Labadie, Jean de 267
Labzin, Alexander F. 193
Lambert, John 309
Lange, Joachim 286, 292
Law, William 319
Leade, Jane (Lead) 246, 275, 280 f., 283, 351
Lee, Francis 301, 310
Legiers, Elisabeth 257
Legiers, Maria 257
Leibniz, Gottfried Wilhelm 43, 160, 363
Lemper, Ernst-Heinz 3
Leopold I, Holy Roman Emperor 106
Lessing, Gotthold Ephraim 148
Leyser, Polycarp 99
Lichtenberg, Georg Christoph 398
Lilly, William 319
Lindau, Magdalena von 107
Lindner, Kaspar 44, 64
Lindlöf, S. 164
Lindner, Kaspar 44, 64
Lintelo, Nomna van 267
Lipiński, Cezary 126
Ljovšin, Vasilij A. 190, 193
Lloyd, Lodowick 309, 311, 318
Lochner, Jacob Hieronymus 226
Logau, Friedrich von 112
Lomonosov, Michail (Michajlo) V. 191
Lorber, Jakob 387
Löscher, Valentin Ernst 286 f.
Losev, Aleksei (Aleksey) 206
Lucifer (Luzifer) (bibl.) 100, 195, 202, 211, 218, 331, 337, 346, 351, 357–362
Ludwig XIV. (Louis XIV), King of France 106
Ludwig, Johann Paul 38 f.
Lukács, György 208
Luke (Lukas) (bibl.) 366
Lull, Ramon (Llull/Raimundus Lullus) 115, 308, 369 f.
Lundberg, P.O. 164
Luppius, Andreas 229
Luria, Isaak (Isaac) 326, 343
Luther, Martin 17, 59, 66, 68, 97 f., 103 f., 106, 233 f., 268, 404
Lüthy, Christoph 364, 375
Lutkeman, Joachim 228
Luyken, Jan 253–263
Lynch, Thomas Toke 387

Macock, John 311, 318
Magdalena von Lindau 107
Magus, Simon 392
Maier, Michael 365
Maijer, de (Meijer; Meijre, unidentified) 257
Mantel, Hillary 365
Marcion (Markion) 26, 211
Maresius, Samuel 269
Mars (myth.) 344, 346
Marselis, Christoph 290 f., 294 f.
Martin, Lucinda 212, 217
Marx, Karl 383
Mary (Maria) (bibl.) 41, 47, 58, 75, 80, 90, 184, 197 f., 201, 229
Maunier, Franciscus la 279
McCarthy, Cormac 387
Mechthild von Hackeborn (Saint) 73, 76
Meer, Hubertus van der 269
Meetkerke, Charlotte Louise van 267
Meincke, Joachim 107, 189
Meisner, Balthasar 99
Meister Eckhart (Eckhart von Hochheim) 41, 51, 56, 59, 66, 68, 75, 76, 82–84, 87, 209, 256
Melchizedek (bibl.) 271 f.

Mercury (myth.) 346
Merian, Matthäus 141 f., 364, 370
Meth, Ezechiel 39
Meyfart, Johann Matthäus (Meyfahrt, Johann Matthaeus) 16
Michael (bibl.) 100, 357, 362
Michaelis, Elisabeth 275
Michaelis, Esther 107
Michael II the Brave 128
Michelmann, Jacob 290, 292, 295 f.
Mickiewicz, Adam 125–127, 204
Milton, John 304, 311, 352, 362, 366
Modzalevskij, Vadim L. 191
Mohammed 97
Molinos, Miguel de 294
Molitus, Johann 44
Möller, Martin 44
Monfortius, Basilius (pseud. of Castellio, Sebastian)
More, Henry 320, 323–350
Morgenroth, Anastasio 315
Morsius, Joachim 156 f., 366
Mortier 253
Moscherosch, Johann Michael 114
Moses (bibl.) 56, 100–102, 187, 202, 233–305, 370
Moser, Martin 44, 129
Moule, Gregory 305
Mühlpfort, Heinrich 112
Müller, Heinrich 98 f., 102 f., 115, 121
Müller, Johannes 99, 121 f., 228
Müntzer, Thomas 122
Muratori, Cecilia 332
Musäus, Johann 103
Muses, Charles 307

Nagel, Paul 26 f., 44
Napier, Richard 302
Nestorius 26
Neukirch 112
Newton, Isaac 363
Niclaes, Heinrich (Hendrik; Hendrick) 302, 305, 338
Nigrino, Valerio (Valerius Niginus) 315
Nimrod zu Württemberg-Oels, Silvius 48, 68
Nitsche, Balthasar 44
Noah (bibl.) 101, 235
Nordermann, Conraedt (Konrad) 107, 123, 189
Norrgård, Jacob 163 f.
Novikov, Nicolay Iwanowich (Nikolaj, Nikolai) 189, 191–193, 195 f., 203

Oltrogge, Carl 183
Omodeo, Pietro Daniel 157
Opitz, Martin 48, 68, 112
O'Regan, Cyril 211, 214–216
Origen 323, 329, 342
Ortner, Hanspeter 380
Oudens, Maria de 254, 256
Overton, Henry 305
Oxenstierna, Axel 155 f., 159

Paget, Nathan 366
Pajula, Johan Samuel 162
Paracelsus (pseud. of Theophrastus Aureolus Bombast von Hohenheim) 69, 153 f., 159, 162, 192, 212 f., 363, 365, 367, 376 f., 392 f., 397
Pascal, Blaise 51
Patricius, Franciscus 70
Pauli, Wolfgang 365
Paul of Tarsus (Saul of Tarsus) (bibl.) 392
Paulus, Sierick 278
Pelagius 26
Pell, John 308
Penman, Leigh T.I. 27
Penn, William 159
Penny, Stephen 319
Peper, Johann Christopher 171
Permeier, Johann 141–144, 146, 149, 404
Peuckert, Will Erich 3, 12, 16
Pfeffer, Ericus 258 f.
Philip Herbert, 5th Earl of Pembroke 301, 306, 311 f.
Phillips, Edward 311
Pico della Mirandola, Giovanni 16 f., 70 f.
Pindarus, Uldaricus 70
Plagge, Abraham 95, 111
Plato (Platon) 16, 33, 46, 204, 234, 308, 320, 328
Plotinus 45, 320, 323, 328, 345
Pochodjašin, Grigorij M. 193
Pogson, Beryl 387
Poiret, Pierre 310 f., 349
Polko, Elise 183
Pomarius, D. 228, 230
Poniatovia, Christina 102
Popov, Dimitrij I. 191
Pordage, John 160, 212, 311, 351–362
Pordage, Samuel 318
Postel, Guillaume 16, 47, 49, 58
Potthoff, Johann Heinrich 262 f., 276, 279, 285
Pozdeev, Osip A. 193
Prätorius, Stefan 234
Preining Georg 314
Prins, Izaak 134
Pronner, Johann Gottfried 3, 289 f., 295 f.
Prunius, Heinrich (von Hirschfeld) 3 f., 44, 135, 146, 313, 315 f.
Pseudo-Dionysius Areopagita 41, 49, 56, 65, 70, 76, 82
Pufendorf, Samuel 158
Pulsford, John 387
Pythagoras 16, 33, 308, 320, 328

Raadt, Alhart de (Alhard de Raedt; Raat) 3, 256, 260–263, 265–269, 274–276, 279–281, 406
Radl, Gerhard 147

Raicus, Johannes 153
Ramus, Petrus 152 f., 154
Rechenberg Jr., Sigmund von 128
Rees, Abraham 367
Reeve, John 311
Regardie, Israel 387
Reger, Georg Ernst Aurelius 258
Rehefeld, Johann 44
Rehnisch, Friedrich 44
Rehnisch, Mats 44
Reinbeck, Johann Gustav 286
Reinhard, Johann Balthasar 287
Retzel, Georg Friedrich 192
Reuchlin, Johannes (pseud. Kapnion, Johannes) 69 f.
Reuterholm, Gustav Adolf 161
Richardson, Edward 274 f.
Richardson, Samuel 387
Richter, Gottfried 13, 44, 125, 131–135, 137 f., 139 f., 403
Richter, Gregor 32, 44, 101, 131–132, 242, 261
Ridderus, Franciscus 275
Rinta-Nikkola, Samuel 164
Rooswijk, Anna Maria 258
Rooswijk, Isaak 258
Rooswijk, Johannes 258
Rooswijk, Sara 258
Rosa, Bernhard 75
Roselius, J.C. 228
Rosén, Sven 160, 162
Rosiers, Saartje 258
Rossi, Paolo 374
Rothé, Johannes (Rothe) 95, 98 f., 101–104, 106, 116 f., 119–122, 256, 265, 268–279
Rothe von Baumgarten, Hans 44
Rozeboom, Catharina 268
Rubens, Peter Paul 352
Rupescissa, Johannes de 192
Rusbroch, Jan van 49, 69–71
Rusterholz, Sibylle 26, 28, 30, 33, 290, 368
Ruusbroec, Jan van (Ruysbroek) 17
Ruysch, Johannes 277

Saccus, Johann(es) (Sack) 13, 143, 302
Safonov, Nikolaj I. 193
Safonov, Nikolaj P. 193 f.
Safonov, Pjotr I. 193
Saint-Martin, Louis-Claude de 77, 125, 190, 204
Sandaeus, Maximilian 16, 49, 51, 56, 60 f., 70 f.
Satan (Teufel) (bibl.) 47, 53, 84, 100, 105, 118 f., 161, 180, 195 f., 226 f., 229, 243, 247 f., 352, 358–360
Satterthwaite, Samuel 305
Sauso, Mikki Matinpoika 164
Saussure, Ferdinand de 381
Scalichius, Paulus 70
Schäfer, Petter (Schaefer, Petrus) 158–160
Schaitberger, Johann 297
Scheffler, Johann (pseud. Silesius, Angelus) passim
Scheffler, Stanislaus 127
Schelling, Friedrich Wilhelm Joseph 43, 164, 182, 188, 204, 215
Schermer, Theodor 295
Schertzer, Johann Adam 54 f.
Schlegel, Friedrich 77
Schliermann, Samuel 147
Schmidt-Biggemann, Wilhelm 364
Schneuber, Tobias 39
Schöbel, Georg von 115
Schouten, H.J. 270
Schultz-Bertram, Georg Julius von 173
Schwartz, Daniel 50
Schwartz, Wilhelm IX, 14, 29 f., 44, 142, 144–146, 403–406
Schwarz, Johann Georg 203
Schweinichen, Johann (Hans) Siegmund von (Sigismund) 14, 28, 37, 44, 137
Schweinitz, David 12
Schwenckfeld, Caspar (Kaspar) (pseud. Doktor Eliander) 17, 47, 58
Sclei, Bartholomäus 25 f., 33, 37, 40, 280
Sebastian von Rostock 50, 75
Seidenbecher, Georg Lorenz 37, 137, 228, 270
Selden, John 308, 366
Seltmann, C. 77
Sendivogius, Michael 192, 308
Seneca 234
Senguerdius, Arnoldus 266
Serrarius, Petrus (Serarius) 255, 270, 302, 306, 309, 319
Severi, Carlo 373 f., 380
Shah, Indries 387
Shah, Sirdar Ikbal Ali 387
Sholem, Gershom 213
Siebmacher, Johann 307
Silberschlag, Johann Esaias 363
Simmons, Matthew 305, 308, 317–319
Skarra, Joh. Martinpoika 164
Skovoroda, Hryhorij 149
Skytte, Johan (Johannes) 152–156
Sladus, Cornelius 265
Smith, Harry 365
Smith, Nigel 327, 329
Smith, Pamela H. 154
Socrates 152, 320, 328
Solle, Dorothy 387
Solomon (bibl.) 331
Solovyov, Sergey (Sergej, Sergei) 204
Solovyov, Vladimir (Solov'jov) 198, 203–220
Someren, Everard van 268 f., 275 f., 279
Someren, Sara van 269
Sommerfeld, Abraham von 44
Sophia (myth.) 41, 44, 46 f., 57 f., 76, 81 f., 184, 189, 195–198, 200 f., 203, 206, 207–213, 215– 220, 239–242, 245, 250, 256, 261, 279, 355 f., 393, 396

Sparrow, John 203, 302 f., 305–319, 321, 324, 327, 332 f., 335
Sparrow, John, the elder 316
Spener, Philipp Jakob 171, 229, 239, 297
Sperber, Julius 135, 255
Spiegelman, Art 389
Spinoza, Baruch de 204, 268, 324, 326, 343, 349
Springer, Johann 34
Stahl, Henrieke 212 f., 216
Staricius, Johann (Staritz) 44, 366
Staupitz, Johann von 69
Steeman, G. 270 f.
Steenwijck the younger, Hendrik van 302
Steiger, Johann Anselm 234
Steinberg, Christian 307
Stengern, J.M. 228
Stepun, Fedor 208
Stiefel, Esaias (Stieffel) 39, 154 f., 242, 261
Stol, Barent (Barend) Joosten 258, 261
Stralen, Anna Margaretha van 267
Streater, John 305, 318
Stuart, Adam 266
Stuart, David 266
Stuart, Mary 277 f.
Suchten, Alexander von 192
Sudermann, Daniel 17, 69, 135
Suso, Heinrich von (Heinrich Seuse) 17
Swedenborg, Emanuel 125, 212
Sweeting, John 305, 309
Syderocrates (Siderocrates, pseud. of Samuel Eisenmenger) 16
Syderius, Oculus 70
Sys, van der 253
Szulakowska, Urszula 368, 377

Taara (myth.) 183
Taube, Jacob 208, 228
Tauler, Johannes (Johann) 17, 27, 32, 41, 49, 51, 56, 66, 68–71, 73, 76, 79, 82, 84, 135 f., 195, 256, 262, 302
Telle, Joachim 26, 28, 37, 315
Temple, William 277
Teresa of Ávila 42, 66
Tersteegen, Gerhard 77
Thomason, George 305–307, 311
Thout, Jacob 6
Tichonravov, Nikolaj S. 192
Tilk, Mihkel 188
Tilke (pseud. of Fielken, Balthasar) 194, 261
Timothy (bibl.) 271
Tolstaya, T.A. 212
Treitmann, Johannes 147
Trevisan, Bernhard (Bernardus Trevisanus; Trevirensis) 192, 308
Tribbechow, Johann 294
Trigg, George 314
Trubetskoi, Nikolai 171
Trubetskoy, Evgeny 206
Tschesch, Hans Dietrich von 30
Tschesch, Johann Theodor von 27, 36, 38–40, 44, 68 f., 135, 139, 141, 144, 146, 316
Tschirness, Valentin von 44
Tutohein, Robert 309

Überfeld, Johann Wilhelm 3, 251, 253, 257–262, 276, 279 f., 283–298, 403, 405
Ulstadius, Laurentius (Lars, Lauri) 158–160
Uriel (bibl.) 357, 362

Valdés, Juán de 305, 309
Valentinus 16
Vanemuine (myth.) 183
Varnhagen von Ense, Karl August 77
Varnhagen von Ense, Rahel 77
Vaughan, Thomas 319
Velsen, Jacob van 270, 277
Velsen, Hilling van Tadeus 266
Velten, Artus Georgius 228
Venetus, Franciscus Georgius 70
Vickers, Brian 373
Vico, Giambattista 374, 380
Villanova, Arnaldus de 192
Viskolcz, Noémi 141
Visnevskij, Fjodor 149
Visnevskij, Gavriil (d.Ä.) 149
Vives, Juan Luis 100, 192
Vliet, Annetje van 258 f., 261, 263
Voetius, Gisbert(us) 268 f.
Voigt, Christoph Nicolaus 147
Vollenhove, Johannes 268
Vorster, Frederik 260
Vroliks, Eva 261
Vygotsky, Lev 380

Wachowski, Lana 387
Wachowski, Lilly 387
Wackerbarth, August Christoph von 147
Walch, Johann Georg 131
Waldes, Petrus 97
Walker, Daniel Pickering 373
Wallmann, Johannes 122
Walther, Balthasar 366, 44, 45, 125, 127 f., 156, 164
Watcher, Johann Georg 350
Webbe, Joseph 307
Weckherlin, Georg Rodolf 112
Weeks, Andrew 209, 396
Weigel, Valentin 27, 48 f., 58, 65 f., 68 f., 71, 76, 83–87, 154, 156, 158, 192, 195, 305
Welling, Georg von 192
Welz, Justinian Ernst von 239
Weissner, Cornelius 14 f.

Werdenhagen, Johannes Angelius 16 f., 66, 141 f., 147, 149, 153 f., 158, 235, 309, 399
Westman, Robert 373
Whiston, William 363
Whitaker, Richard 305
White, Robert 305
Whitehead, Alfred North 392
Whittington, George 305
Widberg, Susanna 164
Wießner, Christoph 133 f., 314
Willem III (William) Prince of Orange, Dutch governor, King of England and Scotland 276 f.
Wiltschut, Maria Margareta 259
Witt, Johann de 267, 278
Wittmann, Patrizius 77
Wolff, Christian 160
Wolflein (Woelflin/Wölfflin), Christoph 228
Wolker, Elias (von Walcker) 159
Worthington, John 325
Wurm, Ludwig Ernst von 296
Wycliffe, John 17, 97, 404
Yates, Francis 365, 374, 376
Yeats, William Butler 387
Young, Arthur M. 387

Zaepernick, Gertraud 291
Zetzner, Lasarus 194
Zevi, Sabbatai 267
Zimmermann, Johann Georg 175
Zinkgref, Julius Wilhelm 112
Zinzendorf, Nicolaus Ludwig (Nikolaus) 169, 170 f.
Zoroaster (Zarathustra) 16, 33, 308
Zorzi, Francesco (Giorgio, Francesco) 17
Zouboff, Peter 206
Zuber, Mike A. 288, 307
Zuylen, Anna van 262, 267
Zuylen, Dirk van Theunisz 267
Zuylen, Karel van 267
Zwetgius, Friedrich 288
Zwingli, Huldrych 106

Index of Places

Åbo (Turku) 158 f.
Adelsbach (Struga) 34
Akersloot 275
Alt-Seidenberg 30, 43, 128
Amsterdam passim
Arnhem 267 f.
Augsburg 97
Aurich 294

Basel 284
Bautzen 43
Berlin 132, 136, 143, 203, 286
Bernstadt (Bierutów) 38
Bovenkarspel 269
Bradfield 311
Bratislava (Preßburg; Pressburg) 141–144, 147, 149
Breda 267
Bremen 295
Breslau (Wrocław) 4, 30, 38, 48 f., 50, 55, 64, 68 f., 76, 91, 95, 110 f., 115, 117, 127, 129, 132, 134, 136 ff., 146, 157, 189, 310, 314, 403, 405
Brieg (Brzeg) 135
Buda (Ofen) 149
Buxtehude 276

Cambridge 301, 305, 307, 319 f., 322–329, 332, 336, 338, 346, 348 ff.
Clarenbeek 267
Constantinople (Konstantinopel) 107, 123, 128
Copenhagen (Kopenhagen) 157, 259, 284
Cornhill 307 ff., 311 f., 317–320
Crakow (Kraków) 127

Danzig (Gdánsk) 48, 69, 141, 144, 156 f., 313 f.
Den Haag (The Hague) 101, 267, 274, 277 f., 284
Dessau 129
Dorpat (Tartu) 171 f., 185
Dresden (Dreßden) IX, X, 32, 45, 98 f., 103, 133, 242, 287, 313, 317
Düsseldorf 284

Elbing (Elbląg) 302, 313
Erfurt 148, 167

Finspång 155 f.
Franeker 277
Frankfurt (Main) 257, 280, 284, 313
Frankfurt (Oder) 128, 132, 135
Fraustadt (Wschowa) 128
Fürstenwalde 307

Gävle 159
Gdánsk (Danzig) 48, 69, 141, 144, 156 f., 313 f.
Genf 107
Gestingthorpe 315, 318
Głogow (Groß-Glogau) 128
Görlitz IX, 4, 6, 30, 32, 37, 43, 44 f., 67, 111, 128, 132, 242, 284 f., 287, 295, 310, 320, 333
Gotha 98, 167, 223, 284 f.
Göttingen 136, 285
Groß-Glogau (Głogow) 128
Grüssau 75

Haarlem 278, 280
Halle 142, 147, 291, 294 f.
Hamburg 11, 36, 39, 265, 276, 279, 366
Harderwijk 267 f.
Heidelberg 208, 269
Helsinki 152
Herrnhut 169 ff., 186, 188
Houten 270

Jena 95, 103, 105, 109, 111, 114 f.
Jerusalem 16, 107, 279

Kamenz 43
Kaschau (Kassa; Košice) 147, 149
Kiew 191
Kitajgorod 191
Königsberg 35 f., 40, 285
Königshofen 141
Konstantinopel (Constantinople) 107, 123, 128
Kopenhagen (Copenhagen) 157, 259, 284
Košice (Kassa; Kaschau) 147, 149
Koudekerk 267
Kraków (Crakow) 127
Kronstadt 184
Kuopio 175

Lauban (Lubań) 43, 133
Leiden (Leyden) 41, 48, 54, 63, 66, 68, 95 f., 98, 107, 109, 111 f., 115 f., 123, 253, 257 ff., 262, 266 ff., 274, 278 f., 284, 295, 297
Leiderdorp 280
Leipzig 3, 11, 32, 103, 171 f.
Liegnitz 128, 316 f.
Limburg 270
Linum 68, 146
Linz 284 f., 290, 296
Livonia 152, 154
Löbau 43
London 106 f., 116, 153, 157, 204, 301 f., 304 ff., 310, 319–322, 325

https://doi.org/10.1515/9783110720525-029

Lubań (Lauban) 43, 133
Lübeck 102, 107, 154, 156, 159, 279, 366
Lund 158
Lützen 154

Maarsen 257
Macungi (Emmaus) 160
Magdeburg 294 f.
Merseburg 171
Metz 397
Middelburg 257
Mitau 131
Monnickendam 228
Moscow (Moskau; Moßkau) 95, 98, 100, 107, 123, 158, 172, 189 f., 191, 192, 195 f., 203 f., 213
Munich (München) 203

Naaldwijk 269
New Sweden 159
Nordhausen 286 f.
Norrköping 314, 155, 162
Nürnberg (Nuremberg) 239, 307

Ödenburg (Sodon) 141, 144, 147
Oels (Oleśnica) 64, 67 ff., 73 f., 76, 137 f.
Ofen (Buda) 149
Ohlau (Oława) 135
Oława (Ohlau) 135
Oleśnica (Oels) 64, 67 ff., 73 f., 76, 137 f.
Oppenheim 365
Ostrobothnia 152, 158, 160, 164
Oulu (Uleåborg) 152, 158
Oxford 301, 310

Padua 48, 66, 68
Pärnu (Pernau) 171
Prague 365
Preschau (Prešov; Eperjes) 141, 144, 146, 148 f.
Preßburg (Pressburg; Bratislava) 141–144, 147, 149
Przybyszów (Purschkau) 128
Purschkau (Przybyszów) 128

Quedlinburg 77, 159

Rauna (Ronneburg) 171 f.
Regensburg 239, 243
Reval (Tallinn) 170–172
Riga 157 f., 171 ff., 203, 279
Rijnsburg 258
Rome (Rom) 39, 100, 106, 115, 119
Ronneburg (Rauna) 171 f.
Rostock 122
Rotterdam 257, 275, 306
Rudolstadt 95

Sagan (Zagan) 313
Schweidnitz (Świdnica) 35
Schweinhaus (Świny) 37 f.
Sergiev Posad 204, 213
Siebenbürgen 142, 144, 147
Skevik (Skevikarna) 160, 162 f.
Sobótka (Zobtenberg) 35, 137
Solothurn 284
Speyer 239
Spiš (Zips) 141, 146 f.
Stockholm 154 ff., 158 ff., 314
St. Petersburg 189, 191 f., 204
Straßburg 48, 66, 239
Struga (Adelsbach) 34
Stuttgart 11
Świdnica (Schweidnitz) 35
Świny (Schweinhaus) 37 f.

Tallinn (Reval) 170 ff.
Targoviste 128
Tartu (Dorpat) 171 f., 185
The Hague (Den Haag) 101, 267, 274, 277 f., 284
Thorn (Toruń) 3, 10, 13, 36, 125, 129, 130–140, 403, 406
Tichvinskoe 191 f.
Tokaj 149
Torgau 26
Tori (Torgel) 188
Torún (Thorn) 3, 10, 13, 36, 125, 129, 130–140, 403, 406
Trebnitz 50
Turku (Åbo) 158 f.

Uleåborg (Oulu) 152, 158
Uppsala 152 ff., 156, 158, 162
Utrecht 257, 268 ff., 277, 280, 296

Vasa (Vaasa) 164
Vilnius 129
Vlissingen 267

Warmond 257 f., 260
Warsaw 30, 128
Wien 142, 149
Wilton, Wiltshire 311
Wittenberg 103, 225, 236
Wolfenbüttel 4
Wrocław (Breslau) 4, 30, 38, 48 f., 50, 55, 64, 68 f., 76, 91, 95, 110 f., 115, 117, 127, 129, 132, 134, 136 ff., 146, 157, 189, 310, 314, 403, 405
Wschowa (Fraustadt) 128

Zagan (Sagan) 313
Zips (Spiš) 141, 146 f.
Zittau 43
Zobtenberg (Sobótka) 35, 137
Zürich 284
Zwolle 226, 239